温州大学中文学科建设丛书

上古汉语研究丛书

上古音略

（修订版）

Old Chinese Phonology: A Conspectus (Revised Edition)

上海教育出版社
SHANGHAI
EDUCATIONAL
PUBLISHING
HOUSE

金理新 著

“上古汉语研究丛书”前言

学术界一般简略地将汉语史分为上古、中古、近代和现代四个主要时期，上古汉语的时间跨度最大。如果以主要语言特征来分，从殷周到东汉，其间几一千五百年，占去了近一半的中国文明史，而中华元典也是太半诞生于上古汉语时期。《尔雅》《说文》之遗文既彪炳于前，甲金简牍之出土又煌煌于后，传统“小学”的精髓尽在乎此。近代以来，经过马建忠、高本汉、李方桂、王力等海内外数代学者的不懈努力，一方面将现代语言学的范式从海外移介到中国，另一方面对汉语及其周边语言“内外”材料作深入挖掘，奠定了上古汉语研究的基本局面，在语言史领域蔚为大观。

上海教育出版社新设“上古汉语研究丛书”，主要裒集近年来海内外上古汉语的研究新著，同时也整理出版一些目前学林不易见到的前贤经典之作。语言学科的进步离不开创新，所以丛书编选尤其重视新材料、新方法和新视角，例如：最简方案、认知构式、语言接触、语法化等渐渐为古汉语语法常用的理论框架；历史层次、音变理论、从地理视时还原历史真时，成为上古汉语构拟的新方法；出土古文字材料与上古汉语音韵、词汇、句法研究的相互融合、相互影响；亲属语言形态类型研究对上古汉语词法形态的启发，等等。当然，上古汉语研究的创新，不止于此，不尽于此，时刻关注前沿的发展动态正是丛书秉持的首要宗旨。

上海教育出版社原有“国际汉藏语研究译丛”，今后也会继续关注汉藏语研究领域的新进展，与“上古汉语研究丛书”共同形成汉藏语系学术研究的双翼。汉语拥有东亚地区最久远最丰富的文献，上古汉语的成功研究，使我们有如立于高山之巅，俯瞰整个东亚语言的演变脉络，从语言角度切入，探索东亚文明的起源与传播。所以这套丛书的出版，一定会更加有力地助推汉藏语系学术研究的进展。

潘悟云　王弘治

目　　录

第一章

中古音系

国内外学者选择中古音作为研究上古汉语(Old Chinese)语音的参照音系。“我们研究古音,该从《广韵》向上推求;研究今音,该从《广韵》向下推求。”以上王力(1956)的观点很有代表性。但我们需要对中古汉语的语音系统进行构拟。自高本汉以来,构拟的依据主要是《切韵》,因而要想让构拟出来的语音系统更能接近语言事实,应该先弄清楚《切韵》的性质。

夜永酒阑,论及音韵。以古今声调既自有别,诸家取舍亦复不同。吴楚则时伤轻浅,燕赵则多涉重浊;秦陇则去声为入,梁益则平声似去。又支脂魚[①]虞共为一韵,先仙尤侯俱论是切。欲广文路,自可清浊皆通;若赏知音,即须轻重有异。吕静《韵集》、夏侯詠《韵略》、阳休之《韵略》、周思言《音韵》、李季节《音谱》、杜台卿《韵略》等各有乖互。江东取韵与河北复殊。因论南北是非、古今通塞,欲更捃选精切,除削疏缓。萧、颜多所决定。魏著作谓法言曰:“向来论难,疑处悉尽,何为不随口记之。我辈数人,定则定矣。”法言即烛下握笔,略记纲纪。博问英辩,殆得精华。于是更涉余学,兼从薄宦,十数年间,不遑修集……遂取诸家音韵、古今字书,以前所记者,定之为《切韵》五卷。剖析豪氂,分别黍累。(据周祖谟《广韵校本》)

在陆法言看来,“吴楚”“燕赵”“秦陇”“梁益”的话都有缺陷。陆法言做出这样的判断,显然是依据某一个标准。这一标准应该是陆法言等人酒后“论及音韵”时所使用的“标准语”。经几代学者的研究,陆法言讨论音韵时所使用的“标准语”应是当时的洛阳方言。依据以上陆法言的《切韵》序言:先前编撰的韵书“各有乖互”,而“江东

① 本书中,韵部、韵目、谐声及声符用字使用繁体字。——编者按

取韵与河北复殊”。同时,陆法言还告诉了我们两个事实:一是,《切韵》的材料“取诸家音韵、古今字书”;二是,陆法言对这些搜集起来的材料“剖析豪氂,分别黍累”。这些材料既是“取诸家音韵、古今字书”,且又“各有乖互”,而依当时酒后商定好的“纲纪”,陆法言是把搜集过来的材料依照“反切”的读音来编入自己的韵书的;又云:“欲广文路,自可清浊皆通;若赏知音,即须轻重有异。”可见,为了“赏知音”,陆法言准备将以往韵书所记录的不同读音都收集到将要编撰的韵书里面。因此陆法言《切韵》所记录的文字读音并非一定就是洛阳方言的书面语读音,而是根据“反切”上下字依照洛阳方言“切”出来的读音。这种依据切语切出文字读音的做法一直很流行。现代书面语中许多文字的读音就是依据反切推导出来的。其中一些文字的读音甚至是某些腐儒杜撰的读音。汉语语词的语音形式虽难以杜撰,但记录汉语语词的文字的读音却很容易被人为杜撰,而且杜撰出来的读音也可能流行起来,尤其是当此文字原本所记录的语词,在口语里面已经不再使用,或因音变使得文字与语词的关系已不为人们所熟悉的时候。这种现象在汉语方言区甚是常见。比如“裸”,笔者所在方言区的一些年轻人就杜撰了一个跟“课”同音的读音。汉字的读音历来不固定,同一个文字,不同的时代、不同的方言区有不一样的读音。再者,即使同一个方言区,同一个文字也会因语体的不同而出现不同的读音,有雅言与俗语之别。假若将不同时代、不同方言区经师所注的文字读音统统编在一本韵书里面,其读音之杂乱是显而易见的。不过,《切韵》是按照陆法言等人预先商定好的“纲纪”进行编撰的,自然也能体现出当时洛阳方言书音的系统性。此外,陆法言放言要“剖析豪氂,分别黍累”,自然是以音素的不同来编排韵书。音素的数量是无限的,而音位的数量却有限。因此音素编排原则会导致语音系统的凌乱:同一音位的不同变体,因音质差异而被韵书编撰者分列于不同的韵。我们所要构拟的中古音系则是以音位来编排的。假若单纯依据《切韵》的区分来构拟语音系统,那么构拟出来的语音系统跟当时洛阳方言的语音系统肯定有相当大的距离。

表 1.1　中古汉语的辅音构拟系统

		塞音		鼻音	边音	半元音	塞擦音		擦音
双唇	清	p	p^h						
	浊	b		m		w			
齿龈	清	t	t^h				ts	ts^h	s
	浊	d		n	l		dz		z
卷舌	清						ʈʂ	ʈʂ^h	ʂ
	浊						ɖʐ		ʐ
舌面	清						tɕ	tɕ^h	ɕ
	浊			ɲ		j	dʑ		ʑ
软腭	清	k	k^h						x
	浊	g		ŋ					ɣ
声门	清	ʔ							

辅音系统，诸家构拟差别不大，只在某些辅音的构拟上存在争议，比如传统的"娘母"。首先，任何语言的语音系统都不是一成不变的，陆法言之前和之后的语音系统也会不一样。假若不考虑时间，构拟就无法进行。其次，《切韵》是以音素的不同而我们的构拟则以音位的不同来区别语词的语音形式。传统三十六字母的知/徹/澄/娘，前三个学者都认为有，而"娘母"一些学者认为有，另一些学者则认为没有，彼此争论不休。这显然是混淆了音素和音位之间的关系。端/透/定/泥跟知/徹/澄/娘，《切韵》分布完全互补。前者跟一等/四等韵组合而后者跟二等/三等韵组合。任何辅音，语音条件不同其实际音质也会不一样。就音质而言，端/透/定/泥和知/徹/澄/娘显然不同，但这种不同仅仅是音素上而不是音位上的。虽然《切韵》中知/徹/澄/娘跟端/透/定/泥的反切上字明显分组，但是仍然有不少知/徹/澄/娘用

端/透/定/泥作反切上字。依邵荣芬(1982)的统计,《王三》端/知类隔切 11 次,而泥/娘类隔切 10 次。据梵汉对译材料,俞敏认为后汉三国时期端/透/定/泥和知/徹/澄/娘仍是同一类。这种端/知互切现象在稍早编写的《经典释文》中更是常见。可见一直到《切韵》时代,这两类辅音仍没有完全分离,否则《切韵》也不会出现“类隔切”。知/徹/澄/娘和端/透/定/泥仅仅是同一组辅音的条件变体,依照音位归并原则,两者该并为一组。两者在《切韵》时代读音已经出现差异,且随着时间的推移最后分离,因此两者在反切上字的选择上有明显的差异。

表 1.2 诸家构拟的中古汉语韵母系统

韵摄	等别	韵目	董同龢	邵荣芬	周法高	陆志韦	潘悟云	金理新
果摄	一	歌	ɑ	ɑ	ɑ	ɑ	ɑ	ɑ
	三	歌	jɑ	iɑ	iɑ	ɪɑ	iɑ	iɑ
假摄	二	麻	a	a	a	a	ɯa	a
	三	麻	ia	ia	ia	ia	ia	ia
遇摄	一	模	uo	o	uo	wo	o	o
	三	虞	juo	io	iuo	ɪwo	iʊ	iwo
	三	魚	jo	iɔ	io	io	iɔ	io
蟹摄	一	泰	ɑi	ɑi	ɑi	ɑi	ɑi	ɑi
	一	咍	ᴀi	ɒi	əi	ɒi	əi	oi
	一	灰	uᴀi	uɒi	uəi	uəi	uoi	ui
	二	佳	æi	æi	æi	æi	ɯæ	ai
	二	皆	ɐi	ɐi	ɛi	ɐi	ɯæi	ɛi
	二	夬	ᴀi	ᴀi	ᴀi	ai	ɯai	ɛ
	三 A	祭	jæ̆i	iæi	iai	ɪɛi	ɯiɛi	iai

续　表

韵摄	等别	韵目	董同龢	邵荣芬	周法高	陆志韦	潘悟云	金理新
蟹摄	三 B	祭	jæi	jæi	iæi	iɛi	iɛi	jai
	三	廢	jɐi	iɐi	iɑi	ɪɐi	iɐi	iɑi
	四	齊	iɛi	ɛi	iɛi	ɛi	ei	ei
止摄	三 A	支	jĕ	iɛ	ie	ɪei	ɯi^{e}	iɛi
	三 B	支	je	jɛ	iɪ	iei	i^{e}	jɛi
	三 A	脂	jĕi	iɪ	iei	ɪĕi	ɯi	i
	三 B	脂	jei	jɪ	iɪi	iĕi	i	ji
	三	之	i	ie	i	i(ĕ)i	ɨ	ie
	三	微	jəi	iəi	iəi	ɨi	ɨi	iei
效摄	一	豪	ɑu	ɑu	ɑu	ɑu	ɑu	ɑu
	二	肴	au	au	au	ɐu	ɯau	au
	三 A	宵	jæ̆u	iæu	iau	ɪɛu	ɯiɛu	iɛu
	三 B	宵	jæu	jæu	iæu	iɛu	iɛu	jɛu
	四	蕭	iɛu	ɛu	iɛu	ɛu	eu	eu
流摄	一	侯	u	əu	əu	əu	əu	u
	三 A	幽	jəu	ieu	ieu	iĕu	ɨu	ju
	三 B	幽			iɪu			
	三	尤	ju	iəu	iəu	iəu	iu	iu
咸摄	一	談	ɑm	ɑm	ɑm	ɑm	ɑm	ɑm
	一	覃	ʌm	ɒm	əm	ɒm	əm	om
	二	銜	am	am	am	am	ɯam	am

续 表

韵摄	等别	韵目	董同龢	邵荣芬	周法高	陆志韦	潘悟云	金理新
咸摄	二	咸	ɐm	ɐm	æm	ɐm	ɯæm	ɛm
	三A	鹽	jæ̆m	iæm	iam	ɪɛm	ɯiɛm	iɛm
	三B	鹽	jæm	jæm	iæm	iɛm	iɛm	jɛm
	三	嚴	jɐm	iɐm	iɑm	ɪɐm	iɐm	iam
	三	凡	juɐm	iɐm	iɑm	ɪɐm	iɐm	iam
	四	添	iɛm	ɛm	iɛm	ɛm	em	em
深摄	三A	侵	jĕm	iem	iem	ɪem	ɯim	im
	三B	侵	jem	jem	iɪm	iĕm	im	jim
山摄	一	寒	ɑn	ɑn	ɑn	ɑn	ɑn	ɑn
	二	删	an	an	an	ɐn	ɯan	an
	二	山	æn	æn	æn	an	ɯæn	ɛn
	三A	仙	jæ̆n	iæn	ian	ɪɛn	ɯiɛn	iɛn
	三B	仙	jæn	jæn	iæn	iɛn	iɛn	jɛn
	三	元	jɐn	iɐn	iɑn	ɪɐn	iɐn	ian
	四	先	iɛn	ɛn	iɛn	en	en	en
臻摄	一	痕	ən	ən	ən	ən	ən	on
	一	魂	uən	uən	uən	uən	uon	un
	二(三)	臻	jen	ien	en	ɪĕn	ɪn	in
	三A	真	jĕn	ien	ien	ɪĕn	ɯin	in
	三B	真	jen	jen	iɪn	iĕn	in	jin
	三	欣	jən	iən	iən	ɪən	ɨn	ien
	三	文	uən	iuən	iuən	ɪwən	iun	iun

续　表

<table>
<tr><th>韵摄</th><th>等别</th><th>韵目</th><th>董同龢</th><th>邵荣芬</th><th>周法高</th><th>陆志韦</th><th>潘悟云</th><th>金理新</th></tr>
<tr><td rowspan="2">宕摄</td><td>一</td><td>唐</td><td>ɑŋ</td><td>ɑŋ</td><td>ɑŋ</td><td>ɑŋ</td><td>ɑŋ</td><td>ɑŋ</td></tr>
<tr><td>三</td><td>陽</td><td>jɑŋ</td><td>iɑŋ</td><td>iɑŋ</td><td>ɪɑŋ</td><td>iɐŋ</td><td>iɑŋ</td></tr>
<tr><td rowspan="5">梗摄</td><td>二</td><td>庚</td><td>ɐŋ</td><td>aŋ</td><td>aŋ</td><td>aŋ</td><td>ɯaŋ</td><td>aŋ</td></tr>
<tr><td>二</td><td>耕</td><td>æŋ</td><td>ɐŋ</td><td>æŋ</td><td>ɐŋ</td><td>ɯæŋ</td><td>ɛŋ</td></tr>
<tr><td>三</td><td>庚</td><td>jɐŋ</td><td>iaŋ</td><td>iaŋ</td><td>ɪæŋ</td><td>ɯiæŋ</td><td>iaŋ</td></tr>
<tr><td>三</td><td>清</td><td>jɛŋ</td><td>iæŋ</td><td>iæŋ</td><td>iɛŋ</td><td>iɛŋ</td><td>iɛŋ</td></tr>
<tr><td>四</td><td>青</td><td>iɛŋ</td><td>ɛŋ</td><td>iɛŋ</td><td>ɛŋ</td><td>eŋ</td><td>eŋ</td></tr>
<tr><td rowspan="3">曾摄</td><td>一</td><td>登</td><td>əŋ</td><td>əŋ</td><td>əŋ</td><td>əŋ</td><td>əŋ</td><td>oŋ</td></tr>
<tr><td>三 A</td><td>蒸</td><td rowspan="2">jəŋ</td><td rowspan="2">ieŋ</td><td>ieŋ</td><td rowspan="2">iĕŋ</td><td rowspan="2">ɨŋ</td><td rowspan="2">iŋ</td></tr>
<tr><td>三 B</td><td>蒸</td><td>iɪŋ</td></tr>
<tr><td rowspan="4">通摄</td><td>一</td><td>東</td><td>uŋ</td><td>uŋ</td><td>uŋ</td><td>uŋ</td><td>uŋ</td><td>uŋ</td></tr>
<tr><td>一</td><td>冬</td><td>uoŋ</td><td>oŋ</td><td>uoŋ</td><td>woŋ</td><td>uoŋ</td><td>ɑuŋ</td></tr>
<tr><td>三</td><td>東</td><td>juŋ</td><td>iuŋ</td><td>iuŋ</td><td>ɪuŋ</td><td>iuŋ</td><td>iuŋ</td></tr>
<tr><td>三</td><td>鍾</td><td>juoŋ</td><td>ioŋ</td><td>ioŋ</td><td>ɪoŋ</td><td>ioŋ</td><td>iwoŋ</td></tr>
<tr><td>江韵</td><td>二</td><td>江</td><td>ɔŋ</td><td>ɔŋ</td><td>oŋ</td><td>ɔŋ</td><td>ɯɔŋ</td><td>auŋ</td></tr>
</table>

江韵是一个特殊的韵,《韵镜》单独列了一表,排在第二行。唐诗中从不跟通摄押韵,直至唐末才开始跟宕摄唐韵和陽韵押韵。比如韩愈的《病中赠张十八》共 22 个韵脚,一律是江韵。学者几乎无差别地将江韵的主元音构拟为 ɔ。然而,这个元音仅出现在江韵,不出现在其他任何韵母中。汉语以及汉藏语系中从未见过如此稀奇古怪的音系结构。我们认为江韵中的主元音本应该出现在其他韵母中。《广韵》的韵母系统中以软腭音收尾的韵母特别庞大。不计合口,以软腭鼻

音-ŋ收尾的韵母共有十四个之多，非常复杂。这一点非常接近浪速语、格曼僜语这些藏缅语族语言。软腭鼻音-ŋ不仅与单元音组合，还可以跟复元音au组合，格曼僜语也是如此。格曼僜语有auŋ和ǎuŋ韵母。无论江韵构拟为什么元音，这个元音只能出现在江韵；韵图单独列了一表而且列在第二行。而《广韵》所有二等韵，主元音不是-a就是-ɛ，除了一个江韵；江韵字谐声系统中跟边音谐声，和其他二等字谐声情况相同。可见，江韵列在二等并非韵图编撰者人为安排。江韵来自上古冬部和東部。上古侯部o，《广韵》已经高化为u，跟幽部三等iu主元音相同。这正跟東韵一等uŋ、三等iuŋ相平行，而東韵三等上古为冬部uŋ。上古幽部一等《广韵》已经复化为ɑu，二等复化为au。上古冬部一等《广韵》为冬韵，二等和東部合并为江韵，正好跟幽部演变情况相匹配。因此，江韵和冬韵我们认为都是复元音韵母。

韵母影响声母，声母也会影响韵母。因而某些声母只能跟某些韵母组合。陆德明《经典释文》中魚虞、之脂不分。《切韵》系列的韵书虽分魚虞、之脂，然唇音只能跟虞韵、脂韵组合。可见，单就唇音而言，即便是《切韵》，魚虞、之脂也不对立。《切韵》中，许多韵只能跟特定的声母组合，且有书音、口音的混杂和方音的存在，均是导致韵书《切韵》分韵过于繁杂的重要原因。通过对音节分布以及无意义差别异读的考察，我们可以对上述韵母表进行删汰。

我们发现凡是以前高元音-i起首的韵母，都被韵图的制作者排在了第三行，不论这个前高元音-i是韵母的主元音还是韵母的介音。以往学者因不解这一编排原则，其构拟的《切韵》语音系统，或没有以前高元音-i为主元音的韵母，或很少有以前高元音-i为主元音的韵母。后高圆唇元音的情况也相似。汉藏语系诸语言，央元音-ə都是后起的，是各种元音的弱化形式，汉语也不应该例外。我们认为，假若以韵书《切韵》的语音系统作为中古汉语语音系统的代表，那么中古汉语并没有以央元音-ə为主元音的系列韵母。

读一读《切韵》我们就不难发现，陆法言时而开合共韵时而开合分韵，时而一三等共韵时而一三等分韵。陆法言以音素作为编排原则又不严格遵守音素原则编撰的《切韵》误导了许多从事中古汉语语音研究的学者。邵荣芬构拟的语音系统共有 ɑ/a/æ/ɛ/e/ɪ/i/ɐ/ə/u/o/ɔ/ɒ 等十三个元音，郑张尚芳构拟的语音系统共有 ɑ/a/ɛ/ᴇ/e/ɪ/i/ɐ/ə/u/o/ɯ/ɤ/ʌ/ɨ 等十五个元音，都几乎用绝了语言里面可能出现的元音。我们认为陆法言用来编撰《切韵》的以洛阳方言为基础的书面语不会超过 i/e/ɛ/a/u/o/ɑ 七个元音音位。其中，ɑ 元音实际是后半低元音 ɔ 的音位变体。汉语和汉藏语系中罕有语言有前 a 和后 ɑ 的对立。假若进一步清理，洛阳方言的元音数应该更少。汉藏语系任何一种语言或方言都没有由如此复杂的元音构成的韵母系统。汉藏语系诸语言或方言，韵尾复杂则元音简单；而韵尾简单则元音复杂。藏语韵尾复杂而只有 5 个元音。傈僳语没有辅音韵尾，其单元音韵母分松、紧、鼻化共有 21 个。但假若剔除松、紧、鼻化，傈僳语也只有 i/e/ɛ/ɑ/o/u/ɯ 七个元音。陆法言的《切韵》有辅音韵尾六个，元音韵尾两个，较接近侗台语族语言。侗台语族韵尾复杂的语言，元音都比较简单。武鸣壮语有六个辅音韵尾和两个元音韵尾，但只有 i/e/a/o/u/ɯ 六个元音。由此可见，《切韵》的元音系统不可能会如此复杂。学者之所以构拟出如此复杂的元音系统，就是被《切韵》"剖析豪氂，分别黍累"的音素原则迷惑了。相邻音素的不同，元音的音质会出现变化。有无介音或不同的介音对主元音的影响也会不同，致使具有相同音位价值的主元音出现音质差异。韵书编撰者往往会把这种不具有音位价值的音素差异独立成一个韵，如唐韵和陽韵。同样，跟不同辅音韵尾组合时主元音的音质也会不一样，如现代汉语的-an 和-aŋ，跟软腭鼻音组合时，前元音的舌位相对要低或后一些。陆法言所谓的"豪氂"是指音素音质上的细微差别，是靠耳朵听感来辨别的。这跟我们归纳语言的语音系统所采用的音位原则是很不相同的。假若研究者把这种没有音位价值的韵误认为是音位上的差别，那么以《切韵》为代表的中古汉语，其韵母系统自然会十分庞杂。

第二章

中古介音的来源

第一节　介音-i-(一)

中古汉语(指以《切韵》为基础构拟出来的中古汉语)中有一个出现频率极高的介音-i-。高本汉以来,大多数学者认为其来自上古汉语的介音-i-,只有少数学者认为是上古汉语语音演变过程中产生的,如蒲立本、俞敏等。俞敏(1999)说:“我怀疑切韵音系里的三等 i 介音……里头至少有一部分是后起的,不该有的……就说‘弗’字吧。后汉人用它对梵文的 put,所以 Śāriputtra 就写成‘舍利弗’,闽南方言‘弗’字也念[put],这挺顺溜。一翻音韵学著作,比方高本汉《上、中古汉语音略》吧! 糟了! 原来切韵音是 piuət。”不过,俞敏并没有讨论到中古汉语介音-i-的来源问题。我们认为,语言系统中可以“无中生有”衍生出一个介音-i-。

表 2.1　布努语瑶里 ia 韵母在苗瑶语族中的对应

词义	瑶里	梅珠	三只羊	陶化	文界	高坡	摆托	长垌
鸡	kia^{42}	ka^{33}	ka^{454}	ka^{53}	qɛ^{35}	qe^{24}	qai^{55}	kai^{44}
窄	ŋkia^{54}	ŋka^{21}	ŋka^{42}	ka^{22}	ŋkɛ^{31}	ɴqe^{55}	—	ŋkai^{32}
怕	ntshia^{42}	ntsha^{33}	nta^{343}	—	ntɕɛ^{55}	nshe^{43}	ntshai^{43}	ntshe^{44}
舌	ntlia^{54}	ntla^{21}	mpla^{42}	tɕa^{22}	mpɦi^{31}	mple^{55}	mplai^{54}	mpli^{32}
毛	tlia^{42}	tla^{33}	pla^{454}	tɕa^{53}	pi^{35}	plo^{24}	plu^{55}	ple^{44}
布	ntia^{42}	nta^{33}	nta^{454}	—	nti^{35}	nto^{24}	ntu^{55}	nte^{44}
头	vhia^{33}	fa^{54}	va^{23}	wa^{55}	pɦi^{31}	ho^{13}	hu^{14}	—

续　表

词义	瑶里	梅珠	三只羊	陶化	文界	高坡	摆托	长垌
脓	pia^{31}	pa^{22}	pa^{42}	pa^{22}	$p\text{ɦ}i^{44}$	po^{22}	pu^{21}	pe^{22}
知道	pia^{42}	pa^{33}	pa^{454}	pa^{53}	pi^{35}	po^{24}	pu^{55}	pc^{44}

上表布努语(瑶里、梅珠、三只羊、陶化)材料参考自《瑶语布努语方言研究》,巴哼语(文界)材料来自《巴哼语研究》,苗语(高坡、摆托)材料参考自《苗瑶语古音构拟》,炯奈语(长垌)材料参考自《炯奈语研究》。

某些元音在一定的语音条件下会衍生出介音-i-,如中古汉语跟软腭音组合的前元音-a与-ɛ。这种语音演变现象也常见于其他语言,如布努语的瑶里方言。汉语标准语的情况跟瑶里方言近似,除了几个借词和方言词,跟软腭音组合的单元音韵母 a 一律衍生出腭介音-i-,变成 ia 韵母。比如迦、佉、伽对译梵语的 ka、kha、ga,而这三字《广韵》全都已经衍生出介音-i-。某些元音在特定的语音条件下也会衍生出介音-i-。蒲立本(Pulleyblank 1962)指出中古汉语的三等腭介音-i-是后起的。上古汉语有 A、B 两类音节,B 类三等韵拟为长元音,A 类非三等韵拟为短元音。包拟古接受蒲立本上古汉语有 A、B 两类音节的观点,提出汉语分原生性-i-和次生性-i-的假设,前者本来就存在于藏缅语族和原始汉语中,后者是汉语在发展过程中衍生出来的。雅洪托夫(1986)也认为腭介音是后起的:“某些介音是以往存在的构词前缀的遗迹。”这一观点后为金理新(2002)所接受。潘悟云和斯塔罗斯金也接受三等韵腭介音后起说。可以说,中古汉语的腭介音-i-是后起的观点已经为越来越多的国内外学者所接受。郑张尚芳(1987)承蒲立本、俞敏等学者之说,认为中古汉语的介音-i-是后起的。根据郑张尚芳提出这一假设的主要理由,我们可以概括为三点:一是,中古汉语四等的分配很不均匀,三等的韵数特别多,几乎占了一半,比一等还多出一倍以上。二是,从汉语亲属语言跟汉语的同源词比较来看,汉语读三等带-i-介音的,亲属语言多数没有,相比较时,汉语往往明显地多出一个介音-i-来。早期梵汉对译,日译吴音以及高丽音,汉语的三等字多没有介音-i-,这些表明那时汉语的-i-介音还没有产生。三是,从方言来看，三等也并不都有-i-跟着。南方有些方言好些三等字不见带有舌面介音-i-。

比较中古汉语和书面藏语时，书面藏语固然有一个介音-j-，但这个介音-j-根本不能跟中古汉语的介音-i-比，且分布狭窄，两者没有语源关系。汉藏同源词最为常见的现象是汉语比书面藏语多一个介音-i-。基于大量的语言事实，介音-i-后起的观点得到了越来越多学者的认同，渐渐成为共识。

三等和一等交替具有构词或构形的功能。

集，秦入切，《广韵》："聚也，会也。"《诗经·鸨羽》："肃肃鸨羽，集于苞栩。"《诗经·鸿雁》："鸿雁于飞，集于中泽。"杂，徂合切，《广韵》："集也。"《吕氏春秋·孝行》："正六律，龢五声，杂八音，养耳之道也。"《管子·八观》："步行者杂文采。"

入，人执切，《广韵》："内也，纳也。"《左传·隐公二年》："莒人入向。"《庄子·大宗师》："登高不栗，入水不濡，入火不热。"纳，奴答切，《广韵》："内也。"《左传·襄公二十七年》："子鲜曰'逐我者出，纳我者死'。"《经典释文》："纳，本作内，音纳。"《左传·隐公四年》："公子冯出奔郑，郑人欲纳之。"《左传·僖公十年》："臣出晋君，君纳重耳。"

俞敏注意到了上古汉语一三等交替具有构词、构形功能，尽管俞敏怀疑上古汉语介音-i-的存在，但他还是用介音-i-来解释两者之间的差别，也即后者添加了一个构词中缀-i-。考察上述同族词时，我们不难发现一个显见的事实：原生动词"入"选用中古带介音-i-的三等韵，而派生动词"纳"采用了不带介音-i-的一等韵，跟俞敏的假设正好相反。中古汉语带介音-i-的三等是原生形式，而不带介音-i-的非三等是派生形式。有介音-i-的语言，介音-i-是一个标记。因此上古汉语的基础词，尤其是核心词更应该倾向于选择中古汉语无介音-i-的语音形式。事实恰恰是，基础词、核心词倾向于选择中古汉语有介音 i 的语音形式。

颂，余封切，《广韵》："形颂。"《说文》："颂，貌也。"

胸，许容切，《广韵》："膺也。"《说文》字作匈，"膺也"。

肢,章移切,《广韵》:“肢体。”《说文》字作职,“体四职也”。

頿,即移切,《广韵》:“《说文》云‘口上须’。俗作髭。”

脾,符支切,《广韵》:“《说文》曰‘土藏也’。”

毗,房脂切,《广韵》:“《说文》曰‘人齎也’。”

眉,武悲切,《广韵》:“《说文》作睂,目上毛也。”

而,如之切,《广韵》:“《说文》曰‘颊毛也’。”

肤,甫无切,《广韵》:“皮肤。”《说文》字作胪,“皮也”。

唇,食伦切,《广韵》:“口唇。”《说文》:“唇,口端也。”

筋,举欣切,《广韵》:“筋骨也。《说文》曰‘肉之力也’。”

元,愚袁切,《尔雅》:“首也。”《左传·僖公三十三年》:“狄人归其元,面如生。”

要,於霄切,《广韵》:“俗言要勒。《说文》曰‘身中也’。”

肠,直良切,《广韵》:“肠胃。”《说文》:“肠,大小肠也。”

睛,子盈切,《广韵》:“目珠子也。”

颈,巨成切,《广韵》:“项也,颈在前,项在后。”

膺,於陵切,《广韵》:“胸也。”《说文》:“膺,胸也。”

心,息林切,《广韵》:“火藏。”

髯,汝盐切,《广韵》:“《说文》曰‘颊须也’。”

首,书九切,《广韵》:“头也。”《说文》:“首,头也,象形。”

手,书九切,《广韵》:“手足。”《说文》:“手,拳也,象形。”

齨,其九切,《广韵》:“齿齨。”《说文》:“齨,老人齿如臼也。”

右,云久切,《广韵》:“左右也。”《说文》字作又,“手也,象形”。

肘,陟柳切,《广韵》:“臂肘。”《说文》:“肘,臂节也。”

踵,之陇切,《广韵》:“《说文》‘跟也’。”《说文》:“踵,跟也。”

指,职雉切,《广韵》:“手指也。”《说文》:“指,手指也。”

趾,诸市切,《广韵》:“足也。”《尔雅》:“趾,足也。”

耳,而止切,《广韵》:“《说文》云‘主听也’。”

齿,昌里切,《广韵》:“又牙齿。”《说文》:“齿,口断骨也。”

䩉,扶雨切,《广韵》:“颊骨。”《说文》:“䩉,颊也。”

乳,而主切,《广韵》:“柔也。”《春秋繁露》:“形体博长,有四乳,大足。”

吻,武粉切,《广韵》:“口吻。”《说文》:“吻,口边也。”

掌,诸两切,《广韵》:“手掌。”《说文》:“掌,手中也。”

颈,居郢切,《广韵》:“项也。”《说文》:“颈,头茎也。”

腑,方矩切,《广韵》:“藏腑。本作府,俗加月。”

肾,时忍切,《广韵》:“五藏之一也。”《说文》:“肾,水藏也。”

臂,卑义切,《广韵》:“肱也。”《说文》:“臂,手上也。”

鼻,毗至切,《广韵》:“《说文》曰‘引气自卑也’。”

胃,于贵切,《广韵》:“肠胃。《说文》‘谷府也’。”

肺,方废切,《广韵》:“金藏。”《说文》:“肺,金藏也。”

面,弥箭切,《广韵》:“《说文》‘颜前也’。”

目,莫六切,《广韵》:“《释名》云‘目,默也,默而内识也’。”

腹,方六切,《广韵》:“腹肚。”《说文》:“腹,厚也。”

发,方伐切,《广韵》:“头毛也。《说文》‘根也’。”

足,即玉切,《广韵》:“《尔雅》云‘趾,足也’。”

脚,居勺切,《广韵》:“《释名》云‘脚,却也’,以其坐时却在后也。”

准,职悦切,《广韵》:“李斐云‘准,鼻也’。”

厀,息七切,《广韵》:“《说文》曰‘胫节也’。”

嗌,伊昔切,《广韵》:“喉也。”《说文》:“嗌,咽也。”

舌,食列切,《广韵》:“口中舌。”《说文》:“舌,在口,所以言也,别味也。”

脊,资昔切,《广韵》:“背脊。”《说文》:“脊,背吕也。”

臆,於力切,《广韵》:“胸臆。”《说文》:“肊,胸骨也。”

考察以上肢体和器官名词时,不难发现有一个非常一致的语音特征,那就是它们属于中古汉语带介音-i-的三等。非三等的肢体、器官名词上古汉语有,但只有几个,中古汉语三等和非三等大抵各占一半。肢体、器官名词的语音形式理当不会一边倒地集中在三等。然而,事实却是上古汉语的肢体、器官名词,基本上属于中古三等。肢体、器官名词都是基本词,其中相当一部分甚至是核心词。从肢体、器官名词所选择的语音形式看,三等韵母是无标记的韵母形式,即中古汉语的三等韵母上古汉语并没有介音-i-。我们从《切韵》前后的梵汉对译的比较中也可以清楚地看出这一点。

表 2.2 梵汉对译与介音-i-

	旧译	玄奘译		旧译	玄奘译
subhuti	须扶提,或须菩提	苏部底	asura	阿修罗	阿素洛
upadesa	优波提舍	邬波第烁	jambu-dvipa	阎浮提洲	瞻部洲
purusa	富楼沙	补卢沙	purna	富兰那	布剌
putana	富单那	布怛那	sumeru	须弥娄	苏迷卢
pudgala	福伽罗或富特伽罗	补特伽罗	hindu	天竺	印度

上表梵汉对译材料参考自《玄奘译著中的梵汉对音和唐初中原方音》(施向东,1983)。

上述梵文音节,唐玄奘之前用带介音-i-的三等字来对译,玄奘则改用不带介音-i-的一等字来对译。玄奘时代的人们还不知道语言的语音是会变化的,故此,玄奘把早期的翻译一律名之为“讹也”。除了元音音质发生变化之外,玄奘认为他之前的翻译家翻译错误就在于,他们是用有介音-i-的三等字去翻译没有介音-i-的音节。汉语并非只有带介音-i-的音节,如 buddha 的音节 bud-,对译时却用一个有介音的“佛”而不用没有介音的“勃”。正因为《切韵》已经有了介音-i-,所以玄奘改用无介音-i-的音节来对译,除非此译名已成习语;而《切韵》之前没有介音,所以后汉可以用有介音-i-的音节来对译梵语。这正说明了中古汉语的介音-i-不是原来就有的,而是后来渐渐发展起来的。

中古汉语的介音-i-并不局限于某一特定辅音声母,它可以跟所有的辅音声母组合,包括声门音。由此,我们可以推定中古汉语的介音-i-跟辅音声母无关。同样,我们也可以排除其他类型的介音。无论是何种介音,都是标记。中古汉语带介音-i-的三等韵在上古汉语中是无标记形式。唯一的可能就是主元音不同。蒲立本设想部分来自长短元音的对立,但是蒲立本找不到上古汉语存在长短元音对立的直接证据。因而蒲立本后来又设想上古汉语的一个音节包含两个音长单位,重音落在第一个音长单位,到中古汉语发展出舌面介音。郑张尚芳明确提出中古汉语的介音-i-来自上古汉语的短元音,是由短元音衍生出来的。郑张尚芳持这一观点的主要理由是：独龙语长短元音对立，独龙语带短元音的音节跟汉语的三等字对应；壮语的情况跟独龙语相似。藏语带-i-介音的音节在独龙语中往往以短元音的形式出现，这种情况跟汉语三等字的演变历史相平行。南方方言往往不带舌面介音-i-，三等字广东话多集中在短元音中，一、二、四等字除了央元音外多集中于长元音。

三等、非三等中古汉语表现为有无介音-i-，而两者可以谐声、通假，甚至可以交替构词或者构形。可见，三等、非三等的差别只能是元音的不同。不过，中古汉语三等介音-i-来自上古汉语短元音的假设，我们认为难以跟语言事实相符合。介音-i-如果来自短元音，那么元音长短对立也只能是汉语从上古汉语到中古汉语演变过程中某一阶段的语言事实，而不能由此认为上古汉语也存在元音的长短对立。将其验证于上古汉语会出现一些困难，我们认为郑张尚芳的几点理由或不能作为证明中古汉语介音-i-在上古汉语中读为短元音的有力证据。

独龙语长短元音颇有特色，但与有长短对立的亲属语言无共源关系。依据学者的研究，独龙语长短元音的对立并不是原始就有的，而是发展的产物。根据现有的材料，独龙语长短元音对立可能有两种来源：一是来源于音节的合并；二是来源于句子的首尾对称和谐。有研究认为，独龙语分长短，除少数半长音起区别词汇意义的作用外，一般不区别词义。长短对立主要在动词的形态变化上，表示动词的语法意义。其中自动词为长元音而使动词为短元音，而这种自动、使动语法意义的转换，显然是来自更早时期的 s-词头的脱落。现代藏语也有长短元音的对立，但是这种元音长短对立来源于韵尾的丢失以及音节的减缩。相反，跟独龙语关系极其密切的语言——景颇语则没有长短元音的对立而有松紧元音的对立。故此，用独龙语来证明中古汉语的介音-i-来自上古汉语的短元音显然是不合适的。依照郑张尚芳的理解，藏语带介音-j-的跟独龙语的短元音对应；而独龙语的短元音跟中古汉语带介音-i-的语词对应。然而独龙语的短元音事实上跟藏语的-j-没有必然的联系。另外依照郑张尚芳的推论，藏语的介音-j-应该跟中古汉语的介音-i-对应。而事实上藏语介音-j-跟中古汉语的介音-i-同样没有必然的联系。藏语的介音-j-来源也很复杂。古藏语的前高元音 i 或半高元音 e 会衍生出介音-j-。因而塞辅音比如软腭音，一般不直接跟前高元音 i 组合,而需要介音-j-的参与才能组合,即 ki＞kji。此外,介音-j-在藏语中也是具有语法构词功能的中缀。这一点学者多已指出。因而其他藏缅语不带介音-j-,藏语却带介音-j-:

表 2.3　藏缅语语音对应表

词义	藏语	嘉戎语	墨脱门巴语	景颇语	独龙语	缅甸语	阿昌语	彝语
鱼	ȵa		ŋa	ŋa^{55}	ŋɯ^{55}	ŋɑ	ŋa^{31}	ŋo^{55}
借	rȵa	rŋɑ	ŋa		ŋɑ^{55}	hŋɑ	ŋɔ^{31}	ŋo^{55}
我	ŋa	ŋɑ		ŋai^{33}	ŋɑ^{55}	ŋɑɑ	ŋɔ^{55}	ŋo^{33}
五	lŋa	mŋo	ŋa	ŋa^{33}	ŋɑ^{33}	ŋɑ	ŋɔ^{31}	ŋo^{31}

上表藏缅语材料参考自《藏缅语族语言词汇》(黄布凡,1992)。

上述四个语词,藏缅语族其他语言都同,唯藏语两分。前两个例词带介音而后两个不带介音。足见,藏语的介音-j-跟藏缅语族其他语言是否为短元音并没有必然的联系,自然更不能作为中古汉语介音-i-来自上古汉语短元音的证据。比如"鱼"和"五",缅语相同,而藏语前者带介音而后者不带介音。侗台语族中许多语言元音分长短。固然,中古汉语带介音-i-的语词可以跟壮语以短元音为主元音的语词对应,而不带介音-i-的跟壮语的长元音对应。但两者并没有必然的联系。中古汉语带介音-i-的语词跟壮语为短元音的语词对应仅仅只是问题的一个方面,不带介音-i-也可以跟壮语的短元音对应,相反也是如此。从侗台语的汉语借词(早期借词)可以看出,中古汉语不带介音-i-的侗台语读短元音的比比皆是:

表 2.4　侗台语汉语借词语音对照

词义	泰语	版纳傣语	龙州壮语	武鸣壮语	柳江壮语	侗南方言	水语	汉语
旋转	pan^{5}	pan^{5}	pan^{5}	pan^{5}	pan^{5}	—	pan^{5}	般
依靠	phɯŋ^{3}	pəŋ^{6}	paŋ^{6}	paŋ^{6}	paŋ^{6}	paŋ^{6}	—	傍

续　表

词义	泰语	版纳傣语	龙州壮语	武鸣壮语	柳江壮语	侗南方言	水语	汉语
薯类	man^2	man^2	man^2	—	man^2	man^2	man^2	蔓
祖父	—	—	$kuŋ^5$	—	—	$oŋ^5$	$qoŋ^5$	公
旧	kau^5	kau^5	kau^5	kau^5	kau^5	$aːu^5$	$qaːu^5$	故
看	—	—	—	—	kau^3	—	qau^5	顾
灵魂	$khwan^1$	$xwɔn^1$	$khun^1$	hon^2	van^1	$kwan^1$	$kwan^1$	魂
豆	$thuə^5$	tho^5	thu^5	tu^6	tu^6	to^6	to^6	豆
公牛	$thɯk^7$	—	$tək^7$	tak^8	tak^8	tak^8	tak^8	特

上表侗台语材料参考自《侗台语族概论》(梁敏、张均如,1996)。

汉语借词“故(旧)”和“顾(看)”,水语前者主元音为长元音而后者为短元音。中古汉语不带介音-i-,侗台语借词对应的却是短元音(带韵尾时元音分长短)。显然,我们不能因为中古汉语带介音-i-的和侗台语的短元音对应而忽略其和侗台语长元音之间的对应;同样,我们也不能因汉语不带介音-i-的和侗台语的长元音对应而忽略其和侗台语短元音之间的对应关系。也就是,汉语的三等和侗台语的短元音之间并不存在必然的联系。侗台语元音分长短,假若汉语元音也分长短,那么侗台语中的汉语借词应该出现相对比较整齐的语音对应关系。然而侗台语中的汉语借词没有这种一三等清晰的分界。因此侗台语的汉语借词只能证明一个事实,中古汉语一三等对立并非来自上古汉语的长短元音。

梵汉对译正证明汉语不曾有过长短元音对立的时期。前面我们已经说到,《切韵》之前的梵汉对译时期,跟唇辅音组合的三等韵还没有介音。梵语元音是分长短的。如果汉语元音也分长短,中古汉语的介音-i-来自上古汉语的短元音,那么势必会出现这样一个对译趋势,即:有介音-i-的跟梵语的短元音对应,而无介音-i-的跟梵语的长元音对应。然而梵汉对译中并不存在这种有介音-i-的对应短元音、无介音-i-的对应长元音的趋势,比如:

表 2.5　梵汉对音表

梵语	旧译	玄奘译	梵语	旧译	玄奘译
purus	富楼沙	补卢沙	pūrna	富兰那	布剌那

同样一个“富”可以对译梵语的长元音 pū 也可以对译短元音 pu。比如：波，既可以对译梵文的 pa，也可以对译 pā；钵，既可以对译梵文的 pat，也可以对译 pāt。这说明汉语并不曾存在过一个长短元音对立的时期。郑张尚芳也曾举例，古人专门为梵语短元音 ka、kha、ga 设计了“迦”“佉”“伽”三字，这三字到中古汉语时衍生出了介音-i-。梵汉翻译中，当时的翻译家总是喜欢用中古有介音-i-的翻译梵语的软腭音，而极少用无介音-i-的来翻译梵语的软腭音。比如：迦，既可以对译梵文 ka，也可以对译 kā；翅，既可以对译梵文 ki，也可以对译 kī。以上这些材料都足以证明，上古汉语并不存在长短元音的对立。

余，以诸切，《广韵》：“我也。”《左传·闵公二年》：“余焉能战?”

汝(女)，人渚切，《广韵》：“尔也。”《左传·僖公四年》：“五侯九伯，女实征之。”

此，雌氏切，《广韵》：“止也。”《左传·隐公四年》：“此二人者，实弑寡君。”

彼，甫委切，《广韵》：“对此之称。”《左传·昭公元年》：“一彼一此，何常之有?”

谁，视隹切，《广韵》：“何也。”《左传·僖公四年》：“以此众战，谁能御之?”

不，甫鸠切，《广韵》：“弗也。”《左传·隐公元年》：“不及黄泉，无相见也!”

全，疾缘切，《广韵》：“完也，具也。”《孟子·离娄上》：“有求全之毁。”

一，於悉切，《广韵》：“数之始也。”《左传·隐公元年》：“大都不过参国之一。”

二，而至切，《说文》：“地之数也。”《左传·隐公元年》：“十有二月，祭伯来。”

长，丈二切，《广韵》：“永也。”《左传・宣公十五年》：“虽鞭之长，不及马腹。”

小，私兆切，《广韵》：“微也。”《左传・桓公二年》：“本大而末小，是以能固。”

女，尼吕切，《说文》：“妇人也。”《左传・庄公二十四年》：“男女之别，国之大节也。”

人，如邻切，《广韵》：“天地人为三才。”《左传・隐公二年》：“莒人入向。”

皮，符羁切，《广韵》：“皮肤也。”《左传・僖公十四年》：“皮之不存，毛将安傅？”

肤，甫无切，《广韵》：“皮肤。”《墨子・修身》：“畅之四支，接之肌肤。”

肉，如六切，《广韵》：“骨肉。”《左传・宣公十二年》：“郑伯肉袒牵羊以逆。”

脂，旨夷切，《广韵》：“脂膏也。”《左传・襄公三十一年》：“巾车脂辖。”

尾，无匪切，《广韵》：“首尾也。”《左传・文公十七年》：“畏首畏尾，身其余几。”

羽，王矩切，《广韵》：“鸟长毛。”《左传・隐公五年》：“骨，角，毛，羽。”

发，方伐切，《广韵》：“头毛也。”《左传・僖公二十二年》：“见被发而祭于野者。”

首，书九切，《广韵》：“头也。”《左传・隐公三年》：“得保首领以没。”

耳，而止切，《说文》：“主听也。”《左传・僖公二十四年》：“耳不听五声之和为聋。”

目，莫六切，《说文》：“人眼。”《左传・僖公二十四年》：“目不别五色之章为昧。”

鼻，毗至切，《说文》：“引气自卑也。”《孟子・离娄下》：“人皆掩鼻而过之。”

齿,昌里切,《广韵》:"牙齿。"《左传·僖公五年》:"辅车相依,唇亡齿寒。"

舌,食列切,《广韵》:"口中舌。"《左传·昭公八年》:"匪舌是出,唯躬是瘁。"

足,即玉切,《说文》:"人之足也。"《左传·庄公八年》:"见公之足于户下。"

膝,息七切,《说文》:"胫节也。"《荀子·大略》:"坐视膝,立视足。"

手,书九切,《广韵》:"手足。"《左传·隐公元年》:"仲子生而有文在其手。"

腹,方六切,《广韵》:"腹肚。"《左传·宣公二年》:"睅其目,皤其腹。"

颈,居郢切,《广韵》:"项也。"《左传·定公十四年》:"使罪人三行,属剑於颈。"

乳,而主切,《广韵》:"柔也。"《左传·宣公四年》:"楚人谓乳谷,谓虎於菟。"

心,息林切,《广韵》:"火藏。"《左传·僖公二十四年》:"沐则心覆,心覆则图反。"

饮,於锦切,《说文》:"歠也。"《左传·宣公十年》:"饮酒於夏氏。"

噬,时制切,《广韵》:"啮噬。"《左传·哀公十二年》:"国狗之瘈,无不噬也。"

视,承矢切,《广韵》:"瞻也。"《左传·庄公十年》:"下视其辙,登轼而望之。"

闻,无分切,《说文》:"知声也。"《左传·隐公元年》:"公闻其期。"

知,陟离切,《广韵》:"觉也。"《左传·隐公五年》:"非寡人之所敢知也。"

寝,七稔切,《广韵》:"卧也。"《左传·成公二年》:"丑父寝於轏中,蛇出於其下。"

死,息姊切,《说文》:"澌也。"《左传·隐公三年》:"寡人虽死,亦无悔焉。"

游,以周切,《广韵》:"浮也。"《左传·昭公二十七年》:"岂其伐人而说甲执冰以游?"

飞，甫微切，《广韵》："飞翔。"《左传·哀公六年》："赤乌夹日以飞。"

寐，弥二切，《广韵》："寝也。"《左传·襄公二十六年》："夙兴夜寐。"

立，力入切，《广韵》："行立。"《左传·庄公八年》："豕人立而啼。"

畀，必至切，《广韵》："与也。"《左传·僖公二十八年》："分曹卫之田，以畀宋人。"

言，语轩切，《广韵》："言语也。"《左传·隐公元年》："不言出奔，难之也。"

鱼，语居切，《说文》："水虫也。"《左传·隐公五年》："公矢鱼于棠。"

虱，所栉切，《广韵》："虮虱。"《庄子·徐无鬼》："豕虱是也。"

种，之陇切，《广韵》："种类也。"《庄子·逍遥游》："魏王贻我大瓠之种。"

叶，与涉切，《广韵》："枝叶。"《左传·闵公元年》："而后枝叶从之。"

日，人质切，《说文》："实也。"《左传·桓公三年》："日有食之。"

月，鱼厥切，《说文》："阙也。"《左传·庄公二十五年》："非日月之眚，不鼓。"

云，王分切，《说文》："山川之气也。"《左传·昭公十七年》："昔者黄帝氏以云纪。"

雨，王矩切，《说文》："水从云下也。"《左传·庄公七年》："星陨如雨，与雨偕也。"

水，式轨切，《说文》："准也。"《左传·桓公元年》："凡平原出水为大水。"

石，常隻切，《说文》："山石也。"《左传·僖公十六年》："陨石于宋，五。"

焚，符分切，《广韵》："焚烧。"《左传·隐公四年》："弗戢，将自焚也。"

赤，昌石切，《广韵》："南方色。"《左传·襄公二十六年》："宋芮司徒生女子，赤而毛。"

夜，羊谢切，《广韵》："暮也。"《左传·庄公七年》："夜中，星陨如雨。"

热,如列切,《说文》:“温也。”《左传·昭公元年》:“阴淫寒疾,阳淫热疾。”

盈,以成切。《广韵》:“满也。”《左传·庄公十年》:“彼竭我盈,故克之。”

新,息邻切,《广韵》:“新故也。”《左传·隐公三年》:“远间亲,新间旧。”

良,吕张切,《广韵》:“善也。”《左传·成公十年》:“彼良医也,惧伤我。”

圆,王权切,《说文》:“全也。”《礼记·经解》:“不可欺以方圆。”

名,武并切,《说文》:“自命也。”《左传·隐公七年》:“不书名,未同盟也。”

吾,五乎切,《广韵》:“我也。”《左传·隐公五年》:“吾将略地焉。”

何,胡歌切,《广韵》:“辞也。”《左传·隐公元年》:“君何患焉?”

多,得何切,《广韵》:“众也。”《左传·僖公五年》:“病而乞盟,所丧多矣。”

大,徒盖切,《广韵》:“小大也。”《左传·隐公元年》:“大都不过参国之一。”

男,那含切,《广韵》:“男子也。”《左传·桓公十八年》:“女有家,男有室,无相渎也。”

血,呼决切,《释名》:“濊也。”《左传·成公二年》:“流血及屦,未绝鼓音。”

骨,古忽切,《说文》:“肉之核也。”《左传·襄公二十二年》:“所谓生死而肉骨也。”

卵,卢管切,《汉书》注:“鸟卵也。”《左传·哀公十六年》:“胜如卵,余翼而长之。”

角,古岳切,《说文》:“兽角也。”《左传·隐公五年》:“皮革,齿牙,骨,角。”

口,苦后切,《说文》:“人所以言食也。”《左传·襄公九年》:“口血未干而背之。”

爪,侧绞切,《说文》:“覆手曰爪。”《左传·成公十二年》:“以为己腹心股肱爪牙。”

肝，古寒切，《广韵》："木藏。"《庄子·盗跖》："脍人肝而餔之。"

步，薄故切，《广韵》："行步。"《左传·哀公十一年》："徐步而死。"

来，落哀切，《广韵》："至也。"《左传·隐公元年》："十有二月，祭伯来。"

坐，徂果切，《说文》："止也。"《左传·宣公二年》："坐而假寐。"

杀，所八切，《广韵》："杀命。"《左传·隐公四年》："卫人杀州吁于濮。"

鸟，都了切，《说文》："长尾禽总名也。"《左传·隐公五年》："鸟兽之肉。"

犬，苦泫切，《广韵》："狗有悬蹄者曰犬。"《左传·僖公四年》："与犬，犬毙。"

木，莫卜切，《广韵》："树木。"《左传·僖公三十二年》："尔墓之木拱矣。"

本，布忖切，《说文》："木下曰本。"《左传·隐公六年》："绝其本根，勿使能殖。"

星，桑经切，《广韵》："星宿。"《左传·庄公七年》："夜，恒星不见。"

山，所闲切，《释名》："产也。"《左传·隐公十一年》："山有木，工则度之。"

土，他鲁切，《释名》："吐也。"《左传·庄公三十二年》："神赐之土田。"

沙，所加切，《说文》："水散石也。"《左传·僖公十四年》："辛卯，沙鹿崩。"

烟，乌前切，《广韵》："火气也。"《庄子·徐无鬼》："布草，操烟火。"

火，呼果切，《说文》："毁也。"《左传·隐公四年》："夫兵，犹火也。"

灰，呼恢切，《说文》："死火也。"《庄子·齐物论》："心固可使如死灰乎？"

径，古定切，《广韵》："步道。"《左传·僖公二十五年》："昔赵衰以壶飧从径。"

青，仓经切，《广韵》："东方色也。"《左传·僖公二十六年》："野无青草。"

黄，胡光切，《广韵》："中央色也。"《左传·隐公元年》："不及黄泉，无相见也!"

白,傍陌切,《广韵》:"西方色。"《左传·昭公二十六年》:"有君子白皙。"

黑,呼北切,《广韵》:"北方色。"《左传·昭公二十八年》:"昔有仍氏生女,黰黑。"

寒,胡安切,《广韵》:"寒暑也。"《左传·哀公八年》:"唇亡齿寒,君所知也。"

燥,苏老切,《广韵》:"干燥。"《左传·襄公十七年》:"以辟燥湿寒暑。"

斯瓦迪士一百个核心词中除了 we"我们",上古汉语没有相应的语词,I"我"上古汉语有"余"和"吾"两个形式,也可以予以剔除。其余九十八个语词,非三等三十四个,三等六十四个。三等几乎是非三等的一倍。上古汉语基础词尤其是核心词倾向于选择三等的特征非常明显。这进一步证明中古汉语繁多的介音-i-是发展的产物。此外,指代词、亲属称谓词的情况跟肢体或器官名词相同,也明显倾向于选三等韵。这足以说明三等和非三等的语言价值并不完全相同,且三等韵母上古汉语是不带-i-介音的无标记形式。

三等和非三等在上古不是有无介音-i-的不同,也不应该是元音长短的不同。汉藏语系语言的元音要么长短对立,要么松紧对立。由此,只剩下一种可能,元音松紧不同。南亚语系语言,比如佤语,元音松紧对立,而紧元音是无标记的元音。以斯瓦迪士一百个核心词为例,佤语有紧元音六十六个,松元音有三十四个(陈国庆,2002)。汉语跟佤语的差别仅仅在于汉语选择了三等而佤语选择了紧元音。通过对斯瓦迪士一百个核心词以及其他基础词中古汉语语音形式的分析,进一步佐证了我们的看法,中古汉语一三等的对立主要来自上古汉语的松紧元音。其中,三等上古为紧元音,非三等上古为松元音。

紧元音听感上相对松元音要响亮、清晰和尖锐。语言的使用者对母语中对立的东西相对敏感,对母语中不对立的东西则相对迟钝。元音长短对立语言的使用者对元音长短敏感,元音松紧对立语言的使用者对元音松紧敏感。侗台语的元音分长短,如果汉语的元音也分长短，那么侗台语应该用长短元音分别对译汉语的长短元音。如果汉语的元音分松紧，那么由于侗台语对元音松紧不敏感，对译汉语的时候会出现长短跟松紧不匹配。梵语的翻译也应该是这种情况，梵语的元音也分长短且不分松紧。较之松元音，紧元音响亮、清晰，这正可以解释为何翻译家用中古汉语韵母为三等的语词对译梵语。

表 2.6　见组三等的谐声情况

	k_1	k_2	k_3	kh_1	kh_2	kh_3	$ɣ_1$	$ɣ_2$	$ɣ_3$	g_3	$ŋ_1$	$ŋ_2$	$ŋ_3$	
奇			奇			綺				奇			錡	
躬			躬			穹				窮				
鞏			鞏			恐				蛩				
强			繈							强				
規			規			窺				嫢				
龜			龜											
其			其			欺				其				
幾			幾							幾				
瞿			瞿							瞿				
矍			矍			躩				戄				
君			君			輑				群				
斤			斤			赾				近	圻[i]		圻	
㞷[ii]						筐				㞷				
狂			逛							狂				
喬			喬			蹻				喬				

[i] 垠，语巾切，《广韵》："垠岸也。"圻，语斤切，《广韵》："圻堮，又岸也；垠，上同。"垠，五根切，《广韵》："垠堮，又语斤切；圻，上同。"

[ii] 汪，纡往切，《广韵》："汪陶县，在雁门。"汪，乌光切，《广韵》："水深广，又姓。"汪，乌浪切，《广韵》："水臭也。"此声符读一等的唯独"汪"一字，且是一个异读字。

续 表

	k_1	k_2	k_3	kh_1	kh_2	kh_3	$ɣ_1$	$ɣ_2$	$ɣ_3$	g_3	$ŋ_1$	$ŋ_2$	$ŋ_3$	
畺			畺							疆				
几			几											
久			久							柩				
建			建							健				
居			居							腒				
豦			豦							豦				
匊			匊			麴				鞠				
己	改		己			杞				忌				
厥			厥			闕				橜				
去			弆			去								
遣						遣								
求			求							救				
巨			矩							巨				
臼										臼				
具			俱							具				
局										局				
却			脚			却				[口卻]				
屩			屩											
堇			堇			螼				堇			鄞	
卷			卷			綣		豢		倦				

三等固然广泛跟非三等谐声,但三等只跟三等谐声的趋势已经十

分明显。像“奇”声符，清一色三等字。自然，谐声字并非同一个时代的产物，《说文》收录的谐声字也是在东汉之前的不同时代创制而累积起来的。一种音变的产生到这种音变的结束都需要时间，并不是很短的时间内所能完成的。同样，构拟汉语的古音也应该考虑时代。以下几例皆是先秦文献（以《诗经》为主）中较常见的语气词记录文字的情况：

止，诸市切，《广韵》：“停也，息也。”《诗经·草虫》：“亦既见止，亦既觏止，我心则降。”传：“止，辞也。”《诗经·杕杜》：“日月阳止，女心伤止，征夫遑止。”《诗经·敝笱》：“齐子归止，其从如云……齐子归止，其从如雨。”《诗经·南山》：“既曰归止，曷又怀止。”

思，息兹切，《广韵》：“思念也。”《诗经·汉广》：“汉有游女，不可求思；汉之广矣，不可泳思；江之永矣，不可方思。”《诗经·采薇》：“昔我往矣，杨柳依依。今我来思，雨雪霏霏。”

嗞，《说文》：“嗟也。”嗞，子之切，《广韵》：“嗞嗟，忧声也。”《战国策·秦策》：“曰嗟嗞乎。”兹，《广韵》：“此也，子之切。”《尚书·立政》：“周公曰‘呜呼休兹，知恤鲜哉’。”兹，朱骏声云：“又为哉。”《诗经·下武》：“昭兹来许，绳其祖武。”马瑞辰：“兹、哉古同声通用。”王先谦《诗三家义集疏》：“三家兹作哉。”

已，羊已切，《广韵》：“止也。”《论语·八佾》：“起予者，商也，始可与言诗已矣。”《论语·学而》：“可谓好学也已。”《孟子·梁惠王上》：“然则王之所大欲可知已。”《庄子·逍遥游》：“汤之问棘也是已。”

矣，于纪切，《广韵》：“《说文》云‘语已词也’。”《诗经·卷耳》：“陟彼砠矣，我马瘏矣，我仆痡矣，云何吁矣。”《诗经·谷风》：“就其深矣，方之舟之。就其浅矣，泳之游之。”

噫，《说文》：“饱食息也。”噫，於其切，《广韵》：“恨声。”《诗经·噫嘻》：“噫嘻成王，既昭假尔。”《论语·先进》：“噫！天丧予！天丧予！”《庄子·则阳》：“噫！其虚言与？”《史记·鲁仲连传》：“噫嘻，亦太甚矣。”

嘻，《说文》：“痛也。”嘻，许其切，《广韵》：“痛声。”《左传·襄公三十年》：“鸟鸣于亳社，如曰嘻嘻。”《庄子·养生主》：“文惠君曰：‘嘻，善哉,技盖至此乎?'"《韩非子·十过》:"嘻,退! 酒也。"《礼记·檀弓上》:"嘻! 其甚也。"

其,渠之切,又音基,《广韵》:"辞也。"《广雅》:"其,词也。"《诗经·庭燎》:"夜如何其? 夜未央,庭燎之光。"

而,如之切,《广韵》:"语助。"《诗经·著》:"俟我于著乎而,充耳以素乎而。"《论语·微子》:"已而,已而! 今之从政者殆而!"

耳,而止切,《广韵》:"辞也。"《论语·阳货》:"偃之言是也,前言戏之耳。"《孟子·梁惠王上》:"直不百步耳。"《孟子·离娄上》:"人之易其言也,无责耳矣。"《庄子·人间世》:"嘻! 若殆往而刑耳!"

作为语气词记录文字的之部字甚多,而且绝大部分是中古汉语带介音-i-的三等字。汉语语气词一个重要特点是音节简洁、自然,是天籁之声。显然,音节复杂难以符合语气词的特点。介音-i-是语言的一个标记。如果《诗经》时代有介音-i-,古人自然不应该选择带介音-i-的文字而应该选择不带介音-i-的作为语气词的记录符号,比如"耳"和"乃"。这也足以说明《诗经》时代仍然没有介音-i-。同样,以中古有介音-i-的文字作为语气词记录符号,也说明《诗经》时代音节已开始简化。如此,《诗经》时代所记录的这些中古汉语带介音-i-的文字已经是音节简单的单音节语词。民歌中位于句子末尾位置的语气词往往可以拖得极长。如果是依照元音的长短,那么古人更应该选择长元音来表达感叹的语气。紧元音是听感上相对松喉元音要响亮、清楚和尖锐的元音。汉语用中古汉语有介音-i-的作为语气词也正说明了中古汉语有无介音-i-的对立是依据元音的松紧而不是元音的长短。

第二节　介音-i-(二)

韵图的编撰者把凡是以前高元音-i 为主元音或带介音-i-的韵母统统列入第三行,也就是所谓的三等;而把原本应该归三等而带介音-j-的韵母列入第四行,也就是所谓的重纽四等。上古汉语早期音节简化(词头失落)导致元音松紧对立,而其中紧元音衍生出-i-,成为中古汉语的介音-i-,或者导致韵母的主元音前高化为前高元音-i。

表 2.7　藏缅语族的语音对照

词义	载瓦语	阿昌语	勒期语	波拉语	浪速语	傈僳语	怒苏语	缅语
脚	khji^{51}	tɕhi^{55}	khjei^{33}	khji^{55}	khjik^{31}	tɕhi^{44}	khɹi^{31}	khre
胆	kji̱^{51}	tɕhi^{35}	kjei^{33}	kji̱^{55}	kji̱k^{31}	tɕi^{44}	khɹia^{55}	khre
筋	kji^{21}	kʐə^{31}	kji^{33}	kji^{31}	khi^{31}	dʑu^{31}	gɹɯ^{55}	krɔ
铜	kji^{21}		kjei^{33}	kji^{31}	kjik^{55}	dʑi^{31}	gɹi^{31}	kre
星	kji̱^{51}	khʐə^{55}	kji̱^{33}	kji̱^{55}	kji̱^{31}		kɹe^{31}	krɑj
六	khju̱ʔ^{55}	xʐoʔ^{55}	khjuk^{55}	khjauʔ^{55}	khjauk^{55}	tɕho^{31}	khɹu̱^{53}	khrɔk
角	khjui^{51}	khʐau^{55}	khjou^{33}	khju^{55}	khjuk^{31}	tɕhi^{33}	khɹɯ^{55}	khjɯ
屎	khji^{21}	tɕhi^{31}	khjei^{55}	khji^{35}	khjik^{55}	tɕhi^{31}	khɹi^{35}	khje

上表藏缅语材料参考自《藏缅语族语言词汇》(黄布凡,1992)。

位于辅音和元音之间的颤音-r-,在缅语支、彝语支的许多语言中已经跟介音-i-(因介音-i-和介音-j-不对立,而一般写作-j-)合并。就藏缅语族而言,颤音-r-的演变路线大抵是经历诸如怒苏语-ɹ-、阿昌语-ʐ-这样的中间阶段再演变成载瓦语的-j-。位于辅音和元音之间的颤音-r-演变成介音-i-,或跟原有的介音-i-合并,在侗台语族的语言中也很常见。

表 2.8　侗台语族 cr-语音的对照

词义	泰语	版纳傣语	龙州壮语
半	phrɔːŋ^{6}		pjoːŋ^{6}
孤儿	phra^{4}	pha^{4}	pja^{4}
明天	phruk^{8}	phuk^{8}	pjuk^{10}
分离	phraːk^{10}	phaːk^{10}	pjak^{8}
蓝靛草	khraːm^{2}	xaːm^{2}	kjaːm^{2}

续　表

词义	泰语	版纳傣语	龙州壮语
呻吟	khraːŋ^{2}	xaːŋ^{2}	kjaːŋ^{2}
懒	khraːn^{2}	xaːn^{4}	kjaːn^{2}
碓窝	krok^{8}	xok^{8}	kjok^{10}

上表侗台语材料参考自《侗台语族概论》(梁敏、张均如,1996)。

中古汉语只有边音 l-,而没有颤音 r-,更没有 Cr-模式的复辅音声母。因而翻译家对译梵文颤音 r-时常常加"口"旁创造新字表明其声母不是边音 l-而是颤音 r-。中古汉语的边音谐声系统中可以跟软腭塞音或唇塞音(下以软腭塞音为代表)组成谐声集合。但是,这些能够跟边音组成谐声集合的软腭塞音只能是软腭塞音 k_2-或 k_3-。进一步分析,我们还发现跟 l_1-组成谐声集合的主要是软腭塞音 k_2-,而跟边音 l_3-组成谐声集合的主要是软腭塞音 k_3-,两者有相对比较清晰的界线。这跟谐声系统中三等倾向于跟三等组成谐声集合的趋势一致。

依据文字谐声、通假、异读以及"通转"等多种材料,郑张尚芳等学者提出跟三等 A(也就是所谓的重纽三等)韵组合的中古汉语软腭塞音 k_3-来自上古汉语的辅音丛 kr-。上古汉语的辅音丛 kr-确实可以演变成跟中古汉语三等 A 韵组合的软腭塞音,也可以演变成跟非三等 A 韵组合的软腭塞音。同样,跟三等 A 韵组合的软腭塞音 k_3-可以来自上古汉语的辅音丛 kr-,也可以来自上古汉语的非辅音丛 kr-。为了便于区别,我们把跟三等 A 韵组合的软腭塞音称为 k_a-,把跟非三等 A 韵组合的软腭塞音称为 k_b-:

表 2.9　边音与软腭塞音谐声

	l_1-	l_3-	k_1-	k_2-	k_a-	k_b-	kh_1-	kh_2-	kh_a-	kh_b	$ɣ_1$-	$ɣ_2$-	$ɣ_3$-	g_a-	g_b-
婁	婁	婁				屨									窶
侖	論	侖		綸											

续　表

	l_1-	l_3-	k_1-	k_2-	k_a-	k_b-	kh_1-	kh_2-	kh_a-	kh_b	γ_1-	γ_2-	γ_3-	g_a-	g_b-
吕		吕				莒									
龍	籠	龍				龔									
翏	翏	翏		膠		樛		膠							璆
林	婪	林			禁									噤	
廩		廩												凛	
立	拉	立							泣				位	苙	

中古汉语的软腭塞音 k_a-可以跟边音组成谐声集合，但软腭塞音 k_b-也可以跟边音组成谐声集合，且跟边音谐声的软腭塞音未必分 k_a-和 k_b-。相同的谐声关系反映的是相同的语音形式。能够跟边音组成谐声集合的是中古汉语软腭塞音 k_2-和 k_3-，而不在乎它是否属于软腭塞音 k_a-还是 k_b-。因而我们不能因软腭塞音 k_a-可以跟边音谐声而认为中古汉语的软腭塞音 k_a-上古汉语一律为 *kr-。中古汉语的软腭塞音 k_a-跟颤音-r-没有必然的联系。

韵书《广韵》的支、脂、祭、真、仙、宵、侵、鹽等几个三等韵软腭音、声门音、唇音的反切用语不同，而韵图分别置于第三行和第四行。这就是我们通常所说的重纽三等和重纽四等。韵图的每一幅表格只有四行。依照韵图的编排结构，每一行的位置上只能安排一类韵母，既然第三行的位置上已经安排了一类三等韵，那么原本也应该排在第三行的其他三等韵就只能被安排到第四行的位置上。传统一般将韵图置于第三行的称为重纽三等而置于第四行的称为重纽四等。我们将置于三等位置、四等位置的三等分别称为三等 A、三等 B，而将没有三等 A 和 B 对立的其他三等韵称为三等 D。韵书《广韵》，三等 A 和三等 B 尽管切语不同，但是如果通过系联就会把这两类合并为一类，无论是用反切下字还是反切上字。韵书的编撰者把它们置于同一韵，反切用字不同但经得起系联。足见，这两类韵母的差别是很细微的，细微到甚至连韵书的编撰者也难以选择恰当的反切用字来区分它们彼此之间的不同。既然属于《广韵》的同一韵,且经反切系联又成了一类,那么三等A和三等B的主元音应该相同。依照韵书《广韵》的编排原则,介音不同的韵母可以编入同一韵,尽管有时候也没有遵照这一编排原则。因而三等A和三等B之间的差别应该仅在于韵母所含介音的不同。韵图的制作者把三等A和三等D同列在第三行,这说明三等A和三等D本属于同一类。假若三等D带介音-i-,那么三等A也应该带介音-i-。如此,韵图置于第四行的三等B应该带与三等A不同的介音。据邵荣芬等学者的研究,韵图置于第四行的三等B带的介音是-j-。也就是说,三等B介音-j-的摩擦程度比三等A介音-i-要强。

某些韵之所以有三等A和三等B的对立,是因为有三等B的存在,即有三等B则一定有三等A,有三等A却未必有三等B。某些三等韵因为摩擦程度较强的介音-j-的存在而分为两类——三等A和三等B;而不是因为介音-i-的存在而韵母分为两类。我们认为,是三等B——而不是三等A——才是特殊的三等韵。因而韵书《广韵》只有少数几个韵才有三等B。正因为三等B是特殊类型的三等韵,韵图的编撰者才把这一特殊类型的三等韵排在第四行的位置而不是第三行的位置。三等A和三等D都带介音-i-,且跟边音l-组成谐声集合的不一定就是跟三等A组合的软腭塞音,因此我们不能推导出中古汉语三等A一定来自上古汉语的*Cr-模式的复辅音声母。假如上古汉语有位于辅音和元音之间的颤音-r-,那么这个颤音-r-应该均衡地分布在上古汉语的诸韵部而不应该仅仅局限于个别韵部。但三等A仅局限于几个韵部。上古汉语之所以出现这种现象是因为三等B是特殊的韵,而所谓的三等A跟其他三等韵一样都是普通的三等韵,即不论是中古汉语还是上古汉语都没有所谓的三等A,而都是普通的三等。

上古汉语带颤音-r-的,中古汉语并非一定就是三等A,而中古汉语的三等A也并非一定来自上古汉语的颤音-r-,如歌部。歌部,《广韵》分一等歌韵和三等支韵。支韵是一个有三等A、三等B两类的韵。显然,我们不能因为歌部三等《广韵》属于三等A就认为上古汉语一定有颤音-r-。因为,歌部《广韵》里并没有一个跟支韵对立的三等D。假如三等 A 是特殊的三等，那么一定就有普通的三等存在。但有三等 B 一定有三等 A，而有三等 A 却不一定就有三等 B。可见三等 A 本身就是三等 D（普通三等），只不过由于有对立的三等 B 而引起人们的特别注意罢了。上古汉语的颤音-r-是一个独立的辅音音位。多一个辅音音位就意味着多一个标记。如果因韵书《广韵》中属于三等 A 而构拟其上古汉语读音为辅音丛 Cr-，那么就意味着一定有 C-的存在，即歌部也应该有三等 D。既然没有对立的三等 D，那么我们只能说这些原本属于歌部的支韵字本就是三等 D。歌部三等《广韵》之所以归入三等 B 是因为有来源不同的支部存在。歌部和支部三等后来合并为支韵。歌部入三等 A 而支部字入三等 B 主要是由于支部主元音本身就是前高元音 i，歌部三等的介音-i-是后来衍生出来的。支部所带的介音-j-比歌部的介音-i-摩擦程度强而被韵图的编撰者列入第四行。因而凡是有两个来源的韵，上古汉语主元音为前高元音的韵部总是列在第四行，即属于三等 B。

中古汉语的三等 D 上古汉语有 C-、Cr-等来源，三等 A 也有多个来源，即主元音为紧元音的韵母。因而中古汉语的三等 D 和三等 A 都可以跟中古汉语的边音 l-组成谐声集合。相同的谐声行为已经决定了它们具有相同的性质。三等跟非三等（一等）谐声。歌部字的谐声关系是三等 A 跟非三等谐声。显然，歌部三等 A 等同其他韵部的三等，即与之组合的是紧元音，比如“皮”声符。“皮”声符字多为单一辅音 C-，如“破”。“破”，本也可以只作“皮”，如《中山王鼎》“皮敌大邦”。我们不能因为“皮”中古属三等 A 而认为其声母上古为* br-。以代词为例，上古汉语分为魚部和歌部两套：

吾，五乎切，《说文》：“我，自称也。”《论语·先进》：“夫子喟然叹曰：‘吾与点也’。”

我，五可切，《说文》：“施身自谓也。”《论语·宪问》：“我无能焉。”

汝，人渚切，《论语·八佾》：“子曰：‘赐也，汝爱其羊，我爱其礼’。”

尔，兒氏切，《诗经·氓》：“尔卜尔筮。”笺：“尔，汝也。”

胡，户吴切，《广雅》：“何也。”《诗经·日月》：“胡能有定？”

何，胡歌切，《广韵》：“辞也。”《论语·颜渊》：“夫何惧何忧？”

夫,甫无切,《广韵》:“语助。”《左传·宣公二年》:“公嗾夫獒。”

彼,甫委切,《广韵》:“对此之称。”《诗经·卷耳》:“陟彼高冈。”

除了“彼”,其余魚部、歌部交替的代词都不曾以带-r-的形式出现。彼,《诗经》中常常通作“匪”。《诗经·旄丘》:“匪车不东。”《诗经·定之方中》:“匪直也人。”匪,中古汉语属于三等 D。《中山王鼎》中“皮”字既假借为“破”也假借为“彼”,如“皮顺皮卑”。依照三等跟非三等谐声的通则,“彼”应该是跟一等“破”相对的三等字。代词“彼”,藏语的共源对应形式为 phar“彼”。除了 phar,藏语还有一个形式是 phir“彼处、那边、对面”,而这一形式正对应“匪”。上古汉语的代词,有魚部、歌部两个形式,但“等”相同:第一人称“吾”和“我”、疑问代词“胡”和“何”同属于一等,而第二人称“汝”和“尔”、指示代词“夫”和“彼”同属于三等。假若“夫”为 $p\underline{a}$,那么“彼”则应该是 $p\underline{a}r$。

无,武夫切,《广韵》:“有无也。”毋,武夫切,《广韵》:“止之辞。”《诗经·行露》:“谁谓鼠无牙,何以穿我墉。谁谓女无家,何以速我讼。”《左传·隐公元年》:“不及黄泉,无相见也!”《论语·子罕》:“主忠信,毋友不如己者,过则勿惮改。”靡,《广韵》:“无也,文彼切。”《诗经·泉水》:“有怀于卫,靡日不思。”郑笺:“靡,无也。”《诗经·采薇》:“靡室靡家,猃狁之故。”郑笺:“靡,无。”《尔雅》:“靡、罔,无也。”

很显然,“无”和“靡”不过是 $^*m\underline{a}$ 和 $^*m\underline{a}r$ 之间的语音交替而已。歌部本无所谓三等 A 和三等 D 的问题,因为本就只有一类三等。通过上面的分析,它们原本就是三等 D,只是因音变归入了《广韵》支韵而已,即 iar>iɛ。我们不能因为支韵为三等 A 而反推歌部三等也一定是带-r-的韵母。歌部如此,文部也是这样。上古汉语的文部,《广韵》分裂为三等欣韵和真韵。因而《广韵》归真韵的被认为是跟欣韵对立的三等 A。实际上,欣韵-ien 只有软腭音和声门音,是一个有残缺的韵,软腭音归真韵仅仅是欣韵的变异。

表 2.10　欣韵疑母异读表

犾	语斤切	《广韵》：犬相吠也。	语巾切	《广韵》：犬声。
虓	语斤切	《广韵》：虎声。	语巾切	《广韵》：虎声。
狺	语斤切	《广韵》：犬争。	宜引切	《广韵》：犬争貌。
听	牛谨切	《广韵》：笑貌。	宜引切	《广韵》：大笑貌。
鄞	语斤切	《广韵》：县名，在会稽郡。	语巾切	《广韵》：县名，在会稽郡。
圻	语斤切	《广韵》：圻堮，又岸也。	语巾切	《广韵》：垠岸也。

跟软腭鼻音 ŋ-组合的欣韵-ien 是真韵-in 的自由变体，两者之间的变换没有任何意义区别。可以说，与软腭鼻音 ŋ-组合的欣部（文部）依照《广韵》的语音系统本应该归欣韵，但因音变而归真韵。而这种音变早就已经发生。我们不能因为《广韵》有欣韵和真韵两种读音而构拟两种不同的读音。"堇"声符字，《广韵》也有欣韵和真韵两种读音。

表 2.11　欣韵群母异读表

穫	巨斤切	《广韵》：矛柄。	巨巾切	《广韵》：矛柄也。
堇	居隐切	《广韵》：《说文》"黏土也"。	巨巾切	《广韵》：黏土。
擓	居隐切	《广韵》：《说文》"拭也"。	巨巾切	《广韵》：拭也。
瘽	巨斤切	《广韵》：病也。	渠遴切	《广韵》：病也。

以上举例中均为欣韵和真韵无意义差别的异读。诚然，"堇"声符软腭浊塞音去声多读震韵而不读焮韵。问题是焮韵除了一个异读字"近"，软腭浊塞音无字。依据《经典释文》的注音，本也应读焮韵。《诗经·七月》："塞向墐户。"《经典释文》："墐，音觐。"《礼记·曲礼》："故庙觐之礼，所以明君臣之义。"《经典释文》："觐，其靳反。"《左传·庄公十一年》："宋人请之，宋公靳之。"《经典释文》："靳，居觐反。"《左传·定公九年》："吾从子如骖之靳。"《经典释文》："靳，居觐切。"靳，居焮切，《广韵》："靳固，又姓，楚有大夫靳尚。"与软腭塞音组合的文部稍早时期仍

然读欣韵-ien,而稍后则开始向真韵-in演变。王力指出,陆德明《经典释文》欣韵和真韵已经出现混用。欣韵混入真韵是汉语的总体趋势,两者现代汉语已经混同。因把不同历史时期的材料统统编入韵书《广韵》而导致出现了欣韵和真韵无意义差别的异读。

显然,我们不能简单地依据《广韵》归真韵就认为是来自上古汉语的Cr-。与中古汉语三等A组合的声母上古汉语并不一定就是辅音丛Cr-,而上古汉语的辅音丛Cr-中古汉语也不一定就要归入三等A。中古汉语三等A跟辅音丛Cr-没有必然的联系。因而跟边音l_3-组成谐声集合的中古汉语声母k_3-可以跟三等D组合也可以跟三等A组合。

表2.12 软腭音三等A的谐声

	k_1-	k_2-	k_3-	k_3-	kh_1-	kh_2-	kh_3-	kh_3-	ɣ$_1$-	ɣ$_2$-	ɣ$_3$-	g_3-	g_3-
九			宄	九	尻			馗					仇
咎	咎		晷	咎									倃
龜			龜	龜									
示												祁	示
癸	騤			癸	睽							騤	葵
君			麕	君			輑						群
曷	葛		揭	揭	渴		揭		曷			竭	竭
堇				謹				螼				堇	勤
建				建								鍵	鍵
寒			蹇	蹇			褰	蹇	寒			[illegible]	寋

跟软腭音组合的上古韵部,《广韵》一般只有一个三等韵:假若有对立的三等B则归三等A,假若无对立的三等B则归三等D。然而,也有个别声符,有两个对立的三等韵,如同属于幽部的尤韵和脂韵。这也跟是否是三等A无关。因为凡是归到非本部三等韵的总是成为三等A。为什么同一韵部却要分成两个不同的三等韵。上面已经提到,其中一些貌似有对立的两个三等韵,实际上是语音演变造成,并非

原本就有什么区别。这反映的是两个三等韵之间的语音演变：一个三等韵变成另一个三等韵。其中典型是上古汉语元部、月部的中古读音，因材料来源不同等造成读音混杂。

表 2.13　月韵、薛韵异读表

讦	居竭切	《广韵》：讦谓攻发人阴私也。	居列切	《广韵》：讦发人私。
揭	居竭切	《广韵》：揭起，《说文》曰"高举也"。	居列切	《广韵》：揭起。
揭	其谒切	《广韵》：担物也。	渠列切	《广韵》：高举。
竭	其谒切	《广韵》：尽也。	渠列切	《广韵》：尽也，举也。
碣	其谒切	《广韵》：碣石。	渠列切	《广韵》：《说文》曰"特立之石也"。
楬	其谒切	《广韵》：表楬。	渠列切	《广韵》：有所表识。

从"曷"声字，《广韵》或入月韵或入薛韵，但是两者属无意义差别的异读。这主要是由韵书所采集的材料来源不相同造成的。《庄子·胠箧》："巨盗至则负匮揭箧担囊而趋。"《经典释文》："揭，徐其谒反，又音桀，《三苍》云'举也，檐也'。"时间稍早的徐邈读月韵，而陆德明则已经是月韵和薛韵异读，其演变路线是 a̠t＞iat＞iɛt。

表 2.14　元韵、仙韵异读表

蹇	居偃切	《广韵》：跛也，屯难也。	九辇切	《广韵》：跛也，屯难也。
犍	居言切	《广韵》：犗牛名，又犍为郡。	渠焉切	《广韵》：犍为县，在嘉州。
騝	居言切	《广韵》：骝马黄脊曰騝。	渠焉切	《广韵》：骝马黄脊。
楗	其偃切	《广韵》：关楗；键，上同。	渠焉切	《广韵》：钥也。

键，渠焉切，又音件，《广韵》："钥也。"其辇切，《广韵》："管籥。"《周

礼·地官·司徒》:“司门掌授管键以启闭国门。”郑注:“郑司农云‘键读为蹇’。”《经典释文》:“键,其展反,又其偃反;司农音蹇,居免反。”《礼记·檀弓下》郑注:“管,键也。”《经典释文》:“键,其展反,徐其偃反,钥也。”《礼记·月令》:“修键闭慎管钥。”《经典释文》:“键,其辇反,又其偃反。”《礼记·乐记》:“名之曰建櫜。”郑注:“建读为键,字之误也。”《经典释文》:“建,依注读为键,其展反,徐其偃反。”《尔雅》序“钤键”,《经典释文》:“又作楗,其展反,《字林》:‘巨偃反’。”

读元韵还是读仙韵,并无实质性的意义差别。我们从陆德明《经典释文》的注音可以看出,徐邈读元韵,而陆德明则元韵和仙韵两读。显然,韵书的编撰者把元韵和仙韵两读都搜罗到了韵书中。这跟上面讨论的月韵和薛韵读音一样:早期徐邈读元韵,而后陆德明出现仙韵异读,即 a̠n>ian>iɛn。当然,不是所有同声符的软腭塞音 k_a-和 k_b-都是一种语音演变。

宄,《说文》:“奸也,外为盗,内为宄;从宀九声,读若轨。”宄,居洧切,《广韵》:“内盗也。”《诗经·民劳》郑笺:“轻为奸宄,强陵弱,众暴寡,作寇害。”《经典释文》:“宄,音轨,本亦作轨。”轨,《说文》:“车辙也,从车九声。”轨,居洧切,《广韵》:“法也,车迹也,《说文》曰‘车辙也’。”“宄”和“轨”同音,而两字文献互用。《左传·成公十七年》:“臣闻乱在外为奸,在内为轨。”《经典释文》:“轨,本又作宄,音同。”

从“九”声的谐声集合,在韵书《广韵》中三等的有韵和旨韵,两者完全对立,还有一等豪韵,如“尻”。如果软腭塞音 k_a-、k_b-和 k_1-共处一个谐声集合,那么其词根应该相同。据此,我们首先应该排除韵尾原因。因为这两类的三等韵,《诗经》等韵文押韵:

肃肃兔罝,施于中**逵**。赳赳武夫,公侯好**仇**。(《兔罝》)
济盈不濡**轨**,雉鸣求其**牡**。(《匏有苦叶》)
於我乎每食四**簋**,今也每食不**饱**。(《权舆》)
於粲洒**扫**,陈馈八**簋**。既有肥**牡**,以速诸**舅**。(《伐木》)

其次,我们也可以根据谐声关系以及《诗经》押韵否定一些学者主张两者上古主元音不同的观点。中古汉语，尤韵为-iu 韵母而脂韵合口为-wi 韵母，前者的主元音是-u 而后者的主元音是-i。可见，上古汉语同为-u 韵母而《广韵》却分裂为尤韵-iu 和脂韵-wi。

表 2.15　幽部、之部的音节搭配

	k-			kh-			g-			ŋ-			x-			ɣ		
	平	上	去	平	上	去	平	上	去	平	上	去	平	上	去	平	上	去
脂	龜																洧	
脂		軌					逵											
尤	鳩	九	究	恘	糗		求	舅					休	朽	畜			
豪	咎	臭	告	尻	考	靠				翱		奡	薅	好	好	嗥	皓	

董同龢《上古音表稿》将这些《广韵》入脂韵的字归入之部合口。显然，不论是谐声还是《诗经》押韵，这些字都应该归幽部而不是归之部。不过，董同龢看到了来自幽部的脂韵和来自之部的脂韵早期应该是一类，因为来自幽部的脂韵和来自之部的脂韵互补。我们在韵母部分将要讨论：上古汉语跟唇音、小舌音组合的之部三等因声母的影响跟幽部三等合并。假若像董同龢那样把这些幽部字归入之部，固然可以消除幽部两类三等韵的对立，但是之部还是存在两类对立的三等韵——脂韵和尤韵。归之部的脂韵和尤韵《诗经》押韵情况完全相同：

子惠思我，褰裳涉**洧**。子不我思，岂无他**士**。（《褰裳》）

周原膴**膴**，堇荼如**饴**。爰始爰**谋**，爰契我**龟**。曰止曰**时**，筑室于**兹**。（《绵》）

有鳣有**鲔**，鲦鲿鰋**鲤**。（《潜》）

采采芣苢，薄言**采**之。采采芣苢，薄言**有**之。（《芣苢》）

滔滔江汉，南国之**纪**。尽瘁以仕，宁莫我**有**。（《四月》）

鱼丽于罶，鰋**鲤**。君子有酒，旨且**有**。（《鱼丽》）

依照谐声关系以及《诗经》押韵，这些脂韵字应该归幽部。那么，是什么语音条件导致它们中古归入脂韵?软腭塞音 k_a-和 k_b-共同组成谐声集合,而且跟软腭塞音 k_1-谐声。那么,只能是词缀(前缀或中缀)或元音交替导致上古汉语同为软腭塞音 k-的语词,在中古汉语中韵母分裂为-wi 和-iu 两个形式。

表 2.16 诸家对"九""宄"的构拟

例字	高本汉	李方桂	王力	白一平	郑张尚芳	金理新
九	kiug	$kjəg^w$	kiu	kjuʔ	kuʔ	ku̱ʔ
宄	kiwəg	$k^w jiəg^w$	kiu	$k^w riwʔ$	$k^w rɯwʔ$	k/l/u̱ʔ

除王力干脆不解释两者分化的条件外,自高本汉以来,区别尤韵和脂韵的学者所构拟的"九"和"宄",几乎无一家能够解释两者谐声的原因。各家构拟的上古汉语语音形式,只有高本汉"九"和"宄"起首辅音同为软腭清塞音 k-,其他几家则将前者拟为普通软腭塞音 k-,后者拟为圆唇软腭塞音 k^w-,而白一平等所构拟的甚至连主元音也不同。很显然,这些学者的构拟违反了最基本的"同声必同部"谐声原则。

表 2.17 藏缅语族中"九""宄"等的对照

词义	藏语	道孚语	却域语	景颇语	缅甸语	彝语	原始藏缅语	汉语(用繁体字示例)
猫头鹰		khu	khu^{55}	khu^{55}		gu^{33}	*gu～ku	舊
布谷鸟	khu	ku	ku^{55}	$ku̱k^{55}$	khɯ鸽子	ku^{55}	*ku	鳩
岳父	khu	kə	$kɯ^{55}$	ku^{31}姑父	kɯ哥哥	$ɣɯ^{33}$	*ku	舅
九	dgu	ngə	ku^{55}	khu^{31}	kɯ	$kɯ^{55}$	*d-ku	九
偷	rku	ʂ̥kə	$ʂ̥kɯ^{55}$	ku^{55}	khɯ	$khɯ^{21}$	*r-ku	宄

上表藏缅语材料参考自《藏缅语族语言词汇》(黄布凡,1992)。

汉字中同从"九"声的"九""鳩""宄"三词,藏缅语对应的同源语词正拥有相同的词根 ku。汉语的“九”和“究”正好对应藏缅语的 d-ku“九”和 r-ku“偷”。谐声系统中,“九”和“究”谐声,而且《广韵》同为软腭塞音,那么两者的词根必然相同。藏缅语正可以合理地解释“九”和“究”之间的上古差别:相同的词根,不同的词缀(前缀或者中缀)。书面藏语有多种类型的词缀。这些词缀或失落,或跟词根融合。以塞音起首的词缀,假如词根声母(起首辅音)是颤音,则跟词根融合成 Cr-模式的辅音丛;假如词根声母也是塞音,则脱落或演变成擦音之后再跟词根融合。以擦音、颤音起首的词缀,则因符合响度原则而跟以塞音起首的词根直接融合成 rC-模式的辅音丛。这种辅音丛广泛出现在羌语支语言。藏缅语族大部分语言,rC-模式的辅音丛进一步简化而成单辅音声母 C-。

舊,巨救切,《广韵》:“故也。”旧,《说文》:“鴟旧,旧留也,从萑臼声;鵂,或从鸟休声。”旧,本为会意字,后讹误以为从臼声。旧,《玉篇》:“巨又切,故也;又许流切,旧‘鶹’,今作鵂。”鵂,《广韵》:“鵂鶹,鸟也。”鵂,《玉篇》:“许牛切,鵂鶹。”

丩,居求切,《广韵》:“相纠缭也。”丩,《说文》:“相纠缭也。”朻,《广韵》:“高木,居求切,又居虬切。”朻,《广韵》:“《说文》云‘高木也’,居虬切。”朻,《广韵》:“《尔雅》曰‘朻者聊’,居黝切,又居幽切。”樛,《广韵》:“《说文》曰‘下句曰樛’,《诗》曰‘南有樛木’,传云‘木下曲也’,居虬切。”段玉裁注:“樛即朻字,一字而形声不同。”《诗经·樛木》:“南有樛木,葛藟累之。”《经典释文》:“樛,居虬反,《字林》‘九稠反’,马融、韩诗本并作朻,音同;《字林》‘己周反’。”《汉书·扬雄传上》:“览樛流于高光兮。”颜师古注:“樛流,屈折也。”《文选·班彪〈北征赋〉》:“远迂回以樛流。”李善注:“樛流,曲折貌也。”

纠,吉酉切,《集韵》:“《说文》:‘绳三合也’。”段玉裁注:“凡交合之谓之纠,引伸为纠合诸侯之纠。”《左传·僖公二十四年》:“故纠合宗族于成周。”注:“纠,收也。”《左传·僖公二十六年》:“桓公是以纠合诸侯。”《尔雅》:“羽谓之柳。”《经典释文》:“郑注《礼》云‘柳,聚’也。”《周礼·天官·冢宰》:“衣翣柳之材。”郑注:“柳之言聚,诸饰之所聚。”

穹,去宫切,《广韵》:“高也。”穷,《广韵》:“穷极也,渠弓切。”《诗经·七月》:“穹窒熏鼠,塞向墐户。”传:“穹,穷。”《经典释文》:“穹,去宫切。”《释名》:“宫,穹也,屋见于垣上穹隆然也。”《释名》:“弓,穹也,张之穹隆然也。”

卷,《广韵》:“卷舒,《说文》曰‘膝曲也’,居转切。”拳,《广韵》:“曲也,又书拳,今作‘卷’,居倦切。”《诗经·都人士》:“彼君子女,卷发如虿。”《经典释文》:“卷音权。”《庄子·徐无鬼》:“有卷娄者。”《经典释文》:“卷,音权,娄音缕;卷娄犹拘挛也。”

强,巨良切,《广韵》:“健也,暴也。”彊,《广韵》:“与强通用,《说文》曰‘弓有力也’,巨良切。”《庄子·山木》:“从其强梁。”《经典释文》:“强梁:多力也。”《墨子·鲁问》:“其子强梁不材,故其父笞之。”《老子》四十二章:“强梁者不得其死。”

句,古侯切,《广韵》:“《说文》‘曲也’。”句,《说文》:“曲也。”痀,《广韵》:“曲脊,举朱切。”痀,《玉篇》:“渠俱切,曲脊谓之痀。”痀,《说文》:“曲脊也。”朐,《广韵》:“一曰屈也,其俱切。”《庄子·达生》:“见痀偻者承蜩犹掇之也。”《经典释文》:“痀,郭於禹反,李、徐居具反,又其禹反;偻,郭音缕,李、徐良付反。”

上古汉语一个音节的语词往往可以衍生出一个音节而变成一个CVLV(V指韵母)模式的联绵词。这种CVLV模式的联绵词可以看成是CLV模式的扩张形式,而整个汉藏语系大抵是这种CL-模式的辅音丛。“九”和“宄”《广韵》声母相同,韵母前者为有韵-iu而后者为旨韵-wi。那么,我们可以排除是前缀导致“九”和“宄”分离。如此,上古汉语导致两者分离的语音条件,不是插音,就是主元音(上古汉语元音可松紧交替)。

咎,其九切,《广韵》:“愆也。”《论语·八佾》:“成事不说,遂事不谏,既往不咎。”《左传·庄公二十一年》:“郑伯效尤,其亦将有咎。”咎,《广韵》:“皋陶,舜臣,古作咎繇;古劳切。”谐声集合中,“咎”声字软腭塞音 k_1-和 k_3-共处。绺,《说文》:“纬十缕为绺,从糸咎声,读若柳。”绺,《广韵》:“十丝为绺,力久切。”

上述这种谐声关系在整个谐声字系统中罕见。上古汉语的塞音词头 k- 会跟词根声母 r- 融合成辅音丛 kr-，而词根声母 k- 也会跟插音 /r/ 融合成辅音丛 kr-。因而随着语音的演变，两类来源不同的辅音丛偶尔出现了谐声。这种插音 /r/ 藏缅语也存在。鸽子，藏缅语白保罗构拟 kuw。斑鸠，景颇语 khʒu^{33}。斑鸠、鸽子，白保罗（1984）据克钦语（即景颇语）khru、缅语 khrɯ～khjɯ、加罗语 kru、卡米语 mə-khru 等将原始藏缅语构拟为 kruw。白保罗认为原始藏缅语没有 tr- 辅音丛，但还是把藏缅语的"织"一词构拟为 tak～trak 两个形式。

表 2.18　藏缅语族中"织""灶/火塘"的对照

词义	藏语	嘉戎语	道孚语	景颇语	独龙语	缅语	阿昌语	怒苏语
织	ɦthag	tɑk	nthɑ	taʔ^{31}	ɹɑʔ^{55}	jɑk	ʐuaʔ^{55}	ɣɹa̱^{53}
灶/火塘	thab	thɑp	tha	tap^{31}	ɹɑp^{55}		ʐap^{55}	ɣɹa̱^{53}

上表藏缅语材料参考自《藏缅语族语言词汇》（黄布凡，1992）。

插音 /r/ 的参与，藏缅语族诸语言出现不同于齿龈音之间的语音对应关系。因此，白保罗构拟了两个不同的语音形式。就书面藏语而言，辅音丛 Cr- 有两个来源：词根辅音 r- 和词缀辅音 C- 的融合，词根辅音 C- 和插音 /r/ 的融合。然而，我们却不能因为"宄"中古汉语声母为软腭塞音 k_a- 而反推上古汉语为 * kr- 复辅音声母。幽部三等《广韵》有脂韵、尤韵和幽韵，颇为复杂。其中，幽韵软腭塞音 k_3- 可以跟边音组成谐声集合，如"樛"。

樛，居虬切，《广韵》："《说文》曰'下句曰樛'，《诗》曰'南有樛木'，传云'木下曲也'。"

鹨，渠幽切，《广韵》："《尔雅》云'鹨天鸙'，郭璞云'大如鷃雀，色似鹑，好高飞作声'。"

璆，渠幽切，《广韵》："玉名。"球，巨鸠切，《广韵》："美玉，《说文》曰'玉磬也'；璆，上同，又渠幽切。"《尔雅》："璆、琳，玉也。"《经典释文》：

“璆,其樛反,又其休反。”

翏,落萧切,《广韵》:“高飞貌。”翏,力救切,《广韵》:“高飞貌。”

尤韵软腭塞音不跟边音组成谐声集合。可见,幽韵软腭塞音上古汉语的词根辅音是颤音 r-,后跟词缀辅音 C-融合成 Cr-(kr-)再变成了中古汉语的软腭塞音,而尤韵软腭音的词根辅音是软腭塞音。从“翏”声的谐声集合,中古汉语为软腭塞音的字甚多,但是没有一个读脂韵。足见,跟三等 A 组合的软腭塞音上古汉语未必一定就是辅音丛 kr-,也即导致上古汉语“九”和“宄”分离的语音条件不是插音 /r/。

主元音为前高元音的支部、脂部等,假若跟软腭塞音组合,软腭塞音会腭化而演变成中古汉语的舌面塞擦音。但是,软腭塞音 k_a-中古汉语保持软腭塞音。于是,本来属于软腭塞音 k_a-和 k_b-的对立变成了软腭塞音和舌面塞擦音的对立,如“几”和“旨”等。这说明跟三等 B 组合的软腭塞音 k_b-较早跟介音-i-接触而腭化成了舌面塞擦音,跟三等 A 组合的软腭塞音 k_a-较晚跟介音-i-接触而中古汉语保持软腭塞音。如此,我们可以推知上古汉语有一音素隔离了软腭塞音和介音-i-直接接触。三等 A 中古带介音-i-(假若主元音是前高元音,则相应的介音是-j-)。依照上古汉语的音节结构,这个阻隔软腭塞音跟介音-i-直接接触的音素应该是颤音-r-。中古汉语幽韵的介音是-j-,尤韵的介音是-i-。颤音-r-正可以解释幽韵介音-j-的来源。依照谐声关系,显然是幽韵而不是尤韵上古是* kr-系列声母。

后汉、三国时期,幽部、侯部都可以跟梵语元音-u 对应。但是,这些跟梵语元音-u 对应的都是幽部三等而不是幽部一等。侯部则不同,不论是侯部一等或者三等都可以跟梵语元音 u 对应。既然侯部一等和三等都可以跟梵语元音-u 对应,那么侯部的主元音当时就已经开始高化为后高元音-u。那么,后汉、三国时期的幽部一等已经不再是后高元音-u。我们利用梵汉对音材料,可以知道幽部一等和三等早在后汉三国之前就已经分离。

表 2.19　壮语ɯ元音语音对应表

词义	柳江	田东	宜山	融安	武鸣	邕北	隆安	钦州
筷子	tɯ⁶	tɯ⁶	tɯ⁶	tə⁶	taɯ⁶	taɯ⁶	tɯi⁶	ɕui⁶
锯子	kɯ⁵	kɯ⁵	kɯ⁵	kə⁵	kaɯ⁵	kaɯ⁵	kɯi⁵	kui⁵
书	θɯ¹	θɯ¹	θɯ¹	θə¹	θaɯ¹	ɬaɯ¹	ɬɯi¹	ɬui¹
拿	tɯ²	tɯ²	tɯ¹	tə¹	taɯ²	taɯ²	thɯi²	tui¹
集市	hɯ¹	hɯ¹	hɯ¹	hə¹	haɯ¹	haɯ¹	fɯi¹	fui¹

上表壮语材料参考自《壮语方言研究》(张钧如等,1999)。

壮语的后高元音-ɯ,一些方言里或演变成央元音-ə,或演变成复元音-aɯ;隆安演变成-ɯi,钦州演变成-ui。这种音变也见于藏缅语族语言。原始藏缅语的圆唇元音-u,缅语演变成展唇元音-ɯ,而克仑语则演变成-ui/-ɯi,如 khui⁵⁵"九"和 xɯi³¹"偷"。上古汉语幽部的主元音是后高圆唇元音-u,宵部的主元音是后高展唇元音-ɯ。如同缅语,上古汉语的圆唇元音-u 跟齿龈音组合时也可以变为展唇元音-ɯ,详细情况见第三章第四节。壮语钦州的音变模式正可以解释上古汉语幽部-u 到中古汉语脂韵-wi 的演变。

逵,渠追切,《广韵》:"《尔雅》云'九达谓之逵'。"
馗,渠追切,《广韵》:"《说文》曰'九达道也',与逵同。"
弅,渠追切,《说文》:"持弩拊,读若逵。"
跻,渠追切,《说文》:"胫肉也,一曰曲胫也,读若逵。"
頯,渠追切,《说文》:"权也。"頄,渠追切,《广韵》:"面颧也。"
轨,居洧切,《广韵》:"《说文》曰'车辙也'。"
簋,居洧切,《广韵》:"簠簋,祭器,受斗二升,内圆外方曰簋。"
晷,居洧切,《广韵》:"日影也。"
厬,居洧切,《说文》:"仄出泉也,读若轨。"
宄,居洧切,《说文》:"奸也,外为盗,内为宄;读若轨。"

氿,居洧切,《说文》:“水崖枯土也。《尔雅》曰:‘水醮曰氿。’”

幽部归脂韵并不整齐,只有平声脂韵软腭浊塞音 g-、上声旨韵软腭清塞音 k-有字。显然,不是系统音变的结果。有一点需要注意,就词性而言,这些语词上古都是名词。《国语·晋语六》:“乱在内为宄,在外为奸,御宄以德,御奸以刑。”上古汉语有名词插音 /l/。这个插音 /l/理当也可以插入词根语素 ku̠ 构成新词。幽部 u 中古汉语分裂为-iu 和-wi 韵母,不是词头不同,不是词尾不同,也不是后者的声母上古汉语是 kr-辅音丛。跟 kr-辅音丛组合的圆唇元音 u̠,中古汉语是-ju 韵母而不是-wi 韵母。如此,唯一剩下的语音条件是插音 /l/。因为是插音 /l/,所以谐声系统中不跟边音 l-谐声而只跟软腭塞音 k-谐声。

九,举有切,《广韵》:“数也。”《诗经·七月》:“七月流火,九月授衣。”《韩非子·十过》:“昔者齐桓公九合诸侯,一匡天下,为五伯长,管仲佐之。”逵,渠追切,《广韵》:“《尔雅》云‘九达谓之逵’。”《左传·隐公十一年》:“子都拔棘以逐之,及大逵。”注:“逵,道方九轨也。”《经典释文》:“逵,求龟反,《尔雅》云‘九达谓之逵’,杜云‘道方九轨’,此依《考工记》。”馗,渠追切,《广韵》:“《说文》曰‘九达道也’,与逵同。”

咎,其九切,《广韵》:“愆也,恶也,过也,灾也。”《诗经·伐木》:“宁适不来,微我有咎。”传:“咎,过也。”《左传·僖公二十二年》:“国人皆咎公。”《经典释文》:“咎,其九反。”咎,古劳切,《广韵》:“皋陶,舜臣,古作咎繇。”《说苑·政理》:“使尧在上,咎繇为理,安有取人之驹者乎?”《管子·法法》:“契为司徒,皋陶为李。”《孟子·尽心上》:“舜为天子,皋陶为士,瞽瞍杀人,则如之何?”宄,居洧切,《广韵》:“内盗也。”《国语·鲁语上》:“窃宝者为宄,用宄之财者为奸。”字也作轨。《左传·成公十七年》:“臣闻乱在外为奸,在内为轨,御奸以德,御轨以刑。”《经典释文》:“轨,本又作宄,音同。”

由于是插音 /l/,可以跟词根分离的构词成分,三等尤韵和三等脂韵同时出现在同一谐声集合中。当主元音是松元音时,带插音 /l/的音节演变为《广韵》的二等韵;当主元音是紧元音时,带不带插音 /l/都是《广韵》的三等韵。幽部《广韵》分尤韵和脂韵，保持上古差别只是特例。大部分情况下，主元音为紧元音时带还是不带插音 /l/《广韵》已经没有分别。

第三节　介音-j-

以《广韵》为代表的中古语音系统有介音-i-和-j-。韵书的编撰者有时候将主元音相同而介音不同的韵母编排在同一韵。于是，也就有了三等 A 和三等 B 的对立。依照通例，韵图的编撰者把带介音-i-的韵母排在第三行而把带介音-j-的韵母排在第四行。相对介音-i-，中古汉语的介音-j-比较特殊。首先，中古汉语介音-j-分布相对比较狭窄。出现介音-j-的只有支、脂、祭、真、仙、宵、侵、鹽这几个韵。其次，带介音-j-的韵母只能跟唇音、软腭音和声门音组合而不能跟齿龈音、舌面音、卷舌音组合，即唇音、软腭音、声门音声母可以有两个介音，而齿龈音、舌面音、卷舌音声母只有一个介音。就汉藏语系而言，介音-j-可以由其他位于辅音和元音之间的颤音演变而来，也可以由元音直接衍生，尤其是前高或半高元音或后高元音。

ki～kji～gi～gji～ɦi～ji 领格助词

kjis～gis～gjis～ɦis～jis，工具格助词

藏语的前高元音-i 或前半高元音-e 跟软腭音或唇音组合时往往会衍生出介音-j-。因而藏语的前高元音-i 或半高元音-e，跟软腭音或者唇音组合时，往往会伴随着介音-j-；或者出现有无介音-j-的两个形式，比如下面这些语词：

mi～mji 人，mig～mjig 眼睛，miŋ～mjiŋ 名字，mid～mjid 咽喉，min～mjin 不是

前高元音 i 不仅会衍生出摩擦程度较强的介音-j-，甚至还会衍生出摩擦程度更强的齿龈浊擦音 z-，并演变成齿龈塞擦音。这种音

变现象广泛见于藏缅语、苗瑶语等。比如藏缅语 biy“给”,载瓦语 pji^{21}、撒尼语 $bzɿ^{11}$、独龙语 $bi^{53}\sim dzi^{53}$,阿昌语 tsi^{31}。上古汉语主元音为前高元音-i 的有支部、錫部、耕部、脂部、質部、真部等六部。当主元音为松元音时,这六部演变成中古汉语的四等韵,即齊韵、錫韵、青韵、屑韵和先韵;当主元音为紧元音时,这六部演变成中古汉语的三等韵,即支韵、昔韵、清韵、脂韵、質韵和真韵。这些来自上古汉语主元音为高元音-i 的韵部的三等韵,因衍生出摩擦程度较强的介音-j-,韵图主要排在第四行。但是,也有某些字被韵图编撰者排在第三行。于是,出现了所谓三等 A 和三等 B 的对立。

表 2.20　耕部唇音在中古汉语中的音节搭配

	p				ph				b				m			
清	并	屏	併	辟			娉	僻			偋	擗	名	眳	詺	
庚									平		評		鳴		命	
青		併		壁	甹			劈	屏			甓	冥	茗	瞑	覓

清韵(錫韵)跟庚韵三等本也是所谓的三等 A 和三等 B 的对立。跟软腭音、唇音组合的耕部(錫部),主要入清韵,偶尔也入庚三,如“平”。平,《广韵》:“正也,和也,易也,符兵切。”但是,清韵相对应的位置上无字。

表 2.21　庚韵並母异读表

偋	防正切	《广韵》:偋,隐僻也,无人处。	《字统》云“厕也”	又蒲径切。庰,上同。
评	符兵切	《广韵》:评量,亦评事。	皮命切	《广韵》:平言,又音平。
枰	符兵切	《广韵》:枰仲,木名;又博局也。	皮命切	《广韵》:独坐版床,一曰投博局。
坪	符兵切	《广韵》:地平。	皮命切	《广韵》:《说文》作“坪”,地平也。

唇塞音 b- 劲韵有“偋”一字跟映韵“评”等三字对立。映韵的三字都是异读字，而劲韵的“偋”字也是一个异读字。偋，《广韵》注“又蒲径切”，但徑韵却无“偋”字，当是“蒲经切”之误。偋，《说文》：“僻窭也，从人屏声。”徐锴曰：“偋处是僻处也，必倩反。”朱骏声《说文通训定声》：“偋，经籍皆以‘屏’为之。”屏，《广韵》又音“薄经切”，与(《尚书·顾命》)《经典释文》注音“步丁反”同。通过上述分析，耕部、錫部唇塞音只有一类而唇鼻音三等有两类。随着三等 A 和三等 B 对立的取消，本带介音 -j- 的也并到了介音-i-。

表 2.22　支韵软腭音的音节搭配

	k			kh			g			ŋ			x			ʔ		
A	妓			攲				妓	芰		敧							
B		枳			企	企	岐											縊

攲，去奇切，《广韵》：“不正也。”《说文》：“攲，攲嶇也，从危支声。”《慧琳音义》：“攲，或从山作崎。”崎，去奇切，《广韵》：“崎岖。”觭，去奇切，《广韵》：“角一俯一仰也。”《说文》：“觭，角一俯一仰也。从角奇声。”踦，去奇切，《广韵》：“脚跛。”《说文》：“踦，一足也，从足奇声。”《汉书·段会宗传》：“亦足以复雁门之踦。”注引应劭：“踦，只也。只，不偶也。”《说文》：“奇，异也，一曰不偶。”奇，居宜切，《广韵》：“不偶也。”凡物不偶则不对称，不对称则不正。《礼记·曲礼》：“国君不乘奇车。”《经典释文》：“奇，居宜反，奇邪不正之车，何云不如法之车。”又畸，居宜切，《广韵》：“残田。”《广雅》：“畸，邪也。”王念孙：“畸、奇、倚并通。”攲，丘奇切，《集韵》：“《说文》‘攲嶇也’，或作奇。”《别雅》：“攲嶇，崎岖也。”

通过分析，可以知道“攲”本应该是歌部字，即其本字就是“奇”。歌部三等和支部三等后合并为支韵，而这种合并早就已经发生。因而《楚辞》《老子》等出现支部和歌部押韵。可见，“攲”是支部和歌部合并之后再创造出来的后起字。上古汉语跟软腭音组合的歌部归支韵三等A而支部归支韵三等B。支部软腭音三等A和三等B并不对立,这主要是因为跟三等B组合的软腭音已经演变成舌面音而丧失原有的对立。

表2.23　支韵唇音音节搭配表

	p			ph			b			m		
支A	碑						郫					
支B	卑	俾	臂			譬		婢	避		芈	
齊	箄	髀	嬖	錍	䫌	睥	鼙		薜			

碑,彼为切,《广韵》:"《释名》曰'本葬时所设,以子追述君父之功,以书其上'。"《说文》:"碑,竖石也,从石卑声。"《礼记·祭义》:"既入庙门,丽于碑。"《经典释文》:"碑,彼皮反。"《礼记·檀弓下》:"公室视丰碑。"《经典释文》:"碑,彼皮反。"

郫,符羁切,《广韵》:"县名,在蜀。"郫,府移切,《广韵》:"郫邵,晋邑。"郫,薄佳切,《广韵》:"县名,在蜀。"《左传·文公六年》:"赵孟使杀诸郫。"《经典释文》:"诸郫,婢支反。"《左传·襄公二十三年》:"戍郫邵。"《经典释文》:"郫,婢支反。"

跟唇音p-组合的支部归支韵三等B,而归三等A的只有"碑"和"郫"两字。"郫"作为专有名词的记录文字本身就有三等B的读音。上古汉语的歌部唇音入支韵三等A而支部入三等B。两者之间的界线非常清晰。通过上面的分析,我们可以看出中古《广韵》支韵的介音-j-是由上古汉语主元音为前高元音-i的支部、錫部和耕部衍生出来的。

表2.24　支韵"卑"声异读表

箄	府移切	《广韵》:取鱼竹器。	边兮切	《广韵》:冠饰。
椑	府移切	《广韵》:木名。	边兮切	《广韵》:椑榹,小树。

续　表

錍	府移切	《广韵》：鍫鈚，斧也。	匹迷切	《广韵》：鈚斧。
鞞	府移切	《广韵》：牛鞞县，在蜀犍。	部迷切	《广韵》：骑上鼓；鞞，上同。
渒	府移切	《广韵》：水名。	匹诣切	《广韵》：水名，在汝南。

支部唇音尽管不全是无意义差别的异读，但读音也有点儿乱。蜀地的"郫"有两种读音。这只能说明一种是"名从主人"的读音，而一种是依照文字形式推导出来的读音。先秦文献，比如《孟子》《庄子》《荀子》《韩非子》等都没有"碑"，只有两汉的文献，像《礼记》《仪礼》等才有"碑"（《周礼》没有"碑"），而像《史记》《汉书》等内容庞大的正史中也没有"碑"字。可见，"碑"也是一个后起文字。歌部唇塞音归支韵三等 A 而支部归三等 B。支部和歌部曾经合流。《释名》："碑，被也。此本王莽时所设也。施其辘轳以绳被其上，以引棺也。臣子追述君父之功美，以书其上，后人因焉。"刘熙用"被"声训"碑"。依照语音关系，"碑"可能本是歌部字，因歌支合流而选择了"卑"声符。

仳，符鄙切，《广韵》："离也。"仳，匹婢切，《广韵》："仳离，别之意。"《说文》："仳，别也，从人比声，《诗》曰'有女仳离'。"《诗经·中谷有蓷》："有女仳离，嘅其叹矣。"《经典释文》："仳，匹指反，徐符鄙反，又敷姊反，别也；《字林》：'父几、扶罪二反'。"

岐，符鄙切，《广韵》："《方言》云'器破而未离，南楚之间谓之岐'。"岐，字也作岥。岥，匹支切，《广韵》："器破也。"岥，敷羁切，《广韵》："器破而未离。"《方言》："东齐器破曰披，秦晋器破而未离谓之璺，南楚之间谓之岐。"

粊，兵媚切，《广韵》："恶米，又鲁东郊地名，《说文》作'粊'。"《说文》："粊，恶米，从米，比声；《周书》曰'有粊誓'。"（今《尚书》作"费誓"）段玉裁注："粊，即秕字。"秕，卑履切，《广韵》："糠秕也。"《左传·定公十年》："用秕稗也。"《经典释文》："秕，音鄙，谷不成者也；《字林》音匕，又作'粃'，又必履反。"《庄子·逍遥游》："是其尘垢粃糠将犹陶铸尧舜者也。"《经典释文》:"粃,本又作秕,徐甫姊反,又悲矣反。"

陆德明《经典释文》脂韵和支韵的界线已乱。陆法言尽管在《切韵》中批评别人支脂共为一韵,但《切韵》支脂也不是绝对清晰。两者混乱的例子也不少。跛,应该是扬雄在"披"字基础上创造出来记录南楚方言的奇异文字,后"皮"讹为"支"而变成《广韵》的"跂"。仳,《广韵》:"离也,符鄙切,又芳比切。"但与"芳比切"匹配的旨韵却无字,而紙韵"匹婢切"却有不当入支韵的"比"声字。可见,读入紙韵三等B的实际上是旨韵字,因支、脂混淆而误归入到了紙韵。仳,《广韵》"符鄙切""芳比切"异读实际就是徐邈"符鄙反"和"敷姊反"之间的异读。跟软腭音组合的脂韵,有所谓三等A和B对立的只有"器"和"弃"。前者是迄部(既传统物部)而不是質部(赅去声,下同)。不过,跟软腭音组合的本应该演变成三等B的脂部因声母演变成舌面音已经并入到了三等A,详细情况见第十一章。跟唇音组合的脂部主体也演变成了三等B,读三等A的只有上述三字。这三字都是无意义差别的异读字。这跟我们前面列举的藏语有无介音-j-组成无意义差别的异形词一致。除上述三个异读字外,脂韵唇音三等A来自上古汉语的之部和希部(传统微部)。可见,以前高元音-i为主元音的脂部衍生出介音-j-,而原有的位置被演变而来的之部和希部填补。

骙[①],渠追切,《广韵》:"强也,盛也,又马行貌。"《说文》:"骙,马行威仪也,从马癸声,《诗》曰'四牡骙骙'。"徐铉音"渠追切",跟《广韵》同。《诗经·采薇》:"驾彼四牡,四牡骙骙。君子所依,小人所腓。"《经典释文》:"骙骙,求龟反,强也。"

戣,渠追切,《广韵》:"兵器,戟属。"《说文》:"戣,《周礼》:'侍臣执戣,立于东垂,兵也',从戈癸声。"《尚书·顾命》:"一人冕,执戣,立于东垂。"《经典释文》:"戣,音逵。"

葵,渠追切,《广韵》:"《说文》曰'菜也,常倾叶向日不令照其根'。"

① 骙,《广韵》:"《尔雅》'马回毛在背曰骙驡',驡音光,亦作阕广;古穴切。"《尔雅》:"在背阕广。"《经典释文》:"阕,苦穴、古火二反。"此"骙"是在"阕"基础上加"马"意符再省去"门"创造出来的后起字,跟"四牡骙骙"的"骙"本不属于同字。

《说文》:“葵,菜也,从艸癸声。”徐铉音“强惟切”。《诗经·七月》:“七月亨葵及菽。”此意义之“葵”,《经典释文》无注音。《诗经·板》:“民之方殿屎,则莫我敢葵。”笺:“葵,揆也。”《尔雅》:“葵,揆也。”郭注:“《诗》曰‘天子葵之’。”《经典释文》:“葵,求维反;揆,其水反。”《诗经·采菽》:“乐只君子,天子葵之。”传:“葵,揆也。”《经典释文》:“葵之,其维反,揆也。”

从“癸”声有“睽”“戣”读三等A而其余字读三等B。这两字恰好是只见于早期儒家经典而实际上不用的语词。癸,《说文》:“兵也。”癸,《广韵》:“辰名,《尔雅》‘太岁在癸曰昭阳’,居诔切。”清儒如朱骏声等已指出“癸”是“戣”的本字。如此,“癸”和“戣”自然应该同音。然而,“癸”属于三等B,而后起字“戣”则属于三等A。韵图列入第三行的是带介音-i-或主元音为前高元音-i的韵母。上古汉语的脂部一等演变成四等齊韵,即其主元音-i低化为前半高元音-e。然而当我们考察脂部合口时就会发现,除了齊韵软腭送气清塞音有三个字,齊韵合口一片空白。那么,齊韵其他软腭塞音跑到哪里去了呢?

表2.25　齊韵“癸”声异读表

湀	苦圭切	《广韵》:泉水通川。	求癸切	《广韵》:泉出也。
湀	居诔切	《广韵》:通流。		
睽	苦圭切	《广韵》:乖也,《说文》云“目少睛”。		
聧	苦圭切	《广韵》:《说文》云“耳不相听”。		

脂部,《广韵》有两类三等,而四等恰好相反无字。足见,脂韵的两类三等实际有一类原本应该归四等齊韵,但因保持前高元音-i不变而被韵书《广韵》的编撰者归到了脂韵。主元音为紧元音的前高元音-i会演变出介音-j-,而脂韵的三等A却没有衍生出介音-j-。一等和三等谐声是谐声通则之一。这两类所谓的三等同从“癸”得声。由此,我们可以说韵图排在第三行的实际上是假三等,即本应该入四等的脂部字。

質韵和真韵也有三等A和三等B的问题。然而,除声门音質韵有对立外,跟软腭音组合时,三等A和三等B并不对立。但是,来自上古汉语真部、質部的归質韵和真韵三等B而来自欣部(传统文部)归三等A,两者界线清晰。質韵声门音有三等A“乙”和三等B“一”对立。归三等B的“一”上古属于質部而归三等A的“乙”上古并不属于質部。

肊,《说文》:“胸骨也,从肉乙声;臆,肊或从意。”臆,《广韵》:“胸臆,於力切。”又肊,《广韵》:“气满,於力切。”乿,《广韵》:“贪也,於笔切。”乿,《广韵》:“贪也,於记切,又音乙。”乙,《广韵》:“辰名,《尔雅》云‘太岁在乙曰旃蒙’,於笔切。”

鳦,《广韵》:“燕也,《说文》本作‘乙’,燕乙,玄鸟也;齐鲁谓之乙,取鸣自呼,象形;本乌辖切,或从鸟;於笔切。”《尔雅》:“燕燕,鳦。”《诗经·燕燕》:“燕燕于飞,差池其羽。”传:“燕燕,鳦也。”《经典释文》:“鳦音乙,本又作乙,郭乌拔反。”《说文》徐锴曰:“此与甲乙之乙相类,其形举首下曲,与甲乙字少异,乌辖切。”

朱骏声《说文通训定声》“肊”下按:“乙者,胸旁骨,象形。”表“胸骨”的“乙”和表“燕燕”的“乙”因形近而混淆,后者并获得了前者的读音,由原本不同音变成了同音。乙,上古汉语本应属于職部,后音变归質韵,跟“鹥”相平行。可见,跟软腭音、声门音组合的上古汉语質部、真部归質韵、真韵三等B。跟唇塞音组合的質部有所谓三等A和三等B的只有一个“必”声符,且对立的只有“房密切”一音:

表2.26 質韵“必”声异读表一

駜	毗必切	《广韵》:马肥。	房密切	《广韵》:马肥。
邲	毗必切	《广韵》:地名,在郑;又美貌。	房密切	《广韵》:地名。
佖	毗必切	《广韵》:有威仪也。	房密切	《广韵》:威仪备也。

读“房密切”的三个字,都是无意义差别的异读字。这种无意义差别的异读字是材料来源不同或书面语、口语不同造成。《诗经·有駜》序:“有駜,颂僖公君臣之有道也。”《经典释文》:“駜,备笔反,又符必反,马肥强貌;《字林》又父必反。”《左传·宣公十二年》:“晋荀林父帅

师及楚子战于郯。"《经典释文》:"郯,扶必反,一音弼。"《左传·昭公五年》:"晋无楚备以败于郯。"《经典释文》:"郯,皮必反。"很显然,这种差别并不是对立性的差别。

表 2.27　質韵"必"声异读表二

苾	毗必切	《广韵》:《说文》曰"馨香也"。	蒲结切	《广韵》:《说文》曰"馨香也"。
咇	毗必切	《广韵》: 言不了。	蒲结切	《广韵》: 咇语也,又口香。
飶	毗必切	《广韵》: 食之香者。	蒲结切	《广韵》: 香食。
馝	毗必切	《广韵》: 香也。	蒲结切	《广韵》: 香也。
柲	毗必切	《广韵》: 柄也。	蒲结切	《广韵》: 支柲。
柲	毗必切	《广韵》: 柄也。	鄙密切	《广韵》: 柄也(铋,矛柄)。
泌	毗必切	《广韵》: 水浃流。	鄙密切	《广韵》: 泌瀄,水流。
咇	毗必切	《广韵》: 言不了。	鄙密切	《广韵》: 咇嗶,多言。
郯	毗必切	《广韵》: 地名,在郑又美貌。	兵媚切	《广韵》: 好貌。
柲	毗必切	《广韵》: 柄也。	兵媚切	《广韵》: 戟柄,《左传》有戚柲。
泌	毗必切	《广韵》: 水浃流。	兵媚切	《广韵》: 泉貌。

辅音清浊交替、韵母一三等交替以及声调去声与非去声交替是谐声系统最为重要的三大通则。通过对这些字异读语音关系的分析,我们可以知道"必"声字实质上也只有一类: 三等 A 或三等 B。依据声调去声与非去声交替的通则,"必"声至韵字也应该是三等 B。至韵唇音有多个来源,而其中两个来源是: 脂部和質部。假若不同来源的构成对立,脂部入三等 B 而質部入三等 A。除这三个无意义差别的异读字外,跟唇塞音组合的真部、質部都没有三等 A 和三等 B 的对立,其中真部一律读入三等 B 而質部大部分读入三等 B、小部分读入三等 A。質部唇塞音读屑韵的见上表中的几个字。这几个字无一不跟質韵异读。

这种无意义差别的异读属于四等(即一等)和三等交替的异读。

闭,博计切,《广韵》:"掩闭,《说文》曰'阖门也'。"闭,方结切,《广韵》:"阖也,塞也。"《诗经·小戎》:"竹闭绲縢。"传:"闭,绁。"《经典释文》:"竹闭:悲位反,本一作䩛。郑注《周礼》云'弓檠曰䩛,弛则缚于弓里,备损伤也,以竹为之'。䩛,音悲位反,徐一音必结反。"䩛,兵媚切,《广韵》:"弓绁。"

主元音-i 低化为半高元音-e 的为屑韵,而保持前高元音-i 的归入質韵三等 A。于是,出现屑韵和質韵无意义差别的异读。当主元音为紧元音时,前高元音-i 原本应衍生出介音-j-,但是有些经师仍然保持原有前高元音-i 的读音。于是,出现質韵三等 A 和三等 B 无意义差别的异读。韵书《广韵》凌乱的读音是由材料来源不一造成的,而这些材料所反映出来的正是语音形式的变与未变。不同来源的材料造成彼此错综复杂的异读关系。这种情况跟月部的情况相同。因而剔除无意义差别的异读,"必"声字只有一类:要么三等 A,要么三等 B。但不论是三等 A 还是三等 B 都不构成对立。现实语言早就已经衍生出介音-j-,某些文绉绉的文字、某些经师保持了从老师那里学来的读音,拒绝了介音-j-,成了语音演变的滞后形式。韵书《广韵》则兼收并蓄,形成了大面积无意义差别的异读。

密,美毕切,《广韵》:"《说文》云'山脊也',又静也,亦州名。"
蜜,弥毕切,《广韵》:"蜂所作食。"

周祖谟校:"美毕切与蜜字弥毕切音同,非也。《切三》及故宫本、敦煌本《王韵》《唐韵》均作美笔反,是也。当据正。"《说文》:"密,山如堂者,从山宓声。"徐铉:"密,美毕切。"徐铉的注音跟《广韵》同。

宓,弥毕切,《广韵》:"安也,默也,宁也,止也。"宓,美毕切,《广韵》:"《埤苍》云'秘宓'。"《礼记·月令》郑注:"大皞宓戏氏。"《经典释文》:"宓戏:音密,又音服。"《礼记·明堂位》郑注:"女娲三皇承宓羲者。"《经典释文》："宓，音密，本又作'虙'，音伏。"《论语·季氏》孔注："颛臾，宓羲之后。"《经典释文》："宓，音密，又音伏，本亦作伏。"宓音伏，是训读。《广雅》："伏，藏也。"《国语·晋语》注："伏，藏也。"

宓，《说文》："安也，从宀必声。"徐铉："宓，美毕切。"宓，《诗经》只作"密"。《诗经·公刘》："止旅乃密，芮鞫之即。"传："密，安也。"《诗经·昊天有成命》："夙夜基命宥密。"传："密，宁也。"文献出现"密"，《经典释文》大抵不注音，而加以注音的只有一条。《尔雅》："密、康，静也。"《经典释文》："密，亡笔反。"谧，弥毕反，《广韵》："静也，慎也，安也。"《尔雅》："谧、密、宁，静也。"《经典释文》："谧，弥毕反。"

泌，弥毕切，《广韵》："泌溢也。"滵，美毕切，《广韵》："滵汩，水流貌。"

跟唇鼻音组合的質韵《广韵》分两个小韵，无疑读音应该不同。質韵的情况跟脂韵的情况相同：三等質韵有两类，而四等屑韵却几乎无字。屑韵唇鼻音有"蔑"声字，而"蔑"声字上古并不属于質部。韵书《广韵》入屑韵的唇鼻音只有"覕"一字：

覕，《说文》："蔽不相见也，从见必声。"此字除了字书，文献罕见。覕，莫结切，《广韵》："不相见貌。"覕，必刃切，《广韵》："不相见也。"覕，《玉篇》："莫结、补日二切，觅也。"《庄子·徐无鬼》："譬之犹一覕也。"《经典释文》："覕，郭薄结反，云'割也'；向芳舌反，司马云'暂见貌'；又甫莅反，又普结反，又初栗反。"

覕，陆德明引了那么多注释家的注音，但就是没有读唇鼻音的。質部唇鼻音是两类三等彼此异读，而主元音为非前高元音的韵部则是一等和三等异读。通过相互比较，可以确定其中的一类三等实质上就是一等，即四等。假若主元音是紧元音则衍生介音-j-，韵图排在第四行；假若主元音是松元音，部分保持主元音不变，则被排在第三行。这跟上古汉语其他元音的韵部，主元音是松元音时保持原有音质是一致的。我们没有理由规定前高元音 i 一定要变化。通过上面的分析，主元音为紧的前高元音 i 的支、錫、耕、脂、質、真六部，衍生出介音-j-而被韵图的编撰者排在第四行,成为三等B类。但因方言因素以及口语、书面语的差异,少许字读音形式滞后,没有衍生出介音-j-。这一少许字作为三等B的异读形式排在韵图第三行,成为三等A。这六部只有极少数字因保持原有的元音形式而被韵图编撰者排在第三行。这些字原本属于一等(四等),归入三等A是对韵图编排原则的误会。

劓,牛例切,《广韵》:"去鼻也。"

艺,鱼祭切,《广韵》:"才能也,静也,常也,准也。"

祭韵只有软腭鼻音"劓"字跟"艺"构成对立,其余唇音归三等B而软腭音归三等A。实际上,两者上古不仅韵母不同就是声母也不同。以往学者把"劓"当成是三等A而把"艺"当成是三等B本已经是错误,而"劓"归入至部更是错上加错。祭韵上古汉语有两个来源:曷部(月部)和契部。曷部归三等A而契部归三等B。祭韵唇音"㡀"声字上古属于契部,一律归三等B。

劓(劓),牛例切,《广韵》:"去鼻也。"劓,鱼器切,《广韵》:"割鼻。"

劓(劓),《说文》:"刑鼻也,从刀臬声,《易》曰'天且劓'。"《尚书·盘庚》:"我乃劓殄灭之。"《经典释文》:"劓,鱼器反,徐吾气反。"《尚书·康诰》:"又曰劓刵人。"《经典释文》:"劓,鱼器反。"劓从臬声。臬,《说文》:"射准的也,从木自声。"靶心位于靶子的中心,如同鼻子位于脸部的中心。臬由靶心引申指标准、法则。《小尔雅》:"臬,法也。"《尚书·多方》:"尔罔不克臬。"《经典释文》:"臬,鱼列反,马本作劓。"臬,五结切,《广韵》:"《礼》注云'门橜也',《尔雅》云'在墙者曰楎、在地者曰臬'。"《尔雅》:"在地者谓之臬。"郭注:"即门橜也。"《经典释文》:"臬,鱼列反。"

藝(艺),鱼祭切,《广韵》:"才能也,静也,常也,准也。"埶,鱼祭切,《广韵》:"《说文》'种'也,《周礼》音世。"藝是埶的后起字。《诗经·鸨羽》:"王事靡盬,不能蓺稷黍。"《经典释文》:"蓺,鱼世反。"《诗经·生民》:"蓺之荏菽,荏菽旆旆。"《经典释文》:"蓺,鱼世反。"

艺(藝),上古汉语属于曷部;臬,上古汉语属于契部。曷部三等只能入《广韵》三等A而不能入三等B,而契部则可以入三等A也可以入三等B。契部的主元音是前半高元音-e。当其元音是紧元音的时候,汉语也可以衍生出介音-j-。因而"臬"声字,或读祭韵,或读屑韵,或读齊韵,而"劓"甚至有至韵异读。

跟软腭音、声门音组合时,仙韵、薛韵尽管有三等A和B的不同,但是除了獮韵合口软腭浊塞音三等B"蜎"一字跟三等A对立外,两者是互补的。仙韵、薛韵上古汉语有寒部和肩部两个不同的来源。不过,来自上古汉语肩部的则是归三等B。跟唇音组合时,仙韵、薛韵也有三等A和B的不同。但归三等B的属于上古汉语的肩部。

谝,符蹇切,《广韵》:"巧佞言也。"谝,房连切,《广韵》:"巧言。"谝,符善切,《广韵》:"巧言。"《说文》:"谝,便巧言也。从言扁声。《论语》曰:'友谝佞。'"《尚书·秦誓》:"惟截截善谝言。"《经典释文》:"谝,音辨,徐敷连反,又甫浅反,马本作'偏'。"

从"扁"之字甚多,除"谝"有三等A一异读外,其余一律读三等B。此外,"便"声、"㒙"声、"棉"声、"面"声等本属于上古汉语肩部、契部的一律入三等B。这跟我们前面已经讨论的前高元音i的情况相同:以齿龈音为韵尾的-e̠r/-e̠l/-e̠n/-e̠t等韵母,跟软腭音或唇音组合时也会衍生出介音-j-。于是,同一个韵三等A和三等B对立。

愔,挹淫切,《广韵》:"靖也。"《左传·昭公十二年》:"其诗曰:祈招之愔愔,式昭德音。"《经典释文》:"愔愔,一心反,徐於林反,安和貌。"《诗经·湛露》:"厌厌夜饮,不醉无归。"传:"厌厌,安也。"《经典释文》:"厌,於盐反,韩《诗》作'愔愔',和悦之貌。"《诗经·小戎》:"言念君子,载寝载兴。厌厌良人,秩秩德音。"传:"厌厌,安静也。"

揖,伊入切,《广韵》:"揖让,又进也。《说文》云:'攘也。一曰手著胸曰揖'。"《诗经·还》:"揖我谓我儇兮。"《经典释文》:"揖,一入反。"撎,乙冀切,《广韵》:"拜举手。"撎,乙冀切,《集韵》:"俯手拜也,或作揖。"

挹,《说文》:"抒也,从手邑声。"挹,徐铉音"於汲切",属三等B。挹,伊入切,《广韵》:"酌也。"《诗经·大东》:"维北有斗,不可以挹酒浆。"《经典释文》:"挹,音揖。"《诗经·泂酌》:"泂酌彼行潦,挹彼注兹。"《经典释文》:"挹,音揖,又音邑。"依陆德明,"挹"可以有三等A和三等B异读。《诗经·行露》:"厌浥行露,岂不夙夜,谓行多露。"《经典释文》:"浥,本又作挹,同於及反,又於胁反;厌浥,湿意也。"

侵韵、缉韵也有三等A和三等B两类。但侵韵、缉韵只有声门音ʔ-有三等A和B的对立,而且归三等B的只有上述三字,其余字一律归三等A。如同《左传》所引的那首已经亡佚的诗一样,"愔"字除在这首诗里出现一次外不见于其他早期文献,也不见于好收奇字的《说文》。不过,后代的文人喜欢引用,也喜欢在自己的诗文中用"愔愔"。很显然,这是一个只出现于书面语且罕少使用的语词。

稖,一盐切,《广韵》:"稖稖,苗美也。"稖,於占切,《玉篇》:"美苗也。"从"音"得声之字,不当读入鹽韵。恹,一盐切,《广韵》:"安也。"懕,一盐切,《广韵》:"和静。"如同"愔愔"等于"厌厌","稖稖"也等于"厌厌"。《还》毛序:"从禽兽而无厌。"《经典释文》:"厌,於艳反,又於占反。"《尔雅》:"恹恹,媞媞,安也。"《经典释文》:"於占反,《说文》云'安静也'。"稖,於禁切,《广韵》:"苗美。"很显然,"稖"音"一盐切"是训读。"厌厌"和"愔愔"替换。足见,"愔愔"也已经训读成了"厌厌"。

厌,属于三等B。因而一些经师把"愔"也读成三等B。挹本就有三等A和三等B异读。"音"声、"邑"声,上古汉语属于主元音为后高圆唇元音-u的-um/-up韵母。当其主元音是紧元音时,上古汉语的-u̠m/-u̠p韵母变成侵韵-im和缉韵-ip。"愔""挹"两字三等B的异读应该是演变成-im/ip韵母之后进一步演变的结果。揖,上古汉语本就属于主元音为前高元音-i的-ip韵母。总之,传统侵部、缉部也只有三等A一类。

緢,武瀌切,《广韵》:"《说文》曰'旄丝也'。"
緢,莫饱切,《广韵》:"旄也,又丝名。"
緢,莫教切,《广韵》:"旄杂丝也,《说文》音苗。"
描,武瀌切,《广韵》:"描画也。"
描,莫交切,《广韵》:"打也,出《玉篇》。"
猫,武儦切,《广韵》:"兽捕鼠,又《尔雅》曰'虎窃毛谓之虦猫'。"

猫，《广韵》："莫交切，又武瀌切。"《诗经·韩奕》："有熊有罴，有猫有虎。"《经典释文》："猫，如字，又武交反，本又作猫，音同。《尔雅》云'虎窃毛曰虦猫'。"

这几个音 miɛu^A 的宵韵字都可以读成肴韵 mau^A。跟软腭音组合的二等字北方标准语今有介音-i-，而跟唇音组合的二等没有介音-i-。介音的产生跟不同的方言有关，也跟与之组合的辅音声母有关。上古宵部的主元音是后高展唇元音-ɯ。这个元音 ɯ 的变化比较多样。看来某些方言或口语把本应该读 miɛu^A 的读成了 mau^A。苗、毛是一对同族词。段玉裁："毛、苗古同音，苗亦曰毛。"《管子·七臣七主》："而欲土地之毛。"注："毛谓嘉苗。"《公羊传·桓公四年》："春曰苗。"注："苗，毛也。"因而上古汉语"苗"mɯ̱ 与"毛"mɯ 相对。

表 2.28　宵部唇鼻音音节搭配

	宵	小	笑
三等 A	苗、描、緢、貓		廟
三等 B	蜱	眇、渺、杪、秒、篎	妙、篎
一等	毛		耄

蜱，符支切，《广韵》："《尔雅》曰'蟷蠰，其子蜱蛸'。"《尔雅》："不过，蟷蠰；其子蜱蛸。"《经典释文》："蜱，音裨，又婢贻反。"《礼记·月令》注："螳蜋，螵蛸母也。"《经典释文》："螵，匹遥反。"显然，"蜱"受后一音节"蛸"同化而读入宵韵。《周礼·冬官·考工记》郑注："如桑螵蛸之蛸。"《经典释文》："螵，毗昭反，又平尧反。"螵，符霄切，《广韵》："螵蛸。"螵，抚招切，《广韵》："螵蛸。"《玉篇》："螵，毗支切，螵蛸，螳蜋子，又抚昭切；蜱，同上。"蜱，弥遥切，《广韵》："虫名。"《集韵》"蜱"字无此读音。

跟唇鼻音组合的宵韵有三等 A 和三等 B。但是，除去声"廟(庙)"一字外，两者上古本身并不对立。廟，《说文》："尊先祖皃也，从广朝声;庙,古文。”庙为古人朝聚场所,当是会意字而非形声。笑韵三等B有“妙”和“篎”两字。篎,《广韵》有“亡沼切”和“弥笑切”两音,而“亡沼切”一音与“庙”不对立。《说文》:“篎,小管谓之篎,从竹眇声。”《尔雅》:“小者谓之篎。”《经典释文》:“篎,郭音妙,又亡小反。”《易·说卦》:“妙万物而为言者也。”《经典释文》:“妙:如字,王肃作眇,音妙;董云‘眇’,成也。”眇,《广韵》:“《说文》曰‘一目小也’,亡沼切。”

眇,《说文》:“一目小也,从目从少,少亦声。”

秒,《说文》:“禾芒也,从禾少声。”秒,《广韵》:“禾芒,亡沼切。”

杪,《说文》:“木标末也,从木少声。”杪,《广韵》:“梢也,木末也,亡沼切。”

訬,《说文》:“訬扰也,一曰訬獪,从言少声。”訬,《广韵》:“扰也,一曰訬獪,亡沼切。”

少,《广韵》:“不多也,书沼切,又式照切。”

妙,《广韵》:“好也,弥笑切;玅,上同。”《庄子·齐物论》:“夫子以为孟浪之言,而我以为妙道之行也。”《吕氏春秋·审分》:“所知者妙矣。”高诱注:“妙,微也。”《老子》十五章:“古之善为士者,微妙玄通。”《义府·隶释》卷下:“篆文妙作玅,本训精微之意。后遂以妙为美好之称,故隶字变而从女。”从“少”声的这一组文字其意义同为“小”。《老子》一章:“故常无欲,以观其妙,常有欲,以观其徼。”“妙”“徼”相对。《广韵》:“皦,明也,皎也,古了切。”如此看来,“妙”本为上声后转为去声。

奕奕寝庙,君子作之。秩秩大猷,圣人莫之。《诗经·巧言》

雝雝在宫,肃肃在庙。不显亦临,无射亦保。《诗经·思齐》

清儒“廟”或入宵部,或入幽部。“廟”并非从“朝”声,而是会意字。依照《诗经》押韵,“廟”应该入幽部。幽部字本不当读入宵韵(豏上、去),但是转入宵部中古入宵韵并非特例,如“殍”(《广韵》又音平表切)。幽部去声宥韵没有与“庙”对立的唇鼻音字,而幼韵的“谬”与边音谐声。如此,即使“妙”读去声也不与“庙”对立。

跟唇塞音组合的宵韵三等A有“表”声、“熛”声而三等B有“票”声等。除有三等A异读的“藨”外,跟唇塞音组合的宵部一等无一字。相反，跟唇塞音 p-/ph-/b-组合的宵部三等《广韵》里面却有三等 A 和三等 B 两类。这显然是不符合一个韵部各种音节分布均衡的音节分布通则。上古宵部是一个比较特殊的韵部：齿龈音 t-/th-/d-有一等豪韵和四等萧韵对立，而唇塞音 p-/ph-/b-却有三等 A 和三等 B 的对立。我们将要讨论，跟齿龈音组合的四等萧韵实际上来自一等豪韵。根据宵部的音节分布，跟唇音组合的宵韵原本应该属于萧韵：

表 2.29　宵部唇辅音音节搭配

	p			ph			b			m		
豪				藨					暴	毛		耄
宵	鑣	表	裱		麃			藨		苗		廟
宵	標	褾	驃	漂	縹	剽	瓢	摽	驃		眇	妙
蕭												

藨，甫娇切，《广韵》："萑苇秀。"《尔雅》："猋，藨，芀。"《经典释文》："藨，郭方骄反，谢苻苗反，一音皮兆反。"藨，平表切，《广韵》："草名，可为席。"《礼记·曲礼下》郑注："苞，藨也。"《经典释文》："藨，白表反，一音扶苗反。"藨，平表切，《玉篇》："蒯属，可为席。"《仪礼·丧服》疏："屦者，藨蒯之菲也。"《经典释文》："藨，皮表反，刘扶表反。"藨，普袍切，《广韵》："醋莓，可食。"《尔雅》："藨，麃。"郭注："麃即莓也，今江东呼为藨莓子，似覆盆而大，赤，酢甜可啖。"《经典释文》："藨，皮苗反，又皮表反。"

麃，滂表切，《广韵》："《仓颉篇》云'鸟毛变色'，本作皫；又《经典释文》云'徐房表切、刘普保切'。"《诗经·清人》："清人在消，驷介麃麃。"《经典释文》："麃麃，表骄反，武貌。"《诗经·载芟》："厌厌其苗，绵绵其麃。"《经典释文》："其麃，表娇反，芸也；《说文》作'穮'，音同，云'穮耨锄田也'；《字林》云'穮耕禾间也'，方遥反。"《礼记·内则》："鸟皫色而沙鸣。"《经典释文》："麃，本又作'皫'，刘昌宗音普保反，徐芳表反，又普表反。"

陆德明在《经典释文》中明确告诉我们，刘昌宗读入豪韵，而徐邈读入三等A。唇鼻音豪韵和宵韵三等A对立而唇塞音豪韵和宵韵三等A完全互补。唇鼻音和唇塞音尽管同属于一组,但是语音演变却很不同。相同语音条件的唇塞音现代汉语齿化而唇鼻音却仍然保持唇鼻音,如"浮"和"谋"。展唇元音 ɯ 不稳定,容易变异。宵部软腭音、声门音有萧韵,即上古汉语的展唇元音 ɯ 变成了 iu,再变成 eu,成《广韵》萧韵。然而,唇塞音没有萧韵而宵韵却有两类。根据异读以及分布情况,我们认为宵韵三等A原本应该属于萧韵。后高展唇元音 ɯ 和前高展唇元音 i 语音演变模式往往相似。除了跟唇鼻音 m-组合的三等B原本就是以介音-j-为词根声母,跟唇塞音组合的介音-j-也是由前高元音 i 衍生出来的。于是,来自松元音的归三等A而来自紧元音的归三等B,两者形成对立。

表 2.30　宵部声门音音节搭配

	平	上	去
三等A	妖、袄、夭、枖	夭、殀、芺	
三等B	要、腰、葽、喓		要、約、葽
一等		夭、芺	

夭,於乔切,《广韵》:"和舒之貌。"《论语·述而》:"申申如也,夭夭如也。"《经典释文》:"夭,於骄反,和舒貌。"《诗经·桃夭》:"桃之夭夭,灼灼其华。"传:"夭夭,其少壮也。"字加"木"作"枖"。枖,於乔切,《广韵》:"《说文》云'木盛貌',《诗》云'桃之枖枖',本亦作夭。"《诗经·隰有苌楚》:"夭之沃沃,乐子之无知。"毛传:"夭,少也;沃沃,壮佼也。"《经典释文》:"夭,於骄反;沃,乌毒反。"《礼记·王制》:"不杀胎,不殀夭,不覆巢。"郑注:"重伤未成物殀,断杀少长曰夭。"《经典释文》:"殀,於表反,杀也;夭,乌老反。"《礼记·月令》:"毋杀孩虫胎夭飞鸟。"《经典释文》:"夭,乌老反。"

夭,乌晧切,《广韵》:"《礼》曰'不殀夭',本又於矫切。"

夭,於兆切,《广韵》:"屈也。"

芺，乌晧切，《广韵》："苦芺。"

芺，於兆切，《广韵》："《尔雅》云'钩芺'。"

宵部晧韵声门音有两字。芺，《说文》："艸也，味苦，江南食以下气。从艸夭声。"《广韵》："芺，乌晧切，苦芺。"《尔雅》："钩，芺。"《经典释文》："芺，於表反，又於老反。"晧韵声门音"夭""芺"都有宵韵异读，而且属于无意义差别的异读。剔除这两个异读字，宵韵声门音三等 A 跟晧韵互补。《诗经・氓》："桑之未落，其叶沃若。"传："沃若，犹沃沃然。"《诗经・隰桑》："隰桑有阿，其叶有沃。"《经典释文》："沃，乌酷反。"宵韵三等有 AB 两类，小韵、笑韵都只有一类，要么三等 A，要么三等 B。一个韵部，一个一等韵配一个三等韵。依照一三等交替的谐声、异读原则，宵韵声门音三等 A"夭"声一组，三等 B"要"声一组。

葽，於尧切，《广韵》："草盛貌。"葽，於笑切，《广韵》："草盛貌，又於招切。""於招切"就是"於尧切"。葽，於霄切，《广韵》："秀葽，草也。"《诗经・七月》："四月秀葽，五月鸣蜩。"传："不荣而实曰秀。葽，葽草也。"《经典释文》："葽，於遥反，草也。"葽，乌皎切，《广韵》："《广雅》云'远志也'。"《尔雅》："葽绕，蕀蒬。"注："今远志也，似麻。"《经典释文》："葽，乌了反。""葽"《广韵》四音，或读三等宵韵，或读四等萧韵。

可见，与一等谐声的归三等 A 而与四等谐声的归三等 B。上古汉语的后高圆唇元音 u 复化为复韵母 ɑu，而后高展唇元音 ɯ 复化为复韵母 eu，保持原有的对立。但也有部分后高圆唇元音 u 跟齿龈音组合时失落圆唇特征变成展唇元音 ɯ，再复化为复韵母 eu，跟上古汉语的展唇元音 ɯ 合并。一些方言半高元音 e 衍生出介音 i，变成了 iɛ。因而《经典释文》中出现萧韵 eu 与宵韵 iɛu 混用，而《广韵》中出现了无意义差别的异读，如"葽"。前高元音 i 会衍生出摩擦程度较强的介音 j。于是，复韵母 iɛu 变成了＞jɛu。

猒，一盐切，《广韵》："饱也；餍，上同。"猒，於艳切，《广韵》："饱也。"

惓，於检切，《玉篇》："爱也；惓憸，多意气也；又甘心也。"《方言》：

“忺、惓郭音淹、怜、牟、爱也;韩郑曰忺,晋卫曰惓郭注:惓憸,多意气也。”惓,一盐切,《广韵》:“惓憸。”惓(或体从心弇声),於艳切,《广韵》:“快也。”惓,於验切,《广韵》:“快也。”

擪,於葉切,《广韵》:“持也,指按也。”擪,於琰切,《广韵》:“持也。”此为“厌”后起累增字。《左传·昭公二十六年》:“将以厌众。”《左传·哀公二十七年》:“将为轻车千乘以厌齐师之门。”厌,於葉切,《广韵》:“厌伏,亦恶梦。”厌,於琰切,《广韵》:“厌魅也。”魘,於葉切,《广韵》:“恶梦。”魘,於琰切,《广韵》:“睡中魘也。”

鹽韵也有所谓的三等A和三等B的问题。但除声门音外,其余一律归三等A。跟声门音组合时,鹽韵有三等A和三等B两类,如“淹”和“猒”。除方言词“惓”外,其中入三等B的一律是“猒”声字。葉韵的情况跟鹽韵同,也是声门音三等A三等B对立,而且是“猒”声字。鹽韵和葉韵上古有多个来源,归三等A的属于上古汉语-o̱m/-o̱p韵母。《诗经·皇矣》:“其檿其柘。”《经典释文》:“檿,乌簟反。”《礼记·大学》:“厌然揜其不善而著其善。”《经典释文》:“厌,徐又乌簟反。”如同先、仙混合,陆德明《经典释文》鹽、添也混合。“猒”声字一律归鹽韵、葉韵三等B,其上古韵母是-em/-ep。

通过上面的分析,可以看出中古汉语的介音-j-是由前高元音i、后高元音ɯ以及半高元音e衍生出来的。可以说,三等A和三等B对立只是特殊元音衍生出来的特殊产物。如同藏语的前高元音i、半高元音e,总是衍生出介音-j-。当主元音是紧元音时,前高元音i、后高元音ɯ以及一小部分半高元音e衍生出一个介音-j-,跟其他元音衍生出的介音-i-相对。也就是说,当高元音i、ɯ以及半高元音e衍生出介音-j-时,其原有的位置则是以其他元音为主元音的韵母来填补。于是,两个不同来源的韵部融合在了《广韵》的一个韵里面。

此外,上古幽部也有类似的情况。幽部三等《广韵》有尤韵和幽韵,而幽韵恰好只有唇牙喉,跟三等B情况相同。不过,这两韵《广韵》已经纠缠,出现无意义差别的异读,比如“朻”。朻,居虬切,《广韵》:“《说文》云‘高木也’。”朻,居求切,《广韵》:“高木。”本该读幽韵而并入了尤韵。尤韵和幽韵唇牙音谐声界线非常清晰,前者不跟边音l-谐声而后者跟边音 l-谐声，比如“樛”。依照谐声关系，幽韵唇牙音上古当是 Cr-辅音丛。其中颤音-r-在介音-i-的推动之下变成了摩擦程度较强的-j-。喉音幽韵只有声门音跟尤韵对立。

平声尤韵、幽韵对立，上声有韵只有“懮”，而去声宥韵无字。“懮”是“憂”的后起累增字。惪，於求切，《集韵》：“《说文》‘愁’也，或作懮，通作忧。”《说文》：“惪，愁也。从心从页。”《易・系辞上》：“旁行而不流，乐天知命，故不懮。”《楚辞・抽思》：“数惟荪之多怒兮，伤余心之懮懮。”“懮”音上声有韵是作为联绵词“懮受”的一个音节而获得。《诗经・月出》：“舒懮受兮，劳心慅兮。”《经典释文》：“懮，於久反。”幽部声门音只有平声幽韵、尤韵对立，而上声、去声实际上只有一类，即跟幽韵同列的黝韵和幼韵。从谐声、文字使用、同族词等方面来考察，则幽韵、尤韵声门音上古汉语中都应该是简单的声门音 ʔ-。与唇牙音情况相类，在幽韵、尤韵的合并过程中，幽韵字读入了尤韵。

幺，於虯切，《广韵》：“微也。”幺，於求切，《广韵》：“微小。”

怮，於虯切，《广韵》：“《说文》‘忧貌’。”怮，於求切，《广韵》：“含怒不言。”

麀，於虯切，《集韵》：“《说文》‘牝鹿也’。”麀，於求切，《广韵》：“《尔雅》‘牝鹿也’。”

麀，或从幽声作“麔”，显然应该归幽韵。“憂”声归尤韵，“幺”声归幽韵，两者有比较清晰的界线。豪韵声门音有“鏖”“爊”两字。前一字仅见于《说文》，其他先秦两汉文献不见使用，而“爊”更是晚起的文字。《说文》：“鏖，温器也，一曰金器。从金麀声。”《广韵》：“爊，於刀切，埋物灰中令熟。”两者应该有词源关系。鐭、鏖，乙六切，《集韵》：“温器，或作鏖。”燠，乙六切，《集韵》：“热也。”《说文》：“燠，热在中也，从火奥声。”《诗经・无衣》：“岂曰无衣六兮？不如子之衣，安且燠兮。”传：“燠，暖也。”《经典释文》：“燠，本又作奥，於六反。”《礼记・内则》：“问衣燠寒。”《经典释文》：“燠，本又作奥，同於六反，煖也。”燠，於六切，《广韵》：“热也。”燠，乌晧切，《广韵》：“甚热。”“鏖”是“燠”的后起派生新词。由此，尤韵、幽韵、豪韵声门音合并为两类,而尤韵和豪韵互补。

高元音极易复化为复韵母,i 如此,u 也一样。后高元音 u 容易复化为 ɑu/au/ou,也可以复化为 iu,如英语开音节中的 u 就读 ju。前高元音 i 极易衍生出介音-j-。于是,上古汉语跟声门音组合的后高元音 u 变成了 ju,即 u>iu>ju。iu 和 ju 反映的是两个不同的阶段。随着音变的发生,原本不应该带介音-i-的后高元音也带上了介音-i-,填补音变后留下的空缺。原本一三等对立就变成了三等 A 尤韵和三等 B 幽韵对立。上古汉语之所以发生这种音变,是部分后高圆唇元音 u 跟后高展唇元音 ɯ 合并造成的。对此,我们将在韵母部分继续讨论。

第四节　介音-w-

依照《切韵》的语音系统,中古汉语的韵母有开口和合口的不同。所谓合口韵母,实际上包括两种不同的情况:主元音为圆唇元音的韵母和带介音-w-(也写作-u-)的韵母。中古汉语以有无合口介音-w-形成开口和合口的对立。但这种开、合对立,就声母而言,仅仅局限于中古汉语的软腭音和声门音,而齿龈音、卷舌音、舌面音和唇音并不存在真正意义上的开、合对立。中古汉语软腭音和声门音上的开口和合口对立,传统认为来自上古汉语介音-w-的有无。比如"纲"kaŋ 和"光"kwaŋ,前者无介音-w-而后者有介音-w-。

很显然,上古汉语要是有介音-w-,那么这个介音-w-就不可能仅仅只出现在软腭音、声门音之后,也应该出现在齿龈音和双唇音之后。既然上古汉语的介音-w-不可以出现于齿龈音、卷舌音、舌面音和唇音之后,那么中古汉语开口和合口对立来自上古汉语介音-w-的观点自然也就失去了立论的基础。谐声系统中,中古汉语的一等(或四等)、二等、三等可以组成谐声集合。故此,中古汉语的开口和合口上古汉语要是表现为有无介音-w-的对立,那么谐声集合开口和合口广泛谐声无疑是必然的。然而谐声的事实恰恰和我们的推论相矛盾。中古汉语的合口音,谐声集合表现出它们是一个相对封闭的系统。除了四等某些个别声符外,合口音一般不跟开口音谐声而只能跟合口谐声。

合口、开口之间有着十分清晰的界线。其余比如通假、异读、共源大体也是如此。由此，自雅洪托夫以来学者们抛弃了这一假设——中古汉语开口和合口的对立来自上古汉语介音-w-，而认为其是上古汉语到中古汉语演变过程中的产物。① 书面藏语没有真正意义上的合口介音-w-，原始藏缅语是否有-w-介音，孙宏开(2001b)认为也没有。介音-w-的来源是多样的，我们看一看侗语的介音-w-：

表 2.31　侗语-w-侗台语对应表

词义	侗南方言	仫佬语	佯僙语	锦语	莫语	武鸣壮语	柳江壮语	郎架方言
孙子	khwaːn^{1}	khɣaːn^{1}	laːn^{1}	l̥aːn^{1}	l̥aːn^{1}	laːn^{1}	laːn^{1}	qaːn^{54}
曾孙	khwən^{3}		lin^{3}			lan^{3}	lan^{3}	qen^{54}
酒	khwaːu^{3}	khɣəːu^{3}	laːu^{3}	l̥aːu^{3}	l̥aːu^{3}	lau^{3}	lau^{3}	qiːu^{11}
闭		khɣəp^{7}	lap^{7}		l̥ap^{7}	lap^{7}	lap^{7}	
铁	khwət^{7}	khɣət^{7}	lət^{7}	l̥it^{9}	l̥it^{7}			qit^{54}
懒	khwət^{7}		lət^{7}	l̥ wət^{7}	l̥ut^{7}			

郎架材料来自《布央语研究》(李锦芳，1999)，其他侗台语材料来自《侗台语族概论》(梁敏、张均如，1996)。

通过比较，边音在非词根音节的作用下，仫佬语演变成了 ɣ，而侗南方言演变成了介音-w-。显然，我们不能因中古汉语有介音-w-而认为上古汉语就有介音-w-。不同语言的介音-w-会有一些不同的来源。中古汉语中跟软腭音组合的江、講、絳韵等，现代标准语读-iɑŋ，而跟齿龈音以及卷舌音组合时，标准语则读-uɑŋ。显然，我们不能因为现代标准语读-uɑŋ而反推中古汉语一定有介音-u-或-w-。基于中古汉语合口和开口对立、谐声集合合口和开口不构成谐声关系的事实，雅洪托夫认为中古汉语的合口、开口，上古汉语为两类完全不同的辅音声母。

① 雅洪托夫《上古汉语的唇化元音》(1960)，陈重业译，收在 1986 年出版的《汉语史论文集》中。

雅洪托夫的解释是上古汉语存在两套软腭音：一为普通软腭音，一为圆唇软腭音。其中普通软腭音中古汉语为开口而圆唇软腭音中古汉语为合口。雅洪托夫认为上古汉语存在一套圆唇软腭音的观点后来为李方桂(1971)所接受。自李方桂之后，雅洪托夫的观点得到越来越多的学者的赞同，其中如蒲立本、郑张尚芳、斯塔罗斯金、白一平等。他们都支持上古汉语存在一套跟普通软腭音不同的圆唇软腭音。显然，雅洪托夫的构拟比起传统的构拟来更有利于解释合口和开口在中古汉语中对立而谐声集合彼此不谐声的语言事实。圆唇软腭辅音在上古汉语中是起区别语词意义作用的辅音音位，因而谐声集合中合口和开口不构成谐声关系无疑是十分自然的。

李方桂不仅为上古汉语语音系统构拟了一套圆唇软腭音声母，还构拟了一套圆唇软腭音韵尾。一种语言有圆唇软腭音并不稀奇，而稀奇的是一种语言有跟软腭塞辅音对立的圆唇软腭塞辅音韵尾。郑张尚芳认为，这种圆唇软腭塞辅音韵尾达斡尔语中有。显然，人类口腔能够发出的声音，世界上如此多的语言一般总是可以找到充当其音位的语言。比如“吸气音”在非洲班图语中就充当其语言的音位。但整个汉藏语系就我们所知，并没有作为辅音韵尾的圆唇软腭音，不论是藏缅语族还是侗台语族。藏缅语族没有这种圆唇软腭音韵尾。羌语的辅音韵尾是整个藏缅语族中辅音韵尾最为复杂的，比如羌语麻窝话。麻窝话竟有多达 44 个辅音韵尾，其中单辅音韵尾 22 个，复辅音韵尾 22 个。有如此复杂的辅音韵尾的羌语竟然也没有圆唇软腭音辅音韵尾。苗瑶语族、侗台语族也是如此。因而上古汉语没有圆唇软腭音韵尾的概率要远高于有圆唇软腭音韵尾的概率。韵尾如此，辅音声母也是如此。藏语没有圆唇软腭音，而带-w-介音的语词也极少。拉坞戎语声母极其复杂，共有 438 个声母，其中单辅音声母 42 个，但没有圆唇软腭音；道孚语有声母 300 个，其中单辅音声母 49 个，没有圆唇软腭音；却域语有声母 193 个，其中单辅音声母 50 个，也没有圆唇软腭音。这些戎语支语言都是藏缅语族中辅音声母最为复杂的语言之一，但都没有一套圆唇软腭音声母。就藏缅语族、苗瑶语族以及侗台语族来看，上古汉语有一套圆唇软腭音的可能性极低。

任何一个辅音一旦出现在具体的语流中，总或多或少受到其前面或后面音素的影响而读音出现变异。这就是我们所熟悉的语流音变。不同的辅音对元音的影响也不同。一些跟齿龈音组合而本没有介音-i-的语词衍生出介音-i-，比如笔者的母语永嘉方言中的“头”“豆”等，都含有一个介音-i-。又比如中古汉语的模韵，软腭音和双唇音之后永嘉方言读为[u]，而齿龈音之后则读为[i][y]。同样，不同的元音对辅音的影响也不相同，比如软腭音。软腭音在语词中的具体读音是有所不同的。要是后面的元音是一个后高元音u，那么这个软腭音的发音实际就有唇化的色彩；同样要是这个软腭音后面的元音是一个前高元音i，那么这个软腭音就自然有腭化的色彩。英语中的软腭音就是如此，汉语也不例外。这都是没有音位价值的音位变体。但雅洪托夫等学者所构拟的圆唇软腭音却是有音位价值的。就汉语的辅音发展趋势而言，存在一种发音部位渐渐靠前的趋势。软腭音发音部位靠前而变成软腭舌面音。因而现代汉语单音节ka、kha的语词极其少，而且多是一些象声词或方言词。剔除特殊情形，当嘴唇紧闭时，舌头平放，舌尖紧贴下齿龈。当舌头前移时，嘴唇会受到牵动而向两边延展；而当舌头后缩时，嘴唇容易受到牵动而变圆。因而前元音往往是展唇元音而后元音往往是圆唇元音。同样，发音部位靠前的辅音有齿特征而发音部位靠后的辅音有唇特征。因此，就对元音的影响而言，唇音跟软腭音和小舌音是一类，而齿音是一类，也就是传统所分的钝音和锐音。就辅音和元音的组合而言，发音部位靠前的辅音容易跟前元音组合而发音部位靠后的辅音容易跟后元音组合。这本身也隐含着省力的经济原则。故此，发音部位靠前的辅音容易使紧跟后面的元音齿化，而发音部位靠后的辅音容易使紧靠后面的元音唇化。所以，小舌音不仅会衍生出唇介音-w-，也会使后面的元音获得唇特征变成圆唇元音。

表2.32　多祝等-u-语音的对应

词义	先进	高坡	养蒿	石门	虎形山	多祝	长坑	东山
甜	$qaŋ^{43}$	$qoŋ^{24}$	$qaŋ^{33}$	$qaɯ^{44}$	qei^{35}	$kuan^{22}$	$kuan^{33}$	kan^{33}
茅草	$ɴqen^{43}$	$ɴqiŋ^{24}$	$qɛ^{33}$	$ɴqəɯ^{44}$		kan^{22}	kan^{33}	$gwan^{33}$

续　表

词义	先进	高坡	养蒿	石门	虎形山	多祝	长坑	东山
渴	ɴqhei^{33}	ɴqhɒ^{24}	qha^{33}	ɴqhə^{33}	qhe^{13}			gwai^{33}
窄	ɴqai^{24}	ɴqe^{55}	ȵi^{31}	ɴqɛ^{21}	ɴqhai^{31}	kuei^{35}	kue^{35}	
蛙	qaŋ^{55}	qoŋ^{13}	qaŋ^{13}	qə^{5} qɛi^{44}		kuan^{33}	kuan^{44}	kwa^{35}
鸡	qai^{43}	qe^{24}	qei^{33}	qai^{35}		kuei^{22}	kue^{33}	
肉	ɴqai^{31}	ɴqe^{55}	ŋa^{55}	ɴqɛ^{24}	ɴqai^{33}	kuei^{53}	kue^{24}	

苗瑶语材料来自《苗瑶语古音构拟》(王辅世、毛宗武,1995)。

苗瑶语其他方言读小舌音,而多祝等读带-u-介音的软腭音。这种现象也出现在有小舌音的南岛语系语言。藏语没有小舌音,但是藏缅语中许多语言或方言有一套小舌音。原始藏缅语,一些学者如孙宏开、黄布凡等认为有小舌音。苗瑶语中的苗语有小舌音,而原始苗瑶语王辅世、毛宗武认为有小舌音;侗台语中的侗水语支也有小舌音,原始侗台语学者们也普遍认为有小舌音。侗台语的小舌音可以在跟南岛语的比较中得到证实,只是原始侗台语的小舌音已经发生了激烈的变化,或消失,或演变成了软腭音。但是,需要指出的是,侗水语支的小舌音并非来自原始侗台语的小舌音。布龙菲尔德《语言论》认为,一般说来,一切亲属语言或者其中某几种亲属语言共同具有某种特征,那么它们共同的原始阶段,也就是说在“母语”阶段,也一定已经出现了。就汉语的亲属语言藏缅语以及与汉语有密切接触关系的苗瑶语、侗台语来看,汉语起码曾经在某一时期存在过小舌音,不管是上古汉语还是原始汉语。李永燧认为上古汉语有小舌音。潘悟云(1997)为上古汉语构拟了一套小舌塞辅音,认为传统音韵学的“喉音”就来自上古汉语的小舌塞辅音。上古汉语有小舌音的观点也得到了孙宏开的赞同,认为“这种论证是有一定说服力的”。郑张尚芳(2003)也接受了潘悟云上古汉语有小舌音且演变为中古汉语声门音的假设。

雅洪托夫、李方桂构拟的上古汉语语音系统有圆唇软腭音而没有小舌音。如果我们用小舌音代替雅洪托夫构拟的圆唇软腭音，那么上古汉语的语音系统正好跟藏缅语、苗瑶语以及侗台语的语音系统一致，即软腭音和小舌音对立。就汉藏语而言，小舌音在发展过程中和软腭音合并是一个普遍趋势。原始藏缅语的小舌音后来和软腭音合并，藏语的软腭音就可能来自古藏语软腭音和小舌音两个源头。苗瑶语也是如此。苗语软腭音和小舌音对立，而瑶语则已经只有软腭音。侗台语的布央语、普标语等保持软腭音和小舌音的对立，但是侗台语大部分语言已经只有软腭音。因而我们推测中古汉语的合口上古汉语为小舌音而开口上古汉语为软腭音，即小舌音在演化成软腭音的过程中衍生出一个介音-w-。

胯，《说文》："股也。"股，《说文》："髀下也。""胯"和"股"有语源关系，而"股"董同龢归魚部合口一等。大腿，龙州壮语 kha^1、武鸣壮语 ha^1、柳江壮语 ka^1、水语$_{水庆}$ qa^1、黎语 ha^1；侗南方言 pa^1、侗北方言 pa^1、水语$_{三洞}$ pa^1。大腿，印度尼西亚语 paha、他加洛语 paqa，原始南岛语(PAN)paqa。

刳，《说文》："判也。"《广韵》："剖破，又判也，屠也；苦胡切。"《庄子·山木》："愿君刳形去皮，洒心去欲。"《经典释文》："刳，音枯；《广雅》云：屠也。""刳"和"胯"同从"夸"声。杀，龙州壮语 kha^3、武鸣壮语 ka^3、锦语 ha^3、莫语 ha^3、黎语 hau^3等。

汉语合口软腭音跟苗瑶语、侗台语小舌音对应的语词不少。但是，这些语言的小舌音难以确定其原始时期就是小舌音，尤其是侗台语族的侗水语支语言。侗水语支即使是汉语晚期見组借词也读小舌音，如水语 $qeŋ^1$"庚"，显然是晚起的。但是，"腿"是跟南岛语有共同来源的语词。我们从中或许可以窥见中古汉语合口软腭音上古汉语应该是小舌音。潘悟云利用借词材料论证中古汉语的软腭擦音 $ɣ_3$-主要来自上古汉语的小舌塞辅音 ɢ-。《广韵》里面的软腭音 g-/$ɣ_3$-大体上处于互补之中，即软腭擦音 $ɣ_3$-为合口而软腭塞音 g-为开口，尽管两者有对立的地方。潘悟云(1997)这样解释软腭擦音 $ɣ_3$-的合口：

前元音往往不圆唇，后元音往往圆唇，这是一个语言的普遍现象。辅音也如此，后舌位的辅音有圆唇化的趋势。所以拉丁语的 q-后总是带着 u。喻三 ɢ-后面产生一个过程音 w，变成合口字，也是这个道理。

但是有两种情况过渡音 w 不产生。一是“炎、烨、鸮”等字在圆唇韵尾 -m、-p、-w 的异化下过渡音不产生。一是语气词在音变上往往表现出保守的特点,如“焉、矣”等字保持开口不变。李方桂认为它们原来是合口字,因为是语气词所以变作开口。笔者则认为它们原来是开口字,因为是语气词才保持不变,从“焉、矣”得声的所有非喻三字都是开口字,足可证明它们原来的开口性质。

韵书《广韵》有几个读开口软腭擦音 $ɣ_3$-的字,有几个是由于反切上字“于”和“予”形近讹误所致,本非真属于软腭擦音 $ɣ_3$-,如“炎”。辅音清浊交替是三条谐声通则之一。因而端母和定母、幫母和並母、見母和群母(匣母)密切谐声,彼此不能分离。但是,影母跟云母(匣母)、曉母罕有谐声关系。足见,韵图将影母和云母(喻母)、曉母、匣母归为一组完全是音变的结果。既然中古汉语清擦音 x-可以出现在介音-i-前,那么浊擦音 ɣ-自然也可以出现在介音-i-前。软腭擦音 ɣ-跟前高元音组合并没有什么奇特之处。再者,中古汉语的软腭音分开口和合口,那么作为软腭音之一的软腭浊擦音 ɣ-自然也应该分开口和合口,不论是 $ɣ_1$-还是 $ɣ_3$-。中古汉语的软腭浊擦音 $ɣ_3$-和声门音 ʔ-,传统三十六字母列为同组,潘悟云把声门音 ʔ-的上古读音构拟为小舌音 q-,跟软腭擦音 $ɣ_3$-为同一组辅音声母。然而,在发展过程中,要是小舌音 ɢ-衍生出一个介音-w-,那么同部位的小舌清塞辅音 q-和 qh-也必然会衍生出一个介音-w-。语音的演变实际上是区别特征的改变。某一特征的产生和消除都会涉及具有这一特征的一组音而不是一个音。语言是一个处于均衡状态的系统,这个系统某一成分发生了某一种音变,那么与之语音条件相同的成分也应该发生同样的演变。除非这一系统在演变过程中遭到某种外力的冲击导致演变的终止而出现语音演变的例外。但是,中古汉语声门音 ʔ-读合口的仅仅只是声门音 ʔ-的很小一部分而不是大部分。潘悟云对此并没有解释,只是对软腭擦音 x-的合口作一些解释,认为软腭擦音 x-合口的产生和软腭擦音 $ɣ_3$-相平行。中古汉语软腭擦音 x-恰恰和软腭擦音 $ɣ_3$-不同,中古汉语跟合口韵组合的也只是软腭擦音 x-的极小一部分,并非软腭擦音 x-全部或大部分。这一事实说明,要是软腭擦音 $ɣ_3$-上古汉语为小舌音 ɢ-,那么只有其中跟合口韵组合的声门音 ʔ-是小舌音 q-。这一点在谐声中可以清楚表现出。要是两者相配，那也只能把合口三等的声门音 ʔ-跟软腭擦音 $ɣ_3$-合口相配。如此中古汉语软腭擦音 $ɣ_3$-和声门音合口介音 -w- 的来源可以得到比较合理的解释。

表 2.33　开合口的谐声

	見开	溪开	群开	見合	溪合	群合		影开	云开	曉开	匣开	影合	云合	曉合	匣合
圭	佳	跬	—	圭	奎	—		洼	—	—	鞋	洼	—	恚	罣
弦	[illegible]	—	—	—	—	—		—	—	—	弦	—	—	—	舷
荧	—	—	—	—	檾	煢		瑩	—	—	—	縈	榮	—	荧
玄	—	—	—	詃	—	—		—	—	—	舷	—	—	絃	玄
淵	—	—	—	—	—	—		[illegible]	—	—	—	淵	—	—	—

佳，古膎切，《广韵》："善也，大也，好也。"《说文》："佳，善也。从人圭声。"《韩非子·解老》："佳丽也者，邪道之分也。"《谏逐客书》："佳冶窈窕赵女不立于侧也。"《史记·平原君列传》："平原君，翩翩浊世之佳公子也，然未睹大体。"

街，古膎切，《广韵》："道也。《说文》云'街四通道也'。"《说文》："街，四通道也。从行圭声。"《墨子·号令》："城上道路、里中巷街，皆无得行，行者斩。"《韩非子·内储说上》："夫弃灰于街必掩人，掩人人必怒。"《史记·天官书》："昴、毕间为天街。"

其声符"圭"为合口，而"佳""街"为开口。"佳""街"为佳韵 ai，很显然是前高元音 i 复化的结果。中古汉语开口和合口谐声界线十分清晰，合口和合口谐声，开口和开口谐声。但是，某些四等韵（上古汉语主元音为前高元音-i），合口谐声集合中却可以出现开口字。显然，这跟主元音有关系。前高元音 i 在音节中会有跟低元音 a 不同的变化特征。前高元音 i 一个重要的语音特征是齿化。因而前高元音 i 会使软腭韵尾-k/-ŋ前移变成了齿龈音韵尾-t/-n,也会使软腭音k-/ŋ-声母腭化而演变成舌面音ȶ-/ȵ-。同时,前高元音i对唇特征排斥,会使唇音演变成齿龈音。这种音变广泛见于藏缅语、苗瑶语。可见,某些词根辅音受前高元音i的影响发音部位前移并入软腭塞音而没有衍生出合口介音-w-。如此,这套中古汉语衍生出合口介音-w-的辅音最有可能的就是发音部位比软腭音靠后的小舌音。

随着小舌音的消失,中古汉语演变成了合口和开口的对立。潘悟云所列举的跟软腭擦音 $ɣ_3$-有关系的也并非软腭音开口而是软腭音合口,即合口音应该跟软腭擦音 $ɣ_3$-同组,都是小舌音。软腭擦音 $ɣ_3$-固然可以跟声门音ʔ-谐声。如同软腭音合口和合口谐声、开口跟开口谐声一样,软腭浊擦音 $ɣ_3$-跟声门音ʔ-谐声的也是声门音合口非声门音开口。有趣的是,潘悟云用以证明中古汉语声门音上古汉语为小舌音汉代借词例子,除了一例即"阏氏"翻译突厥语qati外,其余都属于合口音而不是开口音。这正反过来支持了我们的看法,上古汉语的小舌音中古汉语演化为合口音。比如"或""國(国)""域"本就是一体,要是认为"或""域"的基辅音声母为小舌音ɢ-而"国"的基辅音声母为k-,显然无法解释它们彼此之间的语音关系。小舌音不作为音位的语言,软腭音偶尔读成小舌音,或小舌音读成软腭音都不会产生意义混淆而影响交际。然而,小舌音作为音位的语言,小舌不能随便读成软腭音,或软腭音读成小舌音。除了语音演变的例外或方言之间的差异之外,小舌音不能跟软腭音谐声。这就意味着软腭音不能跟小舌音谐声,不论彼此之间的语音差别是如何的小。依照清浊谐声的谐声原则,"或""域"的基辅音为ɢ-而"国"的基辅音声母为q-正好匹配。

郑张尚芳、斯塔罗斯金、白一平、潘悟云所构拟的上古汉语辅音系统都有软腭音k-、圆唇软腭音 k^w-、小舌音q-和圆唇小舌 q^w 四套塞音。但是,整个汉藏语系,即使是辅音系统最复杂的语言,比如拉坞戎语,也只有其中的两套,即软腭音和小舌音。扎坝语有单辅音声母53个,复辅音声母71个,没有圆唇软腭音,也没有圆唇小舌音。很显然,删除其中的两套,我们完全可以解释上古汉语问题。依照"奥卡姆剃刀"原理,我们删除了其中的圆唇软腭音 k^w-和圆唇小舌音 q^w-这两套辅音。也就是说,上古汉语只有软腭音和小舌音,而小舌音后来跟软腭音合并，后者以带介音-w-的形式跟前者保持对立，即介音-w-由小舌音衍生。但在以主元音为圆唇元音的音节中，小舌音跟软腭音合并，取消了原先的对立。不过依据谐声关系，我们还是能够找到它们的原有差别。由于小舌音不同于软腭音，所以谐声集合中合口软腭音、声门音跟合口软腭音、声门音谐声，而开口软腭音、声门音跟开口软腭音、声门音谐声。如果主元音是前高元音，那么间或会拉动小舌音前移并入软腭音。于是开口四等和合口四等间或可以共同组成谐声集合。

第三章

A 类韵母

第一节　a元音韵母

自汪荣宝以来，魚部的主元音是-a学界已经没有分歧。能够证明魚部主元音为-a的材料很多，我们就不再一一赘述了。魚部主元音为-a是我们构拟上古汉语元音系统的支点。依据语音条件的不同，魚部中古汉语分裂为模韵-o、麻韵-a、虞韵-iwo和魚韵-io等四韵。

表3.1　麻韵与非麻韵的异读

畬	以诸切	《广韵》：田三岁也。	式车切	《广韵》：烧种田。
且	子鱼切	《广韵》：语辞也。	七也切	《广韵》：语辞。
诸	章鱼切	《广韵》：之也。	正奢切	《广韵》：姓也。
祖	慈吕切	《广韵》：嫧也，《说文》曰"事好也"。	子邪切	《广韵》：县名。
诅	庄助切	《广韵》：呪诅，亦作謯。	子邪切	《广韵》：《说文》"咏也"。
荼	同都切	《广韵》：苦菜。	宅加切	《广韵》：苦菜。
吾	五乎切	《广韵》：我也。	五加切	《广韵》：《汉书》云"金城郡有允吾县"。
衙	语居切	《广韵》：《说文》曰"衙衙行貌"。	五加切	《广韵》：县名。
涂	同都切	《广韵》：涂泥也。	宅加切	《广韵》：涂饰。
阇	当孤切	《广韵》：闉阇，城上重门。	视遮切	《广韵》：闉阇，城上重门也。
梌	同都切	《广韵》：木名。	宅加切	《广韵》：吴人云刺木曰梌也。

续　表

余	以诸切	《广韵》：我也。	视遮切	《广韵》：姓也，见《姓苑》，出南昌郡。
野	承与切	《广韵》：田野。	羊者切	《广韵》：田野。
堵	当古切	《广韵》：垣堵。	章也切	《广韵》：县名，又姓。
贾	公户切	《广韵》：商贾。	古疋切	《广韵》：姓也。
胯	苦故切	《广韵》：股也，韩信出于胯下。	苦化切	《广韵》：两股间也。
跨	苦故切	《广韵》：踞也。	苦瓜切	《广韵》：吴人云坐。
苴	子鱼切	《广韵》：苞苴。	锄加切	《广韵》：《诗》传云"水中浮草也"。[i]
妒	当故切	《广韵》：美女。	陟驾切	《广韵》：美女。
秅	当故切	《广韵》：禾束。	宅加切	《广韵》：《说文》曰"秺也"。
笯	乃都切	《广韵》：鸟笼。	女加切	《广韵》：鸟笼。
拏	女余切	《广韵》：牵引。	女加切	《广韵》：丝絮相牵。
蒘	女余切	《广韵》：藸蒘，草名。	女加切	《广韵》：藸蒘草。

[i]《诗经・召旻》："如彼栖苴。"传："苴，水中浮草也。"《经典释文》："苴，七如反。"苴，子与切，《集韵》："履中艸，一曰艸浮水中。"

韵书《广韵》收集了不少具有上述语音关系的异读字。我们从上述异读字可以看出同样的文字，中古汉语有-a和非-a异读。这种异读并非由于意义出现变化而产生的具有形态意义的异读，而往往是使用环境不同而产生的异读，或纯粹是无意义差别的异读。一个最为显著的特点是这些文字用于记录专有名词时读-a，记录非专有名词时读非-a。专有名词具有逃避语音演变规则的能力，其语音形式往往具有滞后性。显然，读-a的是滞后的语音形式，而读非-a的是演变后的语音形式。这一点从亲属称谓"父"和"爸"之间的读音关系就可以清楚地看出。从这种异读关系中，我们可以推定魚部的主元音应该是-a。具有相同语音条件的语词，因使用环境等的不同，语音演变速度也会不一样。有些语词会逃避语音演变规则，保持原有的语音形式，尤其是那些具有非语言特征的语气词，比如模拟自然界声音的拟声词。自然界的声音不会随语音演变而改变。如此，相同的语词会出现不同的语音形式。对于这种因音变而出现语音形式差异的语词，我们的先人会采用不同的文字记录。于是，相同的语词会有两个甚至数个记录文字。这种记录文字《广韵》搜集了不少。

表 3.2　同词异字表

欤	余吕切	《广韵》：叹也。	邪	以遮切	《广韵》：亦语助。
乌	哀都切	《广韵》：《说文》曰“孝乌也”。	鸦	於加切	《广韵》：乌别名。
洿	哀都切	《广韵》：《说文》曰“浊水下流者”。	窊	乌瓜切	《广韵》：《说文》曰“污下也”。
忤	五故切	《广韵》：逆也；啎，上同。	迓	吾驾切	《广韵》：迎也。
虖	况于切	《广韵》：虎吼。	唬	呼讶切	《广韵》：虎声。
土	徒古切	《广韵》：土田地主也。	社	常者切	《广韵》：社稷。
褚	丁吕切	《广韵》：《方言》注：言衣赤也。	赭	章也切	《广韵》：赤土。
汝	人渚切	《广韵》：尔也。	若	人者切	《庄子·齐物论》注：汝也[i]。
怖	普故切	《广韵》：惶惧也。	怕	普驾切	《广韵》：怕惧。
抒	神与切	《广韵》：除也。	斜	以遮切	《广韵》：《说文》“抒也”。
躇	直鱼切	《广韵》：踌躇。	踞	宅加切	《广韵》：踞跱，行难貌。
匍	薄胡切	《广韵》：匍匐。	爬	蒲巴切	《广韵》：搔也，或作把。
謼	荒乌切	《广韵》：大叫。	哗	呼瓜切	《广韵》：喧哗。
怚	慈吕切	《广韵》：憍也。	嫭	子邪切	《广韵》：憍也；怚，上同。
豧	普胡切	《广韵》：豕名。	豝	伯加切	《广韵》：豕也。
羖	公户切	《广韵》：《说文》曰“夏羊牡曰羖”。	豭	古牙切	《广韵》：豕也，《说文》曰“牡豕也”。
牯	公户切	《广韵》：牯牛。	麚	古牙切	《广韵》：牡鹿。

[i] 若，而灼切，《广韵》：“汝也。”

从这种一词两个或数个记录文字中,我们也可以知道语音之间的变异关系。这种因语音演变而出现的文字改换现象,西汉毛亨、毛苌在传写《诗经》时就已经出现。综合其他语言材料,比如早期音译词、亲属语言共源词等,我们可以断定上古汉语魚部的主元音应该是-a。就音译词等材料来看,歌部起码汉代已经是-a,即魚部、歌部的语音关系汉代已经是ɑ和a的关系,比如词头a-。词头a-汉代已经用属于歌部的"阿"来记录。由于音变,汉代开始出现用歌部字或利用歌部字创制出来的谐声字记录原本由魚部字记录的语词,比如"於呼"。汉代的著作已经用"於戏"来记录"於呼"。《史记·游侠列传》:"於戏,惜哉!"韵书的编撰者仅知道"於戏"等于"於呼"而不知道这是语音演变的缘故,于是,"戏"字也就有了"呼"的读音。《诗经·烈文》:"於乎,前王不忘。"《礼记·大学》:"《诗》云:於戏前王不忘。"陆德明《经典释文》:"於,音乌;戏,好胡反,徐、范音羲。"戏,《广韵》:"古文呼字,荒乌切。"这就是用所谓的"本字"读音去读"假借"文字的读音。

姥,《广韵》:"老母,或作姆,女师也,亦天姥山也,莫补切。"峔,《广韵》:"慈母,山名,在丹阳,亦作姥,俗从山,莫补切。"妈,《广韵》:"母也,莫补切。"

文字"姥"或"姆"实际上是ma"母亲"的后起记录符号。随着元音a的演变,语词ma"母亲"也有了一个新的语音形式mo>mu。这一新的语音形式跟口语里面语音演变滞后的老形式出现了龃龉,于是利用现有文字"马"创制了一个新的文字"妈"。显然,这一新文字的读音应该同于其声符"马"。但是,新文字和老文字所记录的是同一个语词。于是,这一新文字在《广韵》中也就有了老文字的读音。这种固定意义相同而出现训读的现象在《广韵》中不乏其例。

但语音并不因为新文字的出现而停止演变。新的文字也会随着新的音变规则的出现而产生更新的语音形式。上古汉语歌部,汉代的主元音是-a。元音-a,汉语最为显著的语音演变形式是后高化。汉代的-a,隋唐时期在无语音限制的情况下已经演变成了后低元音ɑ。于是，后创制出来代替原先魚部的新文字以及老文字也有 ɑ 的读音。

父，扶雨切，《广韵》：“《说文》曰‘父’，矩也，家长率教者。”

爸，捕可切，《广韵》：“父也。”

蘆，采古切，《广韵》：“《尔雅》云‘蔖蘆’，郭璞云‘作履苴草’。”蘆，昨何切，《广韵》：“《尔雅》云‘蔖蘆’，郭璞曰‘作履苴草’。”《尔雅》：“蔖蘆。”注：“作履苴草。”《经典释文》：“蘆，施谢才古反，郭才河、采苦二反，《字林》千古反；苴，将吕反，一云将虑反。”

虘，《广韵》：“虎不柔也，昨何切，又才都切。”

摸，莫胡切，《广韵》：“以手摸也，亦作摹。”

摩，摸卧切，又莫禾切，《广韵》：“按摩。”

通过文字的记录形式，我们可以确定魚部的主元音是前低元音 -a。上古汉语魚部 -a 的演变路线是 a＞ɑ＞ɔ＞o＞u。前低元音 a 后高化是汉语以及与汉语相关联语言常见的语音演变现象。我们来看藏缅语族缅彝支语言元音 a 的演变情况：

表 3.3　a 元音缅彝支语音对应表

词义	缅甸语	波拉语	怒苏语	阿昌语	仙岛语	载瓦语	浪速语	彝语	汉语
五	ŋɑ	ŋa^{31}	ŋa^{55}	ŋɔ^{31}	ŋɔ^{31}	ŋo^{31}	ŋɔ^{31}	ŋo^{33}	五
我	ŋɑɑ	ŋa^{55}	ŋa^{33}	ŋɔ^{55}	ŋɔ^{55}	ŋo^{51}	ŋɔ^{31}	ŋo^{21}	吾
父亲	bhɑ	va^{55}	ba^{31}		po^{31}	va^{55}	phɔ^{55}	pho^{55}	父
老虎	kjɑ	la^{31}	la^{55}	lɔ^{31}	lɔ^{31}	lo^{21}	lɔ^{35}	lo^{55}	虎
下雨	rwɑɑ	ɣɔ^{55}	ɣɹua^{33}	ʐo^{55}	ʐo^{55}	vo^{51}	vu^{31}	ho^{21}	雨
补	phɑɑ	pha^{55}	pha^{35}	phɔ^{55}	phɔ^{35}	pho^{51}		pho^{21}	补
不	mɑ		ma^{55}	ma^{31}			mə^{31}	mɑ^{21}	无
苦	khɑɑ	kha^{35}	kha^{53}	xɔ^{31}	xɔ^{31}	kho^{21}	khɔ^{31}	khɑ^{33}	苦

续　表

词义	缅甸语	波拉语	怒苏语	阿昌语	仙岛语	载瓦语	浪速语	彝语	汉语
落	kjɑ	kja^{31}			kʐ̥o^{31}	kjo^{55}	kɔ^{31}		下
吃	tsɑ	ta^{31}	dza^{53}	tɕɔ^{31}	cjɔ^{31}	tso^{21}	tsɔ^{35}	dzo^{33}	咀
多	mjɑ	mja^{31}	mia^{31}	ɲ̥ɔ^{31}	ŋ̊jɔ^{31}	mjo^{55}	mjɔ^{35}	n̥o^{33}	橅

上表藏缅语材料来自《藏缅语族语言词汇》(黄布凡,1992)。

上述是一组缅彝支语言共源且跟汉语也共源的语词。其中缅彝支一些语言如载瓦语、彝语等,前低元音 a 已经后高化为后元音 ɔ 或 o。这跟上古汉语魚部,在中古汉语中大部分后高化为 o 完全相同。但在一些语词缅彝支语言中也保持原有的读音,如否定副词“不”。就韵书《广韵》所记录的情况来看,当时的“吴语”仍保持 a 的读音,而陆法言据此编撰《切韵》的方言中则已经后高化为 o 了。因而在《切韵》基础上重修的《广韵》就特别指明是“吴人”读音。

爹,正奢切,《广韵》:“吴人呼父。”

诸,正奢切,《广韵》:“姓也,汉有洛阳令诸于;何氏姓苑云吴人。”

跨,苦瓜切,《广韵》:“吴人云‘坐’。”

梌,宅加切,《广韵》:“吴人云‘刺木曰梌也’。”

苴,锄加切,《广韵》:“《诗》传云‘水中浮草也’。”《诗经·召旻》:“如彼栖苴,我相此邦,无不溃止。”传:“苴,水中浮草也。”《经典释文》:“苴,七如反。”苴,七余切,《广韵》:“履中藉。”苴,子与切,《广韵》:“履中草。”苴,子鱼切,《广韵》:“苞苴。”《礼记·曲礼上》:“凡以弓剑、苞苴、箪笥问人者。”《经典释文》:“苴,子余反。苴,藉也。”《庄子·让王》:“其土苴以治天下。”《经典释文》:“苴,侧雅反,又知雅反,司马云‘土苴如粪草也’;李云‘土苴,糟魄也,皆不真物也’。”《诗经·七月》:“九月叔苴。”传:“苴,麻子也。”《经典释文》:“苴,七如反。”《庄子·让王》:“苴布之衣。”《经典释文》:“音麤,徐七余反。”

韵书《广韵》等收集的魚部字来源相当复杂，而且即使是同一方言，这些魚部字的“年龄”也不一样。因而自张琨以来，学者就质疑《切韵》的单一方言性质，认为其是具有综合性质的韵书。我们固然不能否认《切韵》是以某一方言音系为基础编撰的韵书，但其材料却是从不同时代、不同方言背景的其他字书、韵书搜集的，编撰者不过是依据反切注音分归到本方言应该处的位置上而已。我们不能把这些魚部字的语音形式看成是同一方言、同一时期的产物。即使是同一个方言，文字读音也夹杂着口语、书面语的不同。这实际上已经告诉了我们韵书里面麻三和魚韵对立的原因。上古汉语魚部，依照语音条件的不同，中古汉语分为模韵、麻韵、魚韵和虞韵。但麻韵并非只有二等，也有三等。于是，麻三和魚韵对立。为了解决这一问题，音韵学家可谓是伤尽了脑筋，但都没有得到合理的解决。中古汉语麻三和魚韵在齿龈音和舌面音上对立。但两者的去声并不真正对立。除了个别特例，麻三去声齿龈音和舌面音来自上古汉语鐸部，即带塞音韵尾-k的韵母；而魚韵去声齿龈音和舌面音则来自上古汉语魚部，即不带辅音韵尾-k的韵母。上古汉语单元音韵母a，中古汉语出现比较多样的演变，而带辅音韵尾的a中古汉语大抵保持低元音a或ɑ。这正说明麻三和魚韵本就是同一元音a。麻三和魚韵平声、上声齿龈音和舌面音对立，而具有这种对立的绝大部分是具有麻三和魚韵、模韵异读的。没有麻三和魚韵、模韵异读的麻三字有以下几个：

奢，式车切，《广韵》：“张也，侈也，胜也。”奢，《说文》：“张也，从大者声。”《荀子·赋篇》：“闾娵、子奢，莫之媒也。”杨注：“子奢，当为子都。”《韩诗外传》：“闾娵、子都，莫之媒。”《诗经·山有扶苏》：“不见子都，乃见狂且。”《吕氏春秋·高义》：“石渚其为人也，公直无私，王使为理。”《韩诗外传》：“石奢其为人也，公而好直，王使为理。”

邪，似嗟切，《广韵》：“亦不正也。”《诗经·北风》：“其虚其邪，既亟只且。”笺云：“邪读如徐。”《经典释文》：“邪，音余，又音徐，《尔雅》作‘徐’。”徐，《广韵》：“缓也，《说文》‘安行也’，似鱼切。”又俆，似鱼切，《广韵》：“缓也。”

斜，以遮切，《广韵》：“斜谷，在武功西南，入谷百里而至；《说文》‘抒也’。”衺，似嗟切，《广韵》：“不正也；斜，上同。”《说文》：“斜，抒也，从斗余声,读若荼。”段注:“俗人乃以人之衺正作邪,物之衺正作斜。”抒,徐吕切,《广韵》:“渫水,俗作汿,又神吕切。”抒,神与切,《广韵》:“《左传》云‘难必抒矣’。抒,除也,又音序。”

者,章也切,《广韵》:“语助。”金文“诸”字多只作“者”,如《兮甲盘》“其隹我者侯百生”。《大戴礼记·卫将军文子》:“道者孝悌,说之以义。”孔广森补注:“者,读为诸,古音相近通用之。”诸,章鱼切,《广韵》:“之也,非一也。”

赊,式车切,《广韵》:“不交也。”赊,《说文》:“贳买也,从贝余声。”徐锴系传:“今人谓迟缓为赊也。”《资治通鉴·唐纪五十八》胡三省注:“鬻物而缓取直曰赊。”《慧琳音义》卷五十一注引《声考》云:“赊,缓也。”舒,伤鱼切,《广韵》:“缓也,徐也。”又纾,伤鱼切,《广韵》:“缓也。”《诗经·采菽》:“彼交匪纾,天子所予。”

遮,正奢切,《广韵》:“断也。”《说文》:“遮,遏也,从辵庶声。”《管子·侈靡》:“百姓不夭厉,六畜遮育,五谷遮熟。”王念孙《读书杂志》:“遮、庶古字通。”(《集韵》:“遮、庶,之奢切,《说文》‘遏也’。”)庶,商署切,《广韵》:“众也。”庶,《广韵》:“《周礼》有‘庶氏’,掌除毒虫,章恕切,又音恕。”庶,是“煮”的本字。《周礼·秋官·司寇》“庶氏”,《经典释文》:“依注音药煮之煮,又章预反。”煮,章与切,《广韵》:“《说文》曰‘亨也’。”《吕氏春秋·名类》:“子不遮乎亲,臣不遮乎君。”遮,是由名词“堵”派生出来的动词。堵,当古切,《广韵》:“垣堵,又音者。”堵,《说文》:“垣也,从土者声。”

可见,这几个《广韵》没有非麻三异读的麻三字,实质上文献中也能见到其跟非麻三韵之间的文字的通用关系。上古汉语魚部-a,依照音变规则,在中古汉语中应该读模韵、魚韵和虞韵。但也有部分语词因使用环境等原因保持读 a。这些语词和跟辅音丛 Cl-/Cr-组合的元音-a,韵书《广韵》同编入麻韵。于是,魚部出现麻三-ia 和魚韵-io 对立。因其主元音保持读 a,这些字甚至会利用歌部字创制出来的新字加以记录。奓,《广韵》:“张也,陟加切。”奓,《广韵》:“张也,开也,陟驾切,又陟加切。”《集韵》:“奢、奓,诗车切,《说文》‘张也’。”奢、奓本就是同一语词的不同记录文字。《集韵》的编撰者以为跟“奢”同而把“奓”也注音“诗车切”。“奢”与书面语读音出现龃龉而改为“多”声创造了“奓”。文字形式的改换，本身就隐含着语音形式的改变。俞敏说："'歌魚'两部在这里混用，乍看看不出什么分别来。"固然，后汉三国时期歌部、魚部都可以对译梵语的 a，但是仔细观察还是会发现主要用麻三而不是非麻三对译梵语的 a。歌部和魚部后汉的差别应该是 a 和 ɑ 的不同。

表 3.4　麻韵的音节搭配

	t	th	d	n	l	ts	tsh	dz	s	z	tɕ	tɕh	dʑ	ȵ	ɕ	ʑ	j
御							蜡								庶		
馬									寫					若	舍		
禡						借		藉	瀉	謝	柘	斥			舍	射	夜

若，而灼切，《广韵》："如也，顺也，汝也，辝也，又杜若，香草。"

若，人者切，《广韵》："干草，又般若，出《释典》。"

若，人赊切，《广韵》："蜀地名，出《巴中记》。"

先秦文献，比如《庄子》，用"若"记录代词"汝"，说明"若"的韵尾已弱化。依据语音关系，作为代词记录文字的"若"应该音"人者切"而不是"人勺切"。后汉三国用"若"对译梵语音节 jña 正说明这一点。跟无辅音韵尾的 a 不同，有辅音韵尾的元音 a 保持原有的读音，而入《广韵》的麻韵。其韵母演变路线是-ak＞-aʔ＞-a。谐声系统中，"舄"和"舍"声字，韵书《广韵》也入麻韵。这两个声符字组成的谐声集合，《广韵》只有入声、去声和上声，而读上声的则只有"寫"和"舍"两字。"寫"和"舍"跟"若"相同。舍，甲骨文像房子的形状，当是象形字。舍，在文字使用中跟来自韵母-ak 的文字通用。

舍，书冶切，《广韵》："释也；舍，止息，亦上同，又音赦。"《诗经·雨无正》："舍彼有罪，既伏其辜。"《经典释文》："舍，音赦。"《诗经·羔裘》："彼其之子，舍命不渝。"陈奂传疏："舍、释古字通。"《吕氏春秋·观表》："视舍天下若舍屣。"毕沅新校正："两舍字皆作释。"《吕氏春秋·长见》:“视释天下若释蹝。”

可见,“舍”的韵母-a^B也是由韵母-ak弱化来的。因而其语音演变情况跟“射”“若”相同。“舍”声和“庶”声是两个完全不同的谐声集合,两者上古汉语的词根声母并不相同,见下声母部分。显然,因辅音韵尾的屏蔽保护作用,韵母主元音演变速度相对较慢而保持了上古汉语的元音-a。这跟某些口语语词或者封闭性的语法词保持元音-a相同。如同上古汉语常用的“也”在韵书《广韵》中读馬韵而不读紙韵,是因为“也”是一个封闭性的语法词。董同龢把“也”归入魚部就因为“也”不符合语音演变规则。依照语音演变规则,“也”应该归紙韵而不是馬韵。“者”在韵书《广韵》里面读-a也是由于“者”是封闭性的语法词。

通过前面的分析,我们可以断定,除来自带有塞音韵尾的-a外,中古汉语麻三以及部分麻二是上古汉语a演变后的剩余或者是非标准语读音。这种非标准语读音,不同经师的口语会不一样。《庄子·让王》:“其绪余以为国家,其土苴以治天下。”《经典释文》:“绪余,并如字,徐上音奢,下以嗟反;司马、李云‘绪者,残也’。土,敕雅反,又音如字;苴,侧雅反,又知雅反,司马云‘土苴如粪草也’。”绪、余、土、苴四字,经师徐邈都读麻三。徐邈是京口人,跟韵书《广韵》所录魚部“吴人”读麻三完全一致。徐邈读麻三的绪、余、土、苴四字,《广韵》收集的只有“苴”有麻三一读,其余三字都只有非麻三一音。但这四个麻三韵读音都被韵书《集韵》收集。如果以《集韵》的读音来看,无疑增加了三个所谓的麻三和魚韵对立的文字。如此看来,语言以及语词的使用环境导致了魚部的这种分化。一些以前以低元音a为韵母的语词,比如语气词,不论其他相同语音条件的语词是否发生变化,它们的主元音a就是保持不变。为了记录这些语气词,文字就一直处于不断的变化之中,如记录语气词a、xa、pa、ja等的文字。显然,我们不能因为这些文字所记录的语词相同而认为文字本身具有相同的“年龄”。我们不会因为《广韵》中“父”和“爸”的语音形式而推定上古汉语中也有两个语音形式。韵书《广韵》材料来源庞杂,自然给我们弄清上古汉语的语音面貌设置了许多障碍。但这些庞杂的材料有时候也会给我们提供汉语语音演变的内部证据。

鐸部三等,《广韵》分藥韵/陌韵/昔韵。其中藥韵有齿龈音、舌面音和软腭音,陌韵有软腭音,昔韵有齿龈音和舌面音。但是,藥韵和昔韵的齿龈音并不对立：齿龈塞音、边音以及舌面鼻音入藥韵,齿龈塞擦音、舌面塞擦音以及半元音 j-入昔韵。

表 3.5　鐸部舌齿音的音节搭配

	t	th	d	n	l	ts	tsh	dz	s	z	tɕ	tɕh	dʑ	ȵ	ɕ	ʑ	j
昔						借		籍	昔	席	跖	赤	石		釋	麝	繹
藥	著	婼	著	踷	略		鵲				斫			若	獡		

斫,之若切,《广韵》:“刀斫。”《说文》:“斫,击也,从斤石声。”《尔雅》:“斫谓之鐯。”《经典释文》:“斫,音灼。”《易·旅》:“旅于处,得其资斧。”王弼注:“斧,所以斫除荆棘,以安其舍者也。”《经典释文》:“斫,诸若反。”《尔雅》郭注:“丁丁,斫木声。”《经典释文》:“斫,音灼。”《吕氏春秋·音初》:“斧斫斩其足。”

藥韵的“斫”字和昔韵的“跖”(之石切)等对立。除了“斫”一字外,鐸部三等齿龈音、舌面音等藥韵和昔韵完全互补。依照规则,“斫”当入昔韵,入藥韵属于例外。两者之间的语音关系如同“石”和“硕”:《广韵》同音“常隻切”,而今“石”读 $ʂʅ^{35}$,“硕”读 $ʂuo^{51}$。前者为口音而后者为书音。藥韵与昔韵也应该是书音与口音的不同。

表 3.6　鐸部软腭音音节的搭配

	k	kh	g	ŋ	x	ʔ	kw	khw	gw	ŋw	xw	ʔw
藥	脚	卻	臄				玃	躩	戄	籰	戄	嬳
陌	戟	隙	劇	逆	虩							
昔												

合口软腭音只有藥韵一类,开口软腭音则有藥韵和陌韵三等两类。但软腭鼻音和擦音只有一类。《说文》:“逆,迎也。从辵屰声。关东曰逆,关西曰迎。”《尔雅》:“逆,迎也。”《方言》:“逆,迎也。自关而东曰逆,自关而西或曰迎。”“屰”声字是一个一等、三等共存的谐声集合。因而我们可以知道,鐸部三等,陌韵三等是主流。软腭塞音不论是藥韵还是陌韵,其所处的谐声集合都是一个只有三等的封闭谐声集合。鐸部三等软腭塞音主要入陌韵三等,而入藥韵的只有以下几个字。

脚,居勺切,《广韵》:“《释名》曰‘脚,却也,以其坐时却在后也’。”《说文》:“脚,胫也,从肉却声。”《墨子·明鬼》:“羊起而触之,折其脚。”早期文献不见“脚”字,其所记录语词的意义也仅指“胫”,后渐渐扩大代替“足”而成为核心语词。《韩非子·难言》:“孙子膑脚于魏。”《荀子·正论》:“捶笞膑脚。”杨倞注:“膑脚谓刖其膝骨也。”

卻,居勺切,《广韵》:“节也。”卻,去约切,《广韵》:“退也。”《说文》:“卻,节卻也,从卩谷声。”卻,去略切,又居略切,《玉篇》:“节卻也,俗作却。”“卻”本指骨头之间的间隙,引申为指间隙。《庄子·养生主》:“批大卻。”《经典释文》:“卻,徐去逆反,郭音却,崔李云间也。”此意义其字通常也写作“郤”。《庄子·知北游》:“人生天地之间,若白驹之过郤,忽然而已。”《经典释文》:“郤,去逆反,本亦作隙;隙,孔也。”《庄子·德充符》:“使日夜无郤。”《经典释文》:“无郤:去逆反,李云‘间也’。”卻,引申为拉开距离、退却、拒绝,其字后也改为“却”。《庄子·达生》:“视舟之覆犹其车却也。”《庄子·田子方》:“吾以其来不可却也,其去不可止也。”《仪礼·士昏礼》:“卻于敦南,对敦于北。”注:“古文卻为绤。”《经典释文》:“卻,去逆反。”卻,迄逆切,《集韵》:“地名,亦姓,或作郄。”

谷,《说文》:“口上阿也。啣,谷或如此。臄,或从肉从豦。”“谷”“啣”“臄”,《广韵》“其虐切”,而“其虐切”一音下都是罕见于文献的冷僻字。“豦”声字,噱、臄、醵入三等藥韵,其余字入三等陌韵。《诗经·行苇》:“嘉殽脾臄,或歌或咢。”传:“臄,函也。”《经典释文》:“臄,渠略反,函也,字或作醵。”醵,强鱼切,《广韵》:“合钱饮酒。”醵,其据切,《广韵》:"合钱饮酒。"醵,其虐切,《广韵》:"合钱饮酒。""醵"三音无意义差别,经师也不知道"臄"字到底应该读哪一个音。醵,《说文》:"会饮酒也,从酉豦声。"《礼记·礼器》:"《周礼》'其犹醵与'。"注:"合钱饮酒为醵。"《经典释文》:"醵,其庶反,又其约反。"疏:"王肃《礼》作遽。"遽,其据切,《广韵》:"急也,疾也,窘也。"剧,奇逆切,《广韵》:"增也,一曰艰也,又姓。"《尔雅》:"三达谓之剧旁……七达谓之剧骖。"《经典释文》:"剧,巨戟反。"勮,其据切,《广韵》:"勤务也。"勮音"其据切"与"醵"又音相同。《公羊传·宣公六年》:"躇阶而走。"注:"躇犹超,遽不暇以次。"《经典释文》:"剧,其据反,本亦作遽。"《汉书·扬雄传》:"口吃,不能剧谈。"颜注:"剧,犹疾也。"

软腭不送气塞音有"脚"一字读入藥韵,送气塞音有"却"一字读入藥韵,而浊塞音则有"臄"读入藥韵。通过对文字使用情况的考察,"豦"声也属于上古汉语的 kr-辅音丛。依照规则,"豦"声应该读入陌韵,但读陌韵已经只有"劇"一字。上古汉语的魚部早就已经不是前低元音-a。由于辅音韵尾对主元音的屏蔽作用,鐸部的主元音-a 保持了较长的时期。但隋唐时期已经开始向后元音-ɑ 转移,如鐸韵-ɑk。相对于一等韵,三等韵因介音-i-的影响,其主元音转移的速度比较缓慢,但也已经开始转移。依照两者之间的语音关系,我们认为陌韵三等应该是上古鐸部滞后的语音形式。它们之间的差异是书音和口音的不同,或者不同经师方言之间的差异。陽部三等软腭音和声门音也有陽韵和庚韵三等的对立。

表 3.7　陽部三等软腭音和声门音音节搭配表

	k			kh			g			ŋ			x			ʔ		
陽	畺	襁	强	羌			强	强			仰		香	響	嚮	央	怏	怏
庚	京	景	竟	卿		慶	鯨	倞		迎		迎				英	影	映

跟鐸部情况相同,陽部也是软腭鼻音和软腭擦音陽韵和庚韵互补。依照谐声关系,本应该都是陽韵。与软腭塞音和声门音组合时,

陽部三等在《广韵》中存在陽韵和庚韵三等对立。然而,与软腭塞音组合的陽韵和庚韵三等之间的界线十分清晰:同一声符陽韵字和庚韵三等字不共存,庚韵来自上古汉语跟辅音丛 kr-组合的陽部,陽韵来自跟单辅音 k-组合的陽部。与声门音组合时,陽部同一声符在韵书《广韵》中分陽韵和庚韵,两者构成对立。

央,於良切,《广韵》:“中央,一曰久也。”“央”重叠用于摹状。《诗经·出车》:“出车彭彭,旂旐央央。”传:“央央,鲜明也。”《经典释文》:“央,本亦作英,同於京反,又於良反。”《诗经·六月》:“织文鸟章,白旆央央。”《经典释文》:“央,音英,或以良反。”字后作㹧。央,於惊切,《集韵》:“鲜明貌,《诗》‘旂旐央央’,或作㹧。”《诗经·载见》:“龙旂阳阳,和铃央央。”《经典释文》:“央,於良反,徐音英。”鉠,於惊切,《广韵》:“铃声。”《集韵》:“锳、鉠,於惊切,铃声,或省。”《集韵》:“於良切,铃声谓之鉠。”

英,於惊切,《广韵》:“华也,荣而不实曰英也,又英俊。”《说文》:“英,草荣而不实者,一曰黄英,从艸央声。”《诗经·著》:“尚之以琼英乎而。”《诗经·有女同车》:“有女同行,颜如舜英。”英,於良切,《集韵》:“稻初生未移者。”《管子·禁藏》:“毋伐木,毋夭英。”注:“英为草木之初生也。”秧,於良切,《广韵》:“莳秧。”《诗经·清人》:“二矛重英,河上乎翱翔。”《经典释文》:“英,如字,沈於耕反(缨的训读)。”紻,於两切,《广韵》:“冠缨。”紻,於良切,《集韵》:“缨谓之紻。”《诗经·白华》:“英英白云,露彼菅茅。”传:“英英,白云貌。”《经典释文》:“英,如字,韩《诗》作泱泱。”霙,於惊切,《广韵》:“雨雪杂也。”霙,於良切,《广韵》:“霙霙,白云貌,又音英。”此字《集韵》也作“泱”。泱泱,於惊切,《集韵》:“云貌,通作英、霙。”泱,於良切,《广韵》:“水流貌。”

通过上面的分析,我们可以确定“英”和“央”本就同音。上古汉语的*a̱ŋ 前衍生出介音-i-变成 iaŋ(庚韵三等),再演变成中古汉语的-iɑŋ(陽韵)。依照文字使用情况来看,读庚韵三等的“英”应该是滞后语音形式。上古汉语固然有插音 /r/,但是我们不能为了以示区别而凭空添加一个插音/r/。《广韵》:“景,大也,明也,像也,光也,照也;居影切。”《颜氏家训·书证》:“凡阴景者,因光而生,故即为景。”《庄子·天下》:“飞鸟之景未尝动也。”景,后世作影。影,於丙切,《广韵》:“形影。”《荀子·强国》:“譬之犹响之应声,影之像形也。”《吕氏春秋·功名》:“犹表之与影,若呼之与响。”映,於敬切,《广韵》:“明也,隐也;暎,上同。”“映”是“景(影)”的动词形式。景,从“京”声,而谐声集合有边音,跟“央”声原本无关。然而,我们可以看出造“映”字之时“央”应该是《广韵》庚韵三等的读音。随着音位价值的获得,原本从“央”声之字纷纷改从“英”声。

第二节　e元音韵母

之部的主元音,高本汉构拟为央元音 ə。众多学者照搬高本汉的构拟,如董同龢、李方桂、王力、斯塔罗斯金等。与汉语有关系的藏缅语族、侗台语族的一些语言,也多有央元音 ə。然而,这些语言的央元音 ə 都是后起的,是其他元音的弱化,如藏语。古藏语没有央元音 ə,而藏语卫方言、康方言以及安多方言都已经有央元音 ə。之部,《广韵》读一等咍韵-oi、二等皆韵-ɛi 和三等之韵-ie,没有一韵是读央元音-ə。包拟古、白一平认为之部主元音是央高元音 ɨ,而黄典诚、郑张尚芳等则认为是后高元音 ɯ。实际上,之部构拟为-ɨ 或-ɯ,与构拟为-ə 并没有本质上的区别。侗台语族、藏缅语族语言央高元音 ɨ 或后高元音 ɯ 往往跟央元音 ə 是同一个音位的变体,如普米语①。不过,用央元音-ɨ 或后高元音-ɯ 来解释之部中古汉语的读音可能要比央元音-ə 方便一些。但就《诗经》的合韵情况来看,-ɨ、-ɯ、-ə 三种不同的构拟,我们认为前两种构拟最不符合之部在《诗经》中的合韵实际:

朝隮于西,崇朝其**雨**。女子有行,远兄弟父**母**。(《蝃蝀》)

民虽靡**膴**,或哲或**谋**,或肃或艾。如彼泉流,无沦胥以败。(《小旻》)

周原膴**膴**,堇荼如**饴**。爰始爰**谋**,爰契我**龟**。曰止曰**时**,筑室于

① 陆绍尊,2001,《普米语方言研究》,民族出版社。

兹。(《绵》)

宾既醉**止**,载号载**呶**。乱我笾豆,屡舞僛**僛**。(《宾之初筵》)

A凡此饮酒,或醉或**否**。既立之监,或佐之**史**。B彼醉不臧,不醉反**耻**。式勿从谓,无俾大**怠**。C匪言勿言,匪由勿**语**。由醉之言,俾出童**羖**。三爵不识,矧敢多**又**。(《宾之初筵》)

彼谮人**者**,谁适与**谋**。取彼谮人,投畀豺**虎**。(豺虎不食,投畀有北。)(《巷伯》)

赫赫明明,王命卿**士**。南仲大祖,大师皇**父**。(《常武》)

抑此皇**父**,岂曰不**时**。(《十月之交》)

如彼岁旱,莫不溃茂,如彼栖**苴**。我相此邦,无不溃**止**。(《召旻》)

凤皇于飞,翙翙其**羽**,亦集爰**止**。蔼蔼王多吉**士**,维君子**使**,媚于天**子**。(《卷阿》)

嗟我妇**子**,曰为改岁,入此室**处**。(《七月》)

匪且有**且**,匪今斯今,振古如**兹**。(《载芟》)

克定厥**家**,于昭于天,皇以间**之**。(《桓》)

王谓尹氏,命程伯休**父**。左右陈行,戒我师**旅**。率彼淮**浦**,省此徐**土**。不留不处,三事就**绪**。赫赫业业,有严天**子**。(《常武》)

念兹皇**祖**,陟降庭**止**。维予小**子**,夙夜敬**止**。(《闵予小子》)

彼都人**士**,充耳琇实。彼君子**女**,谓之尹吉。(《都人士》)

清儒已经发现《诗经》有之部、魚部合韵现象,如:段玉裁在其《六书音均表》中共列举了之、魚合韵六例;朱骏声除了《诗经》还列举了先秦、西汉文献中之、魚合韵的例子。就《诗经》而言,押韵对韵尾的要求远要比对主元音的要求严厉,入声一般只跟上声和去声合韵而不跟平声合韵,见下。之部和魚部《诗经》合韵的事例实际上比段玉裁统计的要多得多。正如王力(1980)所指出的:凡是研究上古汉语韵部的人都知道,之部和魚部的读音是很相近的。故此,王力推测之部的主元音应该是一个非常接近魚部a的、发音部位相较高一点的元音ɐ。就之部和魚部《诗经》合韵来看,王力之部上古汉语读音跟魚部读音相近的观点无疑是正确的。我们知道,每一个元音都有自己的音域。音域接近的元音能够押韵,而音域远的元音难以押韵。既然魚部上古汉语主元音是前低元音 a,那么之部的主元音应该是跟 a 相邻近的元音,而不是跟前低元音 a 音域很远的央高元音 ɨ 或后高元音 ɯ。

除了跟之部合韵,魚部在《诗经》中不跟其他任何韵部合韵。顾炎武魚部和侯部不分,同为一部;后江永、戴震等从分出侯部和幽部。现在看来,魚部和侯部、幽部在《诗经》中界线极其清晰,没有任何接触事例。同样,除跟魚部合韵外,之部跟其他韵部界线也清晰。不过,清儒一直认为之部和幽部关系密切,比如段玉裁。段玉裁把之部列为第一部而幽部列为第三部,而朱骏声把之部列为第一部而幽部列为第二部,这都反映出在清儒的眼中之部和幽部关系的密切。郑张尚芳(1987)将之部构拟为 ɯ,就是考虑到了之部和幽部的关系。确实,之部软腭音合口以及唇音后来部分和幽部合流,但那只是语音发展的结果。之部和幽部起码在《诗经》时代两者的读音还是十分疏远的。之部《诗经》中不跟幽部押韵。然而段玉裁在其《六书音均表》中认为,之部和幽部在《诗经》中押韵的有:

子之**茂**兮,遭我乎猺之**道**兮。并驱从两**牡**兮,揖我谓我**好**兮。(《还》)

乐只君子,遐不眉**寿**。乐只君子,德音是**茂**。(《南山有台》)

如竹**苞**矣,如松**茂**矣。(《斯干》)

茀厥丰**草**,种之黄**茂**。实方实**苞**,实种实**褎**。(《生民》)

如彼岁旱,莫不溃茂,如彼栖**苴**。我相此邦,无不溃**止**。(《召旻》)

段玉裁以为《召旻》一诗"茂、止"合韵,非。语段相同位置上的语词构成《诗经》韵脚,这是《诗经》押韵的最重要特点。语段结束之处,也是话语暂时停顿之时,而此处形成押韵。诗篇《召旻》前一语段的结束之处是"苴",后一语段的结束之处是"止",两者形成押韵。语词"茂"如果也入韵,与之相对位置的是"邦"。因而语词"茂"不入韵。

有兔爰爰,雉离于**罦**。我生之初,尚无**造**。(《兔爰》)

缁衣之**好**兮,敝予又改**造**兮。(《缁衣》)

闵予小**子**,遭家不**造**。嬛嬛在**疚**,於乎皇**考**,永世克**孝**。(《闵予小子》)

不谏亦入,不闻亦**式**。小子有造,肆成人有**德**。古之人无斁,誉髦斯**士**。(毛《诗》乙为:"不闻亦式,不谏亦入。肆成人有德,小子有造。古之人无斁,誉髦斯士。")(《思齐》)

段玉裁认为诗篇《闵予小子》"造、疚、考、孝"合韵。王力《诗经韵读》中认为,此语段"子、疚"押韵、"造、考、孝"押韵。诗篇《思齐》,段玉裁认为"造、士"合韵。本来是整齐的之部押韵,因语句顺序传诵出现了讹误而导致韵脚分析上出现多处合韵,或出现非正常位置上押韵,如朱骏声认为"入、式"合韵。

昔育恐育鞠,及尔颠覆。既生既育,比予于毒。(《谷风》)

父兮生我,母兮鞠我。拊我畜我,长我育我,顾我复我,出入腹我。(《蓼莪》)

克禋克祀,以弗无子。履帝武敏歆,攸介攸止。载震载夙,载生载育,时维后稷……诞寘之隘巷,牛羊腓**字**之;诞寘之平林,会伐平林;诞寘之寒冰,鸟覆**翼**之。(《生民》)

段玉裁认为诗篇《生民》"夙、育、稷"合韵。此诗段的韵脚是"祀、子、止、稷"和"夙、育"。这一押韵情况可以看下一诗段的押韵。诗句给出一个韵,最终必须予以回复。有些韵隔一句,有些韵隔数句才能得到回复。"字之"隔了三句才跟"**翼**之"合韵。就是《生民》的最后一个诗段:"卬盛于豆,于豆于登,其香始升,上帝居**歆**。胡臭亶**时**,后稷肇**祀**,庶无罪**悔**,以迄于**今**。"语词"歆"给出的押韵请求隔了三个诗句才得到回复。

素丝**祝**之,良马**六**之。彼姝者子,何以**告**之。(《干旄》)

考盘在**陆**,硕人之**轴**。独寐寤**宿**,永矢弗**告**。(《考盘》)

令终有**俶**,公尸嘉**告**。(《既醉》)

工祝致告：徂赉孝孙，苾芬孝**祀**，神嗜饮**食**。卜尔百**福**，如几如**式**。既齐既**稷**，既匡既**敕**。永锡尔**极**，时万时**亿**。礼仪既**备**，钟鼓既**戒**。孝孙徂位，工祝致告：神具醉**止**，皇尸载**起**。（鼓钟送**尸**，神保聿**归**。诸宰君妇，废彻不**迟**。诸父兄**弟**，备言燕**私**。）（《楚茨》）

段玉裁认为诗篇《楚茨》两“告”字入韵。郑笺：“祝以此故致神意告主人使受嘏，既而以嘏之物往予主人。”有些语句《诗经》是不入韵的，如《东山》：“我徂东山，慆慆不归。我来自东，零雨其蒙。”首两句不入韵。又如《荡》：“文王曰咨，咨汝殷商。曾是强御，曾是掊克，曾是在位，曾是在服。”首两句也不韵。诗篇《楚茨》以“工祝致告”发端，引出所告内容。两“告”字皆不入韵。

吁谟定命，远犹辰告。敬慎威仪，维民之则。其在于今，兴迷乱于政。颠覆厥德，荒湛于酒。女虽湛乐从，弗念厥绍。罔敷求先王，克共明刑。（《抑》）

段玉裁认为诗篇《抑》“告、则”合韵。此诗段韵脚紊乱，根本不能归纳出合理的韵脚，当有讹误。我们拟调整为：远犹辰告，吁谟定**命**。其在于今，兴迷乱于**政**。罔敷求先王，克共明**刑**。荒湛于**酒**，弗念厥**绍**。女虽湛乐从，颠覆厥**德**。敬慎威仪，维民之**则**。调整之后，此诗段韵律整齐：耕部、幽部、職部押韵，分三个韵段。

烈文辟公，锡兹祉福。惠我无疆，子孙保之。无封靡于尔邦，维王其崇之。念兹戎功，继序其皇之。无竞维人，四方其训之。不显维德，百辟其刑之。於乎，前王不忘。（《烈文》）

诗篇《烈文》是《诗经》几篇无韵诗之一。段玉裁以为“福、保”合韵，误甚。

爰采**麦**矣，沬之**北**矣。云谁之思，美孟**弋**矣。（《桑中》）
硕鼠硕鼠，无食我**麦**。三岁贯女，莫我肯**德**。（《硕鼠》）

大田多稼,既种既戒,既备乃事。(《大田》)

岂不日戒,猃狁孔棘。(《采薇》)

既敬既戒,惠此南国。(《常武》)

九月筑场圃,十月纳禾稼:黍稷重穋,禾麻菽麦。(《七月》)

A是生后稷,降之百福。黍稷重穋,稙稚菽麦。B奄有下国,俾民稼穑。(《閟宫》)

段玉裁认为诗篇《七月》《閟宫》"穋、麦"合韵,而江有诰认为"穋"不入韵。《诗经》四句一组的诗段,倒数第二句一般不入韵。语词"穋"都处于四句一组的诗段的倒数第二句,显然不能认为入韵。要确定是否真的可以合韵,只能是这种合韵也可以出现在四句诗段的偶数位置上。如果《诗经》偶数位置也出现过这种合韵,那么奇数位置上也可能入韵,但仅仅只是"可能"。至于出现四句诗段倒数第二位置上的语词,且不曾出现在偶数位置上,那么这种合韵可以排除。通过上面的分析,我们完全可以排除之部和幽部《诗经》有合韵的可能。

就音域来看,元音e和a音域最为接近。因而元音e应该构拟给和魚部关系最为密切的韵部。作为音位的/a/可以有不同的变体,如现代汉语的/a/就可以有a、ε、ʌ、ɑ等变体。前低元音a附近的地方都应该是元音a的势力范围,即元音a的音域,都是元音a可以光顾的地方;而元音e也然。因而元音a和元音e在实际语言有时候会出现交叉。这好比现代汉语的-ie韵母的e,发音部位就比较低。其读音实际上等同于-ian韵母的a,都是前半低元音ε。也就是说,元音a的音域跟元音e的音域有交叉的地方。郑张尚芳、白一平等都把元音e构拟给了传统支部。依照这一构拟,《诗经》应该存在魚部和支部的合韵关系。然而,就《诗经》押韵来看,除了和之部广泛合韵之外,魚部和支部没有任何瓜葛。之部、魚部尤其在"雅""颂"部分合韵十分密切。这和金文之部、魚部广泛合韵一致。就之部、魚部《诗经》广泛合韵这一点而言,我们起码可以确定上古汉语之部、魚部的主元音就听觉而言应该十分接近,否则无法解释之部、魚部之间的合韵问题。之部、魚部之间的这种合韵,时间越早彼此合韵的次数越多。有学者甚至就通过金文之部、魚部广泛的通押关系认为之部、魚部上古汉语应该合二为一。诚然,我们不能把之部、魚部合并为一个韵部。否则,无法解释为什么后来分化为彼此对立的两个韵部。因为,之部、魚部在分布上对立。但是,我们可以肯定的是,上古汉语之部、魚部的主元音起码在《诗经》时代还应该非常非常接近。因而我们认为元音 e 应该构拟给跟魚部最为接近的之部而不是支部。

膴,文甫切,《广韵》:"土地腴美膴膴然也。"《说文》:"膴,无骨腊也,从肉無声。"《诗经·小旻》:"民虽靡膴,或哲或谋。"《经典释文》:"膴,王火吴反,大也;徐云:'郑音谟,又音武';沈音无。韩诗作'靡腜'。"腜,莫杯切,《广韵》:"孕始兆也。"

其,渠之切,《广韵》:"辞也,又音基。"《诗经·园有桃》:"彼人是哉,子曰何其。"马瑞辰《传笺通释》:"何其即何居也。《檀弓》郑注:'居读为姬姓之姬,齐鲁之间语助也。'其亦读为姬同,通用。"《礼记·郊特牲》:"二日伐鼓,何居?"

某些之部、魚部字汉代出现互写。但是,之部、魚部《广韵》很少有异读,不像麻三和非麻三。足见,之部、魚部汉代读音很不同,但可以出现偶尔混淆。依据郑玄的注释,可能是某些字一些方言出现混淆。除合口音之外(之部的合口音极早就已并入了幽部),汉代同用之部、魚部对译外文的主元音 a。魚部,汉代用于翻译外文的 a 是我们所熟识的,比如西域水名 talas,《汉书·陈汤传》对译为"都赖"。但是,之部也对应外文的 a,比如"安息"对应 arsaces;"龟兹"对译 kucha。很显然,要是之部、魚部的主元音相差甚远,我们是无法想象汉人不用魚部来对译外文的 a 而用之部来对译外文 a。这一翻译传统一直保持到后汉三国时期。据俞敏的《后汉三国梵汉对音谱》,之部的入声職部,大部分对译梵语的 ak,跟鐸部对译梵语 ak 同。不过,跟鐸部不同的是,除对译 ak 外,職部也对译梵语的 ik。这个元音从主位角度来看,应该是既接近 a 又接近 i 的元音。如此看来,之部的元音起码后汉三国时期应该是介于 a 和 i 之间的元音。那么,合理的选择应该是前半高元音 e。上古汉语书面文献里面,语气词多用魚部字记录,如乌、呼、夫、与、于、吁等。除了魚部外,语气词也用之部字记录,而且充当语气词记录文字的之部字甚至比魚部字还要多。

除了《诗经》,选择用之部字充当语气词记录文字的现象在先秦其他文献中也十分常见。这显然与语气词本身的特性有关。语气词最为重要的是表达人们因某种感情的激发而自然产生的一种声音,是一种天籁。因而语气词选择魚部是极其自然的,因为 a 是汉语开口度最大的一个元音。《诗经・噫嘻》"噫嘻成王"中的语气词"噫嘻"和《诗经》中常见的"呜呼"声母前后组合完全一致。唉,《说文》:"应也,从口矣声,读若埃。"唉,乌开切,《广韵》:"慢应。"《庄子・知北游》:"唉,予知之。""唉"是一个语气词。故此,就之部和魚部字广泛充当语气词这一特性而言,之部主元音应该是一个跟魚部 a 近似的且开口度较大的元音,而不应该是一个开口度极小的 ɨ 或 ɯ。就充当语气词这一点而言,之部的主元音传统上构拟为一个央元音 ə 是可以接受的,因为央元音 ə 是一个相当自然的元音。白一平的 ɨ 或郑张尚芳的 ɯ 显然都不符合之部可以广泛充当语气词这一特性。作为一个弱化元音 ə,其音域可以跟前低元音 a 的音域交叉,也可以跟前中高元音 e 交叉。现代汉语的音位 /e/就可以有 e/ɛ/ə/ɤ 等变体。就感叹词"唉"("唉声叹气")来看,主元音构拟为 e 最为接近。既然《诗经》之部跟魚部押韵而支部不跟魚部押韵,那么自然排除了支部作为 e 元音音位代表的可能。考虑到上古汉语元音的系统性,我们认为作为之部主元音音位代表的应该是元音 e。这样既能解释《诗经》之部和魚部之间的押韵,也能解释语气词用之部字充当的原因。我们先来看一对亲属称谓词:

> 父:《诗经・葛覃》:"归宁父母";《诗经・泉水》:"远父母兄弟。"
> 母:《诗经・日月》:"父兮母兮";《诗经・将仲子》:"畏我父母。"

父/母,《诗经》频频出现,常常连用,几乎可以看作是一个语词。作为亲属名词,父/母可谓是一对最富有非语言特色的语词,如同语言中的语气词。故此，父、母两词在世界上许多语言几乎相同。同样，作为亲属称谓，相当多的语言中，父、母两词的韵母基本上相同，都同为 a。我们很难想象上古汉语的“母”竟是 mɨ 或 mɯ。藏缅语族、侗台语族以及苗瑶语族有元音 ɯ 的语言不少（有 ɨ 元音的语言甚少），但是有 ɯ 元音的语言几乎不选择 ɯ 作“母亲”的主元音。据黄布凡《藏缅语族语言词汇》所收集的五十种语言或方言材料，除了选择 a 作主元音外，倒有几个语言选择 i 作“母亲”一词的主元音：

表 3.8 藏缅语语音对应表

词义	藏语	墨脱门巴语	嘉戎语	缅语	却域语	贵琼语	史兴语	纳木兹语
母亲	ma	ma	mɑ	mɑ$_{\text{女性}}$	mi^{13}	ȵĩ^{35}	mi^{53}	mi^{55}
父亲	pha	pa	pɑ	phɑ	pse^{13}	phe^{55}		
耳朵	rna	na	rnɑ	nɑ	rȵi^{55}	nɔ^{53}		hĩ^{31}
鼻子	sna	na	ʃnɑ	hnɑɑ	ɕȵi^{55}	ȵə^{55}	ȵə^{53}	ni^{31}
月	zla	la	lɑ	lɑ	ɬli^{55}	li^{55}	ɬɜ^{33}	ɬi^{55}
借	rȵa	ŋa	rŋɑ	ŋɑ		ŋĩ^{55}	ȵɜ^{35}	ȵi^{31}
肉	ɕa	ɕa	ʃɑ	sɑ		ɕi^{55}	ɕu^{53}	ʂi^{31}

上表藏缅语材料来自《藏缅语族语言词汇》（黄布凡，1992）。

元音 a 演变成 i 是羌语支语言区别藏缅语族其他语支的一个重要特征。显然，却域语等羌语支语言中“母亲”一词原本也读 ma，只是因语音演变而成了 mi。母，《诗经》入韵十五次，其中十四次和之部押韵，一次和魚部押韵。金文“毋”均写作“母”，如《县妃簋》“孙孙子子母敢忘伯休”。既然魚部的主元音为 a，而之部、魚部又是各自独立的韵部，那么之部的主元音不可能是一个开口度小的 i/ɨ/ɯ 等高元音，而应该是一个跟魚部的主元音 a 极其接近且音域交叉的元音。依照音系分配，这个元音应该是前半高元音 e。

表 3.9　之部、魚部藏缅语语音对应表

词义	藏语	嘉戎语	缅甸语	景颇语	阿侬语	哈尼语	彝语	汉语
耳朵	rna	rnɑ	nɑ	na^{33}	na^{31}	na^{31}	no^{21}	耳
儿子	tsha$_{侄}$	tsɑ	tsɑ	ʃa^{33}		za^{31}	zo^{33}	子
母亲	ma	mɑ	mɑ		ma^{55}	ma^{33}	mo̱^{32}	母
鼻子	sna	ʃnɑ	hnɑɑ	na^{55}	na^{55}	na^{55}	no^{21}	衈
病	na				na^{55}	na^{55}	no^{21}	㾍
来			lɑɑ			la^{33}	le^{21}	来
父亲	pha	pɑ	phɑ	wa̱^{51}	pha$^{31}_{伯父}$		pho^{55}	父
五	lŋa	mŋo	ŋɑ	ŋa^{31}		ŋa̱^{31}	ŋo^{33}	五
我	ŋa	ŋɑ	ŋɑɑ	ŋai^{31}	ŋa^{31}	ŋa^{33}	ŋo^{21}	吾
鱼	ȵa		ŋɑ	ŋa^{33}	ŋua^{55}	ŋa^{31}	ŋo^{33}	鱼
不/没	ma	mɑ	mɑ		ma^{31}	ma^{31}	ma^{21}	无
苦	kha		khɑ	kha^{55}	kha^{33}	xa^{31}	kho^{33}	苦

上表藏缅语材料来自《藏缅语族语言词汇》(黄布凡,1992)。

龚煌城等学者都已经指出,汉语的之部跟藏缅语的前低元音 a 对应。从上述例子,我们可以看出汉语的之部、魚部都对应藏缅语的前低元音 a。这种对应关系跟汉代之部、魚部互文以及同对译外文的前低元音 a 一致。显然,之部、魚部是两个不同的韵母。两者尽管在《诗经》中可以合韵,但是彼此之间的界线仍然十分清晰。因而之部某些语词在藏缅语、汉代的汉语中已经跟魚部合流;或者之部、魚部本身就是一种形态关系,某些语词有之部、魚部两种读音。除了跟藏语的前低元音 a 对应,汉语的魚部也可以跟藏语的后元音 o 对应。这一点俞敏、龚煌城等学者都已经指出。试举之部的入声職部以及魚部的入声鐸部为例:

表 3.10　职部、铎部藏语语音对应表

织	职吏切	《广韵》：织文锦绮属。	thags	织物
备	平秘切	《广雅》：具也。	spags-pa	准备
耐	奴代切	《荀子·仲尼》注：犹忍也。	mnag-pa	忍耐、忍受
特	徒得切	《礼记·王制》注：犹一也。	dag-ma	纯而不杂
慝	他德切	《广雅》：恶也。	nag-po	罪过、罪恶、邪恶
伏	房六切	《广雅》：藏也。	phag	隐藏处、埋伏处
贼	昨则切	《尚书·虞书》：寇贼奸宄。	dzag-pa	强盗、贼匪
职	之翼切	《说文》：记微也。	rtags	符号、标志、记号
黑	呼北切	《广雅》：墨，黑也。	smag	黑暗、晦暗
织	之翼切	《说文》：作布帛之总名也。	ɦthag-pa	织、纺织
织	之翼切	《广韵》：束也。	btags-pa	系、拴
服	房六切	《诗经·关雎》传：思之也。	dpags-pa	揣度、思索、考虑
值	直吏切	《诗经·宛丘》传：持也。	thogs-pa	持
殖	常职切	《左传·襄公三十年》注：生也。	thogs-pa	产生、生出
臆	於力切	《说文》：膺也。	khog-pa	体腔、腹腔
克	苦得切	《诗经·小宛》传：胜也。	khog	阻止、制止、阻拦
识	赏职切	《说文》：知也。	rtogs-pa	了解、觉悟、通达
牧	莫六切	《说文》：养牛人也。	ɦbrog	牧民、牧人
牧	莫六切	《尔雅》：郊外谓之牧。	ɦbrog	荒野、原野
匿	女力切	《广雅》：藏也。	rnog-pa	隐匿、藏匿
略	离灼切	《广雅》：要也。	rag-po	粗大、简略

续 表

赂	洛故切	《说文》：遗也。	lhags-pa	交付、委托
惧	其遇切	《说文》：恐也。	skrag	畏惧、害怕
射	食亦切	《说文》：弓弩发于身而中于远也。	rgjag-pa	抛射
射	食亦切	《广雅》：行也。	rgjag-pa	做作、实施某种行为
射	食亦切	《尔雅》：厌也。	rgjags-pa	饱足、餍足
诈	侧驾切	《说文》：欺也。	zog	狡诈、虚假
落	卢各切	《说文》：凡草木曰落。	log-pa	坍塌、倒下
镬	胡郭切	《周礼·大宗伯》注：烹饪器也。	kog-ma	砂罐、砂锅
措	仓故切	《说文》：置也。	ɦdʑog-pa	放置、放下、陈列
剒	仓各切	《说文》：斩也。	ɦdʑog-pa	剥、劈开、剖开
错	仓故切	《论语·为政》疏：废也。	ɦdʑog-pa	抛弃、放弃
拓	之石切	《说文》：拾也。	sdog-pa	揽起、拾掇

上表藏语材料参考自《藏汉大辞典》(张怡荪编,1999)。

上古汉语的鐸部跟藏语的韵母-ag对应为我们所熟悉。但是,鐸部同样也跟藏语的韵母og语音对应。上古汉语的鐸部跟藏语的og之间的对应关系,俞敏等早就已经指出。就汉藏语音对应来看,上古汉语的職部和鐸部都可以跟藏语的-ag/-og对应。《诗经》中,之部和魚部合韵,職部和鐸部也可以合韵。试看以下職部、鐸部合韵的例子:

天不湎尔以酒,不义从**式**。既愆尔止,靡明靡**晦**。式号式呼,俾昼作**夜**。(《荡》)

亹亹申**伯**,王缵之**事**。于邑于**谢**,南国是**式**。王命召**伯**,定申伯之

宅。(《崧高》)

仲山甫之**德**：柔嘉维**则**，令仪令**色**，小心翼**翼**，古训是**式**，威仪是**力**，天子是**若**。(《烝民》)

汉藏语音对应关系跟《诗经》職部、鐸部合韵正好一致。不过，職部、鐸部是两个完全不同的韵部。跟之部、魚部一样，職部、鐸部尽管有合韵现象，但是两者仍然有相当清晰的界线。汉语的職部、鐸部确实都可以跟藏语的-ag/-og韵母对应，但是两者藏语也有明显的倾向：職部跟藏语的-og韵母对应而鐸部跟藏语的-ag韵母对应。汉语的職部、鐸部之所以能够同时跟藏语的-og/-ag韵母对应，就在于我们在构筑汉藏对应时并没有考虑其中的形态意义。要是没有形态的介入，汉藏语音对应关系是多样的，不稳定的。

表3.11　藏语元音o/a、e/a/o交替表

ɦ-gog-pa	b-kag-pa	d-gag-pa	khog	制止、阻拦、遮断
ɦ-gjog-pa	b-kjag-pa	b-kjag-pa	khjog	举起、抬起、撑起
rgjoŋ-ba	b-rgjaŋs-pa	b-rgjaŋ-ba	rkjoŋ	展布、拉开、伸直
g-toŋ-ba	b-taŋ-ba	g-taŋ-ba	thoŋ	给予、发放
ɦ-dogs-pa	b-tags-pa	g-dags-pa	thogs	系、安上、佩带
ɦ-debs-pa	b-tab-pa	g-dab-pa	thob	栽植、设置、修建
ɦ-ded-pa	b-das-pa	b-da-ba	dod	驱逐、赶开、逼走
ɦ-geŋs-pa	b-kaŋ-ba	d-gaŋ-ba	khoŋ	填满、装满
ɦ-gebs-pa	b-kab-pa	d-gab-pa	khob	掩饰、覆盖、遮蔽
ɦ-gel-ba	b-kal-ba	d-gal-ba	khol	驱使、役使、征派

上表藏语材料来自《藏汉大辞典》(张怡荪编，1999)。

藏语元音a可以跟元音o/e交替。藏语动词既行式或将行式为元音 a 的时候,现行式则可以是元音 o,也可以是元音 e。元音 o 或 e 都是元音 a 的可交替元音。但是两者在现行式动词元音的选择上必取其一,不是元音 o,就是元音 e。藏语以元音 a 为韵母的语词,附加词缀-ɦu、-l、-d 等之后,其主元音 a 也会跟着变成元音 e,如 sta"斧头"和 ste ɦu"小斧头",spra"猿猴"和 sprel"猕猴"等。藏语元音 a/o 可以交替,而元音 a/e 也可以交替。因而除了跟元音 a/o 对应,之部还可以跟藏语元音 e 对应:

表 3.12　之部藏语语音对应表

思	息兹切	《诗经·出车》:匪我思存。	ʑe	心思、感情
才	昨哉切	《说文》:草木之初也。	dʑe	第一、开始、起初
祺	渠之切	《说文》:吉也。	dge-ba	美好的、善良的、喜庆的
跽[i]	暨几切	《史记·项羽本纪》:项王按剑而跽。	dgje-ba	挺起、欠身昂首
怡	与之切	《尔雅》:乐也。	bde-ba	安适、愉快
士	锄里切	本义为男性性器官。	mdʑe	雄性性器官、阴茎
士	锄里切	《仪礼·丧服》注:邑宰也。	rdʑe-bo	尊者、君主、家主、宰官
灾	祖才切	《说文》:害也。	gtse-ba	危害、损害
孳	子之切	《说文》:汲汲生也。	mtshe-ma	孪生子、双胎子
寺	祥吏切	《说文》:有法度者也。	sde-ba	酋长、部落主

[i] 跽,暨几切,《广韵》:"跟跽。"《庄子·人间世》:"擎跽曲拳人臣之礼也。"《经典释文》:"跽,徐其里反,《说文》云'长跪也'。"《尔雅》:"启,跪也。"郭注:"小跽。"《经典释文》:"跽,渠几反,《说文》云'长跪也',《庄子》云'擎跽曲拳臣之礼也'。"跽入旨韵系乱引《经典释文》的结果,陆德明之、脂不分。

之部跟藏语 e 元音对应是汉藏语音对应规则之一。之部、魚部固然都可以同跟藏语的 a/o 元音对应,但是之部可以和藏语的 e 对应而魚部则不能和藏语的 e 元音对应。可见,元音 e 是之部和魚部的分界。前面已经提到,《诗经》"母"主要跟之部押韵,只是偶尔跟魚部合韵。但是，金文“母”却可以作为“毋”的记录文字。可见，语词“母”早期有两个非常接近的语音形式，其中之一就是 ma。这也应该是“母亲”一词普遍采用的语音形式。这一读 ma 的“母”，随音变归入了《广韵》的莫韵，其文字形式也变成了“姥（姆）”。之部、魚部固然是两个对立的韵部，但是之部、魚部实质上也是两个可以相互交替的韵母。

台，与之切，《广韵》：“我也。”《尔雅》：“台，予也。”《尚书·禹贡》：“祗台德先，不距朕行。”注：“台，我也。”《经典释文》：“台，徐音怡。”《尚书·汤诰》：“肆台小子。”《经典释文》：“台，音怡。”《经籍籑诂》：“《书·汤诰》‘肆台小子’。《墨子·兼爱下》‘作惟予小子履’。”予，以诸切，《广韵》：“我也。”《诗经·谷风》：“既生既育，比予于毒。”

怡，与之切，《广韵》：“和也，悦也。”《论语·子路》：“兄弟怡怡如也。”又《论语·乡党》：“颜色怡怡如也。”豫，羊洳切，《广韵》：“逸也。”忬，羊洳切，《广韵》：“安也。”《尔雅》：“怡、豫，乐也。”《诗经·板》：“敬天之怒，无敢戏豫。”

贻，与之切，《广韵》：“贶也，遗也。”《诗经·静女》：“静女其娈，贻我彤管。”《诗经·丘中有麻》：“彼留之子，贻我佩玖。”予，《说文》：“推予也，像相予之形。”予，余吕切，《广韵》：“郭璞云‘予，犹与也’。”《诗经·采菽》：“又何予之，玄衮及黼。”

乃，奴亥切，《广韵》：“汝也。”《左传·僖公十二年》：“王曰舅氏，余嘉乃勳，应乃懿德。”孔疏：“乃，女也。”字多写作而，《广韵》“如之切”。《左传·宣公十五年》：“余，而所嫁妇人之父。”注：“而，女也。”《庄子·齐物论》：“而独不见之调调、之刁刁乎？”《庄子·齐物论》：“我果是也？而果非也邪？”汝，人渚切，《广韵》：“尔也。”汝，先秦文献一般多作女。《诗经·萚兮》：“叔兮伯兮，倡予和女。”

而，如之切，《广韵》：“语助。”《诗经·相鼠》：“人而无仪，不死何为？”《诗经·都人士》：“彼都人士，垂带而厉。”笺：“而，亦如也。”《诗经·君子偕老》：“胡然而天也，胡然而帝也。”传：“尊之如天，审谛如帝。”如，人虑切，《广韵》：“而也。”《诗经·常武》：“王奋厥武，如震如怒。”《左传·僖公二十六年》：“室如县罄，野无青草。”注：“如，而也。”

沚,诸市切,《广韵》:"《释名》曰'沚,止也,小可以止息其上';《说文》曰'小渚曰沚'。"《诗经·采蘩》:"于以采蘩,于沼于沚。"传:"沚,渚也。"渚,章与切,《广韵》:"沚也,《释名》曰'小洲曰渚,渚,遮也,能遮水使旁回也'。"《诗经·江有汜》:"江有渚。"

里,良士切,《广韵》:"《周礼》'五家为邻,五邻为里'。"里,《说文》:"居也。"《诗经·将仲子》:"将仲子兮,无逾我里。"传:"里,居也。"闾,力居切,《广韵》:"侣也,居也,又闾阎;《周礼》曰'五家为比,使之相保。五比为闾,使之相受也'。"闾,《说文》:"里门也。"《左传·昭公二十五年》:"臧氏使五人以戈楯伏诸桐汝之闾。"

哉,祖才切,《广韵》:"语助。"《尔雅》:"初、哉,始也。"注:"《尚书》曰'三月哉生魄'。"才,昨哉切,《广韵》:"《说文》作才,'艸木之初也'。"祖,则古切,《广韵》:"祖祢,又始也。"《尔雅》:"祖,始也。"初,楚居切,《广韵》:"始也。"《诗经·荡》:"靡不有初,鲜克有终。"《诗经·巧言》:"乱之初生,僭始既涵。"

谋,莫浮切,《广韵》:"谋,计也。"谋,《说文》:"虑难曰谋。"《诗经·氓》:"匪来贸丝,来即我谋。"谟,莫胡切,《广韵》:"谋也,亦作谟。"谟,《说文》:"议谋也。"《周礼·秋官·司寇》:"夏宗以陈天下之谟,冬遇以协诸侯之虑。"

之部、魚部交替所构成的同族词数量众多。通过之部、魚部交替所构成的同族词,我们可以知道上古汉语之部的元音和魚部的元音是一对可以交替的元音;同样,依照之部和魚部之间的元音交替关系,我们也可以肯定之部、魚部的元音不完全一样。因此,据之部、魚部《诗经》中合韵情况,以及之部、魚部之间可以交替构成同族词,我们可以推定之部的主元音应该是一个和魚部 a 读音相近但又是一个可以跟 a 交替的元音。上古汉语之部,依据语音条件的不同,韵书《广韵》分别为之韵、咍韵和皆韵。中古汉语之韵为 i,而咍韵、皆韵都是以-i 收尾的韵母。依照语音演变的普遍规则,之部的主元音应该是一个前元音而不是央元音。那么,这个跟元音 a 音域接近又可以交替的前元音只能是前半高元音 e。

表 3.13　侗台语 e 元音对应表

词义	版纳傣语	武鸣壮语	环江壮语	柳江壮语	河池壮语	布依语	锦语	临高语
母亲	mɛ^6	me^6	me^6	me^6	me^6	me^6		mai^4
乳房			ne^4	ne^5	ne^5	ne^3		
老	kɛ^5	ke^5	kje^3	ke^5	kje^5	tɕe^5	ȶe^5	
渔网	hɛ^1	ɣe^1		hje^1	he^1	ze^1	he^1	sai^1
沙子		ɣe^5	he^5	hje^5	he^5	ze^5	de^1	hai^1
他		te^1	te^1	te^1	te^1	te^1		

上表侗台语材料来自《侗台语族概论》（梁敏、张均如，1996）。

母亲，侗水语支一些语言还有一个与上述语词同韵母的形式，如仫佬语 ni 等。奶，奴礼切，《广韵》："楚人呼母。"奶，奴蟹切，《广韵》："乳也。"这两个意义正对应侗台语的"乳房"和"母亲"。乃，甲骨文本是"乳房"的象形字，当是"奶"的本字。奶，中古音 nei^B 和 nai^B，应该是"乃"的滞后口语语音形式。元音 e 作为一个音位，可以有 ɛ/ᴇ 不同的变体。壮语的元音 e，泰语、傣语一般读 ɛ；但是无论壮语还是泰语 e/ɛ 都不是独立的音位。就《诗经》合韵情况来看，之部的元音应该比较接近音素 ɛ/ɐ。之部，王力构拟为央元音 ɐ，显然比构拟为央元音 ə 更能解释之部和魚部的合韵关系。但是，王力构拟的语音系统，元音 ɐ 和 ɛ 都是独立的音位。我们认为 ɛ 或 ɐ 等都不是独立的音位，而只是音位变体。侗台语"母亲"一词应该对应汉语的"母"。元音 e，容易高化为 i，或复化为 ei/ɛi/ai 等等。因而侗台语族的元音 e，一些语言读 i、ei 或 ai 等，如侗北 ni^5/nai^5"母亲"。但是，上古汉语的元音 e 在唇音或小舌的作用下获得圆唇特征，渐渐变成了圆唇元音。

乃慰乃**止**，乃左乃**右**，乃疆乃**理**，乃宣乃**亩**。自西徂东，周爰执**事**。（《绵》）

毖彼泉水,亦流于**淇**。有怀于卫,靡日不**思**。娈彼诸姬,聊与之**谋**。(《泉水》)

氓之蚩**蚩**,抱布贸**丝**。匪来贸**丝**,来即我**谋**。(《氓》)

我马维**骐**,六辔如**丝**。载驰载驱,周爰咨**谋**。(《皇皇者华》)

抑此皇父,岂曰不**时**。胡为我作,不即我**谋**。彻我墙屋,田卒污**莱**。(《十月之交》)

国虽靡**止**,或圣或**否**。民虽靡**膴**,或哲或**谋**。(《小旻》)

哆兮侈兮,成是南**箕**。彼谮人者,谁适与**谋**。(《巷伯》)

周原膴**膴**,堇荼如**饴**。爰始爰**谋**,爰契我**龟**。曰止曰**时**,筑室于**兹**。(《绵》)

除了"侮"一字,跟唇鼻音组合时,之部《诗经》中仍然跟其他之部字没有分离。但是,跟唇鼻音组合的之部和跟齿龈音组合的之部却走上了分离的路线。侮,利用《诗经》内证可以证明本应是侯部。《诗经・常棣》:"兄弟阋于墙,外御其务。"《左传・僖公二十四年》:"其四章曰:兄弟阋于墙,外御其侮。"《经典释文》:"侮,亡甫切,《诗》作务。"《墨子・非命中》:"我民有命,毋僇其务。"侮,文甫切,《广韵》:"侮慢也,轻也。"《说文》:"侮,伤也,从人每声。"谐声集合中,从"母"声和从"每"声字甚多,读入麌韵独此一字。

A 父母生我,胡俾我**愈**。不自我先,不自我**后**。B 好言自**口**,莠言自**口**。忧心愈**愈**,是以有**侮**。(《正月》)

予曰有疏**附**,予曰有先**后**,予曰有奔**奏**,予曰有御侮。(《绵》)

敦弓既**句**,既挟四**鍭**,四鍭如**树**,序宾以不侮。(《行苇》)

可见,依据以上《诗经》中的押韵,"侮"应该归入侯部。之部《诗经》中除了"侮"一字从不跟侯部合韵。之部唇音后来跟侯部合并,如"母"等。《诗经・常棣》以及《墨子・非命中》字用"务",说明本无记录文字。为了表明语词的意义,创制文字"侮"代替原先的文字"务"。先秦文献中的"侮"应是汉儒改写,而没有改写的"务"是原貌。前元音-e容易在唇音之后获得圆唇特征而演变成圆唇元音,再演变成了后圆唇元音-o。跟唇鼻音组合的之部,《广韵》分灰韵-ui、侯韵-u和尤韵-iu。前中展唇元音-e在唇鼻音的作用下演化为后高元音-u,即-e＞-o＞-u。如“谋”,《广韵》:“谋计也,莫浮切。”跟小舌音组合的之部也具有相同的演变:

表 3.14　之部软腭音合口音节搭配表

	k-			kh-			g-			ŋ-			x-			ɣ-		
	平	上	去	平	上	去	平	上	去	平	上	去	平	上	去	平	上	去
脂	龟																洧	
灰			帼	恢									灰	贿	悔	蛕		
尤	龟	久	灸	丘			裘		旧	牛					珛	尤	有	又

跟小舌音组合的上古汉语之部,中古汉语分灰韵-ui、皆韵-uɛi、脂韵-wi和尤韵-iu。其中三等有脂韵和尤韵,即所谓的三等A和三等D问题。通过上表,我们可以看出,之部基本上入尤韵,而入脂韵合口的只有龟、洧、鲔三字。

龟,居追切,《广韵》:“《说苑》曰‘灵龟五色,似玉似金,背阴向阳,上高象天,下平法地,《易》号为龟’;《大戴礼》曰‘甲虫三百六十,神龟为之长’。”《诗经·绵》:“周原膴膴,堇荼如饴。爰始爰谋,爰契我龟。(曰止曰时,筑室于兹。)”《易·颐》:“舍尔灵龟,观我朵颐。”“龟”韵之部字。《庄子·逍遥游》:“宋人有善为不龟手之药者。”《经典释文》:“龟手:愧悲反,徐举伦反,李居危反,向云拘坼也,司马云‘坼如龟文也’。”

洧,荣美切,《广韵》:“水名,在郑。”《诗经·褰裳》:“子惠思我,褰裳涉洧。子不我思,岂无他士。”传:“洧,水名也。”《经典释文》:“洧,于轨反。”《诗经·溱洧》:“溱与洧,方涣涣兮。”传:“溱洧,郑水名。”《经典释文》:“洧,于轨反。”《左传·成公十七年》:“诸侯伐郑,自戏童至于曲洧。”《经典释文》:“洧,于轨反。”

鲔,荣美切,《广韵》:“鱼名。”《说文》:“鲔,鮥也,从鱼有声。”《礼记·月令》:“荐鲔于寝庙。”《诗经·硕人》:“施罛濊濊,鳣鲔发发。”《经典释文》:“鲔,于轨反。”《诗经·四月》:“匪鳣匪鲔,潜逃于渊。”《经典释文》:“鲔,于轨反。”《诗经·潜》:“猗与漆沮,潜有多鱼。有鳣有鲔,鲦鲿鰋鲤。”《经典释文》:“鲔,于轨反。”

韵书《广韵》的之韵是一个既没有唇音也没有合口软腭音的韵,即原本跟唇音、合口软腭音组合的韵母被韵书的编撰者人为地归入了脂韵。陆德明编撰的《经典释文》已经是之脂不分。依据《切韵》修订的《广韵》尽管分之韵和脂韵,但是也有混乱的地方,比如本归脂韵的“医”而归到了之韵而本归之韵的“跽”却归到了脂韵。跟唇音略有不同的是,除了个别字外,跟合口软腭音组合的之部早就已经并入了幽部。这一点可以从借词看出,如汉代用“龟兹”对译西域地名 kucha。同属于之部的“龟”和“兹”分别对译元音 u 和 a,而元音 u 正是幽部,而且正跟“居求切”的“龟”读音-iu<-u̲ 匹配。可见,早在汉代,之部合口就已经跟开口分离。之部,《广韵》有开口一等咍韵-oi,合口灰韵-ui;开口三等之韵-ie,合口脂韵-wi。两者正一一匹配。但是,就合口软腭音而言,之部灰韵、脂韵实际上互补。很显然,入脂韵合口-wi 的这几个之部字,原本应该是灰韵-ui 的变异,即主元音为紧元音的之部入尤韵-iu 而主元音为松元音的之部入灰韵-ui 或脂韵-wi。

万物作焉而不**辞**,生而不**有**,为而不**恃**。(“二章”)

生而不**有**,为而不**恃**,长而不**宰**,是谓玄**德**。(“十章”)

执古之道,以御今之**有**,能知古**始**,是谓道**纪**。(“十四章”)

道乃**久**,没身不**殆**。(“十六章”)

绝圣弃智,民利百倍;绝仁弃义,民复孝慈;绝巧弃利,盗贼无有。(“十九章”)

名亦既**有**,夫亦将知**止**。知止可以不**殆**,譬道之在天下,犹川谷之与江**海**。(“三十二章”)

知足者**富**,强行者有**志**,不失其所者**久**。(“三十三章”)

大道汜兮,其可左**右**。万物恃**之**而生而不**辞**,功成不名**有**。(“三十四章”)

知止不**殆**,可以长**久**。(“四十四章”)

生而不**有**,为而不**恃**,长而不**宰**,是谓玄**德**。(“五十一章”)

人多伎巧,奇物滋**起**;法令滋彰,盗贼多**有**。(“五十七章”)

有国之**母**,可以长**久**。(“五十九章”)

美言可以**市**。尊行可以加人,人之不善,何弃之**有**。(“六十二章”)

尽管支部在《老子》一书中(见以上例句)已经出现跟歌部合并的现象,但是之部跟幽部界线仍然十分清晰,其中包括跟小舌音组合的之部。跟小舌音组合的之部在《老子》中也只跟其他之部押韵而不跟幽部押韵。但是,《易》的《彖》《象》,跟小舌音组合的之部已经可以跟幽部押韵。《管子·白心》:“今夫来者,必道其道。无颉无衎,命乃长久。和以反中,形性相葆。一以无贰,是谓知道。”《易·临》彖传:“大亨以正,天之道也。至于八月有凶,消不久也。”《易·大过》象传:“枯杨生华,何可久也。老妇士夫,亦可丑也。”刘向《九叹·远逝》:“悲故乡而发忿兮,去余邦之弥久。背龙门而入河兮,登大坟而望夏首。”之部合口“久”可以与幽部“丑”“道”“首”押韵。我们从这些材料也可以推知在西汉就已经完成两者合并。

舊,《说文》:“鴭,舊留也,从萑臼声。鵂,旧或从鸟休声。”徐锴曰:“即怪鴭也,今借为新旧字。”“舊”见于甲骨文,与“藿”“出”“臽”下面部分相同,即“凵”,后字形讹误以为从臼声。“凵”就是“臽”“埳”“坎”等。比较相平行的文字,“舊”当是一个会意字。舊,《广韵》:“故也,巨救切。”《诗经·荡》:“匪上帝不时、殷不用旧。”“舊”,《诗经》出现七次,都是“新舊”之“舊”,二次入韵,都跟之部押韵。柩,《说文》:“棺也。从匚从木,久声。匶,籀文‘柩’。”《玉篇》:“医,棺也,亦作柩。”段玉裁注:“《檀弓》曰‘有虞氏瓦棺,夏后氏堲周,殷人棺椁,周人墙置翣’。瓦棺,堲周皆以土不以木。《易》曰‘后世圣人易之以棺椁’。”柩,巨救切,《广韵》:“尸柩,《礼》注曰‘在床曰尸,在棺曰柩’。匶,古文。”《周礼·地官·司徒》:“以与匠帅御匶而治役。"《经典释文》:"匶音舊。"《周礼·春官·宗伯》:"作匶谥。"《周礼》或作柩,或作匶。"舊"应该是"匶"的本字。鸺,《广韵》:"鸺鹠,鸟也,许尤切。"语音变异后,选择作为语词"猫头鹰"的记录文字。

裘,巨鳩切,《广韵》:"皮衣,《诗》云'取彼狐狸,为公子裘';又姓,本作仇,避雠改作裘。"裘,《说文》:"皮衣也,从衣求声;一曰象形,与衰同。求,古文省衣。"段玉裁注:"此本古文裘字,后加衣为裘。"甲骨文、金文中,"裘"和"求"并不是一字。甲骨文为象形字,金文加声符"又","又"讹变成了"求"①。《诗经·七月》:"取彼狐狸,为公子裘。"《诗经》,"求"为幽部,而"裘"为之部。

自清儒以来,"旧"和"裘"一致认为是之部字。因为,"旧""裘"两字《诗经》只跟之部押韵而从不跟幽部押韵。《诗经·荡》:"匪上帝不**时**,殷不用**旧**。"《诗经·召旻》:"於乎哀**哉**,维今之人,不尚有**旧**。"《诗经·终南》:"终南何**有**,有条有**梅**。君子至止,锦衣狐**裘**。颜如渥丹,其君也**哉**。"《诗经·七月》:"一之日于貉,取彼狐**狸**,为公子**裘**。"足见,跟合口软腭音组合的之部字跟齿龈音组合的之部,很早的时期就已经分离,而后来跟幽部合并。故此,原本属于之部的语词可以选用幽部字记录,而原本属于幽部的语词可以选用之部字记录。

第三节 i元音韵母

王力(1982)所构拟的语音系统中有 i 元音,但是这个 i 元音在王力的系统中却不可以以主元音的身份出现,而只是作韵尾。作为元音三角中的 i,上古汉语无疑存在而且也应该可以充当主元音。我们赞成李方桂的看法,认为传统支部的主元音为 i,而脂部的主元音也是 i。传统支部,李方桂(1971)认为其主元音为 i,而国内外不少学者认为其主元音是 e,其中包括王力(1982)、斯塔罗斯金(1989)、郑张尚芳

① 任立,2019,《"裘"字形源新证》,《汉语史研究集刊》,第1期。

(1987)、白一平(1992)等。我们认为,传统韵部主元音为-e的只能是之部而不能是支部,见前。因而之部、魚部《诗经》大量合韵,而支部、魚部无一处合韵。潘悟云(2000)和郑张尚芳的看法同,并举支部的“羋”字作为一个特例说明支部主元音不能是-i而只能是-e。

羋,绵婢切,《广韵》:“羊鸣,一曰楚姓。”《说文》:“羋,羊鸣也。”元音-i和-e就听觉而言本来就十分接近,用mi来描摹羊叫声我们认为并没有什么不妥之处。《史记·楚世家》:“羋姓,楚其后也。”羋,作为楚国的国姓,其意义就是“熊”。因而楚姓“羋”春秋战国时期皆为“熊”。楚姓的“羋”和“熊”本就是一物,如同满清姓氏“爱新觉罗”和汉姓“金”一样,只不过是两种语言之间的不同说法而已。熊,侗台语族诸语言有共同的来源。熊,泰语、老挝语、版纳傣语、德宏傣语、傣拉话、龙州壮语、水语全部是mi¹,柳江壮语、锦语、莫语、黎语则是mui¹。上述两个形式并存于壮语方言,如丘北mi¹、河池mu:i¹。

表3.15　“熊”在南岛语的语音对应表

词义	赛德克语	沙阿鲁阿语	卡那卡那富语	排湾语	阿美语	布农语	卑南语	邵语
熊	sumai	tsumiʔi	tsumai	tsumai	tumai	tumað	ʈumai	θumai
死		matsiʔi	mamatsai	matsai	patsai	matað	minaʈai	maθai
杀		papatsi	miapatsai		patai	mapatsað	pinaʈai	paθai
稻	pajai			padai	panai	pað		paðai

上表南岛语材料来自《台湾高山族语言》(陈康,1992)。

侗台语“熊”原本应该是一个双音节语词,其中元音u来自第一音节。侗台语失落了第一音节ʈu,但一些语言在韵母上仍留下痕迹,如黎语mui¹。侗台语以及南岛语的“熊”正是楚姓“羋”。如此看来,语词“羋”上古汉语更应该是mi而不是me。

藏语元音i和e对立。就汉藏语音关系而言,汉语的脂部跟藏语的-i/-ir韵母对应,而質部跟藏语的-i/-ig韵母对应,详细情况见下一章。因而脂部的汉藏对应关系很容易使考察者产生一个错觉：脂部为单元音韵母 i，而質部为韵母 ik。显然，藏语如此不等于上古汉语也如此，况且我们能看到的藏语也是变化之后的产物。脂部固然可以跟藏语的-i 对应，但也可以跟藏语的-ir 对应。相反，上古汉语的支部却不能跟藏语的-ir 对应。藏语的-ir 给上古汉语的脂部和支部划了一条清晰的界线。因而许多学者拿脂部的汉藏语音对应关系来证明传统脂部上古汉语分出一个韵母-i 而質部分出一个韵母-ik 的证据是不合适的。

包拟古、郑张尚芳、白一平等把传统的脂/質/真中分出一部分跟支/錫/耕相配，认为上古汉语脂/質/真三部中部分字和支部等一样以软腭辅音为韵尾，即 ik＞it、iŋ＞in。就音理而言，这样处理是可行的，但是这势必造成不同主元音之间大量谐声，违背了“同声必同部”的谐声基本原则。因为，支部/耕部/錫部的主元音他们构拟为前半高元音 e。脂部/質部/真部可以因主元音和支部/耕部/錫部相近而谐声，那么幽部/侯部的主元音因相近也应该谐声？魚部/支部也因主元音相近而谐声？事实却是，不论是幽部和侯部，还是魚部和支部，都没有谐声关系。段玉裁“同声必同部”的谐声原则是符合谐声实际的。更重要的是，要是把传统的質部抽出一个韵母-ik，真部抽出一个韵母-iŋ，结果只能是質部/真部有其名而无其实，只剩下一个空壳。还有一点更应该加以注意，那就是魚部和支部关系十分疏远，两者《诗经》没有一次合韵事例。足见，支部和魚部的主元音听觉上非常遥远。除了他们假定的質部/真部跟錫部/耕部有谐声关系，其余韵部基本上没有这种情况。众所周知，不同的元音对前后辅音的影响很不一样。书面藏语的前高元音 i 能使齿龈塞辅音演变成舌面塞擦音，而低元音则不会。上古汉语的真/耕之间的语音关系应是前高元音-i-影响的结果，只是这种演变过程出现一些不平衡而已。我们并不能依此就否定支部/錫部/耕部的主元音是前高元音 i。因而只有錫耕部有这种音变。脂部确实跟藏语的 i 元音对应，但是支部/錫部同样也可以跟藏语的 i 元音对应，试看下面这些例子。

表 3.16　支部、錫部藏语语音对应表

是	承纸切	《广雅》：此也。	di	此、这个、此处
訾	将此切	《方言》：何也。	tɕi	何，哪
知	陟离切	《吕氏春秋·情欲》注：犹觉也。	thig-pa	知道、晓了
滴	都历切	《说文》：水注也。	thigs-pa	水滴、点滴、雨点
析	先击切	《广雅》：分也。	ɦdʑig-pa	破坏、毁灭、拆除
谪	陟革切	《广韵》：责也。	sdig-pa	指骂
谪	陟革切	《玉篇》：过也。	sdig-pa	罪恶、罪过
惕	他历切	《文选·射雉赋》注引《说文》：惊也。	sdig-pa	恐吓、威胁
易	伊昔切	《说文》：蜥蜴。	sdig	蝎子
系	古诣切	《广雅》：绞也。	ɦkhjig-pa	绑束、捆绑、系
呃	於革切	《说文》：喔也。	g-jig-pa	噎、打呃、嗳气
辟	房益切	《广韵》：启也，开也。	ɦbigs-pa	凿穿、刺透
积	资昔切	《说文》：聚也。	ltɕig-ltɕig	密集、麇集状
齰	楚革切	《说文》：一曰啮也。	gtsigs	切齿、露出獠牙
璧	必益切	《说文》：瑞玉环也。	dbjig	珍宝、宝石
栉	子结切	《管子·弟子职》注：栉谓烛尽。	ɦtshig-pa	焚焦、焦烂
栉	子结切	《说文》：竹约也。	tshigs	节、界、间隙

上表藏语材料参考自《藏汉大辞典》(张怡荪编，1999)。

支部跟藏语的 i 韵母语音对应的语词相对于脂部而言要少得多，但例子的多寡并不能作为支部上古汉语不是 i 元音的直接证据。因为上古汉语的支部字本来就不多，其数量远远少于上古汉语的脂部。但汉藏语音对应正展示出上古汉语支部和脂部的主元音同是前高元音 i。不过，汉藏语音对应仍能显示出脂部跟支部的不同：上古汉语的質部主要对应藏语的 i 而鍚部主要对应藏语的 ig。众所周知,支部/脂部之间的关系实质上等同于魚部/歌部之间的关系。支部王力构拟为 e,脂部构拟为 ei,支部/脂部的主元音也同。既然脂部的主元音要是为 i,传统支部的主元音理所当然也应该为 i。上面已经列举上古汉语入声鍚部对应藏语的韵母-ig,跟鍚部匹配的阳声耕部自然应该对应藏语的韵母-iŋ。

表 3.17　耕部藏语语音对应表

名	武并切	《广韵》：名字。	miŋ	名称、名号
征	诸盈切	《说文》：正行也。	thiŋ-ba	抵达、到、进入
婧	子盈切	《说文》：竦立也。	ziŋ-ba	起立、竖立、耸起
冥	莫经切	《说文》：幽也。	bjiŋ-ba	昏沉、昏聩、闷倦
证	之盛切	《广韵》：谏证。	stiŋ-ba	斥责、谴责、呵斥
亭	特丁切	《说文》：民所安定也。	sdiŋs	台、高台
赢	以成切	《说文》：有余,贾利也。	ɦgjiŋ-ba	倨慢、轻慢、自大
嬴	以成切	《广韵》：美好貌。	ɦgjiŋ	优美、绰约
领	良郢切	《说文》：项也。	mdʑiŋ-ba	脖颈
阱	疾郢切	《广雅》：坑也。	rdziŋ-bu	池、池沼
争	侧茎切	《孝经》注：竞也。	ɦdziŋ-ba	冲突、斗殴
綪	侧茎切	《史记・楚世家》集解：萦也。	ɦtɕhiŋ-ba	束缚、捆绑、缠绕

上表藏语材料来自《藏汉大辞典》(张怡荪编,1999)。

白一平(1992)、郑张尚芳(2003)等把传统的真部分割出一个以-iŋ为韵母的韵部。这大可不必,而且十分危险。真部/耕部《诗经》确实可以合韵,但是我们不能因此而认为两者的韵尾上古必然相同。《诗经》中不同辅音韵尾之间的押韵并非没有,只不过真部/耕部之间的押韵多一些而已。韵母-in/-iŋ之间的听觉差异显然要比韵母-an/-ɑŋ之间的听觉差异要小得多；再者鼻音韵尾-ŋ 在前高元音 i 之后发音部位相对要靠前一些。即使是现代歌词，-an/-ɑŋ 很少押韵而-in/-iŋ 押韵却不少。考察先秦的押韵情况，我们就会发现，不同鼻韵尾之间的押韵集中在真部和耕部。真部/耕部《诗经》押韵较多，我们认为这和两者之间的听觉近似有关。确实，清儒所分割出来的真部字中有相当一部分原本应该是耕部而被划到了真部。

表 3.18　耕部谐声表

	青	定	敻	令	仁	并	廷	丁	奠	冥	平	黾	巠	年	骍	
-ŋ	青	定	敻	令	佞	并	廷	丁	鄭	冥	平	鄳	巠	秊	骍	
-n	倩	淀	敻	令	仁	骿	蜓	町	奠	瞑	平	黾	俓	年		

清儒段玉裁、朱骏声等就把“令”声等归入了真部。如果以中古汉语的语音形式看上古汉语的韵部，我们就会发现陽部/東部/冬部/蒸部字谐声一致是鼻音-ŋ/-ŋ 谐声，而耕部却是鼻音-ŋ/-n 谐声。显然，这跟真部和耕部的主元音 i 有关。韵母-iŋ 受前高元音 i 的影响往往会演变成-in。这种演变即使是现代汉语也是常见。中古汉语的鼻音韵尾-ŋ，不少文字标准语就读鼻音韵尾-n。我们从这些语音演变也可以推知耕部的主元音是前高元音 i。汉藏语音对应显示出来的是汉语的脂部/質部/真部以及支部/錫部/耕部的主元音同是前高元音 i。

表 3.19　真部藏语语音对应表

奠	堂练切	《广韵》：设奠，《礼》注云：荐也，陈也。	ɦdiŋ-ba	敷设、铺排
仁	如邻切	《孟子·告子上》：仁，人心也。	sɲiŋ	心、心脏、心肠
仁	如邻切	《礼记·礼运》：仁者，义之本也。	sɲiŋ	要旨、要义、实质

上表藏语材料来自《藏汉大辞典》(张怡荪编，1999)。

根据辅音清浊交替原则,我们认为“奠”本应该为耕部字,入真部是语音演变过程中“词汇扩散”的结果。这和上古汉语的韵母-um受后元音u的影响演变成韵母-uŋ并没有什么本质上的不同。不同语音条件的会合并,而相同条件的也会分裂。相同语音条件分裂的语音演变现象在方言混杂、口语和书面语交集的汉语里面甚是常见。

黾,武幸切,《广韵》:“蛙属。”《尔雅》:“在水者黾。”《经典释文》:“黾,莫幸反。”《周礼·秋官·司寇》:“掌去蛙黾。”《经典释文》:“黾,莫幸反。”黾,武尽切,《广韵》:“黾池县,在河南府;渑,上同。”黾,弥兖切,《广韵》:“黾池,县名,在河南府,俗作渑;又忘忍切。”《左传·僖公三十二年》:“晋人御师必于殽。”杜注:“殽在弘农渑池县西。”《经典释文》:“渑池,绵善反,又绵忍反。”《诗经·谷风》:“黾勉同心。”《经典释文》:“黾,本亦作僶,莫尹反。”《诗经·十月之交》:“黾勉从事。”《经典释文》:“黾,民允反,本又作僶。”

平,符兵切,《广韵》:“正也,和也,易也。”平,房连切,《广韵》:“《书》传云‘平平,辨治也’。”《尚书·洪范》:“无偏无党,王道荡荡;无党无偏,王道平平。”孔传:“言辨治平平。”《经典释文》:“平平,婢绵反。”

令,吕贞切,《广韵》:“使也。”令,郎丁切,《广韵》:“汉复姓,有令狐氏。”令,力政切,《广韵》:“善也,命也,律也,法也。”令,郎定切,《广韵》:“令支县,在辽西郡。”令,力延切,《广韵》:“《汉书》云‘金城郡有令居县’,颜师古又音零。”

瞏,渠营切,《广韵》:“惊视。”《诗经·杕杜》:“独行瞏瞏,岂无他人,不如我同姓。”传:“瞏瞏,无所依也。”《经典释文》:“瞏,本亦作茕,又作焭,求营反。”《说文》:“瞏,目惊视也,从目袁声。”《墨子·节葬下》:“譬犹使人三瞏而毋负己也。”孙贻让:“瞏,与環义同。”環,户关切,《广韵》:“玉環。《尔雅》云‘肉好若一谓之環’。”

嬛,渠营切,《广韵》:“好也。”《说文》:“嬛,材紧也,从女瞏声。《春秋传》曰‘嬛嬛在疚’。”此意义之“嬛”本不读“渠营切”,而“渠营切”实际是“茕”的训读。《诗经·闵予小子》:“闵予小子,遭家不造,嬛嬛在疚。”《经典释文》:“嬛嬛,其倾反,孤特也,崔本作茕。"《左传·哀公十六年》："茕茕余在疚。"《周礼·春官·宗伯》郑玄注引作"嬛嬛予在疚"。嬛，许缘切，《广韵》："便嬛，轻丽貌，又音娟、音琼。"

除受到前高元音的影响演变成了-in外，上古汉语的-iŋ韵母在一些方言（齐方言）中甚至演变成了-en或ian（-an）韵母。俞敏认为这种音变是齐方言的特点。这种音变藏缅语族语言也存在，如藏缅语的韵母-iŋ，现代缅语一律演变成了-aŋ韵母。这一点黄树先（2006）已经指出。睘，《诗经·杕杜》和"姓"押韵，显然应该是耕部的"茕"，而毛《诗》却用"嬛"字记录。《左传·哀公十六年》"茕茕余在疚"，毛《诗》作"嬛嬛在疚"，而郑玄注《周礼》引作"嬛嬛予在疚"。这些材料都说明了-iŋ韵母一些字当时的齐鲁方言韵尾-ŋ已经前移变成了-n。于是，用本属于元部的"睘""嬛"等字来记录耕部的"茕"。但是，后来的经师不明此理，因记录的是"茕"而把"睘"等也读成了"渠营切"。不过，这只是方言音变现象，而通语耕部/元部界线仍然十分清晰。

载营魄抱一，能无**离**乎？专气致柔，能婴**儿**乎？涤除玄览，能无**疵**乎？爱民治国，能无**知**乎？天门开阖，能无**雌**乎？（《老子》十章）

故去**彼**，取**此**。（《老子》十二章、三十八章、七十二章）

绝圣弃**智**，民利百倍。绝仁弃**义**，民复孝慈。（《老子》十九章）

知其雄，守其**雌**，为天下**溪**。为天下**溪**，常德不**离**，复归于婴**儿**。（《老子》二十八章）

悲莫悲兮生别**离**，乐莫乐兮新相**知**。（《楚辞·少司命》）

姱修滂浩，丽以**佳**只。曾颊倚耳，曲眉**规**只。滂心绰态，姣丽**施**只。小腰秀颈，若鲜**卑**只。魂乎归徕，思怨**移**只。（《楚辞·大招》）

无誉无**訾**，一龙一**蛇**，与时俱**化**，而无肯专**为**。（《庄子·山木》）

世之祸恶贤士，子胥见杀百里**徙**；穆公得之，强配五伯六卿**施**。（《荀子·成相》）

支部三等和歌部三等《广韵》合并为支韵。支部和歌部《诗经》界线清晰,但两者自战国起开始合韵。就歌部替换魚部的情况来看,歌部汉初仍然是-ai,而后渐渐演变了-a。汉语以及相关语言都显示出-i和-ai之间的密切的演变关系,试看以下例子:

表 3.20 壮语方言-i 与-ai 语音对应表

词义	柳江	连山	田东	横县	武鸣	广南	砚山	龙州
屎	hai⁴	hai⁴	hai⁴	hai⁴	hai⁴	tɕhi³	tɕhi³	khi³
长	hjai²	jai²	lai²	ðai²	ɣai²	ri²	ri²	ɬi²
这	ni⁴	ni⁴	ni⁴	nei⁴	nai⁴	ni⁴	nai⁴	nai³
旱地	hi⁶		li⁶	ðei⁶	ɣai⁶	rai⁶	rai⁶	ɬai⁶
四	θi⁵	θi⁵	ɬi⁵	θei⁵	θai⁵	si⁵	si⁵	ɬi⁵
星星	di⁵	li⁵	di⁵		dai⁵	di⁵	di⁵	di⁵

上表壮语材料来自《壮语方言研究》(张均如等,1999)。

壮语诸方言有复杂多样的语音对应关系:柳江有两种读音,龙州也有两种读音,但是两者并不一致;只有武鸣无论其他方言读什么都读-ai。"这",原始南岛语 i-ni;"屎",原始南岛语 ʈaqi。两词的词根主元音都是-i,但是壮语诸方言读音并不一致。前者柳江读-ai/龙州读-i,而后者柳江读-i/龙州读-ai,正好相反。"四",显然是汉语借词,武鸣和南部壮语都读-ai。如果歌部是韵母-ai,那么战国时期跟歌部合韵的支部应该是韵母-i。匈奴皇后 qati,汉代翻译成阏氏;西域国名 kuti,汉代翻译为月氏。两者都用支部的"氏"对译 ti,正表明支部的主元音甚至在汉代还可能是 i。耕部的主元音是 i,而真部的主元音也是 i。

鬄,思积切,《广韵》:"髲也。"《说文》:"鬄,髲也,从髟易声。"字也作髢。髢,特计切,《广韵》:"髲也;鬀,上同,《说文》音剃。"⿱髟剔(字从髟剔声),《说文》:"⿱髟剔发也,从髟剔声。"⿱髟剔,他历切,《广韵》:"《说文》云

‘鬀髮也’。”鬀，他计切，《广韵》：“《说文》曰‘鬄发也’，大人曰髡，小儿曰鬀，尽及身毛曰鬄；剃，上同。”《说文》：“鬀，鬄发也，从髟弟声。大人曰髡，小人曰鬀，尽及身毛曰鬄。”《诗经·君子偕老》：“鬒发如云，不屑髢也。玉之瑱也，象之揥也。”《左传·哀公十七年》：“见己氏之妻发美，使髡之，以为吕姜髢。”

𦧇，《说文》：“以舌取食也，从舌易声；䑛，或从也。”𦧇，《广韵》：“以舌取物，神纸切。”《庄子·田子方》：“舐笔和墨在外者半。”《经典释文》：“舐，本或作䑛，食纸反。”《庄子·渔父》：“舐痔者得车五乘。”《经典释文》：“舐，字又作䑛，食纸反。”

依据押韵，毛传《诗经》的“髢”不当从歌部“也”声。𦧇，也不应该从“也”声。通过声符替换，可以看出汉语的某些方言-i已经复化为复元音韵母-ai。正因为前高元音-i复化为复元音韵母-ai，导致歌部和支部合并。于是，原本属于支部的字改用歌部“也”充当声符。这种声符替换导致清儒以来“也”声字归歌部、支部争论不休。

前面已经列举汉语的耕部对应藏语的-iŋ，而真部则主要对应藏语的-il/-in，详细情况见下一章。真部/耕部主元音相同而韵尾不同。通过汉藏比较可以进一步肯定真部恰恰应该是il/in而不是iŋ韵母。上古汉语脂部/質部/真部和支部/錫部/耕部之间的界线仍然比较清晰，只是有些字本来属于支部/錫部/耕部，清儒把它归入到脂部/質部/真部去了而已。剔除了声符分析上的错误，确实有錫部并入質部，比如“溢”。

王事适我，政事一埤益我。我入自外，室人交徧谪我。《诗经·北门》

携无曰益，牖民孔易。民之多辟，无自立辟。《诗经·板》

益，伊昔切，《广韵》：“增也，进也。”“益”是“溢”的本字。《吕氏春秋·察今》：“水潍水暴益。”溢，夷质切，《广韵》：“满溢。”镒，《广韵》：“《国语》云‘二十四两为镒’，又《礼》曰‘朝一溢米’，注谓：‘二十两曰镒’；夷质切。”《礼记·丧大记》：“朝一溢米，莫一溢米。”郑注：“二十两曰溢。”《经典释文》:“溢,音逸。”“益”声是鍚部谐声集合。

显然,我们不能因为“溢”《广韵》读質韵而为“溢”独立构拟一个韵母。前高元音导致软腭音前移是极其常见的语音演变现象。除了传统鍚部-ik 间或演变成質韵-it,上古汉语的職部-ek 也偶尔演变成了質韵-it。不过,職部-ek 读入質韵-it 只出现在三等韵中,即随着介音-i-的产生,上古汉语的 e̱k 先变成了 iek＞ik,再韵尾齿化变成了 it。

暱,尼质切,《广韵》:“近也;昵,上同。”《诗经·菀柳》:“有菀者柳,不尚息焉;上帝甚蹈,无自暱焉。俾予靖之,后予极焉。”传:“暱,近也。”《经典释文》:“暱,女栗反,又女笔反,徐乃吉反。”《左传·隐公元年》:“不义不暱。”《经典释文》:“暱,女乙反。”然而,“暱”跟“息”“极”押韵,正職部字。由于音变,字也改从“尼”得声,作“昵”。

骘,之日切,《广韵》:“驳马;又《书》曰‘惟天阴骘下民’,传云‘骘,定也’。”《说文》:“骘,牡马也,从马陟声。”《说文》:“特,朴特,牛父也,从牛寺声。”“骘”和“特”同族词。《尔雅》:“骘,升也。”《尚书·洪范》“惟天阴骘下民”,马注:“骘,升也。”陟,《说文》:“登也。”

这两个中古汉语读質韵的暱、骘都属于与齿龈音组合的職部三等字。非三等職部没有演变成中古汉语的質韵-it。足见,職部读入質韵跟主元音有关。元音的变异,韵尾的变化,从上古汉语到中古汉语如此长的时间内总是存在的,而没有例外反倒是不可信的。前高元音 i 不仅可以让辅音韵尾-k 变成-t,也可以让辅音韵尾-p 变成-t。比如“入”声符字,中古汉语就有-p 韵尾也有-t 韵尾。鍚部中古汉语分鍚韵-ek/麥韵-ɛk/昔韵-iɛk。其主元音已经由-i 低化为-e/-ɛ,而前高元音 i 在带辅音韵尾的情况下低化也是整个汉语的普遍趋势。

东门之**栗**,有践家**室**。岂不尔思,子不我**即**。(《东门之墠》)

东方之**日**兮,彼姝者子,在我**室**兮。在我**室**兮,履我**即**兮。(《东方

之日》）

止旅乃**密**，芮鞫之**即**。（《公刘》）

旄丘之葛兮，何诞之**节**兮。叔兮伯兮，何多**日**也。（《旄丘》）

即，《说文》："就食也，从皀卩声。"即，《广韵》："就也，子力切。"就《诗经》押韵来看，即以及从"即"声之字主要是跟質部押韵。因而清儒比如朱骏声把"即"声归入"履之日分部"，即質部。"即"声主要是職韵和質韵；而且读職韵的多有質韵异读。

表 3.21　職韵、質韵异读表

蝍	子力切	《广韵》：蝍蛆，虫名。	子结切	《广韵》：蝍蛆，蜈蚣。
揤	子力切	《广韵》：捽也。	秦悉切	《广韵》：揤拭。
喞	子力切	《广韵》：喞声也。	将悉切	《广韵》：啾喞声。
楖	子力切	《广韵》：楖裴县，在魏郡。	资悉切	《广韵》：楖栗，木名。
栉			阻瑟切	《广韵》：梳也；楖，上同见《周礼》。
堲	子力切	《广韵》：风堲。	资悉切	《广韵》：夏后氏堲周，烧葬也。
堲	秦力切	《广韵》：疾也。		
垐	秦力切	《广韵》：以土增道。	疾资切	《广韵》：以土增道。
鲫	子力切	《广韵》：鱼名。	资昔切	《广韵》：鱼名。

鲫，《说文》："鱼名，从鱼脊声。"鲫鱼的"鲫"，字本从"脊"声。

鵖，《广韵》："鵖鸰，子力切。"鵖，《广韵》："鵖鸰，资昔切。"鵖鸰，《诗经》只作脊令。《诗经·常棣》："脊令在原，兄弟急难。"传："脊令，雝渠也。"《经典释文》："脊，井益反，亦作即，又作鵖，皆同。"《诗经·小宛》："题彼脊令，载飞载鸣。"

堲，《广韵》："夏后氏堲周，烧葬也，资悉切。"《礼记·檀弓上》："有虞氏瓦棺,夏后氏堲周。”郑注:“火孰曰堲,烧土冶以周于棺也……《弟子职》曰‘右手折堲’。”《经典释文》:“堲周,子栗反,又音稷……管子云‘左手执烛,右手折即’。即,烛头烬也。”今本《管子·弟子职》作“右手执烛,左手正栉”。㘉,《广韵》:“烛余,子结切。”

可见,“即”声字本为錫部-ik。塞音韵尾-k前移的则为質部-it,中古汉语为質韵-it;保留软腭塞音韵尾-k的,中古汉语为職韵-ik。職部三等读職韵-ik韵母,錫部三等昔韵-iɛk或職韵-ik。音变的不平衡性,甚至导致職部和錫部/質部混淆。

> 羔羊之**革**,素丝五**緎**。(《羔羊》)
> 筑城伊**淢**,作丰伊**匹**。(《文王有声》)
> 斯逝不**至**,而多为**恤**。(《杕杜》)
> 出则衔**恤**,入则靡**至**。(《蓼莪》)
> 为谋为**毖**,乱况斯削。告尔忧**恤**,诲尔序爵。(《桑柔》)
> 閟宫有**侐**,实实枚枚。赫赫姜嫄,其德不回。(《閟宫》)

洫,况逼切,《广韵》:“沟洫。”《说文》:“洫,十里为成,成间广八尺,深八尺谓之洫,从水血声。《论语》曰‘尽力于沟洫’。”“洫”不应该读“况逼切”,《诗经》押韵可以证明。段玉裁注:“今入職韵者,以毛《诗》作淢之故。”《经典释文》:“淢,况域反,沟也,成间有淢,广深八尺,字又作洫。韩《诗》云‘洫,深池’。”王先谦《诗三家义集疏》:“鲁、韩作洫。”《论语·泰伯》:“尽力乎沟洫。”《广雅》:“洫,坑也。”可见,“洫”毛《诗》讹成了本不相关的“淢”。淢,况逼切,《广韵》:“疾流。”淢,雨逼切,《广韵》:“溭淢,波势。”《说文》:“淢,疾流也,从水或声。”于是,本读質韵的“洫”也读成了職韵的“淢”。

侐,况逼切,《广韵》:“静也;閾,上同。”侐,火季切,《广韵》:“静也,《诗》云‘閟宫有侐’。”侐字后一读音是以为《诗经·閟宫》跟“枚、回”押韵编造出来的读音(叶音)。《说文》:“侐,静也,从人血声,《诗》曰‘閟宫有侐’。”侐,《经典释文》:“况域反,清静也,《说文》云‘静也’,一音火季反。”依照《诗经》顶真押韵的韵律,“侐”押的是質部“实”。閾,《说文》:"门梱也,从门或声,《论语》曰'行不履阈'。阈,古文从洫。"阈,《广韵》:"门限,况逼切;閾,古文。"《论语·乡党》:"立不中门,行不履阈。"侐,字也作閾。王先谦《诗三家义集疏》:"侐,韩作閾。"《庄子·齐物论》:"以言其老洫也。"段玉裁《说文》注:"《周颂》之侐、《庄子》之洫皆侐之假借。"于是,"侐"跟"洫"一样读成了"况逼切"。

表 3.22　魚部、之部、支部上古读音表

	-¢		-k		-ŋ	
a	-a 魚部	-a̰魚部	-ak 鐸部	-a̰k 鐸部	-aŋ 陽部	-a̰ŋ 陽部
e	-e 之部	-ḛ之部	-ek 職部	-ḛk 職部	-eŋ 蒸部	-ḛŋ 蒸部
i	-i 支部	-ḭ支部	-ik 錫部	-ḭk 錫部	-iŋ 耕部	-ḭŋ 耕部

第四节　u元音韵母

上古汉语肯定有后高圆唇元音 u。不过,传统韵部中的哪一部的主元音为 u,学者们彼此之间存在一些分歧。其中主要有两种不同的看法,一些学者认为传统韵部中的幽部主元音为 u,比如俞敏、郑张尚芳、斯塔罗斯金、白一平、潘悟云等就持这一观点;另外一些学者则认为侯部的主元音为 u,比如李方桂就持这一观点。我们赞成上古汉语幽部的主元音为 u 的观点。

牟,莫浮切,《广韵》:"《说文》曰'牛鸣也'。""牟"是对牛叫声的描摹。对牛熟悉的人们都可以感知其鸣叫声也应该接近 u 而不是接近 o。牛叫,普米语 bu^{55}、独龙语 bu^{53}、傈僳语 $mɯ^{55}$、哈尼语 $mɯ^{55}$、基诺语 $mɯ^{51}$,甚至与汉语毫无关系的英语也为 moo[muː],都显示出幽部的主元音为 u。鳩,居求切,《广韵》:"鸟名。""鳩"是以其鸣叫声命名的鸟。布谷鸟,道孚语 ku ku,却域语 ku^{55} ku^{55},藏语巴塘 ku^{55} ku^{55},跟英语 cuckoo 几乎相同。

上古汉语侯部和歌部/月部/元部合口关系密切,而幽部则和微部/物部/文部合口关系密切。幽部和微部/物部/文部合口不仅可以组成同族词甚至可以谐声。微部/物部/文部合口跟藏语主元音为后高圆唇元音 u 的韵母对应相当整齐,比如文部和藏语韵母-ul:

表 3.23　文部合口与藏语 ul 韵母对应表

纯	常伦切	《国语·晋语》注:一也。	dul-ma	纯的、精练的
顺	食润切	《说文》:理也。	dul-ba	温顺、驯服、柔和
粪	方问切	《说文》:弃除。	brul	粪
分	府文切	《广雅》:予也。	ɦbul-ba	献、送出
贫	符巾切	《说文》:财分少也。	dbul-ba	贫穷、匮乏、缺少
屯	徒浑切	《广雅》:聚也。	rtul-ba	汇集、收集在一起
纯	徒尊切	《诗经·野有死麕》传:犹包之也。	rtul-ba	收拾、约束
训	许运切	《说文》:说教也。	rtul-ba	调教、教化、驯服
敦	都昆切	《尔雅》:勉也。	rtul-ba	努力、勤奋
钝	徒困切	《广韵》:不利也。	rtul-ba	钝、不利
尘	直刃切	《左传·昭公三年》注:土也。	rdul	尘、细末
驯	详遵切	《说文》:马顺也。	ɦdul-ba	调治、教化、制伏
偾	方问切	《国语·周语》注:陨也。	ɦbrul-ba	堕、坠落
温	乌浑切	《诗经·小宛》传:柔也。	ɦkhul-ba	驯服、服帖、依顺
运	王问切	《淮南子·天文训》注:旋也。	ɦgul-ba	动、摇摆

上表藏语材料来自《藏汉大辞典》(张怡荪编,1999)。

自雅洪托夫起,许多学者比如郑张尚芳(1987、2003)等认为,传统文部之一就是上古汉语韵母-un。汉藏语音对应关系正可以作为支持雅洪托夫、郑张尚芳等观点的有力证据。不过,我们认为郑张尚芳的韵母-un 还应该分离为两个韵母:-un/-ul。传统文部可以跟微部谐声而《诗经》等先秦韵文跟微部合韵。如果文部只是单一的韵母-un,则难以解释文部和微部之间的谐声关系以及文部/微部之间的合韵。汉藏语音对应也显示出文部的再划分。文部既可以跟藏语的韵母-ul 对应也可以跟韵母-un 对应，试看：

表 3.24　文部合口与藏语 un 韵母对应表

昆	古浑切	《说文》：同也。	kun	一切、全部、普遍
昏	呼昆切	《说文》：日冥也。	mun-pa	暗、黑暗
惛	呼昆切	《说文》：不了也。	d-mun-pa	愚笨者、愚者
遵	将伦切	《说文》：顺也。	ɦ-tɕhun-pa	驯服、顺从人意

上表藏语材料来自《藏汉大辞典》(张怡荪编，1999)。

汉语的元部则和藏语的韵母-ol/-on 对应，详细材料见下面侯部部分。文部和元部在汉藏语音对应中有十分清晰的界线。基于文部/幽部相配、元部/侯部相配的事实，我们从上古汉语的文部和元部的汉藏语音对应来看，幽部的主元音应该是 u 而侯部的主元音为 o。中古汉语侯韵是 u 韵母，豪韵是 ɑu 韵母。依据俞敏的《后汉三国梵汉对音谱》，后汉三国时期尤韵(幽部三等)对译梵文的 u，侯韵既对译梵文的 u 也对译 o。可见，豪韵(幽部一等)至少后汉三国时期已经是复元音韵母。我们从中古汉语的语音形式也可以推知幽部是 u 侯部是 o，即幽部复化为复元音韵母后拉动侯部去填补后高元音 u 演变后留下的空缺。上古汉语的文部对应藏语的 ul/un 韵母，幽部对应藏语的单元音韵母 u，比如下面这些例子。

表 3.25　幽部与藏语 u 韵母对应表

九	举有切	《广韵》：数也。	dgu	九
鼽	巨鸠切	《素问·金匮真言论》注：谓鼻中水出。	dku-ba	流出(眼泪)
九	举有切	《报任安书》：若九牛亡一毛。	dgu	众、多、各样
宄	居洧切	《说文》：外为盗，内为宄。	rku-ba	偷盗、盗窃

续　表

尻	苦刀切	《三苍》：髋也。	dku	髋骨
仇	巨鸠切	《广雅》：恶也。	ɦkhu-ba	仇恨、损害
舅	其九切	《说文》：母之兄弟为舅。	ku-(gu)	伯父、叔父
櫜	古劳切	《广雅》：弓藏也。	khu-(gu)	小袋、小口袋
游	以周切	《礼记・曲礼》注：行也。	rgju-ba	走、行、游行、流动
蚤	子晧切	《说文》：啮人跳虫。	ɦdʑu	跳蚤
州	职流切	《尔雅》注：窍也。	stu	女阴、阴户
咒	职救切	《玉篇》引《说文》：诅也。	mthu	诅咒、恶咒
俦	直由切	《广雅》：辈也。	du-ma	许多、若干、各种
缶	方久切	《说文》：瓦器所以盛酒酱。	phru-ba	陶器、瓦罐
郛	芳无切	《说文》：郭也。	phru-ma	军营、营房
稃	芳无切	《说文》朱按：米外皮。	phru	糠秕
胞	布交切	《说文》：儿生裹也。	phru-ma	衣胞、胎盘

上表藏语材料来自《藏汉大辞典》(张怡荪编,1999)。

汉语传统幽部跟藏语-u韵母之间对应的共源词极多。这自然跟汉语幽部字本身比较多也有关系。汉藏语音对应关系也和幽部几个拟声词所显示的可能语音形式一致。清段玉裁不分幽部入声觉部,跟侯部的入声屋部同看作是侯部的入声。觉部和屋部《诗经》中有十分清晰的分界。幽部跟藏语韵母-u对应,而入声觉部跟藏语韵母-ug对应。此外,幽部也应该有与之匹配的带鼻音韵尾-ŋ的冬部。幽部入声觉部以及阳声冬部跟藏语的-ug/uŋ对应:

表3.26　觉部、冬部藏语对应表

毒	徒沃切	《易・噬嗑》注：苦恶之物也。	dug	毒、毒物
笃	冬毒切	《广韵》：厚也。	stug-po	密、稠密

续　表

勠	力竹切	《广韵》：勠力，并力也。	rug-pa	把散开的汇聚在一起
戚	仓历切	《诗经·行苇》传：内相亲也。	gtɕugs	和好、亲近、亲密
毒	徒沃切	《广雅》：恶也。	gdug-pa	凶恶、恶毒、残暴
淑	殊六切	《广韵》：善也。	sdug-pa	美丽、可爱
六	力竹切	《说文》：易之数，阴变于六。	drug	六
搅	古巧切	《说文》：乱也。	dkrug-pa	搅拌、翻搅
忡	敕中切	《说文》：忧也。	gduŋ-ba	烦闷、忧伤、苦恼
融	以戎切	《左传·隐公元年》注：和乐也。	duŋ-duŋ	情切、殷切、情不自禁
穹	去宫切	《尔雅》：穹苍、苍天也。	dguŋ	天、天空、虚空
降	古巷切	《楚辞·离骚》：惟庚寅吾以降。	ɦkhruŋ-ba	降生、诞生、生育
隆	力中切	《说文》：丰大也。	gruŋ-po	活力强、生长力旺盛

上表藏语材料来自《藏汉大辞典》(张怡荪编，1999)。

上古汉语的冬部和藏语的韵母-uŋ对应的语词少也和冬部本身字数相当少有关，非语音对应本身问题。上古韵部传统一般为阴/阳/入三分。《诗经》冬部的独立性曾经引起一些学者的怀疑。依照清儒的看法，王力在其《汉语史稿》中就没有把“冬部”独立出来。冬部和侵部《诗经》有比较多的合韵事例。

于以采蘩，于涧之**中**。于以用之，公侯之**宫**。(《采蘩》)

喓喓草虫，趯趯阜**螽**。未见君子，忧心忡**忡**。亦既见止，亦既觏止，我心则**降**。(《草虫》)

从孙子**仲**，平陈与**宋**。不我以归，忧心有**忡**。(《击鼓》)

微君之**躬**，胡为乎泥**中**。(《式微》)

期我乎桑**中**，要我乎上**宫**。(《桑中》)

定之方**中**,作于楚**宫**。(《定之方中》)

喓喓草**虫**,趯趯阜**螽**。未见君子,忧心忡**忡**。既见君子,我心则**降**。(《出车》)

赫赫南**仲**,薄伐西**戎**。(《出车》)

瑟彼玉瓒,黄流在**中**。岂弟君子,福禄攸**降**。(《旱麓》)

昭明有**融**,高朗令**终**。(《既醉》)

泉之竭矣,不云自**中**。溥斯害矣,职兄斯弘,不灾我**躬**。(《召旻》)

蓼彼萧斯,零露浓**浓**。既见君子,鞗革忡**忡**。(《蓼萧》)

凫鹥在**潨**,公尸来燕来**宗**。既燕于**宗**,福禄攸**降**。公尸燕**饮**,福禄来**崇**。(《凫鹥》)

旱既大**甚**,蕴隆虫**虫**。不殄禋祀,自郊徂**宫**。上下奠瘗,靡神不**宗**。后稷不克,上帝不**临**。耗斁下土,宁丁我**躬**。(《云汉》)

骐駵是**中**,䯄骊是**骖**。(《小戎》)

二之日凿冰冲**冲**,三之日纳于凌**阴**。(《七月》)

食之**饮**之,君之**宗**之。(《公刘》)

天生烝民,其命匪**谌**。靡不有初,鲜克有**终**。(《荡》)

絺兮绤兮,凄其以**风**。我思古人,实获我**心**。(《绿衣》)

彼何人斯,其为飘**风**。胡不自北,胡不自**南**。胡逝我梁,只搅我**心**。(《何人斯》)

如彼溯**风**,亦孔之僾。民有肃**心**,荓云不逮。(《桑柔》)

吉甫作诵,穆如清**风**。仲山甫永怀,以慰其**心**。(《烝民》)

双唇音"凡"声符的"风"等字无论清儒还是现代的学者都认为属侵部。冬部没有双唇塞辅音声母,两者完全处于互补之中。冬部一等《广韵》为冬韵,三等为東韵;東部一等《广韵》为東韵,三等为锺韵。冬部和東部《诗经》分野清楚,基本上没有合韵关系。唇鼻音韵尾-m先秦至两汉一直就有向软腭鼻音-ŋ韵尾演变的趋势。而且冬部某些具体字在共源语言仍为-m辅音韵尾。这说明冬部是渐渐发展而来的,即 um>uŋ。然而，冬部固然可以跟侵部押韵，但是冬部仍然主要是跟冬部押韵。可见，冬部《诗经》独立无疑。

清儒如段玉裁分立幽部和宵部。幽部和宵部分立的观点得到后来的学者支持。如何分割幽部和宵部不外乎依据《诗经》的押韵。诗歌固然应该优先选择同音押韵，但语音相近也可以押韵。正如王力(1980)所说，上古韵部与上古韵母系统不能混为一谈。凡韵母相近者，就能押韵；然而我们不能说，凡押韵的字，其韵母必完全相同，或其主要元音相同。正因为没有明确可靠的标准，某些文字的归部，不同的清儒之间也不同。语音演变自有其内在的规则。对具体文字的归部，确切的标准应该是语音演变的规则，而不是诗歌的押韵。传统幽部、宵部，中古分豪、肴、宵、尤、幽、萧六韵。幽部和宵部分割的清晰界线是幽部三等入尤韵、幽韵，而宵部三等入宵韵。依此标准，清儒归部看法不一的"朝""焦"声等自然应该归入宵部。但是，豪韵、肴韵、萧韵则清儒一分为二：部分归幽部，部分归宵部。即使如此，幽部和宵部合韵仍然是《诗经》最常见的合韵现象之一。一般情况，一个韵部，要么有一等韵，要么有四等韵，而不能一等韵和四等韵共存。但是，传统幽部既有一等豪韵又有四等萧韵。因而郑张尚芳、白一平等把传统幽部切割成好几个主元音不同的韵母，导致同一个声符分裂为几个主元音不同的韵母，比如"周"声。我们认为主要原因就出在幽部和宵部的分割上。当归宵部错归了幽部，当归幽部错归了宵部。幽部三等有尤韵、幽韵。这两韵实际上并不对立。幽韵只有唇音和软腭音有字。尤韵和幽韵中古汉语实际上属于三等 A、B 之间的关系，后者跟边音谐声，如"翏"声。

维此良人，弗求弗**迪**。维彼忍心，是顾是**复**。民之贪乱，宁为荼**毒**。(《桑柔》)

素丝**祝**之，良马**六**之。彼姝者子，何以**告**之。(《干旄》)

考盘在**陆**，硕人之**轴**。独寐寤**宿**，永矢弗**告**。(《考盘》)

既曰**告**止，曷又**鞠**止。(《南山》)

椒聊之实，蕃衍盈**匊**。彼其之子，硕大且**笃**。(《椒聊》)

岂曰无衣**六**兮，不如子之衣，安且**燠**兮。(《无衣》)

六月食郁及**薁**，七月亨葵及**菽**。(《七月》)

鸿飞遵**陆**，公归不**复**，於女信**宿**。(《九罭》)

我行其野，言采其**蓫**。昏姻之故，言就尔**宿**。尔不我**畜**，言归斯**复**。(《我行其野》)

父兮生我，母兮**鞠**我。拊我**畜**我，长我**育**我。顾我**复**我，出入**腹**我。(《蓼莪》)

昔我往矣，日月方**奥**。曷云其还，政事愈**蹙**。岁聿云莫，采萧获**菽**。心之忧矣，自诒伊**戚**。念彼共人，兴言出**宿**。岂不怀归，畏此反**复**。(《小明》)

载震载**夙**，载生载**育**。(《生民》)

令终有**俶**，公尸嘉**告**。(《既醉》)

昔育恐育**鞫**，及尔颠**覆**。既生既**育**，比予于**毒**。(《谷风》)

幽部的入声覺部，《广韵》有沃韵/屋韵/錫韵。覺部的情况跟幽部的情况正相平行。前一节已经讨论了，錫部上古是-ik 韵母。如此看来，部分上古汉语的-uk 韵母后演变成-ik 韵母后，再演变成中古汉语的-ek 韵母。覺部，《广韵》入錫韵的只有齿龈音。覺部齿龈音《广韵》有一等沃韵和四等錫韵。但是，两者实际上并不对立。

表 3.27　覺部音节搭配表

	t-	th-	d-	n-	l-	ts-	tsh-	dz-	s-	z-
沃	督		毒			傶			裻[i]	
屋									縮	
屋	竹	苗	逐	衄	六	蹙	蹴		肅	
錫		蓨	迪	惄	寥[ii]		戚	寂		

[i] 裻，冬毒切，《广韵》："新衣声。"裻，先笃切，《广韵》："新衣声。"《说文》："裻，新衣声，一曰背缝，从衣叔声。"徐锴按："《春秋左传》及《国语》曰'衣之偏裻'，《史记·佞幸传》亦云作督，假借也，得酷反。"依照谐声关系，"裻"不当读"先笃切"而当读"冬毒切"。

[ii] 寥，郎击切，《广韵》："寂寥无人，又深也。"寥，落萧切，《广韵》："空也，又寂寥也，寥廓也。"

一等沃韵和四等錫韵音节分布互补明显，看起来对立的只有齿龈浊塞音d-。跟沃韵组合的齿龈浊塞音d-上古也是齿龈浊塞音d-，而跟錫韵组合的齿龈浊塞音d-上古并不是齿龈浊塞音d-，除了一个"踧"字。踧，昌六切，《广韵》："至也。"踧，子六切，《广韵》："踧踖，行而谨敬。"《释名》："酒，亦言踧也。"以声训来看，"踧"读的正是"子六切"。《论语·乡党》："君在，踧踖如也。"《经典释文》："踧，本亦作蹴，子六反。"《说文》："踧，行平易也，从足叔声，《诗》云'踧踧周道'。"踧，徐铉音"子六切"。踧，子六切，《集韵》："《说文》'行平易也'，引《诗》'踧踧周道'。"踧，徒历切，《广韵》："《诗》曰'踧踧周道'。"《诗经·小弁》："踧踧周道，鞫为茂草。"《经典释文》："踧踧，徒历反，平易也。"《说文》："𢓊，行𢓊𢓊也，从彳由声。"段玉裁注："𢓊𢓊，盖与《小弁》踧踧同。"𢓊，徒历切，《广韵》："《说文》曰'行𢓊𢓊也'。"𢓊𢓊，即由由。《楚辞·远逝》："默顺风以偃仰，尚由由而进之。"《孟子·公孙丑上》："故由由然与之偕，而不自失焉。"很显然，"踧踧"是"𢓊𢓊"的训读。除了异读字"踧"一个读音，入沃韵和錫韵的覺部齿龈音互补，并不真正对立。可见，部分跟齿龈音组合的韵母-uk受齿龈音的影响演变成韵母-ɯk＞-ik＞-ek。

隰桑有阿，其叶有幽《经典释文》：于纠反。既见君子，德音孔胶。（《隰桑》）

有芃者狐，率彼幽草。有栈之车，行彼周道。（《何草不黄》）

小戎俴收，五楘梁辀《经典释文》：陟留反。（《小戎》）

罪罟不收，靡有夷瘳。（《瞻卬》）

月出皎兮，佼人僚兮，舒窈纠兮，劳心悄兮。（《月出》）

其笠伊纠，其镈斯赵，以薅荼蓼。（《良耜》）

视尔如荍，贻我握椒。（《东门之枌》）

中谷有蓷，暵其修矣。有女仳离，条其啸矣。（《中谷有蓷》）

风雨潇潇，鸡鸣胶胶。既见君子，云胡不瘳。（《风雨》）

彼采萧兮，一日不见如三秋兮。（《采葛》）

洌彼下泉，浸彼苞萧。忾我寤叹，念彼京周。（《下泉》）

萧萧马鸣，悠悠旆旌。（《车攻》）

出自幽谷，迁于乔木。（《伐木》）

四月秀葽,五月鸣蜩。(《七月》)

幽部三等有尤韵、幽韵,四等有萧韵,但是萧韵只有齿龈音和软腭音、声门音有字,且软腭音、声门音也只有寥寥几字。看来,幽部中古归入萧韵是有条件的。幽韵只有唇音、软腭音和声母音有字。其中,软腭音为"丩"声和"翏"声字而声门音为"幼"声字。

朻,居虬切,《广韵》:"《说文》云'高木(误作大,据周校改)也'。"《尔雅》:"下句曰朻,上句曰乔,如木楸曰乔。"《经典释文》:"朻,居虬反,本又作樛,同,《字林》九稠反。"《尔雅》:"朻者,聊。"朻为聊,如同樛从"翏"声。樛,居虬切,《广韵》:"《说文》曰'下句曰樛',《诗》曰'南有樛木',传云'木下曲也'。"《诗经·樛木》:"南有樛木,葛藟累之。"传:"木下曲曰樛。"《经典释文》:"樛木:居虬反,木下句曰樛,《字林》九稠反,马融、韩《诗》本并作朻,音同,《字林》已周反,《说文》以朻为木高。"丩,居虬切,《广韵》:"《说文》曰'相纠缭也'。"以"纠缭"训"丩",正跟《尔雅》解释同。丩,居求切,《广韵》:"相纠缭也。"朻,居求切,又居虬切,《广韵》:"高木。"

可见,"丩"声和"九"声的差别在于声母不同。宵部三等中古入宵韵,而幽部三等不入宵韵。这是幽部跟宵部的一条相对比较清晰的界线。"丩"声字中古不入宵韵。因而我们不能像某些清儒那样把"丩"声字归入宵部。幽部"九""求"声读尤韵而"丩"则读幽韵。但是,"丩""朻"两字有尤韵异读。显然,这是进一步合并的结果。

表 3.28　幽部软腭音、声门音音节搭配表

	k			kh			g			x			ɣ			ʔ		
	平	上	去	平	上	去	平	上	去	平	上	去	平	上	去	平	上	去
豪	咎	臭	告	尻	考	靠				薅	好	好	嗥	暤		鏖	媪	奥
幽	朻	纠					虬	蟉								幽	黝	幼

续 表

	k			kh			g			x			ɣ			ʔ		
	平	上	去	平	上	去	平	上	去	平	上	去	平	上	去	平	上	去
蕭			叫													怮	窈	
尤	鳩	九	救				求	舅	舊	休	朽	畜				憂		

幽部软腭音幽韵和蕭韵互补(本为幽韵,例外并入蕭韵),而跟尤韵也不对立:前者来自上古汉语的辅音丛 cr-而后者来自单辅音 c-。幽部有尤韵、幽韵,而声门音平声尤韵和幽韵两者看似对立。尤韵声门音主要是"憂"以及"憂"声字,幽韵是"幽""幽"声以及"幼"声字。不过,跟软腭音一样,幽韵个别字也可以有尤韵异读。

幽,於虯切,《广韵》:"微也。"幽,於求切,《广韵》:"微小。"

怮,於虬切,《广韵》:"《说文》'忧貌'。"怮,於求切,《广韵》:"含怒不言。"

麀,於虯切,《集韵》:"《说文》'牝鹿也'。"麀,於求切,《集韵》:"《尔雅》'牝鹿也'。"

这几个字原本应该读幽韵,因幽尤合并而有了尤韵一个无意义差别的异读。声门音也有几个字归入了蕭韵。怮,於尧切,《广韵》:"怮怮,忧也。"怮,《广韵》有四音,且是没有什么实质性意义差别的异读。"怮"字的四个异读有三个读入幽韵或尤韵。

怮,於尧切,《广韵》:"怮怮,忧也。"怮,伊尧切,《集韵》:"《博雅》'忧也'。"

怮,於求切,《广韵》:"含怒不言。"怮,於求切,《集韵》:"怮怮,忧也,一曰含怒。"

怮,於虬切,《广韵》:"《说文》'忧貌'。"怮,於虬切,《集韵》:"《说文》'忧貌'。"

怮,於纠切,《广韵》:"忧貌。"怮,於纠切,《集韵》:"怮怮,忧也。"

怮,《说文》:"忧貌,从心幼声。"怮,徐玄音"於虯切"。怮,《玉篇》:"於虬切,忧懑也。""怮"从"幼"得声,谐声集合中入四等萧韵只有"怮""窈""鰷"三个,其余字一律入幽韵(赅上去)。鰷,《说文》:"鱼名。从鱼幼声,读若幽。"《广韵》:"鰷,鱼名,於尧切。"《广韵》:"鰷,鱼名,於柳切。"依许慎《说文》读若看,"怮""鰷"入萧韵只能算是例外异读,而且这两字不见于先秦文献,除了《说文》,其他两汉文献也罕见。

幼,伊谬切,《广韵》:"少也。"《说文》:"幼,少也。从幺从力。"《论语·宪问》:"幼而不孙弟,长而无述焉,老而不死,是为贼。"《汉书·元帝纪》:"穷极幼眇。"注:"幼眇读曰要妙。"《文选·长门赋》:"声幼妙而复扬。"注:"幼音要。"《集韵》:"幼,一笑切,幼眇精微也。"幺,於尧切,《广韵》:"幺幺,小也。"《说文》:"幺,小也。象子初生之形。"《尔雅》:"幺,幼。""幺"与"幼"的关系如同"小"与"少"的关系。

窈,《说文》:"深远也,从穴幼声。"窈,《广韵》:"窈窱,深也,静也,乌皎切。"《庄子·在宥》:"至道之精,窈窈冥冥;至道之极,昏昏默默。"《老子》二十一章:"窈兮冥兮,其中有精;其精甚真,其中有信。"《淮南子·道应训》:"可以阴,可以阳;可以窈,可以明。"《史记·孟子荀卿列传》:"窈冥不可考而原也。""窈"与"明"相对,与"冥"同义。窈窱,字也作窈窕。《诗经·关雎》:"窈窕淑女,君子好逑。"传:"窈窕,幽闲也。"毛亨用"幽"声训"窈"。《经典释文》:"窈,乌了反;窕,徒了反。"《方言》:"窕,艳美也。陈楚周南之间曰窕,自关而西秦晋之间,凡美色或谓之好,或谓之窕。"郭注:"音途了反。"窕,《广韵》:"美色曰窕,《诗》注云'窈窕,幽间也',徒了切。""窈窕"叠韵,而"窕"宵部。

杳,《广韵》:"冥也,深也,宽也,乌皎切。"

窅,《广韵》:"远也,隐也,《说文》'冥也',乌皎切。"

窅,《广韵》:"窅窱,幽深貌,乌叫切,又音杳。"

可见,"窈"音"乌皎切"实是"杳"的读音。除"窈窱",《诗经》也见"窈纠"。《诗经·月出》:"佼人僚兮,舒窈纠兮。"毛传:"窈纠,舒之姿也。”《诗经·月出》连用了“窈纠”“懮受”和“夭绍”三个联绵词。前两个为幽部，而后一个为宵部。足见，《诗经·月出》的创作者可以通过幽部和宵部的交替增加诗歌押韵等音乐效果。韵书《广韵》所引的“窈窱”和今《诗》“窈窕”之间的关系如同“懮受”和“夭绍”之间的关系。

表 3.29　“窈”字异读表

窈	乌皎切	《广韵》：窈窱，静也。	《关雎》：窈窕淑女。《经典释文》：乌了反。
窈	乌皎切	《广韵》：窈窱，静也。	《月出》：舒窈纠兮。《经典释文》：乌了反，又於表反。

圆唇元音 u 容易失去圆唇特征变成展唇元音 ɯ。原始藏缅语的 u，藏缅语族许多语言已经是展唇元音 ɯ，如缅语。展唇元音 ɯ 后演变成 iu，再演变成 eu。于是，幽部也有字读入四等萧韵。黝，於纠切，又於夷切，《广韵》：“黑也。”黝，於脂切，又於九切，《广韵》：“县名，属歙州。”黝，《说文》：“微青黑色，从黑幼声，《尔雅》曰‘地谓之黝’。”《尔雅》：“黑谓之黝。”《穀梁传·庄公二十三年》：“礼天子诸侯黝垩。”《经典释文》：“黝，於纠反，又於柳反。”黝又音“於脂切”，说明某些方言已经并入宵部-ɯ，并进一步演变成-i。一个常见的现象是联绵词中的一个音节语音形式发生变化，另一个字的读音也会跟着演变。“窈”也随后面音节读音的变化而变化。“窈窕”连用，“窈纠”连用。《经典释文》：“窈纠，其赵反，又其小反，一音其了反。窈纠，舒之姿，《说文》音已小反，又居酉反。”我们从陆德明的《经典释文》中可以清楚地看出不同时代、不同地域的经师萧韵、宵韵读音并不一致。故此，博采众书的《广韵》自然也就出现萧韵、宵韵无意义差别的异读，见下节。

湫，即由切，《广韵》：“水名。”子了切，《广韵》：“湫隘，又子攸切。”
愀，在九切，《广韵》：“变色也。”亲小切，《广韵》：“容色变也。”
箫，七由切，《广韵》：“《说文》云‘吹箫也’。”七遥切，《广韵》：“吹竹箫。”
舀，以周切，《广韵》：“抒舀。”以沼切，《广韵》：“《说文》曰抒舀也。”
殍，芳无切，《广韵》：“饿死。”平表切，《广韵》：“饿死。”

宵韵三等读宵韵,幽部三等读尤韵,两者界线相当清晰。但是,《广韵》也收集了宵韵无意义差别的异读。这说明某些幽部字在语言演变过程中并入到了宵部里面。幽部的主元音是后高圆唇元音 u,而宵部的主元音是后高展唇元音 ɯ,而前者演变成后者常见,尤其当辅音声母是舌齿音的时候。《左传·成公十八年》:“王湫奔莱。”《经典释文》:“湫,子小反,徐子鸟反。”《左传·昭公三年》:“湫隘嚣尘不可以居。”《经典释文》:“湫,子小反,徐音秋,又在酒反。”《左传·昭公十三年》:“子服湫从。”《经典释文》:“湫,子小反,徐音椒,又子鸟反。”圆唇元音韵母 u 复化为 ɑu,展唇元音 ɯ 复化为 eu,再变成 iɛu,进了萧宵韵。依据陆德明《经典释文》的注音,某些经师的方言里面“湫”已经是萧宵韵字了。

表 3.30　幽部齿龈音音节搭配表

	ts			tsh			dz			s		
豪	糟	早	竈		草	造	曹	造	漕	騷	扫	扫
蕭										蕭	筱[i]	嘯
尤	遒	酒	僦	秋			酋		就	修	滫	秀

[i] 篠,先鸟切,《广韵》:“细竹也。”《礼记·礼器》注:“箭,篠也。”《经典释文》:“篠,西了反,徐音小。”《尔雅·释草》:“篠,箭。”《经典释文》:“篠,思了反,《字林》作‘筱’,云‘小竹也’。”

幽部四等萧韵只有齿龈擦音跟一等豪韵、三等尤韵对立。除了一个“筱”,萧韵(赅上去)齿龈清擦音是“肅”声字,豪韵(赅上去)齿龈清擦音是“蚤”声、“帚”声、“喿”声字,上古汉语声母不是齿龈擦音,跟“肅”声并不对立,详细情况见声母。可见,上古汉语的后高元音-u 受齿龈擦音的影响变成后高展唇元音-ɯ,再变成中古汉语的萧韵-eu。

表 3.31　“翏”声异读表

翏	落萧切	《广韵》:高飞貌。	力救切	《广韵》:高飞貌。
廖	落萧切	《广韵》:人名,《左传》有辛伯廖。	力救切	《广韵》:姓。

续　表

漻	落萧切	《广韵》：水清也。	浏，力久切	《广韵》：水清。
熮	落萧切	《广韵》：《说文》曰“火貌”。	力久切	《广韵》：火烂。
憀	落萧切	《广韵》：无憀，赖也。	力求切	《集韵》：赖也，且也。
聊	落萧切	《集韵》：《说文》“耳鸣也”。	力求切	《集韵》：木名，《尔雅》“杻者聊”。
蓼	卢鸟切	《广韵》：辛菜。	力竹切	《广韵》：蓼莪，《诗》传云“蓼，长大貌”。

边音有一等豪韵、三等尤韵和四等萧韵，而造成这种状态是“翏”声。这些从“翏”声且读四等萧韵的幽部字大抵有三等尤韵异读。豪韵边音字特少，只有“牢”“老”“醪”三字（另有一个用于专有名词“嫪毐”的“嫪”）。“翏”声谐声集合有齿龈送气塞音“瘳”又有入幽韵的唇鼻音“缪”，上古声母为颤音 r-，跟声母为边音 l-的“牢”“老”实际并不同音。《说文》：“聊，耳鸣也，从耳卯声。”聊，怜萧切，《集韵》：“《说文》‘耳鸣也’，或作膠。”膠，落萧切，《广韵》：“耳中鸣也。”膠，鲁刀切，《广韵》：“耳鸣。”幽部边音一四等真正对立的只有一个“醪”。醪，鲁刀切，《广韵》：“浊酒。”剔除这个“醪”，萧韵和豪韵边音不对立。就“聊”的读音看，“醪”也可能是原本应该读萧韵而读入了豪韵。

表 3.32　幽部齿龈塞音音节搭配表

	t			th						d					
豪	裯	擣	祷	綢	搯	討				濤	陶		道	翿	蹈
蕭	雕									調				調	
尤	调	肘		惆	抽					俦		紂		酎	胄

幽部齿龈塞音入萧韵的为周、攸声符字。幽部齿龈塞音豪韵和萧韵对立，即使是同一声符也是如此，如“周”声；尤韵和萧韵看起来也是

如此。然而,进一步分析之后,情况并不是这样。“周”“寿”声字是一个字数较多的谐声集合。这个谐声集合相当多一等字,但是声母为齿龈清塞音 t-的豪韵字却只有一个“裯”。

裯,都牢切,《广韵》:“《说文》曰‘祗裯,短衣’;又直流切,禅被也。”(祗,都奚切,《广韵》:“祗裯,短衣。”)《说文》:“裯,衣袂,祗裯,从衣周声。”《方言》:“自关而西或谓之祗裯。”注:“祗音氐,裯丁牢反。”裯,直诛切,《广韵》:“禅衣也。”裯,《广韵》:“禅被,直由切。”《玉篇》:“裯,又丈流切,禅被也,床帐也。”《诗经·小星》:“肃肃宵征,抱衾与裯,实命不犹。”传:“裯,禅被也。”郑笺:“裯,床帐也。”《经典释文》:“裯,直留反,毛云‘禅被也’。”

读豪韵“都牢切”的“裯”仅仅只是联绵词“祗裯”的一个音节,而且“祗裯”不仅不见于先秦而且两汉以及两汉后的文献中也罕见,作为一个语词“裯”读尤韵或者虞韵。同一声符,三等与一等或四等谐声。“周”声谐声集合有舌面塞擦音 tɕ-。依照谐声关系,读入萧韵齿龈清塞音的“雕”等都应该归入豪韵,而萧韵和豪韵合并不会产生真正的对立。

琱,《说文》:“治玉也,从玉周声。”段玉裁注:“经传以雕、彫为之。”琱、雕、彫,《广韵》音“都聊切”。弴,都昆切,《广韵》:“画弓也,天子弴弓。”弴,都聊切,《广韵》:“天子弓也,《说文》曰‘画弓也’;《诗》又作敦。”《诗经·行苇》:“敦弓既坚。”传:“敦弓,画弓也,天子敦弓。”《经典释文》:“敦音雕,徐又都雷反。”《诗经·有客》:“敦琢其旅。”《经典释文》:“敦,都回反;徐又音雕。”锤,都回切,《广韵》:“治玉也,《周礼》作追。”《诗经·棫朴》:“追琢其章,金玉其相。”传:“追,雕也。”《经典释文》:“追,对回切。”

雕,都聊切,《广韵》:“鹗属。”《说文》:“雕,鷻也,从隹周声。”《列子·黄帝》:“虽虎狼雕鹗之类,无不柔者。”《山海经·西山经》:“其状如雕,而黑文白首。”《史记·刺客列传》:“且以雕鸷之秦,行怨暴之怒,岂足道哉?”鷻,度官切,《广韵》:“鸢之别名,《诗》亦作鹑,传云雕也。”《说文》:“鷻,雕也,从鸟敦声。《诗》曰:‘匪鷻匪鳶。’”《诗经·四月》:“匪鹑匪鸢,翰飞戾天。”传:“鹑,雕也。”《经典释文》:“鹑,徒丸反,字或作鷻。”

显然，依据跟微部“敦”的语音关系，可以确定“雕”也应该读豪韵。幽部跟齿龈塞音组合读入萧韵跟齿龈塞音的语音特征有密切的关系。齿龈音的语音特征之一是齿化，使后元音或低元音前移或高化。上古汉语的单元音 u 韵母后来复化为复合元音-ɑu 韵母。但是，跟齿龈音组合时受齿龈音的影响，变成展唇元音 ɯ，再演变成了-iu>-eu 韵母。

调，徒聊切，《广韵》：“和也。”调，徒吊切，《广韵》：“选也，韵调也。”《说文》：“调，和也，从言周声。”《庄子·天道》：“所以均调天下，与人和者也。”《诗经·车攻》：“决拾既佽，弓矢既调。”调，张流切，《广韵》：“朝也，《诗》云‘惄如调饥’。”《诗经·汝坟》：“未见君子，惄如调饥。”传：“调，朝也。”《经典释文》：“调，张留反，朝也。”

鬜，徒聊切，《广韵》：“多发貌。”鬜，职救切，《广韵》：“发多。”《说文》：“鬜，发多也，从髟周声。”鬜，就是“稠”。稠，直由切，《广韵》：“概也，多也。”《说文》：“稠，多也，从禾周声。”也作绸。《诗经·都人士》：“绸直如发。”《经典释文》：“绸，直留反。”

蜩，徒聊切，《广韵》：“大蝉。”(《广韵》：“蝉，蜩也。”)《说文》：“蜩，蝉也，从虫周声，《诗》曰‘五月鸣蜩’。”《诗经·七月》：“四月秀葽，五月鸣蜩。”《经典释文》：“蜩，徒雕反。”《诗经·荡》：“如蜩如螗。”传：“蜩，蝉也。”《集韵》：“蜩、绸，徒吊切，蜩蟉，龙首动貌。”《别雅》：“蜩蟉，绸缪也。”《诗经·鸱鸮》：“绸缪牖户。”《经典释文》：“绸，直留反。”《诗经·绸缪》：“绸缪束薪，三星在天。”《经典释文》：“绸，直留反。”

跟齿龈塞音组合，韵书《广韵》入萧、筱、啸韵且属于幽部的仅几个“周”声字。筱韵无字，而啸韵也仅有一个异读字“调”。实际上，真正跟豪韵对立的“周”声字只有平声萧韵的“调”“鬜”“蜩”三字。依据文献材料，这几个读入萧韵-eu 的“周”声字都有三等尤韵-iu 异读，且“鬜”和“绸”显然是同一语词不同的记录文字。从《广韵》看，真正构成语音对立的字实际上很少。上面已经提到，根据跟微部交替构成同族词的事实，这些韵书《广韵》归萧韵的“周”声字理当归豪韵。依据一等和三等交替的异读通则，这些“周”声萧韵字也应该归入豪韵。这些字之所以归入韵书《广韵》萧韵，就在于其主元音受到齿龈塞音的影响，例外并入上古汉语的宵部之后再演变成萧韵,即 u>ɯ>eu。

啁,陟交切,《广韵》:"《说文》曰'啁嘐也'。"啁,张流切,《广韵》:"啁噍,鸟声。"《礼记·三年问》:"至于燕雀,犹有啁噍之顷焉。"《经典释文》:"啁,张留反。"啁,《慧琳音义》卷七十四引《说文》:"嘐也。"嘐,古肴切,《广韵》:"《诗》云'鸡鸣嘐嘐'。"《诗经·风雨》:"风雨潇潇,鸡鸣胶胶。"传:"胶胶,犹喈喈也。"嘐,是拟声词,音 kru;后受颤音影响变为 tru。于是,选择"周"为声符,创造了"啁"字。《广雅》:"啁,调也。"王念孙疏证:"啁、嘲并通。"《说文》:"嘲,謔也,从口朝声。《汉书》通用'啁'。"段玉裁注:"今人啁作嘲。"嘲,陟交切,《广韵》:"言相调也。"

本用"啁"而后改为"嘲",而"朝"毛传《诗经》可以用"调"记录。这说明随着语音演变上古汉语的幽部和宵部很早的时候就已经开始合并。于是,文献里面幽部字和宵部字出现相互替换的文字使用现象。谐声系统中,幽部同一声符软腭音一等和四等不共存,而齿龈音一等和四等却可以共存,如"攸"声。可见,导致一等和四等同一声符共存的语音条件是齿龈音。唇音容易使元音唇化,而齿龈音则容易使元音齿化,丧失圆唇特征。主元音为前高元音-i 的韵部,如支/錫/耕部,当主元音是松元音时,会演变成《广韵》的四等韵。同样,主元音为后高元音-u 或-ɯ 的韵部,部分也会演变成四等韵。一等豪韵中古为 ɑu,四等萧韵中古为-eu,很显然发音部分相对要更高、要靠前。这跟齿龈音齿化特征正吻合。就汉藏语系语言而言,高元音都很不稳定,容易发生演变。后高元音 u,除了复化为 ɑu 等复韵母,还会失去圆唇特征,演变为展唇元音 ɯ,如缅语,再由展唇元音 ɯ 演变为其他类型的元音韵母,见下一节。我们可以确定,上古汉语的后高元音 u 受齿龈音的影响丧失圆唇特征而演变成了后高元音 ɯ,进一步演变成了《广韵》的萧韵-eu。于是,幽部《广韵》一等豪韵和四等萧韵共存。

第五节　ɯ 元音韵母

王力《上古韵母系统研究》认为,其合韵情形最多者,要算幽部和宵部，曷部和術質部两部。就《诗经》而言，应该要算微部和脂部合韵次数最多。不过，幽部和宵部《诗经》可以合韵显然，而且甚至某些具体字入幽部还是入宵部清儒彼此之间也存在分歧。“焦”声，段玉裁入幽部，依照《广韵》入宵韵，“焦”声字入韵仅一例且跟宵韵押韵，当属于宵部。朝，清儒段玉裁入宵部，而朱骏声入幽部。“焦”声、“朝”声，依据《诗经》押韵以及中古读音应该归入宵部。

三岁为妇，靡室**劳**矣。夙兴夜寐，靡有**朝**矣。（《氓》）

谁谓河广，曾不容**刀**。谁谓宋远，曾不崇**朝**。（《河广》）

羔裘逍**遥**，狐裘以**朝**。岂不尔思，劳心忉**忉**。（《羔裘》）

渐渐之石，维其**高**矣。山川悠远，维其**劳**矣。武人东征，不皇**朝**矣。（《渐渐之石》）

皎皎白驹，食我场**苗**。絷之维之，以永今**朝**。所谓伊人，于焉逍**遥**。（《白驹》）

硕人敖**敖**，说于农**郊**。四牡有**骄**，朱幩镳**镳**，翟茀以**朝**。大夫夙退，无使君**劳**。（《硕人》）

孑孑干旄，在浚之郊。（《干旄》）

硕鼠硕鼠，无食我**苗**。三岁贯女，莫我肯**劳**。逝将去女，适彼乐**郊**。乐郊乐郊，谁之永**号**。（《硕鼠》）

我出我车，于彼**郊**矣。设此**旐**矣，建彼**旄**矣。（《出车》）

之子于**苗**，选徒嚣**嚣**。建旐设**旄**，搏兽于**敖**。（《车攻》）

彼黍离离，彼稷之**苗**。行迈靡靡，中心摇**摇**。（《黍离》）

芃芃黍苗，阴雨**膏**之。悠悠南行，召伯**劳**之。（《黍苗》）

芃芃黍苗，阴雨**膏**之。四国有王，郇伯**劳**之。（《下泉》）

厌厌其**苗**，绵绵其**麃**。（《载芟》）

棘心夭**夭**，母氏劬**劳**。（《凯风》）

鸿雁于飞，哀鸣嗸**嗸**。维此哲人，谓我劬**劳**。维彼愚人，谓我宣**骄**。（《鸿雁》）

黾勉从事，不敢告**劳**。无罪无辜，谗口嚣**嚣**。（《十月之交》）

蓼蓼者莪，匪莪伊**蒿**。哀哀父母，生我劬**劳**。（《蓼莪》）

或不知叫**号**，或惨惨劬**劳**。（《北山》）

瑟彼柞棫,民所燎矣。岂弟君子,神所劳矣。(《旱麓》)

清人在消,驷介麃麃。二矛重乔,河上乎逍遥。(《清人》)

无田甫田,维莠骄骄。无思远人,劳心忉忉。(《甫田》)

园有桃,其实之殽。心之忧矣,我歌且谣。不知我者,谓我士也骄。(《园有桃》)

輶车鸾镳,载猃歇骄。(《驷驖》)

雨雪瀌瀌,见晛曰消。莫肯下遗,式居娄骄。(《角弓》)

思乐泮水,薄采其藻。鲁侯戾止,其马蹻蹻(跷跷)。其马蹻蹻(跷跷),其音昭昭。(《泮水》)

我虽异事,及尔同僚。我即尔谋,听我嚣嚣。我言维服,勿以为笑。先民有言,询于刍荛。(《板》)

忧心悄悄,愠于群小。觏闵既多,受侮不少。静言思之,寤擗有摽。(《柏舟》)

月出照兮,佼人燎兮。舒夭绍兮,劳心惨兮。(《月出》)

A 呦呦鹿鸣,食野之蒿。我有嘉宾,德音孔昭。B 视民不恌,君子是则是效。我有旨酒,嘉宾式燕以敖。(《鹿鸣》)

何以舟之,维玉及瑶,鞞琫容刀。(《公刘》)

于以采藻,于彼行潦。(《采蘋》)

投我以木桃,报之以琼瑶。(《木瓜》)

防有鹊巢,邛有旨苕。谁侜予美,心焉忉忉。(《防有鹊巢》)

萚兮萚兮,风其漂女。叔兮伯兮,倡予要女。(《萚兮》)

匪风飘兮,匪车嘌兮。顾瞻周道,中心吊兮。(《匪风》)

予羽谯谯,予尾翛翛。予室翘翘,风雨所漂摇,予维音哓哓。(《鸱鸮》)

椒聊且,远条且。(《椒聊》)

祭以清酒,从以骍牡,享于祖考。执其鸾刀,以启其毛,取其血膋。(《信南山》)

泛彼柏舟,在彼中河。髧彼两髦,实维我仪。(《柏舟》)

雨雪浮浮,见晛曰流。如蛮如髦,我是用忧。(《角弓》)

君子陶陶,左执翿,右招我由敖。(《君子阳阳》)

兕觥其**觩**，旨酒思**柔**。彼交匪**敖**，万福来**求**。（《桑扈》）

兕觥其**觩**，旨酒思柔。不吴不**敖**，胡考之**休**。（《丝衣》）

月出**皎**兮，佼人**僚**兮。舒窈**纠**兮，劳心**悄**兮。（《月出》）

四月秀**葽**，五月鸣**蜩**。（《七月》）

汶水滔**滔**，行人儦**儦**。鲁道有荡，齐子游**敖**。（《载驱》）

其笠伊**纠**，其镈斯**赵**，以薅荼**蓼**。（《良耜》）

肇允彼桃虫，拚飞维**鸟**。未堪家多难，予又集于**蓼**。（《小毖》）

鱼在在**藻**，有颁其**首**。王在在**镐**，岂乐饮**酒**。（《鱼藻》）

彼有旨**酒**，又有嘉**肴**。（《正月》）

尔**酒**既旨，尔**肴**既嘉……尔**酒**既旨，尔**肴**既时……尔**酒**既旨，尔**肴**既阜。（《頍弁》）

尔**酒**既清，尔**肴**既馨……尔**酒**既多，尔**肴**既嘉……尔**酒**既湑，尔**肴**伊脯。（《凫鹥》）

宵部和幽部《诗经》有比较清晰的界线，但两者合韵也很明显。因而某些具体文字的归部，自清儒以来就有分歧。这说明宵部跟幽部的主元音应该非常接近。既然幽部的主元音是后元音 u，那么宵部理应是跟后元音接近的元音。这个元音就是 ɯ。侗台语普遍是六元音制，而其中一个元音就是后高展唇元音 ɯ。书面藏语只有 i/e/a/u/o 五个元音，而藏缅语族六元音制的语言，比如达让僜语、珞巴语，比书面藏语多一个后高展唇元音 ɯ。藏缅语族语言普遍有这个后高展唇元音 ɯ，如独龙语、缅语、仙岛语等。上古汉语 A 类韵母共有六组，即有六个元音。宵部和幽部合韵次数最多，而后元音 o 是侯部的主元音，见下一节。那么，宵部的主元音只能是后高展唇元音 ɯ。幽部和宵韵固然有混杂的现象，但两者的一个重要分界是幽部三等《广韵》入尤韵而宵部三等入宵韵。不过，也有个别字本应该读宵韵的读入了尤韵，如：

表 3.33　宵韵喻四异读表

繇	余昭切	《广韵》：于也，由也，喜也。	以周切	《广韵》：犹也。
蘨	余昭切	《广韵》：草茂也。	以周切	《广韵》：草盛也。

续　表

櫾	余昭切	《广韵》：木名。	以周切	《广韵》：木名，出昆仑山。
遥	余昭切	《广韵》：远也，行也。	以周切	《广韵》：行也。

这些无意义差别的异读应该是经师方言不同造成的，并非上古汉语原有的。依照《经典释文》的注音来看，应该是先经过尤韵-iu，再进一步演变成宵韵-iɛu。班固《汉书》中幽部字常用宵部字记录。《元帝纪》："繇是疏太子而爱淮阳王。"注："繇读与由同。"《律历志上》："繇此之义，起十二律之周径。"注："繇读与由同。由，用也。"《刑法志》："其所繇来者上矣。"注："繇读与由同。"可见，班固的方言中尤韵已经向宵韵合并。展唇元音 ɯ 很容易跟圆唇元音 u 交互演变。这种情况广泛见于与汉语有关系的语言里面，如藏缅语。藏缅语族语言中的 *u，藏语为 u，而缅甸语为 ɯ。

表 3.34　藏缅语语音对应表

词义	藏语(书面语)	拉萨话	却域语	阿依语	独龙语	阿昌语	缅甸语	怒苏语
虫	ɦbu	pu^{13}	pu^{55}	bɯ^{31}	bɯ^{55}	pau^{31}	pɯ	
九	dgu	ku^{13}	ku^{55}	gɯ^{31}	gɯ^{53}	kau^{31}	kɯ	gɯ^{33}
天			mu^{55}	mu^{55}	muʔ^{55}	mau^{31}	mɯ	mɯ^{55}
偷	rku	ku^{55}	şkɯ^{55}	khɯ^{33}	kɯ^{53}	xau^{31}	khɯ	khɯ^{55}
乳房	nu	nu^{13}	nɯ^{55}		nuŋ^{55}	nau^{35}	nɯ	nɯ^{31}
哭	ŋu	ŋu^{13}		ŋɯ^{55}	ŋɯ^{55}	ŋau^{55}	ŋɯ	ŋɯ^{33}

上表藏缅语材料参考自《藏缅语族语言词汇》(黄布凡，1992)。

元音 u，藏缅语族中的一些语言演变成了 ɯ，而一些语言则是 u、ɯ 两读，如却域语。元音 u 和 ɯ 都是后高元音，两者的差别仅在于圆唇和展唇的不同。幽部中古汉语为合口而宵部中古汉语为开口，也和 u 为圆唇元音而 ɯ 为非圆唇元音吻合。前面我们已经提到，幽部和宵部《诗经》合韵。这说明起码在《诗经》时代，幽部和宵部的主元音就听觉而言非常接近，否则我们很难解释幽部和宵部之间的合韵关系。既然幽部的主元音为u，那么和幽部合韵的宵部的主元音应该是一个藏缅语族语言中普遍存在的元音ɯ。

表3.35　宵部(藥部)藏语对应表

灏	胡老切	《说文》：豆汁也。	ku-ba	汁、汤、液
操	七刀切	《说文》：把持也。	ɦdʑu-ba	擒、牵、拉、抓住
嗷	五劳切	《诗经·鸿雁》：哀鸣嗷嗷。	ŋu-ba	哭泣
摷	侧交切	《广雅》：取也。	ɦtɕhu-ba	劫掠、夺去
消	相邀切	《说文》：尽也。	ɦdʑu-ba	消化
销	相邀切	《说文》：铄金也。	bʑu-ba	溶解、融化、消融
潦	卢晧切	《诗经·酌》：酌彼行潦。	lu-ma	沼泽、泉水
苗	武儦切	《说文》：草生于田者。	mju-gu	芽、幼苗
狡	古巧切	《广雅》：狯也。	skru-ba	欺骗、欺诳
夭	於兆切	《说文》：屈也。	mgu-ba	偃伏、俯伏、向下歪曲
淆	胡茅切	《说文》：相错杂也。	ɦkhrug-pa	错乱、混乱、紊乱
耀	弋照切	《说文》：照也。	gdugs	日、太阳
濯	直角切	《说文》：浣也。	gdugs-pa	洗涤

上表藏语材料参考自《藏汉大辞典》(张怡荪编，1999)。

上古汉语的宵部和藏语u元音之间的语音对应整齐。这和幽部与藏语的u元音对应完全一致。宵部和幽部尽管《诗经》可以合韵而《广韵》非三等合并，但是两者在《诗经》中仍然有比较清晰的界线。这说明汉藏语这两个不同的元音在藏语中已经合并了。我们从汉藏语比较中可以看出，宵部的主元音应该跟幽部的主元音非常接近。藏语只有i、e、a、o、u五个元音，而藏缅语族大部分语言至少有六个元音，比藏语多一个ɯ元音，如独龙语、格曼僜语。可见，原始藏缅语的ɯ藏语并入了后高元音u。

表 3.36　元音 u/ɯ 缅、彝语支对应表

词义	缅甸语	怒苏语	阿昌语	仙岛语	载瓦语	波拉语	傈僳语	纳西语
肠	uu	u^{33}	u^{55}	u^{55}	u^{51}	u^{55}	wu^{33}	bv^{33}
厚	thu	thu^{33}			thu^{51}	thu^{55}	thu^{44}	
头		u^{31}	u^{31}	u^{31}	u^{21}	u̲^{35}	wu^{31}	kv^{33}
蛋	u	u^{31}	uʔ^{31}	u^{31}	u^{55}	u̲^{55}	hu^{44}	kv^{33}
挖	tu		tu^{31}	tu^{31}			du^{31}	ndv^{33}
九	kɯ	gɯ^{33}	kau^{31}	kau^{31}	kau^{21}	kau^{31}	ku^{55}	ŋgv^{33}
偷	khɯ	khɯ^{55}	xau^{31}	xau^{31}	khau^{21}	khau^{31}	khu^{33}	khv^{33}
锅	ɯ	ɣɯ^{55}	au^{31}	au^{31}	au^{21}	a̲u^{35}		bv^{33}
天	mɯ	mɯ^{55}	mau^{31}	mau^{31}	mau^{21}	mau^{31}	mu^{31}	mv^{33}
虫	pɯ		pau^{31}	pau^{31}	pau^{21}	pau^{31}	bu^{31}	bi^{33}

上表藏缅语材料参考自《藏缅语族语言词汇》(黄布凡,1992)。

圆唇元音-u/-o,在缅语支和彝语支中出现了变化。圆唇元音-u,缅语支中演变成了后高展唇元音-ɯ,阿昌语则演变成复合元音韵母-au,而拉动圆唇元音-o 则高化为圆唇元音-u。传统幽部《广韵》分入豪韵-ɑu/肴韵-au/尤韵-iu/幽韵-ju/萧韵-eu 等五韵;宵部《广韵》分入豪韵-ɑu/肴韵-au/宵韵-iɛu/萧韵-eu 四韵。除了三等,幽部和宵部合并。这跟缅、彝语支语言的元音 u/ɯ 纳西语合并相同。就纳西语而言,应该是先经过后高展唇元音-ɯ,再演变成唇齿元音-v。

表 3.37　元音 ɯ 壮语对应表

词义	柳江	横县	田东	武鸣	德保	钦州	龙州	邕南
买	tsɯ^{4}	tɕə^{4}	ɕɯ^{4}	ɕaɯ^{4}	θi^{4}	ɕui^{4}	ɬɯ^{4}	tsei^{4}
拿	tɯ^{2}	tə^{2}	tɯ^{2}	taɯ^{2}	thøi^{2}	tui^{2}	thɯ^{2}	thei^{2}
锯	kɯ^{5}	kə^{5}	kɯ^{5}	kaɯ^{5}	køi^{5}	kui^{5}	kɯ^{5}	kei^{5}

续　表

词义	柳江	横县	田东	武鸣	德保	钦州	龙州	邕南
书	$θɯ^1$	$θə^1$	$ɬɯ^1$	$θaɯ^1$	$θøi^1$	$ɬui^1$	$ɬɯ^1$	$ɬei^1$
煮		$tɕə^3$	$ɕɯ^3$	$ɕaɯ^3$	$tsøi^3$		$tɕɯ^3$	$tsei^3$
箸	$tɯ^6$	$tə^6$	$tɯ^6$	$taɯ^6$	thu^6	tui^6	thu^5	$thei^6$

上表壮语材料参考自《壮语方言研究》(张均如等,1999)。

上表的后四例是中古汉语魚韵借词。元音 u,武鸣复化为 au;元音 ɯ,武鸣也复化为 aɯ。跟其他元音不同,后高展唇元音 ɯ,在壮语中有复杂多样的变化,其中邕南演变成了韵母 ei。邕南的韵母-ei 来自前高元音-i,如 lei^4“里”。可见,后高展唇元音 ɯ,邕南壮语经历了 -ɯ＞-i＞-ei 的演变过程。可比较拉珈语 ti^2“拿”,主元音为 i。书面文献中,宵部(藥部)偶尔也会出现和支部通。

翟,徒历切,《广韵》:“翟雉。”翟,场伯切,《广韵》:“阳翟,县名,亦姓。”翟,《说文》:“山雉尾长者。”翟,上古汉语多和“狄”通。朱骏声云:“经传多以‘狄’为之。”作为北方民族的统称,字也常作“易”。《史记·殷本纪》:“殷契,母曰简狄。”索隐:“狄,旧本作易,易、狄音同。”易,朱骏声云:“《大戴》《论衡》皆作狄。”

玼兮玼兮,其之翟也;鬒发如云,不屑髢也;玉之瑱也,象之揥也;扬且之皙也;胡然而天也,胡然而帝也。(《诗经·君子偕老》)

翟,不仅可以跟錫部合韵,还可以跟錫部“易”文字替换。可见,藥部的“翟”主元音已经转为前高元音 i。这样才能出现文字替换且《诗经》跟錫部合韵。壮语的-ɯk 韵母,邕南方言演变成-ik 韵母,见下表 3.45。壮语邕南方言的音变正可以解释藥部“翟”的通假和合韵。藥部字并入錫部,而宵部字读入支部。这正说明宵部的主元音应该构拟为后高展唇元音 ɯ。

圆唇元音 u 容易失落圆唇特征而变成展唇元音 ɯ,而展唇元音 ɯ 又有多样的变化,跟其他元音很不一样。这一点无论是在侗台语还是在藏缅语中都表现得非常清楚。依据语音演变的规则性,切割上古韵部的标准首先应该是《广韵》然后才是《诗经》押韵,因为能押韵并不意味着同音。只要诗歌的创作者认为两者接近,就可以押韵。然而,清儒归纳上古汉语的韵部时,是先根据《诗经》押韵,再离析《广韵》,忽略了语音演变的规则性。因而某些具体字上古归A还是归B清儒一直争论不休。一个韵部一等和四等不能共存,幽部、宵部却例外,既有一等也有四等。幽部、宵部一等有豪韵-ɑu,四等有萧韵-eu。谐声系统也是如此。除了幽部(覺部)和宵部(藥部),整个谐声系统里面都不会出现一等和四等谐声的现象。这是导致现代一些学者离析传统幽部(覺部)和宵部(藥部)的重要原因。

表3.38 宵部牙喉音音节搭配表

	k			kh			g			x			ɣ			ʔ		
	平	上	去	平	上	去	平	上	去	平	上	去	平	上	去	平	上	去
豪	高	暠	縞		槁	犒				蒿		藃	豪	鎬	号		夭[i]	
宵	驕	矯		蹻			喬			枵			鴞			夭	夭	
宵				蹻			翘		翹							要		要
萧	澆	繳	徼	墽		竅				曉	曉						杳	

[i] 夭,《广韵》:"屈也,於兆切。"夭,《广韵》:"和舒之貌,於乔切,又乙娇切。"夭,《广韵》:"《礼》曰'不殀夭',乌晧切,本又於娇切。"《礼记·王制》:"不杀胎,不殀夭。"《经典释文》:"殀夭,上於表反,杀也;下乌老反,少长。"《礼记·月令》:"行春令则胎夭多伤。"《经典释文》:"夭,乌老反。"

宵部三等有宵韵,而宵韵软腭音、声门音有三等A和三等B之分。显然,除了一个读音杂乱的"蹻"字,宵部之萧韵和宵韵三等B软腭音和声门音处于互补之中。萧韵软腭音谐声系统中从不跟宵韵字共处同一个谐声集合。足见,两者的声母原本不相同。宵部萧韵软腭音有两个声符:"尧"和"敫"。"敫"声本是一个入声谐声集合,个别字韵尾-k弱化后并入了上声,作为"要"的引申意义记录符号的"邀"则仅有平声一音。

高，古劳切，《广韵》："上也，崇也。"《说文》："高，崇也。"《诗经·卷耳》："陟彼高冈，我马玄黄。"皋，古劳切，《广韵》："高也。"《礼记·明堂位》："库门，天子皋门。"郑注："皋之言高也。"《释名》："高，皋也。"《诗经·鹤鸣》："鹤鸣于九皋，声闻于野。"《左传·襄公二十五年》："町原防，牧隰皋。"《楚辞·涉江》："步余马兮山皋。"

暠，古老切，《广韵》："明白也。"

杲，古老切，《广韵》："日出，又明白也。"

臭，古老切，《广韵》："大白（泽）也。"

皓，古老切，《集韵》："皓皓，洁白也。"

颢，胡老切，《广韵》："《说文》曰'白貌'，《楚词》曰'天白颢颢'；商山四颢，白首人也。今或作皓。"缟，古老切，《广韵》："素也。"缟，古到切，《广韵》："白缣。"《诗经·出其东门》："缟衣綦巾，聊乐我员。"传："缟衣，白色男服也。"晧，胡老切，《广韵》："光也，明也，日出貌也。"《诗经·扬之水》："扬之水，白石皓皓。"传："皓皓，洁白也。"

皠，胡沃切，《广韵》："鸟白也。"翯，胡沃切，《广韵》："鸟肥泽也，《诗》云'白鸟翯翯'。"《广雅》："翯，洁白也。"《诗经·灵台》："白鸟翯翯。"鹤，下各切，《广韵》："似鹄长喙。"《诗经·鹤鸣》："鹤鸣于九皋，声闻于野。"騅，下各切，《广韵》："一曰马白额。"騅，古岳切，《广韵》："马白额。"犨，五角切，《广韵》："《说文》曰'白牛也'。"鹄，胡沃切，《广韵》："鸟名。"《说文》："鹄，鸿鹄也，从鸟告声。"《庄子·天运》："夫鹄不日浴而白，乌不日黔而黑。"《吕氏春秋·明理》："其云状，有若犬，若马，若白鹄。"《尔雅》："象谓之鹄。"《经典释文》："鹄，胡酷、古毒二反，白也。"

敲，口交切，《广韵》："击头也。"敲，苦教切，《广韵》："击也。"《说文》："敲，横掷也，从攴高声。"《左传·定公二年》："夺之杖以敲之。"注："夺阍杖以敲阍头也。"《经典释文》："敲，苦孝反，又苦学反。《说文》作毃，云击头也，《字林》同。"毃，苦角切，《广韵》："毃打头。"《说文》："毃，击头也。从殳高声。"（"苦角切"是"殻"的训读。殻，苦角切，《广韵》："《说文》曰'从上击下也'。"搉，苦角切，《广韵》："击也。"《说文》："搉，敲击也，从手隺声。"）《说文》："考，攷也，从攴丂声。"《诗经·山有枢》："子有钟鼓，弗鼓弗考。"传："考，击也。"《庄子·天地》："故金石有声,不考不鸣。”

號,胡刀切,《广韵》:“大呼也,又哭也,《诗》云‘或號或呼’,《易》云‘先號咷而后笑’。”《说文》:“號,呼也。从号从虎。”《孟子·万章上》:“舜往于田,號泣于旻天。”《庄子·养生主》:“老聃死,秦失吊之,三號而出。”号,胡到切,《广韵》:“号令,又召也,呼也,亦作號。”《说文》:“号,痛声也。”嗥,胡刀切,《广韵》:“熊虎声。”《说文》:“嗥,咆也,从口皋声。”《庄子·庚桑楚》:“儿子终日嗥而嗌不嗄,和之至也。”《经典释文》:“嗥,户羔反,本又作號,音同。”《老子》五十五章:“终日號而不嗄,和之至也。”

颢,胡老切,《广韵》:“大也。”《说文》:“颢,白貌。从页,从景。《楚词》曰:‘天白颢颢。’南山四颢,白首人也。”《吕氏春秋·有始》:“西方曰颢天,其星胃昴毕。”昊,胡老切,《广韵》:“昊天。《说文》作昦。”《诗经·雨无正》:“浩浩昊天,不骏其德。”《左传·成公十三年》:“昭告昊天上帝。”《经典释文》:“昊,户老反。”《尔雅》:“夏为昊天。”浩,胡老切,《广韵》:“浩汗,大水貌。”《管子·小问》:“浩浩者水,育育者鱼,未有室家,而安召我居。”《孟子·公孙丑上》:“我善养吾浩然之气。”毫,胡刀切,《广韵》:“长毛。”《庄子·秋水》:“吾大天地而小毫末可乎?”“毫”字多作豪。《庄子·齐物论》:“天下莫大于秋豪之末,而大山为小。”豪,胡刀切,《广韵》:“豪侠。”《淮南子·泰族训》:“百人者谓之豪,十人者谓之杰。”《孟子·滕文公上》:“彼所谓豪杰之士也。”《汉书·食货志上》:“或耕豪民之田。”

清儒以《诗经》押韵切割宵部和幽部。然而,无论怎么切割,都没办法将宵部和幽部切割干净。宵部和幽部仍然是《诗经》合韵次数最多的两个韵部之一。以清儒的切分,不仅造成一等韵和四等韵共存,而且使宵部和幽部一等软腭音都稀稀拉拉,音节分布极不整齐。比如软腭鼻音 ŋ-,只剩下了一个“翱”和一个罕见于文献的冷僻字“奡”。

君子陶**陶**,左执**翿**,右招我由敖。(《君子阳阳》)

视民不**恌**,君子是则是**效**。我有旨**酒**,嘉宾式燕以敖。(《鹿鸣》)

之子于苗，选徒嚣嚣。建旐设旄，搏兽于敖。(《车攻》)

旨酒思柔，不吴不敖，胡考之休。(《丝衣》)

硕人敖敖，说于农郊。(《硕人》)

鸿雁于飞，哀鸣嗷嗷。维此哲人，谓我劬劳。(《鸿雁》)

敖，五劳切，《广韵》："游也。遨，上同。"《说文》："敖，出游也。"徐锴："敖，犹翱翔。"《诗经·柏舟》："微我无酒，以敖以游。"《经典释文》："敖，本亦作遨，五羔反。"《诗经·君子阳阳》："右招我由敖。"《经典释文》："敖，五刀反，游也。"翱，五劳切，《广韵》："翱翔。"《释名》："翱，敖也，言敖游也。"《诗经·清人》："河上乎翱翔。"

更重要的是，幽宵切割使原本属于同一族的语词被无端切成了两个部分。无论从文字使用情况还是从词源上看，清儒宵部豪韵(赅上去)软腭音都跟幽部属于同一组，不能随便分割。清儒分割的宵部《广韵》有豪韵、肴韵、宵韵和萧韵。我们将豪韵划归幽部，则所有问题都迎刃而解。这样，宵部正好跟支部平行：四等萧韵，二等肴韵、三等宵韵。

表 3.39　萧韵、宵韵异读表

獠	落萧切	《广韵》：周垣。	力照切	《广韵》：周垣。
璙	落萧切	《广韵》：玉名。	力小切	《广韵》：好貌。
僚	落萧切	《广韵》：同官为僚。	力小切	《广韵》：朋也。
憭	卢鸟切	《广韵》：照察。	力小切	《广韵》：慧也。
缭	卢鸟切	《广韵》：缭绕也。	力小切	《广韵》：缭绕。
燎	卢鸟切	《广韵》：火炙。	力小切	《广韵》：燎，炙也。
剿	子了切	《广韵》：截也，《说文》"绝也"。	子小切	《广韵》：绝也。
撨	苏雕切	《广韵》：择也。	昨焦切	《广韵》：取也。
銚	吐雕切	《广韵》：田器。	余昭切	《广韵》：烧器，亦古田器。

续 表

朓	吐雕切	《广韵》：月出西方。	丑召切	《广韵》：祭也。
釗	古尧切	《广韵》：觌也，远也。	止遥切	《广韵》：远也，见也。
顤	许幺切	《广韵》：大额。	去遥切	《广韵》：额大貌。
奃	许幺切	《广韵》：长大貌。	去遥切	《广韵》：长大貌。

陆德明《经典释文》中萧宵混淆，《广韵》萧宵分立，但是两者无意义差别的异读字甚多。这种-iɛ-和-e-之间的交互演变即陆法言所说的“先、仙……俱论是切”。显然，这是韵书编撰者采录以往萧宵混用材料的结果。宵韵中古汉语为-iɛu 韵母而萧韵为-eu 韵母，两者极其容易出现交互演变。传统宵部软腭塞音，一等有豪韵“高”声，二等有肴韵“交”声，三等有宵韵“喬”声和四等有萧韵“尧”声。这四个声符彼此界线相当清晰，尤其是一等豪韵和四等萧韵，除了一个异读字“挠”，彼此从不越界。齿龈音则很不一样，一等豪韵常常跟四等萧韵纠缠在一起。同一个谐声集合，既有一等豪韵，又有四等萧韵。

表 3.40　宵部齿龈音音节搭配表

	t				th				d				n				
	平	上	去	去	平	上	去	去	平	上	去	去	平	上	去	去	
豪	刀	島		到	挑				桃			悼					
肴		簝		罩	嘮			趠				櫂	鐃	撓	橈		
宵	朝				超				朝	趙	召						
蕭	刁	鳥	蔦	吊	祧	朓	趒	糶	苕	誂	銚	藋		嬲		尿	

同一个谐声集合，要么一三等共存，要么三四等共存，而宵部齿龈音却一四等共存。这是宵部(幽部)跟其他韵部很不一样的地方。因而一些学者试图离析宵部。然而，无论如何离析，都会违背同声必同部的谐声原则。齿龈音肴韵、宵韵都有字，但两者完全互补。豪韵齿

龈音有字，然而分布极不均衡，疏疏朗朗只有几个字。

刀，都牢切，《广韵》："《释名》云'刀到也，以斩伐到其所也'。《说文》云'兵也'。"《说文》："刀，兵也，象形。"《诗经·信南山》："执其鸾刀。"《左传·襄公二十九年》："以刀弑之。"刁，都聊切，《广韵》："军器，《纂文》曰'刁斗，持时铃也'；又姓，出渤海；《风俗通》云'齐大夫竖刁之后'；俗作刀。"《玉篇》："刀，都高切，兵也，所以割也；又丁幺切，《庄子》云'刀刀乎'，亦姓，俗作刁。"《庄子·齐物论》："而独不见之调调，之刀刀乎。"《经典释文》："刀，徐都尧反。"《公羊传·僖公十八年》："桓公死，竖刀、易牙争权。"《韩非子·难一》："竖刀自宫以治内。"《左传·僖公十七年》："齐桓公卒，易牙入，与寺人貂因内宠以杀群吏。""寺人貂"即"竖刀"。《诗经·河广》："谁谓河广，曾不容刀。"笺："小船曰刀。"马瑞辰："俗作刁。今江西犹名船之尾短者为刁子船。从刀、从召、从周者皆为短义，短与小近，故又为小船之称。"鴅，都聊切，《广韵》："鴅鷯，剖苇求虫食，似雀，青班色。"字本只作刀。《说文》："鷯，刀鷯，剖苇食其中虫，从鸟尞声。"

到，都导切，《广韵》："至也。"《说文》："到，至也，从至刀声。"《诗经·韩奕》："蹶父孔武，靡国不到。"《庄子·盗跖》："归到鲁东门外，适遇柳下季。"《尔雅》："到、吊，至也。"吊（弔），都历切，《广韵》："至也。"（《广韵》："吊死曰吊，多啸切。"）《左传·昭公二十六年》："帅群不吊之人。"注："吊（弔），至也。"《经典释文》："吊，如字，旧丁历切，至也。"《诗经·天保》："神之吊（弔）矣，诒尔多福。"传："吊（弔），至。"《经典释文》："吊（弔），都历反。"

挑，土刀切，《广韵》："挑达，往来相见貌，《诗》曰'挑兮达兮'。"《诗经·子衿》："挑兮达兮，在城阙兮。"《经典释文》："挑，他羔反，又敕雕反。"挑，他刀切，《集韵》："挑达，相见貌，一曰往来貌；佻，或从人。"挑，吐雕切，《广韵》："挑拨。"《说文》："挑，挠也，从手兆声。"挑，徒了切，《广韵》："挑战，亦弄也，轻也。"《史记·项羽本纪》："愿与汉王挑战决雌雄。"集解："挑，音茶了反。"誂，徒了切，《广韵》："弄也，俗作挑，《说文》曰'相呼诱也'。"《说文》："誂，相呼诱也，从言兆声。"《史记·吴王濞列传》："乃使中大夫应高誂胶西王。"索隐："誂，音徒鸟反。"

鼗,徒刀切,《广韵》:“大者谓之麻,小者谓之料,又小鼓著柄者。”鞀从“召”声,本跟从“兆”声不相同,因音变“鞀”改“兆”声为“鞉”“鼗”。《说文》:“鞀,辽也,从革召声。鞀或从鼓从兆。磬,籀文鞀从殸召。”《周礼·春官·宗伯》:“小师掌教鼓鼗。”郑注:“鼗,如鼓而小。”《玉篇》:“鼗,徒刀切,似鼓而小,亦作鞀。”小鼓命之曰“鞀”,跟从“刀”、从“召”声之字意义为短小正同。

犳,都聊切,《广韵》:“短尾犬也。”

蛁,都聊切,《广韵》:“蛁蟟,茆中小虫。”

髫,徒聊切,《广韵》:“小儿发。”

裯,都聊切,《广韵》:“《说文》云‘短衣也’。”

逃,徒刀切,《广韵》:“去也,避也,亡也。”《说文》:“逃,亡也,从辵兆声。”《孟子·滕文公上》:“禽兽逃匿。”《左传·僖公二十二年》:“晋大子圉为质于秦,将逃归。”《史记·高祖本纪》:“项王进兵围成皋,汉王逃。”《索隐》:“《汉书》作‘跳’字。如淳曰:跳,走也。”《汉书·高帝纪上》:“汉王跳。”注:“跳,徒雕反。”跳,徒聊切,《广韵》:“跃也。”《庄子·逍遥游》:“东西跳梁不避高下。”《经典释文》:“跳,音条。”《庄子·秋水》:“出跳梁乎井干之上。”《史记·荆燕世家》:“遂跳驱至长安。”索隐:“跳,脱独去也。”趒,徒聊切,《广韵》:“《说文》曰‘雀行也’。”趒,吐雕切,《广韵》:“雀行。”趒,他吊切,《广韵》:“越也。”

桃,徒刀切,《广韵》:“果木名。”《诗经·桃夭》:“桃之夭夭,灼灼其华。”《仪礼·有司》:“二手执桃匕枋以挹湆。”注:“或作挑者,秦人语也。”《经典释文》:“挑,汤尧反,刘汤姚反,又他羔反。”《集韵》:“桃,他雕切,长枋,可以抒物于器中者,通作挑。”

悼,徒到切,《广韵》:“伤悼。”《说文》:“悼,惧也,陈楚谓惧曰悼,从心卓声。”《庄子·山木》:“侧视振动悼栗。”《经典释文》:“悼,如字,又直吊反。”《吕氏春秋·论威》:“敌人之悼惧惮恐。”《方言》:“悼、怜,哀也。陈楚之间曰悼,秦晋之间或曰悼。”《方言》:“悼,伤也,秦谓之悼。”《诗经·终风》:“谑浪笑敖,中心是悼。”《国语·晋语》:“小人不念其君之罪而悼其父兄子弟之死丧者。”吊,多啸切,《广韵》:“吊生曰唁,吊死曰吊。”《诗经·匪风》:“顾瞻周道,中心吊兮。”传:“吊,伤也。”《左传·庄公十一年》:

“秋，宋大水，公使吊焉。”悼跟吊是一对同族词。依照声母清浊交替关系，悼本当音“徒吊切”。

归一等豪韵的就上面几个，而这几个字无一没有萧韵异读。剔除上面这几个异读字，宵部齿龈音也只有一组，即《广韵》萧韵。有一点值得注意，宵部齿龈塞音分一等豪韵、四等萧韵，而齿龈塞擦音却只有一等豪韵而没有四等萧韵。可见，齿龈塞音也应该只有一组，即萧韵。这也可以从叠韵联绵词中看出，如“蓼辽”。上文已经讨论了：圆唇元音 u 受齿龈音影响变为展唇元音 ɯ。

蜩，徒聊切，《广韵》：“大蝉。”《说文》：“蜩，蝉也。”《诗经·七月》：“四月秀葽，五月鸣蜩。”传：“蜩，螗也。”《经典释文》：“蜩，徒雕反。”《诗经·荡》：“咨女殷商，如蜩如螗。”传：“蜩，蝉也；螗，蝘也。”《经典释文》：“蝉，市延反，《字林》云‘蟪蛄’。蝘，音偃，蝉属也。《草木疏》云：一名蛁蟟，楚人名之蟪蛄。”《方言》：“楚谓之蟪蛄。自关而东谓之蛁蟧，或谓之蝭蟧。”《玉篇》：“蛁，丁刁切，蟪蛄，即蛁蟧虫也。”《广雅》：“蟪蛄，蛁蟟也。”

调，徒聊切，《广韵》：“和也。”《说文》：“调，和也，从言周声。”《庄子·在宥》：“六气不调，四时不节。”《诗经·车攻》：“决拾既佽，弓矢既调。射夫既同，助我举柴。”“调”跟支部“柴”韵，元音 u 已经转入宵部 ɯ。《庄子·齐物论》：“而独不见之调调，之刀刀乎！”《经典释文》：“调音条，刀，徐都尧反。”《诗经·汝坟》：“未见君子，惄如调饥。”传：“调，朝也。”“调”作为“朝”的记录文字，而“朝”属于宵部。

州，职流切，《广韵》：“州郡，《周礼》曰‘五党为州’。”此为“州”的引申意义，其本义为“洲”。洲，职流切，《广韵》：“洲渚也，《尔雅》曰‘水中可居曰洲’。”《诗经·关雎》：“关关雎鸠，在河之洲。”传：“水中可居者曰洲。”岛，《说文》：“海中往往有山可依止曰岛，从山鸟声，读若《诗》曰‘茑与女萝’。”岛，许慎读若茑。《诗经·頍弁》：“茑与女萝，施于松柏。”《经典释文》：“茑，音鸟，《说文》音吊，寄生草也。”茑，都了切，《广韵》：“树上寄生。”莺，多啸切，《广韵》：“寄生草。”岛，《广韵》：“《说文》

曰‘海中往往有山可依止也’,都皓切,又音鸟。”(鸟,都了切,《广韵》:“《说文》曰‘长尾禽总名也’,象形。”)

跟不同辅音组合的元音,辅音对元音的影响也会不同:跟齿龈音组合的元音其舌位相对要高、要前,而跟软腭音组合的元音其舌位相对要低、要后。同样是中古汉语的模韵,跟软腭音组合时,在永嘉话中音[u],而跟齿龈音组合时则音[y],差别明显。因而传统将唇牙喉并为一组,称钝音;舌齿音并为一组,称锐音。后高元音 u 只有跟齿龈音组合时才音萧韵 eu,而跟软腭音组合则音豪韵 ɑu。显然,这是齿龈音影响的结果。此外,在口语跟书面语的语音关系中,口语元音舌位相对要低。跟齿龈音组合的这几个豪韵字,恰恰是后来口语中常用的语词,先秦文献中使用频率并不高,如“到”。依据文献材料,可以推定这几个豪韵字跟萧韵或异读,或通用。因而我们认为跟齿龈音组合的宵部字原本都应该归入萧韵,但几个口语语词游离于语音规则之外而归入豪韵,是语音规则的例外。

藥部一等《广韵》就有鐸韵-ɑk、沃韵-ɑuk 和屋韵-uk 三韵。这种读音不确定正说明其主元音是一个不很稳定的元音。一些学者却因读音繁杂而将上古汉语的藥部离析成拥有多个主元音的韵部。藥部一等虽有三韵,但字数不多,且分布稀疏。其中唇音全部是以“暴”为声符的字,且彼此之间存在繁杂的异读。

表 3.41　藥部音节搭配表

	p	ph	b	t	th	d	n	l	ts	tsh	dz	k	kh	ŋ	x	ɣ	ʔ
沃	襮							濼							臛		沃
鐸	襮	濼						樂			凿				臛		
屋		濼	暴					濼			凿				臛		
覺	駮		㬥	卓	逴	擢	搦		穱		灂	較		樂			箹
錫				的	趯	翟	溺	礫				激	燩			檄	

这些对立的都是罕用而且无意义差别的异读字，如“濼”。其中某个别字甚至是经师依据《诗经》韵律杜撰出来的叶音。假若我们仔细考察藥部字的读音，就会发现《广韵》采集的材料至少包括三种方言或者口语、书面语读音。

表 3.42　藥部异读表

翯	胡沃切	鸟白也。	胡觉切	鸟白。		
襮	博沃切	黼领。			补各切	衣领。
犦	博沃切	犎牛，出合浦郡。	蒲角切	犎牛。		
鶴	胡沃切	鸟肥泽也。	胡觉切	鸟肥泽。		
犨	五沃切	白牛。	五角切	白牛也。		
騅			古岳切	马白额。	下各切	马白额。
爆			北角切	火烈。	补各切	迫于火也。
濼			普木切	齐鲁间水名。	匹各切	陂濼。
濼	卢毒切	水名，在济阳。	卢谷切	水名。	卢各切	水名，在济南。
臛	火酷切	羹臛。	呼木切	羹臛。	呵各切	羹臛。
熇	火酷切	热也。	呼木切	热貌。	呵各切	热貌。

上述这种读音如同现代标准语读 luo^{51}/la^{51}/lau^{51} 的“落”。除了这些异读对立，沃韵、鐸韵、屋韵甚至连覺韵都完全可以合并。显然，我们不应该为这三韵的上古汉语读音分别加以构拟。藥部一等尽管中古汉语分为鐸韵、沃韵和屋韵，但是齿龈塞音、擦音无一字。一个韵部一等齿龈塞音和擦音无字是十分奇怪的事。此外，归藥部的鐸韵、沃韵和屋韵软腭音也几乎无字。跟我们已经讨论的宵部一样，藥部一等即主元音松元音的-ɯk韵母演变成韵母-ik，再演变成韵母-ek，归入《广韵》錫韵。因而錫韵跟鐸韵、沃韵、屋韵只在边音上对立。

表 3.43 “樂”声字读音表

樂	卢各切	《广韵》：喜乐。		
轢	卢各切	《广韵》：陵轹。	郎击切	《广韵》：车践。
躒	卢各切	《广韵》：晋大夫名辅躒。	郎击切	《广韵》：动也。
濼	卢各切	《广韵》：水名，在济南。		
藥	卢各切	《广韵》：治病。	力照切	《广韵》：藥病。
觻	卢谷切	《广韵》：觻得，县名。	郎击切	《广韵》：角锋。
濼	卢谷切	《广韵》：水名。		
濼	卢毒切	《广韵》：水名，在齐南。		

藥部鐸韵、沃韵、屋韵声母为边音的就以上这几个字，而且全是异读字。《左传·昭公五年》：“晋侯使张骼、辅躒致楚师。”《经典释文》：“躒，力狄反，徐音洛。”《左传·昭公十五年》：“晋荀躒如周葬穆后。”《经典释文》：“躒，力狄反，本又作櫟，同。”《周礼·夏官·司马》注：“以车轢之而去。”《经典释文》：“轢，音历。”《周礼·秋官·司寇》注：“以王车轢之。”《经典释文》：“轢，音历。”很显然，音鐸韵是专有名词特殊异读。剔除专有名词，藥部一等鐸韵、沃韵、屋韵边音只有“樂”和“藥”两字，后者依照构词规则应该读去声“力照切”。《诗经·衡门》：“可以樂饥。”笺：“饥者见之可饮以藥饥。”《经典释文》：“樂，本又作藥，毛音洛，郑：力召反。”足见，藥部錫韵和鐸韵、沃韵、屋韵本是同一韵母。

表 3.44 壮语诸方言语音对应表一

词义	柳江	武鸣	横县	来宾	邕南	广南	砚山	龙州
菜	pjak⁷	plak⁷	plak⁷	pɣak⁷	phlak⁷	phak⁷	phjak⁷	phjak⁷
舀	tak⁷	tak⁷	tak⁷	tak⁷	tak⁷	tak⁷	tak⁷	tak⁷

续　表

词义	柳江	武鸣	横县	来宾	邕南	广南	砚山	龙州
柚	puk^{8}	puk^{8}	puk^{8}	puk^{8}	puk^{8}	puk^{8}	puk^{8}	puk^{8}
涕	muk^{8}	muk^{8}	muk^{8}	muk^{8}	muk^{8}	muk^{8}		muk^{8}
鸟	$hjok^{8}$	$ɣok^{8}$	$ðok^{8}$	$ɣok^{8}$	nok^{8}	$nɔk^{8}$	$nɔk^{8}$	nuk^{10}
掉	tok^{7}	tok^{7}	tok^{7}	tok^{7}	tok^{7}	$tɔk^{7}$	$tɔk^{7}$	tuk^{7}
打算盘	tik^{7}	tik^{7}	tik^{7}	tik^{7}	$thik^{7}$	$tɯk^{7}$	$tɯk^{7}$	$thik^{7}$
踢	tik^{7}	tik^{7}	tik^{7}	tik^{7}	$thik^{7}$	thi^{6}	thi^{6}	$thik^{7}$

表 3.45　壮语诸方言语音对应表二

词义	柳江	武鸣	横县	来宾	邕南	广南	砚山	龙州
捕鱼	$tɯk^{7}$	$tɯk^{7}$	$tək^{7}$	$tɯk^{7}$	tik^{7}	$tɯk^{7}$	$tɯk^{6}$	tik^{7}
鳃	$hɯk^{7}$	$hɯk^{7}$	$hək^{7}$	$hɯk^{7}$		$ŋɯk^{7}$	$ŋɯk^{7}$	$hək^{7}$
儿子	lak^{8}	$lɯk^{8}$	$lək^{8}$	$lɯk^{8}$	lik^{8}	luk^{10}	luk^{8}	luk^{8}

上表壮语材料参考自《壮语方言研究》(张均如等,1999)。

其他元音壮语诸方言彼此读音差别不大,而后高展唇元音 ɯ 则有比较大的差别。前面已经提到,后高展唇元音 ɯ,邕南方言读-ei＜-i。从上述例子可以看出,侗台语的韵母-ɯk,邕南方言则一律读-ik。这跟覺部和藥部齿龈音中古汉语读錫韵-ek 有相似之处。壮语“儿子”一词诸方言的读音很能解释“濼”一字的读音。由于经师师承不同因而注出的读音自然也不同,韵书编撰者则把这些读音统统收集在《广韵》等韵书里面。显然,我们不能认为这些无意义差别的异读,上古汉语也有差别。通过以上分析,跟幽部、覺部一样,传统宵部、藥部上古汉语也只是一个主元音的韵部,后来分化只因为语音条件的不同。

第六节 o元音韵母

藏缅语族、侗台语族、苗瑶语族诸语言及其方言都有o音位,尽管具体语言实际读音的舌位可能有所不同,比如舌位较低的o。李方桂所构拟的语音系统没有o音位,而王力、郑张尚芳、斯塔罗斯金、白一平、潘悟云等所构拟的上古汉语语音系统都有o音位。李方桂所构拟的上古汉语语音系统尽管只有四个元音音位,但其代价是增加了表示差别的辅音韵尾。就与汉语有关系的汉藏语系语言来看,上古汉语有o元音音位更符合语言实际。

依据梵汉对音材料,俞敏认为侯部为-o、幽部为-u。后汉三国时期离上古汉语的时间较远,自然难以作为侯部是-o的证据。就梵汉对音而言,汉语的幽部、侯部都可以跟梵语的圆唇元音-u对应,而侯部则跟梵语的圆唇元音-o对应。俞敏没有注意到的是,跟梵语圆唇元音-u对应的是幽部三等,而幽部一等则不跟梵语的圆唇元音-u对应。足见,幽部一等和三等后汉三国时期已经分离。幽部三等尤韵中古为-iu,侯部一等侯韵中古为-u,这跟梵汉对应所反映出来的事实基本一致。因而起码就幽部、侯部的语音关系而言,后汉三国时期的语音形式已经接近中古汉语。但确定了幽部主元音是后高圆唇元音u,我们就可以从幽部和侯部之间的关系推知侯部是-o。

诞我祀如何,或舂或**揄**,或簸或**蹂**,释之叟**叟**,烝之浮**浮**。(《生民》)

芃芃棫朴,薪之**槱**之。济济辟王,左右**趣**之。(《棫朴》)

皎皎白**驹**,贲然来思。尔公尔**侯**,逸豫无期。慎尔优**游**,勉尔遁思。(《白驹》)

原隰**裒**矣,兄弟**求**矣。(《常棣》)

侯部在《诗经》中可以跟幽部合韵。因而某些本属于侯部的字却被一些清儒归到幽部,如"孜"声字。不过,近代学者已把"孜"声字归回到侯部。诚然,一些上下结构的文字,为了文字结构匀称,后人把本应该从“矛”声改为从“敄”声。蝥，莫浮切，《广韵》：“食谷虫，《说文》本又作蟊，虫食草根者，吏抵冒取民财则生；蟊，上同，《说文》曰‘蠿蟊也’。”蟊，《说文》：“蠿蟊也，从䖵矛声。”董同龢依据中古读音对“敄”声进行侯、幽划分。除鼻音偶化外，归侯部的“敄”声是一个入声集合，而归幽部的“矛”声则是一个非入声集合。两者之间有相当清晰的界线。敄，文甫切，《广韵》：“强也。”敄，亡遇切，《广韵》：“《说文》‘强也’。”除了“敄”有上声一音，其余字不是去声就是入声。

予曰有疏**附**，予曰有先**后**，予曰有奔**奏**，予曰有御**侮**。（《绵》）

是致是**附**，四方以无**侮**。（《皇矣》）

敦弓既**句**，既挟四**鍭**。四鍭如**树**，序宾以不**侮**。（《行苇》）

好言自**口**，莠言自**口**。忧心愈**愈**，是以有**侮**。（《正月》）

“侮”是一个之部音变之后创造出来代替“务”的后起形声字。跟唇音组合的之部，受到唇音的影响后来并到侯部。因而一些本当归入侯部的字被归到了之部去了。董同龢《上古音表稿》侯部一等唇音，除了唇鼻音，唇塞音无一字。把“咅”声统统归入之部的结果是之部唇音有灰韵/侯韵/脂韵/尤韵，两个一等、两个三等。咅，《广韵》：“《说文》作杏，相与语唾而不受也，隶变如上，他候切；欧，《说文》同上，俗又作㰯。”作为声符的“咅”跟《广韵》咅“他候切”的“咅”无关，应该是一个训读字。“咅”声字应该分两个韵部：之部和侯部。前者中古为灰韵/尤韵，而后者为侯韵/虞韵。谐声集合里面，从“不”声、“否”声字，《广韵》读灰韵/尤韵/脂韵。何九盈、陈复华也把“咅”声分别归入侯和之两部。我们认为应该是早期“否”“咅”字形接近而前者混入后者。

培，蒲口切，《广韵》：“培塿，小阜，或作峿。”《左传·襄公二十四年》：“不然，部娄无松柏。”注：“部娄，小阜。”《经典释文》：“部，蒲口反，徐扶苟反；娄，本或作楼，路口反，徐力侯反。部娄，小阜也。”

䴺，蒲口切，《广韵》：“䴺娄饼。”

犃，蒲口切，《广韵》：“犃牯，偏高，又牛头短。”

瓿，蒲口切，《广韵》："瓿甊，小罂。"《方言》："瓮，瓿甊。"郭注："瓿音部，甊洛口反。"瓿，《广韵》："瓯瓿，瓶也。"《尔雅》："瓯瓿谓之瓵。"郭注："瓿甊小罂，长沙谓之瓵。"《经典释文》："瓯，乌侯反；瓿，步口、步侯二反。"錇，《广韵》："《说文》云'小缶也'，薄侯切。"錇，《广韵》："小缶，蒲口切。"

从联绵词中，我们也可以看出这些从"音"之字应归侯部。不过，因中古汉语侯、尤读音接近，个别文字也有尤韵异读，如掊薄侯切和掊缚谋切、錇薄侯切和錇缚谋切等。裒，《广韵》："聚也，薄侯切。"褒，《广韵》："进扬美也，博毛切；褒，俗。"裒、褒因字形接近而混淆。《尔雅》："裒、鸠、楼，聚也。"《经典释文》："裒，古字作'褎'，蒲侯反。"《诗经·常棣》："原隰裒矣。"传："裒，聚也。"《经典释文》："裒矣：薄侯反，聚也。"裒，此意义字也作"掊"。掊，薄侯切，《广韵》："《诗》曰'曾是掊克，谓聚敛也'。"《诗经·荡》："曾是掊克。"《经典释文》："掊克：蒲侯反，聚敛也，又自伐而好胜人也，徐又甫垢反。"侯部跟幽部可以合韵，而两者文字使用过程中也会出现混淆。这说明侯部的主元音跟幽部的主元音非常接近。

或舂或**揄**，或簸或**蹂**。释之叟**叟**，烝之浮**浮**。(《生民》)

角弓其**觩**，束矢其**搜**。(《泮水》)

叜，苏后切，《广韵》："老叜。叟，上同。"叜，《说文》："老也，从又从灾。"搜，《广韵》："索也，求也，聚也，所鸠切。"搜，《说文》："一曰求也，从手叟声。"朱骏声《说文通训定声》："疑即叜之或体。"叜，为"搜"的本字，后借为"老叟"之"叟"。

瞍，苏后切，《广韵》："瞽瞍，舜父。"瞍，又音苏雕切，《广韵》："目无眸子曰瞍，又音薮。"瞍，《说文》："无目也，从目叜声。"瞍，徐铉音"苏后切"。《左传·昭公八年》："自幕至于瞽瞍，无违命。"《经典释文》："瞍，素口反。"《诗经·灵台》："鼍鼓逢逢，蒙瞍奏公。"《经典释文》："瞍，依字作叟，苏口反。《说文》云'无目也'，《字林》'先后反'，云'目有眸无珠子也'。"瞽瞍之"瞍"，本就是"叟"，因其限定语为"瞽"而加目作"瞍"。《吕氏春秋·古乐》："瞽叟乃拌五弦之瑟。"《墨子·非儒》："夫舜见瞽叟。"

嫂，苏老切，《广韵》："兄嫂。"嫂，其语源为"叟"。《释名》："嫂，叟也；叟，老者称也。"《礼记·檀弓上》："子思之哭嫂也。"《经典释文》："嫂，悉早反。"《庄子·盗跖》："桓公小白杀兄入嫂而管仲为臣。"《经典释文》："嫂，先早反。"

谐声集合里面，"叟"声字《广韵》主要入侯韵和尤韵，而入尤韵的则是声母为卷舌擦音的文字。"叟"声，清儒以来归入幽部。然而，幽部字不当入《广韵》侯韵，而侯部却可以入尤韵。当声母为卷舌音时，侯部字则可以入《广韵》尤韵，如"刍"声字。因而我们认为"叟"声字上古当属于侯部。"叟"声字《诗经》入韵两次，而《生民》应该是侯部自韵，《泮水》则属于侯部、幽部合韵。上古汉语的幽部复化为复合韵母-ɑu，侯部主元音高化为后高元音 u，替代了原先的幽部。但是，也有个别侯部字的韵母如同幽部复化为复合元音-ɑu，"嫂"就是其中一例。因而"叟"声字既有一等侯韵又有一等豪韵。

表 3.46　侯部藏语对应表

孺	而遇切	《说文》：乳子也。	nu	弟弟、妹妹
乳	而主切	《左传·宣公四年》：楚人谓乳穀。	nu-ma	乳房
主	之庾切	《广韵》：君也。	thu-bo	首要、年长者、长兄
偻	力主切	《说文》：尪也。	gru	曲折处
艛	落侯切	《广雅》：舟也。	gru	舟、船
缕	力主切	《广韵》：丝缕。	dru	线团、线球
躯	岂俱切	《说文》：体也。	s-ku	人身的敬语
骤	锄佑切	《广韵》：马疾步也，奔也。	d-kju-ba	驰骋、催马奔驰
走	则候切	《广韵》：疾趋曰走。	ɦ-khjus	逃走、逃跑
取	七庾切	《说文》：捕取也。	ɦ-tɕhu	劫掠、夺去

续　表

袾	之戍切	《广韵》：诅也，祝也。	m-thu	诅咒
句	古侯切	《说文》：曲也。	s-gu-po	弯曲、佝偻
区	岂俱切	《左传·昭公七年》注：匿也。	ɦ-khus-pa	隐匿、藏匿

上表藏语材料来自《藏汉大辞典》(张怡荪编，1999)。

侯部跟藏语-u对应是学者所熟悉的汉藏语音对应规则之一。因而一些学者仅依据侯部跟藏语的-u对应而认为侯部上古汉语为-u。但是跟藏语-u对应的并非只有侯部，幽部、宵部都具有这种语音对应关系。这主要是因为藏语是五元音制的语言而汉语则是六元音制的语言。两者在元音对应上自然会出现不一致。后元音-u/-o，藏缅语一些语言合并。侯部和幽部某些语音条件下《广韵》也混为一韵。汉藏语音对应关系起码可以佐证这样一个事实，侯部的主元音和幽部一样都是后圆唇元音。侯部和幽部《诗经》可以合韵。假若幽部的主元音是圆唇元音-u，那么侯部的主元音应该是-o。幽部/覺部/冬部相配，而侯部/屋部/東部相配。既然侯部和藏语的u对应，那么屋部/東部自然应该分别跟藏语的-ug/-uŋ对应，试看：

表3.47　屋部/東部藏语对应表

曲	丘玉切	《广雅》：折也。	khug	弯、曲折处
局	渠玉切	《诗经·正月》传：曲也。	gug-pa	弯曲
触	尺玉切	《广韵》：突也。	thug-pa	接触、遇见
殰	徒谷切	《说文》：胎败也。	dug-pa	坏、恶劣、劣
漉	卢谷切	《广雅》：渗也。	r-lug-pa	泄漏、滴出
诼	竹角切	《广韵》：诉也。	g-tug-pa	控诉、控告
瞀	莫候切	《广雅》：愚也。	r-mugs-pa	昏聩、神志不清

续　表

雺	亡遇切	《说文》：天气下地不应曰雺。	s-mug-pa	雾
嗀	许角切	《广韵》：欧吐。	s-kjug-pa	呕吐
空	苦红切	《说文》：窍也。	khuŋ	穴、孔、窟窿
共	渠用切	《说文》：同也。	guŋ	中央、正中
礲	卢红切	《说文》：大长谷也。	luŋ-pa	山沟、山谷、川谷
憧	直绛切	《说文》：意不定也。	duŋ-ŋe	忧愁貌
雍	於容切	《诗经・无将大车》笺：犹蔽也。	s-kuŋ-ba	隐瞒、藏匿、掩饰
撞	直绛切	《广雅》：刺也。	b-tuŋs-pa	杀死
栋	多贡切	《说文》：极也。	g-duŋ-ma	梁、屋梁
恸	徒弄切	《说文》：大哭也。	g-duŋ-ba	烦恼、忧伤、苦恼
撞	直绛切	《说文》：捣也。	r-duŋ-ba	打、撞、敲
洞	徒弄切	《广韵》：空也。	g-duŋ-kha	地下陵寝
诵	似用切	《说文》：讽也。	g-ʑuŋ	典籍、书籍
庸	余封切	《尔雅》：常也。	g-juŋ-ba	稳重、驯良
佣	余封切	《楚辞・怀沙》注：斯贱之人也。	g-juŋ	奴隶、驯奴

上表藏语材料来自《藏汉大辞典》(张怡荪编,1999)。

侯/屋/東和幽/覺/冬汉藏语音对应相同,其主元音都是圆唇元音 u。清儒段玉裁屋/覺不分,段玉裁、朱骏声東/冬不分。这主要是受后期文献中两者彼此之间语音联系所迷惑。前面已经提到,幽部和文部合口、侯部和元部合口之间有密切的语音关系。我们可以从元部和文部的汉藏对应关系间接证明侯部还是幽部的主元音为 u。前面已经讨论了,汉语文部合口对应藏语的-ul 韵母。现在再来看一看元部合口和藏语的语音对应关系。

表 3.48 元部合口藏语对应表一

倌	古丸切	《说文》：小臣也。	khol-po	奴隶、奴仆、仆人
涫	古丸切	《说文》：沸也。	khol-ma	开水、沸水
窾	苦管切	《广韵》：空也。	khol	天窗、窗子、透光孔
鑵	古玩切	《广韵》：汲水器也。	khol	瓦罐、陶器
款	苦管切	《广韵》：诚也，爱也。	ɦkhol-ba	顺服、温顺
官	古丸切	《史记・文帝本纪》：五帝官天下。	ɦkhol-ba	役使、利用
缓	胡管切	《史记・乐书》正义：和也。	ɦkhrol-po	爽直、和气、谦和
缓	胡管切	《说文》：绰也。	grol-ba	散开、松开、分散
援	雨元切	《诗经・君子偕老》传：助也。	sgrol-ma	救度、拯救、释放
碗	乌管切	《说文》：小盂也。	skon-pa	盘、盆
怨	於愿切	《说文》：恚也。	ɦkhon-pa	怨、恨、不和

上表藏语材料来自《藏汉大辞典》(张怡荪编，1999)。

元部合口跟藏语的韵母-ol/-on 对应整齐。此外，元部合口也可以跟藏语的-o 对应。这主要是-n 在藏语以及上古汉语中既可以是辅音韵尾也可以是词缀的缘故。藏语的 a 元音由于可以跟 o 元音交替，汉语的元部开口因此也可以跟藏语的-ol/-on 对应。然而，并不是说，上古汉语的元部合口不可以跟藏语的韵母-ul 对应，如：

表 3.49 元部合口藏语对应表二

劝	去愿切	《说文》：勉也。	skul-ba	促使、激发、调动、蛊惑
变	彼眷切	《说文》：更也。	sprul-ba	变化

上表藏语材料来自《藏汉大辞典》(张怡荪编，1999)。

然而，元部合口跟藏语韵母-ul/-un 对应的例子甚少。侯部/屋部/東部，藏语对应的主元音都是后高圆唇元音-u，幽部/覺部/冬部藏语对应的主元音也是后高圆唇元音-u。汉语的侯部尽管跟幽部《诗经》出现偶尔的合韵现象，但是两者之间的界线仍然十分清晰。前面也已经列举汉语的宵部/藥部藏语对应的主元音也是后高圆唇元音-u。足见，汉藏语的三个不同元音藏语已经合并为同一个元音。但上古汉语文部合口和元部合口，藏语的分别仍然十分清晰：文部合口的主元音是-u而元部合口的主元音是-o。文部合口跟幽部匹配而元部合口跟侯部匹配。如此，我们可以确定，侯部的主元音应该是后半高圆唇元音-o。

表3.50　侯部(屋部)藏语对应表

仆	匹候切	《说文》：顿也。	ɦ-bog-pa	闷倒、昏厥
付	方遇切	《广韵》：与也。	ɦ-bog-pa	给予、付给
奏	则候切	《周礼·鼓人》注：击也。	ɦ-tshog-pa	捶打、责打
凑	仓奏切	《说文》：水上人所会也。	ɦ-tshog-pa	集会、聚合、积聚
足	即玉切	《吕览·义赏》注：厌也。	tɕhog-pa	足、够、满足
属	之欲切	《说文》：连也。	gtogs-pa	包括、相属
辱	而蜀切	《方言》：厚也。	snog-pa	多、大批、阔绰
族	昨木切	《国语·齐语》注：属也。	tshogs	集合体、集团
族	昨木切	《庄子·在宥》：云不待族而雨。	tshogs-pa	会合、聚会

上表藏语材料来自《藏汉大辞典》(张怡荪编，1999)。

幽部(覺部)不可以跟藏语的o元音对应，而侯部(屋部)则可以跟藏语的o元音对应。这是侯部(屋部)不同于幽部(覺部)的地方之一。不同的语音条件下，同一个元音的变化速度也不一样。在无辅音韵尾的屏蔽之下，元音容易出现变异，而在辅音韵尾的保护之下则较完整保留原先的音质。因而某些屋部字甚至《广韵》时代也已经发生较大的变化，如仆。仆，芳遇切，《广韵》："僵仆，《说文》曰'顿也'。"仆，敷救切，《广韵》："前倒。"仆，匹候切，《广韵》："倒也。"仆，蒲北切，《广韵》：

“倒也。”仆,《广韵》共抄录了四个读音,而只有一个带辅音韵尾-k的读音。通过前面的分析,我们赞同王力、郑张尚芳、潘悟云等侯部主元音为o的构拟。这样,幽部、宵部和侯部等可以构拟为:

表 3.51　幽部、宵部、侯部上古读音表

	-¢		-k		-ŋ	
u	-u幽部	-u̲幽部	-uk覺部	-u̲k覺部	-uŋ冬部	-u̲ŋ冬部
ɯ	-ɯ宵部	-ɯ̲宵部	-ɯk藥部	-ɯ̲k藥部	—	—
o	-o侯部	-o̲侯部	-ok屋部	-o̲k屋部	-oŋ東部	-o̲ŋ東部

幽部三等保持后高圆唇元音u,而非三等则跟宵部合并。舌位本来要低一些的侯部三等演变成-iwo,而非三等则高化成了u。其演变路线是-o̲>-iwo、-o>-u。不过,也有个别侯部三等字由-iwo进一步演变-iu。于是,韵书《广韵》出现侯部和幽部合流。

第四章

B 类韵母

第一节　a元音韵母

上古歌部,《广韵》分歌韵、麻韵、支韵。入麻韵的为软腭音、双唇音和卷舌音(包括塞擦音和擦音)。歌韵有齿龈塞擦音和擦音,但相对的支韵没有来自歌部的齿龈塞擦音和擦音。不过,麻韵则有几个来自歌部的齿龈塞擦音和擦音。

表 4.1　歌韵、麻韵异读表

瘥	昨何切	《广韵》:病也。	子邪切	《广韵》:《尔雅》云"病也"。
蒫	昨何切	《广韵》:荠实。	子邪切	《广韵》:荠实。
嗟	遭歌切	《集韵》:《易》"大耋之嗟",王肃读[i]。	子邪切	《广韵》:咨也。

[i]《易·离》:"则大耋之嗟。"《经典释文》:"嗟,如字,王肃又遭哥反,荀作差。"

这些声母为齿龈塞擦音且来自歌部的麻韵字也可以跟歌韵异读。依照一等跟三等交替组成异读关系的通则,这些麻韵字应该是上古歌部三等。上古汉语的歌部,中古分为一等歌韵跟三等支韵。但也有几个歌部三等字中古入麻韵。这导致董同龢把这几个原本属于歌部的文字剔除出歌部而归入魚部。实际上,这几个字不过是保持了歌部稍早时期的读音而已。

表 4.2　支韵、麻韵异读表

蛇	弋支切	《广韵》:蝼虵。	食遮切	《广韵》:毒虫。
匜	弋支切	《广韵》:杯匜似榼,可以注水也。	羊者切	《广韵》:语助。

续 表

鍦	式支切	《广韵》：短矛；铊，上同。	视遮切	《广韵》：短矛。
爹	徒可切	《广韵》：北方人呼父。	陟邪切	《广韵》：羌人呼父也。
差	楚宜切	《广韵》：次也，不齐等也。	初牙切	《广韵》：择也，又差舛也。

中古汉语歌韵跟麻韵读音本近，不同方言之间语音形式稍有差异很正常，如"爹"。依据《广韵》，"爹"歌韵和麻韵的差异是方言的不同。不过，这并不是部分歌部中古入麻韵的主要原因。随着语言演变，上古汉语的歌部失落韵尾后变成单元音韵母-a。这一点从后汉三国时期的梵汉对译材料可以得到充分的证明。这个单元音韵母-a隋唐时期进一步演变成单元音韵母-ɑ。于是，出现了歌韵跟麻韵的对立。然而，一些以单元音-a为韵母的语词语音形式极其顽固，长期保持不同。随着歌部失落韵尾变成单元音韵母-a，一些本属于歌部的也保持原有的读音而归入麻韵。麻韵软腭音、唇音今标准语仍然保持原有的读音-a，但也有歌韵字今也读-a，如"他"。中古歌韵今吴语温州方言里读单元音-a的文字甚多。这一点郑张尚芳(1983)曾经有过详细的讨论。

歌部跟魚部匹配。因而一些学者如王力早期把歌部构拟为-a，魚部构拟为-ɑ，后取消前后元音的对立，改为歌部为-ai、魚部为-a。跟歌部聚合且带齿龈音韵尾的韵部，传统称元部和月部。传统以《切韵》的韵目命名上古汉语的韵部，但是一个韵部不止《切韵》一个韵目所代表的主元音，尤其是所谓的乙类韵。传统歌部、元部和月部是包含三个不同主元音的韵部。假若把歌部的主元音确定为低元音-a，那么跟歌部匹配的韵部，我们称之为寒部和曷部。歌部，高本汉除了构拟为-ɑ，也构拟了-ɑr。高本汉的-ɑr主要局限于跟元部谐声的歌部字。随着上古汉语前后元音a/ɑ对立的取消，李方桂把带-r韵尾的-ar应用到所有歌部字，以解释魚部和歌部的关系。郑张尚芳早期把歌部构拟-ai，后采用俞敏的构拟改为-al。龚煌城、金理新、潘悟云、吴安其等学者先后均提出主张：传统乙类韵部，除了齿龈音韵尾*-n、*-t，上古汉语还有*-r和*-l韵尾。

淇水在右，泉源在左。巧笑之瑳，佩玉之傩。[①]（《竹竿》）

縠旦于差，南方之原。不绩其麻，市也婆娑。（《东门之枌》）

隰桑有阿，其叶有难[②]。既见君子，其乐如何。（《隰桑》）

之屏之翰，百辟为宪。不戢不难，受福不那。（《桑扈》）

申伯番番[③]，既入于谢，徒御啴啴[④]。周邦咸喜，戎有良翰。（《崧高》）

王旅啴啴[⑤]，如飞如翰，如江如汉。（《常武》）

有兔斯首，炮之燔[⑥]之。君子有酒，酌言献之。（《瓠叶》）

其未醉止，威仪反反。曰既醉止，威仪幡幡。（《宾之初筵》）

歌部和寒部尽管可以合韵，但在以上所列的《诗经》篇目中，两者界线仍比较清晰，如《桑扈》等，都可以认为歌部和歌部、寒部和寒部押韵。谐声系统中，歌部和寒部同样界线清晰，但两者也可以谐声。某些文字，《广韵》也有歌韵和寒韵无意义差别的异读。如此，上古汉语的歌部不应该以元音或半元音收尾，而当有一个不同于-n/-t的齿龈音韵尾。

番，附袁切，《广韵》："《说文》曰'兽足谓之番'，经典作番，《书》亦音波。"字也作"蹯"。蹯，附袁切，《广韵》："亦同上（番），见《左传》。"《左传·宣公二年》："宰夫胹熊蹯不熟。"《经典释文》："蹯，扶元反。"番，孚袁切，《广韵》："数也，递也。"番，普官切，《广韵》："番禺县，在广州。"《山海经·海内东经》："东南注海，入番禺西。"番，博禾切，《广韵》："《书》曰'番番良士'，《尔雅》曰'番番，矫矫，勇也'。"《诗经·崧高》："申伯番番。"传："番番，勇武貌。"《经典释文》："番音波。"《史记·秦本纪》："古之人谋黄发番番。"正义："番音婆，字当作皤；皤，白头貌。"《左传·襄公四年》杜注"番县"，《经典释文》："本又作蕃，应劭音皮，一音方袁反。白褒《鲁国记》云'陈子游为鲁相，番子也，国人为讳

① 《经典释文》："傩，乃可反。"
② 《经典释文》："难，乃多反。"
③ 《经典释文》："番，音波。"
④ 《经典释文》："啴，吐丹反。"
⑤ 《经典释文》："啴，吐丹反。"
⑥ 《经典释文》："燔，音烦。"

改曰皮'。"《诗经·十月之交》:"番维司徒。"王先谦《诗三家义集疏》:"齐番作皮。"《史记·河渠书》:"河东守番系。"索隐:"番音婆。"番,补过切,《集韵》:"兽足。"

中谷有蓷,暵其干矣。有女仳离,嘅其叹矣。嘅其叹矣,遇人之艰难矣。(《中谷有蓷》)

脊令在原,兄弟急难。每有良朋,况也永叹。(《常棣》)

天之方难,无然宪宪。(《板》)

天方艰难,曰丧厥国。取譬不远,昊天不忒。(《抑》)

将予就之,继犹判涣。维予小子,未堪家多难。(《访落》)

难,那干切,《广韵》:"艰也,不易称也。"难,奴案切,《广韵》:"患也。"《诗经·常棣》:"脊令在原,兄弟急难。"《经典释文》:"难,如字,又乃旦反。""艰难"的"难"《诗经》全跟寒部押韵。那,诺何切,《广韵》:"《诗》云'受福不那';那,多也。"

不戢不难,受福不那。(《诗经·桑扈》)传:"那,多也。"

王在在镐,有那其居。(《诗经·鱼藻》)《经典释文》:"那,乃多反。"

猗与那与,置我鞉鼓。(《诗经·那》)传:"那,多也。"

那,字也写作"难"。《诗经·隰桑》:"隰桑有阿,其叶有难。"《经典释文》:"难,乃多反。"字也作"傩"。《诗经·竹竿》:"巧笑之瑳,佩玉之傩。"《诗经·隰有苌楚》:"隰有苌楚,猗傩其枝。"《经典释文》:"傩,乃可反。"傩,诺何切,《广韵》:"驱疫。"傩,字本只作难。《周礼·春官·占梦》:"遂令始难驱疫。"注:"故书难或为傩。杜子春难读为难问之难,其字当作傩。《月令》"季春之月,命国难,九门磔禳,以毕春气。仲秋之月,天子乃难,以达秋气。季冬之月,命有司大难,旁磔,出土牛,以送寒气。"《经典释文》:"难,乃多反,或乃旦反;注以意求之。"

瘅,都寒切,《广韵》:"小儿病也。"瘅,徒干切,《广韵》:"风在手足病。"瘅,丁可切,《广韵》:"劳也,又怒也。"瘅,丁佐切,《广韵》:"劳也。"《诗经·板》:"上帝板板,下民卒瘅。"《经典释文》:"瘅,当但反,又如字。"驔，徒干切，《广韵》："连钱驔，一曰青骊白文。"驔，都年切，《广韵》："驔骥，野马。"驔，徒河切，《广韵》："连钱驔，《说文》曰'驔骥，野马也'。"《诗经·駉》："薄言駉者，有驔有骆。"《经典释文》："驔，徒河反。"

歌部和寒部谐声、异读。不过，这种歌部和寒部的谐声、异读并不出现在所有的歌部和寒部字中，仅局限于某些声符，如"番"。这些可与歌部和寒部谐声、异读的字，《诗经》恰好可以歌部、寒部合韵。仔细分析《诗经》的押韵，我们就不难发现，尽管《诗经》中歌部、寒部界线并非绝对清晰，但是这些字构成一个相对封闭的系统是显然的。足见，这些寒部字的韵尾并非鼻音-n。也就是说，这些寒部字拥有一个跟歌部韵尾非常接近而且可以交替的韵尾。

我，五可切，《广韵》："己称。"我，《说文》："施身自谓也。"《论语·为政》："孟孙问孝于我。"吾，五乎切，《广韵》："我也。"吾，《说文》："我自称也。"《论语·学而》："虽曰未学，吾必谓之学矣。"

尔，儿氏切，《广韵》："汝也。"《论语·公冶长》："子曰：赐也，非尔所及也。"又"子曰：盍各言尔志。"汝，人渚切，《广韵》："尔也。"《论语·为政》："子曰：由，诲汝知之乎。"《论语·八佾》："冉有曰：汝不能救与？"

何，胡歌切，《广韵》："辞也。"《诗经·行露》："谁谓雀无角，何以穿我屋？"胡，户吴切，《广韵》："何也。"《诗经·柏舟》："日居月诸，胡迭而微？"

彼，甫委切，《广韵》："对此之称。"《诗经·卷耳》："陟彼崔嵬，我马虺隤。我姑酌彼金罍，维以不永怀。"夫，防无切，《广韵》："语助。"（夫，甫无切，《广韵》："丈夫。"）《荀子·王制》集解："夫，犹彼也。"《诗经·墓门》："夫也不良，歌以讯之。"

多，得何切，《广韵》："众也，重也。"《说文》："多，重也。"《论语·泰伯》："以多问于寡。"侈，《说文》："一曰奢也。"侈，尺氏切，《广韵》："奢也，泰也，大也。"《左传·桓公六年》："少师侈，请羸师以张之。"奢，式车切，《说文》："张也。"奢，《广韵》："张也，侈也，胜也。"《左传·昭公十六年》:"君幼弱,六卿强而奢。"

前面我们已经谈到,随着语音演变,文献开始用歌部字代替原有的魚部字。上述这种歌部和魚部之间韵母更换构成的同族词并非完全是同一语词语音演变出现的替换。语音替换在语言演变过程中产生,两者存在时间的先后关系。《礼记·大学》:"《诗》云'於戏,前王不忘'。"《诗经·烈文》:"於乎,前王不忘。"《诗经》用"呜呼",而《礼记》《史记》等汉代文学用"於戏"。可见,歌部汉代已经失落韵尾变成了 a。上述所举的例子并不是因语音演变而出现的替换,而是同一时期的语音替换。这种替换是由语词意义变化或语法意义的改变造成的。藏语-r 并非仅仅只是一个表示语音差别的辅音韵尾,也是一个表示词汇或语法意义的形素。依据汉语同时代歌部和魚部之间的关系,两者的语音转换也应该是形素参与的结果。魚部和歌部关系密切,是清儒以来学者们所熟知的,而歌部和魚部的主元音一样也是大家所公认的。因而两者之间的差异应该在于彼此韵尾的不同。

表 4.3　歌部藏语对应表

彼	甫委切	《广韵》:对此之称。	phar	彼处、对面
差	楚宜切	《广雅》:次也。	tshar	行列、排列
嵯	昨何切	《广雅》:高也。	g-zar	陡峭、险峻
哿	古我切	《广韵》:嘉也。	d-kar-po	善良、无罪的
番	博禾切	《说文》:兽足也。	s-bar	爪、手足掌
柯	古俄切	《广韵》:枝柯,又斧柯。	ɦ-khar-ba	杖、棍

上表藏语材料来自《藏汉大辞典》(张怡荪编,1999)。

藏语中以-ar 为韵母的语词不多,而上古汉语的歌部字也是如此。然而,藏语-ar 韵母和上古汉语歌部字之间的对应仍然相当整齐。藏语的-r 韵尾和 r-声母不能共存,所以 r-声母之后的单元音韵母 a 也可以和歌部对应,如 dra"网"对应上古汉语"罗"。显然,我们用形素-r 来解释歌部和魚部之间的关系是十分自然的。因此,我们赞同李方桂的观点，歌部上古汉语是-ar。

表 4.4 “番”声字藏语对应表

燔	附袁切	《广韵》：炙也。	ɦbar-ba	烧、燃
番	附袁切	《说文》：兽足谓之番。	sbar-mo	爪、手足掌
蕃	附袁切	《广韵》：息也，滋也，又音藩。	ɦbar-ba	增长、增大
飜	孚袁切	《广韵》：飞也。	ɦphar-ba	跳跃、腾起
藩	甫烦切	《广韵》：篱也，亦藩屏也。	bar～dbar	中间
番	孚袁切	《广韵》：数也。	ɦbar-ba	骂、责骂
番	博禾切	《尔雅》：番番、矫矫，勇也。	ɦbar-ɦbar	怒气冲冲

上表藏语材料来自《藏汉大辞典》(张怡荪编，1999)。

上述一组记录文字同声符“番”的语词，藏语对应的语词都是韵母-ar。“番”声字《广韵》一部分为歌韵(赅上去)，如“皤”“鄱”等，一部分为寒韵(赅上去)，而“番”有歌韵和寒韵异读，且偶尔也写作“皮”。因而比较合理的解释是，“番”更早的时候仍然是韵母-ar，只是很早的时候已经演变了韵母-an。我们再看以下一组语词：

表 4.5 元部藏语对应表

粲	苍案切	《广韵》：鲜好貌，又优也。	m-tshar	美丽、鲜明
颤	之膳切	《广韵》：四支寒动。	ɦ-dar-ba	打颤、发抖、颤抖
战	之膳切	《广韵》：惧也，恐也。	s-dar-ba	畏葸、怯懦
殚	都寒切	《广韵》：尽也。	m-thar	彻底、极端
翰	胡安切	《礼记·檀弓》注：白色马也。	d-kar-po	白、白色的
寒	胡安切	《说文》：冻也。	s-gar-ba	冻结、凝结
难	那干切	《左传·哀公十二年》注：苦困也。	m-nar-ba	迫害、逼迫、困扰

上表藏语材料来自《藏汉大辞典》(张怡荪编，1999)。

显然,除了歌部,上古汉语寒部也可以跟藏语的-ar韵母对应。这跟寒部和歌部可以谐声、异读等展示出来的语音关系一致。然而,歌部和寒部尽管可以合韵,甚至可以谐声以及异读,但毕竟是两个界线比较清晰的韵部。那么,上古汉语必然存在某一语音条件导致两者分离。上古汉语的歌部可以跟魚部组成同族词,寒部也可以跟魚部替换组成同族词。这主要是因为上古汉语有一个名词后缀-n,[①]而魚部附加了词缀-n就变成了寒部。

表 4.6　藏语词缀-n 表

g-tɕi-ba	解小便、撒尿	g-tɕin-pa	尿、小便
ɦ-tɕhi-ba	死、亡故	g-ɕin-po	已死者,亡人
b-ɕaɦ-ba	杀、屠宰	b-ɕan-pa	屠夫、刽子手
ɦ-du-ba	会合、聚会	ɦ-dun-ma	会议
rku-ba	盗窃、偷盗	rkun-ma	小偷、窃贼

上表藏语材料来自《藏汉大辞典》(张怡荪编,1999)。

每一行中前者为动词,而后者为名词。不过,藏语附加名词后缀-n的语词并不多,只能算是残迹,而且藏语的词缀-n只能附加在以元音或者擦音-ɦ收尾的语词上,从而派生出一个带-n韵尾的名词。因而藏语的-n可以跟-d、-s等韵尾交替,组成一组同根词,如rgan-po"老人、老年人"和rgad-po"老翁、老人"。同样,汉语的名词后缀也只能附加在以元音或声门音收尾的语词上。这种形态手段早就是一种残余形式。歌部/寒部和魚部固然可以组成同族词,但是歌部/寒部跟魚部都没有谐声关系,而《诗经》也没有出现合韵现象,《广韵》一般也没有歌部和魚部的异读。[②] 这说明歌部、寒部和魚部存在着具有音位价值

① 金理新,1998,《汉藏语的名词后缀-n》,《民族语文》,第1期。

② 阏,《说文》:"遮也,从门於声。"阏,《广韵》:"止也,塞也,乌葛切。"《庄子·逍遥游》:"背负青天而莫之夭阏者。"《经典释文》:"阏,徐於葛反,一音谒,司马云'止也',李云'塞也'。"阏是"遏"的训读。遏,《说文》:"微止也,从辵曷声。"遏,乌葛切,《广韵》:"遮也,绝也,止也。"《诗经·文王》传:"遏,止。"《经典释文》:"遏,於葛反,或作谒,音同。"

的语音差异。依照语音至上的谐声原则，相同语音形式是谐声的首选。歌部和寒部界线清晰，但《诗经》可以偶尔合韵。两者也可以组成异读关系，也可以偶尔谐声。因而这种现象应该是汉语某些方言或者书面语、口语某些寒部字的韵尾跟歌部字的韵尾接近而出现变异。那么，跟歌部合韵的寒部，较为合理的解释是其上古读音是带边音-l韵尾的-al韵母。

表 4.7　元部藏语对应表

但	徒旱切	《说文》：裼也。	thal-le-ba	无盖、无障、无遮无碍
坛	徒干切	《说文》：祭坛场也。	dal	坛城
坦	他旱切	《说文》：安也。	dal-ba	闲暇、悠闲
辨	符蹇切	《说文》：判也。	phral-ba	拆开、分离
延	以然切	《说文》：长行也。	g-dal-ba	遍布、满布
延	以然切	《尔雅》：间也。	g-dal-po	挑拨、离间
延	以然切	《尔雅》：陈也。	b-dal-ba	铺开、摆开
展	知演切	《左传·哀公二十年》注：陈也。	r-dal-ba	铺开、摆开
残	昨干切	《说文》：贼也。	ɦ-tɕhal-ba	违犯、败坏
赞	则旰切	《说文》：见也。	m-tɕhal-ba	拜会、谒见、晋谒
干	古寒切	《荀子·强国》注：犯也。	ɦ-gal-ba	相违、相悖、违反

上表藏语材料来自《藏汉大辞典》(张怡荪编，1999)。

固然，寒部可以和藏语的-r辅音韵尾对应，但歌部和藏语的-l辅音韵尾对应则是十分少见的。很显然，用-al和-ar足以解释《诗经》的寒部和歌部合韵现象。寒部和歌部谐声，《广韵》寒部和歌部可以异读。这说明某些寒韵字原本应该读歌部，或者某些歌韵字原本应该读寒部，也即上古汉语存在一个辅音韵尾，这个韵尾可以变成齿龈鼻音韵尾-n，也可以变成颤音韵尾-r，最后并入元音韵尾-i。依据歌部和支部合韵,早在战国时期-ar韵母就已经演变成了-ai。韵尾-r和-l容易因音近而出现变异,而韵尾-l和-n也是如此。汉藏语,包括南岛语,更为常见的是韵尾交替。因而这个辅音韵尾最大可能是边音韵尾-l。假若歌部为-ar韵母而寒部为-al,这样就既可以解释《诗经》两者之间的合韵,也符合相同性质韵尾之间的交替:

羔羊之**皮**,素丝五**紽**。退食自公,委蛇委**蛇**。(《羔羊》)

相鼠有**皮**,人而无**仪**。人而无**仪**,不死何**为**。(《相鼠》)

献其貔**皮**,赤豹黄**罴**。(《韩奕》)

吉梦维**何**,维熊维**罴**,维虺维**蛇**。(《斯干》)

彼泽之**陂**,有蒲与**荷**。有美一人,伤如之**何**。寤寐无**为**,涕泗滂**沱**。(《泽陂》)

有豕白蹢,烝涉**波**矣。月离于毕,俾滂**沱**矣。武人东征,不皇**他**矣。(《渐渐之石》)

有兔爰爰,雉离于**罗**。我生之初,尚无**为**。我生之后,逢此百**罹**,尚寐无**吪**。(《兔爰》)

缁衣之**宜**兮,敝予又改**为**兮。(《缁衣》)

或出入风**议**,或靡事不**为**。(《北山》)

凫鹥在**沙**,公尸来燕来**宜**。尔酒既**多**,尔殽既**嘉**。公尸燕饮,福禄来**为**。(《凫鹥》)

白圭之玷,尚可**磨**也。斯言之玷,不可**为**也。(《抑》)

丘中有**麻**,彼留子**嗟**。彼留子**嗟**,将其来施**施**。(《丘中有麻》)

穀旦于**差**,南方之**原**。不绩其**麻**,市也婆**娑**。(《东门之枌》)

东门之**池**,可以沤**麻**。彼美淑姬,可与晤**歌**。(《东门之池》)

瞻彼淇奥,绿竹猗**猗**。有匪君子,如切如**磋**,如琢如**磨**。(《淇奥》)

或降于**阿**,或饮于**池**,或寝或**讹**。(《无羊》)

四黄既**驾**,两骖不**猗**。不失其**驰**,舍矢如**破**。(《车攻》)

江有**沱**,之子归,不我**过**。不我**过**,其啸也**歌**。(《江有汜》)

考盘在**阿**,硕人之**薖**。独寐寤**歌**,永矢弗**过**。(《考盘》)

二人从行,谁为此**祸**。胡逝我梁,不入唁**我**。始者不如,今云不我**可**。(《何人斯》)

歌部可以跟寒部合韵，但两部之间的界线在《诗经》中非常清晰。可见，上古汉语的边音韵尾-l早就已经跟齿龈鼻音韵尾-n合并。传统韵部，比如无辅音韵尾的魚、之、支部，有开口和合口对立的只有软腭音，而齿龈音、唇音无开口和合口的对立。但是，歌部、元部、月部齿龈音却分开口和合口。可见，雅洪托夫认为，传统歌部、元部和月部，至少应该包含展唇和圆唇两个主元音。为了便于区别，我们把跟齿龈音组合时读合口的歌部、元部和月部分别称为朵部、短部和掇部。《广韵》分歌韵和戈韵，而早期两者不分。唇音和软腭音合口《广韵》入戈韵。入戈韵的唇音有“皮”声、“麻”声、“番”声。这些字原本应该是开口，即歌部。我们知道，一个主元音为展唇元音的韵部，软腭音应该有开口和合口两类。因而歌部、寒部和曷部也应该有合口的软腭音。依据《诗经》押韵，“呙”声、“为”声等当属于歌部合口，即其声母为小舌音。

子之清扬，扬且之**颜**也。展如之人兮，邦之**媛**也。（《君子偕老》）

将仲子兮，无逾我**园**，无折我树**檀**。（《将仲子》）

游于北**园**，四马既**闲**。（《驷驖》）

乐彼之**园**，爰有树**檀**。（《鹤鸣》）

帝谓文王，无然畔**援**。无然歆羡**诞**，先登于**岸**。（《皇矣》）

既不我嘉，不能旋**反**。视尔不臧，我思不**远**。（《载驰》）

东门之**墠**，茹藘在**阪**。其室则迩，其人甚**远**。（《东门之墠》）

伐柯伐柯，其则不**远**。我觏之子，笾豆有**践**。（《伐柯》）

伐木于**阪**，酾酒有**衍**。笾豆有**践**，兄弟无**远**。民之失德，干糇以**愆**。（《伐木》）

檀车**幝幝**，四牡**痯痯**，征夫不**远**。（《杕杜》）

骍骍角弓，翩其**反**矣。兄弟昏姻，无胥**远**矣。尔之远矣，民胥**然**矣。（《角弓》）

天方艰**难**，曰丧厥国。取譬不**远**，昊天不忒。（《抑》）

A上帝板**板**，下民卒**瘅**。出话不**然**，为犹不**远**。B靡圣管**管**，不实于**亶**。犹之未远，是用**大谏**。（此“管”位于韵段的起首，可以认为不入韵，而后一韵

段的"远"也可以认为不入韵)(《板》)

瑟兮僴兮,赫兮咺兮。有匪君子,终不可谖兮。(《淇奥》)

考盘在涧,硕人之宽。独寐寤言,永矢弗谖。(《考盘》)

价人维藩,《经典释文》:"藩,方元反。"大师维垣。大邦维屏,大宗维翰。(《板》)

王公伊濯,维丰之垣。四方攸同,王后维翰。(《文王有声》)

维申及甫,维周之翰。四国于蕃,四方于宣。(《崧高》)

王命召虎,来旬来宣。文武受命,召公维翰。(《江汉》)

穀旦于差,南方之原。不绩其麻,市也婆娑。(《东门之枌》)

厥初生民,时维姜嫄,生民如何。(克禋克祀,以弗无子。)(《生民》)

脊令在原,兄弟急难。每有良朋,况也永叹。(《常棣》)

薄伐猃狁,至于大原。文武吉甫,万邦为宪。(《六月》)

笃公刘,于胥斯原。既庶既繁,既顺乃宣,而无永叹。陟则在巘,复降在原。(《公刘》)

依据《诗经》押韵,上述这些跟软腭音组合的合口韵,其主元音应该跟寒韵同属于展唇元音。考察《诗经》的押韵,我们会发现其声母与中古汉语为软腭浊擦音 $ɣ_3$-有谐声关系的谐声字,在《诗经》中总是跟寒部押韵。上古汉语主元音为圆唇元音的韵部,中古汉语不能跟软腭浊擦音 $ɣ_3$-组合。也就是说,原本跟圆唇元音组合的中古汉语软腭浊擦音 $ɣ_3$-早已经演变成了其他声母。传统元部合口《广韵》有一等桓韵、三等元韵和仙韵。元韵是一个既有合口也有开口的三等韵,但没有齿龈音。凡跟元韵软腭音有谐声关系的齿龈音都归到仙韵。仙韵合口跟先韵合口构成三等和非三等关系,元韵跟桓韵构成三等和非三等关系。除来自软腭音的齿龈音外,依照《诗经》押韵关系,跟寒韵押韵的是元韵而不是仙韵。因此,元韵以及部分桓韵软腭音来自上古汉语跟寒韵-an 组合的小舌音。

笃公刘,逝彼百泉,瞻彼溥原。(《公刘》)

莫高匪山,莫浚匪泉。君子无易由言,耳属于垣。(《小弁》)

相其阴阳，观其流**泉**。其军三单，度其隰**原**。（《公刘》）

我陵我阿，无饮我**泉**。我泉我池，度其鲜**原**。（《皇矣》）

我思肥**泉**，兹之永**叹**。（《泉水》）

洌彼下**泉**，浸彼苞稂。忾我寤**叹**，念彼周京。（《下泉》）

有洌氿**泉**，无浸获薪。契契寤**叹**，哀我惮人。（《大东》）

依据《诗经》押韵，"泉"声字韵母的主元音应该是-a。然而，"泉"声字中古为合口齿龈塞擦音或擦音。泉，疾缘切，《广韵》："水源，又钱别名也。"泉，《说文》："水原也，象水流出成川形。"钱，昨仙切，《广韵》："《周礼》注云'钱，泉也；其藏曰泉，其行曰布，取名流行无不遍也'。"《管子·轻重丁》："今齐西之粟，釜百泉，则鏂二十泉也。"注："泉，钱也。"（《管子·度地》："山川百泉踊。"）可见，《管子》一书中的"泉"既可以记录"泉"也记录"钱"。線，私箭切，《广韵》："線缕也，《周礼》云'缝人掌王宫缝線之事，以役女御，缝王及后衣服；線，细丝，出《文字指归》，《说文》同上。"线，《说文》："缕也，从糸戋声。線，古文线。"《周礼·天官·冢宰》："缝人掌王宫之缝線之事。"《经典释文》："線，仙战反，字亦作线。"《淮南子·要略》："中国之不绝如線。"如此，"泉"原本就是开口，后音变而变成合口。这种开口变合口的音变现象汉语里面也不是孤例，如"赞"声。

第二节　i元音韵母

清儒所归纳的韵部，脂部和支部关系非常密切，而且有些具体字归脂部还是支部也存在争论。脂部和支部的关系如同歌部和魚部的关系，而脂部与支部主元音相同是学者彼此一致的看法，尽管这两部的元音音值学者彼此看法不同。脂部的主元音为前高元音 i，近些年来得到学者较为一致的赞同，不论是把支部构拟为 e 还是 i 的学者。脂部，《广韵》分四等齊韵-ei、二等皆韵-ɛi 和三等脂韵-i；支部，《广韵》分四等齊韵-ei、二等佳韵-ai 和三等支韵-iɛi。我们可以依据二等和三等分割齊韵：与皆韵、脂韵谐声的归脂部，跟佳韵、支韵谐声的归支部。

鹿斯之奔,维足伎**伎**。雉之朝雊,尚求其**雌**。譬彼坏木,疾用无**枝**。(《诗经·小弁》)

无誉无**訾**,一龙一**蛇**,与时俱**化**,而无肯专**为**。(《庄子·山木》)

载营魄抱一,能无**离**乎?专气致柔,能婴**儿**乎?涤除玄览,能无**疵**乎?爱民治国,能无**知**乎?天门开阖,能无**雌**乎?(《老子》十章)

无讶无**訾**,一龙一**蛇**,与时俱**化**,而无肯专**为**。(《吕氏春秋·必已》)

殷虽恶,周不能**疵**矣。口昏不言以精相告,纣虽多心,弗能**知**矣。目视于无形,耳听于无声,商闻虽众,弗能**窥**矣。同恶同好志皆有欲,虽为天子,弗能**离**矣。(《吕氏春秋·精论》)

知其雄,守其**雌**,为天下**溪**。为天下**溪**,常德不**离**,复归于婴**儿**。(《老子》二十八章)

知其雄守其**雌**,为天下**溪**。(《庄子·天下》)

复合元音韵母-ai和单元音韵母-i容易发生交互演变。这种演变广泛出现在汉语诸方言以及与汉语有关联的语言中。支部,在战国后期一些方言中开始跟歌部混。依据支部与歌部的关系,可以确定其归属。清儒比如朱骏声等依据许慎错误的声符分析而将"此"声、"奚"声等误归到脂部或之部。"此"声、"奚"声,先秦文献跟支部或歌部押韵,正表明它们原本就是支部。随着语音演变,主元音为松元音的脂部和支部合并为齊韵,但主元音为紧元音的脂部和支部《广韵》保持对立。

表 4.8　脂部(質部)藏语对应表

夷	以脂切	《诗经·草虫》传:平也。	ʑi-ba	静止、平息
死	息姊切	《礼记·曲礼》:庶人曰死。	ɕi-ba	死
妣	卑履切	《说文》:殁母也。	phji-mo	祖母、外祖母
屎	式视切	《说文》:粪也。	ltɕi-ba	牛粪
四	息利切	《说文》:阴数也。	bʑi	四
几	居履切	《说文》:坐所以凭也。	khri	座、床、榻

续 表

私	息夷切	《左传·襄公十五年》注：小便也。	gtɕi-ba	解小便
挤	祖稽切	《说文》：排也。	ɦtshir-ba	压榨、挤
腻	女利切	《楚辞·招魂》注：滑也。	rɳ̥i-ba	柔软、细腻、脆而不坚
日	人质切	《说文》：实也。	ɳ̥i-ma	日、太阳
结	古屑切	《说文》：缔也。	dkri-ba	缠、包裹、束缚
漆	亲吉切	《说文》：木汁可以髹物。	rtsi	汁、液、漆
二	而至切	《说文》：地之数也。	gɳ̥is	二
虱	所栉切	《说文》：啮人虫也。	ɕig	虱子

上表藏语材料来自《藏汉大辞典》(张怡荪编，1999)。

汉语脂部(質部)跟藏语的 i 元音对应整齐。王力没有把脂部主元音构拟为 i，我们猜想一个重要的原因可能就是脂部的主要元音如果构拟为 i 则无法解释与支部之间的关系，而脂部的主元音构拟为 e，则较容易解释脂部 ei 与支部 e 之间的关系，因为王力构拟的语音系统中并没有辅音韵尾-r。王力要是引进一个俞敏构拟的辅音韵尾-r，或构拟一个半元音韵尾-j，那么就不会出现脂部与支部主元音相同而产生构拟上的困难。支部和脂部，俞敏构拟为 i 和 ir 就比较恰当地解释了两部之间的语音关系。很显然，王力不可能不知道没有主元音 i 是不可想象的。

表 4.9 藏缅语 i 元音对应表

词义	藏语	嘉戎语	木雅语	却域语	纳木兹语	独龙语	景颇语	缅甸语	彝语
四	bʑi	wdi	$rə^{53}$	$bʒi^{13}$	$zɿ^{31}$	bli^{53}	li^{33}	le	li^{33}
祖母	phji				ji^{55}	pi^{55}			phi^{55}
日	ɳ̥i	sni	$n\underline{ə}^{24}$	$ɕi^{33}$	$ɳ̥i^{55}$	ni^{55}	ni^{55}	ne	$ɳ̥i^{21}$

续　表

词义	藏语	嘉戎语	木雅语	却域语	纳木兹语	独龙语	景颇语	缅甸语	彝语
水	mtɕhi[i]	tʃi	tɕə^{53}	ʒi^{13}	ndʐɿ^{53}			re	ʑɿ^{33}
粪	ltɕi		ʂə^{24}	tshɿ^{31}			khji^{55}	khje	tɕhɿ^{33}
重	ltɕi	li	ɣə^{33}	rlə^{55}		li^{53}	li^{33}	le	li^{33}
死	ɕi	ʃi	sə^{53}	si^{55}	ʂɿ^{31}	ɕi^{53}	si^{53}	se	sɿ^{33}
蚤	ldʑi		rə^{33}		zɿ^{31}	li^{53}	li^{33}	hle	
给	sbjin					bi^{53}		pe	bi^{21}
数	rtsi	rtsə	tsi^{33}	ʂtsi^{55}		tsi^{55}	thi^{55}	re	
孙子					zɿ^{33}	li^{55}		mre	li^{33}
麂子				dʐi^{13}			khji^{33}	khje	tɕhɿ^{33}
弓			ʑə^{33}	ʁji^{55}	li^{53}			le	li^{33}

[i] mtɕhi,藏语意义为“眼泪”。
上表藏缅语材料来自《藏缅语族语言词汇》(黄布凡,1992)。

藏缅语的前高元音 i,缅语演变成了 e 而木雅语演变成了 ə(戎语支许多语言前展唇高元音 i 央化为 ə)。上述所举语词有不少是跟汉语脂部/質部对应的共源词。作为韵尾的-r,境内藏缅语中大抵已经失落;而藏语也已经很少有语词的韵母是-ir。上古汉语的脂部-ir 也可以跟小舌音组合,而跟小舌音组合的脂部演变成了脂韵和齊韵合口。

扬之**水**,不流束薪。终鲜兄**弟**,维予二人。(《扬之水》)

敝笱在梁,其鱼唯**唯**。齐子归止,其从如**水**。(《敝笱》)

沔彼流**水**,朝宗于海。鴥彼飞**隼**,载飞载止。嗟我兄**弟**,邦人诸友。(《沔水》)

思乐泮**水**,薄采其**芹**。鲁侯戾止,言观其**旂**。(《泮水》)

水，式轨切，《广韵》：“《说文》曰‘准也’，北方之行也。”脂部和微部（希部）《诗经》本就广泛合韵，而“水”跟希部合韵也很正常。我们不能因为“水”跟希部合韵就归希部。𤻩，《说文》：“孰寐也，从㝱省，水声，读若悸。”𤻩，其季切，《广韵》：“熟寐也。”中古汉语的舌面清擦音 ɕ-来源不一。我们在声母部分将要讨论部分上古汉语的辅音丛 x-/χ-可以演变成中古汉语的舌面清擦音 ɕ-。依照谐声关系，“水”应该来自上古汉语的小舌音 χ-＜qh-。水，上古汉语的读音应该是 qhir。脂部跟藏语的-i 或-ir 对应，而真部（文部）则跟藏语-il/-in 对应。

驾彼四牡，四牡**骙骙**。君子所依，小人所**腓**。（《采薇》）

六月棲棲，戎车既饬。四牡**骙骙**，载是常服。（《六月》）

四牡**骙骙**，旟旐有翩。乱生不**夷**，靡国不泯。（《桑柔》）

四牡**骙骙**，八鸾喈**喈**。仲山甫徂**齐**，式遄其**归**。（《烝民》）

民之方殿**屎**，则莫我敢**葵**。丧乱蔑**资**，曾莫惠我**师**。（《板》）

昊天不惠，降此大**戾**。君子如届，俾民心**阕**。（《节南山》）

尹氏大**师**，维周之**氐**。秉国之**均**，四方是**维**。天子是**毗**，俾民不**迷**。（《节南山》）

泛泛杨舟，绋纚**维**之。乐只君子，天子**葵**之。乐只君子，福禄**膍**之。（《采菽》）

君子实**维**，秉心无竞。谁生厉**阶**，至今为梗。（《桑柔》）

敝笱在梁，其鱼唯**唯**。齐子归止，其从如**水**。（《敝笱》）

有**弥**济盈，有**鷕**雉鸣。（《匏有苦叶》）

清儒如段玉裁脂微不分，而现代学者如王力分脂部和微部：《广韵》的脂皆两韵是上古脂微杂居之地；脂皆的开口呼脂上古属脂部，脂皆合口呼脂上古属微部。不过，“癸”声和“季”声字王力是归入脂部合口的。依照以上《诗经》押韵以及谐声关系，“癸”声字确当归脂部而“季”声字则当归微部，即我们所说的希部。微部和脂部《诗经》合韵最为常见，但跟脂部合韵的只能是希部而不能是追部。“季”声字《诗经》里面跟追部合韵，那么应该归希部。此外，李方桂等把

“维”字等也归脂部。“隹”声字语音关系极其复杂,实际上隐含着两个完全不同的语音形式。其中,中古声母为半元音以及软腭音的“隹”声字归脂部。

揥,丑例切,《广韵》:“佩饰。”《释名》:“揥,摘也,所以摘发也。”揥,他计切,《集韵》:“所以摘发,《诗》‘象之揥也’。”揥,丑例切,《集韵》:“所以摘发者。”《诗经·君子偕老》:“象之揥也。”《经典释文》:“揥,敕帝反。”

穧,子例切,《广韵》:“获也。”《说文》:“穧,获刈也,一曰撮也,从禾齐声。”穧,子计切,《广韵》:“获也。”穧,在诣切,《广韵》:“刈禾把数。”《诗经·大田》:“彼有不获穉,此有不敛穧。”《经典释文》:“穧,才计反,又子计反。”

上述两字本当归霁韵,而《广韵》却归入了祭韵。这主要是稍早时期的一些经师已经混淆了霁韵和祭韵。《诗经·甘棠》:“蔽芾甘棠,勿翦勿伐。”《经典释文》:“蔽,必袂反,徐方四反,又方计反,沈又音必。”《周礼·春官·宗伯》:“置旗弊之。”《经典释文》:“弊,婢世反,刘薄计反。”《周礼·天官·冢宰》:“及弊田,令禽注于虞中。”《经典释文》:“弊,如字,徐蒲计反。”《经典释文》霁、祭混用,王力已经注意到。《广韵》抄录这些材料时则把属于霁韵的归到了祭韵。

表 4.10 真部藏语对应表

新	息邻切	《说文》:取木也。	gsil-ba	劈开(木柴)
洗	先礼切	《说文》:洒足也。	bsil-ba	洗涤、沐浴
毨	先典切	《尚书·尧典》注:理也。	bsil-ba	理发、剃头
跣	先典切	《说文》:足亲地也。	bsil-ba	脱(鞋)
津	将邻切	《说文》:气液也。	mtɕhil-ma	口水、唾液
湮	於真切	《左传·昭公二十九年》注:塞也。	skjil-ba	汇聚、积留

续　表

膑	毗忍切	《说文》：膝端也。	bjil-pa	胫、小腿
尽	慈忍切	《小尔雅》：止也。	zin-pa	完了
信	息晋切	《左传·昭公元年》：子晰信美矣。	ɕin-tu	极、十分、很、甚
摈	必刃切	《广韵》：摈斥。	ɦbjin-pa	拔、抽出、排除

上表藏语材料来自《藏汉大辞典》(张怡荪编,1999)。

脂部、真部跟藏语-il/-iŋ 的对应关系,正和歌部、元部跟藏语-al/-an的对应关系平行。高本汉脂部和微部不分,同构拟为-ər。前面已经提到,俞敏把支部和脂部构拟为-i 和-ir。很显然,俞敏的构拟不仅符合支部和脂部之间的语音关系,也符合支部、脂部汉藏语音对应的实际。韵尾-r 的失落,脂部演变为-ɛi/-ei/-i 韵母。跟歌部和元部一样,脂部和真部也可以交替。

玭,《广韵》:"珠也,符真切,又步田切。"玭,《广韵》:"班珠,或与玭同,部田切。"

牝,《广韵》:"牝牡,毗忍切,又扶履切。"牝,《广韵》:"扶履切,又毗忍切。"

牝,《说文》:"畜母也,从牛匕声。"《墨子·辞过》:"人情也,则曰男女;禽兽也,则曰牡牝雄雌也。"杨树达证"匕"的本义为"妣",而"妣""牝"为同族词。显然,依照谐声以及同族词关系,"牝"应该是一个脂部字。但"牝"《广韵》有一个真韵异读,带鼻音韵尾。这说明某些方言把脂部-ir 读成了真部-il。前面我们已经列举,上古汉语的真部字对应藏语的韵母-il。因而传统真部应该包含-il 和-in 两个韵母。也就是说,某些方言把-ir 韵母读成了韵母-il,最后演变成了韵母-in,成了真部。当主元音是松元音时,真部 in 演变为《广韵》先韵-en。然而,因先韵和仙韵混淆,真部间或也会混入仙韵。

表 4.11 仙韵、真韵异读表

甀	居延切	《广韵》：察也，一曰免也。	职邻切	《广韵》：姓也。
蘛	居延切	《广韵》：草名，一曰豕首。	职邻切	《广韵》：豕首草也。
籈	居延切	《广韵》：竹器。	职邻切	《广韵》：《尔雅》云"所以鼓敔"。

甀，《说文》："匋也，从瓦垔声。"(垔，《广韵》："塞也，於真切。")"垔"声属于真部，而《广韵》入真韵。入仙韵的"垔"声字有上述三个，且都是真韵异读字。《左传·庄公十四年》："单伯会齐侯、宋公、卫侯、郑伯于鄄。"《经典释文》："甀，音绢，一音真，或音旃，又举然反，或作鄄。"《尔雅》："所以鼓敔谓之籈。"《经典释文》："籈，郭之仁反，又音战，谢居延反。"真部，《广韵》分真韵和先韵。陆德明《经典释文》先韵和仙韵已经出现混淆现象，而陆法言也批评一些方言先韵和仙韵不分。但是，《广韵》的材料是从不同时代和不同地域的韵书、字书里面抄来的。足见，这些跟真韵交替的仙韵异读原本属于先韵，因仙韵和先韵不分，韵书编撰者抄录时依照反切读音而归到了仙韵。

> 黄，翼真切，《广韵》："黄，菟瓜。"黄，以浅切，《广韵》："土瓜。"
>
> 缜，余忍切，《广韵》："齐武王名。"缜，以浅切，《广韵》："长也。"
>
> 戭，余忍切，《广韵》："长枪也。"戭，以浅切，《广韵》："长枪。"
>
> 濥，余忍切，《广韵》："《说文》曰'水脉行地中濥濥也'。"演，以浅切，《广韵》："广也。"

先、仙混淆，先韵读入仙韵，仙韵读入先韵。寅，以脂切，《广韵》："敬也，亦辰名。《尔雅》云'太岁在寅曰摄提格'。"寅，翼真切，《广韵》："辰名。"如同"牝"，"寅"《广韵》也有脂韵、真韵异读。依照三等、一等(四等)谐声、异读的通则，真韵对应的应该是四等先韵，而不是三等仙韵。显然，上述仙韵异读是先韵的变异，即-en 变成了-iɛn。

> 倒之**颠**之，自公**令**之。《经典释文》："令，力证反。"(《东方未明》)

卢令令，其人美且仁。（《卢令》）

有车邻邻，有马白颠。未见君子，寺人之令。《经典释文》："令，力呈反，注同；又力政反，沈力丁反，韩《诗》作伶。"（《车邻》）

烨烨震电，不宁不令。（《十月之交》）

乃如之人也，怀昏姻也。大无信也，不知命也。（《蝃蝀》）

乐只君子，天子命之。乐只君子，福禄申之。（《采菽》）

保右命之，自天申之。（《假乐》）

凤皇于飞，翙翙其羽，亦傅于天。蔼蔼王多吉人，维君子命，媚于庶人。（《卷阿》）

奕奕梁山，维禹甸之，有倬其道。韩侯受命，王亲命之：缵戎祖考，无废朕命。（《韩奕》）

告于文人，锡山土田。于周受命，自召祖命，虎拜稽首：天子万年。（《江汉》）

灵雨既零，命彼倌人。星言夙驾，说于桑田。（《定之方中》）

山有榛，隰有苓。云谁之思，西方美人。（《简兮》）

采苓采苓，首阳之巅。人之为言，苟亦无信。（《采苓》）

题彼脊令，载飞载鸣。我日斯迈，而月斯征。夙兴夜寐，无忝尔所生。（《小宛》）

不吊昊天，乱靡有定。式月斯生，俾民不宁。忧心如酲，谁秉国成。不自为政，卒劳百姓。驾彼四牡，四牡项领。我瞻四方，蹙蹙靡所骋。（《节南山》）

交交桑扈，有莺其领。君子乐胥，万邦之屏。（《桑扈》）

清儒把"令"声符归入真部，主要是看到了《诗经》"令"声字等跟真部字押韵。但是，"令"声字《诗经》并非仅仅跟真部押韵，也跟耕部字押韵。真部和耕部押韵的例子，朱骏声在其著作《说文通训定声》中搜集了不少。《庄子·养生主》："为善无近名，为恶无近刑。缘督以为经，可以保身，可以全生，可以养亲，可以尽年。"既然承认真部和耕部可以合韵，那么真部和耕部《诗经》合韵自然也正常。不过，一些本属于耕部的语词早就已经在前高元音 i 的影响下演变成了真部。

巧笑**倩**兮,美目**盼**兮。(《诗经·硕人》)

子夏问曰"巧笑**倩**兮,美目**盼**兮,素以为**绚**兮",何谓也?(《论语·八佾》)

盼,匹苋切,《广韵》:"美目。"《说文》:"盼,《诗》曰'美目盼兮',从目分声。"《经典释文》:"盼,敷苋反,白黑分也,徐又敷谏反,韩《诗》云'黑色也',《字林》云'美目也',匹问反,又匹苋反。"《论语·八佾》陆德明:"盼,普苋反,动目貌,《字林》云'美目也',又匹简反,又匹苋反。"《韩非子·外储说右》:"盼然环其眼。""盼然"的"盼"就是"**盼**兮"的"**盼**"。《楚辞·昭世》:"进瞵盼兮上丘墟。"瞵盼为叠韵联绵词。依照其意义,"盼"应该是会意字。盼,《广韵》裥韵。然而,霰韵真部唇音无字。"盼"本当属于霰韵。

倩,《说文》:"人字,从人青声,东齐壻谓之倩。"倩,仓甸切,《广韵》:"倩利,又巧笑貌。"《经典释文》:"倩,本亦作蒨。(蒨,《广韵》:"草盛,仓甸切。")七荐反,好口辅也。"就先秦押韵情况来看,倩已经归真部。从"青"声的有几个字读入霰韵。霰韵原本有词尾-s。在前高元音 i 和词尾-s 的双重作用下,韵尾-ŋ 演变成了韵尾-n,即-iŋs > -ins > $-en^{C}$。诚然,耕部去声未必就一定会演变成真部,而耕部非去声也可以演变成真部。耕部演变成真部的关键是其主元音是前高元音-i。因而上古汉语其他元音的韵部软腭鼻音-ŋ 和齿龈鼻音-n 界线清晰,而主元音为前高元音-i 的韵部则出现软腭鼻音-ŋ 和齿龈鼻音-n 交叉的现象。

冥,莫经切,《广韵》:"暗也,幽也。"

瞑,莫经切,《广韵》:"合目瞑瞑,又亡千切。"

暝,莫定切,《广韵》:"夕也。"

瞑,莫甸切,《广韵》:"瞑眩。"

眠,莫贤切,《广韵》:"寐也;瞑,上同,《说文》曰'翕目也',又音面。"

在前高元音 i 的作用下,上古汉语耕部-iŋ 的软腭鼻音韵尾-ŋ 演变成了齿龈鼻音-n。这种情况在现代汉语中也常见，如“侦”。随着音变的发生，文字形式也出现了变化，用真部做声符代替原先的耕部声符。但是，音变的不一致性导致出现软腭鼻音-ŋ和齿龈鼻音-n交替构成异读的语音现象。入声錫部的情况跟阳声相平行，我们就不再讨论了。

第三节　e元音韵母

传统元部，《广韵》分寒韵-ɑn、删韵-an、山韵-ɛn、元韵-ian、仙韵-iɛn、先韵-en等六韵。董同龢认为，传统元部包含两个不同主元音的韵母，只是由于《诗经》押韵而被清儒杂糅在了一起。因而董同龢将传统元部分割为寒/删/仙/元和山/仙/先两类。前者董同龢构拟为-an，后者构拟为-ɛn。董同龢传统元部两分的观点得到了白一平、郑张尚芳等的赞成。郑张尚芳等在董同龢的基础上对传统元部进行更为细致的分割。

表4.12　元部音节搭配表

	t-	th-	d-	n-	l-	ts-	tsh-	dz-	s-	j-	k-	kh-	g-	ŋ-	x-	ɣ-	ʔ-
寒	丹	灘	但	難	闌	贊	餐	殘	散		干	看		岸	鼾	寒	安
删				赧					删		奸			雁			晏
仙											蹇	褰	乾	彦			焉
元											建		健	言	軒		堰
山			袒	齇							間	鬜		訮	羴	閑	
仙	展	延	纏	碾	連	煎	遷	錢	鲜	延	甄	譴					
先					蓮	箋		前	霰		肩	俔		研	顯	見	燕

我们在第一章已经提到，陆法言在编撰《切韵》时主要依据的音素而不是音位。因而陆法言编撰《切韵》时分立的一些“韵”实际上并不对立。传统元部，一等分寒韵、桓韵，三等分元韵、仙韵。但是，元韵是

一个只有唇音、软腭音和声门音而无齿龈音的韵。元部的齿龈音一等中古读寒韵,自然有与之匹配的齿龈音三等(三等是无标记的韵母)。唇音和软腭音称钝音,齿龈音称锐音。两者对韵母的影响很不同。跟元部一等寒韵齿龈音谐声的齿龈音三等读仙韵。足见,元部的齿龈音三等已经变成了仙韵。仙韵则是一个各类辅音齐全的韵。仙韵唇音、软腭音和声门音有三等 A 和三等 B 的对立,而且属于三等 B 的字很少,只有软腭清塞音有字。元部一等有寒韵,四等有先韵,而两者对立。可见,寒韵和先韵确实来自上古汉语的两个韵部。这两个韵部,我们分别称之为寒部和肩部。假若依照董同龢的分割,其结果必然导致寒部三等齿龈音无字而肩部三等软腭音和声门音几乎无字。

表 4.13　元部开口软腭音与声门音音节搭配表

	k-			kh-			g-			ŋ-			x-			ɣ-			ʔ-		
	平	上	去	平	上	去	平	上	去	平	上	去	平	上	去	平	上	去	平	上	去
元	靬	蹇	建	蹇			趝	鍵	健	言		鬳	軒		宪				焉	匽	堰
仙		蹇		褰			乾	鍵			讞	彦				焉			焉	嫣	
先	肩	繭	見			蜆								顯			蜆	見	燕	宴	燕

依照韵图,元韵属于三等 D,而仙韵属于三等 A。然而,配元韵的仙韵并非来自上古汉语带-r-的三等 A。其谐声或跟三等 A 谐声或跟一等谐声。同样,元韵和仙韵也有明显互补的地方,而对立的往往是异读。考察《广韵》,就会发现元韵和仙韵有大量的异读字。这种异读反映的是语音演变或方言读音差异等。

蹇,居偃切,《广韵》:"跛也,屯难也,亦卦名,又居免切。"蹇,九辇切,《广韵》:"跛也,屯难也,又姓,秦有蹇叔。"《易・蹇》"蹇",《经典释文》:"纪免反,《彖》及《序卦》皆云'难也',王肃、徐纪偃反。"《庄子・秋水》:"与道大蹇。"《经典释文》:"蹇,向纪辇反,徐纪偃反。"《左传・僖公三十二年》:"穆公访诸蹇叔。"《经典释文》:"蹇,居辇反。"

楗，其偃切，《广韵》："关楗；键，上同。"键，其辇切，《广韵》："管钥；鑳，上同。"键，渠焉切，《广韵》："钥也。"《礼记・月令》："修键闭，慎管钥。"《经典释文》："键，其辇反，又其偃反。"《礼记・檀弓下》注："管，键也。"《经典释文》："键，其展反，徐其偃反，钥也。"《礼记・乐记》注："建读为键。"《经典释文》："键，其展反，徐其偃反。"

很显然，徐邈读元韵而陆德明读仙韵。元部三等本是-a̱n韵母。随着松紧元音对立的消失以及-i-介音的产生，-a̱n演变成了-ian。由于介音-i-的作用，-ian韵母再演变成了-iɛn。可见，元韵和仙韵反映的是语音演变过程。陆德明《经典释文》中先韵、仙韵已有明显混淆的倾向，而陆法言在《切韵》序中也批评"先仙、尤侯俱论是切"。这说明当时一些方言先韵和仙韵已经合并。陆法言为了"赏知音"而把"先、仙"分开。但是，以《切韵》为基础编撰的《广韵》先韵和仙韵混淆的地方仍然不少。

表4.14　先韵、仙韵异读表

帴	则前切	《广韵》：小儿藉也。		即浅切	《广韵》：狭也。
浅	则前切	《广韵》：浅浅，流疾貌。		七演切	《广韵》：不深也。
濺	则前切	《广韵》：疾流貌。		子贱切	《广韵》：濺水。
霰	苏佃切	《广韵》：雨雪杂[1]。	散	苏旱切	《广韵》：散诞。

[1]《大戴礼》："阴之专气为霰。"注："阳气薄之，不相入，散而为霰。"

这几个入先韵的元部字都跟一等寒韵字组成谐声集合。显然，这种谐声关系跟一等、三等或四等、三等谐声的谐声通则相矛盾。假若如董同龢等学者所假设的那样不同主元音可以彼此谐声，那么其他韵部比如魚部也可以跟支部谐声。我们仔细分析之后就不难发现这几个元部字并不跟读仙韵的元部字对立。足见，这几个字原本也属于仙韵，后因仙、先分割而归到先韵。齿龈塞音、齿龈塞擦音如此，边音也是如此。

柬，古限切，《广韵》："分别也。"从"柬"声的谐声集合，有一等寒韵如“阑”,四等霰韵如“楝”,没有三等。但是,从“柬”声《广韵》属四等的只有去声霰韵,而三等去声線韵却无字。仙韵边音为平声/上声,而先韵边音为去声。仙韵-iɛn,先韵-en,两者之间极其容易发生语音变异,而《经典释文》已经混淆。同一声符出现一等寒韵和四等先韵共存这一违反谐声通则的谐声现象就是由于原本属于三等仙韵而混入先韵造成。

尔卜尔筮,体无咎**言**。以尔车来,以我贿**迁**。(《氓》)

捷捷幡**幡**,谋欲谮**言**。岂不尔受,既其女**迁**。(《巷伯》)

临冲闲**闲**,崇墉言**言**。执讯连**连**,攸馘安**安**。(《皇矣》)

A 乘彼垝**垣**,以望复**关**。不见复**关**,泣涕涟**涟**。既见复**关**,载笑载**言**。B 尔卜尔筮,体无咎**言**。以尔车来,以我贿**迁**。(《氓》)

其未醉止,威仪反**反**。曰既醉止,威仪幡**幡**。舍其坐**迁**,屡舞仙**仙**。(《宾之初筵》)

陟彼景**山**,松柏丸**丸**。是断是**迁**,方斫是**虔**。松桷有**梴**,旅楹有**闲**,寝成孔**安**。(《殷武》)

游于北**园**,四马既**闲**。(《小戎》)

A 戎车既**安**,如轾如**轩**。四牡既佶,既佶且**闲**。B 薄伐猃狁,至于大**原**。文武吉甫,万邦为**宪**。(《六月》)

考盘在**涧**,硕人之**宽**。独寐寤**言**,永矢弗**谖**。(《考盘》)

彼狡童兮,不与我**言**兮。维子之故,使我不能**餐**兮。(《狡童》)

营营青蝇,止于**樊**。岂弟君子,无信谗**言**。(《青蝇》)

出宿于**干**,饮饯于**言**。(《泉水》)

将仲子兮,无逾我**园**,无折我树**檀**。岂敢爱之,畏人之多**言**。(《将仲子》)

以元韵“言”为参照,很清楚地看出董同龢归入另一个韵部的“仙韵”和“山韵”《诗经》完全不能跟“寒韵”“元韵”分离。这跟我们前面的分析完全一致。足见,跟寒韵/元韵一样,仙韵/山韵也是寒部的组成部分之一。它们的主元音都是 a。《广韵》二等有删韵-an 和山韵-ɛn。删韵-an 和山韵-ɛn 读音非常接近,容易混淆而且某些划分本身就是人为的,比如“間”声。此声符字,《广韵》时读山韵时读删韵。澗、鐗古晏切,僩、憪、橌下赧切等,都读删韵而不读山韵,而且可以删山异读。顧,可颜切,《广韵》:“鬓秃貌。”顧,苦闲切,《广韵》:“鬓秃貌。”就来源而言,删韵来源比较简单,而山韵来源则比较复杂。前者主要来自传统的元部而后者则可以来自真部、文部等,比如文部的“艰”。

表 4.15　删韵、山韵软腭音与声门音搭配表

	k-			kh-			ŋ-			x-			ɣ-			ʔ-		
删	奸		諫	豻			顔		雁					僩	骭			晏
山	間	簡	襉										閑					

很显然,除软腭清塞音 k-有一两个字对立外,来自上古汉语寒韵的删韵和山韵软腭音和声门音并不对立。即使是齿龈音,两者上古汉语也不对立,比如“删”和“山”。中古汉语的二等,上古汉语并非只有一种来源,详细情况见下声母。真正有所谓对立的只有去声諫韵有“澗”一字跟襉韵“襉”“間”对立。

蕑,古閑切,《广韵》:“蘭也。”蘭,落干切,《广韵》:“香草。”蕑、蘭,是同一语词的两个形式。蕑,又写作葌等。葌,《说文》:“草,出吴林山,从艸姦声。”葌,《广韵》:“香草,古颜切;蕑,上同。”《玄应音义》卷十二:“葌,蘭也。”《山海经·中山经》:“吴林之山其中多葌草。”郭注:“亦菅字。”菅,《广韵》:“草名,或作蕑,古颜切。”

澗,古晏切,《广韵》:“沟澗,《尔雅》曰‘山夹水澗’,亦作礀。”《说文》:“澗,山夹水也,从水間声。”“澗”的语源是“間”。《释名》:“山夹水曰澗。澗,間也,言在两山之間也。”《广雅》:“澗,間也。”《诗经·考盘》:“考盘在澗,硕人之宽。独寐寤言,永矢弗谖。”传:“山夹水曰澗。”《经典释文》:“澗,古晏反,韩《诗》作干。”《诗经·采蘩》:“于以采蘩,于澗之中。于以用之;公侯之宫。”传:“山夹水曰澗。”《经典释文》:“澗,古晏反。”

假若山韵和删韵来源不同,那么由“間”派生出来的“澗”也应归裥韵而不该归諫韵。足见,来自上古汉语寒部的删韵、山韵原本就是同一韵母。董同龢对寒部的划分并不符合语言事实。不过,上古汉语的-en(-el)韵母确实归山韵而不是归删韵,如"苋"等。假若把软腭音(声门音)剔除出山韵,我们就会发现山韵剩下的都是一些冷僻字,似乎是编撰者没有地方放而统统放到了山韵。这跟二等麻韵有相似之处。这主要是因为二等往往是语音演变的残余形式。二等往往是三等(一等)字的例外异读。清儒归纳的元部包含两个不同的主元音,我们也不能简单依照《广韵》进行机械的分割。

我们把上古汉语读-el/-en的称为肩部。先韵是上古汉语肩部的集中地。跟软腭音、唇音组合的韵母-el/-en,《广韵》分先韵和仙韵。前者为四等而后者为三等。仙韵三等B固然来自上古汉语的韵母-el/-en,但某些三等A也来自上古汉语的韵母-el/-en。"扁"声、"臱"声都只有先韵和仙韵三等A两种读音,即仙韵三等A是跟先韵匹配的三等。上古汉语的韵母-in,《广韵》归四等先韵-en和三等真韵-in。考察寒部唇音字就会发现,桓韵和元韵一组而先韵和仙韵一组。因而我们可以说跟唇音组合的上古汉语韵母-el/-en演变成了中古汉语的先韵-en和仙韵-iɛn。这是上古-en和-in中古演变不同的地方,如"扁"和"賓"。"扁"声符字《广韵》分先韵和仙韵而"賓"声符字《广韵》分先韵和真韵。

剪,《释名》:"剪,进也,所剪稍进前也。"

箭,《释名》:"矢又谓之箭,前进也。"

荐,《尔雅》:"荐、晋、寅、荩,进也。"又"荐,臻也。"

出现在齿龈音韵尾前的元音受齿龈音的影响发音舌位相对比出现在软腭音韵尾前的元音要前、要高。因而随着介音-i-产生,上古汉语的-e̱n韵母某些方言并入了-in韵母。《仪礼·大射仪》:"幂用锡若絺,缀诸箭。"郑注:"古文箭作晋。"《周礼·夏官·职方氏》:"其利金、锡、竹箭。"郑注:"故书箭为晋。杜子春曰:'晋当为箭,书亦或为箭。'"晋,即刃切,《广韵》:"进也。"晋,《说文》:"进也,日出万物进。"许慎以"进"声训"晋"。可见,某些方言从"前"声的"箭"已经跟"晋"同音而用

“晋”字替换。

既然上古汉语有韵母-en，依照语音系统，也应该有韵母-er/-el。潘悟云(2000)虽支持董同龢元部两分的观点，但他指出董同龢元部两分的一个缺点是“没有顾及传统歌部的再分部”。显然，元部如果两分，那么歌部也应该两分，并与元部匹配。因而潘悟云希望对传统歌部也进行再分部。但传统歌部似乎就是铁板一块，无论如何都不能再系统性的分割；只能找到几个可能属于歌$_2$部的，如“罢”。依据文字使用情况，这个“罢”不仅跟传统歌部押韵而且跟歌部通假，如“疲”。上古汉语的-ar韵母，《广韵》分别入一等歌韵和三等支韵。我们对肩部的考察，就不难发现上古汉语-er韵母的演变路线：

枅，古奚切，《广韵》：“承衡木也。”笄，古奚切，《广韵》：“女十有五而笄也。”

涀，胡礼切，《广韵》：“水名，在高陵。”涀，胡甸切，《广韵》：“水名。”

媊，即移切，《广韵》：“太白上公，妻曰女媊，居南，斗食厉，天下祭之曰明星，又音前。”

跟先韵匹配的是齊韵，跟仙韵匹配的是支韵，而与真韵匹配的则是脂韵。因而上古汉语的-er韵母，中古汉语对应的应该是齊韵-e、支韵-iɛi和之韵-ie(脂韵-i)。其中之韵(脂韵)是跟齿龈音组合时受语流影响的前高化形式。除了个别特例外，带鼻音-n韵尾的韵部不能跟无辅音韵尾的韵部谐声。依照歌部和寒部之间的韵尾交替关系，跟肩部有韵尾交替的韵部自然应该是上古汉语的-er韵母。这个韵部，我们称为笄部。

尒，儿氏切，《广韵》：“义与爾同，《说文》曰‘词之必然也’。”爾，儿氏切，《广韵》：“汝也。”伱，乃里切，《广韵》：“秦人呼傍人之称，《玉篇》云‘尒也’。”“爾”声符字中古汉语有齊韵、支韵和之韵。“爾”以及“爾”声符字当入笄部。邇，儿氏切，《广韵》：“近也。”

戚戚兄**弟**，莫远具**尔**。或肆之筵，或授之**几**。(《行苇》)

鲂鱼赪**尾**，王室如**毁**。虽则如**毁**，父母孔**迩**。(《汝坟》)

行道迟**迟**,中心有**违**。不远伊**迩**,薄送我**畿**。(《谷风》)

卜筮**偕**止,会言**近**止,征夫**迩**止。(《杕杜》)

出宿于**泲**,饮饯于**祢**。女子有行,远父母兄**弟**。问我诸姑,遂及伯**姊**。(《泉水》)

劙,吕支切,《广韵》:"分破也。"劙,郎计切,《广韵》:"割破。"蠡,《说文》:"虫啮木中也。"段玉裁注:"蠡之言剺也,如刀之剺物。"《方言》:"参、蠡,分也。齐曰参,楚曰蠡,秦晋曰离。"郭注:"蠡谓分割也,音丽。"蠡,繁化为"劙"。《方言》:"劙,解也。"《荀子·强国》:"剥脱之,砥厉之,则劙盘盂、刎牛马忽然耳。"杨倞注:"劙,割也,音戾。"蠡和剺是同族词。剺,《说文》:"剥也,划也。"剺,里之切,《广韵》:"剥也。"

世之祸恶贤士,子胥见杀、百里**徙**。穆公得之,强配五伯、六卿**施**。(《荀子·成相》)

徙,斯氏切,《广韵》:"移也。"《说文》:"辿,迻也,从辵止声。""徙"是会意字而非形声字。襹,所寄切,《广韵》:"褷襹,毛羽衣貌。"襹,所宜切,《广韵》:"褷襹,毛羽衣貌;褷,上同。"纚,所绮切,《广韵》:"韬发者,又飒纚,长绅貌;縰,上同。"《释名》:"纚,簁也,粗可以簁物也。"簁,所宜切,《广韵》:"下物竹器,又所绮切。"簁,所绮切,《广韵》:"箩也,《说文》曰'簁箄,竹器也'。"躧,所绮切,《广韵》:"躧步也,又作'蹝',《说文》曰'舞履也'。"《吕氏春秋·长见》:"视释天下若释躧。"屣,《广韵》:"履不蹑跟,所绮切。"屣,《广韵》:"履不蹑跟,《孟子》曰'舜去天下如脱敝屣',所寄切,又所绮切。"又《吕氏春秋·观表》:"视舍天下若舍屣。"高注:"屣,敝履。"

麗,《说文》:"两耦也。"麗,字即"娌"。《广雅》:"娌,二也。"

兮,胡鸡切,《广韵》:"语助。"《诗经·伐檀》:"坎坎伐檀兮,寘之河之干兮,河水清且涟猗……坎坎伐辐兮,寘之河之侧兮,河水清且直猗……坎坎伐轮兮,寘之河之漘兮,河水清且沦猗。""兮"和"猗"押韵。《诗经·麟之趾》:"于嗟,麟兮。""兮"和"嗟"押韵。《诗经·绸缪》:"子兮子兮,如此良人何。""兮"和"何"押韵。"兮"

的韵母跟歌部-ar接近。兮，归齊韵，上古属笄部。《尚书·秦誓》："如有一介臣，断断猗无他技。"《礼记·大学》："《秦誓》曰'若有一个臣，断断兮，无他技'。"

瓕，武移切，《广韵》："益也，长也，久也。"《广雅》："瓕，久也。"王念孙："瓕，与镾通。""镾"是后起区别字。镾，武移切，《广韵》："长久。"爾，儿氏切，《广韵》："《说文》云'丽爾，犹靡丽也。'"《诗经·采薇》："彼爾维何，维常之华。"传："爾，花盛貌。"朱骏声："即本义之转注。"《诗经·载驱》："四骊济济，垂辔濔濔。"《经典释文》："爾爾，本亦作濔，同乃礼反，注同，众也。"如此看来，"瓕"是个会意字。"瓕"和"爾"本是两个不同的系统，个别因省"弓"而跟"爾"声混。瀰，《广韵》："《诗》曰'河水瀰瀰'，水盛貌也，绵婢切。"濔，《广韵》："水流貌，绵婢切。"《周礼·春官·宗伯》："宁风旱，瓕灾兵，远罪疾。"郑注："瓕读曰敉。"(《广韵》："敉，抚也，爱也，安也，绵婢切。")

弭，绵婢切，《广韵》："弓末，又息也，亦无缘弓也。"《说文》："弭，弓无缘，可以解辔纷者。弭，或从儿。"杨树达考证，"耳"声、"而"声字有小义。弭，当是从弓从耳，会意。《左传·僖公十二年》："其左执鞭弭，右属櫜鞬，以与君周旋。"杜注："弭，弓末无缘者。"《经典释文》："弭，穆尔反，弓末也；《尔雅》云'弓有缘者谓之弓，无缘者谓之弭'。"弭，《集韵》："通作'瓕'。"《荀子·礼论》："瓕龙所以养威也。"杨注："瓕，如字，又读为弭。弭，末也，谓金饰衡轭之末为龙首也。"段玉裁注："弭可以解纷，故引申之训止。"《左传·成公十六年》："若之何忧犹未弭。"杜注："弭，息也。"渳，绵婢切，《广韵》："水貌，《说文》饮。"瀰，绵婢切，《广韵》："《诗》曰'河水瀰瀰'，水盛貌也。"《诗经·新台》："新台有泚，河水瀰瀰。燕婉之求，籧篨不鲜。"《经典释文》："瀰，穆尔反，徐又莫启反，《说文》云'水满也'。""瀰""鲜"合韵。弭声入齊韵和支韵，跟之部语音演变不同，属于笄部。

天子是**毗**，俾民不**迷**。(《节南山》)
天之方**懠**，无为夸**毗**。威仪卒**迷**，善人载**尸**。(《板》)

通常"米"声字归脂部。"迷"从"米"声，《诗经》韵脂部。"米"声字,中古归齊韵和支韵。罙,武移切,《广韵》:"罙入也,冒也,周行也。"此字《说文》作"罙"。罙,《说文》:"冒行也,从网米声,《诗》曰'罙入其阻'。"罙,武移切,《广韵》:"罟。"敉,绵婢切,《广韵》:"抚也,爱也,安也。"敉,《说文》:"抚也,从攴米声,《周书》曰'亦未克敉公功',读若弭。"《尔雅》:"怃、敉,抚也。"《经典释文》:"敉,亡婢反,郭敷靡反,孙敷是反。"《尚书·洛诰》:"亦未克敉。"《经典释文》:"敉,亡婢反。"《周礼·春官·宗伯》:"宁风旱,彌裁兵。"郑注:"彌读曰敉。敉,安也。"《周礼·春官·宗伯》:"春招弭以除疾病。"郑注:"杜子春读弭如彌兵之彌。玄谓弭读为敉,字之误也。敉,安也。"脂部中古不当入支韵,而"米"声入支韵且"敉"跟"彌""弭"通,当归笄部。

这些字本应该归笄部,但被归入了脂部、支部或歌部。笄部为韵母-er,而与之合韵的肩部则应该是韵母-el。笄部-er韵母可以跟脂部-ir韵母合韵,也可以跟歌部-ar韵母合韵。同样,肩部的-el韵母也可以跟真部-il韵母合韵,也可以跟元部-al韵母;自然也可以跟肩部-en韵母合韵。肩部介于真部和寒部之间,是联系真部和寒部的纽带。

表4.16　歌部、笄部、脂部上古读音表

i	-i 支	-ik 錫	-iŋ 耕	-ir 脂	-it 質	-il 真	-in 真
e	-e 之	-ek 職	-eŋ 蒸	-er 笄	-et 契	-el 肩	-en 肩
a	-a 魚	-ak 鐸	-aŋ 陽	-ar 歌	-at 曷	-al 寒	-an 寒

第四节　o元音韵母

自清儒以来,学者所归纳的韵部里面,A组韵部有六组,而B组韵部只有三组。两者在分布上很不匹配。传统的元部/月部,董同龢一分为二。这一观点得到了郑张尚芳、白一平、潘悟云等学者的赞同。雅洪托夫从传统的歌部/元部/月部中分出元音为圆唇元音的一个支派。这一观点也得到包拟古、郑张尚芳、潘悟云等学者的支持。在本章第一节中,我们已经讨论过了主元音为前低元音a的歌部/寒韵/曷部，而这一节要讨论的则是主元音为圆唇元音 o 的传统歌部/寒韵/曷部。为了便于区别，我们把这三个韵部命名为朵部/短部/掇部。

采采芣苢，薄言**掇**之。《经典释文》："掇，都夺反，一音知劣反。"采采芣苢，薄言**捋**之。《经典释文》："捋，力活反。"(《芣苢》)

陟彼南山，言采其**蕨**。未见君子，忧心**惙惙**。亦既见止，亦既觏止，我心则**说**。(《草虫》)

蔽芾甘棠，勿翦勿**拜**，笺云："拜之言拔也。"召伯所**说**。(《甘棠》)

士之耽兮，犹可**说**也；女之耽兮，不可**说**也。(《氓》)

蜉蝣掘**阅**，麻衣如**雪**。心之忧矣，于我归**说**。(《蜉蝣》)

彼都人士，台笠缁**撮**。彼君子女，绸直如**发**。我不见兮，我心不**说**。(《都人士》)

柞棫**拔**矣，行道**兑**矣。混夷**駾**矣，《经典释文》："駾，徒对反。"维其**喙**矣。《经典释文》："喙，许秽反。"(《绵》)

帝省其山，柞棫斯**拔**，松柏斯**兑**。(《皇矣》)

人有民人，女覆**夺**之。此宜无罪，女反**收**之。彼宜有罪，女覆**说**之。(《瞻卬》)

舒而脱**脱**兮，无感我**帨**兮，无使尨也**吠**。《经典释文》："吠，符废反。"(《野有死麕》)

死生契**阔**，《经典释文》："阔，苦活反。"与子成**说**。(《击鼓》)

于嗟**阔**兮，不我**活**兮。(《击鼓》)

河水洋洋，北流活**活**。施罛濊濊，鳣鲔發**發**。《经典释文》："发，补末反。"(《硕人》)

播厥百谷，实函斯**活**。驿驿其达，有厌其**杰**。(《载芟》)

匪饥匪**渴**，德音来**括**。(《车舝》)

天之方**蹶**，无然泄**泄**。(《板》)

取羝以**軷**，《经典释文》："軷，蒲末反。"载燔载**烈**，以兴嗣**岁**。(《生民》)

一之日觱**發**，二之日栗**烈**。无衣无**褐**，何以卒**岁**。(《七月》)

夜如何其，夜未**艾**。庭燎晣**晣**，君子至止，鸾声哕**哕**。(《庭燎》)

俾尔昌而**大**，俾尔耆而**艾**。万有千**岁**，眉寿无有**害**。(《閟宫》)

其旂茷**茷**，鸾声哕**哕**。无小无**大**，从公于**迈**。(《泮水》)

玄王桓拨,受小国是达,受大国是达,率履不越,遂视既發。相土烈烈,海外有截……武王载旆,有虔秉钺,如火烈烈,则莫我敢曷。苞有三蘖,莫遂莫达。九有有截,韦顾既伐,昆吾夏桀。(《长发》)

深则厉,浅则揭。(《匏有苦叶》)

载脂载辖,还车言迈。遄臻于卫,不瑕有害。(《泉水》)

葭菼揭揭,庶姜孽孽,庶士有朅。(《硕人》)

伯兮朅兮,邦之桀兮。(《伯兮》)

有狐绥绥,在彼淇厉。心之忧矣,之子无带。(《有狐》)

谷旦于逝,越以鬷迈。(《东门之枌》)

匪风發兮,匪车偈兮。顾瞻周道,中心怛兮。(《匪风》)

忧心烈烈,载饥载渴。(《采薇》)

今兹之正,胡然厉矣。燎之方扬,宁或灭之。(《正月》)

或哲或谋,或肃或艾。如彼泉流,无沦胥以败。(《小旻》)

乘马在厩,摧之秣之。君子万年,福禄艾之。(《鸳鸯》)

南山烈烈,飘风發發。民莫不谷,我独何害。(《蓼莪》)

维南有箕,载翕其舌。维北有斗,西柄之揭。(《大东》)

冬日烈烈,飘风發發。民莫不谷,我独何害。(《四月》)

间关车之辖兮,思娈季女逝兮。(《车辖》)

有菀者柳,不尚愒焉。上帝甚蹈,无自瘵焉。俾予靖之,后予迈焉。(《菀柳》)

彼都人士,垂带而厉。彼君子女,卷发如虿。我不见兮,言从之迈。(《都人士》)

民亦劳止,汔可小愒。惠此中国,俾民忧泄。无纵诡随,以谨丑厉。式遏寇虐,无俾正败。戎虽小子,而式弘大。(《民劳》)

人亦有言,颠沛之揭。枝叶未有害,本实先拨。殷鉴不远,在夏后之世。(《荡》)

莫扪朕舌,言不可逝矣。(《抑》)

出纳王命,王之喉舌。赋政于外,四方爰發。(《烝民》)

以上是传统月部《诗经》的所有押韵情况。传统月部,《广韵》分为入声曷韵/末韵/鎋韵/黠韵/月韵/薛韵/屑韵等。此外,还有去声多个韵。依照语音演变条件，传统月部应该包括几个原先没有分开且主元音也不同的韵母。跟齿龈音组合的月部合口《诗经》中不跟月部开口押韵，而跟软腭音组合的月部合口既可以跟月部合口押韵也可以跟月部开口押韵。跟唇音组合的月部尽管既可以跟月部合口押韵也可以跟开口押韵，但是《诗经》中同样展示出某种不同："犮"声符字只跟合口押韵，而"發"声符字可以跟合口、开口押韵，而且跟与齿龈音组合的月部字押韵的只能是"犮"声符字。可见，传统月部至少包含两个韵母。

我心匪石，不可**转**也。我心匪席，不可**卷**也。威仪棣棣，不可**选**也。(《柏舟》)

静女其**娈**，贻我彤**管**。(《静女》)

庶见素**冠**兮，棘人栾**栾**兮，劳心慱**慱**兮。(《素冠》)

婉兮娈兮，总角**丱**兮。(《甫田》)

猗嗟**娈**兮，清扬**婉**兮。舞则**选**兮，射则**贯**兮。四矢**反**兮，以御**乱**兮。(《猗嗟》)

笃公刘，于豳斯**馆**。涉渭为**乱**，取厉取**锻**。(《公刘》)

溥彼韩城，燕师所**完**。以先祖受命，因时百**蛮**。(《韩奕》)

卢重**环**，其人美且**鬈**。(《卢令》)

野有蔓草，零露**漙**兮。有美一人，清扬**婉**兮。邂逅相遇，适我**愿**兮。(《野有蔓草》)

适子之**馆**兮，还予授子之**粲**兮。(《缁衣》)

A 乘彼垝**垣**，以望复**关**。B 不见复**关**，泣涕涟**涟**。既见复**关**，载笑载**言**。(《氓》)

靡圣管**管**，不实于**亶**。犹之未**远**，是用大**谏**。(管、远可以认为不入韵)(《板》)

檀车**幝幝**，四牡**痯痯**，征夫不**远**。(**痯**，也可以不入韵)(《杕杜》)

彼泽之陂，有蒲与**蕑**。有美一人，硕大且**卷**。寤寐无为，中心悁**悁**。(《泽陂》)

子之**还**兮，遭我乎猺之**间**兮。并驱从两**肩**兮，揖我谓我**儇**兮。

(《还》)

十亩之间兮,桑者闲闲兮,行与子还兮。(《十亩之间》)

考盘在涧,硕人之宽。独寐寤言,永矢弗谖。(《考盘》)

瑟兮僩兮,赫兮咺兮。有匪君子,终不可谖兮。(《淇奥》)

帝谓文王,无然畔援。无然歆羡诞,先登于岸。(《皇矣》)

子之清扬,扬且之颜也。展如之人,邦之媛也。(《君子偕老》)

既不我嘉,不能旋反。视尔不臧,我思不远。(《载驰》)

东门之墠,茹藘在阪。其室则迩,其人甚远。(《东门之墠》)

伐柯伐柯,其则不远。我觏之子,笾豆有践。(《破斧》)

伐木于阪,酾酒有衍。笾豆有践,兄弟无远。民之失德,干糇以愆。(《伐木》)

骍骍角弓,翩其反矣。兄弟昏姻,无胥远矣。尔之远矣,民胥然矣。(《角弓》)

王公伊濯,维丰之垣。四方攸同,王后维翰。(《文王有声》)

价人维藩,大师维垣。大邦维屏,大宗维翰。(《板》)

穀旦于差,南方之原。不绩其麻,市也婆娑。(《东门之枌》)

脊令在原,兄弟急难。每有良朋,况也永叹。(《常棣》)

薄伐猃狁,至于大原。文武吉甫,万邦为宪。(《六月》)

笃公刘,于胥斯原。既庶既繁,既顺乃宣,而无永叹。陟则在巘,复降在原。(《公刘》)

一个韵部,软腭音分开口、合口两类,而唇音和齿龈音却只有开口或合口一类。传统歌部、元部和月部则不同,齿龈音有开口和合口两类。足见,传统歌部、元部和月部实际上至少包含展唇元音和圆唇元音两个不同主元音的韵母。前面我们已经讨论了上古汉语主元音为展唇元音的歌部、寒部和曷部。通过对《诗经》押韵的分析,我们仍能看出歌部、寒部、曷部不跟与齿龈音组合的合口韵押韵。这跟与合口韵组合的齿龈音从不跟与开口韵组合的齿龈谐声一致。足见,传统歌部、元部和月部确实如雅洪托夫所说包含一组以圆唇元音为主元音的韵母。《诗经·瞻卬》"夺、收、说"押韵,但处于句末语词"之"之前。"夺""说"带的都是齿龈塞音韵尾-t,而"之"的起首声母正是齿龈塞音-t。因语流音变，后一个语词的声母容易变成前一个语词的韵尾，即使“收”也带上了齿龈塞音韵尾-t。收，上古汉语属于幽部-u。这正说明掇部的主元音也是圆唇元音。

学者多已经讨论过朵部、短部和掇部跟侯部匹配，两者甚至可以谐声、异读，如“懦(愞)”。懦，《广韵》：“弱也，人朱切，又乃乱切。”“愞”，《广韵》：“弱也，或从需，乃卧切，又乃乱切。”既然侯部的主元音是圆唇元音-o，那么跟侯部匹配的朵部、短部、掇部的主元音自然也应该是圆唇元音-o。汉藏语系语言，圆唇元音 o 和复合元音 ua 之间的相互演变常见，试比较嘉戎语 swɑ 和藏语 so“牙齿”。我们知道，《诗经》的跨度达数百年，其中必然有过语言的历史音变。依据《诗经》的押韵情况，我们认为与软腭音组合的圆唇元音-o 在一些方言已经向复合元音韵母-ua 演变。但是，《诗经》跟寒部、曷部押韵的是跟软腭音组合的短部和掇部，而跟齿龈音组合的短部和掇部则保持独立。这说明跟齿龈音组合的短部和掇部主元音仍然是圆唇元音，而跟软腭音组合的短部和掇部主元音已经开始向复合元音演变。

彼采**葛**兮，一日不见，如三**月**兮。(《采葛》)

君子于役，不日不**月**，曷其有**佸**。鸡栖于**桀**，日之夕矣，羊牛下**括**。君子于役，苟无饥**渴**。(《君子于役》)

挑兮**达**兮，在城**阙**兮。一日不见，如三**月**兮。(《子衿》)

东方之**月**兮，彼姝者子，在我**闼**兮。在我**闼**兮，履我**發**兮。(《东方之日》)

诞弥厥**月**，先生如**达**。不坼不副，无菑无**害**。(《生民》)

十亩之**外**兮，桑者泄**泄**兮，行与子**逝**兮。(《十亩之间》)

A 蟋蟀在堂，岁聿其**逝**。今我不乐，日月其**迈**。B 无已大康，职思其**外**。好乐无荒，良士蹶**蹶**。(《蟋蟀》)

鼓钟于宫，声闻于**外**。念子懆懆，视我迈**迈**。(《白华》)

首句不一定入韵而第三句一般不入韵，如《东方之日》《生民》首句的“月”。传统软腭音月部合口，《诗经》“风”或“小雅”可以跟曷部押韵，而“大雅”从不跟曷部押韵，比如“月”和“外”。足见，很早的时候，跟软腭音组合的韵母-ot已经向韵母-uat演变。因主元音是圆唇元音o,所以掇部(短部)可以跟物部(文部)押韵,甚至文字替换。

萚兮萚兮,风其**吹**女。叔兮伯兮,倡予**和**女。(《萚兮》)

习习谷风,维山崔**嵬**。无草不死,无木不**萎**。忘我大德,思我小**怨**。(《谷风》)

俴驷孔**群**,厹矛鋈**錞**,蒙伐有**苑**。(《小戎》)

朵部、短部可以跟微部、文部合口合韵,但是不能跟微部、文部开口合韵。朵部、短部的主元音是-o,而微部合口的主元音是-u,见下。故此,两者自然因语音主位相近而出现合韵。嵬、萎、怨之间不过是-ur/-or/-ol之间的合韵,群、錞、苑之间也只是-ul/-ol之间的合韵而已。《诗经》押韵仅仅要求两者之间的韵母相近而已,两者相同当然最好;但是并没有要求两者韵母必须相同。正如王力(1980)所说:"严格地说,上古汉语韵部与上古汉语韵母系统不能混为一谈。凡韵母相近者,就能押韵;然而我们不能说,凡押韵的字,其韵母必完全相同,或其主元音相同。"因而我们在决断某字归某部的时候,首先考虑的不应该是《诗经》中的押韵而应该是中古汉语读音。清儒包括一些现代的学者在分割韵部的时候,往往只考虑《诗经》的押韵,而以《诗经》的押韵随意来分割《切韵》。董同龢(1948)微部合口一等有灰韵和戈韵,二等有皆韵,三等有脂韵、微韵、支韵。很显然,一个韵部的一等不可能有两类,三等不可能有三类。"逶"字董同龢既入歌部合口又入微部合口,显然是自相矛盾。传统歌部合口本有戈韵、支韵和麻韵,我们把列入微部的戈韵和支韵并入到歌部,问题就很自然地解决了。"委"声符字,《广韵》有歌韵合口和支韵合口两种读音,正是极其常见的一等和三等谐声关系。圆唇元音o和u因读音接近,某些字本属于朵部的而被学者归进了微部(即追部)。董同龢归入微部的戈韵、支韵字都应该归入歌部合口,即朵部。

酇,作管切,《广韵》:"五百家也,又五乡为酇;《周礼》曰'四里为酇,五酇为鄙'。"酇,在丸切,《广韵》:"酇,聚也。"酇,《说文》:"百家为酂，酂四里也，从邑赞声。"《周礼·地官·司徒》："四里为酂，五酂为鄙。"《经典释文》："酂，作管反。""酂"和"聚"是同族词。聚，慈庾切，《广韵》："众也，共也，敛也。《说文》'会也，邑落云聚'。"

赞，则旰切，《广韵》："佐也，出也，助也，见也。"酂，从"赞"声。然而，"酂"合口而"赞"开口。不过，作为专有名词，"酂"也为开口。酂，则旰切，《广韵》："县名，在南阳。"穳，徂赞切，《广韵》："禾肥死，又在丸切。"固然，藏语的元音 a/o 可以交替表达不同的语法形态意义。但是，我们还难以把这种谐声关系解释为是一种元音交替。因为，具有这种开口和合口谐声的事例并不多见。因而我们暂且认为这是一种语音演变关系，不论是开口变成开口还是合口变开口，现代汉语包括方言都不乏有这样的例子。

大车哼**哼**，毳衣如**璊**。岂不尔思，畏子不**奔**。(《大车》)

璊，清段玉裁归文部，朱骏声归元部(乾部)。璊，莫奔切，《广韵》："玉色赤也。"《诗经·大车》传："璊，赪也。"《经典释文》："璊，音门，赪也。"《说文》："璊，玉䞓色也，从玉㒼声。禾之赤苗谓之虋，言璊玉色如之。"虋，莫奔切，《广韵》："赤梁粟也。"虋，《尔雅》："赤苗。"注："今之赤粱粟。"《经典释文》："虋，《字林》亡昆反，郭亡津反。"璊，从㒼声，而从㒼声之字除数字入魂韵其余一律入桓韵，且入魂韵字有桓韵异读。

樠，莫奔切，《广韵》："木名；母官切"。《广韵》："木名，松心。"
懣，模本切，《广韵》："愁闷也；莫旱切"。《广韵》："烦闷。"
懣，莫困切，《广韵》："烦也"。

懣，《说文》："烦也，从心满声。"段玉裁注："懣，古亦假满为之。"《玄应音义》卷八："懣，古文㒼同。"《礼记·问丧》："悲哀志懣气盛。"《经典释文》："志懣：亡本反，又音满，范音闷。"《汉书·石显传》："忧满不食。"颜师古注："满，读曰懣。"依据谐声关系以及中古读音，"㒼"声字当归主元音为后元音-o 的短部。

冕,亡辨切,《广韵》:“冠冕。絻,上同。”絻,亡运切,《广韵》:“丧服,亦作免。”

娩,亡辨切,《广韵》:“生子娩身。”娩,亡运切,《广韵》:“生也。”

娩,无远切,《广韵》:“子母相解。”

嬔,芳万切,《广韵》:“嬔息也,一曰鸟伏乍出。”

娩,芳万切,《广韵》:“《说文》云‘兔子也’。”

脕,无远切,《广韵》:“色肥泽。”莬,亡运切,《广韵》:“新生草也。”脕,上同。

脕,无贩切,《广韵》:“肌泽。”脕,亡运切,《广韵》:“郑玄云‘柔谓脆脕之时’。”《诗·采薇》:“薇亦柔止。”笺:“柔谓脆脕之时。”《经典释文》:“脕音问,或作早晚字,非也。”《玉篇》:“脕,无阮、无怨二切,色肥泽也。又音问,新生草也。”

絻,亡运切,《广韵》:“丧服,亦作免。”《仪礼·士丧礼》:“主人免于房。”注:“今文免皆作絻。”《左传·哀公二年》:“使大子絻。”《经典释文》:“絻,音问,丧冠也。”《左传·哀公十二年》:“季氏不絻,放经而拜。”《经典释文》:“絻,音问。”冕,《广韵》:“冠冕,亡辨切。絻,上同,又音问。”《仪礼·既夕礼》:“商祝免袒。”注:“今文免作絻。”

莬,亡运切,《广韵》:“新生草也。脕,上同,《诗》曰‘微亦柔止’,郑玄云‘柔谓脆脕之时’。”《诗经·采薇》:“采薇采薇,薇亦柔止。”笺:“柔谓脆脕之时。”《经典释文》:“脕,音问,或作早晚字,非也。”脕,无远切,《广韵》:“色肥泽。”脕,无贩切,《广韵》:“肌泽。”《楚辞·远游》:“玉色頩以脕颜兮。”注:“脕,一作曼。”

从“免”声字,绝大部分《广韵》入元韵、仙韵以及桓韵,但也有几个字读入文韵(問韵)。“免”声字,清儒或入元部或入文部。“免”声字当入短部-on。因与之组合的声母为唇鼻音,受唇鼻音的影响,个别混进了諄部-un。这几个读問韵的“免”声字都有元韵或仙韵异读。免,见于金文,本像人戴帽之形状,可以指“冕”也可以指“絻”。“絻”本就是“冕”,前者只出现在丧礼上。为了区别两者,后者变调读去声。

新台有**洒**,河水浼**浼**。燕婉之求,籧篨不**殄**。(《新台》)

浼，武罪切，《广韵》："水流平貌。潣，上同。"潣，眉殒切，《广韵》："水流浼浼貌。"

浼，谟官切，《集韵》："污也，《孟子》'汝安能浼我'。"《孟子·公孙丑上》："虽袒裼裸裎于我侧，尔焉能浼我哉。"注："浼，污也。"浼，即漫。《吕氏春秋·诚廉》："豪士之自好者，其不可漫以污也，亦犹此也。"《荀子·非十二子》："今之所谓士仕者，污漫者也。"漫，莫半切，《广韵》："大水。"《说文》："滔，水漫漫大貌。"《方言》："泛、浼，洿也。自关而东或曰洼，或曰泛，东齐海岱之间或曰浼或曰潣。"郭注："浼，音漫。"《经典释文》："洒，七罪反，韩《诗》作漼，音同，云鲜貌。浼，每罪反，韩《诗》作浘，浘音尾，云盛貌。"音"七罪切"是"漼"的训读。漼，即"璀"，《广韵》音"七罪切"。《说文》："璀，璀璨，玉光也。"既然已经把"洒"读成"七罪切"，"浼"跟着读成"武罪切"。

叡，以芮切，《广韵》："圣也。睿，上同。"《说文》："叡，深明也，通也。睿，古文叡。"濬，私闰切，《广韵》："深也。"《说文》："容，深通川也。濬，古文容。"《韩非子·显学》："昔禹决江濬河而民聚瓦石。"《尔雅》："濬，深也。"《经典释文》："濬，音峻。"《诗经·长发》："濬哲维商，长发其祥。"传："濬，深。"《经典释文》："濬音峻。"璿，《说文》："美玉也，从玉睿声，《春秋传》曰'璿弁玉缨'。"璿，《广韵》："玉名，似宣切。"

从"睿"声字上古汉语属于小舌音，后演变成带唇介音-w-的软腭音。跟唇音相同，跟小舌音组合的圆唇元音 o，后受到唇介音-w-的影响，进一步演变成了中古汉语的圆唇元音 u。于是，个别如"睿"声字归入《广韵》的諄韵-iun。这种语音演变涉及的只是个别语词。依据陆德明《经典释文》的注音，这个别语词应该是某些方言的读音。

第五节 u元音韵母

暂且不考虑二等，传统微部《广韵》有一等灰韵和三等微韵、脂韵。微韵是一个不齐全的韵，只有唇音和软腭音而没有齿龈音。微韵又是一个开口和合口混杂的韵。在所谓的乙类韵中，开口和合口往往反映出上古汉语主元音的不同。因而我们用希部/欣部/迄部代表传统微部/文部/物部开口,而用追部/諄部/術部代表微部/文部/物部合口。

追,陟隹切,《广韵》:“逐也,随也。”鎚,《广韵》:“治玉也,《周礼》作追,都回切。”《诗经·棫朴》:“追琢其章,金玉其相。”传:“追,雕也。金曰雕,玉曰琢。”《经典释文》:“追,对回反。”《周礼·天官·冢宰》:“追师:下士二人。”注:“追,治玉石之名。”《经典释文》:“追,丁回反。”琱,都聊切,《广韵》:“琱琢。”

隹,职追切,《广韵》:“《说文》曰‘鸟之短尾者总名’。”《说文》:“隹,鸟之短尾总名也,象形。”鸟,都了切,《广韵》:“《说文》曰‘长尾禽总名也’。”《说文》:“隼,鵻,或从隹一。”鵻,《广韵》:“鸟名,职追切。”雕,《广韵》:“鹗属,都聊切。”

谁,视隹切,《广韵》:“何也。”《说文》:“谁,何也。”《诗经·采蘋》:“谁其尸之,有齐季女。”《诗经·行露》:“谁谓雀无角,何以穿我屋。”畴,《广韵》:“谁也,直由切。”《尚书·尧典》:“帝曰:畴咨若时登庸。”注:“畴,谁也。”

椎,传追切,《集韵》:“《说文》‘击也’。”椎,《说文》:“所以击也,从木隹声。”捣,都晧切,《广韵》:“捣筑。”《说文》:“捣,手推也,一曰筑也。”《诗经·小弁》:“我心忧伤,惄焉如捣。”《经典释文》:“捣,丁老反。”《管子·度地》:“杜曲则捣毁。”

隈,乌恢切,《广韵》:“水曲也。”《说文》:“隈,水曲隩也。”隩,乌到切,《广韵》:“《说文》曰‘水隈崖也’。”《管子·形势》:“大山之隈。”注:“隈,山曲也。”

鬼,《说文》:“人所归为鬼。”《吕氏春秋·行论》:“昔者纣为无道,杀梅伯而醢之,杀鬼侯而脯之。”《吕氏春秋·过理》:“刑鬼侯之女而取其环。”《史记·鲁仲连列传》:“九侯有子而好,献之于纣。”《史记·殷本纪》:“九侯有好女,入之纣。”集解:“一作‘鬼侯’。”

上古汉语有后高圆唇元音-u。那么,依照上古汉语的音系,也应该与齿龈音韵尾组成诸如-ur/-ul/-ut/-un类型的韵母。前面已经讨论了,幽部上古汉语是-u。仔细考察上古汉语,我们就会发现幽部跟追部/諄部/術部有比较密切的关系。幽部和追部/諄部/術部不仅可以组成同族词甚至偶尔也可以谐声，比如“媪”。媪，乌晧切，《广韵》：“女老称。”《说文》：“媪，女老称也。从女昷声，读若奥。”既然幽部的主元音是-u，那么可以跟幽部组成同族词甚至可以谐声的追部/諄部/術部的主元音自然也应该是-u。

陟彼崔**嵬**，我马虺**隤**；我姑酌彼金罍，维以不永**怀**。（《卷耳》）

南有樛木，葛藟**累**之；乐只君子，福履**绥**之。（《樛木》）

曀曀其阴，虺虺其**雷**；寤言不寐，愿言则**怀**。（《终风》）

王事**敦**我，政事一埤**遗**我；我入自外，室人交遍**摧**我。（《北门》）

南有樛木，甘瓠**累**之。君子有酒，嘉宾式燕**绥**之。（《南有嘉鱼》）

戎车啴啴，啴啴焞焞，如霆如**雷**；显允方叔，征伐猃狁，蛮荆来**威**。（《采芑》）

昊天已**威**，予慎无**罪**。（《巧言》）

习习谷风，维风及**颓**；将恐将惧，寘予于**怀**；将安将乐，弃予如**遗**。（《谷风》）

习习谷风，维山崔**嵬**；无草不死，无木不**萎**。忘我大德，思我小**怨**。（《谷风》）

乘马在厩，秣之**摧**之。君子万年，福禄**绥**之。（《鸳鸯》）

A 旱既大甚，则不可**推**。兢兢业业，如霆如**雷**。**B** 周余黎民，靡有孑**遗**。昊天上帝，则不我**遗**。**C** 胡不相**畏**，先祖于**摧**。（《云汉》）

薄言**追**之，左右**绥**之。（《有客》）

仲可**怀**也，父母之言，亦可**畏**也。（《将仲子》）

无俾城**坏**，无独斯**畏**。（《板》）

既曰**归**止，曷又**怀**止。（《南山》）

不可**畏**也，伊可**怀**也。（《东山》）

死丧之**威**，兄弟孔**怀**。（《常棣》）

南山崔**崔**，雄狐绥**绥**；鲁道有荡，齐子由**归**。（《南山》）

既曰**归**止，曷又**怀**止。（《南山》）

泂酌彼行潦，挹彼注兹，可以濯**罍**；岂弟君子，民之攸**归**。（《泂酌》）

怀哉**怀**哉，曷月予还**归**哉。（《扬之水》）

跟齿龈音组合的追部,《诗经》跟追部押韵而从不跟希部押韵。足见,追部和希部的主元音原本就不一样。雅洪托夫从传统微部切分出一个主元音为后高圆唇元音-u 的韵部。这一观点得到国内外学者的赞同,如郑张尚芳(1987)、潘悟云(2000)等。郑张尚芳把传统的微部分割为两个不同的韵部,分别称微$_1$部和微$_2$部,而微$_2$部的主元音为后高圆唇元音-u。很显然,圆唇元音 u 也应该与齿龈音-n/-t/-r/-l 组成韵母。雅洪托夫、郑张尚芳对微部的再切割符合《诗经》押韵实际,也跟谐声事实一致。

表 4.17　追部藏语对应表

帷	有悲切	《广韵》:《说文》曰"在旁曰帷"。	gur	帐幕,帐篷
隈	乌恢切	《管子・地形》注:曲也。	sgur-ba	弯曲、曲而不直
摧	昨回切	《说文》:挤也。	gtɕur-ba	挤、夹紧
摧	昨回切	《诗经・北门》:室人交遍摧我。	gtɕur-ba	迫使、逼进、强力压迫
摧	昨回切	《尔雅》:至也。	ɦtɕhur-ba	或体 ɦ-dʑur-ba,到达
罪	徂贿切	《说文》:犯法也。	ɦdʑur-ba	惩治(犯罪)
贵	居胃切	《广雅》:尊也。	bkur-ba	供奉、承侍
馈	求位切	《广韵》:饷也。	skur-ba	授予、交给
遂	徐醉切	《说文》:亡也。	ɦdur-ba	且跳且跑
遂	徐醉切	《国语・周语》注:犹顺也。	ɦdur-ba	服帖、顺从

上表藏语材料来自《藏汉大辞典》(张怡荪编,1999)。

前面已经列举了諄部跟藏语-ul 韵母对应,而上述是追部(術部)跟藏语-ur 韵母对应的例子。幽部跟藏语的-u 对应,而追部跟藏语的-ur 韵母对应。两者之间的语音关系正跟幽部和追部的语音关系正相平行。如此看来，追部/諄部/術部的主元音确实如雅洪托夫假设，跟幽部的主元音相同，都是后高圆唇元音-u。

衰，楚危切，《广韵》："小也，减也，杀也。"

衰，所追切，《广韵》："微也。"

蓑，素回切，《广韵》："蓑蓑，蕊下垂貌。"

蓑，苏禾切，《广韵》："草名，可为雨衣。"

蓑，仓回切，《广韵》："丧衣，长六寸、傅四寸，亦作衰。"

微部合口《广韵》分灰韵和脂韵，歌部合口《广韵》分戈韵和支韵，两者有较清晰的界线。"衰"声符有"衰"和"蓑"两字读入戈韵和支韵，其余读灰韵和脂韵。《周礼·冬官·考工记》郑注："杀，衰小之也。"《经典释文》："衰小，刘初危反，一音如字。"经师辨别意义而读成"初危反"。显然，这两个读音是由圆唇元音 u 变入圆唇元音 o。

凤兮凤兮，何德之**衰**也。往者不可谏也，来者犹可**追**也。（《论语·微子》）

凤兮凤兮，何如德之**衰**也。来世不可待，往世不可**追**也。（《庄子·人间世》）

余幼好此奇服兮，年既老而不衰。带长铗之陆离兮，冠切云之崔嵬。（《涉江》）

很显然，"衰"声字应该属于追部。"衰"，是"蓑"的本字。《诗经·无羊》："尔牧来思，何蓑何笠。"《经典释文》："蓑，素戈反，草衣也。"可见，"蓑"早就已经被读成了戈韵。这主要是韵母-ur 和-or 读音接近，某些方言把韵母-ur 并入-or。随着语音的演变，上古汉语的韵母-or/-o̱r 变成了韵母-uɑ 和-iwɛi。学者仅仅依据韵书《广韵》的读音上推，导致原本属于追部的被归到了朵部。

南有樛木，葛藟**累**之。乐只君子，福履**绥**之。（《樛木》）

南有樛木，甘瓠**累**之。君子有酒，嘉宾式燕**绥**之。（《南有嘉鱼》）

南山崔崔，雄狐绥绥。鲁道有荡，齐子由归。(《南山》)
乘马在厩，秣之摧之。君子万年，福禄绥之。(《鸳鸯》)
薄言追之，左右绥之。(《有客》)

除了“妥”一字，其余“妥”声字都归入灰韵和脂韵。“妥”和“绥”本就属于一对同族词。妥，《广韵》音“他果切”；绥，《广韵》音“息遗切”。语词“妥”读果韵是圆唇元音u混入o的结果。《仪礼·士虞礼》：“主人及祝拜妥尸。”《经典释文》：“妥尸，他果反，刘汤回反，坐安也。”《仪礼·特牲馈食礼》：“主人拜妥尸。”《经典释文》：“妥尸，他果反，刘汤回反。”显然，依照规则应该读“汤回切”而不是“他果切”。

隽，徂兖切，《广韵》：“鸟肥也。”《左传·宣公十五年》：“酆舒有三隽才。”注：“隽，绝异也。”《经典释文》：“隽，音俊。”隽，后字也作儁、俊。儁，《广韵》：“智过千人曰儁，子峻切；俊，上同。”《左传·庄公十三年》：“得儁曰克。”《经典释文》：“儁，音俊，本或作俊。”镌，《说文》：“穿木镌也，从金隽声，一曰琢石也。”镌，子泉切，《广韵》：“钻也，斫也；鋑，古文。”《方言》：“镌，椓也。晋赵谓之镌。”

“隽”声字本属于追部/諄部，但有个别字归入了短部。这种音变的发生跟与之组合的齿龈音有关。后元音、圆唇元音是无标记元音，舌位越高圆唇特征越明显，舌位越低圆唇特征越不明显。齿龈音最为显著的特征是推动与之搭配的元音前移，即削弱了圆唇元音的唇特征。我们从中也不难看出追部/諄部/術部的主元音是后高圆唇元音-u。追部/追部押韵，而不跟希部押韵。同样，諄部/諄部押韵，而不跟欣部押韵；術部/術部押韵，而不跟迄部押韵：

野有死麕，白茅包之；有女怀春，吉士诱之。(《野有死麇》)
其钓维何，维丝伊缗；齐侯之子，平王之孙。(《何彼襛矣》)
大车哼哼，毳衣如璊；岂不尔思，畏子不奔。(《大车》)
坎坎伐轮兮，寘之河之漘兮，河水清且沦猗。不稼不穑，胡取禾三百囷兮；不狩不猎，胡瞻尔庭有县鹑兮。彼君子兮，不素飧兮。

(《伐檀》)

俴驷孔群，厹矛鋈錞，蒙伐有苑。(《小戎》)

谁谓尔无羊，三百维群；谁谓尔无牛，九十其犉。(《无羊》)

凫鹥在亹，公尸来止熏熏。(《凫》)

无竞维人，四方其训之。有觉德行，四国顺之。(《抑》)

旱既大甚，涤涤山川。旱魃为虐，如惔如焚。我心惮暑，忧心如熏。群公先正，则不我闻。昊天上帝，宁俾我遯。(《云汉》)

知子之顺之，杂佩以问之。(《女曰鸡鸣》)

日居月诸，东方自出；父兮母兮，畜我不卒；胡能有定，报我不述。(《日月》)

山有苞棣，隰有树檖。未见君子，忧心如醉。(《晨风》)

墓门有梅，有鸮萃止。夫也不良；歌以谇之。(《墓门》)

彼旟旐斯，胡不旆旆。忧心悄悄，仆夫况瘁。(《出车》)

戎成不退，饥成不遂。曾我暬御，憯憯日瘁。凡百君子，莫肯用谇。听言则答，谮言则退。哀哉不能言，匪舌是出，维躬是瘁。(《雨无正》)

蓼蓼者莪，匪莪伊蔚。哀哀父母，生我劳瘁。(《蓼莪》)

南山律律，飘风弗弗。民莫不谷，我独不卒。(《蓼莪》)

渐渐之石，维其卒矣；山川悠远，曷其没矣；武人东征，不皇出矣。(《渐渐之石》)

蓺之荏菽，荏菽旆旆，禾役穟穟。(《生民》)

咨女殷商，而秉义类，强御多怼，流言以对，寇攘式内。(《荡》)

大风有隧，贪人败类；听言则对，诵言如醉；匪用其良，覆俾我悖。(《桑柔》)

不吊不祥，威仪不类；人之云亡，邦国殄瘁。(《瞻卬》)

孝子不匮，永锡尔类。(《既醉》)

跟追部和希部有清晰的分界一样，諄部和欣部、術部和迄部，《诗经》有着相当清晰的分界。尤其是跟齿龈音组合的諄部、術部从不跟欣部、迄部押韵。假若以跟齿龈音组合的追部、諄部、術部为标准，那么传统微部、文部和物部《诗经》时代至少包含两个主元音。上古汉语的追部跟藏语的-ur 对应，諄部跟藏语的-ul/un 对应。依据追部/諄部/術部跟幽部之间“通转”等语音关系，我们可以确定，追部/諄部/術部上古汉语应该分别是韵母-ur/-ul/-un/-ut。其中-ul/-un 后来合并为一个，《广韵》魂韵(諄韵)。

习习谷风，维山崔**嵬**。无草不死，无木不**萎**。忘我大德，思我小**怨**。(《谷风》)

俴驷孔**群**，厹矛鋈**錞**[①]，蒙伐有**苑**。(《小戎》)

大车哼**啍**[②]，毳衣如**璊**；岂不尔思，畏子不**奔**。(《大车》)

王事**敦**我[③]，政事一埤**遗**我。我入自外，室人交徧**摧**我。(《北门》)

戎车啴啴，啴啴焞**焞**，如霆如**雷**；显允方叔，征伐玁**狁**，蛮荆来**威**。(《采芑》)

谁谓尔无羊，三百维**群**。谁谓尔无牛，九十其**犉**。(《无羊》)

不稼不穑，胡取禾三百**囷**兮。不狩不猎，胡瞻尔庭有县**鹑**兮。(《伐檀》)

如同歌部和寒部，追部和諄部也可以异读，而《诗经》可以押韵。前面提到，汉语的追部跟藏语的-ur 韵母对应，而諄部跟藏语的-ul 韵母对应。显然，用-ur 和-ul 韵母最合适解释两者《诗经》的押韵关系。韵尾-r 跟-l 容易出现交互变异，如“敦”。

敦，都回切，《广韵》：“《诗》曰‘敦彼独宿’。”[④]

敦，都昆切，《广韵》：“迫也，亦厚也。”[⑤]

惇，都昆切，《广韵》：“厚也。”[⑥]

---

① 《广韵》：“錞，矛戟下铜鐏，或作镦，徒猥切，又徒对切。”

② 《经典释文》：“啍，他敦反，徐又徒孙反。”

③ 《经典释文》：“敦，毛如字，韩《诗》云‘敦，迫’；郑都回反，投擿也。”

④ 《东山》：“敦彼独宿，亦在车下。”《经典释文》：“敦，都回反。”

⑤ 《北门》：“王事敦我。”《经典释文》：“敦，毛如字；韩《诗》云‘敦，迫’；郑都回反。”

⑥ 《閟宫》：“敦商之旅，克咸厥功。”笺：“敦，治。”《经典释文》：“敦，郑都回反；徐都门反，厚也。”

弴，都昆切，又丁僚切，《广韵》："画弓也，天子弴弓。"弴，都聊切，《广韵》："天子弓也，《说文》曰'画弓也'，《诗》又作敦，又丁昆切。"①

敦，都困切，《广韵》："竖也。"②

敦，度官切，《广韵》："《诗》云'有敦瓜苦'。"③

團，度官切，《广韵》："團圓。"《说文》："團，圜也。从口專声。"字本只作"專"。《周礼·地官·司徒》："其民專而长。"注："專，圜也。"漙，度官切，《广韵》："《诗》云'零露漙兮'。"《野有蔓草》："零露漙兮。"《经典释文》："漙，本亦作團，徒端反。"《东山》："有敦瓜苦，烝在栗薪。"传："敦犹专专也。"《经典释文》："敦，徒端反。专，徒端反。"因受齿龈音的影响元音u并入了元音o，于是选用了"敦"记录"專(團)"。

知子之**顺**之，杂佩以**问**之。(《女曰鸡鸣》)

肆不殄厥**愠**，亦不陨厥**问**。(《绵》)

群公先正，则不我**闻**。昊天上帝，宁俾我**遯**。(《云汉》)

绵绵葛藟，在河之**漘**。终远兄弟，谓他人**昆**。谓他人昆，亦莫我**闻**。(《葛藟》)

出其东**门**，有女如**云**。虽则如**云**，匪我思**存**。缟衣綦**巾**，聊乐我**员**。(《出其东门》)

出自北**门**，忧心殷**殷**。终窭且**贫**，莫知我**艰**。(《北门》)

彼何人斯，其心孔**艰**。胡逝我梁，不入我**门**。伊谁云从，惟暴之**云**。(《何人斯》)

诸娣从之，祁祁如**云**。韩侯顾之，烂其盈**门**。(《韩奕》)

以上是"門"声字在《诗经》的押韵情况。"門"声符字主要跟諄部押韵，但也可以跟欣部字押韵。我们下面将要讨论，諄部和欣部之间的关系如同幽部和宵部之间的关系，即欣部的主元音是后高展唇元音-ɯ。白一平把"門"的主元音构拟为后高元音-u符合《诗经》押韵实际。唇音对

---

① 《行苇》："敦弓既坚，四鍭既钧。"传："敦弓，画弓也。"《经典释文》："敦，音雕，注及下同；徐又都雷反。"《诗经·有客》："有萋有且，敦琢其旅。"《经典释文》："敦，都回反，徐又音雕。"

② 《庄子·列御寇》："敦杖蹙之乎颐。"《经典释文》："敦，音顿，司马云竖也。"

③ 《东山》："有敦瓜苦，烝在栗薪。"传："敦，犹专专也。"《经典释文》："敦，徒端反。"《行苇》："敦彼行苇，牛羊勿践履。"传："敦，聚貌。"《经典释文》："敦，徒端反，注同。"

圆唇元音有排异作用,致使圆唇元音-u演变成展唇元音-i。因而跟唇音组合时圆唇元音u和展唇元音i交替,如藏语bju-ba—bji-ba“老鼠”。

鄪,兵媚切,《广韵》:“邑名在鲁;費,上同。”《左传·隐公元年》:“夏四月,費伯帅师城郎。”《经典释文》:“費,音秘。”《公羊传·襄公七年》:“城費。”《经典释文》:“費,音秘。”《论语·雍也》:“季氏使闵子骞为費宰。”《经典释文》:“費,悲位反。”字也作粊。《说文》:“粊,恶米,从米比声;《周书》曰‘有粊誓’。”徐锴:“古文《尚书》‘費誓’如此,《春秋》作費。鲁地名,今沂州費县。”“費誓”,《周礼·秋官·司寇》郑注作“粊誓”。《经典释文》:“粊,音秘。”粊,兵媚切,《广韵》:“恶米,又鲁东郊地名。”

弼,房密切,《广韵》:“辅也,备也。”《说文》:“弼,辅也,重也。”《诗经·敬之》:“佛时仔肩。”笺:“佛,辅也。”《经典释文》:“佛,毛符弗反,郑音弼。”《荀子·臣道》:“除君之辱,功伐足以成国之大利,谓之拂。”杨倞注:“拂,读为弼,弼所以辅正弓弩者也;或读为咈,违君之意也。”《孟子·告子下》:“入则无法家拂士,出则无敌国外患者,国恒亡。”《尚书·益稷》:“弼成五服。”《说文》:“𠨘,辅信也,从卩比声,《虞书》曰‘𠨘成五服’。”《广韵》:“𠨘,上同(弼),《说文》作此,房密切。”

显然,跟唇音组合时,有个别術部字读入了質韵(至韵)。许慎是东汉汝南召陵(现河南郾城县)人,郑玄是北海高密(今山东省高密市)人。两人生活的地方和时代都相距不远。古代经书的传诵靠口耳相传,而早期靠传诵经书讨生活的多是一些齐鲁儒生。鄪,本只作費,而且只有作地名时才读“兵媚切”。依据“邑人,名从主人”的原则,当时是齐鲁方言已经把-u̱t韵母读成了-it。

第六节　ɯ元音韵母

灰韵和脂韵都是唇音、软腭音和齿龈音齐全的韵,而微韵则是一个只有唇音和软腭音而没有齿龈音的韵。可见,原本跟齿龈音组合的微韵,因受声母的影响音质出现变异而被《切韵》的编撰者归到其他韵里去了。依照谐声关系,这些原本应该归入微韵的已经因读音变异而归入到了脂韵，如“绨”。前一节讨论了追部等的读音，而这一节则讨论希部等的读音。

南山崔崔，雄狐绥绥。鲁道有荡，齐子由归。（《南山》）

洞酌彼行潦，挹彼注兹，可以濯罍。岂弟君子，民之攸归。（《洞酌》）

湛湛露斯，匪阳不晞。厌厌夜饮，不醉无归。（《湛露》）

言告师氏，言告言归。薄污我私，薄澣我衣。（《葛覃》）

裳锦褧裳，衣锦褧衣。叔兮伯兮，驾予与归。（《丰》）

是以有衮衣兮，无以我公归兮，无使我心悲兮。（《九罭》）

式微式微，胡不归。（《式微》）

我心伤悲兮，聊与子同归兮。（《素冠》）

我东曰归，我心西悲。（《东山》）

北风其喈，雨雪其霏。惠而好我，携手同归。（《北风》）

卉木萋止，女心悲止，征夫归止。（《杕杜》）

秋日凄凄，百卉具腓。乱离瘼矣，爰其适归。（《四月》）

振振鹭，鹭于飞。鼓咽咽，醉言归。（《有駜》）

仓庚于飞，熠耀其羽。之子于归，皇驳其马。（《东山》）

怀哉怀哉，曷月予还归哉。（《扬之水》）

徐方不回，王曰还归。（《常武》）

女心伤悲，殆及公子同归。（《七月》）

四牡騑騑，周道倭迟。岂不怀归，王事靡盬，我心伤悲。（《四牡》）

被之祁祁，薄言还归。（《采蘩》）

春日迟迟，卉木萋萋。仓庚喈喈，采蘩祁祁。执讯获丑，薄言还归。（《出车》）

四牡骙骙，八鸾喈喈。仲山甫徂齐，式遄其归。（《烝民》）

鼓钟送尸，神保聿归。诸宰君妇，废彻不迟。诸父兄弟，备言燕私。（《楚茨》）

申伯信迈，王饯于郿。申伯还南，谢于诚归。（《崧高》）

歸，举韦切，《广韵》：“还也，《公羊传》曰‘妇人谓嫁曰歸’。”歸，《广韵》属于微韵合口,《诗经》入韵的次数甚多。考察《诗经》的押韵情况,“歸”可以跟脂部-ir押韵也可以跟追部-ur押韵。可见,“歸”的主元音应该是介于前高元音-i和后高圆唇元音-u之间的非圆唇元音。假若将“歸”的主元音构拟为ɯ,就可以解释《诗经》跟前高元音-i和后高元音-u之间的押韵关系。前一节已经讨论了《诗经》追部的主元音是圆唇元音u,与追部合韵的希部,其主元音应该构拟为后高展唇元音ɯ。两者的关系如同幽部和宵部。

歸,举韦切,《广韵》:“还也,《公羊传》曰‘妇人谓嫁曰歸’。”

蘬,丘韦切,《广韵》:“马蓼,似蓼而大也。”蘬,丘追切,《广韵》:“茏古,大者曰蘬。”蘬,丘轨切,《广韵》:“茏古,大者曰蘬。”蘬,《说文》:“荠实也,从艸歸声。”《尔雅》:“红茏古,其大者蘬。”《经典释文》:“蘬,谢丘轨反,郭匡龟反。”

巋,丘追切,《广韵》:“小山而众。”巋,丘轨切,《广韵》:“巋然高峻貌,又小山而众曰巋。”《尔雅》:“小而众,巋。”《经典释文》:“巋,丘轨反,巋然高峻貌,《字林》丘追反,小山而众也。”《庄子·天下》:“巋然而有余。”《经典释文》:“巋,去轨反,又去类反。”

歸,《广韵》入微韵。从“歸”声之字,除了“歸”“蘬”两个字,其余字入脂韵;而且“蘬”又有无意义差别的脂韵一音。(《经典释文》“蘬”入脂韵。)微韵、脂韵异读反映了语音演变,即 iwei>wi。依照《诗经》押韵,“歸”的主元音最为合理的应该是后高展唇元音-ɯ。后高展唇元音-ɯ既容易演变成前高元音-i也容易演变成后高元音-u,见前。

彤管有**炜**,说怿女**美**。(《静女》)

七月流**火**,八月萑**苇**。(《七月》)

A采葑采**菲**,无以下**体**。德音莫**违**,及尔同**死**。B行道迟**迟**,中心有**违**。不远伊迩,薄送我**畿**。C谁谓荼苦,其甘如**荠**。宴尔新昏,如兄如**弟**。(《谷风》)

君子如**夷**,恶怒是**违**。(《节南山》)

谋之其臧,则具是**违**。谋之不臧,则具是**依**。我视谋犹,伊于胡

厎。(《小旻》)

敦彼行**苇**,牛羊勿践**履**。方苞方**体**,维叶泥**泥**。(《行苇》)

常棣之华,鄂不韡**韡**。凡今之人,莫如兄**弟**。(《常棣》)

帝命不**违**,至于汤**齐**。汤降不**迟**,圣敬日**跻**。昭假迟**迟**,上帝是**祗**。帝命式于九**围**。(《长发》)

韋,雨非切,《广韵》:"柔皮也。"从"韋"声字,《广韵》归微韵。我们从《诗经》押韵情况可以看出,从"韋"声之字,不跟追部-ur押韵但可以跟脂部-ir押韵。依据语音结构,希部的主元音为后高展唇元音-ɯ的韵母-ɯ̠r/ɯr。前者为微韵,后者为灰韵。微韵没有齿龈音。依据谐声关系,我们可以知道与齿龈音组合的微韵字受到齿龈音的影响已经归入了脂韵,如"絺"。絺,《说文》:"细葛也。从糸希声。"絺,《广韵》:"细葛也,丑饥切。"(希,香衣切,《广韵》:"望也。")也即上古汉语的-ɯ̠r韵母与齿龈音组合时变成了-ir韵母。脂韵和齊韵匹配。那么,上古汉语跟齿龈音组合的希部-ɯ̠r/-ɯr《广韵》应该是脂韵和齊韵。

洗,先礼切,《广韵》:"洗浴;洒,上同,又所卖切。"

洗,苏典切,《广韵》:"姑洗,律名。"

洒,所卖切,《广韵》:"洒扫。"

阳声"洗"属于欣部,阴声"洗"自然属于希部。洒,《说文》:"涤也,从水西声。古文为灑扫字。"灑,《说文》:"汛也,从水丽声。"(汛,《说文》:"灑也,从水卂声。")《韩非子·十过》:"风伯进扫,雨师灑道。"灑,所绮切,《广韵》:"灑扫。""洒"与"灑"本是两个字,因意义相近而混同。"洒"为希部,其声符"西"自然也是希部。

西,《说文》:"鸟在木上,象形。日在西方而鸟栖,故因以为东西之西。棲,西或从木妻。"栖,先稽切,《广韵》:"鸟栖,《说文》曰'或从木西';棲,上同。"《诗经·君子于役》:"鸡栖于埘。"《经典释文》:"栖音西。"《诗经·衡门》:"衡门之下,可以栖迟。"《经典释文》:"栖音西。""西"为希部,那么"妻"以及"妻"声符字也当为希部。"妻"以及"妻"声字《诗经》主要跟希部押韵而不是跟脂部押韵。

硕人其颀,衣锦褧衣。齐侯之子,卫侯之妻。(《硕人》)

维叶萋萋,黄鸟于飞。集于灌木,其鸣喈喈。(《葛覃》)

春日迟迟,卉木萋萋。仓庚喈喈,采蘩祁祁。执讯获丑,薄言还归。(《出车》)

有杕之杜,其叶萋萋。王事靡盬,我心伤悲。(《杕杜》)

卉木萋止,女心悲止,征夫归止。(《杕杜》)

蒹葭萋萋,白露未晞。(《蒹葭》)

秋日凄凄,百卉具腓。乱离瘼矣,爰其适归。(《四月》)

有渰萋萋,兴雨祁祁。雨我公田,遂及我私。(《大田》)

菶菶萋萋,雝雝喈喈。(《卷阿》)

风雨凄凄,鸡鸣喈喈。既见君子,云胡不夷。(《风雨》)

可见,"妻"声符字应该归希部,而不是归脂部。上古汉语的希部和齿龈音组合时主元音前移跟脂部合并,演变成中古汉语的四等齊韵-ei和三等脂韵-i。欣部和真部,《广韵》分痕韵-on、山韵-ɛn、欣韵-ien、真韵-in和先韵-en,即山韵和先韵是上古汉语欣部和真部的杂居地。一等痕韵和三等欣韵都只有软腭音和声门音,而且字很少。显然,欣部齿龈音、唇音开口已经并入到真部,《广韵》为先韵和真韵。清儒早期一般欣部和真部不分,尽管后来分立,但是某些具体字的归部上彼此观点也不一致。这主要是欣部的主元音 ɯ 可以并入前高元音 i 也可以并入后高元音 u。

螽斯羽,诜诜兮。宜尔子孙,振振兮。(《螽斯》)

新台有洒,河水浼浼[①]。燕婉之求,籧篨不殄。(《新台》)

夜如何其,夜乡晨,庭燎有辉[②]。君子至止,言观其旂。(《庭燎》)

相彼投兔,尚或先之。行有死人,尚或墐之[③]。君子秉心,维其忍之。心之忧矣,涕既陨之。(《小弁》)

忧心殷殷,念我土宇。我生不辰,逢天僤怒。(《桑柔》)

---

① 《经典释文》:"浼,每罪反,韩《诗》作浘,浘音尾。"

② 《经典释文》:"辉,音晖。"

③ 《经典释文》:"墐,音觐,《说文》作殣。"

洽比其[邻]，昏姻孔**云**。念我独兮，忧心殷**殷**。（《正月》）

维清缉熙，文王之**典**，肇**禋**①。（《维清》）

千耦其**耘**，徂隰徂**畛**②。（《载芟》）

巧笑**倩**兮，美目**盼**兮③。（《硕人》）

其中“倩”，段玉裁并没有归入欣部，大概是看到其声符为“青”；而“㐱”声字朱骏声归真部，大概是“㐱”字也从“真”作“鬒”。这些字跟真部一样谐声真韵和先韵组成谐声集合。实际上，这些跟齿龈音组合的欣部字和前面讨论过的希部正相平行：四等归先韵而三等归真韵。也就是说，上古汉语跟齿龈音组合的欣部和真部合并。

表 4.18　欣部藏语对应表

圆	王问切	《说文》：圜全也。	ril-po	圆的、球形
陨	于敏切	《说文》：从高下也。	ril-ba	滚动、翻转、堕下
员	王问切	《诗经·长发》传：均也。	ril-ba	一切、完全、整个
湮	於真切	《左传·昭公九年》注：塞也。	s-kjil-ba	汇聚、积留
龈	宜引切	《说文》：齿本也。	r-ŋil	牙龈
洗	先礼切	《说文》：洒足也。	g-sil-ba	洗涤、沐浴的敬语
毨	先典切	《广韵》：鸟兽毛毨。传：毨，理也。	g-sil-ba	理发的敬语
洒	先典切	《素问·调经论》注：寒貌。	b-sil-ba	冷、寒冷的敬语
跣	先典切	《国语·晋语》：公跣而出。	b-sil-ba	脱（鞋）
典	多殄切	《广雅》：主也。	m-thil	主要部分、器物的最下部

上表藏语材料来自《藏汉大辞典》（张怡荪编，1999）。

① 《经典释文》：“禋，音因，徐又音烟。”

② 《经典释文》：“畛，之忍反，徐又音真。”

③ 《经典释文》：“盼，敷苋反，余又敷谏反，韩《诗》云‘黑色也’，《字林》云‘美目也’，匹间反，又匹苋反。”

欣部和真部,都可以跟藏语的韵母-il对应。这跟汉语欣部和真部合并相同。就汉藏语系而言,后高展唇元音-ɯ是一个很不稳定的元音,可以演变成前高展唇元音-i,可以演变成后高圆唇元音-u,也可以复化为iu。谐声系统中,同一声符开口、合口一般不能共存,尤其是跟齿龈音搭配的时候。开口与开口、合口与合口谐声是一条谐声通则。然而,希部/迄部/欣部却存在开口和合口并存的现象。

存,徂尊切,《广韵》:“在也,察也,恤问也。”《诗经·出其东门》:“虽则如云,匪我思存。缟衣綦巾,聊乐我员。”荐,《说文》:“荐席也,从艸存声。”荐,《广韵》:“重也,仍也,再也,在甸切。”《左传·僖公十三年》:“晋荐饥。”《经典释文》:“荐,在荐反,重也。”

辰,植邻切,《广韵》:“辰象也,又辰时也。”唇,食伦切,《广韵》:“口唇。”漘,食伦切,《广韵》:“水际。”《诗经·葛藟》:“绵绵葛藟,在河之漘。终远兄弟,谓他人昆。”

隶,羊至切,《广韵》:“本也,及也。”逮,徒帝切,《广韵》:“及也。”逮,徒耐切,《广韵》:“及也。”悚,他骨切,《广韵》:“悚忽,不怅也,《说文》‘肆也’。”悚,他内切,《广韵》:“肆也,又他没切。”悚,《说文》:“肆也,从心隶声。”

这些字跟脂部/質部/真部的中古汉语演变很不同。这些字也不属于我们前一节已经讨论过的追部/術部/諄部。脂部/質部/真部的主元音是前高元音-i,前一节讨论过的追部/術部/諄部的主元音是后高圆唇元音-u。希部/欣部/迄部的主元音则是后高展唇元音-ɯ。后高展唇元音-ɯ可以演变成前高元音-i也可以演变成后高圆唇元音-u。然而,由于与之组合的是齿龈音,而齿龈音最大的特征是齿化,故此绝大部分读前高元音-i,只有个别字读后高圆唇元音-u。

母曰嗟予**季**,行役夙夜无**寐**。上慎旃哉,犹来无**弃**。(《陟岵》)

帝作邦作**对**,自大伯王**季**。(《皇矣》)

容兮**遂**兮,垂带**悸**兮……容兮**遂**兮,垂带**悸**兮。(《芄兰》)

前面讨论了传统微部实际上包括两个主元音不同的韵部：追部-ur和希部-ɯr。追部-ur可以跟希部-ɯr合韵，希部-ɯr可以跟脂部-ir合韵；但是追部-ur不跟脂部-ir合韵。依照《诗经》押韵情况，"季"声字应该归希部-ɯr。季，居悸切，《广韵》："昆季也，又少也，小称也。"脂(至)韵软腭音分三等A和三等B两类，而"季"声归三等B。这也是一些学者把"季"声归脂部的原因之一。上古汉语的后高展唇元音-ɯ，尤其是出现在齿龈音韵尾之前，极其容易演变成前高元音-i。《广韵》灰韵合口软腭音以及声门音一律来自上古汉语的追部-ur。因而"季"声应该归上古汉语迄部合口去声，即*-ɯ̱s<*ɯ̱ts韵母。

彗，《说文》："扫竹也。篲，彗或从竹。"彗，《广韵》有多个读音。彗，徐醉切，《广韵》："帚也，一曰妖星。"彗，于岁切，《广韵》："日中必彗。"彗，祥岁切，《广韵》："星名。"篲，祥岁切，《广韵》："扫帚。"《左传·昭公十七年》："彗，所以除旧布新也。"又《昭公二十六年》："且天之有彗也，以除秽也。"《经典释文》："彗，似锐反，又息遂反。"《庄子·达生》："拔篲以侍门庭。"《经典释文》："篲，似岁反，徐以醉反，郭予税反，李寻恚反、信醉反，或苏忽反，帚也。"《公羊传·文公十三年》："孛者何，彗星也。"注："状如篲。"《经典释文》："彗，息遂反，又囚岁反。"《左传·昭公二十六年》："齐有彗星。"《经典释文》："彗，似岁反，又息遂反。"《管子·四时》："彗星见，则失和之国恶之。"

昊天不**惠**，降此大**戾**。君子如**届**，俾民心**阕**。(《节南山》)

瞻卬昊天，则不我**惠**。孔填不宁，降此大**厉**。邦靡有定，士民其**瘵**。(《瞻卬》)

A菀彼柳斯，鸣蜩嘒**嘒**。有漼者渊，萑苇淠**淠**。B譬彼舟流，不知所**届**。心之忧矣，不遑假**寐**。(《小弁》)

其旂淠**淠**，鸾声嘒嘒。载骖载**驷**，君子所**届**。(《采菽》)

彼有遗秉，此有滞**穗**，伊寡妇之**利**。(《大田》)

彼黍离离，彼稷之**穗**。行迈靡靡，中心如**醉**。(《黍离》)

蜉蝣掘**阅**，麻衣如**雪**。心之忧矣，於我归**说**。(《蜉蝣》)

采，徐醉切，《广韵》："禾穟成貌，《说文》曰'禾成秀人所收，从爪禾’;穗,上同。”采,《说文》:“禾成秀也,人所以收,从爪禾。”《黍离》:“彼稷之穗。”传:“穗,秀也。”《经典释文》:“穗音遂,秀也。”《尔雅》注:“有穗。”《经典释文》:“穗,音遂。《说文》作采,云‘禾成秀人所收也’。穗,俗字。《廣雅》云‘采,稻采也’。”《尚书·禹贡》传:“铚刈谓禾穗。”《经典释文》:“穗,亦作穟,音遂。”穟,徐醉切,《广韵》:“禾秀,《说文》曰‘禾穗之貌’。”穟,《说文》:“禾采之貌,从禾遂声。《诗》曰‘禾颖穟穟’。”“穗”和“穟”本为两字,后因语音演变而通用。“惠”声读霽韵,而“慧”声也读霽韵。嘒,呼惠切,《广韵》:“声急,《说文》‘小声’也,亦作嚖;嚖,上同。”

慧,胡桂切,《广韵》:“解也。”慧,《说文》:“儇也,从心彗声。”段玉裁注:“慧,古多假惠为之。”《孟子·公孙丑上》:“虽有智慧,不如乘势;虽有镃基,不如待时。”譓,胡桂切,《广韵》:“多谋智曰譓也。”“譓”就是“慧”。惠,胡桂切,《广韵》:“仁也。”慧,胡桂切,《集韵》:“《说文》‘儇也’,通作惠。”《论语·卫灵公》:“群居终日,言不及义,好行小慧,难矣哉。”《经典释文》:“慧,音惠,小才知。鲁读慧为惠,今从古。”

表 4.19 “彗(惠)”声《广韵》《集韵》对照表

	《广韵》			《集韵》	
槥	于岁切	胡桂切	木名。	胡桂切	《说文》“木也,或从彗”。
繐	相锐切	胡桂切	布缕细也。	胡桂切	疏布。
轊	祥岁切	于岁切	《说文》曰“车轴端也”。	胡桂切	车轴头,或从惠。
鏏	祥岁切		大鼎。	胡桂切	《广雅》云“煮鼎也”。
搟	于岁切	胡桂切	裂也。	胡桂切	裂也,或从惠。
嫢	王伐切	于岁切	晒干。	胡桂切	干暴也。

从“彗”声、“惠”声字,《广韵》或入祭韵,或入霽韵,或祭韵、霽韵异读,而且两者是无意义差别的异读。繐,《说文》:“细疏布也,从糸惠声。”繐,相锐切,《广韵》:“布缕细也。繐,上同。”《礼记·檀弓上》:“县

子曰：绤衰繐裳，非古也。"《经典释文》："繐，音岁。"《释名》："繐，齐人谓凉为惠，言服之轻细凉惠也。"繐，《广韵》《集韵》皆又音"胡桂切"。雪，相绝切，《广韵》："凝雨也。"《说文》："雪，凝雨，说物者，从雨彗声。""雪"跟掇部-ot押韵。"穗"《诗经·黍离》跟"醉"押韵。可见，无论我们认为"惠""彗"声字属質部还是契部都难以解释《诗经》中的押韵关系。稍早于陆法言，一些经师的方言里面已经出现先韵跟仙韵混杂的现象。依其语音演变的系统规则，自然也出现霽韵和祭韵、屑韵和薛韵混杂的现象。其韵母原本应该是-wei/-wen/-wet，一些方言演变成了-iwɛi/-iwɛn/-iwɛt。因而《广韵》里面出现齊韵和祭韵、屑韵和薛韵异读的情况，而这种情况在《集韵》里面更声常见。"惠""彗"声字《诗经》里面既可以跟質部-it押韵也可以跟術部-ut押韵，那么它们应该属于迄部-ɯt。但是，这些字较早的时候就已经演变成質部-it。

表 4.20　朵部、追部、希部上古读音表

o	-o 侯	-ok 屋	-oŋ 東	-or 朵	-ot 掇	-ol 短	-on 短
u	-u 幽	-uk 覺	-uŋ 冬	-ur 追	-ut 術	-ul 諄	-un 諄
ɯ	-ɯ 宵	-ɯk 藥	—	-ɯr 希	-ɯt 迄	-ɯl 欣	-ɯn 欣

第五章

C 类韵母

第一节　a元音韵母

带唇音韵尾的韵《广韵》共有侵、覃、談、鹽、添、咸、銜、嚴、凡九韵，而清儒归纳的《诗经》带唇音韵尾的韵部却只有侵部/緝部和談部/葉部。这大概是由于《诗经》韵母为唇音韵尾的字入韵少，不像之部或魚部，不容易归纳分类。这两个韵部，高本汉倒依据《广韵》读音构拟了多个韵母，如侵部有-əm、-ɛm、-um三个主元音不同的韵母，加上高本汉构拟的介音，共有七个韵母。清儒的侵部和談部，李方桂（1971）遵循一个韵部只有一个主元音的原则构拟了-əm和-am两个主元音不同的韵母，即高本汉的多个韵母李方桂合并为一个，如侵部-əm。

李方桂（1971）构拟的上古汉语语音系统，只有i、a、u、ə四个元音。倘若上古汉语确实只有四个元音，我们也会发现上古汉语的韵母系统在唇音韵尾的位置上仍有多个空格。藏缅语、侗台语-n、-ŋ、-m三个鼻音韵尾分布均衡，比如书面藏语，所有元音都可以跟这三个鼻音韵尾组合。因而一些学者希望通过对侵部和談部的分析，找到填补空格上的韵母。董同龢（1948）把传统談部分割为两类：談、銜、鹽、嚴，覃、咸、鹽、添。董同龢談部两分的观点得到郑张尚芳（1987）、斯塔罗斯金（1989）、白一平（1992）、潘悟云（1992）等学者的支持，并在董同龢的基础上对传统談部和侵部再进行分割，共分割成六类。

表5.1　談部齿龈音搭配表

	t-			th-			d-			n-			l-		
談	擔	膽	擔	坍	菼	錟	談	淡	憺				藍	覽	濫
覃										枏					

一个韵部不能同时拥有《广韵》两个对立的一等(四等)韵,董同龢(1948)将《广韵》談韵和覃韵分开无疑是合理的。但是,我们不能因为某些字《广韵》归入覃韵就是不同的韵部。三,苏甘切,《广韵》:“数也。”“三”,《广韵》归談韵,而“三”显然不属于談部。这是因为談韵和覃韵读音接近而混杂。同样,从“冉”声,齿龈塞音归談韵而齿龈鼻音归覃韵,而談韵恰恰没有齿龈鼻音。足见,归覃韵的齿龈鼻音“冉”声字也应该归談部-am。

表 5.2　談部舌面音搭配表

	tɕ-			tɕh-			dʑ-			ȵ-			ɕ-		
鹽	詹			幨		幨	蟾	剡						睒	
鹽										冉	冉	髯			

就因有几个“冉”声字归覃韵,董同龢“冉”声切割两个不同的韵部。談韵和覃韵固然属于不同的韵部,但是“冉”声字却属于談部。正因为跟齿龈鼻音组合的談部已经归入到了覃韵,所以談韵不再跟齿龈鼻音组合。辅音影响元音,元音影响辅音。因而同一个元音音位会有多个条件变体。韵书的编撰者往往会将这些条件变体分设不同的韵。比如《广韵》有三等鹽韵、三等嚴韵、三等凡韵,但是嚴韵只有软腭音和声门音,凡韵只有唇音,都是有条件限制的韵。鹽韵唇音只有上声“贬”一字,与凡韵互补。嚴韵也是如此,跟鹽韵互补。依据音素原则,韵书编撰者把主元音音质稍有不同的韵母都分立而导致韵目数特别繁杂。我们显然不能依据《广韵》有几个韵去切割上古汉语的韵部(韵母)。

大车槛**槛**,毳衣如**菼**。岂不尔思,畏子不**敢**。(《大车》)

节彼南山,维石岩**岩**。赫赫师尹,民具尔**瞻**。(《节南山》)

忧心如**惔**,不敢戏**谈**。国既卒**斩**,何用不**监**。(《节南山》)

盗言孔**甘**,乱是用**餤**。(《巧言》)

终朝采**蓝**,不盈一**襜**。五日为期,六日不**詹**。(《采绿》)

泰山岩**岩**,鲁邦所**詹**。(《閟宫》)

天命降**监**，下民有**严**。不僭不**滥**，不敢怠**遑**。（《殷武》）

维此惠君，民人所**瞻**。秉心宣犹，考慎其**相**。（《桑柔》）

上古汉语韵母-am，《广韵》分为一等谈韵、二等衔韵、三等盐韵、嚴韵和凡韵。三等盐韵、嚴韵和凡韵实际上是同一韵母的三个条件变体。传统谈部，还包括四等添韵。董同龢把《广韵》添韵字统统从传统谈部剔除出去。上古汉语的韵母-am还包括中古汉语添韵的软腭音。这容易造成这样的错觉：盐韵和添韵对立。依照董同龢的划分，除了跟软腭浊塞音g-组合的有几个从"甘"声的盐韵字以及跟软腭鼻音ŋ-组合的嚴韵字，谈部三等软腭音一片空白。这些本属于谈部的软腭音被董同龢从谈部驱逐出去了。实际上，盐韵软腭音和添韵软腭音上古声母完全不同，后者上古汉语为 *Cr-类辅音丛。

兼，古甜切，《广韵》："《说文》曰：'并也，兼持二禾，秉持一禾'。"

传统归谈部的添韵全部是从"兼"声的谐声字。"兼"声符是一个软腭音和边音共存的谐声集合。就谐声集合而言，跟边音l-共同组成谐声集合的软腭音应该是 k_2-或者 k_3-。不论是四等还是一等软腭音都不能跟边音l-共同组成谐声集合。董同龢归谈部的盐韵边音l-无字而从谈部剔除出去的盐韵边音l-却有一大把的字，包括"兼"声和"佥"声。"兼"字软腭音要么是四等，要么是二等。显然，这跟边音l-的谐声集合不匹配。《广韵》之前的韵书四等跟三等已经混淆①，《广韵》也是如此。因而依照谐声关系，我们可以断定这些个四等字实际上应该是三等字。考察这些从"兼"声的来母字，我们就会发现一个现象：读盐韵的是常用的而读添韵的则是不常用的且读音相当杂乱。这些字又是添韵和盐韵异读：

溓，《说文》："薄水也，一曰中绝小水，从水兼声。"溓，徐铉音力盐切。《周礼·冬官·考工记》："亦弗之溓也。"《经典释文》："溓，力簟反。"溓，《广韵》有多个读音。溓，力忝切，《广韵》："薄冰。"溓，良冉切，

① 王力，1984，《〈经典释文〉反切考》，《音韵学研究》，第1辑。

《广韵》:“薄冰也。”濂,勒兼切,《广韵》:“大水中绝,小水出也,《说文》曰‘薄水也,一曰中绝小水’。”

鬑,勒兼切,《广韵》:“髻鬑。”鬑,力盐切,《广韵》:“鬋也,一曰长貌。”

蒹,勒兼切,《广韵》:“蒹蒹,未秀荻草。”蒹,力盐切,《广韵》:“姜也,《说文》‘蒹也’。”

熑,勒兼切,《广韵》:“熑轫,《说文》曰‘火煣车网绝也’。”熑,《说文》:“火煣车网绝也,从火兼声,周礼曰‘煣牙外不熑’。”熑,徐铉音“力盐切”。《周礼·冬官·考工记》:“凡揉牙外不廉而内不挫、旁不肿,谓之用火之善。”

鹽韵为韵母-iɛm 而添韵为韵母-em,如同仙韵与先韵,两者容易出现交互变异。通过上面的分析,这些字本应该读鹽韵。因而这些软腭塞音上古汉语本当属于 k_3-。三等鹽韵、嚴韵、凡韵以及四等添韵应该合并为一个韵母,后因语音条件不同而韵书的编撰者分别列入多个韵。李方桂把读添韵的构拟为-iam 韵母。这一韵母更早的时候应该是-ra̱m>-iam>-iɛm>-em。

唇音收尾的韵母一直处于不断地减少之中,而现代汉语除了部分方言外已经没有唇音收尾的韵母。韵书比如《广韵》尽管有多个以唇音收尾的韵母,但是某些具体字的归韵上已经出现左右为难的局面,比如“三”。语词“三”,依照音变,应该归到覃韵;但《广韵》却归入談韵。因而一些本不属于談部的字被归入到了談韵。董同龢《上古音表稿》中一些归入談部的实际上并不属于談部。对此,我们将在下面再加以论述。

表 5.3 葉部音节搭配表

	t-	th-	d-	l-	ts-	tsh-	dz-	s-	tɕ-	tɕh-	dʑ-	ɕ-	j-	k-	kh-	ŋ-	x-	ɣ-	ʔ-
盍		榻	蹋	臘										嗑	榼			盍	廅
葉				獵	接	妾												饁	

续　表

	t-	th-	d-	l-	ts-	tsh-	dz-	s-	tɕ-	tɕh-	dʑ-	ɕ-	j-	k-	kh-	ŋ-	x-	ɣ-	ʔ-
業														劫	怯	業	脅		
葉		箑	牒		睫	緁	捷		慴		涉	攝	葉					曄	
帖	涉	碟	牒					屧						筴	匧			挾	

董同龢把葉韵一分为二分别配两个韵部。然而，如此分割葉韵之后，会发现葉部齿龈塞音的位置上无字，而被剔除出葉部的却是齿龈音很整齐。我们认为这些“枼”声字本应该就是葉部。董同龢把葉韵齿龈音“妾”声和“疌”分开，前者配盍韵而后者配合韵。

箑，《说文》：“扇也，从竹疌声，或从妾声。”箑，山洽切，《广韵》：“扇之别名；篓，上同。”翣，《说文》：“棺羽饰也，天子八、诸侯六、大夫四、士二，下垂，从羽妾声。”徐锴系传音“山洽切”。翣，所甲切，《广韵》：“形如扇，以木为匡；礼天子八，诸侯六，卿大夫四，士二；《世本》曰‘武王作翣’。”《礼记·明堂位》：“周之壁翣。”《经典释文》：“翣，所甲反，又作篓。”《礼记·少仪》：“手无容，不翣也。”《经典释文》：“不翣，本又作篓，所甲反；卢云扇也。”《释名》：“翣，齐人谓扇为翣。”《方言》：“扇，自关而东谓之箑。郭注：今江东亦通名扇为箑，音篓，自关而西谓之扇。”“箑”就是“翣”。萐，山洽切，《广韵》：“萐莆，瑞草，王者孝德至则萐莆生于厨，其叶大如门，不摇自扇饮食。”捷，文献多与“接”通。《庄子·人间世》：“而斗其捷。”《经典释文》：“崔捷作接。”

涉，《说文》：“徒行厉水也，从水从步。”涉，时摄切，《广韵》：“历也，徒行渡水也。”涉，打惬切，又时慑切，《广韵》：“血流貌。”葉部齿龈音不入盍韵，但是齿龈清塞音 t-恰好无字，“涉”的这一读音正好填补空白。《战国策·赵策》：“茹肝涉血之仇邪。”《吕氏春秋·期贤》：“涉血无罪之民。”“涉血”是一种夸张说法，是“涉”的引申意义。随着语音演变，后人借用“喋”予以记录。喋，《广韵》：“血流貌，打惬切，又田叶切。”

陆德明《经典释文》洽韵和狎韵常混，两韵《广韵》虽分，也并非绝对清晰。“妾”声字依道理应该归狎韵但也有归洽韵。再者，不论是读“山洽切”还是“所甲切”都是后起读音。“妾”声是一个塞擦音谐声集合。依照语音演变规则，本应该读“楚甲切”，后擦化成“所甲切”。传统談部确实如董同龢所说应该包括两个主元音的韵部，但是不能像董同龢那样简单地依照《广韵》的读音进行切割。因而董同龢的观点并没有得到比如李方桂的支持也是有道理的。因为，我们无论从哪一个角度看董同龢分割出来的两类談部、葉部，其主元音都应该是-a。

表 5.4　葉部藏缅语对应表

汉语			藏语	景颇语	藏缅语	词义
葉	与涉切	《广韵》：枝叶。	ɦdap	lap^{31}	lap	叶子
盍	胡腊切	《说文》：覆也。	bkap	kap^{31}	kap	盖／盖子
曄	筠辄切	《广韵》：光也。		$ph\text{ʒ}ap^{31}$	ljap	闪电、闪光

上表藏缅语材料来自《藏缅语族语言词汇》(黄布凡，1992)。

“叶子”，原始藏缅语白保罗(1984：345)构拟为 *lap。确实，“枼”声符字尽管只有四等帖韵而没有一等盍韵，但是我们不能因此而认为其主元音不是-a。“枼”声符字如果并到一等盍韵，也不会跟盍韵的齿龈音对立。因为，“枼”声符字的词根辅音并不是董同龢所构拟的齿龈塞音 d-而是齿龈擦音 z-。这一点我们将在下面声母部分再讨论。试看“葉”字的《诗经》押韵情况：

匏有苦**葉**，济有深**涉**。(《匏有苦叶》)
芄兰之**葉**，童子佩**韘**。虽则佩**韘**，能不我**甲**。(《芄兰》)
昔在中**葉**，有震且**業**。(《长发》)

戎车既驾，四牡业**業**。岂敢定居，一月三**捷**。(《采薇》)

仲山甫出祖，四牡业**業**，征夫捷**捷**，每怀靡**及**。(《烝民》)

赫赫业**業**，有严天子，王舒保**作**。(《常武》)

很显然，"枼"声符字无疑应该属于传统葉部。构拟语言语音系统时，首先应该考虑无标记元音 a/i/u 的韵母组合，然后才是标记元音 e/ɯ/o 的韵母组合。以唇塞音-p为韵尾的韵母，汉语的许多方言已经消失，而一些方言即使有也大大退化。厦门话以唇塞音-p为韵尾的韵母也已经只有-ip、-ap 和-iap 三个。假若在可以安排无标记元音和有标记元音的两选情况下，我们应该先安排无标记元音。因而仅就这一点而言，被董同龢剔除出上古汉语韵母-ap 的"枼"声、"疌"声等都应该重新还给葉部。

第二节　u元音韵母

圆唇元音 u 跟唇辅音韵尾排斥。因而中古汉语语音系统没有-um 之类的韵母。显然，这种空格应该是语言演变的结果。汉藏语系，有唇辅音韵尾的语言，圆唇元音可以跟唇辅音韵尾组合，如藏语。藏语有五个元音，而这五元音都可以跟唇辅音韵尾组合。依据音系对称、平行特点，上古汉语也应该有-um 类韵母。

骐駵是**中**，騧骊是**骖**。(《小戎》)

二之日凿冰冲**冲**，三之日纳于凌**阴**。(《七月》)

食之**饮**之，君之**宗**之。《公刘》

天生烝民，其命匪**谌**。靡不有初，鲜克有**终**。(《荡》)

旱既大**甚**，蕴隆虫**虫**。不殄禋祀，自郊徂**宫**。上下奠瘗，靡神不**宗**。后稷不克，上帝不**临**。耗斁下土，宁丁我**躬**。(《云汉》)

雝雝在**宫**，肃肃在庙。不显亦**临**，无射亦保。(《思齐》)

绨兮绤兮，凄其以**风**。我思古人，实获我**心**。(《绿衣》)

习习谷**风**，以阴以雨。黾勉同**心**，不宜有怒。(《谷风》)

鴥彼晨**风**，郁彼北**林**。未见君子，忧心钦**钦**。(《晨风》)

彼何人斯,其为飘**风**。胡不自北,胡不自**南**。胡逝我梁,祇搅我**心**。(《何人斯》)

如彼遡风,亦孔之**僾**。民有肃心,荓云不**逮**。(《桑柔》)

吉甫作诵,穆如清**风**。仲山甫永怀,以慰其**心**。(《烝民》)

传统冬部和侵部《诗经》合韵次数较多。因而清儒冬部或独立或跟侵部合并,王力《汉语史稿》合而《同源字典》分。就《诗经》押韵情况来看,冬部理当独立,且冬部跟藏缅语的韵母-uŋ 对应。鼻音韵尾-ŋ和-m《诗经》可以合韵,只是侵部多一些罢了。传统侵部并非只有一个主元音的韵部。为了便于区别,我们把跟冬部合韵的侵部称为覃部。冬部的主元音是后高圆唇元音*u,那么可以与冬部押韵的覃部,其主元音《诗经》时代也应该是后高圆唇元音*u。

萋兮斐兮,成是贝**锦**。彼谮人者,亦已大**甚**。(《巷伯》)

A 呦呦鹿鸣,食野之**芩**。我有嘉宾,鼓瑟鼓**琴**。B 鼓瑟鼓琴,和乐且**湛**。我有旨酒,以燕乐嘉宾之**心**。(《鹿鸣》)

妻子好合,如鼓瑟**琴**。兄弟既翕,和乐且**湛**。(《常棣》)

百礼既至,有壬有**林**。锡尔纯嘏,子孙其**湛**。(《宾之初筵》)

于嗟鸠兮,无食桑**葚**。于嗟女兮,无与士**耽**。(《氓》)

樵彼桑薪,卬烘于**煁**。维彼硕人,实劳我**心**。(《白华》)

A 翩彼飞鸮,集于泮**林**,食我桑黮,怀我好**音**。B 憬彼淮夷,来献其**琛**,元龟象齿,大赂南**金**。(《泮水》)

摽有梅,其实**三**兮。求我庶士,迨其**今**兮。(《摽有梅》)

青青子**衿**,悠悠我**心**。纵我不往,子宁不嗣**音**。(《子衿》)

鼓钟**钦钦**,鼓瑟鼓**琴**,笙磬同**音**。以雅以**南**,以籥不**僭**。(《鼓钟》)

四牡骈骈,六辔如**琴**。觏尔新昏,以慰我**心**。(《车舝》)

觱沸槛泉,维其**深**矣。心之忧矣,宁自**今**矣。(《瞻卬》)

燕燕于飞,上下其**音**。之子于归,远送于**南**。瞻望弗及,实劳我**心**。(《燕燕》)

睍睆黄鸟,载好其**音**。有子七人,莫慰母**心**。(《凯风》)

雄雉于飞,下上其**音**。展矣君子,实劳我**心**。(《雄雉》)

谁能亨鱼，溉之釜鬵。《经典释文》："鬵，音寻，又音岑。"谁将西归，怀之好音。(《匪风》)

毋金玉尔音，而有遐心。(《白驹》)

大姒嗣徽音，则百斯男。(《思齐》)

维此王季，帝度其心，貊其德音。(《皇矣》)

有卷者阿，飘风自南。岂弟君子，来游来歌，以矢其音。(《卷阿》)

肃肃兔罝，施于中林。赳赳武夫，公侯腹心。(《兔罝》)

胡为乎株林，从夏南。(《株林》)

瞻彼中林，甡甡其鹿。朋友已谮，不胥以谷。(《桑柔》)

其维愚人，覆谓我僭，民各有心。(《抑》)

彼泽之陂，有蒲菡萏。有美一人，硕大且俨。寤寐无为，辗转伏枕。(《泽陂》)

覃部，《诗经》入韵的字比较多，而且除了几处跟冬部合韵大抵是覃部跟覃部押韵。同样，除了几处跟覃部合韵，冬部也是跟冬部押韵。冬部和覃部《诗经》中仍然有比较清晰的界线。故此，王力《汉语史稿》只有二十九个，没有冬部；而在《同源字典》中则把冬部独立了出来。"-m 尾合口呼的变为-ŋ 尾，是由于异化的作用。-m 尾是容许有合口呼的(例如越南语的buồm'帆')，但是，由于韵头 u(笔者按：实际上就是主元音-u)和韵尾-m 都需要唇的作用，所以容易变为-ŋ 尾(或-n 尾)。"冬部虽然字少但还是能够跟各类辅音组合。既然冬部是韵母-uŋ，那么与冬部合韵的覃部最合理的构拟应该是韵母-um。潘悟云把传统的侵部分为三个不同元音的韵母：-im/-ɯm/-um。韵母-um 因其主元音为后高圆唇元音-u，容易演变成-uŋ，比如風。風，从"凡"得声，而《诗经》入韵次数虽较多但只跟覃部押韵。自清儒以来，"風"都被认为是侵部(覃部)。随着-um 韵母演变成了-uŋ 韵母，原有的-um 韵母和-ɯm 韵母对立就不再存在，即早期汉语的韵母-um 和-ɯm 对立，《诗经》时代已经演变成了韵母-uŋ 和-um 的对立。故此，《诗经》时代已经没有了-ɯm 韵母。覃部，《广韵》分覃韵/咸韵/侵韵/凡韵(唇音)。个别覃部字因覃韵和談韵读音接近而混入談韵，如"三"。

表 5.5 藏缅语-um 韵母对应表

词义	藏语	景颇语	缅语	阿昌语	载瓦语	仙岛语	波拉语	勒期语
三	gsum	sum^{33}	sum	sum^{31}	sum^{21}	sum^{31}	sam^{31}	$sɔm^{55}$
圆、心		lum^{33}	lum	lum^{31}	lum^{21}	lum^{31}	lam^{31}	$luːŋ^{55}$
臼		$thum^{31}$	tshum		$tshum^{51}$	$thum^{31}$	$tsham^{55}$	$tshɔm^{33}$
山		pum^{31}		pum^{55}	pum^{51}	pum^{55}	pam^{55}	$pɔm^{31}$
暖和		lum^{33}		lum^{55}	lum^{21}	lum^{55}	lam^{55}	$luːŋ^{31}$

上表藏缅语材料来自《藏缅语族语言词汇》(黄布凡,1992)。

语词“三”,藏缅语来源相同,且跟汉语共源。通过比较可以看出,藏缅语的韵母-um 波拉语一致演变成了-am,而勒期语部分演变成-ɔm、部分演变成了-uŋ。汉语的“三”的语音演变跟波拉语的情况非常相似;而勒期几乎可以跟上古汉语侵部的语音演变类比。除了语词“三”,藏缅语“暖、温”一词也跟上古汉语“尋”共源。《左传·哀公十二年》:“若可尋也,亦可寒也。”疏引郑玄:“尋,温也。”尋,字也作燂(焨)。燂,徒含切,《广韵》:“火爇。”燂,昨盐切,《广韵》:“《周礼》注云‘炙烂也’。”《周礼·冬官·考工记》:“欲孰于火而无燂。”注:“燂,炙烂也。”《经典释文》:“燂,一音潜,又音尋,或大含反。”“燂”,陆德明注音“潜”,认为是“燅”的通假字。燅,徐盐切,《广韵》:“《说文》曰‘汤中爚肉也’。”韵书的编撰抄袭以往的注音,结果《广韵》“燂”也有“昨盐切”一音,鹽韵又有读“徐盐切”的“燅”。《礼记·内则》:“五日则燂汤请浴。”《经典释文》:“燂,详廉反,温也。”陆德明以为是“燅”,而注音“详廉反”。因而“覃”声读鹽韵的仅“燂”一字而且读齿龈音 dz-的也只有“燂”。依照谐声关系,“燂”字应该音“徒含切”或“音尋”。

天保定尔,以莫不**兴**。如山如阜,如冈如**陵**;如川之方至,以莫不**增**。(《天保》)

民之讹言,宁莫之**惩**。我友敬矣,谗言其**兴**。(《沔水》)

百堵皆**兴**,鼛鼓弗**胜**。(《绵》)

言念君子,载寝载**兴**。厌厌良人,秩秩德**音**。(《小戎》)

殷商之旅，其会如**林**。矢于牧野，维予侯**兴**。上帝临女，无贰尔**心**。（《大明》）

兴，《诗经》可以跟蒸部押韵，也可以跟侵部押韵，但两者有意义的差别。跟侵部合韵的“兴”或许是“廞”的训读。廞，许金切，许锦切，《广韵》：“《尔雅》曰‘兴也’，亦陈车服也。”《尔雅》：“廞、熙，兴也。”《周礼·天官·冢宰》：“廞裘饰皮车。”注：“廞，兴也，若诗之兴。”《经典释文》：“廞，许金反，徐又火饮反。”《周礼·春官·宗伯》：“廞笱虡。”注：“廞，兴也，兴谓作之。”我们下面将要谈到，上古汉语的韵母-u̱m 后来演变成韵母-im，一些方言则演变成-em/-iɛm。参与跟蒸部押韵的这几个韵母-u̱m 也有可能如同“簟”一样，主元音已经异化成-i 或者舌位更低的元音。因为，《诗经》中也出现过一次覃部-u̱m 韵母跟談部-a̱m 韵母押韵的情况。

龙盾之**合**，鋈以觼**軜**。言念君子，温其在**邑**。（《小戎》）
妻子好**合**，如鼓瑟琴。兄弟既**翕**，和乐且湛。（《常棣》）
天监在下，有命既**集**。文王初载，天作之**合**。（《大明》）
辞之**辑**矣，《经典释文》：“辑音集。”民之**洽**矣。（《板》）

传统緝部《诗经》入韵的字不多。緝部是跟覃部相匹配的入声韵部。緝部，《广韵》分为合韵/洽韵/緝韵。浩，古沓切，《广韵》：“浩亹，地名，亹音门。”显然，这是由于受到后面辅音的同化而由覺部演变成了合韵。既然覺部是-uk，那么緝部自然应该是-up。緝部的去声，《广韵》为隊韵/脂韵合口。这一韵部，我们称之为合部。

表 5.6　合部音节搭配表

	t-	tʰ-	d-	n-	l-	ts-	tsh-	dz-	tɕ-	tɕh-	dʑ-	ȵ-	k-	kh-	g-	ŋ-	x-	ɣ-	ʔ-
合	答		眔	納	掄	帀		雜					閤	匌		儑	欱	合	唈
盍		嗒					囃												

续 表

	t-	t^h-	d-	n-	l-	ts-	tsh-	dz-	tɕ-	tɕh-	dʑ-	ȵ-	k-	kh-	g-	ŋ-	x-	ɣ-	ʔ-
洽	箚					眨							韐	恰			欱	洽	浥
缉		湁		図				集			拾	入	給	曝			翕		邑

对,都队切,《广韵》:“答也,当也。”答,都合切,《广韵》:“当也,亦作答。”

内,奴对切,《广韵》:“入也。”纳,奴答切,《广韵》:“内也。”

随着韵尾-p在擦音-s的作用下失落,合部中古汉语演变成了读去声的阴声韵。如同韵母-um,汉语的韵母-up跟齿龈音组合时偶尔也会演变成韵母-ip。蕼,在协切,《广韵》:“草帘。”“蕼”从“雜”声。从“集”声的为合韵和缉韵,而读帖韵的独“蕼”一字。自然,“蕼”是一个后起文字,不见于早期文献。合部-up是传统缉部的主体。

内,奴对切,《广韵》:“入也。”“内”声字,《广韵》有合韵/緝韵/隊韵/祭韵。汭,而锐切,《广韵》:“水曲,《说文》曰‘水相入貌’。”《说文》:“汭,水相入也,从水内声。”《左传·庄公四年》:“且请为会于汉汭而还。”注:“汭,内也。”《经典释文》:“汭,如锐反,水曲曰汭。”从“内”声之字,三等为祭韵合口。依规则应入至韵合口,因受齿龈音影响主元音变为圆唇元音-o而入祭韵合口,故至韵合口没有与之对立的舌面鼻音ȵ-。

集,秦入切,《广韵》:“聚也,会也。”萃,秦醉切,《广韵》:“集也,聚也。”

上古汉语的-ups韵母变成-us韵母,跟来自-uts韵母的-us韵母合并。于是,选用原本韵母为-uts的字记录原词根韵母为-up的派生词。萃,《说文》:“草貌,从艸卒声。”萃,秦醉切,《广韵》:“集也,聚也。”《方言》:“萃、杂,集也。”《诗经·墓门》:“墓门有梅,有鸮萃止。”传:“萃,集也。”《经典释文》:“萃,徂醉反。”《孟子·公孙丑上》:“出於其类,拔乎其萃。”注:“萃,聚也。”“萃”从“卒”声,而“卒”的韵母本为-ut。

合,古沓切,《广韵》:“合,合集。”侯合切,《广韵》:“合同。”《楚辞·九辩》:“圜凿而方枘兮,吾固知其鉏铻而难**入**。众鸟皆有所登栖兮,凤独遑遑而无所**集**。愿衔枚而无言兮,尝被君之渥**洽**。太公九十乃显荣兮,诚未遇其匹**合**。”《楚辞·九辩》此诗段的四个押韵字都属于合部-up。《说文》:“合,合口也,从亼从口。”会,黄外切,《广韵》:“合也。”会,古外切,《广韵》:“会稽,山名。”《说文》:“会,合也。”“合”和“会”是一对同族词。《左传·隐公四年》:“羽父请以师会之,公弗许。”祭韵和泰韵属于三等和一等之关系。因而“合”声字上古汉语自然也应该是韵母-up。“會”声和“内”声,一等中古汉语分属于泰韵和队韵应该是声母不同所致,即齿龈音一等归队韵合口而软腭音一等归泰韵合口。

瞻望弗**及**,伫立以**泣**。(《燕燕》)

中谷有蓷,暵其**湿**矣。有女仳离,啜其**泣**矣。啜其泣矣,何嗟**及**矣。(《中谷有蓷》)

皇皇者华,于彼原**隰**。駪駪征夫,每怀靡**及**。(《皇皇者华》)

淠彼泾舟,烝徒**楫**之。周王于迈,六师**及**之。(《棫朴》)

尔羊来思,其角**濈濈**。尔牛来思,其耳**湿湿**。(《无羊》)

忽驰骛以追逐兮,非余心之所**急**。老冉冉其将至兮,恐脩名之不**立**。(《离骚》)

不解于位,民之攸**塈**。(《假乐》)

立,力入切,《广韵》:“行立。”《说文》:“立,住也,从大立一之上。”位,于愧切,《广韵》:“列也,莅也,中庭之左右谓之位。”“立”和“位”是一对同族词。两者的语音关系如同“集”和“萃”。逮,力遂切,《广韵》:“临也。”《说文》:“逮,临也。”莅,力至切,《广韵》:“临也,亦作蒞。”《论语·卫灵公》:“不庄以涖之则民不敬。”《经典释文》:“涖音利,又音类。”《左传·隐公四年》:“请蒞于卫。”《经典释文》:“涖,音利,又音类,临也。”

泣,去急切,《广韵》:“无声出涕。”《说文》:“泣,无声出涕曰泣,从水立声。”《诗经·燕燕》:“瞻望弗及,泣涕如雨。”泪,力遂切,《广韵》:

“涕泪。”《史记·刺客列传》:“士皆垂泪涕泣。”“泪”是后出语词,先秦只用“泣”。《韩非子·和氏》:“泣尽而继之以血。”

昱,余六切,《广韵》:“日光。”昱,《说文》:“明日也,从日立声。”后字“煜”。《说文》:“煜,熠也,从火昱声。”煜,为立切,《广韵》:“火貌。”煜,余六切,《广韵》:“火光,又燿也。”后字又改声符作焴。焴,余六切,《广韵》:“上同(煜)。”

跟圆唇元音 u 组合的唇鼻音韵尾-m 会异化为软腭鼻音韵尾-ŋ,个别唇音韵尾-p 也异化为软腭音韵尾-k,两者正相平行。这说明“立”声的主元音是后高元音 u。不过,跟唇鼻音韵尾-m 不同,以唇塞音-p 收尾的-up 并入覺部-uk 韵母只是个案,大部分《广韵》仍然是唇塞音-p 收尾。松元音归入合韵和洽韵,紧元音归入缉韵。然而,当带上-s 词尾时,上古汉语的-u̱ps 并入 u̱ts,变成《广韵》的至韵合口-wi。这个唇介音-w-跟边音似乎不兼容。莅,《经典释文》仍有开口、合口两音,而《广韵》却只有开口一音,唇介音-w-已经失落了。

第三节　i 元音韵母

作为上古汉语最重要的三个元音之一,前高展唇元音-i 依照音系结构也应该跟唇辅音组合一起组成-im/-ip 韵母。不过,跟上古汉语的-in/-it 韵母不同,《广韵》并没有一个独立的韵来自上古汉语的-im/-ip 韵母。上古汉语的韵母-in,《广韵》主要分先韵-en 和真韵-in。那么,上古汉语的韵母-im 应该分添韵-em 和侵韵-im。

表 5.7　侵部藏语对应表

甜	徒兼切	《广韵》:甘也。	ʑim-po	香、甘美
懔	力稔切	《广韵》:敬也,畏也。	ɦkhrims-pa	畏惧、害怕
禀	笔锦切	《广韵》:供谷,又与也。	ɦbrim-ba	散发、配给、分配、供养

续　表

品	丕饮切	《广韵》：官品，类也，众庶也。	rim-pa	次序等级、排列顺序
临	力寻切	《广韵》：莅也。	ɦgrim-pa	走动、出行、漫游
禁	居荫切	《广韵》：制也。	khrims	法律、成规、戒律
祲	子禁切	《广韵》：日傍气也。	ɦkhjims	光环、日晕
寝	七稔切	《广韵》：室也，卧也。	gzims-pa	睡、卧的敬语

上表藏语材料来自《藏汉大辞典》(张怡荪编，1999)。

上古汉语和藏语元音个数不同，汉藏语音对应时元音也会不一样。跟唇音-m/-p组合成韵母-um/-up时，藏语圆唇元音u往往会异化为展唇元音i而变成韵母-im/-ip。上古汉语也存在这种语音演变现象。覃，徒含切，《广韵》："及也，延也。""覃"声和"寻"声，文献中常常通用，而且可以异读。"覃"声字有一等覃韵和三等侵韵。但"覃"声字也有两字读入添韵。簟，徒玷切，《广韵》："竹席。"橝，徒玷切，《广韵》："屋梠名，又音潭。"就汉语的语音演变来看，应该是韵母-u̱m先异化为韵母-im，再演变成韵母-em。

表5.8　侵韵(覃韵)与盐韵(添韵)异读表

鍼	之林切	《说文》曰"所以缝也"。	巨淹切	针虎，人名。
鬵	昨淫切	《说文》曰"大釜也"。	昨盐切	甑也。
綅	七林切	《说文》曰"绛线也"。	息廉切	白经黑纬。
朁	七感切	《说文》"曾也"。	昨盐切	於朁，县名，属杭州。
黔	巨金切	黑而黄；亦姓，齐有黔敖。	巨淹切	黑黄色。
雂	巨金切	鸟名。	巨淹切	白喙鸟。
灊	昨淫切	水名，出巴郡。	昨盐切	水名，在巴郡宕渠。
鋟	七稔切	爪刻镂版。	子廉切	以爪刻柜版也。

续 表

撏	徐林切	取也。	视占切	挦取也。
稖	於禁切	苗美。	一盐切	稖稖,苗美也。
燂	徒含切	火爇。	昨盐切	《周礼》注云"炙烂也"。
憯	七感切	痛也。	青忝切	憯凄。

侵韵是跟一等覃韵匹配的三等韵,而盬韵是跟談韵匹配的三等韵。然而,《广韵》所收罗的材料里面,有好些侵韵和盬韵无意义差别的异读字。这些异读字原本属于上古汉语的覃部-um。上古汉语的覃部《广韵》读入三等盬韵的事例不少,主要是异读,而談部则不可以读入三等侵韵。显然,某些经师将这些覃部-u̱m读入了盬韵-iɛm。

綅,子心切,《广韵》:"缝线。"綅,息廉切,《广韵》:"白经黑纬。"綅,七林切,《广韵》:"《说文》曰'绛线也',《诗》曰'贝胄朱綅'。"《诗经·閟宫》:"贝胄朱綅,烝徒增增。"《经典释文》:"綅,息廉反,《说文》云'线也';沈又仓林反,又音侵。"

黔,《说文》:"黎也,从黑今声。秦谓民为黔首,谓黑色也;周谓之黎民。《易》曰'为黔喙'。"黔,巨金切,《广韵》:"黑而黄,又巨炎切。"黔,《广韵》:"黑黄色,《说文》曰'黎也,秦谓民为黔首,谓黑色也;周谓之黎民';巨淹切,又音琴。"《周易·说卦》:"为黔喙之属。"《经典释文》:"黔,其廉反,徐音禽,王肃其严反。"

鍼,《说文》:"所以缝也,从金咸声。"针,职深切,《广韵》:"针线。鍼,上同。《说文》曰'所以缝也'。"《庄子·人间世》:"挫鍼治繲,足以糊口。"鍼,巨淹切,《广韵》:"鍼虎,人名。"《诗经·黄鸟》:"谁从穆公,子车鍼虎。"《经典释文》:"鍼,其廉反,徐又音針。"《左传·隐公八年》:"陈鍼子送女,先配而后祖。"《经典释文》:"鍼,其廉反。"

依据陆德明《经典释文》,我们可以知道覃部侵韵和盬韵异读来自不同方言背景的经师的注音,如王肃。覃部-u̱m韵母,随着介音-i-的产生,《广韵》入侵韵-im。-im韵母演变成-iɛm,现代汉语方言也常见,如中古汉语的韵母-im今广西白话多读-am/-ɐm。这跟真部情况相同。除侵韵和鹽韵组成无意义差别的异读外,侵韵和添韵或者鹽韵和添韵偶尔也出现无意义差别的异读。这种读音不一的现象主要是材料来源的不一致造成的。

檿,於琰切,《广韵》:"山桑。"檿,於簟切,《玉篇》:"山桑。"《诗经·皇矣》:"攘之剔之,其檿其柘。"《经典释文》:"檿,乌簟反。"《周礼·冬官·考工记》:"檿桑次之。"《经典释文》:"檿,乌簟反。"《礼记·大学》:"厌然揜其不善而着其善。"注:"厌读为黡。"《经典释文》:"厌,读为黡,乌斩反,徐又乌簟反。"黡,於琰切,《广韵》:"面有黑子。"《左传·成公十六年》:"晋侯使栾黡来乞师。"《经典释文》:"黡,於斩反,徐於玷反。"黬,古咸切,《广韵》:"釜底黑也。"黵,古咸切,《广韵》:"《说文》曰'虽皙而黑也,古人名黵字皙'。"《庄子·庚桑楚》:"有生黬也。"《经典释文》:"黬,徐於减反,司马云乌簟反,云'黡有疪也',有疪者欲披除之,李乌感反,《字林》云'釜底黑也'。"

添韵和鹽韵的关系,如同萧韵和宵韵、先韵和仙韵的关系。四等和三等混淆是当时的普遍现象,即便是陆法言的《切韵》也是如此。簟等字入添韵主要是《广韵》引早期添韵和鹽韵相混材料的结果。通过《广韵》跟《经典释文》的比较,我们可以肯定韵书《广韵》里面的这些鹽韵字原本来自添韵,即-im>-em>-iɛm。就押韵来看,"簟"字早就已经由圆唇元音韵母-u̠m异化成了展唇元音韵母-im。上面已经提到,上古汉语的韵母-im依照音变规则《广韵》应该分添韵和侵韵。假若把上古汉语的韵母-im命名为添部,那么添部和覃部的分界应该为添韵和覃韵;跟添韵谐声的归添部,跟覃韵谐声的归覃部。

忝,他玷切,《广韵》:"辱也。"忝,《说文》:"辱也,从心天声。"《诗经·小宛》:"夙兴夜寐,无忝尔所生。"《经典释文》:"忝,他簟反,《字林》他念反。"主元音不同,韵尾的演变也会不一样。-um往往会演变成-uŋ,而-im则容易演变成-in。惵,他典切,《广韵》:"《说文》曰'青徐谓惭曰惧'。"《方言》:"惧、恧,惭也,荆扬青徐之间曰惧。"又腼,他典切,《广韵》:"面惭。""腼"和"惧"不过是同一语词两个不同的记录文字,且是"忝"的后起文字。可见,某方言里面"忝"的韵尾已经是-m>-n。

垫,都念切,《广韵》:"下也,又徒协切。"《说文》:"垫,下也。《春秋传》曰:'垫隘。'从土執声。"《方言》:"埕、垫郭丁念反,下也。凡柱而下曰埕,屋而下曰垫。"《左传·成公六年》:"易觏则民愁,民愁则垫隘。"《经典释文》:"垫,丁念反。"䞇,《广韵》:"穷也,《说文》曰屋倾下也;都念切。"䞇,《说文》:"屋倾下也,从宀執声。"

銛,他玷切,《广韵》:"取也,又锸属。"銛,息廉切,《广韵》:"銛利也。"銛,《说文》:"锸属,从金舌声。"《方言》:"銛,取也。"郭注:"銛,音忝。"銛,今字作"舔",《孟子》作"餂"。《孟子·尽心下》:"士未可以言而言,是以言餂之也。"音义:"餂,取也。其字从金,今此字从食,与《方言》不同,盖传写误也。"《六书故》:"餂,他检切,以舌探食也。"舌头,上古有两个形式,本字《说文》以为"西"。恬、栝、銛皆从"舌"声。甜,《说文》:"美也,从甘从舌。"甜,字当从甘舌声。甜,徒兼切,《广韵》:"甘也。"

禀,《说文》:"赐谷也。"禀,笔锦切,《广韵》:"供谷,又与也。"懔,《广韵》:"敬也,畏也,力稔切。"凛,力稔切,《广韵》:"寒凛。""懔"和"凛"本一字。凛,巨金切,《广韵》:"寒状。"《内经·本病论》:"凛冽不作,雾云待时。"

以上这些声符字属于上古汉语的添部-im。上古汉语的覃部-um,某些方言因元音异化也演变成-im韵母。于是,添部和覃部合并成了《广韵》的添韵/盐韵和侵韵。不过,覃韵和添韵是区别上古汉语-um韵母和-im韵母的重要标准。相应地,上古汉语的-up韵母,随着介音-i-的产生,演变成中古汉语的-ip韵母。这种音变早就已经发生。

戢,阻立切,《广韵》:"敛也。"《说文》:"戢,藏兵也。从戈咠声。"《诗经·时迈》:"载戢干戈,载櫜弓矢。"传:"戢,聚。"《经典释文》:"戢,侧立反。"《诗经·鸳鸯》:"鸳鸯在梁,戢其左翼。"传:"戢,敛也。"《经典释文》:"戢,侧立反。"集,秦入切,《广韵》:"聚也,会也。"《诗经·鸨羽》:“肃肃鸨羽,集于苞栩。”“戢”和“集”是同族词。

楫,即葉切,《广韵》:“舟楫;檝,上同。”《说文》:“楫,舟棹也。从木咠声。”《诗经·竹竿》:“淇水滺滺,桧楫松舟。”《经典释文》:“楫,本又作檝,子葉反,徐音集。”《尔雅》:“冯河,徒涉也。”注:“无舟楫。”《经典释文》:“楫,本或作檝,又作接,同子葉、才入二反。《方言》曰:‘檝,桡也。’《说文》云:‘檝,舟棹也。’《释名》曰:‘在旁拨水曰棹,又谓之檝;檝,捷也。”檝,秦入切,《广韵》:“舟檝。”

洽,侯夹切,《广韵》:“和也,合也,沾也。”《说文》:“洽,沾也,从水合声。”《诗经·江汉》:“矢其文德,洽此四国。”王先谦《诗三家义集疏》:“齐洽作协。”洽,《礼记》也作“协”。《礼记·仲尼燕居》:“弛其文德,协此四国。”《诗经·正月》:“洽比其邻,昏姻孔云。”传:“洽,合。”洽,《左传》亦作“协”。《左传·襄公二十九年》:“《诗》曰‘协比其邻,昏姻孔云’。”《左传·僖公二十二年》:“《诗》曰‘协比其邻,昏姻孔云’。”

上古汉语的-um 或演变为-im 韵母,后入《广韵》添韵-em。同样,上古汉语的-up 也会演变为-ip 韵母,后入《广韵》帖韵-ep。《别雅》:“《尔雅·释天》‘在未曰协洽’,《史记·历书》作汁洽,一本作协洽,《天官书》作叶洽,《樊敏碑》同《逢盛碑》,作协给。”《管子·轻重丁》:“寡人欲复业产,此何以洽?”王念孙按:“洽,当为给。”依照文字替换以及《诗经》押韵,从“合”声的“洽”早就已经由韵母-up 转为韵母-ip。

燮,苏协切,《广韵》:“和也,《说文》‘从言又炎’。”《说文》:“燮,和也,从言又炎,读若濕。”《左传·文公六年》:“冬,楚子燮灭蓼。”《经典释文》:“燮,息协反。”《诗经·大明》:“保右命尔,燮伐大商。”《经典释文》:“燮,苏接反,和也。”《左传·襄公八年》:“郑人侵蔡,获蔡公子燮。”《经典释文》:“燮,悉协反。”《穀梁传·襄公八年》:“郑人侵蔡,获蔡公子濕。”《经典释文》:“濕,本又作隰,同音溼,又音燮,《左氏》作燮。”溼,失入切,《广韵》:“水沾也。”隰,似入切,《广韵》:“原隰,亦州名。”《尔雅》:“下溼曰隰。”

漯,他合切,《广韵》:“水名,在平原;濕,上同。”《说文》:“濕,濕水。”《尚书·禹贡》:“浮于济漯。”《经典释文》:“漯,天答反,《篇韵》作他合反。"《说文》:"墋,下入也,从土㬎声。"墋,直葉切,《广韵》:"下入。"墋,直立切,《广韵》:"下入。"溼,失入切,《广韵》:"水沾也。"又:"濕,上同。"《易·干》:"水流濕,火就燥。"《经典释文》:"濕,申入反。"《荀子·大略》:"均薪施火,火就燥;平地注水,水流濕。"

表 5.9　藏缅语-ip/-up 韵母对应表

词义	藏语	缅语	墨脱门巴语	独龙语	景颇语	拉坞戎语	载瓦语	勒期语
睡	jib$_{\text{隐藏}}$	ip	jip	ip^{55}	jup^{55}	jup^{55}	ju̱p^{55}	ju̱p^{55}
吮	ɦdʑib		dzip		ʃup$^{55}_{\text{吸}}$	ndzrup^{55}	tʃu̱p^{55}	
影	grib	rip				zgrup^{55}	vup^{21}	
埋	ɦbrub	hmrup	ɕup	lɯp^{55}	lup^{55}		mju̱p^{55}	ŋyu̱p^{55}
西、落	nub		nup		lup^{31}	nup^{55}	nup^{21}	nup^{31}

上表拉坞戎语材料来自《拉坞戎语研究》(黄布凡,2007),其他藏缅语材料来自《藏缅语族语言词汇》(黄布凡,1992)。

前高元音-i 受到唇音韵尾-p 的同化,一些藏缅语族语言韵母-ip/-up 已经合并为韵母-up。当主元音是紧元音的时候,上古汉语的韵母-u̱p/-i̱p 后来合并为緝韵;而当主元音是松元音的时候,上古汉语的-up 入合韵-op,而-ip 入帖韵-ep,两者保持对立。其中,某些方言-ep 韵母进一步演变成-iɛp,并入葉韵。

皇皇者华,于彼原**隰**。駪駪征夫,每怀靡**及**。(《皇皇者华》)

淠彼泾舟,烝徒**楫**之。周王于迈,六师**及**之。(《棫朴》)

及,其立切,《广韵》:"逮也,连也。"《说文》:"及,逮也,从又从人。"《左传·定公四年》:"楚人为食,吴人及之。""及"声是一个三等谐声集合,《广韵》入緝韵。然而,此声符字《广韵》入葉韵不少。可见,某些方言或演变为帖韵-ep 或葉韵-iɛp。于是,除緝韵外,从"及"得声的谐声字,《广韵》也出现葉韵/業韵的读音。

笈,其立切,《广韵》:"负书箱。"笈,其辄切,《广韵》:"负书箱也。"笈,巨业切,《广韵》:“书笈。”笈,楚洽切,《广韵》:“负书箱。”令人纳闷的是,简单的“笈”,《广韵》竟然有四种不同的读音。这也正说明了编撰者搜罗材料之庞杂。极,其辄切,《广韵》:“驴上负版。”极,巨业切,《广韵》:“极插。”“极”又叫“极插”。故“笈”有一个与“及”声毫无关系的读音“楚洽切”。插,《广韵》:“刺入,楚洽切。”《说文》:“极,驴上负也,从木及声,或读若急。”朱骏声:“极,字亦作笈。”《慧琳音义》:“笈,背上笈也。”

衱,居怯切,《广韵》:“衣领;袷,上同。”衱,其辄切,《广韵》:“《礼记》注云‘衱交领’。”《尔雅》:“衱谓之裾。”注:“衣后裾也。”《经典释文》:“衱,居怯反。”《方言》:“衱谓之褗。”注:“即衣领也,音劫。”《礼记·曲礼下》:“天子视不上于袷,不下于带。”郑注:“袷,交领也。”《经典释文》:“袷,音劫。”袷,古洽切,《广韵》:“复衣,《说文》曰‘衣无絮也’。”(《广韵》:“褶,徒协切,袷也。”)《说文》:“袷,衣无絮,从衣合声。”《礼记·丧大记》注:“褶,袷也。”《经典释文》:“袷,古洽反。”

梜,其辄切,《广韵》:“剑柙。”梜,古沓切,《广韵》:“剑柙。”

上古汉语的-u̱p韵母随着介音-i-产生并入-ip韵母,归《广韵》缉韵。然而,也有一些方言-ip韵母演变成-ep韵母,并进一步演变成-iɛp,归入《广韵》的葉韵。因是方言音变,这几个葉韵字都有緝韵或者合韵(松紧元音交替)无意义差别异读。除了上古汉语的-u̱p韵母,中古汉语的-ip韵母上古汉语还有-i̱p一个来源,跟来自上古汉语-ip的怗韵-ep平行。

執,之入切,《广韵》:“持也,操也。”贄,脂利切,《广韵》:“執贄也。”

除以鼻音收尾的韵母外,中古汉语的去声有两个完全不同的来源:阴声韵和入声韵。因而带不同塞音韵尾的入声韵都有与之相匹配的去声韵。“執”声字,中古汉语有緝韵、帖韵、添韵,后者如“墊”;也有霽韵和至韵。前面已经提到,合部的去声《广韵》为隊韵和至韵合口,而“執”的去声《广韵》为霽韵和至韵开口。两者尽管都有入声緝韵,但是彼此之间有清晰的界线。为了便于区别,我们把这一部分緝部字称为執部,而相应的阳声称为添部。通过它们之间的谐声关系,我们起码可以知道与齿龈音组合的上古汉语-ip韵母中古汉语演变成了帖韵和缉韵。上古汉语紧元音中古汉语归三等,而松元音归一等或四等,而归四等的为前高元音,如質部、錫部等。因而執部有时候也跟四等齊韵组成谐声集合,如“計”。

螽斯羽,揖揖兮。《经典释文》:“揖,子入侧立二反。”宜尔子孙,蟄蟄兮。(《螽斯》)

蟄,直立切,《广韵》:“蟄虫,又藏也。”蟄,《说文》:“藏也,从虫執声。”从“執”声之字,《广韵》有緝韵/帖韵/至韵。軜,《说文》:“骖马内辔系轼前者,从车内声。”軜,《广韵》:“骖马内辔系轼前者,奴答切。”从“内”声之字,《广韵》有合韵/緝韵/隊韵/祭韵。前者为韵母-ip而后者为韵母-up。緝部入韵的字不多,但以“蟄”和“軜”为观察点考察《诗经》的押韵,緝部仍应该分为两小类:蟄类和軜类。由此,根据中古汉语的分布情况,我们可以确定以下(声符)字上古为執部:

十,是执切,《广韵》:“数名。”十,《说文》:“数之具也。”汉语“十”与藏缅语gip共源。計,《说文》:“会算也,从言从十。”計,古诣切,《广韵》:“筹計。”计算以“十”为单位,采用十进制。语词“計”当是“十”的动词形式。

汁,之入切,《广韵》:“瀋也,液也。”汁,《说文》:“液也,从水十声。”《左传·襄公二十八年》:“去其肉而以其洎馈。”《经典释文》:“其器反,肉汁也。”洎,几利切,《广韵》:“肉汁。”“汁”和“洎”为一对同族词。《方言》:“协,汁也。”《周礼·秋官·乡士》:“汁日刑杀。”《经典释文》:“汁,音协,合也,本亦作协。”斟,昌汁切,《广韵》:“《字统》云‘会聚也’。”斟,《说文》:“斟斟,盛也,从十甚声,汝南名蚕盛曰斟。”斟,当从甚十声,而小徐改从“甚”声,误。此意义之“斟”藏语为tɕhip-pa“满、充满”。

協,胡频切,《广韵》:“和也,合也;叶,古文。”協,《说文》:“众之同和也,从劦从十。”《左传·桓公六年》:“彼则惧而協以谋我。”《说文》:“劦,同力也。”“劦”和“協”是同族词。《礼记·月令》:“以迎冬于北郊。”注:“叶光纪于北郊之兆也。”《经典释文》:“叶,本又作汁,音協。”協,应该是“从劦十声”,故“協”也作“叶”。

劦，胡颊切，《广韵》："同力。"劦，《说文》："同力也，从三力。《山海经》曰'惟号之山，其风若劦'。"荔，力智切，《广韵》："荔支，树名。"珕，《广韵》："蜃属，从玉劦声，《礼》'佩刀，士珕琫而珧珌'。"珕，力智切，《广韵》："刀饰也。"珕，郎计切，《广韵》："刀饰。"《诗经·瞻彼洛矣》传："士珕琫而珕珌。"《经典释文》："珕，力计反。"

廿，人执切，《广韵》："《说文》云'二十并也'。"

揖，伊入切，《广韵》："揖让，又进也，《说文》曰'攘也，一曰手着胸曰揖'。"《左传·成公六年》："公揖而入。"《论语·乡党》："上如揖，下如授。"《六书故》："揖，拱手上下左右之以相礼也。""揖"从手从咠，会意字而非形声字。《史记·秦始皇本纪》："普天之下，抟心揖志。"《通雅》："专一，一作抟壹、竱一、抟揖……《左传》'如琴瑟之专壹'，《史》秦始皇琅邪台颂'普天之下，抟心揖志'。"显然，受高元音 i 影响，-ip 变成了-it 韵母。揖，乙冀切，《广韵》："拜举手，《左传》注云'若今之揖'。"揖，乙冀切，《集韵》："俯手拜也，或作揖。"揖，於赐切，《集韵》："俯手拜也。"语音关系如同"執"和"挚"。

第四节　e元音韵母

董同龢在《上古音表稿》中将传统谈部两分。这一观点得到了白一平、郑张尚芳等学者的支持。谈部（葉部）郑张尚芳构拟为 *-am，而谈部（葉部）2 构拟为 *-em。潘悟云（2000）说："在这方面大步走出传统分部的是郑张尚芳（1987）、包拟古（1980）、白一平（Baxter 1992）几位，他们所拟的上古音系统中都有六个元音，自然会给丙类韵构拟出 -am、-em、-om 和-im、-um、-ɯm。"斯塔罗斯金（1989）虽也构拟了六个元音，但只有展唇元音 i、e、a、ə 带唇音韵尾。其中，-em/-ep 韵母就是董同龢的谈部（葉部）2。

朕，直稔切，《广韵》："我也，秦始皇二十六年始为天子之称。"从"朕"声的谐声字属于蒸部，而属于传统侵部的只有个别字，而"朕"是其中一个。螣，直稔切，《广韵》："螣蛇。"螣，徒登切，《广韵》："螣蛇，或曰食禾虫。"螣，徒得切，《广韵》："螣蛇。"（蟘，《广韵》："食禾叶虫，徒得切。"）《诗经·大田》:"去其螟螣,及其蟊贼。"传:"食叶曰螣。"《经典释文》:"螣,《说文》作蟘,徒得反。"(《说文》:"蟘,虫,食苗叶者。吏乞贷则生蟘。从虫从贷,贷亦声。《诗》曰:'去其螟蟘。'")"螣"音"徒得切"是"蟘"的训读。

可见,"朕"的主元音应该跟同声符其他谐声字相同。既然蒸部的主元音是-e,那么语词"朕"的主元音也应该是-e。上古汉语的-m韵尾中古汉语之前一直有向软腭-ŋ韵尾演变的趋势。前面已经讨论过的"风""覂"都是如此。谈韵中古为-ɑm,覃韵为-om。谈韵和覃韵的界线是比较清晰的。但是,因鼻音韵尾-m的影响,《广韵》也有一些本属于覃韵的而混入谈韵,如"三"等。由于《诗经》入韵字少,清儒谈部、侵部的归部上常常彼此矛盾。比如"占"声字,段玉裁归侵部而朱骏声归谈部;"冘"声符字,段玉裁归谈部而朱骏声归侵部。传统侵部,《广韵》分覃韵/咸韵/侵韵/添韵。

表 5.10 "詹"声和"占"声音节搭配表

	t-	th-	d-	n-	t_3-	th_3-	d_3-	n_3-	tɕ-	tɕh-	dʑ-	ɕ-	ʑ-	ȵ-	j-
詹	擔	磩	澹						詹	幨	贍				檐
占	店	沾		鲇	沾	覘		粘	占	姑		苫		蛅	阽

声符"詹"和"占"衍生出来的谐声字都比较多,而且多处对立。除了个别,"詹"声属于谈韵和盐韵,而"占"声属于添韵和盐韵。显然,这是两个不同的谐声集合。两者之间的语音关系如同寒部和肩部。假若前者的韵母是-am,那么后者的韵母应该是-em。

言**念**君子,载**寝**载兴。(《小戎》)

驾彼四骆,载骤骎**骎**。岂不怀归,是用作歌,将母来**谂**。(《四牡》)

冽彼下泉,**浸**彼苞稂。忾我寤叹,**念**彼周京。(《下泉》)

皋皋訿訿,曾不知其**玷**。兢兢业业,孔填不宁,我位孔**贬**。(《召旻》)

簟,徒玷切,《广韵》:"竹席。"《说文》:"簟,竹席也,从竹覃声。"《诗经·载驱》："载驱薄薄，簟茀朱鞹。"传："簟，方文席也。"《诗经·韩奕》："簟茀错衡，玄衮赤舄。"《经典释文》："簟，徒点反。"《礼记·礼器》："莞簟之安。"《经典释文》："簟，徒点反。"

唇鼻音韵尾会让展唇元音同化为圆唇元音，也会让圆唇元音异化为展唇元音。这两种情况都见于藏缅语。就中古读音而言，"簟"已经受唇音韵尾的异化演变成了-im 韵母。上古汉语的-em 可以跟-im 合韵也可以跟-am 合韵。-am《广韵》分談韵/銜韵/鹽韵。-um《广韵》分覃韵/咸韵/侵韵，而-em 韵母《广韵》分添韵/咸韵/侵韵。因-em 和-iɛm 变异，也入《广韵》鹽韵。

念，奴店切，《广韵》："思也。"《说文》："念，常思也，从心今声。""念"声是一个齿龈鼻音 n-谐声集合，而在谐声系统中齿龈鼻音跟软腭音没有任何交集关系。"念"声，《广韵》分添韵和侵韵。《左传·闵公二年》："昔辛伯谂周桓公。"《经典释文》："谂，音审，告也，《说文》云'深谏也'。"《诗经·四牡》："驾彼四骆，载骤骎骎。岂不怀归，是用作歌，将母来谂。"传："谂，念也。"《经典释文》："谂，音审，毛念也，郑告也。"《说文》："谂，深谏也，从言念声。"

贬，方敛切，《广韵》："损也。"《说文》："贬，损也，从贝从乏。"徐锴曰："当言从乏，乏亦声，脱误也，会意；悲俭反。"朱骏声案："乏声。"贬，会意字，许慎不误。《诗经·召旻》："皋皋訿訿，曾不知其玷。兢兢业业，孔填不宁，我位孔贬。""玷""贬"押韵。

猒，一盐切，《广韵》："饱也；餍，上同。"猒，於艳切，《广韵》："饱也；餍，上同。"猒，《说文》："饱也，从甘从肰。"厌，於艳切，《广韵》："《论语》曰'食不厌精'。"《诗经·湛露》："厌厌夜饮，不醉无归。"《经典释文》："厭，於盐反，韩《诗》作愔愔，和悦之貌。"

齿龈音会导致与之组合的元音高化或衍生出介音-i-。韵图的编制者根据韵母的主元音和介音的不同编制图表，而把主元音为前半高元音 e 的韵母排在第四行。相同的元音，与之组合的声母不同，实际音质也会不一样。因而一些本不应该读四等的，与齿龈音组合之后则读成了四等。故此,我们不能因为谐声有四等就认为其上古汉语就是前高或前半高元音。肩部之所以归仙韵主要是中古汉语仙韵和先韵混淆造成的。上古汉语韵母-em 也然。

仲山甫出祖,四牡业**业**。征夫捷**捷**,每怀靡**及**。(《烝民》)

就《诗经》押韵来看,这几个緝部字可以跟葉部-ap 合韵。那么,这些緝部字,其韵母的主元音应该跟元音-a 接近。前一节已经讨论了,-up 和-ip 韵母容易出现交互演变,而上古汉语的-u̠p 韵母后跟-i̠p 韵母合并,归入了《广韵》的緝韵。上古汉语的-em 韵母《广韵》分添韵/咸韵/侵韵,相平行的-ep 韵母《广韵》应该分怗韵/洽韵/緝韵。

表 5.11 藏缅语-ap 韵母对应表

词义	藏语	墨脱门巴语	景颇语	独龙语	载瓦语	博嘎尔语	仙岛语	汉语
叠	ldab-pa	tap	thap^{31}	dɛp^{55}	na̠p^{55}	tep	top^{53}	叠
树叶	ɦdab		lap^{31}	lɑp^{55}	khjap^{55}	lap$_{\text{翅膀}}$	khʐap^{55}	叶
渡河	rab$_{\text{渡口}}$		ʒap^{55}			rap		涉
盖	bkab-pa		kap^{31}	kɑm^{55}		kap	thap^{55}	盖/盍

上表藏缅语材料来自《藏缅语族语言词汇》(黄布凡,1992)。

叠,徒协切,《广韵》:"重也。"《汉书·翟方进传》:"观者重叠。"师古注:"言人多而聚积。"摺,之涉切,《广韵》:"摺叠也。"《史记·范雎蔡泽列传》:"使舍人笞击雎,折胁摺齿。"《汉书·扬雄传下》:"范雎以折摺而危穰侯。"

晔,为立切,《广韵》:"晔晔。"晔,筠辄切,《广韵》:"光也。"

慴,徒协切,《广韵》:"慑也,《说文》'惧也'。"慴,之涉切,《广韵》:"伏也,惧也,怯也。"《说文》:"慴,惧也,从心習声,读若叠。"《尔雅》:"恐,慴,惧也。"注:"慴,即慑也。"《经典释文》:"慴,之涉反。"《庄子·达生》:"逆物而不慴。"《经典释文》:"慴,之涉反,惧也,李、郭音习。"字也作叠。《诗经·时迈》:"薄言震之,莫不震叠。"传:"叠,惧也。"《经典释文》:"叠,徒协反,惧也。"慑,之涉切,《广韵》:"怖也,心伏也,失常也,失气也,亦作慴。"《说文》:"慑,失气也,从心聶声;一曰服也。"《礼记·乐记》:"柔气不慑。"郑注:"慑,犹恐惧也。"《经典释文》:"慑,之涉反。"

袭,似入切,《广韵》:"因也,重也,《说文》曰'左衽袍也'。"《说文》:"袭,左衽袍也。"《礼记·内则》:"寒不敢袭,痒不敢搔。"郑注:"袭,重衣也。"《仪礼·士丧礼》:"主人袭,反位。"郑注:"袭,复衣也。"褺,《说文》:"重衣也,从衣執声。"褺,《广韵》:"重衣,徒协切。"段玉裁注:"凡古云衣一袭者,皆一褺之假借。"实际上,"褺"是后起字,因为语音演变而再创制"褺"记录原本有"袭"记录的语词。

習,似入切,《广韵》:"《说文》'数飞也'。"習[1],《说文》:"数飞也。"《周礼·地官·司徒》:"袭其不正者。"郑注:"故书袭为習。杜子春云当为袭,谓掩捕其不正者。"《尚书·金縢》:"乃卜三龟,一習吉。"郑注:"習,因也。"《左传·哀公十年》:"卜不袭吉。"褶,《释名》:"袭也,覆上之言也。"褶,徒协反,《广韵》:"袷也,又似入切。"褶,似入切,《广韵》:"袴褶。"褶,《广韵》:"袴褶,是执切。"

耴,陟葉切,《广韵》:"耴耳,国名;《说文》曰'耳垂也'。"辄,陟葉切,《广韵》:"专辄,《说文》曰'车相倚也'。"《穀梁传·昭公二十年》:"秋盗杀卫侯之兄辄……辄者,何也?曰两足不能相过。齐谓之綦,楚谓之踂,卫谓之辄。"《经典释文》:"兄辄,如字,或云音近絷。辄者,两足不能相过也。《左氏》作絷。"踂,尼辄切,《广韵》:"足不相过。"

㥦,於计切,《广韵》:"静也,安也,恭也。"㥦,《说文》:"静也,从心疾声。"

疾,苦协切,《广韵》:"《说文》曰'病息也'。"疾,《说文》:"病息也,从疒夹声。"

夹,古洽切,《广韵》:"持也。"《说文》:"夹,持也,从大挟二人。"《诗经·公刘》:"夹其皇涧,溯其过涧。"《经典释文》:"夹,古洽反,又古协反。"《礼记·檀弓》:"则与宾主夹之也。"《经典释文》:"夹,本又作挟,

① 摺,卢合切,《广韵》:"败也。"音"卢合切"的"摺"是"拉"的训读。拉,卢合切,《广韵》:"折也,败也,摧也。"《说文》:"拉,摧也,从手立声。"摺,《说文》:"败也,从手習声。"摺,徐铉音"之涉切"。摺,质涉切,《集韵》:"《说文》'败也'。"摺,之涉切,《广韵》:"摺叠也。"

古洽反。”挾,胡頰切,《广韵》:“怀也,持也,藏也。”《说文》:“挾,俾持也,从手夾声。”《孟子·梁惠王上》:“挾太山以超北海。”

頰,古协切,《广韵》:“頰面也。”《说文》:“頰,面旁也,从頁夾声。”《释名》:“頰,夾也,两旁称也,亦取挾斂食物也。”《左传·定公十年》:“公会齐侯于夾谷。”夾谷,《经典释文》:“古洽反,又古协反,二《传》作頰谷。”《公羊传·定公十年》:“公会齐侯于頰谷。”(《穀梁传·定公十年》同作“頰谷”。)頰谷,《经典释文》:“古协反,《左传》作‘夾谷’。”

从“夾”声字,传统归葉部,董同龢从中分出归葉$_2$部①。瘱,《说文》从“瘞”声,而读霽韵。依照元音交替关系,“夾”声的主元音应该是前元音-e。这跟前面讨论的“计”正平行。“夾”声符是四等和二等交杂的谐声集合。“夾”声字也应该属于-ep韵母。

不同的辅音韵尾对主元音的影响也不一样,软腭辅音韵尾会拉动主元音舌位后移,致使主元音部位更后,而齿龈音韵尾却会让主元音的发音部位更前,更高。唇辅音韵尾的对主元音的影响又不同,因其唇特征排斥圆唇元音。比较唇韵尾的韵母和软腭辅音的韵母,就可以清楚地看出,软腭韵尾的韵母圆唇元音特别发达。就对主元音的影响而言,唇辅音韵尾更接近齿龈辅音韵尾,两者的演变几乎平行。上古主元音为松元音的-ep,后归入了《广韵》的帖韵-ep;主元音为紧元音的-e̱p,随着介音-i-的产生,归入《广韵》的緝韵或葉韵。

第五节　o元音韵母

中古汉语的圆唇元音排斥唇辅音韵尾。因而原本由圆唇元音和唇辅音组合的韵母,或改圆唇元音为非圆唇元音,或改唇辅音为非唇辅音。前者如覃韵、侵韵,后者如冬韵等。《诗经》只跟侵部押韵且从“凡”声的“风”,《广韵》已经读-uŋ。

① 浃,子协切,《广韵》:“洽也,通也,徹也,浃辰,十二日也。”《左传·成公九年》:“浃辰之间,而楚克其三都。”孔颖达疏:“浃为周匝也。”《经典释文》:“浃,子协反,徐又音子荅反。”《公羊传·哀公十四年》何休注:“人道浃,王道备。”《经典释文》:“道浃:子协反,一本作帀。”“浃”为“匝”的训读,后方言音变而读“子协切”。《集韵·洽韵》:“浃,徹也,讫洽切。”

表 5.12　"凡"声读音表

汎	房戎切	《广韵》：浮也。	汎	孚梵切	《广韵》：浮貌。
梵	房戎切	《广韵》：木得风貌。	梵	防泛切	《广韵》：又防泛切。
䫀	方戎切	《广韵》：梵声也。	梵	扶泛切	《广韵》：梵声。
风	方戎切	《广韵》：《元命包》曰"阴阳怒而为风"。	颿	符咸切	《广韵》：马疾步。

音变速度不同以及方言等因素，一些字《广韵》可以有鼻音-m 和-ŋ 两种读音。考察《广韵》收录的材料，我们会发现语音演变模式。依据语音演变模式，可以确定上古汉语由圆唇元音和唇辅音组成的韵母。这种主元音为圆唇元音的韵母上古汉语有-um 和-om。

⿷匚贛，古送切，《广韵》："小杯名，又音感；檶，格木，《说文》同上。"

贛，古送切，《广韵》："赐也。"贛，古禫切，《广韵》："水名，在豫章。"

从"贛"声之字大部分读-m 韵尾而只有个别读-ŋ 韵尾。幽部和冬部匹配，侯部和東部匹配。侵部韵尾演变归入冬部，而上述字属于東韵。那么，我们可以推知其韵母上古汉语应该是与東部主元音相同的-om。"贛"以及"贛"声字，以往被归入談部。传统談部董同龢分为两类：談韵／銜韵／鹽韵／嚴韵和覃韵／咸韵／鹽韵／添韵。前面已经讨论了，传统談部两分的观点无疑正确，但是不能机械地依照《广韵》的韵目进行分割。添韵软腭音应归談部，咸韵软腭音"兼"声字也应该归談部。相反，嚴韵除了软腭鼻音其他软腭音、声门音则应该从談部-am 中剔除。这些字有"僉"声、"奄"声、"欠"声等。

表 5.13　贛部音节搭配表

	k-			kh-			g-			x-			ɣ-			ʔ-		
覃	弇	⿷匚贛	贛	堪	坎	勘							函	菡	蜭	庵	晻	
咸		鹼		⿸厂欿									函		臽	淊		淊

续 表

	k-			kh-			g-			x-			ɣ-			ʔ-		
鹽		檢						儉			險					淹	奄	
嚴			劒	厱		欠												淹

韵书编撰者尽管分设了鹽韵和嚴韵,但是两者是互补的。这主要是韵书编撰者根据主观听觉判断造成的,其本身并没有音位上的差别。跟软腭音、声门音组合的覃韵、咸韵、鹽韵和嚴韵当归上古汉语-om韵母。假若取一传统名称,可以称之为赣部。

表 5.14 赣部藏语对应表

佥	七廉切	《广韵》: 咸也,皆也。	ɦdzom-pa	齐集、齐全
佥	七廉切	《广雅》: 佥,多也。	ɦdzom-po	阔绰有余、富饶
殲	子廉切	《广韵》: 尽也,灭也。	ɦdʑoms	灭除、摧毁

上表藏语材料来自《藏汉大辞典》(张怡荪编,1999)。

臽,苦感切,《广韵》:"小阱名也。"臽,户韽切,《广韵》:"小坑。"滔,乙咸切,《广韵》:"滔没。"滔,胡感切,《广韵》:"水和泥。"滔,户韽切,《广韵》:"水没。"滔,以冉切,《广韵》:"潭滔,水满。"《左传·文公十八年》:"纳阎职之妻,而职骖乘。"《春秋左传异文释》卷四:"《齐世家》作庸职,《水经·淄水》注引同。"

欠,去剑切,《广韵》:"欠伸,《说文》曰'张口气悟也'。"坎,苦感切,《广韵》:"险也,陷也,又小罍也,形似壶。"坎就是臽。《易·坎》:"初六,习坎;入于坎窞;凶。"《左传·僖公二十四年》:"及坎飲,国人纳之。"《经典释文》:"坎,苦感切;飲,大感切。"

弇,古南切,《广韵》:"同也,盖覆也,又音掩。"弇,《说文》:"盖也,从廾从合。"

奄,衣俭切,《广韵》:"藏也,《说文》'覆也'。"《说文》:"奄,覆也。"段玉裁注:"古奄、弇同用。"《周礼·地官·司徒》郑注:"亡国之社奄其上而栈其下。”《公羊传·哀公四年》：“亡国之社，盖掩之，掩其上而柴其下。”“奄”声字中古汉语覃韵、盐韵。

函，胡男切，《广韵》：“容也，《礼》云‘席间函丈’。”《礼记·曲礼上》：“则布席，席间函丈。”注：“函犹容也。”《经典释文》：“函，胡南反。”函，胡谗切，《广韵》：“函谷，关名。”从“函”声之字，《广韵》有覃韵、咸韵。菡，胡感切，《广韵》：“菡萏。”《尔雅》：“荷，其华菡萏。”《经典释文》：“菡，户感反；萏，徒感反。”“菡萏”叠韵联绵词，见《诗经》。《诗经·泽陂》：“彼泽之陂，有蒲菡萏。”传：“菡萏，荷华也。”

氾，符咸切，《广韵》：“国名，又音汎。”《说文》：“氾，滥也。”《孟子·滕文公上》：“洪水横流，泛滥于天下。”蜸，防錽切，《广韵》：“蜂也，案《礼》云‘范则冠而蝉有緌’；字不从虫。”《礼记·檀弓下》：“蚕则绩而蟹有匡，范则冠而蝉有緌。”注：“范，蜂也。”又《礼记·内则》：“爵鷃蜩范。”注：“范，蜂也。”

佥，七廉切，《广韵》：“咸也，皆也。”《说文》：“佥，皆也，从亼从吅从从。《虞书》曰‘佥曰伯夷’。”《方言》：“佥，皆也，自山而东五国之郊曰佥。”《尚书·舜典》：“佥曰‘伯禹作司空’。”除了伪《尚书》，其他文献“佥”罕用。憸，七廉切，《广韵》：“俺憸，诐也。”《说文》：“憸，憸诐也，憸利于上，佞人也。”同样，除了伪《尚书》，其他文献“憸”罕用。《尚书·立政》：“立政用憸人。”《经典释文》：“憸，息廉反，徐七渐反。”《尚书·盘庚上》：“相时憸民。”《经典释文》：“憸，息廉反，徐七渐反。”尖，子廉切，《广韵》：“锐也。”签，七廉切，《广韵》：“一曰锐也。”《说文》：“签，一曰锐也。”

敛，良冉切，《广韵》：“收也。”《说文》：“敛，收也。”《论语·先进》：“求也为之聚敛而附益之。”检，居奄切，《广韵》：“俗作捡，捡本音敛。”《孟子·梁惠王上》：“狗彘食人食而不知检。”注：“检，敛也。”劍，居欠切，《广韵》：“《释名》曰‘劍，检也，所以防检非常也’。”劍，《广韵》入梵韵，而梵韵正是上古汉语-om 韵母的所在地。

笺，子廉切，《广韵》：“刺也，锐意也。”《说文》：“韱，山韭也，从韭笺声。”韱，息廉切，《广韵》：“韱细，又山韭也，今通同作韱，凡从韱者仿此。”“韱”声字，《广韵》入盐韵/咸韵/侵韵。上古汉语的-am 韵母《广韵》入盐韵/谈韵，但不会入侵韵。攕，所咸切，《广韵》：“女手貌。掺，上同，《诗》曰‘掺掺女手’。”《诗经·葛屦》：“掺掺女手，可以缝裳。”毛传：“掺掺。犹纖纖也。”《经典释文》：“掺，所衔反，又所感反，徐又息廉反。《说文》作攕,山廉反,云好手貌。纖,息廉反。"掺掺女手,《文选》注作纖纖女手。"参"声字为覃部-um,与-om音近而混。

乱之初生,僭始既涵。乱之又生,君子信谗。(《诗经·巧言》)

谗,士咸切,《广韵》:"谮也。"《说文》:"谗,谮也,从言毚声。"《尚书·盘庚》:"谗言予一人。"《经典释文》:"谗,仕咸反。"《左传·闵公二年》:"虽尽敌,犹有内谗。"《尚书·舜典》:"谗说殄行。"《经典释文》:"谗,仕咸反。"毚,士咸切,《广韵》:"狡毚也。"《诗经·巧言》:"跃跃毚兔,遇犬获之。"传:"毚兔,狡兔也。"《经典释文》:"毚,士咸反。"

韵书《广韵》分衔韵和咸韵,但是两者之间的界线也不是很清晰。这主要是抄录以往材料所致。陆德明编撰的《经典释文》里面不同经师衔韵或咸韵读音不一致。因而韵书《广韵》中出现衔韵和咸韵异读,或本应该归咸韵的归到了衔韵,或者相反,试看以下材料:

毚,士咸切,《广韵》:"狡毚";锄衔切,《广韵》:"又士咸切。"

攙,士咸切,《广韵》:"刺也。"劖,锄衔切,《广韵》:"刺也,《说文》曰'断也'。"

谗,士咸切,《广韵》:"谮也,又士衔切";士懺切,《广韵》:"谮也,又士衫切。"

儳,仕陷切,《广韵》:"轻言";楚鉴切,《广韵》:"杂言,又食陷切。"

獑,士咸切,《广韵》:"獑猢,似猿";锄衔切,《广韵》:"獑猢。"

巉,锄衔切,《广韵》:"险也。"《尔雅·释山》郭注:"谓山峰头巉岩者。"《经典释文》:"巉,士杉反,又士咸反。"巉,《广韵》为衔韵,而《经典释文》则有衔韵、咸韵异读。如同删韵和山韵,《广韵》衔韵和咸韵无意义差别的异读也应该只是经师方言或者口语、书面语之间的差别。因而我们不能机械地依据《广韵》的读音来推定上古读音。上古汉语的韵母-um演变成-uŋ。相应地,上古汉语的韵母-om则演变成-oŋ。然而这种音变只发生在某些语词或只发生在某些方言中。确定了上古汉语的韵母-om,那么确定上古汉语的韵母-op就比较容易。传统归葉部的一些字就属于上古汉语的韵母-op。

匼，古沓切，《广韵》："闭户曰匼。"匼，口答切，《广韵》："闭户声。"《礼记·杂记》注："既出则施其匼。"《经典释文》："匼，《字林》户腊反，闭也，《纂文》云'古阖字'，《玉篇》羌据、公答二反，云'闭也'。"匼，胡腊切，《广韵》："《纂文》云'姓也'。"

溘，口答切，《广韵》："至也，奄也，依也。"《说文》："溘，奄忽也，从水盍声。"《楚辞·离骚》："宁溘死以流亡兮，余不忍为此态也。"注："溘，犹奄也。"补注曰："溘，奄忽也，渴合切。"《楚辞·离骚》："驷玉虬以乘鹥兮，溘埃风余上征。"注："溘，犹掩也。"

与-om韵母相对，上古汉语的-op韵母归入《广韵》合韵、洽韵、业韵、乏韵，也即部分跟上古汉语的-up韵母合流，部分跟上古汉语的-ap韵母合流。溘，《说文》："奄忽也，从水盍声。"溘，从盍声，本葉部-ap，因受到唇辅音韵尾的影响而获得了圆唇特征而归到了合韵-op。匼，《广韵》作为"姓"保留了韵母-ap的读音，而其他意义则已经是韵母-op。

沓，徒合切，《广韵》："重也，合也，又语多沓也。"沓，《说文》："语多沓沓也。"《庄子·田子方》："适矢复沓，方矢复寓。"成玄英："沓，重也。"踏，《广韵》："着地，他合切。"《金匮要略·杂疗方》："一人以脚踏其两肩。"蹋，《说文》："践也，从足𦐇声。"《汉书·孝武皇帝纪》："周蹋地叹曰。"蹋，《广韵》："践也，徒盍切。"《释名》："蹋，榻也，榻著地也。""踏"当是"蹋"的变异形式，两者语音关系如同"沓"。

掐，苦洽切，《广韵》："爪掐。"

姶，乌合切，《广韵》："女有心姶姶也。"姶，衣俭切，《广韵》："女有心姶姶也。"

罨，乌合切，《广韵》："网。"罨，衣俭切，《广韵》："鸟网。"罨，於业切，《广韵》："鱼网。"罨，《说文》："罕也，从网奄声。"

腌，於业切，《广韵》："盐渍鱼也。"《说文》："腌，渍肉也，从肉奄声。"腌，《广韵》收录了多个读音。腌，於辄切，《广韵》："盐腌鱼。"醃，於严切，《广韵》："盐渍鱼也；腌，上同。"腌，央炎切，《广韵》："盐腌，又菹也。"

臿，楚恰切，《广韵》："舂去皮也。锸，上同。"《说文》："臿，舂去麦皮也。从臼干，所以臿之。""臿"声字，《广韵》有洽韵和葉韵，而"锸"和"歃"

有葉韵异读。锸,丑辄切,《广韵》:"缀衣针。"锸,本作臿。锸,《广雅》:"针也。"王念孙疏证:"锸之言插也。"《说文》:"插,刺肉也,从手从臿。"段玉裁注:"内,各本作肉,今正。内者,入也。刺内者,刺入也。汉人注经多假捷字、扱字为之。从手臿声。"《吕氏春秋·贵卒》:"伏尸插矢而疾言曰'群臣乱王'。"歃,山辄切,《广韵》:"歃血。"歃,山洽切,《广韵》:"歃血。"《左传·定公八年》"将歃",《经典释文》:"歃,所洽切。"《周礼·天官·冢宰》郑注"歃之",《经典释文》:"歃之,色洽反,徐霜猎反。"

乏,房法切,《广韵》:"匮也。"《左传·僖公三十年》:"行李之往来,共其乏困。"《左传·僖公十年》:"失刑乏祀。"泛,《说文》:"浮也,从水乏声。"泛,《广韵》:"水声,房法切。"泛,《广韵》:"上同(汎),孚梵切。"覂,《说文》:"反复也。从襾乏声。"覂,方勇切,《广韵》:"覆也,或作庋,又作泛,《说文》曰:'反复也。'"

踏,他合切,着地;徒盍切,践也。

䓘,他合切,菜生水中;都搕切,菜生水中,又荷覆水。

沓,徒合切,又语多沓沓也。誻,徒盍切,多言。

因韵尾为唇塞音-p,主元音容易受影响变成圆唇元音。相反,圆唇元音也会受唇辅音韵尾的影响而异化为非圆唇元音。这两种演变汉藏语系中都存在。因而《广韵》中没有以圆唇元音 u 为主元音的-um/-up 韵母。上古汉语的韵母-op/-o̱p,入合韵/洽韵/葉韵/業韵。上古汉语的韵母-up/-u̱p,入合韵/洽韵/緝韵。这两个本不相同的韵母一等和二等合并,而三等保持对立。通过上面的分析,上古汉语带唇音韵尾-m/-p 的共有以下十部:

表 5.15　上古 C 类韵母表

	-ȼ	-m	-p		-ȼ	-m	-p
a	-a 魚	-am 談	-ap 葉	u	-u 幽	-um 覃	-up 答
e	-e 之	-em 沾	-ep 怗	o	-o 侯	-om 贛	-op 乏
i	-i 支	-im 添	-ip 執	ɯ	-ɯ 宵	—	—

第六章

其他韵母

第一节 -ʔ 韵尾

作为非音质音位的声调，中古汉语有平、上、去、入，而入声只出现在以塞辅音-p/-t/-k为韵尾的音节里面。可见，入声跟塞辅音韵尾有关，即塞音韵尾产生一个独特的声调——入声。传统以韵尾的不同区分中古汉语的韵母：阴声、阳声和入声。阴声韵以元音或半元音收尾、阳声韵以鼻音收尾而入声韵以塞音收尾。入声是独立的一类韵母，其聚合成的谐声字一般只有入声和去声。但以塞音-k为韵尾的入声，其谐声集合偶尔也会出现上声：

表 6.1 上声与入声谐声表

祰	苦浩切	祷也，《说文》曰"告祭也"。	告	古沃切	告上曰告，发下曰诰。
皓	胡老切	光也，明也，日出貌也。			
浩	胡老切	浩汗，大水貌。			
皦	古了切	明也，皎也，又珠玉白貌。	敫	古历切	敬也。
繳	古了切	缠也。			
嫋	奴鸟切	长弱貌。	弱	而灼切	劣弱。
掉	徒了切	摇尾，又动。	卓	竹角切	高也。
嬥	徒了切	嬥嬥，往来貌。	翟	徒历切	翟雉。
攪	古巧切	手动，《说文》"乱也"。	覺	古岳切	晓也，明也，寤也，知也。
燠	乌晧切	甚熟。	燠	於六切	热也。

续　表

懊	乌晧切	懊恼。			
若	人者切	干草,又般若。	若	而灼切	如也,顺也,汝也,辞也。
惹	人者切	乱心。			
寫	悉姐切	忧也,除也。	舄	思积切	履也。
瀉	悉姐切	泻水。			

表 6.2　上声与入声异读表

𢹬	先鸟切	打也。		息逐切	击也。
䃤	先鸟切	黑砥石也。		息逐切	黑砥石。
缴	古了切	缠也。		之若切	矰缴,《说文》"生丝缕也"。
蓼	卢鸟切	辛菜。		力竹切	蓼莪。
嬥	徒了切	嬥嬥,往来貌。		直角切	直好貌。
貎	亡沼切	《字书》"貎远"。	邈	莫角切	远也。
貎				亡角切	紫草。
蕣	武道切	毒草。		莫卜切	毒草。
媢	武道切	夫妬妇也。		莫沃切	夫妬妇。
燠	乌晧切	甚熟。		於六切	热也,又音奥。
懊	乌晧切	懊恼。		於六切	贪也,爱也,又音奥。
䐿	乌晧切	藏肉,又乌到切。		於六切	鸟胃。
澩	下巧切	动水声,《说文》音学。		胡觉切	涸泉。
祰	苦浩切	祷也,《说文》曰"告祭也"。		古沃切	《说文》曰"告祭也"。

塞音韵尾-k弱化是语言常见的音变现象,汉语如此,藏缅语族中也如此,如景颇语。景颇语韵尾齐全,但塞音韵尾-k已经弱化为声门

音-ʔ，比较景颇语 laʔ 和缅语 lɑk“手”。上古藥部和覺部字相对其他韵部更容易弱化塞音韵尾-k 而演变成宵部和幽部上声。这种藥部、覺部跟宵部、幽部异读的材料《广韵》里面收录了不少。在《诗经》里面，这些上声字往往跟入声押韵：

昔我往矣，日月方**奥**。曷云其还，政事愈**蹙**。岁聿云莫，采萧获**菽**。（《小明》）

扬之水，白石皓**皓**；素衣朱绣，从子于**鹄**。（《扬之水》）

岂曰无衣，**六**兮；不如子之衣，安且**燠**兮。（《无衣》）

诲尔谆谆，听我藐**藐**。匪用为教，覆用为**虐**。（《抑》）

既成藐藐，王锡申**伯**。四牡蹻蹻（跷跷），钩膺濯**濯**。（《崧高》）

奥，《小明》传："暖也。"燠，《无衣》传："暖也。"《经典释文》："燠，本作奥，於六反。"燠，乌晧切，《广韵》："甚热。"燠，於六切，《广韵》："热也。"可见，这几个有限的上声字是由入声例外演变来的。从文字跟语词的关系中，我们也可以看出汉语的某些方言曾经有过入声向上声演变的历史，比如第二人称代词"你"。

第二人称代词，早期文献如金文只用"女"。《论语·为政》："由，诲女知之乎？"《左传·僖公四年》："五侯九伯，女实征之，以夹辅周室。"战国后渐渐被"汝"替换。汝，《广韵》："尔也，人渚切。"《荀子·议兵》："非汝所知也。"然而战国时期比如《庄子》第二人称代词"你"可以用"若"记录。《庄子·齐物论》："既使我与若辩矣，若胜我，我不若胜。若果是也，我果非也邪！"然而《庄子》第二人称代词仍用"女"或"汝"。《庄子·齐物论》："予尝为女妄言之，女以妄听之。"《庄子·齐物论》："汝知之乎？"可见，第二人称代词的记录文字"女""汝""若"同。若，《广韵》："汝也，而灼切。"就《广韵》所记录的文字读音而言，"女"和"汝"上声，而"若"入声。

桑之未**落**，其叶沃**若**。（《氓》）

我马维**骆**，六辔沃**若**。载驰载驱，周爰咨**度**。（《皇皇者华》）

播厥百谷，既庭且**硕**，曾孙是**若**。（《大田》）

裳裳者华,或黄或**白**。我覯之子,乘其四**骆**。乘其四骆,六辔沃**若**。(《裳裳者华》)

至于海邦,淮夷蛮**貊**,及彼南夷,莫不率从,莫敢不**诺**,鲁侯是**若**。(《閟宫》)

孔曼且**硕**,万民是**若**。(《閟宫》)

若,《诗经》是入声字。但作为第二人称代词"你"的记录文字,起码《庄子》的方言"若"已经读上声"人者切"而不是入声"而灼切"。汉语文献常见这种入声字和上声字在使用过程中出现的混用现象。整个汉藏语系,塞辅音韵尾-k一直处于不断失落之中。中古汉语的塞辅音-k现代汉语的许多方言已经失落了。塞辅音韵尾-k往往先弱化为声门音-ʔ再失落。闽语有塞音韵尾-k,但许多本应该读-k的已经演变成了声门音-ʔ。吴语入声已经没有塞辅音韵尾,但有一个不同于平声、上声的声调。中古汉语上声不带辅音韵尾,但有一个非音质音位的声调。在其他语音条件都相同的前提下,上声跟平声之间的差别只能是韵尾。

表 6.3 上声谐声表

	平	上	去	入		平	上	去	入		平	上	去	入
己		己	記		久		久	疚		簋		簋		
解		解	懈		杲		杲			夰		夰	奡	
丂		丂	巧		口		口	扣		斗		斗		
臼		臼			御		御	御		午		午	忤	
鳥		鳥			土	徒	土	吐						
首		首	导		主		主	注		壴		樹	壴	
肘		肘	酎		宁	宁[1]	宁	杼		女		女		

[1] 宁,直鱼切,《广韵》:"门屏间。"宁,直吕切,《广韵》:"门屏之间,《礼》云'天子当宁而立'。"《礼记·曲礼下》:"天子当宁而立。"《经典释文》:"宁,徐珍吕反,又音储,门屏之间曰宁。"

续　表

	平	上	去	入		平	上	去	入		平	上	去	入
買		買	賣		馬		馬	禡		丑		丑		忸[i]
負		負			婦		婦			早		早	皂	
宰		宰	滓		子	仔[ii]	子	字		已		已	已	
受		受	授		止		止			秀		誘	秀	透[iii]
户		户	雇		爪	抓[iv]	爪			下		下	下	
夏		夏	夏		后		后	詬		老		老		
耳		耳	刵		阜		阜			母	梅	母	悔	坶[v]
缶		缶			武		武	賦		父[vi]		父	布	
表		表	裱							采		采	菜	
守		守	狩		魯		魯			史		史	吏	
羽		羽	羽		禹		禹	踽		又		右	又	囿[vii]
雨		雨	雨		巨	渠	巨	矩						

[i] 忸，女六切，《广韵》："忸怩。"《方言》："忸怩，惭澀也，楚郢江湘之间谓之忸怩。"衄，女六切，又音肉，《广韵》："鼻出血，又挫也。"

[ii] 仔，即里切，《广韵》："《说文》'克也，本又音兹'。"仔，子之切，《广韵》："克也。"《诗经·敬之》："佛时仔肩，示我显德行。"传："仔肩，克也。"《经典释文》："仔，音兹。"

[iii] 透，式竹切，《广韵》："惊也。"透，他候切，《广韵》："跳也。"《方言》："逴、獡、透郭注：式六反，惊也……宋卫南楚凡相惊曰獡，或曰透。"

[iv] 抓，侧交切，《广韵》："抓掐。"抓，侧绞切，《广韵》："乱搔掐也。"

[v] 坶，莫六切，《广韵》："坶野，殷近郊地名，古文《尚书》作此坶，《说文》作坶。"《说文》："坶，朝歌南七十里地，《周书》'武王与纣战于坶野'，从土母声。"《尚书·牧誓》："与受战于牧野，作《牧誓》。"《经典释文》："牧，如字，徐一音茂，《说文》作坶，云'地名在朝歌南七十里'；《字林》音母。"

[vi] 甫，许慎《说文》以为从"父"声，非。甫，甲骨文为象形字，为苗圃之圃。

[vii] 囿，于六切，《广韵》："园囿。"囿，于救切，《广韵》："《说文》曰'苑有垣，一曰禽兽有囿'。"囿，本为会意字，后改为从"有"，成形声字。

不同的韵母构成不同的谐声集合。入声谐声集合，包含的元素主要是入声和去声，极少有平声和上声；上声谐声集合，包含的元素主要是上声和去声，少有平声和入声。入声集合和上声集合，尽管也存在着交集,但两个谐声集合的界线相当清晰。当然,随着塞音韵尾的失落、声调的产生,上声跟平声以及入声的界线会越来越模糊。因为作为非音质音位的声调,具体调值不同的方言会有比较大的差异,而且语流音变对声调的影响会越来越明显,导致交集的元素越来越多。依据谐声材料,完全可以肯定中古汉语的上声和平声在上古汉语中有明显的不同。我们再来看《诗经》等韵文的押韵:

麟之**趾**,振振公**子**。(《麟之趾》)

何彼襛矣,华如桃**李**。平王之孙,齐侯之**子**。(《何彼襛矣》)

招招舟**子**,人涉卬**否**;人涉卬**否**,卬须我**友**。(《匏有苦叶》)

琐兮尾兮,流离之**子**;叔兮伯兮,褎如充**耳**。(《旄丘》)

丘中有李,彼留之**子**;彼留之子,贻我佩**玖**。(《丘中有麻》)

嗟予**子**,行役夙夜无**已**。(《陟岵》)

岂其食鱼,必河之**鲤**。岂其取妻,必宋之**子**。(《衡门》)

三之日于**耜**,四之日举**趾**。同我妇**子**,馌彼南**亩**,田畯至**喜**。(《七月》)

我服既成,于三十**里**。王于出征,以佐天**子**。(《六月》)

弗问弗仕,勿罔君**子**。式夷式已,无小人**殆**。琐琐姻亚,则无膴**仕**。(《节南山》)

曾孙来止,以其妇**子**。馌彼南亩,田畯至**喜**。(《甫田》)

亹亹文王,令闻不**已**。陈锡哉周,侯文王孙**子**。(《文王》)

穆穆文王,於缉熙敬**止**。假哉天命,有商孙**子**。(《文王》)

在洽之阳,在渭之**涘**。文王嘉止,大邦有**子**。(《大明》)

比于文王,其德靡**悔**。既受帝祉,施于孙**子**。(《皇矣》)

丰水有芑,武王岂不**仕**?诒厥孙谋,以燕翼**子**。(《文王有声》)

生民如何,克禋克**祀**,以弗无**子**。(《生民》)

威仪孔**时**,君子有孝**子**。(《既醉》)

其仆维何,厘尔女**士**。厘尔女士,从以孙**子**。(《既醉》)

之纲之纪,燕及朋**友**。百辟卿士,媚于天**子**。(《假乐》)

凤皇于飞,翙翙其羽,亦集爰**止**。蔼蔼王多吉士,维君子使,媚于天**子**。(《卷阿》)

投我以桃，报之以**李**。彼童而角，实虹小**子**。（《抑》）

匪面命之，言提其**耳**。借曰未知，亦既抱**子**。（《抑》）

韩侯取妻，汾王之甥，蹶父之**子**。韩侯迎止，于蹶之**里**。（《韩奕》）

方命厥后，奄有九**有**。商之先后，受命不**殆**，在武丁孙**子**。（《玄鸟》）

允也天**子**，降予卿**士**。（《长发》）

子，即里切，《广韵》："子息。"选取广泛入韵的之部上声"子"字作为考察对象，不难发现，除了"时"一字《广韵》读平声，其他《诗经》跟"子"押韵的字全部读上声。《诗经》上声的押韵情况跟上声的谐声完全一致。我们可以肯定地说，上声与非上声有着清晰的界线。我们再来看一个跟"子"相对且《诗经》入韵次数较多的"女"字：

于以奠之，宗室牖**下**。谁其尸之，有齐季**女**。（《采蘋》）

襢裼暴**虎**，献于公**所**。将叔无狃，戒其伤**女**。（《大叔于田》）

扬之水，不流束**楚**，终鲜兄弟，维予与**女**。（《扬之水》）

A 硕鼠硕**鼠**，无食我**黍**。三岁贯**女**，莫我肯**顾**。B 逝将去**女**，适彼乐**土**。乐土乐**土**，爰得我**所**。（《硕鼠》）

习习谷风，维风及**雨**。将恐将惧，维予与**女**。将安将乐，女转弃**予**。（《谷风》）

嗟尔君子，无恒安**处**。靖共尔位，正直是**与**。神之听之，式穀以**女**。（《小明》）

琴瑟击**鼓**，以御田**祖**。以祈甘**雨**，以介我稷**黍**，以穀我士**女**。（《甫田》）

虽无德与**女**，式歌且**舞**。（《车舝》）

古公亶**父**，来朝走**马**。率西水**浒**，至于岐**下**。爰及姜**女**，聿来胥**宇**。（《绵》）

或来瞻**女**，载筐及**筥**，其饷伊**黍**。（《良耜》）

至于文**武**，缵大王之**绪**。致天之届，于牧之**野**。无贰无虞，上帝临**女**。（《閟宫》）

周公皇**祖**，亦其福**女**。（《閟宫》）

殷商之旅,其会如林。矢于牧野,维予侯兴。上帝临女,无贰尔心。(《大明》)

女,《诗经》记录"女子"的"女"和第二人称代词"汝"。女、汝,中古汉语属上声;上古汉语同属于魚部。除了"顧"一字,跟"女"押韵的全都是上声字。顧,《广韵》:"回视也,眷也,古暮切。"顧,《说文》:"还视也,从页雇声。"雇,《说文》:"九雇,农桑候鸟,扈民不淫者也。从隹,户声。"雇,《广韵》:"《说文》曰'九雇,农桑候鸟,扈民不淫者也';侯古切。"雇,《广韵》:"本音户,九雇,鸟也,相承借为雇赁字;古暮切。""户"声字只有"顾"《广韵》读去声。依照谐声关系,"顾"也应该属于上声系列。

硕鼠硕鼠,无食我黍。三岁贯女,莫我肯顾。(《硕鼠》)

日居月诸,照临下土。乃如之人兮,逝不古处。胡能有定,宁不我顾。(《日月》)

终远兄弟,谓他人父;谓他人父,亦莫我顾。(《葛藟》)

讯予不顾,颠倒思予。(《墓门》)

既有肥羜,以速诸父。宁适不来,微我弗顾。(《伐木》)

念彼共人,眷眷怀顾。岂不怀归,畏此谴怒。(《小明》)

旱既大甚,则不可沮[①]。赫赫炎炎,云我无所。大命近止,靡瞻靡顾。(《云汉》)

顾,《诗经》也只跟上声字押韵。谐声和《诗经》押韵一致。足见,《诗经》时代上声跟平声有明显的界线。因而清段玉裁尽管说"古无去声",但还是为《诗经》设立了上声韵。但段玉裁所谓的"上声"仍然如同《广韵》的"上声",是声调。《诗经》"上声"之所以跟"上声"押韵是由于"上声"跟"平声"、"去声"韵尾上有差别。这从"上声"跟非"上声"的

---

① 沮,《广韵》有五个读音。沮,七余切,《广韵》:"止也,非也,又水名。"沮,慈吕切,《广韵》:"止也。"《诗经·云汉》:"旱既大甚,则不可沮。"传:"沮,止也。"《经典释文》:"沮,在吕切。"《诗经·小旻》:"旻天疾威,敷于下土。谋犹回遹,何日斯沮。"笺:"沮,止也。"《经典释文》:"沮,在吕反。"

押韵看出。《诗经》有所谓的“阴入”合韵现象。然而，这种“阴入”合韵是有条件的。段玉裁《六书音均表》共列之部和職部“阴入”合韵26例。不过，段玉裁《六书音均表》有几处属于韵脚分析上出现错误。经订正，之部上声跟職部合韵的韵例有以下：

A薄言采芑[1]，于彼新田，于此菑**亩**。B方叔莅止，其车三千，师干之**试**。方叔率止，乘其四骐，四骐翼**翼**。C路车有**奭**，簟茀鱼**服**，钩膺鞗**革**。（薄言采芑，于彼新田，于此中**乡**。方叔莅止，其车三千，旂旐央**央**。方叔率止，约軝错**衡**，八鸾玱**玱**。服其命服，朱芾斯**皇**，有玱葱**珩**。）……鴥彼飞隼，其飞戾天，亦集爰**止**。方叔莅止，其车三千，师干之**试**。（方叔率止，钲人伐**鼓**，陈师鞠**旅**。）（《采芑》）

A六月栖栖，戎车既**饬**；四牡骙骙，载是常**服**。玁狁孔炽，我是用**亟**（毛《诗》误作“急”。亟，《广韵》：“急也，疾也，纪力切。”）。B王于出征，以匡王**国**。比物四骊，闲之维**则**。维此六月，既成我**服**。C我服既成，于三十**里**。王于出征，以佐天**子**。（《六月》）

A楚楚者茨，言抽其**棘**。自昔何为，我蓺黍**稷**。B我黍与与，我稷翼**翼**。我仓既盈，我庾维**亿**。C以为酒**食**，以享以**祀**，以妥以**侑**，以介景**福**……苾芬孝**祀**，神嗜饮**食**。卜尔百**福**，如几如**式**。既齐既**稷**，既匡既**敕**，永锡尔**极**，时万时**亿**。（《楚茨》）

克禋克**祀**，以弗无**子**。履帝武敏歆，攸介攸**止**。载震载夙，载生载育，时维后**稷**。（诞弥厥**月**，先生如**达**。不坼不副，无菑无**害**。）（《生民》）

清酒既**载**，骍牡既**备**。以享以祀，以介景**福**。（《旱麓》）

A曾孙来**止**，以其妇**子**。馌彼南**亩**，田畯至**喜**。B来方禋祀，以其骍**黑**；与其黍**稷**，以享以祀，以介景**福**。（《大田》）

有鳣有鲔，鲦鲿鰋鲤。以享以祀，以介景**福**。（《潜》）

A周公之孙，庄公之**子**。龙旂承祀，六辔耳**耳**。B春秋匪解，享祀不**忒**。皇皇后帝，皇祖后**稷**。（享以骍牺，是飨是宜，降福既多。周公皇祖，亦其福女。）（《閟宫》）

---

① 芑，墟里切，《广韵》：“白粱粟也。”

不谏亦入,不闻亦式。小子有造,肆成人有德。古之人无斁,誉髦斯士。(毛《诗》乙为"不闻亦式,不谏亦入。肆成人有德,小子有造。古之人无斁,誉髦斯士。")(《思齐》)

假乐君子,显显令德。(宜民宜人,受禄于天。保右命之,自天申之。)(《假乐》)

民亦劳止,汔可小康。惠此中国,以绥四方……民亦劳止,汔可小休。惠此中国,以为民逑……民亦劳止,汔可小息。惠此京师,以绥四国……民亦劳止,汔可小愒。惠此中国,俾民忧泄……民亦劳止,汔可小安。惠此中国,国无有残。(《民劳》)

A 辟尔为德,俾臧俾嘉。淑慎尔止,不愆于仪。B 不僭不贼,鲜不为则。C 投我以桃,报之以李。彼童而角,实虹小子……A 於乎小子,告尔旧止。听用我谋,庶无大悔。B 天方艰难,曰丧厥国。取譬不远,昊天不忒。C 回遹其德,俾民大棘。(《抑》)

明明天子,令闻不已。矢其文德,洽此四国。(《江汉》)

天不湎尔以酒,不义从式。既愆尔止,靡明靡晦。(《诗经·风雨》:"风雨如晦,鸡鸣不已。既见君子,云胡不喜。")(《荡》)

入声和非入声《诗经》里面有相当清晰的界线,但是两者也可以合韵。然而,除了"上声""去声",《诗经》入声"職部"一般不跟平声"之部"合韵("来"字例外,见下一节)。如果《诗经》入声可以跟非入声合韵,那么就不必要认为《诗经》之部和職部共存的诗段是转韵。值得注意的是,《诗经》之部和職部共存的诗段也是之部上声跟職部共存,而不是之部平声和職部共存。可见,《诗经》入声跟非入声之间的合韵是有条件的。

不康禋祀,居然生子。(《生民》)

恒之秬秠,是获是亩。恒之糜芑,是任是负,以归肇祀。(《生民》)

於荐广牡,相予肆祀。假哉皇考,绥予孝子。(《雝》)

上帝居歆,胡臭亶时,后稷肇祀,庶无罪悔,以迄于今。(《生民》)

祀,《诗经》入韵十二次,其中跟平声"时"押韵只有一次,其余十一次不是跟上声押韵就是跟入声合韵。时,《广韵》"市之切",平声。然而,"时"《诗经》中大抵跟上声押韵[①]。这些跟"祀"的上声字,比如"子",也跟職部合韵。很清楚,上声跟平声很不同,有一个塞辅音韵尾。《说文》:"禩,祀或从异。"《周礼·夏官·司马》:"祈于五祀。"注:"故书祀作禩。郑司农云,禩读为祀。"或体从"異"声,"異"则是入声系列。塞辅音韵尾-k 最常见的音变是弱化为声门音-ʔ。上声的韵尾应该就是声门音-ʔ。再比如支部和錫部合韵:

无废朕命,夙夜匪**解**。虔共尔位,朕命不**易**。干不庭方,以佐戎**辟**。(《韩奕》)

春秋匪**解**,享祀不忒。皇皇后**帝**,皇祖后稷。(《閟宫》)

天命多**辟**,设都于禹之**绩**。岁事来**辟**,勿予祸**適**,稼穑匪**解**。(《殷武》)[②]

解,《诗经》入韵三次,而三次都是入声韵。显然是依照《诗经》押韵,段玉裁《六书音均表》把"解"归入支部入声。解,《广韵》有佳买、古隘、胡买、胡懈四音。这是一个以上声为主体的谐声集合。《老子》二十七章:"善行无辙**迹**,善言无瑕**谪**,善数不用筹**策**,善闭无关楗而不可**辟**(按:误作'开',《广韵》:'辟,启也,开也。'),善结无绳约而不可**解**。"依照意义,"解"读的应该是上声"佳买切";但却跟入声"迹、谪、策、辟"合韵。这说明上声跟入声起码《诗经》时代听觉上仍比较相似。

上声跟入声,不仅有语音上的变异关系,而且《诗经》两者可以合韵。然而,上声跟入声谐声关系上有比较清晰的界线;《诗经》上声主

---

① 时,《诗经》入韵八次,五次韵脚《广韵》音上声,三次《广韵》音平声。"有頍者弁,实维何期。尔酒既旨,尔殽既时。"《頍弁》韵"期"。"曰止曰时,筑室于兹。"《绵》韵"兹"。"维昔之富,不如时;维今之疚,不如兹。"《召旻》韵"兹"。兹,《诗经》入韵四次,两次韵"时",一次韵上声"士",一次韵上声馬韵"且"。《载芟》:"匪且有且,匪今斯今,振古如兹。"《经典释文》:"且,七也反,又子余反。"士,《诗经》入韵十四次,除了一次韵"兹",其余十三次全部韵《广韵》上声字。

② 段玉裁《六书音均表》列支部和錫部通叶四例。除了上述几例,还有《葛屦》一例。《葛屦》:"好人提提,宛然左**辟**,佩其象**揥**。维是褊心,是以为**刺**。"《诗经》首句多不入韵,"提"可以认为是不入韵。

要跟上声押而入声跟入声押。这说明上声和入声的韵尾近而不同。就汉语某些本应该读入声带-k韵尾的语词后来演变成了上声来看,上古汉语上声应该有一个声门音韵尾-ʔ。

表6.4　魚部(之部)上声藏语对应表一

语	鱼巨切	《说文》:论也。	ŋag	语、语言
举	居许切	《说文》:对举也。	b-kjag-pa	举起
甫	方矩切	《诗经·韩奕》传:大也。	d-pag	大、广
苦	康杜切	《战国策·齐策》注:勤也。	khag-po	困难、艰苦
予	余吕切	《尔雅》:我也。	b-dag	我,主人我
女	尼吕切	《说文》:妇人也。	nag	女、女人
拒	其吕切	《说文》:止也。	ɦ-gag-pa	阻滞
拧	昌者切	《广雅》:击也。	g-tag-pa	鞭打、捶击、打人
许	虚吕切	《说文》:听也。	b-s-ŋags	歌颂、推崇、颂扬
武	文甫切	《说文》:夫武,定功戢兵。	d-mag	兵、军队、军事、战争
武	文甫切	《淮南子·齐俗》高注:楚人谓士为武。	mag-pa	女婿、女儿的丈夫
妇	房久切	《诗经·七月》:嗟我妇子,曰为改岁。	bag-ma	新媳妇、新娘

上表藏语材料来自《藏汉大辞典》(张怡荪编,1999)。

汉语的魚部、之部上声对应藏语的-ag韵母,跟汉语魚部、之部入声的藏语对应关系相同。但是,汉语的魚部、之部上声如前面所说,跟入声有明确的界线。藏语塞音韵尾-g有时候可以跟擦音-ɦ韵尾交替(藏语没有声门音韵尾-ʔ),如g-tag-pa～g-taɦ“鞭打、捶击、打人”,nag-mo“女人、妇女”、mnaɦ-ma“媳妇、妻”。如果我们以藏语的-aɦ跟汉语魚部、之部上声比较,两者自然也可以建立起语音对应关系:

表 6.5 魚部(之部)上声藏语对应表二

拧	昌者切	《广雅》：击也。	g-taɦ	鞭打、捶击、打人
女	尼吕切	《说文》：妇人也。	m-naɦ-ma	媳妇、妻
咀	慈吕切	《广韵》：咀嚼。	ɦ-tɕhaɦ-ba	咬食、咀嚼
沮	七余切	《诗经·云汉》传：止也。	ɦ-dʑaɦ-ba	败坏、畏葸、残废
绪	徐吕切	《说文》：丝端也。	m-thaɦ	边际、界限、尽头
苦	康杜切	《战国策·齐策》高注：勤也。	d-kaɦ-ba	困难、艰苦
已	羊己切	《诗经·蟋蟀》传：甚也。	ɦ-daɦ-ba	超过、超出
已	羊己切	《广韵》：止也，讫也。	ɦ-daɦ-ba	死，生命已尽
子	即里切	《战国策·秦策》高注：爱也。	b-tsaɦ-ba	爱护、爱惜
子	即里切	《广雅》：孳也。	b-tsaɦ-ba	出生、生育
宰	作亥切	《宣帝纪》颜注：宰为屠杀也。	b-ɕaɦ-ba	杀、屠宰

上表藏语材料来自《藏汉大辞典》(张怡荪编，1999)。

九世纪藏文改革时，古藏语的-ɦ 除了在 a 元音之后的部分得以保存外，其他一律被删除了。因而现存藏语已经极少有带-ɦ 韵尾的语词。但藏语的-aɦ 韵母跟汉语的魚部、之部上声的语音对应还是比较整齐的。除跟藏语的-ag、-aɦ 韵母对应外，汉语魚部、之部上声更广泛跟藏语的-a 韵母对应。这种例子甚多，我们前面已经列举，就不再一一罗列了。古藏语的-ɦ 韵尾，藏语诸方言中已经消失了无影无踪；而又由于文字改革我们也已经无法知道上述这些语词古藏语是否也带-ɦ 韵尾。但是就汉语的读音来看，这些语词在藏语中原本也应该带-ɦ 韵尾。苦，汉语原本意义是“苦味”后引申出“苦难”等。这两个意义藏语也正好有一对语词跟汉语对应。其中“苦味”藏语是-ag 韵母，而“苦难”藏语是-aɦ 韵母。藏语 d-kaɦ-ba“困难、艰苦”显然也是同根词。我们再看一组汉藏语共源词：

表 6.6　魚部(之部)上声藏缅语对应表

词义	藏语	墨脱门巴语	日部	景颇语	独龙语	缅语	波拉语	彝语	哈尼语	汉语
父亲	pha	pa	pɑ	wa^{51}	pɑi^{53}	phɑ^{1}	va^{55}	bɑ^{11}	phɔ^{31}	父
五	lŋa	ŋa	mŋɑ	ŋa^{33}	ŋɑ^{53}	ŋɑ^{3}	ŋa^{51}	ŋo^{11}	ŋɔ^{31}	五
苦	kha	kha		kha^{55}	kɑ^{53}	khɑ^{3}	kha^{35}	khɑ^{11}	xɔ^{31}	苦
老虎		la				kjɑ^{3}	la^{31}	lo^{55}	xɔ^{31} lɔ^{31}	虎
斧头			rpɑ	wa^{33}						斧
吃	za	za	zɑ	za^{55}		tsɑ^{3}	ta^{31}	dzo^{11}	tsɔ^{31}	咀
腮			ʒbɑ			pɑ^{3}		bo^{11}	pɔ^{31}	辅
补/缝			pɑ	pa^{31}		pɑɑ^{1}	pha^{55}			补
母亲	ma	ma	mɑ		mɑi^{53}	mɑ$^{1}_{\text{女性}}$	ma$^{31}_{\text{伯母}}$	mo^{33}	mɔ^{33}	母
儿子	tsʰa	za	tsɑ	ʃa^{31}		sɑ^{3}	ta^{31}	zo^{11}	zɔ^{31}	子
耳朵	rna	na	rnɑ	na^{33}	nɑ^{53}	nɑ^{3}		no^{33}	nɔ^{31}	耳

上表嘉戎语(日部)材料来自《嘉戎语研究》(林向荣,1993),其他藏缅语材料来自《藏缅语族语言词汇》(黄布凡,1992)。

汉语魚部、之部上声藏缅语对应关系已经跟汉语魚部、之部平声的对应关系相同,但是我们仍从比如缅语的声调看出差异。汉语的魚部、之部上声缅语对应的主要是第 3 调。据学者的研究,缅语第 3 调对应藏语的-ɦ 韵尾,比如“九”:

表 6.7　汉藏语“九”语音对应表

词义	藏语	墨脱门巴语	日部	景颇语	独龙语	缅语	哈尼语	汉语
九	dgu	gu	ngu	khu^{31}	gɯ^{53}	kɯ^{3}	ɣu^{31}	九

上表嘉戎语(日部)材料来自《嘉戎语研究》(林向荣,1993),其他藏缅语材料来自《藏缅语族语言词汇》(黄布凡,1992)。

数词"九",标准藏文已经没有了-ɦ 韵尾;但敦煌藏文文献"九"仍是 dguɦ。足见,缅语第 3 调应该来自藏缅语带韵尾的语词。这个韵尾应该是藏语的-ɦ。除了擦音-s 外,依照藏文转写的辅音韵尾都是浊辅音-b、-d、-g、-ɦ。藏语辅音 ɦ 是 g 的弱化形式,如表示"小"的语素 gu,也作 ɦu;领格助词 kji～gji～ɦi～ji、工具格助词 kjis～gjis～ɦis～jis。藏文单独作为声母的 ɦ,藏语方言一般不发音,如 ɦug"猫头鹰",夏河 ək kwa、舟群 ək ka,巴塘 $u^{13}pa^{53}$。

表 6.8 藏缅语-ak 韵母对应表

词义	藏语	日部	景颇语	独龙语	缅语	哈尼语	波拉语	汉语
猪	phag	pɑk	$waʔ^{31}$	$wɑʔ^{55}$	wɑk	va^{31}	$vaʔ^{31}$	
手	lag		$t\underline{a}ʔ^{55}$		lɑk	la^{31}	$laʔ^{31}$	胳
叶子		wɑk			rwɑk	pha^{31}	$faʔ^{55}$	薄
女婿	mag	nmɑk	$maʔ^{55}$		mɑk		$maʔ^{55}$	武
害羞		srɑk	$jaʔ^{31}$	$ɹɑʔ^{55}$	hrɑk	$ʃa^{31}$	$xaʔ^{55}$	耻
裂开			$kaʔ^{31}$	$gɑʔ^{55}$	ɑk		$kaʔ^{31}$	
爬/上					tɑk	ta^{31}	$taʔ^{31}$	陟
气/吸			$saʔ^{31}$	$sɑʔ^{55}$		sa^{31}	$saʔ^{55}$	息
舔	ldag	ldɑk	$taʔ^{55}$	$lɑʔ^{55}$	jɑk		$jaʔ^{31}$	食

上表嘉戎语(日部)材料来自《嘉戎语研究》(林向荣,1993),其他藏缅语材料来自《藏缅语族语言词汇》(黄布凡,1992)。

藏缅语族中,韵尾-k 在一些语言中已弱化为韵尾-ʔ,如景颇语等,而一些语言则完全失落,如哈尼语。但哈尼语上述这两类语词声调相同,都读 31 调。如此看来,缅语读第 3 调的语词,藏缅语原本就带-ʔ 辅音韵尾。塞音韵尾-k 极容易演变成声门音-ʔ。汉藏语系语言的塞辅音韵尾 -p/-t/-k 一般是唯闭音。因闭塞部位不同而造成音位上的对立。软腭塞音-k 和声门音-ʔ 因闭塞部位接近而容易形成合韵。中古汉语的个别上声字也是由入声字偶然演变来的,且《诗经》中上声可以跟入声合韵。但入声、上声和平声都各自成系列,彼此之间有比较清晰的界线,只是上声跟平声的关系显然要比上声跟入声的关系密切。随着声门音-ʔ的失落、非音质音位的产生,原本音质音位上的差别被非音质音位——声调替换,平上去更容易纠缠在一起。谐声系统中,入声跟去声谐声,上声跟去声谐声,平声也跟去声谐声;而上声很少跟入声谐声。中古汉语的上声跟平声对立,而上古汉语上声还跟平声组成同族词。可见,上声韵母可以跟平声韵母交替。这种主元音相同而韵尾交替的现象南岛语常见。上声跟平声的关系体现为,在主元音相同的情况下的韵尾交替。

第二节 -h 韵尾

高本汉以及董同龢(1948)、李方桂(1971)等学者所构拟的上古汉语语音系统,除了一套塞音韵尾-p/-t/-k,还有一套-b/-d/-g,其中-p/-t/-k演变成了中古汉语的入声。依据梵汉对译材料,俞敏认为入声是浊塞音-b/-d/-g。郑张尚芳赞成俞敏的观点,也认为入声上古汉语是浊塞音-b/-d/-g。跟高本汉等不同,郑张尚芳所构拟的上古汉语语音系统只有一套-b/-d/-g。

依照文字记录形式,藏语的塞音韵尾是-b/-d/-g。但藏语的-b/-d/-g就性质而言,起码-d/-g应该两分为:语音形式上的辅音韵尾和语法意义上的构词后缀。其中作为构词后缀的-d最为常见。此外,语流音变也使得本来没有辅音韵尾的语词增添了一个辅音韵尾。

ji-ge～jig,字母、文字。　ju-gu～jog-pa,燕麦。

ra-gan～rag,黄铜。　mdzu-gu～mdzug-gu,手指、食指。

gʑu-gu～gʑug-gu,尾巴、后面。　phu-gu～phug-pa、穴、孔洞。

这种语流音变汉语中也存在,俞敏曾经专文讨论过古汉语的语流音变问题。藏语引起上述语流音变的后一个语词的声母是浊辅音g而不是清辅音k。这说明藏文记录的塞音韵尾是浊辅音而不是清辅音。藏语词头的声母是浊辅音,而汉语词头的声母则是清辅音。这一点可以从谐声中看出,比如“勒”和“革”。上古汉语的塞音韵尾也有语音形式上的韵尾和语法意义上的构词后缀的不同。金理新(2002)对此曾经有过详细的论述。

上古汉语的入声韵尾应该是清辅音-p/-t/-k而不是浊辅音-b/-d/-g。入声韵尾上古汉语为-p/-t/-k的观点也可以从语流音变得到支持，比如：

蒲姑～薄姑。《左传·昭公二十年》："蒲姑氏因之。"《汉书·地理志》上/下篇中作"薄姑氏。"《左传·昭公九年》："及武王克商，蒲姑、商奄，吾东土也。"注："博昌县北有蒲姑城。"《经典释文》："蒲，如字，一音薄。"《尚书·蔡仲之命》："成王既践奄，将迁其君于蒲姑。"《经典释文》："蒲，如字；徐又扶各反；马本作薄。"显然，前一音节受后一音节声母影响而带上了-k韵尾。蒲姑和薄姑之间的语流音变，冯蒸曾经讨论过。

我们赞同大多数学者所支持的观点，上古汉语塞音韵尾是清辅音-p/-t/-k。汉藏语系语言及其方言中都只有一套辅音韵尾，而没有两套清浊交替的辅音韵尾。上古汉语只有闭音节的假设不符合实际。王力否定了高本汉上古汉语阴声带塞音韵尾的假说，主张"阴阳入三分的传统学说必须维持"①。王力的观点得到了国内外许多学者的支持，如郑张尚芳、白一平等。尽管阴声可以跟入声谐声，但是阴声和入声之间的分界线还是十分清晰的。

表 6.9　入声谐声表

	平	上	去	入		平	上	去	入		平	上	去	入
奥		懊	奥	燠	意			意	臆	告		皓	告	酷
鞠				鞠	谷				谷	匊				匊
學		攪	覺	學	角				角	各			路	各
郭				郭	鬲				鬲	革				革
昊				昊	棘				棘	亟			亟	亟

① 王力，1960，《上古汉语入声和阴声的分野及其收音》，《语言学研究与批判》，第2辑。

续 表

	平	上	去	入		平	上	去	入		平	上	去	入
曲				曲	㱿			瞉	㱿	轂			罄	轂
克				克	隙				隙	却				却
局				局	玉				玉	樂			療	樂
屰				屰	獄				獄	朔			愬	朔
斥			斥	斥	得				得	德				德
竹				竹	翟			耀	翟	豖				豖
卓			掉[i]	卓	睪			斁	睪	直			置	直
菐			樸	菐	卜			仆	卜	北			背	北
百				百	白				白	派			派	脈
莫	模[ii]		暮	莫	暴			暴	暴	木				木
冒			冒	瑁	尃	尃		傅	博	目				目
伏			伏	伏	辟			避	辟	畐			富	畐
复			愎	复	即				即	爵				爵
服				服	雀				雀	脊				脊
畟				畟	則				則	朿			朿	責
帝			帝	商	息				息	族			蔟	族
塞				塞	夙			宿	夙	粟				粟
索				索	昔			借	昔	析				析

[i] 掉,徒了切,《广韵》:“摇尾。”掉,徒吊切,《广韵》:“振也,摇也。”掉,女角切,《广韵》:“摇也。”《左传·昭公十一年》:“末大必折,尾大不掉。”《经典释文》:“掉,徒吊反。”《庄子·在宥》:“鸿蒙拊髀雀跃掉头曰……”《经典释文》:“掉,徒吊反。”

[ii] 模,莫胡切,《广韵》:“法也,形也,规也;橅,上同,出《汉书》。”模,《说文》:“法也,从木莫声,读若嫫母之嫫。”模,是一个比较晚起的文字,不见于早期文献。《管子·版法解》:“夫学者所以自化,所以自抚。”俞樾按:“抚,当作橅,橅即模字。”

续　表

	平	上	去	入		平	上	去	入		平	上	去	入
夕				夕	足			足	足	度			度	度
祝			祝	祝	勺			的	勺	戠			熾	戠
赤			赦	赤	乍			作	乍	射			射	射
食			食	食	尗	茮[i]			尗	嗇				嗇
束	涑		涑[ii]	束	色				色	蜀			噣	蜀
亞	惡[iii]		惡	惡	虐				虐	臱				臱
石			妬	石	屋				屋	益			縊	益
易			易	易	狄				狄	役				役
異			異	翼	侖			論	侖	畜			畜	畜
亦			夜	亦	育				育	儥			竇	儥
弋			代	弋	黑			䵒	黑	畫			畫	畫
隺				隺	录				录	六				六
或				或	鹿				鹿	歷				歷
力				力	若		若		若	辱			耨	辱
就			就	蹴	夒				夒	戟				戟

[i] 椒，即消切，《广韵》："木名。茮，上同。"《说文》："茮，茮菉，从艸尗声。"《尔雅》："椴，大椒。"《经典释文》："椒，字又作茮，子消反。"《尔雅》："椒椴，丑菉。"《经典释文》："椒音焦。"

[ii] 涑，相玉切，《广韵》："水名，在河东。"涑，桑谷切，《广韵》："水名，在河东。"《左传·成公十三年》："入我河曲，伐我涑川。"《经典释文》："涑，徐息录反，又音速，《字林》同。"涑，速侯切，《广韵》："浣也。"《说文》："涑，浣也，从水束声，河东有涑水。"此字即漱。漱，苏奏切，《广韵》："漱口。"漱，所佑切，《广韵》："漱口。"《周礼·天官·冢宰》郑注："涑橐者也。"《经典释文》："涑，徐刘色遘反，戚色胄反。"《礼记·曲礼》："诸母不漱裳。"注："漱，浣也。"《经典释文》："漱，悉侯反。"

[iii] 恶，乌各切，《广韵》："不善也，《说文》曰'过也'。"恶，乌路切，《广韵》："憎恶也。"恶，哀都切，《广韵》："安也。"《左传·桓公十六年》："恶用子矣？"注："恶，安也。"《经典释文》："恶，音乌。"疑问代词音"乌"。《庄子·齐物论》："恶乎然？然于然。恶乎不然？不然于不然。"

续 表

	平	上	去	入		平	上	去	入		平	上	去	入
毒			纛	毒	庶	遮[i]		庶	摭	蒦			護	蒦
粥				粥	厄			呃	厄	抑				抑
敫	徼	噭	徼	敫	囿			囿	囿	赫			嚇	赫
闃				闃	砉				砉	奏			奏	
素			素		席				席	隻				隻
尺				尺	肉				肉	弱		嫋[ii]		弱

[i] 遮,正奢切,《广韵》:"断也。"《说文》:"遮,遏也,从辵庶声。"《管子·侈靡》:"六畜遮育,五谷遮熟。"王念孙《读书杂志》:"遮、庶古字通。"《墨子·号令》:"遮坐郭门之外内。"《墨子·杂守》:"斥坐郭内外,立旗帜。"遮和斥可以文字替换。

[ii] 袅(嫋),奴鸟切,《广韵》:"长弱貌。"《说文》:"嫋,姌也,从女从弱。"

依照谐声关系组成不同的集合。上述谐声集合,我们可以称之为入声集合。入声集合包含的元素主要是入声和去声。平声集合和上声集合,其元素则主要是平声、上声、去声或上声、去声。足见,入声跟去声关系密切,而跟平声、上声的关系非常疏远。要是剔除了中古汉语读去声的谐声字,传统所谓的脂部、微部、歌部等阴声韵部就可以说已经不再和相应的入声韵部——質部、物部、月部有谐声关系。中古汉语的去声,依照谐声关系,应该有三个不同的来源:入声、上声和平声。如果我们把上声和平声合并为一类,那么中古汉语的去声明显存在两个不同的源头,两者之间的界线是相当清楚的:和平声或上声相谐的去声就不再和入声相谐,和入声相谐的去声就不再和平声或上声相谐。

方叔莅止,其车三千,师干之**试**。方叔率止,乘其四骐,四骐翼**翼**。(《采芑》)

诞寘之隘,巷牛羊腓**字**之;诞寘之平林,会伐平林;诞寘之寒冰,鸟覆**翼**之。(《生民》)

我出我车，于彼**牧矣**。自天子所，谓我**来矣**。召彼仆夫，谓之**载矣**。王事多难，维其**棘矣**。(《出车》)

无弃尔辅，员于尔**辐**。屡顾尔仆，不输尔**载**。终逾绝险，曾是不**意**。(《正月》)

薪是获薪，尚可**载也**[①]；哀我惮人，亦可**息也**。(《大东》)

饮之**食之**，教之**诲之**。命彼后车，谓之**载之**。(《绵蛮》)

其绳则**直**，缩版以**载**，作庙翼**翼**。(《绵》)

清酒既**载**，骍牡既**备**；以享以祀，以介景**福**。(《旱麓》)

成不以**富**，亦祇以**异**。(《我行其野》)

人之齐圣，饮酒温**克**。彼昏不知，壹醉日**富**。各敬尔仪，天命不**又**。(《小宛》)

天何以刺，何神不**富**。舍尔介狄，维予胥**忌**。(《瞻卬》)

维昔之**富**，不如时；维今之**疚**，不如兹。(《召旻》)

俾尔昌而**炽**，俾尔寿而**富**；黄发台**背**，寿胥与**试**。(《閟宫》)

焉得谖草，言树之**背**；愿言思伯，使我心**痗**[②]。(《伯兮》)(悠悠我里，亦孔之痗。)《经典释文》："痗，莫背反，又音悔，本又作悔。"(《十月之交》)

黄耇台**背**，以引以**翼**。寿考维祺，以介景**福**。(《行苇》)

民之罔**极**，职凉善**背**。为民不利，如云不**克**。民之回遹，职竞用**力**。(《桑柔》)

鞫人忮**忒**，谮始竟**背**。岂曰不**极**，伊胡为**慝**。(《瞻卬》)

四牡翼**翼**，象弭鱼**服**。岂不日**戒**[③]，猃狁孔**棘**。(《采薇》)

礼仪既**备**，钟鼓既**戒**。(《楚茨》)

整我六师，以修我**戎**。[④] 既敬既戒，惠此南**国**。(王谓尹氏，命程伯休父：左右陈行，戒我师旅，率彼淮浦，省此徐土。)(《常武》)

---

① 载，《广韵》："年也，出《方言》，作亥切，又音再。"载，《广韵》："年也，事也，则也，乘也，始也，盟辞也，作代切，又材代切。"载，《广韵》："运也，昨代切。"

② 痗，《经典释文》："音每，又音悔。"悔，呼罪切，《广韵》："悔吝。"悔，荒内切，《广韵》："改悔。"

③ 戒，可以认为不入韵。悈，《广韵》有"纪力切"和"古拜切"两音。悈，《广韵》："急也，纪力切。"此意义之"悈"是"亟"的训读。亟，纪力切，《广韵》："急也，疾也。"

④ 戎，或跟"国"押韵。依据韵律，"戎"当是"械"的讹误。械，胡介切，《广韵》："器械，又杻械。"《礼记·王制》："器械异制。"《经典释文》："户戒反。何休注《公羊》云'攻守之器曰械'。郑注《大传》云'礼乐之器及兵甲也'。郭璞《三苍解诂》云'械器之总名'。"

亹亹申伯,王缵之**事**。于邑于谢,南国是**式**。(《崧高》)

妇无公**事**,休其蚕**织**。(《瞻卬》)

天不湎尔以酒,不义从**式**。既愆尔止,靡明靡**晦**。式号式呼,俾昼作**夜**。(《荡》)

A 东人之子,职劳不**来**[①]。西人之子,粲粲衣**服**。B 舟人之子,熊罴是**裘**[②]。私人之子,百僚是**试**。(《大东》)

自牧归荑,洵美且**异**。匪女之为美,美人之**贻**。(《静女》)

彤弓弨兮,受言**载**之。我有嘉宾,中心**喜**之。钟鼓既设,一朝**右**之。(《彤弓》)

阴声之部和入声職部之间的合韵是《诗经》阴入合韵次数最多的。王力据段玉裁《六书音均表》的材料统计出:阴声之部和職部的总合韵次数是 258 次而阴入合韵的次数是 27 次,阴入合韵占 10.5% 弱。不过,我们把王力定为入声而中古汉语读去声的也列了出来。对段玉裁《六书音均表》的第一部(之部、職部)略加以分析,就不难看出《诗经》并非像段玉裁所说的“古无去声”。除极个别字外,参与《诗经》所谓阴入合韵的字肯定有去声:或全是去声,或来自入声的去声,或来自阴声的去声。具体韵例,我们就不再赘举。入声,《诗经》一般不跟平声构成押韵关系。奥德里古尔提出了一个假说:汉语的去声来自上古汉语的-s 后缀。这一假说得到国内外学者的广泛支持。利用内部拟构法和历史比较法,梅祖麟认为上古汉语的-s 实质上是一个构词后缀。梅祖麟的这一观点也得到了学者的广泛支持。这样,我们就比较容易解释入声和去声之间的关系:去声来自带-s 后缀的入声。除了之部和職部,《诗经》魚部跟所谓的鐸部合韵的次数也很多。依照段玉裁《六书音均表》的材料,再根据王力的标准,《诗经》魚部和鐸部的总韵脚数是 228 例,而魚部和鐸部的合韵数是 22 例,两者的合韵数只占 9.6% 强。很显然,正如王力所说,阴入分野《诗经》相当清晰:

① 来,《经典释文》:“音赉。”

② 裘,《诗经》入韵三次,其余两例都是平声。《终南》:“终南何有,有条有梅。君子至止,锦衣狐裘。颜如渥丹,其君也哉。”《七月》:“一之日于貉,取彼狐狸。为公子裘。”

不能辰**夜**，不夙则**莫**。（《东方未明》）

微君之**故**，胡为乎中**露**。（《式微》）

旱既大甚，黾勉畏**去**。胡宁瘨我以旱，憯不知其**故**。祈年孔夙，方社不**莫**。（《云汉》）

式燕且**誉**，好尔无**射**[1]。（《车舝》）

启之辟之，其柽其**椐**[2]；攘之剔之，其檿其**柘**[3]。帝迁明德，串夷载**路**。天立厥配，受命既**固**。（《皇矣》）

在彼无**恶**，在此无**斁**。庶几夙**夜**，以永终**誉**。（《振鹭》）

叔善**射**忌，又良**御**忌。（《大叔于田》）

蟋蟀在堂，岁聿其**莫**[4]。今我不乐，日月其**除**[5]。（《蟋蟀》）

昔我往矣，日月方**除**[6]。曷云其还，岁聿云**莫**。念我独兮，我事孔**庶**。（《小明》）

天保定尔，亦孔之**固**。俾尔单厚，何福不**除**[7]；俾尔多益，以莫不**庶**。（《天保》）

三事大夫，莫肯夙**夜**；邦君诸侯，莫肯朝**夕**。庶曰式臧，覆出为**恶**。（《雨无正》）

遵大**路兮**，掺执子之**袪兮**；无我**恶**[8]**兮**，不寁**故也**。（《遵大路》）

质尔人民，谨尔侯**度**，用戒不**虞**。（《抑》）

夏之日，冬之**夜**；百岁之后，归于其**居**。（《葛生》）

对韵尾的要求远超过对主元音的要求，这是《诗经》押韵的最主要特点。因而在《诗经》中，魚部跟歌部不合韵而跟之部合韵。入声和非入声在《诗经》中的界线十分清晰。假若把来自入声系列的去声也算作入声，

---

① 射，《经典释文》："音亦。"
② 椐，《经典释文》："羌居反；《字林》'纪庶反'；又音举。"
③ 柘，《经典释文》："章夜反。"
④ 莫，《经典释文》："音暮。"
⑤ 除，《经典释文》："直虑反。"
⑥ 除，《经典释文》："直虑反。"
⑦ 除，《经典释文》："治虑反。"
⑧ 恶，《经典释文》："乌路反，注同。"

那么能够参与阴入合韵的基本上也是中古汉语的去声。比如莫,跟阴声合韵的"莫"一定是"暮"。莫,慕各切,《广韵》:"无也,定也;《说文》本模故切,日且冥也。"暮,莫故切,《广韵》:"日晚也,冥也。"试看:

葛之覃兮,施于中谷,维叶莫**莫**。是刈是**濩**,为絺为**绤**,服之无**斁**。(《葛覃》)

执爨踖**踖**,为俎孔**硕**,或燔或**炙**,君妇莫**莫**。为豆孔**庶**,为宾为**客**。(《楚茨》)

皇矣上帝,临下有**赫**。监观四方,求民之**莫**。(《皇矣》)

辞之**怿**矣,民之**莫**矣。(《板》)

奕奕寝庙,君子**作**之。秩秩大猷,圣人**莫**之。他人有心,予忖**度**之。(《巧言》)

不能辰**夜**,不夙则**莫**①。(《东方未明》)

蟋蟀在堂,岁聿其**莫**②。今我不乐,日月其**除**。(《蟋蟀》)

采薇采薇,薇亦**作**止。曰归曰归,岁亦**莫**止③。(《采薇》)

昔我往矣,日月方**除**。曷云其还,岁聿云**莫**④。(《小明》)

祈年孔夙,方社不**莫**⑤。昊天上帝,则不我**虞**。(《云汉》)

跟魚部合韵的"莫"实际上是"暮",而跟鐸部押韵的"莫"都不是"暮"。足见,《诗经》"莫"早就已经有两个不同的读音。度,徒故切,《广韵》:"法度。"度,徒落切,《广韵》:"度量也。"我们来看一看《诗经》"度"的押韵情况:

彼汾沮洳,言采其**莫**;彼其之子,美无**度**;美无**度**,殊异乎公**路**。(《汾沮洳》)

质尔人民,谨尔侯**度**,用戒不**虞**。(《抑》)

---

① 莫,《经典释文》:"音暮。"
② 莫,《经典释文》:"音暮。"
③ 莫,《经典释文》:"音暮,本或作暮。"
④ 莫,《经典释文》:"音暮。"
⑤ 莫,《经典释文》:"音暮,本亦作暮。"

我马维**骆**，六辔沃**若**。载驰载驱，周爰咨**度**[①]。（《皇皇者华》）

他人有心，予忖**度**[②]之。跃跃毚兔，遇犬**获**之。（《巧言》）

献酬交**错**，礼仪卒**度**[③]，笑语卒**获**。（《楚茨》）

维此二国，其政不**获**。维彼四国，爰究爰**度**[④]。上帝耆之，憎其式**廓**。（《皇矣》）

神之**格**思，不可**度**[⑤]思，矧可**射**思。（《抑》）

徂来之松，新甫之**柏**，是断是**度**[⑥]，是寻是**尺**。（《閟宫》）

厌浥行**露**，岂不夙**夜**，谓行多**露**。（《行露》）

不能辰**夜**，不夙则**莫**[⑦]。（《东方未明》）

夏之日，冬之**夜**。百岁之后，归于其**居**。（《葛生》）

既愆尔**止**，靡明靡**晦**。式号式呼，俾昼作**夜**。（《荡》）

在彼无**恶**，在北无**斁**。庶几夙**夜**，以永终**誉**。（《振鹭》）

三事大夫，莫肯夙**夜**。邦君诸侯，莫肯朝**夕**。庶曰式臧，覆出为**恶**。（《雨无正》）

皎皎白驹，食我场**藿**[⑧]。絷之维之，以永今**夕**。（《白驹》）

我有嘉**客**，亦不夷**怿**。自古在昔，先民有**作**。温恭朝**夕**，执事有**恪**。（《那》）

两个不同意义的"度"《诗经》押韵不同：名词"度"跟阴声押韵而动词"度"不跟阴声押韵。"夜"和"夕"是一对同族词："夜"中古汉语读去声而"夕"中古汉语读入声。但两者在《诗经》中的押韵情况完全不同。清儒段玉裁"古无去声"的假说得到了王力[⑨]、何九盈[⑩]等现代学

---

① 度，《经典释文》："待洛反，注同。"
② 度，《经典释文》："待洛反，注皆同。"
③ 度，《经典释文》："如字，沈徒洛反。"
④ 度，《经典释文》："待洛反。"
⑤ 度，《经典释文》："待洛反。"
⑥ 度，《经典释文》："待洛反。"
⑦ 莫，《经典释文》："音暮。"
⑧ 藿，《经典释文》："火各反。"
⑨ 王力，1980，《古无去声例证》，载南开大学中文系语言学教研室编《语言研究论丛》，天津人民出版社。
⑩ 何九盈，2002，《古无去声补证》，收入《音韵论丛》，商务印书馆。

者的支持。就《诗经》的合韵情况来看,《诗经》非但有去声,而且去声还是极其重要的一类。我们再来看《诗经》宵部的押韵情况:

参差荇菜,左右**芼**之。窈窕淑女,钟鼓**乐**之。(《关雎》)

陆德明《经典释文》云:"乐,音洛,又音岳;或云协韵宜五教反。"乐,五教切,《广韵》:"好也。"乐,五角切,《广韵》:"音乐。"乐,卢各切,《广韵》:"喜乐。"显然《广韵》的"五教切"抄自叶音"五教反"。这种随意改变文字读音的叶音由来已久。"毛"声符组成的是一个阴声谐声集合而"乐"声符组成的则是入声谐声集合。试看:

孑孑干**旄**,在浚之**郊**。(《干旄》)

我出我车,于彼**郊**矣,设此**旐**矣,建彼**旄**矣。(《出车》)

之子于**苗**,选徒嚣**嚣**。建旐设**旄**,搏兽于**敖**。(《车攻》)

执其鸾**刀**,以启其**毛**,取其血**膋**。(《信南山》)

匪我言**耄**,尔用忧**谑**。多将熇熇,不可救**药**。(《板》)

诲尔谆谆,听我藐**藐**。匪用为教,覆用为**虐**。借曰未知,亦聿既**耄**。(《抑》)

参差荇菜,左右**芼**之。窈窕淑女,钟鼓**乐**之。(《关雎》)

结合谐声和《诗经》押韵,"毛"声符字主要跟平声押韵,"乐"则主要跟入声押韵。但"毛"声符字的"芼"和"耄"则跟入声"乐"合韵。不过,这些跟"乐"合韵的"毛"声字《广韵》都读去声。足见,所谓的阴入合韵都离不开去声,即去声是联系阴声和入声的纽带。如果以元音 a 为代表,那么《诗经》可以有-ak/-ak、-ak/-aks、-ak/-as、-aks/-as、-as/as 等多种形式的押韵关系。如果《诗经》-ak/-as、-aks/-as 可以押韵,那么-at/-as、-ats/-as 更应该押韵。事实却是《诗经》没有-at/-as、-ats/-as 的韵例。通过对《诗经》押韵的分析,我们可以说两类不同来源的去声《诗经》时代已经开始合流。依照《诗经》的押韵情况,我们把上述五种不同类型的押韵类型合并为三种:-ak/-ak、-ak/-ah、-ah/-ah。

终风且**暴**，顾我则**笑**。谑浪笑**敖**，中心是**悼**。（《终风》）

言既遂矣，至于**暴**矣。兄弟不知，咥其**笑**矣。静言思之，躬自**悼**矣。（《氓》）

颠之**倒**之，自公**召**之。（《东方未明》）

羔裘如膏，日出有**曜**。岂不尔思，中心是**悼**。（《羔裘》）

尔之**教**矣，民胥**效**矣。（《角弓》）

君子信**盗**，乱是用**暴**。（《巧言》）

载色载**笑**，匪怒伊**教**。（《泮水》）

视民不恌，君子是则是**效**。我有旨酒，嘉宾式燕以**敖**。（《鹿鸣》）

月出**照**兮，佼人**燎**兮。舒夭**绍**兮，劳心**燥**（惨）[①]兮。（《月出》）

匪风**飘**兮，匪车**嘌**[②]兮。顾瞻周道，中心**吊**兮。（《匪风》）

依彼平林，有集维**鷮**。辰彼硕女，令德来**教**。（《车舝》）

我言维服，勿以为**笑**。先民有言，询于刍**荛**。（《板》）

匪用为**教**，覆用为**虐**。借曰未知，亦聿既**耄**。（《抑》）

蹶父孔武，靡国不**到**。为韩姞相攸，莫如韩**乐**。（《韩奕》）

或湛**乐**饮酒，或燥**燥**（惨）畏咎。（《北山》）

昊天孔昭，我生靡**乐**。视尔梦梦，我心（惨惨）燥**燥**。（《抑》）

南有嘉鱼，烝然罩**罩**[③]。君子有酒，嘉宾式燕以**乐**。（《南有嘉鱼》）

鱼在于沼，亦匪克**乐**。潜虽伏矣，亦孔之**炤**[④]。忧心燥**燥**（惨），念国之为**虐**。（《正月》）

左手执**籥**，右手秉**翟**。赫如渥赭，公言锡**爵**。（《简兮》）

---

① 惨，《诗经》皆"燥"之误。燥，采老切，《广韵》："忧心。慅，上同。"《说文》："燥，愁不安也，从心喿声。《诗》曰：'念子燥燥。'"《诗经·白华》："念子燥燥，视我迈迈。"《经典释文》："燥燥，七感反；《说文》七倒反，云'愁不申也'，亦作惨惨。"《诗经·抑》："视尔梦梦，我心惨惨。"王先谦："鲁惨作燥。"《诗经·北山》："或惨惨劬劳。"《经典释文》："惨，七感反，字又作燥。"《诗经·月出》："劳心慅兮。"《经典释文》："慅，七老反，忧也。"也作草。《诗经·巷伯》："劳人草草。"传："草草，劳心也。"

② 嘌，《说文》："疾也，从口票声。《诗》曰'匪车嘌兮'。"《经典释文》："嘌兮：本又作票，匹遥反；嘌嘌，无节度也。"嘌，即票、骠。票，《集韵》："毗召切，劲疾貌。"骠，《集韵》："毗召切，马疾行貌。"

③ 罩，《经典释文》："张教反，徐又都学反，《字林》'竹卓反'。"

④ 照，《经典释文》："音灼，之若反。"此字本当为"灼"，讹为照。《桃夭》："桃之夭夭，灼灼其华。"传："灼灼，华之盛也。"灼，之若切，《广韵》："烧也，炙也，热也。"

发彼有**的**,以祈尔**爵**。(《宾之初筵》)

为谋为毖,乱况斯**削**。告尔忧恤,诲尔序**爵**。谁能执热,逝不以**濯**。(《桑柔》)

宽兮绰兮,猗重**较**兮。善戏**谑**兮,不为**虐**兮。(《淇奥》)

扬之水,白石凿**凿**。素衣朱**襮**,从子于**沃**。既见君子,云何不**乐**。(《扬之水》)

隰桑有阿,其叶有**沃**。既见君子,云何不**乐**。(《隰桑》)

麀鹿濯**濯**,白鸟翯**翯**。王在灵沼,于牣鱼**跃**。(《灵台》)

王锡申伯,既成藐**藐**。四牡蹻蹻,钩膺濯**濯**。(《崧高》)

且往观乎,洧之外,洵吁且**乐**。维士与女,伊其相**谑**,赠之以勺**药**。(《溱洧》)

山有苞**栎**,隰有六**驳**。未见君子,忧心靡**乐**。(《晨风》)

隰桑有阿,其叶有**沃**。既见君子,云何不**乐**。(《隰桑》)

昊天孔昭,我生靡**乐**。诲尔谆谆,听我藐**藐**。(《抑》)

天之方**虐**,无然谑**谑**。老夫灌灌,小子蹻**蹻**(跷跷)。(《板》)

匪我言**耄**,尔用忧**谑**。多将熇熇,不可救**药**。(《板》)

段玉裁把藥部和宵部统统归为宵部平声一类,既没有去声,也没有其所承认的入声和上声。这主要是段玉裁看到藥部跟宵部去声押韵而去声又可以跟平声押韵。实际上,跟其他韵部一样,入声藥部和宵部界线也相当清晰。《诗经》往往四句组成一个韵段。这个韵段首句可以不入韵,第三句一般也不入韵。假若入韵,其韵尾的要求也宽松得多,如同后代的近体诗。《诗经》首句往往以平声起首,转入去声或其他声调。不同声调之间的混乱往往就是韵段的首句或第三句造成的。我们从上述材料中清晰地看出,去声固然既可以跟入声押韵也可以跟平声押韵,但是入声一般不跟平声押韵。当然,去声本来自更早时期的韵尾-s,而韵尾-s本身就是一个构词或构形词缀。其中某些非同调押韵可能包含我们还没有深入研究的语法意义,如词性等。荛,《广韵》:“刍荛,如招切。”《孟子·梁惠王下》:“文王之囿方七十里,刍荛者往焉。”《诗经·板》传:“刍荛,薪采者。”此“刍荛”就是《孟子》的“刍荛者”,为名词。依照动词、名词的语音关系,名词应该读去声。

入声跟入声押韵，入声跟去声押韵，而来自入声集合的去声在《诗经》中也可以偶尔跟平声押韵。但《诗经》入声字却不跟平声字押韵。这也进一步证明了《诗经》时代有去声，且去声是联系入声和阴声的纽带。显然构拟为-ah 比构拟为-aks 更能解释《诗经》中-a 之间的合韵。但《诗经》时代的擦音韵尾-h 是否全部来自擦音-s 则需要进一步探讨。藏语有辅音韵尾-s，且-s 可以作为语法意义上的词缀。这个-s 词缀可以出现在软腭音、唇音韵尾之后组成形式上如同复辅音的韵尾，如-gs、-bs 等。但是，藏语并没有擦音韵尾-h 而有擦音韵尾-ɦ。我们已经讨论过藏语的擦音韵尾-ɦ 部分是塞音韵尾-g 的弱化形式，如 g-tag～g-taɦ“打”。汉藏语系语言中作为语法意义上的词缀最容易被新兴的词缀所代替。名物化词缀-n，藏语中大多已经被-s 所替换；汉语也然。我们发现，某些中古汉语读去声的语词，就是语法类推造成的，并非上古汉语一定就带-h 或-s 韵尾。

第三节　-s 韵尾

自奥德里古尔（1954/1986）提出去声起源于擦音-s 后，“很快被许多语言学家所接受”（潘悟云，2000：155）。学者对上古汉语擦音韵尾-s的讨论已经相当透彻，我们就不再重复了。前一节我们已经讨论了，上古汉语的-s 韵尾在元音或塞音-k 之后，《诗经》时代已经演变成了擦音-h。但《诗经》时代仍然有擦音韵尾-s。

表 6.10　入声谐声表

	平	上	去	入		平	上	去	入	
甲				甲	夾			瘞	夾	
業				業	涉				涉	
沓				沓	盍			蓋	盍	
怯				怯	及				及	
合				合	㬎				㬎	

续 表

	平	上	去	入		平	上	去	入	
濕				濕	對			對		
翕				翕	答				答	
内			内	納	内			退		
入				入	執			摯	執	
疊				疊	襲				襲	
耴				耴	疌				疌	
聶				聶	疐			疐		
㚔				㚔	咠				咠	
帀				帀	世			世	枼	
十			計	十	立			位	立	
劦			㙦	劦	妾				妾	
習				習	亼				亼	
集				集	臿				臿	
歰				歰	邑				邑	
眔				眔	㬎				㬎	
嚞				嚞	聿				聿	
會				會	皀				皀	

传统緝部和葉部,谐声或自谐或跟去声谐声。除此之外,某一些《广韵》只读去声的谐声集合,尽管没有出现緝部或葉部字,但根据同族词或异文等也可以知道其本也应该属于緝部或葉部字。自高本汉以来,为了证明上古汉语有跟塞音韵尾-p 相对的-b,学者对汉字的离析多有涉及。这种谐声关系跟我们前面已经讨论过的软腭音韵尾-k

的谐声情况正相平行。基于它们只跟去声谐声的事实，我们可以认为某一音素导致了唇塞音韵尾-p后来的分化。故此，这一导致唇塞音韵尾-p分化的音素最为合理的应该是奥德里古尔的-s。

蔽芾甘棠，勿翦勿**败**，召伯所**憩**。(《甘棠》)

蔽芾甘棠，勿翦勿**拜**，召伯所**说**。(《甘棠》)

或哲或谋，或肃或**艾**。如彼泉流，无沦胥以**败**。(《小旻》)

无纵诡随，以谨丑**厉**。式遏寇虐，无俾正**败**。戎虽小子，而式弘**大**。(《民劳》)

十亩之**外**兮，桑者泄**泄**兮，行与子**逝**兮。(《十亩之间》)

民亦劳止，汔可小**愒**。惠此中国，俾民忧**泄**。(《民劳》)

A 蟋蟀在堂，岁聿其**逝**。今我不乐，日月其**迈**。B 无已大康，职思其**外**。好乐无荒，良士蹶**蹶**。(《蟋蟀》)

鼓钟于宫，声闻于**外**。念子懆懆，视我迈**迈**。(《白华》)

载脂载辖，还车言**迈**。遄臻于卫，不瑕有**害**。(《泉水》)

二子乘舟，泛泛其**逝**。愿言思子，不瑕有**害**。(《二子乘舟》)

俾尔昌而**大**，俾尔耆而**艾**。万有千岁，眉寿无有**害**。(《閟宫》)

榖旦于**逝**，越以鬷**迈**。(《东门之枌》)

有菀者柳，不尚**愒**焉。上帝甚蹈，无自**瘵**焉。俾予靖之，后予**迈**焉。(《菀柳》)

彼都人士，垂带而**厉**。彼君子女，卷发如**虿**。我不见兮，言从之**迈**。(《都人士》)

其旂茷**茷**，鸾声哕**哕**。无小无大，从公于**迈**。(《泮水》)

天之方**蹶**[1]，无然泄**泄**。《板》

间关车之**辖**兮，思娈季女**逝**兮。(《车辖》)

南山烈**烈**，飘风發**發**。民莫不穀，我独何**害**。(《蓼莪》)

诞弥厥**月**，先生如**达**。不坼不副，无菑无**害**。(《生民》)

人亦有言，颠沛之**揭**。枝叶未有害，本实先**拨**。殷鉴不远，在夏后

① 蹶，《经典释文》："俱卫反。"

之**世**。(《荡》)

周宗既**灭**,靡所止**戾**。正大夫离居,莫知我**勚**。(《雨无正》)

不解于**位**,民之攸**塈**。(《假乐》)

摽有梅,顷筐**塈**之。求我庶士,迨其**谓**之。(《摽有梅》)

泂酌彼行潦,挹彼注兹,可以濯**溉**。岂弟君子,民之攸**塈**。(《泂酌》)

咨女殷商,而秉义**类**。强御多**怼**,流言以**对**,寇攘式**内**。(《荡》)

帝作邦作**对**,自大伯王**季**。(《皇矣》)

大风有**隧**,贪人败**类**。听言则**对**,诵言如**醉**。(《桑柔》)

彼黍离离,彼稷之**穗**。行迈靡靡,中心如**醉**。(《黍离》)

山有苞棣,隰有树**檖**。未见君子,忧心如**醉**。(《晨风》)

容兮**遂**兮,垂带**悸**兮。(《芄兰》)

大邦有子,伣天之**妹**。文定厥祥,亲迎于**渭**。(《大明》)

孝子不**匮**,永锡尔**类**。(《既醉》)

戎成不**退**,饥成不**遂**。曾我暬御,憯憯日**瘁**。凡百君子,莫肯用**谇**。听言则答,谮言则**退**。哀哉不能言,匪舌是**出**,维躬是**瘁**。(《雨无正》)

昊天不**惠**,降此大**戾**。君子如**届**,俾民心**阕**。(《节南山》)

菀彼柳斯,鸣蜩**嘒嘒**。有漼者渊,萑苇**淠淠**。譬彼舟流,不知所**届**。(《小弁》)

其旂**淠淠**,鸾声**嘒嘒**。载骖载**驷**,君子所**届**。(《采菽》)

终风且**曀**,不日有**曀**。寤言不**寐**,愿言则**嚏**。(《终风》)

素丝**纰**之,良马**四**之。彼姝者子,何以**畀**之。(《干旄》)

母曰嗟,予季行役,夙夜无**寐**。上慎旃哉,犹来无**弃**。(《陟岵》)

乐只君子,福禄**膍之**。优哉游哉,亦是**戾矣**。(《采菽》)

鹳鸣于**垤**,妇叹于**室**。洒扫穹**窒**,我征聿**至**。(《东山》)

出则衔**恤**,入则靡**至**。(《蓼莪》)

蟊贼蟊**疾**,靡有夷**届**。(《瞻卬》)

庶人之愚，亦职维**疾**。哲人之愚，亦维斯**戾**。（《抑》）

一些清儒如王念孙、江有诰把月部分为两类：入声和去声。就《诗经》押韵而言，去声尽管偶尔可以跟入声押韵，但是去声自成系统是显然的。然而，月部、物部、質部的去声起码《诗经》时代不能认为是-ts模式辅音丛韵尾。清儒段玉裁提“同声必同部”，但在緝部和葉部上违反了自己的原则。这主要是跟緝部、葉部谐声的去声字，《诗经》中跟传统的物部、月部押韵，而不跟緝部、葉部押韵。位，字本只作“立”；而“位”“立”本属于同族词。

瞻望弗**及**，伫立以**泣**。（《诗经·燕燕》）

有女仳离，啜其**泣**矣。啜其泣矣，何嗟**及**矣。（《诗经·中谷有蓷》）

忽驰骛以追逐兮，非余心之所**急**。老冉冉其将至兮，恐修名之不**立**。（《楚辞·离骚》）

泣，《说文》：“无声出涕曰泣。从水立声。”《韩非子·和氏》：“泣尽而继之以血。”王先谦集解：“泣，今本作‘泪’。”《诗经·氓》：“不见复关，泣涕涟涟。”王先谦：“鲁作泪。”《诗经·中谷有蓷》：“有女仳离，啜其泣矣。”泣，也是名词“泪”。“位”和“泣”同从“立”声，而《诗经》押韵不同。可见，“位”和“泣”的韵尾《诗经》已经分化。除跟去声谐声外，传统緝部和葉部的谐声还可以有中古汉语读齿龈音-t韵母的谐声字：

表6.11　“内”声谐声表

	去	入(-t)	入(-p)		去	入(-t)	入(-p)
内	内	訥	納	世	世	紲	枼

具有上述谐声关系的事例并不多；但是它们彼此之间构成的谐声关系却是显然的。塞音韵尾-t不可以跟塞音韵尾-k谐声，自然也不能跟塞音-p谐声。上述谐声塞音-t和-p谐声，说明早期的塞音韵尾-p在一定的条件下变成了-t。上述谐声关系反映了两个不同的层次：-p层

次和-t层次。传统的物部、月部和質部,实质上包括入声和去声两类。物部/月部/質部入声跟去声谐声关系极其密切,见下。这种谐声关系如同職部/鐸部/屋部/覺部/藥部入声和去声之间的谐声关系。通过前面的分析,我们可以说上古汉语的-ps演变成了-ts。不过,依据《诗经》的押韵,韵尾-ts已经演变成了韵尾-s。

十亩之**外**兮,桑者泄**泄**兮,行与子**逝**兮。(《十亩之间》)

民亦劳止,汔可小**愒**。惠此中国,俾民忧**泄**。(《民劳》)

天之方**蹶**①,无然泄**泄**。(《板》)

人亦有言,颠沛之**揭**。枝叶未有害,本实先**拨**。殷鉴不远,在夏后之**世**。(《荡》)

文王孙子,本支百**世**。凡周之士,不显亦**世**。(《文王》)

周宗既**灭**,靡所止**戾**。正大夫离居,莫知我**勩**。(《雨无正》)

世,舒制切,《广韵》:"代也。"世,见于金文,为"枼"的本字,后再累增为"葉"。枼,《说文》:"褊也,薄也,从木世声。"葉,《说文》:"草木之叶也,从艸枼声。"《诗经·长发》:"昔在中葉。"传:"葉,世也。"枼,与涉切,《广韵》:"薄也。"葉,与涉切,《广韵》:"枝叶。"然而,"世"以及从"世"声字,《诗经》跟曷部押韵,见上。《左传·桓公九年》注:"诸经称世子及卫世叔申,经作世字,传皆为大。""世"和"大"文字替换在古文献中常见,而"大"则属于曷部。与"世"替换的"大",后为了区别作"太"。大,徒盖切,《广韵》:"小大也。"太,他盖切,《广韵》:"大也。"显然,"世"的韵尾早就已经不是-ps。

勩,《说文》:"劳也,从力贳声。"贳,《说文》:"贷也,从贝世声。"朱骏声:"受者曰赊,予者曰贳。"贳,舒制切,《广韵》:"赊也,贷也。"贳,神夜切,《广韵》:"贳赊也,贷也。"《史记·高祖本纪》:"常从王媪、武负贳酒。"《史记·平准书》:"诸贾人末作贳贷卖买。"赊,《说文》:"贳买也,从贝余声。"赊,式车切,《广韵》:"不交也。"《周礼·地官·司徒》:"以泉府同货而敛赊。"《经典释文》:"赊,伤蛇反;贳音世,贷也,刘伤夜反,

① 蹶,《经典释文》:"俱卫反。"

一时夜反。""赊"和"贳"是一对同族词。"赊"的韵母是-a，那么"贳"的韵母应该是-as；无论把"贳"的韵母构拟为-ats 还是-aps 都难以解释"贳"和"赊"的关系。

世，《诗经》已经不跟传统葉部押韵，而是跟传统月部尤其是从月部分离出来的祭部押韵。足见，创制"贳"字的时代，其声符"世"的韵母已经由-aps 演变成了-as（以-a 代表主元音）。其演变路线是 -aps＞-ats＞-as。传统月部，王念孙等分离出祭部。董同龢继承了清儒祭部、月部分离的传统，把传统月部分为去声和入声两类。

表 6.12　入声谐声表

	平	上	去	入		平	上	去	入	
戉				戉	徹				徹	
設				設	别				别	
辥				辥	孑				孑	
屑				屑	契			契	契	
介			介	忦	最			最	撮	
杀			殺	殺	匃			匃	曷	
歲			歲	濊	夬			夬	决	
害			害	割	厥			蹶	厥	
祭			祭	察	列			例	列	
舌			話	舌	折			逝	折	
月			外	月	蔮			蔮		
帶			帶	嵽	絶			脃	絶	
叕			啜	叕	伐			茷	伐	
毳			毳	膬	兑			兑	脱	

续 表

	平	上	去	入		平	上	去	入	
制			制	掣	剌			賴	剌	
寽			酹	寽	劊			薊	劊	
臬			劓	臬	八			扒	八	
淅			淅	擎	筮			筮	筮	
拜			拜		曳			曳		
奈			奈	捺	埶			埶	熱	
貝			貝		喙			喙		
乂			乂		裔			裔		
大			大	羍	截			鬣	截	
罽			罽		离				离	
鞏			達	鞏	彗			彗	雪	
毳			毳		刷			涮	刷	
叚				叚	豁				豁	
乙				乙	曰				曰	
扎				扎	衛			衛		
惠			惠		威				威	
失				失	吉				吉	
悉				悉	匹				匹	
日				日	疾			嫉	疾	
一				一	必			祕	必	
血			侐	血	或				或	
桼				桼	七			切	七	

续　表

	平	上	去	入		平	上	去	入	
穴				穴	質			質	質	
至			至	桎	二			二		
壹			曀	壹	畀			畀		
畢				畢	棄			棄		
四			四		自			自		
戾			戾	戾	栗				栗	
届			届		尉			尉	尉	
屈				屈	骨				骨	
矞				矞	没				没	
出				出	率			率	率	
聿				聿	㒸			㒸		
术				术	類			類		
勿				勿	鬱				鬱	
突				突	弗			費	弗	
胃			胃	謂	隶			隶	棣	
卒			醉	卒	既			既	暨	
乞			乞	迄	愛			愛		
叡			叡		圣			怪	圣	
未			未		貴	韇[i]		貴		
季			季		器			器		

[i] 韇，公回切，《广韵》："《说文》云'韦绣也'。"韇，求位切，《广韵》："绣韦也，盾缀革也。"

我们从上表中可以清楚地看出传统月部、物部和質部都存在三种不同的谐声关系：一是，入声自谐；二是，入声和去声互谐；三是，去声自谐。假若像清儒那样从传统月部分割出一个独立的去声韵部——祭部，那么物部、質部也应该分割出独立的去声韵部。跟甲类韵还偶尔可以有平声或上声谐声不同，乙类韵却只能是入声和去声谐声。它们跟同类平声、上声之间有一条几乎不能逾越的鸿沟。除了极个别训读，乙类的入声或去声不能跟甲类的平声或上声谐声。书面藏语有-gs、-bs韵尾，但是没有-ds韵母。这主要是藏语早期的-ds韵尾已经演变成了其他的韵尾。上古汉语早期也应该有诸如-ps、-ts韵尾，但早期的-ps、-ts韵尾早就已经合并成了-s韵尾。因而早期的-ps和-ts韵尾《诗经》中可以合韵，而-p和-t韵尾不能合韵。

第四节　零辅音韵尾

中古汉语非音质音位的声调由上古汉语的音质音位演变而来。因而我们可以说古无去声，也可以说古无上声，如此等等。假若以声调作为区分音节结构的类型，上古汉语至少跟中古汉语一样存在四种音节结构的类型。如果暂且不考虑带响辅音韵尾的韵母，那么中古汉语平声、上声、入声对应上古汉语的则分别是无辅音韵尾、声门音-ʔ韵尾和软腭音塞音-k韵尾的音节类型；而去声则是附加齿龈音-s韵尾的这三种音节类型。但这三种不同形式的音节类型起码《诗经》时代已经合并为以喉音-h为韵尾的音节类型。

桃之夭夭，灼灼其**华**。之子于归，宜其室**家**。(《桃夭》)

隰有苌楚，猗傩其**华**。夭之沃沃，乐子之无**家**。(《隰有苌楚》)

予手拮**据**，予所捋**荼**，予所蓄**租**，予口卒**瘏**，曰予未有室**家**。(《鸱鸮》)

靡室靡**家**，猃狁之故。不遑启**居**，猃狁之故。(《采薇》)

我行其野，蔽芾其**樗**。昏姻之故，言就尔**居**。尔不我畜，复我邦**家**。(《我行其野》)

谓尔迁于王**都**，曰予未有室**家**。(《雨无正》)

乃召司空，乃召司徒，俾其室家。（《绵》）

何彼襛矣，唐棣之华。曷不肃雝，王姬之车。（《何彼襛矣》）

有女同车，颜如舜华。将翱将翔，佩玉琼琚。彼美孟姜，洵美且都。（《有女同车》）

山有扶苏，隰有荷华。不见子都，乃见狂且。（《山有扶苏》）

皇皇者华，于彼原隰。駪駪征夫，每怀靡及。（《皇皇者华》）

彼尔维何，维常之华。彼路斯何，君子之车。（《采薇》）

A 昔我往矣，黍稷方华。今我来思，雨雪载涂。B 王事多难，不遑启居。岂不怀归，畏此简书。（《出车》）

莫赤匪狐，莫黑匪乌。惠而好我，携手同车。（《北风》）

尔之安行，亦不遑舍。尔之亟行，遑脂尔车。壹者之来，云何其盱。（《何人斯》）

有芃者狐，率彼幽草。有栈之车，行彼周道。（《何草不黄》）

A 韩侯出祖，出宿于屠。显父饯之，清酒百壶。B 其殽维何，炰鳖鲜鱼。其蔌维何，维笋及蒲。C 其赠维何，乘马路车。笾豆有且，侯氏燕胥[①]。（《韩奕》）

既出我车，既设我旟。匪安匪舒，淮夷来铺。（《江汉》）

彼茁者葭，壹发五豝。于嗟乎，驺虞。（《驺虞》）

出其闉阇，有女如荼。虽则如荼，匪我思且。缟衣茹藘，聊可与娱[②]。（《出其东门》）

其虚其邪，既亟只且。（《北风》）

女曰观乎，士曰既且。（《溱洧》）

椒聊且，远条且。（《椒聊》）

悠悠昊天，曰父母且。无罪无辜，乱如此幠。（《巧言》）

匪且有且，匪今斯今，振古如兹。（《载芟》）

陟彼砠矣，我马瘏矣，我仆痡矣，云何吁矣。[③]（《卷耳》）

---

① 胥，相居切，《广韵》："相也，《说文》曰'蟹醢也'。"《诗经·韩奕》："笾豆有且，侯氏燕胥。"《经典释文》："胥，思徐反，又思吕反。"谞，私吕切，《广韵》："才智之称；胥，上同，又思余切。"

② 娱，遇俱切，《广韵》："娱乐。"娱，五故切，《广韵》："娱乐也。"

③ 砠，《经典释文》："七余反；瘏，音涂，本又作屠，非；痡音敷，又普乌反，本又作铺，同；吁，香于反。"

投我以木**瓜**,报之以琼**琚**[①]。(《木瓜》)

七月食**瓜**,八月断**壶**,九月叔**苴**。采荼薪**樗**,食我农**夫**。(《七月》)

中田有**庐**,疆埸有**瓜**,是剥是**菹**。(《信南山》)

肃肃兔**罝**,椓之丁丁。赳赳武**夫**,公侯干城。(《兔罝》)

猗与漆**沮**,潜有多**鱼**。(《潜》)

牧人乃梦,众维**鱼**矣,旐维**旟**矣。(《无羊》)

有骃有**騢**,有驔有**鱼**,以车祛**祛**。思无**邪**,思马斯**徂**。(《駉》)

狼疐其尾,载跋其**胡**。公孙硕肤,德音不**瑕**。(《狼跋》)

狼跋其**胡**,载疐其尾。公孙硕**肤**,赤舄几几。(《狼跋》)

宜尔家室,乐尔妻**帑**。是究是图,亶其然**乎**。(《常棣》)

旻天疾威,弗虑弗**图**。舍彼有罪,既伏其**辜**。若此无罪,沦胥以**铺**。(《雨无正》)

孑孑干**旟**,在浚之**都**。(《干旄》)

匪伊垂之,带则有**余**。匪伊卷之,发则有**旟**。我不见兮,云何**盱**矣。(《都人士》)

皇父卿士,番维司**徒**。家伯维宰,仲允膳**夫**。(《十月之交》)

祈父,予王之爪**牙**。胡转予于恤,靡所止**居**。(《祈父》)

扬之水,不流束**蒲**。彼其之子,不与我戍**许**。(《扬之水》)

鱼在在藻,依于其**蒲**。王在在镐,有那其**居**。(《鱼藻》)

折柳樊**圃**[②],狂夫瞿瞿[③]。(《东方未明》)

九月筑场**圃**,十月纳禾**稼**。(《七月》)

无已大康,职思其**居**。好乐无荒,良士瞿**瞿**。(《蟋蟀》)

夏之日,冬之**夜**。百岁之后,归于其**居**。(《葛生》)

维鹊有巢,维鸠**居**之[④]。之子于归,百两**御**之。[⑤](《鹊巢》)

---

① 琚,《经典释文》:"音居,徐又音渠。"

② 圃,《广韵》:"园圃,《说文》'种菜曰圃',博古切,又博故切。"

③ 瞿,其俱切,《广韵》:"鹰隼视也。"瞿,九遇切,《广韵》:"视貌。"

④ 居,当为"據"。據(据),居御切,《广韵》:"依也,引也,案也。"《广雅》:"居,据也。"《荀子·非相》:"叶公子高人据楚,诛白公,定楚国,如反手尔。"

⑤ 传:"御,迎。"《经典释文》:"御,五嫁反。"

羔裘豹祛，自我人居居[①]。岂无他人，维子之**故**。(《羔裘》)

微君之**故**，胡为乎中**露**。(《式微》)

遵大**路**兮，掺执子之**祛**兮[②]。无我**恶**兮，不寁**故**也。(《遵大路》)

靡室靡家，猃狁之**故**。不遑启居，猃狁之**故**。(《采薇》)

采薇采薇，薇亦**作**止。曰归曰归，岁亦**莫**止。(《采薇》)

彼汾沮洳，言采其**莫**。彼其之子，美无**度**。美无度，殊异乎公**路**。(《汾沮洳》)

启之辟之，其柽其椐。[③] 攘之剔之，其檿其柘。帝迁明德，串夷载**路**。天立厥配，受命既**固**。(《皇矣》)

实覃实**吁**，厥声载**路**。(《生民》)

不能辰**夜**，不夙则**莫**。(《东方未明》)

庶几夙**夜**，以永终**誉**。(《振鹭》)

三事大夫，莫肯夙**夜**。邦君诸侯，莫肯朝**夕**。庶曰式臧，覆出为**恶**。(《雨无正》)

厌浥行**露**，岂不夙**夜**，谓行多**露**。(《行露》)

蟋蟀在堂，岁聿其**莫**。今我不乐，日月其**除**。(《蟋蟀》)

天保定尔，亦孔之**固**。俾尔单厚，何福不**除**。俾尔多益，以莫不**庶**。(《天保》)

风雨攸**除**，鸟鼠攸**去**，君子攸**芋**。(《斯干》)

昔我往矣，日月方**除**。曷云其还，岁聿云**莫**。念我独兮，我事孔**庶**。(《小明》)

质尔人民，谨尔侯**度**，笺："慎女为君之法度。"用戒不**虞**。[④] (《抑》)

叔善**射**忌。又良**御**忌。(《大叔于田》)

式燕且**誉**，好尔无**射**。(《车辖》)

---

① 传："居居，怀恶不相亲之貌。"《经典释文》："居，如字，又音据。"倨，居御切，《广韵》："倨傲。"

② 祛，《经典释文》："起居反，又起据反。"

③ 椐，《经典释文》："羌居反，樻也，《字林》'纪庶反'，又音举。"《尔雅》："椐，樻。"《经典释文》："椐，音祛，《字林》'已庶反'，又音举。"

④ 虞，遇俱切，《广韵》："度也，《说文》曰'驺虞，仁兽，白虎黑文尾长于身，不食生物'。"《广雅》："虞，欺也。"《淮南子·缪称训》："《易》曰'即鹿无虞'。"高注："虞，欺也。"《左传·宣公十五年》："我无尔诈，尔无我虞。"洪亮吉注引高诱："虞，欺也。"《诗经·閟宫》："无贰无虞。"传："虞，误也。"动词"虞"就是诱导人们犯错，是"误"的引申。误，五故切，《广韵》："谬误。"

旱既大甚,黾勉畏**去**。胡宁瘨我以旱,憯不知其**故**。祈年孔夙,方社不**莫**。昊天上帝,则不我**虞**。敬恭明神,宜无悔**怒**。(《云汉》)

我心匪鉴,不可以**茹**①。亦有兄弟,不可以**据**。薄言往愬,逢彼之**怒**。(《柏舟》)

清儒段玉裁为了"古无去声"的观点把去声统统派给了平声或上声。实际上,去声在《诗经》无疑是独立的一类音节类型,跟平声、上声都有清晰的界线。韵段的首句《诗经》可以入韵,也可以不入韵,但以不入韵为主。处于句末倒数第二位置的字,因已经有语气词参与押韵,而对韵尾的要求则相对比较宽松。通过对《诗经》魚部押韵的考察,我们不难看出平声跟平声押韵而绝少跟上声或者去声押韵。段玉裁承认《诗经》有平声和上声,但是《诗经》平声押韵情况比段玉裁归纳的押韵情况显然要严格得多。仔细考察《诗经》的押韵,我们只能说,平声、上声和去声起码《诗经》时代都是独立的一种音节类型。平声《诗经》一般不跟入声押韵,而偶尔合韵的也是来自入声的去声。这种情况跟谐声所反映的谐声事实一致。因而传统之部、魚部等平声上古汉语应该是不带辅音韵尾的韵母。

清儒以《切韵》时代的阴入划分上古汉语的音节结构无疑是不恰当的。这种划分会给人造成这样的错觉:上古汉语阴声和入声混而不分。正是基于这种错觉,高本汉以来许多学者把《切韵》阴声上古汉语读音都构拟成带塞音韵尾的音节结构。实际上,上古汉语入声和非入声之间有着极其清晰的界线,只不过上古汉语的入声音节结构的范围显然比中古汉语的要宽广:除中古汉语的入声外,上古汉语的入声还包括中古汉语相当数量的去声。入声和去声共同组成一个谐声集合。这个集合,我们可以称之为入声集合。平声、去声以及部分上声也组成一个谐声集合。这个集合,我们可以称之为非入声集合。入声集合和非入声集合一般不能构成交集。不过,我们也发现非入声集合偶尔也包含入声元素。

① 茹,《经典释文》:"如预反,徐音如庶反。"茹,人恕切,《广韵》:"饭牛,又菜茹也。"茹,人渚切,《广韵》:"干菜也,臭也,贪也,杂糅也。"茹,人诸切,《广韵》:"恣也,相牵引貌也,《易》曰'拔茅连茹'。"

蹻,《说文》:"举足行高也,从足乔声;《诗》曰'小子蹻蹻'。"蹻,居夭切,《广韵》:"骄也。"蹻,巨娇切,《广韵》:"骄也,慢也。"蹻,去遥切,《广韵》:"举足高。"(跷,去遥切,《广韵》:"揭足。")蹻,居勺切,《广韵》:"走蹻蹻貌。"蹻,其虐切,《广韵》:"举足高,又居勺切。"一个不甚常见的"蹻"字,《广韵》竟然有五个读音。

假若撇开文字,上古汉语意义为"翘脚"的语词肯定不会像《广韵》那样有五个相互有关联的语音形式。乔,巨娇切,《广韵》:"高也,《说文》曰'高而曲也'。"《诗经·伐木》:"出自幽谷,迁于乔木。"传:"乔,高也。"《经典释文》:"乔,其骄反。""蹻"和"乔"是同族词。乔是高,而"蹻"是把脚抬高,即"举足高"。把自己的脚翘得高高的,无疑是一种傲慢的行为。因而"蹻"就有了"骄""慢"的意义,这一引申意义《广韵》音"居夭切"和"巨娇切"。于是,我们可以确定"翘脚"一词的语音形式是"去遥切"。剩下的两个入声读音是经师杜撰的读音,也即依据《诗经》押韵而杜撰出来的叶音。

A 我虽异事,及尔同**僚**。我即尔谋,听我嚣**嚣**。B 我言维服,勿以为**笑**。先民有言,询于刍**荛**。C 天之方**虐**,无然谑**谑**。老夫灌灌,小子蹻**蹻**。传:"蹻蹻,骄貌。"《经典释文》:"蹻蹻,其略反。"D 匪我言**耄**,尔用忧**谑**。多将熇熇,不可救**药**。(《板》)

既成藐**藐**,王锡申伯。传:"蹻蹻,壮貌。"《经典释文》:"蹻,渠略反。"四牡蹻蹻,钩膺濯**濯**。(《崧高》)

我龙受之,蹻蹻王之造。传:"蹻蹻,武貌。"《经典释文》:"蹻,居表反。"(《酌》)

A 思乐泮水,薄采其**藻**。鲁侯戾止,其马蹻**蹻**。B 其马蹻**蹻**,其音昭**昭**。载色载**笑**,匪怒伊**教**。传:"其马蹻蹻,言强盛也。"《经典释文》:"蹻,居表反。"(《泮水》)

蹻,读入声"其虐切""居勺切"乃京师误读《诗经》叶音杜撰出来的读音。因而《诗经》"蹻"出现多次,意义相同。假若经师以为跟入声押韵则音"其略切";不入韵或跟非入声押韵则音"居表切"。《尔雅》:"旭旭、蹻蹻,憍也。”《经典释文》:“蹻蹻,郭居夭反,案《诗·小雅》‘小子蹻蹻’,音巨虐反,今依《诗》读。”陆德明已经告诉了我们读入声的原因。

表 6.13 “高”声异读表

翯	胡沃切	《广韵》:鸟肥泽也,《诗》云“白鸟翯翯”。	胡觉切	《广韵》:鸟肥泽。
翯	许角切	《广韵》:鸟肥泽。		

翯,《说文》:“鸟白肥泽貌,从羽高声,《诗》云‘白鸟翯翯’。”《诗经·灵台》:“麀鹿濯濯,白鸟翯翯。王在灵沼,于牣鱼跃。”传:“翯翯,肥泽也。”《经典释文》:“翯翯,户角反,肥泽也,《字林》云‘鸟白肥泽曰翯’,下沃反。”翯翯,为鸟之白,即“皓皓”。《诗经·扬之水》:“扬之水,白石皓皓。”㱿,胡沃切,《广韵》:“鸟白也。”㱿,胡觉切,《广韵》:“鸟白。”“隺”声字多有白意义,如“鹤”等。鹤,下各切,《广韵》:“似鹄长喙,《左传》曰‘卫懿公好鹤,有乘鹤轩’。”騅,下各切,《广韵》:“《说文》一曰‘马白额’。”騅,古岳切,《广韵》:“马白额。”犨,五角切,《广韵》:“《说文》曰‘白牛也’。”

翯,本是“㱿”的训读字。“翯”和“缟”本为同族词。缟,《说文》:“鲜色也,从糸高声。”缟,古老切,《广韵》:“素也。”缟,古到切,《广韵》:“白缣。”《诗经·出其东门》:“缟衣綦巾,聊乐我员。”传:“缟衣,白色男服也。”《经典释文》:“缟,古老反,又古报反。”暠,古老切,《广韵》:“明白也。”杲,《广韵》:“日出,古老切,又明白也。”臭,古老切,《广韵》:“大白泽也。”《诗经·扬之水》:“扬之水,白石皓皓。素衣朱绣,从子于鹄。”传:“皓皓,洁白也。”《经典释文》:“皓,古老反。”《诗经·灵台》的“白鸟翯翯”正跟《诗经·扬之水》“白石皓皓”相平行。足见,“翯”本应读“古老切”。

毃,《说文》:“击头也,从殳高声。”敲,《说文》:“横笍也,从攴高声。”“毃”和“敲”实同一词,《说文》强分。敲,口交切,《广韵》:“击头也。”又“击也,苦教切。”《左传·定公二年》:“夺之杖,以敲之。”《经典释文》:“敲,苦孝反,又苦学反。”敲,字也作“考”。《诗经·山有枢》:“子有廷内,弗洒弗扫;子有钟鼓,弗鼓弗考。”《庄子·天地》:“故金石有声,不考不鸣。”敲,字也作“扣”。《论语·宪问》:“以杖叩其胫。”毃,苦角切,《广韵》:“毃打头。”㱿,《说文》:“从上击下也。”《广韵》:“㱿,皮甲;又《说文》曰‘从上击下也’,一曰素也;苦角切。”㱿,见于甲骨文、金文,会意字。毃音“苦角切”为“㱿”的训读。

熇,《说文》:“火热也,从火高声,《诗》曰‘多将熇熇’。”熇,呼木切,《广韵》:“热貌。”熇,火酷切,《广韵》:“热也。”熇,呵各切,《广韵》:“热貌。”《广韵》“熇”出现异读是采集不同经师读音的结果。《诗经·板》:“匪我言耄,尔用忧谑。多将熇熇,不可救药。”熇,《经典释文》:“徐许酷反,沈又许各反,炽盛也;《说文》云‘火热也’。”《诗经》四句诗段的第三句往往不入韵,而即使入韵也可以相近之音入韵。经师以为“熇”跟“药”押韵而叶音入声。实际上,从“火”“高”声的“熇”是“燺”的本字。

燺,苦浩切,《广韵》:“火干。”

槁,苦浩切,《广韵》:“木枯也,《说文》作‘槀’。”

洘,苦浩切,《广韵》:“水干。”

薧,苦浩切,《广韵》:“干鱼,《周礼》曰‘辨鱼物,为鲜薧’,注云‘薧,干也’;亦作槁。”

其语源本是“槁”,引申之则为“熇”。《玉篇》:“燺,口老切,燥也。”《玉篇》:“熇,许皓切,熇熇,火炽也。”我们声母部分将要讨论中古部分软腭擦音 x-来自软腭送气清塞音 kh-。可见,《玉篇》保持了“熇”原本上声的读音。《齐民要术》卷九:“小阴干熇之,仍内著盆中。”又《齐民要术》卷十:“仍出曝令干熇。”

嗃,呵各切,《广韵》:“严厉貌,《易》云‘家人嗃嗃’。”嗃,《说文》:“嗃嗃,严酷貌,从口高声。”“嗃”不论释义还是读音都是乱抄经师读音所致。《易·家人》:“家人嗃嗃,悔厉吉;妇子嘻嘻,终吝。”《象》曰:“家人嗃嗃,未失也;妇子嘻嘻,失家节也。”《经典释文》:“嗃嗃,呼落反,又呼学反,马云‘悦乐自得貌’,郑云‘苦热之意’。荀作‘确确’,刘作‘熇熇’。”既然“嗃嗃”已经被理解为“熇熇”,依上例自然也获得了“呵各切”一音。《易·家人》“嗃嗃”跟“嘻嘻”相对,前者为怒后者为喜,原本是很简单的事情,被经师无端复杂化了。

嗃,呼教切,《广韵》:“大嗥。”

哮,呼教切,《广韵》:“唤也。”

嗃,许交切,《广韵》:“嗃謈,恚也。”

哮,许交切,《广韵》:"哮阚。"

歊,许娇切,《广韵》:"热气,《说文》曰'歊歊,气出貌'。"

歊,火酷切,《广韵》:"热也。"(熇,火酷切,《广韵》:"热也。")

本有一组跟"嗃"形式不同但意义相同的文字,而《易·家人》"嗃"就是"哮"。除此之外,上古汉语还有一组与之意义相关的同族词,如"嗥"。"嗃"和"歊"本一字。因"嗃嗃"被理解为"熇熇",于是"歊"也获得了"熇"的读音。

眊,《说文》:"目少精也,从目毛声,《虞书》'耄'字从此。"眊,莫角切,《广韵》:"目少精。"眊,莫报切,《广韵》:"目少睛。"《孟子·离娄上》:"胸中正则眸子瞭焉,胸中不正则眸子眊焉。"注:"眊者,蒙蒙目不明之貌。"音义:"眊,音耄。"《周礼·秋官·司寇》郑注:"观其牟子视不直则眊然。"《经典释文》:"眊,莫报反。"眊,《广韵》又音"莫角切"实际是"瞀"。瞀,莫角切,《广韵》:"目不明也。"《国语·吴语》:"有眩瞀之疾者告。"

悈,《说文》:"饰也,从心戒声,司马法曰'有虞氏悈于中国'。"悈,古拜切,《广韵》:"饰也,司马法曰'有虞氏悈于中国'。"悈,纪力切,《广韵》:"急也。"《尔雅》:"悈,急也。"《经典释文》:"悈,本或作慅,又作亟,同纪力反,或音戒。"慅,纪力反,《广韵》:"急性相背,《说文》曰'疾也,一曰谨重貌'。"本字是"亟"。亟,纪力反,《广韵》:"急也,疾也,趣也,又音气。"《诗经·七月》:"亟其乘屋,其始播百谷。"

缪,武彪切,《广韵》:"《诗》传云'绸缪,犹缠绵也',《说文》曰'枲十絜也'。"《说文》:"缪,枲之十絜也,一曰绸缪,从糸翏声。"(《说文》:"绸,缪也。"绸,直由切,《广韵》:"绸缪,犹缠绵也。")《诗经·绸缪》:"绸缪束薪。"传:"绸缪,犹缠绵也。"《经典释文》:"缪,亡侯反。"《诗经·鸱鸮》:"绸缪牖户。"《经典释文》:"缪,莫侯反。"缪,莫浮切,《广韵》:"丝千累。"缪,靡幼切,《广韵》:"纰缪。"《礼记·大传》:"一物纰缪,民莫得其死。"《经典释文》:"缪,音谬,本或作谬。"谬,靡幼切,《广韵》:"误也,诈也,差也,欺也。"缪,莫六切,《广韵》:"《礼记》有缪公,又姓也。"《礼记·檀弓上》:"缪公召县子而问焉。"《经典释文》:"缪,音穆。"穆,《广韵》:"和也,美也,敬也,厚也,莫六切。"睦,莫六切,《广韵》:"亲也,敬也,又和睦也。"段玉裁:"古书睦、穆通用。"

寥,落萧切,《广韵》:"空也,又寂寥也,寥廓也。"《史记·司马相如列传》:"下峥嵘而无地兮,上寥廓而无天。"《史记·鲁仲连邹阳列传》:"今欲使天下寥廓之士,摄于威重之权。"寥,郎击切,《广韵》:"寂寥无人,又深也。"寂,前历切,《广韵》:"静也,安也。"以为"寂寥"是叠韵联绵词故使"寥"获得了"郎击切"这一读音。

通过以上分析可以看出,中古韵书比如《广韵》中夹杂在非入声集合的一些入声字是早先一些经师依据《诗经》押韵创造出来的叶音,或者纯粹是同义词之间的训读,或者是文献中文字替换出现的"借读"。两字在某一著作里面可以替换只能说此著作产生的时代或产生此著作的地域两字同音,而后代的经师不明此理,把凡是可以替换 B 字的 A 字都赋予 B 字的读音。于是,除了原有的读音,A 字增加了 B 字的异读。这种"借读"风气自汉儒传诵儒家经典以来一直就很盛行。套用清儒段玉裁注释《说文》时的口头禅,那就是这些异读都是"俗人所增"。陆法言《切韵》是根据前人的材料编撰的韵书,有不少非语言因素。其中最应该注意的是意义相同或文字替换而出现的读音混乱。

表 6.14　"肃"声异读表

蟰	息逐切	《广韵》:蟰蛸,俗呼喜子。	苏雕切	《广韵》:蟰蛸虫。
橚	息逐切	《广韵》:木长貌。	苏雕切	《广韵》:橚椮,树长貌。
潚	息逐切	《广韵》:深清也。	苏雕切	《广韵》:水名。
擁	息逐切	《广韵》:击也。	苏雕切	《广韵》:击也。
䃤	息逐切	《广韵》:黑砥石。	先鸟切	《广韵》:黑砥石也。
歗	息逐切	《广韵》:打也。		
撨	先鸟切	《广韵》:打也。		
鱐	息逐切	《广韵》:鱼腊。		
䲖	所鸠切	《广韵》:干鱼。		
肃	息逐切	《广韵》:恭也,敬也,戒也,进也,疾也。		

从“肅”声之字组成的是一个入声和平声共存的谐声集合。这跟其他入声集合的情况很不同。但这个谐声集合里面的入声字多有非入声异读。《战国策·燕策》:“又前而为歌曰:风萧萧兮易水寒,壮士一去兮不复还。”《楚辞·山鬼》:“风飒飒兮木萧萧,思公子兮徒离忧。”“萧萧”古文献中可以描摹风声、风吹树木声、马鸣声等。此“萧”字后创造了从“风”从“肃”的“飃”。飃,息逐切,《广韵》:“风声。”飃,所六切,《广韵》:“风声。”我们从中不难看出与入声无意义差别的平声或者上声才是这些“肅”声字原本的读音。

彼采**萧**兮,一日不见,如三**秋**兮。(《采葛》)

洌彼下泉,浸彼苞**萧**。忾我寤叹,念彼京**周**。(《下泉》)

中谷有蓷,暵其**修**矣。有女仳离,条其**啸**矣。条其**啸**矣。遇人之不**淑**矣。(《中谷有蓷》)

滮池北流,浸彼稻田。**啸**歌伤怀,念彼硕人。(《白华》)

我们前面已经提到,处于诗句倒数第二位置上的语词,假若也参与押韵,因已有语气词参与押韵,诗歌韵律对韵尾的要求相对可以放宽。《诗经·女曰鸡鸣》:“知子之来之,杂佩以赠之。”“来”和“赠”能够押韵是由于两语词处于诗句倒数第二的位置上。“肅”声字《诗经》中只有“肃”一字跟入声押韵而其余跟平声押韵。

肃肃兔罝,椓之丁丁。**赳赳**武夫,公侯干城。(《兔罝》)

肃肃宵征,夙夜在公,寔命不同。(《小星》)

肃肃鸨羽,集于苞栩。《鸨羽》

鸿雁于飞,**肃肃**其羽。之子于征,**劬劳**于野。(《鸿雁》)

肃肃谢功,召伯营之。烈烈征师,召伯成之。(《黍苗》)

雝雝在宫,**肃肃**在庙。(《思齐》)

肃肃王命,仲山甫将之。(《烝民》)

有来雝雝,至止**肃肃**。相维辟公,天子**穆穆**。(《雝》)

萧萧马鸣,**悠悠**旆旌。(《车攻》)

风雨**潇潇**,鸡鸣**胶胶**。既见君子。云胡不**瘳**。(《风雨》)

以上是《诗经》“肃肃”的用例。叠音词“肃肃”意义之一就是模拟声音。“肃肃”既“翛翛”。翛，《广韵》：“翛翛，飞羽声，苏雕切。”《诗经·鸱鸮》：“予羽谯谯，予尾翛翛。”《经典释文》：“翛，素雕反。”《经典释文》：“肃肃，所六反，本或作翻，同，羽声也。”“翻”是“肃”的后起累增字。翻，息逐切，《广韵》：“翻翻，鸟羽声。”跟风声“萧萧”的“萧”《广韵》音“息逐切”“所六切”同。箫，《释名》：“肃也，其声肃肃而清也。”箫，《说文》：“参差管乐，象凤之翼，从竹肃声。”“箫”显然是根据声音命名的乐器，许慎“象凤之翼”纯属妄解。《庄子·田子方》：“至阴肃肃，至阳赫赫。肃肃出乎天，赫赫发乎地。”“肃肃”就是寒风“萧萧”。《战国策·燕策》：“风萧萧兮易水寒，壮士一去兮不复还。”陶渊明《答庞参军》：“惨惨寒日，肃肃其风。”《水经注·漯水》：“穴中肃肃常有微风，虽三伏盛暑，犹须袭裘，寒吹陵人，不可暂停。”《吕氏春秋·孟秋纪》：“天地始肃，不可以赢。”《管子·幼官》：“春行冬政，肃。”注：“肃，寒也，冬气盛之故也。”“肃”原本是描摹寒风声，后引申为冷，再引申指“敬”。《礼记·乐记》：“夫肃肃，敬也；雍雍，和也。”俗话说，烂秀才认字读半边。那种根据“声符”推导文字读音的现象《广韵》时有出现，而现代也常见。“肃”原本为幽部而非覺部。“肃”《广韵》音“息逐切”源于《诗经·雝》押韵。前面已经提到，穆原本也是幽部，音“莫六切”是“睦”的训读。于是，跟“穆”押韵的“肃”也有了入声“息逐切”的读音。再根据声符“肃”类推，一些阴声文纷纷获得了入声异读。

坶，《说文》：“朝歌南七十里地，《周书》‘武王与纣战于坶野’，从土母声。”坶，《广韵》：“坶野，殷近郊地名，古文《尚书》作此；坶，《说文》作坶；莫六切。”《尚书·牧誓》：“与受战于牧野，作《牧誓》。”《经典释文》：“牧，如字，徐一音茂，《说文》作‘坶’，云‘地名，在朝歌南七十里’；《字林》音母。”《诗经·大明》：“矢于牧野。”《经典释文》：“牧野，州牧之牧，徐音目。”牧，莫六切，《广韵》：“养也，放也，使也，察也，司也，食也；《说文》曰‘养牛人也’。”《尔雅》：“郊外谓之牧。”《诗经·出车》：“我出我车，于彼牧矣。”《经典释文》：“牧音目。”

摆，北买切，《广韵》：“摆拨；捭，上同，鬼谷子有《捭阖篇》。”捭，《说文》：“两手击也，从手卑声。”《礼记·礼运》：“其燔黍捭豚。”《经典释文》：“捭，卜麦反，注作擗，又作擘。”擘，博厄切，《广韵》：“分擘。”辟，房益切,《广韵》:“启也,开也。”(《广韵》:“擗,抚心也,房益切。”《诗经·柏舟》:“静言思之,寤擗有摽。”《经典释文》:“擗,本又作擘,避亦反。”)劈,普击切,《广韵》:“剖也,裂也,破也。”

假,古疋切,《广韵》:“《说文》又作徦,至也。”《说文》:“徦,至也,从彳叚声。”《诗经·玄鸟》:“四海来假,来假祁祁。”《经典释文》:“假,音格,至也。”《诗经·烈祖》:“来假来飨,降福无疆。”《经典释文》:“假,音格,王云‘至也’。”陆德明“假”音“格”是“格”的训读。格,古伯切,《广韵》:“《书》传云‘来也’,《尔雅》云‘至也’。”佫,古伯切,《广韵》:“至也,亦作徦。”《诗经·楚茨》:“神保是格,报以介福。”传:“格,来。”

趣,七句切,《广韵》:“趣向。”趣,仓苟切,《广韵》:“趣马,《书》传云‘趣马,掌马之官也’。”《周礼·夏官·司马》:“趣马,下士,皂一人,徒四人。”《经典释文》:“趣,七口反,又清须反。”《诗经·棫朴》:“左右趣之。”《经典释文》:“趣,七喻反。”《礼记·月令》:“乃趣狱刑,毋留有罪。”《经典释文》:“趣音促,又七注反。”《公羊传·定公八年》:“趣驾。”《经典释文》:“趣,七欲反,一音七住反。”促,七玉切,《广韵》:“近也,速也,至也,迫也。”齱,测角切,《广韵》:“《汉书》云‘握齱,急促也’。”

荏染柔木,君子树之。往来行言,心焉数之。(《巧言》)

数,《说文》:“计也,从攴娄声。”数,《广韵》有三个读音。数;所矩切,《广韵》:“《说文》‘计也’。”数,色句切,《广韵》:“筭数。”《庄子·天运》:“吾求之于度数,五年而未得也。”数,所角切,《广韵》:“频数。”《论语·里仁》:“事君数,斯辱矣;朋友数,斯疏矣。”注:“数为速数之数。”《经典释文》:“君数:何云色角反,下同,谓速数也。郑世主反,谓数已之功劳也;梁武帝音色具反,注同。”《礼记·祭义》:“悫其行也,趋趋以数。”注:“数之言速也。”《经典释文》:“数,色角反;徐音速,注同。”《庄子·人间世》:“以为棺椁则速腐。”《经典释文》:“速,如字,向崔本作数,向所禄反。”《礼记·乐记》:“卫音趋数烦志。”注:“数读为促速,声之误也。”《经典释文》:“趋音促,数音速。”

软腭塞音韵尾-k弱化为声门音-ʔ,不仅现代汉语方言如此,整个汉藏语系语言也是如此。我们前面已经提到,早在战国时期,某些汉语方言就曾经出现这种演变。因而这些方言选用《广韵》里属于上声的文字记录一个本读入声的语词，或用上声字代替原本读入声的文字。因这两个文字所记录的同一个语词，于是原本应该读上声的文字也因文字替换而获得了入声的读音。这主要是后人不清楚方言音变，把不同方言的读音混在了一起。坶本不应该读入声，而应该是《字林》所记录的上声“母”，但是由于所记录的“牧”，后人根据“牧”推定“坶”也读入声。非入声集合的一些入声字就是这样来的。

勠，《说文》：“并力也，从力翏声。”勠，力求切，《广韵》：“并力也。”勠，力救切，《广韵》：“并力。”勠，力竹切，《广韵》：“勠力，并力也。”《左传·昭公二十五年》：“勠力壹心，好恶同之。”《经典释文》：“戮音六，又力彫反。”也作“戮”。《左传·成公十三年》：“相好戮力同心。”《经典释文》：“勠力：相承音六，嵇康力幽反，吕静《字韵》与飂同，《字林》音辽。”《公羊传·桓公十年》注：“当戮力拒之。”《经典释文》：“戮音六，又作勠，力雕反。”

鞄，《说文》：“柔革工也。从革包声，读若朴。”鞄，薄交切，《广韵》：“鞄皮，《说文》云‘柔革工也’。”鞄，薄巧切，《广韵》：“柔革名。”鞄，防教切，《广韵》：“持皮。”鞄，匹角切，《广韵》：“攻皮之工。”《周礼·冬官·考工记》郑注：“鲍，读为鲍鱼之鲍，《书》或为鞄，《仓颉篇》有‘鞄’。”《经典释文》：“鞄，匹学反，又音仆。”朴，《说文》：“木皮也，从木卜声。”《汉书·司马相如传》注：“朴，木皮也。此药以皮为用而皮厚故呼厚朴。”《广韵》：“朴，厚朴，药名，匹角切。”

跑，薄交切，《广韵》：“足跑地也。”跑，蒲角切，《广韵》：“秦人言蹴。”跑，字也作瓟。瓟，蒲角切，《广韵》：“爪瓟也；爮，上同。”

箾，苏雕切，《广韵》：“舞箾，《说文》云‘以竿击人也’。”箾，所角切，《广韵》：“《说文》曰‘以竿击人’，又舞者所执，又苏雕切。”箾，《说文》：“以竿击人也，从竹削声，虞舜乐曰《箾韶》。”《左传·襄公二十九年》：“见舞《象箾》《南籥》者。”《经典释文》：“象箾：徐音朔。”《左传·襄公二十九年》：“见舞《韶箾》者。”《经典释文》：“韶箾：音箫。”

掣，相邀切，《广韵》：“长貌。”《说文》：“掣，人臂貌，从手削声，《周礼》曰‘辐欲其掣’。”《周礼·冬官·考工记》：“望其幅，欲其掣尔而纤也。”注：“掣，纤杀小貌也。郑司农云‘掣读为纷容掣参之掣’，玄谓‘如桑螵蛸之蛸’。”《经典释文》：“掣，音萧，又色交反，又音朔……掣参：

色交反,又音萧,刘音朔。”掣,所教切,《广韵》:“木上小。”掣,所角切,《广韵》:“纤也,又长臂貌。”(稍,所教切,《广韵》:“均也,小也,《说文》曰‘出物有渐也’。”娋,所教切,《广韵》:“小娋侵也。”)

翛,式竹切,《广韵》:“飞疾之貌,又音萧。”《庄子·大宗师》:“翛然而往,翛然而来而已矣。”《经典释文》:“翛然:音萧,本又作儵,徐音叔,郭与久反,李音悠,司马云‘儵,疾貌,李同’。”翛,苏雕切,《广韵》:“翛翛,飞羽声。”《诗经·鸱鸮》:“予羽谯谯,予尾翛翛。予室翘翘,风雨所漂摇,予维音哓哓。”《经典释文》:“翛翛:素雕反。”

儵(倏),《说文》:“青黑缯缝白色也,从黑攸声。”儵(倏),式竹切,《广韵》:“青黑缯。”《庄子·应帝王》:“南海之帝为儵,北海之帝为忽。”《经典释文》:“儵,音叔,简文云‘儵忽,取神速为名’。”《广雅》:“儵,疾也。”王念孙:“跾、倏、翛、儵并通。”跾,《说文》:“疾也,长也,从足攸声。”跾,式竹切,《广韵》:“疾也,长也。”倏(倐),式竹切,《广韵》:“倏忽,大走疾也。”《左传·僖公二十三年》:“季隗生伯儵。”《经典释文》:“儵,直由反,本又作鯈,音同。”《庄子·秋水》:“鯈鱼出游从容,是鱼乐也。”《经典释文》:“鯈鱼:徐音条,《说文》‘直留反’,李音由,白鱼也;《尔雅》云‘鮂黑鰦’,郭注‘即白鯈也’;一音筱,谓白鯈鱼也。”筱,先鸟切,《广韵》:“细竹也。”《尔雅》:“鮂,黑鰦。”郭注:“即白鯈,江东呼为鮂。”《经典释文》:“鯈,音条,本亦作鲉,又音由,又直留反,又音酬。”

著,直鱼切,《广韵》:“《尔雅》云‘太岁在戊曰著雍’。”《尔雅》:“在戊曰著雍。”《经典释文》:“著,直鱼反,孙直略反。又陟虑,迟虑反。”《左传·襄公十年》:“及著雍。”《经典释文》:“着,徐都虑反,一音除虑反。”著,丁吕切,《广韵》:“著任。”著,陟虑切,《广韵》:“明也,处也,立也,补也,成也,定也。”著,张略切,《广韵》:“服文于身。”著,直略切,《广韵》:“附也。”《诗经·著》:“俟我于著乎而,充耳以素乎而。”传:“门屏之间曰著。”《经典释文》:“著,直居反,又直据反,又音伫,诗内协句宜音‘直据反’。”宁,直鱼切,《广韵》:“门屏间。”宁,直吕切,《广韵》:“门屏之间,《礼》云‘天子当宁而立’。”《礼记·曲礼》:“天子当宁而立。”《经典释文》:“宁,徐珍吕反,又音储,门屏之间曰宁。”《尔雅》:“门屏之间谓之宁。”《经典释文》:“宁,音伫。”

除了入声有塞音韵尾加以区别,中古汉语的平、上、去声之间的差别都只是高低曲折声调类型不同。陆法言云："秦陇则去声为入，梁益则平声似去。"很显然，陆法言不明白调类和调值之间的关系。相同的调类，不同的方言调值自然也会不一样。洛阳方言的去声，秦陇读起来如同洛阳方言的入声；洛阳方言的平声，梁益读起来如同洛阳方言的去声。这如同阳平温州话读起来如同标准语的去声。因而《广韵》中某些文字的声调类型十分凌乱。这主要是材料来源不同造成的。前面已经提到，汉语的塞辅音韵尾-k早就在一些方言中弱化为声门音韵尾-ʔ，而声门音韵尾-ʔ后来也失落演变成一个非音质音位的声调。这种塞音韵尾的失落在庞杂的汉字肯定是存在的。但是，我们不能因此而认为这些非入声字都是失落了塞音韵尾的结果。上述所举入声字，其声符都是非入声集合的元素，而且都有非入声读音。

削，息约切，《广韵》："刻削。"《说文》："削，一曰析也。"《吕氏春秋·长利》："是故地日削。"注："削，小也。"《汉书·礼乐志》颜注："削者，谓有所删去，以刀削简牍也。"消，相邀切，《广韵》："灭也，尽也，息也。"《说文》："消，尽也。"《易·剥》注："蔑，犹削也。"《经典释文》："削，或作消。"《释名》："消，削也。"

涸，下各切，《广韵》："水竭也。"涸，《说文》："渴也，从水固声。"《国语·周语》："天根现而水涸。"注："渴也。"《吕氏春秋·慎大》："商涸旱。"注："涸，枯也。"《吕氏春秋·仲秋纪》："阳气日衰，水始涸。"枯，苦胡切，《广韵》："枯朽也。"《说文》："枯，槀也，从木古声。"《易·大过》："枯杨生稊，老夫得其女妻。"

戮，力竹切，《广韵》："刑戮，《说文》'杀也'，《尔雅》'病也'；剹，上同。"戮，《说文》："杀也，从戈翏声。"《左传·宣公十一年》："寡人以诸侯讨而戮之。"刘，力求切，《广韵》："克也，陈也，杀也。"《尚书·盘庚》："重我民，无尽刘。"注："刘，杀也。"

沃，乌酷切，《广韵》："灌也。"《说文》："沃，溉灌也，从水芺声。"《诗经·氓》："桑之未落，其叶沃若。"传："沃若，犹沃沃然。"《经典释文》："沃，如字，徐於缚反。"《诗经·隰有苌楚》："隰有苌楚，猗傩其枝。夭之沃沃，乐子之无知。"传："沃沃，壮佼也。"《经典释文》："沃，乌毒反。"夭，於乔切，《广韵》："和舒之貌。"枖，於乔切，《广韵》："《说文》云'木盛貌'，《诗》云'桃之枖枖'，本亦作夭。"《诗经·桃夭》:"桃之夭夭,灼灼其华。"《诗经·凯风》:"棘心夭夭,母氏劬劳。"传:"夭夭,盛貌。"妖,於乔切,《广韵》:"妖艳也。"

蓨,他历切,《广韵》:"苗蓨草。"苗,丑六切,《广韵》:"蓨也,又他六、徒历二切;蓨音挑,又音剔。"苗,徒历切,《广韵》:"苗蓨草。"条,徒聊切,《广韵》:"小枝也。"《诗经·汝坟》:"遵彼汝坟,伐其条枚。"传:"枝曰条,干曰枚。"《诗经·椒聊》:"椒聊且,远条且。"传:"条,长也。"《诗经·七月》:"蚕月条桑。"《经典释文》:"条,他雕反,注'条桑'同,又如字,沈畅遥反。"莜,吐雕切,《广韵》:"苗也。"

迪,徒历切,《广韵》:"进也,道也,蹈也。"《说文》:"迪,道也,从辵由声。"《诗经·桑柔》:"维此良人,弗求弗迪。"传:"迪,进也。"《经典释文》:"迪,徐徒历反。"《礼记·缁衣》:"播刑之不迪。"注:"迪,道也。"由,以周切,《广韵》:"从也,经也,用也,行也。"《论语·雍也》:"澹台灭明者行不由径,非公事未尝至于偃之室也。"

入声和非入声之间可以交替组成同族词。假若以-a 韵母代表非入声而以-ak 韵母代表入声,那么上古汉语可以通过-a 和-ak 韵母的交替组成一对词汇或语法意义既有联系又有区别的同族词。这种韵母交替的语言现象也存在于藏缅语族语言,如藏语:

表 6.15 藏语异形词表

sgu-bo	弯曲、佝偻	gug-pa	弯曲、佝偻
tsho	部落、聚	ɦ-tshog-pa	集会、聚合、集聚
spo-ba	改变、迁移、迁徙	spog-pa	迁徙、调动
rgju-ba	游行、流动、走、去	rgjug-pa	流走、流动
sgra	声音	grag-pa	出声、开腔、发出声响
dra-ma	优良、美好、正确	drag-pa	好、优良、美好、合适
dgju-ba	纵驰、驰骋	rgjug-pa	使疾走、驰驱、驱策
ko-ba	皮革、牛马等生熟皮	kog	坚硬的外层或包皮
tɕha	分、部分、分支	tɕhag-pa	破裂、破碎、折裂成片段

上表藏缅语材料来自《藏汉大辞典》(张怡荪,1999)。

这种带不同韵尾的韵母交替在南岛语系语言中更是常见。上古汉语以-a为韵母的语词可以通过交替，也就是清儒所谓的“对转”，派生出一个与之词汇、语法意义有联系又有不同而以-ak为韵母的语词。因而非入声谐声集合可以间或有入声字。然而，谐声首先要考虑的是语词的语音形式而不是语词的词汇意义或语法意义。因此，尽管非入声集合有入声字或者入声字有非入声字，但是入声集合和非入声集合之间的界线仍然非常清晰。

经始勿**亟**，庶民子**来**。王在灵**囿**，麀鹿攸**伏**。(《灵台》)

绵绵翼**翼**，不测不克，濯征徐**国**。王犹允**塞**，徐方既**来**。(《常武》)

东人之子，职劳不**来**。《经典释文》:“来音赉，注同。”西人之子，粲粲衣**服**。(《大东》)

来，《诗经》既可以跟平声韵也可以跟入声韵谐声。但是，两者的意义并不完全相同。来，有“往来”和“劳来”两个意义。来，落哀切，《广韵》:“至也。”徕，落代切，《广韵》:“劳也。”《诗经·硕鼠》:“三岁贯女，莫我肯劳。”笺云:“不肯劳来我。”《经典释文》:“来，本亦作倈，同力代反。”《孟子·滕文公上》:“放勋曰：劳之**来**之，匡之**直**之，辅之**翼**之，使自**得**之，又从而振**德**之。”“劳来”之“来”《孟子》跟入声“直”等合韵，而《诗经》跟入声合韵的也是“劳来”的“来”。“劳来”的“来”《诗经》时代本读入声，而《广韵》却读去声。来，有自动词和他动词的不同。依《诗经》，他动词“来”跟入声押韵。

爰采**麦**矣，沬之**北**矣。云谁之思，美孟**弋**矣。(《桑中》)

我行其野，芃芃其**麦**。控于大邦，谁因谁**极**。(《载驰》)

丘中有**麦**，彼留子**国**。彼留子**国**，将其来**食**。(《丘中有麻》)

硕鼠硕鼠，无食我**麦**。三岁贯女，莫我肯**德**。(《硕鼠》)

来，《说文》:“周所受瑞麦来麰，一来二缝，象芒束之形；天所来也，故为行来之来。《诗》曰‘诒我来麰’。”来，“麦”的本字，而“麦”入声。可见，“来”起码有一个带-k韵尾的形式。这个带-k韵尾形式的“来”却因语法类推被来自早期带-h<-s 的去声代替。中古汉语的入声和去声组成一个谐声集合，平声和去声也组成一个谐声集合。去声本来自上古汉语早期的-s 韵尾。这两个不同来源的-s 韵尾《诗经》时代已经合并为-h，即-as/-aks>-ah。随着音质音位-h 韵尾的消失而非音质音位去声的产生，通过语法类推，去声产生出了许多上古汉语原本由其他形式表达的语法意义，详细情况见金理新(2021)。

寺，《说文》："廷也，有法度者也，从寸之声。"寺，金文从又从止，是"持"的本字。持，《说文》："握也，从手寺声。"持，直之切，《广韵》："执持。"《左传·哀公二年》："蒯聩不敢自佚，备持矛焉。"值，《说文》："持也，从人直声。"值，直吏切，《广韵》："持也，措也，舍也，当也。"《诗经·宛丘》："无冬无夏，值其鹭羽。"传："值，持也。"

寺(持)和值是一对同族词。也就是说，语词"持"上古汉语有两个韵母分别是-e 和-ek 的形式。因而寺声可以创造出"特"。特，《说文》："朴特，牛父也，从牛寺声。"特，徒得切，《广韵》："特牛，又独也。"但是，"特"《诗经》跟入声韵。

泛彼柏舟，在彼河**侧**。髧彼两髦，实维我**特**。之死矢靡**慝**。(《柏舟》)

不稼不穑，胡取禾三百**亿**兮；不狩不猎，胡瞻尔庭有县**特**兮。(《伐檀》)

谁从穆公，子车奄**息**。维此奄息，百夫之**特**。(《黄鸟》)

我行其野，言采其**葍**。不思旧姻，求尔新**特**。(《我行其野》)

瞻彼阪田，有菀其**特**。天之扤我，如不我**克**。(《正月》)

宽兮**绰**兮，猗重**较**兮。善戏**谑**兮，不为**虐**兮。(《淇奥》)

山有苞**栎**，隰有六**驳**。未见君子，忧心靡**乐**。(《晨风》)

为谋为毖，乱况斯**削**。告尔忧恤，诲尔序**爵**。谁能执热，逝不以**濯**。(《桑柔》)

考盘在**陆**，硕人之**轴**。独寐寤**宿**，永矢弗**告**。(《考盘》)

维此良人，弗求弗**迪**。维彼忍心，是顾是**复**。民之贪乱，宁为荼

毒。(《桑柔》)

从“寺”声的特《诗经》跟入声押韵。王力认为这些跟平声谐声的入声字“在先秦早已读作入声”。我们认为，这些字本就是入声。它们之所以可以跟平声谐声，就在于它们本身所记录的语词有非入声-a变体存在或者其声符所记录的语词有入声-ak变体存在。正因为它们是通过变体共同组成谐声集合，所以这种谐声集合在整个谐声系统只是很少一部分，一般情况是非入声谐声集合间或夹杂一两个入声字。

第七章

流音和半元音

第一节 边音

边音 l-，传统音韵学称之为來母。作为音节的声母，中古汉语的边音 l-《广韵》中可以跟一等、三等、四等韵组合，但罕少跟二等韵组合，常见的只有一个“冷”。“冷”是一个异读字。《广韵》：“冷，鲁打切，寒也，又鲁顶切。”《广韵》：“冷，寒也，力鼎切。”《广韵》：“冷，冷泽，吴人云冰凌，郎丁切。”很显然，中古汉语的边音排斥二等韵。來母确实如雅洪托夫所主张的那样，跟二等韵有着特殊的关系。

中古汉语、现代汉语只有边音 l-而没有颤音 r-。起码汉藏语系语言，有颤音 r-则一定有边音 l-，而有边音 l-未必一定就有颤音 r-。汉藏语系语言，没有颤音 r-的语言很多，却没有一种语言没有边音 l-。可以这样说，边音 l-是无标记辅音，而颤音 r-则是有标记辅音。学者公认上古汉语有边音 l-，只是对上古汉语边音 l-的演变彼此看法不很一致。高本汉认为上古汉语边音 l-演变成中古汉语的边音 l-。这也是汉藏语系语言边音 l-最为常见的演变规则。此后，学者多承高本汉的观点，如董同龢、李方桂、王力等。二十世纪六七十年代，蒲立本提出一个跟高本汉等完全不同的观点，上古汉语的边音 l-演变成中古汉语的半元音 j-。这一观点得到国内外不少音韵学家的支持，如包拟古、潘悟云、郑张尚芳、斯塔罗斯金、白一平等。正如朱晓农所说那样，此时此地能出现的语言变化，彼时彼地也能出现；此时此地难以出现的音变，彼时彼地也难。除非位于辅音和元音之间，起码就汉藏语系而言，很难找到位于词首位置即单独作声母的边音 l-系统地演变成半元音 j-。无论是藏缅语还是苗瑶语或侗台语，位于词首位置单独作声母的边音 l-无一例外地保持边音 l-的读音。

表 7.1　壮语方言边音对应表

词义	河池	武鸣	柳江	丘北	邕南	田东	钦州	宁明
酒	lau^{3}	lau^{3}	lau^{3}	lau^{3}	lau^{3}	lau^{3}	lau^{3}	lau^{3}
穿山甲	lin^{6}	lin^{6}	lin^{6}	lən^{6}	lən^{6}	lin^{6}	lym^{6}	lɯn^{6}
儿子	lak^{8}	lɯk^{8}	lak^{8}	lək^{8}	lik^{8}	lɯk^{8}	lik^{8}	lak^{8}
孙子	la:n^{1}	la:n^{1}	la:n^{1}	la:n^{1}	la:n^{1}	la:n^{1}	la:n^{1}	la:n^{1}
曾孙	lan^{3}	lan^{3}	lan^{3}	lan^{3}	lan^{3}	lan^{3}	lin^{3}	lən^{3}
脱落	lwan^{5}	lon^{5}		lan^{5}	lon^{5}	lon^{5}	lyn^{5}	lan^{5}
忘记	lum^{2}	lum^{2}	lum^{2}	ləm^{2}	ləm^{2}	lum^{2}	lum^{2}	lum^{2}

上表壮语材料来自《壮语方言研究》(张均如等,1999)。

壮语诸方言一致保留了侗台语的边音 l-,而颤音 r-壮语诸方言各不相同,形式多样,见下。侗台语如此,藏缅语、苗瑶语也是如此。这是边音 l-和颤音 r-语音演变的不同之处。随着边音 l-和颤音 r-对立的消失,失去的是颤音 r-而不是边音 l-。藏缅语族是整个汉藏语系语音类型以及语音演变模式最为丰富的语族,但边音 l-的语音演变类型也非常简单。除非给出一个特定的语音条件,比如在前高元音 i 前,藏缅语诸语言都保留了位于词首单独作声母的边音 l-。

表 7.2　藏缅语边音 l-对应表

词义	藏语	错那门巴语	景颇语	阿昌语	却域语	载瓦语	缅甸语	哈尼语
路	lam	lem^{35}	lam^{33}		la^{55}		lɑm	
月亮	zla	lɛ:^{55}	ta̱^{33}	lɔʔ^{31}	slə^{55}	lo̱^{55}	lɑ	la^{33}
手	lag	laʔ^{53}	laʔ^{55}/ta̱ʔ^{55}	lɔʔ^{35}	le^{55}	loʔ^{21}	lɑk	la̱^{31}
暖和			lum^{33}	lum^{55}	lu^{55}	lum^{21}		lɔ^{55}

续 表

词义	藏语	错那门巴语	景颇语	阿昌语	却域语	载瓦语	缅甸语	哈尼语
心脏			lum^{33}	lum^{31}		lum^{21}	lum	
四	bʑi	pli^{53}	ma-li^{33}	mi^{31}	bʒi^{13}	mji^{21}	le	li^{31}
重	ldʑi	li^{55}	li^{33}	li^{31}	rlə^{55}	lai^{21}	le	li^{31}
弓		li^{35}				lai^{21}	le	

上表藏缅语材料来自《藏缅语族语言词汇》(黄布凡,1992)。

诚然,原始藏缅语的边音 l-景颇语部分塞化为 d->t-。但是,我们几乎找不到一种藏缅语族语言单独充当声母的边音 l-系统性地演变成半元音 j-的音变现象。自然,假若语音条件充分,单独充当声母的边音 l-也会演变成多种无论是发音方法还是发音部位都很不同的辅音声母。比如跟前高元音 i 组合时,单独充当声母的边音 l-藏缅语的一些语言也会演变成擦音或塞擦音,如藏语。苗瑶语的情况跟侗台语、藏缅语相同,具体例子我们就不再列举了。可以说,边音 l-是语言相当稳定的辅音。单独充当声母的边音 l-稳定,并不等于位于语词其他位置上的边音 l 也稳定,比如处在辅音和元音之间的边音-l-。

表 7.3 壮语方言词中辅音-l-对应表

词义	河池	武鸣	柳江	丘北	邕南	来宾	钦州	宁明
稻秧	kja^{3}	kja^{3}	kja^{3}	tɕa^{3}	kla^{3}	kɣa^{3}	ka^{3}	kja^{3}
鼓	kjo:ŋ^{1}	kjo:ŋ^{1}	kjo:ŋ^{1}	tɕo:ŋ^{1}	klo:ŋ^{1}	kɣo:ŋ^{1}		kjo:ŋ^{1}
远	kjai^{1}	kjai^{1}	kjai^{1}	tɕai^{1}	klai^{1}	kɣai^{1}	kai^{1}	kjai^{1}
前年	kja:i^{1}	kja:i^{1}	kja:i^{1}	tɕa:i^{1}	kla:i^{1}	kɣa:i^{1}	ka:i^{1}	kja:i^{1}
鱼鳞		kjap^{7}	kip^{7}	tɕip^{7}	kləp^{7}	kɣɯp^{7}	kip^{7}	kip^{7}
斗笠	kjap^{7}	kjap^{7}		tɕap^{7}	klap^{7}			kjɯp^{7}

上表壮语材料来自《壮语方言研究》(张均如等,1999)。

跟位于词首位独充当声母的边音 l-不同,位于辅音和元音之间的边音-l-很容易失落或者演变成半元音-j-。这种演变广泛见于侗台语、藏缅语等。就词首边音 l-演变的普遍性而言,上古汉语的边音 l-更应该演变成中古汉语的边音 l-而不是半元音 j-。当代不少学者之所以支持雅洪托夫的假设,认为上古汉语的边音 l-演变成中古汉语的半元音 j-,一个重要的依据是中古汉语的边音 l-藏缅语等对应的是颤音 r-。确实,中古汉语单独充当声母的边音 l-,藏缅语比如藏语对应的可以是颤音 r-,见下一节。显然,藏缅语尤其是藏语的材料只能作为构拟上古汉语的旁证材料,藏缅语如此并不等于上古汉语也应该如此。

显然,我们不能因为中古汉语的边音 l-跟藏语的颤音 r-对应就认为中古汉语的边音 l-一定来自上古汉语的颤音 r-。这跟唐代人用“來母”对译梵文的颤音 r-而认为“來母”在唐代一定读颤音 r-一样。因为,唐代原本就只有一个边音 l-而没有与之对立的颤音 r-。佛经的翻译者为此特别创造了专门用于对译梵文颤音 r-的文字。早期的对译情况也是如此。原始汉藏语的边音 l-和颤音 r-中古汉语已经合并为边音 l-。这种边音 l-跟颤音 r-合并为边音 l-是整个汉藏语系极其常见的音变现象,比如侗台语族语言:

表 7.4 壮语方言 r-对应表

词义	河池	武鸣	柳江	丘北	邕南	田东	连山	文马
旱地	rei^6	$ɣai^6$	hi^6	$ðei^6$	$hlei^6$	li^6	—	$zɛi^6$
鸡虱	rwi^2	$ɣai^2$	$hjwi^2$	$ðei^2$	$hlei^2$	li^2	jui^2	$zɛi^2$
臭虫	$ri{:}t^8$	$ɣɯət^8$	$hjɯ{:}t^{10}$	$ðut^8$	$hli{:}t^8$	$liat^8$	$jœ{:}t^8$	—
树根	$ra{:}k^8$	$ɣa{:}k^8$	$hja{:}k^{10}$	$ða^6$	$hla{:}k^8$	$la{:}k^{10}$	$ja{:}k^8$	—
房屋	$ra{:}n^2$	$ɣa{:}n^2$	$hja{:}n^2$	$ða{:}n^2$	$hla{:}n^2$	$la{:}n^2$	$ja{:}n^2$	zun^2
鸟窝	$ro{:}ŋ^2$	$ɣo{:}ŋ^2$	$hjo{:}ŋ^2$	$ðoŋ^2$	$hlo{:}ŋ^2$	$lo{:}ŋ^2$	$jo{:}ŋ^2$	$zuŋ^2$

上表壮语材料来自《壮语方言研究》(张均如等,1999)。

侗台语的词首边音 l-，壮语诸方言一致为边音 l-。侗台语的词首颤音 r-，壮语的一些方言，比如田东等也为边音 l-，也即边音 l-和颤音 r-壮语田东等方言已经合并为边音 l-。这种边音 l-和颤音 r-合并的语音现象广泛见于侗台语族语言或方言。依照汉藏语音对应关系，汉藏语时期的边音 l-和颤音 r-，藏语保持对立而中古汉语合并为边音 l-。就后汉三国时期的梵汉对译情况看，这种合并早在后汉三国之前就已经发生。因而梵文的边音 l-和颤音 r-，佛经翻译者同用中古汉语的边音 l-对译。我们不能因为中古汉语边音 l-跟藏语的颤音 r-对应而否定中古汉语边音 l-上古汉语也有边音 l-一个来源。

表 7.5　缅彝语支同源词对应表(一)

词义	仙岛语	哈尼语	基诺语	拉祜语	怒苏语	卡卓语	傈僳语	彝语
来	$lɔ^{55}$	la^{33}	$lɔ^{42}$	la^{31}	la^{35}	$lɑ^{55}$	$lɑ^{33}$	$lɑ^{55}$
子	$tsɔ^{31}$	za^{31}	$zɔ^{44}$	$ʒa^{33}$	za^{53}	$zɑ^{31}$	$zɑ^{31}$	$zɑ^{21}$
耳	$nɔ^{31}$	na^{31}	$nɑ^{55}$	na^{31}	na^{31}	$nɑ^{24}$	$nɑ^{44}$	$nɑ^{11}$
母	$mɔ^{55}$	ma^{33}	$mɔ^{33}$	ma^{33}	ma^{31}	$mɑ^{33}$	$mɑ^{33}$	$mɑ^{33}$

上表藏缅语材料来自《藏缅语族语言词汇》(黄布凡，1992)。

以上是一组跟缅彝语支语言语音对应的上古汉语之部字。来，落哀切，《广韵》："至也，及也，还也。"《论语·学而》："有朋自远方来，不亦乐乎？"语词"来"，其声母中古汉语为边音 l-；而对应的缅彝语支语言声母一致为边音 l-。显然，语词"来"上古汉语声母为边音 l-更能解释汉语跟缅彝语支语言之间的语音对应关系。相当多的证据可以证明起码中古汉语的边音 l-上古汉语也是边音 l-。

历，郎击切，《广韵》："数也。"《楚辞·离骚》："历吉日乎吾将行。"五臣注："历，选也。"这个"历"不过是一个用汉字"历"记录的楚语词。选择、挑选，泰语 $luək^{10}$，版纳傣语 $lək^{10}$、临高语 $liak^{10}$、侗南方言 $la:i^{6}$、水语 la:i⁶、毛南语 la:i⁶、锦语 le⁶、莫语 le⁶。选择、挑选,原始南岛语为 piḽiq、原始马波语为 piliq。侗台语诸语言声母一致为边音 l-。

卤,郎古切,《广韵》:"卤簿令。"《说文》:"卤,西方咸地也。"《管子·轻重乙》:"菹菜咸卤斥泽。"字后加水作"滷"。《广韵》:"滷,咸滷,郎古切。"《左传·昭公元年》:"晋荀吴帅师败狄人于大卤。"《穀梁传·昭公元年》:"晋荀吴帅师败狄于大原。传曰:'中国曰太原,夷狄曰大卤。号从中国,名从主人'。""大卤"一词即突厥语 dala 的翻译。很显然,来母对译突厥语边音 l-。盬,独龙语 $sɯ^{33}$-$lɑ^{ʔ55}$、达让僜语 pla^{35}、博嘎尔洛巴语 lo、土家语 la^{35}、藏缅语 *la 正和上古汉语的"卤"共源。这佐证了"卤"上古汉语声母是边音 l-。

鲁,朗古切,《广韵》:"国名,伯禽之后以国为姓,出扶风。"战国时期的陶文"鲁"也直写作"卤","橹"字也从"卤"或单作"卤"。鲁,从"鱼"得声,也可单作"鱼"。上古汉语"鱼"和"吾"同。吾,金文字也从"鱼"得声,近出土的竹简"吾"皆作"鱼"。缅语"鱼""吾""五"同为 ŋa,分别对应汉语的"鱼""吾""五"。作为地名,正如一些学者所指出的,"鲁"实际上是古东夷语"鱼"的保存者。鱼,侗台语诸语言多共源,如泰语 pla^{2}、邕宁壮语 pla^{2}、武鸣壮语 pla^{2}、黎语 $ɬa^{2}$、布央语 $ma^{0}la^{312}$ 等,侗台语 *p-la。

卢,落胡切,《广韵》:"《说文》曰'饭器也'。"卢,甲骨文字从皿虎声。《左传·文公十三年》:"晋人,虎狼也。"虎,呼古切,《广韵》:"兽名,《说文》曰'虎,山兽之君'。"《方言》:"虎,陈魏宋楚之间或谓之李父,江淮南楚之间谓之李耳。"虎,除了藏语支、戎语支,其他藏缅语族语言大抵有共同的来源。

表 7.6 缅彝语支同源词对应表(二)

词义	缅甸语	阿昌语	仙岛语	载瓦语	浪速语	波拉语	勒期语	汉语
老虎	kjɑ	$lɔ^{33}$	$lɔ^{31}$	lo^{21}	$lɔ^{35}$	la^{31}	lo^{33}	虎
五	ŋɑ	$ŋɔ^{31}$	$ŋɔ^{31}$	$ŋo^{21}$	$ŋɔ^{55}$	$ŋa^{31}$	$ŋo^{33}$	五

续　表

词义	缅甸语	阿昌语	仙岛语	载瓦语	浪速语	波拉语	勒期语	汉语
我	ŋɑɑ	$ŋɔ^{55}$	$ŋɔ^{55}$	$ŋo^{51}$	$ŋɔ^{31}$	$ŋa^{55}$	$ŋo^{31}$	吾
补	phɑɑ	$phɔ^{55}$	$phɔ^{35}$	pho^{51}	—	pha^{55}	pho^{33}	补
苦	khɑ	$xɔ^{31}$	$xɔ^{31}$	kho^{21}	$khɔ^{35}$	kha^{35}	kho^{55}	苦

上表藏缅语材料来自《藏缅语族语言词汇》(黄布凡,1992)。

上述材料可以作为中古汉语边音 l-起码也有边音 l-来源的佐证。要是中古的边音 l-上古是颤音 r-而中古的半元音 j-上古是边音 l-,那么在边音 l-和颤音 r-对立的前提下,我们的先人为什么不选择中古读半元音 j-的语词比如“余”而用读边音 l-的“卤”来对译古突厥语的 la?足见,中古汉语边音 l-上古汉语有边音 l-来源。前面已经列举,侗台语的颤音 r-,壮语的许多方言如钦州已经跟来自侗台语边音 l-合并为边音 l-,而侗台语的边音 l-壮语诸方言无一例外都读边音 l-。因而合理的解释应该是上述语词上古汉语的声母是边音 l-而不是颤音 r-。苗瑶语的情况跟侗台语接近,既可以选择边音 l-对译也可以选择颤音 r-对译。中古汉语的边音 l-,除了不大与二等韵组合,既可以与一等韵组合也可以与三等韵组合。谐声系统中,与一等韵或四等韵组合的边音 l_1-和与三等韵组合的边音 l_3-有一条界线:三等跟三等谐声,非三等跟非三等谐声(一等和四等同声符不共存),尽管三等和非三等可以谐声。

表 7.7　來母谐声表

	l_1-				l_3-			
來	來		賚		藾			
令	令		令			領	令	
勞	勞	澇	勞	犖				

续　表

	l_1-				l_3-			
牢	牢							
畾	畾	儡	儽		纍	壘	纍	
厽	螺	磊				厽	垒	
磊		磊						
粦	憐				粦		粦	
耒		耒				耒		
鲁		鲁						
卤		卤						
豊		豊						
卵		卵						
老		老						
羸		羸				羸		
弄			弄					
戾			戾	戾			淚	
亂			亂					
鹿				鹿				
录				录				绿
剌			賴	剌				
厤				厤				
獵				臘				獵

中古汉语的边音 l_1-固然可以跟边音 l_3-谐声,但边音 l_1-自成系列

显然。好些声符只有一等(四等)而没有三等,如"麻"声符。可见,边音 l_1-和边音 l_3-有比较大的差距。这种差距可以是辅音声母也可以是元音韵母造成,比如"罗"和"离"。前者为名词,而后者为动词。首先,无论是边音 l_1-,还是边音 l_3-,中古汉语读是边音 l-。一等、三等之间的显著不同,中古汉语的唇音、齿龈音、软腭音如此,边音也是如此,没什么特别。参考辅音声母的谐声关系,边音 l_1-和 l_3-的差别应该是与之组合的元音不同。其次,一等和三等交替改变语词的词性并不仅仅局限于声母为边音 l-的语词,其他不同类型的声母同样可以通过一等和三等交替改变语词的词性,比如"冬"和"终",前者为名词而后者为动词。如此,中古汉语边音 l_1-和边音 l_3-之间的上古不同应该是松紧元音而不是辅音声母。

表 7.8　之部來母一三等异读表

斄	落哀切	《广韵》:乡名。	里之切	《说文》:强曲毛也,可以著起衣。
練	落哀切	《广韵》:毛起。	里之切	《广韵》:毛起。
來	落哀切	《广韵》:至也。	里之切	《广韵》:倈,来;见楚词。
猍	落哀切	《广韵》:狸也。	貍,里之切	《广韵》:野猫。
犛	落哀切	《广韵》:关西有长尾牛。	里之切	《广韵》:牦牛。

来,《说文》:"周所受瑞麦来麰,一来二缝;象其芒朿之形。天所来也,故为行来之来。《诗》曰'贻我来麰'。"《诗经·思文》:"贻我来牟,帝命率育。"《诗经·臣工》:"於皇来牟,将受厥明。"来,后累增为"秾""麳"。秾,《广韵》:"秾麰之麦,一麦二稃,周受此瑞麦,出《埤苍》;落哀切。"麳,《广韵》:"小麦,落哀切。"王先谦:"鲁作贻我厘牟。"来麰,《汉书·刘向传》引作"厘麰"。《汉书·楚元王传》:"饴我厘麰。"

赉,洛代切,《广韵》:"与也,赐也。"《说文》:"赉,赐也,从贝来声,《周书》曰'赉尔秬鬯'。"《尔雅》:"赉、锡,赐也。"《诗经·楚茨》:"工祝致告,徂赉孝孙。"传:"赉,予也。"又《诗经·烈祖》:"既载清酤,赉我思成。”传:“赉,赐也。”赉,字也作“厘”。《诗经·既醉》:“厘尔女士。”传:“厘,予也。”《经典释文》:“厘,力之反。”《诗经·江汉》:“厘尔圭瓒。”传:“厘,赐也。”《经典释文》:“厘,力之反,沈又音赉。”赉,本只作“来”。《仪礼·少牢馈食礼》:“来女孝孙,使女受禄于天。”郑注:“来读曰厘;厘,赐也。”《经典释文》:“来女:依注音厘,力之反,赐也;刘音厘,亦音来,力代反,亦训赐也。”

当时某些方言已经把之部的主元音读成接近前高元音-i。《左传·隐公十一年》:“公会郑伯于时来。”杜注:“时来,郲也,荥阳县东有厘城。”《经典释文》:“郲音来;厘音来,王元规力之反。”《公羊传·隐公十一年》:“公会郑伯于祁黎。”《经典释文》:“祁黎:祁音巨之反,又上之反;黎音力兮反,又力私反,《左氏》作时来。”“时来”两字为之部,“祁黎”两字为脂部。《左传·宣公二年》:“其右提弥明知之。”《公羊传·宣公二年》:“赵盾之车右祁弥明者,国之力士也。”《公羊传》传诵者的方言不仅跟前高元音组合的软腭音 g-已经演变成龈腭塞音 ȡ-或齿龈塞音 d-而且之部已经跟脂部合并,都已经是前高元音 i。

貍(狸),《说文》:“伏兽似貙,从豸里声。”《仪礼·大射仪》:“奏狸首,间若一。”注:“狸之言不来也。”狸首,《墨子》作“来首”,与言“不来”同。《墨子·鲁问》:“是犹以来首从服也。”《方言》:“貔,陈楚江淮之间谓之㹕,北燕朝鲜之间谓之豾郭注:今江南呼为豾狸,关西谓之狸。”豾,《经典释文》:“字或作狉,房悲反,一音丕,《字林》云‘狸也’。”

根据扬雄《方言》,“㹕”和“狸”的差别是方言的不同。扬雄的时代(公元前 53—公元 18)边音 l-和颤音 r-早就已经合并。这一点可从来自西域的借词中看出。《汉书·陈汤传》:“或支解投都赖水中。”“都赖水”即哈萨克 talas 河。《汉书·匈奴传下》:“单于以径路刀、金留犁挠酒。”“径路(刀)”即突厥语 kingrak“短刀或匕首”。《汉书·匈奴传上》:“匈奴谓天为撑犁。”用“撑犁”对译突厥语的 tengri“天”。《汉书·陈汤传》“伊列水”即今伊犁河 ili(张承钧《西域地名》p34)。來母既可以对译边音也可以对译颤音。因而“㹕”和“狸”之间的差别(应该如同

《广韵》)在于韵母而不在于声母。众所周知,共同语时期的同一个韵母不同的方言读音不同,而即使是同一个方言也会出现差异。来,《广韵》属咍韵字。笔者土语“来”却读入之韵,跟“狸”同音 li^{41}。

谐声系统中,边音 l_1-和 l_3-固然有一条较为清晰的界线,但仍然可以共同组成一个谐声集合。显然,如同软腭塞音可以跟松元音组合也可以跟紧元音组合,上古汉语的边音也理当如此。依照音变规则,上古汉语跟松元音组合的边音演变成中古汉语的边音 l_1-而跟紧元音组合的边音演变成中古汉语的边音 l_3-。因而中古汉语的边音 l_1-和 l_3-既有比较清晰的界线又可以谐声。

郎,鲁当切,《广韵》:“官名。”《说文》段玉裁注:“以郎为男子之称及官名者皆良之假借字也。”《广雅》:“郎,君也。”王念孙疏证:“郎之言良也,犹古者妇称夫曰良,而今谓之郎也。”缅语 laŋ“丈夫”正对应汉语“郎”(黄树先,2003)。良,吕张切,《广韵》:“贤也,善也,首也,长也。”《孟子·离娄下》:“良人者,所仰望而终身也。”朗,卢党切,《广韵》:“明也。”《说文》:“朗,明也,从月良声。”《尔雅》:“明,朗也。”《诗经·既醉》:“昭明有融,高朗令终。”藏语 laŋ-ba“天亮、天明”、缅语 $laŋ^3$“天亮”对应汉语“朗”。

斄,里之切,《广韵》:“《说文》曰‘强曲毛也可以著起衣’。”氂,《广韵》:“十毫,里之切。”氂是“斄”的引申意义,又转指“犛”。犛(牦),《广韵》:“犛牛,里之切。”《庄子·逍遥游》:“今夫犛牛,其大若垂天之云。”《经典释文》:“犛,郭吕之反,徐、李音来。”苗瑶语罗香 $plei^1$、东山 pli^1、原始苗瑶语 $^*ple^A$“毛”对应汉语“斄”。斄,落哀切,《广韵》:“乡名,在扶风。”作为地名的文字记录符号,也写作“邰”。邰,《广韵》:“地名,后稷所封,在始平,或作斄。”《说文》:“邰,炎帝之后,姜姓所封,周弃外家国。从邑台声。右扶风斄县是也。《诗》曰:‘有邰家室’。”《诗经·生民》:“即有邰家室。”《经典释文》:“邰,他来反,后稷所封国。”《左传·昭公九年》:“魏、骀、芮、岐、毕,吾西土也。”杜注:“骀,在始平武功县,所治釐城。”《经典释文》:“骀,他来切,依字应作邰。釐(厘),本又作斄,他来切,又音来,又力之切。”《汉书·郊祀志下》:“臣闻周祖始乎后稷,后稷封于斄。”依照汉语边音 l-跟同部位齿龈塞音 th-/d-之间的变异关系,我们也可以推定“蘽”的声母是边音 l-。

猎,良涉切,《广韵》:“取兽。《白虎通》云:‘四时之田,总名为猎,为田除害也’。”《诗经·伐檀》:“不狩不猎,胡瞻尔庭有县貆兮。”打猎,泰雅语 qalup,排湾语 qəmalup,赛夏语 ?omalop。躐,良涉切,《广韵》:“践也。”《楚辞·国殇》:“凌余阵兮躐余行,左骖殪兮右刃伤。”洪注:“躐,践也。”《礼记·玉藻》:“登席不由前,为躐席。”蹋,徒盍切,《广韵》:“践也。”《说文》:“蹋,践也。”《史记·苏秦列传》:“六博蹋鞠者。”

略,离灼切,《广韵》:“简略、谋略,又求也,法也。”略,《说文》:“经略土地也,从田各声。”《左传·昭公二十二年》:“六月荀吴略东阳。”杜注:“略,行也。”《左传·隐公五年》:“吾将略地焉。”“略”从“各”声,“各”为“格”的本字。格,《广韵》:“《书》传云‘来也’,《尔雅》云‘至也’,古伯切,亦作假。”《诗经·楚茨》:“神保是格。”传:“格,来。”藏语 hlags-pa“到来、来临、到达”对应汉语“格”或“略”。《尚书·武成》:“以遏乱略。”孔传:“略,路也。”《左传·定公四年》:“吾子欲复文武之略。”杜注:“略,道也。”“路”是具体名词而“略”为抽象名词。《左传·宣公十五年》:“以略狄土。”注:“略,取也。”赂,洛故切,《广韵》:“遗赂也。”赂,《说文》:“遗也。”藏语 hlags-pa“交付、委托”、slags-pa“交给”对应汉语“赂”。《左传·定公四年》:“吾子欲复文武之略。”注:“略,道也。”“略”正对应藏语的 glags“计策、办法”。看来,“略”的声母上古汉语应该是边音 l-。

表 7.9　缅彝语支同源词对应表

词义	缅语	阿昌语	仙岛语	载瓦语	浪速语	波拉语	勒期语	汉语
脖子	lɑɲ̥	laŋ^{31}	lɤŋ^{31}	liŋ^{51}	laŋ^{31}	laŋ^{55}	ləŋ^{31}	领
名字	mɑɲ̥	ɲ̥iŋ^{55}	niŋ^{55}	mjiŋ^{51}	maŋ^{31}	maŋ^{55}	mjiŋ^{31}	名
鸣叫	mrɑɲ̥	mʐ̥əŋ^{55}	mɯŋ^{55}	mjiŋ^{51}	mjaŋ^{31}	mjaŋ^{55}	mjəŋ^{31}	鸣

上表缅彝语材料来自《藏缅语族语言词汇》(黄布凡,1992)。

领,良郢切,《广韵》:“《说文》‘项也’。”领,《说文》:“项也,从页令声。”《左传·成公十三年》:“我君景公,引领西望。”《诗经·硕人》:“肤如凝脂,领如蝤蛴。”传:“领,颈也。”《诗经·桑扈》:“交交桑扈,有莺其领。”传:“领,颈也。”“令”声字甚多,绝大部分读四等而只有数字读三等。令,读音复杂,《广韵》共收了五个不同的读音。

令,《广韵》:“《汉书》云‘金城郡有令居县’,力延切;颜师古又音零。”

令,《广韵》:“使也,吕贞切,又吕郮、郎丁二切。”

令,《广韵》:“汉复姓有令狐氏,郎丁切。”

令,《广韵》:“善也,命也,律也,法也,力政切,又力盈切,又历丁切。”

令,《广韵》:“令支县,在辽西郡,郎定切。”

作为专有词的记录文字,“令”读四等青韵-eŋ;而作为普通词的记录文字,“令”读三等清韵-iɛŋ。显然,四等青韵应该是滞后形式,而三等清韵是演变形式。稍早时期陆德明《经典释文》青韵和清韵就有混淆的趋势,而青韵和清韵如今已经合并。汉语的“领”跟缅语支的“脖子”共源,而“脖子”一词缅语支语言一致为边音 l-。

冷 $leŋ^A$,郎丁切,《广韵》:“冷泽,吴人云冰凌。”

冷 $leŋ^B$,力鼎切,《广韵》:“寒也,又姓,《前赵录》有徐州刺史冷道。”

冷 $lɛŋ^B$,《广韵》:“寒也。”

通过无意义差别的异读,我们仍可以确定原本也是四等迴韵的音变。四等迴韵和二等梗韵《广韵》有混杂的现象,而陆德明《经典释文》也然。打,《广韵》:“击也,德冷切,又都挺切。”前高元音 i 带辅音韵尾的情况下往往会出现元音低化的倾向。笔者方言“冷”和“打”读的就是梗韵。除了方言原因,这种无意义差别的异读相当一部分是由口语和书面语读音差异造成。

命,《说文》:“使也,从口,从令。”命,眉病切,《广韵》:“使也,教也,道也,信也,计也,召也。”《孟子·离娄上》:“既不能令,又不受命。”《论语·为政》:"五十而知天命。"命、令,甲骨文中本同字,后为了区别在"令"字上加"口"变成了"命"。《论语·子路》:"行己有耻,使于四方,不辱君命,可谓士矣。"

显然,"命"的声母来自词头 m-和词根声母的融合。命,《广韵》为映韵,上古汉语为耕部。《广韵》不论是映韵还是淨韵都没有与"命"语音对立的文字。上面提到,稍早时期陆德明时代青韵、清韵、庚韵已经开始混淆。同样,《广韵》也有这种情况。跟"命"同属于上古耕部的"平",韵书《广韵》就入庚韵。"命"上古汉语为耕部,原本应该归諍韵而《广韵》却归入映韵。《广韵》有諍韵,然而諍韵只有略略数字,而且常见的只有"净""硬"两字。《广韵》諍韵为-ɛŋ 韵母,映韵三等为-iaŋ,两者容易出现变异。"命"应该属于諍韵后随音变并入映韵。

中古汉语的边音 l-可以和软腭音、齿龈音、双唇音谐声,比如唇鼻音 m-。边音 l-不仅可以跟唇鼻音 m-谐声,还可以组成同族词。汉藏语系语言,最为常见的辅音丛是 Cl-或 Cr-辅音丛,即词头 C-和词根辅音 l-或 r-融合成 Cl-或 Cr-辅音丛。倘若上古汉语的边音 l-确实演变成半元音 j-,那么这个半元音 j-也应该可以跟软腭音、齿龈音、双唇音谐声。然而,半元音 j-跟双唇音毫无谐声关系,比如唇鼻音 m-。依据谐声关系,我们可以确定中古汉语的半元音 j-上古汉语绝对不可能是边音 l-或颤音 r-。上古汉语的边音 l-中古汉语依然是边音 l-,只是中古汉语的边音 l-不止边音 l-一个来源。

表 7.10　藏语语音对应表

玈	落胡切	《说文》:黑色也。	ra-ri	黑斑、黑子
閭	力居切	《山海经》注:即羭也。	ra	山羊
閭	力居切	《说文》:里门也。	ra-ba	城墙、墙垣、围墙
廬	力居切	《广韵》:舍也。	ra-ba	场地、场所、院落
鬛	力居切	《说文》:鬣也。	gra	粗毛、箭毛

上表藏语材料来自《藏汉大辞典》(张怡荪编,1999)。

玈，落胡切，《广韵》："黑弓也。"《说文》："玈，黑色也。"《左传·僖公二十八年》："玈弓矢千。"《经典释文》："玈音卢，黑弓也，本或作旅。"也作卢。《集韵》："玈，落胡切，黑弓也，通作卢。"《尚书·文侯之命》："卢弓一。"《说文》："黸，齐谓黑为黸，从黑卢声。"黸，落胡切，《广韵》："黑甚。"矑，落胡切，《广韵》："目童子也。"《方言》："黸瞳之子谓之縣。"作卢。《说文》："縣，卢童子也。"《汉书·扬雄传上》："玉女无所眺其清卢兮。"注引服虔："卢，目童子也。"鸬，落胡切，《广韵》："鸬鹚。"字本只作卢。《汉书·司马相如传》："箴疵鵁卢。"注引郭璞："卢，卢鹚也。"垆，落胡切，《广韵》："土黑而疏。"《尚书·禹贡》："下土坟垆。"《经典释文》："垆，音卢，《说文》'黑刚土也'。"《吕氏春秋·辩土》："凡耕之道，必始于垆。"《荀子·性恶》："……辟闾，此皆古之良剑也。"注："辟闾，即湛卢也。闾卢声相近。卢，黑色也。湛卢，言湛然如水而黑也。"《越绝书》："得吴王湛卢之剑。"《吴越春秋》："湛卢之剑，水行如楚。"獹，落胡切，《广韵》："韩獹，犬名。"字作卢。《战国策·秦策》："譬若施韩卢而逐蹇兔也。"注："俊犬名。《博物志》'韩有黑犬名卢'。"《汉书·王莽传下》："是犹绁韩卢而责之获也。"注："韩卢，古韩国之名犬也，黑色曰卢。"

除了边音 l-一个来源，中古汉语的边音 l-还来自上古汉语的颤音 r-，详见下一节。随着时间的推移，上古汉语的边音 l-和颤音 r-合并为 l-。这种合并早在西汉就已经完成，因而边音 l-既可以对译外来语的边音 l 也可以对译颤音 r。故文字使用中，用原本声母为颤音 r-的文字记录或替换原本声母为边音 l-的语词或文字。

亮，力让切，《广韵》："助也，导也。"《尔雅》："亮，信也。"《孟子·告子下》："君子不亮，恶乎执？"注："亮，信也。"《尔雅》："亮，相，导也。"《汉书·王莽传上》："时惟鹰扬，亮彼武王。"谅，力让切，《广韵》："信也，相也，佐也。"《说文》："谅，信也，从言京声。"《诗经·柏舟》："母也天只，不谅人只。"《诗经·大明》："维师尚父，时维鹰扬，凉彼武王。"传："凉，佐也。"《经典释文》："凉，本亦作谅，同力尚反；韩《诗》作亮，云'相也'。"《风俗通义·三王》引《诗》也作"亮彼武王"，与《汉书》同。

很晚,“亮”才有明亮意义,如诸葛亮。于是,“亮”和“朗”有了意义上的联系。实际上,“亮(京)”声和“良”声谐声界线非常清晰,没有交集。上古汉语有塞音词头,也有擦音词头。因符合音响原则,前者跟词根起首辅音 l-/r-融合成 kr-/kl-模式的辅音丛,后者跟词根起首辅音 l-/r-融合成 sr-/sl-模式的辅音丛。上古汉语的 sr-/sl-辅音丛后演变成中古汉语的卷舌擦音 ʂ-、齿龈送气清塞音 th_1-/th_3-,详见下一节。

第二节　颤音

雅洪托夫认为,上古汉语有颤音 r-。跟汉语有发生学关系的藏缅语以及与汉语有过密切接触的苗瑶语、侗台语都有颤音 r-,而且汉语边音 l-的借词苗瑶语、侗台语也为颤音 r-。雅洪托夫的观点得到蒲立本等学者的支持。蒲立本认为上古汉语的颤音 r-演变成中古汉语的边音 l-。李方桂也认为上古汉语有跟边音 l-对立的颤音 r-,但是这个颤音 r-演变成了中古汉语的半元音 j-。颤音 r-演化为边音或演化为半元音 j-,与汉语有关系的语言常见,如:

表 7.11　壮语方言 r-声母对应表

词义	河池	武鸣	横县	柳江	连山	龙州	钦州	汉语
六	rok^7	$ɣok^7$	$ðok^7$	$hjok^7$	jok	hok^7	luk^7	六
漏	ro^6	$ɣo^6$	$ðo^6$	hjo^6	jo^6	$ɬu^6$	lo^6	漏
亮	$roːŋ^6$	$ɣoːŋ^6$	$ðoːŋ^6$	$hjoːŋ^6$	$joːŋ^6$	$ɬuŋ^6$	$laŋ^6$	亮
鸟窝	$roŋ^2$	$ɣoːŋ^2$	$ðoːŋ^2$	$hjoːŋ^2$	joŋ	$ɬaːŋ^2$	$loːŋ^2$	笼
锋利	rai^6	$ɣai^6$	$ðai^6$	$hjai^6$	jai		lai^6	利
知道	ro^4	$ɣo^4$	$ðo^4$	hjo^4	jo	$ɬu^4$	la^4	憭(了)
苦楝树	$reːn^6$	$ɣeːn^6$	$ðeːn^6$	$hjeːn^6$	jeːn	$ɬiːn^6$	$liːn^6$	楝

上表壮语材料来自《壮语方言研究》(张均如等,1999)。

侗台语的边音 l-语音演变单一，颤音 r-语音演变多样而各地读音很不相同。侗台语的颤音壮语连山方言演变成了半元音 j-而钦州方言演变成边音 l-。上述这些汉语借词，壮语整齐地用颤音 r-对译汉语（中古汉语）的边音 l-。这些侗台语读颤音 r-的汉语借词，中古汉语绝大部分为三等字。侗台语边音 l-和颤音 r-对立，但侗台语没有介音-i-。侗台语用颤音 r-对译汉语与三等韵组合的边音 l-，也可能考虑了介音-i-。藏语也是边音 l-跟颤音 r-对立。除对应藏语的边音 l-外，中古汉语的边音 l-也对应藏语的颤音 r-：

表 7.12　藏语同源词表(一)

旅	力举切	《说文》：军之五百人为旅。	dra-ma	军队
力	林直切	《汉书·灌婴传》注：强力也。	drag-po	威猛、雄武、强暴
谅	力让切	《说文》：信也。	draŋ-po	公正、真实、正直无欺
恋	力卷切	《说文》：慕也。	dran-pa	惦念、恋慕、记忆不忘
六	力竹切	《庄子·德充符》：直寓六骸。	drug	六
列	良薛切	《说文》：分解也。	dras	割裂、剪裁
缕	力主切	《说文》：线也。	dru	线团、线球
砺	力制切	《广雅》：磨也。	drad	磨来磨去
烈	良薛切	《说文》：火猛也。	drod	热、热力

上表藏语材料来自《藏汉大辞典》(张怡荪编，1999)。

藏语带 d-词头的颤音 r-跟中古汉语边音 l-对应的语词我们已经罗列于上。如同侗台语，藏语颤音 r-主要也对应中古汉语边音 l_3-（藏语的介音-j-跟汉语的介音-i-没有发生学关系）。以颤音 r-为词首辅音的语词，藏语可以附加词头 b-组成同根词，如 rus-ba～brus-ba“挖掘”。因而中古汉语的边音 l-也应该跟藏语带 b-词头的颤音 r-对应。

表 7.13 藏语同源词表(二)

悝	良士切	《说文》：病也。	bro	病、疾病
砺	力制切	《广雅》：磨也。	brad-pa	刮、搔、啃
离	吕支切	《广韵》：近曰离，远曰别。	bral-ba	分散、分开
粝	力制切	《说文》：粗米也。	bras-pa	稻、米
阾	力迍切	《说文》：山阜陷也。	brul-ba	堕、坠落
连	力延切	《说文》：员连也。	brel-ba	连接、相互关联
栗	力质切	《广雅》：战也。	bred-pa	恐怖、惊惶
勠	力竹切	《广韵》：勠力，并力也。	brug-pa	汇聚，卷。
镂	力朱切	《尔雅》：金谓之镂。	ɦ-bru	挖、雕、刻
搂	力朱切	《尔雅》：聚也。	ɦ-bru	探索、搜寻

上表藏语材料来自《藏汉大辞典》(张怡荪编，1999)。

上述跟藏语带 b-词头的颤音 r-对应的中古汉语读边音 l-的语词，除了个别《广韵》有异读外，主要也是跟三等韵组合的边音 l-。就藏语而言，藏语的 r-和 gr-常可以相互交替而构成共源异形词，如 rogs～grogs“朋友”等。故此，要是可以跟藏语的 r-共源对应，中古汉语的边音 l-自然也应该跟藏语带 g-词头的颤音 r-对应：

表 7.14 藏语同源词表(三)

氀	力居切	《广韵》：毛也，《说文》“氀也”。	gra	粗毛、箭毛
凉	吕张切	《说文》：薄寒也。	graŋ-ba	寒冷、寒冻
缕	力主切	《说文》：线也。	gru-bu	线团
褛	力主切	《方言》：裂败也。	grug-pa	破碎、残缺
裂	良薛切	《广雅》：分也。	d-grad-pa	展开、张开
量	力张切	《说文》：称轻重也。	b-graŋ-ba	计算、计数

续　表

梨	力脂切	《方言》：老也。	b-gres-po	老的、年长的
廉	力盐切	《仪礼·乡饮礼》注：侧边曰廉。	ɦ-gram	边沿

上表藏语材料来自《藏汉大辞典》(张怡荪编，1999)。

藏语的 gr-(包括再加词头 b-、d-、ɦ-)也跟中古汉语边音 l-对应，而且主要是中古汉语的边音 l_3-。就汉藏语音对应关系而言，中古汉语的边音 l-确实可以跟藏语的颤音 r-对应。藏缅语边音 l-和颤音 r-对立，而中古汉语只有边音 l-。可以说，汉语至少某个时期边音 l-和颤音 r-对立，只是随着语音演变边音 l-和颤音 r-合并了。这种合并广泛见于侗台语、苗瑶语。前面已经提到，中古汉语声母为边音 l-的语词借进侗台语后，侗台语可以用边音 l-对译，也可以用颤音 r-对译。苗瑶语的情况跟侗台语相同。

表 7.15　苗瑶语汉语借词表

词义	枫香	大南山	石门	摆托	野鸡坡	炯奈语	江底	罗香	汉语
梨	ɣa^{24}	ʐua^{31}	za^{13}	vo^{54}	wja^{31}		lai^{21}	gei^{31}	梨
利	ɣa^{31}	ʐua^{13}			wja^{24}	ŋkja^{22}	lai^{13}	gai^{11}	利
仓	ɣoŋ^{13}	ʐo^{21}	zu^{33}	voŋ^{32}	wjaŋ^{55}		lam^{232}	gam^{213}	廪
寨	ɣaŋ^{13}	ʐau^{21}	zo^{33}	vəŋ^{32}	wjoŋ^{55}		laŋ^{232}	gaŋ^{213}	里
力	ɣau^{31}	ʐo^{13}	zo^{53}	vau^{21}	wju^{24}				力
缝	ɣaŋ^{24}					ŋkjoŋ^{33}		gwən^{31}	联
磨	ɣau^{13}	ʐo^{24}		vau^{54}	wju^{31}				砺
龙	ɣaŋ^{24}	ʐaŋ^{31}	zaɯ^{24}	vaŋ^{54}	wjoŋ^{31}	ŋkjaŋ^{33}	tɕuŋ^{33}	kuŋ^{33}	龙
林	ɣoŋ^{53}	ʐoŋ^{55}		veŋ^{13}	wjoŋ^{55}	ŋkjəŋ^{53}	tɕim^{21}	kem^{31}	林

上表苗瑶语材料来自《苗瑶语古音构拟》(王辅世、毛宗武，1995)。

边音 l-苗瑶语形式单一,诸语言、方言颤音 r-形式多样,而且彼此语音形式差距大,跟侗台语相同。晚期汉语借词,不论是边音 l_1-还是边音 l_3-,苗瑶语、侗台语都是用边音 l-来对译。这种例子甚多,我们就不再列举了。但是,早期借词则不同。汉语早期借词,无论是侗台语还是苗瑶语可以用边音 l-来对译中古汉语的边音 l-,也可以用颤音 r-对译中古汉语的边音 l-。确实,边音 l-主要对译中古汉语的边音 l_1-,颤音 r-对译中古汉语的边音 l_3-。也有相反的对译情况。有无介音-i-并不是选择边音 l-或颤音 r-对译的理由。

表 7.16　侗台语汉语借词表

词义	武鸣壮语	柳江壮语	钦州壮语	布依语	佯僙语	锦语	水语羊场	汉语
梨			lui^{2}		rai^{2}		ŋgai^{2}	梨
锋利	ɣai^{6}	hjai^{6}	lui^{6}			jaːi^{6}		利
知道	ɣo^{4}	hjo^{4}	la^{4}	zo^{4}	roi^{4}	jo^{3}	ŋgo^{4}	了
笼/圈	ɣoŋ^{5}	hjoŋ^{5}	loːŋ^{2}	zoŋ^{6}	roŋ^{6}	juŋ^{5}	ŋguŋ^{6}	笼
漏	ɣo^{6}	hjo^{6}	lu^{6}	zo^{6}	ro^{6}	jo^{6}	ŋgo^{6}	漏

上表壮语(钦州)材料来自《壮语方言研究》(张均如等,1999),其他侗台语材料来自《侗台语族概论》(梁敏、张均如,1996)。

侗台语边音 l-的演变比较简单,而颤音 r-的演变却是五花八门、丰富多彩。藏缅语、苗瑶语、侗台语莫不如此。上述都是汉语读边音 l-的借词,其中水语羊场方言读 ŋg-,跟瑶语罗香方言近似。前面已经提到,汉藏语系诸语言有颤音 r-一定有边音 l-,有边音 l-不一定有颤音 r-。缅语支许多语言已经只有边音 l-。因而当对立消失之后,颤音 r-往往并入边音 l-,如壮语的钦州方言。假若不通过诸方言之间的比较,我们已经无法知道诸如壮语钦州方言的边音 l-有两个不同的来源。不论是侗台语还是苗瑶语,边音 l-和颤音 r-都是独立的辅音音位,而且都可以单独充当声母。从侗台语、苗瑶语中汉语借词的语音形式看,上古汉语确实如雅洪托夫假设的那样有一个跟边音 l-对立的颤音

r-，只是上古汉语这个颤音 r-至少西汉开始就已经并入边音 l-。

表 7.17　“婁”声符字异读表

婁	力朱切	《诗》传曰“娄亦曳也”。	落侯切	空也，又星名，亦姓。
慺	力朱切	悦也。	落侯切	慺慺，谨敬之貌。
蔞	力朱切	蒌蒿。	落侯切	蒌，蒿也。
蔞	力主切	草，可亨鱼。		
瞜	力朱切	瞴瞜。	落侯切	视貌。
貗	力朱切	求子猪也。	落侯切	求子猪也。
摟	力朱切	曳也。	落侯切	探取。
嶁	力朱切	山顶。	郎斗切	《文字音义》云“山巅也”。
鄋	力朱切	乡名。	落侯切	乡名。
鷜	力朱切	鵱鷜，野鹅。	落侯切	《尔雅》曰“鵱鷜，鹅”。
鏤	力朱切	属镂，剑名。	卢豆切	雕镂。
瘻	力朱切	瘘痀，曲脊。	落侯切	伛偻。
僂	力主切	偻伛，疾也。	卢候切	偻佝，短丑貌。
鮻	力朱切	鱼名。	落侯切	鱼名。
褸	力主切	衣襟。	落侯切	褴褛，衣敝，《说文》“衽也”。
膢	力于切	八月祭名。	落侯切	饮食祭也。
簍	力主切	小筐。	落侯切	笼也。
謱	力主切	《说文》云“謰謱也”。	落侯切	《说文》云“謰謱也”。

就《广韵》的释义来看，边音 l_1-和边音 l_3-之间的异读大多意义完全相同。《左传·定公十四年》：“既定尔娄猪，盍归吾艾豭。”《经典释文》：“娄，力侯切，《字林》力付切。”字累增为貗。貗，力朱切，《广韵》：

“求子猪也。”貗,落侯切,《广韵》:“求子豬也。”依据《经典释文》,前者是陆德明所承经师的读音而后者则是晋吕忱的读音。韵书《广韵》搜罗的边音 l_1-/l_3-异读,并非一定来自上古汉语不同的读音。中古原本同音的一组文字,同一个方言也会变成不同音,比如“六”和“陆”。六、陆,《广韵》同音“力竹切”,但现代北方标准语则不同音:前者带介音-i-而后者不带介音-i-。就《广韵》所搜集的材料来看,跟边音 l-组合时,介音-i-似乎是一个没有区别意义的音位变体。我们似乎可以随意把音节结构的介音-i-剔除或增加而不影响意义。显然,这跟中古介音-i-是一个独立音位的前提相矛盾。这说明了《广韵》所搜集的文字读音既有方言的不同也有书面语、口语的差异,即这些文字读音并不属于同一层面上的东西。以表词字记录的汉语书面语言,跟口语差异极大,而且书面语和口语交叉。通常情况是,书面语和口语形成诸如不同语言之间的语音对应关系,比如北京话的-iɑu 和-yɛ。显然,韵母-iɑu 和-yɛ 并不是同一层面的语音形式。上述所举边音 l_1-和 l_3-无意义差别的异读可能是书面语和口语之间的差别:口语读边音 l_1-而书面语读边音 l_3-;也可能是不同方言之间的读音差别:A 方言读边音 l_1-而 B 方言读 l_3-。中古某些边音 l_1-和边音 l_3-的差别并非一定来自上古。上古汉语紧元音是无标记元音,依照音变规则衍生出介音-i-,韵镜归入三等韵。然而,某些经师比如吕忱的方言或口语没有衍生出介音-i-。于是,《广韵》出现了边音 l_1-和 l_3-之间无意义差别的异读。

表 7.18　來母一三等异读表

論	力迍切	《广韵》:有言理,出《字书》。	卢昆切	《广韵》:说也,议也,思也。
掄	力迍切	《广韵》:择也。	卢昆切	《广韵》:《说文》“择也”,一曰贯也。
惀	力迍切	《广韵》:欲晓知也。	卢本切	《广韵》:心思求晓事。
氌	力居切	《广韵》:毛也,《说文》“䰕也”。	落胡切	《广韵》:氌䰕。
蘆	力居切	《广韵》:漏芦,草。	落胡切	《广韵》:芦苇之未秀者。
蘢	力钟切	《广韵》:茏古,草。	卢红切	《广韵》:茏古,草名。

这种边音 l_1-/l_3-无意义差别异读的例子甚多，我们就不再一一列举。边音 l_1-/l_3-不仅组成无意义差别的异读而且两者彼此可以相互替换。在文字使用过程中，读边音 l_1-的文字可以替换读边音 l_3-的文字，或者相反。谐声系统中，边音 l_1-有自成系统的一面，但边音 l_3-只有极少数声符只跟边音 l_3-谐声，大部分声符都是边音 l_1-和 l_3-互谐。足见，边音 l_1-和 l_3-既有对立的一面也有不对立的一面。两者之间的关系跟软腭音、双唇音、齿龈音一等、三等之间的谐声关系相平行。因而边音 l_1-和 l_3-的不同原本应该是韵母不同而不是辅音声母不同。中古汉语一等和三等的差别主要是元音松紧的不同，后演变为有无介音-i-的对立。随着介音-i-的产生，利用松紧元音交替创造新词的形态手段也就变成了介音-i-的增删。于是，声母为边音 l_3-的语词也就可以衍生出声母为边音 l_1-的语词，两者组成一对同族词。

離（离），《说文》："离黄，仓庚也，鸣则蚕生；从隹离声。"離，本是一个会意字，从离从隹，甲骨文象从网捕鸟形。《易・小过》："飞鸟离之，凶。"《诗经・新台》："鱼网之设，鸿则離之。"《诗经・兔爰》："有兔爰爰，雉離于罗。"后衍生为罹。《诗经・兔爰》："逢此百罹。"《经典释文》："罹，本又作離，力知切。"罗，鲁何切，《广韵》："古者芒氏初作罗，《尔雅》'鸟罟谓之罗'。"《说文》："罗，以丝罟鸟也。"《尔雅》："鸟罟谓之罗。"《周礼・夏官・司马》"罗氏"，注："能以罗罔搏鸟者。"《庄子・山木》："然且不免于罔罗机辟之患。"《诗经・鸳鸯》："鸳鸯于飞，毕之罗之。"此"罗"实就是"離"。

屢，力遇切，《广韵》："數也"。《尚书・益稷》："屢省乃成。""屢"为后起字，本来只作"婁。"《汉书・宣帝纪》："婁蒙嘉瑞。"颜师古注："婁，古屢字。"《诗经・正月》："屢顾尔仆，不输尔载。"《经典释文》："屢，力住反，又作婁。"樓，落侯切，《广韵》："亦作婁，重屋也。"《说文》："樓，重屋也，从木婁声。"《左传・宣公十五年》："登诸樓车使呼。"杜注："樓车，车上望櫓。"《孟子・告子下》："方寸之木可使高于岑樓。"

良，《说文》："善也。"《诗经・鹑之奔奔》："人之无良，我以为兄。"《诗经・黄鸟》："彼苍者天，歼我良人。"《孟子・离娄》："齐人有一妻一妾而处室者，其良人出则必饜酒肉而后反。"郎，《广雅》："君也。"朱骏声:"妇人以称其男子犹《仪礼·士婚礼》之称良也。"段玉裁注:"按以郎为男子之称及官名者,皆良之假借字也。"《史记·吕太后本纪》:"将相列侯郎吏皆以秩赐金。"

从上面的例子中,可以清楚地看出边音 l_3-跟边音 l_1-交替有词汇、语法意义:边音 l_3-为动词、形容词而边音 l_1-为名词。这跟紧元音和松元音交替的词汇、语法意义相同。上古汉语的齿龈音 t-/th-/d-/n-可以分别跟松紧元音组合,边音 l-和颤音 r-也应该如此。紧元音后衍生出介音-i-,归入《广韵》三等。如此,中古汉语的边音 l_1-有边音 l-和颤音 r-两个来源,中古汉语的边音 l_3-也有边音 l-和颤音 r-两个来源,只不过前者上古汉语跟松元音组合,而后者跟紧元音组合。不过,上古汉语边音 l-和颤音 r-早在汉代就已经合并了。

第三节　插音

侗台语族语言绝大部分只有一套辅音丛,或为 Cl-,或为 Cr-。原始侗台语,梁敏、张均如(1996)构拟了 Cl-和 Cr-两套辅音丛。白保罗(1984)替原始藏缅语构拟了 Cl-和 Cr-两套辅音丛。藏语的 Cl-并不是真正意义上的辅音丛,而是词头 C-和词根辅音 l-的融合。因而藏语的 Cr-辅音丛成系统,而 Cl-辅音丛只有几个。

表 7.19　藏语 Cr-/Cl-音节表

r-	kr-	khr-	gr-	pr-	phr-	br-	tr-	dr-	sr-
l-	kl-		gl-			bl-			sl-

r-			dkr-	dgr-	dpr-	dbr-	mkhr-	mgr-	mdr-
l-	zl-	rl-							

r-			bsr-	bkr-	bgr-	skr-	sgr-	spr-	sbr-
l-	bzl-	brl-	bsl-						

r-	ɦkhr-	ɦgr-	ɦphr-	ɦbr-	ɦdr-	bskr-	bsgr-	smr-	snr-
l-									

此外，藏语带词头 m-的边音 l-已经塞化为齿龈塞音 d-，如 mdoŋs-pa"瞎子、盲人"，试比较 ldoŋ-ba 和 loŋ-ba"瞎子、盲人"。藏语 Cr-和 Cl-辅音丛的语音演变很不一样，前者一般卷舌化为卷舌塞擦音或卷舌擦音，后者多半丢弃 C-只剩下边音 l-。

表 7.20　侗台语语音对应表

词义	邕宁壮语	武鸣壮语	布依语	侗语	佯僙语	莫语	仫佬语
稻秧	kla^3	kja^3	$tɕa^3$	ka^3	$ȶa^3$	$ȶi^3$	$kɣa^3$
盐	klu^1	kju^1	$kuə^1$	ko^1	$ȶa^1$	$ȶwa^1$	$kɣwa^1$
头	$hlau^5$	$ɣau^3$	$tɕau^3$	kau^3	$ȶau^3$	$ȶau^3$	$kɣo^3$
蛋	$hlai^5$	$ɣai^5$	$tɕai^5$	ki^5	$ȶai^5$	$ȶai^5$	$kɣəi^5$

上表侗台语材料来自《侗台语族概论》(梁敏、张均如，1996)。

梁敏、张均如也替原始侗台语构拟了 Cl-和 Cr-两套辅音丛。这两套辅音丛很多现代侗台语合并为一套。汉语的演变情况跟侗台语相近。上古汉语的边音 l-和颤音 r-中古汉语合并为边音 l-，而且谐声系统中跟软腭塞音 k-谐声。可见，上古汉语 Cl-和 Cr-辅音丛已合并为一组声母。中古汉语的边音 l-，前面已经提到，除个别特例，不跟二等韵组合。这一点跟发音部位相同的齿龈音 t-/th-/d-/n-非常接近，也是除了个别特例不跟二等韵组合。相对应，跟边音 l-谐声的软腭音、双唇音不跟一等组合而跟二等组合。因而一些学者认为二等韵有 ɣ-介音。就《广韵》收录的二等字多为拟声词看，不应该有介音，比如麻韵。

鸦，於加切，《广韵》："乌别名。"
哑，乌下切，《广韵》："不言也。"
啁，许下切，《广韵》："大笑。"

哑,衣嫁切,《广韵》:“哑哑,乌声。”

嚇,呼讶切,《广韵》:“笑声。”

很显然,二等不带任何介音更符合当时的语言实际。二等韵的主元音是前低元音-a和半低元音-ɛ。可见,介于基辅音和元音之间的颤音对元音的影响尤其深远,导致不同音色的元音低化为前低元音a或前半低元音ɛ。三等A有介音-i-,三等B有介音-j-。如此,我们确定上古汉语Cl-和Cr-辅音丛合并为Cr-,再演变为Cɣ-(郑张尚芳,1987)。也即《切韵》之前曾存在过一个如同仫佬语的介音-ɣ-,只是《切韵》时代已经失落了。

表 7.21　二等软腭音谐声表

	k_1-	k_2-	k_3-	kh_1-	kh_2-	kh_3-	$ɣ_1$-	$ɣ_2$-	g_3-	$ŋ_1$-	$ŋ_2$-	$ŋ_3$-	l_1-	l_3-
皆		皆			揩			諧						
間		間			鬝			嫺						
交	晈	交			跤			效			齩			
羹		羹												
解		解						解						
柬		柬											闌	
假		假						霞						
乖		乖												
戒	祴[i]	戒						械						
學		覺		嚳[ii]	礐		鷽[iii]	學			觷			

[i] 祴,《广韵》:“祴夏,乐章名,古哀切。”祴,字本作陔。《仪礼·乡饮酒礼》:“宾出奏陔。”注:“陔,陔夏也,陔之言戒也。”《礼记·礼器》:“其出也,肆夏而送之。”《经典释文》:“肆,依注作陔,古来反;注又作祴,音同。”陔,《广韵》:“殿阶次序,古哀切。”

[ii] 嚳,《广韵》:“帝嚳,高辛氏也,《说文》曰‘急告之甚也’;苦沃切。”嚳,《说文》:“急告之甚也,从告學省声。”然而,“苦沃切”读的是“告”声而非“學”声。帝嚳,也作帝告。《尚书·胤征》:“汤始居亳,从先王居,作《帝告》《厘沃》。”《史记·五帝纪》“帝嚳”,而《史记·三代世表》作“帝俈”。《管子·封禅》:“帝嚳封泰山,禅云云。”显然,“俈”字从“告”声。“嚳”应该从“學”省,“告”声。

[iii] 鷽,《广韵》:“鱼名,乌酷切,又音候。”

续　表

	k_1-	k_2-	k_3-	kh_1-	kh_2-	kh_3-	$ɣ_1$-	$ɣ_2$-	g_3-	$ŋ_1$-	$ŋ_2$-	$ŋ_3$-	l_1-	l_3-
角		角			埆		斛	确					角	
介		介						衸						
鬲		鬲						翮					鬲	
革		革			緙								勒	
甲		甲						匣						
監		監						檻					懢	
爻		（較）						爻						
下								下						
夏		榎						夏						
戛		戛												

软腭音 C_2-固然可以跟软腭音 C_1-或 C_3-谐声，但自我谐声的趋势十分明显。软腭音 C_2-一般跟 C_2-谐声而不跟 C_1-谐声，即同一声符 C_2-和 C_1-不共存。这一现象也正说明了软腭塞音 C_2-不同于 C_1-，也不同于 C_3-。不过，也有个别字因音变原本应该读软腭音 C_2-却读入 C_1-或 C_3-，相反也有个别字原本应该读软腭音 C_1-或 C_3-而读入 C_2-。

皎，古了切，《广韵》："月光，《诗》云'月出皎兮'。"皎，《说文》："月之白也，从白交声，《诗》曰'月出皎兮'。"《诗经·月出》："月出皎兮，佼人僚兮，舒窈纠兮。"传："皎，月光也。"《经典释文》："皎，古了反。"晈，古了切，《广韵》："光明。""皎"和"晈"是同一语词的记录文字。皛，古了切，《广韵》："白也。"皛，是"皎"的俗字。瞭，卢鸟切，《广韵》："目睛明也。"《周礼·春官·宗伯》："视瞭三百人。"《经典释文》："瞭，音了，又力小反，《字林》同，云'明也'。""皎"和"瞭"是同族词。恔，古了切，《广韵》："恔憭，慧也。"恔，《说文》："憭也，从心交声。""皎"为月明，"瞭"为目明，"恔"为心明，三者共源。《说文》："憭，慧也，从心尞声。"

憭,字也作了。了,卢鸟切,《广韵》:“慧也。”恔和憭是一对同族词。古人以明、以白为美。漂亮也叫佼,字也写作姣。《方言》:“娥、㜲,好也;自关而东河济之间谓之媌,或谓之姣。”僚,《说文》:“好貌,从人尞声。”因指女子漂亮,故字也改从女作嫽。《方言》:“釥,嫽,好也;青徐海岱之间曰釥,或谓之嫽。好,凡通语也。”《诗经·月出》“僚兮”,《经典释文》:“僚,本亦作嫽,同音了,好貌。”

显然,从“交”声的“皎”不应该入软腭塞音 C_1-(四等)。陆德明《经典释文》萧韵和宵韵混同,《广韵》两韵虽分但也有混同的地方。中古汉语软腭塞音 C_2-或者 C_3-都可以跟边音 l-组成同族词。如此,我们可以推定因萧韵和宵韵混同“皎”归入了软腭塞音 C_1-,也即原本应该是软腭塞音 C_3-。单辅音 C-可以跟松紧元音组合,辅音丛 Cr-/Cl-自然也可以跟松紧元音组合。前者成了中古汉语的软腭塞音 C_2-而后者为了软腭塞音 C_3-。

革,古核切,《广韵》:“兽皮也,兵革也。”《诗经·斯干》:“如跂斯翼,如矢斯棘,如鸟斯革。”《经典释文》:“革,韩《诗》作‘勒’,云翅也。”《尔雅》:“辔首谓之革。”《诗经·蓼萧》:“既见君子,鞗革冲冲。”传:“革,辔首也。”《韩非子·外储说右下》:“然而使王良操左革而叱咤之,使造父操右革而鞭笞之,马不能行十里。”勒,卢则切,《广韵》:“《邺中记》曰‘石虎讳勒,呼马勒为辔’。”《礼记·檀弓下》:“若疾革,虽当祭必告。”注:“革,急也。”《经典释文》:“革,本又作‘亟’,居力反。”《列子·汤问》:“殷汤问于夏革曰。”《庄子·逍遥游》:“汤之问棘也是已。”《论语·颜渊》“棘子成”,《汉书·古今人表》作“革子成”。

松紧元音交替导致分化为软腭塞音 C_2-和 C_3-。上古汉语边音 l-或颤音 r-都是独立的辅音音位。因而辅音丛 Cl-或 Cr-自我谐声,不跟单辅音 C-谐声,如上述谐声系列。中古汉语软腭塞音 C_2-也可以跟 C_1-谐声,尤其是以软腭塞音 C_1-为声符的谐声集合里面。

表 7.22　软腭音谐声表

	k_1-	k_2-	k_3-	kh_1-	kh_2-	kh_3-	$ɣ_1$-	$ɣ_2$-	g_3-	$ŋ_1$-	$ŋ_2$-	$ŋ_3$-	l_1-	l_3-
工	工	江	鞏	空	腔	恐	红	項	蛩					
共		港	共				洪	巷	共					
圭	圭	佳		奎	絓		窐	鞋			崖	崖		
官	官	菅					逭							
貫	貫	慣												
高	高			犒	敲		豪	謞						
瓜	孤	瓜					狐							
亢	亢	秔		亢	坑		航							
光	光	觥		觥			晃							
黄	廣	獷		曠			黄	横						
肱	肱	罂					弘	宏						
冓	冓	講												
果	果	婐		棵			夥	踝						
咼	過	咼			咼		禍						腡[i]	
會	會	獪		檜	噲		會							
害	割	犗		轄	礚		害	礚						
夬	决	夬		缺	快									
合	合	袷	給	匌	恰		合	洽						

[i] 腡,《广韵》:“手理也,古蛙切。”蝸,《广韵》:“蝸牛,小螺,古蛙切。”腡,《广韵》:“手指文也,落戈切。”螺,《广韵》:“蚌屬,落戈切;蠃,上同。”手指圆形指纹名为“腡”实际就是“蝸”。因而圆形指纹可以叫“蝸”,也可以叫“螺”。

续　表

	k_1-	k_2-	k_3-	kh_1-	kh_2-	kh_3-	$ɣ_1$-	$ɣ_2$-	g_3-	$ŋ_1$-	$ŋ_2$-	$ŋ_3$-	l_1-	l_3-
夾	頰	夾		悏	鞅		挾	狹						
丂				丂	巧									
臽				臽	掐		臽	陷						
皇							皇	蝗						
行							行	行						
咸	感	减		顑			撼	咸	鍼		黬			
亥	該	荄		刻			亥	駭		閡				
幸							婞	幸						
骨	骨			勖	勖		搰	滑						

从上表中可以看出,软腭塞音 C_1-和 C_2-谐声关系仍然相当密切。可见,软腭塞音 C_2-尽管有独立性的一面,但是仍不能跟 C_1-彻底切割。我们从谐声关系中也能看出一些特征:C_1-和 C_2-、C_1-和 C_3-谐声,而 C_2-和 C_3-不大谐声。自然,《广韵》搜集的是以往字书或韵书的材料。凡是以往字书、韵书有差别的注音,韵书的编撰者统统搜集在其编撰的韵书。这些材料因编撰的时代或编撰者所操方言或口语、书面语的不同,往往一个文字有多个无意义差别的异读。一个使用频率越低或者仅仅只出现于古代文献的文字,无意义差别的异读就越多。一等跟二等的差别仅仅在于音节主元音的不同,而不同方言之间主元音出现变异常见。中古汉语软腭塞音 C_1-和 C_2-的差别仅仅在于与它们组合的韵母的主元音不一样,而不同方言或口语、书面语之间元音的变异极其常见。因而其中一些 C_1-由 C_2-变来,或者 C_2-由 C_1-变来,而更为常见的本属于 C_1-的异读为 C_2-。

表 7.23　软腭音一二等异读表

倌	古患切	主驾官也。	古丸切	倌人，主驾。
鵅	古觉切	鸟白。	胡沃切	鸟白也。
騅	古岳切	马白额。	下各切	一曰马白额。
幗	古获切	妇人丧冠。	古对切	妇人丧冠。
慖	古获切	悖也。	古对切	恨也。
洚	古巷切	水流不遵道。	户冬切	《说文》曰"水不遵道，一曰下也"。
獪	古卖切	狡獪。	古外切	狡獪，小貌戏。
荄	古谐切	草根。	古哀切	草根。
梏	古岳切	直也。	古沃切	手械，纣所作也。
齦	起限切	齿声。	康很切	啮也。
豻	可颜切	胡地野犬，似狐而小，黑喙。	俄寒切	胡地野狗，似狐而小，或作犴。
豻			五旰切	野狗。
豻			侯旰切	野狗。
劼	苦滑切	力作也。	苦骨切	力作。
獭	荒槛切	小犬吠。	下瞰切	犬吠声。
闞	许鉴切	犬声。		
譀	呼甲切	夸诞。	下瞰切	夸诞。
夥	怀拐切	多也。	胡火切	楚人云多也。
蝗	户孟切	虫名。	胡光切	虫蝗为灾。
瑝	户盲切	玉声，《说文》音皇。	音皇	和也，乐也，又钟声。
嶨	胡觉切	山多大石。	胡沃切	石磐。
洚	下江切	水不遵道，一曰下也	户公切	《说文》曰"水不遵道，一曰下也"。

续 表

侅	侯楷切	无侅,人名。	苦哀切	奇侅,非常。
侅			古哀切	奇侅非常。
骭	下晏切	胫骨。	古案切	胁也。
捍	下赧切	捍握,摇动。	侯旰切	扺捍。
槐	户乖切	木名。	户恢切	木名。
瀣	胡介切	沆瀣。	胡槩切	沆瀣,气也。
頢	下刮切	短面貌也。	古活切	小头貌。
婠	下刮切	面婠。	户括切	婠腆也。
淊	乙咸切	淊没。	於陷切	水没。
懀	乌快切	恶也。	乌外切	恶也。
黵	乌快切	浅黑色。	乌外切	浅黑色。
䫿	乌快切	喘息声。	乌外切	息也。

根据《广韵》这些无意义差别的异读以及谐声关系,我们可以确定是 C_1-或 C_2-因音变而出现的变异,如“浲”。“浲”隶属于二等谐声集合,且只有“浲”字有一等异读。“浲”原本应该是 C_2-而 C_1-异读属于不同方言或书面语、口语之间的音变。夹杂在 C_1-谐声集合的无意义差别的 C_2-,或者夹杂在 C_2-谐声集合的 C_1-,往往就是历时语音变异,其本身并没有本质上的差别。显然,我们不能把《广韵》所记录的异读统统上推到上古汉语里面。

瑝,户盲切,《广韵》:“玉声”。
喤,户盲切,《广韵》:“泣声”。
锽,户盲切,《广韵》:“钟声”。
韹,户盲切,《广韵》:“声也”。
諻,虎横切,《广韵》:“语声”。
翃,虎横切,《广韵》:“翃然,飞声”。

謍，虎横切，《广韵》："謍謍，小声"。

宏，户萌切，《广韵》："屋深响也"。

𠿴，虎横切，《广韵》："鼓钟声"。

耾，户萌切，《广韵》："耳语"。

弦，户萌切，《广韵》："屋响"。

鋐，户萌切，《广韵》："金声"。

吰，户萌切，《广韵》："噌吰，钟音"。

因二等韵主元音开口度比较大，经师选用了二等韵或创造一个属于二等韵的文字去描摹这种种声音。足见，《切韵》时代二等没有介音，也不能反推二等韵上古汉语就含有一个-r-或-l-介音。拟声词读二等是中古汉语一个极显著的特点。正如前面已经提到，这种无意义差别的异读跟韵书编撰者无节制地采集不同时代、不同地点的材料有关系。中古汉语软腭音 C_1-和 C_2-的差别仅在于与之组合的韵母的主元音不同而已，而相同语音条件下的主元音，不同的时代、不同的方言读音自然不同。即使是同一时代、同一语词也会因语体的不同而语音形式不一样。我们不能因为《广韵》读音有差异而认为上古汉语也有差异。在模拟声音的语词中，除方言的不同外，我们可以确定在二等跟一等并存的异读里面，二等是口音而一等是读书音。

表 7.24　支部合口音节搭配表

	二等			三等			四等		
	佳	蟹	卦	支	紙	寘	齊	薺	霽
k-			卦	規			圭		桂
kh-				闚	跬		奎		
g-									
x-				觿		孈			
ɣ-	鼃		畫				攜		
ʔ-	蛙					恚	烓		

支部合口有四等、三等和二等。然而,二等和三等完全互补。涯,五佳切,《广韵》:“水际。”涯,鱼羁切,《广韵》:“水畔也。”崖,五佳切,《广韵》:“高崖也。”崖,鱼羁切,《广韵》:“崖岸。”支部软腭音二等和三等组成无意义差别的异读。三等上古是无标记形式,而介音-i-的失落《广韵》并入二等。支部合口二等上古实际是三等。

陆法言《切韵·序》云:“欲广文路,自可清浊皆通;若赏知音,即须轻重有异。”为了所谓的“赏知音”,韵书的编撰者把一些文字的方音和口音统统收集在韵书里面。于是,一些文字出现了庞杂的异读。《广韵》里面,夹杂在 C_1-集合里面声母为 C_2-的那些文字,其记录的多半是后起的方言或口语语词。然而,我们也不能因此而把《广韵》所有 C_1-/C_2-的不同看成是不同方音或口音、书音之间的变异。一等和二等在中古汉语甚至上古汉语中都是对立的,比如“工”和“江”。同样,《广韵》等收录的 C_1-和 C_2-之间的异读并非都是无意义差别的异读。很显然,C_1-和 C_2-谐声不是偶然的接触而是一条谐声规则。李方桂(1971)认为介音不参与谐声。介音是起区别语词意义作用的音位。无论有无介音,无论是什么样的介音,语词读音不相同,其意义也就不一样。我们不可以随意更换一个语词的介音或增删语词的介音而不影响语词的意义。这就意味着有无介音或不同介音的语词不可以谐声。否则,就会违反同音谐声的谐声原则。故此,惟一的解释只能是上古汉语的一个语词有数个不同介音的异读词存在。也就是说,这个“介音”不是纯粹语音意义上的介音,而实质上是一个中缀,起着语法构词或构形的作用。语词插入一个中缀自然可以派生出一个新的语词或一个新的语音形式。

软腭塞音 C_1-和 C_2-彼此尽管可以广泛谐声,但是其外延谐声则存在着明显的不同。软腭塞音 C_1-一般不跟边音 l-谐声,但是软腭塞音 C_2-则可以跟边音 l-谐声。除了个别特例,软腭塞音 C_1-、C_2-和边音 l-不能共同组成一个谐声集合。如果分别以 C_1-和 C_2-代表语词的语音形式,那么 C_1-和 C_2-对立,是起区别语词意义作用。故此,C_1-和 C_2-之间有意义差别的异读存在的惟一可能只能是 C_1-和 C_2-异读是一种形态关系。软腭塞音 C_1-和 C_2-谐声表明了导致软腭音 C_2-和 C_1-分类的音素 /l/ 是一个游离于词根之外的插音。由于上古汉语 /l/ 是一个插音，其词根实质上就是一个 C_1-，所以 C_1-和 C_2-谐声。插音/l/导致音节的主元音变成前元音-a/-ε，而使与之组合的声母中古归入软腭音 C_2-。正因为是一个插音，所以同一语词常常有两种不同的说法，其一不含/l/其一含/l/，比如山西太原话、福建福州话等。

坎，《说文》："陷也，从土欠声。"坎，《广韵》："险也，陷也，又小罍也，形似壶，苦感切。"《易·坎》："习坎，重险也。""坎"引申指"坎坷"。壈，《广韵》："坎壈，卢感切。"壈，《玉篇》："力感切，坎壈也。"《楚辞·怨思》："惟郁郁之忧毒兮，志坎壈而不违。"《后汉纪·光武皇帝纪》："遂坎壈失志，居常慷慨。"

颔，胡感切，《广韵》："《汉书》曰'班超虎头燕颔'，《说文》曰'面黄也'。"又颔，胡男切，《广韵》："《说文》曰'面黄也'。"《楚辞·离骚》："苟余情其信姱以练要兮，长顑颔亦何伤？"䁍，《广韵》："目䁍，苦洽切。"䁍，《说文》："目陷也，从目咸声。"顑，《说文》："饭不饱，面黄也，从页咸声。"顑，《广韵》："顑颣，瘦也，苦感切。"颣，《广韵》："面黄丑，《说文》曰'面顑颣也'，卢感切。"颣，《广韵》："面色黄貌，郎绀切。"颣，《玉篇》："来感切，《声类》云'面瘠貌'。"

昆，《广韵》："兄也，古浑切。"睔，《广韵》："上同（昆）。《说文》云'周人谓兄曰睔'。"《诗经·葛藟》："终远兄弟，谓他人昆。"传："昆，兄也。"《淮南子·本经训》："犹在于混冥之中。"注："混，大也。"崐（昆），《广韵》："昆仑，山名，古浑切。"字本只作昆。《释名》："三成曰昆仑，丘如昆仑之高而积重也。"《吕氏春秋·本味》："菜之美者，昆仑之苹。"注："昆仑，山名，在西北，其高九万八千里。"

郭，古博切，《广韵》："城郭也。《释名》云：'郭，廓也，廓落在城外也'。"《孟子·公孙丑下》："三里之城，七里之郭，环而攻之而不胜。"椁，古博切，《广韵》："《礼》曰'殷人棺椁'。"《释名》："椁，廓也，廓落在表言之也。"《论语·先进》："颜渊死，颜路请子之车以为之椁。"鞹，苦郭切，《广韵》："皮去毛。"鞹，《说文》："去毛皮也。《论语》曰：'虎豹之鞹。'从革郭声。"廓，苦郭切，《广韵》："空也，大也，虚也。"《荀子·修身》："狭隘褊小，则廓之以广大。"《史记·司马穰苴列传》："闳廓深远。"《淮南子·俶真训》："达人之学也，欲以通性于辽廓，而觉于寂漠也。"《庄子·逍遥游》:"廓落无所容。"

一个语素词,依据其韵母,衍生出一个声母为边音 l-的音节,演变成一个 CVLV 模式的叠韵联绵词。书面文献材料里面,这种叠韵联绵词数量相当可观,如"穹隆"等。这些 CVLV 音节结构的叠韵联绵词形式上跟现代汉语一些方言一个语词插入一个 /1/非常相似,但不同。插音广泛见于南岛语系、南亚语系语言。一个词根语素插入一个 /1/,一般插在辅音和元音之间,构成一个非叠韵双音节语词。汉语这些由一个词根语素演变而来的语词却是 CVLV 音节结构的叠韵联绵词。而且,词根语素的语音形式以及意义都没有实质上的改变,只是添加了一个无意义的音节。插音是一个构词或构形词缀。有无插音是两个词,或者是一个词的两个形式。

價,古讶切,《广韵》:"價数。"《说文》:"價,物直也。从人賈,賈亦声。"價,字本只作賈。《周礼·地官·司徒》"賈师",注:"定物賈也。"疏:"賈师,知物價者。"《荀子·儒效》:"鲁之粥牛马者不豫賈。"注"賈读为價。"《汉书·成帝纪》:"賈级千钱。"师古注:"賈读为價。"賈,公户切,《广韵》:"商賈。"賈,《说文》:"市也。"《左传·桓公十年》:"其以賈害也。"注:"賈,买也。"《左传·昭公二十九年》:"每岁賈马。"注:"賈,买也。"《左传·成公二年》:"贾余余勇。"注:"賈,卖也。"字也作沽。《论语·子罕》:"子贡曰:'求善賈而沽诸?'子曰:'沽之哉!沽之哉!我待賈者也'。"注:"沽卖也。"

祫,《广韵》:"祭名,侯夹切。"《说文》:"祫,大合祭先祖亲疏远近也,从示、合。《周礼》曰'三岁一祫'。"段玉裁注:"不云合亦声者,省文,重会意也。"《说苑·修文》:"祫者,合也……大合祭于祖庙也。"合,《广韵》:"合同,侯合切。"《左传·桓公八年》:"楚子合诸侯于沈鹿。"《孟子·梁惠王上》:"此心之所以合于王者,何也?"

犗,《广韵》:"犍牛,古喝切。"犗,《说文》:"犍牛也。"《庄子·外物》:"任公子为大钩巨缁,五十犗以为饵。"割,《广韵》:"剥也,害也,断也,截也,古达切。"《论语·阳货》:"割鸡焉用牛刀?"《左传·襄公三十一年》:"犹未能操刀而使割也。"

腔，《广韵》："羊腔也，苦江切。"腔，《说文》："内空也，从肉从空，空亦声。"釭，《广韵》："车釭，《说文》曰：'车毂中铁也；古红切，又古双切'。"釭，《说文》："车谷中铁也。"徐灏云："釭，中空，贯轴涂膏以利转。"釭，《释名》："空也，其中空也。"空，《广韵》："空虚，苦工切。"《诗经·白驹》："皎皎白驹，在彼空谷。"

巷，胡绛切，《广韵》："街巷。"《说文》："巷，里中道。从邑从共，皆在邑中所共也。"《诗经·叔于田》："叔于田，巷无居人。"传："巷，里涂也。"巷，字也作衖，同音"胡绛切"。衖，《广韵》："上同，亦作鄉。"《尔雅》："宫中衖，谓之壸。"共，渠用切，《广韵》："同也。"《论语·公冶长》："愿车马、衣轻裘，与朋友共。"《孟子·滕文公上》："自天子达于庶人，三代共之。"《礼记·曲礼上》："父之雠，弗与共戴天。"

坑，客庚切，《广韵》："《尔雅》云：'虚也'。郭璞云：'坑，壍也。'"《墨子·大取》："其类在坑下之鼠。"《庄子·天运》："在谷满谷，在坑满坑。"濂，苦冈切，《广韵》："《说文》云：'水虚也'。"字也作㝩。㝩，苦冈切，《广韵》："《尔雅》云：'虚也'。本亦作濂。"《尔雅》："坑，濂，虚也。"《方言》："濂，空也。"也写作康，音同"苦冈切"。《诗经·宾之初筵》："酌彼康爵。"笺："康，虚也。"槺，苦冈切，《广韵》："槺梁，虚梁也。"

声母 C_1-和 C_2-并存不是仅仅由于彼此读音接近而构成谐声关系，而是由于两者具有语法形态关系而构成谐声。它们彼此之间的语法形态意义的转换就是通过插音 /l/ 来实现（金理新，2001）。汉语插音 /l/ 的这一语法形态意义可以和马来语的中缀 /el/ 的语法形态意义进行平行比较，比如 patuk"啄"和 pelatuk"啄木鸟"。插入中缀派生新词或构成语词的新形式是南岛语常见的语法手段，如布农语、赛夏语的中缀 /in/、/um/。布农语、赛夏语的中缀 /in/ 是一个名词词缀，动词插入中缀 /in/ 表示与该动词有关的事物，如布农语 matai"死"和 m/in/atai"尸"；赛夏语 kaɭat"写"和 k/in/aɭat"信"[①]。汉语插音 /l/ 的这一语法形态意义跟孟高棉语族一些语言的中缀也有十分相似之处，比如克木语。克木语有丰富的中缀，如 /r/、/rn/、/mn/ 等。其动词性词根插

① 陈康，1992，《台湾高山族语言》，中央民族学院出版社。

入中缀/r/、/rn/、/mn/等之后,派生出表施动工具的名词。克木语的中缀不仅可以插入动词性词根中构成名词,也可以插入名词性词根中构成一个新名词,比如中缀/n/、/m/等①。上古汉语的插音/l/也同样有这样的语法形态构词功能:

杨树达(2007)在《释虹》篇中说:"凡从工声之字,皆有横而长之义,虹之受名盖以其形横而长也。《说文·木部》云:'杠,床前横木也。从木工声。'《孟子·离娄》下篇云:'十一月徒杠成,十二月舆梁成,'徒杠谓横木可徒步渡涉之桥也。《说文·手部》云:'扛,横关对举也。从手工声。'《汉书·外戚传》云:'壁带往往为黄金釭。'注云:'釭,壁中之横带也。'按床前横木谓之杠,横木可渡之桥亦谓之杠,横关对举谓之扛,壁中横带谓之釭,螮蝀谓之虹,物形同,故字之音义同矣……《说文·鸟部》云:'鸿,鸿鹄也。从鸟江声。'按《仪礼·乡射礼》云:'(杠长三仞),以鸿脰韬上,二寻。'郑注云:'鸿,鸟之长脰者也。'据此知鸿之受名以其长脰也。由此推之,江从工声,殆亦以其横而长。"

杠、扛、釭、江为二等,虹、鸿、工为一等。"江"从"工"(一等)声,又是"鸿"(一等)的声符。《风俗通·四渎》:"江者,贡也,珍物可贡献也。"《释名》:"江,公也,小水流入其中,公共也。"两者都用一等声训"江",如同"江"从"工"得声。正因/l/是一个构词中缀,二等在上古汉语可以与一等组成同族词,可以谐声。山西平定话在原词基础上插入一个插音/l/的"儿化"和软腭音 C_1-/C_2-之间的交替有某种相似性,尽管我们不能肯定地说山西平定话插音/l/就是对上古汉语插音/l/的继承②。足见,导致软腭塞音 C-中古分裂为 C_1-/C_2-的边音/l/是一个具有语法形态意义的中缀。这个中缀/l/可以使一个动词改变词性变成名词,使一个形容词改变词性变成名词,也可以使一个名词变成另一个意义有所不同的名词。如此,我们就弄明白软腭音 C_1-/C_2-谐声的根本原因,即插音/l/在起作用,附加插音/l/的上古汉语软腭音 C-演变成中古汉语的软腭音 C_2-。

---

① 陈国庆,2002,《克木语研究》,民族出版社。

② 王洪君,1994,《汉语常用的两种语音构词法——从平定儿化和太原嵌 l 词谈起》,《语言研究》,第1期。

表 7.25 壮语方言词中辅音-l-对应表

词义	邕宁	武鸣	柳江	田东	钦州	邕北	贵港	来宾
秧	kla^3	kja^3	kja^3	$tɕa^3$	ka^3	ka^3	kra^3	$kɣa^3$
打鼾	$klan^1$	$kjan^1$	$kjan^1$	$tɕan^1$	kan^1	kan^1	$kran^1$	$kɣan^1$
远	$klai^3$	$kjai^3$	$kjai^3$	$tɕai^3$	kai^3	kai^3	$krai^3$	$kɣai^3$
菜	$plak^7$	$plak^7$	$pjak^7$	$tɕak^7$	$phak^7$	pak^7	$prak^7$	$pɣak^7$
鱼	pla^1	pla^1	pja^1	$tɕa^1$	pa^1	pa^1	pra^1	$pɣa^1$

上表壮语材料来自《壮语方言研究》(张均如等,1999,四川民族)。

壮语位于辅音和元音之间的边音-l-,诸方言或直接丢弃,或跟位于辅音和元音之间的颤音-r-合并,或演变为腭介音-i-(一般写作-j-),或演变为软腭浊擦音-ɣ-。壮语-l-的各种语音演变模式也广泛见于侗台语族其他语言或方言。仫佬语位于辅音和元音之间的边音-l-就跟壮语来宾方言一样演变为软腭浊擦音-ɣ-。上古汉语由词头C-和词根声母l-融合成的辅音丛Cl-以及由词根声母C-和插音/l/融合成的辅音丛Cl-演变成跟主元音为前元音-a/-ɛ的韵母组合的软腭音C_2-。假如是单辅音声母C-,中古汉语是软腭音C_1-;假若是单辅音声母l-,中古汉语是边音l-。但是,上古汉语的辅音丛声母Cl-,中古汉语却是软腭C_2-。如此看来,位于辅音和元音之间的边音-l-演变路径跟单辅音声母l-不同,不是简单的边音-l-脱落,尽管如我们已经讨论了的上古汉语确实发生个别边音-l-直接脱落的现象。无论是何种音质的元音,一旦跟辅音丛Cl-组合,都变成中古汉语的前元音-a/-ɛ。参照汉藏语系介音的类型,我们认为上古汉语位于辅音和元音之间的边音-l-先演变为介音-ɣ-,并在失落之前影响了元音的音质,致使不同音质的元音整齐化为前元音-a/-ɛ。

圈,渠篆切,《广韵》:"《说文》曰'养畜闲也'。"(圈,臼万切,《广韵》:"邑名。"《公羊传·文公十一年》:"春,楚子伐圈。"《经典释文》:"圈,求阮反,一音卷,《说文》作圈,《字林》臼万反。")《史记·孝武本纪》:"其西则唐中,数十里虎圈。"豢,胡惯切,《广韵》:"谷养畜。"《说文》:"豢,以谷圈养豕也。"段注:"圈者,养兽之闲。圈养者,圈而养之。"《墨子·天志下》:"莫不犓牛羊,豢犬彘。"《左传·哀公十一年》:"是豢吴也夫。"注:"豢,养也。"《庄子·达生》:"吾将三月豢汝。"

行,胡郎切,《广韵》:"伍也,列也。"《诗经·行露》:"厌浥行露,岂不夙夜,谓行多露。"传:"行,道也。"《诗经·七月》:"女执懿筐,遵彼微行,爰求柔桑。"传:"微行,墙下径也。"《诗经·小弁》:"行有死人,尚或墐之。"笺:"行,道也。"引申之,也为行列之行。《诗经·常武》:"左右陈行,戒我师旅。"《经典释文》:"行,户刚反,列也。"《国语·晋语五》:"赵孟使人以其乘车干行。"注:"行,军列也。"再引申,指行伍之行。《左传·隐公十一年》:"郑伯使卒出豭,行出犬鸡。"注:"百人为卒,二十五人为行。行亦卒之行列。"行,户庚切,《广韵》:"行步也,适也,往也,去也。"《说文》:"行,人之步趋也。"《庄子·天地》:"行三十里而后愈。"《诗经·载驰》:"我行其野,芃芃其麦。"《诗经·击鼓》:"土国城漕,我独南行。"

针,职深切,《广韵》:"针线。鍼,上同。《说文》曰:'所以缝也'。"(《说文》:"缝,以针紩衣也。")《左传·成公二年》:"以执斲执针织纴。"《庄子·人间世》:"挫针治繲,足以糊口。"缄,古咸切,《广韵》:"缄封也。"《说文》:"缄,束箧也,从糸咸声。"《说苑·敬慎》:"三缄其口而铭其背。"《庄子·齐物论》:"其厌也如缄,以言其老洫也。"

坎,《广韵》:"陷也,又小罍也,形似壶;苦感切。"坎,《说文》:"陷也。"坎字也作臽,《广雅》:"臽,陷也。"也作埳,《广韵》:"埳陷。"《庄子·秋水》:"子独不闻夫臽井之蛙乎?"臽和井属于同义词。井,《说文》作阱,云:"阱者,大陷也。"臽,《广韵》:"小阱名也,苦感切。"臽,户韽切,《广韵》:"小坑。"《说文》:"臽,小阱也。""臽"是一个会意字,是"陷"的本字。陷,户韽切,《广韵》:"入地隤也。"

除了有插音/l/,上古汉语也有插音/r/。插音/r/后跟辅音声母融合成Cr-辅音丛。Cr-辅音丛后跟Cl-辅音丛合并为Cr-辅音丛,再演变成Cɣ-。当主元音是松元音时,Cɣ-声母中古汉语归入C_2-;当主元音是紧元音时,Cɣ-声母中古汉语归入C_3-。插音/r/跟/l/上古汉语的语法功能完全不同：前者是一个名谓化中缀，后者是一个名物化中缀。上古汉语插音/r/的语法功能笔者已有详细的论述，这里就不再重复了。正因上古汉语有两个不同的插音，夹杂在一等或三等谐声集合中的二等字，其所记录的语词，可以是名词，也可以是动词。当然，这并不意味着中古汉语的 C_2-就来自上古汉语的插音/l/或/r/。中古汉语的 C_2-有多个来源。有来自上古汉语 Cr-或 Cl-辅音丛，也有来自上古汉语词根辅音 l-或 r-和词头 C-的融合。

第四节　k-词头与流音

谐声系统是一个很有效率的系统，但并不是一个完美无缺的系统。谐声的运行是很有规则的，但并不意味着所有的谐声字必定符合谐声规则。字书《说文》或者韵书《广韵》中所收集的谐声字并不是同一时代或者同一地域的产物。假若从不同的时代或地域去观察这些谐声字，无疑会发现许多谐声字溢出规则之外。中古汉语的边音 l-和软腭音 C-可以谐声，而跟边音 l-谐声的则是中古汉语软腭塞音 C_2-/C_3-。然而，除软腭音 C_2-/C_3-外，软腭音 C_1-偶尔也会跟边音 l-谐声。中古汉语的软腭音 C_1-，上古汉语只是一个简单的软腭音 *C-。不论是从发音部位还是发音方法看，软腭音 C-跟边音 l-、颤音 r-都不属于同类辅音，自然不应该构成谐声关系，而且是两个对立的辅音音位。这说明中古汉语的软腭音 C_1-和边音 l-谐声不符合谐声规则。

濼，卢谷切，《广韵》："水名。"
濼，卢毒切，《广韵》："水名，在济阳。"
濼，卢各切，《广韵》："水名，在济南。"
濼，普木切，《广韵》："齐鲁间水名，《左传》云'公会齐侯于濼'。"

那条"在济南"的河流竟然有四种不同的读音。这就不能不让人怀疑陆法言只是对这些材料依照"纲纪"进行分类，而没有对这些材料的可靠性进行客观的订正。因而我们在使用这些材料的时候不能不保持足够的警惕。《广韵》固然是一部以某一具体方言的语音系统作为“纲纪”编写成的韵书。但是,所搜集的材料并非都是同质的,有不少异质成分。其搜集的文字是由不同历史时期以及不同地域创制出来并聚集在一起的。我们不能把其中所有内容一一投射到上古汉语,比如“父”和“爸”。

父,《广韵》:“《说文》曰‘父,矩也,家长率教者;扶雨切’。”爸,《广韵》:“父也,捕可切。”爸,从“巴伯加切”声。母,《广韵》:“父母,莫厚切。”妈,《广韵》:“母也,莫补切。”姥,《广韵》:“老母,或作姆,女师也,莫补切。”妈,从“马莫下切”声。

上古汉语的元音 a,中古汉语演变成了 o>u。但是,一部分语词语音演变滞后主元音仍然保持-a 不变。中古汉语的二等麻韵主元音为-a。于是,利用麻韵字给这些本来已经有记录文字但口语跟书面语读音不同的语词再创制记录文字。中古汉语歌韵的主元音是-ɑ。爸,本应该归麻韵 a,但某些方言麻/歌合韵而《广韵》归入歌韵 ɑ。

表 7.26　读入二等的拟声词(字)

喔	於角切	《广韵》:鸡声。	唉	於骇切	《广韵》:饱声。
哑	衣嫁切	《广韵》:哑哑,乌声。	哑	於革切	《广韵》:笑声。
咙	於革切	《广韵》:咙喔,鸟声。	哑	乌格切	《广韵》:笑声。
噫	乌界切	《广韵》:噫气。	呃	乌界切	《广韵》:不平声。
軪	於交切	《广韵》:车声也。	呹	於交切	《广韵》:呹咋,多声。
鱠	乌快切	《广韵》:喘息声。	餧	於犗切	《广韵》:通食气也。
瘷	乌懈切	《广韵》:病声。	嘤	乌茎切	《广韵》:鸟声。
啁	许下切	《广韵》:大笑。	欹	枯驾切	《广韵》:大笑。
譮	许介切	《广韵》:怒声。	嚇	呼讶切	《广韵》:笑声。
咶	火夬切	《广韵》:息声。	齂	许介切	《广韵》:鼻息。

这些都是描摹声音的语词。显然，我们不会因为韵图归二等而认为《广韵》之前的汉语含有一个边音-l-或者颤音-r-。创制这些记录拟声词的文字的年代，这些语词也不含有边音-l-或者颤音-r-。嚇(吓)，现代记录文字实际就是“哈”，其语音形式是 xa～ha 等。《韵镜》等书划分二等主要是根据主元音，而且有时候排列也有明显的人为色彩。语词的语音演变也不完全一致。尤其是语气词，因其带有明显的非语言特色，很少跟着语音演变的规律而演变。于是，我们的先人往往会利用现有的文字或创制新的文字来记录语言中“没有文字记录”的语词，比如“嚇”。嚇，字本作“赫”。赫，《说文》：“火赤貌，从二赤。”显然，作为语气词记录的“赫”跟文字“赫”的本义无关，后为了分别，加“口”作“嚇”。作为语气词的记录文字，“嚇”较早时候已经出现。《庄子・秋水》：“仰而视之曰‘嚇’。”《经典释文》：“嚇，本亦作呼，同许嫁反，又许伯反。司马云：‘嚇，怒其声，恐其夺已也’。”《庄子》的“嚇”也应该是一个 xa～ha。我们不能因为韵图归二等而给这些语词添加一个-l-或-r-。

乌，哀都切，《广韵》：“《说文》曰‘孝乌也’。”《诗经・北风》：“莫赤匪狐，莫黑匪乌。”哑，《广韵》：“哑哑，乌声，衣嫁切。”哑，是描摹乌鸦鸣叫声的拟声词。我们的先人就是根据乌鸦鸣叫声将乌鸦命名为“乌”。鸦，於加切，《广韵》：“乌别名。”《庄子・齐物论》：“鸱鸦嗜鼠。”“鸦”也是根据乌鸦鸣叫声命名，也即“鸦”等于“乌”。这是两个不同时期、不同地域创造出来的文字，同“父”和“爸”。

语气词“与”《庄子》中换成了“邪”。我们从文字记录形式来看，起码庄子时代魚部已经开始分裂。同样，我们可以断定《广韵》归入二等韵的一些语词在庄子时代就已经失落了辅音和元音之间的流音 /l/ 或 /r/。我们不能因为某一文字《广韵》归二等就认为上古汉语有流音 /l/ 或 /r/。上古汉语的流音 /l/ 或 /r/ 和《广韵》归入二等没有必然的联系。《广韵》归二等上古汉语未必一定有流音 /l/ 或 /r/，上古汉语有流音 /l/ 或 /r/《广韵》未必归二等。

各，古落切，《广韵》：“《说文》云‘异词也’。”“各”记录的是一个意义跟“出”相对的语词，如《克鼎》“王各穆庙”，《颂壶》“王各大室”等。后字也作“佫”。佫，古伯切，《广韵》：“至也，亦作假。”文献多写作“格”。《诗经·楚茨》：“神保是格。”传：“格，来。”《诗经·抑》：“神之格思。”传：“格，至也。”格，古伯切，《广韵》：“《书》传云‘来也’；《尔雅》云‘至也’。”《尔雅》：“格，至也。”又“格，来也。”落，甲骨文中本亦只作“各”，如《粹》(1278)，“各日，王受又”；或作“格”，《史记·酷吏列传》“格长”，集解：“徐广曰‘(格)一作落’。古‘村落’字亦作格。”字也写作“徦”“假”。《说文》：“徦，至也。”假，《说文》：“一曰至也。”徦、假，《广韵》古雅切，且同声符字都为 C$_2$-。格，《广韵》音“古落切”“古伯切”。各，中古音 kɑk；格，中古音 kɑk～kak。落，中古音 lɑk。

表 7.27 “各”声字藏语对应表

胳	古落切	《说文》：腋下也。	lag-pa	手、动物的前肢或前腿
格	古伯切	《尔雅》：至也。	hlags-pa	到来，来临、达到
赂	洛故切	《说文》：遗也。	hlags-pa	交付、委托
略	离灼切	《广韵》：法也。	g-lags	计策、办法

上表藏语材料来自《藏语大辞典》(张怡荪，1999)。

汉藏对应所反映出来的语音关系正跟谐声集合“各”声字《广韵》多读边音 l-正好一致。格，古落切，《广韵》：“树枝。”胳，古落切，《广韵》：“胳腋。”袼，古落切，《广韵》：“袼褙也，又袂也。”格、胳、袼，属于同族词且《广韵》同音“古落切”(kɑk)。格、胳、袼三词分别对应藏缅语的“树枝”“手”“袖子”三词，如彝语 lo^{55}、哈尼语 la̱^{31}：

表 7.28 “各”声字藏缅语对应表

词义	藏语	却域语	纳木兹语	缅语	彝语	哈尼语	纳西语	中古汉语
树枝		la^{55}	læ^{31}		lo^{55}	la̱^{31}	lɑ^{21}	格 kɑk
手	lag	le^{55}	læ^{31}	lɑk	lo^{55}	la̱^{31}	lɑ^{21}	胳 kɑk
袖子		le^{55}	læ^{31}	lɑk	lo^{55}	la̱^{31}	lɑ^{21}	袼 kɑk

上表藏缅语材料来自《藏缅语族语言词汇》(黄布凡，1992)。

依照谐声关系以及同源词的语音形式看,“各”以及个从“各”声《广韵》读 C_1-的字应该有 C_2-一读。格,《广韵》音 kɑk 和 kak 两音。胳,尽管只有 kɑk 一音,但是文献中多跟“骼”通用。《仪礼·乡饮酒礼》:“介俎,脊、胁、肫、胳、肺。”注:“今文胳作骼。”《经典释文》:“胳音格,又音各。”貉,《广韵》也有 C_1-(下各切)和 C_2-(莫白切)两音。不仅 C_1-和 C_2-异读,两者交替还可以组成同族词。

恪,苦各切,《广韵》:“敬也。”《说文》:“愙(恪),敬也。从心客声。”段玉裁注:“当作从心客,客亦声。”《诗经·那》:“温恭朝夕,执事有恪。”传:“恪,敬也。”《左传·襄公二十三年》:“敬共朝夕,恪居官次。”《经典释文》:“恪,苦各反。”客,苦格切,《广韵》:“宾客。”《诗经·吉日》:“以御宾客,且以酌醴。”毛传:“宾客,谓诸侯也。”《左传·襄公二十三年》:“季氏饮大夫酒,臧纥为客。”注:“为上宾。”

显然,“客”是附加插音 /l/ 的派生形式。然而,“恪”《说文》从“客”声,而“客”又从“各”声。可见,“各”声又隐含着一个 C_1-谐声系列。词根辅音 C-和插音 /l/ 和 /r/ 融合成辅音丛,再演变成中古汉语的 C_2-。同样,上古汉语的词根辅音 /l/ 和 /r/ 跟词头辅音 C-也融合成辅音丛,再演变成中古汉语的 C_2-。于是,两个原来不同来源的 C_2-合流。由此,边音 l-偶尔出现 C_1-谐声。

螺,落戈切,《广韵》:“蚌属。蠃,上同。”《周礼·天官·冢宰》:“共麠蠃蚳,以授醢人。”《经典释文》:“蠃,郎戈反。”《韩非子·外储说右上》:“市木之价不加贵于山,泽之鱼盐龟鳖蠃蚌不加贵于海。”蜗,古华切,《广韵》:“蜗牛,小螺。”蜗,古蛙切,《广韵》:“蜗牛,小螺。”《说文》:“蜗,蜗蠃也。从虫咼声。”《庄子·则阳》:“有国于蜗之左角者曰触氏,有国于蜗之右角者曰蛮氏。”《经典释文》:“蜗,音瓜,郭音戈,李云‘蜗虫有两角,俗谓之蜗牛’;《三苍》云‘小牛螺也’。”《礼记·内则》:“蜗醢,而苽食。”《经典释文》:“蜗,力戈反。”腡,落戈切,《广韵》:“手指文也。”腡,古蛙切,《广韵》:“手理也。”因手指纹呈螺旋形,因而名之曰“蠃”。“咼”声字,《广韵》有 C_1-,如“过”“祸”等。

表 7.29 “各”声符谐声表

	l_1-	l_3-	k_1-	k_2-	k_3-	kh_1-	kh_2-	kh_3-	$ɣ_1$-	$ɣ_2$-	g-	$ŋ_1$-	$ŋ_2$-	$ŋ_3$-
各	洛	略	各	格		恪	客		貉	格			額	
果	裸		果	婐		棵			夥	踝				
兼	爁	廉	兼	尶		歉	歉	嵰	嫌	蹥			顜	顜

中古汉语边音 l-跟软腭音 C_1-接触的事例很少,只能算是一种谐声关系的例外。“兼”声符字,中古汉语有读 C_1-(四等),有读 C_2-。但是,读 C_2-的字很少而且都是出现时间极晚的后起字和冷僻字。我们认为“兼”声也应该属于三等系列,后因三等鹽韵和四等添韵混同而失落介音-i-中古汉语入 C_1-。除此之外,跟 C_1-谐声的只有“裸”字。

果,古火切,《广韵》:“亦木实。”《说文》:“果,木实也。”蓏,郎果切,《广韵》:“果蓏。”《说文》:“蓏,在木曰果,在地曰蓏。”果,中古音 kua^B;蓏,中古音 lua^B。《周礼·天官·冢宰》:“共野果蓏之荐。”《经典释文》:“蓏,力果切。”《周礼·地官·场人》:“树之果蓏珍异之物。”《管子·禁藏》:“果蓏素食当十石。”又《宙合》:“春采生,秋采蓏。”蓏,字本也作“羸”。《诗经·东山》:“果羸之实,亦施于宇。”传:“果羸,栝楼也。”《尔雅》:“果羸之实,栝楼。”果,果蓏(羸),蓏,三者的演变路线是果>果蓏>蓏。《周礼·春官·宗伯》:“东龟曰果属。”注:“杜子春读果为羸。”《经典释文》:“果,鲁火反,注‘羸’同。”果读为羸,即蓏也。裸,郎果切,《广韵》:“赤体,《说文》曰‘袒也;躶、羸,并上同’。”《左传·昭公三十二年》:“赵简子梦童子羸而转以歌。”《经典释文》:“羸,本又作羸,力果切。”《左传·哀公七年》:“断发文身,羸以为饰。”《经典释文》:“羸,本又作裸,力果反。”显然,“羸”是早期文字,而“裸”是由“羸”省形而创制出来的后起字。

剔除几个冷僻的后起字,中古汉语的软腭塞音 C_1-跟边音 l-并没有真正的接触。软腭塞音 C_1-和 C_2-在谐声系统中出现的语音条件很不同。中古汉语的软腭音 C_2-跟边音 l-有谐声关系。因而依据谐声关系，雅洪托夫将中古汉语软腭音 C_2-上古汉语的读音构拟为 Cl-。既然跟边音 l-谐声的软腭音 C_2-被构拟为 Cl-，跟软腭音 C_2-谐声的边音 l_1-由此被构拟为 Cl-。那么，Cl-中的 C-到底是什么辅音呢？软腭音 C-跟边音 l-的谐声问题早就已经被高本汉注意到。高本汉认为辅音丛 Cl-的 C-是软腭浊塞音 g-。高本汉的这一假设为后来的学者所接受。辅音清浊交替是谐声通则之一。边音 l_1-假若是 gl-，那么边音 l_1-和软腭塞音 C_2-之间的关系就可以解释为辅音清浊之间的交替，即 gl-/kl-。比如角，《广韵》古岳切，又音庐角切；拣，《广韵》古限切，又音郎甸切。软腭塞音 C_2-和边音 l_1-的异读跟两者文字替换并没有本质上的区别。文字替换等于一个语词有两个或两个以上的文字，比如“革”。

鞯，古核切，《广韵》：“辔首。”鞯，《尔雅》字作“革”。《尔雅》：“辔首谓之革。”此意义字也作“勒”。勒，《广韵》：“《邺中记》曰‘石虎讳勒，呼马勒为辔’，卢则切。”《汉书·匈奴传》：“鞍勒一具。”师古注：“勒，马辔也。”《易经》“革卦”，汉帛书也作“勒卦”。就《易经》这一卦名而言，“革”和“勒”是同一语词的两个不同的书写文字。《诗经·斯干》：“如鸟斯革。”传：“革，翼也。”《经典释文》：“革，韩《诗》作‘勒’。”

要是依照高本汉的假设把“勒”字的上古汉语读音构拟为 glek，那么跟 klek“革”之间的通假关系就可以解释为是辅音清浊之间的交替。但这种构拟不仅危险而且不符合上古汉语的实际。软腭音 k-/kh-/ŋ-/ɣ-/x-都可以跟二等韵组合，而且软腭音 $ɣ_2$-/k_2-上古汉语是一对清浊对立的辅音。假若把边音 l_1-的上古汉语读音构拟为 gl-，会跟软腭音 $ɣ_2$＜gl-冲突。可以说，无论把 Cl-中的辅音 C-构拟为软腭音中的任何一个都会跟中古汉语的软腭音冲突。这种冲突并不是个别现象，显然不能用语音演变过程中的个别例外加以解释。

表 7.30　边音与非边音谐声表

	l-	k-	kh-	g-	ŋ-	x-	ɣ-	ʔ-	p-	ph-	b-	m-	t_3-	th_3-	d_3-	n_3-	ʂ-
龍	龍	龔									龐	龍		寵			瀧
婁	婁	屨		窶													數
䜌	巒	攣						彎	變			蠻					
翏	翏	膠		璆		嘐	㺒					繆		瘳			
林	林	禁		噤										郴			罧
廩	廩			凜					稟								
录	录	觮							剥								
立	立		泣	位													
京	凉	京		黥				影									
各	洛	各	客		額		貉					貉					
鬲	鬲	鬲	𥜽		鞷		翮										
鑒	籃	鑒					檻										

边音 l-主要是自我谐声,但也可以跟其他非同类辅音谐声。跟软腭音谐声的边音 l-可以组成两种不同的谐声集合:以边音为主的谐声集合和以软腭音为主的谐声集合。两者最大的差别是:前者主要是边音 l-而夹杂其他辅音,而后者主要是其他辅音夹杂边音 l-。非常清楚,边音 l-自成系列而软腭音 k-自成系列,两者上古汉语并不完全相同。

表 7.31　見母,來母异读表

拣	古限切	《广韵》:拣择。	郎甸切	《广韵》:拣择。
脶	古蛙切	《广韵》:手理也。	落戈切	《广韵》:手指文也。
角	古岳切	《广韵》:兽角也。	卢谷切	《广韵》:角里先生,汉时四皓名。

续　表

鬲	古核切	《广韵》：县名，在太原。	郎击切	《广韵》：鼎款足者谓之鬲。
纶	古顽切	《广韵》：青丝绶也。	力迍切	《广韵》：丝纶。
摎	古肴切	《广韵》：束也，挠也。	力求切	《广韵》：绞缚杀也。
䚄	古岳切	《广韵》：乐器。	卢谷切	《广韵》：东方音。

辅音清浊谐声是一条极其重要的谐声通则。因而中古汉语边音 l-的上古读音不论构拟成何种类型的复辅音 Cl-，都注定边音 l-不可能自成系统。这可以比较软腭音 k-。软腭音 k-很少自我谐声。我们难以根据谐声关系给软腭音 k-/ɣ-/g-划出一条清晰的界线。边音 l-则不同。边音 l-确实跟软腭音 C-有谐声关系，但是边音 l-还是自成系统。比如"婁"声符，沈兼士主编的《广韵声系》所列共有 85 个字，其中读软腭塞音 k-的有 1 字、读软腭塞音 g-的有 2 字、读卷舌擦音 ʂ-的有 4 字、读齿龈擦 s-的有 3 字，其余全是边音 l-。边音是边音，软腭音是软腭音。我们绝不能把边音 l-跟软腭音 k-混在一起。中古汉语的边音 l-要是构拟为 gl-，姑且不论这一构拟会跟软腭音 $ɣ_2$＜gl-对立，更不能解释谐声系统中边音 l-的谐声问题。边音 l-尽管和软腭音 k-谐声，但也可以和其他辅音比如双唇音谐声，详细情况见上表。尤其是同一谐声声符，软腭音 k-和双唇音 p-共存。这是边音 l-谐声的一个普遍现象。比如"翏""龍"等声符，都是同一声符软腭音 k-和双唇音 p-并存。复辅音是两个或数个辅音的有机组合。这两个或数个辅音彼此之间是不能分离的。要是把边音 l-构拟为含有软腭塞辅音的复辅音，那么就无法解释跟双唇音或其他辅音的谐声关系；同样，要是把边音 l-构拟为含有双唇塞辅音的复辅音，那么就无法解释与之共存的软腭音。

边音 l-的谐声关系复杂，即使是同一声符，也不仅仅局限某一类辅音，而是多种发音部位、发音方法都不相同的辅音共存。我们不论把边音 l-拟为何种模式的复辅音都会跟边音 l-的谐声事实相矛盾。边音 l_3-确实和藏语的 gr-、br-、dr-对应，但是我们必须清楚藏语辅音丛的 g-、b-、d-是构词词头。藏语的 g-、b-、d-是成音节的。边音 l_3-跟藏语的 gr-、br-、dr-实质上是跟颤音 r-对应。故此，中古边音 l-上古只能是单辅音,只不过以这个辅音为声母的语词可以附加构词词头。这样就可以合理地解释边音 l-复杂的谐声关系。这跟藏语同一词根附加不同的词缀构成复杂多样的同族词是一样的。边音 l-跟软腭音、双唇音等谐声是通过词头来实现的。

表 7.32　侗台语语音对应表

词义	布央语	横县壮语	邕南壮语	来宾壮语	武鸣壮语	布依语	侗南方言	普标语
鼓	qa-lɔŋ^{312}	kloːŋ^{1}	kloːŋ^{1}	kɣoːŋ^{1}	kjoːŋ^{1}	tɕoŋ^{1}	kuŋ^{1}	luŋ^{33}
吞	qa-lɔn^{312}		klan^{1}	kɣaːn^{1}	kjaːn^{1}			laːn^{45}
秧	qa-la^{11}	kla^{3}	kla^{3}	kɣa^{3}	kja^{3}	tɕa^{3}	ka^{3}	
远	qa-li^{24}	klai^{1}	klai^{1}	kɣai^{1}	kjai^{1}	tɕai^{1}	kai^{33}	ɬai^{1}

上表布央语材料来自《布央语研究》(李锦芳,1999),普标语材料来自《普标语研究》(梁敏、张均如、李云兵,2007),壮语材料来自《壮语方言研究》(张均如等,1999),其他侗台语(布依语、侗南方言)材料来自《侗台语族概论》(梁敏、张均如,1996)。

布央语的词头 qa-,壮语已经跟词根完全融合。汉语的情况跟壮语相似。上古汉语的词头,如果出现在以边音或颤音为词根声母的词根前面,那么词头跟词根则融合成了单音节语词。其中,词头的声母变成了中古汉语的“声母”。中古汉语的边音 l-上古汉语只有一个单一的颤音/边音,但是以颤音/边音起首的词根可以附加不同形式的词头。这些附加在词根前的词头,其起首辅音可以是软腭音,也可以是双唇音等。随着词头跟词根的融合,这些起首辅音就成了中古汉语的声母。于是,从《广韵》所记录的语音形式看谐声,就会发现同一声符可以有软腭音,也可以有双唇音等。但是,这些词头起首辅音只是跟词根声母融合而不是代替词根起首辅音。因而我们仍可以从这些“声母”中找到颤音/边音的痕迹。

不同的语言对多音节语词的压缩方式是不一样的。同一形式的语词在不同的语言中语音形式会变得完全不同。根据谐声词根必须同音的谐声原则,上古汉语的插音/l/使中古汉语的软腭音 C_1-跟 C_2-之间建立了联系。但是,对于软腭音 C-而言,附加插音/l/构成的 C_2,其词根自然仍然是 C_1-。因而中古汉语的软腭塞音 C_1-不能跟边音 l-组成谐声集合。中古汉语的软腭塞音跟边音组成谐声集合,上面已经讨论了,是词头 C-参与的结果。中古汉语的边音分别来自上古汉语的边音和颤音。

表 7.33　汉藏语语言对音表

冀	几利切	《国语·鲁语》注：望也。	re-ba	希望、欲想
竟	居庆切	《广雅》：穷也。	raŋs-po	整个、全体
矜	居陵切	《经典释文》：矜，字或作鳏。	reŋ-bu	孤单、单独

藏语材料来自《藏汉大辞典》(张怡荪，1999)。

藏语以颤音 r-为声母的词根可以附加 g-词头构成一个同族词，如 rogs-pa、grogs-pa"朋友"。这些由附加 g-词头构成的语词还可以附加 d-、b-、ɦ-词头，如 ɦ-grogs-pa"交结、亲近"。软腭音 k-跟边音 l-谐声事实上就是藏语带词头的 gr-和不带词头的 r-之间的关系。上古汉语声母为边音 l-的词根理应可以附加 k-词头，那么声母为颤音 r-的词头自然也可以附加 k-词头。这个词头 k-后来跟词根声母 r-融合成 kr-辅音丛。上古汉语松紧元音对立，两者又可以交替。因而三等和非三等有清晰的界线，又可以谐声。软腭音 k-如此，边音 l-也应该如此。中古汉语的边音 l-排斥二等韵，而二等韵恰好跟边音 l-谐声。依照侗台语 kl-、kr-辅音丛的语音演变模式以及《广韵》二等韵主元音为前低元音-a 或半低元音-ɛ 的语言事实，上古汉语的 *kl-和 *kr-辅音丛应该先合并为 kr-辅音丛，介音经过一个-ɣ-阶段再失落。

边音 l-可以和软腭音 k-谐声，但是组成的谐声集合大抵自成系统。由边音 l-组成的谐声集合，只是偶然夹杂着个别的软腭音 k-。这是其词根辅音是颤音 l-/r-，中古读软腭音 k-的则来自词头 k-。因而边音 l-和软腭音 k-可以异读，可以通假。上古汉语有 m-、s-词头，这些词头也可以附加在以颤音 l-/r-的词根之前。词头辅音 m-、s-和词根起首辅音 l-/r-融合而演变成中古汉语的 m-、th-、ʂ-等声母。于是，边音 l-组成的谐声集合，并非只有软腭音，也可以有唇鼻音 m-、齿龈送气清塞音 th_1-/th_3-和卷舌擦音 ʂ-。它们彼此构成谐声关系只是由于它们彼此之间所附加的构词词头不同罢了。我们不能只看到边音 l-跟软腭音 k-谐声而忽略跟唇鼻音 m-、齿龈送气塞音 th-、卷舌擦音 ʂ-之间的谐声关系,或者只看到跟唇鼻音 m-、齿龈送气塞音 th-、卷舌擦音 ʂ-之间的谐声关系而忽略跟软腭音 k-之间的谐声关系。

中古汉语的软腭塞音 k_2-上古汉语有三个来源：1）辅音丛,2）词头辅音 k-和词根辅音的融合,3）词根辅音 k-和插音 /l/或 /r/的融合。依据谐声关系以及文字借用,大抵可以确定上古汉语如同书面藏语只有一套 cr-模式的辅音丛。自雅洪托夫以来,这一点已经得到了学界的肯定。第一个来源的软腭塞音 k_2-上古汉语为 *kr-。谐声系统中,软腭音自我谐声,偶尔也可以跟边音 l-谐声。第二个来源的软腭塞音 k_2-上古汉语可以是 *kr-,也可以是 kl-。谐声系统中,边音 l-自我谐声,偶尔可以跟软腭音 k-谐声。第三个来源的软腭塞音 k_2-上古汉语是由词根辅音 *k-与插音 /l/或 /r/融合成的辅音丛 *kl-/*kr-。谐声系统中,这些软腭音自我谐声,不跟边音 l-谐声。

表 7.34 边音 l-与半元音 j-谐声表

	j-	l_1-	l_3-	k-	kh-	g-	ŋ-	x-	ɣ-	ʔ-	p-	ph-	b-	m-
鹽	鹽	藍		監	嚂				艦					
樂	藥	樂	療				樂					濼		
聿	聿		律								筆			
立	位	拉	立		泣	苙[i]								

[i] 苙,力入切,《广韵》:“白芷。”苙,其立切,《广韵》:“白芷。”《方言》:“苙,圂也。”郭注:“(苙)谓栏圂也,音立。”《孟子·尽心下》:“如追放豚,既入其苙,又从而招之”注:“苙,栏也。”音义:“苙,丁音立,栏也,圈也。”

中古汉语的半元音 j_w-或软腭浊擦音 $ɣ_3$-很少跟边音 l-组成谐声集合,而上述谐声集合属于特例。这些中古汉语的半元音 j_w-,实际上是由软腭浊擦音 $ɣ_3$-失落为软腭浊擦音 ɣ-后演变来的。即使如此,涉及软腭浊擦音 $ɣ_3$-和边音 l-谐声关系的字也罕少。

立,力入切,《广韵》:“行立,又住也。”《周礼·春官·宗伯》:“小宗伯之职,掌建国之神位。”注:“故书位作立。郑司农云‘立读为位。古者立、位同字’。古文《春秋经》‘公即位’为‘公即立’。”位，于愧切，《广韵》：“正也，列也，莅也，中庭之左右谓之位。”《论语·里仁》：“不患无位，患所以立；不患莫己知，求为可知也。”站，缅语 rap、景颇语 $tsap^{55}$、嘉戎语 kɑ-rjɑp；哭，图隆语 khrap、加罗语 grap、景颇语 $khʒap^{31}$ 等。前者白保罗构拟为 *g-rjap 而后者构拟为 *krap。这两个语词正好对应上古汉语的“立”和“泣”。“立”和“位”为一对名、动转换的同族词。上古汉语名、动之间转换的手段正是中古汉语的非去声和去声，而这跟“立”和“位”的声调相对应。莅，力至切，《广韵》：“临也，亦作莅。”《诗经·采芑》：“方叔涖止。”传：“涖，临。”《经典释文》：“涖，本又作莅，音利，又音类。”《左传·隐公四年》：“陈人执之而请莅于卫。”《经典释文》：“莅，音利，又音类。”《说文》字作“竦”。《六书故》：“书传皆借用涖，亦借用莅。《易》‘君子以莅众，用晦而明’。”

藏语动词的既事式可以由词根附加 b……s 构成，也可以由词根附加 g……s 构成，如 ɦdʑib-pa“吸吮”的既事式 g-ʑibs-pa，ɦdoms-pa“教导、讲说”的既事式 g-dams-pa。谐声集合，“位”从“立”声且有软腭塞音，如“泣”。前面已经列举，藏缅语的词根 g-戎语支语言演变成小舌音 ʁ-，且“立”的藏缅语共同形式为 *g-rjap。中古汉语的软腭浊擦音 $ɣ_3$-有多少是来自上古汉语？除下面将要讨论的来源外，上古汉语个别软腭浊塞音 g-跟三等韵组合时也可以演变成软腭浊擦音 $ɣ_3$-。馌，筠辄切，《广韵》：“饷田。”《说文》：“馌，饷田也，从食盍声，《诗》曰‘馌彼南亩’。”葉部软腭浊塞音 g-无字。可见，“馌”原本应该入上古汉语软腭浊塞音而擦化成中古汉语软腭浊擦音 $ɣ_3$-。同样，“立”声字至韵软腭浊塞音 g-无字，软腭浊擦音 $ɣ_3$-正填补了这个空缺。因而上古汉语“位”应该是 *g-ru̠ps。

昱，余六切，《广韵》：“日光。”《说文》：“昱，明日也。从日立声。”煜，余六切，《广韵》：“火光，又耀也。”《说文》：“煜，熠也。从火昱声。”上古汉语的-um 部分演变成了中古汉语的 uŋ。与 um 相平行，up 韵母演变成 uk，归入屋韵三等。

盐，《说文》：“咸也，从卤监声；古者，宿沙初作煮海盐。”盐，《广韵》：

“《说文》曰‘咸也,古者,宿沙初作煮海为盐’,余廉切。”《左传·昭公三年》:“山木如市弗加于山,鱼盐蜃蛤弗加于海。”《周礼·天官·冢宰》:“盐人,掌盐之政令,以共百事之盐。”盐,Indonesian(印尼语)garam,Malay(马来语)garam,Aceh(亚齐语)garam、Iban(伊班语)garam 等①。

聿,《广韵》:“循也,遂也,述也,《说文》曰‘所以书也,楚谓之聿、吴谓之不律、燕谓之弗、秦谓之笔’,余律切。”聿,《说文》:“所以书也,楚谓之聿,吴谓之不律,燕谓之弗。”《诗经·文王》:“无念尔祖,聿修厥德。”《经典释文》:“聿修:于必反,述也。”《诗经·蟋蟀》:“蟋蟀在堂,岁聿其莫。”《经典释文》:“聿,允橘反。”律,《广韵》:“律吕,又律法也,滤恤切。”《尔雅》:“律、遹,述也。”郝懿行义疏:“律,通作聿。”

药,《说文》:“治病草,从草乐声。”药,《广韵》:“《说文》云‘治病草’《礼》云‘医不三世不服’,以灼切。”《诗经·板》:“多将熇熇,不可救药。”《左传·襄公二十六年》:“不可救疗,所谓不能也。”《经典释文》:“疗,力召切。”疗,《广韵》:“疗病,《说文》‘治也’,力照切。”疗,《说文》:“治也,从疒乐声。”字也只写作“乐”。《诗经·衡门》:“泌之洋洋,可以乐饥。”《经典释文》:“乐,本又作疗,郑力召反。”《列女传·楚老莱妻》引《诗》作“可以疗饥”。“药”和“疗”是一对同族词,且后者是前者的动词形式。依据上古汉语的语法变音规则,名词附加-s 韵尾派生动词。“药”和“疗”之间的语音关系正是前者为入声而后者为去声。如此,语词“药”的词根辅音也应该是颤音 r-。

表 7.35　苗瑶语颤音 *r-对应表

词义	养蒿	枫香	大南山	绞坨	摆托	团坡	野鸡坡	虎形山
梨	ɣa^{55}	ɣa^{24}	ʐua^{31}	ʐɑ^{53}	vo^{54}	vu^{55}	wja^{31}	wjei^{33}
龙	ɣoŋ^{55}	ɣaŋ^{24}	ʐaŋ^{31}	ʐɑŋ^{53}	vɑŋ^{54}	vaŋ^{55}	wjoŋ^{31}	juŋ^{33}
锐利	ɣa^{13}	ɣa^{31}	ʐua^{13}				wja^{24}	

上表材料来自《苗瑶语古音构拟》(王辅世、毛宗武,1995)。

① 南岛语材料来自 *Comparative Austronesian Dictionary*(Darrell T. Tryon 1995,Mouton de Gruyter)。

颤音 r-,侗台语、苗瑶语族不同语言的读音差异极大。依照演变形式,颤音 r-在壮语一些方言衍生出软腭浊擦音 ɣ-(壮语邕南方言等只有声门擦音 h-而没有软腭擦音 x-)。颤音 r-在壮语一些方言中的演变路径应该是：r-＞ɣr-＞ɣl-＞hl-＞hj-。因而邕南方言的 hl-,上、中楞片土语已经演变成了辅音丛 hj-。苗瑶语则因小舌音发达而一些方言衍生出小舌浊擦音 ʁ-,也即 r-＞ʁr-＞wr-＞wj-＞v-。中古汉语软腭浊塞音 g-只出现在介音-i-或-j-前,而软腭浊擦音 ɣ-则出现在非介音-i-/-j-前。可见,上古汉语软腭浊塞音 g-得以保存的语音条件是介音-i- 或-j-。上古汉语的词头 g-本应该跟词根辅音 r-融合而成辅音丛 gr-。当主元音是紧元音时,上古汉语的辅音丛 gr-受介音-i-的影响也变成了直接跟介音-i-接触的软腭浊塞音 g-。但是,因有颤音阻隔,软腭浊塞音 g-也弱化为软腭浊擦音 ɣ-。这种弱化广泛见于藏缅语戎语支语言。上述几个中古读半元音 j_w-的则来自上古汉语的辅音丛 gr-。这些中古汉语的半元音 j_w-是原本属于软腭浊擦音 $ɣ_3$-失落了起首软腭浊擦音 ɣ-后,并入到了中古汉语的半元音 j_w-。

第五节 s-或 m-词头与流音

书面藏语词头 s-语法意义丰富而且相当活跃。这个词头 s-可以附加在以 l-/r-为词根起首辅音的词根之前,跟词根起首辅音组合成辅音丛 sl-/sr-。这两个辅音丛,藏语演变很不同。前一个辅音丛藏语方言通常失落 s-变成单辅音声母 l-,如拉萨 ləp^{52}“学习”(书面藏语 slob);错那门巴语 lop、墨脱门巴语 lam。后一个辅音丛 sr-,藏语方言或为卷舌擦音 ʂ-,或为卷舌塞擦音 tʂ-,如拉萨 tʂam^{55}、夏河 ʂam“水獭”(书面藏语 sram)。不过,也有一些藏缅语族语言抛弃了词根辅音,如墨脱门巴语 sam、阿昌语 sam^{55}“水獭”。

表 7.36 藏语同根词表

sriŋ-ba	延长、拖延、增大	riŋ	长、时间久距离远		
srib	黑暗、阴暗面	grib-ma	影子		
srul-ba	腐烂、霉烂	rul-ba	腐烂、朽败、坏烂	ɦdrul-ba	腐烂、腐蚀

续 表

sre-ba	混合、搀杂			ɦdre-ba	混合、夹杂、搀和
sreg-pa	烧、焚烧			ɦdregs-pa	焦、烤焦
srog	命、生命	rog-ma	胞衣、胎盘		
sro-ba	晒干、烤热、取暖	dro-ba	温、热、暖		
sroŋ-ba	矫正、弄直、拉直	draŋ-po	直	ɦdroŋ	端直、直

上表藏语材料来自《藏汉大辞典》(张怡荪,1999)。

书面藏语的词头 s-常跟词头 ɦ-等交替组成数量可观的同族词。带词头 ɦ-的颤音 r-后衍生出浊塞音-d-而演变成 ɦdr-辅音丛。对此,李方桂(1933)曾经有过一个较为详细的讨论①。藏语的边音 l-跟词缀 C-融合成 Cl-辅音丛,如 slu-ba“诱、欺骗”等。跟颤音 r-相平行,带词头 ɦ-的边音 l-变成了 ld-辅音丛,如 ldoŋ-ba“瞎子”、mdoŋs-pa“瞎子”、loŋ-pa“瞎、盲”等。谐声系统里面,中古汉语的卷舌擦音 ʂ-可以跟边音 l-共同组成一个谐声集合。

表 7.37　卷舌擦音ʂ与边音 l-谐声表

	l_1-	l_3-	s_1-	s_3-	ʂ-	ts_1-	tsh_1-	dz_1-	ts_3-	tsh_3-	dz_3-	tʂ-	tʂh-	dʐ-
婁	婁	婁	藪		數									
䜌	巒	攣			孿									
林	婪	林			罧									
麗	麗	酈			釃									
龍	礱	龍			瀧									
立	拉	立	颯											

① Li, Fang-kuei, 1933. Certain phonetic influences of the Tibetan prefixes upon the root initials, *BIHP*, 4.2: 135－157.

续　表

	l_1-	l_3-	s_1-	s_3-	ʂ-	ts_1-	tsh_1-	dz_1-	ts_3-	tsh_3-	dz_3-	tʂ-	tʂh-	dʐ-
史		吏			史									
率		繂			率									
帥					帥									
師					師[i]									
刷					刷[ii]									
雙					雙									
山					山									
蹤					蹤									
嗇					嗇									
森					森									
色					色									
産					産									
爽					爽									
所					所[iii]									
蒐					蒐									

[i] 师,《广韵》:“众也。”《尔雅》:“黎、师,众也。”

[ii] 锊,《周礼・冬官・考工记》郑注:“郑司农云:‘锊,量名也,读为刷’。”

[iii] 所,《说文》:“伐木声也,从斤户声,《诗》曰伐木所所。”除了“所”,中古汉语的卷舌擦音ʂ-和软腭浊擦音ɣ-之间没有任何谐声关系。闾,《说文》:“里门也,从门吕声,《周礼》‘五家为比,五比为闾’。闾,侣也。”所字从的“户”应该是“闾”的训读。沈兼士、杨树达等早就已经注意到这种声符训读的谐声现象。

除了跟边音l_3-谐声的卷舌擦音ʂ-,我们把一部分只跟自己谐声的中古卷舌擦音ʂ-也列在上面。谐声系统中,卷舌擦音一分为三:与边音谐声;只与卷舌擦音谐声;与齿龈擦音谐声。一般情况下与边音谐声的卷舌擦音不再跟齿龈擦音谐声,即卷舌擦音、齿龈擦音不能跟边音共处于一个谐声集合,只有“飒”和“蔹”两字例外。

飒,苏合切,《广韵》:“风声。”飒,《说文》:“风声也,从风立声。”

薮,苏后切,《广韵》:“薮泽。”薮,《说文》:“大泽也,从艸数声。”

“飒”字不见于先秦文献,两汉文献中也罕见使用。《汉书·司马相如传》:“莅飒卉歙猋至电过兮,焕然雾除,霍然云消。”注:“莅音利,飒音立。”《集韵》:“飒,力入切,飒飖大风。”另一个字是“薮”。《汉书·东方朔传》:“是窭薮也。”苏林曰:“窭音贫窭之窭,薮音数钱之数。”一本也作“窭数”。师古注:“窭数,戴器也。”《前汉纪·孝武皇帝纪》:“是窭数也。”《集韵》:“薮,陇主切,窭薮,戴器。”《集韵》:“盨,通薮,爽主切。”《集韵》:“籔,《聘礼》十六斗曰籔,或从艸,爽主切。”(《集韵》:“盨,负戴器也,耸取切。”)可见,“薮”的词根辅音也应该是 r-,只是后来失落了。为了解释卷舌擦音 ʂ-和边音 l_3-之间的谐声问题,高本汉构拟了一个复辅音声母 sl-。跟边音 l_3-谐声的卷舌擦音 ʂ-不再跟其他卷舌塞擦音或齿龈塞擦音、擦音谐声。个别齿龈擦音 s-跟边音 l_3-谐声应该属于早期失落了颤音-r-的结果,比如“徙”。

徙,斯氏切,《广韵》:“移也。”

襹,所宜切,《广韵》:“褷襹毛羽衣貌;褷,上同。”

簁,所宜切,《广韵》:“下物竹器。”簁,所绮切,《广韵》:“箩也,《说文》曰‘簁箄竹器也’。”簁、纚同是分离器具。纚,所绮切,《广韵》:“韬发者,又飒纚,长绅貌;縰,上同。”釃,所宜切,《广韵》:“下酒。”《诗经·伐木》:“伐木许许,釃酒有藇。”釃,所绮切,《广韵》:“分也,见《汉书·沟洫志》,《说文》曰下酒也。”簁、纚、釃是同族词。

躧,所绮切,《广韵》:“躧步也,又作蹝,《说文》曰‘舞履也’。”《吕氏春秋·长见》:“视释天下若释躧。”《战国策·燕策》:“燕赵之弃齐也,犹释弊躧。”屣,所绮切,《广韵》:“履不蹑跟。”屣,所寄切,《广韵》:“履不蹑跟,《孟子》曰‘舜去天下如脱敝屣’。”《孟子·尽心上》:“舜视弃天下犹弃敝蹝也。”《吕氏春秋·观表》:“视舍天下若舍屣。”

从“徙”之字,都为卷舌擦音 ʂ-且跟边音 l_3-有谐声或者语源关系。可见,“徙”也应该归卷舌擦音 ʂ-,但因例外音变而归入了齿龈擦音 s-。

这种卷舌擦音 ʂ-并入齿龈擦音 s-的音变现象现代标准语也常见，如“所”等。飒，从“立”声，但是卷舌擦音 ʂ-的位置上无字。如此看来，“飒”本也属卷舌擦音 ʂ-而例外归到齿龈擦音 s-。

中古汉语的边音 l-，前面已经讨论了，上古有边音 l-和颤音 r-两个来源。当位于词首作声母时，边音 l-和颤音 r-合并为边音 l-。依据对译材料，可以确定西汉就已经完成。当位于词首与元音之间时，边音 -l-与颤音-r-合并为颤音-r-，后再演变成软腭擦音-ɣ-而失落。藏缅语族语言 r-以及 Cr-辅音丛最常见的是变成卷舌音。谐声系统中，齿龈音如齿龈鼻音 n-，跟齿龈音或舌面音谐声，但不跟卷舌音谐声。齿龈鼻音 n-所在的谐声集合，可以有齿龈送气塞音 th-、齿龈擦音 s-、舌面擦音 ɕ-，间或有软腭擦音 x-，但没有卷舌擦音 ʂ-。

上述这些跟边音 l-谐声的卷舌擦音 ʂ-，其上古音学者大抵构拟为复辅音 sr-。不过，这不是复辅音，而是由词头 s-和词根声母 r-融合成的辅音丛。因而同一谐声集合中，除了边音 l-和卷舌擦音 ʂ-，还有其他发音部位完全不同的辅音，比如唇鼻音 m-、软腭塞音 k-等。显然，我们不能将这些辅音声母统统垒叠在一起。这些中古发音部位完全不同的辅音之所以能够谐声，就在于它们都来自上古汉语不同词头和词根声母 r-的融合。自然，中古汉语的卷舌擦音 ʂ-并非一定就来自上古汉语的辅音丛 sr-。对此，我们将在下面进一步讨论。

书面藏语的辅音丛 sr-，今拉萨方言有 ʂ-～tʂ-两种不同的读音。据学者的研究，这是词汇扩散的结果。同样，上古汉语由词头 s-和词根声母 r-融合而成的辅音丛 sr-，中古汉语也有 th_3-和 ʂ-两种不同的读音。中古汉语的边音 l_3-，可以有两种不同的谐声关系：跟中古汉语的齿龈送气清塞音 th_3-和卷舌擦音 ʂ-谐声。

表 7.38　塞音 t_1-与边音 l-谐声表

	t_1-	th_1-	d_1-	t_3-	th_3-	d_3-	tɕ-	tɕh-	dʑ-	ɕ-	ʑ-	l_1-	l_3-
豊		體										豊	
剌		獺										剌	

中古汉语的齿龈塞音辅音组也只有送气清塞音 th-间或可以跟中古汉语边音组成谐声集合;而跟送气清塞音 th-组成谐声集合的也只能是中古汉语的边音 l_1-。除了谐声外,中古汉语的送气齿龈塞音 th-偶尔也跟边音 l_1-交替组成一组同族词,如“體”和“禮”等。这些送气清塞音 th-的上古汉语读音,李方桂构拟为 hl-。这一构拟为许多学者接受,如张永言[①]。不过,更早的形式应该是 sl-辅音丛。齿龈擦音 s-和边音 l-组合符合语言音节结构的响度原则,因而可以融合成辅音丛 sl-。这些齿龈塞音 th-来自上古汉语带词头 s-的词根起首辅音 l-,即 s-l->sl->hl->th-。

表 7.39　塞音 t_3-与边音 l-谐声表

	t-	th-	d-	t_3-	th_3-	d_3-	tɕ-	tɕh-	dʑ-	ɕ-	ʑ-	l_3-	l_1-
龍					寵							龍	籠
离					摛							离	
萬					蠆							厲	
連					鏈							連	
翏					瘳							翏	
林					綝							林	婪
慮					攄							慮	
夌					庱							夌	棱
麗					彲							麗	灑
力					勑							力	肋

送气齿龈塞音 th_1-和齿龈塞音 th_3-都可以跟边音 l-谐声。但是,两者有明显的界线:送气齿龈塞音 th_1-跟边音 l_1-谐声而送气齿龈塞音

① 张永言,1984,《关于上古汉语的送气流音声母》,《音韵学研究》,第 1 辑。

th_3-跟边音 l_3-谐声。此外，中古汉语的卷舌擦音 ʂ-也可以跟边音 l_3-谐声。中古汉语的送气齿龈塞音 th_3-和卷舌擦音 ʂ-在分布上是互补的。也就是说，跟边音 l-谐声的送气齿龈塞音 th_3-和卷舌擦音 ʂ-不能在相同的语音条件下共存。上述这些跟边音谐声齿龈塞音 th_3-，其词根辅音上古汉语是 r-。依据中古汉语读音，这部分送气齿龈塞音 th_3-应该是 s-r-。因而同谐声集合还有软腭音、双唇音等不同类型的声母，如"翏"声符的"膠"和"谬"。原始藏缅语的 *s-r-，卢舍依语变成清颤音 hr-，迪马萨语、加罗语都变成送气齿龈塞音 th-，详细情况见白保罗（1984）。

攄，丑居切，《广韵》："舒也。"攄，《广雅》："舒也。"《楚辞·悲回风》："据青冥而攄虹兮，遂倏忽而扪天。"洪补注："攄，舒也。"《楚辞·守志》："攄羽翮兮超俗。"韦昭《国语解叙》："左丘明因圣言以攄意。"舒，《说文》："伸也，从舍予声，一曰舒缓也。"舒，《广韵》："缓也，迟也，伸也，徐也，叙也，伤鱼切。"

攄，从來母"慮"得声，本跟从"予"声的"舒"属于两个完全不同的声母。但是，我们发现某些南方方言却可以用"攄"代替"舒"。这说明南方一些方言位于擦音和元音之间的-r-已经演变成了-i-，即 sra̠＞sia。就齿龈塞音跟边音 l_3-的关系而言，中古汉语的齿龈送气清塞音 th_3-可以跟边音 l_3-谐声而齿龈送气清塞音 th_2-则一般不跟边音 l_3-谐声。

恥（耻），《说文》："辱也，从心耳声。"这实际上是许慎对"耻"的错误理解。人难为情、害羞耳朵会发热。"耻"是一个会意字。恥（耻），《广韵》："惭也，敕里切。"缅语 hrɑk，嘉戎语 srɑk，藏缅语 s-rak"羞耻、害羞"，正是汉语"耻"的共源词。

饬，耻力切，《广韵》："牢密，又整备也。"饬，《说文》："致坚也，从人从力食声，读若敕。"饬，字从饰省，力声。《汉书·宣帝纪》颜注："饬，读与敕同。饬，整也。"《吕氏春秋·制乐》："以交诸侯，饬其辞令。"高注："饬，读如敕。"《吕氏春秋·音律》："夷则之月，修法饬刑，选士厉兵。"高注："饬，读如敕。"

敕,耻力切,《广韵》:“诫也,劳也,理也,急也;今相承用勑。勅,上同。”勑,《说文》:“劳也,从力来声。”《尔雅》:“敕,劳也。”《经典释文》:“来旁作力俗以为约勑字,《说文》以为劳倈之字。”敕,《说文》:“诫也,臿地曰敕,从攴束声。”勑,讹误为勅,勅再改成为敕。从“束”声不仅不可能读齿龈塞音 th_3-,也不可能读職韵-ik。《诗经·楚茨》:“既齐既稷,既匡既勑。永锡尔极,时万时亿。”稷、勑、极、亿押韵,正是職部字。来,本就有劳来之意义,后字如《广韵》作“徕”。徕,洛代切,《广韵》:“劳也。”《易·噬嗑》:“先王以明罚勑法。”《经典释文》:“勑法:耻力反,此俗字也。《字林》作勅,郑云‘勑犹理也’,一云整也。”敕,本当从力来声。因字形讹误,许慎以为两字,分别强解之。

书面藏语的辅音丛 sr-今拉萨方言分别读卷舌塞擦音 tʂ-和卷舌擦音 ʂ-。上古汉语由词头 s-和词根声母 r-融合成的辅音丛 sr-,中古汉语也有两种不同的读音:齿龈送气清塞音 th_3-和卷舌擦音 ʂ-。然而跟边音 l_3-谐声的齿龈送气清塞音 th_3-和卷舌擦音 ʂ-分布上互补。一个谐声集合有齿龈送气清塞音 th_3-大抵不再有卷舌擦音 ʂ-,反之亦然。位于辅音和元音之间的颤音后来演变成介音-i-,并在介音-i-的卷舌化推动下,演变成中古汉语的卷舌擦音 ʂ-。但齿龈清擦音 s-又会致使相邻次浊辅音清化,演变成相同部位的清化辅音。清化辅音进一步演变成清擦音或同部位送气清塞音,详细情况见第 12 章。于是,上古汉语带词头 s-的边音 l-或颤音 r-一分为二,或融合成辅音丛 sr-,再变为中古汉语的卷舌擦音 ʂ-;或变成清边音 hl-清颤音 hr-,再变成中古汉语的齿龈送气清塞音 th-。也有个别演变成舌面擦音 ɕ-。

爍,书药切,《广韵》:“灼爍。”爍,《说文》:“灼爍,光也,从火樂声。”《汉书·扬雄传上》:“随珠和氏,焯爍其陂。”也作鑠。《诗经·酌》:“於鑠王师,遵养时晦。”传:“鑠,美。”《经典释文》:“鑠,舒灼反,美也。”《左传·宣公十二年》:“於鑠王师,遵养时晦。”注:“鑠,美也。”《经典释文》:“鑠,舒若反,美也。”嬫,《广韵》:“美好也,书药切。”“嬫”即“鑠”。鑠,《说文》:“销金也,从金樂声。”鑠,《广韵》:“销鑠，书药切。”字也作“爍”。《庄子·胠箧》：“上悖日月之明，下爍山川之精。”《周礼·冬官·考工记》：“爍金以为刃。”《经典释文》：“爍，徐、刘余灼反。义当作鑠，始灼反。”

䟏，书药切，《广韵》：“动也。”䟏，郎击切，《广韵》：“动也。”䟏，《说文》：“动也，从走樂声，读若《春秋传》曰‘辅䟏’。”《左传·襄公二十四年》：“晋侯使张骼辅䟏致楚师，求御于郑。”《经典释文》：“䟏，力狄反，徐音洛。”

随着介音-i-的产生，位于词首辅音与元音之间的颤音-r-变成-ɣ-也失落了。于是，音节 srV（V 代表韵母）变成了 siV。齿龈擦音 s-在介音-i-的推动下，演变成舌面擦音 ɕ-。中古汉语的舌面擦音 ɕ-一般不跟边音 l-构成谐声关系。藥部既没有与边音 l-谐声的卷舌擦音 ʂ-也没有齿龈送气塞音 th_3-，但却有几例与边音 l-谐声的舌面擦音 ɕ-。这几个字当属于例外，即词头 s-和词根辅音 r-融合成的 sr-受介音-i-影响变成了 si-＞ɕ-。

表 7.40　唇鼻音 m-与边音 l-谐声表

l_1	l_3	k-	kh-	g-	ŋ-	p_1-	p_2-	p_3-	ph_1-	ph_2-	ph_3-	b_1-	b_2-	b_3-	m_1-	m_2-	m_3-
巒	攣	[illegible]						變								蠻	
落	略	各	客		額											貉	
來																麥	
令	令			矜													命
籠	龍	龔											龐			龍	
翏	翏	膠	膠	璆													繆
	坴																睦
糲	糲															邁	萬

续 表

l_1	l_3	k-	kh-	g-	ŋ-	p_1-	p_2-	p_3-	ph_1-	ph_2-	ph_3-	b_1-	b_2-	b_3-	m_1-	m_2-	m_3-
	里															埋	
	垄															龙	
聊	劉														貿	卯	

除了卷舌擦音 ʂ-,中古汉语的边音 l-也可以和唇鼻音 m-共同组成一个谐声集合。这个谐声集合的元素可以包括一些不论是发音部位还是发音方法都很不同的辅音声母,如软腭塞音 k-等,见上表。这说明这一谐声集合的共同元素是边音 l-,而其他声母则来自由边音 l-和不同类型的词头辅音融合成的辅音丛。唇鼻音 m-固然可以跟边音 l-共同组成谐声集合,但是只有唇鼻音 m_2-或者唇鼻音 m_3-真正能够跟边音 l-共同组成谐声集合,见上表。

贸,莫候切,《广韵》:"交易也,市卖也。"贸,《说文》:"易财也,从贝卯声。"《诗经・氓》:"氓之蚩蚩,抱布贸丝。"《经典释文》:"贸,莫豆反。"《左传・成公元年》:"王师败绩于茅戎。"《经典释文》:"茅戎:亡交反,《史记》及二《传》皆作贸戎。"《公羊传・成公元年》:"王师败绩于贸戎。"《经典释文》:"贸戎:音茂,一音茅,《左氏》作茅戎。"

贸,依照《广韵》的读音属于唇鼻音 m_1-,能跟边音 l-谐声属于例外。茅,《广韵》"莫交切",跟"卯"同属于"幽部"且中古汉语同属于唇鼻音 m_2。"幽部",韵书《广韵》去声"效韵"无字。中古汉语的-ɑu 和-au 韵母读音接近,容易出现混乱。这种因前后元音 a/ɑ 读音接近而出现的混乱在韵书《广韵》中比比皆是,比如麻韵和歌韵混淆。依照谐声以及文字使用情况,"贸"本也应该属于唇鼻音 m_2-,例外归入唇鼻音 m_1-。

唇鼻音 m-与边音 l-的谐声关系,以往学者喜欢用复辅音来解释,有些学者甚至把与唇鼻音 m-谐声的边音 l-也解释为复辅音。首先,复辅音是几个辅音的有机组合,各辅音彼此之间不能随意分离。如果是复辅音，那么这些跟唇鼻音 m-共同组成谐声集合的边音 l-自然不能独立自成系统。其次，如果唇鼻音 m-和边音 l-都是复辅音，那么必须解释它们分化的语音条件。倘若两者同为唇鼻音-颤音模式的复辅音，那么，中古汉语要么同为唇鼻音 m-，要么同为边音 l-。再次，也是最重要的，这些谐声集合，并非只有唇鼻音 m-，还有发音部位很不同的软腭塞音 k-，甚至某些谐声集合还有齿龈送气塞音 th_3-和卷舌清擦音 ʂ-，如“瘳”。这一点持复辅音说的学者往往视而不见。显然这是构词或构形词头参与的结果，而联系唇鼻音 m-和发音部位很不同的软腭音 k-等辅音的纽带是边音 l-。其中某些语词中古汉语之所以能够演变成唇鼻音 m-，是由于词头 m-跟词根声母 l-/r-融合而成为唇鼻音 m-。词缀 m-广泛出现在藏缅语。据沃尔芬登、白保罗等的研究，藏缅语的 m-是一个生命体名词词头，也是一种中间态动词词头。这个词头，南岛语一般是成音节的 ma，如排湾语。排湾语的 ma-词头可以附加在名词干前“表示与该名词干所指事物有关的动作”，也可以附加在动词干前，“表示相互动作”或“与附加中缀 -əm- 的及物动词意义相同的不及物动词”。故此，中古汉语声母为唇鼻音 m-的语词可以和声母为边音 l-的语词组成同族词，比如：

邈，莫角切，《广韵》：“远也。”《史记·孝武本纪》：“三代邈绝，远矣难存。”邈，字也作藐。《诗经·瞻卬》：“藐藐昊天，无不克巩。”《经典释文》：“藐，亡角反。”《庄子·逍遥游》：“藐姑射之山，有神人居焉。”《经典释文》：“藐，音邈，又妙绍反；简文云‘远也’。”辽，落萧切，《广韵》：“远也。”《说文》：“辽，远也。”《左传·襄公八年》：“楚师辽远。”

绵，武延切，《广韵》引《说文》：“联微也。”《广雅》：“绵，连也。”《诗经·葛藟》：“绵绵葛藟，在河之浒。”传：“绵绵，长不绝之貌。”《诗经·绵》：“绵绵瓜瓞。”传：“绵绵，不绝貌。”连，力延切，《广韵》：“续也。”《说文》：“连，员连也。”《广雅》：“连，续也。”《诗经·皇矣》：“崇墉言言，执讯连连。”联，力延切，《广韵》：“联绵不绝。”《说文》：“联，连也。”《周礼·地官·司徒》：“三曰联兄弟。”注：“联，犹合也。”

就中古汉语的语音形式来看，上古汉语这种由唇鼻音 m-和边音 l-之间变换构成的同族词不少。相同的词缀在不同的词根之前演变情况并不相同。有些词缀会在演变过程失落,而有些词缀会在演变过程中跟词根声母融合而最终成为语词的声母。

表 7.41　台语支语音对应表

词义	泰语	版纳傣语	邕宁壮语	德宏傣语	平果壮语	钦州壮语	龙州壮语
闪电	maʔ⁸ lɛ:p¹⁰	maʔ⁸ lɛp¹⁰	mle:p¹⁰	mɛp⁸	mlap⁸	me:p⁸	me:p⁸
口水	maʔ⁸ la:i²	la:i²	mla:i²	la:i²	na:i²	ma:i²	la:i²

壮语龙州方言的唇鼻音 m-就是词缀 m-和词根声母 l-融合再演变的结果。中古汉语的边音 l-,上古汉语有边音 l-和颤音 r-两个不同的来源。词根声母 l-或 r-跟词缀辅音 m-融合而成辅音丛 ml-/mr-。当与之组合的主元音是松元音时,演变成中古汉语的 m_2-;当与之组合的主元音是紧元音时,演变成中古汉语的 m_3-。无论何种情况,辅音丛 ml-/mr-合二为一。

薶,《说文》:"瘗也,从草狸声。"字通常作"埋"。埋,莫皆切,《广韵》:"瘗也,藏也。薶,上同。"《庄子・则阳》:"是自埋于民,自藏于畔。"本只作"狸"。《周礼・春官・宗伯》:"以狸沈祭山林川泽。"《经典释文》:"狸,亡皆反,又莫拜反,沈如字。"《周礼・春官・宗伯》:"及葬,共其裸器,遂狸之。"《经典释文》:"狸,亡皆反。"从"里"声符为三等谐声集合。理,《广韵》:"料理,良士切。"《吕氏春秋・勿躬》:"请置以为大理。"《史记・五帝本纪》:"皋陶为大理。""理"也写作"李"。《管子・法法》:"皋陶为李。"吏,《说文》:"治人者也。从一从史,史亦声。"理、吏是同族词。词根辅音应该是 r-。因而中古汉语 mɛi"埋"的上古汉语读音应该是 *m-re>mre>mɛi。

藏语有大量附加词缀 m-的语词,尤其是生命体名词和中间态动词。藏语的词头 m-可以附加在塞音之前,也可以附加在塞擦音之前,但不能附加在擦音之前。擦音附加 m-词头之后,书面藏语已经演变成了塞擦音。此外，书面藏语已经基本上没有 mr-、ml-这一声母，只有几个以 smr-为声母的语词，如 smra-ba“说、谈”，而且都是古语。这说明古藏语附加词头 m-的 ml-、mr-早就演变其他声母了。

表 7.42　藏语词头 s-/ɦ-/m-搭配表

	k	kh	g	ŋ	t	th	d	n	p	ph	b	m	tɕ	tɕh	dʑ	ɕ	ʑ	r
s	+	−	+	+	+	−	+	+	+	−	+	+	−	−	−	−	−	+
ɦ	−	+	+	−	−	+	+	−	−	+	+	−	−	+	+	−	−	(+)
m	−	+	+	+	−	+	+	+	−	−	−	−	−	+	+	−	−	(+)

据学者的研究，藏语早期的辅音丛 ml-已经演变为辅音丛 md-，如 mdoŋ-loŋ“盲”。藏语的词头 ɦ-和 m-语法功能最为接近，而且两者常常出现替换。再者，这两个词头在藏语中的分布也一致。藏语颤音 r-前不能附加 ɦ 词头。据李方桂等的研究，古藏语附加 ɦ-的颤音演变成了 ɦr- > ɦdr-。同样，以颤音 r-为声母的词根也不能附加 m-词头。依照藏语的异形词，可以知道附加 m-的颤音演变成了 ɦbr-。唇鼻音 m 和颤音 r 之间往往增生一个塞音 b，而因词头 ɦ-和 m-语法功能相同而替换，即藏语的 mr- > mbr- > ɦbr-。

表 7.43　《诗经》“无”词头表

王之荩臣，无念尔祖。（《文王》）	毛传：无念，念也。
无田甫田，维莠骄骄。（《甫田》）	陈奂传疏：无，亦发声。
如彼泉流，无沦胥以败。（《小旻》）	陈奂传疏：无，亦发声。
无竞维人，四方其训之。（《抑》）	毛传：无竞，竞也。
执竞武王，无竞维烈。（《执竞》）	毛传：无竞，竞也。
式相好矣，无相犹矣。（《斯干》）	陈奂传疏：无为助词，无意义。

上古汉语词头 m-的文字记录形式是“无”。就谐声关系而言，词

头 m-仍是上古汉语一个十分活跃的构词词头。因而唇塞音 p-跟边音 l-谐声不多,而唇鼻音 m-跟边音 l-谐声次数却不少。不过,附加在以边音 l-或颤音 r-为声母的词根之前的词缀 m-很早的时候就已经跟词根声母融合而成了 ml-和 mr-辅音丛。因此,中古汉语的唇鼻音 m-尽管可以跟边音 l-组成谐声集合,但两者之间仍有清晰的界线。

第六节　半元音 j-(一)

中古汉语的任何一个辅音都可以充当声母,自然也包括半元音 j-。这个可以充当声母的半元音 j-,传统音韵学称之为喻四,或以母。李方桂所构拟的上古汉语有数量相当庞大带半元音 j-的韵母。但是,半元音 j 在他所构拟的语音系统中却只充当介音,而不能单独充当语词的声母。这一构拟显然既不符合汉语也不符合汉藏语的实际。

境内数十种藏缅语族语言,绝少有语言没有半元音 j-声母。几种没有半元音 j-声母的语言或方言,都有舌面浊擦音 ʑ-,如怒苏语、彝语喜德、巍山方言等。藏语尽管有极其复杂的起首辅音,但是也有半元音 j-声母。因而就半元音 j-单独充当声母的普遍性而言,上古汉语的半元音 j 理当也可以充当声母。但是,国内外学者所构拟的上古语音系统都没有一个相当于中古汉语半元音 j-的声母。这显然既不符合汉藏语系语言半元音 j-充当声母的普遍性,也不符合上古汉语的语言事实。我们认为,上古汉语的半元音 j 不仅可以位于音节中间作"介音"也可以位于音节的起首作"声母"。

表 7.44　半元音 j-谐声表

	j-	k-	kh-	g-	t-	th-	d-	t_3-	th_3-	d_3-	tɕ-	tɕh-	dʑ-	ɕ-	ʑ-
頤	頤	姬													
與	與	舉													
异	异														

续　表

	j-	k-	kh-	g-	t-	th-	d-	t_3-	th_3-	d_3-	tɕ-	tɕh-	dʑ-	ɕ-	ʑ-
异	异														
臾	臾														
羊	羊	姜	羌												
𢀖	𢀖														
嬴	嬴														
衍	衍		愆								餰				
羡	羡														
亦	亦														
夜	夜														
異	異										瀷[i]				
巳	巳														
翌	翌														
矞	矞														
游	游														
野[ii]	野												墅		
嬴	嬴														
允	允														吮
台	台														船

[i] 瀷，与职切，《广韵》："水聚。"瀷，昌力切，《广韵》："水潦积聚，又音翼。"《新修龙龛手鉴》："瀷音弋，水聚也。"《管子·宙合》："泉逾瀷而不尽。"注："瀷，凑漏之流也。"

[ii] 野，见于甲骨文，本字作"埜"，后变为"壄"。《玉篇》："埜，移者切，古文野。"壄，《玉篇》："亦者切，古文野。"罗振玉："今增予者，殆后人传写之失。"

续　表

	j-	k-	kh-	g-	t-	th-	d-	t_3-	th_3-	d_3-	tɕ-	tɕh-	dʑ-	ɕ-	ʑ-
蠅	蠅														繩
兖	兖			蕘[i]											
孕	孕														
射	射														射

[i] 蕘,以转切,《广韵》:“草名。”蕘,渠篆切,《广韵》:“萸也。”

跟软腭塞音 k-组成谐声集合的中古汉语声母 j-与跟齿龈塞音 d-组成谐声集合的中古汉语声母 j-,彼此之间的界线十分清晰:跟齿龈塞音 d-谐声就不再跟软腭塞音 k-谐声,或者跟软腭塞音 k-谐声就不再跟齿龈塞音 d-谐声。可见,中古汉语的声母 j-至少有两个完全不同的来源,只是后来因语音演变合并为一类而已。为了便于区别,我们把中古汉语的声母 j-先分成两个,分别称 j_d-和 j_k-。

周祖谟(1984)依据汉代竹书和帛书的通假材料,认为中古汉语的声母 j-应该两分。中古汉语的声母 j-,一部分跟软腭塞音 k-有语音关系,一部分跟齿龈塞音 d-有语音关系。周祖谟中古汉语半元音 j-上古汉语两分的观点无疑是符合实际的。余乃永也依据谐声关系把中古汉语半元音 j-的来源分成两个。依照谐声关系,中古汉语的声母 j_k-可以跟软腭塞音 k-谐声而不能跟中古汉语的齿龈塞音 d-谐声。因而中古汉语的声母 j_k-上古汉语自然不应该是齿龈塞音。

表 7.45　藏语对应表

与	余吕切	《说文》:党与也。	ja	匹敌、对手、朋
欤	余吕切	《说文》:安气也。	ja	语气词
奕	羊益切	《诗·閟宫》笺:娇美也。	jag-ma	好的、漂亮的
洋	与章切	《诗·大明》传:广也。	jaŋs-po	广大、宽阔

续　表

衍	以浅切	《小尔雅》：散也。	jan-ba	漂泊、散失、遗失
羊	与章切	《说文》：祥也。	g-jaŋ	绵羊
淫	余针切	《左传·成公二年》：贪色为淫。	g-jem-pa	淫乱、奸淫
舆	余吕切	《左传·昭公七年》：皂臣舆，舆臣隶。	g-jog-po	男仆、奴隶

上表藏语材料来自《藏汉大辞典》(张怡荪,1999)。

中古汉语的声母 j-对应藏语的 j-以及带词头 g-的 j-。中古汉语的声母 j-藏语有两种完全不同的语音对应关系：半元音 j-和齿龈浊塞音 d-。前面已经提到，中古汉语的 j_d-和 j_k-有完全不同的谐声集合。前者与中古汉语的齿龈塞音 th-/d-和舌面擦音 ɕ-/ʑ-组成谐声集合而后者可以跟软腭塞音 k-组成谐声集合，比如“予”和“舆”。声符“予”和“舆”组成的谐声集合是完全不同的：前者跟齿龈塞音或舌面擦音组成谐声集合而后者则跟软腭塞音组成谐声集合。两者之间的差别也正跟中古汉语声母 j-在谐声系统中显示出来的相同。

上古汉语两个本不相同的声母中古汉语合并为声母 j-。如同中古汉语的 l_3-，中古汉语的 j_k-也跟软腭塞音的不送气清塞音 k-谐声关系最为密切。汉藏语音对应，中古汉语的 l_3-对应藏语的 r-以及带词头的 Cr-，而中古汉语的 j_k-对应藏语的 j-以及带词头的 Cj-。基于藏语 r-/l-/j-彼此对立的事实，我们认为中古汉语的 j_k-上古汉语就是 j-。

歟，《广韵》：“《说文》云‘安气也’，又语末之辞，亦作舆，以诸切；舆，上同，本又余佇切。”舆，《说文》：“党舆也。”为了区别这两个“舆”，后人增加区别符号把作为语气词记录文字的“舆”写作“歟”。《论语·公冶长》：“于予舆，何诛！”《吕氏春秋·听言》：“夫去人滋久，而思人滋深歟！”(《庄子·徐无鬼》：“不亦去人滋久，思人滋深乎！”)

邪，《广韵》：“琅邪，郡名，俗作耶、琊，亦语助，以遮切。”《庄子·逍遥游》：“天之苍苍，其正色邪！其远而无所至极邪！”《经典释文》：“邪，也嗟反，助句不定之辞。”《荀子·荣辱》：“将以为智邪！则愚莫大焉。”

《韩非子·内储说上》:“非善名邪?”

语气词属于人类自然的天籁,是最具有非语言特色的一类语词。上古汉语时代人的自然语气和中古汉语时代人的自然语气并没有什么差别。这也好比哭声或笑声并不因为时代不同有所变化一样。邪,中古音 ja。我们前面已经讨论了,上古汉语的魚部-a较早的时候就已经出现分化。但是,口语的语气词却保持不变。为了记录口语的语气词 ja,于是先人用另外的文字“邪”记录本用“與”记录的语气词,如同现代人用“呀”记录语气词 ja。

中古汉语的边音 l-可以出现在两种彼此对立的语音环境中。我们前面已经讨论了,以颤音 r-或边音 l-为声母的语词或语素,可以附加不同形式的词头 C-。这个词头 C-跟后面的词根融合成以 Cr-或 Cl-辅音丛为声母的语词。因而中古汉语边音 l-所组成的谐声集合,其中的元素正如陆志韦所说是“五花八门”的。同样,以半元音 j-起首的语词或语素,自然也应该可以附加不同形式的词头 C-。于是,词头 C-也跟后面的词根声母 j-融合成以 Cj-为声母的语词。跟边音 l_3-谐声的软腭塞音 k_3-,而跟半元音 j-谐声的也是软腭塞音 k_3-。跟中古汉语的边音 l_3-一样,半元音 j_k-尽管跟软腭音谐声,但也不来自上古汉语的复辅音。中古汉语声母 j_k-仍然是自成系统的。比如“與”声,据沈兼士《广韵声系》,“與”声字共有 43 个,但是读为软腭塞音 k-的有 2 个,读齿龈浊擦音 z-的有 5 个,读为齿龈清擦音 s-的有 1 个,其余都是 j-。其他声符的中古汉语 j_k-也是如此。可见,这些跟软腭音谐声的半元音 j_k-上古汉语并不是如一些学者所构拟的那样是软腭塞音或含软腭塞音的复辅音。否则,中古汉语的半元音 j_k-不可能独立谐声。以半元音 j-为声母的语词或语素,附加了词头 k-,而词头 k-跟词根融合成了以 kj-为声母的语词。这个以 kj-为声母的语词,中古汉语也就成了 k_3-。于是,中古汉语半元音 j-和软腭塞音 k_3-交替可以组成一对同族词。

jor-ba“偏、歪”,skjor-ba“歪斜、弯曲”。

jab“掩蔽体、覆盖物”,skjabs“掩蔽处、掩护体、靠山”、rgjab“背后、靠山”。

jom-pa“摇摆、颤动”，g-jom-pa“动、摇动”，skjom-pa“摇动、震荡、震动”。

jibs“隐蔽处、掩蔽物”，skjibs“隐蔽处、掩蔽体”。

jar-ba“分散、离散、失散”，ɦkhjar-ba“流浪、漂泊、流散、散失”。

藏语有以半元音 j-为声母的语词，也有以由半元音 j-构成的 Cj-为声母的语词。这两种声母看起来很不一样的语词往往组成一组同族词。这主要是词根声母是半元音 j-，而 Cj-的 C-则来自更早时期的词头，详细情况见龚煌城（1977）。考察汉语词汇系统时，我们就会发现中古汉语声母为 j-的语词往往跟声母非半元音 j-的语词组成同族词，比如以软腭塞音 k-为声母的语词：

舁，《说文》：“共举也。”举，《说文》：“对举也。”

舆，《广雅》：“多也，众也。”举，《左传·襄公六年》注：“皆也。”

羊，《说文》：“羊兽也。”羌，《说文》：“四方牧羊人也。”

这跟藏语声母 j-和 Cj-交替组成同族词实质上是相同的，即以半元音 j-为声母的语词是这一同族词的词根。其他非半元音 j-为声母的语词则来自词头 C-跟词根的融合。就语音的响度而言，半元音 j-是仅次于元音的辅音。其他类型的辅音和半元音 j-融合成 Cj-最符合音节结构的响度原则。以半元音 j-为声母的语词不仅可以跟其他辅音比如以软腭塞音 k-为声母的语词组成同族词，而这两种中古读音不同的文字也可以相互替换。

书面藏语有极其丰富的辅音丛。但是，这些辅音丛是词根和词头融合之后的产物。书面藏语以颤音 r-起首的语词可以跟以 Cr-起首的语词组成一组数量相当可观的同族词，甚至不论 Cr-的 C-是软腭塞辅音还是双唇塞辅音。半元音 j-也是如此。因此，除了跟书面藏语的半元音 j-对应，中古汉语的半元音 j-也可以跟书面藏语的 Cj-对应：

表 7.46 藏语语音对应表

嬴	以成切	《方言》：好也。	ɦ-gjiŋ-ba	优美、绰约
舁	以诸切	《说文》：共举也。	ɦ-gjog-pa	举起、抬起、撑起
舆	羊洳切	《说文》：车舆也。	ɦ-gjogs	轿、肩舆
与	余吕切	《广雅》：生也。	rgja-ba	增长、发展、兴旺发达
誉	羊洳切	《说文》：称也。	la-rgja	面子、声誉
射	羊益切	《说文》：弓弩发于身而中于远也。	rgjag-pa	抛射
射	羊益切	《广雅》：行也。	rgjag-pa	做
射	羊益切	《尔雅》：厌也。	rgjags-pa	饱足
漾	余亮切	《说文》：水长也。	rgjaŋ-ma	远处、远距离
游	以周切	《汉书·匈奴传》注：犹流也。	rgju-ba	游行、流动
愉	羊朱切	《广韵》：忧也。	skjo-ba	悲伤、哀痛
臾	羊朱切	《汉书·宣帝纪》注：饥寒而死曰臾。	skjo-bo	贫寒、贫苦、瘦、弱
谀	羊朱切	《说文》：谄也。	skjo-ma	离间话、挑拨之词
养	余两切	《说文》：供养也。	skjoŋ-ba	养育、抚养

上表藏语材料来自《藏汉大辞典》(张怡荪,1999)。

半元音 j_k-跟藏语的辅音丛 Cj-对应相当整齐,且与藏语的辅音丛 gj-对应。半元音 j_k-汉藏语音对应情况,正跟中古汉语的边音 l_3-汉藏语音对应情况平行。半元音 j_k-和软腭音 k_3-共同组成谐声集合,两者交替组成一对同族词。可见,半元音 j_k-和软腭音 k_3-之间的语音关系如同藏语半元音 j-和辅音丛 gj-之间的语音关系。因而通过两者之间的相互比较,我们可以确定以半元音 j_k-为声母的语词或语素,上古汉语可以有附加词头 k-的形式存在,而词头 k-和词根声母 j-融合成辅音丛 kj-，演变成中古汉语的软腭音 k_3-。

颐，《说文》："颔也。"颐，《尔雅》："养也。"《易·序卦》："颐者，养也。"颐，对应藏语的 s-kje-ba"出生、生长"。从"颐"得声的有软腭音 k-，如"姬"。姬，《说文》："黄帝居姬水，以为姓。"姬，《广韵》："周姓也，居之切。"姬，《广韵》："王妻别名，与之切；本音基。"《史记·齐世家》索隐："姬，众妾之总名。"藏语 s-kjes-ma"妇女、妻、妇"正对应汉语"姬"。姬，《广雅》："基也。"藏语 je"本来、开始、最初"也当和"姬"对应。《史记·陈涉世家》："伙颐，涉之为王沉沉者。"集解："颐者，助声之辞也。"

很显然，将"颐"的上古汉语读音构拟为 *je 符合"颐"作为语气词的特点。声母为半元音 j-的语词或语素，附加词头 k-之后构成了一个以前者为词根的新语词或语词的一个新形式。词头 k-跟词根声母 j-融合而变成了声母为 kj-的语词。于是，同一谐声集合出现与软腭塞音 k-同组的其他塞音，比如软腭送气塞音 kh-。姜，《说文》："神农居姜水以为姓，从女羊声。"羌，《说文》："西方牧羊人也。""羌"和"姜"本就是一家。"姜"和"羌"的不同应该仅仅只是上古汉语方言差别而已：jaŋ＞k-jaŋ＞kjaŋ（姜）＞khjaŋ（羌）。上古汉语词头的起首辅音是软腭不送气塞音 k-而不是软腭送气塞音 kh-。因而中古汉语的半元音 j-跟软腭不送气清塞音 k_3-谐声关系最为密切，而不大跟送气软腭塞 kh_3-谐声。

第七节　半元音 j-（二）

词根声母 j-跟词头 k-融合成 kj-，演变成中古汉语的软腭塞音 k_3-。除了词头 k-，上古汉语以半元音 j-为词根声母的语词或语素，也可以附加其他类型的词头 C-。中古汉语的半元音 j-跟齿龈浊擦音 z-谐声关系密切。中古汉语的齿龈浊擦音 z-跟同部位的齿龈塞擦音、清擦音很不同。首先，中古汉语的浊擦音 z-只能出现在介音-i-前。其次，浊擦音 z-一般不跟同部位齿龈塞擦音谐声，跟齿龈清擦音谐声关系也很疏远，而跟中古汉语的半元音 j-谐声关系却非常密切。既然中古汉语的齿龈塞擦音已经被构拟为齿龈塞擦音,因而许多学者如李方桂所构拟的上古汉语语音系统中没有齿龈浊擦音 z-。中古汉语的半元音 j-,依照谐声关系,上古汉语四分。同理,中古汉语的浊擦音 z-,上古汉语自然也应该四分:

表 7.47 浊擦音 z-/ʑ-谐声表

	z-	j-	k-	kh-	g-	t-	th-	d-	t_3-	th_3-	d_3-	tɕ-	tɕh-	dʑ-	ɕ-	ʑ-
頤	洍	頤	姬													
與	嶼	與	舉													
羊	祥	羊	姜	羌												
囚	囚	泅														
異	禩	異											瀷			
巳	巳															
次	次	羡														
羡	羡	遂														
夕	夕															
牙	邪	邪														
射	謝	射														射
蠅		蠅														繩
允		允														吮
㕣		㕣														船
食	飤	食													飾	食

羡,似面切,《广韵》:"贪慕,又余也。"羡,予线切,《广韵》:"延也,

进也。”《诗经·十月之交》:“四方有羡,我独居忧。”传:“羡,余也。”《经典释文》:“羡,徐箭反。”《诗经·皇矣》:“无然歆羡。”《经典释文》:“羡,钱面反。”《史记·货殖列传》:“委输时有奇羡。”索隐:“羡,音羊战反,奇羡谓时有余衍也。”衍,予线切,《广韵》:“溢也,丰也。”《诗经·椒聊》:“椒聊之实,蕃衍盈升。”《经典释文》:“衍,延善反。”《管子·八观》:“荐草多衍,则六畜易繁也。”《汉书·地理志上》:“沙羡。”注:“晋灼曰羡音夷。”羡,以脂切,《广韵》:“沙羡,邑名,在江夏,出《地理志》。”《荀子·强国》:“今秦南乃有沙羡与俱。”

邪,以遮切,《广韵》:“亦语助。”《庄子·齐物论》:“子知子之所不知邪?”《韩非子·存韩》:“岂陛下所以逆贱臣者邪?”邪,似嗟切,《广韵》:“不正也。”《庄子·刻意》:“平易恬惔,则忧患不能入,邪气不能袭。”《韩非子·初见秦》:“以乱攻治者亡,以邪攻正者亡,以逆攻顺者亡。”《韩非子·爱臣》:“此明君之所以禁其邪。”

两个音义皆不同的语词,先秦著作如《庄子》《韩非子》等都用同一个“邪”。其他诸如《荀子》也是如此。语气词“与”因语音演变战国文献开始使用“邪”。借用“邪”记录语气词,说明原词的语音形式跟 ja 同音,或是 ja 的一个形态变体。

半元音 j-容易和齿龈浊擦音 z-互变。中古汉语声母为半元音 j-的借词,毛南语、锦语、莫语都读齿龈浊擦音 z-。这跟半元音 j-汉越语读齿龈浊擦音 z-完全相同。中古汉语的半元音 j-,汉越语读 z-或读 ʑ-(韦树关,2004)。侗台语的半元音 j-在侗水语支变成 z-,水语进一步变成了 h-和 ɕ-(曾晓渝,2004)。这种音变也见于藏缅语族语言,如卢舍依语(白保罗,1984);这种音变也出现在汉语方言里,比如闽语。一些语言或方言甚至进一步演变成塞擦音 dz-或 dʑ-,比如瑶语大坪方言,见下。中古汉语半元音 j-,闽语还可以读 ts-、tsh-(黄典诚,1982)。很显然,由浊辅音 dz-清化而来。语气词 ja 上古到现在并没有改变,只是因语音演变不同的时期选用不同的记录文字。从语气词看,应该是半元音 j-演变为齿龈浊擦音 z-,尽管齿龈浊擦音 z-变成半元音 j-也极其常见。

舌面浊擦音 ʑ-跟半元音 j-谐声关系也密切(《广韵》舌面浊擦音 ʑ-字少)。考察舌面浊擦音 ʑ-的谐声关系,我们就会发现其谐声关系跟半元音 j-的谐声关系相同。上述谐声集合里面,除了间或跟软腭音谐声,浊擦音 z-/ʑ-只跟半元音 j-谐声。中古汉语有浊擦音 z-和 ʑ-,但是两者分布上大抵处于互补之中。两者对立的只有“射”声两字。

射,食亦切,《广韵》:“《世本》曰‘逢蒙作射’。”

射,神夜切,《广韵》:“射弓也。”

射,羊益切,《广韵》:“无射,九月律。”

射,羊谢切,《广韵》:“仆射。”

麝,食亦切,《广韵》:“麝香也。”

麝,神夜切,《广韵》:“兽名。《尔雅》云‘麝父,麕足’,又华山之阴多麝。”

谢,辝夜切,《广韵》:“辝谢,又姓。”

榭,辝夜切,《广韵》:“台榭。”

祃韵齿龈浊擦音 z-“谢”“榭”和舌面浊擦音 ʑ-“射”“麝”对立。“射”是一个多音字,《广韵》有食亦切、神夜切、羊益切、羊谢切四音。《左传·昭公四年》:“楚沈尹射奔命于夏汭。”《经典释文》:“射,食夜反,又食亦反,一音夜。”《左传·定公五年》:“吴人获薳射于柏举。”《经典释文》:“射,食亦反,又食夜反。”《左传·庄公三十年》:“斗射师谏,则执而梏之。”《经典释文》:“射,食亦反,又食夜反。”用作专有名词的记录文字时,《经典释文》去入捉摸不定。《左传·隐公十一年》:“子都自下射之。”《经典释文》:“射,食亦反。”《左传·襄公四年》:“因夏民以代夏政,恃其射也。”此意义《经典释文》不注音,即去声“食夜反”,也即“射”的名词形式音“食夜反”。显然,这是派生形式。“麝”也是一个异读字。《尔雅》:“麝父,麕足。”《经典释文》:“麝,食亦反,《字林》音射,云‘如小鹿有香’,李本作泽,云‘泽父,兽名’。”麝,神夜切,《集韵》:“兽名,《说文》‘如小麋,脐有香’。”麝,食亦切,《集韵》:“兽名,《尔雅》‘麝父脚似麕有香’。”依照派生关系,“神夜切”当是“麝”的后起形式。齿龈浊擦音 z-极容易演变成舌面浊擦音 ʑ-,舌面浊擦音 ʑ-也极容易演变成齿龈浊擦音 z-,两者之间的交互演变汉藏语常见。

庠，似羊切，《广韵》：“《说文》曰‘礼官养老，夏曰校，商曰庠，周曰序’。”《孟子·滕文公上》：“庠者，养也。”《礼记·王制》：“有虞氏养国老于上庠，养庶老于下庠。”养，余两切，《广韵》：“育也。”《论语·阳货》：“唯女子与小人为难养也。”

祥，似羊切，《广韵》：“吉也，善也。”《说文》：“祥，福也。从示羊声。”《诗经·斯干》：“维熊维罴，男子之祥。”《左传·昭公十八年》：“将有大祥。”《庄子·人间世》：“此乃神人之所以为大祥也。”羊，与章切，《广韵》：“牛羊。”《说文》：“羊，祥也。”《论语·八佾》：“尔爱其羊，我爱其礼。”《释名》：“羊，祥也；祥，善也。”

泅，似由切，《广韵》：“人浮水上。”《列子·说符》：“人有滨河而居者，习于水，勇于泅。”游，以周切，《广韵》：“浮也。”《庄子·大宗师》：“冯夷得之，以游大川。”《吕氏春秋·孝行》：“故舟而不游，道而不径。”又《察今》：“其父虽善游，其子岂遽善游哉？”遊，以周切，《广韵》：“上同（游）。”《韩非子·说林上》：“假人于越而救溺子，越人虽善遊，子必不生矣。”《诗经·蒹葭》：“溯遊从之，宛在水中央。”

夕，祥易切，《广韵》：“暮也，字从半月。”《说文》：“夕，莫也，从月半见。”《左传·僖公七年》：“朝不及夕。”《论语·里仁》：“朝闻道，夕死可矣。”《庄子·人间世》：“今吾朝受命而夕饮冰。”夕，甲骨文象“月”形，正以“月”指示“夜”。夜，羊谢切，《广韵》：“舍也，暮也。”夜，《说文》：“舍也，天下休舍也，从夕，亦省声。”《论语·子罕》：“逝者如斯夫！不舍昼夜。”《孟子·离娄下》：“仰而思之，夜以继日。”

船，食川切，《广韵》：“《方言》曰‘关西谓之船，关东谓之舟’。”《说文》：“船，舟也。”《释名》：“船，循也，循水而行也。”《庄子·渔父》：“有渔父者下船而来。”《吕氏春秋·荡兵》：“有以乘舟死者，欲禁天下之船。”沿，与专切，《广韵》：“从流而下也。”《说文》：“沿，缘水而下也，从水㕣声。《春秋传》曰‘王沿夏’。”《左传·文公十年》：“沿汉泝江，将入郢。”注：“沿，顺流。”《经典释文》：“沿，悦专反。”《左传·昭公十三年》：“王沿夏，将欲入鄢。”注：“顺流为沿。”《经典释文》：“沿，以全反。”

浊擦音 z-/ʑ-跟半元音 j-交替具有构词功能。喻世长（1986）指出，齿龈浊擦音 z-和半元音 j-相通跟动名词性相转有关。半元音声母 j_k-/

j_d-,上古汉语读音李方桂不分,同构拟为颤音 r-;而浊擦音 z-的上古汉语读音构拟为 rj-。不过,李方桂并没有解释构拟的理由。中古汉语的半元音 j-韵图列四等,实际上也是三等。依照李方桂的构拟,上古汉语的 *rj-更应该演变成中古汉语的半元音 j-。声母 j_k-,我们前面已经讨论了是半元音 j-。那么,谐声系统中跟声母 j_k-谐声关系密切的浊擦音 z-/ʑ-,其词根声母也是半元音 j-。

表 7.48 神母、邪母与以母异读表

射	神夜切	《广韵》:射弓也。	羊谢切	《广韵》:仆射。
射	食亦切	《广韵》:世本曰"逢蒙作射"。	羊益切	《广韵》:无射,九月律。
食	乘力切	《广韵》:饮食。	羊吏切	《广韵》:人名,汉有郦食其。
邪	似嗟切	《广韵》:不正也。	以遮切	《广韵》:琅邪,郡名。
斜	似嗟切	《广韵》:上同(邪)。	以遮切	《广韵》:斜谷,在武功。

食,乘力切,《广韵》:"饮食。"《论语·述而》:"发愤忘食。"《左传·文公元年》:"王请食熊蹯而死,弗听。"飤,祥吏切,《广韵》:"食也。"飤,字本只作"食"。《左传·桓公六年》:"士妻食之。"《经典释文》:"食音嗣。"《左传·文公十八年》:"功以食民。"《经典释文》:"食音嗣。"食,羊吏切,《广韵》:"人名,汉有郦食其。"《战国策·魏策一》:"客谓司马食其。"注:"魏人,音异基。"《史记·高祖本纪》:"郦食其为监门。"集解:"郑德曰:'音历异基'。"《史记·高祖本纪》:"吕后与审食其谋。"索隐:"食音异。"《汉书·卫青霍去病传》:"主爵赵食其为右将军。"师古注:"食音异。"

浊擦音 z-/ʑ-和半元音 j-交替构成的异读字《广韵》收录了好些。一个显然的现象是记录专有名词(或语气词)时读半元音 j-,比如"邪"。《广韵》:"邪,琅邪,郡名,俗作耶、琊,亦语助;以遮切。"《孟子·梁惠王下》:"遵海而南,放于琅邪。"音义:"邪,以嗟切。"《庄子·大宗师》:"我且必为莫邪。"《经典释文》:"邪,以嗟反。"《史记·历书》:"归邪於终。"集解:"邪音余。"《庄子·逍遥游》:"天之苍苍,其正色邪?"

《经典释文》:“邪,也差反,助句不定之辞。”语气词 ja,从古到今几乎没变,而依照古代“名从主人”的命名模式,专有名字保留了古音,语言形式滞后,半元音 j-也应该是早期形式。

表 7.49　擦音 z-/ʑ-藏语语音对应表

衺	似嗟切	《广韵》:不正也。	jo-ba	歪、邪、不正
夕	祥易切	《说文》:莫也。	ʑag-ma[i]	一昼夜、一夜
祥	似羊切	《说文》:福也。	g-jaŋ	福禄、福气、财运
痒	似羊切	《广韵》:病也。	g-jaɦ-ba	痒,发痒
邪	似嗟切	《广韵》:不正也。	g-jo	诡诈、狡黠、矫饰、伪装
射	食亦切	《说文》:弓弩发于身而中于远也。	rgjag-pa	投射
泅	似由切	《说文》:浮行水上也。	rgju-ba	走、去、游行、流动

[i] 原始藏缅语白保罗构拟为 * rjak“一夜,一昼夜”。

就汉藏语音对应看,汉语的浊擦音 z-/ʑ-跟半元音 j-相同。试比较藏语 ʑag-ma“一夜,一昼夜”和 ʑag“油脂、液体”[原始藏缅语白保罗(1984)构拟为 * rjak“汁液、油”]。前一个语词对应汉语的“夕”或“夜”,后一个语词对应汉语的“液”。汉藏语音对应反映出来的事实正跟中古汉语浊擦音 z-/ʑ-和半元音 j-共同组成谐声集合以及两者共同组成一个词族一致。如此,我们可以确定,中古汉语的浊擦音 z-/ʑ-和半元音 j-上古汉语拥有共同的词根声母 j-。

表 7.50　半元音 j-苗瑶语对应表

词义	三江	罗香	瑶里	石门	高坡	枫香	多祝	大坪
养	$jɔŋ^{21}$	$joŋ^{21}$	$jɔ^{31}$	$ʑo^{13}$	$ʑəŋ^{22}$	$ʑoŋ^{31}$	$zaŋ^{42}$	$dziŋ^{44}$
溶	$jɔŋ^{55}$	ju^{32}	$jɔŋ^{24}$	$ʑaɯ^{24}$	$ʑoŋ^{55}$	$ʑoŋ^{24}$		$dziŋ^{53}$

续 表

词义	三江	罗香	瑶里	石门	高坡	枫香	多祝	大坪
羊	jɔŋ^{55}	juŋ^{31}	jɒ^{24}	ʑaɯ^{24}	ʑɑŋ^{55}	ʑaŋ^{24}	zuŋ^{53}	dziŋ^{53}
舔			ja^{54}	ʑɛ^{21}	ʑi^{55}	ʑi^{13}	zi^{35}	dziɛp^{22}
八	jæ^{22}	jat^{32}	jou^{54}	ʑi^{21}	ʑɒ^{55}	ʑa^{13}	zi^{35}	dzat^{22}

上表苗瑶语材料来自《苗瑶语古音构拟》(王辅世、毛宗武,1995)。

半元音 j-变成了舌面浊擦音 ʑ-、齿龈浊擦音 z-,甚至变成齿龈塞擦音 dz-。上古汉语元音分松紧。因而每一个声母都应该跟松紧元音组合,半元音声母 j-不能例外。谐声系统中,中古汉语的半元音 j_{k}-跟浊擦音 z-/ʑ-组成一个谐声集合,两者关系密切。更重要的是,半元音 j_{k}-还跟浊擦音 z-/ʑ-交替构成一个词族。考察这些词族,我们就会发现,半元音 j-和浊擦音 z-/ʑ-交替具有动词和名词之间语法意义转换的功能。这跟上古汉语紧元音和松元音交替所展现出来的语法意义相同。依据半元音 j-和浊擦音 z-/ʑ-之间的派生关系,我们认为前者接紧元音而后者接松元音。

射,食亦切,《广韵》:"《世本》曰'逢蒙作射'。"《说文》:"射,弓弩发于身而中于远也。"《左传·隐公十一年》:"子都自下射之。"《经典释文》:"射,食亦反。"《左传·襄公二十三年》:"乐射之,不中。"《经典释文》:"射,食亦反。"射,神夜切,《广韵》:"射弓也。"《左传·襄公四年》:"恃其射也。"射,羊益切,《广韵》:"无射,九月律。"《礼记·月令》:"律中无射。"《经典释文》:"射音亦。"射,羊谢切,《广韵》:"仆射。"《左传·文公六年》:"晋狐射姑出奔狄。"《经典释文》:"射,音亦;一音夜;《穀梁》作夜。"《左传·桓公九年》:"冬,曹伯使其世子射姑来朝。"《经典释文》:"射姑:音亦,又音夜。"

谢,辞夜切,《广韵》:"辞谢。"谢,《说文》:"辞去也。从言射声。"《吕氏春秋·去宥》:"东方之墨者谢子将西见秦惠王。"《淮南子·修务训》:"谢子见于秦惠王,惠王说之。"谢子,《说苑》作"祁射子"。《说苑·杂言篇》:“祁射子见秦惠王,惠王说之。”《尔雅》:“仰者,谢。”《经典释文》:“谢,如字,众家本作射。”榭,辞夜切,《广韵》:“台榭。”《汉书·五行志上》:“榭者,讲武之坐屋。”《左传·襄公三十一年》:“无观台榭。”《左传·哀公元年》:“次有台榭陂池焉。”字作“谢”。《荀子·王霸》:“台谢甚高,园囿甚广。”

翔,似羊切,《广韵》:“翱翔。”翔,《说文》:“回飞也。从羽羊声。”《诗经·女曰鸡鸣》:“将翱将翔,弋凫与雁。”《论语·乡党》:“翔而后集。”飞,古苗瑶语 *jaŋ。印度尼西亚语“飞”有 lajap 和 lajaŋ 两个形式,前一个形式的意义是“低飞”而后一个意义则是“高飞”。飞,PMP(原始马波语)、PAN(原始南岛语)为 lajap～lajaŋ。藏语的 jaŋ-ba“轻、轻捷”可能也跟汉语的“翔”有关系。《礼记·玉藻》:“朝廷济济翔翔。”《经典释文》:“翔,本又作洋,音详。”

衺,似嗟切,《广韵》:“不正也;斜,上同(衺)。”邪,似嗟切,《广韵》:“鬼病,亦不正也,《论语》曰‘思无邪’。”邪,《说文》:“琅邪郡,从邑牙声。”邪,《广韵》:“琅邪,郡名,俗作耶、琊,亦语助,以遮切。”此“邪”字文献多为“邪门”的“邪”。

衺,古文献一般只作“邪”,只有《周礼》喜欢用“衺”。《周礼·天官·冢宰》:“去其淫怠与其奇衺之民。”《经典释文》:“衺,似嗟反,亦作邪。”《周礼·天官·冢宰》:“禁其奇衺展其功绪。”《经典释文》:“衺,似嗟反,本亦作邪。”《诗经·采菽》:“赤芾在股,邪幅在下。”笺:“邪幅,如今行縢也,偪束其胫自足至膝。”《说文》:“徽,衺幅也。”段玉裁注:“衺幅,即《诗》之邪幅也。”随着语音演变,半元音 j-跟齿龈浊擦音 z-混淆,于是其字也改从“余”声作“斜”。衺,《广韵》:“不正也,似嗟切;斜,上同。”《诗经·北风》:“其虚其邪。”笺:“邪读如徐。”《经典释文》:“邪音余,又音徐,《尔雅》作徐。”

半元音 j-或齿龈擦音 z-跟软腭鼻音 ŋ-谐声接触独此“邪”一例。《说文》:“与,赐予也。一勺为与。此与舆同。”《说文》:“舆,党舆也。从舁从与。”段玉裁注:“舆当作与。与,赐予也……与亦声。”古字“与”“牙”字形非常接近,学者将“与”字认作了“牙”①。楚简帛中,“舆”只写

① 俞欣,2001,《“舆”“与”考源》,《浙江大学学报》,第 5 期。

作“与”,被认作“牙”①。语气词“與(歟)”只写作“与”,而且“邪”字也只写作“与”。上博简《孔子见季桓子》:“此与(邪)民也。”简帛中,“邪”也写作“與”。上博简《孔子见季桓子》:“此與(邪)民也。”②由此可知,“邪”“衺”从“牙”实际上是从“与”讹变。

洍,详里切,《广韵》:“《说文》曰‘水也’,一曰《诗》曰‘江有洍’。”洍,与之切,《广韵》:“水名,《诗》云‘江有洍’。毛《诗》作汜。”安大简《诗经》作“江有洍”,与韩《诗》、鲁《诗》同。汜,详里切,《广韵》:“水名,在河南成皋县;《说文》曰‘水别复入水也;一曰汜,穷渎也,《诗》曰‘江有汜’。”《说文》:“汜,水别复入水也,一曰穷渎也,从水巳声,《诗》曰‘江有汜’。”徐玄云:“案前‘洍’字音义同,盖或体也。”《释名》:“水决复入为汜;汜,巳也。”《诗经·江有汜》:“江有汜,之子归,不我以。”《经典释文》:“汜,音祀,毛云‘决复入为汜’,郑云‘汜,小水也’。”

汜,《诗经·江有汜》与“渚”对文,两者当是同类词。陈奂传疏:“汜,渚也。”《说文》:“屿,岛也,从山与声。”屿,徐吕切,《广韵》:“海中洲也。”“汜”与“屿”是同族词。王先谦:“鲁、韩汜作洍。”“臣”声和“巳”声音同替换。因“洍”和“汜”同音,《说文》或引《诗》作“江有汜”,或引《诗》作“江有洍”。

巳,详里切,《广韵》:“辰名。”《说文》:“巳,已也。”《史记·律书》:“巳者,言阳气之已尽也。”《释名》:“巳,已也,阳气毕布已也。”巳,甲骨文中襁褓中婴儿形,与“子”微别。《说文》:“包,象人裹妊,巳在中,象子未成形也……裹妊于巳,巳为子,十月而生。”“子”派生出“字”,为养。《左传·昭公十一年》:“使字敬叔。”注:“字,养也。”“巳”派生出“颐”,为养。颐,与之切,《广韵》:“颐养也。”《易·序卦》:“颐者,养也。”《汉书·食货志下》:“帝王所以颐养天下。”祀,详里切,《广韵》:“年也,又祭祀。”《释名》:“祀,巳也,新气升故气巳也。”巳者,子也。《左传·成公十三年》:“国之大事,在祀与戎。”“祀”本为求子,后跟祭

① 蔡一峰,2020,《“與”“舉”古读补说——兼谈“夜”的拟音问题》,《汉语史学报》,第二十三辑。

② 季旭昇,2010,《〈上博六·孔子见季桓子〉译释》,《国际儒学研究》,第十七辑。

并,称祭祀。《孟子·尽心下》:"粢盛既洁,祭祀以时。"《周礼·天官·冢宰》:"一曰祭祀,以驭其神。"

表 7.51　半元音 j-谐声表

	ɕ-	ʑ-	s_1-	s_3-	ʂ-	z-	j-	t-	th-	d-	t_3-	th_3-	d_3-	tɕ-	tɕh-	dʑ-
頤				獄		洍	頤									
與				藇		嶼	與									
羊				鮝		祥	羊									
異				廙		禩	異									
淫				經			淫									
射		射				謝	射									

上古汉语的半元音 j-声母,和松元音组合时,变成了中古汉语的齿龈浊擦音 z-。依据清浊交替的谐声原则,可以创造出声母为齿龈清擦音 s-的谐声字。因而同组谐声字中有齿龈清擦音,但都后起谐声字,见上表。这几个谐声字或仅见于《说文》,或连《说文》也没有收录。藇,《广韵》共收录了以諸切、余吕切、徐吕切、羊洳切、相居切五个读音。《诗经·伐木》:"伐木许许,釃酒有藇。"传:"藇,美貌。"《经典释文》:"藇音叙,又羊汝反。"《广韵》:"䴂,酒之美也,本亦作藇,《诗》云'釃酒有藇',徐吕切。"也即《经典释文》"藇音叙"。半元音 j-也变成了舌面浊擦音 ʑ-。然而,齿龈浊擦音 z-和舌面浊擦音 ʑ-相同语音条件下不共存。显然,齿龈浊擦音 z-和舌面浊擦音 ʑ-是同一辅音音位的两个变体,如同中古汉语半元音 j 在汉越语中的演变。

第八章

唇塞音

第一节　三等 D 与唇塞音

中古汉语的唇塞音 p-/ph-/b-可以跟不同类型的韵母组合。依照与之组合韵母的类型,我们把中古汉语的唇辅音分为 p_1-/p_2-/p_3-。就唇辅音 p_3-而言,中古汉语还应该分为两类：三等 A 和三等 B。中古汉语的唇辅音 p_3-可以跟 p_1-/p_2-共同组成谐声集合：

表 8.1　唇塞音谐声表

	p_1	ph_1	b_1	m_1	p_2	ph_2	b_2	m_2	p_3	ph_3	b_3	m_3
菐	樸	墣	菐		樸	撲			菐	轐	幞	
般	般		般		般							
本	本		笨									
保	保											
𠦒	𠦒											
閉	閉								閉			
貝	貝	浿			敗		敗					
半	半	判	伴								袢	
卜	卜	扑	仆			朴				赴		
癶	撥	鏺	癹						發		橃	
巿	沛	沛	跡						芾	肺		

续 表

	p_1	ph_1	b_1	m_1	p_2	ph_2	b_2	m_2	p_3	ph_3	b_3	m_3
甹		甹										
朋	崩	倗	朋			弸	棚				淜	
罷					擺		罷				罷	
扁	扁		扁		媥				編	扁	扁	
步			步									
並			並				僲					
并		姘	瓶		拼	姘			并		併	
普		普										
孛	悖		孛						綍			
番	播	潘	皤						番	翻	燔	
暴	爆		暴		爆							
犮	茇		犮				拔		紱	祓	拔	
卑	箄	錍	鞞		捭		牌		卑		陴	
飛									飛			
非	輩		裴				排		非	匪	菲	
夫									夫	麩	夫	
猋									猋			
分			盆		頒				分	忿	分	
方	榜	滂	旁		祊		榜		方	芳	房	
冰									冰		馮	
兵						浜			兵			
匕									匕		牝	

续　表

	p_1	ph_1	b_1	m_1	p_2	ph_2	b_2	m_2	p_3	ph_3	b_3	m_3
比	箆	鈚	膍						比		比	
不	杯	胚	抔						不	丕	邳	
父	布	怖							父		父	
甫	逋	浦	捕						甫	敷	輔	
尃	博	溥	薄						傅	尃	縛	
反	粄		叛		版	扳	阪		反	疲	飯	
表									表			
缶	寶								缶			
付									付	泭	泭	
糞									糞	瀵		
奮									奮		幩	
畢									畢			
弗									弗	拂	佛	
畀									畀	濞	鼻	
别									别		别	
辟	壁	霹	甓		擘				辟	辟	闢	

跟软腭塞音一样，中古汉语的唇辅音所组成的谐声集合，其中的元素可以是 p_1-，也可以是 p_2-/p_3-。就彼此之间的亲近疏远而言，唇塞音 p_3- 一般喜欢跟 p_1-组成谐声集合，而不大愿意跟 p_2-组成谐声集合。唇塞音 p_3-和 p_2-有一定的距离。同样，唇塞音 p_1-也喜欢跟 p_3-组成谐声集合。唇辅音还有一点跟软腭音很不同，那就是唇塞音组成的谐声集合一般不包含唇鼻音，即唇塞音和唇鼻音不能构成谐声关系。唇塞

音 p_1-来自上古汉语的唇塞音 p-。

妃,芳非切,《广韵》:“嘉偶曰妃。《说文》‘匹也’。”《说文》:“妃,匹也。”《左传·桓公二年》:“嘉耦曰妃,怨耦曰仇。”《左传·文公二年》:“娶元妃以奉粢盛,孝也。”《礼记·曲礼下》:“天子之妃曰后,诸侯曰夫人,大夫曰孺人,士曰妇人,庶人曰妻。”《仪礼·少牢馈食礼》:“以某妃配某氏。”配,滂佩切,《广韵》:“匹也,合也。”《左传·闵公二年》:“嬖子配适,大都耦国,乱之本也。”《左传·隐公八年》:“先配而后祖。”《礼记·乐记》:“故圣人作乐以应天,制礼以配地。”《孟子·公孙丑上》:“其为气也,配义与道。”类转为名词。《诗经·皇矣》:“天立厥配,受命既固。”配,字也作妃。妃,滂佩切,《广韵》:“妃偶也。”《别雅》:“妃、配,耦也。《诗·卫风·有狐》序云‘丧其妃耦焉’。《经典释文》音配。《史记·高后纪》‘高祖微时妃’,《外戚世家》‘妃匹之爱’,诸妃字皆音配。”

髮,方伐切,《广韵》:“头毛也。”《说文》:“髮,根也。”《论语·宪问》:“吾其被髮左衽矣。”《庄子·逍遥游》:“穷髮之北,有冥海者,天池也。”《经典释文》:“髮,犹毛也。司马云‘北极之下,无毛之地也’。《地理书》云‘山以草木为髮’。”茇,蒲拨切,《广韵》:“草木根也。”《说文》:“茇,草根也。”《方言》:“东齐曰杜,或曰茇。”《淮南子·墬形训》:“凡根茇草者生于庶草。”《诗经·甘棠》:“蔽芾甘棠,勿翦勿伐,召伯所茇。”传:“茇,草舍也。”《周礼·夏官·司马》:“中夏教茇舍,如振旅之陈。”注:“茇舍,草止之也。军有草止之法。”字也作废。废,蒲拨切,《广韵》:“舍也。”胈,蒲拨切,《广韵》:“夏禹治水,腓无胈,胫无毛。韦昭云‘胈,股上小毛也’。”《庄子·在宥》:“尧、舜于是乎股无胈,胫无毛。”《韩非子·五蠹》:“股无胈,胫不生毛,虽臣虏之劳不苦于此矣。”

上古汉语松紧元音是一对可交替的匹配元音。很显然,两者交替可以构词,甚至可以构形。中古汉语的唇塞音 p_1-上古汉语是唇塞音 p-,唇塞音 p_3-上古汉语也是唇塞音 p-,前者跟松元音组合而后者跟紧元音组合。跟唇塞音 p_1-稍稍有所不同的是,中古汉语的唇塞音 p_3-也有少许语词来自上古汉语跟紧元音组合的辅音丛 pl-/pr-。随着介音-i-的产生，在介音-i-的作用下，中古汉语的唇塞音 p_3-部分演变成现在汉语的轻唇音 f-。

清代已有轻唇音，故钱大昕提出"古无轻唇音"这种现在看起来属于常识性的观点。实际上，即使在《切韵》时代，轻唇音仍然没有产生。现在碰到的不是诸如"古无轻唇音"之类的问题，而是中古唇塞音 p_1-和 p_3-在上古汉语中的区别条件。中古唇塞音 p_1-和 p_3-最重要的区别条件是后者只能跟带介音-i-的韵母组合。因而有学者把这个中古区别条件搬到了上古汉语那里，认为两者的区别也在于中古汉语的唇塞音 p_3-只能跟带介音-i-的韵母组合（一般写作-j-），如李方桂。俞敏在研究后汉三国时期梵汉对音时怀疑这个用来区别唇塞音 p_1-和 p_3-的介音-i-，是高本汉等学者虚构的，上古汉语并没有一个介音-i-。

表 8.2　唇塞音藏语对应表

父	扶雨切	《说文》：家长率教者。	pha	父亲
夫	甫无切	《经传释词》卷十：亦彼也。	pha	那、对面、那边
彼	甫委切	《广韵》：对此之称。	phar	彼出、对面、此之反
匪	府尾切	《左传·襄公八年》注：彼也。	phir	彼处、对面、那边
复	房六切	《诗经·绵》：陶复陶穴。	phug	窟、穴、洞
甫	方矩切	《说文》：男子美称也。	pa	表示男性主人的后缀
妇	房九切	《说文》：服也。	bag-ma	新媳妇、新娘
房	符方切	《说文》：室在旁也。	baŋ-ba	仓、库、库房
蜂	敷容切	《说文》：螫人飞虫也。	buŋ-ba	蜂、蚊等的总名
仆	芳遇切	《说文》：顿也。	bog-pa	昏厥、闷倒、昏迷

上表藏语材料来自《藏汉大辞典》（张怡荪，1999）。

这些中古汉语中带介音-i-的语词，藏语对应的同源词都没有介音-i-。汉藏对应显示出来的情况跟梵汉对译情况完全一致。足见,中古汉语区别唇塞音 p_1-和唇塞音 p_3-的介音-i-是后起的,并非原本就有。像“父亲”这样的语词,显然没有介音-i-是符合语言实际的。我们在上文已经讨论了唇塞音 p_1 和 p_3 上古汉语的区别是与之组合的元音有松紧元音的不同,即跟松元音组合的是中古汉语的 p_1-,而跟紧元音组合的是中古汉语的 p_3-。相对松元音,紧元音清晰、响亮,所以后汉、三国用“佛”而极少用“勃”对译梵语的 bud。

显然,元音松紧交替可以构词,甚至也可以构形。藏语的元音固然也可以交替构词或者构形,但更常见的是附加词缀,如 phjags-ma“扫帚”和 ɦ-phjag-pa“扫除”。跟词缀 ɦ-相似具有名谓化功能的词缀,藏语还可以有 g-/d-/s-/r-/等。藏语词缀 ɦ-的语法功能跟上古汉语元音松紧交替所展示出来的语法功能一致。比较汉藏两种语言,容易推断,上古汉语的元音松紧对立很有可能跟木雅语一样是由早期复杂的音节结构简化而来,比如 a-词头的失落。汉语有 a-词头,这个词头的文字形式,先秦是“於”,汉以及汉后是“阿”。不过,先秦文献中附加“於”词头的只有“於越”“於菟”极个别语词。从藏缅语族以及现代汉语方言看,上古汉语应该有比较多的语词附加 a-,只是文字没有表现出来。中古汉语的 p_1-来自上古汉语单辅音声母 p-,中古汉语的 p_2-来自词根声母 p-和中缀/l/或/r/融合的辅音丛 pl-/pr-。那么,中古汉语的 p_3-可以解释为附加诸如词头 a-的词根声母 p-。中古汉语唇塞音 p-构成谐声集合是一个相对封闭的谐声集合。除了唇塞音,这一谐声集合一般不包含其他中古汉语的辅音。这是中古汉语唇塞音跟软腭塞音明显的不同之处。随着词缀的丧失,带有词头的词根其主元音演变成紧元音。于是,中古汉语唇塞音 p_1-和 p_3-的对立自然也就变成了语词主元音松紧的对立。

父,《说文》:“家长率教者。”《礼记·曲礼》:“生曰父,死曰考。”《诗经·蓼莪》:“父兮生我,母兮鞠我。”《广韵》:“爸,父也,捕可切。”爸,中古音 $bɑ^B$。“父”和“爸”不过是同一语词在不同时代的文字符号而已,由于“父”字随语音演变而口语读音出现分歧,于是在“父”的基础上附加声符“巴”作“爸”。“父亲”这一带有明显非语言特点的语词,上古汉语的读音和中古汉语的读音甚至现代汉语的读音本应该相去不远。藏缅语族、苗瑶语族、侗台语族等语言中的“父亲”一词一致为 pa/pha/ba 之类的音。现代汉语以及现代汉语的方言中，“父亲”一词也大抵读为 pa、papa 或 a-pa 等。“父亲”一词附加前缀 a-，在藏缅语族语言中极其常见，如藏语 a-pa、错那门巴语 a-pa、缅语 a-phe、浪速语 a-pho、达让僜语a-ba、博嘎尔语 a-bo、载瓦语 a-va、波拉语 a-va、怒苏语 a-ba、拉祜语 a-pa、纳西语 a-ba、土家语 a-pa、基诺语 a-pu 等。把“父”拟为 a-ba>ba 比较符合“父亲”的实际读音。

表 8.3　唇塞音藏语对应表

纺	妃两切	《说文》：网丝也。	ɦ-phaŋ-ma	陀螺、纺锤
方	府良切	《广雅》：大也。	ɦ-phaŋ	高、高度
傅	方遇切	《诗经·崧高》笺：谓冢宰也。	ɦ-phags	贵族、门阀高贵者
反	府远切	《说文》：覆也。	ɦ-phan-pa	破坏、损坏
飞	甫微切	《说文》：鸟翥也。	ɦ-phur-ba	飞行、翱翔
分	府文切	《说文》：别也。	ɦ-phul-ba	排开、把清除出去
燔	附袁切	《尔雅》：祭天曰燔柴。	ɦ-bar-ba	烧、燃、照耀
炥	附弗切	《说文》：火貌。	ɦ-bud-pa	烧火、焚烧
拂	敷勿切	《广雅》：去也。	ɦ-bud-pa	赶走、放逐、驱逐
蕃	附袁切	《尚书·洪范》注：滋也。	ɦ-bar-ba	增长、增大、发达
繁	附袁切	《广雅》：多也。	ɦ-bal	多、富足、不缺乏
分	府文切	《广雅》：予也。	ɦ-bul-ba	献、呈进、奉上
箙	房六切	《说文》：弩矢箙也。	ɦ-bog	包袱
付	方遇切	《说文》：予也。	ɦ-bog-pa	给予、付给
泭	芳无切	《说文》：编木以度也。	ɦ-bog-pa	渡、过水
仆	芳遇切	《说文》：顿也。	ɦ-bog-pa	昏倒、迷失知觉

续　表

市	分勿切	《礼记·玉藻》注：韍之言蔽也。	ɦ-bos	隐晦、隐秘
泛	孚梵切	《广韵》：滥也。	ɦ-bjam-pa	散布、蔓延、流传
摈	必刃切	《说文》：斥也。	ɦ-bjin-ba	拔除、排除
肥	符非切	《说文》：多肉也。	ɦ-bjor-po	肥胖
辟	房益切	《广韵》：启也，开也。	ɦ-bje-ba	开、启、裂

上表藏语材料来自《藏汉大辞典》(张怡荪，1999)。

中古汉语的唇塞音 p_3-跟藏语带词头 ɦ-(a-)的唇塞音 ph-/b-对应极其整齐。中古汉语的唇塞音 p_3-不一定就对应藏语带词头 ɦ-的唇塞音。藏语带词头 ɦ-的唇塞音大抵则只对应中古汉语的唇塞音 p_3-。然而，中古汉语唇塞音 p_3-藏语不带词头的同源词也不少，如前面所举的例子。藏语的词头也未必一定来自原始藏缅语。我们难以用藏语的情况推导上古汉语。就上古汉语的实际情况看，唇塞音 p_3-至少春秋时期就是单一的唇塞音 p-。

夫，《说文》："丈夫也。""夫"也可以仅指跟妻子相对的丈夫。《易·小蓄》："夫妻反目。"就语源而言，夫等于父。如"渔夫"也为"渔父"，"卜夫"也即"卜父"等。夫，也即"甫"。甫，《说文》："男子之美称也。"夫，作为成年男子的统称，如《诗经》中的"狂夫""谋夫""农夫""仆夫""射夫"，跟藏语的 pa"一种表示男性主人或所有者的后缀"共源。作为一个代词，"夫"跟藏语的 pha"那、彼"共源。依照上面"父亲"一词的构拟，"夫"上古汉语可构拟为 a-pa。但文字"夫"早就已经可以作为语气词的记录符号。《论语·子罕》："子在川上曰：'逝者如斯夫，不舍昼夜。'"此"夫"即现代汉语的语气词"吧"。显然，把"夫"构拟为 pa̠ 更符合当时的语言实际。

不，《广韵》共有三个读音。不，甫鸠切，《广韵》："弗也。"不，方九切，《广韵》："弗也。"不，分勿切，《广韵》："与弗同。""方九切"一音是"否"的读音,而"分勿切"一音是"弗"的读音。《左传·桓公十一年》:"盍请济师于王?"注:"盍,何不也。"《左传·庄公二十年》:"盍纳王乎?"《经典释文》:"盍,何不也。""盍"是"何不",是"胡不"。"胡不"《诗经》常见。《诗经·式微》:"式微式微,胡不归?"《诗经·相鼠》:"人而无礼,胡不遄死?"《左传·哀公十六年》:"君胡不胄?"《左传》"胡不"共出现四例,其中三次是引《诗》。足见,"胡不"合音而成了"盍"。合音字常见的情况是后一词的声母成为前一词的韵尾,如"舅母"和"妗"、"叔母"和"婶"等。盍,《广韵》:"何不也,胡腊切。"上古汉语"盍"音 gap,其韵尾-p 正是"不"的声母。显然,"不"在上古汉语中,不应该有一个词头。

像"不"这种封闭性语词,语音结构应该非常简单,且"不"在先秦文献中本身就是词头。这一点也可以从上古汉语的语词中看出。我们在上文已经提到,上古汉语喜欢选用中古汉语带介音-i-的字作为语气词的记录文字,而不是不带介音-i-的文字。语气词属于语言中的天籁,是受外界刺激发出的自然的声音。汉语诸方言以及藏缅语族诸语言,语气词的语音形式都非常简单,尤其是出现在句末的语气词。原始汉藏语具体情况如何,需要我们进一步深入比较研究。

第二节 三等 A 与唇塞音

上古汉语的词头辅音 p-可以跟词根辅音 l-/r-融合成辅音丛 pl-/pr-,词根辅音 p-也可以跟插音/l/或/r/融合成辅音丛 pl-/pr-。前一种谐声集合中一般不包含唇塞音 p_1-。随着语音演变,辅音丛 pl-或 pr-都简化为单一唇塞音 p-。因而后来创制出来读唇塞音 p_1-的谐声字有时候也会用本属于辅音丛 pl-或 pr-的唇塞音 p_2-和 p_3-作声符。前面已经提到,《广韵》某些韵包含两类介音稍有差异的韵母,即所谓三等 A 和三等 B。学者早就已经发现,同一声符的中古汉语唇塞音可以跟两类三等组合:三等 D 和三等 A,三等 B 和三等 A。

表 8.4　唇塞音谐声表

	p_1	p_2	p_3	p_3	ph_1	ph_2	ph_3	ph_3	b_1	b_2	b_3	b_3	l_1	l_3
卑	箄	捭	碑	卑	錍			諀	鼙	牌	郫	脾		
比	幒		粊	比	砒		跂	庇	陛		仳	比		
必			秘	必					苾		駜	邲		
弁			鴘				鴘				弁	閞		
非	輩		悲	非				斐	裴	排	琶	裴		
分		頒	份	分				芬	盆		貧	氛		
不	杯		痞	不	胚		丕		抔		邳	芣		
弗			費	弗				費	艴			佛		
畐			逼	福			副	副	匐		腷	畐		
复				腹	覆			覆			愎	复		
伏									垘		絥	伏		
冰				冰							馮	馮		

我们在上文已经讨论了,韵图列在第三行的之所以被称为三等A,是因为有第四行的存在;假若没有三等B,就没有所谓的三等A。三等A和三等D本属于同一类。剔除陽部和寒部,同一声符有两类三等的,其中一类一定是《广韵》主元音为前高元音的韵母。韵图的制作者把有介音-i-或主元音为前高元音-i的韵母一律排在第三行。上古汉语的支部、錫部、耕部、脂部、質部、真部三等,跟唇塞音组合时,韵图大抵排在第四行,但也有个别被排在第三行。前面已经讨论过,排在第三行的来源有三:一是,作为语音演变的残余形式跟排在第四行的组成无意义差别的异读;二是,原本应该排在第四行,因保持原有的前高元音-i而被排在第三行;三是,跟排在第三行的原本声母不同。属于第三种情况的事例罕少,当属于上古到中古语音演变的残余。对

此，我们将在本节加以讨论。

一些学者，把所有跟三等A组合的唇塞音的上古读音构拟为辅音丛pr-。上古汉语的辅音丛pr-不等于单辅音p-，其构成的谐声集合是封闭的谐声集合。但这一类跟三等A韵组合的唇塞音却可以跟唇塞音p_1-谐声，而且它们组成的谐声集合从来不会跟边音共处。可见，这些跟三等A组合的唇塞音上古汉语不可能是pr-辅音丛。诚然，确实有上古汉语辅音丛pr-演变成跟三等D组合的唇塞音p_3-，如：

冯，《广韵》："冯翊，郡名；又姓；房戎切。"冯，《广韵》："《周礼》'冯相氏'，郑玄云'冯乘也，相视也，世登高台以视天文'；扶冰切，又防戎切。"《诗经·小旻》："不敢暴虎，不敢冯河。"传："冯，陵也，徒涉曰冯。"《经典释文》："冯，符冰反。"

冯，音"房戎切"是"名从主人"的结果，是一个方言读音。除了一个"冯"，跟蒸部三等组合的唇塞音，实际上《广韵》只有蒸韵。显然，我们不能因为《广韵》归蒸韵就认为上古汉语是辅音丛pr-，如"掤"；更不用说蒸韵本身也不是三等A而是三等D。一个谐声集合，唇塞音p_3-，假若跟边音谐声就不再跟唇塞音p_1-谐声，假若跟唇塞音p_1-谐声就不再跟边音谐声。两者之间的界线十分清晰，甚至可以说是谐声鸿沟。上古汉语的颤音-r-是一个独立的音位，辅音丛pr-自然不等于p-。因而上古汉语的辅音丛pr-一般只能跟pr-谐声或跟颤音r-谐声（来自词头p-和词根声母r-的融合）而不能跟p-谐声。

悲，《说文》："别也，从非己。"段玉裁注："非己犹言不为我用，会意，非亦声，非尾切。"此字仅见于《说文》。悲，敷尾切，《广韵》："鸟如枭也，《说文》'别也'。"悲，平秘切，《广韵》："鸟如枭。"《玉篇》："悲，孚匪、孚利二切，别也。"

悲，《说文》："痛也，从心非声。"悲，徐玄音"府眉反。"悲，府眉切，《广韵》："痛也。"朱骏声："字亦作悱。《啸赋》注引《字书》'悱，心诵也'。《论语》'不悱不发'，亦怅恨之意。愤近于怒，悱近于怨，自怨自艾也。”悱，敷尾切，《广韵》：“口悱悱也。”《论语·述而》：“不愤不启，不悱不发。”集解：“郑玄曰‘孔子与人言，必待其人心愤愤、口悱悱，乃后启发为之说也’。”《经典释文》：“不悱：芳匪反。”《史通·惑经》：“是用握卷踌躇，挥毫悱愤。”

整个传统微部，跟唇塞音组合时，入脂韵的只有“呰”“悲”两字，而“呰”这个冷僻字存在无意义差别的异读。跟齿龈音组合时，不论是上古汉语的韵母-u̲r还是-ɯ̲r，都归入脂韵-i。齿龈音导致元音前移、高化为前高元音-i。微韵、脂韵今已合并，而《广韵》微韵是一个声母只有唇牙喉音的韵。可见，微韵有向脂韵合并的趋势。

庶见素**衣**兮，我心伤**悲**兮，聊与子同**归**兮。（《素冠》）

我东曰**归**，我心西**悲**。制彼裳**衣**，勿士行**枚**。（《东山》）

是以有衮**衣**兮，无以我公**归**兮，无使我心**悲**兮。（《九罭》）

天之降罔，维其**几**矣。人之云亡，心之**悲**矣。（《瞻卬》）

行道**迟迟**，载渴载**饥**。我心伤**悲**，莫知我**哀**。（《采薇》）

陟彼南山，言采其**薇**。未见君子，我心伤**悲**。亦既见止，亦既觏止，我心则**夷**。（《草虫》）

春日**迟迟**，采蘩祁**祁**。女心伤**悲**，殆及公子同**归**。（《七月》）

四牡骓**骓**，周道倭**迟**。岂不怀**归**，王事靡盬，我心伤**悲**。（《四牡》）

有杕之杜，其叶萋**萋**。王事靡盬，我心伤**悲**。（《杕杜》）

鼓钟喈**喈**，淮水湝**湝**，忧心且**悲**。淑人君子，其德不**回**。（《鼓钟》）

以上，悲《诗经》入韵十次，其中六次跟脂部通押。我们知道位置越接近的地方，韵律要求越严格，而位置相对应的地方韵律要求也高。根据《诗经》脂部跟希部押韵的事实，我们或许可以认为“悲”在《诗经》时代已经是一个脂部字，如同“痳”。悲，《广韵》归三等A而不是三等B。上古汉语的脂部后来衍生出介音-j-韵图排在第四行，而第三行让给了其他韵部。上古汉语的后高展唇元音ɯ既可以演变成后高圆唇元音u，也可以演变成前高展唇元音i。

表 8.5　唇塞音灰脂微音节搭配表

	p				ph				b				m			
灰			輩				配		裴	痱		孛	枚		黴	妹
脂	悲			轡												
微	非	誹	誹		菲	婓			肥		痱		微	尾		未

考察微部的中古分布，我们就会发现三等有微韵和脂韵两类，而一等灰韵却是稀稀拉拉，空缺甚多。三等脂韵和微韵对立，而跟一等灰韵不对立。属于微部的三等脂韵正好填到灰韵的空缺。后高展唇元音 ɯ 不稳定，部分演变成了前高展唇元音 i 而被韵书的编撰者归到了脂韵。这种演变早就已经实现。因而山东地名“酅”，许慎、郑玄用“比”声创造新字代替。跟唇塞音组合的传统微部归脂韵的实质上本应该归灰韵的一等字。

彬，府巾切，《广韵》：“文质杂半，《说文》云‘古文份也’；斌，上同（彬）。”份，府巾切，《广韵》：“《说文》曰‘文质备也’。”玢，府巾切，《广韵》：“文采状也。”霦，府巾切，《广韵》：“璘霦，玉光色；琸，上同。”虨，府巾切，《广韵》：“虎文。”彬、斌、份、玢等不过是同一语词不同的记录文字。份，《说文》：“文质备也，从人分声；《论语》曰‘文质份份’；彬，古文份，从彡林。”《论语·雍也》：“文质彬彬，然后君子。”《经典释文》：“彬彬：彼贫反，文质相半也；《说文》作份，文质备也。”

豳，府巾切，《广韵》：“地名，本豳国之地，又有豳城，公刘所邑，盖此地也，因以名州，亦作邠。”邠，府巾切，《广韵》：“州名。”《诗经》“豳风”，《经典释文》：“豳，笔巾反，豳者，戎狄之地名也。”《孟子·梁惠王下》：“昔者大王居邠，狄人侵之。去，之岐山之下居焉。”《庄子·寓言》：“大王亶父居邠，狄人攻之。”《经典释文》：“邠，笔贫反，徐甫巾反。”《尔雅》：“西至于邠国。”《经典释文》：“邠或作豳，同彼贫反，《说文》作汃。”

与唇塞音组合时，上古汉语的欣部《广韵》分魂韵、文韵和真韵。

于是,文韵和真韵构成对立。跟上面讨论的希部一样,归真韵的欣部字韵图编撰者排在第三行,即三等A。唇塞音既对元音有唇化作用又对圆唇元音有排异作用。跟唇塞音组合的圆唇元音,现代北方标准语往往丧失圆唇特征或者干脆抛弃圆唇元音,如跟唇塞音组合的東韵等。藏语跟唇塞音组合的圆唇元音u往往会演变成前高元音i,见下。

欣韵是一个只有软腭音和声门音的韵。同样,文韵也是一个只有唇音、软腭音和声门音的韵。欣韵、文韵和真韵三个韵,只有真韵是一个正常的韵:软腭音、唇音和齿龈音齐全。齿龈音最容易导致主元音齿化。跟齿龈音组合的欣部和諄部三等只能归真韵。我们前面已经讨论了,跟软腭音组合的欣部,中古汉语分欣韵和真韵是演变的结果。因而《广韵》有大量的欣韵和真韵的无意义差别的异读,且欣韵在现代汉语中已经完全实现了欣韵到真韵的演变。

出自北**门**,忧心殷**殷**。终窭且**贫**,莫知我**艰**。(《北门》)
桑之落矣,其黄而**陨**。自我徂尔,三岁食**贫**。(《氓》)

贫,《说文》:"财分少也,从贝从分,分亦声。"贫,符巾切,《广韵》:"乏也。"属真韵三等A,跟文韵三等D的"汾"以及一等魂韵的"盆"(蒲奔切)对立。依据俞敏的《后汉三国梵汉对音谱》,文韵后汉三国时期主元音已经是-u。支谶用文韵的"分"对译梵文的pun、pūm音节、文韵的"文"对译梵文的mun音节。跟齿龈音组合时,文部已经完全实现读真韵的演变,跟软腭音和声门音组合时,欣部在中古汉语时也处于变化之中,而只跟唇音组合的欣部只有少许字读成真韵。跟文韵不同,支谶用真韵的邠、宾对译梵文的音节pin:

邠,府巾切,《广韵》:"州名。"
宾,必邻切,《广韵》:"敬也,迎也,列也,遵也,服也。"
分,府文切,《广韵》:"赋也,施也,与也,《说文》'别也'。"

上古汉语的欣部,跟唇塞音组合时,部分演变成魂韵-un和文韵-iun,而部分则与欣部跟齿龈音组合时的情况相同,均演变成真韵-in,

即-ɯn>-in。就梵汉对译情况来看，两者之间的分离早在后汉三国时期已经完成。欣部本应该演变成真韵，齿龈音最先实现了这种演变，软腭音也已经开始实现这种演变。陆德明的《经典释文》已经是欣韵和真韵不分。足见，欣部演变为韵母-in是语音演变的总体趋势。

表 8.6 唇塞音之部(職部)音节搭配表

	p				ph				b			
	平	上	去	入	平	上	去	入	平	上	去	入
灰	桮		背		肧				培	倍	背	
脂		鄙			丕	嚭			邳	否	備	
尤	不	否	富		胚	秠	副		罘	婦		
德				北								菔
職				逼				副				腷
屋				福				副				服

与唇塞音组合的之部、職部情况最为复杂。之部有灰韵、脂韵和尤韵，職部有德韵、職韵和屋韵，蒸部有登韵、蒸韵和東韵。蒸韵和東韵，除了一个“名从主人”的“冯”，两者完全互补，本无所谓对立，对立的只有脂韵和尤韵、職韵和屋韵。跟齿龈、软腭音组合的之部，有咍韵和之韵。《广韵》之韵没有唇音。足见，那些原本应该入之韵的唇音字被归入到了脂韵，即脂韵的之部字就是之韵字。

表 8.7 唇塞音之部异读表

鄙	方美切	陋也，又边鄙也。				
啚	方美切	《说文》“啬也”。				
痞	方美切	病也。	符鄙切	腹内结痛。	方久切	病也。
否			符鄙切	塞也。	方久切	《说文》“不也”。
不					方久切	弗也。

续　表

丕	敷悲切	大也。				
伾	敷悲切	有力。				
頚	敷悲切	大面。				
駓	敷悲切	桃花马色。				
怌	敷悲切	怌怌,恐也。				
額	敷悲切	短须发貌。				
豾	敷悲切	狸子。				
魾	敷悲切	大鳠。				
鉟	敷悲切	刃戈。				
秠	敷悲切	黑黍,一稃二米。	匹鄙切	一稃二米。	匹尤切	一稃二米。
衃	芳杯切	《说文》曰“凝血也”。			匹尤切	凝血。
肧	芳胚切	怀胎一月。			匹尤切	孕一月。
紑	芳否切	鲜也。	甫鳩切	《诗》传云“洁鲜貌”。	匹尤切	《说文》云“白鲜衣貌”。
醅	芳胚切	酒未漉也。			匹尤切	醉饱。
嚭	匹鄙切	大也。				
秠	匹鄙切	一稃二米。	敷悲切	黑黍一稃二米。	匹尤切	一稃二米。
邳	符悲切	下邳,县名,在泗州。				
鴀	符悲切	鸊也。				
岯	符悲切	山再成也。				
魾	符悲切	大鳠也。	敷悲切	大鳠。		
額	符悲切	《说文》云“短须发貌”。	敷悲切	短须发貌。		

续　表

鉟	符悲切	刃戈。	敷悲切	刃戈。		
罘					缚谋切	兔罟。
芣					缚谋切	芣苢,车前也。
婦					房九切	《说文》曰"妇,服也"。
負					房九切	担也,荷也。
偩					房九切	《礼》云"礼乐偩天地之情"。
痞	符鄙切	腹内结痛。	方美切	病也。	方久切	病也。
否	符鄙切	塞也。			方久切	《说文》"不也"。

这些读脂韵的之部字并不是三等A。这些本属于之韵的唇音和合口软腭音只是被韵书的编撰者归到脂韵去了而已。稍早于陆法言的陆德明,其编撰的《经典释文》之韵和脂韵就已经不分。陆法言即使从分不从合,其编撰的《切韵》仍然存在之韵和脂韵混淆的地方,更不用说把本属于之韵的唇音和合口软腭音归入到脂韵。从上表中,我们可以清楚地看出:《广韵》要么读脂韵,要么读尤韵,要么脂韵、尤韵异读。剔除异读字,灰韵、脂韵、尤韵实际上只有两类,比如唇塞音 ph-。入尤韵的唇塞音 ph-无一不是无意义差别的异读字。依照辅音声母清浊交替以及韵母一、三等交替的谐声以及异读通则,这些读尤韵的之部字应该是脂韵的变异。

肧,《说文》:"妇孕一月也,从肉不声。"《尔雅》:"肧,始也。"《经典释文》:"胚,字又作衃,同普才反,又匹尤反,《淮南子》及《文子》并云'妇孕三月而胚',《说文》云'胚妇孕一月也';胚,凝血也。"肧,芳杯切,《广韵》:"怀胎一月。"肧,匹尤切,《广韵》:"孕一月也。"衃,《说文》:"凝血也,从血不声。"衃,芳杯切,《广韵》:"《说文》曰'凝血也'。"衃,匹尤切,《广韵》:"凝血。"坯,《说文》:"瓦未烧,从土不声。"坯,芳杯切,《广韵》:"未烧瓦也。"坯,披尤切,《集韵》:"瓦器未烧,或作坏。"

灰韵和尤韵匹配,如同咍韵和之韵匹配。灰韵和尤韵无意义差别的异读反映的应是不同方言或者书面语、口语之间的读音差异。陆德明以及稍晚的陆法言把这种无意义差别的异读都收集到所编撰的著作中。《广韵》中完全相同的一组字,因使用范围的不同分裂成好几种读音,典型的如所谓的"文白异读"。

秠,《说文》:"一稃二米,从禾丕声。"秠,匹尤切,《广韵》:"一稃二米。"秠,芳妇切,《广韵》:"《尔雅》曰'一稃二米';此亦黑黍,汉和帝时任城生黑黍,或三四实,实二米得黍三斛八斗。"秠,敷悲切,《广韵》:"黑黍一稃二米。"秠,匹鄙切,《广韵》:"一稃二米。"《尔雅》:"秠,一稃二米。"注:"此亦黑黍……"《经典释文》:"秠,孚鄙反,又孚丕反,《字林》匹几、匹九、夫九三反。"《诗经·生民》:"诞降嘉种,维秬维秠,维穈维芑。"《经典释文》:"秠,孚鄙反,亦黑黍也,一稃二米,又孚悲反,郭芳婢反。"

陆法言编撰《切韵》时只是搜集先人的材料,并未考虑这些材料的来源以及材料本身是否可靠,后来的《广韵》《集韵》编撰者更是把所有材料一股脑儿地收集了进来,因而读音凌乱自然无法避免。一种作物"秠",不论是《经典释文》还是《广韵》都收录了四五种不同的读音。我们不能把《广韵》列举的所有差别都认为是来自更早时期甚至是上古汉语的差别。许多文字读音只是存在于书面语言的读音而不是现实语言的读音。因而仅仅根据《广韵》的读音会把我们引入迷途。跟唇音组合的之部,主要是"不"声符;而"不"声符是读音最繁多的声符之一。"不"声和"丕"声字《广韵》读音有很大的差别。除了"秠"字,从"丕"声不会读入尤韵。同样,从"不"声不会读入脂韵,而从"否"声则读脂韵兼尤韵。

表 8.8 "否"声异读表

否	符鄙切	《广韵》:塞也。	方久切	《广韵》:《说文》"不也"。
痞	方美切	《广韵》:病也。	方久切	《广韵》:病也。

除了这两个异读字，其余从"否"声之字《广韵》读脂韵或灰韵。假如"丕"确实如许慎所说从"不"声，那么"不"和"丕"读音已经出现了差异。通过以上分析，跟唇塞音组合的之部脂韵和尤韵，除了异读外，大抵不对立。上古汉语的松元音 e，跟唇塞音组合时变成了灰韵-ui<-woi；紧元音 $\underline{e}$，跟唇塞音组合时部分变成了脂韵-i，部分变成了尤韵-iu。跟唇塞音组合的幽部字，《广韵》分豪韵和尤韵，但不入脂韵。如此看来，跟唇塞音组合的紧元音 $\underline{e}$ 直接高化而归入脂韵，而不是先唇化变成后高圆唇元音 u 之后再归入脂韵。但部分字受到唇塞音的影响，变成了后高元音 u，和上古汉语幽部合并，归入尤韵-iu。

表 8.9　唇塞音職部异读表

湢	彼侧切	湢泧，水惊起势也。		
逼	彼侧切	迫也。		
偪	彼侧切	上同。	方六切	偪阳，宋国。
幅	彼侧切	行縢名。	方六切	绢幅。
楅	彼侧切	束也。	方六切	束以木，逼于牛角，不令抵触人。
福			方六切	德也，佑也。
輻			方六切	车辐。
蹜			方六切	蹜踧，聚貌。
鶝			方六切	戴胜别名。
堛	芳逼切	土田。		
愊	芳逼切	悃愊，至诚。		
稫	芳逼切	稫稄，禾密满也。		
畐畐	芳逼切	多也，密也。		
畐	芳逼切	道满也。	房六切	满也。

续　表

䮝	芳逼切	《周礼》曰"以䮝辜祭四方百物"。		
副	芳逼切	析也,《礼》云"为天子削瓜者,副之,巾以絺"。	芳福切	剖也。
蕌			芳福切	蕌,旧草名,又音富。
腷	符逼切	腷臆,意不泄也。		
畐	芳逼切	道满也。	房六切	满也。
匐	蒲北切	匍匐。	房六切	匍匐,伏地貌。
鞴	薄故切	鞴靫,盛箭室。	房六切	韦囊步靫。
服			房六切	服事,亦衣服,又行也,习也。
鵩			房六切	不祥鸟。
箙			房六切	盛弓弩器。
菔			房六切	芦菔,菜也。

跟唇塞音组合的職部分職韵和屋韵。職部的情况跟之部相同:读職韵或屋韵;職韵和屋韵异读。这些職韵和屋韵的异读字也是无意义差别的异读。除了不送气清塞音 p-有两个读職韵且无异读的字,職韵和屋韵也不算真正的对立:唇塞音 ph-读職韵,而唇塞音 p-/b-读屋韵。跟齿龈音组合的職部读職韵,而跟唇塞音组合的職部则可以读職韵也可以读屋韵。可见,部分字受唇塞音的影响其元音已经唇化变成了后高元音 u 归到幽部。職部分德韵和職韵,而根据无意义差别的异读,我们仍可以推定原本应该读職韵,如"匐"。

蝠,方六切,《广韵》:"《说文》曰'蝙蝠,伏翼也'。"《方言》:"蝙蝠,自关而东谓之服翼,或谓之飞鼠,或谓之老鼠,或谓之仙鼠;自关而西秦陇之间谓之蝙蝠,北燕谓之蠟蠼。"蝙蝠,《尔雅》:"服翼。"蝙蝠之蝙即"扁",而蝠即"服翼"之合音。

富,方副切,《广韵》:"丰于财。"《诗经·瞻卬》:"何神不富。"传:"富,福也。"《诗经·召旻》:"维昔之富,不如时。"笺:"富,福也。""富"和"福"不过是一词之分化,文献"福"常写作"富"。《孟子·告子上》:"富岁子弟多赖。"注:"富岁,丰年也。"富,其语源就是"畐"。畐,《说文》:"满也。"《广韵》:"畐,满也,房六切。"《方言》:"悀、偪,满也。凡以器盛而满谓之悀,腹满曰偪。"偪,方六切,《广韵》:"偪阳,宋国。"畐,字亦作腷。腷,符逼切,《广韵》:"腷臆,意不泄。"《新修龙龛手鉴》:"腷,符逼反,腷臆,意不泄也,郭氏俗音福。"

看来,假若"腷"不跟"臆"连在一起,也早就读成了"房六切"。跟浊塞音 b-组合的職部大抵已经归入到了屋韵,但職部的去声却全部读至韵,如"备"。依据俞敏的《后汉三国梵汉对音谱》的对译材料,后汉三国时期支谶用職韵对译梵文的 ik,如用"翼"对译梵文 yik 音节,用"域"对译梵文(v)pik 音节,而德韵则对译梵文的 ak,如用"匐"对译梵文 pak 音节。支谦用"富"对译梵文 pu、用"目"(按:目,上古属于職部,归覺部,误)对译梵文 muk。如此看来,这两类跟唇塞音组合的韵早就已经分化。上古汉语的韵母-e̱k,高化演变成了中古汉语的韵母 -ik。但其跟唇音组合时,受到唇辅音的影响演变成了中古汉语的韵母-iuk。

表 8.10　唇塞音藏语对应表

番	附袁切	《说文》:兽足谓之番。	s-bar-mo	爪、手足掌
诽	甫微切	《说文》:谤也。	s-bir	流言、蜚语
腹	方六切	《广韵》:肚腹。	s-bug	内部
堛	芳福切	《广韵》:地室。	s-bug-pa	暗室、深洞
蜚	扶沸切	《广韵》:虫名。	s-bur-pa	甲壳虫类总名
蔽	必袂切	《广韵》:掩也。	s-bed-pa	隐匿、暗藏、掩盖
饭	扶晚切	《说文》:食也。	s-bon-ba	吃
燔	附袁切	《广韵》:炙也。	s-bor-ba	点燃、烧起

上表藏语材料来自《藏汉大辞典》(张怡荪,1999)。

藏语带词头 s-的唇塞音 b-大抵对应中古汉语的唇塞音 p_3-,跟我们已经讨论过的藏语带词头 ɦ-的唇塞音 ph-等对应中古汉语的唇塞音 p_3-相同。汉语的唇塞音组成一个封闭的谐声集合,但我们已经无法依据汉语自身的材料来论证上古汉语唇塞音前是否可以附加 s-。我们前面已经分析了,传统支/錫/耕/脂/質/真这几个主元音是前高元音 i 的韵部并没有所谓的三等 A 和三等 B 的问题。同样,之部/職部/蒸部也是如此。跟前几个韵部不同的是,这几个韵部不论是读脂韵/職韵/蒸韵还是读尤韵/屋韵/東韵,都是三等字,因受到唇塞音的影响主元音演变成后高元音 u。这种跟唇塞音组合时主元音 i～u 之间的变异也见于其他语言,如藏语:

表 8.11　藏语元音 i/u 交替表

bji-ba	bju-ba	老鼠	d-bji-gu	d-bju-gu	小棍、短杖
d-bjig-pa	d-bjug-pa	棍、杖	ɦ-bibs-pa	ɦ-bubs	撑,张开
ɦ-phir-ba	ɦ-phur-ba	飞、飞翔	s-bid-pa	s-bud-pa	皮火筒、鼓风皮囊
ɦ-phigs-ba	phug-pa	戳穿、刺透,打洞	ɦ-bigs	ɦ-bug-pa	戳穿、刺透,打洞

上表藏语材料来自《藏汉大辞典》(张怡荪,1999)。

跟唇塞音组合时,藏语的元音 i 和 u 有时候可以交替,如 ɦ-bigs～phug～d-bug"凿穿",ɦ-bjin～phjuŋ～d-bjuŋ"抽、拔、排除"。前面已经列举,跟唇音组合时,脂韵和尤韵、職韵和屋韵常常异读。这种异读跟藏语前高元音 i 和后高元音 u 交替构成的异读正一致。上古汉语部分之部合口字早就并入了幽部,即 e＞o＞u＞ɯ＞i。于是,中古汉语也出现了近似藏语高元音 i 和 u 交替的异读,比如"副"。

副,芳福切,《广韵》:"剖也。"副,芳逼切,《广韵》:"析也,《礼》云'为天子削瓜者副之,巾以絺'。"副,《说文》:"判也,从刀畐声,《周礼》曰'疈辜祭';疈,籀文副。"疈,芳逼切,《广韵》:"《周礼》曰'以疈辜祭四方百物'。"《礼记·曲礼》:"为天子削瓜者副之,巾以絺。"《经典释文》:"副,普逼反。"《诗经·生民》:"不坼不副,无菑无害。"《经典释文》:

“副，孚逼反，《说文》云‘分也’，《字林》云‘判也’，匹亦反。”《周礼·春官·宗伯》：“以疈辜祭四方百物。”郑注：“故书疈为罢。”《经典释文》：“疈，孚逼反，一又方麦反……罢，如字，又芳皮反。”疈为“罢”，实为“捭”。《礼记·礼运》：“其燔黍捭豚。”《经典释文》：“捭，卜麦反，注作擗，又作擘，皆同。”副为剖，剖一为二则为副。副，敷救切，《广韵》：“贰也，佐也。”《文选·枚乘〈上书重谏吴王〉》吕向注：“副，重也。”因而引申出假发的意义。《诗经·君子偕老》：“君子偕老，副笄六珈。”《经典释文》：“副，芳富反。”

依照语法关系，音“敷救切”的“副”本应该读入職韵。但是，職部组合的双唇清塞音至韵无字，而浊塞音宥韵无字，两者正好互补。如此看来，跟唇音组合的之部/職部，中古汉语分裂为脂韵/尤韵和職韵/屋韵，是汉语自身语音演变的层次性和材料本身隐含的方言演变的差异性造成，并非意味着上古汉语本身存在语音演变条件性的差别。就之部/職部/蒸部的演变来看，主要入脂韵/職韵/蒸韵。通过上面的分析，我们可以说绝大部分的一个韵部分裂成两个三等韵是语音演变的原因，并非本身有什么差别，尽管上古汉语确实有/r/中缀。之部/職部的主元音是前半高元音 e，当处于紧元音的条件下，跟齿龈音、软腭音组合时演变成脂韵/職韵/蒸韵，但部分受组合唇音的影响演变成尤韵/屋韵/東韵。

弁，皮变切，《广韵》：“周冠名；覍，上同。”《诗经·小弁》：“弁彼鸒斯，归飞提提。”毛传：“弁，乐也。”此“弁”，《说文》作“昪”。《说文》：“昪，喜乐貌。从日弁声。”段玉裁注：“弁、般、昪三字同音盘，故相假借。”昪，皮彦切，《玉篇》：“喜乐貌。”《广韵》字作忭。忭，皮变切，《广韵》：“喜貌。”般，薄官切，《广韵》：“乐也。”《尔雅》：“般，乐也。”《经典释文》：“般，蒲安反。”《集韵》：“般、弁、卞，蒲官切；《尔雅》‘乐也’。”

依照松元音和紧元音交替的谐声、异读通则，“弁”应该是跟“般”对应的三等字，即主元音有松紧不同，语音形式的其余部分“弁”与“般”相同。然而弁声字三等，韵书《广韵》或入元韵或入仙韵，构成三等B与三等D的对立。其中,归仙韵的被认为是跟元音对立的三等A。但弁声字元韵与仙韵可以异读。

表8.12　元韵与仙韵异读表

笲	皮变切	《广韵》:竹器。	附袁切	《广韵》:竹器,《礼记》云"妇执笲"。
笲	扶晚切	《广韵》:竹器,所以盛枣脩。		
頯	皮变切	《广韵》:倾冠。	頯,扶晚切	《广韵》:无发。
閞	皮变切	《广韵》:门欂栌。	符万切	《广韵》:门欂栌也。

笲,《广韵》收录了三个音,其中两个音入元韵或阮韵,是无意义差别的异读。《仪礼·士昏礼》:"妇执笲。"《经典释文》:"笲,音烦,竹器。"《礼记·昏义》:"执笲枣栗段脩以见。"《经典释文》:"笲,音烦,一音皮彦反,器名,以苇苦竹为之,其形如筥。"《经典释文》"笲"字五见,只有《礼记·昏义》一处"一音皮彦反",其余四例皆音"烦"。可见,音"皮彦反"仅仅只是变读而已,并没有产生意义上的差别。

拚,《说文》:"拊手也,从手弁声。"拚,彼眷切,《广韵》:"击手。"《诗经·小毖》:"拚飞维鸟。"笺:"犹鷦之翻飞为大鸟也。"《经典释文》:"拚,芳烦反。""拚"实际是"翻"的假借字。翻,孚袁切,《广韵》:"覆也,飞也;翻,上同。"拚,方问切,《广韵》:"扫除也。"此字《说文》从"土",作"坌"。《说文》:"坌,扫除也,从土弁声,读若粪。"段玉裁注:"《曲礼》作粪,《少仪》作拚。"《诗经·伐木》笺:"已洒攘矣。"《经典释文》:"粪,本亦作拚,甫问反。"《周礼·夏官·司马》:"掌五寝之扫除粪洒之事。"注:"扫席前曰拚。"《经典释文》:"拚,方问反,本又作抃。"《仪礼·聘礼》:"既拚以俟矣。"《经典释文》:"拚,方问反,谓洒扫也,刘符变反。"除引刘昌宗音"符变反",其余"拚"皆音"方问切"或"甫问反"。坌,方问切,《广韵》:"扫除也。"

"弁"声谐声字本属上古-on韵母,因受到唇音的影响而变成了-un

韵母,跟原本截然不同的上古汉语-un韵母建立了联系。我们在上文中已经讨论了元韵与仙韵的不同反映的是语音的演变,稍早时期是元韵-ian韵母,后受到介音-i-的影响而演变成-iɛn韵母。弁声只有願韵有字与之对立,而願韵只有“饭”“閞”两字。“閞”又有“皮变切”一音。饭,扶晚切,《广韵》:“餐饭。”饭,符万切,《广韵》:“《周书》云‘黄帝始炊谷为饭’。”《论语·述而》:“子曰:‘饭疏食饮水。’”饭本为动词,后通过变调派生为名词。饭,《说文》:“食也,从食反声。”“反”声谐声字的韵母原本是-an,跟“弁”声的-on韵母本不同。随着-on韵母演变成-uan韵母,名词“饭”,或体字也从“弁”声。如此看来,“弁”声字原本应该读願韵,因音变而读入線韵。

唇塞音p-组成的是一个相对封闭的谐声集合。中古汉语唇塞音组成的谐声集合跟其他辅音之间的界线最为清晰。除了通过颤音中介可以跟其他辅音发生接触,这个谐声集合只有唇塞音而没有其他发音部位不同的辅音。就汉藏语音关系而言,藏语带不同类型词头的唇塞音,汉语对应的都是唇塞音p_3-。相同的语音条件,因书面语、口语的不同,会分化成完全不同的读音。这一点在书面语和口语混杂的汉语中极其常见,如汉语标准语。

表8.13　标准语文白异读表

	薄	趵	剥	暴	瀑	曝	伯	柏	擘	迫
o/u	po^{35}	po^{55}	po^{55}	phu^{51}	phu^{51}	phu^{51}	po^{35}	po^{35}	po^{51}	pho^{51}
au/ai	pau^{35}	pau^{51}	pau^{55}	pau^{51}	pau^{51}	pau^{51}	pai^{214}	pai^{214}	pai^{55}	pai^{214}

显然,我们不会因为这些字如今标准语有两种不同的读音而推定早期也有两种读音。这两种不同的读音,如不同的方言或亲属语言,形成了较为整齐的语音对应关系。《广韵》的情况跟如今标准语的情况正平行,也只不过收录了不同语体中的语音形式。脂韵和尤韵、職韵和屋韵之间尽管无意义差别,但构成整齐的语音对应关系。因而《广韵》脂韵和尤韵、職韵和屋韵的无意义差别的异读,除了方言因素

外,更多的是口语和书面语之间语音形式不同造成的。

第三节 pr-类辅音丛

唇塞音可以跟一二三四等韵搭配,没有选择性。要是将一等和四等合并为一组,依据与之组合的韵的不同,中古汉语唇塞音分 p_1-/p_2-/p_3-三类。中古汉语的 p_1-/p_3-同来自上古汉语的唇塞音 p-。两者的差别是 p_1-跟松元音组合而 p_3-跟紧元音组合。谐声集合中,中古汉语的 p_1-固然可以跟 p_2-/p_3-谐声,但中古汉语 p_2-自成集合仍然是很明显的,如:

表 8.14　唇塞音 p_2-谐声表

	p_1	ph_1	b_1	m_1	p_2	ph_2	b_2	m_2	p_3	ph_3	b_3	m_3
巴	爸				巴	葩	爬					
包			抱		包	胞	炮				枹	
拜					拜							
八					八	汃			扒[i]			
百					百	洦		陌				
𠂢						𠂢	脈					
白		粕	泊		伯	怕	白					
霸					霸							
龙								龙				
卯				貿				卯				
買								買				
皃								皃				
馬				媽[ii]				馬				

[i] 扒,博怪切,《广韵》:"拔也,《诗》云'勿剪勿扒',案:'本亦作拜'。"扒,博拔切,《广韵》:"破声。"扒,方别切,《广韵》:"擘也。"(扒,《玉篇》:"鄙杀切,擘也。")

[ii] 媽,莫补切,《广韵》:"母也。"姥,莫补切,《广韵》:"老母,或作姆,女师也;亦天姥山也。"峔,莫补切,《广韵》:"慈母,山名,在丹阳,亦作姥,俗从山。"媽、姥、姆、峔所记录的实际是同一语词。音"莫补切"当来自上古汉语魚部的"母"ma。我们认为是书面语出现音变后,故利用声符"馬"创造了一个新字"媽"来记录口语的 ma。而韵书的编撰者以为所指的是书面语的"姆"而误注音"莫补切"。

相对于软腭塞音 k_2-，唇塞音 p_2-组成的谐声集合要少得多。声符读唇塞音 p_2-的谐声集合，其元素一般也只有唇塞音 p_2-。足见唇塞音 p_2-上古汉语不同于唇塞音 p_1-，也不同于唇塞音 p_3-。方言读音的掺杂以及口语、书面语的混杂等因素的存在，同一声符的谐声集合中也会夹杂声母为唇塞音 p_1-或者 p_3-的后起字。

表 8.15　夹杂在 p_2-谐声集合中的唇塞音 p_1-表

粕	匹各切	《广韵》：糟粕。	魄	普伯切	《广韵》：魂魄。
泊	傍各切	《广韵》：止也。	怕	普伯切	《广韵》：憺怕，静也。
捊	薄侯切	《广韵》：《说文》云"引取也"。	捊	薄交切	《广韵》：引取，亦作"抱"。
抱	薄浩切	《广韵》：持也，《说文》曰"引取也"。			
抱	防无切	《广韵》：抱罕，县名，在河州。			

粕，《说文》："糟粕，酒滓也，从米白声。"《淮南子·道应训》："轮扁曰：'是直圣人之糟粕耳。'"粕，字本只作"魄"。《庄子·天道》："君之所读者，古人之糟魄已夫。"《经典释文》："魄，普各反；司马云'烂食曰魄'；一云'糟烂为魄'；本又作粕。"魄，他各切，《广韵》："落魄，贫无家业，出《史记》，本音拍。"

泊，字本也只作"怕"。《广雅》："怕，静也。"王念孙疏证："《老子》云'我独怕兮其未兆'，司马相如《子虚赋》云'怕乎无为'。泊与怕通。""澹泊"之"泊"，民间俗词源解为"厚薄"之"薄"。《史通·论赞》："子长淡薄无味。"《曹子建集》："以无为之药给子，以淡薄之汤刺子。"薄，傍各切，《广韵》："厚薄。"音"傍各切"的"泊"为"薄"的训读。泊，由"静"引申为"止"。于是，"泊"有了停泊的意义。《慧琳音义》卷十三："今谓舟止于岸曰泊。"

显然，上述两字原本都应该读唇塞音 p_2-，但因与之组合的韵母读音接近以及训读等原因导致原本读唇塞音 p_2-的读成唇塞音 p_1-。自然,这并非意味着以唇塞音 p_2-为声符的谐声字一定就读唇塞音 p_2-。这些自成系统的唇塞音 p_2-上古汉语为 pr-辅音丛。不过,这个 pr-辅音丛早就已经简化为单一的唇塞音 p-。因而一些以唇塞音 p_2-为声符的后起谐声字,跟上古汉语的 pr-辅音丛没有任何关系,如“爸”。这主要是因书面语和口语语音形式出现龃龉而选用了“巴”声符为“父”的口语读音,并创造了一个记录文字“爸”而已。

枹,《说文》:“击鼓杖也,从木包声。”枹,缚谋切,《广韵》:“鼓槌。”枹,风无切,《集韵》:“《说文》‘击鼓杖’,一曰枹罕,羌县名。”《左传·成公二年》:“右援枹而鼓。”《经典释文》:“枹音浮,鼓槌也,《字林》云‘击鼓柄也’,本亦作桴。”《管子·小匡》:“介胄执枹,立于军门。”字作“桴”。《韩非子·功名》:“君若桴,臣若鼓。”《吕氏春秋·贵直》:“鼓之而士不起,简子投桴而叹。”《礼记·礼运》:“蒉桴而土鼓”。《经典释文》:“桴,音浮,鼓槌。”枹,布交切,《广韵》:“《尔雅》注曰‘树木丛生,枝节盘结’;《诗》云‘枹有三枿’,又杨枹菜。”《尔雅》:“朴,枹者。”注:“丛生者为枹。”《诗经·棫朴》:“芃芃棫朴。”传:“朴,枹木也。”《经典释文》:“枹,必茅反。”《广韵》引《诗经》“枹有三枿”,毛《诗》作“苞有三蘖”。苞,布交切,《广韵》:“丛生也。”《诗经·晨风》:“山有苞栎。”

抱,薄浩切,《广韵》:“持也;《说文》曰‘引取也’。”《礼记·曲礼上》:“君子抱孙不抱子。”《左传·文公七年》:“穆嬴日抱太子以啼于朝。”《左传·昭公十三年》:“平王弱,抱而入。”捊,薄交切,《广韵》:“引取,亦作抱。”《说文》:“捊,引取也,从手孚声。抱,捊或从包。”其本字当为“孚”。《说文》:“孚,卵孚也,从爪从子。”徐锴曰:“鸟抱,恒以爪覆其卵也。”字后累增作“孵”。孵,芳无切,《广韵》:“卵化。”《方言》:“北燕朝鲜洌水之间谓伏鸡曰抱。”《诗经·抑》:“借曰未知,亦既抱子。”菢,薄报切,《广韵》:“鸟伏卵。”许慎认为,“抱”“捊”为异体字,而《广韵》有“薄交切”一个异读,而这一异读正是唇塞音 p_2-。这跟“包”声符字属于唇塞音 p_2-一致。“孚”和“包”是两个读音完全不同的谐声集合。两者可以替换声符组成异体字,说明“孚”和“包”

声,某些方言开始混杂。

同声符的谐声字也并非同一时代的产物,自然也不是同一地域的产物。随着语音的演变,同一声符的谐声字原本的读音可能完全不同。我们应该把握谐声字的主体以及追溯非规则谐声的真正来源。《广韵》等韵书中的唇塞音 p_1-,上古并非一定就是唇塞音 p_1-,而唇塞音 p_2-也未必就是唇塞音 p_2-。

表 8.16　支部唇塞音搭配表

	p				ph				b			
齊	箄		鞞	躄	錍		睥		鼙			薜
佳		捭					澼		牌		稗	
支	卑	髀	臂	辟			譬	僻	陴	婢	避	辟

表 8.17　佳韵唇音异读表

澼	匹卦切	《广韵》:《说文》曰“水在丹阳”。		
鯙	薄佳切	《广韵》:《广雅》云“黑鲤谓之鯙”。	步唯切	《玉篇》“黑鲤也”。
郫	薄佳切	《广韵》:县名,在蜀。	符羁切	《广韵》:郫,县名,在蜀。
蠯	薄佳切	《广韵》:江东呼蚌长而狭者为蠯。	符支切	《广韵》:蚌属也。

支部唇塞音 p-,《广韵》有齊韵-ei 和佳韵-ai。除了上述所列的几字两韵对立,齊韵和佳韵唇塞音完全互补。支部唇音读佳韵-ai 的有五例。除了“蠯”和“牌”(不见于先秦甚至两汉文献,属于后起字),其余三例都是罕见于文献的冷僻字,而且其中两例是专有名词。专有名词因“名从主人”而读音特别。蠯,《广韵》本身有 $biɛi^A$ 和 bai^A 两音,bai^A 则特别注明是方言读音。《周礼・天官・冢宰》“蠯醢”,《经典释文》:“蠯,蒲佳反,徐薄鸡反。”蠯,徐邈读齊韵(-ei)而陆德明读

佳韵(-ai)。如此看来,支部唇塞音 p-原本只有齊韵一类,而某些方音或口语因元音舌位较低而被韵书的编撰者收集在佳韵里面。这跟佳韵如今在标准语相同的语音条件下也两分并没有本质上的不同。

表 8.18　唇塞音声异读表

罷	符羇切	《广韵》:倦也,亦止也。	薄蟹切	《广韵》:止也,休也。
郫	符羇切	《广韵》:郫,县名,在蜀。	薄佳切	《广韵》:县名,在蜀。
輫	薄回切	《广韵》:车箱。	步皆切	《广韵》:车箱。
阪	府远切	《广韵》:大陂不平。	扶板切	《广韵》:陂别名。
瓪	博管切	《广韵》:牡瓦也。	布绾切	《广韵》:瓪瓦。
昄	博管切	《广韵》:均大也。	布绾切	《广韵》:大也。
罿	北激切	《广韵》:《尔雅》"罿谓之罿",今之覆车鸟网也。	蒲革切	《广韵》:罿也。
朌	符分切	《广韵》:大首貌。	布还切	《广韵》:大首。
頒	符分切	《广韵》:鱼大首,亦众貌。	布还切	《广韵》:布也,赐也。
分	府文切	《广韵》:赋也,施也,与也。		
鳻	符分切	《广韵》:春扈,鳻鶞。	布还切	《广韵》:大鸠。
樸	博木切	《广韵》:棫朴,丛木。	匹角切	《广韵》:木素;又厚朴,药名。
墣	普木切	《广韵》:《说文》云"块也"。	匹角切	《广韵》:《说文》"块也"。
犦	博沃切	《广韵》:犎牛,出合浦郡。	蒲角切	《广韵》:犎牛。
爆	补各切	《广韵》:迫于火也。	北角切	《广韵》:火烈。
蒡	北朗切	《广韵》:牛蒡,菜。	薄庚切	《广韵》:菜,一名隐荵。
篣	步光切	《广韵》:竹箕。	薄庚切	《广韵》:笼。

续　表

騯	步光切	《广韵》：马盛貌。	薄庚切	《广韵》：马行盛貌。
禓	步光切	《广韵》：禓禮，祭名。	薄庚切	《广韵》：禓禮，祭名。

这些夹杂在唇塞音 p_1-或 p_3-谐声集合里面的唇塞音 p_2-，并非意味有实质性的差别。唐韵在温州方言中可以读[ɔ]也可以读[ɛ]，如旁[bɔ⁴²]、[bɛ⁴²]，后者对应的就是庚韵。读庚韵的一定是质朴的口语读音，而读唐韵的则往往是文绉绉的书面语读音。因而我们不能因为《广韵》有差别就一股脑儿地认为上古汉语也一定有差别。《广韵》中的一些差别，并非一定是共同语的差别，相反往往是方言土语或者口语、书面语之间的差别。

表 8.19　唇音二等拟声词表

擈	蒲角切	《广韵》：击声。	匹角切	《广韵》：击声。
肑	北角切	《广韵》：手足指节之声。		
磅	抚庚切	《广韵》：小石落声。		
曝	北角切	《广韵》：李颐注《庄子》云“曝放杖声”。		
嗙	甫盲切	《广韵》：喝声。		
閍	普耕切	《广韵》：门扉声。		
砰	普耕切	《广韵》：砰磕，如雷之声。		
訇	普耕切	《广韵》：訇訇，大声。		
颮	薄交切	《广韵》：风声。		

纯粹记录声音的文字《广韵》收录了不少。这些极其晚起的文字读音有一个共同的特点：其韵母属于所谓的二等。扶，甫无切，《广韵》：“《公羊传》云‘扶寸而合’。注云：‘侧手曰扶，案：指曰寸’。”《礼记·投壶》：“室中五扶，堂上七扶，庭中九扶。”注：“铺，四指曰扶。”《经典释文》：“扶，方于反。”“扶”今文字读音[fu³⁵]，而作为语素保留在语词“巴掌”中音[pa⁵⁵]，跟

“父”与“爸”相平行。通过这些文字,我们可以间接知道读唇塞音 p_2-的属于口语读音,而读唇塞音 p_1-尤其是读唇塞音 p_3-的是书面语读音。

表 8.20　唇塞音与边音谐声表

	p_1	ph_1	b_1	m_1	p_2	ph_2	b_2	m_2	p_3	ph_3	b_3	m_3	l_1	l_3
龍							龐						籠	龍
录					剥								录	緑
樂		濼			𦢊								樂	擽

濼,匹各切,《广韵》:“陂濼;霪,上同。”段玉裁《说文》注:“濼、泊古今字。”《玄应音义》卷十二:“陂,池也,山东名为濼。”又卷十四:“陂,池也,山东名濼,今关中亦濼。”濼,《玉篇》:“力谷、力各二切,水在济南。又音粕,陂濼也。”

濼,本字为“洦”。洦,《说文》:“浅水也,从水百声。”洦,普伯切,《广韵》:“浅水。”洦,字也作“泊”。洦和魄同音,魄和霸文字替换,两者正相平行。濼,读“普木切”“匹各切”,是同一语词的不同方言读音或书面语、口语读音。濼,异体为霪,从“霏”声。“霏”声是一个二等谐声系列,如“霸”。可见,“濼”原本也是一个二等字,因陌韵-ak 和鐸韵-ɑk 读音接近而混入鐸韵。随着藥部混入鐸韵而创造“濼”字记录原本已有的“泊”。

剔除“濼”一字,中古汉语的唇塞音 p_1-不跟边音 l-谐声。通过上述分析,可以看出唇塞音 p_1-和 p_2-上古汉语出现的语音条件很不同。前者是单辅音声母 *p-,后者是复辅音声母 *pl-或 *pr-。唇塞音 p_2-,雅洪托夫早期构拟为 pl-,许多学者如蒲立本、包拟古等后来改为 pr-。

剥,《说文》:“裂也,从刀录声。”录,《说文》:“刻木录录也。”朱骏声云:“录实即剥之古文。”剥,泰语 pok^7、lok^8,版纳傣语 pok^9、$lɔk^8$,仫佬语 $pɤøːk^7$。侗台语的“剥”为汉语借词,而其中读边音的应该为汉语早期借词。剥,《易·剥卦》马注:“落也。”剥,对应藏语 rlug-pa“拆除、摧毁”、lug-pa“垮、散、溃散”。漉，字也作“渌”，对应藏语 rlug-pa“泄漏、滴出、下泻”。《广雅》：“剥，落也。”景颇语 ma-lok[55]“剥落”正对应汉语的“剥”。显然，中古汉语“剥”的上古读音应该是 p-lok 而不是 p-rok。

藏语中，声母为边音 l-的语词可以附加词头 b-、g-、s-等派生出一个同族词，或构成一个语词的新形式，如 lug-pa“注入”、blug-pa“注入、浇灌”。中古汉语的唇塞音 p_2-跟边音 l-谐声，只能说明两者的词根辅音上古汉语是流音 l-或 r-。词头辅音 p-和词根辅音 l-或 r-融合成辅音丛 pl-或 pr-，合并为 pr-后演变为 pɣ-，再失落-ɣ-变成中古汉语的唇塞音 p_2-/p_3-。因而中古汉语的唇塞音 p_2-/p_3-也可以跟中古汉语的软腭音 k_2-/k_3-组成谐声集合：

更，《说文》：“改也。从攴丙声。”
駮，《说文》：“兽如马，锯牙，食虎豹，从马交声。”
驳，《说文》：“马色不纯也，从马爻声。”
僰，《说文》：“犍为蛮夷也，从人棘声。”

显然，上述谐声关系所反映的并非软腭塞音 k-演变成了唇塞音 p-，或唇塞音 p-演变成了软腭塞音 k-。不论中古汉语还是上古汉语，软腭塞音 k-和唇塞音 p-都是独立的辅音音位。因而软腭塞音 k-和唇塞音 p-组合的谐声集合有着一条清晰的界线。软腭塞音 k-和唇塞音 p-的上述联系实质上跟软腭塞音 k-、唇塞音 p-跟边音 l-之间的谐声联系相同。两者之所以能够联系是由于词根辅音同为流音 l-/r-，而不同的只是词头。但就整个语词的读音而言，两者之间的差异是比较大的。因此谐声集合有上述这种谐声的例证并不多。

表 8.21　“不”词头表

扬之水，不流束薪。（《扬之水》）	陈奂传疏：不，语词。
肆戎疾不殄，烈假不瑕。（《思齐》）	马瑞辰《传笺通释》：二不字皆为句中助词。

续 表

不戢不难,受福不那。(《桑扈》)	陈奂传疏:三不字,《传》皆以为语词。
维鹈在梁,不濡其翼。(《候人》)	陈奂传疏:不,语词。
或以其酒,不以其浆。(《大东》)	马瑞辰《传笺通释》:不字为助句词。
维昔之富不如时,维今之疚不如兹。(《召旻》)	王引之《经义述闻》:两不字皆语词。
恺悌君子,遐不作人。(《左传·成公八年》)	杜注:不,语助。

词头 p-在文献中常以文字“不”的形式出现。《尔雅》:“崖,夷上洒下不漘。”郭注:“崖上平坦而下水深者为漘。不,发声。”《经义述闻》:“不,发声,犹‘漘谓之不漘’‘类谓之不类’‘若谓之不若’也。不律谓之笔,犹言律谓之笔也。”如同软腭塞音,不送气唇塞音 p-跟边音 l-谐声,而送气唇塞音 ph-跟边音 l-谐声只有一两个特例。然而同一声符唇塞音 p-、ph-一般不并存。送气是汉语的区别特征,但送气、不送气交互演变的情况也不乏其例,如“胞”。很有可能送气唇塞音 ph-原本也是 p-。叵,普火切,《广韵》:“不可也。”倗,普等切,《广韵》:“不肯也。”“叵”是“不可”的合音,“倗”是“不肯”的合音。不,声母为唇塞音 p-;而“叵”和“倗”声母为唇塞音 ph-。显然,读入送气音 ph-跟后面语词的声母有关。中古汉语唇塞音 p_1-来自上古汉语的唇塞音 p-,唇塞音 p_2-来自上古汉语的辅音丛 pr-/pl-;而唇塞音 p_3-则来自上古汉语紧元音前的 p-/pr-/pl-。

表 8.22 边音与唇塞音谐声表

	p_1	ph_1	b_1	m_1	p_2	ph_2	b_2	m_2	p_3	ph_3	b_3	m_3	l_1	l_3
巒								蠻	變				巒	戀
廩									稟				壈	廩
品										品				臨

续 表

	p_1	ph_1	b_1	m_1	p_2	ph_2	b_2	m_2	p_3	ph_3	b_3	m_3	l_1	l_3
虎									膚				盧	廬
聿									筆					律
凡									風		凡		嵐	
侖									綸				論	侖

唇塞音 p_3-也可以跟边音 l-组成谐声集合。除了鼻音 m-，跟中古汉语唇塞音 p_3-谐声的主要是中古汉语的边音 l_3-。上古汉语松紧元音对立，又可以交替。谐声系统中，两者有较清晰的界线，又可以彼此谐声。上古汉语以颤音 r-为词首辅音的词根可以附加词头 k-，而词头辅音 k-跟词根声母 r-融合成 kr-，后演变成了中古汉语的 k_3-。同样，上古汉语以颤音 r-为词首辅音的词根也可以附加辅音为 p-的词头。这一词头 p-跟词根声母 r-融合而演变成了中古汉语的 p_3-。《尔雅》："不律谓之筆。"《说文》："吴谓之不律，燕谓之弗，秦谓之筆。"依照《说文》，吴方言保持词头 p-而燕方言、秦方言已经跟词根融合。

表 8.23 唇塞音 p_3-谐声表

	p_1	ph_1	b_1	m_1	p_2	ph_2	b_2	m_2	p_3	ph_3	b_3	m_3	l_1	l_3
兵					浜[i]				兵					
冰									冰		馮			
封					邦				封					
丙									丙		病			
秉									秉					
别					捌[ii]				别		别			

[i] 浜，布耕切，《广韵》："安船沟，又布耿切。"浜是后起字。

[ii] 朳，博拔切，《广韵》："无齿杷也；捌，上同。"捌，百辖切，《广韵》："《方言》云'无齿杷'。"

续　表

	p_1	ph_1	b_1	m_1	p_2	ph_2	b_2	m_2	p_3	ph_3	b_3	m_3	l_1	l_3
凭											凭			
畐											畐			
孚			捊				捊			孚	浮			
糞									糞					
乏									窆		乏			
凡									風	釩	凡		嵐	
辡					辦		辨		辡		辨			

上述谐声集合，唇塞音 p_3-组成一个相对封闭的谐声集合。除了个别异读字，这些谐声集合的元素一般只有唇塞音 p_3-。中古汉语跟三等 A 组合的唇塞音 p_3-固然可以跟中古汉语的边音 l_3-组成谐声集合，但能够跟边音 l_3-组成谐声集合的未必一定是跟三等 A 组合的唇塞音 p_3-。跟三等 D 组合的唇塞音同样跟边音 l_3-谐声。唇塞音 p_3-都可以跟边音 l_3-组成谐声集合。显然，我们不能认为因跟三等 D 组合就否定其跟边音 l-之间的谐声关系。只要它们能够跟边音 l_3-组成谐声集合，它们都是 pr-，如“冯”。冯，《广韵》：“冯翊，郡名；又姓，房戎切。”冯，《广韵》：“《周礼》冯相氏，郑玄云‘冯乘也；相视也’，扶冰切。”事实上，不论是前者还是后者，韵书《广韵》中都不属于三等 A 而是属于三等 D。我们不能认为前者不是而后者为 pr-。两者韵书《广韵》读音不同，前者只是“名从主人”的专有名词。这种专有名词读音不同，书面语言中比比皆是。陆德明《经典释文》：“凡国名、地名、人名字、氏族，音不重。”诚然，只跟唇塞音 p_3-谐声的未必来自上古汉语的辅音丛 pr-，但上古汉语的辅音丛 pr-一定只跟唇塞音 p_2-/p_3-谐声。

筆，《尔雅》：“不律谓之筆。”《说文》：“吴谓之不律，燕谓之弗，秦谓之筆。”

语词“笔”，吴方言读双音节，秦方言已经融合成单音节，燕方言则跟秦方言的融合模式不同：它是由前一音节的声母和后一音节的韵母直接融合而成。我们前面已经讨论了，所谓的“重纽三等”是由于某些韵有特别的介音-j-存在而被特别看待。上古汉语的辅音丛 Cr-跟中古汉语重纽三等没有必然的联系。是否跟松紧元音组合，辅音丛中的颤音-r-中古汉语一律失落。跟其他唇塞音一样，与松元音组合时，辅音丛 pr-演变成中古汉语的 p_2-；与紧元音组合时，辅音丛 pr-演变成中古汉语的 p_3-。是不是三等 A，要看有没有三等 B 存在。

表 8.24　壮语方言 pr-辅音丛对应表

词义	贵港	来宾	武鸣	田林	田东	丘北	上思	大新[i]
头发			plom¹	pjo:m¹	tɕom¹		phom¹	sum¹
菜	prak⁷	pɣak⁷	plak⁷	pjak⁷	tɕak⁷	pak⁷	phak⁷	sak⁷
石山	pra¹	pɣa¹	pla¹		tɕa¹	pa¹	pha¹	sa¹
走	pra:i³	pɣa:i³	pla:i³	pja:i³	tɕa:i³	pa:i³	pha:i³	sa:i³
脆			plo:t⁹	pjo:t⁹	tɕo:t⁹	puai⁵		so:i⁵

[i] pj-/phj-，壮语大新方言读齿龈音 ts-/s-。
上表壮语材料来自《壮语方言研究》(张均如等，1999)。

上述壮语语词在侗台语都带词头 p-。侗台语的词头 p-跟词根声母 r-融合演变成了塞流模式的辅音丛，如贵港、武鸣；丘北、上思则进一步失落颤音剩下唇塞音，而田东融合成塞擦音。汉语从“不律”到“笔”的演变，如同侗台语到壮语丘北方言之间的演变。因而带或不带词头 p-自然组成了同族词，比如：

表 8.25　唇塞音与边音 l-同族词表

冰	笔陵切	《说文》：水坚也。	凌	力膺切	《广雅》：冰也。
冯	扶冰切	《周礼》注：谓乘陵也。	陵	力膺切	《广雅》：乘也。

续 表

别	彼列切	《说文》：分解也。	列	良薛切	《说文》：分解也。
肤	甫无切	《广韵》：皮肤。	胪	力居切	《说文》：皮也。

这种由唇塞音 p_3-跟边音 l-组成同族词的，学者多有讨论。两者之间的语音关系跟谐声所反映出来的唇塞音 p_3-跟边音 l-谐声相一致。但跟唇塞音 p_3 组成同族词的大抵也是边音 l_3-而不是边音 l_1-。就跟唇塞音 p_3-组成同族词而言，边音 l_1-和边音 l_3-之间的界线还是十分清晰的。藏语以颤音 r-为声母的词根可以附加 b-词头，而藏语的 b-词头则对应的汉语 p-词头。因而中古汉语的唇塞音 p_3-也可以跟藏语的 r-对应。试看下面的例子：

表 8.26　唇塞音 p_3-与藏语 r-对应表

品	符蹇切	《说文》：众庶也。	rim-pa	次序等级、排成的行列
禀	笔锦切	《说文》：赐谷也。	rims-pa	散发、分配
冰	笔陵切	《说文》：水坚也。	reŋ-ba	凝结、冻结
变	彼眷切	《说文》：更也。	rol-ba	变化、显化
瘪	卑列切	《广韵》：枯病。	red-pa	蔫、萎、枯萎

上表藏语材料来自《藏汉大辞典》(张怡荪，1999)。

边音 l-跟藏语的 r-对应，而唇塞音 p_3-也可以跟藏语的 r-对应。汉藏语音对应关系与唇塞音 p_3-组成谐声集合时所展现出来的语音关系一致。藏语以颤音 r-为起首音的词根，可以附加词头 b-构成同根词，如 rims～brims“分配”。唇塞音 p_3-可以跟边音 l_3-组成谐声集合，也可以构成同族词。同样，中古汉语的唇塞音 p_2-也可以跟藏语 pr-对应。具体的例子我们这里就不再赘举了。这正说明上古汉语的辅音丛 pr-中古汉语分裂为唇塞音 p_2-和 p_3-。两者分化的语音条件是，前者跟松元音组合而后者跟紧元音组合。

第九章

齿龈塞音和擦音

第一节 齿龈塞音与流音的融合

汉藏语系任何一种语言都具备 t-/p-/k-三套塞音，上古汉语也不应该例外。中古汉语部分齿龈塞音 th-和 d-不跟同部位的清塞音 t-组成谐声集合，而跟中古汉语的擦音 z-/ɕ-/s-或半元音 j-组成谐声集合。依据谐声关系，中古汉语齿龈塞音 th-/d-上古汉语有两个来源。为了便于区别，我们把跟齿龈塞音 t-组成谐声集合的 th-和 d-称为 A 组 th-/d-；而把跟 j-/z-/ɕ-/s-组成谐声集合的 th-和 d-称为 B 组 th-/d-。我们这一节首先要讨论的是 A 组齿龈塞音。

中古汉语的 A 组齿龈塞音 t-/th-/d-，是不受语音条件限制的辅音声母，可以跟不同类型的韵母组合，部分跟一等、四等韵组合而部分跟二等、三等韵组合。前者传统音韵学称之为端透定，后者称之为知徹澄。为了便于区别，我们将跟一等、四等韵组合的齿龈塞音写作 t_1-/th_1-/d_1-，而将跟二等、三等韵组合的齿龈塞音写作 t_3-/th_3-/d_3-。齿龈塞音 t_2-和 t_3-分布很不平衡，《广韵》只有极少一部分韵有齿龈塞音 t_2-。一般情况下，一个韵部只有齿龈塞音 t_3-而没有齿龈塞音 t_2-，或有齿龈塞音 t_2-而没有 t_3-，两者互补。只有在极少数韵部里面，比如東部和屋部，齿龈塞音 t_2-和 t_3-对立：

表 9.1 齿龈塞音 t_2-和 t_3-音节搭配表

	t				th				d			
江	椿			琢	惷				幢		幢	濁
鍾		冢	湩	斸	蹱	宠	踵	豖	重	重	重	躅

斸,陟玉切,《广韵》:“斫也,又镢也。”《说文》:“斸,斫也。”《国语·齐语》:“恶金以铸锄夷斤斸。”注:“斸,斫也。”《尔雅》:“斪斸谓之定。”《经典释文》:“斸,本或作欘,同丁录反,《说文》云‘齐谓之兹箕’,一曰斤柄自曲,李云‘斪斸,锄也’。”

蹱,丑凶切,《广韵》:“蹖蹱。”蹱,丑用切,《广韵》:“蹖蹱,行不正也。”蹱,职容切,《广韵》:“蹖蹱,小儿行貌。”蹖蹱,为联绵词。蹖,力钟切,《广韵》:“蹖蹱。”蹖,良用切,《广韵》:“蹖踵。”蹖蹱,字也作陇种。《荀子·议兵》:“陇种东笼而退耳。”《新序·杂事》:“陇种而退耳。”陇种和东笼属于辅音换位。

重,直容切,《广韵》:“复也,迭也。”緟,直容切,《广韵》:“《说文》云‘增益也’。”褈,直容切,《广韵》:“复也。”鍾韵“重”“緟”“褈”是同一语词的三个分别文。江韵齿龈塞音 d_2-有幢、撞、橦三字,但都是多音字。

幢,宅江切,《广韵》:“旛幢,《释名》曰‘幢,童也,其貌童童然也’。”

幢,直绛切,《广韵》:“后妃车幰。”

撞,宅江切,《广韵》:“撞突也,《学记》曰‘善待问者如撞钟’,撞,击也。”

撞,直绛切,《广韵》:“撞钟。”

橦,宅江切,《广韵》:“木名。”

橦,徒红切,《广韵》:“木名,花可为布,出《字书》。”

重,柱用切,《广韵》:“更为也。”緟,柱用切,《广韵》:“缯缕。”绛韵齿龈塞音 d_2-有幢、撞、憧、幢等字,但也是多音字。幢,直绛切,《广韵》:“冲城战车。”幢,尺容切,《广韵》:“陷阵车。”《说文》:“幢,陷阵车也。”作“衝”。《诗经·皇矣》:“与尔临衝,以伐崇墉。”传:“衝,衝车也。”《经典释文》:“衝,昌容反,《说文》作幢;幢,陷阵车也。”《左传·定公八年》:“主人焚衝。”《经典释文》:“衝,昌容反,《说文》作幢,陷阵车也。”憧,直绛切,《广韵》:“戆憧,凶顽貌。”憧,尺容切,《广韵》:“憧憧,往来貌。”

躅,直录切,《广韵》:“踯躅;蠋,上同。”踯,直炙切,《广韵》:“踯躅,行不进也;蹢,上同。”“踯躅”是联绵词。《荀子·礼论》:“必徘徊焉、鸣号焉、踯躅焉、踟蹰焉,然后能去之也。”联绵词的一个重要特点是讲究读音和谐。因而当其中一个音节的韵母或声母发生变化时,另一个也会跟着发生相应的变化,比如“寂寥”。蠋,直录切,《广韵》:“蠨蠋,虫名。”蠋,之欲切,《广韵》:“蜛蠋。”《诗经·东山》:“蜎蜎者蠋,烝在桑野。”传:“蠋,桑蛊也。”《经典释文》:“蠋,音蜀,桑虫也。”《尔雅》:“蚅,乌蠋。”《经典释文》:“蜛,音乌,本又作乌。蠋,音蜀,《说文》云‘桑中虫也’,郭云‘大虫,如指似蚕也’。”

剔除无意义差别的异读字,即便是東部(屋部)大约也只有齿龈浊塞音 d-对立。中古汉语的齿龈塞音 t_2-和 t_3-后来合并演变成了现代汉语的卷舌塞擦音 tʂ-,只有个别字保留了齿龈塞音 t-,比如“爹”。爹,陟邪切,《广韵》:“羌人呼父也。”爹,中古音 tia[A]。随着介音-i-的产生,齿龈塞音 t_2-的音质也因之而发生变化,并跟齿龈塞音 t_3-合并。于是,为了消除类隔切,原本读齿龈塞音 t_1-的反切上字也改为读齿龈塞音 t_3-的反切上字。

表 9.2 《广韵》“类隔切”表

字	《广韵》	释义	《集韵》	释义
桩	都江切	橛也。	株江切	杙也。
湛	徒减切	水貌,又没也。	丈减切	《说文》“没也”。
牚	他孟切	邪柱也。	耻孟切	支柱也。
窡	丁滑切	《说文》曰“穴中见也”。	张滑切	《说文》曰“穴中见也”。
窡	丁刮切	穴中出貌。	张刮切	穴中出貌。
贮	丁吕切	居也,积也。	展吕切	积也。

齿龈塞音 t_2-或 t_3-《广韵》还可以偶尔用齿龈塞音 t_1-作反切上字,而《集韵》则已经一律改为齿龈塞音 t_3-作反切上字。这种齿龈塞音 t_2-或 t_3-用齿龈塞音 t-作反切上字的现象,《切韵》比《广韵》更多一些,而陆德明的《经典释文》则是比比皆是。跟软腭塞音 k-组合的二等

字后来衍生出介音-i-,这个介音-i-导致软腭塞音 k-腭化成舌面塞擦音 tɕ-;而跟唇塞音 p-组合的二等字标准语至今仍没有介音。跟齿龈塞音 t-组合的二等韵应该是最早产生介音-i-的。因而跟一等和二等韵组合的齿龈塞音 t-《广韵》反切上字已经有明显的不同,而《集韵》则已经完全不同,已变成舌面塞音 ȶ-。联系先后不同时期的韵书以及注音材料,我们可以清晰地看出齿龈塞音 t_2-渐渐演变成齿龈塞音 t_3-。

中古汉语 A 组齿龈塞音 t-/th-/d-,即使是那些把中古汉语 th-/d-两分的学者也认为其来自上古汉语的齿龈塞音 t-/th-/d-。音韵学界也有部分学者将中古汉语齿龈塞音 t-/th-/d-的上古汉语语音形式构拟成复辅音。这一构拟无疑取消了上古汉语的齿龈清塞辅音 t-/th-/d-。显然,这一构拟既不符合包括汉语在内的汉藏语系语言实际,也不符合一种语言必须具备齿龈清塞音 t-/th-/d-的通则。对此,我们不展开讨论了。

表 9.3　齿龈塞音 t_2-和 t_3-谐声表

	t_1-	th_1-	d_1-	t_3-	th_3-	d_3-	tɕ-	tɕh-	dʑ-	ɕ-	ʑ-	n-	n_3-	ȵ-
中				中	忡	仲								
貞	鼎			貞	偵	湞								
徵				徵		懲								
展				展	搌[1]								碾	
肘				肘		紂								
質				質			質							
壴				壴		厨	澍		樹					
竹	竺			竹		筑								

[1] 搌,知演切,又丑善切,《广韵》:"束缚。"

续　表

	t_1-	th_1-	d_1-	t_3-	th_3-	d_3-	tɕ-	tɕh-	dʑ-	ɕ-	ʑ-	n-	n_3-	ɲ-
卓		鋽	掉	卓	趠		棹	焯	綽				淖	
叕	掇			叕			蝃	啜	啜					
乇	秅	托	仛	咤	奼[i]	宅								
陟				陟			騭							
耴	佴			耴	怗			怗					踂	
豖	啄			啄	豖									
徹					徹	徹								
宁				貯	柠[ii]	宁								
廛						廛								
疇	禱	幬	檮	譸		疇	鑄	魗[iii]	壽					
肇						肇								
丈						丈								
逐					蓫[iv]	逐								
直				置	遉	直	膱	埴	埴					
聶				襵			懾	欇	欇				聶	囁
重	董	畽	動	湩		重	鍾	衝	尰					
氏	氐		詆	氐		坻	祇	鴟	眂					

[i] 奼，当故切，《广韵》："美女。"姹，陟驾切，《广韵》："美女。"奼，丑下切，《广韵》："娇奼也。"

[ii] 楮，丑吕切，《广韵》："木名；柠，上同。"

[iii] 魗，市流切，《广韵》："恶也，弃也。"魗，昌九切，《广韵》："弃也，恶也。"

[iv] 蓫，直六切，《广韵》："马尾草。"堇，许竹切，《广韵》："羊蹄菜；蓫，上同。"

续　表

	t_1-	th_1-	d_1-	t_3-	th_3-	d_3-	tɕ-	tɕh-	dʑ-	ɕ-	ʑ-	n-	n_3-	ȵ-
自	自	䭔		追		槌								
刀	刀	叨	笤		超	召	招	怊	韶					
屯	頓	黗	屯	屯	杶	醇	肫	啍	純					
盾			盾	楯	輴	楯					盾			
丁	丁	汀	亭	丁		朾			成					
登	登		鄧			澄	證							
帶	帶	殢	遰	𤺌	懘	滯		𤄺						
旦	旦	坦	但			袒								
亶	亶	譠	檀	邅		邅	氈		澶	羶				
折			折	哲	悊		折		折					

齿龈塞音 t_1-和 t_3-固然可共同组成一个谐声集合，但以齿龈塞音 t_3-为声符的谐声集合，齿龈塞音 t_3-自成系列明显；以齿龈塞音 t_1-为声符的谐声集合，也少有齿龈塞音 t_3-，且多为文献罕见使用的冷僻字。丁，中茎切，《广韵》："上同(朾)，《诗》曰'伐木丁丁'。"《诗经·伐木》："伐木丁丁，鸟鸣嘤嘤。"传："丁丁，伐木声也。"《经典释文》："丁，陟耕反；嘤，于耕反。"丁，当经切，《广韵》："当也，亦辰名。"经师将语气词的开口度读得比较大，并非上古汉语中真有这种区别。《诗经·兔罝》："肃肃兔罝，椓之丁丁。"《经典释文》："丁，陟耕反。"《安大简》"丁丁"作"正正"。谐声系统中，中古汉语的齿龈塞音 t_3-跟齿龈塞音 t_1-以及舌面塞擦音 tɕ-共同组合一个谐声集合。我们在下节将要讨论，中古汉语的舌面塞擦音 tɕ-上古汉语也是齿龈塞音 t-。齿龈塞音 t_3-和舌面塞擦音 tɕ-都跟介音-i-组合。依据谐声关系，我们可以确定齿龈塞音 t_3-上古汉语词根辅音也是齿龈塞音 t-，只是存在某一语音条件导致齿龈塞

音 t_3-跟中古汉语的齿龈塞音 t_1-、舌面塞擦音 tɕ-分离。

表 9.4　齿龈塞音 t_2-和 t_3-藏语对应表

知	陟离切	《广韵》：觉也。	thig-pa	知道、晓
湛	直深切	《说文》：没也。	thim-ba	没、沉没渗入
值	直吏切	《广韵》：持也。	thogs-pa	持、执、携带
置	陟吏切	《广雅》：着也。	thogs-pa	耽搁、阻碍、滞留
展	知演切	《尔雅》：诚也，信也。	ɦ-than-pa	稳当、坚定、郑重
缀	陟卫切	《说文》：合著也。	·ɦ-thud-pa	连结、补缀
邅	张连切	《广韵》：移也。	ɦ-thon-pa	出发、动身
稠	直由切	《说文》：多也。	ɦ-thug-pa	密、稠密、厚
住	持遇切	《广韵》：止也。	ɦ-dug-pa	居住、坐下
长	直亮切	《广韵》：多也。	ɦ-daŋ-ba	足够、满额
诼	竹角切	《广雅》：诉也。	g-tug-pa	控告、控诉
质	陟利切	《说文》：以物相赘也。	g-te-ba	抵押品、质品
肇	治小切	《说文》：始开也。	g-tod-pa	创制、首创
肇	治小切	《广韵》：始也。	g-tod-pa	开始、第一、原始
张	陟良切	《广雅》：开也。	g-daŋ-pa	张开、打开、睁开
枨	直更切	《说文》：杖也。	g-daŋ-bu	架子、横木架
昼	陟救切	《诗经·七月》：昼尔于茅。	g-dugs	昼、白天
忡	敕中切	《说文》：忧也。	g-duŋ-ba	烦闷、忧伤、苦恼
濯	直教切	《广雅》：洒也。	g-dugs-pa	洗涤、洗澡
贞	陟盈切	《释名》：定也。	g-deŋ	定见、把握、信心
缀	陟衞切	《广韵》：连缀也。	r-tod-pa	栓系
撞	宅江切	《广韵》：撞突也。	r-duŋ-pa	打、敲、撞、捶

续 表

疐	陟利切	《广韵》:顿也。	r-dib-pa	坍塌、塌陷、陷落
尘	直刃切	《说文》:鹿行扬土也。	r-dul	尘、细末
谪	陟革切	《说文》:罚也。	s-dig-pa	指骂
谪	陟革切	《玉篇》:罪也。	s-dig-pa	罪过、罪恶
辍	陟劣切	《广韵》:止也。	s-dod-pa	坐、居住、停留
椿	都江切	《说文》:橜杙也。	s-doŋ	茎、干、柱

上表藏语材料来自《藏汉大辞典》(张怡荪,1999)。

中古汉语的齿龈塞音 t_1-/th_1-/d_1-跟藏语的齿龈塞音 t-/th-/d-对应,齿龈塞音 t_3-/th_3-/d_3-以及舌面塞擦音 tɕ-/tɕh-/dʑ-也跟藏语的齿龈塞音 t-/th-/d-对应,后一种对应见下节内容。汉藏语音对应关系跟谐声关系相同,即中古汉语齿龈塞音 t_1-/th_1-/d_1-、齿龈塞音 t_3-/th_3-/d_3-以及舌面塞擦音 tɕ-/tɕh-/dʑ-上古汉语都是齿龈塞音 *t-/*th-/*d-。据俞敏的《后汉三国梵汉对音谱》,中古汉语的齿龈塞音 t_3-/th_3-/d_3-,后汉三国时期仍然跟齿龈塞音 t-/th-/d-一样,而中古汉语的舌面塞擦音则已经不是齿龈塞音了。不过,后汉三国时期中古汉语的舌面塞擦音 tɕ-/tɕh-/dʑ-还不是舌面塞擦音,而是舌面塞音 ȶ-/ȶh-/ȡ-。中古汉语的舌面塞擦音现代汉语卷舌化为卷舌塞擦音,中古汉语的齿龈塞音 t_3-/th_3-/d_3-也卷舌化为卷舌塞擦音。由此,我们可以从中看出上古汉语齿龈塞音向卷舌塞擦音演变的路线:齿龈塞音>舌面塞音>舌面塞擦音>卷舌塞擦音。

踌,直由切,《广韵》:"踌躇。"躇,直鱼切,《广韵》:"踌躇。"《庄子·养生主》:"为之踌躇满志。"《经典释文》:"踌,直留反;躇,直于反。"《庄子·田子方》:"方将踌躇,方将四顾。"《经典释文》:"踌,直留反;躇,直于反。"

踯,《广韵》:"踯躅,行不进也,直炙切。"躅,《广韵》:"踯躅,直录切。"《楚辞·悯上》:"待天明兮立踯躅。"注:"踯躅,一作蹢躅。"《礼记·三年问》:"蹢躅焉,踟蹰焉,然后乃能去之。"《经典释文》:"蹢,本又作踯,直亦反,徐治革反;躅,直录反,徐治六反,蹢躅,不行也。"《广雅》:"蹢躅,跢跦也。"《易·姤》:"孚蹢躅。"《经典释文》:"蹢,直戟反,徐治益反,一本作踯。躅,直录反,本亦作蠋。蹢躅,不静也。"

踟,直离切,《广韵》:"踟蹰。"蹰,直诛切,《广韵》:"踟蹰,行不进貌。"《诗经·静女》:"爱而不见,搔首踟蹰。"《经典释文》:"踟,直知反;蹰,直诛反。"《荀子·礼论》:"踯躅焉,踟蹰焉,然后能去之也。"

痴,丑之切,《广韵》:"痴瘵,不达之貌。"瘵,丑御切,《广韵》:"痴瘵不达。"瘵,迟倨切,《广韵》:"痴瘵,不达。"痴,《玉篇》:"丑之切,痴瘵,不达也。"

趍,直离切,《广韵》:"《说文》曰'趍赵',久也。"《说文》:"趍,趍赵,久也,从走多声。"赵,《广韵》:"久也,《字林》云'趍也',治小切。"赵,《说文》:"趍赵也,从走肖声。"

峙,直里切,《广韵》:"《说文》'躇也,峙躇,不前也';跱,上同。"《说文》:"峙,躇也,从止寺声。"躇,宅加切,《广韵》:"躇跱,行难貌。"躇,《说文》:"峙躇,不前也,从足屠声。"《抱朴子·嘉遁》:"不躇峙于险途。"峙躇,也作"躇峙"。

迍,陟纶切,《广韵》:"迍邅,本亦作屯,《易》曰'屯如邅如'。"迍,张伦切,《玉篇》:"迍邅也。"邅,张连切,《广韵》:"迍邅也。"《易·屯》:"屯如邅如,乘马班如。"《经典释文》:"邅如,张连反;马云'难行不进之貌'。"

彳,丑亦切,《广韵》:"《说文》云'小步也'。"亍,丑玉切,《广韵》:"彳亍。"

侘,敕加切,《广韵》:"侘傺,失意;傺,丑例切。"侘,《广韵》:"侘傺,失志,见《楚词》,丑亚切。"傺,丑例切,又敕加切,《广韵》:"侘傺。"《楚辞·离骚》:"忳郁邑余侘傺兮,吾独穷困乎此时也。"注:"侘傺,失志貌。"《楚辞·惜诵》:"心郁邑余侘傺兮,又莫察余之中情。"又《涉江》:"怀信侘傺,忽乎吾将行兮。"

惆,丑鸠切,《广韵》:"惆怅。"怅,丑亮切,《广韵》:"失志。"《玉篇》:"惆,敕周切,惆怅,悲愁也;怅,敕亮切,惆怅,失志恨。"《楚辞·九辩》:"然惆怅而自悲……然怊怅而自悲。"注:"怊怅,恨貌也。"怊,敕肖切,

《广韵》:“怅恨。”

趟,陟交切,《广韵》:“趟趟,跳跃。”趟,都教切,《广韵》:“趟趟,跳貌。”趟,猪孟切,《广韵》:“趟趟,行貌。”趟,竹交、竹教二切,《玉篇》:“趟趟,踉跄也。趟,竹庚、竹孟二切,趟趟。”(踉,力让切,《广韵》:“踉蹡,行不迅也。”)

辗,知演切,《广韵》:“辗转。”《说文》:“展,转也。”《诗经·关雎》:“悠哉悠哉,辗转反侧。”传:“不周曰辗。”《经典释文》:“辗,本亦作展。”《诗经·泽陂》:“寤寐无为,辗转伏枕。”《经典释文》:“辗,张辇反,本又作展。”《韩非子·存韩》:“韩则居中国,展转不可知。”转,陟兖切,《广韵》:“动也,运也。”

齿龈塞音 t_3-确实跟齿龈塞音 t_1-、舌面塞擦音 tɕ-共同组成一个谐声集合,但组成双声联绵词时跟齿龈塞音 t_1-、舌面塞擦音 tɕ-的界线非常清晰。可见,早在上古汉语中,齿龈塞音 t_3-跟齿龈塞音 t_1-语音形式就不一样。假如齿龈塞音 t_3-跟齿龈塞音 t_1-语音形式相同,那么它们组成的双声联绵词就不可能只有齿龈塞音 t_3-。齿龈塞音 t_3-总是跟齿龈塞音 t_3-组成双声联绵词,说明跟齿龈塞音 t_1-、舌面塞擦音 tɕ-的差别在声母上。因而可以将这组由齿龈塞音 t_3-组成的双声联绵词替换掉声母而不影响语词的意义,比如“踌躇”。

踌躇,《广韵》:“犹豫也。”《韩非子·八经》:“不公会则犹豫而不断。”《史记·吕太后本纪》:“计犹豫未有所决。”写作“犹与”。《礼记·曲礼上》:“所以使民决嫌疑定犹与也。”《经典释文》:“与音预,本亦作豫。”《史记·孝文本纪》:“代王报太后计之,犹与未定。”写作“由豫”。《易·豫》:“由豫,大有得。”《经典释文》:“马作犹,云‘犹豫,疑也’。”替换成舌面擦音 ɕ-则变成“首鼠”。《史记·魏其武安侯列传》:“何为首鼠两端?”《汉书·窦田灌韩传》:“何为首鼠两端?”后写作“首施”。《后汉书·西羌传》:“虽依附县官而首施两端。”

齿龈塞音 t-在介音-i-前演变成舌面塞擦音是常见的,现代汉语方言中仍有这种音变。中古汉语的齿龈塞音 t_3-尽管也出现在介音-i-前,但仍然是齿龈塞音 t-。可见，在《切韵》之前某一时期，中古汉语的齿龈塞音 t_3-曾有一个音素阻隔了跟介音-i-的直接接触，使得齿龈塞音没有腭化成舌面塞擦音 tɕ-。由此，我们可以确定齿龈塞音 t_3-上古汉语跟其他两组声母分离的语音条件是介音而不是词头。汉语有一个语言现象很值得注意，声母为齿龈塞音 t-的语词可以衍生出一个音节，变成一个双音节的联绵词，比如下面这些例子。

丁，当经切，《广韵》："当也，亦称名。""丁"可用作拟声词的记录文字。《诗经·兔罝》："肃肃兔罝，椓之丁丁。"传："丁丁，椓杙声也。"《经典释文》："丁，陟耕反。"《诗经·伐木》："伐木丁丁，鸟鸣嘤嘤。"传："丁丁，伐木声也。"《经典释文》："丁，陟耕反。"后字写作朾。朾，中茎切，《广韵》："伐木声也；丁，上同，《诗》曰'伐木丁丁'。"玎，当经切，《广韵》："玉声。"玎，中茎切，《广韵》："玎玲，玉声。"

曈，徒红切，《广韵》："曈昽，日欲明也。"曈，他红切，《广韵》："曈昽，欲明之貌。"曈，他孔切，《广韵》："曈昽，欲曙。"昽，卢红切，《广韵》："日欲出也。"昽，力董切，《广韵》："曈昽。"曈，《说文》："曈昽，日欲明也。"昽，《说文》："曈昽也。"

螳，徒郎切，《广韵》："螳螂，《礼记》'仲夏月螳螂生'。"螂，鲁当切，《广韵》："螳螂。"螳螂，早期文献里面常见。《庄子·养生主》："汝不知夫螳螂乎，怒其臂以当车辙。"《庄子·山木》："螳螂执翳而搏之。"《经典释文》："螳音堂，螂音郎。"某些方言因受前一音节鼻音韵尾的影响使后一音节的声母也同化为鼻音。于是，螳螂也变成了"蟷蠰"。《尔雅》："不过，蟷蠰。"郭注："蟷蠰，螗螂别名。"陆德明《经典释文》："蟷，丁郎反。蠰，息详反，《字林》乃郎反。螳，音唐，本今作螗。螂，音郎。"蠰，奴当切，《广韵》："蟷蠰，即螗螂也。"

蜩，徒聊切，《广韵》："大蝉。"《诗经·七月》："四月秀葽，五月鸣蜩。"传："蜩，螗也。"蟧，鲁刀切，《广韵》："小蝉，一曰蛁蟧，蟪蛄也。"《说文》："蟪蛄，蝉也。"《庄子·逍遥游》："朝菌不知晦朔，蟪蛄不知春秋。"《方言》："楚谓之蟪蛄，自关而东谓之蛁蟧。"

髑，徒谷切，《广韵》："髑髅。"髅，落侯切，《广韵》："髑髅。"《庄子·至乐》："庄子之楚，见空髑髅。"《经典释文》："髑音独，髅音楼。"髑，《说文》:"髑髅,顶也,从骨蜀声。"髅,《说文》:"髑髅也,从骨娄声。"

罜,徒谷切,《广韵》:"罜麗,鱼罟。"罜,之戍切,《广韵》:"小罟。"罜,《说文》:"罜麗,鱼罟也,从网主声。"麗,《说文》:"罜麗也,从网鹿声。"《荀子·成相》:"到而独鹿弃之江。"注:"当自到之后盛以罜麗弃之江也。贾逵云'罜麗,小罟也'。"

团,度官切,《广韵》:"团圆。"圞,落官切,《广韵》:"团圞,圆也。"

贪,他含切,《广韵》:"贪婪也。"《左传·隐公十年》:"不贪其土,以劳王爵,正之体也。"《论语·尧曰》:"欲而不贪,泰而不骄,威而不猛。"《庄子·至乐》:"夫子贪生失理而为此乎?"婪,卢含切,《广韵》:"贪也。"《楚辞·离骚》:"众皆竞进以贪婪兮,凭不猒乎求索。"《淮南子·缪称训》:"贪婪者,非先欲也,见利而忘其害也。"

这种叠韵联绵词跟我们前面已经列举的由软腭塞音 k-和边音 l-组成的叠韵联绵词性质相同,CVLV 模式的音节结构。假若对某些语词进行溯源,就会发现原本是由单音节语词扩张成叠韵联绵词,如"团"和"团圞","贪"和"贪婪"。汉语有双音节联绵词,也有四音节联绵词,如"劈里啪啦""叽里旮旯"等。这种四音节联绵词是双音节的扩张。音节结构仍然是 $CV_1LV_1(CV_2LV_2)$,只不过后两个音节换了一个元音。

邾,陟输切,《广韵》:"国名。"《春秋公羊传·隐公元年》:"公及邾娄仪父盟于眛。"《经典释文》:"邾,音诛;娄,力俱反,邾人语声后曰娄,故曰邾娄。《礼记》同,《左氏》《穀梁》无娄字。"《礼记·檀弓上》:"邾娄复之以矢。"《经典释文》:"邾,音诛;娄,力俱反,或如字。邾人呼邾声曰娄,故曰邾娄。《公羊传》与此记同,《左氏》《穀梁》俱作邾。"

这种 CVLV 模式的叠韵联绵词中,C 可以是齿龈塞音 t-。考察这些联绵词,我们会发现上古汉语中 C 罕少是齿龈塞音 t_3-。自清钱大昕提出"古无舌上音"以来,学者都将中古汉语的齿龈塞音 t_3-归并到齿龈塞音 t_1-。实际上,谐声系统中,中古汉语的舌面塞擦音 tɕ-跟齿龈塞音 t_1-的关系远要比齿龈塞音 t_3-密切。造成这种错觉主要是学者将三等韵看成了后起的有标记形式。随着介音-i-的产生，跟介音-i-组合的齿龈塞音 t-演变成了舌面塞擦音 tɕ-。但也有一些齿龈塞音保持原有的语音形式而并入中古汉语的齿龈塞音 t_3-。

填，《说文》："塞也，从土真声。"填，徒年切，《广韵》："塞也，加也，满也。"《韩非子·扬权》："填其汹渊，毋使水清。"《吕氏春秋·禁塞》："填沟洫险阻。"填，陟刃切，《广韵》："定也，亦星名。"《汉书·高帝纪》："填国家，抚百姓。"师古注："填与镇同；镇，安也。"《史记·孝文本纪》："填抚诸侯四夷。"《史记·天官书》："历斗之会以定填星之位。"《汉书·律历志上》："土合于填星。"镇，陟刃切，《广韵》："压也。"《庄子·徐无鬼》："相拂以辞，相镇以声。"《韩非子·说疑》："信之以瑞节，镇之以辞令。"

氐，都奚切，《广韵》："氐羌，《说文》'至也'。"《荀子·大略》："氐羌之虏也，不忧其系垒也。"《尔雅》："天根，氐也。"《经典释文》："氐，都黎反，郭音抵，丁礼反，注云'若木之有根'，寻义应作丁计反。"《礼记·月令》："旦氐中。"《经典释文》："氐，丁兮反，又丁计反。"《诗经·节南山》："尹氏大师，维周之氐。"《经典释文》："氐，丁礼反，徐云'郑音都履反'。"氐，丁尼切，《广韵》："氐池，县名。"氐池，见《汉书·地理志下》。

阺，典礼切，《集韵》："《说文》'秦谓陵阪曰阺'，或从土。"坻，都礼切，《广韵》："陇阪。"坻，诸氏切，《广韵》："陇坂也。"坻，直尼切，《广韵》："小渚。"《说文》："坻：小渚也。《诗》曰'宛在水中坻'。从土氐声。"《诗经·蒹葭》："宛在水中坻。"传："坻，小渚也。"《经典释文》："坻，直尸反。"《尔雅》："水中可居者曰洲，小洲曰陼，小陼曰沚，小沚曰坻。"依"洲""陼(渚)""沚"，"诸氏切"当是"坻"的本音。《经典释文》："坻，本或作墀，同直基反，本又作泜。"泜，诸氏切，《广韵》："著止。"

召，《说文》："評也，从口刀声。"(評，《说文》："召也。")召，《广韵》："呼也，直照切。"《论语·泰伯》："曾子有疾，召门弟子。"《左传·隐公三年》："宋穆公疾，召大司马孔父而属殇公焉。"邵，《广韵》："邑名，又姓，出魏郡周文王子邵公奭之后；寔照切。召，上同。"《左传·僖公四年》："昔召康公命我先君大公。"招，《说文》："手呼也，从手召。"《荀子·劝学》:"登高而招。"招,《广韵》:"招呼也,来也,止遥切。"

质,陟利切,《广韵》:"交质,又物相赘。"《左传·隐公三年》:"故周郑交质。"《经典释文》:"质音致。"《左传·僖公十五年》:"质其大子。"《经典释文》:"质音置。"质,《广韵》:"信也,之日切。"《周礼·天官·冢宰》:"听卖买以质剂。"《周礼·地官·司徒》:"凡卖儥者质剂焉,大市以质,小市以剂。"

植,《广韵》:"种也,直吏切。"植,《广韵》:"种植也,立也,市力切。"

啜,《广韵》:"尝也,陟卫切。"啜,《广韵》:"尝也,尝芮切,又臣劣切。"啜,《广韵》:"《说文》曰'尝也',《尔雅》云'茹也',《礼》曰'啜菽饮水',殊雪切。"《礼记·檀弓下》:"啜菽饮水尽其欢,斯之谓孝。"《经典释文》:"啜,昌劣反。"

诚然,我们不能因此而认为中古汉语的齿龈塞音 t_3-/th_3-/d_3-都是语音演变过程中的残余形式。齿龈塞音 t_3-/th_3-/d_3-跟舌面塞音 tɕ-/tɕh-/dʑ-对立,如"致"和"至"。跟紧元音组合的齿龈塞音 *t-/*th-/*d-因跟介音-i-接触而腭化成中古汉语的舌面塞擦音 tɕ-/tɕh-/dʑ-。由此,我们可以推定,上古汉语有一音素阻隔了齿龈塞音 t-和介音-i-接触,致使中古汉语仍然保留了齿龈塞音 t-。插音/r/或/l/正可以解释为什么上古汉语的齿龈塞音 *t-/*th-/*d-中古汉语没有腭化为舌面塞擦音 tɕ-/tɕh-/dʑ-。上古汉语 t$\underline{v}$c(以 $\underline{v}$c 代表韵母)插入/r/或/l/演变成中古汉语的齿龈塞音 t_3-,插入/r/或/l/的 tvc 则演变成了中古汉语的齿龈塞音 t_2-。

都,当孤切,《广韵》:"(都)犹总也。"《说文》:"有先君之旧宗庙曰都。"《释名》:"都者,国君所居,人所都会也。"《左传·庄公二十八年》:"凡邑,有宗庙先君之主曰都,无曰邑。邑曰筑,都曰城。"《穀梁传·僖公十六年》:"民所聚曰都。"《周礼·春官·宗伯》:"师都建旗,州里建旟。"注:"都,民所聚也。"《史记·夏本纪》:"大野既都,东原底平。"集解引孔安国:"水所停曰都。"《广雅》:"都,聚也。"王念孙疏证:"都之言猪也。"《周礼·夏官·司马》注:"《禹贡》曰'荥播既都'。"《经典释文》:"都,张鱼反。"潴 *t/r/$\underline{a}$,陟鱼切,《广韵》:"水所停也。"《前汉纪·孝平皇帝》:“则潴其宫以为污池。”字本写作“猪”,音同。《礼记·檀弓》:“杀其人,坏其室,洿其宫而猪焉。”疏:“猪是水聚之名也。”《汉书·地理志上》:“大野既猪,东原厎平。”注:“猪,停水也。”《汉书·王莽传上》:“猪其宫室以为污池。”

啄,丁木切,《广韵》:“啄木鸟也。”噣,都豆切,《广韵》:“鸟口,或作咮。”噣,《说文》:“喙也,从口蜀声。”《史记·赵世家》:“中衍人面鸟噣,降佐殷帝大戊……龙面而鸟噣。”《说苑·辨物》:“燕喙鸡噣。”啄,竹角切,《广韵》:“鸟啄也。”《说文》:“啄,鸟食也,从口豖声。”《诗经·黄鸟》:“无啄我粟。”《经典释文》:“啄,陟角反。”《荀子·哀公》:“鸟穷则啄,兽穷则攫。”《庄子·养生主》:“泽雉十步一啄,百步一饮。”也作噣。《战国策·楚策》:“俯噣白粒,仰栖茂树。”引申之,为“雕琢”之“琢”。琢,竹角切,《广韵》:“治玉也。”《说文》:“琢,治玉也,从玉豖声。”《诗经·淇奥》:“如切如磋,如琢如磨。”《经典释文》:“琢,陟角反。”《孟子·梁惠王下》:“必使玉人雕琢之。”诼,竹角切,《广韵》:“诉也。”《楚辞·离骚》:“众女嫉余之蛾眉兮,谣诼谓余以善淫。”

除了有名谓化功能,齿龈塞音 t_3-/th_3-/d_3-和 t_1-/th_1-/d_1-交替还有及物化功能,致使一个不及物动词变成一个及物动词,如“至”和“致”、“出”和“黜”等。中古汉语齿龈塞音 t_1-/th_1-/d_1-和 t_3-/th_3-/d_3-之间的关系不仅仅只是语音层面上的音变,也有语法意义上的变音。中古汉语齿龈塞音 t_1-/th_1-/d_1-和 t_3-/th_3-/d_3-交替所展现出来的词汇以及语法意义,龚煌诚及笔者等都有过论述,我们就不再进一步展开讨论了。因此,中古汉语的齿龈塞音 t_3-/th_3-/d_3-可以跟齿龈塞音 t_1-/th_1-/d_1-、舌面塞擦音 tɕ-/tɕh-/dʑ-共同组成一个谐声集合。其中插音-r-/-l-阻隔了齿龈塞音与介音-i-的直接接触,没有演变成舌面塞擦音而成了齿龈塞音 t_3-/th_3-/d_3-。

第二节　齿龈塞音腭化

中古汉语的舌面塞擦音 tɕ-/tɕh-/dʑ-,传统称章/昌/禅母。清儒钱大昕首提,中古汉语的舌面塞擦音和齿龈塞音一样上古汉语都是齿龈塞音。晚清学者诸如黄侃①、章太炎②认为中古汉语的舌面塞擦音和齿龈塞音上古为同一组声母。王力(1982: 70):“黄侃索性把照系三等并入端系,照系二等并入精系,章炳麟有娘、日二纽归泥说,不但娘并入泥,连日也并入泥。我们认为照系三等和端系,日母与泥母,读音只是相通,而不是相同。”因而王力将章组上古读音构拟为舌面音 ȶ-/ȶh-/ȡ-/ȵ-/ɕ-/ʑ-。恰恰相反,章黄的看法更符合实际。因为中古汉语的舌面塞擦音和齿龈塞音组成了一个谐声集合。

表 9.5　舌面塞擦音谐声表

	tɕ-	tɕh-	dʑ-	t-	th-	d-	t_3-	th_3-	d_3-	k-	kh-	g-	x-	ɣ-
主	主				妵		拄	閚	住					
質	質						質							
章	章													
止	止	齒												
製	製	掣								猘[i]				
昌		昌												
爯		爯												
丞	拯		丞											
隹	隹	推	誰	堆	推				椎					
之	之	蚩	市	等		待			持					
讎		犨	讎											
朱	朱	姝	殊				株		趎					

[i] 猘,居例切,《广韵》:“狂犬,《宋书》云‘张收尝为猘犬所伤,食虾蟆鲙而愈’。”猘,《玉篇》:“音制,犬恶名。”

① 黄侃,1923,《音略》,载《国华月刊》一卷三期。

② 章太炎,1908,《古音娘日二纽归泥说》,载《国粹学报》第5册第42期。

续　表

	tɕ-	tɕh-	dʑ-	t-	th-	d-	t_3-	th_3-	d_3-	k-	kh-	g-	x-	ɣ-
真	真	嗔	慎	顛	瑱	填	鎮	縝						
正	正			定		定		竀	綻					
周	周			雕	綢	調	啁	惆	稠					
舟	舟		受				輈							
詹	詹	幨	贍	膽	舚	澹								
占	占			坫	貼		砧	覘						
㐱[i]	㐱				飻	殄	珍	趁	診					
至	至			窒		姪	致		緻					
勺	勺		勺	的			芍							
戠	戠	熾				樴								
垂	捶		垂	綞	唾		箠		錘					
殳			殳			投								
享	諄		醇	敦	焞	敦								
是	禔		是	堤	緹	題			禔					
蜀	囑	觸	蜀	斣		獨	噣		濁					
石	斫		石	妬	拓		磔							
充		充			統									
執	執			墊		褺	縶	槷	蟄					
斥[ii]		斥			柝			拆						
專	專		膞	漙		團	轉		傳					

[i] 沴,《广韵》:“妖气,《说文》曰‘水不利也’,郎计切。”戾,《广韵》:“乖也,郎计切。”沴是“戾”的训读。

[ii] 㡿,昌石切,《广韵》:“逐也,远也,又㡿候,《说文》曰‘卻行也’,从广屰屰音逆;斥,上同。”

续　表

	tɕ-	tɕh-	dʑ-	t-	th-	d-	t_3-	th_3-	d_3-	k-	kh-	g-	x-	ɣ-
壽	鑄	魗	壽	禱	犨	濤	譸		籌					
重	鍾	衝	尰	董	曈	童	湩		重					
冬	終			冬	炵	疼								
氏	坻	鴟	眡	氐	詆	詆	氐		坻					
丹	旃			丹										
耑	顓	喘	瑞	耑	湍	段								
刀	招	怊	邵	刀	叨	迢	鵃	超	召					
丁			成	丁	町	町	丁	跓	朾					
登	證			登		鄧			澄					
斗	枓			斗										
疐	懥			疐			疐							
亶	顫		澶	亶	譠	檀	譠		邅					
涉			涉	涉										
壴			尌				壴		廚					
卓	焯	綽				悼	卓	踔	鵫					
叕	蝃	啜	啜	掇			叕							
耴		㡇		佴	㡇		耴	㡇						
直	膱	埴	植				置	潪	直					

固然,舌面塞擦音 tɕ-/tɕh-/dʑ-有只跟 tɕ-/tɕh-/dʑ-谐声的事例,但舌面塞擦音 tɕ-/tɕh-/dʑ-跟齿龈塞音 t-/th-/d-是密不可分的。依照谐声关系,中古汉语的舌面塞擦音、齿龈塞音构成一个谐声集合。可见,就舌面塞擦音的谐声关系来看,要想把所有舌面塞擦音从齿龈塞音独

立出来另外构拟一组辅音声母是不可能的。比如舌面浊塞擦音 dʑ-，周祖谟从文字谐声和经籍异文两个方面详细证明了“禅母与定母之关系最密，前人所谓禅母古音近于定母之说确凿有据”，尤其是周祖谟列举了大量的经典异文更可以作为传统舌面塞擦音归齿龈塞音的有力证据[①]。李方桂(1971)认为舌面塞擦音和齿龈塞音上古汉语具有同一来源：这两套声母之所以谐声的缘故，一定是原来发音部位相同。我们也不难决定它们原来发音的部位，因为世界上的语言有齿龈塞辅音的多，有舌面塞音的少。舌面塞音多数是从齿龈音腭化来的。就是在现代汉语方言中，齿龈塞音在一定条件下演变成舌面塞擦音的事例也不难找到。腭化是汉藏语系语言中极其常见的音变现象。不仅齿龈塞音，就是唇塞音，在介音-i-前也腭化为舌面塞擦音。很显然，王力构拟的舌面音 ȶ-/ȶh-/ȡ-/ȵ-/ɕ-/ʑ-是腭化的产物。

中古汉语的舌面塞擦音和齿龈塞音的关系有许多方面跟齿龈塞音 t_3-/th_3-/d_3-和 t-/th-/d-的关系近似。一是，中古汉语的舌面塞擦音和齿龈塞音互补。中古汉语的舌面塞擦音和齿龈塞音上古汉语看作同一声母并不矛盾。二是，中古汉语舌面塞擦音和齿龈塞音，如同前面讨论过是齿龈塞音 t_3-/th_3-/d_3-和 t-/th-/d-，两者之间存在广泛的谐声关系、通假关系以及同根关系。仅就谐声、通假以及同根而言，我们难以把舌面塞擦音跟齿龈塞音分开。三是，古代经师也常常用舌面塞擦音声训齿龈塞音或用齿龈塞音声训舌面塞擦音；两者在古代典籍中也常常存在异文关系。四是，汉语的共源语言也充分反映出中古汉语的舌面塞擦音和齿龈塞音同为齿龈塞辅音声母。中古汉语的舌面塞擦音和齿龈塞音广泛存在谐声关系也表明两者在上古汉语中拥有相同的词根辅音，但也存在导致两者分化的语音条件。李方桂(1971)认为导致两者分化的语音条件是半元音 j，即中古汉语的舌面塞音上古汉语为：tj->tɕ-、thj->tɕh-、dj->dʑ-。郑张尚芳所构拟的上古汉语音系有其独到之处，但在中古汉语舌面塞擦音的上古汉语读音的构拟上，他还是接受了李方桂的构拟，尽管郑张尚芳认为中古汉语的半元音 j 是后起的。郑张尚芳之所以把中古汉语的舌面塞擦音构拟为带腭

---

① 周祖谟，1966，《审母古音考》，《问学集》(上)，中华书局。

化介音-i-的齿龈塞音，主要是由于郑张尚芳(1987、2003)已经把出现在短元音之前的齿龈塞音构拟给中古汉语的卷舌塞音，为了区别中古汉语的舌面塞擦音和齿龈塞音，郑张尚芳(1987、2003)只好把中古汉语的舌面塞擦音构拟为带介音-i-的齿龈塞音。

舌面塞擦音 tɕ-/tɕh-/dʑ-可以由齿龈塞音、软腭塞音以及齿龈塞擦音等演变过来。中古汉语的舌面塞擦音和齿龈塞音上古汉语同为齿龈塞音。那么，从齿龈塞音到舌面塞擦音，中间肯定有过一个齿龈塞音带腭半元音的阶段，即 t->tj->tɕ-。依照郑张尚芳的假设，上古汉语的短元音后衍生出腭介音-i-。那么，上古汉语中出现在短元音之后的辅音应该是中古汉语的舌面塞擦音而不是齿龈塞音 t_3-/th_3-/d_3-。因为中古汉语齿龈塞音 t_3-/th_3-/d_3-后出现的韵母跟三等A为同一类。显然，郑张尚芳的构拟违反了他的假设。上面提到，从齿龈塞音到舌面塞擦音，中间应该有过一个带介音-i-的阶段。但李方桂构拟的 tj-并不是中古汉语舌面塞擦音在上古汉语中的读音。李方桂的构拟要成立，必须存在这样一个假设前提，即上古汉语存在一个中缀-i-。由于-i-是一个中缀，所以舌面塞擦音可以和齿龈塞音谐声，沙加尔就曾持这一观点。但不论是李方桂还是郑张尚芳的上古汉语语音系统，-i-仅仅只是一个语音层面上的近音而不是中缀。李方桂的构拟违反了两者相谐其基辅音必须同音的原则。因为介音-i-是一个独立的音质音位，只有假设上古汉语的介音-i-是一个构词中缀(俞敏就这样假设)，才能解释中古汉语的舌面塞音为何能跟齿龈塞音谐声。因为是中缀，所以有无中缀都可以谐声，自然也会跟藏语的不带介音-i-的齿龈塞辅音 t-/th-/d-对应。但在汉语跟其他语言的接触中，可以看出汉语不曾有过一个介音或中缀-i-，如早期梵语的汉语翻译以及早期汉语中的借词。藏语有中缀-j-，而且这个中缀可以构成敬语。藏语有一套舌面塞擦音 tɕ-/tɕh-/dʑ-，据学者龚煌诚等的研究，这一套塞擦音 tɕ-/tɕh-/dʑ-一个重要的来源就是古藏语的 tj-/thj-/dj-。因而藏语的齿龈塞音 tɕ-/tɕh-/dʑ-不能出现在-j-之前。中古汉语的舌面塞擦音 tɕ-/tɕh-/dʑ-罕见跟藏语的舌面音对应，相反却是偏好跟藏语的齿龈塞音对应：

表 9.6　舌面塞擦音藏语对应表一

织	职吏切	《广雅》：缯也。	thags	织物
章	诸良切	《广雅》：程也。	thaŋ	规格、标准、价格
彰	诸良切	《广雅》：明也。	thaŋ	明亮、晴明
敞	昌两切	《说文》：平治高土可以远望也。	thaŋ	广场、平地；伸展、平顺
征	诸盈切	《尔雅》：行也。	thiŋ	抵达、到、进入
触	尺玉切	《广雅》：探也。	thug	接触、碰到、会见、扪摸
整	之郢切	《说文》：齐也。	theŋ	满数、齐全、圆满
適	之石切	《广韵》：往也。	thegs	去、走的敬语
殖	常职切	《左传・襄公三十年》注：生也。	thogs	产生、生出
炽	昌志切	《周礼・冬官・考工记》：三月而炽之。	ɦ-thag	干、变干
织	之翼切	《说文》：作布帛之总名也。	ɦ-thag	织、编织
拓	之石切	《说文》：摘拓果树实也。	ɦ-thog	摘、折

上表藏语材料来自《藏汉大辞典》(张怡荪，1999)。

中古汉语的舌面塞擦音跟藏语的齿龈塞音之间的对应整齐，而且这种例子甚多。中古汉语的舌面塞擦音和齿龈塞音一致，都跟藏语的齿龈塞音对应，且都没有介音-j-。中古汉语的舌面塞擦音汉藏语音对应所反映出来的语言事实跟谐声集合反映出来的语言事实完全相同。故此，我们可以肯定起码在原始汉藏语时期，中古汉语的舌面塞擦音并没有介音-i-。要是有介音-i-，那这个介音-i-也只是汉语从汉藏语中分化之后的产物。当然，我们可以假设，汉语从汉藏语分化出来之后就有了介音-i-。但汉语的语言事实不允许我们提出这样的假设。因为，如前面所说，中古汉语的舌面塞擦音和齿龈塞音可以谐声、通假、异读以及组成同族词。现代汉语的一些方言,尤其南方方言,中古汉语的舌面塞擦音白读没有-i-介音而文读有-i-介音。这也说明了介音-i-是后起的,是不断衍生出来的。从汉代的借词中也可以看出舌面塞擦音没有介音-i-,比如"单于"对译 tarqa。要是中古汉语舌面塞擦音汉代已经是带介音-i-的齿龈塞音,那么当时的翻译者为什么不直接用齿龈塞音来翻译,而要用带介音 -i- 的齿龈塞音来翻译?足见,中古汉语的舌面塞擦音上古汉语是不带介音-i-的齿龈塞音。

中古汉语的舌面塞擦音上古汉语为不带介音-i-的齿龈塞音,而中古汉语的齿龈塞音上古汉语也是不带介音-i-的齿龈塞音。两者在中古汉语中一分为二的语音条件是什么?中古汉语的舌面塞擦音是有语音条件的辅音,只能出现在介音-i-之前,也即齿龈塞音在介音-i-前变成舌面塞擦音,而非介音-i-前保持了齿龈塞音。前面已经讨论过中古汉语的这种介音-i-是由上古汉语的紧元音衍生出来的,那么中古汉语舌面塞擦音和齿龈塞音的分化条件应该就是前者出现在紧元音前而后者出现在松元音前,即 t->tj->tɕ-、t->t->t-。出现在紧元音前的齿龈塞音因紧元音衍生出来的介音-i-演变成中古汉语的舌面塞擦音 tɕ-/tɕh-/dʑ-,而出现在松元音前的齿龈塞音从上古汉语到中古汉语一直保持齿龈塞音 t-/th-/d-不变。

表 9.7　舌面塞擦音藏语对应表二

毡	诸延切	《广韵》:席也。	s-tan	坐褥、垫子
底	职雉切	《尚书·禹贡》注:定也。	s-ti-ba	休养、休息
州	职流切	《尔雅》注:窍也。	s-tu	女阴、阴户
周	职流切	《说文》:密也。	s-tug-po	密、稠密
证	之盈切	《说文》:谏也。	s-tiŋ-ba	斥责、谴责、呵斥
终	职戎切	《广雅》:穷也,极也。	s-toŋ-ba	空、尽、趋于没有
时	市之切	《论语·阳货》:好从事而亟失时。	s-tes	形势、机缘

续　表

阐	昌善切	《易·系辞》注：明也。	s-ton-pa	讲说、宣扬、指示
膳	时战切	《广韵》：食也。	s-ton-po	筵宴
淑	殊六切	《尔雅》：善也。	s-dug-pa	美丽、可爱
拓	之石切	《说文》：拾也。	s-dog-pa	揽起、拾掇
职	之翼切	《尔雅》：常也。	r-tag-pa	经常、不变、经久
职	之翼切	《说文》：记微也。	r-tags	符号、标志、记号
慑	之涉切	《礼记·乐记》注：恐惧也。	r-tab-pa	恐惧、畏惧
纯	之尹切	《诗经·野有死麇》传：犹包之也。	r-tul-ba	收拾、收集在一起
惇	章伦切	《广韵》：心实也。	r-tul-ba	柔软、温和
穿	昌缘切	《说文》：通也。	r-tol-ba	刺穿、戳穿、揭发

上表藏语材料来自《藏汉大辞典》(张怡荪，1999)。

藏语元音不分松紧，但有丰富多样的构词或构形前缀。中古汉语的舌面塞擦音跟藏语带词头 s-或 r-的齿龈塞音对应。不过，这不能作为中古汉语舌面塞擦音来自上古汉语带词头 s-或 r-的证据。中古汉语的齿龈塞音 t_3-/th_3-/d_3-也可以跟藏语带词头 s-或 r-的齿龈塞音对应。汉藏语中之所以会出现这种语音对应关系是因为我们没有考虑形态。藏语有词头，上古汉语也有词头。依据谐声关系，我们可以知道上古汉语可以有 s-、m-、k-、p-、ʔ-词头等。这些词头语法功能不同，在语音演变过程中对词根辅音的影响也不一样。跟舌面塞擦音发音部位相同的辅音，中古汉语有鼻音 ȵ-。上古汉语的词头 s-会影响词根辅音并跟词根辅音融合演变成中古汉语的擦音或齿龈送气清塞音。上古汉语的鼻音 n-，中古汉语仍然是鼻音 ȵ-。假若中古汉语的舌面塞擦音上古汉语有词头，也不可能是词头 s-。自然，也不应该是词头 m-、r-。

表 9.8　舌面塞擦音藏语对应表三

rgb	昌者切	《说文》：击也。	g-taɦ	打、击、捶
詹	职廉切	《说文》：多言也。	g-tam-pa	说、辩、谈
詹	职廉切	《吕氏春秋·适音》注：足也。	g-tams	充满、装满
甚	时鸩切	《广雅》：剧也。	g-tum-po	愤怒、凶恶、厉害
属	之欲切	《说文》：连也。	g-togs-pa	相属、属于……范围
质	之日切	《说文》：以物相赘也。	g-te-ba	抵押品
穿	昌缘切	《诗经·行露》：何以穿我屋。	g-tol-ba	穿透
偿	市羊切	《说文》：还也。	g-toŋ-ba	给予、发放、付出
志	职吏切	《周礼·保氏》注：古文识记也。	g-dags	名字、名称
孰	殊六切	《说文》：食饪也。	g-dus-ba	熬、炖
种	之陇切	《广韵》：种类。	g-duŋ	族、氏族、姓
称	处陵切	《说文》：并举也。	g-deŋ-ba	高举、扬起

上表藏语材料来自《藏汉大辞典》(张怡荪,1999)。

藏语作为词缀声母的辅音和作为词根声母的辅音就发音部位而言常常出现同部位排斥现象。故此,辅音 d-出现在 g-之前而不能出现在 d-之前,辅音 g-只能出现在 d-之前而不能出现在 g-之前。同样,藏语齿龈浊塞辅音之前的 r-和 g-除异形词之外几乎处于互补之中。中古汉语的舌面塞擦音 tɕ-/tɕh-/dʑ-跟藏语带词头 g-的齿龈塞音对应非常整齐。可见,中古汉语的舌面塞擦音 tɕ-/tɕh-/dʑ-和齿龈塞音 t_3-/th_3-/d_3-汉藏对应关系一致,也跟两者谐声相吻合。中古汉语的舌面塞擦音 tɕ-/tɕh-/dʑ-不仅跟齿龈塞音 t-/th-/d-谐声也跟 t_3-/th_3-/d_3-谐声,三者组成不可分割的谐声集合。汉藏对应也正展示出三者拥有相同的词根以及相同的词根辅音，且都是齿龈塞音。其中一部分腭化为舌面塞擦音。

止，《说文》："下基也。"止，诸市切，《广韵》："停也，足也，礼也，息也，待也，留也。"止，多用作语气词的记录文字。《诗经·草虫》："亦既见止，亦既觏止。"传："止，辞也。"《诗经·南山》："既曰归止，曷又怀止。"《诗经·杕杜》："日月阳止，女心伤止，征夫遑止。"《诗经·良耜》："百室盈止，妇子宁止。"

诸，章鱼切，《广韵》："之也，旃也。"《韵会》："诸，语助辞。"《诗经·柏舟》："日居月诸，胡迭而微。"孔颖达疏："诸，语助也。"《诗经·日月》："日居月诸，照临下土。"《广雅》："诸，之也。""之乎"合音成了"诸"。《论语·子罕》："有美玉于斯，韫椟而藏诸？求善贾而沽诸？"《孟子·梁惠王下》："王尝语庄子以好乐，有诸？"

语气词上古汉语选用带介音-i-的三等字，其中好几个中古汉语声母为舌面塞擦音。汉藏语系语言语气词的语音形式多数是简单的，上古汉语不应该例外。这可以从"而"（三等）、"乃"（一等）的比较中看出。《诗经》"而"共出现 296 次、"乃"出现 54 次，而"乃"从不作为语气词的记录符号出现在句末。若是"而"带有一个词头，上古汉语应该会选用"乃"作语气词。

不，《广韵》："弗也，甫鸠切。"不，《广韵》："弗也，方久切。"不，《广韵》："与弗同，分勿切。""不"音"方久切"是"否"。否，《广韵》："《说文》'不也'，方久切。"《史记·廉颇蔺相如列传》："秦王以十五城请易寡人之璧，可予不？""不"音"分勿切"是"弗"。《广韵》："弗，《说文》'挢也'，分勿切。"《左传·隐公元年》："亟请于武公，公弗许。"丁声树（1935）认为，否定词"弗"来自否定词"不"和代词"之"的合音。"弗"中古汉语以塞辅音-t 收尾，正说明了"之"上古汉语声母只是简单的 t-。

表 9.9　舌面擦音ɕ-谐声表

	t-	th-	d-	t_3-	th_3-	d_3-	tɕ-	tɕh-	dʑ-	ɕ-	ʑ-	j-	s-	z-
之	等		待			持	之	蚩	時	詩				寺
占	店	帖		沾	覘	詀	占			苫		阽		
至	蛭		姪	窒	跮	緻	至			室				
寸[i]		討		肘		酎				守				
獸										獸				
戍										戍				
庶							遮			庶				
戠			樴				戠	熾	(埴)	識				
舂				樁	惷					舂				
辰				晨	䟴		振		晨	娠	脣			
升							抍			升				
瀋								瀋		瀋				
陝								陜		陝				
尚	黨	儻	堂		瞠		掌	敞	尚	賞				
者	都		屠	猪	楮	著	諸		闍	書				緒
舛								舛		舜				
扇								(燀)		扇				
設										設				
章							章			商				

[i] 寸为手(肘)的或体。《说文》:"尋,取也,从见从寸。寸,度之,亦手也。"

续　表

	t-	th-	d-	t_3-	th_3-	d_3-	tɕ-	tɕh-	dʑ-	ɕ-	ʑ-	j-	s-	z-
叔	督		踧				琡	俶	淑	叔				
是	堤	醍	提			踶	禔		是	翨				
旦	旦	坦	但	譠		袒	颤		擅	羶				
帝	帝	梯	蹄	謫		擿	適			適				
冘	耽	肬	眈	㱨		鴆	枕		忱	沈		冘		
聶				𥜒			囁		欇	攝				

具有上述谐声关系的舌面清擦音 ɕ-跟下面将要讨论的舌面清擦音 ɕ-上古汉语来源完全不同。这一组舌面清擦音 ɕ-跟中古汉语的齿龈塞音 t-谐声，也跟舌面塞擦音谐声；而下面将要讨论的舌面清擦音 ɕ-不跟中古汉语的齿龈塞音 t-谐声，也不跟舌面塞擦音谐声。既然跟齿龈塞音 t-谐声，也跟舌面塞擦音谐声，那么中古汉语这些舌面擦音 ɕ-上古时代的词根起首辅音应该是齿龈塞擦音 t-。塞擦音，尤其是送气塞擦音，跟同部位擦音之间极其容易出现交换演变：送气塞擦音变成同部位擦音，或者擦音演变成同部位送气塞擦音。不过，比较常见的情况是送气塞擦音演变成同部位擦音，如“姝”。姝，《广韵》：“美好，昌朱切。”姝，《广韵》为送气塞擦音，今读擦音。随着齿龈塞音演变成舌面塞擦音，送气塞擦音自然也容易演变成同部位擦音。夹杂在舌面塞擦音谐声集合里面的一些同部位擦音，实际上由送气舌面塞擦音演变来。因而其相同语音下没有与之对立的送气塞擦音，如“適”。

適，施隻切，《广韵》：“乐也，善也，悟也，往也。”

適，之石切，《广韵》：“往也。”

適，都历切，《广韵》：“从也。”

適，《广韵》三音。古文献里面，“敵”“謫”等语词往往只用“適”字记录。因而“適”在《经典释文》里面还有徒历、直革、张革反等等读音。《广韵》音“都历切”的“適”其实就是“嫡”的读音。显然，其词根辅音是齿龈塞音。汉语以及汉藏语，送气清塞擦音极容易演变成清擦音。錫部三等昔韵不送气舌面清塞擦音和浊塞擦音都有字，独送气清塞擦音无字。又比如職韵，有舌面擦音 ɕ-，却独缺送气舌面塞擦音 tɕh-。这一类舌面擦音舌 ɕ-可以解释为由送气清塞擦音 tɕh-演变而来。然而，舌面清擦音 ɕ-跟送气塞擦音 tɕh-也有不少地方对立。这一类舌面清擦音 ɕ-和送气塞擦音 tɕh-应该有不同的来源。中古汉语舌面清擦音 ɕ-跟齿龈塞音 t-、舌面塞擦音 tɕ-之间的关系如同跟齿龈鼻音 n-、舌面鼻音 ȵ-之间的关系。这部分中古汉语舌面清擦音 ɕ-上古读音应该是带词头 s-的齿龈塞音 t-。

表 9.10　浊擦音 ʑ-/z-谐声表

	t-	th-	d-	t_3-	th_3-	d_3-	tɕ-	tɕh-	dʑ-	ɕ-	ʑ-	s-	z-	j-
炎		緂	談					裧	剡[i]	覢				炎[ii]
盾			盾	𢅥	楯	𢅥					盾		循	
川[iii]								川			㸪		巡	
龖			龖				讋						襲	
之	等		待			持	之	蚩	時	詩			寺	
乘	（登）										乘			
焱														焱

[i] 剡，以冉切，《广韵》：“削也，利也，亦姓。”剡，时染切，《广韵》：“县名，属会稽。”

[ii] 炎，《广韵》音“于廉切”。这当是反切上字“于”和“予”字形接近而讹误。反切上字“于”和“予”《广韵》混淆讹误多处，比如“衍”等。衍，于线切，又以浅切，《广韵》：“水也，溢也，丰也。”沈兼士引《唐韵》作“予线反”予以校正。炎，以赡切，《集韵》：“火光。”

[iii] 训，许运切《广韵》：“诫也，男曰教、女曰训。”《说文》：“训，说教也，从言川声。”软腭清擦音 x-不跟齿龈音组成谐声集合。齿龈送气清塞音 th-汉语不少方言读声门音 h-或软腭擦音 x-。跟“训”相对应的位置上没有齿龈送气清塞音 th-。读软腭擦音 x-的“训”当是齿龈送气清塞音 th_3-的例外变异。

续　表

	t-	th-	d-	t_3-	th_3-	d_3-	tɕ-	tɕh-	dʑ-	ɕ-	ʑ-	s-	z-	j-
多	多		爹	爹	哆	誃		侈						移
勺	的			芍			勺		杓[i]					礿
辰					屒	辴	振		晨	娠	唇			
者	都		屠	猪	楮	著	諸		闍	書			緒	
召	貂		迢		超	召	招	弨	韶					軺[ii]
詹	膽	䃴	澹				詹	幨	贍					檐
占	點	貼		砧	覘		占			苫				阽
習	熠[iii]			慴			摺	慴[iv]		褶[v]				習
甚	湛	黮	黮	椹	踸	湛	斟		甚			糂[vi]		䣱
冘	耽	肬	眈	殸		沈	枕		忱	沈				冘
粥							粥							鬻
賣			讀						贖				續	賣

[i] 杓,市若切,《广韵》:"杯杓。"杓为"勺"的后起字。杓,甫遥切,《广韵》:"北斗柄星。"杓,抚招切,《广韵》:"北斗柄星。"名之为杓是因为其形似杓。瓢,符霄切,《广韵》:"瓠也,《方言》云'蠡或谓之瓢',《论语》曰'一瓢饮'。"杓读为唇音实是瓢的训读。瓢又称匏。匏,薄交切,《广韵》:"瓠也,可为笙竽。"胞,薄交切,《广韵》:"牛胫相交也。"故此,从"勺"声字有几个读唇塞音 p_2-的字,如"豹"。

[ii] 轺,市昭切,《广韵》:"使车。"轺,余昭切,《广韵》:"《说文》曰'小车也'。"《释名》:"轺车:轺,遥也,远也,四向远望之车也。"轺,余招切,《玉篇》:"小车也。"

[iii] 熠,羊入切,《广韵》:"熠耀,萤火。"熠,为立切,《广韵》:"熠耀,萤火。"《诗经·东山》:"町畽鹿场,熠耀宵行。"传:"熠耀,燐也;燐,萤火也。"《经典释文》:"熠,以执反;耀,以照反,又以灼反。"《玉篇》:"熠,以立切,熠熠,盛光也;耀,弋照切,光也,与曜同。"

[iv] 慴,徒协切,《广韵》:"慑也,《说文》'惧也'。"慴,之涉切,《广韵》:"伏也,惧也,怯也。"慑,之涉切,《广韵》:"怖也,心伏也,失常也,失气也,亦作慴。"

[v] 褶,似入切,《广韵》:"袴褶。"褶,徒协切,《广韵》:"袷也。"褶,是执切,《广韵》:"袴褶。"

[vi] 糂,桑感切,《广韵》:"羹糂,墨子曰'孔子厄陈,藜羹不糂也',或作糁。"糂,《说文》:"以米和羹也,一曰粒,从米甚声。糣,籀文从朁;糁,古文也从参。"依照读音,"糂"当来自从"参",与"甚"不谐。

賣,余六切,《广韵》:"卖也。《说文》'衒也',或作儥。"《说文》:"儥,賣也。"徐锴:"儥,《周礼》借为贷賣字。"《集韵》:"儥,余六切,《说文》'賣也',郑康成曰:'買也,通作粥'。"《集韵》:"儥,地笃切,買也。"《周礼·地官·司徒》:"掌其賣儥之事。"注:"儥,買也。"《周礼·地官·司徒》:"以量度,成贾而征儥。"注:"儥,買也。"《经典释文》:"儥,刘音育,聂氏音笛,《字林》'他竺反'。"《周礼·地官·司徒》:"凡賣儥者,质剂焉。大市以质,小市以剂。"《周礼·地官·司徒》:"听賣買,以质剂。"《周礼》的"賣儥"就是"賣買"。《周礼·地官·司徒》:"察其诈伪饰行儥慝者而诛罚之。"注:"郑司农云'儥,賣也。'"《周礼》的"賣"是通常的"買",而"儥"是通常的"賣"。为了区别"賣"而创造了"儥",跟《广韵》的"儥"是两个完全不同的字。此意义字作"粥"。《周礼·夏官·司马》:"马死,则使其贾粥之。"注:"粥,賣也。"《经典释文》:"粥音育。"《礼记·王制》:"田里不粥,墓地不请。"注:"粥,賣也。"《经典释文》:"粥音育。"《荀子·富国》:"下或杀其上,粥其城。"字也写作"鬻"。《庄子·逍遥游》:"今一朝而鬻技百金,请与之。"《经典释文》:"鬻,音育,司马云'賣也'。"《庄子·徐无鬼》:"我必賣之,彼故鬻之。"注释家以为"儥"和"粥"(鬻)同义,而"儥"音"余六切"。

上述声符组成的谐声集合是典型的齿龈塞音和舌面塞擦音谐声集合。其中的元素是齿龈塞音和舌面塞擦音。稍稍不同的是,上述谐声集合中还有擦音 z-/ʑ-和半元音 j-。擦音 z-/ʑ-和半元音 j-不跟舌面塞擦音 tɕ-/tɕh-/dʑ-、齿龈塞音 t-谐声。可见,上述谐声集合中的擦音 z-/ʑ-和半元音 j-跟我们讨论过的上古来源不同。它们的词根辅音应该是齿龈塞擦音 *d-。

贖,神蜀切,又音树,《广韵》:"《说文》'贸也'。"贖也是一个异读字。贖,殊遇切,《集韵》:"货易也,亦姓。"贖,神蜀切,《集韵》:"《说文》'贸也'。"依据异读,声母应该是舌面塞擦音 dʑ-。《周礼·秋官·司寇》:"掌受士之金罚、货罚。"郑注:"罚,罚贖也。《书》曰'金作贖刑'。"《经典释文》:"贖,常戍反,下同;一音蜀。"《尚书·舜典》:"金作贖刑。"《经典释文》:"贖,石欲反,徐音树。"《吕刑》"贖刑",《经典释文》:"贖,音蜀。"《诗经·崧高》笺:"甫侯相穆王,训夏赎刑。"《经典释文》:"赎,音树;一音常欲反。"《诗经·黄鸟》:"如可赎兮,人百其身。"笺:"可以他人赎之者,人皆百其身。"《经典释文》:"赎,食烛反,又音树。"《管子·中匡》:"于是死罪不杀,刑罪不罚,使以甲兵赎。"

续,似足切,《广韵》:"继也,连也。"《孝经·圣治章》:"父母生之,续莫大焉。"《经典释文》:"续,音俗,相续也。"《尔雅》:"赓,续也。"《经典释文》:"续,似欲反。"《史记·扁鹊仓公列传》:"妾愿入身为官婢,以续父身。"集解:"徐广曰'一作赎'。"唐人续、赎也混。李白《雪谗诗赠友人》:"擢发续罪,罪乃孔多。"《别雅》:"续罪,赎罪也。"

陆德明《经典释文》舌面浊塞擦音 dʑ-和浊擦音 ʑ-之间已经混淆,而韵图编撰时期则已经完全混淆。抄录早期韵书、字书的《切韵》或《广韵》尽管两者对立,但混淆的地方仍有不少。依照异读,"赎"应该读舌面浊塞擦音 dʑ-。

表 9.11　浊塞擦音与半元音异读表

轺	市昭切	《广韵》: 使车。	余昭切	《广韵》:《说文》曰"小车也"。
佘	视遮切	《广韵》: 姓也,见《姓苑》。	以诸切	《广韵》: 我也。
鳙	蜀庸切	《广韵》: 鱼名。	余封切	《广韵》: 鱼名。
野	承与切	《广韵》: 田野。	羊者切	《广韵》: 田野。
鮋	市流切	《广韵》: 鮂鮋,小鱼。	以周切	《广韵》: 鱼名。
鋋	市连切	《广韵》: 小矛。	以然切	《广韵》: 小矛。
剡	时染切	《广韵》: 县名,属会稽。	以冉切	《广韵》: 削也,利也。

前面已经提到,稍早时期《经典释文》里面浊塞擦音 dʑ-和浊擦音 ʑ-已经混淆。抄录早期字书的《广韵》自然也有舌面浊塞擦音 dʑ-和浊擦音 ʑ-混淆的现象,尽管《广韵》两者对立。因而某个别字《广韵》归入浊塞擦音 dʑ-的未必真的是浊塞擦音 dʑ-,某个别归入浊擦音 ʑ-的未必一定是浊擦音 ʑ-。因舌面浊塞擦音 dʑ-和浊擦音 ʑ-已经混淆,像陆德

明编撰的《经典释文》可以选择韵书《广韵》读舌面浊塞擦音 dʑ-的文字作反切上字给《广韵》读浊擦音 ʑ-的文字注音,反之亦然。依照谐声关系,"鳙"原本应该归入浊擦音 ʑ-。但由于浊塞擦音 dʑ-和浊擦音 ʑ-已经混淆,故选择《广韵》读浊塞擦音 dʑ-的"蜀"作为反切上字。《广韵》抄录这些字书材料的时候仅仅依反切上字的读音对这些材料进行归类,自然也就造成浊塞擦音 dʑ-和浊擦音 ʑ-的混淆。因而我们不能像李方桂(1971)那样把所有的舌面浊擦音 ʑ-都归并到舌面浊擦音 dʑ-里面。两者《广韵》里面还是对立的。舌面浊塞擦音 dʑ-和浊擦音 ʑ-容易出现互变,而浊擦音 ʑ-也跟半元音 j-互变。我们从《广韵》所收录的异读材料中可以看出个别归入舌面浊塞擦音 dʑ-的实际上来自半元音 j-,而个别归入半元音 j-的实际则来自舌面浊塞擦音 dʑ-。这些异读材料所反映的仅仅是它们之间的语音变异而已。除我们下面将要讨论的来源之外,中古汉语的齿龈浊擦音 z-和舌面浊擦音 ʑ-还有一个齿龈塞音的来源。这些齿龈浊擦音 z-或舌面浊擦音 ʑ-可以跟中古汉语不送气齿龈清塞音 t-或舌面塞擦音 tɕ-/tɕh-/dʑ-共同组成谐声集合。显然,它们在上古汉语中的词根声母是齿龈塞音。中古汉语齿龈浊擦音 z-和舌面浊擦音 ʑ-互补,只有"川"声有对立。

犉,食伦切,《广韵》:"牛行迟也,又音巡";详遵切,《广韵》:"牛行迟,又音唇。"

紃,食伦切,《广韵》:"环彩绦也,又音巡";详遵切,《广韵》:"环彩绦,又食伦切。"紃,《说文》:"圜采也,从糸川声。"段玉裁注:"圜采以采线辫之,其体圜也。"《礼记·内则》:"执麻枲,治丝茧,织纴组紃,学女事以共衣服。"《经典释文》:"紃,音巡。"又《礼记·杂记》:"纯以素,紃以五采。"《经典释文》:"紃,音巡,徐辞均反。"《周礼·天官·冢宰》注:"妇职谓织纴组紃缝线之事。"《经典释文》:"紃,似伦反。"

"川"声字,齿龈浊擦音 z-和舌面浊擦音 ʑ-仅仅是无意义差别的异读。依据语音关系,这两个异读字原本应该是齿龈浊擦音 z-,后演变成了舌面浊擦音 ʑ-。因《广韵》諄韵还有舌面浊塞擦音 dʑ-,如"纯"。它们同属于上古汉语的-ul 韵母。它们跟中古汉语的齿龈塞音和舌面塞擦音分离是由于它们上古汉语有一个擦音 s-词头。它们彼此之间的语音演变关系是 sd-＞zd＞z(i)-＞ʑ(i)-。上面已经列举《广韵》里面舌面浊塞擦音 dʑ-跟半元音 j-无意义差别异读的事例。依照谐声关系，这些半元音 j-理应来自浊塞擦音 dʑ-，其演变路线应该是 dʑ-＞ʑ-＞j-。这几个半元音 j-跟其他半元音 j-的谐声情况完全不同，见下一节。这几个半元音 j-跟齿龈浊擦音 z-和舌面浊擦音 ʑ-的谐声集合却是相同的，它们所在谐声恰恰没有齿龈浊擦音 z-和舌面浊擦音 ʑ-，擦音 z-、ʑ-容易变异，而擦音 ʑ-跟半元音 j-之间的变异更是常见。《广韵》也有无意义差别的半元音 j-和齿龈浊擦音 z-异读。上述谐声集合里面，中古汉语的半元音 j-、齿龈浊擦音 z-、舌面浊擦音 ʑ-互补。它们应该是同一声母因语音条件的不同而分化。跟舌面清擦音 ɕ-一样，舌面浊擦音 ʑ-的谐声关系也分为两类：谐声集合里面没有齿龈清塞音 t-，也没有舌面塞擦音 tɕ-/tɕh-/dʑ-；谐声集合里面有齿龈清塞音 t-，也有舌面塞擦音 tɕ-/tɕh-/dʑ-。第二类谐声集合里面的齿龈浊擦音 z-和舌面浊擦音 ʑ-上古汉语的词根声母是齿龈浊塞音 d-。相同的词根，可以附加不同形式的词头，而词根辅音又可以清浊交替。于是，同一个词根形成一个庞大的词族，试看下面一个词族：

敦 *tul，都昆切，《广韵》："厚也。"《左传·成公十六年》："民生敦庬。"杜注："敦，厚也。"《礼记·曲礼上》："敦善行而不怠，谓之君子。"郑玄注："敦，厚。"惇，都昆切，《广韵》："厚也。"《尔雅》："惇，厚也。"《经典释文》："惇，丁门反。"《礼记·内则》："惇行孝弟。"《经典释文》："惇，都温反。"惇 *tul，章伦切，《广韵》："心实也，又音敦。"谆，《说文》："告晓之熟也。"谆，章伦切，《广韵》："至也，诚恳貌也。"

醇 *dul，常伦切，《广韵》："厚也，浓也。"《史记·宋微子世家》："陈人使妇人饮之醇酒。"淳，常伦切，《广韵》："淳也，朴也。"《老子》五十八章："其政闷闷，其民淳淳。"纯 dul，常伦切，《广韵》："笃也，至也，好也，文也，大也。"《庄子·马蹄》："故纯朴不残，孰为牺尊？"钝 *dul-s，徒困切，《广韵》："不利也，顽也。"惷 thulʔ，《说文》："一曰厚也。"《淮南子·氾论训》："愚父惷妇。"这是从"老实厚道"到"愚惷"的演变过程。

驯 *s-dul，详遵切，《广韵》："扰也，从也，善也。"《说文》："驯，马顺也。"《一切经音义》引《说文》:"养野鸟兽使服谓之驯。"顺 s-dul-s,食闰切,《广韵》:"从也。"《左传·文公二年》:"先大后小,顺也。""驯"是"让……老实听话",其结果自然"顺"了。《左传·昭公元年》:"夫夫妇妇,所谓顺也。"循 *s-dul,详遵切,《广韵》:"循,善也。"《左传·昭公七年》:"循墙而走,亦莫余敢侮。"

藏语有一组语词与之对应:r-tul"调教、教化、驯服",r-tul"钝、不利、迟钝",r-tul"柔顺、温顺";thul"驯服、柔顺";dul-ba"温顺、顺服",dul-ma"驯的、钝的、精练的,少女、姑娘";ɦ-dul"调治、教化、训练、制伏"等。通过对词源的分析,我们可以理清汉藏彼此之间复杂的对应关系。周祖谟(1984)依据简帛材料将中古汉语的齿龈浊擦音 z-和半元音 j-的上古读音构拟为 *sd-。这一构拟为金理新(2002)所接受。我们认为,只有谐声系统中跟齿龈清塞音 t-、舌面塞擦音 tɕ-/tɕh-/dʑ-谐声的齿龈擦音 z-上古才是 *sd-。这部分齿龈擦音 z-跟下面将要讨论的齿龈浊擦音 z-来源不同。我们不能因为中古汉语读音相同而认为上古汉语读音也相同。不同的辅音在演变过程中合并极其常见,如齿龈塞音 t_3-、舌面塞擦音 tɕ-以及卷舌塞擦音 tʂ-的一部分现代汉语合并为卷舌音 tʂ-。

第三节 浊擦音 z-

依据谐声、异读以及文字替换等材料,曾运乾(1927)得出传统喻四上古汉语应该归入定母的结论。这就是后来写入一些音韵学教科书的"喻四归定说"。中古汉语的声母半元音 j-上古来源复杂。根据谐声材料,这个半元音 j-上古至少有三个不同的来源:j_k-/j_d-/j_w-。曾运乾所谓的喻四大概接近我们所说的半元音 j_d-。中古汉语的半元音 j_d-跟浊塞音 d-关系密切,不等于半元音 j-上古汉语就是齿龈塞音 d-。或许,我们可以反过来说中古汉语的齿龈塞音 d-上古汉语归半元音 j-。因为,我们不能证明半元音 j-就不可以演变为齿龈塞音 d-。比如中古汉语的半元音 j-,汉越语读 z-,越文写作 d-,一些方言读 d-或 t-(韦树关,2004)。

表 9.12 半元音 j-谐声表

	j_d-	t-	th-	d-	t_3-	th_3-	d_3-	tɕ-	tɕh-	dʑ-	ɕ-	ʑ-	s-	z-
夷	夷		洟	荑										
舀	舀		滔	稻										
䍃	䍃						繇							
育[i]	育													
寅	寅													
昜	昜		湯	蕩		暢	腸				傷			
予	予						杼				紓	抒		序
由	由			迪		抽	胄							袖
攸	攸		縧	條							儵		修	
以	以		台	怠		笞	治				始		枲	
引	引						紖				矧			
兑	悦		脱	脱							税			
也	也			髢			池				施	貤		
甬	甬		通	桶										誦
易	易		剔	(狄)								⿰石易	錫	
延	延			誕		脡				鋋[ii]	埏		硟	涎
甹	梬			甹		騁								
虒	傂		遞	嗁		褫	篪						虒	
弋	弋		忒	代		恜					式			

[i] 《集韵》:“胄,直佑切,《说文》‘胤也,从肉由声’,又姓,或作育。”《说文》:“育,养子使作善也。《虞书》曰‘教育子’。”《尚书·舜典》:“命汝典乐,教胄子。”

[ii] 鋋,以然切,《广韵》:“小矛。”鋋,市连切,《广韵》:“小矛,《方言》曰‘五湖之间谓矛为鋋’。”《方言》:“矛,吴扬江淮南楚五湖之间谓之鍦,或谓之鋋郭注:音蝉。”

续 表

	jd-	t-	th-	d-	t3-	th3-	d3-	tɕ-	tɕh-	dʑ-	ɕ-	ʑ-	s-	z-
余	余		稌				除				賖			徐
睪	睪	斁[i]	籜	鐸			擇				釋			
秀	誘		透			(抽)					透		秀	
象	勨			潒										象
朕	媵			騰			朕				勝	塍		
矢	肄		薙				雉				矢			薙
世	泄					跇					世	貰	紲	
枼	枼		蝶	碟		鰈	牒				葉	揲	渫	
隋	鰖	鬌[ii]	隋	堕			鬌						髓	隨
它	蛇		它	酡			池				䛀[iii]			
彖	緣		彖	鶨		猭	椽							
俞	俞		偷	窬		俞	牏				輸		緰	
兆	姚		祧	跳			兆							
失	佚			跌			秩				失			
覃	潭		撢	覃							瞫[iv]			鐔

[i] 斁,当故切,《广韵》:“败也。”《尚书·成王之命》:“俾我有周无斁。”《经典释文》:“斁,音亦。”《尚书·洪范》:“彝伦攸斁。”《经典释文》:“斁,多路反;徐同路反,败也。”《尚书·洛诰》:“我惟无斁其康事。”《经典释文》:“斁,音亦。”《尚书·太甲》:“朕承王之休,无斁。”《经典释文》:“斁,音亦。”上述“斁”实同一词,音“当路反”属于“同路反”的误读。

[ii] 鬌,直垂切,《广韵》:“髮落。”鬌,丁果切,《广韵》:“小儿翦发为鬌。”鬌,《广韵》:“徒果切,又丁果切。”依照谐声关系,“丁果切”一音也应该是“徒果切”的误读。

[iii] 䛀,依据《广韵》是“(戚)施”的异体。《诗经·新台》:“燕婉之求,得此戚施。”

[iv] 瞫,式任切,《广韵》:“窃视。”瞫,徒绀切,《广韵》:“括也,又徒南切。”《左传·文公二年》:“狼瞫取瞫戈以斩囚。”《经典释文》:“瞫,尺甚反,《字林》‘式衽反’。”

续　表

	j_d-	t-	th-	d-	t_3-	th_3-	d_3-	tɕ-	tɕh-	dʑ-	ɕ-	ʑ-	s-	z-
翟	耀		糶	翟		戳	翟							
龠	龠										爚			
臽	閻			窞		諂								爓
匋[i]	陶		蜪	匋										

[i] 匋，见于金文，象人制作陶器之形，许慎《说文》“从包省声”，非。

中古汉语的半元音 j-跟齿龈塞音 d-谐声关系固然密切，但跟半元音 j-关系密切的并非只有齿龈塞音 d-。结合《广韵》的异读，相对于齿龈塞音 d-，半元音 j-跟舌面擦音 ɕ-的语音关系甚至更密切。我们是否可以利用半元音 j-跟舌面擦音 ɕ-之间的谐声关系得出半元音 j-上古归舌面擦音 ɕ-或舌面擦音 ɕ-归半元音 j-？包含半元音 j-的谐声集合不能同时包含齿龈清塞音 t-、舌面塞擦音 tɕ-/tɕh-，也基本上不包含舌面浊塞擦音 dʑ-。中古汉语舌面浊塞擦音 dʑ-也只有一、二例跟半元音 j-接触，而且是异读字。韵图编制时，舌面浊擦音和擦音已经出现混淆，因而舌面浊塞擦音和浊擦音排列出现错误。早在陆法言之前陆德明编撰的《经典释文》里，神母和禅母已经混淆，而《广韵》中一些反切也出现混淆，如“貰”。

表 9.13　禅母、神母异读表

贳	舒制切	时夜切	《广韵》：赊也，贷也。	神夜切	贳，赊也，贷也。
示	巨支切	时至切	《广韵》：上同（衹），见《周礼》。	神至切	垂示。

通过《广韵》的“又音”，我们可以知道编撰者把神母和禅母弄乱了。“时夜切”就是“神夜切”，而“时”为 dʑ-“神”为 ʑ-。自然，这种混淆可能是编撰者抄录以往神母、禅母混淆材料的结果。但我们仍然不能排除两者合并存在的可能性。除了 dʑ-/ʑ-容易出现交互演变，位于词

首的半元音 j-最容易跟 ʑ-/z-发生变异,试看:

表 9.14　苗瑶语借词对应表

词义	养蒿	大南山	石门坎	摆托	甲定	绞坨	枫香	汉语
融	ʑaŋ^{55}	ʑaŋ^{31}	ʑɦaɯ^{35}	ʑɔŋ^{54}	ʑoŋ^{55}	ʑua^{53}	ʑoŋ^{24}	炀
杨		ʑaŋ^{31}	ʑɦaɯ^{35}	ʑa^{54}	ʑɑ^{55}	ʑaŋ^{21}	ʑaŋ^{24}	杨
羊	ʑoŋ^{55}	ʑaŋ^{31}	ʑɦaɯ^{35}	ʑaŋ^{54}	ʑɑŋ^{55}	ʑaŋ^{53}	ʑoŋ^{24}	羊
养	ʑi^{13}	ʑo^{13}	ʑu^{31}	ʑoŋ^{21}	ʑəŋ^{22}	ʑoŋ^{13}	ʑoŋ^{31}	养

上表苗瑶语材料来自《苗瑶语古音构拟》(王辅世、毛宗武,1995)。

中古汉语读半元音 j-的借词,苗语一般读 ʑ-,而瑶语一些方言甚至读 dz-。依照谐声关系,原本应该是舌面擦音 ʑ-而误入读舌面塞擦音 dʑ-,这种音变也出现在藏缅语族中。半元音 j-,卢舍依语变为 ʑ-,而加罗语变为舌面塞擦音 dʑ-(白保罗,1984)。剔除一、二个异读,中古汉语半元音 j-不跟舌面塞擦音 tɕ-/tɕh-/dʑ-谐声。根据半元音 j-的谐声特点,我们可以说,半元音 j-不跟齿龈清塞音 t-/t_3-谐声,也不跟舌面塞擦音 tɕ-/tɕh-/dʑ-谐声,但可以跟送气塞音 th-/th_3-和浊塞音 d-/d_3-谐声,也可以跟擦音 s-/z-/ɕ-/ʑ-谐声。

半元音 j-可以跟八个中古汉语声母谐声,分成四对。这四对中古汉语分别是清浊对立的辅音。除这四对辅音外,中古汉语的半元音 j-不再跟其他辅音声母谐声。假如中古汉语的半元音 j-也来自上古汉语的浊塞音 d-,依照辅音清浊交替的谐声原则,中古汉语半元音 j-起码会跟齿龈清塞音 t-有着较为密切的谐声关系。但是,半元音 j-不跟齿龈清塞音 t-以及舌面塞擦音 tɕ-/tɕh-/dʑ-组成谐声集合,跟中古汉语的齿龈浊塞音 d-不同。足见,中古汉语的半元音 j-上古汉语不可能是齿龈浊塞音 d-。中古汉语的塞辅音三分格局:t-/th-/d-。但是,半元音 j-构成的谐声关系却是两分格局:th-/d-、th_3-/d_3-、ɕ-/ʑ-、s-/z-。汉语两分格局的只有擦音或颤音。藏语的塞音,带词头是两分格局,不带词头是三分;擦音不论是否带词头都两分;颤音则只有不带词头的情况下才两分。据学者的研究，藏语的颤音两分格局是后起的，是原有词头失落的结果。整个藏缅语族语言，颤音两分是后起的，而擦音则原本就两分。中古汉语塞音三分，而擦音两分。因而就汉藏语系的整体情况来看，汉语两分的应该是擦音而不是颤音。

半元音 j-构成的谐声集合，其元素相配情况是 th-/d-、th₃-/d₃-、ɕ-/ʑ-、s-/z-。中古半元音 j-的上古读音，李方桂（1971）构拟为颤音 r-，而与半元音 j-谐声的齿龈擦音 s-的上古读音则构拟为 *st-，舌面擦音 ɕ-上古读音构拟为 *sth-，无疑是自乱其例。如果中古汉语的齿龈擦音 s-来自上古汉语的 *st-，那么齿龈擦音 s-更应该跟齿龈清塞音 t-组成谐声集合。中古汉语的齿龈擦音 s-固然和半元音 j-一样可以跟齿龈浊塞音 d-谐声，但从来不跟齿龈清塞音 t-/t₃-谐声。依据谐声关系，这部分跟半元音 j-谐声的齿龈擦音 s-不可能构拟为 st-。以往学者在构拟中古汉语半元音 j-上出现顾此失彼的局面，关键在于齿龈擦音 s-跟齿龈塞音接触时总将齿龈塞音 t-认为是原始形式。事实恰恰相反，齿龈塞音 t-来自齿龈擦音 s-的塞化。中古汉语的齿龈塞擦音 ts-/dz-、擦音 s-/z-汉越语读 t-，塞擦音 tsh-读 th-。汉语齿龈音 ts-/s-，侗台语族的黎语、临高语也读齿龈塞音 t-，跟汉越语相同。齿龈擦音 s-/z-演变成齿龈塞音 t-是汉藏语系以及相关语言常见的音变现象。

表 9.15　擦音 s-汉越语、侗台语对应表

词义	汉越语	柳江壮语	侗南方言	侗北方言	拉珈语	临高语	仫佬语	佯僙语
三	tam¹	saːm¹	saːm¹	ham¹	taːm¹	taːm¹	taːm¹	thaːm¹
四	tɯ⁵	si⁵	si⁵	hi⁵	tei⁵	ti⁵	ti⁵	thəi⁵
锡	tiƫ⁷	sik⁷	sik⁷		tik⁷	tik⁷	teːk⁷	thik⁷
心	tim¹	sim¹	səm¹	həm¹	tem¹	tim¹	təm¹	thəm¹
散	tan⁵	saːn⁵	saːn⁵	han⁵	taːn⁵	tan³	taːn⁵	than⁵

续　表

词义	汉越语	柳江壮语	侗南方言	侗北方言	拉珈语	临高语	仫佬语	佯僙语
伞	tan^3		$sa:n^5$	han^5	$ta:n^5$	tan^3	$ta:n^5$	$than^5$
算	$twan^5$	$sva:n^5$	son^5	hon^5	$tuon^5$	$tuan^3$	ton^5	$thɔ:n^5$

上表汉越语材料来自《汉越语关系词声母系统研究》(韦树关,2004),侗台语材料来自《侗台语族概论》(梁敏、张均如,1996)。

上述都是汉语读齿龈擦音 s-的借词。但这些汉语读齿龈擦音 s-的借词,仫佬语、临高语则演变成了齿龈塞音 t-,而佯僙语则演变成了齿龈塞音 th-。这种音变不仅在侗台语,也出现在藏缅语以及南岛语。对此,笔者有过较为详细的讨论,就不再举例了。一种语言的齿龈擦音 s-,要么演变成齿龈不送气塞音 t-,要么演变成齿龈送气塞音 th-;而不能既变成了 t-又变成了 th-。谐声系统中,汉语的齿龈擦音 s-只跟齿龈送气塞音 th-接触而不跟不送气塞音 t-接触,这正说明了跟擦音接触的塞音原本是擦音,即 s-＞th-、z-＞d-。

由半元音 j-构成的谐声集合,有一点最应该值得我们去注意,那就是塞音可以有一等和三等,而擦音则只能有三等。这些跟半元音 j-组成谐声集合的擦音 ɕ-/ʑ-/s-/z-中古汉语都是三等。中古汉语的软腭浊塞音 g-只有三等,而软腭浊擦音 ɣ-则有一、二、四等;两者正好相配。中古汉语的浊擦音 z-只有三等,且跟齿龈塞音 d-组成谐声集合。这些跟浊擦音 z-组成谐声集合的齿龈塞音 d-不跟同部位清塞音 t-谐声。这正说明了浊擦音 z-在其他语音条件下已经演变成了 d-。正如软腭浊塞音 g-只有在介音-i-前保持读原有读音一样,齿龈浊擦音 z-也只有在介音-i-前保持原有读音。我们考察软腭塞音、唇音时就会发现同一谐声集合一等和三等共存。这一谐声中的齿龈清擦音 s-只能跟三等组合而不能跟一等组合,也不能跟二等组合。但同一谐声集合的齿龈塞音却可以有一等。可见,原本应该跟一等韵组合的齿龈清擦音 s-已经演变了其他齿龈塞音。就语音演变普遍规则而言,软腭音的演变情况是塞音向擦音演变,而齿龈音的情况恰恰是擦音向塞音演变。这就是为什么中古汉语齿龈擦音 z-/s-以及舌面擦音 ɕ-/ʑ-只能跟三等韵组合的原因。齿龈擦音 z-和半元音 j-容易出现变异，如藏缅语的 j-，卢舍依语读 z-；而一些语言的不同方言之间也出现 z-和 j-的变异，如黎语保定读 j-而通什读 z-。有些方言甚至进一步演变成塞擦音 dz-，如瑶语的大坪方言。

表 9.16　半元音 j-瑶语读音表

词义	江底	湘江	罗香	览金	长坪	东山	十里香	大坪
檐		jiŋ31	jwan31	jam22	jom31			dzjam22
油	jou21	jəu31	jeu31	jɔu22	jəu31	jau31	jəu31	dzju53
溶	juŋ21	jəŋ21	juŋ21	juŋ33	jəŋ31	jwə31	juŋ21	dziŋ21
养	juŋ213	juŋ33	juŋ213		joŋ121		juŋ232	dziŋ44
匀	jwan21	jwəŋ31	jwən31	jen22	jwən31	jwən31	jwən31	dzun53
寅	jen21	jiŋ31		jen22	jin31	jin31	jen31	dzjɛn53

上表瑶语材料来自《苗瑶语古音构拟》（王辅世、毛宗武，1995）。

这些读半元音 j-的汉语晚近借词，其他瑶语方言读 j-而大坪方言读 dz-。中古汉语的半元音 j-汉越语对应的也是浊擦音 z-。据马伯乐等学者的研究，汉越语的浊擦音 z-原本也来自半元音 j-。汉语的一些方言也有这种演变，如闽语厦门话。部分中古汉语的半元音 j-闽语厦门话读 s-/ts-就是这种音变。中古汉语半元音 j-闽方言有 t-、th-、ts-、tsh-、s-等五种读音。黄典诚（1982）认为是上古声母的残余，实际应该是音变的结果。如同中古汉语的半元音 j-越南语有 t-、d-、z-、ʑ-、j-等多种读音（韦树关，2004）。藏语有浊擦音 z-，但是藏语的 z-是后起的，来自古藏语的浊塞擦音 dz-。这不仅可以从藏语跟藏缅语的比较得到证明，如木雅语，也可以从书面藏语自身的音节分布中得到证明。藏语的浊擦音 z-和浊塞擦音 dz-分布上完全处于互补。藏语的浊擦音 z-来自藏缅语的 dz-，白保罗早就已经指出。因而如果中古汉语的半元音 j-上古汉语为浊擦音 z-，也不可能跟藏语的浊擦音 z-对应。语音系统的某一音素如果发生演变会诱发语音系统出现连锁性的演变。古藏语的dz-演变成了z-,会推动原有的z-发生演变。金理新(2002)指出汉语的半元音j-跟藏语的d-对应。

表9.17 半元音j-藏语对应表

筵	以然切	《说文》:竹席也。	g-dan	坐褥、衬垫
延	以然切	《尔雅》:进也。	g-dan-ʑu	迎请、邀请、延聘
延	以然切	《尔雅》:间也。	g-dal-po	挑拨、离间
延	以然切	《说文》:长行也。	g-dal-ba	遍布、满布
叶	余涉切	《说文》:草木之叶也。	g-dab-pa	树的嫩枝、细枝
曜	弋照切	《楚辞·天问》注:日也。	g-dugs	太阳
覦	羊朱切	《说文》:欲也。	g-du-ba	贪恋、贪爱
余	以诸切	《尔雅》:我也。	b-dag	我、自己
予	以诸切	《说文》:推予也。	b-dag-pa	隶属、归于
预	羊洳切	《尔雅》:乐也。	b-daɦ-ba	甘美、美味、适口
延	以然切	《尔雅》:陈也。	b-dal-ba	铺开、摆开
怡	与之切	《尔雅》:乐也。	b-de-ba	安适、愉快
愈	以主切	《诗经·小明》笺:犹益也。	b-dos-ba	流行、盛行、高盛
叶	余涉切	《说文》:草木之叶也。	ɦ-dab-ma	树叶、花瓣
裔	余制切	《说文》:衣末边也。	ɦ-dabs	旁边、旁侧、近旁
延	以然切	《说文》:长行也。	ɦ-dal-ba	逐渐感染传开
已	羊己切	《广韵》:止也。	ɦ-daɦ-ba	死、生命已尽
已	羊己切	《广韵》:甚也。	ɦ-daɦ-ba	越出、逾越、超过
悦	弋雪切	《左传·僖公七年》注:谓爱乐之也。	ɦ-dod-pa	爱好、希望得到

上表藏语材料来自《藏汉大辞典》(张怡荪,1999)。

中古汉语的半元音 j-跟藏语带词头 g-/ɦ-等的词根声母 d-对应十分整齐。依据藏语对应材料，我们或可以说，中古汉语的半元音 j-和齿龈浊塞音 d-一样，上古汉语同是齿龈浊塞音 d-，即所谓的“喻四归定”。我们也曾经被这种汉藏语音对应的表象所迷惑。因为中古汉语半元音 j-和浊塞音 d-，藏语对应的都是齿龈浊塞音 d-：

表 9.18　浊塞音 d-藏语对应表

特	徒得切	《国语·晋语》注：一也。	dag-pa	纯净、纯洁、纯而不杂
堂	徒郎切	《说文》：殿也。	daŋ-rwa	院子、庭院
坛	徒干切	《说文》：祭场也。	dal	坛城
稠	直由切	《广韵》：多也。	du-ma	许多、若干、各种
毒	徒沃切	《广韵》：害也。	dug	毒、毒物
濯	直角切	《广韵》：浣濯。	dugs	沐浴
堗	陀骨切	《广韵》：灶堗。	dud-pa	火烟
洞	徒弄切	《广韵》：通也。	doŋ	穴、坑、孔、窟窿
牒	徒协切	《说文》：札也。	deb	册、簿、本子
逗	田候切	《说文》：止也。	ɦ-dug-pa	居住、坐下
谈	徒甘切	《说文》：语也。	ɦ-doms	传授口诀、讲说
奠	堂练切	《说文》：置祭也。	ɦ-diŋ-ba	敷设、铺排
毒	徒沃切	《广雅》：恶也。	g-dug-pa	凶狠、恶毒
纛	徒到切	《尔雅》：翳也。	g-dugs	伞、华盖

上表藏语材料来自《藏汉大辞典》(张怡荪，1999)。

中古汉语的半元音 j-和齿龈浊塞音 d-共同组成谐声集合。因而我们很容易类推出，中古汉语的半元音 j-上古汉语也是齿龈浊塞音

d-。我们的逻辑存在着一个很明显的漏洞：藏语的语音一直没有发生过演变。汉藏语音对应只是展示了这样一个事实：中古汉语的半元音 j-和齿龈浊塞音 d-上古汉语应该是相同的起首辅音。假如中古汉语的半元音 j-上古汉语也是齿龈浊塞音 d-,那么依照辅音清浊交替的谐声原则,中古汉语的半元音 j-自然应该跟齿龈清塞音 t-谐声。但是,中古汉语的半元音 j-不跟齿龈清塞擦音 t-谐声,而中古汉语的齿龈浊塞音 d-却既可以跟中古汉语的半元音 j-谐声也可以跟齿龈清塞音 t-谐声。可见,中古汉语对立的两个声母半元音 j-和齿龈浊塞音 d-书面藏语已经合并了。

因与之组合的韵母不同,上古汉语的同一个辅音中古汉语分化为半元音 j-和齿龈塞音 d-。《广韵》的半元音 j-只能出现在三等韵中。前面已经讨论了,依照谐声关系以及音变规则,半元音 j-和与半元音 j-谐声的齿龈浊塞音 d-上古汉语应该是齿龈浊擦音 z-,即上古汉语的齿龈浊擦音 z-在位于辅音和元音之间的介音-i-作用下演变成了舌面浊擦音 ʑ-,再失去较强的摩擦成分而成了中古汉语的半元音 j-。藏语的齿龈浊塞音 d-也并非都是原始的。作为词根起首辅音 d-和 ʑ-,藏语可以交替,如 dugs“热、烤”和 ʑugs“火的敬语”。我们利用内部拟构法可以知道后者来自词根和中缀/j/融合。可见,某些齿龈浊塞音 d-来自 z-,即 d-和 ʑ-之间的交替来自更早时期的 z-和 zj-。因为藏语的齿龈擦音 z-来自更早时期齿龈塞擦音 dz-,并不对立。故此,藏语的齿龈塞音 d-和舌面擦音 ʑ-与其他藏缅语对应的是边音等。

表 9.19　缅语边音 l-藏缅语对应表

词义	藏语	错那门巴语	道孚语	却域语	景颇语	独龙语	载瓦语	缅语
叶子	ɦdab				lap^{31}	$lɑp^{55}$	$lɑp^{55}$	
寻	ɦdom	$klam^{35}$		lu^{55}	lam^{33}	$lɑm^{55}$	lam^{51}	lɑm
跳蚤	ɦdʑi	liu^{55}	zʁu	$sɬɯ^{13}$	li^{33}	li^{55}	$l\underline{a}i^{21}$	hle

续　表

词义	藏语	错那门巴语	道孚语	却域语	景颇语	独龙语	载瓦语	缅语
换	rdʑe	pleʔ^{53}		ɬʌ^{55}	lai^{55}	klɑi^{53}		lɑi
重	ldʑi	li^{55}	nɮə	rlə^{55}	li^{33}	li^{53}	lai^{21}	le
四	bʑi	pli^{53}	vɮə	bʒi^{13}	li^{33}	bli^{53}	mji^{21}	le
田	ʑiŋ	leŋ^{35}	ɮə	le^{55}				
路	lam	lam^{35}			lam^{33}			lɑm
手	lag	laʔ^{55}	ɮa	le^{55}	ta̠ʔ^{55}		loʔ^{21}	lɑk
月	zla	le^{53}	slə	ɬli^{13}	ta̠^{33}	s-lɑ^{55}	lo^{55}	lɑ

上表藏缅语材料来自《藏缅语族语言词汇》(黄布凡,1992)。

藏语有边音且藏语的边音跟其他语言的边音对应整齐。但藏语的 d-、ʑ-(dʑ-)也跟藏缅语族其他语言的边音对应。足见,藏缅语的两个原本不同的辅音在藏缅语族其他语言中合并为边音。风,嘉戎语 li,扎坝语 vli^{55}、藏语 rdzi。依照语音对应关系,藏语应该是舌面塞擦音 dʑ-,但藏语却是齿龈塞擦音 dz-。藏语 rdzi"风"是一个古语词,而书面藏语已经被新兴语词 rluŋ 或 hlags-pa 替换了。藏语齿龈塞擦音有时候也跟齿龈塞音组成共源异形词,如 ɦ-dzom～ɦ-dʑom"聚齐"。依照藏语擦音和塞擦音之间的变换关系,某些藏语的齿龈塞音也应该是由擦音演变来的,即 z->d-。我们前面已经列举藏语的 d-对应中古汉语的 j-和 d-。但中古汉语的 j-和 d-,藏语还有一种看起来很不同的语音对应关系:

表 9.20　半元音 j-藏语对应表

夷	以脂切	《广韵》:《说文》曰"平也"。	ʑi～g-ʑi	静止、平息
稚	直利切	《广韵》:幼稚,亦小也。	ʑi	小孩
田	徒年切	《说文》:树谷曰田。	ʑiŋ	耕地、田地

续 表

佃	徒年切	《广韵》：作田也。	ʑiŋ-pa	农民
谕	羊戍切	《说文》：告也。	ʑu-ba	报告、告诉、请求
燿	弋照切	《说文》：照也。	ʑugs	火的敬语
甜	徒兼切	《广韵》：甘也。	ʑim-po	香、甘美
坠	直类切	《广韵》：落也。	ʑud-pa	下垂、没落
髢	特计切	《广韵》：髲也。	g-ʑar-ba	剃、刮(或体 b-ʑar-ba)
豫	羊洳切	《尔雅》：乐也。	g-ʑaɦ	喜欢

上表藏语材料来自《藏汉大辞典》(张怡荪，1999)。

藏语存在 d-和 ʑ-的交替关系。因而中古汉语的半元音 j-和齿龈浊塞音 d-(个别 d_3-)自然也可以跟藏语的浊擦音 ʑ-对应。这跟前面已经列举过的中古汉语 j-和 d-同跟藏语的齿龈浊塞音 d-对应一致。综述藏语以及汉语内部以及彼此之间的语音对应关系，我们认为中古汉语的半元音 j-和与之谐声的齿龈浊塞音 d-上古汉语为齿龈浊擦音 z-。相对应的，上古汉语的清擦音 s-演变成了 th-。我们再来看侗台语族侗水语支的汉语借词：

表 9.21　浊擦音 z-侗台语对应表

词义	侗南方言	侗北方言	仫佬语	水语	佯僙语	锦语	莫语	汉语
蚯蚓	san⁴	hən⁴	tan⁴	han⁴	thjan⁴	zan⁴	zan⁴	蚓
粮仓	so⁴		kɣɔ⁴		tho⁴	zu⁴	zu⁴	庾
养	saːŋ⁴	haːŋ⁴	taːŋ⁴	haːŋ⁴	thaːŋ⁴	zaːŋ⁴	zaːŋ⁴	养
匠人	saːŋ⁶		tiaːŋ⁶	haːŋ⁶	thaːŋ⁶	zaːŋ⁶		匠
坐	sui⁵	hui⁵	tui⁶	hui⁶	thoi⁶	zui⁶	zəi⁶	坐

上表侗台语材料来自《侗台语族概论》(梁敏、张均如，1996)。

前面已经提到，半元音 j-极其容易演变成浊擦音 z-或 ʑ-。曾晓渝引法国学者 M.Ferlus 的研究，早期半元音 j-在侗水语中演变成了齿龈浊擦音 z-①。上述语词的后两个来自汉语读齿龈浊塞擦音 dz-的借词。汉语齿龈浊塞擦音 dz-和浊擦音 z-在侗台语族中合并为齿龈浊擦音 z-。这也证明了中古汉语的半元音 j-早期是浊擦音 z-而不是浊塞音 d-，更不是边音 l-或颤音 r-。

中古汉语的齿龈浊擦音 z-只能跟介音-i-组合。这说明只有在介音-i-前才能保持了齿龈浊擦音 z-，而其他语音条件下则纷纷演变为其他形式的辅音。浊辅音 z-语言会出现花样众多的变化：或演变为 d-/dz-，或演变成 j-/ʑ-，或演变成 l-等。齿龈浊擦音 z-演变成边音 l-也并非罕见，如南岛语。这一点也可以从南方一些民族语言的汉语借词中看出。中古汉语的齿龈塞擦音 dz-和擦音 z-在南方一些民族语言中同读浊擦音 z-。中古汉语的齿龈塞擦音 dz-和擦音 z-，汉越语同读齿龈塞音 t-，但偶尔也读边音，如 loi^{4}“罪”。中古汉语的齿龈塞擦音 dz-，现代汉语一些方言也读边音 l-，如湖南桃江三堂街方言。其中，东亚语言中，齿龈浊擦音 z-塞化是极为常见的音变之一，比如中古汉语的齿龈擦音 z-，汉越语就读齿龈塞音 t-。临高语、仫佬语等跟汉越语相同，中古汉语的齿龈擦音 z-塞化为齿龈塞音 t-。当处于介音-i-前时，中古汉语的齿龈擦音 z-或保持原有的读音，或腭化为舌面擦音 ʑ-，并进一步并入半元音 j-。

前面我们已经讨论了中古汉语半元音 j_k-来自上古汉语的半元音 j-。但很早的时候这两个不同来源的半元音 j_d-和半元音 j_k-已经合流。《左传·成公十七年》：“郄锜夺夷阳五田。”《春秋左传异文释》卷五：“夷阳五，《晋语》作夷羊午，《古今人表》作羊鱼，《唐石经》作羊五。”依据俞敏《后汉三国梵汉对音谱》的材料，这两个不同来源的半元音 j_d-和 j_k-同对译梵语的 j-。“喻四实际上是三等字，应该与照系三等同类。”王力的看法符合中古汉语半元音 j-的谐声实际情况。据陆志韦对《说文》谐声次数的统计，中古汉语舌面擦音 ɕ-自谐 40 次，半元音 j-自谐 247 次，而舌面擦音 ɕ-和半元音 j-谐声 46 次，比舌面擦音 ɕ-自谐的次数还要高。依照谐声关系以及《广韵》的异读，中古汉语半元音 j-应该是跟舌面擦音 ɕ- 配对的。

---

① 曾晓渝，2004，《汉语水语关系论》，商务印书馆。

第四节　齿龈擦音腭化

周祖谟[①]云:“此从经籍异文及书传音训可证上述(即書母)之字古代均与舌音塞音一类字相通。其音值虽不易确定,但若从高氏之拟音ś,则与以上诸母之音相去过远矣。然而今之審母三等字尚有一类不可详考者,其古音读与 s-相近。”周祖谟所谓的跟書母相通的“舌音塞音一类字”属于我们已经讨论过的半元音 j-和齿龈浊塞音 d-。基于跟書母谐声的中古汉语半元音 j-和齿龈浊塞音 d-已经被构拟为齿龈塞音 d-,書母的上古读音仍然构拟为舌面清擦音 ś-,自然无法解释它们之间的谐声关系。假如跟書母谐声的中古汉语半元音 j-和齿龈浊塞音 d-上古汉语是跟書母匹配的浊擦音,那么書母无论构拟为何种清擦音,都可以解释它们之间的谐声关系,自然也就不存在周祖谟“(書母)与以上诸母之音相去过远”的困惑。

表 9.22　舌面擦音 ɕ-谐声表

	t-	th-	d-	t_3-	th_3-	d_3-	tɕ-	tɕh-	dʑ-	ɕ-	ʑ-	j-	s-	z-
申			電			陳				申	神			
尸					屎					尸				
豕										豕				
引						紖				矧		引		
首			道							首				
矢		薙				雉				矢		肄		薙
身			軥							身				
鼠										鼠				
屎										屎				

① 周祖谟,1966,《审母古音考》,《问学集》(上),中华书局。

续　表

	t-	th-	d-	t_3-	th_3-	d_3-	tɕ-	tɕh-	dʑ-	ɕ-	ʑ-	j-	s-	z-
舍										舍				
余		稌	涂			除				賖		余		徐
予						杼				紓	抒	予		序
昜		湯	蕩		暢	腸				傷		昜		
攸		絛	條							儵		攸	修	
以												以		似
台		胎	怠		笞	治				始		台	枲	
兑		脱	脱							税		悦		
也			髢			池				施	貤	也		
龠										爚		龠		
延			诞		脠				鋋	埏		延	硟	涎
弋		忒	代		忕					式		弋		
秀		透			（抽）					透		誘	秀	
朕			騰			朕				勝	賸	媵		
世					跇					世	貰	泄	紲	
枼		蝶	碟		鰈	牒				葉	擛	枼	渫	
聖		聽								聖				
俞		偷	窬		俞	牏				輸		俞	緰	
失			跌			秩				失		佚		
罙		探	罙		琛					深				
覃		撢	覃							瞫		潭		鐔
睪		籜	鐸			澤				釋		睪		
象			像							餘				象

中古汉语的舌面清擦音 ɕ-来源相当复杂。我们不能因为中古汉语读舌面清擦音 ɕ-而认为上古汉语只有一个来源,如现代汉语的舌面清擦音 ɕ-。上述谐声集合的舌面清擦音 ɕ-跟前面已经讨论过的中古汉语半元音 j-的谐声关系完全相同,不跟齿龈清塞音 t-谐声,也不跟同部位的塞擦音 tɕ-/tɕh-/dʑ-(其中跟 dʑ-谐声的有四例,我们讨论过应该是浊擦音 ʑ-)谐声。中古汉语的舌面清擦音 ɕ-跟舌面浊擦音 ʑ-配对。但就谐声关系密切程度而言,上述舌面清擦音 ɕ-跟半元音 j-的关系最为密切。上古汉语中,舌面清擦音 ɕ-常和半元音 j-交替构词。

施,式支切,又式豉、以置二切,《广韵》:"施设。"《诗经·葛之覃》:"葛之覃兮,施于中谷,维叶萋萋。"传:"施,移也。"《经典释文》:"施,毛以豉反。"《诗经·东山》:"果臝之实,亦施于宇。"《经典释文》:"施,羊豉反。"

说,失热切,《广韵》:"告也。"说,弋雪切,《广韵》:"姓,傅说之后。"《左传·僖公四年》:"齐侯说,与之虎牢。"《经典释文》:"说,音悦。"《左传·僖公十五年》:"好我者劝,恶我者惧,庶有益乎?众说。"《经典释文》:"说,音悦。"《诗经·草虫》:"我心则说。"传:"说,服也。"《经典释文》:"说,音悦。"后作"悦"。悦,弋雪切,《广韵》:"喜也,脱也,乐也,服也。"悦,欲雪切,《集韵》:"喜也,乐也,服也,或作说。"

失,式质切,《广韵》:"错也,纵也。"逸,夷质切,《广韵》:"过也,纵也,奔也;《说文》曰'失也'。"《庄子·应帝王》:"立未定自失而走。"《经典释文》:"失,徐音逸。"《庄子·徐无鬼》:"天下马有成材,若恤若失,若丧其一,若是者超轶,绝尘不知其所。"《经典释文》:"失音逸;司马本作佚。"佚,夷质切,《广韵》:"佚乐。"

上古汉语中具有上述这种中古汉语半元音 j-和舌面清擦音 ɕ-交替、表示不及物动词和及物动词之间语法意义转换的例子甚多。动词的及物和不及物之间语法意义的转换,上古汉语以及藏缅语一般用辅音清浊交替来实现。中古汉语舌面清擦音 ɕ-和半元音 j-交替所展现出来的语法意义跟辅音清浊交替所表示的语法意义正相同。中古汉语的舌面擦音 ɕ-,依据梵汉对音,俞敏(1984)确定后汉三国时期已经是

舌面擦音 ɕ-。我们前面已经讨论了,这一谐声集合的起首辅音上古汉语都应该是齿龈擦音 s-/z-。中古汉语的舌面擦音 ɕ-是一个有条件限制的辅音,只能跟中古汉语的介音-i-组合。上古汉语的齿龈塞音跟紧元音组合时演变成中古汉语的舌面塞擦音,而齿龈擦音 s-自然也演变成了舌面擦音 ɕ-。齿龈擦音 s-跟介音-i-或前高元音 i 组合时腭化为舌面清擦音 ɕ-是汉藏语系语言最为常见的音变,汉语如此,藏缅语也如此。因而藏语只有 ɕ-而没有 sj-。中古汉语的舌面擦音 ɕ-应该来自上古汉语与紧元音组合的齿龈清擦音 s-。

表 9.23　擦音 s-谐声表

	t-	th-	d-	t_3-	th_3-	d_3-	tɕ-	tɕh-	dʑ-	ɕ-	ʑ-	j-	s-	z-
屖			庢			迟							屖	
死										（屍）		（夷）	死	
四					訵								四	
秀		透			𢭏					透		誘	秀	
㒸			隊			墜							邃	遂
世					跇					世	貰	泄	紲	
枼		蝶	碟		䚢	牒				葉	揲	枼	渫	
攸		絛	條			儵				倏		攸	修	
以		台	殆		笞	治				始		以	枲	似
易		惕									碭	易	錫	
虒		鷉	嗁		褫	褫						傂	虒	
隶		悷	棣									隶	肆	
术					怵	术					术		訹	
俞		偷	窬		俞	牏				輸		俞	緰	
隋		隋	墮			鬌						撱	髓	隨

续 表

	t-	th-	d-	t_3-	th_3-	d_3-	tɕ-	tɕh-	dʑ-	ɕ-	ʑ-	j-	s-	z-
舌[1]		栝	恬										銛	
信													信	
燮													燮	
甬		通	桶									甬	㪌	誦

[1] 此声符字,许慎《说文》以为从“甜”省声,实是从“舌(丙)”声。

这些中古汉语齿龈清擦音 s-,不跟齿龈塞音 t-/t_3-、舌面塞擦音 tɕ-/tɕh-/dʑ-谐声,也不跟齿龈塞擦音 ts-/tsh-/dz-谐声,而跟齿龈塞音 th-/d-、th_3-/d_3-、舌面擦音 ɕ-/ʑ-以及齿龈擦音 z-和半元音 j-谐声。这正是中古汉语半元音 j-的谐声情况。

中古汉语舌面浊擦音 ʑ-,传统称船母或神母。舌面塞擦音和擦音容易出现交互演变,因而韵图把舌面浊擦音和舌面浊塞擦音的位置弄错,直至陆志韦(1985)才把两者的位置调整过来。舌面浊擦音 ʑ-和浊塞擦音 dʑ-甚至《广韵》也有混乱的现象,但依据谐声还是能够清晰辨别出舌面浊擦音 ʑ-和浊塞擦音 dʑ-。事实上,舌面浊擦音 ʑ-不是像李方桂那样跟塞擦音 dʑ-合并,而是应该跟齿龈浊擦音 z-合并,即浊擦音 ʑ-是 z-的变异形式:

表 9.24 浊擦音 z-/ʑ-谐声表

	t-	th-	d-	t_3-	th_3-	d_3-	tɕ-	tɕh-	dʑ-	ɕ-	ʑ-	j-	s-	z-
予						杼				抒	紓	予		序
由			迪		抽	胄						由		袖
以		台	怠		笞	治				始		以	枲	
兕														兕
㒸			隊			墜							邃	㒸

续 表

	t-	th-	d-	t_3-	th_3-	d_3-	tɕ-	tɕh-	dʑ-	ɕ-	ʑ-	j-	s-	z-
隋		隋	墮										髓	隨
甬		通	桶									甬	𢿌	誦
延			誕		脠				鋋	埏		延	硟[i]	涎
余		稌				除				賖		余		徐
象			潒									勨		象
矢		薙				雉				矢		肄		薙
尋		襑	蕁						撏					尋
覃		撢	覃							瞫		潭		鐔
术					怵	术					術		訹	
也			髢			池				施	貤	也		
易		剔	（狄）								碭	易	錫	
朕			騰			朕				勝	塍	媵		
世					跇					世	貰[ii]	泄	紲	
枼		蝶	碟		𧣈	牒				葉		枼	渫	
實											實			
它		它	沱							[illegible]	蛇	蛇		
閻			窞		諂							閻		爓

[i] 硟,《广韵》:"衦缯石也,相然切。"硟,《广韵》:"展缯石,昌战切。"硟为后起僻字,文献罕见。

[ii] 贳,《广韵》:"赊也,贷也,舒制切,又时夜切。"贳,《广韵》:"贳,赊也,贷也,神夜切。"

除了一处对立,谐声系统中中古汉语的舌面浊擦音 ʑ-和齿龈浊擦音 z-互补;且中古语音系统舌面浊擦音 ʑ-和齿龈浊擦音 z-也互补。足见,舌面浊擦音 ʑ-和齿龈浊擦音 z-是一个音位的两个变体。若中古汉语的舌面塞擦音 tɕ-/tɕh-/dʑ-来自上古汉语齿龈塞音 t-/th-/d-的腭化,那么中古汉语的舌面浊擦音 ʑ-理应来自上古汉语齿龈浊擦音 z-的腭化,即 z-(i)>ʑ-(i)。齿龈浊擦音 z-在介音-i-之前演变成舌面擦音 ʑ-是汉藏语系语言最为普通的音变之一。

纾，神与切，又音舒，《广韵》："缓也。"纾，伤鱼切，《广韵》："缓也。"《诗经·采菽》："彼交匪纾，天子所予。"《经典释文》："纾，音舒。"《左传·庄公三十年》："令尹自毁其家以纾楚国之难。"注："纾，缓也。"《经典释文》："纾，音舒，又直汝切。"《左传·文公十六年》："姑纾死焉。"杜注："纾，缓也。"《经典释文》："纾，音舒。"

抒，徐吕切，《广韵》："渫水，俗作浔。"《说文》："抒，挹也。"《诗经·生民》："或舂或揄，或簸或蹂。"传："揄，抒臼也。"《经典释文》："抒，音食汝反。"字也写作斜。《说文》："斜，抒也，从斗余声，读若荼。"斜，以遮切，《广韵》："斜谷，在武功西南入谷百里而至。《说文》'抒也'。"斜，徐嗟切，《集韵》："《说文》'抒也'。"引申之，为"除"。抒，神与切，《广韵》："《左传》云'难必抒矣'，抒，除也。"《左传·文公六年》："有此四德者，难必抒矣。"杜注："抒，除也。"《经典释文》："抒，直吕反，又时吕反，除也。"

杼，神与切，《广韵》："橡也。"《集韵》："杼、芧，上与切，木名，栩也。"《庄子·山木》："衣裘褐，食杼栗。"《经典释文》："杼，食汝反，又音序。"《诗经·鸨羽》："肃肃鸨羽，集于苞栩。"笺："栩，杼木也。"《经典释文》："杼，食如反，徐治与反。"《诗经·东门之枌》："东门之枌，宛丘之栩。"传："栩，杼也。"《经典释文》："杼，常汝反，《说文》丈与反。"《诗经·大东》："小东大东，杼柚其空。"《经典释文》："杼，直吕反，《说文》云'盛纬器'。"杼，直吕切，《广韵》："《说文》曰'机之持纬者'。"《说文》："杼，机之持纬者，从木予声。"杼、筡，丈吕切，《集韵》："《说文》'机之持纬者'，或从竹。"

从"予"声纾、抒、杼三字《广韵》齿龈浊擦音 z-和舌面浊擦音 ʑ-对立。但这三字都是异读字。依据《经典释文》，"纾"读舌面清擦音 ɕ-，而"抒""杼"舌面浊擦音 ʑ-和齿龈浊擦音 z-异读是无意义差别的异读。剔除这两字，整个语音系统里面，舌面浊擦音 ʑ-和齿龈浊擦音 z-互补。浊塞擦音 dʑ-的谐声集合跟浊擦音 ʑ-的谐声集合是完全不同的，除个别浊擦音 ʑ-误入塞擦音 dʑ-(《经典释文》中两者已经不分)。浊擦音 ʑ-/z-跟半元音 j-的谐声关系完全相同，即浊擦音 ʑ-不跟齿龈清塞音 t-谐声，也不跟舌面塞擦音 tɕ-/tɕh-/dʑ-谐声。足见，中古汉语的舌面浊擦音 ʑ-和齿龈浊擦音

z-原本就是同一个辅音。它们都来自上古汉语的齿龈浊擦音 z-。浊擦音 z-容易塞化为齿龈浊塞音 d-,也会演变成齿龈塞擦音 dz-。因而中古汉语的齿龈浊擦音 z-等偶尔出现跟齿龈浊塞擦音 dz-的异读。

挦,徐林切,《广韵》:“取也。”挦,昨含切,《广韵》:“取也。”

吮,食尹切,《广韵》:“吮舐也。”吮,徂兖切,《广韵》:“欶也,又徐兖切。”

这种音变好比是中古舌面浊擦音 ʑ-今闽语厦门话读 ts-,如 tsat^{8}“实”、tsiʔ^{8}“舌”,等等。齿龈浊擦音 z-和塞擦音 dz-容易出现交互演变。陆德明《经典释文》就已经出现齿龈音 dz-/z-混淆的趋势。吴方言往往是把齿龈浊塞擦音 dz-并入齿龈浊擦音 z-,粤方言则往往是齿龈浊擦音 z-并到齿龈塞擦音 dz-。《广韵》中偶尔也出现的齿龈浊擦音 z-和塞擦音 dz-之间异读的事例。这正反过来说明跟齿龈擦音 z-相对的舌面浊擦音 ʑ-原本也是齿龈浊擦音 z-,只不过腭化了。中古汉语的半元音 j-,汉越语除了读齿龈擦音 z-和舌面擦音 ʑ-还可以读边音 l-。边音 l-可以变成齿龈擦音 z-,齿龈擦音 z-,除了会塞化为齿龈浊塞音 d-,如仫佬语等,也会演变成边音 l-,如 Buli 语:

表 9.25　浊擦音 z-南岛语对应表

	Puyuma（卑南语）	Kavalan（噶玛兰语）	Buli	Madurese	Iavanese	Indonesian	PAN
雨	udan	uzan	ulan	odʒan	udan	hudʒan	quzal
路	daɭan	zaran	laliŋ	a-dʒalan走	dalan	dʒalan	zaɭan
针	daʔum			dʒarum	dom	dʒarum	zarum

上表南岛语材料来自 *Comparative Austronesian Dictionary*（Darrell T.Tryon 1995,Mouton de Gruyer Berlin New York）。

南岛语的齿龈浊擦音 z,Buli 语等就演变成了边音 l。雨,Kalagan 语 qulan、Tagalog 语 ulan、Buol 语 ulan 等,都是边音形式。汉语跟藏缅语共源,并不等于汉语的形式跟藏缅语相同;即使是同一语系其他语言都如此,也不等于此语言就是如此。原始汉藏语的音位 z-和 l-在藏缅语族许多语言中已经合流了。中古汉语半元音 j-和齿龈浊塞音 d-的差别在于前者跟紧元音组合而后者跟松元音组合。随着介音-i-的产生,跟介音-i-组合的齿龈浊擦音 z-保持原有的读音;而跟非介音-i-组合的齿龈浊擦音 z-则塞化为齿龈浊塞音 d-。

赐,斯义切,《广韵》:"与也。"《说文》:"赐,予也,从贝易声。"《左传·庄公三十二年》:"神赐之土田。"《左传·隐公元年》:"公赐之食。"锡,先击切,《广韵》:"赐也,与也。"《诗经·菁菁者莪》:"既见君子,锡我百朋。"《左传·庄公元年》:"王使荣叔来锡桓公命。"注:"锡,赐也。"《诗经·采菽》:"君子来朝,何锡予之。"

伸,失人切,《广韵》:"舒也,信也。"《说文》:"伸,屈伸。从人申声。"《荀子·仲尼》:"君子时诎则诎,时伸则伸也。"《集韵》:"伸,失人切,《说文》'屈伸',经典作信,通作申。"《易·系辞下》:"尺蠖之屈,以求信也。"《经典释文》:"信音申。"《孟子·告子上》:"今有无名之指,屈而不信,非疾痛害事也。"音义:"信音伸。"《战国策·秦策》:"此所谓信而不能诎,往而不能反者也。"《史记·蔡泽列传》同,索隐:"信音申。"

前者中古为舌面擦音 ɕ-,后者为齿龈擦音 s-。然而两者不对立,去声震韵没有舌面擦音。齿龈浊擦音 z-组成的谐声集合包含四组对立的声母:th-/d-、thʒ-/dʒ-、ɕ-/j-、s-/z-。中古汉语的舌面浊擦音 ʑ-原本来自齿龈浊擦音 z-,即 z-(i)>ʑ-。舌面擦音 ɕ-/ʑ-和齿龈擦音 s-/z-是清浊对立的两对辅音。既然舌面浊擦音 ʑ-来自更早时期的齿龈浊擦音 z-,那么舌面清擦音 ɕ-理应来自齿龈清擦音 s-。它们共同组成的谐声集合里面固然有舌面清擦音和齿龈清擦音,且这两个辅音中古汉语具有音位价值。通过对这两个辅音在语音系统里面分布情况的考察,我们发现这两个辅音大部分语音条件下互补,但也有几处齿龈擦音跟舌面擦音对立。

隃,相俞切,《广韵》:"北陵名。"隃,式朱切,《广韵》:"北陵名。"隃,羊朱切,《广韵》:"隃麋古县,在扶风。"隃,伤遇切,《广韵》:"雁门。"作为地名,“隃”既可以读齿龈擦音 s-,也可以读舌面擦音 ɕ-,两者纯属无意义差别的异读。

繻,相俞切,《广韵》:“彩繻帛也。”繻,度侯切,《广韵》:“布也。”《公羊传·隐公二年》:“纪履繻来逆女。”《经典释文》:“繻,音须,《左氏》作‘裂繻’。”《左传·隐公二年》:“纪裂繻来逆女。”《经典释文》:“繻,音须。”《说文》:“繻,缯采色,从糸需声。读若《易》‘繻有衣’。”繻,人朱切,《广韵》:“《易》曰‘繻有衣袽’,亦见《周礼》注。”繻,相俞切,《广韵》:“传符帛。”《易·既济》:“繻有衣袽。”《经典释文》:“繻,而朱反,郑王肃云‘音须’,子夏作襦,王廙同薛,云‘古文作繻’。”“繻”和“繻”本属于两个完全不同的谐声集合,因音变在一些方言里面成为同音字。繻,询趋切,《集韵》:“《说文》‘缯采色’,一说帛边也,汉制以为关门符信。繻,或从俞,亦作𦅺。”《汉书·严安传》:“关吏予军繻。”注:“张晏曰‘繻音须’;繻,符也,书帛裂而分之,若券契矣。”

葉,与涉切,《广韵》:“枝叶。”葉,式涉切,《广韵》:“县名,在汝州。”声母为舌面擦音 ɕ-的“葉”所记为专有名词。弽,式涉切,《广韵》:“射决张弓,又童子佩之;韘,上同。”《诗经·芄兰》:“芄兰之叶,童子佩韘。”传:“韘,玦也,能射御则佩韘。”韘,《经典释文》:“失涉反,毛玦也,郑沓也。”韘,《广韵》:“韘鞢射具,苏协切。”屟,苏协切,《广韵》:“屐也,履中荐也。”“弽”是一个异读字,而“苏协切”一音跟“屟”同音。

箈,胥里切,《广韵》:“竹萌也。”“箈”不见于先秦文献且是一个存在无意义差别异读的字。箈,徒哀切,《广韵》:“竹萌。”箈,徒亥切,《广韵》:“竹笋。”依照《经典释文》的注音,“箈”读齿龈塞音 d-。《尔雅》:“箈,箭萌。”《经典释文》:“箈,音待,《说文》云‘竹萌生也’,《字林》大才反。”枲,胥里切,《广韵》:“麻有子曰枲,无子曰苴也。”《仪礼·丧服》:“牡麻者枲麻也。”《经典释文》:“枲,思似反。”《吕氏春秋·上农》:“是以春秋冬夏皆有麻枲丝茧之功,以力妇教也。”《说文》:“枲,麻也。从木台声。𣓯,籀文枲,从林,从辝。”段玉裁注:“辝声也。”辝,《说文》:“不受也,从辛从受。辞,籀文辝从台。”段玉裁注:“和悦以却之,故从台。”如此,“枲”字并不从“台”声。之部“枲”一字跟“始”构成对立。始,诗止切,《广韵》:“初也。”《说文》:“始,女之初也,从女台声。”《礼记·檀弓下》:“君子念始之者也。”注:“始犹生也。”《尔雅》:“胎,始也。”《释名》:“始,息也,言滋息也。”

依其字形、意义以及读音,“始”是“胎”的动词形式。

死,息姊切,《广韵》:“《说文》曰‘澌也,人所离也’。”《诗经·谷风》:“采葑采菲,无以下体。德音莫违,及尔同死。”《诗经·相鼠》:“相鼠有体,人而无礼。人而无礼,胡不遄死。”屍,式脂切,《广韵》:“《礼记》曰‘在床曰屍,在棺曰柩’。”《吕氏春秋·离谓》:“郑之富人有溺者,人得其死者,富人请赎之,其人求金甚多,以告邓析……得死者患之,以告邓析。”“死”即“屍”。《墨子·号令》:“凡戮人于市,死上目行。”《汉书·尹赏传》:“安所求子死。”颜师古注:“死谓尸也。”矢,式视切,《广韵》:“陈也,誓也,正也,直也,《说文》曰‘弓弩矢也’。”屎,《广韵》:“《说文》曰‘粪也’,本亦作矢,式视切。”

整个语音系统里面,与中古汉语半元音等有谐声关系的齿龈擦音 s-和舌面擦音 ɕ-构成对立的就以上几例,且剔除无意义差别的异读后,真正对立的只有“枭”和“死”两字。很显然,倘若舌面擦音 ɕ-和齿龈擦音 s-是对立的辅音,两者分布上不可能会出现互补。中古汉语的舌面塞擦音 tɕ-/tɕh-/dʑ-来自上古汉语的齿龈塞音 t-/th-/d-,那么舌面清擦音 ɕ-自然来自上古汉语的齿龈清擦音 s-。于是,齿龈擦音 s-一分为二。当主元音是松元音时,齿龈擦音 s-塞化为齿龈送气塞音 th-;当主元音是紧元音时,齿龈擦音 s-腭化为舌面擦音 ɕ-。众所周知,语音演变总是会出现例外。地,徒四切,《广韵》:“土地。”《诗经·斯干》:“乃生女子,载寝之地,载衣之裼。”《庄子·人间世》:“祸重乎地,莫之知避。”《韩非子·扬权》:“欲为其地,必适其赐,不适其赐,乱人求益。”“地”,朱骏声归支部(錫部去声)。显然,“地”中古汉语保留了上古汉语的前高元音-i,没有归入寘韵而例外归入了至韵。

表 9.26 藏缅语语音对应表

词义	藏语	墨脱门巴语	木雅语	却域语	载瓦语	怒苏语	景颇语	缅语	彝语
死	ɕi	ɕi	sə^{53}	si^{55}	ʃi^{51}	ʂi^{33}	si^{53}	se	sɿ^{33}
粪	ltɕi	khi	ʂə^{24}	tshɿ^{31}	khji^{21}	khɹ^{55}	khji^{55}	khje	tɕhɿ^{33}

续　表

词义	藏语	墨脱门巴语	木雅语	却域语	载瓦语	怒苏语	景颇语	缅语	彝语
弓		li	ʑə³³	ʁji⁵⁵	lai²¹	li⁵⁵		le	li³³
四	bʑi	phi	rə⁵³	bʒi¹³	mji²¹	vɹi³³	li³³	le	li³³

上表藏缅语材料来自《藏缅语族语言词汇》(黄布凡,1992)。

语词"死"和"屎"的韵母藏缅语相同,但声母却有比较大的差异。一是,藏缅语族中一些语言的词头往往会吞并词根辅音成为语词语音演变后的声母,如墨脱门巴语。二是,藏语某些词头不能跟擦音组合成辅音丛,如 l-、r-词头。早期藏语的 lɕ-辅音丛已经变成书面藏语的 ltɕ-辅音丛。依照藏语辅音清浊交替构成同源异形词的规则,藏语的 ltɕi 应该是 ldʑi 的变体。这可以比较藏语的 ltɕi～ltɕid ～ldʑd"重"。三是,跟前高元音或介音-j-组合时,藏语的齿龈音会演变为舌面音。因而藏语后三个语词的词根辅音应该是齿龈擦音 z-,而其他一些语言演变成边音 l-,跟语词"死"之间的差异仅是辅音清浊的不同。

矢,式视切,《广韵》:"《说文》曰'弓弩矢也',古者夷牟初作矢。"矢,《说文》:"弓弩矢也。"《方言》:"箭,自关而东谓之矢。"《左传·文公四年》:"彤弓一,彤矢百,玈弓矢千。"屎,式视切,《广韵》:"《说文》曰'粪也',本亦作矢。"《庄子·人间世》:"夫爱马者,以筐盛矢,以蜄盛溺。"《经典释文》:"矢,或作屎,同。"

矢,式视切,《广韵》:"陈也。"《诗经·大明》:"矢于牧野。"传:"矢,陈也。"《左传·隐公五年》:"公矢鱼于棠。"注:"矢,亦陈也。"尸,式之切,《广韵》:"陈也。"《礼记·曲礼下》:"在床曰尸,在棺曰柩。"注:"尸,陈也。"《尔雅》:"矢、雉、尸,陈也。"雉,直几切,《广韵》:"又陈也。"雉,从隹矢声,且就"陈"而言与"矢"通用。肆,《广韵》:"陈也,息利切。"《诗经·楚茨》:"或肆或将。"传:"肆,陈也。"

就"陈"义而言,其记录文字可以是矢、尸、雉、肆等。这些文字所展现出来的语音关系跟谐声集合中所展现出来的语音关系相同。这说明它们在上古汉语中原本拥有相同或者可以交替的辅音。《礼记·曲礼下》:“天子死曰崩,诸侯曰薨,大夫曰卒,士曰不禄,庶人曰死。”可见,古人忌讳“死”。忌讳就需要避讳,而因避讳需要,语音形式往往比较特别。“死”为动词,“屍”为名词,且“屍”本只作“死”。显然,上古汉语不是主元音松紧交替就是插音 /l/ 或 /r/ 导致同一个词根中古汉语分为两个语词。脂部上声旨韵齿龈擦音 s-有“死”,舌面擦音 ɕ-有“矢”,齿龈送气塞音 th-薺韵有“体”。但是,“体”上古汉语的词根声母是边音 l-而不是齿龈擦音 s-。因而最便捷也最合理的解决方案是假设“死”的主元音是松元音,而“屍”的主元音是紧元音。

表 9.27　半元音 j-、浊擦音 z-/ʑ-音节搭配表

	之			職		蒸		
	平	上	去	去	入	平	上	去
以	台	以	异		弋			賸
神								賸
邪		似						

	幽			覺		冬		
	平	上	去	去	入	平	上	去
以	攸	誘	柚			融		
神								
邪			袖					

	宵			藥				
	平	上	去	去	入	平	上	去
以	姚		窕	燿	躍			
神								
邪								

续　表

	侯			屋		東		
	平	上	去	去	入	平	上	去
以	俞	瘉	覦			庸	勇	用
神								
邪								誦

	魚			鐸		陽		
	平	上	去	去	入	平	上	去
以	余	予	豫		譯	昜		煬
神		抒						
邪	徐	抒					象	

	支			錫		耕		
	平	上	去	去	入	平	上	去
以	俿	俿		易	易	盈	郢	
神		舓						
邪								

	歌			月		元		
	平	上	去	去	入	平	上	去
以	蛇	迆	施	抴	抴	延		延
神	（蛇）				舌			
邪								

续 表

	歌			月		元		
	平	上	去	去	入	平	上	去
以				鋭	説	緣		掾
神								
邪	隋							

	微			物		文		
	平	上	去	去	入	平	上	去
以	遺	壝	遺					
神					術			
邪				彖				

	脂			質		真		
	平	上	去	去	入	平	上	去
以	夷		肄		逸		引	蚓
神						神		
邪		兕						

				葉		談		
	平	上	去	去	入	平	上	去
以					枼	(閻)		
神								
邪						燅		

续　表

				緝		侵		
	平	上	去	去	入	平	上	去
以				隶		撢	潭	
神								
邪					隰	尋		

齿龈浊擦音 z-在-i-介音前腭化就成了舌面擦音 ʑ-，而舌面擦音 ʑ-极易变成半元音 j-。相反的音变也极其常见。汉语的半元音 j-，苗语大多数方言读 ʑ-，汉越语读 z-。永嘉方言（笔者的母语）、中古汉语的半元音 j-和浊擦音 z-、ʑ-一律读浊擦音 ʑ-。依据梵汉对译材料，俞敏（1984）认为中古汉语的半元音 j-后汉三国时期就是舌面擦音 ʑ-。浊擦音 z-和 ʑ-互补，剔除前面已经讨论过的两个来源以及少许来自齿龈塞音的 z-和 ʑ-，跟半元音 j-显然互补。浊擦音 z-/ʑ-在音节分布上跟半元音 j-只有几个地方对立，而且绝大部分是异读字。

以，羊已切，《广韵》："用也，与也，为也，古作目。"《易·明夷》："以蒙大难，文王以之。"《经典释文》："郑、荀、向作似之。"《诗经·旄丘》："何其久也，必有以也。"王先谦《诗三家义集疏》："齐以作似。"《汉书·高帝纪》："乡者夫人儿子皆以君。"颜师古注："以或作似。"《史记·高祖本纪》："乡者夫人婴儿皆似君。"

賸，以证切，《广韵》："增益，一曰送也，又物相赠。"賸，《广韵》："实证切，又音孕。"

媵，以证切，《广韵》："送女从嫁。"媵，实证切，又音孕，《广韵》无释义。《诗经·韩奕》："媵者必娣侄从之。"《经典释文》："媵，音孕，又绳证反。"《诗经·鹊巢》笺："满者言众媵侄娣之多。"《经典释文》："媵，音孕，又绳证反。"《诗经·我行其野》笺："无肯媵之。"《经典释文》："媵，音孕，又绳证反。"《诗经·江有汜》毛序："美媵也。"《经典释文》："媵，音孕，又绳证反。"《左传·襄公二十三年》："使析归父媵之。"《经典释文》："媵，以证反，又绳证反。"

袖，似佑切，《广韵》："衣袂也，亦作褎、褏。"褏，《说文》："袂也，从衣采声。袖,俗褎,从由。”(采,《说文》:“禾成秀也,人所以收,从爪、禾。”)《释名》:“袖,由也,手所由出入也。亦言受也,以受手也。”《方言》:“褕谓之袖。”(褕,《广韵》:“褕,狄后衣,羊朱切,又由昭切。”)段玉裁注:“褎引伸为盛饰貌。《诗经·邶风》传曰‘褎如,盛服貌’。”《诗经·旄丘》:“叔兮伯兮,褎如充耳。”《经典释文》:“褎,本亦作褏,由救反,又在秀反。”《诗经·生民》:“实方实苞,实种实褎。”《经典释文》:“褎,余秀反。”褎,《广韵》:“服饰盛貌,余救切。”岫,《广韵》:“山有穴曰岫,似佑切。”《说文》:“岫,山穴也,从山由声。窗,籀文从穴。”《尔雅》:“山有穴为岫。”郭璞注:“谓岩穴。”《经典释文》:“岫,徐究反,郭音胄,又音由,《字林》弋又反。”狖,余救切,《广韵》:“兽名,似猨;貁:上同。”貁,《说文》:“禺属,善旋,从豸穴声。”“穴”声不得有“余救切”一音。此“穴”当是“岫”的训读。

予,以诸切,《广韵》:“我也。”《论语·阳货》:“予欲无言。”除了孔子的弟子宰予的予,《论语》一书“予”都是自称代词。予,余吕切,又以诸切,《广韵》:“郭璞云‘予犹与也’。”《方言》:“掸,予也。”郭璞注:“予犹与也。”字通写作与。《左传·隐公元年》:“欲与大叔,臣请事之;若弗与,则请除之。”《论语·公冶长》:“乞诸其邻而与之。”

愧,移尔切,《广韵》:“不忧事也。”愧,弋支切,《广韵》:“恀愧,不忧事。”愧,《说文》:“恀愧,不忧事也,从心虒声,读若移。”(移,《广韵》“弋支切”。)恀愧是叠韵联绵词。恀,是支切,《广韵》:“爱也。”恀,巨支切,《广韵》:“《尔雅》云‘恀恀,惕惕,爱也’。”汉语叠韵词声调相同。恀为平声,愧也应该是平声,跟《说文》音“移”相同。

抴,羊列切,又余世切,《广韵》:“亦作拽,拕也。”抴,余制切,《广韵》:“数也。”抴,《说文》:“捈也,从手世声。”段玉裁注:“抴与曳音义皆同。”《礼记·檀弓》:“负手曳杖。”《经典释文》:“曳,羊世反,亦作抴。”《史记·司马相如列传》:“抴独茧之褕袘。”集解:“徐广曰‘抴音曳也’。”《诗经·山有枢》:“子有衣裳,弗曳弗娄。”毛传:“娄亦曳也。”《经典释文》:“曳,以世反。”曳,《广韵》:“牵也,引也,余制切。”《孟子·梁惠王上》:“弃甲曳兵而走。”

撢,余针切,《广韵》:“探也。”撢,他含切,《广韵》:“《周礼》有‘撢人’。”《周礼·夏官·司马》“撢人”,《经典释文》:“撢,他南反,与探同。”撢,《广韵》:"探取,他绀切。"撢实际是寻找之尋的异体字。《淮南子·俶真训》:"下揆三泉,上寻九天。"此意义字也写作撏。撏,《广韵》:"取也,徐林切。"

镡,余针切,《广韵》:"剑鼻。"镡,徐林切,《广韵》:"剑鼻。"镡,《广韵》:"剑口,徒含切。"《周礼·冬官·考工记》"桃氏",郑玄注:"人所握镡以上也。"《经典释文》:"镡,戚音淫,徐刘音寻,一音徒南反。"《庄子·说剑》:"周、宋为镡,韩、魏为夹。"《经典释文》:"镡,音淫,《三苍》云'徒感反,剑口也',一谓剑镮也。"

鱏(鲟),余针切,又徐林切,《广韵》:"鱼名。"鱏(鲟),徐林切,又音淫,《广韵》:"鱼名。"

诵,似用切,《广韵》:"读诵。"《荀子·劝学》:"其数则始乎诵经,终乎读礼。"《大戴礼记·保傅》:"宴乐雅诵,送乐序。"孔广森补注:"古以诵为颂字。"《诗经·烝民》:"吉甫作诵,穆如清风。"颂,似用切,《广韵》:"歌也,《诗》云'吉甫作颂,穆如清风'。"《诗经·节南山》:"家父作诵,以究王讻。"陈启源《稽古编》:"诵、颂字本通用。"诵为诵读之诵,颂为歌颂之颂,本是两个不同的文字,因意义引申而混淆。《说文》:"诵,讽也。"《国语·晋语三》:"国人诵之曰'贞之无报也'。"韦昭注:"不歌曰诵。"《诗经·子衿》传:"古者教以诗乐,诵之歌之,弦之舞之。""诵"音"似用切"当是"颂"的训读。東部用韵只有一个用字。用,《广韵》:"使也,货也,通也,以也,庸也,余颂切。""用"《诗经》入韵一次。《诗经·小旻》:"谋臧不从,不臧覆用。我视谋犹,亦孔之邛。"从、用、邛为韵,而从、邛皆为平声。《说文》:"庸,用也。"《说文通训定声》:"庸,经传皆借为用字。"《诗经·兔爰》:"尚无庸。"传:"庸,用也。"《诗经·南山》:"齐子庸止。"传:"庸,用也。"《左传·庄公四年》:"庸非贰乎?"杜注:"庸,用也。"显然,去声的"用"是后起的变异。

语言系统必定要遵守熵增法则,随着时间的不断推移,必然越来越无序,例外越来越多。比较一下中古汉语与现代汉语,就可以看得清清楚楚,每一条语音演变规则都有例外,而某些音变更是杂乱无序。除了"以""诵"不是异读字,其余都是异读字,而且多半是无意义差别的异读。剔除这些异读字,齿龈浊擦音 z-、舌面浊擦音 ʑ-、半元音 j-互补。这说明三者因语音条件不同而分化,原本是同一个辅音声母。擦音 z-/ʑ-不仅跟半元音 j-互补,而且异读。

表 9.28 半元音 j-与浊擦音 z-/ʑ-异读表

羠	以脂切	《广雅》云"犍羊也"。	徐姊切	犍羊。
柚	余救切	牛黑眦。	似佑切	牛黑眦。
攺	羊已切	大坚。	详里切	
已	羊已切	止也,此也,甚也,讫也。又音似。	详里切	
镡	余针切	剑鼻。	徐林切	剑鼻。
鱏(鲟)	余针切	鱼名。	徐林切	鱼名。
勨	余两切	勉也。	徐两切	勉也。
斜	以遮切	斜谷。《说文》"抒也"。	似嗟切	上同(邪)。
蒣	以遮切	穗也。	似嗟切	蒣蒿。
燗	以赡切	光也。	徐盐切	同(燅)
羡	予线切	延也,进也。	似面切	贪慕,又余也。
遂	予线切	移也。	似面切	遮也。
蛇	弋支切	蝼蛇。	食遮切	毒虫。
貤	羊至切	重物次第。	神至切	重物次第。
野	羊者切	田野。《说文》云"郊外也"。	承与切	田野。
鳙	余封切	鱼名。	蜀庸切	鱼名。
铤	以然切	小矛。	市连切	小矛。
賸	以证切	增益,一曰送也,又物相赠。	实证切	
媵	以证切	送女从嫁。	实证切	

这些异读大抵是无意义差别的异读,只能反映不同方言之间的语音变异,或不同时期的语音演变,或雅俗不同。齿龈擦音 z-、舌面擦音 ʑ-都只能出现在带介音-i-的音节,显然是受限制的辅音音位。半元音

j-后汉三国时期已经对译梵语的 y-，且两类不同来源的半元音已经合并，见俞敏（1999）。因而上述异读可以解释为不同时期的语音演变或雅俗不同。擦音 z-/ʑ-跟半元音 j-只有魚部魚韵看起来对立：擦音 z-有徐，半元音 j-有余。

徐，似鱼切，《广韵》："缓也。《说文》'安行也'，亦州名。"《说文》："徐，安行也。从彳余声。"徐锴："徐者，舒缓之称也。"《尔雅》："在辰曰执徐。"《经典释文》："徐，舒也，言蛰物皆敷舒而出，故曰执徐也。"《释名》："徐州，徐，舒也，土气舒缓也。"《战国策·齐策一》："楚威王战胜于徐州。"高诱注："徐州或作舒州。"《史记·齐世家》："田常执简公于徐州。"集解："《春秋》作舒州。贾逵曰：'陈氏邑也'。"索隐："徐音舒，其字从人，《左氏》作舒。舒，陈氏邑，《说文》作郐。"俆，似鱼切，《广韵》："《说文》'缓也'。"段玉裁注："《齐世家》'田常执简公于俆州'。索隐曰：'俆广音舒，其字从人'。《左氏》作舒，《说文》作郐。按《鲁世家》作徐。"郐，似鱼切，又音徒，《广韵》："地名。""徐"和"俆"是同一语词的两个文字，徐和郐也是同一语词的两个文字。《周礼·秋官·雍氏》郑玄注："伯禽以出师征徐戎。"《经典释文》："徐，刘本作郐，音徐。"徐和舒是一对同族词。依照辅音清浊交替原则，徐应该是跟擦音 ɕ-相对的浊擦音 ʑ-，即中古汉语的半元音 j-＜*ʑ-＜**z-。《易·困》："来徐徐。"《经典释文》："徐徐，马云'安行貌'，子夏作荼荼，翟同，荼音图，王肃作余余。"（《诗经·关雎》："参差荇菜，左右流之。"毛传："荇，接余也。"《经典释文》："接余，音馀，本或作菨荼。"《尔雅》："莕，接余。"《经典释文》："余，羊如反，本或作荼。"）《老子》十五章："孰能浊以静之徐清？孰能安以久动之徐生？"《道德经》帛书甲本"徐"作"余"。

看来，徐，《广韵》声母为擦音 z-，保存了上古汉语的读音。

第五节　齿龈擦音塞化

依照谐声关系，中古汉语的齿龈塞音的送气清塞音 th-/th_3-和浊塞音 d-/d_3-,上古汉语至少有两个不同的来源。这一点已有不少学者指出,如包拟古、潘悟云、郑张尚芳、斯塔罗斯金、白一平等。中古汉语齿龈塞音 th-/th_3、d-/d_3-上古汉语两分的观点已经为越来越多的学者所接受。我们先来看以下谐声集合的齿龈塞音 th-/d-、th_3-/d_3-:

表 9.29　齿龈塞音 th-/d-、th_3-/d_3-谐声表

	t-	th-	d-	t_3-	th_3-	d_3-	tɕ-	tɕh-	dʑ-	ɕ-	ʑ-	j-	s-	z-
忝		忝												
壬		壬	廷											
呈		桯			逞	程						郢		
盈		⿰糹盈										盈		
戜		鐵	戜											
兔		兔	菟											
彖		彖			剶	篆						緣		
秃		秃												
大		太	大						忕[i]					
同		侗	同			鮦[ii]								
田			田											
甜			甜											
弟		涕	弟											

[i] 忕,时制切,《广韵》:"忕习。"忕,他盖切,《广韵》:"奢也。"忕,徒盖切,《广韵》:"奢忕。"《礼记·表记》注:"忕于鬼神虚无之事。"《经典释文》:"忕,时世反,又时设反。"

[ii] 鮦,徒红切,《广韵》:"《尔雅》云'鲣,大鮦'。"鮦,直陇切,《广韵》:"鱼名。"

续　表

	t-	th-	d-	t_3-	th_3-	d_3-	tɕ-	tɕh-	dʑ-	ɕ-	ʑ-	j-	s-	z-
首			道							首				
羍		羍	達											
翟		糶	翟			翟[i]						耀		
㢟					㢟							䀽		
𡿺					𡿺									
袒					袒									
廌						廌								
徹					徹	徹								
蟲			爞			蟲						融		
兆		佻	桃			兆						姚		
俞		偷	窬		俞[ii]	牏				輸		俞	緰	
术					怵	术					術		訹	
睪		籜	鐸			澤				釋		譯		
夷		洟	桋									夷		羠
予						芧				舒	紓	予		序
舀		滔	稻									舀		
昜		湯	蕩		暢	腸				傷		昜		
唐			唐											

[i] 翟，场伯切，《广韵》："阳翟，县名；亦姓，又音狄。"

[ii] 俞，丑救切，《广韵》："汉姓，有司徒椽俞连，又羊朱切。"

续 表

	t-	th-	d-	t_3-	th_3-	d_3-	tɕ-	tɕh-	dʑ-	ɕ-	ʑ-	j-	s-	z-
由			迪		抽	胄						由		袖
攸		絛	條							儵		攸	脩	
以		台[i]	台		笞	治				始		以	枲	似
引						紖				矤		引		
兑		脱	兑							説		悦		
也						馳				施		也		灺[ii]
施									鍦	施		箷		
甬		通	桶									甬		誦
易		剔									諹	易	賜	
隶		悷	棣									隶	肆	
庸					傭				鱅[iii]			庸		
延			誕		脡				鋋	埏		延	硟	涎
甹			甹		騁							梬		
虒		鷈	嗁		褫	篪						愧	虒	
弋		忒	代							式		弋		
曳		屜										曳		
失		蛈[iv]	迭		抶	秩				失		佚		

[i] 咍,呼来切,《广韵》:“笑也。”咍为后起象声词。咍从“台”得声,说明创造此字的方言,齿龈送气清塞音 th-已经演变成了声门擦音 h-或软腭擦音 x-。《楚辞·惜诵》:“行不群以巅越兮,又众兆之所咍。”

[ii] 灺,徐也切,《广韵》:“烛烬也。”

[iii] 鱅,蜀庸切,《广韵》:“鱼名,似牛,音如豕。”鳙,余封切,《广韵》:“鱼名。”

[iv] 蛈,他结切,《广韵》:“《尔雅》曰‘王蛈蝪’。郭璞云‘即蛭蟷,似鼅鼄,在穴中有盖,今河北人呼蛈蝪’。”《尔雅》:“王蛈蝪。”《经典释文》:“蛈,大结反,《字林》音秩;蝪,《字林》音汤,或音荡,又音唐。”

续 表

	t-	th-	d-	t_3-	th_3-	d_3-	tɕ-	tɕh-	dʑ-	ɕ-	ʑ-	j-	s-	z-
尸					屎					尸				
申			電		胂	陳				申	神	軸		
家			隊			墜							邃	家
矢		薙				雉				矢				薙
余		稌	途		筡	除			余[i]	賒		余		徐
世					跇					世	貰	泄	泄	
枼		蝶	蝶		鰈	牒				葉		枼	渫	
象			潒							蟓		勨		象
寻		禈	蕁						撏[ii]					尋
覃		撢	覃							瞫		潭		鐔
屖			庢			迟							屖	
犀						墀							犀	
秀		透								透		誘	秀	
四					訵								四	
臽			窞		諂							閻		爓
匋		蜪	陶									陶		
賴			積									遺		
它		它	沱							鉈	蛇	蛇		
罙		探	罙		琛					深				
䍃						繇						䍃		

[i] 余，视遮切，《广韵》："姓也，见《姓苑》，出南昌郡。"

[ii] 撏，视占切，《广韵》："撏取也。"撏，徐林切，《广韵》："取也。"撏，昨含切，《广韵》："取也。"

仔细考察汉字的谐声集合,我们就会发现,中古汉语的齿龈塞音 th-/d-和 th_3-/d_3-的谐声集合可分为两组:第一组是跟中古汉语的齿龈塞音 t-/t_3-以及舌面塞擦音 tɕ-/tɕh-/dʑ-谐声,第二组是不跟中古汉语的齿龈塞音 t-/t_3-以及舌面塞擦音 tɕ-/tɕh-/dʑ-谐声,个别舌面浊塞擦音 dʑ-除外。个别读舌面浊塞擦音 dʑ-是《广韵》抄录舌面浊塞擦音、浊擦音不分方言材料所致。第一组一般不跟中古汉语的擦音尤其齿龈擦音以及半元音谐声,而第二组则跟中古汉语的擦音以及半元音谐声。两者有着清晰的界线。足见,中古汉语的 th-/d-和 th_3-/d_3-上古汉语有两个不同的来源。为了便于区别,我们把中古汉语的齿龈塞音 th-/d-和 th_3-/d_3-分为 A 和 B 两组。其中跟第一组谐声的归为 A 组,而跟第二组谐声的归为 B 组。既然中古汉语的 A 组上古汉语是齿龈塞音,那么中古汉语的 B 组上古汉语自然不能也是齿龈塞音。否则,两者在谐声集合上就不会有如此清晰的界线。中古汉语 B 组的上古汉语读音,我们认为应该是齿龈擦音 s-、z-。其中清擦音 s-演变成中古汉语的 th-/th_3-,而浊擦音 z-演变成中古汉语的 d-/d_3-。

表 9.30　齿龈塞音 th_3-异读表

齝	丑之切	牛吐食而复嚼也。	书之切	《说文》曰"吐而噍也"。
脠	丑延切	鱼醢也,《说文》云"肉酱"。	式连切	生肉酱。
胂	丑人切	申也。	失人切	脢也。
裢	丑延切	袢裢,牛领上衣。	以然切	袢裢,牛领上衣。
跇	丑例切	跳也,逾也。	余制切	超逾。
煠	丑辄切	爚煠。	与涉切	煠爚。
篥	丑辄切	钥篥。	与涉切	篇簿书篥,《说文》"钥也"。
悇	抽据切	憛悇,忧也。	羊洳切	忧惧。
俞	丑救切	汉姓,有司徒椽俞连。	羊朱切	《说文》"空中木为舟也"。
剶	丑缘切	去木枝也。	予泉切[i]	削也。

[i] 因形近,《广韵》误为"子泉切"。

续 表

佁	丑吏切	佁儗，不前。	羊己切	痴也。
傭	丑凶切	均也，直也。	余封切	傭赁。
眙	丑吏切	直视。	与之切	盱眙县，在楚州。
愧	丑例切	习也。	余制切	明也，一曰习也。
篨	丑居切	竹篾名也。	同都切	《尔雅》曰"簡，篨中，言其中空，竹类"。
眣	丑栗切	目不正也。	徒结切	目出。
苗	丑六切	蓨也。	徒历切	苗蓨草。
紬	丑鸠切	引其端绪也。	直由切	大丝缯。
瘵	抽据切	痴瘵，不达。	直鱼切	瘢也。
褫	敕里切	彻衣，又夺衣。	池尔切	夺衣，《易》曰"终朝三褫之"。
褫	敕豸切	衣絮偏也。	直离切	蓐衣，又曰褫毡，《说文》曰"夺衣也"。
裎	丑郢切	禅衣。	直贞切	佩带。
徹	丑列切	通也。	直列切	通也，明也，道也，达也。
撤	丑列切	抽撤。	直列切	发撤，又去也。
斀	敕角切	授也，刺也。	直角切	筑也，舂也。

B组谐声集合中有一些中古声母为 th_3-的谐声字。这些谐声字，依据《广韵》所收集的材料，多有声母为半元音 j-和齿龈浊塞音 d-的异读。这种异读跟谐声系列中所反映出来的语音关系一致。《广韵》所收录的异读材料中，声母为半元音 j-的文字最为常见的是有声母为齿龈浊塞音 d-或舌面清塞音 ɕ-的异读。异读或者谐声最为重要的通则是声母清浊交替、韵母一等和三等交替。半元音 j-跟齿龈浊塞音 d-的异读属于等的不同，而跟舌面清擦音 ɕ-的异读则属于声母清浊的不同。齿龈塞音 th_3-最常见的是跟半元音 j-组成异读关系。辅音清浊交替一般是指同部位辅音清浊交替，塞音与塞音、擦音与擦音。但B组谐声集合里面的清浊交替却是同部位送气清塞音 th_3-跟半元音 j-或浊

塞音 d-/d_3-交替。如此,这些齿龈塞音 th_3-应该是跟中古汉语半元音 j-相对的清擦音,即舌面清擦音 ɕ-的变异形式。因而齿龈塞音 th_3-也可以跟舌面清擦音 ɕ-构成无意义差别的异读,如"齝"。齿龈擦音 s-/z-常见的音变,除塞化为齿龈塞音 t-/th-/d-外,也可以演变成塞擦音。我们先看以下材料:

表 9.31 齿龈(舌面)擦音与塞擦音异读表

撏	徐林切	《广韵》:取也。	昨含切	《广韵》:取也。
吮	食尹切	《广韵》:吮舐也。	徂兖切	《广韵》:欶也。
燅	徐盐切	《广韵》:汤中爚肉也。	昨盐切	《广韵》:《周礼》注云"炙烂也"。
煠	与涉切	《广韵》:煠爚。	士洽切	《广韵》:汤煠。
渫	私列切	《广韵》:治井。	士洽切	《广韵》:水名,出上党郡。
帨	舒芮切	《广韵》:佩巾也。	此芮切	《广韵》:佩巾。

就组成的谐声集合而言,不论是中古汉语的齿龈塞音 t-还是舌面塞擦音 tɕ-,跟中古汉语的齿龈塞擦音 ts-都有清晰的界线。但中古汉语的 B 组所组成的谐声集合却有数个中古汉语读齿龈塞擦音的谐声字,且大抵都是异读字。有趣的是,这几个谐声字中古汉语读齿龈送气塞擦音 tsh-或浊塞擦音 dz-。这几个异读字基本上是无意义差别的异读。看来,这几个谐声字应该是经师因方言差别而出现的异读。既然这几个谐声字的异读形式是齿龈送气塞擦音和浊塞擦音,那么其原有的语音形式应该是齿龈清擦音 s-和浊擦音 z-。

齝,丑之切,《广韵》:"牛吐食而复嚼也。"齝,书之切,《广韵》:"《说文》曰'吐而噍也'。"《尔雅》:"牛曰齝。"注:"食之已久复出嚼之。"《经典释文》:"齝,谢初其反,郭音笞。"之職蒸三部只有一个异读字"齝"齿龈塞音 th_3-跟舌面擦音 ɕ-对立。

苖,丑六切,《广韵》:"蓨也,又他六、徒历二切。""他六"就是"丑六",编撰者抄录前人反切时未予辨别。苖,徒历切,《广韵》:"苖蓨草。"《说文》："苗，蓨也。从艸由声。"《尔雅》："苗，蓨。"《经典释文》："苗，郭他六反，又徒的反。"蓨，他历切，《广韵》："苗蓨草。"《说文》："蓨，苗也，从艸脩声。""苗"和"蓨"是一对同族词。《论语·微子》："以杖荷蓧。"《经典释文》："蓧，徒弔反。"《说文》："莜，芸田器，从艸、攸省声。《论语》曰'以杖荷莜'。今作蓧。"《尔雅》："蓧，蓨。"《经典释文》："蓨，他的反。"依照上古汉语的构词规则，"苗"当音"徒历切"。

篨，丑居切，《广韵》："竹篾名也。"篨，同都切，"《尔雅》云'簢，篨中'，'言其中空，竹类'"。《尔雅》："簢，篨中。"《经典释文》："篨，郭音徒，又音摅，施音储。"《说文》："篨，折竹筤也，从竹余声，读若絮。"篨，商居切，《集韵》："篰篨，竹筤也。"魚鐸陽三部只有一个异读字"篨"齿龈塞音 th_3-跟舌面擦音 ɕ-对立。

褫，敕豸切，《广韵》："衣絮偏也。"褫，池尔切，《广韵》："夺衣，《易》曰'(以讼受服)终朝三褫之'。"褫，直离切，《广韵》："蓐衣，又曰褫毡。《说文》曰'夺衣也'。"《说文》："褫，夺衣也，从衣虒声，读若池。"《易·讼》："或锡之鞶带，终朝三褫之。"《经典释文》："褫，徐敕纸反，又直是反，本又作褫，音同。"支錫耕只有一个异读字"褫"齿龈塞音 th_3-跟舌面擦音 ɕ-对立，其余两者完全互补。

跇，丑例切，《广韵》："跳也，逾也。"跇，余制切，《广韵》："超逾。"跇，《说文》："越也(据段玉裁注改)。"《史记·乐书》："骋容与兮跇万里。"集解："孟康曰'跇音逝'，如淳曰'跇谓超逾也'。"索隐："邹诞生云'跇一作世，音跇'。"此外，《集韵》还收了"时制切"一个读音。跇，时制切，《集韵》："超逾也。"歌曷寒部"跇"一字跟舌面擦音 ɕ-对立。

箑，丑辄切，《广韵》："籥箑。"箑，与涉切，《广韵》："篇簿书箑。《说文》'籥也'。"《说文》："箑，籥也，从竹枼声。"朱骏声："字也可以葉为之，俗用页。"葉談部只有一个异读字"箑"齿龈塞音 th_3-跟舌面擦音 ɕ-对立，其余两者完全互补。

琛，丑林切，《广韵》："琛，宝也。"《说文》："琛，宝也，从玉，深省声。"琛，式针切，《集韵》："《尔雅》'宝也'，郭璞读。"《尔雅》："琛，宝也。"郭璞注："《诗》曰'来献其琛'。"《经典释文》："琛，勑金反；郭舒金反。"《诗经·泮水》："憬彼淮夷，来献其琛。"毛传："琛，宝也。"除了一个"琛"，緝侵部齿龈塞音 th_3-跟舌面擦音 ɕ-互补。

扶,丑栗切,《广韵》:“打也。”《说文》:“扶,笞击也,从手失声。”《左传·文公十年》:“无畏扶其仆以徇。”《经典释文》:“扶,耻乙反。”《左传·襄公十七年》:“而扶其不勉者。”《经典释文》:“扶,耻乙反。”扶,直质切,《集韵》:“击也。”

“扶”“琛”《广韵》只收录了齿龈塞音 th_3-一音,其余全是异读字。除了几个异读字,B 组齿龈塞音 th_3-跟舌面擦音 ɕ-互补,且两者可以异读。可以这么说,B 组中的齿龈送气清塞音 th_3-大部分是舌面擦音 ɕ-的变体,作为非标准语读音被兼收并蓄的《广韵》收录。这些字绝大部分都是不大见于文献的冷僻字。这说明跟舌面擦音 ɕ-匹配的是齿龈送气塞音 th_1-。上古汉语的齿龈擦音 s-跟松元音组合时塞化为中古汉语的齿龈送气清塞音 th-。如此,这些中古汉语齿龈送气清塞音 th_3-也应该是上古汉语齿龈擦音 s-的塞化,只是依照音变规则应该腭化为舌面擦音 ɕ-。因而这些齿龈送气清塞音 th_3-作为异读形式而存在。

上古汉语有插音/r/,而插音/r/自然可以和词根辅音 s-融合成 sr-辅音丛。我们在第七章已经讨论了词头 s-和词根辅音 r-融合成 sr-,而这个 sr-辅音丛后演变为卷舌擦音 ʂ-和齿龈塞音 th_3-。B 组齿龈塞音 th_3-上古读音可以构拟为 sr-,即颤音-r-阻隔了介音-i-,擦音 s-塞化为齿龈塞音 th-。就这些字的读音看,我们认为,除个别情况外,着实没必要增加一个标记。它们仅仅是舌面擦音 ɕ-的变异形式,擦音 *s-部分塞化为 th-,部分演变为 ɕ-。B 组齿龈浊塞音 d_3-不同,无论跟齿龈塞音 d_1-还是跟半元音 j-都对立。依照音系平行对称特征,上古汉语应该有跟 sr-辅音丛匹配的 zr-辅音丛。这个由词根辅音 z-和插音/r/融合成 zr-辅音丛的显然应该是齿龈塞音 d_3-。于是,同一谐声集合出现齿龈塞音 th_1-/d_1-和 th_3-/d_3-四个辅音声母。

澤,场伯切,《广韵》:“润泽,又恩也。”澤,《说文》:“光润也,从水睪声。”《诗经·载芟》:“载芟载柞,其耕澤澤。”马瑞辰:“澤、釋古通用。”《经典释文》:“澤澤,音釋釋。”正义:“《尔雅》作‘繹繹,生也’。”《尔雅》:“繹繹,生也。”《经典释文》:“繹,音亦”。《礼记·郊特牲》:“犹明、清与盏酒于旧澤之酒也。”注:“澤读为醳,旧醳之酒谓昔酒也。”《经典释文》："醳音亦，徐诗石反。"醳，羊益切，《广韵》："苦酒。"

雉，直几切，《广韵》："陈也。"《尔雅》："矢、雉、尸、荐，陈也。"《左传·昭公十七年》："五雉为五工正，利器用，正度量，夷民者也。"正义："雉者，夷也；夷，平也。"《汉书·扬雄传上》："列新雉于林薄。"颜师古注："雉、夷声相近。"

池，直离切，《广韵》："停水曰池，《广雅》曰'沼也'。"《说文》："池，有水曰池，无水曰隍。"《左传·桓公十二年》："公会杞侯、莒子，盟于曲池。"《公羊传·桓公十二年》："公会纪侯、莒子，盟于殴蛇。"《经典释文》："蛇音移，又音池，《左氏》作'曲池'。"《礼记·乐记》："咸池备矣。"注："池之言施也，言德之无施也。"

除，直鱼切，《广韵》："阶也，又去也。"《说文》："除，殿陛也，从𨸏余声。"此意义不见于先秦文献，其本义当是"除道"。《左传·庄公四年》："除道梁溠，营军临随。"《国语·周语中》："雨毕而除道，水涸而成梁。"《韩非子·说林下》："仇由之君大说，除道将内之。"后引申之为清除，扫除。《战国策·秦策一》："父母闻之，清宫除道。""除"是一个常用语词，司马迁《史记》无一例意义是许慎的"殿陛"，直至班固《汉书》，才有名词意义。《汉书·苏建传》："扶辇下除。"颜师古注："除谓门屏之间。"除，迟倨切，《广韵》："去也，见《诗》。"《诗经·小明》："昔我往矣，日月方除。"笺："四月为除。"《经典释文》："除，直虑反，如字。若依《尔雅》则宜余、舒二音。"《尔雅》："四月为余。"

齿龈浊塞音 d_3-跟半元音 j-、齿龈擦音 z-和舌面擦音 ʑ-的对立明显，但书面文献中前者往往可以用后者代替。同样的语音形式，不同的时间或不同的方言，语音形式也会出现差异。尽管汉字不是表音文字，还是会在文字的使用上反映出这种因时空不同而出现的语音差异。上古汉语的齿龈擦音 z-，或演变成齿龈塞音 d-，或腭化为舌面擦音 ʑ-，或保持齿龈擦音 z-。从书面文献中的文字替换使用情况看，起码上古汉语的齿龈擦音 s-/z-甚至在汉代某些地方仍然还没有塞化。因而可用擦音替换这些中古汉语已经塞化为齿龈塞音 d-的文字。

櫂，《说文》新附："所以进船也，从木翟声。或从卓，《史记》通用濯。”《释名》:“在旁拨水曰櫂。櫂,濯也,濯于水中也,且言使舟擢进也。”棹,直教切,《广韵》:“檝也;櫂,上同。”《诗经·竹竿》:“淇水滺滺,桧楫松舟。”传:“楫,所以櫂舟。”《诗经·棫朴》:“淠彼泾舟,烝徒楫之。”传:“楫,櫂也。”《经典释文》:“楫音接,櫂也,徐音集。《方言》云‘楫谓之桡,或谓之櫂。’《说文》云‘楫,舟櫂也’。”《方言》:“楫谓之桡,或谓之櫂,所以隐櫂谓之桨,所以县櫂谓之缉,所以刺船谓之槁。”

谐声集合里面,“卓”声符字属于中古汉语A类而“翟”声符属于B类。两者本没有谐声关系。由于出现了塞化,所以从“翟”的“櫂”也可以写成从“卓”声的“棹”。齿龈擦音s-/z-塞化为齿龈塞音后汉三国之前就已经发生。因而后汉三国时期用中古汉语的齿龈塞音B类对译梵语的齿龈塞音,详细情况见俞敏《后汉三国梵汉对音谱》。当主元音是松元音时,齿龈擦音s-/z-塞化为齿龈塞音th-/d-;当主元音是紧元音时,因受介音-i-的影响,齿龈擦音s-/z-腭化为舌面擦音ɕ-/ʑ。如此,我们可以确定某一音素阻隔了齿龈擦音s-/z-跟介音-i-直接接触而塞化为中古汉语的齿龈塞音th_3-/d_3-。

除,直鱼切,《广韵》:“去也。”《诗经·小明》:“昔我往矣,日月方除。”笺:“四月为除。”《尔雅》:“四月为余。”《经典释文》:“余,余、舒二音,孙作舒,李云‘余,舒也,万物生枝叶故曰舒也’。”《易·萃》:“君子以除戎器。”《经典释文》:“除,荀作虑。”

秩,直一切,《广韵》:“积也,次也,常也,序也。”秩,戈质切,《集韵》:“《尔雅》‘秩秩,海雉’。”《尔雅》:“秩秩,海雉。”《经典释文》:“秩秩,本又作‘失失’。谢持乙反,施音逸。”《说文》:“秩,积也,从禾失声,《诗》曰‘稸之秩秩’。”“稸之秩秩”毛《诗》作“积之栗栗”。《诗经·良耜》:“获之挃挃,积之栗栗。”传:“栗栗,众多也。”

治,直之切,《广韵》:“理也。”《尔雅》:“治,故也。”郝懿行:“治,通始。《孟子》云‘始,条理也’。孙奭音义云‘本亦作治,条理也’。”《战国策·齐策下》:“民人之治。”姚宏:“曾作始。”《书·无逸》:“无治民祗惧,不敢荒宁。”刘逢禄:“《汉石经》治作以。”《易·系辞》:“百官以治,万民以察。”《白虎通义·五经》:“《易》曰‘……百官以理,万民以察’。”

迟，直尼切，《广韵》："徐也，久也，缓也。"《匡谬正俗》卷八："迟即夷也。古迟夷通用。"《诗经·四牡》："四牡骓骓，周道倭迟。"《经典释文》："倭迟，韩《诗》作倭夷。"《广雅》："迟迟，长也。"王念孙："迟迟与夷夷同。"《史记·卫将军列传》："迟明，行二百余里，不得单于。"集解："徐广曰，迟一作黎。"索隐："诸本多作黎明。邹氏云'黎，迟也'。"《史记·高祖本纪》："黎明，围宛城三匝。"《汉书·高帝纪上》："迟明，围宛城三匝。"

杼，直吕切，又神与切，《广韵》："《说文》曰'机之持纬者'。"《说文》"序"字段注："古假杼为序。"《楚辞·惜诵》："发愤以杼情。"注："杼，一作舒。"《楚辞·哀时命》："杼中情而属诗。"注："杼，一作抒。"攄，《广韵》："舒也，丑居切。"《楚辞·悲回风》："据青冥而攄虹兮。"洪兴祖补曰："攄，舒也。"攄，字从"慮"声。

抽，丑鸠切，《广韵》："拔也，引也；搯，上同，见说文。"搯，《说文》："引也，从手留声。抽，籀文从由。"《诗经·楚茨》："楚楚者茨，言抽其棘。"传："抽，除也。"《经典释文》："抽，敕留反，徐直留反。"《诗经·斯干》："椓之橐橐。"笺："椓谓搯土也。"《经典释文》："搯，吕忱丈牛反，沈吕菊反，《说文》'音敕周反，引也，从手留声'。"

籀，直佑切，《广韵》："史籀，周宣王太史名。"籀，《说文》："读书也，从竹搯声。"

B 组齿龈塞音 th_3-/d_3-，跟齿龈塞音 th_1-/d_1-、齿龈擦音 s-/z-、舌面擦音 ɕ-/ʑ-共同组成一个谐声集合。除个别特例外，由这些辅音组成的谐声集合里面不能有边音 l-。然而，这些辅音尽管不能跟中古汉语的边音 l-共同组成一个谐声集合，但《广韵》读齿龈塞音 d_3-的文字却可以间或跟读边音 l-的文字相互替换。读成边音 l-的则是齿龈浊塞音 d_3-，而 B 组齿龈塞音 d-则不跟边音 l-组成异文关系。可见，B 组齿龈塞音 th_3-/d_3-跟边音 l-有某种关系。

A 组齿龈塞音中古汉语分齿龈塞音 th_1-/d_1-和齿龈塞音 th_3-/d_3-。两者上古汉语原本拥有相同的词根辅音声母 th-/d-。造成 A 组齿龈塞音 th-/d-中古汉语分为齿龈塞音 th_1-/d_1-和齿龈塞音 th_3-/d_3-的原因，是后者来自上古汉语齿龈塞音 th-/d-和插音/r/的融合。B 组齿龈

塞音 th_3-/d_3-上古汉语中原本是齿龈擦音 s-/z-,和齿龈塞音 th-/d-拥有共同的辅音特征"齿龈"。以齿龈擦音 s-/z-为声母的词根语素自然也可以附加插音/r/。中古汉语的齿龈音 th_3-跟边音 l_3-谐声是一条谐声规则。但跟边音 l_3-谐声的中古汉语的齿龈塞音 th_3-不再跟 t_3-/d_3-谐声。足见,这部分中古汉语齿龈塞音 th_3-是跟 t_3-/d_3-发音方法完全不同的辅音。前面已经讨论了,这部分 th_3-是由上古汉语的词头辅音 s-和词根辅音 r-融合演变过来的,即 s-r->sr->th_3-。我们也发现,个别本来跟边音 l-无关的齿龈塞音 th_3-出现一个以边音 l-为声符的异体字,如"搚"。搚,异读字也从"由"声或"秀"声,而"由""秀"声都是跟边音无关的谐声集合。不论是否跟边音有谐声关系,中古汉语都读齿龈塞音 th_3-。如此看来,这两个不同来源的 th_3-早在许慎之前就已经合流。因此,B 组齿龈塞音 th_3-/d_3-来自上古汉语带插音/r/的齿龈擦音 s-/z-。插音阻隔了齿龈擦音 s-/z-跟介音-i-接触,使得跟松元音组合的齿龈擦音 s-/z-一样塞化。

表 9.32　擦音 s-/z-中古演变表

	松元音	紧元音	紧元音	紧元音
s-/z-	th_1-/d_1-	th_3-/d_3-	ɕ-/ʑ-/j-	s-/z-

紧元音衍生出介音-i-,而介音-i-阻止了擦音的塞化,并致使齿龈擦音 s-/z-腭化为舌面擦音 ɕ-/ʑ-(>j-)。依据梵汉对译材料,俞敏(1984)认为中古的舌面擦音 ɕ-和半元音 j-后汉三国时期是舌面擦音 ɕ-/ʑ-,而舌面浊擦音 ʑ-进一步丧失辅音成分演变成中古汉语的半元音 j-。然而,也有部分齿龈擦音 s-/z-保持原有的语音形式而没有腭化为舌面擦音 ɕ-/ʑ-。带插音/l/或/r/的齿龈擦音 s-/z-,随着齿龈擦音的塞化演变成跟介音-i-组合的齿龈塞音 th_3-/d_3-。于是,同一组齿龈擦音 s-/z-中古汉语分裂为齿龈塞音 th_3-/d_3-、舌面擦音 ɕ-/ʑ-和齿龈擦音 s-/z-。因其词根辅音是齿龈擦音 s-/z-,上述三组辅音声母不跟中古汉语的边音 l-谐声。

第十章

舌面塞音和擦音

第一节　舌面塞音

齿龈塞擦音以及卷舌塞擦音，跟齿龈塞音、舌面塞擦音一般都不能组成谐声集合。某些被李方桂构拟为 st-的中古汉语齿龈清擦音，实际上就是我们先前分析过的跟中古汉语半元音 j-谐声的齿龈清擦音 s-，而这一类齿龈擦音不跟齿龈塞擦音谐声。这部分齿龈擦音 s-不能构拟为 st-，因为齿龈清擦音从不跟齿龈塞音 t-构成谐声关系。对此，我们前面已经讨论过，就不再重复了。被李方桂构拟为 sth-和 sd-的齿龈塞擦音 tsh-和 dz-例子罕少，仅仅是极其偶然的例外音变或本身就是声符分析上的错误。《说文》声符分析上的错误常见，而齿龈塞擦音也有数处因声符分析错误导致跟齿龈塞音接触，如“帝”从“朿”声。但这种错误可以利用谐声关系予以排除，如从“帝”声为 t-而从“朿”声为 ts-，两者在谐声中的界线十分清晰。

表 10.1　被误认为有谐声关系的声符表

声符	ts-	tsh-	dz-	tʂ-	tʂh-	dʐ-	t-	th-	d-	t_3-	th_3-	d_3-	tɕ-	tɕh-	dʑ-
朿	速	朿		責	策										
責	積	磧		責	齰	賾									
帝							帝	楴	蹄		揥				
啇							啇	摘	敵	摘		擿	適		
隹							碓	推	魋			椎	隹	推	誰

续 表

声符	ts-	tsh-	dz-	tʂ-	tʂh-	dʐ-	t-	th-	d-	t_3-	th_3-	d_3-	tɕ-	tɕh-	dʑ-
崔	摧	崔	摧			䜅									
尗	茮	戚													
戚	縬	戚		縬	䙘										
叔	椒		寂				督		蔋				琡	俶	淑

尗,式竹切,《广韵》:“豆也;菽,上同。”尗,《说文》:“豆也。”

叔,式竹切,《广韵》:“季父。”叔,《说文》:“拾也,从又尗声。”

由“尗”声组成的谐声集合和由“叔”声组成的集合之间有相当清晰的界线,前者为齿龈塞音 ts-系列而后者为齿龈塞音 t-系列,混淆的只有“椒”和“寂”两个字,而这两个字本也就从“尗”声。椒,即消切,《广韵》:“木名。茮,上同。”寂,前历切,《广韵》:“静也,安也。宊,上同;宗,亦同。”叔,见于甲骨文,是会意字,从“尗”声是误解。

中古汉语齿龈塞音、唇塞音、软腭塞音和齿龈塞擦音彼此之间的界线十分清晰。中古汉语齿龈塞擦音既不跟齿龈塞音谐声,也不跟唇塞音或软腭塞音谐声,是一个相当独立的辅音系列。因此,根据谐声关系,我们可以断定中古汉语的齿龈塞擦音是一组独立的辅音。孙宏开(1999)认为原始藏缅语甚至原始汉藏语没有齿龈塞擦音①。不过,这一观点并没有得到太多学者的支持。齿龈塞音是语言语音系统所必备的一组辅音,而齿龈塞擦音则不一定是一种语言所必须有的辅音,如侗台语。梁敏、张均如(1996)认为原始侗台语没有齿龈塞擦音。一种语言有齿龈塞擦音则一定有齿龈塞音,有齿龈塞音则未必一定有齿龈塞擦音。诚然,即便是藏缅语族、侗台语

① 孙宏开,1999,《原始汉藏语的复辅音问题》,《民族语文》,第 6 期。

族都没有塞擦音，也不能因此认为上古汉语就没有塞擦音。因为即使是从同一原始母语分化出现的亲属语言，也不意味着两者有共同的语音系统。两种语言之所以能成为独立的亲属语言就在于各自有创新。我们或许可以说，汉语从汉藏语分裂出来之后独立创制出一套齿龈塞擦音。这跟汉语的亲属语言没有齿龈塞擦音并不矛盾。齿龈塞擦音跟齿龈塞音固然界线清晰，并不等于两者完全没有接触。

戴，都代切，《广韵》："荷戴。"戴，《说文》："分物得增益曰戴，从異𢦏声。"《左传·隐公十年》："宋人、蔡人、卫人伐戴，郑伯代取之。"《经典释文》："戴，音再，《字林》作戴。"《穀梁传·隐公十年》："宋人、蔡人、卫人伐载，郑伯伐取之。"《经典释文》："载，如字，或作戴。"《尔雅》："鵖鴔，戴鵀。"注："今亦呼为戴胜。"《经典释文》："戴，音带，注同；本亦作载。"《庄子·庚桑楚》："昭，景也；著，戴也。"《经典释文》："戴，本亦作载。"

汉语一些南方方言，齿龈塞擦音往往演变成了齿龈塞音，如海南闽语、广西平话等。齿龈塞擦音在越南语中读齿龈塞音，侗台语族的临高语、黎语、仫佬语等也读齿龈塞音。齿龈塞擦音演变成齿龈塞音，藏缅语族语言中也存在，如缅语支的波拉语等。这种音变也广泛见于南岛语系语言。齿龈塞音演变成齿龈塞擦音则相对罕见。当然，通过多次反复演变也可以实现由齿龈塞音到齿龈塞擦音的转变，如中古汉语的齿龈塞音 t_3-，现代汉语的许多方言就读齿龈塞擦音。因而个别齿龈塞擦音读齿龈塞音可解释为方言因素。齿龈塞音不大会演变成齿龈塞擦音，而舌面塞擦音或卷舌塞擦音却常常会演变成齿龈塞擦音，或者反过来：中古汉语的齿龈塞擦音，其中相当一部分在现代汉语标准语中演变成了舌面塞擦音，而舌面塞擦音在闽语、吴语方言中则是演变成了齿龈塞擦音。中古汉语的卷舌塞擦音，相当一部分演变成现代汉语的齿龈塞擦音，吴语方言中则大抵演变成了齿龈塞擦音或舌面塞擦音。

表 10.2　舌面塞擦音广西白话对应表

词	南宁	钦州	百色	梧州	玉林	木乐	梧州	廉州	邕宁	中古汉语
止	tsi³	tsi³	tsi³	tɕi³	tɕi³	tɕi³	tɕi³	tʃi³	tʃi³	tɕieᴮ
址	tsi³	tsi³	tsi³	tɕi³	tɕi³	tɕi³	tɕi³	tʃi³	tʃi³	tɕieᴮ
齿	tshi³	tshi³	tshi³	tɕhi³	tɕhi³	tɕhi³	tɕhi³	tʃhi³	tʃhi³	tɕhieᴮ

上表材料来自《粤语平话土话方音词汇》(陈海伦、林亦,2009)。

中古汉语的舌面塞擦音 tɕ-/tɕh/dʑ-,在广西不同地方的土语中,可以是齿龈塞擦音,也可以是舌叶塞擦音或舌面塞擦音。汉语以及相关语言中不同类型的塞擦音或擦音交互演变较为常见。依照谐声关系本应该属于舌面塞擦音 tɕ-/tɕh/dʑ-,《广韵》也有读齿龈塞擦音的个别事例;相反,也有本应该读齿龈塞擦音的却读成舌面塞擦音 tɕ-/tɕh-/dʑ-的。

表 10.3　章组与精组异读表

萗	之少切	《广韵》:萗子草。	昨焦切	《广韵》:草名。
趄	充夜切	《广韵》:怒也,一曰牵也。	迁谢切	《广韵》:趄脚立也。
譂	尺绢切	《广韵》:相让也。	七绢切	《广韵》:相责。
芍	市若切	《广韵》:芍药。	七雀切	《广韵》:陂名,在寿春。
鼩	之若切	《广韵》:鼠属。	即略切	《广韵》:鼠似兔而小也。
鲭	诸盈切	《广韵》:煮鱼煎食曰五侯鲭。	仓经切	《广韵》:鱼名。
竁	尺绢切	《广韵》:穿也。	此芮切	《广韵》:葬穿圹也。

跟塞音稍微有些不同,不同类型的塞擦音之间极容易出现转换。齿龈塞擦音容易转换为舌面塞擦音,而舌面塞擦音也容易转换为齿龈塞擦音。这一语音现象现代汉语方言常见,而藏缅语族等也是如此。上述这些事例应该是方言因素。显然,《广韵》搜集的材料本身就不单

纯。不过，齿龈塞擦音或卷舌塞擦音跟舌面塞擦音之间的界线《广韵》里面依然是十分清晰的。就汉藏语音关系而言，藏语的齿龈塞音跟中古汉语的齿龈塞音和舌面塞擦音对应，而舌面塞擦音跟中古汉语的齿龈塞擦音或齿龈擦音对应：

表 10.4　齿龈塞擦音藏语对应表一

措	仓故切	《说文》：置也。	tɕhags-pa	居住、附着
作	臧路切	《说文》：起也。	tɕhags-pa	发生、形成
浆	即良切	《说文》：酢浆也。	tɕhaŋ	酒、一种饮料
渐	慈染切	《广韵》：渐次也。	tɕham	缓缓
徂	昨胡切	《说文》：往也。	tɕhas-pa	走、去、往
豵	子红切	《尔雅》：小者谓之豵。	tɕhuŋ	小
宰	作亥切	《广韵》：冢宰。	tɕhe	大，超过一般
足	即玉切	《吕览・义赏》注：犹餍也。	tɕhog-pa	足、够、满足
绝	情雪切	《广雅》：断也。	tɕhod-pa	隔开、断绝、阻断
即	子力切	《说文》：就也。	m-tɕhi-ba	走、去、前往
笺	则前切	《说文》：表识书也。	m-tɕhan	注文、注解
津	将邻切	《说文》：液也。	m-tɕhil-ma	口水、津液、唾液
姊	将己切	《说文》：女兄也。	m-tɕhed-mo	姊妹、姐妹
枪	七羊切	《庄子・逍遥游》：枪榆枋。	m-tɕhoŋ-ba	跳、跃、跳窜
祭	子例切	《说文》：祀也。	m-tɕhod-pa	祭祀、供奉
瑳	七何切	《说文》：玉色鲜白。	m-tɕhor	华丽、华美
藉	秦昔切	《荀子・王霸》注：践也。	ɦ-tɕhag-pa	踩、践
将	即良切	《荀子・成相》注：持也。	ɦ-tɕhaŋ-ba	掌握、把持、执持
劈	子悦切	《广雅》：断物也。	ɦ-tɕhad-pa	断、绝

续　表

咀	子与切	《说文》：含味也。	ɦ-tɕhaɦ-ba	咀嚼、咬吃
残	昨干切	《说文》：贼也。	ɦ-tɕhal-ba	违犯、败坏
抄	楚交切	《广韵》：略也。	ɦ-tɕhu-ba	劫掠、夺去
遵	将伦切	《广韵》：循也，率也。	ɦ-tɕhun-pa	驯服、顺从人意
挤	祖稽切	《说文》：排也。	ɦ-tɕhir-ba	压榨、挤
裁	昨代切	《广雅》：制也。	ɦ-tɕheg-pa	劈、剖开、裁切
蹉	七何切	《说文》新附：蹉跎也。	ɦ-tɕhor-ba	失、失落、散失
訾	即移切	《方言》：何也。	dʑi	如何、什么
赞	则旰切	《说文》：见也。	m-dʑal-ba	拜会、晋见、晋谒
藉	秦昔切	《说文》：祭藉也。	ɦ-dʑag-ma	茅草
纤	息廉切	《说文》：细也。	ɦ-dʑam-po	细腻、光滑、柔软
沮	慈吕切	《礼记・儒行》注：谓恐怖之也。	ɦ-dʑaɦ-ba	畏葸、败坏、残废
铨	此缘切	《说文》：衡也。	ɦ-dʑal-ba	计量、衡量、测定
诠	此缘切	《说文》：具也。	ɦ-dʑal-ba	评比、分析、观察
蚤	子皓切	《说文》：啮人跳虫。	ɦ-dʑu	跳蚤
操	七刀切	《说文》：持也。	ɦ-dʑu-ba	擒、拉、抓住
摧	昨回切	《说文》：挤也。	ɦ-dʑur-ba	追讯、惩治、制裁
摧	昨回切	《尔雅》：至也。	ɦ-dʑur-ba	到达
措	仓故切	《说文》：置也。	ɦ-dʑog-pa	放置、放下、陈列
措	仓故切	《尚书・微子》注：错废也。	ɦ-dʑog-pa	抛弃、丢开
歼	子廉切	《尔雅》：尽也。	ɦ-dʑom-pa	灭除、摧毁、抢劫

上表藏语材料来自《藏汉大辞典》(张怡荪，1999)。

中古汉语的齿龈塞擦音或擦音跟藏语的舌面塞擦音对应极其整

齐,且藏语的舌面塞擦音一般也只跟中古汉语的齿龈塞擦音对应。藏语的软腭塞音和唇塞音都可以跟半元音-j-组合,而齿龈塞音和齿龈塞擦音则不能跟半元音-j-组合。再者,藏语有一个中缀/j/,而这个中缀也应该插在以齿龈塞音或齿龈塞擦音起首的语词中。因而根据内部拟构法,龚煌城(2004)认为藏语的舌面塞擦音来自跟半元音-j-组合的齿龈塞音和齿龈塞擦音。齿龈塞音和齿龈塞擦音跟半元音-j-组合时演变成舌面塞擦音是极其常见的音变现象。中古汉语的齿龈塞擦音,除了跟藏语的舌面塞擦音对应外,也跟藏语的齿龈塞擦音对应:

表 10.5 齿龈塞擦音藏语对应表二

子	即里切	《广韵》:子息也。	tsha-bo	侄、侄儿、孙子
错	仓各切	《说文》:金涂也。	tshag	浮雕花纹
仓	七刚切	《说文》:谷藏也。	tshaŋ	家、寓所、巢穴
漆	亲吉切	《说文》:木汁,可以髹物。	tshi-ba	树脂、胶汁
节	子结切	《说文》:竹节也。	tshigs	节、间隙、关节
济	子计切	《左传·桓公十一年》注:益也。	tshis	助益、帮助
茨	疾资切	《尔雅》:蒺藜也。	tsher-ma	刺、荆棘
族	昨木切	《国语·齐语》:工立三族。	tshogs	集团、团体
作	则落切	《广雅》:为也。	m-tshag	做作、为
瑳	千可切	《说文》:玉色鲜也。	m-tshar-ba	美丽、鲜明、神奇
次	七四切	《广雅》:舍也。	m-tsher	暂住地、寄宿处
枪	七羊切	《庄子·逍遥游》:我决起而飞,枪榆枋。	ɦ-tshaŋ-ba	挤进、钻
捷	疾葉切	《吕氏春秋·贵卒》注:疾也。	ɦ-tshab-pa	急忙、匆忙
餐	七安切	《广雅》:食也。	ɦ-tshal-ba	吃
挤	祖稽切	《说文》:排也。	ɦ-tshir-ba	压榨、挤出

续 表

灾	祖才切	《说文》：害也。	ɦ-tshe-ba	损害、妨害、伤害
裁	昨代切	《广韵》：裂也。	ɦ-tsheg-pa	劈开、纵面破开
咨	即夷切	《尔雅》：嗟也。	ɦ-tsher-ba	鸣、叫、嘶
族	昨木切	《尔雅·释木》注：聚也。	ɦ-tshog-pa	集会、聚集、积累

上表藏语材料来自《藏汉大辞典》(张怡荪,1999)。

中古汉语的齿龈塞擦音跟藏语的齿龈塞擦音对应也相当整齐，且藏语的齿龈塞擦音一般也只能跟中古汉语的齿龈塞擦音对应。藏语的齿龈塞擦音，假如跟前高元音 i 或半元音-j-组合时会演变成舌面塞擦音，如 ɦ-tshir→ɦ-tɕhir“挤”。这跟中古汉语齿龈塞擦音跟前高元音 i 或介音-i-组合时演变成舌面塞擦音相同。除了前高元音 i，现代汉语的舌面塞擦音不能直接跟元音组合，只能由介音-i- 参与才能跟元音组合。这主要是因为现代汉语的舌面塞擦音是由软腭塞音和齿龈塞擦音腭化而来。不过汉语的一些方言中，舌面塞擦音可以跟元音组合而不需要介音-i-的参与。藏语的软腭塞音固然可以出现在半元音-j-前，但软腭塞音跟半元音-j-组合时也会演变成舌面塞擦音，如 gjes-ba、ɦdʑes-ba“分开”，skjon-pa“使骑、使载上”、ʑon-pa“乘坐、乘骑”、b-ʑon-ba“供乘骑的牲畜”。藏语的舌面塞擦音来自齿龈塞音或齿龈塞擦音和半元音-j-的融合，不像汉语现在那样仍然保留介音-i-。

表 10.6　软腭音 k-侗台语对应表

词义	龙州壮语	傣拉话	侗南方言	仫佬语	水语	佯僙语	锦语	莫语	拉珈语
吃	kin^{1}	tsi^{1}	ȶaːn^{1}	tsaːn^{1}	tsje^{1}	tsjeːn^{1}	siːn^{1}	ɕiːn^{6}	tsen^{1}
捡	kip^{7}	tsep^{7}	ȶəp^{7}	tsəp^{7}	tsup^{7}	tsəp^{7}	səp^{7}	ȶəp^{7}	cep^{7}
八哥	keːu^{5}		ȶiu^{5}	tsiu^{5}	tsiu^{5}				cɛːu^{1}

续　表

词义	龙州壮语	傣拉话	侗南方言	仫佬语	水语	佯僙语	锦语	莫语	拉珈语
树枝	kəːŋ^{5}		ȶiŋ^{5}		tsiŋ				tshɛ̃^{5}
双	ku^{6}	ku^{6}	ȶu^{6}	tsau^{6}	tsau^{6}	tsau^{6}	sau^{6}	sau^{6}	
低头	kam^{3}	kam^{3}	ȶam^{3}		tsam^{3}	tsam^{3}	kəm^{3}	kəm^{3}	
坑	khum^{1}	khum^{1}	ȶəm^{2}	tsəm^{2}	tsəm^{2}	tsəm^{2}	kəm^{2}	kəm^{2}	kum^{2}

上表材料来自《侗台语族概论》(梁敏、张均如，1996)。

原始侗台语极可能确实如梁敏、张均如所说那样，没有齿龈塞擦音。通过侗台语族诸语言的比较，我们可以看出侗台语的软腭塞音演变成了侗水语支一些语言的齿龈塞擦音。台语支的傣拉话也有这种音变。就侗台语的语音演变来看，软腭塞音经过舌面塞音 ȶ-再演变成齿龈塞擦音或擦音。曾晓渝(2004)也认为水语的齿龈塞擦音来自古水语的舌面塞音 ȶ-/ȡ-。

表 10.7　傣拉 ts-台语支语言对应表

词义	傣拉话	布依语	武鸣壮语	柳江壮语	龙州壮语	邕宁壮语	泰语	版纳傣语
稻秧	tsa^{3}	tɕa^{3}	kja^{3}	kja^{3}	kja^{3}	kla^{3}	kla^{3}	ka^{3}
鼓	tsoŋ^{1}	tɕoŋ^{1}	kjoːŋ^{1}	kjoːŋ^{1}	kjoːŋ^{1}	kloːŋ^{1}	kloːŋ^{2}	kɔŋ^{1}
鱼鳞	tsat^{7}	tɕɛt^{7}			kit^{7}		klet^{7}	ket^{7}
中间	tsaːŋ^{1}	tɕaːŋ^{1}	kjaːŋ^{1}	kjaːŋ^{1}	kjaːŋ^{1}	klaːŋ^{1}	klaːŋ^{2}	kaːŋ^{1}
斗笠	tsop^{7}	tɕop^{7}	kjap^{7}	kjap^{7}	kjup^{7}	klap^{7}		kup^{7}
去年	tsaːi^{1}		kjaːi^{1}	kjaːi^{1}	kjaːi^{1}	klaːi^{1}	klaːi^{1}	

上表材料来自《侗台语族概论》(梁敏、张均如，1996)。

侗台语的 kl-，傣语失落边音-l-变成 k-，壮语一些方言演变成 kr-/kɣ-/kj-；布依语演变成舌面塞擦音 tɕ-，而傣拉话则演变成齿龈塞擦音

ts-。根据侗台语的语音演变规则,傣拉话的齿龈塞擦音应该来自早期的舌面塞音 ȶ-＜kj-＜kl-。我们前面已经讨论过:中古汉语的舌面塞擦音也是由上古汉语的齿龈塞音或软腭塞音经过舌面塞音再演变成舌面塞擦音。因而那些本来自软腭塞音的舌面塞音在汉代文献中或可以用本读齿龈塞音的文字来代替。

金理新(2002)认为中古汉语的齿龈塞擦音来自上古汉语的舌面音,写作 *tj-/*thj-/*dj-。中古汉语的齿龈塞擦音是一个相对封闭的辅音系列。齿龈塞擦音组合的谐声集合,既没有齿龈塞音,也没有唇塞音和软腭塞音,只有齿龈塞擦音。齿龈塞擦音总是跟齿龈塞擦音紧紧聚在一起。不过,偶尔也有个别软腭塞音掺杂在齿龈塞擦音谐声集合中。

表 10.8 齿龈塞擦音与软腭音谐声表

	ts_1	tsh_1	dz_1	ts_3	tsh_3	dz_3	tʂ	tʂh	dʐ	k_1	kh_1	$ɣ_1$	k_2	kh_2	$ɣ_2$	k_3	kh_3	g
自						自										洎		洎
井				井		穽						刑	耕					
酋				遒	緧	酋										猶		

上古汉语的紧元音 i,会衍生出一个摩擦程度较强的介音-j-,而这个介音-j-致使软腭塞音腭化而演变成了中古汉语的舌面塞擦音。因而上古汉语主元音为前高元音 i 的韵部会出现软腭音和舌面音共存的现象,详见第十一章。上面已经提到,舌面塞擦音《广韵》也会偶尔读成齿龈塞擦音。但上述谐声只有软腭塞音和齿龈塞擦音而没有舌面塞擦音。可见,上述几个谐声系列中的齿龈塞擦音更早的时候是舌面塞擦音。藏语声母为 kj-的语词跟声母为 j-的语词可以组成同族词。诚然,中古汉语齿龈塞擦音跟软腭塞音组成一个谐声集合只是偶尔的例外。这偶尔的例外正说明中古汉语个别齿龈塞擦音是由软腭塞音演变过来的。

酋,自秋切,《广韵》:"长也,《说文》曰'绎酒也',《礼》有大酋,掌酒官也。"《礼记·月令》:"乃命大酋:秫稻必齐,曲蘖必时,湛炽必絜,水泉必香，陶器必良，火齐必得，兼用六物；大酋监之，毋有差贷。”郑注：“酒孰曰酋。大酋者，酒官之长也。”“酋”和“酒”是同族词。以“酋”为声符的谐声集合，多有读半元音 j-的字，如“猶”。猶，《说文》：“玃属，从犬酋声。”猶，居佑切，《广韵》：“《尔雅》云‘猶，如麂，善登木’。”猶，余救切，《广韵》：“兽似麂，善登。”《尔雅》：“猶，如麂，善登木。”《经典释文》：“猶，羊周、羊救二反。”

养，余两切，《广韵》：“育也。”养，《说文》：“供养也。”《左传·文公十八年》：“如孝子之养父母也。”将，《广雅》：“养也。”《诗经·四牡》：“王事靡盬，不遑将父……王事靡盬，不遑将母。”传：“将，养也。”《诗经·桑柔》：“国步蔑资，天不我将。”笺：“将，犹养也。”汉语的“养”或“将”对应藏语 skjoŋ-ba“抚养、饲养、养育”。

软腭音 k-和半元音-j-组成的辅音丛 kj-变成了中古汉语的齿龈塞音 ts-。这跟前面已经列举的侗台语齿龈塞擦音 ts-产生的线路一致，即辅音丛 kj-演变成舌面塞音 ȶ-，再由舌面塞音 ȶ-演变成舌面塞擦音 tɕ-，而后由舌面塞擦音 tɕ-转换成齿龈塞擦音 ts-；或者直接由舌面塞音 ȶ-演变成齿龈塞擦音 ts-。中古汉语的舌面塞擦音 tɕ-是由上古汉语的齿龈塞音 t-和软腭塞音 k-演变而来。就两汉时期文献文字的使用情况来看，齿龈塞音 t-和软腭塞音 k-先经过舌面塞音 ȶ-，再演变成舌面塞擦音 tɕ-。语言中具有音位价值的辅音一般都处于相对平衡的状态之中。假如一个辅音发生演变，必然引起相关辅音的连锁演变。中古汉语的舌面音演变成了卷舌音，于是中古汉语原有的齿龈音或软腭音演变成舌面音来填补演变之后留下的空位。我们认为，中古汉语齿龈塞音、舌面塞擦音和齿龈塞擦音应该是语音链条的三个不同的元素。其中，齿龈塞擦音应该是最早发生演变的一组辅音。

表 10.9　齿龈塞擦音藏语对应表

曹	昨劳切	《广韵》：众也，群也。	khju	群
促	七玉切	《广韵》：迫也。	khjug-pa	迅速、敏捷、急促

续 表

全	疾缘切	《广韵》:完也,具也。	khjon	全部、总数
帀	子答切	《广韵》:遍也,周也。	khjab-pa	遍满、周延、遍及
将	即良切	《广雅》:养也。	s-kjoŋ-ba	抚养、饲养、养育
徂	昨胡切	《广韵》:往也。	s-kja-ba	移居、迁徙、迁往
组	则古切	《广韵》:组绶。	s-kja-ma	股、缕
资	即夷切	《广韵》:货也,助也。	s-kji-ba	借贷
滋	子之切	《广韵》:藩也。	s-kje-ba	生、生出
子	即里切	《六书故》:男子之通称。	s-kjes-pa	丈夫、男人
荐	作甸切	《广韵》:进也。	s-kjel-ba	送往、输送
佐	则个切	《广韵》:助也。	s-kjor-ba	搀扶、支撑、帮助
骤	锄祐切	《广韵》:马疾步也,奔也。	d-kju-ba	驰骋、催马奔驰
祲	子心切	《广韵》:日傍气也。	ɦ-khjims	光环、圆环、晕
走	则候切	《释名》:疾趋曰走。	ɦ-khjus-pa	逃走、逃跑
仄	阻力切	《广韵》:倾也,不正也。	ɦ-khjog-pa	偏、歪、不正

上表藏语材料来自《藏汉大辞典》(张怡荪,1999)。

中古汉语的齿龈塞擦音可以跟藏语带半元音-j-的软腭塞音 k-对应,但不能跟不带半元音-j-的软腭塞音 k-对应。就汉藏语音对应而言,跟藏语 kj-对应的是中古汉语的齿龈塞擦音而不是软腭塞音。这跟齿龈塞擦音偶尔跟软腭塞音谐声一致。能跟软腭塞音谐声的,要么主元音是前高元音-i,要么同声符谐声集合中有半元音 j-。从上古到中古,只要是这两种语音条件下的软腭塞音就可以腭化为舌面音,而其他语音条件下的软腭塞音中古汉语仍然是软腭塞音。我们从这些个案中可以推知中古汉语的齿龈塞擦音更早的时候是舌面音。

表 10.10 排湾语 ts-南岛语对应表

词义	排湾语	鲁凯语	阿美语	雅美语	布农语	赛夏语	邵语	卑南语
眼睛	matsa	matsa	mata	mata	mata	masaʔ	maθa	maʈa
头虱	ʔutsu	kutsu	kutu	kutu	kutu	kosoʔ	kuθu	kuʈu
死	matsai	ʔatsai	mapatai		matai	masai	maθai	minaʈai
杀		papatsai	patai		mapatai			pinaʈai
粪便	tsaqi	tsaki	taʔi		taki	sæʔiʔ	θaqi	ʈaʔi
熊	tsumai	tsumai	tumai		tumai	somai	θumai	ʈumai

上表材料来自《台湾高山族语言》(陈康,1992)。

原始南岛语的齿龈塞音 t 和卷舌塞音 ʈ,在台湾许多南岛语系语言中已经合并,而排湾语、鲁凯语、卑南语仍保持原有的对立。其中卷舌塞音在排湾语、鲁凯语中演变成了齿龈塞擦音,只有卑南语保持南岛语原有的对立。原始侗台语的齿龈塞音和卷舌塞音,侗台语的许多语言已经合并为齿龈塞音。但原始侗台语的卷舌塞音,侗水语支语言一般读带半元音 j-的齿龈塞音,跟原有的齿龈塞音保持一定程度上的对立。南岛语的卷舌辅音演变成齿龈塞擦音,而侗台语则是舌面塞音演变成了齿龈塞擦音。前面提到,汉语的齿龈塞擦音藏语并非只有一种对应关系,其中大量的是跟藏语的舌面塞擦音对应。但在谐声时代,这两种不同来源的辅音声母已经合并,我们已无法根据谐声把它们分开。中古汉语的齿龈塞擦音在晚期借词中,侗台语一般读塞擦音,但早期借词则读塞音:

表 10.11 齿龈塞擦音侗台语对应表

词义	水语	侗北方言	侗南方言	仫佬语[1]	莫语	锦语	佯僙语	拉珈语	汉语
烧	taːu^{3}		taːu^{3}	taːu^{3}	taːu^{3}	taːu^{3}	taːu^{3}	tiu^{4}	燥
祖父	ta^{1}		ta^{1}		ta^{1}	ta^{1}		ta^{5}	祖

[1] 仫佬语的读音是因为保留了原始第一音节的读音造成的。

续　表

词义	水语	侗北方言	侗南方言	仫佬语	莫语	锦语	佯僙语	拉珈语	汉语
踩	tan^{4}							tan^{4}	践
缝	tip^{7}			kəp^{7}	tip^{9}	tip^{7}	tip^{7}	cap^{7}	缉
聚		teu^{5}	tu^{1}				təu^{1}		凑
青苔	ndau^{1}	təu^{1}	tau^{1}	lau^{2}	dau^{1}	dau^{1}	lau^{1}		藻
矮	ndam^{5}	təm^{5}	tham^{5}	hɣam^{5}	djam^{5}	dam^{5}	ram^{5}		侵
泡	ndaːm^{5}				djaːm^{5}	daːm^{5}	laːm^{5}		浸
蒸(饭)	ndaːu^{3}				djaːu^{3}	daːu^{6}	laːu^{3}		炒

上表侗台语材料来自《侗台语族概论》(梁敏、张均如,1996)。

侗台语确实有一些语言把汉语的齿龈塞擦音读成齿龈塞音,如仫佬语。不过,那些晚期借词通过诸语言的比较可以清晰地辨别。上述语词侗台语一般读齿龈塞音,甚至读内爆音。侗台语有卷舌塞音,但侗台语不用卷舌塞音对应汉语的齿龈塞擦音,而用齿龈塞音对应汉语的齿龈塞擦音。这说明如果汉藏语有卷舌塞音,那么这个卷舌塞音在汉语中已经消失了。上面已经提到,中古汉语齿龈塞擦音是一个相对封闭的谐声集合。这个谐声集合只是间或跟中古汉语的半元音 j-或软腭音接触。根据前面的分析,我们认为中古汉语的齿龈塞擦音 ts-来自上古汉语的舌面塞音 ȶ-,而舌面塞音 ȶ-后来又演变成了齿龈塞擦音 ts-。

酉,与久切,《广韵》:“就也,首也。”《说文》:“酉,就也。八月黍成,可为酎酒。象古文酉之形。”甲骨文像酒壶之形,为“酒”的本字。酒,子酉切,《广韵》:“酒醴。”《说文》:“酒,就也,所以就人性之善恶。从水从酉,酉亦声。”酒,金文只作“酉”。《毛公鼎》:“毋敢沉于酉。”《诗经·叔于田》:“叔于狩,巷无饮酒。”

依照辅音清浊交替的谐声原则,“酉”应该是跟“酒”相对的浊辅音声母。幽部有韵跟齿龈清塞擦音 ts-相对的齿龈浊塞擦音 dz-无字,齿龈浊擦音 z-也无字，而只有半元音 j-。可见，这些从“酉”声的半元音 j-原本应该是齿龈浊塞擦音 dz-，即 dz-＞z-＞j-。这样才能解释它们之间的谐声关系。齿龈浊塞擦音 dz-《广韵》归入半元音 j-只是例外音变。齿龈塞擦音和舌面塞擦音有极其清晰的界线，但两者偶尔也会发生关系。

叡，虽遂切，《广韵》：“楚人谓卜问吉凶曰叡”；之芮切，《广韵》：“卜问吉凶。”

潨，藏宗切，《广韵》：“小水入大水也”；徂红切，《广韵》：“水会也”；职戎切，《广韵》：“小水入大水”。《说文》：“潨，小水入大水曰潨。从水从众。《诗》曰‘凫鹥在潨’。”《诗经·凫鹥》：“凫鹥在潨，公尸来燕来宗。”传：“潨，水会也。”《经典释文》：“潨，在公反。”众，之仲切，《广韵》：“多也，三人为众。”

埽，苏老切，《广韵》：“埽除。”帚，之九切，《广韵》：“少康作箕帚。”

七，亲吉切，《广韵》：“数也。”叱，昌栗切，《广韵》：“呵叱也。”

酒，子酉切，《广韵》：“酒醴。”醜，昌九切，《广韵》：“类也，穷也。”

醜，昌九切，《广韵》：“类也，穷也。”《说文》：“醜，可恶也，从鬼酉声。”

从“酉”声有齿龈塞擦音，如“酒”。这是舌面塞擦音和齿龈塞擦音之间发生的谐声关系。《诗经·墙有茨》：“所可道也，言之醜也。”安大简作“言之猷也”。《说文》：“猶，玃属，从犬酋声。一曰陇西谓犬子为猷。”《说文》：“酋，绎酒也。从酉水半见于上。《礼》有大酋，掌酒官也。”《礼记·月令》：“乃命大酋，秫稻必齐。”注：“酒孰曰酋，大酋者，酒官之长也。”《经典释文》：“酋，子由反，又在由反。”《诗经·吉日》：“升彼大阜，从其群醜。”笺：“醜，众也。”《诗经·泮水》：“顺彼长道，屈此群醜。”传：“醜，众也。”曹，昨劳切，《广韵》：“辈也，众也，群也。”《诗经·公刘》：“乃造其曹。”传：“曹，群也。”《韩非子·外储说右上》：“吾曹何爱不为公？”“醜”和“曹”是一对同族词。幽部上声有韵齿龈送气塞擦音无字，“醜”正好填补这个空缺。如此看来，“醜”原本应该归齿龈送气塞擦音 tsh-，却例外归入了舌面送气塞擦音 tɕh-。

第二节　舌面塞音卷舌化

黄侃(1923)依据少量的谐声事例,提出照二(莊)归精说。此后,陆志韦(1947)也持此说。董同龢(1948)通过对《广韵》莊组声韵分布情况的考察,发现莊组二等和三等互补。董同龢认为这两类莊组上古汉语实际上是同一类,都来自莊组二等。莊组和精组的关系近似知组和端组的关系,即精组一等和三等与莊组二等的关系。然而,莊组跟知组又有明显的不同:精组和莊组《广韵》反切上字分别清晰,而稍早的《经典释文》两者也大体不混。可见,莊组早就已经跟精组分离:精组为齿龈音而莊组为卷舌音。

表 10.12　齿龈塞音、舌面塞擦音与卷舌音异读表

矗	丑六切	《广韵》:直也。	初六切	《广韵》:直貌。
煠	丑辄切	《广韵》:爚煠。	士洽切	《广韵》:汤煠。
擉	敕角切	《广韵》:司马彪注《庄子》云"擉鳖刺鳖"。	测角切	《广韵》:司马彪注《庄子》云"擉鳖刺鳖"。
茁	征笔切	《广韵》:草芽也。	邹滑切	《广韵》:草初生。
惴	之睡切	《广韵》:忧心也。		
揣	初委切	《广韵》:度也。		
炪	职悦切	《广韵》:短也。	侧律切	《广韵》:吴人呼短。
敱	昌兖切	《广韵》:揣也。	初委切	《广韵》:试也。
汋	市若切	《广韵》:灂汋。	士角切	《广韵》:无水为灂汋。
醆	旨善切	《广韵》:杯。	阻限切	《广韵》:酒浊微清。
琖	阻限切	《广韵》:玉琖,小杯。		
唽	叱涉切	《广韵》:多口。	楚洽切	《广韵》:口唽。

不论是中古汉语的齿龈塞音还是舌面塞擦音，它们跟齿龈塞擦音或卷舌塞擦音都有着极其清晰的谐声界线。然而《广韵》也收录了一些齿龈塞音或舌面塞擦音和卷舌塞擦音异读的事例。中古汉语齿龈塞音 t-和 t_3-就音位而言并没有差别，但音质已经有所不同。依据梵汉对译，中古汉语的齿龈塞音 t_3-邵荣芬等构拟为舌面塞音 ȶ-。依照舌面塞擦音 tɕ-的演变路线，中古汉语的齿龈塞音 t_3-先演变成舌面塞音 ȶ-，再演变成舌面塞音 tɕ-，跟原有的舌面塞擦音 tɕ-合流。随着舌面塞擦音的卷舌化，中古汉语的齿龈塞音 t_3-、舌面塞擦音 tɕ-跟卷舌塞擦音 tʂ-合并。我们从《广韵》中偶尔出现的齿龈塞音和卷舌塞擦音异读也可以看出起码某些方言齿龈塞音已经开始向卷舌塞擦音演变。诚然，《广韵》中也有本应该读舌面塞擦音的而误读成了卷舌塞擦音 tʂ-的情况，比如因反切上字讹误而使卷舌塞擦音和舌面塞擦音混淆，如“真”，《广韵》“侧邻切”。不过，这种讹误是很有规则的，即舌面塞擦音误成卷舌塞擦音。推，《广韵》：“排也，叉佳切，又汤回切。”沈兼士等已经校正，其反切上字“叉”是“尺”的讹误。这种讹误也可能显示出汉语舌面塞擦音向卷舌塞擦音的演变，因为中古汉语的舌面塞擦音后来在北方方言演变成卷舌塞擦音。剔除个别的异读或者讹误，卷舌塞擦音 tʂ-跟齿龈塞音 t_3-以及舌面塞擦音 tɕ-在《广韵》中有十分清晰的界线。

中古汉语的软腭塞音与前高元音 i 或介音-i-搭配时腭化为舌面塞擦音，齿龈塞擦音也有近似的情况，只是与单元音 i 韵母搭配时改变韵母为舌尖元音 ɿ，如“资”等。然而中古汉语已有一套舌面塞擦音，为了避免与原有的舌面塞擦音混淆，舌面塞擦音演变成了卷舌塞擦音。这样又导致原有的卷舌塞擦音变成了齿龈塞擦音，如“责”等。但这种演变并不彻底，只有一小部分词演变为齿龈塞擦音。于是，中古汉语的齿龈塞音 t_3-、舌面塞擦音 tɕ-、卷舌塞擦音 tʂ-合并为卷舌塞擦音 tʂ-，尽管某些语音条件下韵母仍保持对立。可以这么说，舌面塞擦音卷舌化是语音链移的结果。中古汉语的卷舌塞擦音与齿龈塞擦音谐声，两者共同组成一个封闭的谐声集合。这个谐声集合中只有卷舌塞擦音和齿龈塞擦音。

表 10.13　卷舌塞擦音谐声表

	ts_1-	tsh_1-	dz_1-	ts_3-	tsh_3-	dz_3-	$tʂ_2$-	$tʂh_2$-	$dʐ_2$-	$tʂ_3$-	$tʂh_3$-	$dʐ_3$-
宗	宗		琮						淙			崇
且	祖	粗	徂	且	且	咀	樝		查	阻		鋤
災	災									甾	輜	
秋				湫	秋	湫				甃	醔	愁
朁	簪	朁	蠶	䣟	䣟	潛				簪		䅟
韱				殲	籤			懺				
宰	宰			梓						滓		
足		趗		足	促		捉	娖	浞			
祭		蔡		祭	擦		祭	察				
最	最	撮	蕞					嘬				
即	節		[illegible]	即		揤				櫛		
叟				叟							叟	溲
則	則		賊							側	測	萴
咠				咠	咠	輯				戢		霵
囱	總	囱						窗				
爿	戕		藏	將	鏘	牆				壯		狀
青		青		精	清	情	綪	崝				
倉		倉			槍			鎗	傖	創		
此		玼		紫	此	疵			柴	批		
取	陬	取	鯫	陬	取	聚				陬	菆	驟
朿	績			積	朿	漬	責	策	賾			
齊	濟	齌	齊	齍		齊	齋		儕			

续 表

	ts_1-	tsh_1-	dz_1-	ts_3-	tsh_3-	dz_3-	$tʂ_2$-	$tʂh_2$-	$dʐ_2$-	$tʂ_3$-	$tʂh_3$-	$dʐ_3$-
才	載		才	鼒		𢦏			豺	茬		
秦	轃					秦				臻		
造[i]		造	造								簉	
戔			戔	箋	淺	賤	盞	剗	棧			
蚤	蚤	慅					瑵					
朿	鋉		鋉	姊						朿		
争						静	争	峥	峥			
爪							爪					
斬			槧	漸	塹	慚	斬	摲	獑			
仄										仄		
夨							夨					
差		磋	瘥	嗟		髊	溠	差			差[ii]	
芻					趨			謅		鄒	芻	雛
叉								叉				
楚											楚[iii]	
册								册				
臿							偛	臿				
巢	藻			勦			罺	䜈	巢			

[i] 造,《说文》:“就也,从辵告声,谭长说:‘造,上士也’;艁,古文造从舟。”造,见于金文,不从告声。

[ii] 差,楚宜切,《广韵》:“次也,不齐等也。”差,楚佳切,《广韵》:“差殊,又不齐。”差,楚皆切,《广韵》:“简也。”差,楚牙切,《广韵》:“择也,又差舛也。”差,楚懈切,《广韵》:“病除也。”

[iii] 楚,本从林从日,会意,后讹变为从疋。

续　表

	ts_1-	tsh_1-	dz_1-	ts_3-	tsh_3-	dz_3-	$tʂ_2$-	$tʂh_2$-	$dʐ_2$-	$tʂ_3$-	$tʂh_3$-	$dʐ_3$-
毚			纔[1]			嚵		攙	毚			
士												士
乍	作		昨				迮		乍			
丵	鑿		鑿						丵			
札							札					
巽				僎	譔							撰

[1] 纔,锄咸切,《集韵》:"《说文》'帛雀头色,一曰微黑色,如绀;纔,浅也'。"《说文》:"纔,帛雀头色。一曰微黑色,如绀。纔,浅也。读若讒(锄咸切)。从糸毚声。"纔,昨哉切,《广韵》:"仅也。"《汉书·爰盎晁错传》:"远县纔至。"注:"李奇曰'纔音裁'。师古曰'纔,浅也,犹言仅至'。"

除了个别声符,中古汉语的卷舌塞擦音总是跟齿龈塞擦音共同组成谐声集合。依照谐声关系,中古汉语的卷舌塞擦音不能从齿龈塞擦音中独立而单独构拟一个辅音。学界对中古汉语的卷舌塞擦音和齿龈塞擦音上古汉语为同一组声母的看法一致。中古汉语的齿龈塞擦音可以跟一等韵组合,而卷舌塞擦音只能跟二等或三等韵组合。可见,中古汉语的卷舌塞擦音是有标记的辅音。卷舌塞擦音固然更早的时候跟齿龈塞擦音是同一组声母,但是两者很早的时候就应该已经分离。据梵汉对译材料,俞敏(1984)认为后汉三国时期就已经有卷舌塞擦音 tʂ-。如此看来,起码后汉三国时期齿龈塞擦音已经产生,并且一部分演变成了卷舌塞擦音。

表 10.14　齿龈塞擦音与卷舌塞擦音异读表

祭	侧界切	周大夫邑名,又姓。	子例切	享也,祀也。
郰	侧鸠切	一曰隅也。	子于切	郰隅。
緅	侧鸠切	青赤色也。	子句切	青赤色。

续　表

棷	侧鸠切	薪之别名。	子于切	击也。
鲰	仕垢切	鱼名。	七逾切	浅鲰。
鏨	士咸切	小凿。	慈染切	小凿名。
葃	士革切	茹菜。	秦昔切	茹草。
苴	锄加切	《诗》传云“水中浮草也”。	子与切	履中草。
沮	侧鱼切	人姓。	七余切	止也，非也。
批	侧氏切	拳加人也。	将此切	捽也。
跐	侧氏切	蹈也。	将此切	行貌。
觜	士佳切	积也，《诗》云“助我举觜”。	疾智切	《说文》“积也”。
眦	士懈切	睚眦。	疾智切	目眥。
梫	楚簪切	梫，桂木，花白也。	子心切	木名。
骎	楚簪切	马行疾貌。	七林切	马行疾也。
摐	楚江切	打钟鼓也。	七恭切	打也。
锹	楚江切	短矛也。	七恭切	短矛。
跧	阻顽切	跧伏。		
跧	庄缘切	屈也，伏也，蹴也。	将伦切	蹩也。
晗	庄缘切	目眇视也。	疾缘切	目眇视。
恮	庄缘切	曲卷也。	此缘切	谨貌。
畟	初力切	畟畟，陈器状。	子力切	
檝	阻立切	舟檝。	即葉切	舟檝。
毳	楚税切	细毛。	此芮切	细毛也。
嚵	楚鉴切	试人食。	慈染切	小食。

续 表

勦	锄交切	轻捷也。		子小切	劳也。
僎	士免切	具也,数也,持也。		七恋切	具也。
譔	士免切	专教也。		七恋切	具也。
撰	雏鲩切	撰述。		此缘切	善言。
馔	雏鲩切	盘馔。		七恋切	《说文》曰"具食也"。
郰	侧鸠切	一曰隅也。		子侯切	隅也。
緅	侧鸠切	青赤色也。		子侯切	青赤色也。
棷	侧鸠切	薪之别名。		子侯切	薪别名。
鯫	仕垢切	鱼名。		徂钩切	鱼名。
淙	士江切	水流貌。		藏宗切	水声。
鬃	士江切	髻高貌。		藏宗切	高髻。
鏦	士江切	罂也,出《方言》。		藏宗切	罂属。
掫	侧九切	持物相着。		子侯切	夜戒守有所击也。
赼	楚皆切	起去也。		仓才切	《说文》曰"疑之等赼而去也"。
菑	侧持切	《说文》曰"不耕田也"。		祖才切	《说文》曰"害也"。
鏨	士咸切	小凿。		昨甘切	小凿。
簪	作含切			侧吟切	《说文》曰"首笄也"。
䁟	初八切	视䁟。		七计切	视也。
察	初八切	监察也,谛也。		千结切	《说文》曰"言微亲詧也"。
囱	楚江切	《说文》曰"在屋曰囱"。		仓红切	灶突。
滄	初亮切	沧,寒也。	滄	七冈切	寒貌。
			滄	七冈切	沧浪。
绪	侧茎切	《礼》云"齐则绪结佩"。		仓甸切	青赤色。

齿龈塞擦音容易演变成卷舌塞擦音，而卷舌塞擦音也容易演变成齿龈塞擦音。这种交互演变汉语方言常见。谐声系统里面，中古汉语的卷舌塞擦音跟齿龈塞擦音共同组成一个谐声集合。《广韵》搜罗了许多齿龈塞擦音和卷舌塞擦音之间交替构成的无意义差别的异读，尤其是跟介音-i-组合的塞擦音。这些《广韵》声母为卷舌塞擦音的字，相当一部分有齿龈塞擦音异读，而且是无意义差别的异读。

爪，侧绞切，《广韵》："《说文》曰'手足甲也'。"《诗经·祈父》："予王之爪牙。"《庄子·德充符》："不爪翦，不穿耳。"也可用"蚤"字。《墨子·天志下》："是以差论蚤牙之士。"《礼记·曲礼下》："不蚤鬋。"注："蚤读为爪。"《荀子·大略》："争利如蚤甲，而丧其掌。"杨注："蚤与爪同。"《管子·地数》："吾谨逃其蚤牙。"《淮南子·时则训》："鹰隼蚤挚。"《说文》："蚤，啮人跳虫，从蚰叉声。叉，古爪字。"蚤，子晧切，《广韵》："啮人跳虫。"《庄子·秋水》："鸱鸺夜撮蚤，察毫末。"《韩非子·说林上》："亦将视子犹蚤虱也。"

用"蚤"记录"爪"先秦文献很普遍。"蚤"可以纪录"蚤""早"和"爪"三个语词，前两个《广韵》音"子晧切"而后一个音"侧绞切"。不过两者之间的语音关系与《广韵》所搜罗的卷舌塞擦音和齿龈塞擦音之间无意义差别的异读关系相同。

中古汉语的齿龈塞音 t_3-/th_3-/d_3-北方汉语演变成卷舌塞擦音，舌面塞擦音也演变成卷舌塞擦音。于是，三个不同来源的辅音合并为卷舌塞擦音。舌面塞擦音 tɕ-，《切韵》用舌面塞擦音"职"作反切上字，而《广韵》多处用卷舌塞擦音"侧"作反切上字，如"真"(侧邻切)。这种混淆也可能是语音演变两者合并的结果。《广韵》的卷舌塞擦音是一组有语音条件限制的辅音声母。依照语音关系以及异读情况，应该可以确定的是：中古汉语齿龈塞擦音渐渐演变成中古汉语卷舌塞擦音，而不是相反。这一点，学者的看法一致。汉语标准语的卷舌塞擦音有一个特点是对前高元音 i 排异。中古汉语的舌面塞擦音(包括擦音)变成卷舌塞擦音时摈弃前高元音 i 以及腭介音-i-。比如陽韵-iaŋ，跟齿龈塞擦音 ts-搭配时现在是 tɕiaŋ,而跟舌面塞擦音搭配时现在是 tʂaŋ。因而原本同一韵母因和卷舌塞擦音组合而韵书的编撰者独立一韵,如臻韵。卷舌音二等、三等互补,原本为同一组。董同龢认为原本是二等,我们认为这些二等字原本是三等,只是因卷舌音对前高元音 i 排异而抛弃了介音-i-。众所周知,同样的语音条件,不同的方言演变不一定相同。依据无意义差别的异读,可以看出某些汉语方言已经把其中部分齿龈塞擦音读成了卷舌塞擦音。紧元音在一些方言中仅仅增生了介音-i-,而另一些方言中不仅有介音-i-,而且由齿龈塞擦音演变成了卷舌塞擦音。

阻,侧吕切,《广韵》:"隔也,忧也。"阻,《说文》:"险也,从阜且声。"《诗经·殷武》:"罙入其阻,裒荆之旅。"《经典释文》:"阻,庄吕反,险也。"《诗经·雄雉》:"我之怀矣,自诒伊阻。"传:"阻,难也。"《左传·成公十三年》:"逾越险阻。"《左传·闵公二年》:"狂夫阻之。"注:"阻,疑也。"《经典释文》:"阻之:庄吕反,疑也。"

沮,慈吕切,《广韵》:"止也。"沮,七余切,《广韵》:"止也,非也。"《左传·宣公十七年》:"左右或沮之。"注:"沮,止也。"《经典释文》:"沮,在吕反,注同。"《左传·襄公二十七年》:"何以沮劝。"《经典释文》:"沮,在吕反。"《诗经·巧言》:"君子如怒,乱庶遄沮。"《经典释文》:"沮,辞吕反,止也。"《诗经·云汉》:"旱既大甚,则不可沮。"《经典释文》:"沮,在吕反。"《礼记·儒行》:"沮之以兵。"《经典释文》:"沮,在吕反。"

沮,《说文》:"水,出汉中房陵,东入江。从水且声。"沮,《广韵》共有五音,读音复杂。沮,七余切,《广韵》:"止也,非也。又水名,在房陵,所谓沮漳,亦云漆沮。"《诗经·吉日》:"漆沮之从,天子之所。"《经典释文》:"沮,七徐反。"《诗经·潜》:"猗与漆沮,潜有多鱼。"《经典释文》:"沮,七徐反。"沮,慈吕切,《广韵》:"止也。"《诗经·小旻》:"何日斯沮。"笺:"沮,止也。"《经典释文》:"沮,在吕反。"沮,将预切,《广韵》:"沮洳。"《诗经·汾沮洳》:"彼汾沮洳,言采其莫。"《经典释文》:"沮音子预反,洳音如预反。"沮,子鱼切,《广韵》:"虏复姓,有沮渠氏,其先世为匈奴左沮渠,遂以官为氏。"沮,侧鱼切,《广韵》:"人姓。"很显然,卷舌音是"名从主人"的特殊读音。"阻"和"沮"是同族词。依据辅音清浊交替的形态构词规则,"阻"的声母应该是跟"沮"相对的清辅音。《广韵》語韵除了两个异读字,并没有与"阻"对立的齿龈塞擦音。可见,"阻"读卷舌塞擦音 tʂ-是齿龈塞擦音 ts-音变的结果,如同标准语应该读卷舌音 tʂ-却读齿龈塞擦音 ts-。

魚部有齿龈塞擦音,也有卷舌塞擦音。然而,两者有明显的互补关系,比如齿龈浊擦音 dz-和卷舌浊擦音 dʐ-。依据汉语语音演变关系,我们可以说,相当一部分卷舌塞擦音原本应该是齿龈塞擦音。上古汉语的齿龈塞音 t-受介音-i-影响演变成舌面塞音 ȶ-,再由舌面塞音演变成舌面塞擦音 tɕ-。这势必跟来自舌面塞音 ȶ-的舌面塞擦音 tɕ-合并,于是推动舌面塞擦音 tɕ-演变成齿龈塞擦音 ts-或卷舌塞擦音 tʂ-,保持原有的对立。如同中古汉语卷舌塞擦音的演变,现代汉语标准语分裂为卷舌塞擦音和齿龈塞擦音,依照音变规则,它们原本也应该读齿龈塞擦音 ts-。其中,跟介音-i-搭配时,部分演变成了卷舌塞擦音 tʂ-。

戢,阻立切,《广韵》:"敛也。"《说文》:"戢,藏兵也,从戈咠声。"《诗经·时迈》:"载戢干戈,载櫜弓矢。"传:"戢,聚。"《经典释文》:"戢,侧立反。"《诗经·白华》:"鸳鸯在梁,戢其左翼。"笺:"戢,敛也。"辑,秦入切,《广韵》:"和也。"《韩非子·说林下》:"雨十日,甲辑而兵聚,吴人必至。"《左传·宣公十二年》:"而卒乘辑睦,事不奸矣。"《经典释文》:"辑音集,又七入反。"《左传·定公四年》:"辑其分族。"《经典释文》:"辑,音集,又七入反。"缉,七入切,《广韵》:"绩也。"《管子·事语》:"女勤于缉绩徽织。"《国语·晋语八》:"端刑法,缉训典,国无奸民,后之人可则。"葺,七入切,《广韵》:"修补。"葺,子入切,《广韵》:"茨也。"《左传·襄公三十一年》:"缮完葺墙。"《经典释文》:"葺,侵入反,徐音集,一音子入反,谓以草覆墙。"《左传·昭公二十三年》:"必葺其墙屋。"注:"葺,补治也。"《经典释文》:"葺,七入反。"

当然,我们不能认为中古汉语齿龈塞擦音和卷舌塞擦音全都只是音位的变体,两者也是对立的辅音音位。中古汉语的齿龈塞擦音可以跟一等/三等/四等韵组合,如同中古汉语的齿龈塞音 t_1-/th_1-/d_1-以及舌面塞擦音 tɕ-/tɕh-/dʑ-。卷舌塞擦音同齿龈塞音 t_3-/th_3-/d_3-一样,都只能跟二等/三等韵组合。齿龈塞音 t_3-/th_3-/d_3-尽管可以分别跟二等/三等韵组合,但是两者分布上基本上处于互补状态。卷舌塞擦音 tʂ-/tʂh-/dʐ-也是如此,大部分跟三等韵组合,小部分跟二等韵组合。同样,两者音节分布上并不对立,处于互补状态。

不论是依据《切韵》还是稍早时期的《经典释文》,卷舌塞擦音 tʂ-/tʂh-/dʐ-的反切上字已经跟齿龈塞擦音 ts-/tsh-/dz-的反切上字完全不同。如此看来,卷舌塞擦音 tʂ-/tʂh-/dʐ-早就已经跟齿龈塞擦音 ts-/tsh-/dz-分离。依据梵汉对译材料,俞敏(1984)认为后汉三国时期已经有卷舌塞擦音,且用中古汉语的卷舌塞擦音 tʂh-对译梵文的 kṣ-,用卷舌擦音 ʂ-对译梵文的 ṣ-。依据后汉三国时期的梵汉对译材料,我们可以知道中古汉语的舌面塞擦音 tɕ-/tɕh-/dʑ-已经跟齿龈塞音分离,而且卷舌塞擦音也已经产生。由此,我们可以推知齿龈塞擦音也已经产生。

塞擦音一旦产生,不同类型的塞擦音之间会出现较为自由的转换。这一点在现代汉语诸方言中能清楚地看到。各种塞擦音之间不仅可以相互转换,甚至可以在相同的方言中实现循环演变。齿龈塞擦音 ts-/tsh-/dz-可以跟一等韵/三等韵/四等韵组合。中古汉语的卷舌塞擦音既可以跟二等韵组合,也可以跟三等韵组合。韵图的制作者把卷舌塞擦音 tʂ-/tʂh-/dʐ-只排在第二行而不排在第三行,是在第三行已经被齿龈塞擦音 ts-/tsh-/dz-占据后所做出的巧妙安排。这种情况跟中古汉语的齿龈塞音 t_3-/th_3-/d_3-的组合情况相同,而跟舌面塞音 tɕ-/tɕh-/dʑ-的组合情况不同。前面已经列举《广韵》中舌面塞擦音跟卷舌塞擦音无意义差别异读的例子,而舌面塞擦音现代汉语中为卷舌塞擦音。上一节我们已经讨论了中古汉语的齿龈塞擦音 ts-/tsh-/dz-上古汉语为舌面塞音 ȶ-/ȶh-/ȡ-,后变成舌面塞擦音 tɕ-/tɕh-/dʑ-。如此,中古汉语的卷舌塞擦音 tʂ-/tʂh-/dʐ-相当一部分来自上古汉语跟紧元音组合的舌面塞音。正因如此,卷舌塞擦音 tʂ-/tʂh-/dʐ-和齿龈塞擦音 ts_3-/tsh_3-/dz_3-有明显互补的一面。不过,卷舌塞擦音 tʂ-/tʂh-/dʐ-跟齿龈塞擦音 ts_3-/tsh_3-/dz_3-对立的地方也很明显,应该有分化的语音条件。这个导致齿龈塞擦音 ts-/tsh-/dz-一分为二的语音条件，就是插音/r/或/l/。

漦，俟甾切，《广韵》："涎沫也。"《尔雅》："漦，盉也。"《史记·周本纪》："卜请其漦而藏之。"集解引韦昭："漦，龙所吐沫。"《国语·郑语》："卜请其漦而藏之。"注："漦，龙所吐沫，龙之精气也。"漦，陵之切，《集韵》："《尔雅》'盉也'。"

事，鉏吏切，《广韵》："使也，立也，由也。"事，甲骨文从史从又，金文与吏、使为一字。《荀子·正名》："不事而自然谓之性。"注："事，任使也。"《汉书·高帝纪》："皆复其身及户，勿事。"颜师古注引如淳："事，谓役使也。"事，《广韵》："事刃，又作剚、倳，侧吏切。"《汉书·蒯通传》颜师古注引李奇："东方人以物插地中为事。"

士，鉏里切，《广韵》："《说文》曰'事也'。"《荀子·致士》："当，然后士其刑赏而还与之。"注："士当为事，行也。"《左传·僖公二十八年》："士荣为大士。"注："大士，治狱官也。"大士，即大理。《周礼·秋官·司寇》郑注："《春秋传》曰'士荣为大理'。"

岑，鉏针切，《广韵》："山小而高。"《说文》："岑，山小而高，从山今声。"《孟子·告子下》："方寸之木可使高于岑楼。"注："岑楼，山之锐岭者。"《水经注》："城之东北有楚武王冢，民谓之楚王琴。"山，瑶语罗香 kem^{31}、三江 $kleŋ^{55}$、览金 $kiːm^{22}$、江底 $tɕiːm^{21}$，苗瑶共同语 griːm。苗瑶语 griːm"山"的语音形式正对应汉语"岑"。

卷舌塞擦音 tʂ-一般不跟软腭塞音 k-共同组成谐声集合。"岑"为卷舌塞擦音 dʐ-应该属于上古汉语辅音丛 kr-的例外音变①。此外，《广韵》中只跟之韵字组合的卷舌浊擦音 ʐ-也应该是由上古汉语的辅音丛 Cr-例外演变而来。藏缅语族语言中，不仅是由软腭音组成的辅音丛 kr-会演变成卷舌塞擦音，就是由唇音组成的辅音丛 pr-也会演变成卷

① 扱，楚洽切，《广韵》："取也，获也，举也，引也，《说文》'收也'。"扱，《说文》："收也，从手及声。"《广雅》："扱，插也。"《礼记·内则》郑注："揷，犹扱也。"《经典释文》："扱，本又作捷，又作插，初洽反，徐采协反。"《集韵·葉韵》："扱，或作插。""扱"音"楚洽切"为"插"的训读。扱，本音当为"吸"。《礼记·曲礼》："以箕自乡而扱之。"郑注："扱读曰吸。"《经典释文》："扱，许急反，敛也。"

舌塞擦音。这一点在羌语支语言中表现得非常清楚。

表 10.15　辅音丛 cr-藏缅语对应表

词义	藏语	道孚语	缅语	木雅语	却域语	扎坝语	景颇语	阿昌语
白的		phru	phru	tʂhø^{33}	ptʂho^{53}	ptʂhi^{55}	phʒo^{31}	phʐo^{55}
断		phrɛ	prat	ndʐuɐ^{53}		ptʂi^{55}		pʐat^{55}
弄断		phrɛ	phrat	tʂhuɐ^{53}		tʂhe^{5}		phʐat^{55}
解开	phral	phrə		ʂtʂhɛ^{33}	tʂha^{55}			
牛皮绳	ɦbreŋ	brə		ndʐuə̱^{53}	ptʂɛ^{13}	ptʂi^{55}		
骨头	rus	ra	rɯ	rə^{55}	rə^{55}	ʐə^{55}	ʒa^{33}	ʐau^{31}

上表藏缅语材料来自《藏缅语族语言词汇》(黄布凡,1992)。

藏缅语族语言的辅音丛 Cr-羌语支语言演变成卷舌塞擦音。其演变过程一般是-r-先演变成卷舌浊擦音 ʐ-,再依据词首辅音的发音方法由卷舌擦音 ʐ-演变成卷舌塞擦音 tʂ-/tʂh-/dʐ-,如阿昌语的 phʐo^{55}“弄断”。辅音丛 Cr-卷舌化也出现在怒苏语中。侗台语族语言辅音丛 Cr-的演变过程跟藏缅语族羌语支语言辅音丛 Cr-的演变过程很不同,是接近缅语支语言辅音丛 Cr-的演变。侗台语族语言的辅音丛 Cr-的演变过程,一般是先把位于辅音和元音之间的颤音-r-先演变成半元音-ɣ-或者腭介音-j-,最后失落或使 C-腭化为舌面音。汉语的情况接近侗台语。因而软腭音或唇音跟颤音-r-组合时,中古汉语一般仍然是软腭音或唇音。但这不等于颤音-r-在汉语中没有卷舌化功能,如前面所举的例子,显然是卷舌化的结果。

表 10.16　辅音丛 Cr-藏(缅)语对应表

词义	藏语	墨脱门巴语	道孚语	扎坝语	天峻话	夏河话	巴塘话	拉萨话
船	gru	dʐu	qrə	ptʂʅ^{33}	tʂə	tʂə	tʂu^{231}	tʂhu^{13}
直	draŋ		dʐoŋ	tʂu^{33}	tʂaŋ	tʂaŋ		tʂhaŋ^{15}

续　表

词义	藏语	墨脱门巴语	道孚语	扎坝语	天峻话	夏河话	巴塘话	拉萨话
岩石	brag	braʔ	rdza	vʐa³³	ptʂak	tʂak	tʂɑ¹³	tʂhaʔ¹³
写	bri	bry	vra	ʐʌ⁵⁵	mdʐə	ndʐə	tʂi²³¹	tʂhi¹³
升	bre	bre		tʂɿ⁵⁵		tʂe	tʂe²³¹	tʂhe¹³

上表藏缅语材料来自《藏缅语族语言词汇》(黄布凡,1992)。

就藏缅语族来看,腭化与半元音 j 或高元音 i 有关,卷舌化与颤音 r 有关。这种卷舌化现象广泛发生在藏缅语族语言里面。齿龈塞擦音 ts-/tsh-/dz-不论是跟一等韵组合还是跟三等韵组合依然是齿龈塞擦音 ts-/tsh-/dz-。中古汉语的卷舌塞擦音 tʂ-/tʂh-/dʐ-已实现从齿龈塞擦音到卷舌塞擦音的演变。李方桂将中古汉语的卷舌塞擦音 tʂ-/tʂh-/dʐ-的上古汉语读音构拟为带介音-r-的齿龈塞擦音,就是考虑了颤音 r 的卷舌化功能,这看来是符合上古汉语的实际的。

筝,侧茎切,《广韵》:"乐器,秦蒙恬所造。"
琤,楚耕切,《广韵》:"玉声。"
铮,楚耕切,《广韵》:"金声。"

经师倾向用开口度比较大的元音去描摹声音,而汉语一直偏好用塞流模式的音节结构去描摹,诸如噼里啪啦等。"筝"显然是一个依照声音命名的语词。李斯《谏逐客书》:"夫击瓮叩缶弹筝搏髀,而歌呼呜呜快耳者,真秦之声也。"这也支持了齿龈塞擦音和卷舌塞擦音分离是由于后者多了一个颤音/r/。就性质而言,这个致使齿龈塞擦音卷舌化的颤音/r/是一个插音。

朿,七赐切,《广韵》:"木芒。"《说文》:"茦,莿也,从艸朿声。"刺,七赐切,《广韵》:"针刺。"《汉书·霍光金日磾传》:"若有芒刺在背。"莿,七赐切,《广韵》:"草木针也。"《方言》:"凡草木刺人,北燕朝鲜之间谓之茦。"策,楚革切,《广韵》:"又马棰也。"《论语·雍也》:"将入门,策其马。"《左传·哀公十一年》:“抽矢策其马。”《经典释文》:“策,初革反,本或作筴。”也为名词。《左传·文公十三年》:“绕朝赠之以策。”注:“策,马杖。”

齊,徂奚切,《广韵》:“整也,中也,庄也,好也,等也。”《说文》:“齊,禾麦吐穗上平也,象形。”《论语·里仁》:“见贤思齊焉,见不贤而内自省也。”《礼记·祭统》:“及时将祭,君子乃齊。齊之为言齊也。齊不齊,以致齊者也。”《经典释文》:“乃齊,侧皆反,本又作齋。下不齊、齊者同,言齊也、齊不齊,并如字。”后字作齋。《说文》:“齋,戒洁也。从示,齊省声。”齋,侧皆切,《广韵》:“齋洁也,亦庄也,敬也,经典通用齊也。”《释名》:“期曰齋,齋,齊也。”《礼记·郊特牲》:“玄冕齋戒,鬼神阴阳也。”

作,则落切,《广韵》:“为也,起也,始也,生也。”《诗经·采薇》:“采薇采薇,薇亦作止。”传:“作,生也。”作,臧祚切,《广韵》:“造也。”《诗经·节南山》:“家父作诵,以究王讻。”《论语·学而》:“不好犯上,而好作乱者,未之有也。”詐,侧驾切,《广韵》:“伪也。”《说文》:“詐,欺也。从言乍声。”(《说文》:“伪,詐也。”)《尔雅》:“詐,伪也。”《经典释文》:“詐,侧驾反。”“作”与“詐”跟“为”与“伪”相平行。《论语·子罕》:“由之行詐也,无臣而为有臣。”《经典释文》:“詐,侧嫁反。”

中古汉语的卷舌塞擦音 tʂ-/tʂh-/dʐ-跟齿龈塞擦音 ts-/tsh-/dz-共同组成一个谐声集合,彼此不能分离。这说明中古汉语的卷舌塞擦音 tʂ-/tʂh-/dʐ-和齿龈塞擦音 ts-/tsh-/dz-原拥有共同的词根声母,即舌面塞音 ȶ-/ȶh-/ȡ-。那么,上古汉语只能是词头或中缀(插音)导致舌面塞音 ȶ-/ȶh-/ȡ-中古汉语分化为齿龈塞擦音 ts-/tsh-/dz-和卷舌塞擦音 tʂ-/tʂh-/dʐ-。白保罗(1984)构拟的藏缅语中有分布相当广泛的 r-词头。这个词头在藏缅语大部分语言中已经失落了。

表 10.17　词头 r-藏缅语对应表

词义	藏语	道孚语	却域语	扎坝语	天峻话	夏河话	巴塘话	拉萨话
根	rtsa	ʂtsa	ʂtse^{55}	ʂta^{55}	rtsa	htsa	tsa^{55}	tsa^{55}
脉	rtsa	ʂtsa	ʂtse^{55}	ʂta^{55}	rtsa	htsa	tsa^{55}	tsa^{55}

续　表

词义	藏语	道孚语	却域语	扎坝语	天峻话	夏河话	巴塘话	拉萨话
算	rtsi	ʂtsi	ʂtsi^{55}	ʂtsə^{55}	rtsi	htsi	tsi^{53}	tsi^{53}
马	rta				rta	hta	ta^{53}	ta^{53}
偷	rku	skə	ʂkɯ^{55}	ʂku^{55}	rkə	hkə	ku^{53}	ku^{53}
耳	rna	ȵə	rȵi^{55}	ȵʌ^{33}	rna	hna	na^{55}	
尾	rŋa	rŋa	rnə^{13}	ʂȵʌ^{55}	rŋa	hŋa	ŋa^{55}	ŋa^{53}

上表藏缅语材料来自《藏缅语族语言词汇》(黄布凡,1992)。

前置辅音 r-在藏缅语中普遍的演变规则是失落,而对基辅音的影响不是特别明显,比如藏语拉萨方言。这跟后置辅音-r-致使基辅音卷舌化完全不同。前面已经提到,上古汉语的 Cr-辅音丛偶尔也会卷舌化为卷舌塞擦音。上古汉语有词头 s-和词根辅音 r-融合成的辅音丛 sr-,后演变成中古汉语的卷舌擦音 ʂ-。上古汉语有插音 /l/ 和 /r/。这两个插音理所当然也可以插在声母为舌面塞音 ȶ-/ȶh-/ȡ-的词根语素中构成新词,详见金理新(2021)。前面已经提到,莊组跟二等韵、三等韵搭配的中古汉语都是卷舌塞擦音。如此,可以确定导致上古汉语舌面塞音 ȶ-/ȶh-/ȡ-卷舌化为卷舌塞擦音 tʂ-/tʂh-/dʐ-的是插音 /l/ 和 /r/。如同侗台语,这两个插音后合并成一个 /r/。软腭塞音、唇塞音组成的 kr-、pr-辅音丛中古汉语仍然是软腭塞音、唇塞音,齿龈塞音组成的辅音丛 tr-中古汉语同样也保持了齿龈塞音。跟塞音不同,不同类型的塞擦音却极容易出现交互演变。于是,舌面塞擦音 tɕ-/tɕh-/dʑ-受插音 /r/ 的影响卷舌化为卷舌塞擦音 tʂ-/tʂh-/dʐ-。

第三节　舌面擦音

齿龈前后可以有齿龈、齿龈后、卷舌和舌面等多种擦音,而这些擦音都出现在汉语方言中。这些不同发音部位的擦音彼此之间常常可

以转换而不需要语音条件的限制。因而同一套中古汉语的擦音,不同的方言读音并不一致,比如广西白话:

表 10.18　舌面擦音广西白话对应表

词	南宁	钦州	百色	梧州	玉林	木乐	北海	廉州	邕宁	中古汉语
深	sɐm^{1}	sɐm^{1}	sɐm^{1}	ɕɐm^{1}	ɕam^{1}	ɕɐm^{1}	ʃɐn^{1}	ʃɐm^{1}	ʃɐm^{1}	ɕim^{A}
婶	sɐm^{3}	sɐm^{3}	sɐm^{3}	ɕɐm^{3}	ɕam^{3}	ɕɐm^{3}	ʃɐn^{3}	ʃɐm^{3}	ʃɐm^{3}	ɕim^{B}
湿	sɐp^{7}	sɐp^{7}	sɐp^{7}	ɕɐp^{7}	ɕap^{7}	ɕɐp^{7}	ʃɐt^{7}	ʃɐp^{7}	ʃɐp^{7}	ɕip^{D}

上表材料来自《粤语平话土话方音词汇》(陈海伦、林亦,2009)。

中古汉语的舌面擦音 ɕ-在广西白话诸土语中至少有三种读音。诸土语读音尽管不同,但都属于同一个音位的变体。读舌面擦音 ɕ-或齿龈后擦音 ʃ-的土语,并没有与之对立的齿龈擦音 s-。语言的音位总是处于动态的平衡中。每一个音位的位置随时可能会被另一个音位替换。当一个音位的位置出现变动时,会引起语音系统的连锁反应。齿龈擦音 s-和舌面擦音 ɕ-常常出现位置替换,如同岗位轮换。这种语音演变广泛见于汉语方言,也广泛见于藏缅语、苗瑶语等。中古汉语的齿龈擦音 s-,南宁土语读清边音 ɬ-;舌面擦音 ɕ-,南宁土语读齿龈擦音 s-。于是,原有的 s-/ɕ-对立变成了 ɬ-/s-对立。实际上,中古汉语甚至更早时期已出现这种音变:

束,书玉切,《广韵》:"缚也。"速,桑谷切,《广韵》:"疾也。"

少,书沼切,又式照切,《广韵》:"不多也。"小,私兆切,《广韵》:"微也。"

阠,式刃切,《广韵》:"东方陵名。"阠,息晋切,《广韵》:"八陵名,《尔雅》曰'东陵阠'。"阠,所臻切,《广韵》:"八陵东名阠。"《尔雅》:"东陵,阠。"《经典释文》:"阠,音信,郭尸慎反,《字林》'所人反,又所慎反'。"

猲,书药切,《广韵》:"犬惊。"《说文》:"猲,犬猲猲不附人也,从犬舄声。南楚谓相惊曰獡,读若愬。”(愬,《广韵》“桑故切”。)舄,思积切,《广韵》:“履也。”

这些都是齿龈擦音 s-的谐声集合中夹杂一个舌面擦音 ɕ-(或异读)的现象,且出现的条件是跟中古汉语的-i-组合。足见个别舌面清擦音是由齿龈清擦音演变而来。上古汉语的齿龈擦音 s-/z-,如果跟松元音组合,中古汉语中演变成齿龈塞音 th-/d-;如果跟紧元音组合,中古汉语中保持齿龈擦音 s-/z-,但只能跟介音-i-组合。由于紧元音衍生出介音-i-,齿龈擦音 s-/z-在介音-i-前进一步演变成舌面擦音 ɕ-/ʑ-。其中,上古汉语的齿龈擦音 z-因语音条件或语音演变速度等原因分裂为齿龈擦音 z-、舌面擦音 ʑ-和半元音 j-。

表 10.19　齿龈擦音谐声表一

	s_1-	s_3-	ʂ-	ts_1-	tsh_1-	dz_1-	ts_3-	tsh_3-	dz_3-	tʂ-	tʂh-	dʐ-
息		息										
私		私										
絲		絲										
辛		辛	莘									
孫	孫											
飧	飧											
先	先		跣									
相		相	霜									
桑	桑											
彡		彡	衫									
散	散		潸									
小		小										
沙	莎	沙										

续　表

	s₁-	s₃-	ʂ-	ts₁-	tsh₁-	dz₁-	ts₃-	tsh₃-	dz₃-	tʂ-	tʂh-	dʐ-
貨	鎖											
省		省	省									
卂		卂	虱									
塞	塞											
素	素											
肅	蕭	肅	驌									
夙		夙	縮									
粟		粟										
析	析											
燮		燮										
戌		戌										
宋	宋											
索	索		索									
仙		仙										
生	星	性	生				旌		殅			
星	星		猩									
悉		悉	蟋									
删	箾		删									
殺	摋		殺									
斯	撕	斯										
疋		胥	疋									
三	三											

表 10.19 中的中古汉语齿龈擦音 s-跟前一章经讨论过的齿龈擦音 s-的谐声情况不同：前者从不跟齿龈塞音 ts-/tsh-/dz-谐声。足见，中古汉语齿龈擦音 s-上古汉语至少有两个不同的来源。中古汉语的齿龈擦音 s-固然可以跟齿龈塞擦音谐声，但两者有着相当清晰的界线。齿龈擦音 s-一般只跟齿龈擦音 s-或卷舌擦音 ʂ-组成谐声集合；如果要扯上塞擦音，那也只能扯上送气塞擦音。

同样，中古汉语齿龈塞擦音 ts-也总是倾向跟塞擦音 ts-聚合在一起，而绝少跟齿龈擦音 s-聚合在一起。假若中古汉语的齿龈擦音 ts-和塞擦音 s-上古汉语词根辅音相同，那么它们就不可能有如此鲜明的界线。除“生”声符外，齿龈塞擦音 ts-可以作为划分齿龈擦音和齿龈塞擦音的标准，即齿龈擦音 s-从不跟塞擦音 ts-谐声。我们不能因其中有极个别混淆而把整个塞擦音和擦音混在一起。因而我们有理由认为，个别夹杂在擦音集合中的送气塞擦音来自擦音，而个别夹杂在塞擦音集合中的擦音则相反，来自塞擦音。

表 10.20　齿龈擦音谐声表二

	s_1-	s_3-	ʂ-	ts_1-	tsh_1-	dz_1-	ts_3-	tsh_3-	dz_3-	tʂ-	tʂh-	dʐ-
昔		昔			錯		借	蜡	籍	剒	稓	簎
算	算			纂		篹					篹	
喿	喿			澡	操	鐰						
桼		膝						桼				
僉		憸						僉				
卒	碎	誶		卒	卒	淬	卒	翠	瘁			
侵		綅					祲	侵	埐		梫	
從		聳		豵			縱	從	從		鏦	
戔		綫[i]		殘		戔	帴	淺	餞	醆	犍	棧

[i] 綫，《广韵》：“细丝，出《文字指归》；《说文》同‘線’。”

续　表

	s_1-	s_3-	ʂ-	ts_1-	tsh_1-	dz_1-	ts_3-	tsh_3-	dz_3-	tʂ-	tʂh-	dʐ-
蚤	搔			蚤	慅					瑵		
韱	⿰石韱	韱					殲	籤			懺	
巽	巽	選					僎	譔		⿰虫巽	饌	譔
夋	酸	峻		焌			俊	夋				

齿龈塞擦音谐声集合一般只有塞擦音，而齿龈擦音只是偶尔的夹杂。汉藏语系语言中擦音和塞擦音之间极其容易发生交互演变，或擦音演变成塞擦音，或塞擦音演变成擦音。有些语言甚至擦音和塞擦音可以两可。侗台语、苗瑶语也是如此。《广韵》也有不少擦音、塞擦音异读的例子。不过，其中一些是讹误等方面原因引起的：

娶，七句切，《广韵》："《说文》曰'取妇也'。"娶，相俞切，又七句切，《广韵》："《荀卿子》曰'闾娵之媒'。"《荀子·赋篇》："闾娵子奢莫之媒也。"注："闾娵，古之美女，后语作明娵……娵，子于反。"娵，子于切，《广韵》："娵觜，星名。"依照《广韵》反切上字"祖"因字形相似讹为"相"的事例，此处的"相"也应该是"祖"的讹误。根据错误的反切上字，韵书的编撰者把"娶"作为异读编在虞韵"相俞切"小韵下面。

表 10.21　"佥"声字异读表

憸	七廉切	《广韵》：俺憸，诐也。	憸	息廉切	《广韵》：利口。
憸	七渐切	《广韵》：憸诐。	憸	虚检切	《广韵》：憸诐[i]。
譣	七廉切	《广韵》：譣诐。	譣	虚检切	《广韵》：譣诐，《说文》息廉切。

[i] 憸，音"虚检切"则是"險"的训读。《诗经·卷耳》毛序："有进贤之志，而无險诐私谒之心。"

韵书的编撰者只考虑字形而不考虑意义，只考虑读音而不考虑来源。凡是有不同的读音，韵书编撰者都一股脑儿地收录在韵书中。于是，异读越来越多。《尚书・冏命》："尔无昵于憸人。"《经典释文》："憸，息廉反，徐七渐反，利口也。"《尚书・立政》："立政用憸人。"《经典释文》："憸，息廉反，徐七渐反，马云'憸利，佞人也'。"陆德明"憸"音"息廉切"实际上是"铦"的训读。铦，息廉切，《广韵》："铦利也，《说文》曰'臿属'，《纂文》曰'铁有距，施竹头以掷鱼为铦也'。"《史记・陈涉世家》："锄櫌棘矜，非铦于句戟长铩也。"因指人的言语，所以创造了一个从冊从心的新文字。思，息廉切，《广韵》："疾利口也。"《尚书・盘庚上》："相时憸民。"《经典释文》："憸，息廉反，徐七渐反，本又作思，同，憸利之人；马云'憸利佞人也'。"于是，意义为尖、细的语词也读成了"息廉反"。

表 10.22　"韱"声读入擦音字表

韱	息廉切	《广韵》：韯细，又山韭也。	纖	息廉切	《广韵》：细也，微也。
孅	息廉切	《广韵》：锐也，细也。	襳	息廉切	《广韵》：小襦。

原本"韱"声字跟"铦"上古不仅声母不同，而且连韵母也不同，但因意义关系而让几个字如"韱"字也获得"铦"的读音。从"韱"声字本就有锐、细的意义。笺，《广韵》："刺也，锐意也，子廉切。"籤，《说文》："验也，一曰锐也，从竹韱声。""籤"是"笺"的后起累增字。籤，七廉切，《广韵》："《说文》'验也'，一曰锐也。"鑯，子廉切，《广韵》："《说文》曰'铁器也'，一曰镌也。"櫼，《说文》："楔也，从木韱声。"櫼，徐铉音"七廉切"。此意义最为通俗的后起会意字是"尖"。尖，子廉切，《广韵》："锐也。"攕，《说文》："好手貌，《诗》曰'攕攕女手'，从手韱声。""攕"指的是女性的手指。《诗经・葛屦》："掺掺女手，可以缝裳。"传："掺掺，犹纖纖也。""韱"声字属于-om 韵母，后跟-um 韵母合并为覃韵。

表 10.23　"参"声读入塞擦音表

参	仓含切	《广韵》：参承，参觐也。	驂	仓含切	《广韵》：驂马。
篸	作含切	《广韵》：所以缀衣。	簪	侧吟切	《广韵》：《说文》曰"首笄也"。

篸，缁岑切，《集韵》："《说文》'首笄也'，或作簪。""簪"原本是竹制

的长针，跟“篸”的区别在于功用不同。因而“簮”也写作“篸”。这与从“韱”声字的意义是相同的。“攕”从“韱”声，不容易识读，于是，字改从“参”声符为“掺”。这显然是擦音塞擦化之后改的。《经典释文》：“掺，所衔反，又所感反，徐又息廉反，《说文》作攕，山廉反，云‘好手貌’。”攕，《广韵》：“女手貌，所咸切。”“攕”音“所咸切”是妄读。

表 10.24　塞擦音与擦音异读表

措	仓故切	壅水。	山责切	《说文》曰“所以壅水也”。
措	侧伯切	遮水。		
傞	七何切	舞不止貌。	素何切	舞不止貌。
瑳	千可切	玉色鲜白。	苏可切	縒，鲜洁貌也。
瑳	七何切	玉色鲜白也。		
綅	七林切	《说文》曰“绛线也”。	息廉切	白经黑纬。
綅	子心切	缝线。		
嗾	仓奏切	使犬。	苏奏切	使狗。
撨	昨焦切	取也。	苏雕切	择也。
粲	七艳切	插也，《论衡》曰“断木为粲”。	所斩切	芟林木也。
衰	楚危切	小也，减也，杀也。	所追切	微也。
唽	楚洽切	口唽。	山辄切	多言。
			山洽切	唽嚃，小人言也。
媔	楚洽切	疾言失次也。		
偛	侧洽切	偛㑙，小人貌，又楚立切。		
謵	侧洽切	讗謵，多言。		
谇	慈邮切	让也。	苏内切	告也。
啐	子聿切	啐律声。	苏内切	送酒声。

续　表

晙	子峻切	早也。	私闰切	早也。
缫	子晧切	杂五彩文。	苏遭切	绎茧为丝。
滰	初两切	净也。	踈两切	净也。
䫲	初丈切	丑也。	踈两切	丑皃。

喿，苏到切，《广韵》："群鸟声。"譟，苏到切，《广韵》："群呼。噪，上同。"譟，《说文》："扰也，从言喿声。"《墨子·迎敌祠》："静夜闻鼓声而噪。"《左传·文公十三年》："魏人噪而还。"《经典释文》："噪，素报反。"《左传·昭公二十三年》："师噪而从之。"《经典释文》："噪，素报反。"嘈，昨劳切，《广韵》："喧嘈。"

慅，采老切，《广韵》："忧心。愺，上同。"《诗经·月出》："舒夭绍兮，劳心慅兮。"《诗经·正月》："忧心慅慅，念国之为虐。"《诗经·巷伯》："骄人好好，劳人草草。"传："草草，劳心也。"字后作慅，音同"采老切"。愁，士尤切，《广韵》："忧也，悲也，苦也。"《左传·襄公八年》："夫人愁痛，不知所庇。"《战国策·秦策一》："百姓不足，上下相愁。"

齿龈擦音夹杂在齿龈塞擦音谐声集合的本来就不多，且多有无意义差别的异读。擦音跟塞擦音的界线十分清楚。但擦音跟塞擦音尤其送气塞擦音之间常出现交互演变。这种交互演变即使在现代汉语的标准语里面也是常见的。这些齿龈擦音，《广韵》本就有齿龈塞擦音的异读，而擦音的读音恰好跟陆德明《经典释文》的注音相同。

綅，息廉反，《广韵》："白经黑纬。"綅，子心切，《广韵》："缝线。"綅，七林切，《广韵》："《说文》曰'绛线也'，《诗》曰'贝胄朱綅'。"《诗经·閟宫》："公徒三万，贝胄朱綅，烝徒增增。"《经典释文》："綅，息廉反。《说文》云'线也'。沈又仓林反，又音侵。"《礼记·杂记下》注："朝服綅冠逾月。"《经典释文》："綅，息廉反，黑经白纬曰綅。"

谇，虽遂切，《广韵》："言也，《诗》云'歌以谇止'。"谇，苏内切，《广韵》:“告也。”谇,慈恤切,《广韵》:“让也。”《诗经·墓门》:“墓门有梅,有鸮萃止。夫也不良,歌以讯之。”《经典释文》:“讯之,本又作谇,音信,徐息悴反,告也。”

帴,苏旰切,《广韵》:“二幅,《说文》‘裙也’。”帴,《说文》:“裙也,一曰帔也,一曰妇人胁衣,从巾戋声。”帴,昨干切,《广韵》:“帔也。”帴,即浅切,《广韵》:“狭也。”《周礼·冬官·考工记》:“是以博为帴也。”注:“郑司农云‘帴读为翦,谓以广为狭也’。玄谓翦者如俴浅之俴,或者读为羊猪戋之戋。”《经典释文》:“帴,音践,或山箭反;俴,音践,又仕显反。”

凭借谐声以及无意义差别的异读,我们可以知道这些夹杂在塞擦音谐声集合里面的擦音原本也是塞擦音。齿龈送气塞擦音 tsh-,以及不送气塞擦音 ts-都是跟齿龈擦音 s-对立的辅音音位。如此看来,方言音变应该是齿龈塞擦音变成齿龈擦音的一个重要原因,如“僧”。僧,苏增切,《广韵》:“沙门也,梵音云‘僧伽’。”僧伽,梵语 samkha。“僧”从“曾”声,而“曾”声是一个塞擦音谐声集合。这说明“僧”字的创制者其方言的语音系统中已经出现了塞擦音 ts-或 tsh-和擦音 s-的交互演变。齿龈塞擦音和擦音之间交互演变的方言因素早在先秦就应该已经存在。

斯,息移切,《广韵》:“此也,《说文》曰‘析也’,《诗》曰‘斧以斯之’。”《诗经·墓门》:“墓门有棘,斧以斯之。”传:“斯,析也。”析,先击切,《广韵》:“分也。”《诗经·南山》:“析薪如之何,匪斧不克。”斯,本为“析”,假借为近指代词“这”的记录文字。《论语·学而》:“先王之道,斯为美。”此,雌氏切,《广韵》:“止也。”《诗经·新台》:“燕婉之求,得此戚施。”“此”是近指代词“这”的标准形式。然而,《论语》一书只用“斯”而不用“此”。正如周法高等学者所指出的,“斯”和“此”是方言的不同。

依据《广韵》的读音,“斯”的声母为齿龈擦音 s-,“此”的声母为齿龈送气塞擦音 tsh-。可见,早在先秦时期不同方言就已经存在齿龈擦音和塞擦音之间的变异。我们在前一章里面已经讨论了上古汉语中跟松元音组合的齿龈擦音 s-后来塞化为齿龈送气塞音 th-。舌面擦音

ɕ-也可以塞化为舌面送气塞音 ȶh-，如同中古汉语的舌面擦音 ɕ-汉越语读齿龈送气塞音 th-。这个舌面送气塞音 ȶh-后来再演变成齿龈送气塞擦音 tsh-。如此，舌面擦音 ɕ-在某些汉语方言中或曾经直接塞化为舌面送气塞音 ȶh-，或由舌面擦音 ɕ-演变成齿龈擦音 s-再演变成齿龈送气塞擦音 tsh-。反过来，当舌面送气塞音 ȶh-演变成齿龈送气塞擦音 tsh-，原本应该归入齿龈送气塞擦音 tsh-的却归入了齿龈擦音 s-。齿龈擦音 s-和齿龈送气塞擦音 tsh-的交互演变是整个汉藏语系语言中常见的音变现象之一。因而依照谐声关系，某些夹杂在擦音集合中的送气塞擦音 tsh-原本来自擦音 s-，而夹杂在塞擦音集合中的擦音 s-原本来自塞擦音，但未必一定就是送气塞擦音 tsh-，因为同一谐声集合中还有齿龈不送气塞擦音 ts-等。

表 10.25　齿龈擦音谐声表三

	s_1-	s_3-	ʂ-	ts_1-	tsh_1-	dz_1-	ts_3-	tsh_3-	dz_3-	tʂ-	tʂh-	dʐ-
僊	躚	躚						遷				
心		心						沁				
思	鰓	思	崽		偲						颸	
參	參		參		參						參	
叟	叟		瘦		鞧[i]							
西	西		洒[ii]		茜[iii]							

[i] 鞧，《广韵》："车鞧，七由切；緧，上同，《说文》曰'马纣也'。"鞧，字也从"叟"，"緮，上同，《周礼》曰'必緮其牛后'；鞦，亦上同"。《周礼》："必緧其牛后。"郑注："故书緧作鮍，郑司农云'鮍读为緧'，关东谓纣为緧。"《经典释文》："鮍音秋，与緧同。"

[ii] 洒，所卖切，《广韵》："洒扫，又先礼切。"洒，先礼切，《广韵》："上同(洗)。"《诗经·山有枢》："子有廷内，弗洒弗扫。"传："洒，灑也。"《诗经·东山》："洒扫穹窒，我征聿至。"笺："洒，灑。"《经典释文》："洒，所懈反，沈所寄反。""洒"音"所卖切"是"灑"的训读。

[iii] 茜，《说文》："茅蒐也，从艸西声。"《广韵》："茜，草名，可以染绛色，仓甸切。""茜"的读音跟"西"声韵母不合。王念孙《广雅疏证》："茜，与'蒨'同。"蒨，仓甸切，《广韵》："草盛。"萋，《说文》："草盛也，从艸妻声。"《说文》"茜"的意义是《广韵》的"蒨"，《广韵》"蒨"的意义是《说文》的"萋"。

续 表

	s_1-	s_3-	ʂ-	ts_1-	tsh_1-	dz_1-	ts_3-	tsh_3-	dz_3-	tʂ-	tʂh-	dʐ-
束	速	束	欶					誎				
衰	蓑		衰		縗						衰	
禼		禼			竊							
小		小									抄	
舄		舄						舄				
肖		肖	梢					悄				
亲		新						親		亲	襯	

西,《说文》:“鸟在巢上,象形;日在西方而鸟栖,故因以为东西之西;栖,西或从木妻。”西,先稽切,《广韵》:“秋方。”棲,先稽切,《广韵》:“鸟棲,《说文》曰‘或从木西’;栖,上同。”《诗经·君子于役》:“鸡棲于埘,日之夕矣。”《经典释文》:“棲,音西。”《庄子·达生》:“宜棲之深林,浮之江湖。”《经典释文》:“棲,音西。”

𣟴,桑割切,《广韵》:“放也,若𣟴蔡叔是也,《说文》曰‘糅𣟴,散之也’。”𣟴,《说文》:“糅𣟴,散之也,从米殺声。”此意义字本作“殺”。《经典释文》:“罪人曰殺。殺,窜也,埋窜之使不复见也。”《孟子·万章上》:“舜流共工于幽州,放驩兜于崇山,殺三苗于三危,殛鲧于羽山。”也作“蔡”。《左传·昭公元年》:“周公殺管叔而蔡蔡叔。”注:“蔡,放也。”《经典释文》:“上蔡字音素葛反,放也。”用“蔡”记录“殺”,并非“蔡”有擦音 s-的读音,而是“殺”变成了塞擦音 tsh-,于是选用了“蔡”。

三,苏甘切,《广韵》:“数名。”《诗经·摽有梅》:“摽有梅,其实三兮。”《左传·闵公二年》:“七百有三十人。”参,苏甘切,《广韵》:“上同(三)。”《左传·隐公元年》:“大都不过参国之一。”注:“三分国城之一。”《经典释文》:“参,七南反,又音三。”骖,仓含切,《广韵》:“骖马。”《说文》:“骖,驾三马也,从马参声。”《左传·桓公三年》:“骖絓而止。”

《经典释文》:“骖,七南反。”《礼记·檀弓上》:“使子贡说骖而赙之。”

舄,思积切,《广韵》:“履也。”《史记·滑稽列传》:“男女同席,履舄交错。”《左传·昭公十二年》:“翠被,豹舄,执鞭以出。”注:“以豹皮为履。”《经典释文》:“舄音昔。”《汉书·东方朔传》:“足履革舄。”舄,七雀切,《广韵》:“人姓,《纂文》云‘古鹊字’。”《说文》:“舄,鹊也,象形。”鹊,七雀切,《广韵》:“《淮南子》云‘鹊知太岁之所’,《字林》作䧿。”《诗经·鹊巢》:“维鹊有巢,维鸠居之。”《礼记·月令》:“雁北乡,鹊始巢。”

擦音谐声集合,偶尔也夹杂读塞擦音的谐声字。但这些夹杂在擦音谐声集合中的是读送气塞擦音的谐声字。这跟现代汉语擦音和送气塞擦音之间凌乱的交互演变完全一致。中古汉语本读擦音的北方标准语读送气塞擦音,而本读送气塞擦音的却读擦音。擦音和塞擦音之间的交互演变,汉语南方方言也是随处可见,藏缅语、侗台语都是如此。除了齿龈送气清塞擦音 tsh-跟齿龈擦音 s-交互演变,也有个别齿龈不送气塞擦音 ts-变为齿龈擦音 s-的例子。

旌,子盈切,《广韵》:“旌旗,《周礼》曰‘析羽为旌’,《尔雅》曰‘注旄首曰旌’。”《说文》:“旌,游车载旌,析羽注旄首,所以精进士卒,从㫃生声。”许慎以“精”声训。《左传·僖公二十四年》:“以志吾过,且旌善人。”注:“旌,表也。”动词“旌”,字也作“靖”。《左传·昭公元年》:“不靖其能,其谁从之?鲁叔孙豹可谓能矣,请免之以靖能者。”靖,疾郢切,《广韵》:“立也,思也。”“旌”和“靖”属于辅音清浊交替,而清浊交替正是上古汉语名词、动词语法意义转换的手段。星,桑经切,《广韵》:“星宿。”星,《说文》:“曐也,万物之精,上为列星。从晶生声。”“晶”是“星”的古字,而字也写作“精”。《吕氏春秋·圜道》:“精行四时,一上一下,各与遇,圜道也。”《诗经·定之方中》:“星言夙驾,说于桑田。”笺:“星,雨止星见。”《经典释文》:“韩《诗》云‘星,晴也’。”《说文》:“姓,雨而夜除星见也,从夕生声。”姓,疾盈切,《广韵》:“《说文》曰‘雨而夜除见星也’。”晴,疾盈切,《广韵》:“天晴。”《说苑·指武》:“雨十日十夜晴。”“姓”和“晴”不过是记录同一语词的两个不同的文字。“星”和“姓”之间的关系等同于“旌”和“靖”之间的关系。

除了“旌”“姓”两字,“生”声、“星”声都是擦音谐声集合。青韵(耕部一等)齿龈不送气塞擦音 ts-无字。依照一三等交替的谐声(构词)原则,“星”本应该归入齿龈不送气塞擦音 ts-,后演变成齿龈擦音 s-,于是选用“生”造了“星”代替“晶”。这种音变汉语中不乏其例。中古汉语的齿龈浊擦音 z-一般不跟齿龈塞擦音谐声。我们前面已经提到,《广韵》有一些齿龈浊擦音 z-和齿龈浊塞擦音 dz-交替构成的异读字,如挦。挦,《广韵》:“取也,徐林切。”挦,《广韵》:“挦取也,昨含切。”这是常见的齿龈擦音 z-和塞擦音 dz-之间的交互变异:或演变成齿龈擦音 z-或演变成齿龈塞擦音 dz-。

表 10.26 “鬵”声塞擦音与擦音异读表

鬵	昨淫切	《广韵》:鼎大上小下若甑曰鬵。	徐林切	《广韵》:鼎大上小下。
灊	昨盐切	《广韵》:水名,在巴郡宕渠。	徐林切	《广韵》:水名,出巴郡。

陆德明《经典释文》中齿龈塞擦音 dz-和擦音 z-已经出现混淆,而今汉语的南方方言也常见齿龈塞擦音 dz-和擦音 z-合并为齿龈擦音 z-或齿龈塞擦音 dz-。《广韵》尽管分齿龈塞擦音 dz-和擦音 z-,但因材料来源的庞杂偶尔也会出现两者无意义差别的异读。中古汉语的齿龈擦音 z-偶尔也可以跟齿龈塞擦音 dz-谐声,比如“盡”声字。燼,徐刃切,《广韵》:“烛余;㶳,上同。”盡,《说文》:“器中空也,从皿㶳声。”盡,慈忍切,又即忍切,《广韵》:“竭也,终也。”盡,即忍切,又慈忍切,《广韵》:“《曲礼》曰‘虚坐盡前’。”《礼记·曲礼》:“虚坐盡后,食坐盡前。”《经典释文》:“盡,律忍反。”从“㶳”声谐声集合,读齿龈浊擦音 z-为去声而其他为非去声。读齿龈浊擦音 z-显然是塞擦音 dz-的例外音变。

表 10.27 齿龈塞擦音藏语对应表

将	即良切	《诗经·简兮》郑笺:且也。	saŋ	将来时期、明天
察	初八切	《广韵》:谛也,知也。	sad-pa	醒、觉、悟

续　表

浸	七林切	《广韵》：渍也，渐也。	sim-ba	渗入、浸入、吸收
足	即玉切	《说文》：人之足也。	sug-pa	四肢，前后肢和上下肢
剪	即浅切	《吕氏春秋·制乐》注：除。	sel-ba	消除、消灭、克服
藏	昨郎切	《说文》：匿也。	g-saŋ-pa	秘藏、隐匿
粲	苍案切	《广韵》：察也，明也。	g-sal-ba	明白、清楚、明亮
裁	昨哉切	《玉篇》：裂也。	g-se-ba	劈破、砍开
清	七情切	《广韵》：洁也。	b-siŋ-ba	滤净、过滤
遭	作曹切	《说文》：遇也。	b-su-ba	迎接、迎迓
亲	七人切	《说文》：至也。	b-sen	亲戚、亲友

上表藏语材料来自《藏汉大辞典》(张怡荪，1999)。

中古汉语的齿龈塞擦音 ts-/tsh-/dz-跟藏语的擦音 s-对应，且具有这种语音对应关系的语词还不少。但我们不能因此认为中古汉语的齿龈塞擦音 ts-/tsh-/dz-上古汉语也是齿龈擦音 s-。藏语自身的材料告诉我们，藏语的擦音 s-原本来自塞擦音 ts-。

表 10.28　藏语同源异形词表

sab-ma	席子、草垫					r-tsab	垫脚物
sigs-ma	锅巴、渣滓			ɦ-tshig-pa	焚焦、焦烂		
sub-pa	堵塞、闭住			ɦ-tshub-pa	弥漫、掩蔽		
sub-pa	涂抹、擦拭	g-sub-pa	搔、抚摩			g-tsub-pa	摩擦
saŋ-ba	皎洁、清洁	b-saŋ-ba	清洗、涤荡			g-tsaŋ-ma	干净
sogs-pa	累积、聚	g-sog-pa	聚集、搜集	ɦ-tshog-pa	聚合		
		g-sob-pa	偿还、报答	ɦ-tshab-pa	赔偿、归还		

续 表

		g-sob-pa	补充、添足	ɦ-tshob-pa	长满、圆满		
		g-so-ba	饲养、抚养	ɦ-tsho-ba	抚养、饲养、活、生存		
		g-sal-ba	明白、清楚	ɦ-tshal-ba	知道、领会		

上表藏语材料来自《藏汉大辞典》(张怡荪,1999)。

书面藏语齿龈擦音 s-和塞擦音 ts-/tsh-可以组成异形词。李方桂注意到了藏语的这种现象。不过,李方桂在解释它们之间的关系时却有些彼此矛盾的地方,他既认为书面藏语的 s-来自 s-tsh-,又认为 ɦ-tsh-来自 ɦ-s-,比如 ɦ-tsho-ba"生存、生活、存在、吃东西(不及物动词)"和 g-so-ba、g-sos 或 b-sos"喂、养、抚养(及物动词)"。及物动词在藏语中恰恰是附加加 s-/bs-等词头的。我们来看藏语这一组辅音的分布情况:

表 10.29　藏语齿龈塞擦音、擦音与词头搭配表

	ø-	b-	d-	g-	m-	ɦ-	s-	l-	r-
z-	+	+	—	+	—	—	—	—	—
dz-	+	—	—	—	+	+	—	—	+
s-	+	+	—	+	—	—	—	—	—
tsh-	+	—	—	—	+	+	—	—	—
ts-	+	+	—	+	—	—	+	—	+

藏语的齿龈塞擦音 dz-和擦音 z-不仅在有词头的情况下互补,在没有词头的情况下两者实际也不对立。藏语以 dz-为声母的语词甚少,且多是一些翻译词。s-/tsh-/ts-在有前置辅音 m-/ɦ-/s-/r-的情况下也互补。藏语的擦音 s-和塞擦音 ts-也有对立的一面。藏语 sts-、s-可以构成异形词,如:stsel-ba～sel-ba"清除"、stsogs-pa～sogs-pa"等

等”、stsol-pa“赐予的敬语”和 g-sol-ba“呈献”、bstsaŋs～bsaŋs“清净、消除”、bstsags～bsags“积累、积聚、聚”等。因此，将较少出现的跟 ts-对立的 s-解释为 s-ts-声母就足以解决书面藏语的这一问题。

中古汉语齿龈塞擦音和擦音尽管存在交互演变，但两者之间仍然保持着十分清晰的界线。足见，传统齿龈塞擦音和擦音两分的观点还是应该维持。齿龈塞擦音尤其是齿龈送气塞擦音可以演变成齿龈擦音，而齿龈擦音也可以演变成齿龈塞擦音。就汉语而言，一般情况是齿龈送气塞擦音和齿龈擦音之间的交互演变，而这种交互演变不一定就有区别意义的音位价值，比如“燥”。一些夹杂在齿龈塞擦音谐声集合里且跟齿龈塞擦音组成无意义差别异读的齿龈擦音仅仅只是齿龈塞擦音的变异形式。它们原本就没有实质性的差别。

昔，思积切，《广韵》：“往也，始也，为一昔之期，明日也。”昔，《广雅》：“夜也。”《庄子・天运》：“蚊虻噆肤，则通昔不寐矣。”《经典释文》：“昔，夜也。”昨，在各切，《广韵》：“昨日，隔一宵。”《战国策・赵策》：“昨日我谈粗而君动。”“昔”与“昨”是一对同族词。《周礼・冬官・考工记》：“稚牛之角直而泽，老牛之角紾而昔。”郑注：“郑司农云：‘昔’读为交错之‘错’，谓牛角粗理错也。玄谓‘昔’读‘履错然之错’。”《经典释文》：“昔，七各反。”此字也作“皵”等。皵，七雀切，《广韵》：“皮皴，《尔雅》云‘棤，皵’，(郭注)谓‘木皮甲错’。”《尔雅》：“大而皵，楸；小而皵，榎。”注：“老乃皮粗，皵者为楸。”

谐声系统中，“昔”声是一个塞擦音谐声集合，只有“昔”等数个字《广韵》读齿龈擦音。依据文字使用情况，“昔”也可以记录《广韵》声母读塞擦音的语词。可见，“昔”的词根声母原本也是塞擦音，只是后来因语音演变而归入齿龈擦音。韵书《广韵》的辅音系统里面共有 ts-/tsh-/dz-三个齿龈塞擦音，且都跟齿龈擦音 s-对立。假若单单认为齿龈擦音 s-来自齿龈送气塞擦音 tsh-，无疑会造成两者原有对立的消失。上面已经提到，藏语的齿龈塞擦音和齿龈擦音也交替，而且齿龈擦音来自带词头 s-的齿龈塞擦音。中古汉语带词头 s-的齿龈塞音 t-后来演变成中古汉语的舌面擦音 ɕ-。这些夹杂在齿龈塞擦音谐声集合里面的齿龈擦音就可以简单地构拟为带词头 s-的舌面塞音。

> 㔿,息七切,《广韵》:"《说文》曰'胫节也'。膝,上同。"《庄子·养生主》:"足之所履,膝之所踦。"膝,本作卩,也作即。《诗经·东方之日》:"彼姝者子,在我室兮。在我室兮,履我即兮。"(即,子力切,《广韵》:"就也。")"膝"和"节"是一对同族词。节,子结切,《广韵》:"《说文》曰'竹约也'。"《庄子·达生》:"骨节与人同,而犯害与人异。"
>
> 搔,苏遭切,《广韵》:"爬刮。"《说文》:"搔,括也,从手蚤声。"
>
> 骚,苏遭切,《广韵》:"愁也。"《说文》:"骚,扰也,一曰摩马,从马蚤声。"
>
> 算,苏管切,《广韵》:"物之数也。"《说文》:"算,数也,从竹从具,读若筭。"
>
> 祟,虽遂切,《广韵》:"祸祟。"《说文》:"祟,神祸也,从示从出。"
>
> 譟,苏到切,《广韵》:"群呼。"《说文》:"譟,扰也,从言喿声。"

中古汉语的齿龈擦音 s-来自上古汉语的齿龈清擦音 s-、舌面清擦音 ɕ-和一小部分舌面清塞音 ȶh-/ȶ-。这一小部分齿龈擦音的演变路径是 ȶh-/ȶ->tɕh-/tɕ->tsh-/ts->s-。谐声系统中,齿龈擦音 s-一般跟齿龈塞音或者合口软腭音谐声,不跟齿龈浊擦音 z-谐声。中古汉语的齿龈浊擦音 z-不能单独跟齿龈擦音 s-或齿龈塞擦音 ts-/tsh-/dz-谐声,即齿龈浊擦音 z-跟齿龈擦音 s-和齿龈塞擦音 ts-/tsh-/dz-不属于同一谐声集合中的元素。不过,有一个声符例外。

> 嗣,祥吏切,《广韵》:"继也。"《说文》:"嗣,诸侯嗣国也,从册从口,司声。"《左传·僖公五年》:"大伯不从,是以不嗣。"《左传·襄公三年》:"祁奚请老,晋侯问嗣焉。"注:"嗣续其职者。"《诗经·杕杜》:"王事靡盬,继嗣我日。"笺:"嗣,续也。"

从"司"声字既有齿龈清擦音 s-也有齿龈浊擦音 z-。子,即里切,《广韵》:"子息。"《左传·隐公三年》:"臣闻爱子,教之以义方,弗纳于邪。”“嗣”和“子”是一对同族词。之部三等齿龈送气塞擦音 tsh-无字。齿龈擦音 s-和齿龈送气塞擦音 tsh-在汉语中有交互演变关系。“司”声正好可以填补空白。如此，“司”声字实际也属于齿龈塞擦音清浊谐声，只不过已经演变成了齿龈擦音。之部三等齿龈浊塞擦音 dz-有字，跟齿龈浊擦音 z-对立。

祠，似兹切，《广韵》：“祭名。”《说文》：“祠，春祭曰祠。”《尔雅》：“春祭曰祠。”《礼记·月令》：“是月也，玄鸟至。至之日，以大牢祠于高禖。”注：“玄鸟，燕也。燕以施生时来，巢人堂宇而孚乳，娶嫁之象也。”《周礼·天官·冢宰》：“女祝掌王后之内祭祀，凡内祷祠之事。”《说文》：“祡，以豚祠司命，从示比声。《汉律》曰‘祠祡司命’。”显然，“祠”是求子祭，后求子意义隐去指春祭。《诗经·天保》：“禴祠烝尝，于公先王。”传：“春曰祠。”

辭，似兹切，《广韵》：“辭讼。《说文》曰‘辭说也’。”《说文》：“辭，说（讼）也。籀文辭从司。”辭，金文从司。《荀子·正名》：“辭也者，兼异实之名以论一意也。辨说也者，不异实名以喻动静之道也。”辤，似兹切，《广韵》：“上同（辭）。《说文》曰‘不受也’。”文献通写作“辭”。《孟子·万章下》：“柳下惠，不羞污君，不辭小官。”

席，祥易切，《广韵》：“荐席，又藉也。”《说文》：“席，藉也。《礼》‘天子诸侯席，有黼绣纯饰’。从巾庶省。”席本为象形字，后省减而成从巾。《诗经·柏舟》：“我心匪席，不可卷也。”《论语·乡党》：“席不正，不坐。”藉，慈夜切，《广韵》：“以兰茅藉地。”藉，秦昔切，《广韵》：“狼藉。”《易·大过》：“藉用白茅。”《经典释文》：“藉，在夜反。”《庄子·达生》：“十日戒，三日齐，藉白茅。”《经典释文》：“藉，在夜反，又在亦反。”

上古汉语的词头 s-可以附加在以舌面塞音 ȶ-为声母的词根前，而词头 s-跟词根辅音 ȶ-融合成的 sȶ-辅音丛演变成中古汉语的齿龈擦音 s-，如“扫”。如此，上古汉语的词头 s-理应也可以附加在以舌面浊塞音 ȡ-为声母的词根前，即上古汉语有 sȡ-辅音丛。这个辅音丛 sȡ-应该演变为跟齿龈清擦音 s-相对的齿龈浊擦音 z-，即 sȡ-＞z(i)-。

司,息兹切,《广韵》:“主也。”《广韵》:“司,主也。”《左传·僖公二十一年》:“实司大皞与有济之祀。”注:“司,主也。”《左传·昭公九年》:“女为君耳,将司聪也。”《韩非子·扬权》:“使鸡司夜,令狸执鼠,皆用其能,上乃无事。”宰,作亥切,《广韵》:“冢宰。”《左传·桓公二年》:“孔父嘉为司马,督为大宰。”《论语·雍也》:“子游为武城宰。”

齿龈擦音和齿龈塞擦音交替构成同族词。“宰”为名词,“司”为动词。上古汉语 s-词头重要功能之一就是名谓化,致使一个名词改变词性成动词(或形容词)。如此,“司”声字的词根辅音上古汉语是舌面塞音 ȶ-/ȡ-,而中古汉语读齿龈擦音是上古汉语带词头 s-。

羞,息流切,《广韵》:“耻也,进也,又致滋味为羞。”《说文》:“羞,进献也,从羊,羊所进也。”“羞”甲骨文、金文从手持羊,会意字。《左传·隐公三年》:“可荐于鬼神,可羞于王公。”《左传·僖公十七年》:“因寺人貂以荐羞于公。”后借为“羞耻”之“羞”。《孟子·公孙丑上》:“柳下惠,不羞污君,不卑小官。”“羞”与“醜”是一对同族词。

醜,昌九切,《广韵》:“类也,窍也。”《礼记·内则》:“狐去首,豚去脑,鱼去乙,鳖去醜。”注:“醜谓鳖窍也。”《说文》:“醜,可恶也,从鬼酉声。”《荀子·不苟》:“君子能亦好,不能亦好;小人能亦醜,不能亦醜。”《庄子·天运》:“西施病心而矉其里,其里之醜人见而美之。”《左传·昭公二十八年》:“恶直醜正。”疏:“以正为醜恶。”

帚,之九切,《广韵》:“少康作箕帚。”《礼记·曲礼》:“凡为长者粪之礼,必加帚于箕上。”《经典释文》:“加帚,之手反。”

埽(掃),苏老切,《广韵》:“扫除。”埽,苏到切,《广韵》:“埽洒,《说文》‘弃也’。”《礼记·郊特牲》:“掃地而祭……祭天掃地而祭焉。”又《礼记·内则》:“洒掃室堂及庭,布席,各从其事。”《经典释文》:“掃,素报反。”

除“帚”一例外,中古汉语的齿龈擦音 s-跟舌面塞擦音 tɕ-没有谐声关系。根据我们前面的分析，读舌面塞擦音 tɕ-的"帚"应该是由舌面塞音 ȶ-演变来的。掃，上古读音可以构拟为 *s-ȶuʔ～s-ȶuh。任何时期的语音系统都是由以往的语音系统演变而来。研究汉语语音史的学者似乎都有一个不成文的假设前提，那就是齿龈擦音 s-代表的是古老、原始的辅音。实际上，许多语言的齿龈擦音 s-是后起的，如水语。一种语言的语音系统的演变不仅体现在音位个数的增减上，而且也体现在不同音位之间在语音系统中位置的变换，或角色的转换。后一种语音演变现象更常见，更应该引起我们的重视。中古汉语和现代汉语都有舌面擦音 ɕ-，但现代汉语的 ɕ-并不来自中古汉语的 ɕ-，而来自中古汉语的 s-/z-和 x-/ɣ-等，中古汉语的 ɕ-演变成了现代的 ʂ-。因而我们不能简单地根据某一时期的读音来上推更早时期的读音。

表 10.30　汉语擦音 s-瑶语对应表一

词义	十里香	江底	罗香	长坪	览金	东山	三江	大坪
孙	fun^{33}	fun^{33}	θun^{33}		tθun^{35}	swən^{35}	sjen^{33}	hun^{44}
心	fin^{33}	fin^{33}	θim^{33}	θim^{33}	tθim^{35}	ɕen^{33}	sjen^{33}	hum^{44}
蒜	fun^{24}	fun^{35}	θun^{35}	θun^{35}	tun^{31}			hɔn^{35}
算	fun^{24}	fun^{35}	θun^{35}	θun^{35}	tθun^{44}	sun^{13}	sɯn^{44}	hin^{53}
伞	fan^{24}	fa:n^{35}	θa:n^{35}	θa:n^{35}	tθa:n^{44}	san^{35}	sun^{35}	hɔn^{42}
送	fuŋ^{24}	fuŋ^{35}	θuŋ^{35}	θoŋ^{35}	tθuŋ^{44}	swə^{13}	sjɔ̃ŋ^{44}	hiŋ^{42}

上表材料来自《苗瑶语古音构拟》(王辅世、毛宗武，1995)。

以上都是中古汉语读齿龈擦音 s-的借词在瑶语支诸方言的读音。除了东山、三江方言保持读齿龈擦音 s-，其余方言读音已经发生了变化。大坪方言读擦音 h-而十里香方言读 f-。大坪方言的演变模式跟擦音 s-在水语的演变模式相同，都变成了 h-。也就是说，瑶语十里香方言擦音 f-辅音对应的是中古汉语的擦音 s-。

表 10.31　汉语擦音ʂ-/ɕ-瑶语对应表

词义	十里香	江底	罗香	长坪	览金	东山	三江	大坪
双	suŋ^{33}	suŋ^{33}	ɕuŋ^{33}	swaŋ^{33}	tθuŋ^{21}	swə^{33}	sjɔŋ^{33}	hiŋ^{44}
数	sau^{545}	sou^{35}	ɕa:u^{53}	θau^{35}	tθɔu^{434}	sau^{35}	sou^{33}	hu^{42}
霜	sɔŋ^{33}	sɔɔŋ^{33}	ɕɔŋ^{33}	θɔŋ^{33}	tθɔ:ŋ^{31}	sɔ^{33}	sjɔŋ^{33}	sɔŋ^{44}
输	swei^{33}	swei^{33}	ɕui^{33}	si^{55}	tθei^{31}	səu^{33}	ɕiu^{33}	si^{53}
申	sjen^{33}	sjen^{33}	ɕjen^{33}	sin^{33}	sen^{31}	ɕin^{33}	ɕiŋ^{33}	san^{44}
收	sjəu^{33}	sjou^{33}	ɕjeu^{33}	θjəu^{33}	sɔu^{31}	sau^{33}	ɕɔu^{44}	siu^{44}

上表材料来自《苗瑶语古音构拟》(王辅世、毛宗武,1995)。

上述借词中古汉语分别为卷舌擦音 ʂ-和舌面擦音 ɕ-,但在瑶语支诸方言中大抵读同一个擦音,而且在一些方言中甚至跟擦音 s-也合流,如东山和三江方言。这些借词告诉我们一个事实,那就是瑶语支十里香方言发生了这样的演变:s-＞f-,而 ɕ-/ʂ-＞s-。这跟水语:s-＞h-,而 ɕ-/ʂ-＞s-实际上完全一致(曾晓渝,2004)。齿龈擦音 s-演变成了 f-,ɕ-/ʂ-演变成 s-填补了因 s-演变后留下的空位。足见现代瑶语十里香方言的 s-并非来自古瑶语的 s-,而来自古瑶语的 ɕ-/ʂ-。我们从瑶语中发现一批跟汉语 s-对应也读 s-的语词:

表 10.32　汉语擦音 s-瑶语对应表二

词义	十里香	江底	罗香	长坪	览金	东山	三江	大坪	汉语
酸	sui^{33}	su:i^{33}	ɕui^{33}	θui^{33}	tθui^{31}	swəi^{33}	ɕi^{33}	si^{44}	酸
草鞋	su^{54}	su^{55}	ɕu^{43}	θu^{54}	tθu^{24}				舄
新	sjaŋ^{33}	sjaŋ^{33}	ɕaŋ^{31}	θjaŋ^{31}	saŋ^{22}	saŋ^{33}	ɕaŋ^{33}	sjaŋ^{44}	新
停、站		sou^{52}	ɕou^{53}	θau^{53}		səu^{35}	ɕiu^{35}		宿

续　表

词义	十里香	江底	罗香	长坪	览金	东山	三江	大坪	汉语
女儿	sje^{54}	sje^{55}	$ɕa^{43}$	sa^{24}	sa^{53}	sa^{53}	$ɕa^{35}$	sa^{44}	媳
暖和		$sjou^{52}$			$sɔu^{53}$	sau^{35}		sju^{24}	燥

上表材料来自《苗瑶语古音构拟》(王辅世、毛宗武,1995)。

这批语词在苗瑶语内部有一致的语音对应关系。因而我们可以断定,这一批语词是苗瑶语没有分裂之前就已经借入苗瑶语的老借词。这一批老借词在瑶语支的读音跟中古汉语卷舌擦音 ʂ-或舌面擦音 ɕ-读音相同,而跟齿龈擦音 s-读音不同。前面我们已经提到就瑶语十里香方言而言,瑶语齿龈擦音 s-已经演变成了唇齿擦音 f-,而上述这些语词十里香方言却不读唇齿音 f-。这说明上述这一批语词在苗瑶语共同语时期,其辅音声母是擦音 ɕ-/ʂ-而不是擦音 s-。这正间接说明了中古汉语的齿龈擦音 s-在更早时期并不是齿龈擦音 s-。我们再来看汉语读擦音 s-/ʂ-的借词在苗语中的读音情况:

表 10.33　汉语擦音 s-苗语对应表一

词义	养蒿	大南山	石门坎	摆托	甲定	绞陀	野鸡坡	枫香
蓑	sho^{33}	si^{43}	si^{55}	si^{55}	shi^{24}		su^{31}	
送	$shoŋ^{44}$	$saŋ^{44}$	$saɯ^{33}$	$saŋ^{43}$	$shɑŋ^{43}$	$saŋ^{35}$	$soŋ^{24}$	$saŋ^{55}$
锡	$shaŋ^{44}$	$tshua^{33}$	$tsha^{11}$	so^{43}	$shɑ^{43}$	sa^{13}		$ɕɑ^{53}$

上表材料来自《苗瑶语古音构拟》(王辅世、毛宗武,1995)。

由于这些擦音 s-演变成了送气擦音 sh-,塞擦音 ts-则演变成了擦音 s-以填补擦音演变后留下的空位。因而甲定方言没有塞擦音 ts-并非因为古苗语没有塞擦音而是语音演变的结果。与瑶语相类,汉语齿龈擦音 s-在苗语中也有两种不同的对应形式:

表 10.34　汉语擦音 s-苗语对应表二

词义	养蒿	大南山	石门坎	摆托	甲定	绞陀	野鸡坡	枫香	汉语
暖和	ɕhə³⁵	ʂo⁵⁵	ʂo⁵⁵	sau¹³	shə¹³	so²³²	su⁵⁵	ɕau⁵³	燥
休、停	tɕhə⁴⁴	ʂo⁴⁴	ʂo²³	sau¹³	shə⁴³	so³⁵	su²⁴	ɕau⁵⁵	宿
酸	ɕhu³³			su⁵⁵	shə²⁴	su²²	so³¹	ɕou³³	酸
新	xhi³³	tʂha⁴³	tʂhie⁵⁵	sen⁵⁵	shɛ²⁴	sæin²²	sen³¹	ɕen³³	新

上表材料来自《苗瑶语古音构拟》(王辅世、毛宗武,1995)。

上述语词在苗瑶语共同语时期的声母,王辅世构拟为卷舌音 ʂ-。苗瑶语汉语借词说明了中古汉语的齿龈擦音 s-早期更应该是舌面擦音 ɕ-或卷舌擦音 ʂ-。这跟我们前面分析的中古汉语的齿龈塞擦音来自上古汉语的舌面塞音正好一致。故此,上古汉语的舌面擦音 ɕ-演变成中古汉语的齿龈擦音 s-:跟松元音组合的是跟一等韵组合的齿龈擦音 s-,跟紧元音组合的是跟三等韵组合的齿龈擦音 s-。

汉之广矣,不可泳**思**;江之永矣,不可方**思**。(《汉广》)
昔我往矣,杨柳依依。今我来**思**,雨雪霏霏。(《采薇》)
昔我往矣,黍稷方华。今我来**思**,雨雪载涂。(《出车》)
皎皎白驹,贲然来**思**。尔公尔侯,逸豫无期。(《白驹》)
尔羊来**思**,其角濈濈。尔牛来**思**,其耳湿湿。(《无羊》)

齿龈擦音 s-是语言中相当活跃的辅音。当语言的齿龈擦音 s-演变成其他辅音的时候,总是有其他辅音来填补语音演变之后留下的空缺,如汉越语。汉越语齿龈擦音 s-变成了齿龈塞音 t-,于是其他辅音比如中古汉语的舌面送气塞擦音 tɕh-演变成齿龈擦音 s-。临高语的情况跟汉越语相似。齿龈擦音 s-临高语塞化为齿龈塞音 t-,齿龈送气塞擦音 tsh-变成齿龈擦音 s-来填补空缺。水语的情况是齿龈擦音 s-演变成了 h-,拉动舌面擦音 ɕ-演变成齿龈擦音 s-来填补演变后的空缺。藏缅语、侗台语、苗瑶语以及南方汉语方言都有这种音移现象。跟侗台语、苗瑶语一样，汉语不同类型的擦音一直在不断地进行岗位轮换。随着上古汉语齿龈擦音 s-的塞化，拉动舌面擦音 ɕ-去填补齿龈擦音 s-塞化后留下的空缺；而舌面擦音 ɕ-演变成齿龈擦音 s-，又拉动跟腭介音-i-组合的齿龈擦音 s-演变成舌面擦音 ɕ-。这种音移现象广泛见于现代汉语方言，如我们前面列举的广西南宁方言。

第四节　舌面擦音卷舌化

藏缅语族很多语言中辅音出现卷舌化，比如怒苏语。据傅爱兰(1995)的研究，怒苏语的声母卷舌化与颤音 r 有关。戎语支语言也出现卷舌化，其卷舌化也与颤音 r 有关，辅音从 Cr-变成了卷舌塞擦音和卷舌擦音。中古汉语卷舌擦音 ʂ-的上古来源李方桂认为是 sr-。许多学者都赞同李方桂的构拟，如郑张尚芳等。李方桂的构拟理由是：中古汉语擦音 ʂ-为“卷舌声母”，“这些声母后面一定另有一套介词可以使他卷舌化”。此外，学者支持的理由是擦音 ʂ-常常跟边音谐声。李方桂的理由实质上不能算是绝对真实可靠的。颤音 r 固然往往会演化为卷舌音，如藏缅语族语言，但辅音的卷舌化不一定非要靠颤音 r 才能完成。

表 10.35　藏缅语擦音对应表

词义	景颇语	缅甸语	独龙语	阿昌语	仙岛语	怒苏语	载瓦语	浪速语
死	si^{33}	se	ɕi^{53}	ʂʅ^{55}	ʂʅ^{55}	ʂi^{33}	ʃi^{51}	ʃik^{31}
果	si^{31}	si	ɕi^{55}	ʂə^{31}	ʂʅ^{31}	ʂi^{55}	ʃi^{21}	ʃi^{35}
肉		sɑ	ɕɑ^{55}	ʂua^{31}	ʂɔ^{31}	ʂa^{55}	ʃo^{21}	ʃɔ^{35}

上表材料来自《藏缅语族语言词汇》(黄布凡，1992)。

显然，我们不能因为上述语词在阿昌语等语言中读卷舌音 ʂ-而认为它们更早时期一定有一个颤音 r，比如 sr-之类的复辅音。实际上，汉语也是如此。中古汉语的舌面擦音 ɕ-，现代北方标准语就不需要任何颤音 r 的帮助演变成了卷舌擦音 ʂ-。颤音 r 固然有卷舌化的作用，但不能说凡卷舌化都跟颤音 r 有关。不同发音部位的擦音交互演变在语言中极其常见。要是到更广阔的范围去观察语言的音变，就会发现许多看似特殊的音变实际上却很平常。

表 10.36　苗瑶语擦音对应表

词义	大南山	石门坎	摆托	甲定	绞陀	野鸡坡	枫香	汪家山
收	ʂou^{44}	ʂau^{33}	sou^{55}	shɯ^{24}	su^{31}		ɕou^{33}	si^{33}
升	ʂa^{43}	ʂi^{55}	sen^{55}	shɛ^{24}	sæin^{22}	sen^{31}	ɕen^{33}	sai^{33}
伤	ʂaŋ^{43}		sɑŋ^{55}	shõ^{13}	sɑŋ^{55}	sɑŋ^{33}	ɕaŋ^{33}	
输	ʂu^{43}	ʂu^{55}	su^{55}	shɯ^{43}		səu^{55}		su^{33}
试	ʂi^{24}	ʂʅ^{21}	sɿ^{43}	she^{24}		si^{24}		se^{21}

上表材料来自《苗瑶语古音构拟》(王辅世、毛宗武，1995)。

中古汉语舌面擦音 ɕ-，苗语大南山、石门坎方言读卷舌音 ʂ-，跟现代汉语读 ʂ-同。可见不论是从汉语还是从其亲属语言来看，根据中古汉语读卷舌辅音 ʂ-而构拟其上古汉语读音为 sr-，没有任何事实上的依据。李方桂所谓"一定另有一套介词可以使他卷舌化"未必真的一定有。中古汉语的齿龈塞音、舌面塞擦音和擦音卷舌化为卷舌音跟颤音 r 没有任何关系。

表 10.37　卷舌擦音谐声表一

	s_1-	s_3-	$ʂ_2$-	$ʂ_3$-	ts_1-	tsh_1-	dz_1-	ts_3-	tsh_3-	dz_3-	tʂ-	tʂh-	dʐ-
删	珊		删										
生	星	性	生					旌		殅			
殺	摋		殺	榝[1]									

[1] 榝，所八切，又山列切，《广韵》："似茱萸而实赤。"

续　表

	s_1-	s_3-	ʂ$_2$-	ʂ$_3$-	ts_1-	tsh_1-	dz_1-	ts_3-	tsh_3-	dz_3-	tʂ-	tʂh-	dʐ-
色				色									
嗇				嗇									
彡		彡	衫										
散	散		潸										
沙	莎		沙										
肖		肖	稍						峭	誚			
削		揱	削										
思	鰓	思	崽			偲[i]							
西	西		洒			茜							
束	速	（束）	欶										
朔	愬		朔										
疋	（婿）	胥		疋									
澀				澀									
辛		辛		莘									
新		新		[illegible]									
先	先			駪									
相		相		霜									
叟	叟	瞍[ii]		瘦									
省		省		省									

[i] 偲，息兹切，《广韵》："《论语》曰'朋友切切偲偲'。"偲，仓才切，《广韵》："多才能也。"《诗经·卢令》："其人美且偲。"传："偲，才也。"《经典释文》："偲，七才反，多材也，《说文》云'强也'。"

[ii] 瞍，苏雕切，《广韵》："目无眸子曰瞍。"瞍，苏后切，《广韵》："瞽瞍，舜父。"

续 表

	s_1-	s_3-	$ʂ_2$-	$ʂ_3$-	ts_1-	tsh_1-	dz_1-	ts_3-	tsh_3-	dz_3-	tʂ-	tʂh-	dʐ-
卂	汛	卂	汛	虱									
夙		夙		縮									
參	參		摻[i]	參		參						參	
索	索			索									
衰	蓑			衰		衰						衰	

[i] 攕,所咸切,《广韵》:"女手貌;摻,上同,《诗》曰'摻摻女手',又所减切。"摻,所斩切,《广韵》:"擥也,《诗》曰'摻执子之袪兮'。"《诗经·遵大路》:"摻执子之袪兮。"《经典释文》:"摻,所览反,徐所斩反。"

表 10.38 卷舌擦音谐声表二

臿			歃	歃							㞚	臿	牐
妾			翣	翣				接	妾				
疌			箑	箑	蜨			睫	緁	疌		⿰齒疌	
畟				謖				畟				畟	⿰氵畟
昔		昔	⿰氵昔			錯		借	鵲	踖	⿰氵昔	簎	齰
祭		⿰巾祭	⿰巾祭			蔡		祭	⿰目祭		祭	察	
朿			栜					速	朿		責	策	

謖,所六切,《广韵》:"起也。"畟,初力切,《广韵》:"畟畟,陈器状,《说文》曰'治稼畟畟进也',《诗》云'畟畟良耜',又音即。""謖"与"畟"韵母完全不同,且与齿龈音搭配的職部不能读屋韵。《后汉书·蔡邕传》:"公子謖然敛袂而兴。"李贤注:"謖然,翕敛之貌。"此"謖"实为"缩"之训读。《仪礼·士虞礼》:"祝入,尸謖。"注:"祝入而无事,尸则知起矣。不告尸者,无遣尊者之道也。古文謖或为休。"《说文》:"宿,止也。"《仪礼·特牲馈食礼》:"乃宿尸。"《仪礼·少牢馈食礼》:"吉则

乃遂宿尸祝摈。”

卷舌擦音和塞擦音(包括卷舌塞擦音)的谐声关系更加疏远,塞擦音的谐声集合中偶尔有一两个卷舌擦音,见表二。涑,《广韵》“仓故切”“侧伯切”“山责切”三音;幯,《广韵》有“私列切”“相绝切”“所例切”三音。这两字都有三个无意义差别的异读,且罕见于文献。楝,七赐切,《集韵》:“楣属。”《说文》:“楝,棟也,从木,策省声。”许慎不说从“朿”而说“策省声”,说明原本是塞擦音,而《广韵》并入了卷舌擦音。

除个别异读外,中古汉语的卷舌擦音 $ʂ_2$-和 $ʂ_3$-互补。董同龢已经论证,两者原本是同一类辅音声母。相对于中古汉语齿龈擦音 s-,卷舌擦音 ʂ-跟齿龈塞擦音 ts-和卷舌塞擦音 tʂ-的关系更加疏远。中古汉语卷舌擦音 ʂ-跟边音 l-可以组成一个谐声集合。不考虑个别特例,齿龈擦音 s-无论处于何种语音环境下都不跟边音 l-组成谐声集合。这是卷舌擦音 ʂ-和齿龈擦音 s-谐声很不同的地方。卷舌擦音 ʂ-和齿龈擦音 s-彼此有极其密切的谐声关系。故此,陆志韦认为:“苏息所”互转,明显是摩擦清音。卷舌擦音 ʂ-自谐的次数甚至要远远少于跟齿龈擦音 s-之间的谐声次数。卷舌擦音 ʂ-不仅跟齿龈擦音 s-有极其密切的谐声关系,两者在上古汉语文献里也常常通假。周祖谟详尽搜罗了 ʂ-跟 s-之间的通假、异文材料,并以这些材料得出中古卷舌擦音 ʂ-上古汉语归齿龈擦音 s-的结论。诚然,我们不能仅仅依据这些材料而推导出卷舌擦音 ʂ-上古汉语归齿龈擦音 s-的结论。但依照逻辑我们也可以说齿龈擦音 s-来自上古汉语的卷舌擦音 ʂ-。依据这些材料,我们却可以肯定中古汉语卷舌擦音 ʂ-和齿龈擦音 s-有共同的来源。谐声材料已经很清楚地告诉我们这样一个事实:如果卷舌擦音 ʂ-跟边音 l-谐声,就不再跟齿龈擦音 s-谐声;如果跟齿龈擦音 s-谐声,就不再跟边音 l-谐声。除极个别特例外,中古汉语卷舌擦音 ʂ-不能既跟边音 l-谐声同时又跟齿龈擦音 s-谐声。依据谐声关系,足可以肯定中古汉语卷舌擦音 ʂ-上古汉语也至少有两个不同的来源:一是跟边音 l-谐声的卷舌擦音 ʂ-;二是跟齿龈擦音 s-谐声的卷舌擦音 ʂ-。

表 10.39 藏缅语擦音对应表

词义	藏语	阿力克方言	墨脱门巴语	嘉戎语	独龙语	缅甸语	怒苏语	哈尼语	嘎卓语
肉	ɕa	xha	ɕa	ʃɑ	ɕɑ^{55}	sɑ	ʂa^{55}	sa^{31}	sa^{31}
死	ɕi	xhə	ɕi	ʃi	ɕi^{55}	se	ʂi^{33}	si^{51}	sɿ^{33}
树	ɕiŋ	xhaŋ	ɕiŋ	ʃE	ɕiŋ^{55}	sɑs	si^{53}		sɿ^{35}

上表材料来自《藏缅语族语言词汇》(黄布凡,1992)。

不同类型的擦音之间最容易出现交互演变。藏语的舌面擦音 ɕ-,现代藏语方言如阿力克方言点等都已变成送气的软腭擦音 xh-,而缅语支一些语言则是卷舌擦音 ʂ-。这跟中古汉语的舌面擦音 ɕ-演变成卷舌擦音 ʂ-没有本质性的不同。上古汉语的辅音丛 sr-演变成中古汉语的卷舌擦音 ʂ-,我们不能因此反推凡是中古汉语的卷舌擦音 ʂ-上古汉语一定是辅音丛 sr-。跟边音 l-有谐声关系的卷舌擦音 ʂ-来自上古汉语带词头 s-的颤音 r-,而词头 s-和颤音 r-后来融合成辅音丛 sr-。既然这部分卷舌擦音 ʂ-来自上古汉语的辅音丛 sr-,那么跟齿龈擦音 s-谐声的卷舌擦音 ʂ-上古汉语就不可能再是辅音丛 sr-,而是应该跟齿龈擦音 s-有相同的词根辅音。

娑,素何切,《广韵》:"婆娑,舞者之容。"𧺆,《广韵》:"舞不止皃,素何切。"𧺆,《广韵》:"舞不止皃,七何切,又素何切。"《诗经·东门之枌》:"子仲之子,婆娑其下……不绩其麻,市也婆娑。"传:"婆娑,舞也。"

鬆,私宗切,《广韵》:"鬔鬆,发乱皃,亦作髮。"鬆,息恭切,《广韵》:"发乱皃,亦作髮。"鬆,七恭切,《广韵》:"发乱。"鬔,薄红切,《广韵》:"鬔髮,发乱皃。"

樕,桑谷切,《广韵》:"樸樕木。"梀,《玉篇》:"桑屋切,朴樕,小木也;梀,同上。"朴,蒲木切,又音卜,《广韵》:"《尔雅》云'朴樕心'。"《尔雅》:"樕朴心。"郭注:"槲樕,别名。"《经典释文》:"樕,音速;樸,音卜,本今作朴。"《诗经·野有死麕》:"林有朴樕,野有死鹿,白茅纯束。"《经典释文》:“朴,蒲木反,又音仆;樕,音速。朴樕,小树也。”

跚,苏干切,《广韵》:“蹒跚,跛行貌。”蹒,薄官切,《广韵》:“蹒跚,跛行貌。”《楚辞·沉江》:“嫫母勃屑而日侍。”注:“勃屑,犹蹩姗,膝行貌。”洪补注:“蹩姗一作‘蹒跚’。”《玉篇》:“蹒,薄安切,蹒跚,旋行貌。跚,先安切,蹒跚。”

苏,素姑切,《广韵》:“紫苏草也,苏木也。”(扶,《广韵》:“扶持也,防无切。”)《诗经·山有扶苏》:“山有扶苏,隰有荷华。”传:“扶苏,扶胥,小木也。”《经典释文》:“苏,如字,徐又音踈。扶苏,扶胥木也。扶胥,音踈,又相如反。”

㯕,先稽切,《广韵》:“椑㯕。”椑,边兮切,《广韵》:“椑㯕,小树,又树栽也。”

毢,苏来切,《广韵》:“毰毢。”毰,薄回切,《广韵》:“毰毸,凤舞。”

蹮,苏前切,《广韵》:“蹁蹮,旋行貌;躚,上同。”蹮,相然切,《广韵》:“舞貌。”又僊,相然切,《广韵》:“僊僊,舞貌。”《诗经·宾之初筵》:“屡舞僊僊。”《经典释文》:“僊,音仙。”蹁,部田切,《广韵》:“蹁躚,旋行貌。”

蛸,相邀切,《广韵》:“螵蛸,虫也。”《尔雅》:“蟷蠰,其子蜱蛸。”《经典释文》:“蛸,音萧。”螵,符霄切,《广韵》:“螵蛸,虫名。”螵,抚招切,《广韵》:“螵蛸。”《礼记·月令》注:“螳蜋,螵母也。”《经典释文》:“螵,匹遥反;蛸,音消。”

汉语有一种语音构成很有规则的叠韵联绵词:前一音节的声母为唇塞音 b-,后一音节的声母为齿龈擦音 s-,而其中韵母可以随意替换。考察这些叠韵联绵词后我们发现后一个音节的声母不能是卷舌擦音 ʂ-。这说明齿龈擦音 s-和卷舌擦音 ʂ-尽管可以谐声,却是两个有差别的声母。卷舌擦音 ʂ-可以跟二等韵组合也可以跟三等韵组合,但两者互补。白一平(1983)等利用早期的切语推定卷舌擦音 ʂ-原本只有三等。《广韵》有真韵和臻韵,真韵和臻韵同来自上古汉语真部,且同为三等。臻韵只有卷舌音,而真韵恰恰没有卷舌音。中古汉语的舌面音后来演变成卷舌音。跟卷舌音组合的真韵和跟其他辅音组合的真韵今标准语读音不同。足见随着卷舌音的产生,卷舌音声母导致相同的韵母分化为两韵,即两者的主元音不同:前者-ən而后者为-in韵母。显然,卷舌音跟前高元音i排异。

表10.40 藏缅语族语音对应表

词义	藏语	阿力克方言	嘉戎语	却域语	景颇语	独龙语	缅语	阿昌语	彝语
杀	gsod	psat	sɑt	pse^{55}	sat^{31}	$sɑt^{55}$	sɑt	sat^{55}	si^{55}
三	gsum	ɣsəm	sɑm	so^{55}	sum^{33}	sum^{53}	sum	sum^{31}	$sɔ^{33}$

上表材料来自《藏缅语族言词汇》(黄布凡,1992)

藏缅语族语言中"杀"和"三"内部语音对应很一致,而且跟汉语对应。这两个语词在藏缅语族语言中,词根辅音完全相同。这跟上古汉语齿龈擦音s-和卷舌擦音ʂ-共同组成一个谐声集合一致。足见,齿龈擦音s-和卷舌擦音ʂ-拥有相同的词根辅音,而且是擦音。

殺,所八切,《广韵》:"殺命,《说文》'戮也'。"殺,所拜切,《广韵》:"殺害,又疾也,猛也,亦降殺,《周礼》注云'殺,衰小之也'。"《周礼·冬官·考工记》:"参分其辐之长而殺其一。"郑注:"殺,衰小之也。"《经典释文》:"殺,色界反,刘色例反。"《礼记·乐记》:"是故,志微噍殺之音作。"《经典释文》:"殺,色界反,又色例反。"《礼记·文王世子》:"亲之殺也。"注:"殺,差也。"《经典释文》:"殺,色戒反,徐所例反。"殺,徐邈、刘昌宗以及"旧读"都读三等。《说文》:"殺,戮也,从殳杀声。""杀"声符字有擦音ʂ-、s-等。《孟子·万章下》:"放驩兜于崇山,殺三苗于三危。"《经义述闻·殺三苗》:"殺,非殺戮之殺,字亦通作蔡。"《左传·昭公元年》:"周公殺管叔,而蔡蔡叔。"杜注:"蔡,放也。"《经典释文》:"蔡,素葛反,放也。"粲,桑割切,《广韵》:"放也,若'粲蔡叔'是也。《说文》曰'糅粲,散之也'。"《说文》:"粲,糅粲,散之也,从米殺声。"不论是去声祭部还是入声曷部,都没有与"殺"声字对立的齿龈擦音s-。

三,苏甘切,《广韵》:"数名。参,上同,俗作叁。"

参,仓含切,《广韵》:"参承,参觐也。"

参，所今切，《广韵》："参星；曑，上同。"

嵾，楚簪切，《广韵》："嵾差，不齐貌，亦作参；参，上同。"

三，文献字多作"参"。《左传·昭公三年》："民参其力，二入于公，而衣食其一。"《经典释文》："参，七南反，又音三。"骖，仓含切，《广韵》："骖马。"《说文》："骖，驾三马也，从马参声。""骖"的语源是"三"。犙，苏含切，《广韵》："牛也。"《说文》："犙，三岁牛，从牛参声。"三是二加一，故引申之为加入、参与等意义。《左传·襄公七年》："参和为仁。"《经典释文》："参，七南反。"《诗经·小星》："嘒彼小星，维参与昴。"因"三"星聚集故命之为"参"。《诗经·绸缪》："三星在天。"传："三星，参也。"《经典释文》："参，所金反。""三"表示"不整齐"。参，楚簪切，《广韵》："参差，不齐貌。"《诗经·关雎》："参差荇菜，左右流之。"《经典释文》："参，楚金反。""参"声谐声系列里面，有一等也有三等，但三等的则归卷舌音。依据一等跟三等谐声的谐声通则，这些卷舌音应该是由跟三等组合的舌面音演变而来。因而侵部（侵韵）三等没有与之对立的齿龈擦音 s-。

蓑，苏禾切，《广韵》："草名，可为雨衣。"《诗经·无羊》："尔牧来思，何蓑何笠。"《经典释文》："蓑，素戈反，草衣也。""蓑"是"衰"的后起字。《说文》："衰，草雨衣。秦谓之萆。从衣，象形。"蓑，素回切，《广韵》："蓑蓑，蕊下垂貌。"引申之，也指丧服。《周礼·春官·宗伯》："命男女之衰不中法者，且授之杖。"《经典释文》："衰，七雷反。"《周礼·春官·宗伯》："凡丧，为天王斩衰，为王后齐衰。"缞，仓回切，《广韵》："丧衣，长六寸，傅四寸，亦作衰。"衰，所追切，《广韵》："微也。"引申之，为"减少"。衰，楚危切，《广韵》："小也，减也，杀也。"衰，初危切，《集韵》："减也。"（《说文》："㾵，减也，从疒衰声。"）《周礼·冬官·考工记》注："杀，衰小之也。"《经典释文》："衰，初危反，一音如字。"

跟"参（三）"正相平行，"衰"声谐声集合中一等为齿龈音而三等为卷舌音。上古汉语的追部 ur，中古脂韵合口有齿龈擦音 s-，但皆从"隹"声和"妥"声，跟"衰"声上古来源完全不同，两者上古并不真正对立。上古汉语中，紧元音是无标记元音，而松紧元音交替其具体的形态意义见金理新（2021）。如此，"衰"声原本也应该归入齿龈擦音 s_3-。

如同中古汉语的舌面擦音跟介音-i-搭配时演变成了现代汉语标准语的卷舌擦音 ʂ-。

表 10.41　卷舌擦音与齿龈擦音异读表

彡	所衔切	《广韵》：毛长。	息廉切	《广韵》：毛饰。
捎	所交切	《广韵》：蒲捎，良马名也，亦芰也。	相邀切	《广韵》：摇捎，动也。
蛸	所交切	《广韵》：蟏蛸，喜子。	相邀切	《广韵》：螵蛸，虫也。
莦	所交切	《广韵》：《说文》"恶草貌"。	相邀切	《广韵》：草名。
鮹	所交切	《广韵》：海鱼形，如鞭鞘。	相邀切	《广韵》：鱼名。
省	所景切	《广韵》：省署。	息井切	《广韵》：察也，审也。
渻	所景切	《广韵》：水名，亦丘名。	息井切	《广韵》：水出丘前谓之渻丘。
渻	所景切	《广韵》：减也。	息井切	《广韵》：《说文》曰"少减也"。
醙	所鸠切	《广韵》：白酒。	息有切	《广韵》：白酒。
阠	所臻切	《广韵》：八陵东名阠。	息晋切	《广韵》：《尔雅》曰"东陵阠"。
翻	所六切	《广韵》：鸟飞。	息逐切	《广韵》：翻翻，鸟羽声。
摍	所六切	《广韵》：击声。	息逐切	《广韵》：击也。
蟋	所栉切	《广韵》：蟋蟀。	息七切	《广韵》：蟋蟀，蛬也。
襳	史炎切	《广韵》：襳褷，毛羽衣。	息廉切	《广韵》：小襦。
㡜	所例切	《广韵》：残帛。	私列切	《广韵》：残帛。

韵书《广韵》里面收集了相当数量的通过齿龈擦音 s_3-和卷舌擦音 ʂ-变换组成的异读字，且往往是无意义差别的异读字，如以上这些例子。这些无意义差别的异读字反映的正是语音演变过程中的"变化中"阶段，上古汉语的舌面擦音 ɕ-卷舌化为卷舌擦音 ʂ-是语音演变的最终结果。中古汉语的齿龈擦音 s_1-和 s_3-共同组成一个谐声集合，齿龈擦音 s_1-和卷舌擦音 ʂ-共同组成一个谐声集合。一般情况下，除无意

义差别的异读外，齿龈擦音 s_1-和 s_3-不能同时跟卷舌擦音 ʂ-组成一个谐声集合。卷舌擦音 ʂ-实质上只跟三等韵组合，某些因卷舌擦音 ʂ-对前高元音 i 或介音-i-的排异而归入二等韵里面。中古汉语齿龈擦音 s_1-为一组，齿龈擦音 s_3-和卷舌擦音 ʂ-为一组。齿龈擦音 s_3-跟齿龈擦音 s_1-的差别仅有与之组合的韵母三等和一等的不同，卷舌擦音 ʂ-跟齿龈擦音 s_1-不仅有韵母三等和一等的不同，还有声母发音部位上的差别。通过以上分析，可以看出齿龈擦音 s_3-在介音-i-的作用下演变成了卷舌擦音 ʂ-。随着介音-i-的产生，上古汉语的舌面擦音 ɕ-中古汉语两分为齿龈擦音 s_3-和卷舌擦音 ʂ-。

表 10.42　藏语语音对应表

新	息邻切	《说文》：取木也。	g-sil-ba	劈开(木柴)
洗	先礼切	《广韵》：洗浴，又音铣。	g-sil-ba	洗涤、沐浴
毨	苏典切	《尚书・尧典》传：理也。	g-sil-ba	剃的敬语
三	苏甘切	《广韵》：数名；参，上同。	g-sum	三、数词三
杀	所八切	《广韵》：杀命，《说文》“戮也”。	g-sod-pa	杀死、屠戮

上表材料来自《藏汉大辞典》(张怡荪，1999)。

中古汉语的齿龈擦音 s-和卷舌擦音 ʂ-藏语的语音对应形式相同。这与卷舌擦音 ʂ-跟齿龈擦音 s-共同组成谐声集合所反映的事实一致。中古汉语的卷舌擦音 ʂ-从齿龈擦音 s-分出，而今北方标准语仍读齿龈擦音 s-的非常多。中古汉语齿龈擦音 s-和卷舌擦音 ʂ-在音系上不是很对称的辅音，都没有与之完全匹配的齿龈浊擦音 z-和卷舌浊擦音 ʐ-。前者只出现在三等韵而后者只出现在之韵。这两个浊擦音都跟齿龈擦音 s-和卷舌擦音 ʂ-来源不同。谐声集合中，除偶尔出现极个别例外，没有中古读浊擦音的声母。这说明中古汉语的齿龈擦音 s-和卷舌擦音 ʂ-有其特殊性。跟卷舌塞擦音有所不同的是，舌面擦音 ɕ-在介音-i- 的推动下演变成卷舌擦音 ʂ-。这跟梵语的情况非常相似。梵语的卷舌擦音，“常是受前(后)的元音 i 同化的 s 变成的”(俞敏，1984)。这种现象也广泛见于藏缅语族语言。

翣,所甲切,《广韵》:“翣形如扇,以木为匡。《礼》‘天子八,诸侯六,卿大夫四,士二’。《世本》曰‘武王作翣’。”《说文》:“翣,棺羽饰也。天子八,诸侯六,大夫四,士二。下垂,从羽妾声。”《礼记·檀弓上》:“周人墙置翣。”《释名》:“翣,齐人谓扇为翣,此似之也,象翣扇为清凉也。”篓,山洽切,《广韵》:“扇之别名。箑,上同。”《说文》:“篓,扇也。从竹疌声。”扇,《方言》:“自关而东谓之篓。”篓,山辄切,《广韵》:“扇也。”萐,山洽切,山辄切,《广韵》:“萐莆,瑞草,王者孝德至则萐莆生于厨,其叶大如门,不摇自扇饮食。”

歃,山辄切,《广韵》:“歃血。”歃,山洽切,《广韵》:“歃血。”《说文》:“歃,歠也。从欠臿声。”《左传·隐公七年》:“及郑伯盟,歃如忘。”《经典释文》:“歃,色洽反,歃血也。”《左传·襄公二十五年》:“乃歃。”《经典释文》:“歃,所洽反,又所甲反。”歃,字也可写作唼。《汉书·张陈王周传》:“始与高帝唼血而盟。”颜师古注:“唼,小歠也,音所甲反。”咂,子答切,《广韵》:“入口。”咂,作答切,《集韵》:“啖也,或作啑、唼。”又噆,子答切,《广韵》:“蚊虫噆人。”《说文》:“噆,嗛也,从口朁声。”《庄子·天运》:“蚊虻噆肤,则通昔不寐矣。”《经典释文》:“噆,子盍反,郭子合反,司马云‘啮也’。”

上述这两个卷舌擦音夹杂在塞擦音谐声集合中,其词根辅音应该是塞擦音。葉部卷舌音只有送气塞擦音和擦音,没有不送气塞擦音和浊擦音。葉韵和狎韵合并,两者正合。三等是无标记韵母形式,而卷舌音是后起演变的产物。因而狎韵的卷舌擦音应该来自葉韵的齿龈擦音,受介音-i-的推动卷舌化了,如同中古汉语的舌面擦音,且葉部齿龈塞擦音齐全。如此,这几个卷舌擦音应该来自上古带词头 s-的舌面塞音 ȶ-,即 sȶ->ɕ->ʂ-。

生,所庚切,《广韵》:“生长也,《易》曰‘天地之大德曰生’。”《左传·隐公元年》:“宋武公生仲子,仲子生而有文在其手,曰为鲁夫人。”性,息正切,《广韵》:“性行也。”《孟子·告子上》:“告子曰‘生之谓性’。”姓,息正切,《广韵》:“姓氏,《说文》云‘姓,人所生也’。”《左传·隐公八年》:“天子建德,因生以赐姓。”“生”和“性”“姓”属于同族词,而“性”“姓”字本只作“生”。《荀子·劝学》:“君子生非异也,善假于物也。”

表 10.43　“生”声、“省”声读音表

	庚			清			青		
s							星、腥	醒	腥、醒
s					省、渻	性、姓			
ʂ	生、甥	省、眚							

腥,桑经切,《广韵》:“豕息肉。”腥,苏佞切,《广韵》:“豕息肉,肉中似米。”

醒,《说文》:“醉解也,从酉星声。”醒,桑经切,《广韵》:“酒醒。”醒,苏挺切,《广韵》:“醉歇也。”醒,苏佞切,《广韵》:“酒醒。”《左传·襄公三十年》:“醒而后知之。”《经典释文》:“醒,星顶反。”《左传·僖公二十三年》:“醒以戈逐子犯。”《经典释文》:“醒,星顶反。”惺,息井切,《广韵》:“惺悟,出《字林》。”省,息井切,《广韵》:“察也,审也。”《论语·学而》:“吾日三省吾身。”《经典释文》:“省,悉井反,视也,郑云‘思察己之所行也’。”

表 10.44　“省”声异读表

省	息井切	《广韵》:察也,审也。	所景切	《广韵》:省署。
渻	息井切	《广韵》:《说文》曰“少减也”。	所景切	《广韵》:减也。
渻	息井切	《广韵》:又水出丘前谓之渻丘。	所景切	《广韵》:水名,亦丘名。

渻,文献一般只作“省”,而《广韵》音“息井切”“所景切”为异读。《左传·僖公二十一年》:“贬食省用,务穑劝分。”《经典释文》:“省,所景反。”《左传·昭公元年》:“大国省穑而用之。”《经典释文》:“省,所景反,徐所幸反。”《礼记·月令》:“命有司省囹圄。”注:“省,减也。”《经典释文》:“省,所景反,注同,徐所幸反。”《公羊传·庄公二十二年》:“春王正月,肆大省。大省者何?灾省也。”《经典释文》:“省,所景反。”《左传》《穀梁传》“省”作“眚”。《左传·襄公九年》:“肆眚围郑。”《经典释

文》:“眚,生领反。”除此外,“省”也可以为“狝”的借字。《礼记·玉藻》:“唯君有黼裘以誓省。”郑注:“省当为狝。狝,秋田也。”《经典释文》:“省依注作狝,息典反,秋猎名。”《礼记·明堂位》:“秋省而遂大蜡,天子之祭也。”《经典释文》:“省读为狝,仙浅反。”

就音节分布以及无意义差别的异读情况来看,中古汉语很多卷舌擦音 ʂ-只是跟三等韵搭配时产生的变异,依照规则,原本应该归齿龈擦音 s-。当然,齿龈擦音 s_3-和卷舌擦音 ʂ-之间的异读既有无意义差别的音变,也有区别词汇意义或语法作用的变音。我们不能因齿龈擦音 s_3-和卷舌擦音 ʂ-异读而斥之两者是方言或口语与书面语的不同。卷舌擦音 ʂ-固有跟齿龈擦音 s_3-互补的地方,但是两者对立也显然。我们不能因舌面擦音卷舌化为卷舌擦音 ʂ-而取消卷舌擦音 ʂ-和齿龈擦音 s_3-之间的界线。

表 10.45 心母、山母魚鐸陽音节搭配表

	魚				陽			鐸
	平	上	去		平	上	去	入
s_1-	酥			訴	桑	顙	丧	索
s_3-	胥	諝			相	想	相	舄
ʂ-	梳	疋	疏		霜	爽		索

齿龈擦音 s-和卷舌擦音 ʂ-对立显然。依据梵汉对译材料,俞敏认为后汉三国时期已经产生了卷舌擦音 ʂ-。不过当时梵汉对译材料里面也有不少是用中古汉语的舌面擦音 ɕ-来对译梵语的卷舌擦音 ʂ-。如此看来,卷舌擦音 ʂ-当时尽管可能已经产生,但还不是很稳定。否则基于音位对立的原则,当时的佛经翻译家不应该选择有音位差别的舌面擦音 ɕ-对译梵语的卷舌擦音 ʂ-,如支谦用“沙”和“舍”对译梵语的 ṣa。但跟三等韵组合的齿龈擦音 s-,中古汉语仍然是齿龈擦音s-(s_3-)。固然介音-i-也有卷舌化功能,但推动上古汉语舌面擦音 ɕ-卷舌化为卷

舌擦音 ʂ-的显然不是介音-i-。依据谐声关系，中古汉语的卷舌擦音 ʂ-上古有两个源头：颤音-r-和舌面擦音 ɕ-。前者跟中古汉语的边音 l-谐声而后者跟中古汉语的齿龈擦音 s-谐声。两者有着极其清晰的界线。两者中古汉语时合并为卷舌擦音 ʂ-。如此推动上古汉语舌面擦音 ɕ-卷舌化为卷舌擦音 ʂ-的是颤音-r-，即卷舌擦音 ʂ-来自上古汉语舌面擦音 ɕ-和颤音-r-的融合。

漦，俟甾切，《广韵》："涎沫也，又顺流也。"《说文》："漦，顺流也。一曰水名，从水𠩺声。"《史记·周本纪》："请其漦而藏之。"集解："漦，龙所吐沫。沫，龙之精气也。"《国语·郑语》："漦流于庭，不可除也。"《左传·昭公九年》："我自夏以后稷，魏、骀、芮、岐、毕，吾西土也。"注："骀，在始平武功县，所治厘城。"《经典释文》："厘本又作漦，他来反，又音来，一音力之反。"考证："按后稷封邰，故《诗》曰'即有邰家室'。其地即汉右扶风之漦县。漦即邰字，故师古注曰'读与邰同，音台也'。"《汉书·郊祀志下》："后稷封于漦。"《尔雅》："漦，盝也。"《集韵》："漦，陵之切，《尔雅》'盝也'。"

俟，床史切，《广韵》："待也，亦作竢。"《说文》："竢，待也。从立矣声。"《诗经·静女》："静女其姝，俟我于城隅。"传："俟，待也。"《诗经·相鼠》："人而无止，不死何俟。"传："俟，待也。"《论语·乡党》："君命召，不俟驾行矣。"正义："俟，犹待也。"《左传·庄公八年》："师次于郎，以俟陈人。"《左传·成公十六年》："晋国之忧，可立俟也。"待，徒亥切，《广韵》："待拟也，俟也。"《说文》："待，竢也，从彳寺声。"《论语·子罕》："我待贾者也。"《论语·子路》："卫君待子而为政，子将奚先？"《孟子·滕文公下》："以待后之学者。"《庄子·人间世》："来世不可待，往世不可追也。"

中古汉语辅音清浊对立。齿龈擦音 z-和 s-对立，舌面擦音 ʑ-和 ɕ-对立。卷舌浊擦音 ʐ-《广韵》只有之韵、止韵有几字跟卷舌清擦音 ʂ-对立，其他韵则只有清擦音 ʂ-。可见，跟其他韵组合的卷舌浊擦音 ʐ-已经演变成了《广韵》其他辅音声母。上古汉语齿龈擦音 s-可以充当词头的辅音，而擦音 z-不可以。因而"漦"选用声母为边音的"𠩺"作为声符,只能算是特例。颤音-r-,藏缅语、侗台语、苗瑶语中普遍演变成卷舌擦音 ʐ-。但上古汉语的颤音-r-则并入边音 l-。就侗台语、苗瑶语来看,颤音-r-会衍生出一个软腭擦音 ɣ,变成 ɣr-。“俟”的声符是“矣”。“矣”,下一章将要讨论其声母软腭擦音 ɣ-。上古汉语有插音/r/,而这个插音/r/也可以插在声母为软腭擦音 ɣ-的词根语素中。中古汉语卷舌浊擦音 ʐ-上古语音形式可以构拟为 *ɣr-。因而除了之韵、止韵有几个字,中古汉语没有与卷舌清擦音 ʂ-匹配的卷舌浊擦音 ʐ-。

第十一章

软腭音、小舌音和声门音

第一节　kr-类辅音丛

第一章我们已经讨论了除主元音为圆唇元音的韵母外，中古汉语跟合口韵组合的软腭音来自上古汉语的小舌音。因而我们不再把小舌音单独列出来专门讨论，而是以软腭音代替小舌音。中古汉语的软腭浊塞音 g-比较特殊，只能跟主元音为前高元音 i 或带介音-i-/-j-的韵母组合。软腭清塞音 k-/kh-都可以跟不同类型的韵母组合。为了便于区别，我们把跟一等或四等韵组合的软腭塞音称为 k_1-，跟二等组合的软腭塞音称为 k_2-，跟三等组合的软腭塞音称为 k_3-。

表 11.1　软腭塞音 k_3-谐声表

	k_1-	k_2-	k_3-	kh_1-	kh_2-	kh_3-	$ɣ_1$-	$ɣ_2$-	g_3-	$ŋ_1$-	$ŋ_2$-	$ŋ_3$-
弓			弓			穹			窮			
宫			宫									
奇			奇			綺			奇			錡
其			其			欺			其			
規			規			窺			嫢			
幾			幾						幾			
君			君			輑			群			
喬			喬			蹻			喬			

续 表

	k_1-	k_2-	k_3-	kh_1-	kh_2-	kh_3-	$ɣ_1$-	$ɣ_2$-	g_3-	$ŋ_1$-	$ŋ_2$-	$ŋ_3$-
斤			斤						近	圻		圻
畺			畺						彊			
强			襁						强			
己	改		己			杞			忌			
久			久						柩			
九			九	尻		訄			仇			
建			建						鍵			
匊			匊			鞠			鞠			
厥			厥			闕			撅			
去			弆			去						
堇			堇			螼			堇			鄞
求			救						求			
臼									臼			
貴	鞼		貴		簣	嘳	潰		匱			
具			俱						具			
局			挶						局			
巨			矩						巨			
及			汲			衱			及			岌

中古汉语的软腭塞音 k_3-有明显自我谐声的倾向,但又可以跟软腭塞音 k_1-谐声。中古汉语跟软腭塞音 k_3-组合的介音-i-主要由上古汉语的紧元音衍生而来。除了个别特例,中古汉语的软腭塞音 k_1-来自上古汉语跟松元音组合的软腭塞音 *k-,而中古汉语的软腭塞音 k_3-

主要就是上古汉语跟紧元音组合的软腭塞音 *k-。假如暂且不考虑软腭浊擦音 $ɣ_3$-，中古汉语的软腭浊擦音 $ɣ_1$-和软腭浊塞音 g-互补。跟齿龈浊擦音 z-不同，软腭浊擦音 $ɣ_1$-（包括 $ɣ_2$-）跟软腭清塞音 k-可以交替组成有意义差别的异读，如“合”。

表 11.2　软腭浊擦音 $ɣ_1$-与软腭塞音 k-异读表

降	下江切	降伏。	古巷切	下也，归也，落也。
洚	下江切	水流不遵道。	古巷切	《说文》曰“水不遵道”，一曰下也。
减	下斩切	减耗。	古斩切	损也。
雇	侯古切	《说文》曰“九雇，农桑候鸟”。	古暮切	本音户，九雇鸟也，相承借为雇赁字。
虹	户公切	蝃蝀也。	古送切	县名，在泗州，今音绛。
僩	下赧切	武猛貌，一曰宽大。	古限切	武猛貌。
校	胡教切	校尉，官名。	古孝切	检校，又考校。
筊	胡茅切	竹索。	古巧切	竹索也。
姣	胡茅切	姣媱。	古巧切	妖媚。
酤	侯古切	一宿酒。	古胡切	酤酒。
解	胡买切	晓也。	佳买切	讲也，说也，脱也，散也。
解	胡懈切	曲解，亦县名，在蒲州。	古隘切	除也。
会	黄外切	合也。	古外切	会稽，山名。
禬	黄外切	除殃祭也。	古外切	福祭。
见	胡甸切	露也。	古电切	视也。
活	户括切	不死也，又水流声。	古活切	水流声。
佸	户括切	佸会。	古活切	会计曰佸。
合	侯合切	合同。	古沓切	合集。

软腭浊擦音 $ɣ_1$-不仅跟软腭清塞音 k-交替组成有意义差别的异读,而且两者共同组成谐声集合。既然中古汉语软腭清塞音 k-来自上古汉语的软腭清塞音 k-,那么依照辅音清浊交替原则,软腭浊擦音 $ɣ_1$-自然也应该来自跟软腭清辅音 k-相对的软腭浊塞音 g-。因而李方桂(1971)等都把软腭浊擦音 $ɣ_1$-的上古汉语读音构拟为软腭浊塞音 g-。

这一构拟不仅可以从借词中得到支持,也可以从现代汉语方言,比如吴语、闽语中得到有力的佐证。中古汉语跟开口韵组合的软腭浊擦音 $ɣ_1$-,温州永嘉话有 g-/ɣ-读音。温州永嘉话文读音读软腭浊擦音 ɣ-,而白读音主要读软腭浊塞音 g-。闽语的情况也如此,如厦门话白读音为软腭清塞音 k-。中古汉语跟开口韵组合的软腭浊擦音 ɣ-甚至在后汉三国时期仍然是软腭浊塞音 g-。依据俞敏(1984)的《后汉三国梵汉对音谱》,当时的佛经翻译者用传统的群母或匣母对应梵语的软腭浊塞音 g-,如用汉语“含”对音梵语的 gam、gām 音节。这些方言读音以及梵汉对译,跟软腭浊擦音 $ɣ_1$-谐声集合反映出来的读音情况一致。

表 11.3　软腭浊擦音 $ɣ_1$-藏语对应表一

胡	户吴切	《诗经·式微》:胡不归?	ga	疑问词,何、什么
何	胡歌切	《诗经·谷风》:何有何亡。	ga-re	什么
局	渠玉切	《广韵》:蜷局,又曲也。	gug-pa	佝偻、弯曲
共	渠用切	《广韵》:同也,皆也。	guŋ	中央、正中
竭	其谒切	《广韵》:尽也。	god-ma	残余、剩余

中古汉语浊擦音 $ɣ_1$-和浊塞音 g-,藏语对应的同是软腭浊塞音 g-。梅祖麟利用内部构拟证明中古汉语的浊擦音 $ɣ_1$-上古汉语就是软腭浊塞音 g-。中古汉语的浊擦音 $ɣ_1$-上古汉语为软腭浊塞音 g-,学者并没有多少异议。因而中古汉语的浊塞音 g-和浊擦音 $ɣ_1$-上古汉语的差别就是前者与紧元音组合而后者与松元音组合。紧元音后衍生出介音

-i-。于是，有无介音促使上古汉语的软腭浊塞音 g-分裂为软腭塞音 g-和软腭擦音 γ_1-。

表 11.4　软腭浊擦音 γ_1-藏语对应表二

颃	胡郎切	《说文》：人颈也。	ɦ-gaŋs	关头、关键、要紧处
害	胡盖切	《说文》：伤也。	ɦ-gad	拆裂、使裂开
含	胡男切	《说文》：衔也。	ɦ-gam-ba	干吞、含在口中
劾	胡得切	《说文》：法有罪也。	ɦ-gog-pa	反驳、破斥、否定
后	胡口切	《说文》：继体君也。	ɦ-go-pa	头人、头目
咸	胡谗切	《尚书·君奭》：咸刘厥敌。	ɦ-gums	杀死、屠杀、杀人
扞	侯旰切	《史记·游侠列传》：扞当世之文罔。	ɦ-gal-ba	违犯、抵触
县	胡涓切	《诗经·伐檀》：胡瞻尔庭有县貆兮。	ɦ-gel-ba	悬挂
盍	胡腊切	《说文》：覆也。	ɦ-gebs-pa	覆盖、掩饰、遮蔽
盍	胡臘切	《说文》：覆也。	s-gab-pa	掩蔽、遮盖
函	胡男切	《慧琳音义》：箧也。	s-gam	木箱
候	胡遘切	《说文》：伺望也。	s-gug-pa	等待、等候
户	侯古切	《广韵》：半门为户。	s-go	门
函	胡男切	《广韵》：容也。	s-gom-ba	修习、修行、参禅

藏语中相同的词根可以附加不同的词头构成一组同族词。其中比较常见的是词头 ɦ-跟词头 d-之间的交替，如 ɦ-gas 和 d-gas“劈开、打碎”，前者是现在式而后者为将来式。中古汉语的浊擦音 γ_1-，除了对应藏语不带词头的 g-，也广泛对应藏语带词头的 g-。考察汉藏语音对

应关系,藏语带词头 ɦ-或 s-的软腭浊塞音 g-大抵对应汉语的软腭擦音 ɣ-,而不是软腭塞音 g-。撇开形态仅从语义和语音这两个方面来处理汉语和藏语之间的语音关系,那是相当困难的。因为中古汉语的一个辅音声母往往可以跟藏语的多个声母对应。出现这一现象主要是由于我们在确定汉藏语音对应时往往忽略了汉语以及藏语语词复杂的词形变化,比如辅音清浊交替等。

表 11.5　软腭塞音藏语对应表

固	古暮切	《说文》:四塞也。	ɦ-gag	要塞、要隘
錮	古暮切	《说文》:铸塞也。	ɦ-gag	阻滞、不通、堵塞
干	古寒切	《说文》:犯也。	ɦ-gal	抵触、相违
割	古达切	《说文》:剥也。	ɦ-gad～b-kad	拆裂、使裂开
辜	古胡切	《周礼·掌戮》郑注:谓磔之。	ɦ-gas～b-kas	劈开、裂开
彍	古博切	《说文》:弩满也。	ɦ-geŋ～b-kaŋ	拉开弓的弦
广	古晃切	《诗经·六月》传:大也。	ɦ-geŋ～b-kaŋ	填满、使……满
盖	古太切	《左传·庄公三十二年》注:覆也。	ɦ-gebs～b-kab	遮蔽、隐藏
曲	丘玉切	《广雅》:折也。	ɦ-gugs～b-kug	屈、弄弯
戡	口含切	《慧琳音义》引《说文》:杀也。	ɦ-gums～b-kums	杀死、屠杀

上表材料来自《藏汉大辞典》(张怡荪,1999)。

藏语带词头 ɦ-的软腭塞音 g-也跟中古汉语的软腭清塞音 k-/kh-对应,而且可以同时跟中古汉语的软腭清塞音 k-和软腭浊擦音 $ɣ_1$-对应。这主要是因为这些读软腭清塞音 k-和软腭浊擦音 $ɣ_1$-的语词本就是同族词,而且汉语和藏语本身就存在着辅音清浊交替,比如"割"。割,字从"害"声,且新出土的帛书中"祸害"的"害"也往往写作"割"。

假若只站在软腭塞音 k-或软腭擦音 $ɣ_1$-的角度看汉藏语之间的语音关系而忽略形态变化，那么汉藏之间就会出现辅音清浊对应上的不一致。依据汉语和藏语本身的辅音清浊交替关系，中古汉语与软腭清塞音 k-组成谐声集合的软腭擦音 $ɣ_1$-应该来自上古汉语的软腭浊塞音 g-。

中古汉语的软腭塞音 k-还来自上古汉语的辅音丛 kl-和 kr-。当主元音是松元音时，上古汉语的辅音丛 kl-和 kr-演变成中古汉语的软腭塞音 k_2-；当主元音是紧元音时，上古汉语的辅音丛 kl-和 kr-演变成中古汉语的软腭塞音 k_3-。相对于其他辅音，中古汉语的软腭塞音比较开放，可以跟多种不同类型的辅音谐声。其中，最引起学者关注的是跟边音 l-谐声。

表 11.6　软腭塞音与边音谐声表

	l_1-	l_3-	k_1-	k_2-	k_3-	kh_1-	kh_2-	kh_3-	$ɣ_1$-	$ɣ_2$-	g_3-	$ŋ_1$-	$ŋ_2$-	$ŋ_3$-
柬	闌	練		柬										
角	角			角			埆		斛	确				
鬲	鬲			鬲						翮				
革	勒			革			緙							
卵	卵			關						（患）				
录	录	绿		觮										
夅	⿱夅言	隆		降					洚	洚				
各	洛	略	各	格		恪	客		貉	格			額	

除了软腭音，同一谐声集合还有边音。就谐声而言，尽管存在边音 l_1-和软腭塞音 k_3-谐声或边音 l_3-和软腭塞音 k_2-谐声的事例，但边音 l_1-/l_3-存在着一定的选择性是可以肯定的。文献中边音 l_1-或 l_3-跟软腭音 k-通假情况也跟谐声一致，即 l_1-配 k_2-、l_3-配 k_3-。中古汉语的一三等分别来自上古汉语的松紧元音，而上古汉语的松紧元音则是一对可交替元音。因而一等和三等有各自谐声的趋势，但又可以共同谐声。这跟中古

汉语边音的谐声情况一致。除个别特例,边音 l_1-/l_3-跟软腭塞音 k_2-谐声,就不再跟软腭塞音 k_1-谐声。这说明 k_2-跟 k_1-上古汉语并不完全相同。软腭塞音 k_2-和边音 l_1-共处于一个谐声集合。如此,跟 l_1-谐声的 k_2-应该跟 l_1-有共同的词根辅音。假若边音 l-上古汉语是边音 l-,那么跟边音 l-谐声的软腭塞音 k_2-上古汉语就是 *k-l-。其中,软腭塞音 k-是词头辅音,边音 l-是词根辅音。两者融合成 kl-辅音丛。

辅音丛 kl-很早的时候就变成辅音丛 kr-。固然,汉代用中古汉语的边音 l-对译外语的颤音 r-,但这并不能证明中古汉语的边音 l-汉代仍然是颤音 r-,如同后汉、三国、唐代用边音 l-对译外语的 r-颤音不能证明那时的汉语仍然有颤音 r-一样。因为汉代同样存在用边音 l-对译外语的 l-,如古突厥语 talas,《汉书·陈汤传》翻译为都赖;ili《汉书·陈汤传》翻译为伊列等。汉代之所以既可以用中古汉语的边音 l-对译外语的颤音 r-也可以对译外语的边音 l-,就在于汉代早就已经没有颤音 r-和边音 l-的对立。《礼记·檀弓下》:"工尹商阳与陈弃疾追吴师,及之。"郑玄注:"陈或作陵,楚人声。""陈"姓即"田"姓,而语词"田"的声母苗瑶语一律读边音 l-,如瑶语江底 $li:ŋ^{21}$"田"。苗瑶语边音 l-和颤音 r-对立,如果汉语也是边音 l-和颤音 r-对立,那么应该选择边音 l-而不是颤音 r-对译苗瑶语的边音 l-。

表 11.7　软腭音 k_2-藏语对应表

甲	古狎切	《广韵》:铠也。	khrab	铠甲
皆	古谐切	《广韵》:俱词也。	khres	全部、每个
淆	胡茅切	《说文》:相杂错也。	ɦkhrug-pa	错乱、紊乱、散乱
诫	古拜切	《广韵》:言警也。	bkros-pa	教诫、劝告
搅	古巧切	《说文》:乱也。	dkrug-pa	搅拌、翻搅、搅动混合
戒	古拜切	《说文》:警也。	dkrog-pa	惊动
骇	侯楷切	《广韵》:惊也。	ɦdrog-pa	惊惧、怕

上表材料来自《藏汉大辞典》(张怡荪,1999)。

除了一两个特例，比如“冷”，中古汉语的边音 l-不跟二等韵组合，而跟二等韵组合的软腭塞音 k_2-却跟边音 l-有较密切的谐声关系。可见，二等韵跟边音有密切的关系。中古汉语的边音 l-上古有边音 l-和颤音 r-两个来源，那么跟边音 l-谐声的软腭塞音 k_2-上古也应该有 kl-和 kr-两个来源。汉语的边音 l-跟藏语的颤音 r-语音对应的事例甚多，但软腭塞音 k_2-跟藏语的辅音丛 kr-语音对应却不是很整齐。如同侗台语族，上古汉语的辅音丛 kl-和 kr-后来合并为辅音丛 kr-。古壮语的辅音丛 kl-和 kr-，贵港方言都读辅音丛 kr-。这个辅音丛 kr-再演变为 kɣ-，然后失落-ɣ-变成中古汉语的软腭塞音 k_2-。这也可以从谐声关系中看出。中古汉语软腭塞音 k_1-不跟边音 l-谐声，但软腭擦音 $ɣ_1$-跟边音 l-谐声却有好几例。

貉，下各切，《广韵》：“《说文》曰‘似狐，善睡兽也’。”

斛，胡谷切，《广韵》：“十斗。”

洚，户公切，《广韵》：“《说文》曰‘水不遵道’，一曰下也。”

劦，胡颊切，《广韵》：“同力。”

睔，胡本切，《广韵》：“大目。”

不管位于词首还是位于词中，颤音-r-侗台语普遍变成了软腭擦音-ɣ-。上古汉语的软腭浊塞音 g-，当主元音是松元音时，演变为软腭擦音 ɣ-。于是，上古汉语的 gr-辅音丛直接并入了中古汉语的软腭擦音 $ɣ_1$-。中古汉语的软腭塞音 k_2-跟藏语 kr-辅音丛对应的例子不是很多，而软腭塞音 k_3-跟藏语辅音丛 kr-对应的例子却不少。

表 11.8　软腭塞音 k_3-藏语对应表

愆	去干切	《说文》：过也。	khren	缺点、过失
几	居履切	《说文》：坐所凭也。	khri	座、榻、床
禁	居荫切	《周礼》注：禁，所以防奸邪者。	khrims	法律、成规、戒律
亟	去吏切	《广韵》：数也，遽也。	khregs-pa	坚硬、粗犷、顽固

续　表

弆	居许切	《广韵》：藏也。	ɦkhra-ba	隐匿、隐藏
畿	居依切	《尔雅》：近也。	ɦkhris	附近、跟前
据	九鱼切	《诗经·柏舟》传：依也。	ɦkhra-ba	依恋、附着
凛	巨金切	《广韵》：寒状。	ɦkhrims-pa	畏惧、恐怖、害怕
饑	居依切	《广韵》：谷不熟。	bkres-pa	饥饿
馑	渠遴切	《广韵》：无谷曰饥，无菜曰馑。	bkren-pa	财物匮乏不足
求	巨鸠切	《广韵》：索也。	skru-ba	乞讨、乞求
赇	巨鸠切	《说文》：以财物枉法相谢也。	skru-ba	欺骗、欺逛
惧	其遇切	《广韵》：怖惧。	skrag-pa	害怕、恐惧

上表材料来自《藏汉大辞典》(张怡荪,1999)。

包拟古曾假设上古汉语后者和前者的元音不同。不过,到底是什么元音不同,包拟古没有说。郑张尚芳(1987)注意到软腭音 k_3-跟藏语辅音丛 kr-之间的语音对应关系,但是郑张尚芳把软腭音 k_3-仅仅局限于所谓的三等 A。我们可以把跟三等 A 韵组合的软腭塞音称为 k_a-。中古汉语的软腭塞音 k_a-固然跟藏语的辅音丛 kr-对应,但是跟藏语辅音丛 kr-对应的远远超出中古汉语 k_a-的范围。中古汉语的软腭塞音 k_a-和上古汉语的辅音丛 kr-并不存在必然的联系。

居,九鱼切,《广韵》:"处也。"《诗经·击鼓》:"爰居爰处,爰丧其马。"《左传·隐公三年》:"使公子冯出居于郑。"庐,力居切,《广韵》:"寄也,舍也。"《说文》:"寄也,秋冬去,春夏居。"《孟子·滕文公上》:"五月居庐,未有命戒。"《左传·昭公三年》:"小人粪除先人之敝庐。"《诗经·公刘》:"京师之野,于时处处,于时庐旅,于时言言,于时语语。"《周礼·地官·司徒》:"旅师中士四人。"注:"旅,犹处也。"

莒,居许切,《广韵》:"草名,亦国名。"《说文》:"莒,齐谓芋为莒,从草吕声。"《孟子·梁惠王下》:"诗云'王赫斯怒,爰整其旅,以遏徂莒'。""莒"字也作"旅"。《诗经·皇矣》:"王赫斯怒,爰整其旅,以按徂旅。""莒"从"吕"声，而"吕"也写作"旅"。《穀梁传·宣公十八年》："楚子吕卒。"《经典释文》："子吕，《左氏》作'旅'。"

显然，"莒"构拟为 kra 比 kla 更可以解释其和声符"吕"之间的谐声关系，也可以解释其和"旅"之间的通假关系。所谓三等 A 本身就是三等 D，只是这些韵有带介音-j-的韵母存在才被以往的学者称为三等 A。《广韵》只有主元音为前元音时才有所谓的三等 A。假若把《广韵》的"韵"归并成"韵部"，就会发现许多"韵部"并没有三等 A。假若是一个有带介音-i-和介音-j-两个韵母的韵，那么上古汉语位于辅音和元音之间的颤音-r-自然会归入带介音-i-的韵母，也就是所谓的三等 A；假若是一个只带介音-i-的韵母的韵，那么上古汉语位于辅音和元音之间的颤音-r-也会归入带介音-i-的韵母，但因没有对立的-j-介音，被称为三等 D。上古汉语的辅音丛 kr-跟中古汉语的三等 A 并没有必然的联系，两者不过是音变巧合罢了。因而上古汉语带颤音-r-的中古汉语可以是三等 A 也可以是三等 D。就谐声关系而言，边音 l_1-主要跟 k_2-谐声，而边音 l_3-主要跟 k_3-谐声：

表 11.9　边音与软腭音谐声表

	l_1-	l_3-	k_1-	k_2-	k_3-	kh_1-	kh_2-	kh_3-	$ɣ_1$-	$ɣ_2$-	g_3-	$ŋ_1$-	$ŋ_2$-	$ŋ_3$-
京		凉			京						黥			
龍	籠	龍			龔									
婁	樓	婁			屨						窶			
林	婪	林			禁						噤			僸
吕		吕			莒									
禀	壈	廪									凛			
立	拉	立						泣			位			
僉		斂			檢			㯠			儉			驗

续 表

	l_1-	l_3-	k_1-	k_2-	k_3-	kh_1-	kh_2-	kh_3-	$ɣ_1$-	$ɣ_2$-	g_3-	$ŋ_1$-	$ŋ_2$-	$ŋ_3$-
翏	翏	翏		膠	樛			膠		𤞑	璆			
樂	樂	𤻲											樂	
兼	熑	廉	兼	𩱧		謙	歉	嵰	嫌	𨂀				隒
侖	論	侖		綸					睔					
䜌	䜌	䜌			攣									
力	肋	力			㔹[i]									
監	藍			監						艦				

[i] 㔹,林直切,《广韵》:“赵魏间呼棘,出《方言》。”棘,纪力切,《广韵》:“小枣,又箴也。”

由边音 l-组成的谐声集合,除了软腭音,还可以有唇音、卷舌擦音,甚至还可以有半元音。谐声集合中有卷舌擦音或者半元音,不论是否只跟软腭塞音 k_2-谐声,其词根辅音是颤音 r-,如“監”声。“監”声字有声母为半元音的“鹽”,可以比较汉语的“藍”和侗台语 *gra:m(泰语khra:m)“藍靛”。词缀辅音 k-和词根辅音 r-融合成辅音丛 kr-,如“京”,再依据清浊交替等谐声通则就可以创造出一个声母为 gr-的谐声字,如“黥”。除了这种融合而成的 kr-辅音丛,上古汉语还有软腭塞音 k-和颤音 r-组成的 kr-辅音丛。这种 kr-辅音丛广泛见于藏缅语、苗瑶语和侗台语。这两种性质不同的辅音丛合二为一,演变成中古汉语的软腭塞音 k_2-/k_3-。

表 11.10　软腭音 k_3-谐声表

	k_1-	k_2-	k_3-	kh_1-	kh_2-	kh_3-	$ɣ_1$-	$ɣ_2$-	g_3-	$ŋ_1$-	$ŋ_2$-	$ŋ_3$-
居			居			椐			腒			
丩	叫[i]		丩						虯			

[i] 叫,古吊切,《广韵》:“呼也。”本当归幼韵,例外入嘯韵。《广韵》幼韵没有软腭塞音 k-。

续　表

	k_1-	k_2-	k_3-	kh_1-	kh_2-	kh_3-	$ɣ_1$-	$ɣ_2$-	g_3-	$ŋ_1$-	$ŋ_2$-	$ŋ_3$-
去			弆			去						
瞿			瞿						懼			
矍			矍			躩			戄			
豦			豦						豦			
京			京						黥			
几			几									
敬			敬						擎			
竟			竟						樈			
亟			亟			亟			極			
棘			棘									
戟			戟									
丮			丮									
㝅						㝅						
谷			卻			郤			谷			
囷			麕	稇[i]		囷			菌			
慶						慶						
皀			皀									
劫			劫			怯						
桀									桀			

[i] 稇，苦本切，《广韵》："成熟，又缚衣也。"稇，当从"困"声，因"困"和"囷"形近而混。"囷"声符和"困"声符是两个非常不同的谐声集合，前者为三等而后者为一等。

紧元音可以跟松元音交替。谐声系统中,紧元音可以跟松元音谐声,但两者界线非常清晰,尤其是当声母为辅音丛 kr-时。上古汉语的辅音丛 kr-组成一个封闭的谐声集合,其元素大抵是 kr-/khr-/gr-,不夹杂其他辅音。辅音丛 kr-比跟三等 A 组合的软腭塞音 k_3-谐声广泛,比如"居""去"声符。依据语源关系,"居""去"声组成的谐声集合里面的元素上古汉语都应该属于辅音丛 kr-。随着位于软腭塞音和元音之间的颤音-r-失落,某些后起字也混入来自上古汉语紧元音的三等字,甚至用这些三等字替换原有的声符。

弶,《广韵》:"张取兽也,其亮切,又鱼两切。"

滰,《广韵》:"干米之貌,其两切。"

麕,《广韵》:"鹿属,居筠切;麏、麕,并上同。"《诗经·野有死麕》:"野有死麕,白茅包之。"《经典释文》:"麕,本亦作麏,又作麇,俱伦反。"《左传·昭公元年》:"子皮赋《野有死麕》之卒章。"《经典释文》:"麕,亦作麏,九伦反。"

攈,《广韵》:"《说文》'拾也',居运切;捃,上同。"《国语·鲁语》:"收攟而烝纳要也。"注:"攟,拾也。"《墨子·贵义》:"是犹舍获而攈粟也。"《玄应音义》卷九十八:"捃,古文攈,同。"《方言》:"攈,取也。"钱绎笺疏:"攈,古捃字。"

鱷,《广韵》:"大鱼,渠京切;鲸,上同。"鱷,《说文》:"海大鱼也,从鱼畺声。《春秋传》曰'取其鱷鲵'。"《左传·宣公十二年》:"古者明王伐不敬,取其鲸鲵而封之。"《经典释文》:"鲸,其京反,大鱼名。"《淮南子·天文训》:"麒麟斗而日月食,鲸鱼死而彗星出。"麠,举卿切,《广韵》:"兽名,一角似麋,牛尾;麖,上同。"《说文》:"麠,大鹿也,牛尾一角,从鹿畺声。"《尔雅》:"麠,大麃,牛尾一角。"《经典释文》:"麠,音京,本或作麖同。""麖"和"鲸"的语源本是"京"。《公羊传·桓公九年》:"京者何? 大也。"鲸,字本只作京。《汉书·扬雄传上》:"骑京鱼。"颜师古注:"京,大也。"

两类原本不同的软腭塞音因语音演变而建立了联系。起码《广韵》系统,这两类软腭塞音之间的界线仍然十分清晰,比如"畺"

和“京”声。从“畺”声字，除了两个异体字，一律读陽韵；从“京”声字，除了一个后起字“弶”，一律读庚韵。前者不跟边音谐声，而后者跟边音谐声。两者的谐声行为完全不同，尽管主元音都是紧元音。

表 11.11　缅语 kr-藏缅语对应表

词义	缅甸语	怒苏语	阿昌语	载瓦语	哈尼语	仙岛语	傈僳语	扎坝语
六	khrɔk	khɹu̱^{53}	xʐoʔ^{55}	khjuʔ^{55}	khv̱^{31}	khjuʔ^{55}	tɕho̱^{31}	tʂho^{55}
脚	khre	khɹe^{33}	tɕhi^{55}	khji^{51}	khɯ^{55}	khji^{55}	tɕhi̱^{33}	tʂhʌ^{13}
干燥	khrɔk		khʐoʔ^{55}	khu^{31}		khʐuʔ^{55}	dʑu̱^{33}	tʂy^{55}
筋	krɔ	gɹɯ^{55}	kʐə^{51}	kji^{21}	kv^{31}	kɯ^{31}	dʑu^{31}	tʂu^{55}
星星	krɑj	kɹɯ^{31}	khʐə^{55}	kji^{51}	kɯ^{55}			ʂtʂə^{55}
害怕	krɔk	gɹu̱^{53}	ʐoʔ^{55}	kjuʔ^{21}	kv^{33}		dʑo̱^{33}	
老鼠	krwɑk	ɣɹua̱^{53}	kʐoʔ^{55}			kʐoʔ^{55}		ʐa^{33}

上表材料来自《藏缅语族语言词汇》(黄布凡,1992)。

位于辅音和元音之间的-r-经历了这样的演变过程：r＞ɹ(ʐ)＞i。缅语的-r-，仙岛语对应的可以是-ʐ-也可以是-j-。这正说明了仙岛语正处于-ʐ-演变成-i-的中间阶段。上古汉语 kr-辅音丛并没有演变成卷舌音。可见，上古汉语位于软腭塞音和元音之间的颤音-r-跟藏缅语的演变模式不同，而跟侗台语的演变模式相似，即演变为软腭擦音-ɣ-。这样可以解释上古汉语的同一个韵部《广韵》出现了两类主元音音质不同的韵，如陽韵和庚韵三等。

第二节　软腭塞音腭化

跟主元音为前高元音 i 或者带介音-i-的韵母组合时，软腭音 k-/kh-/g-容易受到影响而腭化成舌面音。这种音变广泛见于汉语诸方言以及汉藏语诸语言。上古汉语的软腭音,中古汉语仍然是软腭音,即使出现在以前高元音 i 或带介音-i-的韵母之前。但跟主元音是紧元音 i 的韵母组合时,软腭音也会演变成舌面音。前面已经讨论了,上古汉语的齿龈塞音,跟紧元音组合时,随着介音-i-的产生,演变成了中古汉语舌面塞擦音。这是中古汉语舌面塞擦音的主要来源之一,即上古汉语 t-/th-/d-/s-/z-演变成 tɕ-/tɕh-/dʑ-/ɕ-/ʑ-。除此之外,中古汉语的舌面塞擦音还有软腭塞音另外一个来源。这一点可以从舌面塞擦音的谐声关系看出:

表 11.12　舌面塞擦音与软腭音谐声表

	tɕ-	tɕh-	dʑ-	ɲ-	k-	kh-	g-	ŋ-	x-	ɣ-	t-	th-	d-	n-	t_3-	th_3-	d_3-	n_3-
垔	甄				甄													
支	支				妓	跂	技	敲										
臣			臣		堅	臤		嚚		賢								
氏	氏		氏				衹											
示	祁		視				示	狋										
旨	旨		嗜		稽	稽	耆	诣										
十	汁	斟	十		计					叶								
咸	鍼				感	轗	鍼	黬	喊	咸								
車		車			車													
區		樞				區										貙		
合			拾		合	恰	跲		欱	合								
公	忪				公													

中古汉语的舌面塞擦音固然可以跟齿龈塞音或软腭塞音谐声,但舌面塞擦音、齿龈塞音组成的谐声集合跟舌面塞擦音、软腭塞音组成

的谐声集合，显然是两个完全不同的谐声集合。除了个别声符（主要是“出”和“甚”声符，见下），跟软腭音谐声的舌面塞擦音就不再跟齿龈塞音谐声。这和舌面塞擦音可以跟软腭音谐声而齿龈塞音不能跟软腭音谐声是一致的。足见，中古汉语的舌面塞擦音，上古汉语至少有两个完全不同的来源。

几千年来，汉字在没有正式统一的注音方法出现之前，个别文字出现一些奇怪的读音是正常的，尤其是罕见于文献的冷僻字；即使是注音方法出现之后，《广韵》仅仅因反切上下字讹误而出现怪异读音的也有不少，如“犨”。犨，《广韵》：“牛羊无子，土刀切，又昌来切。”“昌来切”本为“昌求切”的讹误，结果《广韵》咍韵出现了根本不可能依据反切原则切出读音的“犨”。这种讹误《广韵》常见。另一些所谓的舌面塞擦音和软腭音谐声纯粹属于文字形体讹误或声符分析上出现的错误。避免这种因材料讹误而出现的错误，我们必须考虑材料本身展示出来的规则性，即这种语音关系是有统计学价值的还是随机的讹误。我们可以依据谐声规则排除声符分析上的错误。声符分析出现错误《说文》已经是比比皆是，比如“示”声符。沈兼士主编的《广韵声系》依据这种错误的声符而归纳出许多奇奇怪怪的谐声关系。如果把这些谐声关系放到谐声集合去看，是否真的谐声就可以看出来了。董同龢归入腭化软腭音的章组字个别纯粹属于声符分析上“将错就错”，比如“首”声符。

首，或以为是“馗”之声符，误甚。馗，《说文》：“九达道也，似龟背，故谓之馗。馗，高也，从九从首。”首，上古文献可以和“道”通假，而“道”本从“首”得声。《左传·成公十六年》：“塞井夷灶，陈于军中而疏行首。”“行首”即“行道”。《诗经·绵》：“柞棫拔矣，行道兑矣。”上古汉语许慎以“九”声训“馗”。“馗”字应该是“从首，九亦声”。

是不是讹误，可以依据谐声规则予以确定。中古汉语的软腭音在前高元音 i 或介音-i-前演变成了现代汉语的舌面塞擦音，而与前低元音组合时也容易衍生出介音-i-致使软腭音演变成舌面塞擦音，比如 ka。中古汉语的 ka/kha/ga 都演变成了带腭介音-i-的 tɕia/tɕhia（/dʑia

并入 tɕia/tɕhia)。因而除个别方言词和外来翻译词外,现代汉语已经没有了 ka/kha/ga 等音节的语词。软腭音演变成舌面音是汉语极其普遍的音变,而这种音变也普遍见于藏缅语、苗瑶语和侗台语。但这种音变并不仅仅出现于现代汉语。

钊,古尧切,《广韵》:"觌也,远也,康王名。"
钊,止遥切,《广韵》:"远也,见也,又周康王名。"
甄,职邻切,《广韵》:"姓也。"
甄,居延切,又章邻切,《广韵》:"察也,一曰免也。"
示,神至切,《广韵》:"垂示。"
示,巨支切,《广韵》:"上同(祇),见《周礼》,本又时至切。"
枳,诸氏切,又居纸切,《广韵》:"木名。"
枳,居纸切,又诸氏切,《广韵》:"木名。"
汥,章移切,《广韵》:"水都名。"
汥,巨支切,又音支,《广韵》:"《说文》曰'水都也'。"

因使用频率等不同,语词的语音演变速度并不完全一样。"在一般典型音变中,有些词变得快,有些变得慢。所以在音变过程中,总是可以把词分成未变、变化中、已变三类。"①软腭音和舌面塞擦音之间的异读正是王士元所说的"变化中"的那一类。软腭音和舌面塞擦音之间成系统谐声的都是主元音为前高元音或中古汉语带介音-i-的音节。这说明软腭音演变成舌面塞擦音汉语中早就已经存在而不是中古汉语之后才开始出现。那么我们就不必要为这些跟软腭音谐声的舌面塞擦音另构拟一套声母。它们跟谐声的软腭音一样上古汉语都是软腭音,只是由于其主元音为前高元音或个别在发展过程中衍生出介音-i-而中古汉语演变成了舌面音。这些舌面塞擦音被构拟为一套特别的声母,大概是考虑中古汉语舌面塞擦音和软腭音的区别,用以回答为什么同为软腭音而中古汉语分化为软腭音和舌面音的问题。这或许是没有对这些跟软腭音谐声的舌面塞擦音和软腭音的分布情况

① 王士元,1983,《学术报告》,《语言学论丛》(第 11 辑),商务印书馆。

进行仔细的考虑。事实上,这些彼此谐声的舌面塞擦音和软腭音中古汉语分布上并不对立而是互补的。

表 11.13　支部音节搭配表

	支		紙		寘		齊		薺		霽	
k-/tɕ-		支		只		忮	雞				繫	
kh-/tɕh-	敊		企		企		溪		启		罊	
g-/dʑ-	歧		技	氏	芰	跂	奚		傒		系	
ŋ-/ɳ-		兒	敲				倪				睨	

表 11.14　脂部音节搭配表

	脂		旨		至		齊		薺		霽	
k-/tɕ-	肌	脂	几	旨	洎	鴲	稽				计	
kh-/tɕh-					弃				稽			
g-/dʑ-	耆			視	洎	嗜						
ŋ-/ɳ-	狋										詣	

表 11.15　真部音节搭配表

	真		軫		震		先		銑		霰	
k-/tɕ-		甄	緊			挋	堅					
kh-/tɕh-					臤		牽				菣	
g-/dʑ-		臣		腎			賢					
ŋ-/ɳ-	嚚											

跟支部、脂部和真部三部组合的软腭塞音和舌面塞擦音,看起来有几处软腭塞音和舌面塞擦音对立,实际上都是互补的。主元音为前

高元音的支部、脂部和真部三部,《广韵》分两类三等韵:韵图列在第四行和第三行的三等。跟软腭塞音组合的支部,《广韵》有三等A和三等B的不同,如"技"和"歧"。但假若有读舌面塞擦音的,那么这一位置上则只能有三等A而没有三等B,即跟三等B组合的软腭塞音演变成了舌面塞擦音。也就是说,要么是三等A和三等B对立,要么是软腭塞音和舌面塞擦音对立。跟软腭塞音组合且跟舌面塞擦音对立的只能是三等A。支部如此,脂部也是如此。

脂,旨夷切,《广韵》:"脂膏也,《说文》云'戴角者脂,无角者膏'。"
饥,居夷切,《广韵》:"饥饿也。"
旨,职雉切,《广韵》:"《说文》云'美也,从匕曰',又志也。"
几,居履切,《广韵》:"案属。"

依据汉藏语语音对应,可以知道,这些跟三等A组合的软腭塞音早期不是简单的软腭音,而是带颤音-r-的辅音丛kr-。因颤音-r-阻隔了软腭音直接跟前高元音i或介音-j-接触,使得软腭音中古汉语仍然是软腭音。跟脂部组合的软腭音和舌面音看起来有几处对立,实际上也不对立。从"几"声的都属于三等A,而从"旨"声则多有四等,即前者上古为k(r)-辅音丛而后者为简单的k-。从"自"声的上古实际上属于質部去声,而从"旨"声的上古属于脂部去声。可见,脂部两类音也不对立。支部只有软腭浊塞音有两处对立:技/氏,芰/豉。

技,渠绮切,《广韵》:"艺也,《说文》'巧也'。"妓,渠绮切,《广韵》:"女乐。"妓、技本一词,引申之后字也改作"妓"。伎,渠绮切,《广韵》:"侣也。"伎,《广韵》:"舒散,巨支切,又音枝。"《诗经·小弁》:"鹿斯之奔,维足伎伎。"《经典释文》:"伎,本亦作跂,其宜反。"伎,支义切,《广韵》:"伤害也,《诗》云'鞫人伎忒',亦作忮。"《诗经·雄雉》:"不忮不求,何用不臧。"《经典释文》:"忮,之豉反,害也,《字书》云'恨也',韦昭音洎。"

氏,承纸切,《广韵》:"氏族。"

芰,奇寄切,《广韵》:"菱也。"《礼记·祭义》注:"《春秋传》曰'屈到嗜芰’。”《经典释文》:“耆芰:其寄反,楚人谓菱为芰。”菱,《说文》:“芰也,从艸凌声,楚谓之芰。”

豉,是义切,《广韵》:“盐豉,《广雅》云‘苦李作豉’。”《释名》:“豉,嗜也,五味调和须之而成,乃可甘嗜也;故齐人谓豉声如嗜也。”(嗜,常利切,《广韵》:“嗜欲。”)

软腭音跟前高元音 i 或带介音-i-/-j-的韵母组合极易演变成舌面音。尽管《广韵》软腭音可以跟前高元音 i 或带介音-i-/-j-的韵母组合,但是已经露出向舌面音演变的苗头。因而只有上古汉语主元音为前高元音 i 的韵部才能出现数量较多的软腭音和舌面音谐声的现象。软腭音和舌面音《广韵》可以异读正是这种演变的征兆。软腭音和舌面音在这些韵母的分布基本上是互补的。软腭音跟前高元音 i 组合时,笔者方言里面要变成舌面音。但第三人称代词“渠”和动词“去”,前者音 gi^{41} 后者音 khi^{51},仍然是跟前高元音 i 组合的软腭塞音。

支部读软腭音的都属于三等 A。上古汉语的支部和歌部三等后来合并为支韵。其中歌部读三等 A,而支部读三等 B。这主要是主元音为前高元音 i 的支部容易衍生出介音-j-。我们前面已经讨论了,韵图列在第四行的支部、脂部和真部等,上古汉语主元音为紧元音。随着紧元音衍生出介音-i-,元音松紧对立消失,即元音松紧对立变成有无介音-i-的区别。韵图列在第三行的支部、脂部和真部等,上古汉语原本为 kr-辅音丛或带有插音/r/。颤音-r-阻隔了软腭塞音跟前高元音 i 或介音-j-接触。不过,这个颤音-r-后来也失落了。于是,跟三等 B 组合的软腭音先腭化演变成舌面塞擦音;而跟三等 A 组合的软腭塞音晚腭化,中古汉语仍然是软腭塞音。因而主元音为前高元音 i 的韵部,舌面塞擦音和跟三等 B 韵组合的软腭塞音互补,而和跟三等 A 组合的软腭塞音对立。通过对软腭音和舌面音的分析,我们可以说这些跟软腭音谐声的舌面音上古汉语也应该是软腭音。

十,是执切,《广韵》:“数名。”《说文》:“十,数之具也。”《论语·公冶长》:“回也闻一以知十,赐也闻一以知二。”協,《说文》:“众之同和也,从劦从十。叶,古文協从口十。”協,当从劦十声。汁,《说文》:“液也,从水十声。”《周礼·秋官·司寇》郑玄注:“故书‘协辞命’作‘叶词命’;郑司农云:叶当为汁,或为叶。”《经典释文》:“汁,之十反,叶也;又音協。”《方言》:“協,汁也;自关而东曰協,关西曰汁。”

拾,是执切,《广韵》:“收拾,又掇也,斂也。”拾,《说文》:“掇也,从手合声。”《礼记·乡射礼》注:“拾,斂也。”《庄子·盗跖》:“昼拾橡栗,暮栖木上,故命之曰有巢氏之民。”《韩非子·内储说下》:“仲尼为政于鲁,道不拾遗。”合,古沓切,《广韵》:“合集。”《诗经·民劳》传:“合,聚也。”“合”和“拾”应该是同族词。

針,职深切,《广韵》:“針线。鍼:上同。《说文》曰‘所以缝也’。”《说文》:“鍼,所以缝也,从金咸声。”《说文》:“箴,缀衣箴也,从竹咸声。”这是由于材料发生了变化改竹为金而已。鍼,《诗经·黄鸟》:“维此鍼虎,百夫之御。”《经典释文》:“鍼,其廉反。”《广韵》:“鍼,鍼虎,人名,巨淹切,又之林切。”《左传·庄公三十二年》:“待于鍼巫氏。”《经典释文》:“鍼,其廉反。”《左传·隐公八年》:“陈鍼子送女。”《经典释文》:“鍼,其廉反。”

穛,之若切,《广韵》:“五谷皮。”穛,古沃切,《广韵》:“禾皮,又地名。”《左传·庄公二年》:“夫人姜氏会齐侯于穛。”《经典释文》:“穛,诸若反。”《穀梁传·庄公二年》:“夫人姜氏会齐侯于穛。”《经典释文》:“禚,章略反。”禚,之弱、古督二切,《玉篇》:“禾皮也,又齐地名。”禚,之若切,《广韵》:“齐地名。”《左传·庄公二年》:“夫人姜氏会齐侯于禚。”《经典释文》:“禚,诸若反。”《左传·庄公四年》:“冬,公及齐人狩于禚。”《公羊传·庄公四年》:“冬,公及齐人狩于郜。”《经典释文》:“郜,古报反,《左氏》作‘禚’。”郜,古沃切,《广韵》:“国名,又音诰。”《左传·隐公十年》:“取郜。”《经典释文》:“郜,古报反,《字林》又工竺反。”《说文》:“穛,禾皮也,从禾羔声。”徐铉曰:“羔声不相近,未详,之若切。”

前高元音 i 或半元音-j-容易导致与之搭配的辅音腭化。上古汉语的齿龈音腭化为舌面塞擦音、擦音,中古汉语的软腭音、齿龈塞擦音和擦音腭化为舌面塞擦音、擦音,都与前高元音 i 或半元音-j-有关。藏缅语、侗台语、苗瑶语都是在这种语音条件下辅音声母腭化。跟主元音为高元音 i 的支部、脂部一样，侵部和缉部的软腭音在介音-i-前演变成了中古汉语的舌面音。“十”声符字的主元音是前高元音 i，而“合”声符字的主元音是 u。但上古汉语中以紧元音为主元音的-i̠p 和-u̠p 韵母很早的时候就已经合并为-ip 韵母，详见前韵母部分。上古其他元音的韵部，和软腭音组合中古汉语时大抵保持读软腭音。

示，神至切，《广韵》：“垂示。”《说文》：“示，天垂象，见吉凶，所以示人也。”《庄子·应帝王》：“尝试与来，以予示之。”《经典释文》：“示之：本亦作视；崔云‘示，视之也’。”《左传·庄公八年》：“袒而示之背。”视，承矢切，《广韵》：“瞻也；眡，并古文；眎，并古文。”视，《说文》：“瞻也，从见示声；眎，古文视；眡，亦古文视。”视，常利切，《广韵》：“看视；眎、眡，并古文。”只，巨支切，《广韵》：“地祇神也；示，上同，见《周礼》，本又时至切。”“示”和“视”是同族词。显然，“示”应该是“时至切”而不是“神至切”。舌面浊塞擦音 dʑ-和舌面浊擦音 ʑ-韵图时代已经混淆，而《经典释文》两者已混。这种混乱《广韵》也存在。“示”音“巨支切”是因为《周礼》记录“地祇”的“祇”。《周礼·春官·宗伯》：“掌建邦之天神、人鬼、地示之礼，以佐王建保邦国。”《经典释文》：“示，音祇。”

祁，渠脂切，《广韵》：“盛也，县名在太原。”祁，职雉切，《广韵》：“地名。”《诗经·采蘩》：“被之祁祁，薄言还归。”《经典释文》：“祁，巨私反。”《诗经·七月》：“春日迟迟，采蘩祁祁。”《经典释文》：“祁，巨之反，一音上之反。”《礼记·缁衣》：“冬祁寒。”注：“祁之言是也，齐西偏之语也。”《经典释文》：“祁，巨伊反，徐巨尸反，是也；《字林》上尸反。”《尚书·君牙》：“冬祁寒。”传：“祁之言是也，齐西偏之语也。”《左传·宣公二年》：“其右提弥明知之。”《公羊传·宣公六年》：“赵盾之车右祁弥明者，国之力士也。”《尔雅》：“燕有昭余祁。”《经典释文》：“祁，巨伊反，又止尸反，孙本作底，音之视反。”

示，早就已经不再是软腭浊塞音。依据俞敏《后汉三国梵汉对音谱》中的对译材料，支谶用汉语的“示”对译梵文的 di。同样，汉语的一些方言，甚至“祁”也开始演变成舌面塞音。《公羊传》把“提弥明”写作“祁弥明”，跟郑注“祁之言是也，齐西偏之语也”正一致。《广韵》：“月氏,国名,又阏氏,匈奴皇后也,章移切。”“阏氏”对译突厥语 qati,而“月氏”对译 kuti,正表明其基辅音是齿龈塞音 t-/ȶ-。看来,软腭音在前高元音前演变成了齿龈塞音 t-/ȶ-。

表 11.16　侗台语软腭塞音对应表

词义	邕宁壮语	武鸣壮语	柳江壮语	布依语	仫佬语	水语	锦语	莫语
金	kim^{1}	kim^{1}	kim^{1}	tɕim^{1}	cam^{1}	ȶum^{1}	ȶim^{1}	ȶim^{1}
结	kit^{7}	kit^{7}	kiːt^{7}	tɕiːt^{7}	cet^{7}	ȶet^{7}	ȶiːt^{7}	ȶiːt^{7}
桥	kiu^{2}	kiəu^{2}	kiːu^{2}	tɕeu^{2}	ceːu^{2}	ȶu^{2}	ȶiu^{2}	ȶiu^{2}
记	kei^{5}	kɯ^{5}	ki^{5}	tɕi^{5}	ci^{5}	ȶi^{5}	ȶəi^{5}	ȶəi^{5}
镜	kiŋ^{5}	kiŋ^{5}	kiŋ^{5}	tɕiːŋ^{5}	keːŋ^{5}	ȶiŋ^{5}	ȶiŋ^{5}	ȶiŋ^{5}
锯	kei^{5}	kɯ^{5}	kɯ^{5}	kɯ^{5}	kø^{5}	ȶu^{5}	ȶu^{5}	ȶu^{5}

上表材料来自《侗台语族概论》(梁敏、张均如,1996)。

以上都是汉语读软腭塞音的借词。邕宁壮语等读软腭塞音 k-,仫佬语读舌面中塞音 c-,侗南方言、锦语等读舌面前塞音 ȶ-,而布依语则读舌面塞擦音 tɕ-。侗台语見组借词的读音或可以解释汉语見组字一些方言读齿龈音的原因。汉字是由不同的时代、不同的地域创制出来并汇集在一起的。这些汉字既包含时代的成分也包含地域的成分。

表 11.17　“出”“甚”声符谐声表

	t-	th-	d-	t_3-	th_3-	d_3-	tɕ-	tɕh-	dʑ-	ɕ-	ʑ-	k-	kh-	g-	ŋ-
出	咄	聉	鈯	怞	黜		拙	出							
屈												鶌	屈	掘	崛
甚	媅	黮	霮	揕	踸	湛	斟	甚			葚				
甚													堪		

屈，区勿切，《广韵》："拗曲。"《左传·襄公二十九年》："直而不倨，曲而不屈。"《庄子·天运》："知穷乎所欲见，力屈乎所欲逐。"屈，《说文》："无尾也，从尾出声。""出"声符的谐声字甚多。依照《广韵》读音，从"出"声有舌面塞擦音、齿龈塞音。显然，这是舌面音典型的谐声关系。但"屈"则属于送气软腭清塞音，只有"诎"一字例外。诎，区勿切，《广韵》："辞塞。"《礼记·玉藻》："前诎后直，让于天子也。"《荀子·仲尼》："故君子时诎则诎，时伸则伸也。"诎，《说文》："诘诎也。一曰屈襞，从言出声。诎或从屈。"显然，"诎"是"屈"的后起累增字，后省"屈"声字形作"诎"。从"屈"声的谐声集合有软腭音 k-/kh-/g-/ɣ-/ŋ-，其中没有夹杂舌面塞擦音和齿龈塞音。这是软腭音典型的谐声关系。依照谐声关系，"屈"从"出"声应该排除。

"甚"声的谐声集合，有舌面塞擦音、齿龈塞音，也属于典型的舌面音谐声集合。且"甚"是"媅"的本字，"媅"《广韵》为齿龈塞音 t-，但从"甚"声的谐声集合中夹杂着几个软腭送气清塞音 kh-。

戡，口含切，《广韵》："胜也，克也。"《尔雅》："戡、刘、杀，克也。"《尚书·西伯戡黎》："西伯既戡黎，祖伊恐。""戡"就是"𢦟"，音同。𢦟，口含切，《广韵》："杀也，刺也。"𢦟，《说文》："杀也，从戈今声。《商书》曰'西伯既𢦟黎'。"戡，《广韵》："少斫也，张甚切，又音堪。"戡，《说文》："刺也，从戈甚声。"揕，《广韵》："拟击也，《史记》曰'右手揕其胸'，知鸩切。""戡"就是"揕"。《管子·大匡》："左揕桓公。"

堪，口含切，《广韵》："任也，胜也，克也，《说文》曰'地突也'。"堪，《说文》："地突也，从土甚声。"坎，苦感切，《广韵》："陷也，又小罍也，形似壶。"坎，《说文》："陷也，从土欠声。"臽，苦感切，《广韵》："小穽名也。"臽，《说文》："小阱也。"《吕览·报更》："堪士不可以骄恣也。"注："堪，乐也。"堪，实际就是甚、媅字。甚，《说文》："尤安乐也，从甘匹。"《老子·无为第二十九》："是以圣人去甚、去奢、去泰。"媅，《广韵》："淫过，《说文》'乐也'，丁含切。"湛，《广韵》："湛乐，亦见《诗》，丁含切。"《诗经·常棣》："兄弟既翕，和乐且湛。"堪、媅、湛等不过是同一语词不同的记录文字。堪，《广雅》："盛也。"朱骏声云："为甚。"《左传·僖公二十年》："君欲已甚，其何以堪之。"《韩非子·难三》："除君之恶，惟恐不堪。”甚,常枕切,《广韵》:“剧过也。”《论语·卫灵公》:“民之于仁也,甚于水火。”《孟子·告子上》:“生亦我所欲,所欲有甚于生者,故不为苟得也。”

表 11.18　侗台语与汉语语音对应表

词义	邕宁	武鸣	柳江	仫佬语	水语	莫语	锦语	汉语
紫色	kam^4	$kiam^4$			qam^5	kam^5	kam^5	绀
岩洞	$ka{:}m^3$	$ka{:}m^3$	$ka{:}m^3$	$ka{:}m^1$	$qa{:}m^1$	$ka{:}m^1$	$ka{:}m^1$	坎

上表侗台语材料来自《侗台语族概论》(梁敏、张均如,1996)。

就语音形式而言,侗台语的“岩洞”是汉语“坎”的借词。音“口含切”的“堪”也应该是“坎”的训读。窞,《说文》:“坎中小坎也。”窞,《广韵》:“坎傍入也,《易》曰‘入于坎窞’,徒感切。”如此看来,上古汉语的“地洞”有两个形式,而从“甚”声的本应该是齿龈音的形式,因训读而读为软腭音的“坎”。

車,尺遮切,《广韵》:“《古史考》曰‘黄帝作車,引重致远’。”《说文》:“車,輿轮之总名也。”段玉裁注:“析言之则惟輿称車,以人所居也。故《考工记》曰‘輿人为車’。”《周礼·冬官·考工记》:“輿人为車。”注:“車,輿也。”《易·大有》:“大車以载。”《经典释文》:“王肃刚余反,蜀本作輿。”《易·贲》:“舍車而徒。”《经典释文》:“車音居,郑、张本作輿,从汉时始有居音。”《易·困》:“困于金車。”《经典释文》:“金車,本亦作金輿。”《诗经·何彼襛矣》:“王姬之車。”《经典释文》:“車音居,他皆放此。《释名》云‘古者曰車,声如居,言行所以居人也’。今曰車,音尺奢反,云舍也。韦昭曰:古皆音尺奢反,后汉以来始有居音。”輿,以诸切,《广韵》:“車輿。”《说文》:“車輿也,从車舁声。”舁,以诸切,《广韵》:“对舉。擧:上同。”舉,居许切,《广韵》:“擎也,又立也,言也,动也。《说文》本作擧。”《说文》:“舁,共舉也,读若余。”《说文》:“擧,对舉也,从手與声。”词根声母 j-和词缀 k-融合成 kj-,演变成中古汉语的软腭塞音 k-。“車”音“居”,并非“車”原本有“居”一音,而是类义词“輿”

有“居”这一异读。《左传·哀公十五年》:“大子与五人介,舆豭从之。”《战国策·秦策三》:“百人舆瓢而趋,不如一人持而走疾。”

表 11.19　舌面擦音与软腭音谐声表

	k_1-	k_2-	k_3-	kh_1-	kh_2-	kh_3-	x_1-	x_2-	x_3-	$ɣ_1$-	$ɣ_2$-	g-	tɕ-	tɕh-	dʑ-	ɕ-	ʑ-
支			妓			跂						技	支		豉	翅	
旨	稽			[illegible]								耆	旨		嗜	蓍	
丩	叫	疝[1]	丩									虬				收	
合	合			匌	恰				翕	合	洽	柗				歙	

[1] 疝,古虬切,《广韵》:“腹急病也。”疝,古巧切,《广韵》:“腹中急痛。”

中古汉语舌面清擦音 ɕ 和软腭塞音谐声接触并非常见的谐声规则。中古汉语的部分舌面塞擦音来自上古汉语的软腭塞音,是由软腭塞音与介音-i-组合时演变来的。软腭塞音 k-跟介音-i-或前高元音 i 组合会演变成舌面塞擦音 tɕ-。同样,软腭擦音 x-跟介音-i-组合时也会演变成舌面清擦音 ɕ-。我们在软腭清擦音 x-一节将讨论中古汉语跟软腭塞音 k-谐声的软腭清擦音 x-来自上古汉语的送气清塞音 kh-。上述几个谐声集合缺乏送气软腭清塞音或软腭清擦音,即使有也跟舌面清擦音 ɕ-语音条件不同。显然,这几个舌面清擦音 ɕ-来自软腭清擦音 x-,而软腭清擦音 x-则来自送气软腭清塞音 kh-,即 kh->x->ɕ-。这是语言常见的音变链。支谦用当时汉语的“翅”对译梵语的 ki 音节正是后汉三国时期这几个中古汉语的舌面擦音 ɕ-仍读软腭塞音 kh-的明证。

第三节　不送气清塞音弱化

传统称声门音 ʔ-为零声母。我们从这命名中也可以看出声门音 ʔ-似乎可有可无。中古汉语的声门音 ʔ-是一个只有准音位价值的辅音。除了跟三等 B 组合时不能省略,其他语音条件下的声门音 ʔ-都可以删除而不影响语词的意义。因而不对立的前提下,声门音 ʔ-一般不予标注。软腭音尤其是软腭塞音 k-容易弱化为声门音 ʔ-,侗台语族的侗语软腭塞音 k-更是系统弱化为声门音 ʔ-。汉语也有这种情况。除通常的演变之外,上古汉语的小舌音和软腭音(主要是塞音)在某些语音条件下也会出现弱化失落,变成中古汉语的声门音 ʔ-。

表 11.20　声门音谐声表

	ʔ$_1$-	ʔ$_2$-	ʔ$_3$-	k$_1$-	k$_2$-	k$_3$-	kh$_1$-	kh$_2$-	kh$_3$-	g-	x$_1$-	x$_2$-	x$_3$-	ɣ$_1$-	ɣ$_2$-	ɣ$_3$-
淵	淵		奫	淵[i]												
夬		抉		决	夬		快			疦		吷				
肙	肙		娟	涓		狷				蜎	駽		弲	琄		
亏	污						刳	誇			侉			瓠		
果	婐			果	婐		課							夥	夥	
冎	渦			過	冎									禍		
會	懀			會			檜	噲						會		
瓜		窊[ii]		孤	瓜									狐		
光	洸			光	觥									晃		
圭	烓[iii]	娃		桂	圭		奎						眭	窐		
官	捾[iv]	绾		官	菅									逭		

[i] 渊,乌玄切,《广韵》:“深也。”《诗经·那》:“鼗鼓渊渊。”《经典释文》:“渊,古玄反,又乌玄反。”

[ii] 窊,乌瓜切,《广韵》:“凹也,《说文》曰‘污邪下也’。”

[iii] 烓,口迥切,《广韵》:“行灶。”烓,乌携切,《广韵》:“《说文》曰‘行灶也’。”

[iv] 捾,乌括切,《广韵》:“捾取也。”斛,《广韵》字也从舌从斗,又音“乌八切”,云“捾取物也”。捾,《说文》:“搯捾也,从手官声,一曰援也。”眢,《说文》:“捾目也。”眢,乌括切,《广韵》:“《说文》云‘捾目也’。”捾音“乌括切”当是“眢”的训读。《新修龙龛手鉴》:“捾,乌括反,取也,又胡官反。”

续 表

	ʔ1-	ʔ2-	ʔ3-	k1-	k2-	k3-	kh1-	kh2-	kh3-	g-	x1-	x2-	x3-	ɣ1-	ɣ2-	ɣ3-
骨	⿰骨欠[i]			骨										滑	滑	
君			頵			君			輑	群			焄			
熒	瑩	罃	縈				檾		檾	⿱𤇾气		⿱𤇾羽	醟	熒		榮
軍			惲	⿰巾軍		軍							葷	渾		運
厷		泓		厷	⿱罒厷									弘	宏	雄
狂	汪		枉			逛			匡	狂						往
爲			蟡			媯		⿵門爲					撝			爲
或			⿰角或	國	馘								減	或		域
交		咬		皎	交			跤							效	
學	觷	鷽			覺		礐	嶨							學	
今			酓[ii]			今			衾	黔		妗		含		
合	姶			合	祫	袷	匌	洽			欱			合		
區	區		傴				摳		區							
公	翁			公												
可	阿			柯			可				呵			何		
甲		閘[iii]			甲							呷			匣	
京			影			京				黥						

[i] ⿰骨欠，乌没切，《广韵》："《说文》曰'咽中息不利也'，本一滑切。"⿰骨欠，乌八切，《广韵》："《说文》曰'咽中息不利也'。""⿰骨欠"不见于其他先秦两汉文献。

[ii] 酓，《说文》："酒味苦也，从酉今声。"徐锴曰："歓字从此。"酓就是歓字，是歓字的衍变。酓、歓，见于甲骨文，是会意字。霒，《说文》："云覆日也，从雲今声。侌，古文或省。"霒是侌后起字。侌就是"陰"，见于金文，是会意字，后讹变以为从今声。

[iii] 閘，古盍切，《广韵》："闭门。"閘，乌甲切，《广韵》："开闭门，出《说文》。"

续　表

	$ʔ_1$-	$ʔ_2$-	$ʔ_3$-	k_1-	k_2-	k_3-	kh_1-	kh_2-	kh_3-	g-	x_1-	x_2-	x_3-	$ɣ_1$-	$ɣ_2$-	$ɣ_3$-
曷	遏		謁	葛		揭	渴		朅	竭	喝		歇	曷		
奇			倚			奇			綺	奇						

读声门音 ʔ-的文字,依照谐声关系,可以组成两种不同的谐声集合：一种是,只有声门音而没有软腭音的谐声集合;一种是夹杂着个别声门音的软腭音谐声集合。足见,中古汉语的声门音 ʔ-主要来自上古汉语的声门音 ʔ-。假若是其他辅音,比如小舌音,那么其谐声集合不可能只有声门音 ʔ-而没有其他辅音。依照谐声通则,发音部位相同的清浊辅音可以共同组成谐声集合。跟同列在喉音的软腭擦音 x-/ɣ-不同,声门音 ʔ-是一个孤立的辅音,没有一个与之匹配的浊辅音。不过,中古汉语的声门音 ʔ-也不是全部来自上古汉语的声母音 ʔ-。除声门音 ʔ-一个来源外,中古汉语的声门音 ʔ-还有软腭音或小舌音来源。这些夹杂在软腭音谐声集合里面的声门音 ʔ-应该是来自软腭音或者小舌音。然而这一部分的声门音 ʔ-不多。而这些读声门音 ʔ-的大多属于晚起字,且绝大部分读合口韵。

表 11.21　声门音与软腭塞音异读表

婠	一丸切	《广韵》：德好貌。	古旦切	《广韵》：好貌。
洼	於佳切	《广韵》：水名。	古携切	《广韵》：姓也。
㰳	於佳切	《广韵》：邪貌。	古携切	《广韵》：邪也。
咬	於交切	《广韵》：淫声。	古肴切	《广韵》：鸟声。
涡	乌禾切	《广韵》：水回;涡,水坳。	古禾切	《广韵》：亦作濄,水名。
佮	乌合切	《广韵》：姓也。	古沓切	《广韵》：并佮,聚。
頵	於伦切	《广韵》：《说文》云"头頵頵大也"。	居筠切	《广韵》：大头。

续　表

洸	乌光切	《广韵》：水名。	古黄切	《广韵》：水名。
抉	於决切	《广韵》：抉出。	古穴切	《广韵》：纵弦彄也。
婐	乌果切	《广韵》：婐妮，身弱好貌。	古华切	《广韵》：女侍。
磈	於鬼切	《广韵》：磈硊，石山貌，又危也。	口猥切	《广韵》：磈礧，石也。
瞿	乌酷切	《广韵》：瞋目。	古岳切	《广韵》：明也。
鷽	乌酷切	《广韵》：马腹下声。	古岳切	《广韵》：马腹下声。
潢	乌晃切	《广韵》：水深广貌。		
廣	古晃切	《广韵》：大也，阔也。		

表 11.22　声门音与软腭浊擦音异读表

弦	乌宏切	《广韵》：屋响。	户萌切	《广韵》：屋响。
泫	乌宏切	《广韵》：水深也。	户萌切	《广韵》：泫泫、汩汩，水波之势。
鲎	乌酷切	《广韵》：鱼名。	胡遘切	《广韵》：似蟹，雌常负雄。
觷	乌酷切	《广韵》：治角也。	胡觉切	《广韵》：治角之工。
鷽	於角切	《广韵》：山鹊。	胡觉切	《广韵》：山鹊。
擭	一虢切	《广韵》：手取也，一曰布擭也。	胡误切	《广韵》：布擭，犹分解也。
濩	一虢切	《广韵》：濩泽县，在泽州。	胡误切	《广韵》：布濩。
蒦	一虢切	《广韵》：《博雅》曰"度也"。	胡麦切	《广韵》：度也。
韄	乙白切	《广韵》：佩刀饰。	胡误切	《广韵》：佩刀饰也。

可见，跟合口韵组合的软腭音 k- /ɣ-在某些方言里面弱化、失落了。这种跟合口韵组合的软腭音所产生的弱化和失落的音变现象也非罕见。蜗，《广韵》："蜗牛，小螺，古蛙切。"娲，《广韵》："女娲，伏羲之

妹,古蛙切。"蜗、娲等,汉语标准语都已经失落了软腭音 k-。这种软腭塞音 k-弱化为声门音 ʔ-的音变现象,侗台语族中的侗语最为明显。

表 11.23 侗语声门音侗台语对应表

词义	邕宁壮语	柳江壮语	侗南方言	侗北方言	水语	佯僙语	锦语	汉语
鸡	kai⁵	kai⁵	ai⁵	ai⁵	qaːi⁵	kaːi⁵	kaːi⁵	鸡
旧	kau⁵	kau⁵	aːu⁵	au⁵	qaːu⁵	kaːu⁵	kaːu⁵	故
割		kaːt⁷	at⁷		qat⁷	kat⁷	kat⁷	割
盖		kɔm⁶	am³	əm⁵	qum⁵	kəm⁵		
隔	keːk⁹		ek⁹	et⁹	qek⁷	keːk⁷		隔
芥	kaːt⁹	kaːt⁷	aːt⁹	at⁹	qaːt⁷	kaːt⁹	kaːt⁹	芥
紫色	kam⁴		am⁵		qam⁵		kam⁵	绀

上表侗台语材料来自《侗台语族概论》(梁敏、张均如,1996)。

除了"盖"一词,其余全是汉语(中古汉语)借词。这些汉语声母为软腭塞音 k-的借词,侗语全部弱化为声门音。侗台语"奄(盖)"一词跟笔者方言的 kaŋ³⁵"盖"来源一致。这一"奄"字实际上跟"弇""揜"等是同一语词的不同记录文字。弇,衣俭切,《广韵》:"盖也。"弇,古南切,《广韵》:"同也,盖覆也。"《说文》:"弇,盖也,从廾从合。"《管子·八观》:"闭其门,塞其涂,弇其迹。"盖,闽语厦门话 kam³,温州话 kaŋ³。此词在唐宋时期的一些方言中可能仍读软腭音。《集韵》:"弇,姑南切,《说文》'盖也'。"很显然,原本声母应该是软腭塞音 k-,后弱化为声门音 ʔ-,即中古汉语某些声门音 ʔ-来自软腭塞音 k-。

决,古穴切,《广韵》:"又断也,破也,俗作决。"《孟子·告子》:"决诸东方则东流,决诸西方则西。"朱骏声按:"决之言寏也,掘地注之为决。"《广雅》:"抉,穿也。"王念孙疏证:"《周语》云'决汩九川'。决,亦抉也。"《诗经·车攻》:"决拾既佽,弓矢既调。"《经典释文》:"决本又作夬，或作抉，同古穴反。”《史记·刺客列传》：“因自皮面决眼。”索隐：“《战国策》作‘抉眼’。”抉，於决切，《广韵》：“抉出。”窦，於决切，《广韵》：“穿也(《广韵》误为皃)。”窫，於决切，《广韵》：“《说文》曰‘深抉也’。”王力按：“抉、窦、窫实同一词。”

公，古红切，《广韵》：“父也。”《白虎通义·爵》：“谓公、侯、伯、子、男。”《左传·隐公元年》：“生桓公而惠公薨，是以隐公立而奉之。”引申为敬称。《庄子·徐无鬼》：“公谁欲与？”《史记·项羽本纪》：“公为我献之。”《方言》：“凡尊老，周晋秦陇谓之公，或谓之翁。”《汉书·贾谊传》：“抱哺其子，与公并倨。”翁，乌红切，《广韵》：“老称也。”《史记·项羽本纪》：“吾翁即若翁，必欲烹而翁，则幸分我一杯羹。”

区，岂俱切，《广韵》：“具区，吴薮名。”《说文》：“区，踦区，藏匿也。”《左传·昭公七年》：“吾先君文王作仆区之法。”注引服虔云：“区，匿也。”《荀子·大略》：“在乎区盖之间。”注：“区，藏物处；盖，所以覆物者。”《礼记·乐记》：“草木茂，区萌达。”注：“屈生曰区。”《经典释文》：“区，依注音句，古侯反，徐丘于反，一音乌侯反。”区，恭于切，《集韵》：“草木屈生曰区。”句，《集韵》：“居侯切，《说文》‘曲也’，又姓，或作区。”区，乌侯切，《广韵》：“姓也。”《左传·昭公二十六年》：“豆区釜钟之数。”《经典释文》：“区，乌侯反。”《尔雅》：“玉十谓之区。”《经典释文》：“区，羌于反，又乌侯反。”

读声门音 ʔ-的应该是方言或者口语的语音形式。韵书读声门音 ʔ-的声符，构成的谐声集合里面不会有真正意义上读合口韵的谐声字。那些韵书归合口韵的文字，不过是其主元音原本就是圆唇元音罢了，如幽部、諄部等。声门音 ʔ-可以跟合口韵母组合，跟合口韵母组合的声门音 ʔ-，其记录的文字所在的谐声集合一定是一个软腭音谐声集合。足见，上古汉语的语音系统，并没有一个如李方桂所构拟的圆唇声门音 $ʔ^w$-。跟合口韵母组合的声门音 ʔ-是由小舌音 q-/ɢ-/ʁ-演变成 kw-/ɣw-之后再失落软腭音 k-/ɣ-演变而来的。小舌音跟前元音组合的时候演变成带合口介音-w-的软腭音，跟后元音组合的时候则直接跟软腭音合并。

要,於霄切,《广韵》:“俗言要勒,《说文》曰‘身中也,象人要自臼之形’,今作腰;腰,见上注。”《说文》:“要,身中也,象人要自臼之形。”《墨子·兼爱中》:“昔者楚灵王好士细要。”“要”为身中,故引申为中途拦截、邀请等意义。《左传·襄公三年》:“吴人要而击之。”《经典释文》:“要,於遥反。”《孟子·公孙丑下》:“使数人要于路。”《诗经·桑中》:“期我乎桑中,要我乎上宫。”《经典释文》:“要,於遥反。”

徼,古尧切,《广韵》:“求也,抄也。”(《说文》:“徼,循也。”)《左传·僖公四年》:“君惠徼福于敝邑之社稷,辱收寡君,寡君之愿也。”《经典释文》:“徼,古尧反,要也。”《左传·襄公十六年》:“孟孺子速徼之。”注:“徼,要也。”《经典释文》:“徼,古尧反,要也;要,一遥反。”徼字后多作“邀”。邀,古尧切,《广韵》:“遮也。”邀,於宵切,《广韵》:“邀遮。”不论是“徼”还是“邀”都从“敫”得声,而“敫”声是一个软腭音谐声集合。

儌,古尧切,《广韵》:“儌幸,或作傲,又作侥幸。”《说文》:“儌,幸也。”段玉裁注:“亦曰儌幸。”徼,《广韵》:“徼抄,古了切。”儌幸,本作“徼幸”。《礼记·中庸》:“小人行险以徼幸。”《经典释文》:“徼,古尧反。”《左传·昭公六年》:“徼幸以成之。”《经典释文》:“徼,本又作邀,古尧反。”此“徼”即《广韵》音“古尧切”的“徼”。徼幸,也作“要幸”。《晏子春秋·问下》:“不庶几,不要幸。”

谐声系统中,“要”声和“敫”声是两个完全不同的谐声集合。但两者在文字使用上却相通。可见,早期某些方言里面两者因语音演变而混同。“敫”声字,除“邀”有声门音一异读外,其声母中古汉语一律为软腭音;“要”声字的声母则一律为声门音。合理的解释应该是某方言里面软腭塞音 k-弱化为声门音,而采用“敫”声字予以记录,又由于“邀请”意义的“要”文献写作“邀”而使得“邀”获得了声门音这个异读。

软腭塞音 k-弱化为声门音 ʔ-只是个案。软腭音和声门音上古汉语界线清晰。软腭音谐声集合中也只是偶尔夹杂声门音,上面已经提到,主要是跟合口音韵母组合的时候。声门音谐声集合,一般不夹杂软腭音,详细情况见本章第八节。我们不能因软腭音跟声门音偶尔接触而取消两者之间的界线。尤其是跟开口韵组合时,软腭音罕少弱化为声门音。

影，於丙切，《广韵》："形影。"影，字本只作"景"。景，《说文》："日光也，从日京声。"景，居影切，《广韵》："大也，明也，像也，光也。"《荀子·君道》："君者仪也，民者景也，仪正而景正。"《管子·宙合》："景不为曲物直，响不为恶声美。"《庄子·天下》："飞鸟之景未尝动也。"《庄子·齐物论》："罔两问景曰：'曩子行，今子止；曩子坐，今子起；何其无特操与？'"《经典释文》："景，映永反，又如字，本或作影，俗也。"

遏，乌葛切，《广韵》："遮也，绝也，止也。"《说文》："遏，微止也，从辵曷声。"《诗经·民劳》："式遏寇虐，憯不畏明。"《经典释文》："遏，於葛反。"《韩非子·六反》："挫贼遏奸，明上之民也。"《吕氏春秋·悔过》："先轸遏秦师于殽而击之。"《管子·正》："法以遏之，德以养之。"阏，乌葛切，《广韵》："止也，塞也。"《吕氏春秋·古乐》："民气郁阏而滞者，筋骨瑟缩不达，故作为舞以倡导之。"割，古达切，《广韵》："断也，截也。"《左传·襄公三十一年》："犹未能操刀而使割也。""遏"是阻断，"割"是切断，两者当有语源关系。

软腭塞音弱化为声门音，不单语音演变，还涉及词义分化，似乎是一种构词手段，新语词分担旧语词的部分意义。"景"原本包含"影"，"影"产生后，"景"不再承担"影"承担的意义。于是，"景"和"影"成了一对意义相关的同族词。

表 11.24　软腭塞音藏语对应表

涫	古玩切	《说文》：沸也。	ɦ-khol-ba	水沸、煮水沸腾
官	古丸切	《史记·孝文本纪》：五帝官天下。	ɦ-khol-ba	役使、利用
革	古核切	《方言》：老也。	ɦ-khogs-pa	衰老、衰弱
繋	古诣切	《说文》：系也。	ɦ-khjig-pa	绑缚、捆绑、系

续　表

更	古行切	《国语·晋语》注：续也。	ɦ-khjoŋ-ba	持续、延续、延续不断
降	古巷切	《楚辞·离骚》：惟庚寅吾以降。	ɦ-khruŋ-ba	诞生、降生
角	古岳切	《吕览·孟冬》：肄射御角力。	ɦ-khrug-pa	争斗、冲突
柯	古俄切	《说文》：斧柄也。	ɦ-khar	杖、棍

上表藏语材料来自《藏缅语族语言词汇》(黄布凡,1992)。

藏语并没有真正意义上的送气和不送气的对立：附加 s-词头的辅音不送气而附加 ɦ-词头的则送气。软腭音组成一个相对封闭的谐声集合,这个谐声集合里面只有一两个中古汉语声母为声门音 ʔ-谐声字。相对软腭音,声门音 ʔ-跟小舌音接触的次数要多一些。这些跟合口韵组合的声门音 ʔ-是由上古汉语的小舌塞音 q-/ɢ-经软腭音 kw-/ɣw-再失落软腭音 k-/ɣ-演变而来。这些字多半是后起冷僻字,或有无意义差别的软腭音异读。藏语附加词头 ɦ-的软腭塞音 kh-可以跟汉语的软腭音 k-对应,也可以跟汉语的声门音 ʔ-对应。

表 11.25　声门音藏语对应表一

怏	於两切	《说文》：不服,怼也。	ɦ-khaŋ-ba	埋怨、怨恨
宴	於殄切	《左传·成公二年》注：乐也。	ɦ-khal-le	喜洋洋、兴冲冲
温	乌浑切	《广韵》：柔也。	ɦ-khul-ba	服帖、依顺
谙	乌含切	《说文》：悉也。	ɦ-khum-pa	知道、了解
怨	於袁切	《说文》：恚也。	ɦ-khon-pa	怨、恨
菀	於阮切	《广韵》：茂木也。	ɦ-khol-po	洋溢、充沛
婉	於阮切	《说文》：顺也。	ɦ-khol-ba	驯服、顺从、温和柔顺

上表藏语材料来自《藏汉大辞典》(张怡荪,1999)。

中古汉语的声门音 ʔ-固然可以跟软腭音谐声,但两者的界线却非常清晰。声门音是声门音，软腭音是软腭音。这些跟藏语附加词头 ɦ-的软腭塞辅音 kh-对应的声门音，也不跟软腭音共同组成一个谐声集合。可见，依汉藏语音对应看，起码在谐声时代，某一语音条件下的软腭音已经弱化为声门音。就汉藏语以及可能跟汉藏语有关系的南岛语来看，唇音、齿龈音、软腭音这三套最普遍的辅音中，软腭音弱化为声门音 ʔ-最为常见。

表 11.26　软腭塞音 k-藏缅语对应表

词义	藏缅语	藏语	独龙语	缅语	阿昌语	仙岛语	载瓦语	怒苏语
针	*kap	khab	ɑp⁵⁵	ɑp	ap⁵⁵	ap⁵⁵	ap⁵⁵	ɣa̠⁵⁵
房	*kim	khjim	cim⁵³	im	in⁵⁵	in⁵⁵	jum⁵¹	iɔ³³
苦	*ka	kha	kɑ⁵³	khɑ	xɔ³¹	xɔ³¹	kho²¹	kha⁵⁵
狗	*kwiy	khji	gɯi⁵⁵	khwe	xui³¹	fui³¹	khui²¹	khui⁵⁵

上表藏缅材料来自《藏缅语族语言词汇》(黄布凡，1992)。

藏缅语的软腭塞音，缅语支语言部分失落而部分保持。比如藏缅语 *kap“针”，缅语等都已经失落了软腭塞音 k-。就缅彝语的语音形式来看，如哈尼语 ɣo²¹，软腭塞音 k-先浊化为软腭浊塞音 g-，再变为软腭浊擦音 ɣ-然后失落。因藏缅语有丰富的词头，藏缅语族诸语言在辅音清浊上往往表现出不一致性，如藏语 dgu 和缅语 kɯ“九”。藏语的词头 ɦ-/s-常常交替构成同语词的不同语音形式，如 ɦ-khol-ba“水沸、煮水沸腾”和 s-kol-ba“煮、煎、煮水沸腾”。

表 11.27　声门音藏语对应表二

壅	於容切	《慧琳音义》卷五十七：犹蔽也。	s-kuŋ-ba	隐瞒、藏匿、掩饰
揞	乌感切	《方言》：藏也。	s-kum-pa	隐忍、留藏
威	於非切	《说文》：姑也。	s-kud-ma	小姨子、妻之妹妹

续 表

碗	乌管切	《说文》：小盂也。	s-kun-po	盘、盂
案	乌旰切	《广雅》：盂也。	s-kon-pa	盘、盆
怏	於两切	《说文》：不服，怼也。	s-kaŋ-ra	抱怨、怨恨
饮	於禁切	《左传·成公二年》：如华泉取饮。	s-kom	供饮用的液体
噎	乌结切	《说文》：饭窒也。	s-kjigs-bu	呃逆
翳	於计切	《广韵》：又隐也，鄣也。	s-kjibs	隐蔽处或掩蔽体
垔	於真切	《广韵》：塞也。	s-kjil-ba	汇聚、积留
厄	於革切	《广韵》：灾也。	s-kjeg	难关、厄难

上表藏语材料来自《藏汉大辞典》(张怡荪，1999)。

中古汉语的声门音 ʔ-跟藏语带 s-词头的软腭音 k-对应也十分整齐。不过，这些语词的记录文字谐声系统不跟软腭音谐声。可见，原始汉藏语带某些词头的软腭塞音 k-，汉语和藏语走的是两条不同的路线：汉语失落软腭音 k-而藏语保留软腭塞音 k-。语言并非只有小舌音会失落，软腭音也会失落。

表 11.28 排湾语声门音南岛语对应表

词义	排湾语	卡那卡那富语	阿美语	布农语	鲁凯语	赛夏语	卑南语	邵语
豹子	˛iˀulaw	ukunau	lukəɬaw	ˀuknaw	˛ikulaw	˛oklaw	˛ikulaw	rukðaw
头虱	ˀutsu	kuutsu	kutu	kutu	kutsu	kosoˀ	kuʈu	kuθu
槟榔	saviˀi	aviki		saviki	sabiki			
胃	vitsuˀa		fituka	tipuka	bitsuka		biʈuka	
寻找	ˀəmim		kilim	kiɬim		komi˛im		

上表材料来自《台湾高山族语言》(陈康，1992)。

软腭塞音 k-，排湾语弱化为声门音 ʔ-。这种软腭塞音 k-弱化失落的现象也见于藏缅语族、侗台语族。侗台语族的侗语也有相似的情况。汉语读软腭塞音 k-的借词，侗语南部方言弱化声门音 ʔ-。不过，侗语南部方言仍然有软腭塞音 k-。原始侗台语的复辅音声母 *kl-、*kr-，侗语简化为单辅音声母 k-，填补了软腭塞音 k-弱化后留下的空缺。

表 11.29　侗语软腭塞音 k 侗台语对应表

词义	邕宁壮语	柳江壮语	布依语	侗南方言	侗北方言	佯僙语	仫佬语	莫语
秧	kla^{3}	kja^{3}	tɕa^{3}	ka^{3}	ȶa^{3}	ȶa^{3}	kɣa^{3}	ȶi^{3}
远	klai^{1}	kjai^{1}	tɕai^{1}	kai^{1}	ȶai^{1}	ki^{1}	ke^{1}	ȶəi^{1}
盐	klu^{1}	kju^{1}	kuə^{1}	ko^{1}		ko^{1}	kɣwa^{1}	ȶwa^{1}
鼓	kloːŋ^{1}	kjoːŋ^{1}	tɕoŋ^{1}	kuŋ^{1}	ȶoːŋ^{1}	ȶuŋ^{1}		ȶuŋ^{1}

上表材料来自《侗台语族概论》(梁敏、张均如，1996)。

由原先的 kl-和 k-对立变成 k-和 ʔ-的对立。中古汉语有一套整齐的软腭塞音，而且可以跟不同类型的韵母组合。可见，起码在谐声时代，声门音 ʔ-已经跟软腭音 k-分离，两者是独立的辅音音位。传统三十六字母，将声门音 ʔ-和软腭擦音 x-/ɣ-放在一组，称之为喉音，而清儒将喉音和牙音放在一起，合称牙喉音。就声音感知而言，软腭塞音 k-和声门音 ʔ-非常近。乌鸦，台语支大部分语言为 ka^{1}，小部分语言为 a^{1}；侗水语支相反，大部分语言为 a^{1}，小部分语言为 ka^{1}。就是壮语内部也不一致，或为 ka^{1}，或为 a^{1}。“乌鸦”是根据乌鸦鸣叫声命名的语词。很显然，软腭塞音 k-和声门音 ʔ-在侗台语族的声音感知中非常接近。

鸭，乌甲切，《广韵》：“水鸟。”《说文》：“鸭，鹜也，俗谓之鸭，从鸟甲声。”《西京杂记》：“放犬羊鸡鸭于通涂。”“鸭”是后起语词，依据“鸭”的鸣叫声命名。《左传·襄公二十八年》：“公膳日双鸡，饔人窃更之以鹜。”很显然，跟侗台语的“乌鸦”命名一样，命名者感知软腭塞音 k-和

声门音 ʔ-接近。所以,选用 kap“甲”作声符创造了 ap“鸭”。

很显然,“鸭”之所以选用“甲”声符纯粹只是声音感知接近。因为除了“甲”,实在找不到更合适的文字充当“鸭”的声符了。个别后起字选用软腭塞音 k-作声符是不得已情况下的便宜选择。因而中古汉语的声门音 ʔ-固然可以跟软腭塞音 k-谐声,但自成系统。依据谐声关系,上古汉语已经有可以跟各类韵母组合的声门音 ʔ-。可见,至少谐声时代起,软腭塞音弱化为声门音 ʔ-只是个案,完全可算作是音变过程中出现的例外。

威,於非切,《广韵》:“威仪。”畏,於胃切,《广韵》:“畏惧。”《诗经·将仲子》:“岂敢爱之,畏我父母。”《诗经·大车》:“岂不尔思,畏子不敢。”《庄子·天地》:“门无鬼与赤张满稽观于武王之师。”《经典释文》:“门无鬼,司马本作无畏。”

不论是“威”还是“畏”都属于声门音 ʔ-谐声集合,而“鬼”则属于软腭音 k-谐声集合。可见,除某些语词的声母在某些方言中仍然是软腭塞音 k-外,中古汉语的声门音 ʔ-早在谐声时代就已经形成。因而声门音 ʔ-固然可以跟软腭塞音 k-/g-谐声,但两者之间的界线清晰可辨。跟小舌音 q-谐声的声门音 ʔ-稍稍多几条例子,且多半是罕见于文献的冷僻字,而跟软腭塞音 k-谐声的声门音 ʔ-事例实际上很少,充其量只能算是例外。

瞻彼淇奥,绿竹**猗猗**。(传:猗猗,美盛貌。)(《淇奥》)

宽兮绰兮,**猗**重较兮。(《经典释文》:猗,於绮反,依也。)(《淇奥》)

隰有苌楚,**猗**傩其枝(传:猗傩,柔顺也。)……隰有苌楚,**猗**傩其华……隰有苌楚,**猗**傩其实。(《隰有苌楚》)

四黄既驾,两骖不**猗**。(《车攻》)

节彼南山,有实其**猗**。(传:猗,长也。)(《节南山》)

坎坎伐檀兮,寘之河之干兮,河水清且涟**猗**。(《伐檀》)

取彼斧斨，以伐远扬，**猗**彼女桑。（《经典释文》：猗，於绮反，徐於宜反。）（《七月》）

猗嗟昌兮，颀而长兮。（传：猗嗟，叹辞，昌盛也。）（《猗嗟》）

猗与漆沮，潜有多鱼。（笺云：猗与，叹美之言也。）（《潜》）

猗与那与，置我鞉鼓。（传：猗，叹辞。）（《那》）

杨园之道，**猗**于亩丘。（传：猗，加也。）（《巷伯》）

猗，於离切，《广韵》："长也，倚也，施也。"旖，於离切，《广韵》："旖旎，旗舒貌。"猗，於绮切，又於羁切，《广韵》："猗狔，犹窈窕也。"椅，於绮切，又於宜切，《广韵》："椅柅。"旖，於绮切，《广韵》："旖旎，旌旗从风貌。"檹，於离切，《广韵》："《说文》曰'木檹旎也'。"猗狔、旖旎、椅柅、檹旎等就是《诗经》中的"猗傩""阿那"。"猗"，《诗经》里面也作为语气词的记录符号。此字《广韵》写作"欹"。欹，《广韵》："叹辞，於离切。"此外，"猗"也可作为动词的记录文字。《诗经·车攻》："四黄既驾，两骖不**猗**。"疏："两骖之马不相依倚。"《经典释文》："猗，於寄反，又於绮反。"倚，於绮切，《广韵》："依倚也。"又倚，於义切，《广韵》："侍也，因也，加也。"《说文》："倚，依也，从人奇声。"

同一个文字通过替换意符而创造出一组同声符的谐声字。这一组语词的语音记录文字可以采用"奇"。考察声门音，此音节的文字全都是从"奇"得声的谐声字，而且整个歌部三等声门音也只有"奇"声字。寄，《广韵》有"居宜切"和"渠羁切"两个读音，而前一个读音是词根读音。依据谐声关系，"猗"的声符"奇"应该音 *kar̠。

陟彼**阿**丘，言采其蝱。（传：偏高曰阿丘）（《载驰》）

考盘在**阿**，硕人之薖。（传：曲陵曰阿）（《考盘》）

或降于**阿**，或饮于池。（《无羊》）

绵蛮黄鸟，止于丘**阿**。（传：丘阿，曲阿也）（《绵蛮》）

我陵我**阿**，无饮我泉。（笺：大陵曰阿）（《皇矣》）

隰桑有**阿**，其叶有难……隰桑有**阿**，其叶有沃……隰桑有**阿**，其叶有幽。（《隰桑》）

实维**阿**衡，实左右商王。（传：阿衡，伊尹也）（《长发》）

阿,乌何切,《广韵》:“曲也,近也,倚也,《尔雅》云‘大陵曰阿’,亦姓,《风俗通》云‘阿衡,伊尹号,其后氏焉’。”除专有名词“阿衡”外,“阿”,《诗经》记录的语词是“山阿”和“阿难”的“阿”。阿,见于金文,字从可声。可,是歌的本字,即演变路线是可＞哥＞歌。歌部一等只有“阿”和几个从“阿”声(或省作“可”)的冷僻字。

倚,於绮切,《广韵》:“依倚也。”《说文》:“倚,依也。”《论语·卫灵公》:“则见其倚于衡也。”《礼记·檀弓下》:“及其丧也,曾点倚其门而歌。”《庄子·德充符》:“倚树而吟,据槁梧而瞑。”《老子》五十八章:“祸兮福之所倚,福兮祸之所伏。”阿,乌何切,《广韵》:“曲也,近也,倚也。”《荀子·君道》:“内不可以阿子弟,外不可以隐远人。”《韩非子·有度》:“法不阿贵,绳不挠曲。”《韩非子·三守》:“险言祸福得失之形,以阿主之好恶。”《吕氏春秋·贵公》:“甘露时雨,不私一物;万民之主,不阿一人。”

依照跟“猗”的关系,“阿”的声母应该是声门音 ʔ-而不是软腭塞音 k-,如同“鸭”选择“甲”为声符,选择“可(歌)”声,当属不合规则的例外。歌部声门音无其他字,除非创造新的象形或会意字,只能变通求其次,选择声音感知最近的软腭塞音。声门音和软腭塞音构不成谐声规则,而且不可以通过语音交替构词或者构形,除了因为上古汉语的软腭塞音偶尔弱化为声门音,也由于两者声音感知接近而出现权宜谐声。

第四节 送气清塞音弱化

上古汉语的软腭送气塞音 kh-演变成中古汉语的软腭送气塞音 kh-。相应地,上古汉语的小舌送气塞音 qh-演变成中古汉语带唇介音-w-的软腭送气塞音 kh-。当与之组合的元音是圆唇元音时,两者中古汉语完全合并成软腭送气塞音 kh-。相对于软腭不送气塞音 k-和小舌不送气塞音 q-,上古汉语的软腭送气塞音 kh-和小舌送气塞音 qh-更容易弱化为软腭擦音 x-。

表 11.30 合口软腭清擦音谐声表

	x_1-	x_2-	x_3-	$ɣ_1$-	$ɣ_2$-	$ɣ_3$-	k_1-	k_2-	k_3-	kh_1-	kh_2-	kh_3-	g-
肙	駽		駽	鞙			涓		絹				蜎
或			閾	或		域	國	馘					
軍			葷	渾		運	[illegible]		軍				
夐	夐		夐				讂						瓊
唯			睢		匯	帷					匯[i]		
熒		[illegible]	醟[ii]	熒	嶸	榮				檾		檾[iii]	㷀
户	戽			户	[illegible]		雇						
雚	歡		讙[iv]				雚	矔				勸	權
君			焄						君				群
黄	爌			黄	横		廣	觵		爌			
夬	决		吷				决	夬		快		缺	
郭		漷[v]					郭			廓			
狊	狊		瞁[vi]				狊			[illegible]			

[i] 匯,《广韵》:"泽名,苦淮切。"匯,《广韵》:"回也,胡罪切。"

[ii] 醟,《广韵》:"酗酒也,为命切。"醟,《广韵》:"酗酒,休正切,又为命切。"《尚书·微子》传:"沈湎酗醟,败乱汤德于后世。"《经典释文》:"醟,音咏,《说文》'于命反,酗酒也'。"

[iii] 檾,《广韵》:"枲草,去颖切;苘、䔛,并上同。"檾,《广韵》:"枲属,口迥切;苘,上同。"

[iv] 讙,《广韵》:"讙嚣貌也,况袁切。"讙,《广韵》:"讙喧,呼官切。"

[v] 漷,《广韵》:"水名,在东海,虎伯切,又音廓。"漷,《广韵》:"水名,在鲁,苦郭切,又许虢切。"《左传·襄公十九年》:"取邾田自漷水。"注:"漷水,出东海合乡县西南,经鲁国,至高平湖陆县,入泗。"《经典释文》:"漷,好虢反,徐音郭,又虎伯切,《字林》'口郭、口获二反'。"

[vi] 瞁,《广韵》:"惊视,许役切。"瞁,《广韵》:"惊视,呼狊切。"

续　表

	x$_1$-	x$_2$-	x$_3$-	ɣ$_1$-	ɣ$_2$-	ɣ$_3$-	k$_1$-	k$_2$-	k$_3$-	kh$_1$-	kh$_2$-	kh$_3$-	g-
矍			戄						矍			躩[i]	戄
爲			撝			爲			嬀		䦱[ii]		

[i] 躩,《广韵》:“《说文》云‘足躩如也’,丘缚切。”躩,《广韵》:“盘辟貌,居缚切。”《论语·乡党》:“足躩如也。”何晏集解:“苞氏曰‘盘辟貌也’。”《经典释文》:“躩,厥碧反,盘辟貌。”《仪礼·聘礼》注引《论语》:“足躩如也。”《经典释文》:“躩,驱碧反,刘俱碧反。”《庄子·山木》:“蹇裳躩步执弹而留之。”《经典释文》:“躩,李驱碧反,徐九缚反,司马云‘疾行也’。案:即《论语》云‘足躩如也’。”很显然,躩音“丘缚切”“居缚切”是不同经师的不同读音,与意义无关。

[ii] 䦱,《广韵》:“辟也,《国语》曰‘䦱门与之言’,韦委切。”䦱,《广韵》:“斜开门,《国语》云‘䦱门而与之言’,苦緺切,又王诡切。”“䦱”字后一读音是“咼”的训读。咼,《广韵》:“口戾也,苦緺切。”咼,今音 wai^{55}。咼,《慧琳音义》:“偏戾也。”《玄应音义》:“邪戾曰咼。”

相对于声门音 ʔ-,中古汉语的软腭清擦音 x-看起来跟软腭塞音 k-的谐声关系似乎更密切一些。上述这些由带唇介音-w-(不包括由上古汉语主元音为圆唇元音衍生出来的唇介音-w-)的软腭塞音 k-组成的谐声集合,夹杂着一些读软腭清擦音 x-的谐声元素。这些夹杂在软腭塞音谐声集合里面中古汉语读软腭清擦音 x-的文字往往还有无意义差别的软腭塞音异读。

表 11.31　软腭擦音与软腭塞音异读表

爌	呼晃切	《广韵》:爌郎,宽明也。	丘晃切	《广韵》:爌郎,宽明也。
鄺	呼光切	《广韵》:人姓,何氏《姓苑》云“今庐江人”。	古晃切	《广韵》:姓,出庐江。
彍	虚郭切	《广韵》:张也,《说文》曰“弩满也”。	古博切	《广韵》:弓张。
㷄	呼罪切	《广韵》:南人呼火也。	古玩切	《广韵》:楚人云火。
漷	虎伯切	《广韵》:水名,在东海。	苦郭切	《广韵》:水名,在鲁。
狊	呼狊切	《广韵》:犬视也。	古阒切	《广韵》:《说文》云“犬视貌”。
晅	况晚切	《广韵》:日气。	古邓切	《广韵》:日气。
歡	呼官切	《广韵》:喜也;欢,上同。	古玩切	《广韵》:忧无告也。

可见,某些夹杂在软腭塞音谐声集合里面的软腭清擦音 x-实际上也是软腭塞音。软腭送气清塞音 kh-极容易变成软腭清擦音 x-。泰语

软腭送气清塞音 kh-，傣语德宏、版纳对应的是软腭清擦音 x-（梁敏、张均如，1996），傣语金平、元阳等方言对应的是软腭送气清塞音 kh-①。壮语的情况也是如此，北部壮语为喉擦音 h-，南部壮语为软腭送气塞音 kh-（张均如，1999）。中古汉语的软腭送气清塞音 kh-，粤语一部分读 kh-，一部分读 h-（合口进一步变成 f-）②。软腭送气清塞音 kh-变成清擦音 x-广泛见于现代汉语方言。

決，呼決切，《广韵》："《庄子》云'決起而抢榆枋'；決，小飞貌。"《庄子·逍遥游》："我決起而飞，枪榆枋，时则不至，而控于地而已矣。"《经典释文》："決，向、徐喜缺反，李呼穴反。李顺云'疾貌'。"趹，古穴切，《广韵》："足疾。"赽，古穴切，《广韵》："马疾行也。"駃，苦夬切，《广韵》："駃马日行千里。"此字后来作"快"。

从"夬"声的谐声字大抵读软腭塞音，而读软腭擦音 x-的只有几个罕用字。依照软腭塞音 k-/kh-以及入声/去声交替的谐声通则，《广韵》中的"決"原本应该读软腭送气塞音 kh-。音"古穴切"和"呼決切"的"決"应该分别来自上古汉语的 qet～qhet。软腭清擦音 x-夹杂在软腭塞音集合里面，且可以跟软腭塞音 k-/kh-异读。这说明这些软腭清擦音 x-原本就是软腭塞音 kh-，后来演变成了软腭清擦音 x-。剔除无意义差别的异读字，软腭清擦音 x-和软腭送气清塞音 kh-也处于互补之中。因而我们可以把这些谐声集合的软腭音合并为三个软腭塞音 kw-/khw-/gw-，即上古汉语的小舌塞音 q-/qh-/ɢ-。

表 11.32　开口软腭清擦音谐声表

	x_1-	x_2-	x_3-	$ɣ_1$-	$ɣ_2$-	$ɣ_3$-	k_1-	k_2-	k_3-	kh_1-	kh_2-	kh_3-	g-
敢	譀	譀		憨			敢			阚[i]			
可	呵			何			柯			軻			

[i] 阚，火斩切，《广韵》："虎声。"阚，苦滥切，《广韵》："鲁邑，亦视也。"阚，许鉴切，《广韵》："犬声。"

① 周耀文、罗美珍，2001，《傣语方言研究》，民族出版社。
② 郭沈青，2013，《广州话溪母字的历史层次及音变》，《语言科学》，第4期。

续　表

	x_1-	x_2-	x_3-	ɣ$_1$-	ɣ$_2$-	ɣ$_3$-	k_1-	k_2-	k_3-	kh_1-	kh_2-	kh_3-	g-
甘	蚶			酣			甘						鉗
見	蜆			見	莧		見			蜆			
共	烘			洪	巷		港		共				共
合	欱			合	洽		合	祫	給	匌[i]	恰		柗
堯	曉						澆			磽	磽	蹺	
害	豁[ii]	瞎		害	轄		割	犗					
曷	喝		歇	曷			葛	揭		渴		揭	竭
高	蒿	嗃	歊	豪	嚻		高			犒	敲		
干	罕		軒	旱			干	靬	靬	衎	豻		赶
既			塈				溉		既	慨		曁	暨
氣			氣				氣刂			愾		氣	氣刂
乞			迄	齕			扢		訖	矻		乞	
斤			欣						斤				祈
及			吸						汲				及
金			廞				淦		金			欽	厒
丂			朽							丂	巧		
句	佝[iii]		煦	詾			句		句	竘			句
工			銎	鴻	項		工	江	巩	空	腔	銎	蛩

[i] 匌,古沓切,《广韵》:“周帀也。”匌,口答切,《广韵》:“匌帀也。”

[ii] 豁,《说文》:“通谷也,从谷害声。”豁,呼括切,《广韵》:“豁达。”害,胡盖切,《广韵》:“伤也。”豁和害韵母不合。朱骏声云:“豁,为奯。”奯,《说文》:“空大也,从大岁声。”奯,呼括切,《广韵》:“大开目也。”“豁”和“奯”同音。

[iii] 佝,呼漏切,《广韵》:“偻佝;怐,上同。”怐,苦候切,《广韵》:“怐愗,愚貌。”《说文》:“佝,务也,从人句声。”佝,徐铉音“苦候切”。

中古汉语读软腭清擦音的声符和读软腭塞音的声符所组成的谐声集合有明显的不同。前一谐声集合除夹杂个别送气塞音外都是软腭清擦音,而后一谐声集合除夹杂个别软腭清擦音外大抵是软腭塞音。显然,这是两个完全不同的谐声集合。这些软腭清擦音《广韵》往往也跟软腭清塞音交替而构成无意义差别的异读。

表 11.33　软腭清擦音与软腭送气塞音异读表

銎	许容切	《广韵》: 惧也,又斤斧受柄孔。	曲恭切	《广韵》: 斤斧受柄处也。
塈	许既切	《广韵》: 兽名。	去既切	《广韵》: 塈居,兽,似猬毛赤也。
忾	许既切	《广韵》: 大息也。	苦爱切	《广韵》: 大息。
蹇	虚言切	《广韵》: 走貌。	丘言切	《广韵》: 走貌。
诟	呼漏切	《广韵》: 怒也。	苦候切	《广韵》: 骂,又巧言。

诚然,中古软腭清擦音 x-并非只有跟软腭塞音谐声。夹杂在塞音谐声集合里面的只有软腭清擦音 x-的一部分。这些常用字假若读音发生变化其意义也会跟着发生变化,即不会发生无意义差别的异读。相反,这些冷僻字读音杂乱,往往有数个无意义差别的异读。这些字多半是后起冷僻且读音极其杂乱的文字,甚至连韵书的编撰者看起来也弄不清楚到底应该读什么音。这些夹杂软腭清擦音的谐声集合有两种不同的情况: 一是,谐声集合只有软腭清擦音 x-而没有软腭清塞音 kh-,如"斤"声符;二是,既有软腭清塞音 kh-也有软腭清擦音 x-。第二种谐声集合也可再分为两类: 一是,主要是软腭清塞音 kh-偶尔出现读软腭清擦音 x-的非常用字或晚起的冷僻字;二是,主要是软腭清擦音 x-偶尔出现读软腭清塞音 kh-的非常用字或晚起的冷僻字。软腭清擦音 x-和软腭塞音 kh-构成无意义差别异读的则出现在软腭清擦音和软腭清塞音共存的谐声集合。软腭清擦音 x-和软腭送气清塞音 kh-《广韵》似乎成了无意义差别的音位自由变体。软腭送气清塞音 kh-最容易跟软腭清擦音 x-发生读音变异。

表 11.34　广西白话对应表

词	两江	四塘	桃城	恭城	延东	江永	贺州	桂林
开	$hæ^1$	xai^1	$həi^1$	xia^1	$xuei^1$	$hɯ^1$	hoi^1	kha^1
口	hau^3	xau^3	$həu^3$	$xɔ^3$	xau^3	hou^3	hou^3	kha^3

续　表

词	两江	四塘	桃城	恭城	延东	江永	贺州	桂林
糠	ho^1	$xu\eta^1$	$hu\tilde{a}^1$	$xa\eta^1$	$xo\eta^1$	$ha\eta^1$	$h\text{œ}\eta^1$	$kh\alpha\eta^1$
客	hei^3	xa^5	hie^3	xuo^7		$f\text{ɯ}\text{ə}^7$	hak^7	kha^7
空	$h\text{ə}\eta^1$	$xo\eta^1$	$ho\eta^1$	xua^1	$xa\eta^1$	hai^1	$ho\eta^1$	$kh\text{ə}u^1$

这些方言、土语，送气清塞音已经演变成了清擦音 x-或 h-。送气清塞音演变成清擦音 x-、h-，在粤方言或者广西平话等里面是极其常见的音变现象。除了粤方言，客家方言也有这种音变①。那些即使保持送气清塞音和清擦音对立的方言也会出现这种变异。中古汉语读送气软腭塞音的一些字，标准语也读清擦音，如“溪”“恢”等。有时候甚至将应该读软腭清擦音 x-的文字也读成软腭送气清塞音 kh-，比如“况”。

嗥，胡刀切，《广韵》：“熊虎声。”《左传・襄公十四年》：“狐狸所居，豺狼所嗥。”《经典释文》：“嗥，户羔反。”號，胡刀切，《广韵》：“大呼也，又哭也，《诗》云‘或號或呼’，《易》云‘先號咷而后笑’。”

嗃，许交切，《广韵》：“嗃謈，恚也。”《庄子・则阳》：“夫吹管也，犹有嗃也。”《经典释文》：“嗃，许交反。”虓，许交切，《广韵》：“虎声。”《诗经・常武》：“进厥虎臣，阚如虓虎。”《经典释文》：“虓，火交反。”哮，許交切，《广韵》：“哮阚。”《风俗通》：“《诗》‘美南仲阚如哮虎’。”嗃，呼教切，《广韵》：“大嗥。”《易・家人》：“家人嗃嗃，悔厉吉；妇子嘻嘻，终吝。”

自然界的声音不变，而汉语的语音形式却在变化。因而不同的时代会创造或借用不同的文字来记录自然界相同的声音。用于描摹声音的语词的语音形式跟自然界的声音毕竟有一定的距离。故此，相同的声音在不同的语言和方言、不同的时期中描摹也不一样。《说文》：“歊，歊歊，气出貌，从欠高，高亦声。”嗃和歊本就是异体字，许慎强分为二。

① 刘泽民，2010，《客赣粤平诸方言溪母读擦音的历史层次》，《南开语言学刊》，第 1 期。

表 11.35　声母为软腭擦音的拟声词(字)

輷	呼宏切	《广韵》：群车声；輷，上同。	鍧	呼宏切	《广韵》：铿鍧，钟鼓声相杂也。
揈	呼宏切	《广韵》：击声。	渹	呼宏切	《广韵》：水石声。
訇	呼宏切	《广韵》：訇訇，大声。	翃	虎横切	《广韵》：翃然，飞声。
剨	呼麦切	《广韵》：破声。	礊	呼麦切	《广韵》：鞭声。
攉	呼麦切	《广韵》：裂帛声。	諻	虎横切	《广韵》：语声。
謍	虎横切	《广韵》：謍謍，小声。	嚝	虎横切	《广韵》：鼓钟声。
虓	许交切	《广韵》：虎声；虠，上同。	颮	许交切	《广韵》：风颮颮也。
哮	许交切	《广韵》：哮阚。	嗃	呼教切	《广韵》：大嗥。

塞音发音时气流通路完全闭塞，需要解除闭塞，故不能持续，而擦音却可以持续。因而经师有一个癖好，就是把描摹声音的语词读成由软腭清擦音 x-和以前元音 a/ε 为主元音的韵母组成的音节，不管由此组成的语音形式跟所描摹的声音是否匹配。我们不能因为这些拟声词的主元音为前低(半低)元音韵图归入二等而弄出诸如-l- /-r-介音来。

虓，许交切，《广韵》："虎声。"《说文》："虓，虎鸣也，从虎九声。"《诗经·常武》："进厥虎臣，阚如虓虎。"《经典释文》："虓，火交反，虎怒貌。"《庄子·天道》："而颡頯然，而口阚然。"注："虓豁之貌。"《经典释文》："虓，火交反。"《吕氏春秋·必己》："船人怒而以楫虓其头。""虓"是"考""敲"。《诗经·山有枢》："子有钟鼓，弗鼓弗考。"《庄子·天地》："金石有声，不考不鸣。"又敲，口交切，《广韵》："击头也。"《左传·定公二年》："夺之杖以敲之。"《广韵》收录了一组音"许交切"且记录声音的文字。

窙，许交切，《广韵》："高气。"

颮，许交切，《广韵》："风颮颮也。"

哮，许交切，《广韵》："哮阚。"

狰,许交切,《广韵》:“豕惊。”

嗃,许交切,《广韵》:“謈恚也。”髇,许交切,《广韵》:“髇箭。”《集韵》:“髇,鸣镝也。”《广雅》:“髇,鸣也。”王念孙:“髇,义亦与嗃同。”《易·家人》:“家人嗃嗃,未失也;妇子嘻嘻,失家节也。”《庄子·则阳》:“夫吹管也,犹有嗃也。”《经典释文》:“嗃,许交反,管声也。”歊,许娇切,《广韵》:“《说文》曰‘歊歊,气出貌’。”

呺,许娇切,《广韵》:“呺然,大貌。”《庄子·逍遥游》:“非不呺然大也。”《经典释文》:“呺,本亦作号,徐许憍反。”《庄子·齐物论》:“是唯无作,作则万窍怒呺。”《经典释文》:“呺,胡刀反,徐又许口反,又胡到反。”徐邈把拟声词的“呺”读成“许口反”,而非拟声词的“呺”读成“许憍反”。歊,许娇切,《广韵》:“《说文》曰‘歊歊,气出貌’。”“嗃”的读音情况跟“呺”同。足见,这些拟声词原本属于三等,因经师口语化模拟而读入二等。

陆法言之前的经师用主元音为前元音 a/ε 的音节去描摹声音,而上古汉语则用主元音为紧元音的音节去描摹,如语气词。紧元音本会衍生出介音-i-。不过,跟唇音或软腭音组合时介音-i-也会失落,如现代汉语的一些南方方言。然而介音-i-也会在失落的过程中限制主元音的后高化而变成前元音 a/ε。于是,原本三等的字归入了二等。

《广韵》音 xau^A 的拟声字,上古汉语应该读 khɯ̠~xɯ̠、khu̠~xu̠ 等。李新魁(1963)认为中古汉语的软腭擦音 x-来自上古汉语的软腭送气塞音 kh-。不过,李新魁的这一观点并没有引起国内外学者的广泛注意。既然是无意义差别的异读,依照谐声关系,那么这些软腭清擦音 x-应该由送气软腭清塞音 kh-演变而来。因音变而出现的文字创新,一个语词在《广韵》中出现多种无意义差别的读音以及数个无意义差别的文字形式。固然,这类读软腭擦音 x-的字数量看起来不少,然而相当部分的文字是后起的冷僻字。我们仔细考察这些跟软腭清塞音谐声的中古汉语软腭清擦音,剔除几个无意义差别的异读字,就会发现跟合口韵组合的软腭清擦音 x-跟软腭送气清塞音 kh-分布上互补。这几个无意义差别的异读字,实际上反映了软腭送气塞音演变成软腭清擦音的中间状态,即 kh->kh-/x->x-。跟合口韵组合的软腭送气清塞音 kh-上古汉语为小舌送气清塞音 qh-。上古汉语的小舌送气清塞音 qh-则演变成了带唇介音-w-的软腭送气清塞音 khw-，再进一步演变成带唇介音-w-的软腭清擦音 xw-，即 qh-＞khw-/xw-＞xw-。

气，去既切，又去讫切，《广韵》："与人物也，《说文》曰'云气也'，今作乞。"氣，许既切，《广韵》："《说文》曰'馈客刍米'，《春秋传》曰'齐人来氣诸侯'；餼、槩，并上同，见《说文》。"《左传·桓公十年》："齐人餼诸侯，使鲁次之。"乞，《广韵》："求也，《说文》本作气，音氣，今作乞取之乞，去讫切。"《左传·僖公十五年》："晋又饥，秦伯又餼之粟。"《经典释文》："餼，许氣反。"然而，"气"和"氣""餼"不过是同一语词不同的记录文字，且跟"乞"是同族词。气、氣、餼和乞之间的差别是前者为去声而后者为入声。它们之间的关系跟"买卖"同。

氣，去既切，《广韵》："氣息也，《说文》本音欷。"《庄子·养生主》："兽死不择音，氣息茀然。"《论语·乡党》："屏氣似不息者。"愾，许既切，《广韵》："大息也。"愾，苦盖切，《广韵》："大息。"《说文》："愾，大息也，从心从氣，氣亦声。《诗》曰'愾我寤叹'。"《诗经·下泉》："愾我寤叹，念彼周京。"传："愾，叹息之意。"《经典释文》："愾，苦爱反，《说文》云'大息也'，音火既反。"慨，苦盖切，《广韵》："慷慨。"嘅，苦盖切，《广韵》："嘅叹。""愾""慨""嘅"是同一语词不同的记录文字。《左传·文公四年》："诸侯敌王所愾，而献其功。"注："愾，恨怒也。"《经典释文》："愾，苦爱反。"嘳，苦怪切，《广韵》："太息。"《尔雅》："嘳，息也。"《经典释文》："嘳，苦怪反，又墟季反；《字林》'以为喟，丘愧反'；孙本作快，郭音苦槩反，又作嘳，墟愧、苦怪二反。"喟，丘愧切，《广韵》："大息也。"喟，苦拜切，《广韵》："叹也。"《论语·子罕》："颜渊喟然叹曰。"

薧，呼毛切，《广韵》："死人里。"薧，苦浩切，《广韵》："干鱼，《周礼》曰'辨鱼物为鲜薧'，注云'薧，干也'；亦作槁。又薧里字，音蒿。"薧，《说文》："死人里也，从死蒿省声。"段玉裁注："凡死而枯槁谓之薧。"《周礼·天官·冢宰》："凡其死生鲜薧之物。"郑注："郑司农云'鲜谓生肉，薧谓干肉'。"《经典释文》："薧，苦老反。"此意义之文字通常写作

"槁"。槁,《广韵》:"木枯也,《说文》作稾,苦浩切。"《韩非子·十过》:"公宫之垣,皆以荻稾楛楚墙之。"王先慎集解:"蒿,读为稾。"足见,"薧"以及声符"蒿"都是送气塞音 kh-,后演变为软腭擦音 x-。因而宵部豪韵无送气软腭塞音 kh-。

愒,去例切,《广韵》:"《说文》曰'息也'。"愒,丘竭切,《广韵》:"息也。"愒,《说文》:"息也,从心曷声。"徐锴曰:"愒犹憩,岂例反。"《诗经·菀柳》:"有菀者柳,不尚愒焉。"传:"愒,息也。"《经典释文》:"愒,欺例反,徐丘丽反。"《诗经·民劳》:"民亦劳止,汔可小愒。"传:"愒,息。"《经典释文》:"愒,起例反。"字通作"憩"。憩,去例切,《广韵》:"息也。"《尔雅》:"憩,息也。"《诗经·甘棠》:"勿翦勿败,召伯所憩。"传:"憩,息也。"《经典释文》:"憩,起例反。"歇,许竭切,《广韵》:"气泄也,休息也,又竭也。"《说文》:"歇,息也,从欠曷声。"《左传·宣公十二年》:"得臣犹在,忧未歇也。"注:"歇,尽也。"《经典释文》:"歇,许竭反。"《左传·襄公二十九年》:"未获所归,难未歇也。"注:"歇,尽也。"《经典释文》:"歇,许谒切。"渴,渠列切,《广韵》:"水尽也。"《说文》:"渴,尽也,从水曷声。"此意义的"渴"通常写作"竭"。竭,其谒切,《广韵》:"尽也。"竭,渠列切,《广韵》:"尽也。"《诗经·召旻》:"泉之竭矣,不云自中。"

闞,苦滥切,《广韵》:"鲁邑,亦视也。"《说文》:"闞,望也,从門敢声。"闞,也用于记录老虎发出的声音。闞,火斩切,《广韵》:"虎声。"《诗经·常武》:"进厥虎臣,闞如虓虎。"《经典释文》:"闞,呼槛反,徐火斩反,又火敢反,一音噉。"闞,也可以指狗等动物发出的声音。闞,许鉴切,《广韵》:"犬声。"闞,后改作"獭"。獭,荒槛切,《广韵》:"小犬吠。"獭,下瞰切,《广韵》:"犬吠声。"可以隐喻指人夸夸其谈,改其字为"譀"。譀,下瞰切,《广韵》:"夸诞。"《集韵》:"譀,乎监切,诞也,调也。"又《集韵》:"譀,下瞰切,《说文》'诞也'。"

除稍早时期带唇介音-w-的软腭送气清塞音 kh-弱化成了软腭清擦音 x-外,中古不带唇介音-w-的软腭送气清塞音 kh-同样也弱化成了软腭擦音 x-。其中跟三等韵组合时,软腭送气塞音 kh-最容易弱化为软腭擦音 x-。剔除异读以及极其晚起的冷僻字,中古汉语的软腭清擦音和软腭送气清塞音互补十分明显。也就是说，稍早时期的软腭送气清塞音 kh-后分裂为软腭送气清塞音 kh-和软腭清擦音 x-。然而，我们也应该看到并非所有夹杂在软腭塞音谐声集合中的软腭擦音 x-都是由上古汉语的软腭送气塞音 kh-弱化而来。

擷，胡结切，《广韵》："捋取。"擷，虎结切，《广韵》无释义。擷，显结切，《集韵》："衽扱也。"《玉篇》："擷，何结切，极衽也。"《诗经·芣苢》："采采芣苢，薄言襭之。"《经典释文》："擷，户结反，扱衽也，一本作襭同。"《说文》："襭，以衣衽扱物谓之襭，从衣頡声。"（頡，胡结切，《广韵》："頡頏，《诗》传云'飞而上曰頡，飞而下曰頏'。"）《尔雅》："扱衽谓之襭。"《经典释文》："襭，胡结反，《广雅》云'怀也'。"

烘，户公切，《广韵》："《字林》云'燎也'。"烘，呼东切，《广韵》："火貌。"烘，胡贡切，《广韵》："火貌。"烘，呼贡切，《广韵》："火干也。"《说文》："烘，尞也，从火共声。《诗》曰'卬烘于煁'。"《诗经·白华》："印烘于煁。"传："烘，燎也。"《经典释文》："烘，火东反，徐又音洪；《说文》巨凶、甘凶二反，孙炎音恭。"《尔雅》："烘，燎也。"《经典释文》："烘，沈、顾火公反，郭巨凶反，孙音恭，《字林》巨凶、甘凶二反。"

魽，胡甘切，《广韵》："蛤也。"蚶，呼谈切，《广韵》："蚌属；《尔雅》曰'魁陆'，《本草》云'魁状如海蛤，圆而厚，外有文纵横，即今蚶也'；亦作'魽'。"（《玉篇》："魽，呼甘切，似蛤，有文如瓦屋。"）《尔雅》："魁陆。"郭注："《本草》云'魁状如海蛤，圆而厚，外有理纵横，即今之蚶也'"。《经典释文》："蚶，火甘反，《字书》云'蛤也，出会稽，可食'。"

憨，下瞰切，《广韵》："害也，果决也。"憨，呼谈切，《广韵》："痴也。"（憨，呼甘切，《集韵》："愚也。"）《尔雅》："罴，如熊，黄白文。"郭注："似熊而长头高脚，猛憨多力，能拔树木，关西呼曰貑罴。"《经典释文》："憨，呼滥反。"

炯，古迥切，又音迥，《广韵》："火明貌。"炯，《说文》："光也，从火同声。"颎，《说文》："火光也，从火顷声。"颎，古迥切，《广韵》："光也，又辉也。"炅，《说文》："见也，从火从日。"炅，古迥切，《广韵》："光也。"炯，户顶切，又音颎，《广韵》："光也，明也。"诇，《说文》："知处告言之，从言同声。"徐锴按："《史记》'淮南王安使其女为中诇长安'，注'诇，诇候也'，即此义。”诇,火迥切,《广韵》:“明悟了知也。”

何,胡歌切,《广韵》:“辞也。”《诗经·绸缪》:“子兮子兮,如此良人何!”《史记·秦始皇本纪》:“陈利兵而谁何。”集解:“何,犹问也。”索隐:“何,或为呵。”《广雅》:“何,问也。”王念孙疏证:“何,与呵通。”诃,虎何切,《广韵》:“责也,怒也;呵,上同。”《说文》:“诃,大言而怒也,从言可声。”《韩非子·内储说下》:“王出而诃之曰:谁溺于是!”《周礼·天官·冢宰》注:“几谓无将帅引之者则苛其出入。”《经典释文》:“苛,本又作呵,呼河反,又音何,徐黑嗟反。”《礼记·王制》:“讥而不征。”注:“讥,苛察。”《经典释文》:“苛音何,又呼河反,本亦作呵。”《荀子·富国》:“苛关市之征,以难其事。”

壶,户吴切,《广韵》:“酒器也。”《说文》:“壶,昆吾圆器也。”壶,本为葫芦,后成为器皿。《诗经·七月》:“七月食瓜,八月断壶。”壶,后被新兴形声字“瓠”替换。瓠,《说文》:“匏也,从瓜夸声。”瓠,户吴切,《广韵》:“瓠卢,瓢也。”瓠,胡误切,《广韵》:“匏也。”《诗经·瓠叶》:“幡幡瓠叶,采之亨之。”《经典释文》:“瓠,户故反。”瓠,转为动词则指“抒水”,改为“戽”。戽,侯古切,《广韵》:“抒也。”(《说文》:“抒,挹也。”)戽,呼古切,《广韵》:“戽斗,舟中渫水器,又音户。”戽,《广韵》:“戽斗,舀水器也,荒故切。”

软腭清擦音 x-跟浊擦音 ɣ-交替组成同族词或者异读。但这些文字所记录的语词未必能够上推到上古汉语。辅音清浊交替一直就是汉语派生新语词或语词语音形式的语法手段。这种语法手段上可以追溯到原始汉藏语下可以抵达现代汉语方言。现代汉语那些仍然保持辅音清浊对立的方言,辅音清浊交替仍是重要的语法手段。语音的演变有历史性,不同时期语音演变的模式并不一样。假若对汉语的语音形式进行考察,上古汉语是软腭清塞音 k-和浊塞音 g-之间交替,而较晚时期则是软腭清擦音 x-与辅音清浊 ɣ-交替。《广韵》搜集的谐声字是以往不同时期甚至不同地域创造出来的,《说文》所收录的谐声字也是如此。跟齿龈塞音 t-和擦音 s-之间的关系不同,软腭塞音 k-和擦音 x-之间的“门禁”并不是很森严,“串门”时有发生。这跟软腭浊塞音 g-的弱化有很大的关系。软腭塞音 k-/

kh-/g-共同组成谐声集合，彼此不能分离。但除跟三等韵组合保持原有读音外，软腭浊塞音 g-一律弱化为软腭擦音 ɣ-。随着语音的演变，依照辅音清浊交替的谐声原则，软腭浊擦音 ɣ-可以跟清擦音 x-组成谐声集合，尽管这些读清擦音 x-的文字所记录的语词上古汉语时期未必就来自软腭塞音。

> 焊，《广韵》："火干也，呼旱切；熯，上同，又呼旰、人善二切。"
> 暵，《广韵》："日干也，呼旱切，又呼旰切。"
> 灘，《广韵》："水濡而干，呼旱切；《说文》呼旰、他丹二切。"
> 蔊，《广韵》："菜味辛也，呼旱切。"

熯、暵、灘等来自辅音丛 sn->th-/x-，跟软腭音没有任何关系。但随着音变，早期的辅音丛 sn-演变成了软腭清擦音 x-。于是，依据辅音清浊交替的谐声原则，以"旱"为声符的也创制了新文字"焊"，再利用新文字"焊"创制了更新的文字"蔊"。显然，我们不能依据从"焊"声而类推出其记录的语词在上古汉语里面声母是软腭塞音。假若暂且以文字代替语词，中古汉语一些读软腭清擦音 x-的语词，其语音形式也是后起的，是通过辅音清浊交替由软腭浊擦音 ɣ-派生出来的，如"戽"等。一些软腭清擦音 x-并不是由上古汉语的某一辅音演变来的，而是通过辅音清浊交替由软腭浊擦音 ɣ-派生出来。其产生的路径是 k->g->ɣ->x-。软腭清塞音 k-通过辅音清浊交替派生出软腭浊塞音 g-。随着软腭浊塞音 g-弱化为软腭浊擦音 ɣ-，软腭浊擦音 ɣ-再通过辅音清浊交替派生出软腭清擦音 x-。假若为这些读软腭清擦音 x-的语词创造谐声字，依据辅音清浊交替的谐声通则，自然可以选择读软腭浊擦音 ɣ-的文字作声符。但这些读软腭浊擦音 ɣ-的文字则来自软腭浊塞音 g-。于是，软腭塞音谐声集合里面自然也就夹杂着软腭清擦音 x-。这些复杂谐声关系包含的不是同一层面的东西。

后汉三国时期，固然可以用中古汉语的软腭浊擦音 ɣ-对译梵文的软腭浊塞音 g-，但主要仍然是用软腭浊塞音 g-对译梵文的软腭浊塞音 g-，比如支谶。梵文的软腭浊塞音 g-支谶全部用群母对译而不用匣母对译，见俞敏《后汉三国梵汉对音谱》。如此，跟一等韵组合的软腭浊塞音 g-起码在支谶翻译佛经的期间(公元 178—189 年)已经擦化为软腭浊擦音 ɣ-。这样我们就清楚了这些读软腭清擦音 x-的来源。它们是通过辅音清浊交替由软腭浊擦音 ɣ-派生出来的。东汉郑玄生活的时代(公元 127—200 年)跟支谶翻译佛经的时代相当,即跟松元音组合的软腭浊塞音 g-在当时就已经是软腭浊擦音 ɣ-。呵,《广韵》读软腭清擦音 x-,而郑玄一律用读软腭浊擦音 ɣ-的"苛"来记录,说明郑玄时代"呵"字软腭清擦音 x-的读音还没有产生,尽管"呵"字早就出现。后人利用清浊交替原则,派生出"呵"字软腭清擦音 x-。因而我们认为夹杂在软腭塞音谐声集合中读软腭清擦音 x-的谐声字来自利用辅音清浊交替创制。

软腭擦音 x-尽管来自上古汉语的软腭塞音和小舌塞音,但是我们不能因此把这些软腭擦音 x-上推到上古汉语的软腭塞音和小舌塞音。它们中的一些是语音演变之后,利用辅音清浊交替创制出来的后起新文字。假若追溯这些语词的来源,要从意义和语音形式上去追溯,而不能受文字本身的束缚。剔除这些后起的文字以及后起的读音,夹杂在软腭塞音谐声集合中的中古汉语软腭清擦音 x-来自上古汉语的送气软腭清塞音 kh-和送气小舌清塞音 qh-。

第五节　浊塞音弱化

跟软腭浊塞音 g-不同,浊擦音 ɣ-可以与不同类型的韵母组合。传统把跟一等、二等和四等韵搭配的软腭浊擦音 ɣ-称为匣母而跟三等韵搭配的软腭浊擦音 ɣ-称为喻三或于母。利用文献的文字替换等材料,曾运乾(1927)认为于母应该归匣母。这种"某某归某某"的研究模式现在看起来是相当粗糙的。不用说是中古汉语,就是现代汉语,相同的语音条件也不能反推相同的来源。一种书面语、口语分离而且方言繁杂的语言,共时平面上的同一个音素往往不止一个来源。传统匣母,上古汉语有多个不同的来源:软腭浊塞音 g-、小舌浊塞音 ɢ-以及小舌浊擦音 ʁ-。跟匣母相配的于母则主要来自上古汉语小舌浊塞音 ɢ-和小舌浊擦音 ʁ-。

表 11.36　软腭浊擦音谐声表

	ɣ₁-	ɣ₂-	ɣ₃-	x₁-	x₂-	x₃-	k₁-	k₂-	k₃-	kh₁-	kh₂-	kh₃-	g-	ŋ₁-	ŋ₂-	ŋ₃-
軍	渾		運			葷	幝		軍							
厷	弘	宏	雄				肱									
㞷			往						誑			匡	狂			
爲			爲			撝			嬀		闖					僞
元	完		睆	院			莞			梡				园	頑	元
亏	瓠		雩	恗		雩				刳	夸					
或	或		域			閾	國	馘								
矍			籰			戄			矍				戄			
惟	匯	淮	帷			倠					匯					
禹			禹						踽			齲				
熒	熒	嶸	榮									檾	犖			
曰	抇		曰				汩									
肙	鞙		肙	駽		駽	涓		絹				蜎[i]			

[i] 蜎，乌玄切，《广韵》："蜎蠉。"蜎，於缘切，《广韵》："蠋貌。"(《诗经·东山》："蜎蜎者蠋，烝在桑野。"传："蜎蜎，蠋貌也。"《经典释文》："蜎，乌玄反。")蜎，狂兖切，《广韵》："《尔雅》曰'蜎蠉'，郭璞云'井中小蛣蟩，赤虫，一名孑孓'。"《周礼·冬官·考工记》："刺兵欲无蜎。"郑注："古书蜎或作绢。郑司农云：'绢读为悁色之悁。悁，谓挠也。'玄谓蜎亦掉也，谓若井中虫蜎之蜎。"《经典释文》："蜎，於全反，又於兖反，又乌犬、乌玄二反，或巨兖反。悁，乌玄反。虫蜎，巨兖反。"《尔雅》："蜎，蠉。"《经典释文》："蜎，郭狂兖反，《字林》一全反，又一奂反，虫貌也，一曰虫也。"

就谐声关系而言，于母有两个主要的来源：小舌浊塞音 ɢ-和小舌浊擦音 ʁ-。前者跟软腭塞音谐声而后者跟软腭擦音谐声。由软腭塞音组成的谐声集合里面间或可以夹杂一个或数个读软腭擦音 ɣ₃-的谐声字，或者由软腭擦音 ɣ₃-组成的谐声集合里面间或夹杂读一个或数个读软腭浊塞音 g-的谐声字。此外，也有个别因字形、字音相近而出现讹误。

迋，《说文》："往也，从辵王声；《春秋传》曰'子无我迋'。"《广雅》：

"迋,归也。"王念孙疏证:"迋,即往字也。"《左传·襄公二十八年》:"君使子展迋劳于东门之外。"杜注:"迋,往也。"《经典释文》:"迋,于况反,往也。"《汉书·五行志》引《左传》作"往劳"。《左传·定公十年》:"是我迋吾兄也。"杜注:"迋,欺也。"《经典释文》:"迋吾:求往反,又古况反,欺也。"迋,俱往切,《广韵》:"欺怨。"诳,《说文》:"欺也,从言狂声。"诳,居况切,《广韵》:"欺也。"《礼记·曲礼》:"幼子常视无诳。"《经典释文》:"诳,九况反,欺也。"诳,字本也只作"狂"。《诗经·桑柔》:"自有肺肠,俾民卒狂。"郑笺:"乃使民尽迷惑如狂。"《庄子·逍遥游》:"吾以是狂而不信也。"《韩非子·显学》:"则世必以为狂。"迋,本当为"往"的异体字,因字形、字音相近而误以为从"王"声。

软腭浊擦音 $ɣ_3$-上古汉语应该有擦音 ʁ-和塞音 ɢ-两个不同的来源。因语音演变,两个来源合并为中古汉语的软腭擦音 $ɣ_3$-。于是,原本不同来源的软腭擦音出现了纠缠。跟软腭音组合的合口介音-w-由上古汉语的小舌音衍生出来。来自上古汉语小舌塞音 ɢ-的软腭浊擦音 $ɣ_3$-谐声系统中跟软腭塞音 k-/kh-/g-谐声,如"運"。

運,王问切,《广韵》:"动也,转输也。"《说文》:"運,移徙也,从辵軍声。"《孟子·梁惠王上》:"天下可運于掌。"《庄子·逍遥游》:"海運则将徙于南冥。"《庄子·徐无鬼》:"匠石運斤成风,听而斫之。""運"对应藏语 ɦ-gul-ba"动、摇动"、s-gul-ba"摇撼、撼动"。《说文》:"軍,圜围也。"軍,举云切,《广韵》:"軍旅也。"此为"軍"的引申义。《左传·桓公六年》:"軍于瑕以待之。"暈,王问切,《广韵》:"日月傍气。"《说文》:"暈,日月气也,从日軍声。"段玉裁注:"《周礼》暈作辉;从日軍声。軍者,圜围也。此以形声包会意。"《韩非子·备内》:"日月暈围于外,其贼在内。"

软腭浊塞音 g-容易演变成软腭浊擦音 ɣ-,而小舌浊塞音 ɢ-更是如此。藏缅语族戎语支语言有小舌音,但是极少语言有小舌浊塞音 ɢ-。拉坞戎语"声母共有 438 个,其中单辅音 42 个,复辅音 396 个"①。但

① 黄布凡,2007,《拉坞戎语研究》,民族出版社。

其小舌音也只有 q-、qh-、χ-、ʁ-而没有小舌浊塞音 ɢ-。这主要是小舌浊塞音 ɢ-不容易保持而演变成了小舌浊擦音 ʁ-。

表 11.37　藏语词头 g-藏缅语对应表

词义	木雅语	吕苏语	史兴语	却域语	拉坞戎语	道孚语	夏河语	藏语
麝	$lɐ^{53}$	la^{33}	$lyɜ^{53}$	$ʁla^{55}$	$ʁla^{55}$	ʁlɜ	hla	gla
雕						ʁla	hlak	glag
肺				$ʁlo^{55}$			hlo	glo
象	$lɑ^{33}$	li^{33}	$lõ^{55}$	$ʁloŋ^{55}$	$ʁlɑŋ^{55}$	ʁloŋ	hloŋ	glaŋ
歌	$lə^{53}$			$ʁlɯ^{55}$	$ʁlə^{55}$	ʁlə	hlə	glu

上表拉坞戎语材料来自《拉坞戎语研究》(黄布凡，2007)，其他藏缅语材料来自《藏缅语族语言词汇》(黄布凡，1992)。

不仅是小舌浊塞音 ɢ-，就是软腭浊塞音 g-，戎语支一些语言也演变成小舌浊擦音 ʁ-。上古汉语的小舌塞音 ɢ-很早的时候就已经开始擦化。但是，小舌浊塞音 ɢ-擦化为 ʁ-起码在谐声时代并没有完成，如"國"。谐声集合中，从"或"声有"域""或""國"，而且三者本同一字。因而起码创制文字"國"的时代，"或""域""國"都应该是塞音。上古汉语的小舌塞音 ɢ-擦化为小舌浊擦音 ʁ-，再演变成中古汉语的 ɣw-。随着小舌塞音 ɢ-的擦化，上古汉语的小舌塞音 ɢ-和擦音 ʁ-合并成为中古汉语跟合口韵组合的软腭擦音 ɣ-。因而谐声集合里面，从"國"之字中古汉语一律为软腭音 kw-。

软腭塞音 g-上古汉语有 g-和 ɢ-两个来源，后者为合口。根据俞敏(1984)，后汉三国时期的梵汉对译材料表明：软腭塞音 g-/gw-和软腭擦音 $ɣ_1$-固然都可以对译梵语的软腭塞音 g-，但主要是用软腭塞音 g-/gw-对译；而软腭擦音 $ɣw_1$-和软腭浊擦音 $ɣw_3$-则对译梵语的 v-或者 b-。可见，上古汉语的小舌浊塞音 ɢ-起码后汉三国时期就已经分裂成了软腭塞音 gw-和软腭擦音 ɣw-。中古汉语的合口软腭浊塞音 g-和软腭浊擦音 $ɣ_3$-都跟介音-i-组合。仔细考察两者上古汉语的分布，就不难发现除了个别地方外两者并不对立：软腭浊擦音 $ɣ_3$-来自上古汉语

的小舌浊塞音 ɢ-和小舌浊擦音 ʁ-,合口软腭塞音 g-则来自上古汉语的软腭浊塞音 g-和小舌浊塞音 ɢ-,即软腭塞音 gw-大部分上古汉语并不是真正的合口,只是跟圆唇元音组合而已。上古汉语的小舌浊塞音 ɢ-,跟松元音组合时,擦化成了中古汉语的软腭浊擦音 $ɣ_1$-;跟紧元音组合时,演变成软腭浊擦音 $ɣ_3$-和软腭浊塞音 g-。

表 11.38　半元音 j 谐声表

	j-	s-	z-	k_1-	k_2-	k_3-	kh_1-	kh_2-	kh_3-	g-	x_1-	x_2-	x_3-	$ɣ_1$-	$ɣ_2$-	$ɣ_3$-
匀	匀	畇	畇			均				赹[i]				昀		筠
尹	尹	笋														
公	頌	淞	頌	公												
容	容		[illegible]													
谷	谷		俗	谷										焀		
蜼[ii]	唯	雖						匯					睢	匯	淮	帷
肙	捐		圓	涓						蜎[iii]	圓		琄			

[i] 赹,渠营切,《广韵》:"独行貌。"《说文》:"赹,独行也,从走匀声,读若茕。"赹,从匀声,不当入清韵。赹,音"渠营切"为"茕"的训读。赹,罕见于文献。

[ii] 蜼,以醉切,又余救切,《广韵》:"《尔雅》曰'蜼,仰鼻而长尾',(郭注)雄似猕猴,鼻露向上,尾长数尺,末有岐,雨中自县于树,以尾塞鼻。"蜼,《广韵》:"似猴,仰鼻而尾长,尾端有岐,《说文》惟季切,力规切,又音柚。"《尔雅》:"蜼卬鼻而长尾。"《经典释文》:"蜼,音诔,《字林》余绣反,或余季、余水二反。"《周礼·春官·宗伯》:"裸用虎彝蜼彝。"《经典释文》:"蜼,音诔,又以水反。"蜼,《广韵》:"似猕猴,鼻露向上,尾长四五尺有岐,雨则自悬于树,以尾塞鼻,余救切,又以季切。"蜼,《广韵》有三个读音,而音"余救切"的应该是"狖"的训读。狖,余救切,《广韵》:"兽名,似猨。"《楚辞·惜诵》:"深林杳以冥冥兮,猨狖之所居。"《楚辞·招隐士》:"猨狖群啸兮,虎豹嗥。"洪兴祖补注:"狖,以狩切。"蜼,音"力规切"也是训读猵(字从犬从畾)。猵,《广韵》:"飞畾兽,力规切。"《太平御览·兽部》:"狖,《吴录地里志》曰:建安阳县多狖,似猿而露鼻,雨则以尾反塞鼻孔,郡内及临海皆有之。猵力水、力为二切,《异物志》曰:猵之属,捷勇于猨,貌面及鼻微倒向上,尾端分为两条,天雨便以插鼻孔中,水不入。"此正是《广韵》音"力规切"的"蜼"。景颇语 woi^{33}、独龙语 $gɔi^{53}$"猴子"正对应"以水切"的"蜼"。

[iii] 蜎,《广韵》:"蜎蠉,乌玄切,又欧缘切。"蜎,《广韵》:"蠋貌,於缘切,又狂兖切。"蜎,《广韵》:"《尔雅》曰'蜎蠉',郭璞云:'井中小蛣蟩,赤虫,一名孑孓',狂兖切。"《诗经·东山》:"蜎蜎者蠋,烝在桑野。"传:"蜎蜎,蠋貌也。"《经典释文》:"蜎,乌玄反。"《周礼·冬官·考工记》:"刺兵欲无蜎。"郑注:"蜎或作绢,郑司农云……绢读为悁色之悁。玄谓蜎亦掉也,读若井中虫蜎之蜎。"《经典释文》:"蜎,於全反,又於兖反,又乌犬、乌玄二反,或巨兖反;悁,乌玄反;虫蜎,巨兖反。"

续　表

	j-	s-	z-	k_1-	k_2-	k_3-	kh_1-	kh_2-	kh_3-	g-	x_1-	x_2-	x_3-	$ɣ_1$-	$ɣ_2$-	$ɣ_3$-
頃	穎			熲			顈		傾							
矞	矞		噊	潏		橘				璚[i]	窩		獝			
久	羑					久				柩						
羔	溔			羔					窯[ii]				窯			
睿	睿	濬	璿													
穴	鴥		袕								泬			穴		
熒	營						檾		檾[iii]	煢			營	熒	嶸	榮
巂	欈												觿	巂		
役	役													杸		

[i] 瓊，渠营切，《广韵》："玉名；璚，上同。""璚"音"渠营切"当是"瓊"的训读。

[ii] 窯，去遥切，《广韵》："长大貌。"窯，许幺切，《广韵》："长大貌。"

[iii] 檾，《说文》："枲属，从林荧省，《诗》曰'衣锦檾衣'。"檾，《广韵》："檾，枲属，口迥切；苘，上同。"（《广韵》："褧，褧衣，《说文》'檾也'，口迥切。"）檾，《广韵》："枲草，去颍切；苘、蘏，并上同。"

凡是跟软腭音谐声的中古汉语半元音 j-，董同龢都归为一类。郑张尚芳（1987）则是：凡合于中古重纽各韵条件的喻四合口字，和重纽韵非合口的喻四字中的少数字，谐声同于喻三的，上古本都应该划回喻三于母。跟中古汉语合口韵或上古汉语主元音为后元音的韵母组合且跟软腭音组成谐声集合的中古汉语半元音 j-都应该划归到这一类。为了便于区别，我们把上述半元音 j-称为 j_w-。

半元音 j_w-跟我们前面已经讨论过的半元音 j_k-有明显的不同：半元音 j_w-所组成的谐声集合中，可以有软腭塞音 k_1-，甚至也可以有 k_2-；而半元音 j_k-所组成的谐声集合只能有软腭塞音 k_3-。软腭浊擦音 $ɣ_3$-往往只跟合口韵母组合。但软腭浊擦音 $ɣ_3$-不能跟来自主元音为圆唇元音的幽部、侯部等组合，而与来自上古汉语宵部的韵母组合也只有一个"鴞"字。《诗经・墓门》："墓门有梅，有鴞萃止。"《经典释文》："鴞，户骄反。"《诗经・鸱鴞》传："名之曰鸱鴞焉。"《经典释文》："鴞，于娇反。”原本跟这些主元音为后元音的韵母组合的软腭浊擦音 γ_3-已经演变成了其他声母。

唯,《说文》:“诺也,从口隹声。”唯,见于甲骨文,本为鸟鸣,会意,后引申指唯诺。唯,《广韵》:“独也,以追切,又以癸切。”唯,《广韵》:“诺也,以水切,又音惟。”《礼记·曲礼》:“必慎唯诺。”《经典释文》:“唯:于癸反,应辞也,注同;徐于比反,沈以水反。”《礼记·内则》:“应唯敬对,进退周旋慎齐。”《经典释文》:“唯:于癸反,徐伊水反。”《礼记·曲礼》:“诺唯而起。”《经典释文》:“唯:于癸反,徐于比反。”

鷕,《说文》:“雌雉鸣也,从鸟唯声;《诗》曰‘有鷕雉鸣’。”鷕,当是“唯”的后起累增字。鷕,《广韵》:“雉鸣也,以沼切,又羊水切。”然《广韵》旨韵“羊水切”无“鷕”,当属遗漏。《诗经·匏有苦叶》:“有弥济盈,有鷕雉鸣。”《经典释文》:“鷕,以小反,沈耀皎反,雌雉声;或一音户了反,《说文》以水反,《字林》于水反。”

惟,以追切,《广韵》:“谋也。”《说文》:“惟,凡思也,从心隹声。”《论语·为政》:“孝乎惟孝。”段玉裁注:“经传多用为发语之词。”《孟子·告子上》:“惟弈秋之为听。”《诗经·斯干》:“唯酒食是议。”先秦文献中“惟”“唯”“维”通用。《左传·定公六年》:“获潘子臣小惟子。”《经典释文》:“小惟子:位悲反,本又作帷,亦如字。”

鴥,《说文》:“鸇飞貌,从鳥穴声;《诗》曰‘鴥彼晨风’。”鴥,余律切,《广韵》:“飞快。”《诗经·晨风》:“鴥彼晨风,郁彼北林。”《经典释文》:“鴥,尹橘反,《字林》于叔反。”驈,《说文》:“骊马白胯也,从馬矞声。”驈,余律切,《广韵》:“黑马白髀。”驈,食聿切,《广韵》:“黑马白髀。”《诗经·駉》:“薄言駉者,有驈有皇。”《经典释文》:“驈,户橘反,阮孝绪于密反,顾野王余橘反,郭音述,骊马白跨曰驈。”

遹,《说文》:“回避也,从辵矞声。”《尔雅》:“遹,述也。”遹,余律切,《广韵》:“述也,自也,一曰遵也。”《诗经·小旻》:“谋犹回遹,何日斯沮。”《经典释文》:“遹,音聿,韩《诗》作鴥。”《诗经·抑》:“回遹其德,俾民大棘。”《经典释文》:“遹:于橘反。”

遗,以醉切,《广韵》:“赠也。”《礼记·曲礼》:“凡遗人弓者,张弓尚筋,弛弓尚角。"《经典释文》:"遗,于季反,与也。"《礼记·杂记》注:"与,问遗也。"《经典释文》:"遗,于季反。"《礼记·曾子问》:"将书之,以遗后世,无乃不可乎?"《经典释文》:"遗,如字,犹垂反,又于季反。"《礼记·檀弓上》注:"馈,遗也。"《经典释文》:"遗,于季反。"

聿,余律切,《广韵》:"循也,遂也,述也,《说文》曰'所以书也,楚谓之聿、吴谓之不律、燕谓之弗、秦谓之笔'。"《诗经·蟋蟀》:"蟋蟀在堂,岁聿其莫。"《经典释文》:"聿,允橘反,遂也。"《诗经·文王》:"无念尔祖,聿修厥德。"《经典释文》:"聿,于必反。"《左传·昭公二十六年》:"昭事上帝,聿怀多福。"《经典释文》:"聿,户橘反。"

通过《广韵》和《经典释文》注音的比较,可以看出《广韵》的半元音 j_w-,稍早时期仍然跟软腭浊擦音 $ɣ_3$-是同一声母。陆德明《经典释文》软腭浊擦音 $ɣ_3$-跟软腭擦音 $ɣ_1$-还没有彻底分开。因而《广韵》读半元音 j-的陆德明仍然用软腭浊擦音 ɣ-注音。据俞敏《后汉三国梵汉对音谱》,佛经翻译家用韵书《广韵》读合口软腭浊擦音 $ɣ_1$-/$ɣ_3$的对译梵文的 v-,甚至可以对译梵文的唇音 b-。此外,佛经翻译家也用《广韵》读半元音 j-的"惟""维"对译梵文的 v-或 b-,如支讖用"惟""维"对译梵文的 vi、ve、vāi、bi、bhi 等音节。可见,跟圆唇介音-w-组合的软腭浊擦音 ɣ-一直就处于不断失落过程中。

筠,为赟切,《广韵》:"竹皮之美质也。"《礼记·礼器》:"其在人也,如竹箭之有筠也,如松柏之有心也。"《经典释文》:"筠,于贫反,郑云'竹之青皮也'。"茵,《广韵》:"藕根小者,为赟切。"《尔雅》:"茵,茭。"《经典释文》:"茵,于闵反。"《礼记·射义》郑注:"尹读如竹箭之筠。"《经典释文》:"尹,依注音笋,又作筠,于贫反。"

帷,有悲切,《广韵》:"《说文》曰'在旁曰帷';《释名》曰'帷围也',以自障围也。"《礼记·檀弓上》:"故帷堂,小敛而彻帷。"《经典释文》:"帷,意悲反。"《庄子·渔父》:"孔子游乎缁帷之林,休坐乎杏坛之上。"《经典释文》:"缁帷,司马云'黑林名也',本或作惟。"

如果失落软腭浊擦音 ɣ-,紧跟在后面的-i-介音直接裸露成为音节的起首而成为摩擦程度较强的半元音j-声母。韵图制作者把韵书《广韵》读软腭浊擦音$ɣ_3$-和半元音j-的分别列在第三行和第四行,就在于三等A位置上的介音-i-的摩擦程度没有三等B位置上的半元音j-强。因而我们认为中古汉语的半元音j_w-原本跟软腭浊擦音$ɣ_3$-属于同一起首辅音。跟合口韵组合的半元音j-,即j_w-早期原本也是软腭浊擦音$ɣ_3$-,但在《切韵》时代已经并入半元音j-。到了守温和尚时代,所有的软腭浊擦音$ɣ_3$-都失落且并入半元音j-,并统称为喻母。可见,《切韵》以及稍早时期文献所反映出来的软腭浊擦音$ɣ_3$-和半元音j_w-之间的异读正是这种变化过程的中间阶段,即软腭浊擦音$ɣ_3$-是未变化的形式而半元音j_w-是变化了的形式。故此,除了异读,两者并不构成系统对立。依据俞敏《后汉三国梵汉对音谱》,后汉、三国时期起码支谶翻译佛经使用的洛阳方言软腭浊擦音ɣ-已经开始失落。但这种失落并没有彻底完成,直至唐末才真正跟半元音j-合并。不过,也有极个别字保持原有的区别,如"雄"。

董同龢继承高本汉的上古音构拟,把所有跟软腭音有谐声关系的中古汉语半元音j_w-的上古汉语读音都构拟为g-,以别于中古汉语软腭塞音g-的上古读音g^h-。既然上古汉语的浊塞音本就不存在送气和不送气的对立,那么董同龢的构拟自然失去了立论基础。不过,董同龢把这部分半元音j_w-的上古读音构拟为塞音符合谐声实际。半元音j_w-跟软腭塞音k_1-组成谐声集合,那么半元音j_w-的上古读音也应该是塞音。中古汉语的软腭浊擦音$ɣ_3$-上古汉语有两个不同的来源:擦音ʁ-和塞音ɢ-。前者跟中古汉语的软腭擦音x-/ɣ-等组成谐声集合而后者跟软腭塞音k-/g-等组成谐声集合。中古汉语的半元音j-也有多个来源。上述这个来自上古汉语小舌浊塞音ɢ-的中古汉语半元音j_w-跟前面已经讨论的来源不同。这部分半元音j_w-正如高本汉等已经指出的原本应该是软腭浊擦音$ɣ_3$-。因脱落软腭浊擦音ɣ-的时间较早而并入到中古汉语的半元音j-。故此,除了跟主元音为前高元音的韵母组合时,两者会出现间或异读,而跟主元音为非前高元音的韵母组合时两者互补。

荣,永兵切,《广韵》:"荣华。"

茕，渠营切，《广韵》："独也，一曰回飞也。"

半元音 j_w-和软腭浊擦音 $ɣ_3$-同一声符一般不共存。耕部有点特殊，同一谐声集合，不仅有半元音 j_w-和浊擦音 $ɣ_3$-，还有软腭浊塞音 g-。"营""荣"和"茕"属于同一谐声集合。半元音 j_w-和软腭浊塞音 gw-归入清韵而软腭浊擦音 $ɣ_3$-归入庚韵。《广韵》尽管分庚韵和清韵，但庚韵三等合口和清韵三等合口是完全互补的。

表 11.39　合口软腭音庚清韵搭配表

	k-			kh-			g-			x-			ɣ-			ʔ-			j-		
	平	上	去	平	上	去	平	上	去	平	上	去	平	上	去	平	上	去	平	上	去
庚		憬								兄			榮	永	咏						
清				傾	頃		琼					夐				縈			營	穎	

可见，庚韵三等合口和清韵三等合口分立并没有音位价值而只是听觉差异。庚三韵和清韵原本就属于同一韵。依据听觉差别，陆法言编撰《切韵》时把同一个韵分割成庚韵和清韵。庚韵主要来自上古汉语的陽部-aŋ 而清韵则来自上古汉语的耕部-iŋ。然而，韵书的编撰者分割两韵时把一些本该归清韵的归到了庚韵。

表 11.40　合口软腭音耕部搭配表

	k-			ʔ-			kh-			g-			x-			ɣ-			j-		
	平	上	去	平	上	去	平	上	去	平	上	去	平	上	去	平	上	去	平	上	去
庚																榮		禜			
清				縈			傾	頃		煢					醟				營	穎	
耕		耿		褮		嫈							[illegible]			嶸					
青	扃	熲				鎣		絅								熒	迥				

耕部合口分青韵、清韵和庚韵。很显然,青韵为一类而清韵和庚韵合并为一类。庚韵三等和清韵原本属于三等 A 和三等 B 之间的差别。除软腭音 ɣ-外,陆法言分割庚韵和清韵时将其他软腭音划给了清韵。我们在第一章里面已经提到,上古汉语主元音为前高元音 i 的韵部可以出现合口和开口谐声,耕部就是如此。这主要是前高元音 i 推动小舌音前移直接演变成软腭音而中古归开口,如"熒"声字。这些开口软腭音或声门音原本也是小舌音。不止庚韵三等应该归清韵,甚至二等耕韵也应该归清韵。从"熒"声的谐声集合是一个合口谐声集合,但跟声门音 ʔ-组合的耕部非三等一律读开口。这主要是前高元音 i 对介音-w-的排异作用导致介音-w-的失落而并入开口。于是,"熒"声和"朙"声出现替换。

表 11.41 "熒"声异读表

嶸	户萌切	《广韵》:峥嶸,山峻。	永兵切	《广韵》:峥嶸。
嫈	鷖迸切	《广韵》:小心态。	於营切	《广韵》:小心态。
褮	乌茎切	《广韵》:鬼衣。	於营切	《广韵》:《说文》云"鬼衣也"。

耕韵和清韵对立的地方也都是无意义差别的异读,应该是不同经师之间的读音差异或口音与书音之间的差异而不是音位性质的对立。耕部合口三等软腭不送气清塞音 k-无字。软腭不送气清塞音 k-跟合口韵组合时往往会失落。根据谐声以及音节分布,我们可以说这些软腭不送气清塞音已经失落,且并入到中古汉语的声门音 ʔ-了。

營,余倾切,《广韵》:"造也,度也,《说文》曰'市居也'。"《说文》桂馥义证:"營,谓周垣。""營"本就有环绕的意义。《说文》:"厶,奸邪也,韩非曰'苍颉作字,自營为厶'。"《韩非子·五蠹》:"古者苍颉之作书也,自环者谓之私。"《公羊传·庄公二十五年》:"以朱丝營社。"《经典释文》:"營,一倾反,又如字,本亦作縈。"縈,《广韵》:"绕也,於營切。"《诗经·樛木》:"南有樛木,葛藟縈之。"《经典释文》:"縈,乌營反。"

謍,《说文》:"小声也,从言熒省声。《诗》曰'謍謍青蝇'。"謍,余倾切,《广韵》:"《说文》曰'小声也',引《诗》云'謍謍青蝇'。""謍"是"營"

的后起字，其字本只作“誉”。《诗经·青蝇》：“营营青蝇，止于樊。”《经典释文》：“营，如字，《说文》作‘誉’，云小声也。”誉，於营切，《广韵》：“声也。”嘤，乌茎切，《广韵》：“鸟声。”《诗经·伐木》：“伐木丁丁，鸟鸣嘤嘤。”笺：“嘤嘤，两鸟声也。”《经典释文》：“嘤，於耕反。”

茔，余倾切，《广韵》：“墓域。”《说文》：“茔，墓也，从土荧省声。”段玉裁注：“茔之言营也。营者，匝居也，经营其地而葬之。”《礼记·月令》：“茔丘垄之大小、高卑、厚薄之度。”《经典释文》：“茔音营。”王引之《经义述闻》：“茔，当从《吕氏春秋》‘孟冬纪’‘淮南时则’篇作营。”《吕氏春秋·孟冬纪》：“营丘垄之小大、高卑、薄厚之度。”

瞢，余倾切，又户扃切，《广韵》：“惑也。”瞢，户扃切，又余倾切，《广韵》：“瞢惑也。”瞢，字本只做营。《说文》段玉裁注：“《淮南鸿烈》《汉书》皆假营为瞢。”《淮南子·原道训》：“瞢然能听。”高注：“瞢读疾营之营也。”《荀子·宥坐》：“言谈足以饰邪营众。”注：“营读为荧。荧众，惑众也。”瞢，字本为“荧”。《庄子·人间世》：“而目将荧之。”《经典释文》：“荧，户扃反，向崔本作营，音荧。”荧，户扃切，《广韵》：“光也，明也。”

鎣，余倾切，《广韵》：“采铁。”鎣，乌定切，《广韵》：“鎣饰也；䇾，上同。《说文》曰‘玉色’，一曰石之次玉者。”《尔雅》：“鹏，鹭鹏，似凫而小，膏中莹刀。”《经典释文》：“鎣，乌暝反，本今作莹。莹，磨莹也。”《诗经·淇奥》：“有匪君子，充耳琇莹。”《经典释文》：“莹，音荣，徐又音营，又音莹磨之莹。琇莹，美石也。”

很清楚，半元音 j-由软腭擦音演变而来。依照辅音清浊和元音松紧交替的通则，清韵合口半元音 j_w-应该来自小舌浊塞音 ɢ-，跟合口声门音 $ʔ_w$-来自小舌清塞音 q-相对。《庄子·庚桑楚》：“无使汝思虑营营，若此三年则可以及此言也。”营营，就是耿耿。耿，《广韵》：“耿介，又耿耿，不安也；古幸切。”《诗经·柏舟》：“耿耿不寐，如有隐忧。”传：“耿耿，犹儆儆也。”《楚辞·远游》：“夜耿耿而不寐兮。”王注：“耿一作炯。”炯，《广韵》：“火明貌，古迥切，又音迥。”耿，本为合口，但在韵书《广韵》中跟一些声门音 ʔ-的字一样已经归入开口。

荣，永兵切，《广韵》：“荣华。”《易·否》：“不可荣以禄。”焦循章句：

“桊读曰營,荧也。”《礼记·丧大记》:“皆升自东桊。”《经典释文》:“东桊,如字,刘音營。”《礼记·乡饮酒义》:“洗当东桊。”《经典释文》:“桊,如字,屋翼也,刘音營。”《晏子春秋·问上》:“不掩欲以桊君。”王引之:“桊,读为營。”《素问·刺热》:“桊未交。”王冰注:“桊一为營,字之误也。”《释名》:“桊,犹荧也,荧荧,照明貌也。”

禜,永兵切,又音咏,《广韵》:“祭名。”禜,为命切,又永兵切,《广韵》:“祭名,《周礼》‘禜门用瓢赍’。”《左传·昭公元年》:“于是乎禜之。”《经典释文》:“禜,音咏,徐又音營。”《周礼·春官·宗伯》:“禜门用瓢赍。”郑注:“禜谓營。”

瑩,永兵切,《广韵》:“玉色,《诗》云‘充耳秀瑩’。”鎣,乌定切,《广韵》:“鎣饰也;瑩,上同,《说文》曰‘玉色’,一曰石之次玉者。”(瑩,维倾切,《集韵》:“石似玉。”)《诗经·著》:“尚之以琼瑩乎而。”《经典释文》:“瑩,音桊,又音營。”《诗经·淇奥》:“充耳琇瑩,会弁如星。”《经典释文》:“瑩,音桊,徐又音營,又音瑩磨之瑩。”

嶸,永兵切,《广韵》:“峥嶸。”嶸,户萌切,《广韵》:“峥嶸,山峻。”

耕部有几个读入软腭浊擦音 γ_3-的字。但是,这几个读软腭浊擦音 γ_3-的字,根据文字替换以及注释家的注音,跟半元音 j-也是同一声母。文字替换以及异读,如同谐声,遵照两条重要的通则:辅音清浊交替和元音松紧交替。这几个读软腭浊擦音 γ_3-的字,其声母上古也应该读小舌塞音 ɢ-。在口语和书面语分离又交叉的语言,相同语音条件的字后代读音也不一定相同。跟庚韵组合的软腭塞音今就有软腭塞音 k-和舌面塞擦音 tɕ-两种读音,如“更”。前面已经提到,跟合口组合的软腭浊擦音 ɣ-一直处于不断失落之中。但是这种语音演变的最终完成需要一个过程。假若从某一时间段来看,就不难发现某些语词的语音形式不符合语音演变的规则。这自然是由于语音演变规则还没有波及这些语音条件相同的语词。没有波及的语词自然就成了语音演变规则的例外。假若把时间拉长,就会一些不符合语音演变规则的语词实际上也符合规则。这两个声母后来也合并了,只不过个别字标准语随韵母归入鍾韵后和中古汉语的半元音 j-一起变成了半元音 ɻ-。诚然,可以给这几个读软腭浊擦音 γ_3-的字构拟出不同的声母。然而,语音的系统性不允许我们这样做。因为软腭浊擦音 $ɣ_3$-和半元音 j_w-对立的就这几个字。我们认为这几个字是当时语音演变规则没有波及的残余。

瓊，渠营切，《广韵》："玉名；璚，上同。"《说文》："瓊，赤玉也，从玉夐声。璚，瓊或从矞；琁，瓊或从旋；瓗，瓊或从巂。"徐玄云："今与璇同。"琁，似宣切，《广韵》："美石次玉；璇，上同。"璇，似宣切，《广韵》："玉名。"《左传·僖公二十八年》："楚子玉自为瓊弁玉缨，未之服也。"《经典释文》："瓊，求营反。"《说文》："璿，美玉也，从玉睿声。《春秋传》曰'璿弁玉缨'。"瓊弁，《说文》引作"璿弁"。璿，是"璇"的训读。瓗，以睡切，《广韵》："玉名。"璚，从"矞"声；瓗，从"巂"声。璚，本就是"瓗"，音"渠营切"是"瓊"的训读。许慎把这些事实上语音毫无关系的字统统读成了"瓊"。

茕，渠营切，《广韵》："独也，一曰回飞也。"《说文》："茕，回疾也，从卂，营省声。"惸，渠营切，《广韵》："无弟兄也。"惸，《玉篇》："葵营切，独也，或作茕。"《说文》段玉裁注："茕，或作惸、作睘、作嬛。"《方言》钱绎笺疏："茕、惸、嬛、睘、偿、赹古字并通。"茕本属于耕部，因受主元音的影响，韵母-iŋ 在一些方言中开始前移为-in。于是，用真部字予以记录。嬛，渠营切，《广韵》："好也。"嬛，《说文》："材紧也，从女睘声。《春秋传》曰'嬛嬛在疚'。"段玉裁注："宀部引《诗》'茕茕在疚'，此引传'嬛嬛在疚'，《魏风》又作'睘睘'。"嬛，许缘切，又音娟，音琼，《广韵》："便嬛，轻丽貌。"嬛，於缘切，《广韵》："身轻便貌。"《诗经·闵予小子》："遭家不造，嬛嬛在疚。"《经典释文》："嬛嬛，其倾反，孤特也；崔本作茕。"藏缅语的韵母-iŋ，缅语读-aŋ。黄树先指出汉语的一些方言也有藏缅语这种语音演变。因而用本属于元部的字来记录耕部。但是因为记录的是耕部的"茕"，这些本不属于耕部的真部、元部等字也被后来的注释家读成了"茕"。

清韵读软腭浊塞音 g-的看起来有好几个字，但大多是"茕"的训读字。耕部读软腭浊塞音 g-实际上只有"茕""琼"两字。耕部尤其是合口字读音怪异，有些不很符合语音演变规则。中古读软腭浊擦音 ɣ-的"迥"等如今书面语竟然读舌面塞擦音 tɕ-，读软腭清塞音 kh-的"褧"也读舌面塞擦音 tɕ-，似乎只有舌面塞擦音 tɕ-才能解决读音问题。

表 11.42 "睘"声同族词读音表

還	户关切	《广韵》：反也，退也，顾也，复也。	似宣切	《广韵》：还返。
檈	似宣切	《广韵》：圜案。		
環	户关切	《广韵》：玉环，《尔雅》曰"肉好若一谓之环"。	王权切	《广韵》：天体。
寰	户关切	《广韵》：王者封畿内县。		
闤	户关切	《广韵》：闤阓，崔豹《古今注》云"闤市垣也"。		
圜	户关切	《广韵》：圜围。		

睘，《说文》："目惊视也，从目袁声。诗曰'独行睘睘'。"睘，见于金文，为環的本字，许慎解释误。因而从"睘"声之字，多跟"環"相同的意义，见上。《墨子·节葬下》："譬犹使人三睘。"孙贻让《墨子间诂》："睘、環义同。"《诗经·杕杜》："有杕之杜，其叶菁菁，独行睘睘。"传："睘睘，无所依也。"《经典释文》："睘，本亦作茕，又作焭，求营反。"茕茕，写作睘睘，也写作营营。《楚辞·哀郢》："愿径逝而未得兮，魂识路之营营。"注："营，一作茕。"《楚辞·远游》："魂茕茕而至曙。"注："茕，一作营。"

迥，户顶切，《广韵》："远也。"《尔雅》："永、迥、遐，远也。"《经典释文》："迥，户顶反。"敻，许县切，《广韵》："营求也。"敻，休正切，《广韵》："远也。"《广雅》："敻，远也。"王念孙："敻之言迥也。"《吕氏春秋·尽数》："集于圣人与为敻明。"高诱注："敻，大也，远也。'敻'读如《诗》云'于嗟敻兮'。"《穀梁传·文公十四年》："过宋郑滕薛，敻入千乘之国。"注："敻，犹远也。"《经典释文》："敻，况盛反。"《诗经·击鼓》："于嗟洵兮，不我信兮。"毛传："洵，远。"《经典释文》："洵，呼县反。韩《诗》作敻；敻，亦远也。"

依照元音松紧交替的通则，"茕""琼"两字的声母应该是小舌浊塞音 ɢ-。跟紧元音组合的小舌浊塞音 ɢ-绝大部分演变成软腭浊擦音 $ɣ_3$-，即 ɢ->ʁ->ɣw-，而小部分演变成软腭浊塞音 gw-，即：ɢ->gw-。于是，两个不同来源的软腭浊擦音 $ɣ_3$-合流。上古汉语的软腭浊塞音 g-大部分弱化为中古汉语的软腭擦音 ɣ-，只有一小部分跟介音-i-搭配时保持不变。上古汉语的小舌浊塞音 ɢ-更不容易保持。藏缅语族绝大部分语言已经没有小舌浊塞音 ɢ-。群母、匣母开口后汉三国对译梵语的 g-，而匣母（于母）合口对译梵语的 v(b)。可见，匣母（于母）合口早在后汉三国前就已经弱化为软腭浊擦音 ɣ-，并开始失落。耕部反映了上古汉语小舌浊塞音 ɢ-的演变历史：塞音＞擦音＞失落。上古汉语有插音 /r/（/l/），而这个插音也可以插在起首辅音为软腭浊塞音 g-或小舌浊塞音 ɢ-的音节中。依据音变的系统性，插音 /r/（/l/）跟起首辅音 g-/ɢ-融合成的辅音丛 gr-(gl-)/ɢr-(ɢl-)演变成中古汉语的软腭擦音 $ɣ_2$-和 $ɣ_3$-，前者的主元音是松元音而后者的主元音是紧元音。耕部有耕韵，有庚韵。耕韵为二等，而庚韵为三等。因而耕韵为松元音，庚韵为紧元音。两者上古汉语为辅音丛 *ɢr-。"熒"声字很多，读软腭浊塞音 g-的只有一个"瞏"。"敻"声也一样，读软腭浊擦音 g-的只有一个"瓊"。软腭浊塞音 g-只有在前高元音 i 或介音-i-前才能得以保存。因而这两个字上古音应该是 *ɢi̠ŋ。

第六节　软腭擦音

一般情况，软腭擦音 x-跟声门音 h-并不作为对立的音位而共存。藏语有声门音 h-，但没有一个与之对立的软腭音 x-。原始藏缅语，白保罗（1984）认为有声门音 h-，只是这个声门音使用的频率并不高。但是，白保罗认为原始藏缅语没有与声门音 h-对立的软腭音 x-。李方桂（1971）构拟的上古汉语系统也有声门音 h-。这个声门音 h-，李方桂认为演变成中古汉语的软腭擦音 x-。我们认为上古汉语有软腭擦音 x-而没有与之对立的声门音 h-。

中古汉语的软腭擦音 x-可以跟开口韵和合口韵组合。跟合口韵组合的软腭擦音 x-，除软腭鼻音 ŋ-和唇鼻音 m-来源外，来自上古汉语的小舌送气清塞音 qh-和小舌清擦音χ-。前者谐声系统中跟小舌清塞音 q-谐声，而后者则只能跟小舌浊擦音 ʁ-谐声。上古汉语的软腭擦音 x-中古汉语相对应的是跟开口韵组合的软腭清擦音 x-。

壑，呵各切，《广韵》："沟也，谷也，坑也，虚也；叡，上同。"《诗经·

韩奕》:“实墉实壑,实亩实籍。”《经典释文》:“壑,火各反,城池也。”《左传·襄公三十年》:“其人曰‘吾公在壑谷’。”《经典释文》:“壑,呼洛反。”壑,上古韵母为-ak。《楚辞·远游》:“经营四荒兮,周流六漠。上至列缺兮,降望大壑。”

赫,呼格切,《广韵》:“赤也,发也,明也,亦盛貌。”《诗经·简兮》:“赫如渥赭,公言锡爵。”传:“赫,赤貌。”《经典释文》:“赫,虚格反。”《诗经·皇矣》:“皇矣上帝,临下有赫。”嚇,呼讶切,《广韵》:“笑声。”嚇,呼格切,《广韵》:“怒也。”《庄子·秋水》:“仰而视之曰:‘嚇!’”《经典释文》:“嚇,本亦作呼,同许嫁反,又许伯反。”

中古汉语的软腭擦音 x-,依其谐声关系,应该两分:一是与软腭塞音 k-谐声,二是软腭擦音 x-自谐。跟软腭塞音 k-没有谐声关系且《广韵》读软腭擦音 x_1-的字并不多。随着上古汉语的软腭送气清塞音 kh-不断擦音化成软腭擦音 x-,中古汉语读软腭擦音 x-的语词也渐渐增加。通过对谐声集合的考察,我们发现跟开口韵组合的软腭清擦音 x-大多属于 x_3-:

表 11.43　开口软腭擦音谐声表

	x_1-	x_2-	x_3-	ɣ_1-	ɣ_2-	ɣ_3-	k_1-	k_2-	k_3-	kh_1-	kh_2-	kh_3-	g-	ŋ_1-	ŋ_2-	ŋ_3-
希			希													
凶			凶											峣[i]		
虍	虍		虚									虚				
虎	虎															
熏			熏													
休	茠[ii]		休									庥				

[i] 峣,《广韵》:“崆峣,山貌,五东切。”因受到前一音节韵尾的影响而声母变成软腭鼻音 ŋ-。

[ii] 薅,《广韵》:“除田草也,呼毛切;茠,上同。”薅,《说文》:“拔去田草也,从蓐好省声;茠,薅或从休;《诗》曰‘既茠荼蓼’。”茠是薅后起谐声字。《诗经·良耜》:“以薅荼蓼。”《经典释文》:“薅,呼毛反,《说文》云‘拔田草也’,又云‘或作茠’,引此‘以茠荼蓼’。”

续　表

	x_1-	x_2-	x_3-	$ɣ_1$-	$ɣ_2$-	$ɣ_3$-	k_1-	k_2-	k_3-	kh_1-	kh_2-	kh_3-	g-	$ŋ_1$-	$ŋ_2$-	$ŋ_3$-
好	好															
赫		赫														
壑	壑															
乎	呼		虖	乎												
兮	[illegible]			兮										盻[i]		
劦			脅	劦												
㬎	㬎															
香			香													
興			興													
憲			憲													
喜			喜													
鄉			鄉									卿				
戲	戲[ii]		戲													

[i] 盻,《广韵》:"恨视,胡计切,又五计切。"盻,《广韵》:"恨视,五计切,又下戾切。"

[ii] 戲,上古本属于歌部。但是,歌部汉代已经失落韵尾而变成了单元音韵母 a。于是,"戲"也就成了语气词"呼"的记录符号。《汉书·董贤传》:"呜戲伤哉!"颜注:"戲,读曰呼。"于是,《广韵》"戲"也有了"荒乌切"一音。这跟上古汉语的词头"於"汉代换成"阿"是相平行的。

除间或有送气软腭塞音 kh-外,声符为软腭清擦音 x-的谐声集合,一般只有中古汉语的软腭清擦音 x-,而没有中古汉语的软腭塞音 k-、g-。显然,不能把这些从不跟软腭塞音谐声的软腭擦音都归到上古汉语的软腭塞音里面,如"凶"声。"凶"声字只有软腭擦音,而且中古一律归三等。首先,软腭送气塞音 kh-也可以弱化为软腭擦音 x-。

銎,许容切,《广韵》:"惧也,又斤斧柄孔。"《说文》:"銎,斤斧穿也,从金巩声。”此音由软腭送气塞音 kh-弱化变成了软腭擦音 x-。銎，曲恭切，《广韵》:“斤斧受柄处也。”《诗经·七月》传：“斨，方銎也。”《经典释文》:“銎，曲容反，《说文》云‘斧空也’。”

兇，许拱切，《广韵》:“恐惧，《说文》曰‘扰恐也’，《左传》曰‘曹人兇惧’。”《左传·僖公二十八年》:“师迁焉，曹人兇惧。”注：“兇惧，恐惧。”《经典释文》:“兇，凶勇切；恐，丘勇切。”“兇惧”即“恐惧”。兇，许容切，《广韵》:“恶也。”兇，锺韵为“兇恶”的“兇”，腫韵为“恐惧”的“恐”。訩，许拱切，《广韵》:“訩吓。”訩吓，即恐吓。訩，许容切，《广韵》:“众语。”訩，文献里面一般等于兇。《诗经·节南山》:“昊天不傭，降此鞫訩。”《经典释文》:“訩，音兇。”恐，丘陇切，《广韵》:“惧也。”恐，区用切，《广韵》:“疑也。”《说文》:“恐，惧也，从心巩声。”《诗经·谷风》:“将恐将惧，维予与女。”《经典释文》:“恐，丘勇反。”《左传·成公十三年》:“文公恐惧，绥静诸侯。”

凶，许容切，《广韵》:“凶祸。”兇，许容切，《广韵》:“恶也。”两者本同一词，为区别彼此之间的细微意义差别而采用“凶”“兇”两字。兇，由“兇恶”引申为“兇狠”“兇猛”等意义。洶，许容切，《广韵》:“水势也。”洶指水之凶猛。洶，许拱切，《广韵》:“洶溶，水貌。”洶溶，即汹涌。涌，余陇切，《广韵》:“涌泉，《说文》曰‘滕也’。”溶，余陇切，《广韵》:“水貌。”《楚辞·九叹》:“波逢洶涌濆滂沛兮。”“洶”因受到“溶”同化而读腫韵。

可见，音“许拱切”意义为“恐”的“兇”“訩”实际就是“恐”，而其他意义一律读平声“许容切”。“凶”声一律为软腭擦音 x-。合理的解释应该是，汉语某些方言或者口语里面，软腭送气清塞音 kh-演变成了软腭擦音 x-，于是借用“凶”声符的“兇”“訩”记录语音形式发生了的“恐”。这些文字替换所反映出来的是语音演变，而不是“凶”的早期读音。这些只跟软腭擦音 x-谐声的软腭擦音应该来自上古汉语的软腭擦音 x-。通过对谐声以及文字使用情况的考察，除软腭塞音 kh-弱化而来外，中古汉语软腭擦音 x-也来自上古汉语的软腭擦音 x-。不同类型的擦音可以交互演变。藏语的舌面擦音 ɕ-，今藏语巴塘、阿力克等方言读软腭送气擦音 xh-；侗台语族的齿龈擦音 s-，今水语则演变成声门擦音 h-(跟软腭擦音 x-属于同一音位的变体)。不仅舌面擦音 ɕ-、齿龈擦音 s-,就是齿龈送气塞音 th-,汉藏语系的许多语言或方言也演变成软腭擦音 x-或声门擦音 h-。

吚,虚器切,又火尸切,《广韵》:"呻也。"吚,许梨切,《玉篇》:"念吚,呻也,亦作屎。"屎,喜夷切,《广韵》:"呻吟声。"《诗经·板》:"民之方殿屎,则莫我敢葵。"传:"殿屎,呻吟也。"《经典释文》:"屎,许伊反,郭音'香惟反';殿屎,呻吟也;《说文》作吚。"呻,《广韵》:"呻吟,失人切。"《庄子·列御寇》:"呻吟裘氏之地。"《经典释文》:"呻,音申,谓吟咏学问之声也,崔云'呻诵也';本或作呻吟。"

吚、屎皆从"尸"声。"吚"为脂部字而"呻"为真部字,两者当属同族词。可见,某些经师的方言齿龈擦音 s-跟水语一样演变成了软腭擦音 x-。中古汉语的 B 组齿龈音跟软腭擦音界线清晰。然而,我们也发现两者可以间或谐声或者异读。呬,《说文》:"东夷谓息为呬,从口四声。"《诗》曰:"犬夷呬矣。"呬,虚器切,《广韵》:"息也。"《尔雅》:"呬,息也。"《方言》:"呬,息也。东齐曰呬。"咍,《说文》:"嗤笑也,从口台声。"咍,呼来切,《广韵》:"笑也。"《惜诵》:"行不群以巅越兮,又众兆之所咍。"注:"咍,笑也,楚人谓相啁笑曰咍。"詑,《说文》:"沇州谓欺曰詑,从言它声。"詑,《广韵》有四个读音,其中一音"香支切"。可见,古代汉语早期某些方言,齿龈擦音 s-已经演变成软腭擦音 x-,如同汉语的齿龈擦音 s-水语读软腭擦音 x-。因而选用原本词根辅音为齿龈擦音 s-/z-的声符记录某些实际语言里面声母应该是软腭擦音 x-的语词。

咳,户来切,《广韵》:"小儿笑貌。"咳,《说文》:"小儿笑也,从口亥声。"咳,后字通常写作"孩"。《孟子·尽心上》:"孩提之童无不知爱其亲者。"赵注:"孩提,二三岁之间,在襁褓,知孩笑可提抱者也。"《庄子·天运》:"十月生子,子生五月而能言,不至乎孩而始谁。"《经典释文》:"孩,亥才反,《说文》云'笑也'。"咍,《广韵》:"笑也,呼来切。"《楚辞·惜诵》:"又众兆之所咍。"注:"咍,笑也,楚人谓相啁笑曰咍。"

孩子笑声可以模拟为 ke/ge/ɣe/xe 等等。显然,语词"咳"源于孩子的笑声,后引申之为"孩子"。孩,户来切,《广韵》:"始生小儿。"《墨子·明鬼》:"播弃黎老,贼诛孩子。"《国语·吴语》:"今王播弃黎老,而孩童焉比谋。"注:"孩,幼也。""咍"也源于笑声 xe。然而,"咍"字从"台"声。这说明创造"咍"的楚方言齿龈擦音 s-已经演变为软腭擦音 x-。《广韵》所收录的谐声字来源不一,而且文字读音也是以往不同经师读音的集合。这些间或夹杂在齿龈音谐声集合里面且读软腭擦音的谐声字大多是后起的非常用字,或纯粹是方言字。此外,软腭清擦音 x-偶尔也跟齿龈送气清塞音 th-谐声。

表 11.44　软腭擦音 x-与齿龈送气塞音 th-谐声表

	x_1-	x_2-	x_3-	t-	th-	d-	t_3-	th_3-	d_3-	tɕ-	tɕh-	dʑ-	k-	kh-	g-
希			希					絺							
畜			畜					畜							
熏			熏					櫄							
虖	虖		虖					⿰木虖							

櫄,丑伦切,《广韵》:"杶,《书》曰'杶干栝柏';櫄,《说文》同上。"《说文》:"杶,木也,从木屯声,《夏书》曰'杶干栝柏';櫄,或从熏。"《尚书·禹贡》:"杶干栝柏。"《经典释文》:"杶,敕伦反,徐敕荀反,木名,又作櫄。"《周礼·天官·冢宰》:"五曰材贡。"注:"材贡,櫄干栝栢也。"《经典释文》:"櫄,敕伦反。"《管子·地员》:"其木宜櫄。""熏"与"屯"声是两个完全不同的谐声集合,因音变而混淆。

⿰木虖,丑居切,《广韵》:"恶木。"《广韵》之"⿰木虖"通作"樗"。樗,《说文》:"木也,以其皮裹松脂,从木雩声,读若华。"《诗经·七月》:"采荼薪樗,食我农夫。"传:"樗,恶木也。"《经典释文》:"樗,敕书反,又他胡反,恶木也。"《诗经·我行其野》:"我行其野,蔽芾其樗。"传:"樗,恶木也。"《经典释文》:"樗,敕书反,恶木也。"

畜，许竹切，《广韵》："养也，《说文》曰'田畜也'。"《说文》："畜，田畜也。《淮南子》曰'玄田为畜'。"《诗经·我行其野》："尔不我畜，复我邦家。"传："畜，养也。"《诗经·日月》："父兮母兮，畜我不卒。"传："畜，养。"《孟子·梁惠王下》："畜君者，好君也。"《易·师》："君子以容民畜众。"《经典释文》："畜，敕六反，聚也；王肃许六反，养也。"字后累增为"慉"。《说文》："慉，起也，从心畜声，《诗》曰'能不我慉'。"慉，许六切，《广韵》："起也，《诗》云'不我能慉'。"《诗经·谷风》："不我能慉，反以我为雠。"传："慉，养也。"《经典释文》："慉，许六反。"

蓄，许竹切，《广韵》："蓄冬菜也；稸，上同(蓄)。"《说文》："蓄，积也，从艸畜声。"《集韵》："蓄，敕六切，《说文》'积也'，或作稸，通作畜。"《左传·襄公九年》："蓄水潦，积土涂。"《经典释文》："蓄，本又作畜，敕六反。"《左传·昭公二十五年》："众怒不可蓄也。"《经典释文》："蓄，敕六反，本亦作畜。"蓄，丑六切，《广韵》："蓄冬菜也，《诗》曰'我有旨蓄'，郑笺'蓄聚美菜，以御冬月乏无时也'，本亦作畜；稸，上同。"《诗经·谷风》："我有旨蓄，亦以御冬。"《经典释文》："蓄，本亦作'畜'，敕六反。"《礼记·王制》："国无九年之蓄曰不足。"《集韵》："稸，许六切，积也。"《史记·范雎蔡泽列传》："力田稸积。"《礼记·王制》："国无九年之蓄曰不足，无六年之蓄曰急。"

兽，许救切，《广韵》："兽产，亦作畜。"《说文》："兽，牿也。"《左传·僖公十九年》："古者六畜不相为用。"《经典释文》："畜，许又反。"《礼记·内则》："子无私畜。"《经典释文》："畜，许六反，又许又反，又敕六反。"畜，丑救切，《广韵》："六畜。"畜，丑救切，《集韵》："牿也，谓六畜，或作兽。"

依照《广韵》以及《经典释文》的注音，"畜"有四个不同的读音。除声调有入声、去声不同外，声母则有软腭擦音 x-和齿龈送气塞音 th_3-的不同。虽然这四个读音两两异读，但是我们仍然可以从《广韵》的注音中得知读软腭擦音 x-的是动词，读齿龈送气塞音 th_3-的是名词。这一点也可以从"稀"和"絺"语音关系中得到支持。稀，是"希"的后起字。"希""稀"和"絺"是同族词(杨树达，1983)，而齿龈送气塞音 th_3-的"絺"为名词。上面我们已经谈到，上古汉语的齿龈擦音 s-某些方言并入软腭擦音 x-。同样，谐声系统里面也偶尔出现齿龈塞音跟软腭擦音有谐声接触。齿龈送气塞音 th-容易演变成声门擦音 h-或软腭擦音 x-。这种音变也广泛见于侗台语族语言或方言。齿龈送气塞音 th-,壮语的方言如龙州土语读声门擦音 h-,临高语也是如此。訓,许运切,《广韵》:"诫也,男曰教,女曰訓。"訓,《说文》:"说教也,从言川声。""訓"从"川"声应该是齿龈送气齿龈 th-演变成软腭擦音 x-的结果。如此看来,后高元音 u 拉动辅音发音部位后移而致使齿龈送气塞音 th-演变成软腭擦音 x-或声门音 h-。不过,我们不能认为上述谐声集合中软腭擦音 x-也来自齿龈送气塞音 th-。这两个谐声集合中,只是在软腭擦音 x-中夹杂着一个齿龈送气塞音 th-,显然不是齿龈塞音 t-/th-/d-谐声集合而是软腭擦音 x-谐声集合。

清段玉裁《说文》注:"畜,古假为'好'字。如《说苑》尹逸对成王曰'民善之则畜也,不善之则雠也'。晏子对景公曰'畜君何尤？畜君者,好君也'。谓'畜'即'好'之同音假借也。"《孟子·梁惠王下》:"其《诗》曰:'畜君何尤?'畜君者,好君也。"《礼记·祭统》:"孝者,畜也。"《吕氏春秋·适威》:"《周书》曰:民善之则畜也,不善则雠也。"高注:"畜,好。"《左传·襄公二十六年》:"天下谁畜之。"注:"畜,犹容也。"《经典释文》:"畜,许六反,又敕六反。"此"畜"后累增为"嫱"。嫱,《说文》:"媚也,从女畜声。"嫱,《广韵》:"媚也,许竹切。"

可见,词根辅音是软腭擦音 x-,即声母为软腭擦音 x-的是词根而声母为齿龈送气塞音 th-的是派生形式。中古汉语的边音 l-跟齿龈送气塞音 th-有谐声关系。我们在第七章已经讨论了这些齿龈送气塞音 th-上古是带 s-词头的边音 l-,即 *sl-辅音丛。这个 sl-辅音丛后演变为清边音 hl-,再塞化为齿龈送气清塞音 th-。上古汉语有名词中缀 /l/。显然,中缀 /l/也可以插进声母为软腭擦音 x-的词根。于是,软腭擦音 x-就跟中缀 /l/融合成 xl-辅音丛。辅音丛 xl-就很容易演变成齿龈送气塞音 th-。因而夹杂在软腭擦音 x-中的齿龈送气塞音 th-来自上古汉语辅音丛 xl-。其中软腭擦音 x-是词根辅音,而-l-是中缀。

老虎,除藏语支语言外,藏缅语彼此来源非常一致,如缅语 kjɑ、波拉语 la^{31}、史兴语 la^{55} 等,藏缅语 k-la。中古汉语的齿龈鼻音 n-,可以跟软腭擦音 x-谐声,如"漢"。依照音变关系,这些软腭擦音 x-来自上古汉语的清鼻音n̥-。这个清鼻音n̥-更早的时候应该是带词头 s-的齿龈鼻音 n-，详见第十二章第二节。中古汉语的边音 l-可以跟齿龈送气塞音 th-谐声，也可以跟软腭擦音 x-谐声。边音 l-谐声关系如同齿龈鼻音 n-的谐声关系。因而上述跟边音 l-谐声的软腭擦音 x-上古汉语应该是清边音 hl-，而这个清边音 hl-则来自带 s-词头的边音 l-。清边音一个显著的音变是并入软腭擦音 x-。此外，中古汉语的软腭擦音 x-也有来自上古汉语的清颤音 hr-。

表 11.45　藏语异形词表

rags-pa	粗大、草率、简略	hrags	粗糙
ral-po	破烂、腐朽、陈腐破烂的	hral-po	破烂、褴褛
ril-po	圆形的、球形	hril-po	圆形的、球形的
ril-po	一切、完全、整个	hril-po	完全、整体、全部
rul-ba	腐烂、朽败	hrul-po	破烂、朽败、褴褛
reŋ-bu	孤单、单独	hreŋ-po	单独的、单个的

上表材料来自《藏汉大辞典》(张怡荪，1999)。

其词根辅音是颤音，因而藏语 hr-甚至可以跟其他类型的 Cr-组成同族词，如 dbral-ba～hrol-ba“撕破、损坏、扯烂”、hraŋ“坚硬、顽固”、hraŋ-ba“硬化”和 mkhraŋ“坚实、坚硬、顽固”、hrad-pa“搔挠、抓挠”、ɦbrad-pa“搔、抓、刮”、ɦdrad-pa“啃”等。声符为软腭清擦音 x-的谐声集合，不会出现软腭不送气清塞音 k-，而偶尔可以夹杂软腭送气清塞音 kh-。除软腭送气清塞音 kh-外，以软腭擦音 x-为声符的谐声集合，偶尔也夹杂《广韵》读舌面送气塞擦音 tɕh-的谐声字。

表 11.46　软腭擦音与舌面送气塞擦音谐声表

	x_1-	x_2-	x_3-	t-	th-	d-	t_3-	th_3-	d_3-	tɕ-	tɕh-	dʑ-	k-	kh-	g-
臭			嗅								臭			糗	
虍	虍		虚								處			虛	

续 表

	x_1-	x_2-	x_3-	t-	th-	d-	t_3-	th_3-	d_3-	tɕ-	tɕh-	dʑ-	k-	kh-	g-
喜			喜								饎				
赤	郝	焃[1]	(郝)								赤				
喙			喙								喙				

[1] 焃,《广韵》:"赤,呼麦切。"捇,《广韵》:"捇掘土,又裂也,呼麦切。"焃和捇都是晚起僻字。

中古汉语的软腭清擦音 x-跟舌面塞擦音 tɕh-谐声的事例不多,但是很有规则。首先,可以确定它们的词根辅音不是软腭塞音,也不会是齿龈塞音。否则,谐声集合中不会只有送气塞音。再者,即便夹杂送气塞音或送气舌面塞擦音,也只是一两个,其他全是清一色的软腭擦音 x-。依据其谐声关系,它们的词根辅音应该软腭擦音 x-,只是某一语音条件下演变成了软腭送气塞音 kh-或送气舌面塞擦音 tɕh-。软腭送气塞音 kh-擦化为软腭擦音 x-,软腭擦音 x-也可以塞化为软腭送气 kh-,后一种音变广泛见于侗台语族侗水语支语言。软腭擦音 x-极容易与软腭擦音 kh-交互演变。

臭,尺救切,《广韵》:"凡气之揔名。"此音后缩小为香臭之臭。《诗经·文王》:"上天之载,无声无臭。"郑笺:"耳不闻声音,鼻不闻香臭。"《礼记·大学》:"如恶恶臭,如好好色。"《经典释文》:"臭,昌救反。"《论语·乡党》:"色恶,不食;臭恶,不食。"齅,许救切,《广韵》:"以鼻取气,亦作嗅。"《说文》:"齅,以鼻就臭也,从鼻从臭,臭亦声。读若畜牲之畜。"《庄子·人间世》:"嗅之,则使人狂酲三日而不已。"字本只作"臭"。《说文》:"臭,禽走臭而知其迹者,犬也,从犬从自。"《荀子·荣辱》:"彼臭之而嗛于鼻,尝之而甘于口。"又《礼论》:"成事之俎不尝也,三臭之不食也。"

饎,昌志切,《广韵》:"《方言》云'熟食也'。《说文》云'酒食也'。"《说文》:"饎,酒食也,从食喜声。《诗》曰:'可以馈饎。'糦,饎或从米。"《诗经·泂酌》:"可以餴饎。"传:"饎,酒食也。"《经典释文》:"饎,尺志反，《字林》充之反。”字也只作“喜”。《诗经·七月》：“田畯至喜。”笺：“喜读为饎。饎，酒食也。”《诗经·甫田》：“馌彼南亩，田畯至喜。”笺：“喜读为饎。饎，酒食也。”《经典释文》：“喜，毛如字，郑为饎，尺志反。”《诗经·大田》：“田畯至喜。”笺：“喜读为饎。饎，酒食也。”

如同“嘘”，“嘻”也是一个语气词。嘻，许其切，《广韵》：“噫嘻，叹也。”《诗经·噫嘻》：“噫嘻成王，既昭假尔。”《易·家人》：“妇子嘻嘻，终吝。”《庄子·养生主》：“嘻，善哉！技盖至此乎？”《庄子·徐无鬼》：“南伯子綦隐几而坐，仰天而嘘。”很显然，声母为单辅音 x-符合语言实际。上述这几个语词，读舌面塞擦音 tɕh-的是名词，而读软腭擦音 x-的是动词，跟“絺”和“稀”的形态关系相同。中古汉语的舌面送气清塞擦音 tɕh-主要来自齿龈送气塞音 *th-，间或来自软腭送气塞音 *kh-。枢，昌朱切，《广韵》：“本也。《尔雅》云‘枢谓之椳’。郭璞云‘门户扉枢也’。”《说文》：“枢，户枢也，从木区声。”《广韵》：“区，岂俱切，具区，吴薮名。”“枢”从“区”声，其声符是一个三等字，跟“区”对立，其主元音也不是高元音。“区”声字多有声门音，“区”也有声门音一读。可见，其词根辅音弱化了。因而其词根辅音一个是小舌音 qh-。“枢”中古汉语读入送气塞擦音 tɕh-是名词中缀 /l/作用的结果，即 *qh/l/o̱>xlo̱>tho̱>tɕhio。“臭”“糗”等字中古读舌面送气塞擦音 tɕh-是名词中缀 /l/作用的结果，即 *xl->th->tɕh-。

郝，昌石切，《广韵》：“乡名。”《说文》：“郝，右扶风鄠、盩厔乡，从邑赤声。”郝，呵各切，《广韵》：“姓也，殷帝乙时有子期封太原郝乡，后因氏焉。”郝，施隻切，又呵各切，《广韵》：“人姓。”仅就专有名词的记录文字而言，《广韵》“郝”就有三个读音，而“郝”姓源于“郝”乡，那么“郝”姓的“郝”也当音“昌石切”。《诗经·载芟》：“载芟载柞，其耕泽泽。”《经典释文》：“泽泽，音释释，注同；《尔雅》作郝，音同，云‘耕也’，郭云‘言土解也’。”《尔雅》：“郝郝，耕也。”《经典释文》：“郝郝，音释，又呼各反。”《史记·平原君虞卿列传》：“使赵郝约事于秦。”集解：“徐广曰：郝，一作赦。”赦，始夜切，《广韵》：“赦宥。”《说文》：“赦，置也，从攴赤声。”这跟“郝”又音“施隻切”一致。赫，呼格切，《广韵》：“赤也，明也，亦盛貌。"《诗经·简兮》:"赫如渥赭,公言锡爵。"传:"赫,赤貌。"《经典释文》:"赫,虚格反。"《诗经·节南山》:"赫赫师尹,民具尔瞻。"传:"赫赫,显盛貌也。"《经典释文》:"赫,许百反。"《战国策·韩策》:"不如公孙郝。"鲍彪注:"郝,元作赫。补曰一本作郝,姚同史作奭。"奭,《说文》:"盛也……读若郝。"奭,施隻切,《广韵》:"盛也,又惊视貌,又邵公名。"《诗经·瞻彼洛矣》:"靺韐有奭。"《经典释文》:"奭,许力反,赤貌。"《诗经·采芑》:"四骐翼翼,路车有奭。"《经典释文》:"奭,许力反,赤也。"奭,《广韵》字作"赩"。赩,《广韵》:"大赤也,许极切。"《尚书·君奭》:"周公作君奭。"《经典释文》:"奭,始亦反,召公名。"

嚇,呼格切,《广韵》:"怒也。"《玄应音义》"恐嚇"注:"嚇,相恐也。"《庄子·秋水》:"今子欲以子之梁国而嚇我邪?"《战国策·赵策》:"横人日夜务以秦权恐吓诸侯,以求割地。"嚇,是"赫"的后起累增字。《诗经·桑柔》:"既之阴女,反予来赫。"《一切经音义》引《诗》作"反予来嚇"。《尔雅》:"赫赫,迅也。"《经典释文》:"赫,郭音释。舍人本作奭,失石反,《说文》云'奭,盛也',谢许格反。"奭,施隻切,《广韵》:"惊视貌。"虩,许郤切,《广韵》:"惧也。"《易·震》:"震来虩虩,笑言哑哑。"传:"虩虩,恐惧之貌。"《经典释文》:"虩虩,许逆反,马云'恐惧貌',荀作'愬愬'。"《易·履》:"履虎尾,愬愬。"《经典释文》:"愬愬,山革反,子夏传云'恐惧貌',何休注《公羊传》云'惊愕也'。马本作'虩虩',音许逆反,云'恐惧也'。《说文》同,《广雅》云'惧也'。"虩,字也作"覤"。《庄子·天地》:"覤覤然惊曰。"《经典释文》:"覤,许逆反,又生责反,或云惊惧之貌。"

就许慎的"读若"来看,"郝"与"奭"文字也可通用。古文献里面的"公孙赫""公孙郝""公孙奭"为同一人的名字。显然,这是三个不同的方言称谓。因语音演变,同一个语音形式,不同方言自然会出现差异。某些文字,本当归入三等,却归入二等;本当归入二等,却归入一等。这主要是方言以及口语、书面语之间的差异造成。依照文字使用情况以及谐声规则,"郝"不当读"呵各切",而读为"呵各切"应该是"名从主人"的特殊读音。

表 11.47 软腭擦音与舌面擦音异读表

嚮	许亮切	《广韵》：对也，窗也。	式亮切	《广韵》：人姓。
曏	许两切	《广韵》：不久也。	书两切	《广韵》：少时也。
曏	许亮切	《广韵》：不久也。	书亮切	《广韵》：少时也，不久也。
歙	许及切	《广韵》：《说文》曰“缩鼻也”。	书涉切	《广韵》：黟歙。

上述这种异读都是无意义差别的异读。显然，是方言或者口语、书面语等造成的。软腭塞音 k-/kh-/g-演变成舌面塞擦音 tɕ-/tɕh-/dʑ-，软腭擦音 x-演变成舌面擦音 ɕ-。然而，只有跟三等韵组合的软腭音才有可能演变成舌面音。软腭清擦音 x-和舌面清擦音 ɕ-之间的偶尔异读是音变造成的，即软腭清擦音 x-在介音-i-的作用下腭化成了 ɕ-。同样，上古汉语的齿龈擦音 s-/z-在介音-i-前腭化为舌面擦音 ɕ-/ʑ-。如同“稀”和“绨”，“赫”和“赤”词性差别也是形容词和名词不同。上古汉语形名之间的词性变换可以靠附加前缀或插入中缀，可以声调或词根辅音声母清浊交替，也可以词根主元音松紧交替来实现。“赤”声字中有软腭擦音、舌面擦音、舌面塞擦音，但没有塞音。因而“赤”上古汉语带 */l/中缀。

表 11.48 软腭浊擦音谐声表

	ɣ1-	ɣ2-	ɣ3-	x1-	x2-	x3-	k1-	k2-	k3-	kh1-	kh2-	kh3-	g-	ʔ1-	ʔ2-	ʔ3-
乎	乎			呼		虖										
兮	兮			[illegible]												
幸	婞	幸														
頁	頁															
覞	覞															
劦			脅	劦												
号	号		鸮			枵										
號	號															
矣			矣			𤇾								埃		

续 表

	$ɣ_1$-	$ɣ_2$-	$ɣ_3$-	x_1-	x_2-	x_3-	k_1-	k_2-	k_3-	kh_1-	kh_2-	kh_3-	g-	$ʔ_1$-	$ʔ_2$-	$ʔ_3$-
焉			焉			嗎										焉
曄			曄													

中古汉语的擦音上古来源多半比较复杂,软腭浊擦音 ɣ-也是如此。除来自上古汉语的软腭塞音 g-和小舌塞音 ɢ-外,还来自上古汉语的软腭擦音 ɣ-和小舌擦音 ʁ-。前者中古汉语为开口软腭擦音 ɣ-而后者为合口软腭擦音 ɣw-。

乎,户吴切,《广韵》:"辞也。"《说文》:"乎,语之余也。"《诗经·溱洧》:"女曰观乎,士曰既且。"《论语·学而》:"学而时习之,不亦说乎?"呼,荒乌切,《广韵》:"唤也;《说文》曰'外息也'。"呼,《说文》:"外息也,从口乎声。"《诗经·荡》:"式号式呼,俾昼作夜。"呼,是"乎"的后起字。呼,上古汉语跟"乌"一起组成语气词"呜呼"。

表 11.49 "乎"声读音表

嘑	荒乌切	《广韵》:哮嘑。	《说文》:唬也,从口虖声。
虖	荒乌切	《广韵》引《说文》"哮虖也"。	《说文》:哮虖也,从虍亏声。
評	荒乌切	《广韵》:亦唤也。	《说文》:召也,从言乎声。
歑	荒乌切	《广韵》:温吹气息也。	《说文》:温吹也,从欠虖声。
謼	荒乌切	《广韵》:大叫。	《说文》:評謼也,从言虖声。

王力《同源字典》指出这些字实际上是"同一词"。"'呼'的本义是呼气,呼出的气是暖的,引申为温吹。"我们认为,这是一组对"哈气"的拟声词,其音为 xa/χa/ha。假若我们把"呼"构拟为 xa,那么相对的"乎"则只能构拟为浊 ɣa。

依据韵母组合的不同,软腭浊擦音分 $ɣ_1$-和 $ɣ_3$-,两者《广韵》大抵保持对立。软腭浊擦音 $ɣ_3$-跟半元音 j-对立。早在唐末五代时期,软

腭浊擦音 γ_3-已经和半元音 j-合并。软腭浊擦音 γ_3-和半元音 j-，传统三十字母通称喻母。可见，起码自三十字母面世的时候起，两者已经合流了。前一节我们已经讨论了，跟合口韵组合的半元音 j-许多是由软腭浊擦音 γ_3-失落软腭擦音 ɣ-演变来的。因而软腭擦音 γ_3-和半元音《广韵》中出现混淆就很正常了。

表 11.50　云母与影母异读表

曅	为立切	《广韵》：曅曅。	筠辄切	《广韵》：光也。
焉	有乾切	《广韵》：语助也。	於乾切	《广韵》：何也。
漹	有乾切	《广韵》：水名。	於建切	《广韵》：水名。

中古汉语的声门音 ʔ-只有跟三等韵组合时跟半元音声母 j-构成对立。但是，这种对立很快就消失了。跟三等韵组合的声门音 ʔ-后来跟半元音 j-声母合并为半元音 j-声母。因而《广韵》也会出现本属于声门音 ʔ-间或读入半元音 j-的事例，如"溢"。中古汉语的部分声门音 ʔ-声母是由软腭塞音 k-和软腭浊擦音 ɣ-失落演变来的。因而《广韵》里面偶尔出现软腭浊擦音 ɣ-跟声门音 ʔ-异读的实例。

矣，于纪切，《广韵》："《说文》云'语已词也'。"《说文》："矣，语已词也。"段玉裁注："其意止，其言曰矣，是为意内言外。《论语》或单言'矣'，或言'已矣'。"正因"矣"是句末语气词，所以"矣"文献里面常常可以为其他语气词的记录文字所替换。《论语·里仁》："朝闻道，夕死可矣。"刘宝楠正义："《汉石经》'矣'作'也'。"《战国策·赵策》："则连有赴东海而死矣。"吴师道注："矣，《史记》作耳。"《论语·里仁》："盖有之矣。"正义："皇本'矣'作'乎'。"《诗经·卷耳》："陟彼砠矣，我马瘏矣，我仆痡矣，云何吁矣。"唉，乌开切，《广韵》："慢应。"《说文》："唉，应也，从口矣声，读若埃。"《庄子·知北游》："狂屈曰：'唉，予知之。'"《经典释文》："唉，哀在反，徐乌来反，李音熙云'应声'。"《管子·杂篇》："禹立建鼓于朝而备讯唉。"注："唉，惊问也。"欸，乌开切，《广韵》："叹也。"欸，於改切，《广韵》："相然应也。"《说文》："欸，訾也，从欠矣声。"

“唉”和“欸”实一词。《楚辞·涉江》:“欸秋冬之绪风。”注:“欸,叹也。”誒,许其切,《广韵》:“《说文》云‘可恶之辞也’。”誒,《说文》:“可恶之辞也,从言矣声;一曰誒然。”朱骏声《说文通训定声》:“实与‘欸’同字。《说文》‘一曰誒然’,案:应声也。”《庄子·达声》:“誒诒为病。”《经典释文》:“誒,於代反,郭音熙,《说文》云‘可恶之辞也’,李呼该反,一音哀。”《楚辞·大招》:“誒笑狂只。”补注:“誒音僖。”

语气词“矣”跟“唉”等对自然语气的描摹,后再引申出相关的意义。这一谐声集合中有中古汉语的声门音 ʔ-、软腭擦音 x-/ɣ-。中古汉语的声门音 ʔ-可以由软腭擦音 ɣ-弱化而来,而软腭擦音 ɣ-和 x-是一对可以交替的辅音。软腭塞音 g-和软腭擦音 $ɣ_1$-/$ɣ_2$-有开口和合口的不同,那么软腭擦音 $ɣ_3$-也该有开口和合口的不同,“矣”《广韵》为开口软腭擦音 $ɣ_3$-并非特例。基于天然特性,语气词的语音形式往往保持长期不变。但是,记录语气词的文字也会随着书面语的语音演变而演变。我们认为“矣”的上古读音应该构拟为 *ɣe̠。

第七节 小舌擦音

与松元音组合的软腭浊塞音 g-后来弱化为中古汉语的软腭浊擦音 $ɣ_1$-,而与紧元音组合的软腭浊塞音 g-大抵保持不变。然而,这并不包括跟合口韵组合的软腭浊擦音 ɣ-。后汉三国时期,佛经翻译者用《广韵》跟合口韵组合的软腭浊擦音 $ɣ_1$-来对音梵语的 v-/b-。这些跟合口韵组合的软腭浊擦音 $ɣ_1$-在汉越语也读唇齿音 v-,跟稍早时期的梵汉对译相同。同样,谐声关系也反映出软腭浊擦音 $ɣ_1$-除了塞音一个来源之外,还有擦音一个来源。

表 11.51 软腭浊擦音谐声表一

	$ɣ_1$-	$ɣ_2$-	$ɣ_3$-	x_1-	x_2-	x_3-	k_1-	k_2-	k_3-	kh_1-	kh_2-	kh_3-	g-	$ŋ_1$-	$ŋ_2$-	$ŋ_3$-
云	魂		云													
爰	緩	鍰	爰	喛		諼										

续　表

	ɣ₁-	ɣ₂-	ɣ₃-	x₁-	x₂-	x₃-	k₁-	k₂-	k₃-	kh₁-	kh₂-	kh₃-	g-	ŋ₁-	ŋ₂-	ŋ₃-
王	翌		王													
尤	蚘		尤													
有	蛕		有	賄		珛										
回	回															
互	互															
惠	惠															
畫		畫			繣											畫[i]
皇	皇	喤	揘		喤											
蒦	穫	獲	篗	剨		矆										
亘	桓		垣	貆		烜										
奐	换			奐												
旬	迿			絢												
戉	越		戉			怴										
彗	慧		彗	嘒												
巂	巂	纗[ii]				觿										
華		華			華											

[i] 畫，胡麦切，《广韵》："计策也，分也。"畫，胡卦切，《广韵》："《释名》曰'畫，挂也，以五色挂物上也'。"前者入麦韵，后者入卦韵。畫，上古属于錫部。然而，《广韵》錫韵和霽韵无与之对立的文字。依照无标记优先的原则，"畫"本应该入錫韵和霽韵。

[ii] 纗，户圭切，《广韵》："《说文》曰'维纲中绳也'。"纗，胡卦切，《广韵》："弦中绝也。"

软腭浊擦音 γ_1-/γ_2-可以跟开口韵和合口韵组合。上述谐声集合，其元素只有软腭浊擦音 γ_1-/γ_2-/γ_3-或者软腭清擦音 x_1-/x_2-/x_3，而没有软腭塞音 k-/kh-/g-。通过对软腭浊擦音 γ_1-/γ_2-的考察，我们发现跟开口组合的软腭浊擦音 γ_1-/γ_2-大抵跟软腭塞音 k-/kh-/g-有谐声或文字替换关系,而只跟擦音组成谐声集合的只能是跟合口韵组合的软腭浊擦音 $ɣ_1$-/$ɣ_2$-。这跟后汉、三国时期用跟合口韵组合的软腭浊擦音 $ɣ_1$-/$ɣ_2$-对音梵语的唇齿音 v-/b-一致。

喤,户盲切,《广韵》:"泣声。"《说文》:"喤,小儿声,从口皇声;《诗》曰'其泣喤喤'。"徐铉音"乎光切"。《诗经·斯干》:"其泣喤喤,朱芾斯皇。"《经典释文》:"喤喤,音横,华彭反,沈又呼彭反。"《广韵》读"胡光切"的字多异读"户盲切",而且拟声字在《广韵》等韵书中多半读前元音 a 或 ɛ。《诗经·有瞽》:"箫管备举,喤喤厥声。"《经典释文》:"喤喤,华盲反,又音横,又音皇。"《诗经·执竞》:"钟鼓喤喤,磬管将将。"《经典释文》:"喤喤,华彭反,徐音皇,又音宏。"《说文》作"鍠"。《说文》:"鍠,钟声也,从金皇声;《诗》曰'钟鼓鍠鍠'。"鍠,户盲切,《广韵》:"又钟声,《说文》音皇。"

号,胡倒切,《广韵》:"号令,又召也,呼也,亦作號。"《说文》:"号,痛声也,从口在丂上。"段玉裁注:"凡呼號字古作号。"《庄子·齐物论》:"是唯无作,作则万窍怒呺。"《经典释文》:"呺,胡到反,徐又许口反,又胡到反。""呺"是后起累增字。號,胡刀切,《广韵》:"大呼也,又哭也;《诗》云'或號或呼',《易》云'先號咷而后笑'。"《说文》:"號,呼也,从号从虎。"《左传·宣公十二年》:"號而出之。"注:"號,哭也。"《礼记·曲礼》:"不听则號泣而随之。"《经典释文》:"號,户刀反。"

显然,"号"本是对哭声的描摹,后引申为呼叫,再引申为号令。其声母构拟为小舌擦音 ʁ-符合哭声的自然特征,即构拟为 *ʁu 优于构拟为 *ɢu。同样,将"喤"的上古读音构拟为 ɢaŋ 或 ʁaŋ 都可以描摹钟鼓等发出的声音,但是后者显然跟小儿啼哭声更匹配。除塞音一个来源外,中古汉语的软腭浊擦音 $ɣ_1$-/$ɣ_2$-还有擦音来源。中古汉语有软腭浊塞音 g-,也有软腭浊擦音 ɣ-,前者只能跟三等韵母组合而后者则可以跟任何类型的韵母组合。中古汉语的软腭浊擦音 $ɣ_1$-/$ɣ_2$-固然跟软腭浊塞音 g-互补,但跟软腭浊擦音 $ɣ_3$-也互补。软腭擦音 g-和软腭擦音 $ɣ_3$-都只跟三等韵组合,两者对立。足见,中古汉语的软腭浊擦音 ɣ-有两个不同的来源。

表 11.52　软腭浊擦音谐声表二

	ɣ1-	ɣ2-	ɣ3-	x1-	x2-	x3-	k1-	k2-	k3-	kh1-	kh2-	kh3-	g-	ŋ1-	ŋ2-	ŋ3-
韋			韋			諱										
員			員			勛										
于			于			吁										迂[i]
云	魂		云													
爰	緩	鍰	爰	暖		諼										
王	罜		王													
雨			雨													
羽			羽			栩										
永			永													
又			又	醢												
尤	蚘		尤													
有	蛕		有	賄		珛	絠[ii]									
囿			囿													
胃			胃								喟[iii]					
曄			曄													
戉	越		戉			怴										
亘	桓		亘	貆		烜										
袁			袁													

[i] 迂，《广韵》："远也，曲也，羽俱切，又忧俱切。"迂，《广韵》："曲也，忆俱切，又音于。"《尚书・盘庚中》："恐人倚乃身，迂乃心。"《经典释文》："迂，音于。"《诗经・蒹葭》笺："右者言其迂回也。"《经典释文》："迂音于。"《礼记・文王世子》："况于其身，以善其君乎？"《经典释文》："于依注作迂，音同。"

[ii] 絠，《广韵》："解绳，《说文》云'弹弦也'，古亥切。"絠，除了个别字书外，文献罕见使用。

[iii] 喟，《广韵》："大息也，丘愧切，又苦拜切；嘳，上同。"喟，《广韵》："叹也，苦怪切，又丘愧切。"《尔雅》："呬、𣢑、呬，息也。"《经典释文》："呬，苦怪反，又墟季反；《字林》'以为喟，丘愧反'；孙本作快，郭音苦概反；又作嘳，墟愧、苦怪二反。"呬，《广韵》："太息，苦怪切。"

续 表

	$ɣ_1$-	$ɣ_2$-	$ɣ_3$-	x_1-	x_2-	x_3-	k_1-	k_2-	k_3-	kh_1-	kh_2-	kh_3-	g-	$ŋ_1$-	$ŋ_2$-	$ŋ_3$-
害			害													
彗	慧		彗	嘒												

以软腭浊擦音 $ɣ_3$-为声符的谐声集合,其中的元素绝少有软腭塞音 k-/kh-/g-。倘若上古汉语也是塞音,依照清浊交替的谐声通则,谐声集合必然有大量的软腭塞音 k_3-,如同软腭浊擦音 g-和软腭塞音 k_3-谐声。这一谐声集合有大量的软腭浊擦音 $ɣ_1$-,但也绝少有中古汉语的软腭浊擦音 $ɣ_2$-。其谐声集合中,《广韵》读软腭浊擦音 $ɣ_2$-的只有"锾"等字。

锾,户关切,《广韵》:"六两曰锾。"《集韵》:"锾,户关切,《说文》'锊也',引《虞书》'罚百锾',一曰金六两为锾。"《尚书·吕刑》:"墨辟疑赦,其罚百锾……宫辟疑赦,其罚六百锾……大辟疑赦,其罚千锾。"《经典释文》:"锾,徐户关反,六两也;郑及《尔雅》同。"《集韵》:"锾,于眷切,量名,重六两。"《周礼·冬官·考工记》郑注:"锊,锾也。"《经典释文》:"锾,音于卷反。"《周礼·冬官·考工记》:"重三锊。"郑注:"《说文解字》云:锊,锾也。"《经典释文》:"锾,户关反,又于眷反。"

显然,"锾"读"户关切"是江南徐邈的读音。这跟谐声集合软腭塞音 k_3-不大愿意跟软腭塞音 k_2-接触相同。通过对谐声关系的考察,我们就会发现中古汉语的软腭浊擦音 $ɣ_3$-跟软腭擦音 x-/ɣ-谐声关系密切而跟软腭塞音 k-/g-谐声关系极其疏远。显然,假若中古汉语的软腭浊擦音 $ɣ_3$-确实如李方桂等构拟的那样,上古汉语全是软腭浊塞音 g-,那么依照上古汉语清浊交替的谐声原则,软腭浊擦音 $ɣ_3$-应该频繁地跟软腭清塞音 k-接触,而不是跟软腭清擦音 x-频繁接触。我们知道,由软腭塞音 k-或 g-组成的谐声集合,其中的元素很少是中古汉语的软腭擦音 x-。就谐声关系而言,软腭浊塞音 g-跟清塞音 k-的接触次数甚至远超过 g-跟 g-的接触。这也说明了中古汉语软腭浊擦音 $ɣ_3$-和

g-并非同来自上古汉语的浊塞音 g-。因而雅洪托夫(1986)把跟合口韵组合的软腭浊擦音 $ɣ_1$-以及软腭浊擦音 $ɣ_3$-的上古读音同构拟为 w-。这一构拟解决了中古汉语软腭浊擦音 $ɣ_3$-不大跟软腭塞音 k-谐声的问题。但是,雅洪托夫的构拟 w-无法解决半元音 w-跟软腭清擦音 x-之间的谐声关系。

于,《说文》:“于也,象气之舒亏。”依照《说文》的解释,“于”实就是“吁”。《诗经·麟之趾》:“于嗟麟兮。”王先谦《诗三家义集疏》:“于,吁古今字。”吁,《集韵》:“叹也,云俱切。”吁,《说文》:“惊也,从口于声。”《尚书·吕刑》:“吁,来。”《经典释文》:“吁,况于反,马作于。”《方言》:“吁,然也。”郭注:“吁,应声也。”《左传·文公元年》:“怒曰:呼,役夫。”注:“呼,发声也。”王引之《经义述闻》:“呼,即吁字。”

假若把“于”的读音构拟为诸如 ʁa̠ 比较符合“于”作为语气文字记录符号的实际。由软腭浊擦音 $ɣ_3$-组成的集合,主要的元素是软腭擦音 ɣ-或 x_1-/x_3-。软腭浊擦音 $ɣ_3$-跟 $ɣ_1$-/x_1-谐声属于“等”的不同,而跟 x_3-则属于辅音的“清浊”不同。软腭擦音 $ɣ_1$-/$ɣ_3$-、x_1-/x_3-组成一个比较封闭的谐声集合。通过对中古汉语软腭浊擦音 $ɣ_3$-谐声关系的分析,我们显然不能把中古汉语软腭浊擦音 $ɣ_3$-上古汉语读音全部构拟为塞音。就汉藏语音对应关系而言,中古汉语的软腭浊擦音 $ɣ_3$-跟藏语的语音对应关系也不同于软腭塞音 g-的对应关系。

表 11.53　软腭浊擦音藏语对应表一

员	王分切	《广雅》:众也。	ril-po	一切、完全、整个
圆	王分切	《说文》:圜全也。	ril-pa	圆的、球形
陨	于敏切	《说文》:从高下也。	ril-ba	滚落、坠下
画	胡卦切	《广韵》:《释名》曰“画,挂也”。	ris	图画、花纹
佑	于救切	《广韵》:佐也,助也。	rogs	帮助、援助

续 表

友	云久切	《广韵》：朋友，同志为友。	rogs-pa	朋友
隍	胡光切	《广韵》：有水曰池，无水曰隍。	roŋ	两山中间的深沟
皇	胡光切	《诗经·皇皇者华》：皇皇者华，于彼原隰。	roŋ-ŋe	茁壮、茂盛貌
获	胡麦切	《广韵》：得也。	rag-pa	得到、获得

上表材料来自《藏汉大辞典》(张怡荪，1999)。

跟合口韵组合的软腭浊擦音 $ɣ_1$-/$ɣ_3$-跟藏语颤音 r-对应整齐。这些能够跟藏语颤音 r-对应的一定是与合口韵组合的软腭浊擦音 ɣ-。除个别软腭擦音 $ɣ_1$-外，这些与合口韵组合的软腭浊擦音 ɣ-一般也只是跟软腭擦音 x-/ɣ-组成谐声集合。足见，软腭浊擦音 ɣ-不应该只有软腭浊塞音 g-一个来源。藏语以颤音 r-为声母的词根可以附加不同形式的词头，比如 g-。因而除了跟藏语的单辅音声母 r-对应，软腭浊擦音 $ɣ_3$-跟藏语辅音丛 gr-对应也十分整齐：

表 11.54 软腭浊擦音藏语对应表二

芋	羽俱切	《说文》：大叶实根骇人。	gro-ma	毛芋
胃	于贵切	《说文》：谷府也。	grod-pa	胃
谓	于贵切	《荀子·大略》注：言也。	gros	言论、议论
有	云久切	《诗经·谷风》传：谓富也。	grog	横财
佑	于救切	《广韵》：佐也，助也。	grogs	帮助、援助
友	云久切	《广韵》：朋友，同志为友。	grogs-pa	朋友
圆	王分切	《说文》：圜全也。	gril-kha	卷儿、卷成一卷的东西
于	羽俱切	《诗经·桃夭》传：往也。	ɦ-gro-ba	行走、往来、去来
陨	羽敏切	《说文》：从高下也。	ɦ-gril-ba	从高处下坠

续　表

缓	胡管切	《广韵》：舒也。	ɦ-grol-pa	放松、释放
友	云久切	《诗经・关雎》：琴瑟友之。	ɦ-grogs-pa	交结、亲近
越	王伐切	《广韵》：《说文》"度也"。	b-grod-pa	走、行
谓	于贵切	《荀子・大略》注：言也。	b-gros-pa	言谈、议论
陨	羽敏切	《说文》：从高下也。	b-gril-ba	抛下、坠下
援	王眷切	《广韵》：救助也。	s-grol-ba	拯救
羽	王矩切	《说文》：鸟毛也。	s-gro	羽毛
谓	于贵切	《广韵》：言也。	s-gros	谈论、言论

上表材料来自《藏汉大辞典》(张怡荪,1999)。

边音 l_3-跟藏语的颤音 r-有整齐的语音对应关系。软腭浊擦音 $ɣ_3$-跟藏语的 r-以及辅音丛 gr-语音对应也十分整齐。某些学者或举中古汉语软腭浊擦音 $ɣ_3$-跟藏语辅音丛 gr-对应的例子来证明中古汉语软腭浊擦音 $ɣ_3$-上古汉语也是软腭浊塞音 g-。这是对藏语的误解。藏语以颤音 r-为起首辅音的词根可以带不同的词头构成一组同族词,如 ris"画"和 bris"抄本、手抄本、誊写本"、rogs 和 grogs"朋友"、ril、gril、brul"坠落"(藏语的主元音 i～u 常常交替)等。可见,软腭浊擦音 $ɣ_3$-跟藏语对应的是颤音 r-而不是软腭塞音 g-。

表 11.55　软腭浊擦音藏语对应表三

埠	胡光切	《广韵》：堂埠,合殿。	braŋ	住宅、住处
宦	胡惯切	《广韵》：仕宦,亦阉宦。	bran	奴隶、仆役
画	胡卦切	《尔雅》：形也。	bris	画像
雩	羽俱切	《说文》：羽舞也。	bro	舞蹈、跳舞

上表材料来自《藏汉大辞典》(张怡荪,1999)。

正因为藏语 br-辅音丛中的词根辅音是颤音 r-,故此中古汉语的软腭擦音 ɣ-也可以跟藏语的辅音丛 br-对应。藏语的颤音 r-跟软腭塞音 g-是两个完全不同的辅音。汉藏语之间的语音对应关系进一步说明了中古汉语的软腭擦音 ɣ-上古汉语至少应该两分。就语音对应关系而言,汉语的边音 l-和软腭擦音 ɣ-跟藏语的对应完全相同。然而,中古汉语的边音 l-和软腭擦音 ɣ-却是两个不同的辅音声母,而且两者也罕见谐声接触。一个显见的事实是,中古汉语的软腭擦音 ɣ-固然可以跟藏语的颤音 r-对应,但是只有跟合口韵组合的软腭擦音 $ɣ_1$-/$ɣ_3$-才有可能这种语音对应关系。结合谐声关系和汉藏语音对应,可以断定中古汉语浊擦音 ɣ-上古汉语分界应该是开口和合口。中古汉语合口韵组合的软腭音来自上古汉语的小舌音。如此,我们可以确定这个辅音在原始汉藏语时期是小舌颤音 ʀ-,藏语演变成齿龈颤音 r-而汉语演变成小舌浊擦音 ʁ-。小舌浊擦音 ʁ-后并入软腭浊擦音 ɣ-,即合口的软腭浊擦音 ɣw-。这个 ɣw-容易失落了软腭擦音 ɣ-就变成了 w-。于是,梵汉对译中用于对译梵语的 v-。这种失落可能早在西汉就已经发生。嚄,胡伯切,《广韵》:“嚄唶,大唤。”《史记·外戚世家》:“嚄! 大姊,何藏之深也!”“嚄”是感叹语气词。显然,构拟为 *wak 比较符合语言实际。那么,跟中古汉语软腭浊擦音 $ɣ_3$-谐声而且匹配的软腭擦音 x-则是跟小舌浊擦音 ʁ-相对的清擦音χ-。

表 11.56 软腭擦音谐声表

	x_1-	x_2-	x_3-	$ɣ_1$-	$ɣ_2$-	$ɣ_3$-	k_1-	k_2-	k_3-	kh_1-	kh_2-	kh_3-	g-	$ŋ_1$-	$ŋ_2$-	$ŋ_3$-
乎	虖		虖	乎												
畫		繣			畫											
号			枵	号		鸮										
彗	嘒			慧		彗										
巂			觿	巂	纗	孈										
韋			諱			韋										

续　表

	x_1-	x_2-	x_3-	$ɣ_1$-	$ɣ_2$-	$ɣ_3$-	k_1-	k_2-	k_3-	kh_1-	kh_2-	kh_3-	g-	$ŋ_1$-	$ŋ_2$-	$ŋ_3$-
熏			熏													
員			勛			員										
兄			兄													
于			吁			于										
爰	喛		諼	緩	鍰	爰										
羽			栩			羽										
戉			怴	越		戉										
亘	貆		烜	桓		垣										
象			⿰口象			⿰忄象[i]										
訇		訇														
奂	奂			换												
霍	霍															
砉	砉	砉[ii]														
血	血		洫													
蒦	劐		矆	穫	獲	篗										
睘			儇	繯	睘	圜										
穴	泬			穴		鴪										
有	賄		珛	洧		有	⿰黄有[iii]									

[i] ⿰忄象,《广韵》:“心不平,又恨也,户佳切。”此字罕见于文献。

[ii] 砉,《广韵》:“砉然,物相离声,呼狊切。”砉,《广韵》:“虎伯切,又呼狊切,出《庄子》。”《庄子・养生主》:“砉然向然。”《经典释文》:“砉然,向呼鵙反,徐许赐反,崔音画,又古鵙反,李又呼历反。”

[iii] ⿰黄有,荣美切,《广韵》:“黄色。”⿰黄有,古对切,《广韵》:“黄色。”⿰黄有,文献罕见。

这些谐声集合的特点是合口韵并且不夹杂软腭塞音。如同软腭浊擦音 ɣ-,软腭清擦音 x-也有多个来源。剔除来自上古汉语鼻音的软腭清擦音 x-,软腭清擦音 x-跟开口韵母组合时一般是软腭擦音 x_3-,而跟合口韵母或上古汉语元音为圆唇元音的韵母组合时则可以是软腭擦音 x_1-,也可以是软腭擦音 x_3-。此外,假若这一谐声集合没有软腭塞音 k-,那么跟中古汉语软腭浊擦音 ɣ-谐声的软腭清擦音 x-只能跟合口韵母组合。软腭浊擦音 ɣ-来自上古汉语的 ʁ-/ɢ-/g-,而与之匹配的软腭清擦音 x-则来自上古汉语的χ-/qh-/kh-。上述跟合口韵母组合的软腭清擦音 x-,上古汉语应该是跟小舌浊擦音 ʁ-相对的清辅音χ-。

表 11.57　齿龈擦音与软腭音谐声表

	z-	ʑ-	s-	k_1-	k_2-	k_3-	kh_1-	kh_2-	kh_3-	$ɣ_1$-	$ɣ_2$-	$ɣ_3$-	g-	x_1-	x_2-	x_3-
契			楔	絜	楔		契		契	絜				褉		
公	頌		蜙	公												
谷	俗			谷						焀						
喬		潏		潏	劀	橘							璚	瞲		獝
巂			嶲		讗[i]				巂	纗[ii]						觿
肙	圎				涓					鞙			蜎	圎		
匀	昀		昀			均				旬		筠	赹		訇	
歲			歲			劌								濊		
隹			雖					匯		匯	淮	帷				睢
旋	旋															
垣			宣							桓		垣		貆		咺

[i] 讗,《广韵》:“《说文》曰‘自是也’,户圭切。”讗,《广韵》:“讗嚄,疾言,古获切。”讗,《说文》:“言壮貌,一曰数相怒也,从言巂声,读若画。”讗,又音“古获切”,与“巂”声不合。

[ii] 纗,《广韵》:“《说文》曰‘维纲中绳也’,户圭切。”纗,《广韵》:“弦中绝也,以睡切。”纗,《广韵》:“弦中绝也,胡卦切。”纗,《广韵》:“细绳,姊宜切。”纗,《广韵》有四音,其中“姊宜切”与“巂”声不合。

续　表

	z-	ʑ-	s-	k_1-	k_2-	k_3-	kh_1-	kh_2-	kh_3-	ɣ$_1$-	ɣ$_2$-	ɣ$_3$-	g-	x_1-	x_2-	x_3-
旬	旬		詢							姰			惸	眴		
彗	彗		雪							慧		彗		嘒		
尹			笋													
員			損									貟				勛
血			恤											血		
穴		袕								穴		抭		泬		
惠	穗		繐							惠						

中古汉语的浊擦音 z-/ʑ-以及清擦音 s-，也可以跟软腭塞音、软腭擦音谐声。但是，这些谐声集合没有中古汉语的齿龈塞音以及舌面塞擦音。上述谐声集合，跟我们前面讨论过的谐声集合很不同。这些谐声集合，不一定要有中古汉语的介音-i-，但一般有中古汉语的软腭擦音 ɣ$_1$-或 x_1-。除了主元音为前高元音 i 的一例“楔”，其余都是合口字。显然，上述谐声集合的构成跟合口有关。这一谐声很少有软腭送气清塞音 kh-而软腭清擦音 x-却很多，而且送气清塞音 kh-和清擦音 x-互补。我们前面已经讨论了，中古汉语跟合口韵组合的软腭音来自上古汉语的小舌音；而且也已经讨论了跟合口韵组合的软腭浊擦音分别来自上古汉语的小舌塞音 ɢ-和小舌擦音 ʁ-。除主元音为圆唇元音外，上古汉语的小舌音演变成带合口介音-w-的软腭音，即 ɢ-＞gw-、ʁ-＞ɣw-。因而上述谐声的词根声母应该是小舌音。这些跟合口软腭音组成谐声集合的中古汉语齿龈擦音应该来自带词头 s-的小舌音：s-q-/s-χ-＞s-、s-ɢ-/s-ʁ-＞z-/ʑ-。词头 s-和作为词根起首辅音的小舌音融合成辅音丛 sq-/sχ-。上古汉语的小舌音后演变成中古汉语带介音-w-的软腭音。在齿龈清擦音 s-和介音-w-的双重作用下，原先的词根起首辅音开始失落，上古汉语的辅音丛 sq-/sχ-等也就演变成中古汉语只跟合口韵母组合的齿龈擦音 sw-/zw-。这些只跟合口韵组合的齿龈

清擦音 sw-,只能跟合口软腭音组成谐声集合。

表 11.58　齿龈送气塞音与软腭音谐声表

	t-	th-	d-	t_3-	th_3-	d_3-	tɕ-	tɕh-	dʑ-	k-	kh-	g-	x-	ɣ-
今		貪								今	欽	芩		含
君		涒								君	輑	群	焄	
區					貙			樞			區			

貙,敕俱切,《广韵》:“兽名,似狸。”《说文》:“貙,貙獌,似狸者,从豸区声。”《尔雅》:“貙獌,似狸。”郭注:“今山民呼貙虎之大者为貙豻。”《经典释文》:“貙,丑于反,《字林》云‘似狸而大’。”《史记·五帝本纪》:“教熊罴貔貅貙虎,以与炎帝战于阪泉之野。”《左传·昭公二十一年》:“宋华费遂生华貙。”《经典释文》:“貙,敕俱反。”

涒,他昆切,《广韵》:“涒滩,岁在申也。”《尔雅》:“在申曰涒滩。”《经典释文》:“涒,汤昆反。”《说文》:“涒,食已而复吐之,从水君声。《尔雅》曰:‘太岁在申曰涒滩。’”《吕氏春秋·序意》:“维秦八年,岁在涒滩。”

贪,他含切,《广韵》:“贪婪也,《释名》曰:‘贪,探也,探入他分也。’”《说文》:“贪,欲物也,从贝今声。”《左传·隐公十年》:“不贪其土。”《庄子·至乐》:“夫子贪生失理而为此乎?”《韩非子·十过》:“虞公贪利其璧与马而欲许之。”

中古汉语的齿龈塞音和软腭音谐声界线清晰。然而,齿龈送气塞音 th-跟软腭音谐声却有好几例,非常特别。上古汉语出现在软腭音前的词头 s-后来失落,除个别特例,已经无法追寻。小舌音则不同。随着小舌变成合口软腭音 kw-,在词头 s-和唇介音-w-的夹击下,软腭音 k 失落。于是,词头辅音 s-吞没词根辅音变成中古汉语的齿龈擦音 sw-/zw-,后者的词根上古汉语是浊辅音。我们在第九章中已经讨论了上古汉语的齿龈擦音 s-/z-后塞化为齿龈塞音 th-/d-。这样我们就可以解释为何齿龈送气塞音 th-可以跟软腭音谐声。随着上古汉语小舌音的失落，词头 s-因符合响度原则也随着音变规则塞化成了齿龈送气塞音 th-，即这几个齿龈送气塞音 th-上古汉语是词头 s-和词根辅音 q-组成的 *sq-辅音丛。

带唇介音-w-或-u-的软腭音容易失落，如“蜗”等。这些字的声母《广韵》仍然是跟合口介音组合的软腭塞音，但今标准语已经失落了软腭音。上古汉语的小舌音后演变成中古汉语带合口介音的软腭音，并不意味着中古汉语带合口介音的软腭音一定来自上古汉语的小舌音。因为，某些元音也会分裂出一个合口介音-w-或-u-，尤其是圆唇元音 o。圆唇元音 o 演变成复合元音 ua 很常见，试比较藏语 so 和嘉戎语 swɑ“牙齿”。上古汉语的朵/掇/短部中的主元音 o 后就变成了复合元音 ua。这种演变甚至在《诗经》时代就已经出现。小舌音原本也应该跟圆唇元音组合，但是这些跟圆唇元音组合的小舌音后来跟软腭音无缝对接，我们已经无法区分小舌音和软腭音。不过，依据谐声关系，可以窥见上古不同的来源。

表 11.59　“睘”声读音表

環	户关切	《广韵》：玉环。	《说文》：璧也，从玉睘声。
寰	户关切	《广韵》：王者封畿内县。	《说文》：王者封畿内县也，从宀睘声。
還	户关切	《广韵》：反也，复也。	《说文》：复也，从辵睘声。
圜	户关切	《广韵》：圜围。	
圜	王权切	《广韵》：天体。	《说文》：天体也，从囗睘声。
闤	户关切	《广韵》：闤，市垣也。	《说文》：市垣也，从門睘声。
鐶	户关切	《广韵》：指鐶。	
鬟	户关切	《广韵》：髻鬟。	《说文》：总发也，从髟睘声。
擐	古还切	《广韵》：贯也。	《说文》：贯也，从手睘声。
檈	似宣切	《广韵》：圜案。	《说文》：圜案也，从木睘声。

续 表

還	似宣切	《广韵》:还返。	
圓	似宣切	《广韵》:规也。	《说文》:圜全也,从囗員声。
翾	许缘切	《广韵》:小飞。	《说文》:小飞也,从羽瞏声。
嬛	许缘切	《广韵》:便嬛,轻丽貌。	《说文》:材紧也,从女瞏声。
儇	许缘切	《广韵》:智也,疾也。	《说文》:慧也,从人瞏声。
懁	古县切	《广韵》:急性。	《说文》:急也,从心瞏声,读若绢。

瞏,为"環"的本字,类转为动词,字也作"還"。《左传·襄公十年》:"诸侯之师還郑而南。"注:"還,绕也。"《经典释文》:"還,本亦作環,户关反,徐音患。"《左传·哀公三年》:"道還公宫。"注:"道周币公宫。"《经典释文》:"還,本又作環,户关反。"去而复返形成一个"環",即"還"。還,户关切,《广韵》:"返也,复也。"《说文》:"還,复也,从辵瞏声。"多次或无数次周而复返,就是"旋转"。《庄子·庚桑楚》:"夫寻常之沟,巨鱼无所還其体。"《经典释文》:"還,音旋。"《集韵》:"還、瞏,旬宣切,复返也,亦作瞏,通作旋。"《庄子·天下》:"若飘风之還,若羽之旋。"《经典释文》:"還,音旋,一音環。"此意义之字也作"旋"。旋,似宣切,《广韵》:"還也。"旋,辝恋切,《广韵》:"绕也。"《说文》:"旋,周旋,旌旗之指麾也。"《诗经·黄鸟》:"言旋言归。"《左传·僖公十五年》:"进退不可,周旋不能,君必悔之。"进一步引申则为快、轻便、急等意义。

懁,古县切,《广韵》:"急性。"《说文》:"懁,急也,从心瞏声,读若绢。"懁,《广韵》音"古县切",来自《说文》读若"绢",即"狷"。狷,古县切,又音绢,《广韵》:"急也。"狷,吉缘切,《广韵》:"褊急。"《集韵》:"狷,或作獧。"獧,古县切,《广韵》:"跃也。"《说文》:"獧,疾跳也,一曰急也,从犬瞏声。"《论语·子路》:"狂者进取,狷者有所不为也。"《孟子·尽心下》:"狂者进取,獧者有所不为也。""瞏"跟"肙"本不同音,懁、獧两字《广韵》音"古县切"是"狷"的训读。实际上,"瞏"声本就有"急"的意义。故此,“睘”声谐声集合里面除“儇”“猥”两字外不归四等霰韵。

形容词“圜”音“王权切”,名词“圜”音“户关切”。《庄子·田子方》:“儒者冠圜冠者。”《经典释文》:“圜,音圆。”《礼记·月令》:“其器圜以闳。”《经典释文》:“圜,音于权反。”“圜”插入了构词中缀/l/,文字形式可以有環、寰、鐶等,类转为动词“還”。檈,似宣切,《广韵》:“圜案。”檈,相伦切,《广韵》:“承食案也。”《说文》:“檈,桊,牛鼻中檈也。”徐锴曰:“以柔木为檈,以穿牛鼻也。”鐶,似宣切,《广韵》:“指鐶。”因制作材料不同而改换意符。这一组语词带词头 s-。檈,《广韵》的一个异读已经归入諄韵-iun。这正是上古汉语圆唇元音 o 的语音演变特点。藏语有一组语词跟汉语“睘”声字所记录的语词同源,如藏语 ɦkhor-ba“运转、回旋、周转、回来、还复”,skor-ba“旋转、包围、环绕”,skor-ba“圆圈、圆环”,sgor-ba“环绕奔跑”,sgor-mo“圆、圆的,圆形的”等。同属于上古短部且声母为软腭音《广韵》也入仙韵的有“卷”声字。“睘”声和“卷”声的最大差别是后者从不跟齿龈音谐声。能否跟齿龈音谐声是小舌音跟软腭音的区别特征。因而“睘”声字的声母是小舌音但主元音也是圆唇元音 o,即词根为 *ɢon / *ɢo̱n。

子之還兮,遭我乎峱之间兮。并驱从两肩兮,揖我谓我儇兮。(《还》)

十亩之间兮,桑者闲闲兮,行与子還兮。(《十亩之间》)

主元音 o 早就已经分裂为 ua。故此,《诗经》里面“睘”声字可以跟寒部押韵。这些跟中古汉语软腭音组成谐声集合的浊擦音 z-、ʑ-以及清擦音 s-,不仅只能跟合口韵组合而且只能跟三等合口韵组合。可见,主元音为松元音的音节中,词头 s-大抵已经失落而无法追寻,只有少许得以保存而塞化为中古汉语的齿龈塞音 th-/d-。

第八节　声门音

声门音 ʔ-只是一个半音位价值的辅音,跟一等、二等、四等韵组合时,是没有音位价值的辅音。现代汉语以元音起首的音节,可以有声门音 ʔ-也可以没有声门音 ʔ-,因没有对立一般不予标注。影母,王力(1982)用 O 标注,表明上古汉语是零辅音声母,董同龢(1948)、李方桂(1971)认为是声门音 ʔ-。跟有三等 A 和三等 B 对立的韵组合时,中古汉语的声门音 ʔ-和半元音 j-构成对立,如 $ʔjɛ^{C}$“缢”和 $jɛ^{C}$“易”。

益,伊昔切,《广韵》:“增也,进也。”《说文》:“益,饶也,从水皿,皿益之意也。”王筠《说文释例》:“益从水,而溢又加水,然水只可在皿中,而益之意,即兼有泛溢之意。”“益”为“溢”的本字。《庄子·秋水》:“而水弗为加益。”《吕氏春秋·察今》:“澭水暴益,荆人弗知。”溢,夷质切,《广韵》:“满溢。”益,中古音 ʔjɛk;溢,中古音 jit。

跟其他韵组合时,有无声门音 ʔ-并不构成对立。声门音 ʔ-的失落导致音节介音-j-裸露而成为半元音声母 j-。这是声门音 ʔ-偶尔跟半元音 j-谐声的根本原因。中古汉语声门音 ʔ-的上古汉语来源,自高本汉以来,学者的看法大抵一致,比如董同龢、李方桂、斯塔罗斯金等认为来自声门音 ʔ-。诚然,也有学者认为中古汉语的声门音 ʔ-来自小舌塞音 q-,而这一构拟主要依据声门音 ʔ-和软腭塞音 k-谐声以及文字替换。软腭塞音 k-组成的谐声集合,间或可以有声门音 ʔ-;而声门音 ʔ-组成的谐声集合则没有软腭塞音 k-。声门音 ʔ-固然可以跟软腭塞音 k-谐声,但自成系统是显然的。

表 11.60　声门音谐声表

	$ʔ_1$-	$ʔ_2$-	$ʔ_3$-	k-	kh-	g-	ŋ-	x-	ɣ-
邕	雝		壅						
委	倭	矮[i]	委						
伊			伊						

[i] 矮,乌蟹切,《广韵》:“短貌。”㢊,乌蟹切,《广韵》:“坐倚貌,又作躷;躷,上同。”“矮”是很晚起的文字,且“矮”和“委”声开口、合口不同。

续　表

	ʔ₁-	ʔ₂-	ʔ₃-	k-	kh-	g-	ŋ-	x-	ɣ-
威			威						
衣	哀		衣						
於	於		於						
因	咽		因						
殷		殷	殷						
冤			冤						
昷	昷		慍						
燕	燕								
㫃	㫃								
杳	杳								
窅	窅								
夭	夭		夭						
沃	沃								
央	盎		央						
英			英						
憂			憂						
鬱			鬱						
音	暗		音					歆	
鷹			鷹						
壹	曀		壹						
烏	烏								
厭			厭						
夗	腕		夗						

续 表

	$ʔ_1$-	$ʔ_2$-	$ʔ_3$-	k-	kh-	g-	ŋ-	x-	ɣ-
奄	晻		奄						
乙			乙						
意		噫	意						
匽	宴	揠[i]	匽						
抑			抑						
尉			尉						
邑			邑						
㬈	限		㬈						
印			印						
隱	穩		隱						
奥	奥		燠						
翁	翁								
愛	愛		僾						
幼	窈	坳	幼						
醫	醫		醫[ii]						
[illegible]	[illegible]		[illegible]						
䁠	䁠								
酓[iii]	䧴		酓						

[i] 揠,乌黠切,《广韵》:“拔草心也。”《方言》:“揠、擢、拂、戎,拔也。自关而西或曰拔或曰擢,自关而东江淮南楚之间或曰戎,东齐海岱之间曰揠。”郭注:“今呼拔草心为揠,乌拔反。”《孟子·公孙丑》:“宋人有闵其苗之不长而揠之者。”揠,属于齐鲁方言词。

[ii] 醫,或作毉,当从巫或从酉,殹声。《经典释文》之韵、脂韵已混。《周礼·天官·冢宰》:“二曰醫。”《经典释文》:“醫,於已反,徐於计反。”因而抄录早期字书的《切韵》脂韵和之韵也出现混淆。

[iii] 酓,见于甲骨文,象人饮酒之形。酓,许慎《说文》以为从今声,非。

续　表

	$ʔ_1$-	$ʔ_2$-	$ʔ_3$-	k-	kh-	g-	ŋ-	x-	ɣ-
侌[i]			侌						
乙		軋	乙						
嬰		嚶	嬰						
亞	惡	亞							
屋	屋	幄							
厄		厄							
益		隘	益				鷁[ii]		
安	安	晏							
垔	煙		垔	甄					

[i] 侌，即陰，见于甲骨文，会意字。

[ii] 鷁，五历切，《广韵》："水鸟也；鶂，上同，《说文》又作'鷊'。"《说文》："鶂，鸟也，从鳥兒声，《春秋传》曰'六鶃退飞'。鶃，或从鬲。"《左传·僖公十六年》："六鷁退飞过宋都，风也。"《经典释文》："鷁，五历反，本或作'鶂'，音同。"《公羊传·僖公十六年》："六鶂退飞过宋都。"《经典释文》："鶂，五历反，水鸟。"音"五历切"的当是从"兒"声的"鶂"。《孟子·滕文公下》："恶用是鶃鶃者为哉。"注："鶃鶃，鹅鸣之声。"这一水鸟声根据鸣叫声命名：此地描摹为 ŋik"兒"而彼地描摹为 ʔik"益"。

除主元音为 i 的"垔"外，声门音 ʔ-组成的是一个只有声门音 ʔ-的谐声集合。显然，声门音 ʔ-和软腭塞音 k-是两个截然不同的谐声集合。上古汉语固然有软腭塞音 k-并入声门音的事例，但不能因此而取消两者之间的界线。声门音 ʔ-可以跟不同类型的韵母组合。依据组合韵母的不同，中古汉语的声门音 ʔ-可以分 $ʔ_1$-/$ʔ_2$-/$ʔ_3$-三个。从上面谐声表中，中古汉语的声门音 $ʔ_1$-跟声门音 $ʔ_3$-谐声，而声门音 $ʔ_2$-既不大跟声门音 $ʔ_1$-谐声，也不大跟声门音 $ʔ_3$-谐声。这跟软腭音的谐声情况很不同。依照谐声关系，可以确定中古汉语的 ʔ-很早的时候就已经是一个独立的辅音声母，而且是一个跟其他辅音都没有联系的孤独的声母。故此，由软腭音组成的谐声集合可以包含中古汉语软腭音 k-/kh-/g-/x-/ɣ-等。如果小舌是上古汉语的区别特征，那么拥有这个区别特征的辅音自然应该是一组而不能只有一个。然而,声门音 ʔ-却只能组成一个封闭的集合。那么,我们可以断定这个声门音 ʔ-上古汉语只能是声门音 ʔ-,而不可能是小舌音 q-。乌,《说文》:"孝鸟也,象形。"《诗经·北风》:"莫赤匪狐,莫黑匪乌。"乌鸦,泰语 ka^2、版纳傣语 ka^1、龙州壮语 ka^1、武鸣壮语 ka^1、柳江壮语 a^1、布依语 a^1、侗南方言 a^1、侗北方言 a^1、水语 qa^1、佯僙语 a^1、锦语 a^1、莫语 a^1、拉珈语 ka^1等。侗台语的"乌鸦"跟汉语的"乌鸦"一样都是对"乌鸦"叫声的模拟。这种依据动物叫声命名的语词难以作为语言彼此关系的证据。因而即使是侗台语本身,彼此之间"乌鸦"一词也难以构成语音对应关系:

表 11.61　侗台语对应表

词义	柳江壮语	布依语	侗南方言	侗北方言	水语	佯僙语	锦语	莫语
乌鸦	a^1	a^1	a^1	a^1	qa^1	a^1	a^1	a^1
田鸡	kop^7	kop^7	$əp^7$		qup^7			$kwap^7$
岩洞	$ka:m^3$	$ka:m^3$			$qa:m^3$	$ka:m^3$	$ka:m^3$	$ka:m^3$
看	kau^3	kau^3			qau^5	kau^5	kau^5	kau^5
旧	kau^5	kau^5	$a:u^5$	au^5	$qa:u^5$	$ka:u^5$	$ka:u^5$	$ka:u^5$
芥菜	$ka:t^7$	$ka:t^7$	$a:t^7$	$a:t^7$	$qa:t^7$	$ka:t^7$	$ka:t^7$	$ka:t^7$
割	$ka:t^7$	kve^3	at^7		qat^7	kat^7	kat^7	kat^9

上表材料来自《侗台语族概论》(梁敏、张均如,1996)。

除侗语和水语"乌鸦"一词对应整齐外,其余语言都不同;而且"乌鸦"在侗台语也不是读小舌音。可见,"乌鸦"只是一个依据叫声模拟的拟声词。上述所举语词,多为汉语读软腭塞音 k-的借词而且一些是进入侗台语时间并不是很早的借词,但是水语都读小舌音而侗语则失落了软腭音。显然,原始侗台语即使有小舌音,侗水语的小舌音也是后起的。

汉字"乌"常常用于记录语气词。《左传·宣公二年》:"宣子曰:

‘乌呼！我之怀矣，自诒伊戚。其我之谓矣。’”“乌”和“於”，依《说文》属于异体字。《诗经·云汉》：“王曰於乎，何辜今之人。”《诗经·闵予小子》：“於乎皇考，永世克孝。”“於”也可以作词头。《左传·定公五年》：“於越入吴。”注：“於，发声也。”这应该就是汉语以及跟汉语有发生学的语言极其常见的词头 a-。这一词头后汉开始以文字“阿”的形式出现。恶，《说文》：“过也，从心亚声。”《庄子·逍遥游》：“彼且恶乎待哉。”《经典释文》：“恶音乌。”《庄子·齐物轮》：“道恶乎隐而有真伪，言恶乎隐而有是非。”《经典释文》：“恶音乌。”“恶”有“乌”音是因为“恶”可以作为语气词的记录文字而获得。哑，《广韵》：“哑哑，乌声，衣嫁切。”哑 ʔa，是对乌鸦叫声的描摹，这跟“鸦”字也从“亚”声一样。《说文》：“雅，楚乌也。”“雅”，后字一般作“鸦”。鸦，於加切，《广韵》：“乌别名；鵶，上同。”“鵶”和“乌”实际上是“乌鸦”一词的不同记录文字而已。“乌”由于语音演变跟口语的“乌”读音不同，于是古人再根据口语读音创制出“鸦”或“鵶”。中古汉语“鸦”只是“乌鸦”一词滞古形式。《庄子·齐物论》：“蝍且甘带，鸱鸦耆鼠。”

表 11.62　“亞”声字读音表

惡	《说文》：过也，从心亞声。	乌各切	《广韵》：不善也，《说文》曰“过也”。
惡		乌路切	《广韵》：憎惡也。
誣	《说文》：相毁也，从言亞声。	乌路切	《广韵》：相毁，《说文》作“誣”。
堊	《说文》：白涂也，从土亞声。	乌各切	《广韵》：白土。
啞	《说文》：笑也，从口亞声。	乌格切	《广韵》：笑声。
啞		於革切	《广韵》：笑声。
啞		衣嫁切	《广韵》：啞啞，乌声。
啞		乌下切	《广韵》：不言也。
亞	《说文》：丑也，象人局背之形。	衣嫁切	《广韵》：次也，就也，丑也。
亞		衣嫁切	《广韵》：《尔雅》曰“两壻相谓为亞”。

续　表

鵶		於加切	《广韵》:乌别名。
錏	《说文》:錏鍜,颈铠也,从金亞声。	於加切	《广韵》:錏鍜。
椏		於加切	《广韵》:《方言》云"江东言树枝为椏也"。

根据拟声词,可以知道"亞"是中古汉语单元音音节 a 的记录文字,而"乌"是上古汉语单元音音节 a 的记录文字。除"錏"因是叠韵联绵词"錏鍜"的一个音节被读成跟"鍜"同韵母外,稍早时期创造的"亞"声字或读入声或去声。《周礼・春官・宗伯》郑注:"《尚书》传曰'王升舟入水,鼓钟亞,观台亞,将舟亞,宗庙亞'。"孙贻让正义:"《书》传亞本皆作惡,此引作亞者,从改读字也。"亞,衣嫁切,《广韵》:"次也,醜也。"亞,《说文》:"醜也。"段玉裁注:"此'亞'之本义。'亞'与'惡'音义皆同。故《诅楚文》'亞驼',《礼记》作'惡池'。《史记》卢绾孙他之封'惡谷',《汉书》作'亞谷'。"諲,是惡的后起累增字。惡是"不好",引申为"觉得不好、说别人不好"等意义,而"说别人不好"的意义汉代的文献如《史记》《汉书》等最为常见。其中"说别人不好"的"惡"被后来的注释家读成"乌路切"。"乌路切"是注释家读书时用的书面语读音而"衣嫁切"则是口语读音。声门音 $ʔ_1$-和 $ʔ_3$-共同组成谐声集合是最普遍的谐声通则,而"亞"声字则是声门音 $ʔ_1$-和 $ʔ_2$-共同组成谐声集合。

啞,《说文》:"笑也,从口亞声。"啞,韵书《广韵》有"乌格切"、"於革切"和"衣嫁切"三音,都属于中古汉语的声门音 $ʔ_2$-。《易・震》:"震来虩虩,笑言啞啞。"《经典释文》:"啞啞,乌客反,马云'笑声',郑云'乐也'。"《韩非子・难一》:"师旷曰:啞,是非君人者之言也。"注:"啞,叹息之声。"《楚辞・守志》:"乌鹊惊兮啞啞。"

模拟声音的"啞"只能是一个音节简单的 ak/ah 等。口语元音开口度往往比较大,而舌位也相对较低。主元音 a 口语中往往不随音变而保持原有的读音，而归入韵图的二等。上古汉语魚部(鐸部)好些语词甚至现代汉语仍读 a，只不过换了一个文字。这一点我们在第三章就已经讨论过，比如“荼”和“茶”、“怖”和“怕”。a 不过是“亞”声语音演变的滞后形式。以《广韵》的读音看，中古汉语拟声词为二等，而上古汉语语气词为三等。这是上古汉语跟中古汉语的一个显著不同。上古汉语的紧元音后衍生出介音-i-，但也不少语词尤其在口语中没有衍生介音-i-，比如“父”与“爸”。这种没有衍生出介音-i-的情况在南方方言中更为常见，如吴语、闽语、粤语等。“亞”声字谐声系列中只有一等，而没有三等。因而我们认为“亞”声的二等字原本应该归三等。

表 11.63　“屋”声读音表

屋	《说文》：居也，一曰尸象屋形。	乌谷切	《广韵》：舍也。
楃	《说文》：木帐也，从木屋声。	於角切	《广韵》：《说文》曰“木帐也”。
幄	《释名》：屋也，以帛衣板施之，形如屋也。	於角切	《广韵》：大帷。
喔	《说文》：鸡鸣也，从口屋声。	於角切	《广韵》：鸡声。
渥	《说文》：沾也，从水屋声。	於角切	《广韵》：沾濡。
握	《说文》：搤持也，从手屋声。	於角切	《广韵》：持也。
偓	《说文》：偓佺，古仙人名也，从人屋声。	於角切	《广韵》：《列仙传》有偓佺。

屋是幄、楃的早期文字形式。《诗经·行露》：“谁谓雀无角，何以穿我屋。”《诗经·抑》：“尚不媿于屋漏。”笺：“屋，小账也。”《左传·襄公二十四年》：“二子在幄，坐射犬于外。”许慎《说文》字作“楃”。徐灏云：“古宫室无‘屋’名。屋者，木帐耳。相承作楃，又作幄。”屋归屋韵而幄归覺韵。剭，《广韵》：“郑玄注《周礼》云：‘剭诛谓所杀不于市而以适甸师氏’，乌谷切。”剭，《广韵》：“刑也，於角切。”剭，字本只作屋。《周礼·秋官·司寇》：“邦若屋诛则为明竁焉。”郑注：“屋读如其刑剭之剭，剭诛谓所杀不于市而以适甸师氏者也。”《经典释文》：“剭，音屋，又音握。”

屋韵声门音 ʔ-只有“屋”和“剭”两字。剭，字本作“屋”，且有“屋”“握”无意义差别的异读。这两个异读之间的语音关系等同于“屋”和“幄”之间的语音关系。依照拟声词“喔”，我们可以知道“喔”音“於角切”是后起的音变。《广韵》：“雊，雉鸣，古候切。”《诗经·小弁》：“雉之朝雊，尚求其雌。”笺：“雊，雉鸣也。”《经典释文》：“雊，古豆反。”《尚书·高宗肜日》：“有飞雉升鼎耳而雊。”《经典释文》：“雊，工豆反。”公鸡、雉鸡叫声，描摹为 koh-koh 或者 ok-ok 都合适。“鸡”，阿美语为 kukuʔ、景颇语为 $\underline{u}^{31}$ 等，都是依据鸡叫声命名。“屋”声只有一等而没有三等，而屋部声门音三等也无字。这几个读二等的“屋”声字，也应该是三等。

殷，於斤切，《广韵》：“众也，正也，大也，中也。”《说文》：“殷，作乐之盛称殷。”段玉裁注：“引伸之为凡盛之称，又引伸之为大也，又引伸之为众也。”《庄子·山木》：“翼殷不逝，目大不睹。”殷，乌闲切，《广韵》：“赤黑色也，《左传》云‘左轮朱殷’。”《左传·成公二年》：“左轮朱殷。”注：“朱，血色，血色久则殷。殷音近烟，今人谓赤黑为殷色。”显然，此意义为“殷”本义的引申。《经典释文》：“殷，於闲反，徐於辰反。”

噫，於记切，《广韵》：“恨声。”《说文》：“噫，饱食息也，从口意声。”《礼记·檀弓下》：“噫！弗果从。”《经典释文》：“噫，於其反。”《论语·先进》：“噫！天丧予！天丧予！”《经典释文》：“噫，於其反。”噫，乌界切，《广韵》：“噫气。”

轧，乌黠切，《广韵》：“车辗。”轧，《说文》：“辗也，从车乙声。”《荀子·议兵》：“常恐天下之一合而轧已也。”杨倞注：“张晏曰：‘轧，践轹也’。”《庄子·庚桑楚》：“举贤则民相轧。”《经典释文》：“轧，乌黠反，向音乙。”

很显然，二等来自三等，是三等的口语形式。紧元音衍生出介音-i-，而这个介音-i-口语又容易失落。这种音变汉语方言常见。考察《广韵》的二等字，我们就不难发现这些文字记录的语词多是一些拟声词、口语词。前面已经提到，经师喜欢将语气词读成开口读较大的二等韵。嘤，乌茎切，《广韵》：“鸟声。”呃，乌界切，《广韵》：“不平声。”哑，衣嫁切，《广韵》：“哑哑，鸟声。”上古汉语却很不同，偏偏选择三等字，比如“噫”。这正说明三等字在口语中被二等字替换了。铎部有声门

音 $ʔ_1$-，也有声门音 $ʔ_2$-，但没有与三等韵（藥韵、昔韵和陌韵）组合的声门音 $ʔ_3$-。屋部的情况跟鐸部相同。中古汉语声门音 $ʔ_1$-和 $ʔ_3$-上古汉语差别是与之组合元音的松紧不同，而且紧元音是无标记形式。足见，原本应该归入声门音 $ʔ_3$-却归入了声门音 $ʔ_2$-。这正跟先秦汉语里选用主元音为紧元音的音节描摹语气或声音的"规则"一致。这样就可以解释"亞"声字声门音 $ʔ_1$-和 $ʔ_2$-组成谐声集合的原因。"屋"声字跟"亞"声一样，原本归声门音 $ʔ_3$-而归入了声门音 $ʔ_2$-。

表 11.64　"厄"义同族词表

嗌	《说文》：咽也，从口益声。	伊昔切	《广韵》：喉也。
縊	《说文》：经也，从糸益声。	於赐切	《广韵》：自经死也。
隘	《说文》：陋也。	乌懈切	《广韵》：陜也，狭也。
戹	《说文》：隘也。	於革切	《广韵》：灾也，《说文》"隘也"。
阸	《说文》：塞也，从阜戹声。	於革切	《广韵》：限也，碍也，迫也，塞也。
阸		乌懈切	《广韵》：阻塞，或与隘同。
搤	《说文》：捉也，从手益声。	於革切	《广韵》：持也，握也，捉也。
軛	《说文》：辕前也，从車戹声。	於革切	《广韵》：车軛。

以上是一组同族词。这一组同族词，《广韵》或归麥韵、卦韵，或归昔韵、寘韵。依照一等、三等交替的谐声原则，这些字应该归錫韵、霽韵。跟声门音 ʔ-组合的传统錫部，《广韵》錫韵和霽韵无字。麥韵、卦韵中古音-ɛk、-ɛi，錫韵和霽韵中古音-ek、-ei，两者读音本近。显然，这些原本应该归錫韵和霽韵的被韵书的编撰者归到麥韵、卦韵去了。我们不能因为麥韵、卦韵是所谓的二等韵而认为跟声门音组合的錫部字是带什么介音的二等字。耕部的情况跟錫部大体相同，只是平声归耕韵而去声归徑韵而已，两者互补。

晏，乌涧切，《广韵》："柔也，天清也，又晚也；又姓，《左传》齐有晏氏代为大夫。"晏，《说文》："天清也，从日安声。"段玉裁注："晏之言安也,古晏、安通用。故今文《尧典》'晏晏',古文作安安。《左传》'安孺子',《古今人表》作晏孺子。"《释名》:"安,晏也,晏晏然和喜无动惧也。"《尔雅》:"晏晏、温温,柔也。"《诗经·氓》:"总角之宴,言笑晏晏。"传:"晏晏,和柔也。"《荀子·议兵》:"然而国晏然不畏外。"《庄子·山木》:"圣人晏然体逝而终矣。""晏然"就是"安然"。晏,乌旰切,《广韵》:"晚也。"《吕氏春秋·勿躬》:"蚤入晏出,犯君颜色。"《吕氏春秋·慎小》:"公如囿射鸿,二子待君。日晏,公不来至。"高注:"晏,暮也。"《吕氏春秋·仲夏纪》:"以定晏阴之所成。"《淮南子·缪称训》:"晖日知晏,阴谐知雨。"高注:"晏,无云也。""安"声谐声集合有一等而无三等,"匽"声谐声集合有四等,也有三等。前者属于寒部,后者属于肩部。寒部声门音有二等删韵和三等仙韵。然而,删韵和仙韵互补。如此,读諫韵的"晏"是滞后形式。依照音变规则,原本应该归入三等線韵,因没有产生介音-i-,而归入二等諫韵。

这几个《广韵》为声门音 $ʔ_2$-的字,或来自三等,或来自一等。声门音 $ʔ_3$-可以跟 $ʔ_1$-谐声,但较少有声门音 $ʔ_1$-,比如"邕"声符。以"邕"为声符的谐声集合属于一等的只有一个后起文字"齆"。齆,乌孔切,《广韵》:"鼻塞为齆。"此"齆"的语源本就是"邕"。可见,声门音 $ʔ_1$-/$ʔ_3$-有一定的界线。不过,声门音 $ʔ_1$-/$ʔ_3$-文献却常见混用,《广韵》也是在声门音 $ʔ_1$-/$ʔ_3$-异读,如"夭"。这跟软腭音情况相似,一等韵跟三等韵可以谐声但有一条清晰的界线。中古汉语的声门音 ʔ-可以跟开口或合口韵母组合,而后者的上古读音李方桂构拟为圆唇声门音 $ʔ^w$-。跟声门音 ʔ-组合的合口韵母,实际上都是一些假合口。它们都是上古汉语一些主元音为圆唇元音的韵母,比如 ʔun"温"。我们认为上古汉语中并没有李方桂构拟的圆唇声门音 $ʔ^w$-。声门音 ʔ-组成的谐声集合比较简洁,元素单一。元音松紧的不同最能简明地解释声门音 $ʔ_1$-/$ʔ_3$-的谐声关系:两者不同但是可以交替。

第十二章

唇、齿龈和软腭鼻音

第一节　唇鼻音 m-

唇鼻音 m-可以跟不同类型的韵母相拼。依据相拼韵母的类型，我们把唇鼻音 m-分为 m_1-/m_2-/m_3-。即使是发音部位相同的辅音，因发音方法不一样，语音演变的速度也会出现很大差异。中古汉语的双唇音，部分演变成了轻唇音：p-/ph-/b-为 f-，而明母为 w-。中古汉语的鼻音 m-跟唇塞音很不同，不少字不依照规则演变成 w-而保持原有的读音 m-。现代汉语方言更是如此，南部吴语相同语音条件的唇塞音 p-/ph-/b-大抵已经实现了轻唇化，而唇鼻音仍保持原有读音 m-的却不少，如“万”“问”“望”等。

表 12.1　唇鼻音藏语对应表

母	莫厚切	《诗经·葛覃》：归宁父母。	ma	母亲、妈妈
母	莫厚切	《老子》注：本也。	ma-mo	本源、基础
姆	莫候切	《说文》：女师也。	ma-ma	保姆、乳母
莽	摸朗切	《广雅》：大也。	maŋ-po	多、少之反
末	莫拨切	《广雅》：绪也。	mas-ma	底下、下面的、下面
目	莫六切	《说文》：人眼。	mig	目、眼睛
名	武并切	《说文》：自命也。	miŋ	名称、名义、称号
毋	武夫切	《广韵》：止之辞。	ma	否定副词“不”

上表藏语材料来自《藏汉大辞典》(张怡荪，1999)。

唇鼻音 m_3-跟 m_1-互补，前者跟三等韵组合而后者跟非三等韵组合。两者上古汉语中晚期的分布条件是 m_1-出现在松元音前，而 m_3-出现在紧元音前。随着介音-i-的产生，出现在介音-i-前的唇鼻音 m-部分唇齿为 ɱ-，再变成半元音 w-。前面已述，上古汉语的词头 m-跟词根起首边音 l-或颤音 r-融合而成辅音丛 ml-/mr-。这两个辅音丛依据其主元音松紧的不同分别演变成中古汉语的唇鼻音 m_2-和唇鼻音 m_3-。因方音或口语、书面语等因素的存在，《广韵》里某些读唇鼻音 m_2-的上古汉语未必一定就是辅音丛 ml-/mr-。

明，武兵切，《广韵》："光也，昭也。"《说文》："明，照也。"《史记·夏本纪》："道荷泽，被明都。"索隐："明都，音孟猪。"《尚书·禹贡》："导荷泽，被孟猪。"《尔雅》："宋有孟诸，楚有云梦。"《左传·僖公二十八年》："余赐女孟诸之麋。"《周礼·夏官·司马》："其泽薮曰望诸。"注："盖望诸，明都也。"《经典释文》："明都，《禹贡》作'孟猪'。"《汉书·地理志上》："道荷泽，被盟猪。"明都、孟诸、望诸同为宋一湖泊的名称。

孟，莫更切，《广韵》："长也。"《说文》："孟，长也，从子皿声。"(皿，武永切，《广韵》："器皿。")《左传·昭公四年》："商汤有景亳之命，周武有孟津之誓。"《经典释文》："孟，本亦作盟，音孟。"《史记·河渠书》："东下砥柱，及孟津。"《史记·楚世家》："周武王有盟津之誓。"盟，武兵切，《广韵》："盟约，杀牲歃血也。"盟，莫更切，《广韵》："盟津。"《史记·夏本纪》："东至砥柱，又东至于盟津。"索隐："盟，古孟字。"

古代经师因"盟津"也写作"孟津"，而把"盟"字注音"孟"，却忽略了"明都"也写作"孟诸"。与意义无关的文字替换反映了方言音变，即两个原本不同音的字因音变而同音。其中，最为显著的是三等字和二等字混淆。松元音 a 后移为 ɑ，紧元音 a 衍生出介音-i-变成 ia。在某些方言中 ia 失落了介音-i-，就成了 a。前低元音 a 韵图列在第二行等而带介音-i-的 ia 韵图列在第三行。于是二等和三等出现异读。或是松紧元音的对立替换成不同元音的对立，松元音 a 后移变成了 ɑ，紧元音 a 保持原有的读音。于是出现了一等与二等的异读。无意义差别的异读，多半由方言音变或雅俗不同造成。

表 12.2　唇鼻音 m_2-与 m_3-异读表

描	武儦切	描画也。		莫交切	打也，出《玉篇》。
緢	武儦切	《说文》曰“旄丝也”。		莫饱切	旄也，又丝名。
猫	武儦切	兽捕鼠，又《尔雅》曰“虎窃毛谓之虦”。		莫交切	又武瀌切。
盟	武兵切	盟约，杀牲歃血也。		莫更切	盟津。
莔	武方切	忘也。		莫更切	莔伥，失道貌。
宋	武方切	屋梁。	甍	莫耕切	屋栋也。
谩	武延切	欺也。		谟晏切	欺谩。
谩	母官切	欺也，慢也。	慢	谟晏切	怠也，倨也，易也。
谩	莫半切	欺也。	嫚	谟晏切	侮易。
			缦	谟晏切	缓缦。
獌	无贩切	獌狿，兽，长百寻，《说文》曰“狼属也”。		莫还切	狼属。
黾	武尽切	黾池县，在河南府。		武幸切	蛙属。

唇鼻音 m_2-偶尔也夹杂在唇鼻音 m_3-或者 m_1-中组成谐声集合。这些跟二等韵组合的唇鼻音 m_2-和唇鼻音 m_3-是异读关系。它们之间的差别并不是上古汉语中缀 /l/ 或 /r/ 作用的结果，而是方言或口语、书面语音变速度不同造成的。相同语音条件的语词，在不同的方言或不同的语体中，演变情况会不一样。我们在唇塞音部分已经讨论了，除了方音不同，唇塞音 p_3-和 p_2-交替组成的无意义差别的异读所反映出的主要是语体的不同：前者为书面语而后者为口语。随着介音-i-的产生，主元音受到介音-i-的影响舌位相对较前、较高，但是跟唇音组合的时候一些方言或口语里面失落了介音-i-变成主元音为前元音-a/-ɛ的韵母。唇鼻音 m-的情况跟唇塞音 p-的情况相同。除方音不同外，唇鼻音 m_2-是口语的语音形式。因而两者之间语音形式的变化并没有

改变文字所记录语词的意义，且主要集中在 m_2-和 m_3-的差别上。我们不能认为它们彼此之间语音形式不同故来源也不同。

表 12.3　唇鼻音三等 A 和三等 B 谐声表

	p_a-	ph_a-	b_a-	p_b-	ph_b-	b_b-	m_1-	m_2-	m_a-	m_b-	l_1-	l_3-
門							門		問	閩		
文							玟[i]		文	閔		
民							眠		民	珉		
微							黴		微	媺		
尾									尾	娓		
未							妹		未	魅		
勿									勿	沕		
免							絻		晚	免		
宓									蜜	宓		
美										美		
眉										眉		
令										命	令	令

[i] 玟，莫杯切，《广韵》：“玟瑰。”珉，武巾切，《广韵》：“美石次玉，亦作玟、瑉、碈。”从“文”声的谐声集合，独“玟”一字为一等，且韵母与其他谐声字皆不同。瑰，户恢切，又古回切，《广韵》：“玫瑰，火齐珠也。”“玟”音“莫杯切”当是受“瑰”同化的结果。

中古汉语的唇鼻音 m-，也有所谓三等 A 和三等 B 的问题。除了以前高元音为主元音的韵母，跟三等 A 组合的中古汉语唇鼻音 m-不能单独构成谐声集合。同一个声符，跟唇鼻音 m-组合的有两个不同的三等韵：三等 D 和三等 A。除了个别外，能够跟三等 D 共同拥有一个声符的三等 A 韵，其主元音一般为前高元音-i。

表 12.4　缅语 mr-缅彝语支对应表

词义	缅语	怒苏语	阿昌语	仙岛语	载瓦语	勒期语	彝语	哈尼语
马	mrɑŋ	mɹə^{55}	mʐaŋ^{31}	mʐaŋ^{31}	mjaŋ^{21}	mjaŋ^{33}	mu^{21}	mo^{21}
叫		mɹə˞^{33}	mʐəŋ^{55}	mɯŋ^{55}	mjiŋ^{51}	mjaːŋ^{31}	mɯ^{55}	mɯ^{55}
看见	mrɑŋ	vɹɔ̃^{33}	mʐaŋ^{55}	mʐaŋ^{55}	mjaŋ^{51}	mjaŋ^{31}	mo^{33}	mo^{55}
蛇	mrwe	vɹi^{33}	mʐui^{55}	mʐui^{55}	mui^{51}	mju^{31}		
猴子	mjɔk	miu^{55}	n̥u$ʔ^{55}$	ɲuʔ^{55}	mjuʔ^{21}	mjuk^{31}	n̥u^{55}	mv̱^{31}
眼睛	mjɑk	mia̱^{53}	n̥ɔʔ^{55}	ɲɔʔ^{55}	mjoʔ^{21}	mjɔʔ^{31}	n̥ɔ^{35}	ma^{33}
多	mjɑ	mia^{55}	n̥ɔ^{31}	ɲɔ^{31}	mjo^{21}	mjɔ^{33}	n̥i^{33}	mɔ^{31}

上表材料来自《藏缅语族语言词汇》(黄布凡,1992)。

位于唇鼻音和元音之间的颤音-r-,在缅语支一些语言中(如载瓦语、哈尼语等)跟来自藏缅语的半元音-j-合并。载瓦语合并为介音-j-,而哈尼语抛弃了介音-r-和-j-。上古汉语的词头 m-跟词根起首辅音 r-(包括边音 l-,下同)融合成了辅音丛 mr-。上古汉语的辅音丛 mr-跟边音 l-(來母)谐声或自成系统,或者跟声母为边音 l-的语词组成同族词。这一点,我们前面已经讨论。因主元音松紧不同,上古汉语的辅音丛 mr-分裂为 m_2-和 m_3-。但这仅仅只是跟三等 A 韵组合的唇鼻音 m_3-的来源之一。跟三等 A 组合的唇鼻音 m_3-和跟三等 D 组合的唇鼻音 m_3-共同组成谐声集合,且跟唇鼻音 m_1-谐声。这三类唇鼻音上古汉语应该拥有共同的词根辅音。然而这一类跟三等 A 组合的唇鼻音 m_3-不跟边音 l-谐声。

麋,武悲切,《广韵》:"鹿属,冬至解其角。"麋,《说文》:"鹿属,从鹿米声。"《左传·僖公三十三年》:"吾子取其麋鹿。"《孟子·梁惠王下》:"杀其麋鹿者如杀人之罪。"《荀子·非相篇》:"面无须麋。"注:"麋与眉同。"眉,武悲切,《广韵》:"《说文》'目上毛也'。"《说文》:"眉,目上毛也。"《左传·定公八年》:"颜息射人中眉。"《诗经·硕人》:"螓首蛾眉。"《诗经·巧言》:"彼何人斯,居河之麋。"传:"水草交谓之麋。"《经典释文》:"麋本又作湄,音眉。"《左传·僖公二十八年》:"余赐女孟诸之麋。"《经典释文》:"麋,亡皮反,水草交曰麋。"湄,武悲切,《广韵》:"《释名》曰'湄,眉也,临水如眉也',《尔雅》曰'水草交为湄'。"

麋,本与"米"无关,因文字讹误加"米"声两者扯上了关系。脂韵《广韵》确实分三等A和B。但跟唇鼻音m-组合的脂部,平声、上声只有三等A而没有三等B。去声至韵三等A有"媚"等字,三等B有"寐"一字与之对立。依照谐声关系以及《诗经》的押韵,可以知道"寐"为質部去声而非脂部去声,两者并不对立。脂韵/質韵/真韵被归入三等A只是因为其主元音是前高元音-i而不是介音-i-。紧元音后衍生出介音-i-,韵图归入了三等;但脂部等的主元音本身就是前高元音-i。因而替代介音-i-的是腭介音-j-。主元音为松元音的脂部/質部/真部演变成《广韵》的齊韵/屑韵/先韵。于是原本前高元音-i的位置让给了上古汉语之部/希部/迄部/欣部等韵部。脂部三等A和三等B并不对立,而質部和真部则有所谓的三等A和三等B对立。

终风且**曀**,不日有**曀**。寤言不**寐**,愿言则**嚏**。(《终风》)
母曰嗟予季行役,夙夜无**寐**。上慎旃哉,犹来无**弃**。(《陟岵》)
譬彼舟流,不知所**届**。心之忧矣,不遑假**寐**。(《小弁》)

寐,弥二切,《广韵》:"寝也,卧也,息也。"寐,《说文》:"卧也,从寢省,未声。"凡是分脂部和微部的学者都认为"寐"属于質部(实际上应该属于至部)。但"寐"从"未"声,而"未"却属于物部。这显然违背了段玉裁主张的"同声必同部"的谐声原则。魅,《广韵》:"魑魅,明秘切,彪,上同。"《左传·文公十八年》:"投诸四裔,以御螭魅。"《经典释文》:"魅,亡备反,《说文》作彪,云'老精物也,彪或从未'。"《左传·宣公三年》:"螭魅罔两,莫能逢之。"《经典释文》:"魅,亡备反,本又作彪,怪物也。"寐和魅同从"未"声且《广韵》同属至韵。但学者普遍认为"魅"属于物部。这大概是韵图把"魅"列在第三行而"寐"列在第四行的缘故。但这并不是把"魅"归入物部的理由。因为同属于質部的韵图也有这种三、四等的区别。“寐”归入質部主要的依据是《诗经》跟質部押韵，而“魅”《诗经》并没有出现，自然无法找到归入質部的理由。寐，归入質部自然不会有问题。寐，《诗经》跟质押韵，而且对应藏语的 rmi-ba（或体为 rmji-ba）“梦、做梦”。寐，从物部的“未”为声符。这说明在创制“寐”的时代或方言中已经出现物部“未”的主元音高化为前高元音 -i，如同“费”，《广韵》又音“兵媚切”。

形管有炜，说怿女美。（《诗经·静女》）

美，无鄙切，《广韵》：“好色；媺，上同，《周礼·地官》云‘一曰媺宫室’。”《周礼·地官·司徒》：“一曰媺宫室。”《经典释文》：“媺，音美。”《周礼·地官·司徒》：“察其媺恶而诛赏。”《经典释文》：“媺，音美。”美，脂部；而《周礼》一律写作从媺。由此可见，《周礼》编撰者的方言中起码微部主元音-ɯ（紧元音）已经出现前移为前高元音-i 的现象。《诗经·防有鹊巢》：“谁侜予美，心焉忉忉。”《经典释文》：“美，韩《诗》作娓，音尾；娓，美也。”娓，无匪切，《广韵》：“美也。又音美，音媚。”

表 12.5　唇鼻音微韵、脂韵异读表

娓	明秘切	《广韵》：美也(《集韵》)。	无非切	《广韵》：美也。
篃	武悲切	《广韵》：竹名。	无非切	竹名。
矀	武悲切	《广韵》：伺视。	无非切	伺视。
溦	武悲切	《广韵》：谷与渎通也(《集韵》)。	无非切	小雨也(《集韵》)。
薇	武悲切	《广韵》：草名(《集韵》)。	无非切	菜也。

除“美”字《广韵》只有脂韵一读外，其余微部字都有脂韵和微韵异读。根据文字使用情况，“美”也应该有脂韵和微韵异读。这种脂韵和微韵之间交替构成的通常是无意义差别的异读，比如“薇”。显然，我们不能认为其在上古汉语中有两个语音形式。这种无意义差别的异读反映了这样一个事实：两种读音体现了时代的不同或者方言以及书面语、口语的差别，却被韵书的编撰者一股脑儿地收集进来了。这

些字本属于上古汉语的希部-ɯr。某些方言或者书面语把后高展唇元音 ɯ 读成前高元音 i,而被韵书的编撰者作为异读收在脂韵-i。

表 12.6 “民”声真韵、欣韵异读表

笢	武巾切	《广韵》: 竹肤。	武尽切	《广韵》: 竹肤。
泯	弥邻切	《广韵》: 没也。	武尽切	《广韵》: 亦灭也,尽也。

有几个读真韵三等 A 的从“民”声字,原本是欣部因音变而改从“民”声的后起字。音变的结果导致跟唇鼻音 m-组合的真部和文部混乱。唇鼻音 m-会使主元音唇化而变成圆唇元音。但是,前高元音 i 汉语往往抵制唇鼻音的唇化而保持原有的非圆唇元音。真部的情况跟前面已经讨论过的質部情况相同:跟唇鼻音 m-组合的先韵无字而真韵却有两类。前高元音 i 容易衍生出介音-j-。依照演变规则,真部三等本应该读真韵三等 B,即带介音-j-。跟唇鼻音 m-组合的真韵三等 A 实际上并不是真正的三等而是一等,因保持前高元音 i 不变而被韵书的编撰者归到三等真韵。后高展唇元音 ɯ,尤其是以齿龈音为韵尾的时候,舌位前移而变成了前高元音 i。这种语音演变现象在有后高展唇元音 ɯ 的语言中常见。随着后高展唇元音 ɯ 演变成了前高元音 i,出现欣部和真部合并。于是,后人用本属于真部的“民”声替换原有的声符,出现欣部字用真部“民”声的异部谐声现象。

珉,武巾切,《广韵》:“美石次玉,亦作玟、瑉、碈。”珉,《说文》:“石之美者,从玉民声。”珉,眉贫切,《集韵》:“《说文》‘石之美者’,或作瑉、砇、碈、玟、砇。”《礼记·玉藻》:“士佩瓀玟而缊组绶。”《经典释文》:“玟,武巾反,字又作砇同。”《礼记·射义》:“为玉之寡而碈之多与?”注:“碈,石似玉,或作玟也。”《经典释文》:“碈,武巾反;玟,武巾反。”《礼记·聘义》:“贵玉而贱碈者何也?”《经典释文》:“碈,武巾反,字亦作珉。”

汶,亡运切,《广韵》:“水名。”《说文》:“汶,水,从水文声。”《诗经·载驱》:“汶水汤汤,行人彭彭。”《经典释文》:“汶水,音问,水名。”《论语》:“则吾必在汶上矣。”《经典释文》:“汶音问。”汶,武巾切,又音问,《广韵》:

“汶山郡。”《别雅》:“汶山,岷山也。”岷,武巾切,《广韵》:“山名,江水所出。”《史记·夏本纪》:“汶嶓既艺,沱涔既道。”《尚书·禹贡》:“岷嶓既艺,沱潜既道。”《经典释文》:“岷,武巾反。”《战国策·燕策》:“蜀地之甲,轻舟浮于汶。”注:“汶,眉贫反,即岷。”《诗经·江有汜》:“江有沱。”笺:“岷山道江东别为沱。”《经典释文》:“岷,本又作嶓,武巾反。”

蟁,无分切,《广韵》:“《说文》曰‘啮人飞虫也’;蚊,上同;螡,亦同,出《汉书》。”蟁,无分切,《集韵》:“《说文》‘啮人飞虫’,或从昏,以昏时出也;亦作蚊、螡。”《庄子·寓言》:“蚊虻相过乎前也。”《经典释文》:“蚊,音文。”《庄子·天道》:“蚊虻噆肤,则通昔不寐矣。”《经典释文》:“蚊,音文,字亦作蟁。”也作闽。《礼记·月令》注:“白乌也者,谓闽蚋也。”《经典释文》:“闽,音文,依字作蟁,又作蚊。”东汉作品中蚊多作闽。《大戴礼记·夏小正》:“白鸟,谓闽蚋也。”《论衡·感虚》:“闽虻能不入其舍乎?”

闵,眉殒切,《广韵》:“伤也,病也,又姓,孔子弟子闵损。”《说文》:“闵,吊者在门也,从门文声。”《诗经·鸱鸮》:“恩斯勤斯,鬻子之闵斯。”愍,眉殒切,《广韵》:“悲也,怜也。”《诗经·载驰》传:“闵其宗国颠覆,自伤不能救也。”《经典释文》:“闵,一本作愍,密谨反。”愍,美陨切,《集韵》:“《说文》‘痛也’,亦书作慁。”《礼记·儒行》:“不闵有司。”《经典释文》:“闵,本亦作愍,武谨反。”悯,眉殒切,《广韵》:“悯默,亦忧也。”

忞,武巾切,《广韵》:“自勉强也。”《说文》:“忞,强也,从心文声。”忞即敃。敃,眉殒切,《广韵》:“《说文》‘强也’;暋,上同。”敃,美陨切,《集韵》:“《说文》‘彊也’,或作暋、忞。”《说文》:“暋,冒也,从攴昏声;《周书》曰‘暋不畏死’。”《尚书·康诰》:“暋不畏死。”《经典释文》:“暋,音敏。”《尚书·立政》:“其在受德暋。”《经典释文》:“暋,眉谨反,徐亡巾反,一音闵。”《尚书·盘庚上》:“不昏作劳,不服田亩。”《经典释文》:“昏,马同,本或作暋,音敏;《尔雅》昏、暋皆训强,故两存。”忞、敃、暋,《诗经》作黾。《诗经·谷风》:“黾勉同心,不宜有怒。”《经典释文》:“黾,本亦作僶,莫尹反。”僶,武尽切,《广韵》:“僶俛。”《诗经·十月之交》:“黾勉从事,不敢告劳。”《经典释文》:“黾,民允反,本又作僶。”《诗经·云汉》:“旱既大甚,黾勉畏去。”黾,《经典释文》:“弥忍反。”

缗,武巾切,《广韵》:“钱贯,亦丝绪钓鱼纶也,又姓。”《说文》:“缗,钓鱼缴也,从糸昏声;吴人解衣相被谓之缗。”罠,武巾切,《广韵》:“彘网。”《说文》:“罠,所以钓也,从网民声。”段玉裁注:“缗、罠古今字。”《诗经・何彼襛矣》:“其钓维何,维丝伊缗。齐侯之子,平王之孙。”传:“缗,纶也。”马瑞辰:“缗与罠,盖声近而义同。”

昏,《广韵》:“《说文》曰‘日冥也’,亦作昬,呼昆切。”《说文》:“昏,日冥也,从日氐省,氐者下也;一曰民声。”徐锴曰:“会意也。”“昏”为文部,而“民”为真部。通过上面的分析,可以看出由于音变而改“昏”为“昬”,由会意字变成了形声字。这些字本属于上古汉语的欣部。上古汉语的后高展唇元音 ɯ 跟齿龈音组合的时候容易演变成前高展唇元音 i。因而跟齿龈音组合的欣部一等《广韵》为先韵,而欣部三等《广韵》为真韵。欣部的唇音和软腭音也有这种演变。随着欣部主元音-ɯ 变成了前高展唇元音 i,本应该从“文”声、“昏”声的字也被替换成“民”声等。

闵,眉殒切,《广韵》:“伤也,病也;又姓,孔子弟子闵损。”

悯,眉殒切,《广韵》:“悯默,亦忧也。”

潣,眉殒切,《广韵》:“水流浼浼貌。”

唇音会使紧跟在后面的元音唇化变成圆唇元音。跟唇音组合的欣部一等在唇音的作用下演变成《广韵》的魂韵-un,欣部三等部分也演变成文韵-iun<-u̲n<-ɯ̲n。部分欣部逃脱了这种唇化跟齿龈音一起演变成《广韵》的真韵-in。欣部,《广韵》有痕韵、欣韵。这两个都是只有开口软腭音、声门音的残缺的韵。跟唇音组合时的欣部,《广韵》有文韵和真韵,但不归入魂韵,除一个异读字“怋”除外。

怋,弥邻切,《广韵》:“乱也。”莫奔切,《广韵》:“怋怋不明,又乱也。”

怋,莫奔切,《广韵》:“怋怋,不明,又乱也。”怋,弥邻切,《广韵》:“乱也。”惛,呼昆切,《广韵》:“不明。”《说文》:“怋,怓也。从心民声。”《诗经・民劳》:“无纵诡随,以谨惛怓。”《经典释文》:“惛音昏,《说文》作怋,云‘怓也’,释文‘惛’,亦不憭也。”《孟子・梁惠王》:“吾惛,不能进于是矣。”《庄子・知北游》:“惛然若亡而存。”《经典释文》:“惛,音昏,又音泯。”显然,“惛”是“昏”的后起累增字。昏,呼昆切,《广韵》:“《说文》曰‘日冥也’,亦作昬。”此意义字也写作“闷”。《庄子・德充符》:“闷然而后应。”《经典释文》:“闷音门,李云‘不觉貌’。”《庄子·在宥》:“当我缗乎。”《经典释文》:“缗,武巾反,郭音泯。”怋,《玉篇》:“莫昆切,闷也,不明也。”

“怋”是一个罕见于文献的冷僻字。依照异读以及文字替换关系,可以推知“怋”不当读“弥邻切”而当音“武巾切”。“怋”音“弥邻切”可能是以为从“民”而冒读,而这种因声符而出现的冒读现象甚是常见;或者干脆是韵书误归。跟唇鼻音组合的欣部有文韵和真韵两个所谓的三等韵,相反却没有一等韵,不论是“文”“昏”声还是“民”声字。假若其声母不再读唇鼻音,如“昏”声等则有一等魂韵。足见,这些跟唇鼻音 m-组合归真韵的欣部字,原本是跟文韵对立的一等韵。随着后高展唇元音 ɯ 演变成前高元音 i,这些欣部字因主元音为前高元音-i 而被韵书的编撰者归到了真部。

閩,无分切,又音旻,《广韵》:“閩越也。”

閩,武巾切,又音文,《广韵》:“閩越蛇种也。”

闅,无分切,《广韵》:“俗作阌,《说文》曰‘低目视也’,弘农湖县有闅乡,汝南西平有闅亭。”

闅,武巾切,《广韵》:“亭名,在汝南。”

谐声集合中,“門”声字《广韵》为魂韵和文韵,上述两个读入真韵-in。这两个字都有文韵异读。跟欣部有所不同,跟唇鼻音 m-组合的諄部一般不入真韵。上述两字入真韵-in 应该是“名从主人”的例外。

閩,无分切,《广韵》:“閩越也,又音旻。”閩,《广韵》:“閩越蛇种也,武巾切,又音文。”《周礼·秋官·司寇》:“閩隶百有二十人。”《经典释文》:“閩,亡巾反,又音文。”《周礼·夏官·司马》:“四夷、八蛮、七閩、九貉、五戎、六狄,之人民。”《经典释文》:“閩,亡巾反,又音文,又亡千反,《汉书音义》服虔音近蛮,应劭音近文,郑氏音旻。”东汉初期,“閩”已经作为“蚊”的记录文字。《论衡·感虚篇》:“使贤者处深野之中,閩虻能不入其舍乎?閩虻不能避贤者之舍。”《论衡·遭虎篇》:“苟谓食人乃应为变蚤虱閩虻。”

就无意义差别的异读以及文字替换情况来看,这两个字原本是由文韵演变而来的。唇音既会致使主元音唇化成圆唇元音,又会排斥圆唇元音致使主元音演变成非圆唇元音。藏语跟唇塞音组合的圆唇元音 u 演变成前高元音 i。汉语标准语也有这种情况,如跟唇音组合的韵母-ui,现已经变成韵母-ei;而跟唇音组合的韵母-un,现变成了-ən。上述两字应该也是因为某些方言排斥圆唇元音故由韵母-un 变成了-in。

免,亡辨切,《广韵》:“止也,黜也,脱也,去也。”《广雅》:“免,脱也。”《论语·公冶长》:“邦无道,免于刑戮。”免,见于金文,为冕、絻的本字,后引申为“脱”。冕,亡辨切,《广韵》:“冠冕。絻,上同,又音问。”《庄子·胠箧》:“虽有轩冕之赏弗能劝。”絻,亡运切,《广韵》:“丧服,亦作免。”《仪礼·丧服》:“袒免,归则已。”《经典释文》:“免,音问,字或作絻。”《礼记·檀弓上》:“檀弓免焉。”《经典释文》:“免,音问。”《左传·哀公十四年》:“袒免哭于衢。”《经典释文》:“免,音问。”

絻,儒家典籍如《仪礼》《礼记》等多写作“免”,而《左传》也如此。可见,后人为了区别“冕”与“絻”而分音,原本同音。因而《广韵》收录了“絻”字“亡辨切”和“亡运切”这两个无意义差别的异读。“免”声谐声集合,《广韵》分别入元韵和仙韵(以平赅上、去)。其中,只有上声阮韵“无远切”和獮韵“亡辨切”构成对立。

娩,无远切,又忙件切,《广韵》:“婉娩,媚也。”娩,亡辨切,又音挽,《广韵》:“婉娩,媚也。”《荀子·礼论》:“故说豫、娩泽、忧戚……”注:“娩,媚也,音晚。”《礼记·内则》:“姆教婉娩听从。”《经典释文》:“娩,音晚,徐音万。”《礼记·昏义》注:“妇容婉娩也。”《经典释文》:“娩,音晚,《诗》笺云‘婉娩,贞顺貌’,又音挽。”

輓,无贩切,《广韵》:“輓车也,亦作挽,本又音晚。”《集韵》:“輓、挽,武远切,《说文》‘引之也’,或从手。”挽,无远切,《广韵》:“引也;輓,上同。”輓,《说文》:“引之也,从車免声。”《左传·襄公十四年》:“或輓之,或推之。”《经典释文》:“輓音晚。”挽,美辩切,《集韵》:“引也。”輓,《集韵》:“无贩切,引车。”

㝃,无远切,《广韵》:“子母相解。”㝃,亡辨切,《广韵》:“生子㝃身。”《说文》:“㝃,生子免身也,从子从免。”此意义之“㝃”也作“娩”。

娩，亡运切，又音免，《广韵》："生也。"娩，芳万切，《广韵》："《说文》云'免子也'。"㝃，也作"嬔"。《广韵》："嬔，嬔息也，一曰鸟伏乍出，《说文》曰'生子齐均也'，芳万切。"

脕，无远切，《广韵》："色肥泽。"脕，无贩切，《广韵》："肌泽。"莬，亡运切，《广韵》："新生草也；脕，上同。《诗》曰'微亦柔止'，郑玄云'柔谓脃脕之时'。"《诗经·采薇》："薇亦柔止。"笺："柔谓脃脕之时。"《经典释文》："脕音问。"脕，字通作"曼"。《楚辞·大招》："曼泽怡面，血气盛只。"《史记·司马相如传》："郑女曼姬。"

除"晚"一字外，《广韵》音"无远切"的文字，皆是无意义差别的异读字。假若参照《集韵》所收集的读音，《广韵》收录音"亡辨切"的文字全部有"无远切"异读，包括韵书《广韵》没有异读的"免""勉"，等等。

表 12.7　"免"声元韵、仙韵异读表

俛	美辩切	《集韵》：俯也。	武远切	《集韵》：俯也。
冕	美辩切	《集韵》：《说文》"大夫以上冠也"。	武远切	《集韵》：冠有延，前俯也。
勉	美辩切	《集韵》：《说文》"强也"。	武远切	《集韵》：勖也。
㝃	美辩切	《集韵》：生子免娠也。	武远切	《集韵》：生子免娠也。
娩	美辩切	《集韵》：婉娩，顺也。	武远切	《集韵》：婉娩，容顺。
挽	美辩切	《集韵》：引也。	武远切	《集韵》：《说文》"引之"。
免	美辩切	《集韵》：释也。	武远切	《集韵》：默也。

音"美辩切"的文字《集韵》无一例外都有"武远切"异读。依据陆德明的《经典释文》，早期徐邈读元韵而陆德明则是元韵、仙韵异读。这主要是主元音-a受到介音-i-的影响舌位抬高变成了-ɛ，于是由元韵归入仙韵。两者之间的异读反映的是语音演变过程。晚，《说文》："莫也，从日免声。"就文字产生的时间而言，"晚"是一个相当晚起的文字，但渐渐取代早期文字"暮"成为常用字。因而"晚"保持了元韵读音，而

其他的则归入仙韵,或元韵、仙韵异读。元韵、仙韵异读反映的就是语音“变化中”的状态。

第二节　齿龈鼻音 n-

中古汉语的鼻音 n-/n_3-/ȵ-,传统音韵学分别称之为泥母/娘母/日母。早在 20 世纪初叶,章太炎(1908)就提出“娘、日归泥说”,即传统三十六字母中的娘母、日母上古汉语读泥母①。李方桂(1971)支持章太炎的观点,而王力(1982)则认为“日母和泥母,读音只是相近”。如同中古汉语的 t-/t_3-/tɕ-不可分割一样,鼻音 n-/n_3-/ȵ-在谐声系统中也是不可分割的整体:

表 12.8　齿龈鼻音谐声表

	t-	th-	d-	t_3-	th_3-	d_3-	tɕ-	tɕh-	dʑ-	n-	n_3-	ȵ-
尼										泥	尼	
女											女	汝
奴		帑[i]								奴	拏	
如											挐	如
若		慝			婼					諾	匿	若
夒										夒	夒	擾
襄										囊	釀	讓
寧										寧	獰	
乃										乃		仍
腦										腦		
内										内	呐	芮

[i] 帑,乃都切,《广韵》:“《说文》曰‘金币所藏也’。”帑,他朗切,《广韵》:“金帛舍。”

① 章太炎,1908,《古音娘日二纽归泥说》,《国粹学报》,第 42 期。

续　表

	t-	th-	d-	t_3-	th_3-	d_3-	tɕ-	tɕh-	dʑ-	n-	n_3-	ȵ-
入												入
丑					丑					狃	鈕	沑
反										赧	反	
柔										猱	糅	柔
堯										嬈	撓	繞
奈										奈		
難		灘								難	齇	蘿
念										念	淰	稔
農										農	濃	襛
戎												戎
而										耐	恧	而
需										懦		儒
耎										煗		耎
仁										佞		仁
然										撚	嘫	然
任										賃	鵀	任
南										南	繭	（任）
冉		聃								枏		冉
冗												冗
耳										佴	醋	耳
乳										涊		乳

续 表

	t-	th-	d-	t_3-	th_3-	d_3-	tɕ-	tɕh-	dʑ-	n-	n_3-	ȵ-
染												染
刃										沕	紉	刃
二											膩	二
閏												閏
辱										耨	搙	辱
日										涅	衵	日
弱										溺	搦	弱
爾										禰	嬭	爾
年										年		
肉												肉
茸												茸
埶											褹	熱
妥		妥								餒		桵
捼[i]		㞂								捼	諉	緌
甤												甤

[i] 这些字本从“妥”声,因形近而误为“委”。餧,《广韵》:“饥也,一曰鱼败曰餧,奴罪切;馁,上同。”

中古汉语鼻音 n-/n_3-/ȵ-聚合在一起构成一个相对封闭的谐声集合。我们不可能依据谐声关系把中古汉语的鼻音 n-/n_3-/ȵ-进行一一切割。我们可以说章太炎“娘、日归泥”的主张起码是符合三者的谐声事实。除偶尔跟齿龈送气清塞音 th-/th_3-接触外,这个谐声集合不跟其他同部位的塞音或舌面塞擦音接触。传统所谓的泥母和娘母,即使是《切韵》也没有分离,只是两者出现的语音环境不相同。齿龈鼻音 n-和舌面鼻音 ȵ-,起码汉代仍然是同一声母。中古汉语的舌面鼻音 ȵ-只能跟介音-i-组合，而不跟介音-i-组合的则读齿龈鼻音 n-。很显然，介音-i-导致齿龈鼻音 n-变成了舌面鼻音 ȵ-。这种演变汉语方言以及汉藏语系诸语言极其常见，如同现代汉语的齿龈鼻音 n-也有舌面鼻音 ȵ-变体。中古汉语的舌面鼻音 ȵ-，王力(1982)认为上古汉语也是舌面鼻音 ȵ-，而李方桂(1971)、郑张尚芳(1987)、斯塔罗斯金(1989)等则认为是带介音-j-的齿龈鼻音 n-。现实语言中位于前高元音-i 或介音-i-前的鼻音 n-演变成 ȵ-极其常见。李方桂的构拟跟王力的构拟并没有本质上的差别，都是把中古汉语的语音形式搬到了上古汉语。李方桂之所以如此构拟是为了解释上古汉语齿龈鼻音的中古分化，且李方桂认为上古汉语有介音-j-。中古汉语的舌面鼻音 ȵ-跟齿龈鼻音 n-共同组成一个谐声集合。就彼此关系而言，舌面鼻音 ȵ-跟齿龈鼻音 n-的关系甚至超过齿龈鼻音 n_3-和齿龈鼻音 n-的关系。既然舌面鼻音 ȵ-跟齿龈鼻音 n-如此密切，那么依照郑张尚芳中古汉语腭介音后起的观点，舌面鼻音 ȵ-上古更应该是跟短元音组合的齿龈鼻音 n-。斯塔罗斯金将日母和泥母配对，前者与短元音组合，后者与长元音组合，显然更符合谐声实际。郑张尚芳之所以没有这样做，主要是为了解决齿龈鼻音 n_1-、n_3-和舌面鼻音 ȵ-之间的差别。短元音已经分配给了齿龈鼻音 n_3-，舌面鼻音只好拿介音-j-来配合。很显然，中古汉语舌面鼻音 ȵ-上古读音的构拟都是学者在找不到语音条件的情况下的权宜选择。郑张尚芳将中古舌面鼻音 ȵ-的上古读音构拟为 nj-，理由之一是藏语也读舌面鼻音 ȵ-。

表 12.9　舌面鼻音 ȵ-藏语对应表一

日	人质切	《说文》：太阳之精也。	ȵi-ma	太阳、日
尔	儿氏切	《广韵》：汝也。	ȵid	您、你的敬语
二	而至切	《诗经·氓》：二三其德。	ȵis	二
迩	儿氏切	《广韵》：近也。	ȵe-po	附近、不远
忍	而轸切	《说文》：耐也。	ȵen-pa	接受损害忧患
忍	而轸切	《字林》：柔也。	mȵen-pa	柔软、细腻、柔和、温润

上表藏语材料来自《藏汉大辞典》(张怡荪，1999)。

中古汉语的舌面鼻音ȵ-确实对应藏语的舌面鼻音ȵ-,如上述例子。姑且不说藏语读舌面鼻音ȵ-不能直接证明中古汉语的舌面鼻音ȵ-上古也是舌面鼻音ȵ-,且藏语的舌面鼻音本身就是后起的。藏语的前高元音-i或者半高元音-e会衍生出介音-j-,因而齿龈鼻音n-藏语一般不直接跟前高元音-i或半高元音-e组合。这些跟中古汉语舌面鼻音ȵ-对应的,都是藏语跟前高元音-i或半高元音-e组合的舌面鼻音ȵ-。假若不跟前高元音-i或半高元音-e组合,跟中古汉语舌面鼻音ȵ-对应的则是藏语的齿龈鼻音n-:

表12.10 舌面鼻音ȵ-藏语对应表二

乳	而主切	《说文》:柔也。	nu-ma	乳房
孺	而遇切	《广韵》:稚也,《说文》曰"乳子也"。	nu	弟弟、妹妹
如	人诸切	《广韵》:而也。	na	如果
洳	人恕切	《说文》:渐湿地。	na	水草地
然	如延切	《广韵》:语助,是也。	nan-ba	认真、稳妥、不苟且
耳	而止切	《说文》:主听也。	r-na-ba	耳、耳朵
壤	如两切	《说文》:柔土也。	r-naɦ	田、田地、土地
揉	耳由切	《仪礼·大射礼》:公亲揉之。	s-no-ba	揉和、搓揉

上表藏语材料来自《藏汉大辞典》(张怡荪,1999)。

很显然,当主元音不是前高元音-i或半高元音-e时,中古汉语的舌面鼻音ȵ-对应藏语齿龈鼻音n-。既然中古汉语的舌面鼻音ȵ-既可以对应藏语的舌面鼻音ȵ-,也可以对应藏语的齿龈鼻音n-,那么汉藏语音对应关系正好证明中古汉语的舌面鼻音ȵ-上古汉语只能是齿龈鼻音n-而不是舌面鼻音ȵ-。因为藏语的舌面鼻音ȵ-原本就来自齿龈鼻音n-。且中古汉语的舌面鼻音ȵ-和齿龈鼻音n-共同组成谐声集合,两者不可分割。藏缅语族语言尤其是藏语支和戎语支语言,不仅是齿龈鼻音,就是唇鼻音、软腭鼻音一旦跟前高元音-i或介音-j-组合时也会腭化为舌面鼻音ȵ-。除前高元音会衍生介音-j-外,藏语还有一个具有词汇或语法意义的插音/j/。因而即使不是舌面鼻音 ȵ-，就是齿龈鼻音 n-也会出现跟藏语的舌面鼻音 ȵ-对应的现象：

表 12.11　齿龈鼻音 n-藏语对应表

孥	乃都切	《礼记·乐记》注：子弟也。	ȵa-ma	女弟子、女徒弟
女	尼吕切	《说文》：妇人也。	ȵag-mo	妇人
涅	奴结切	《说文》：黑土在水中者也。	ȵigs	污垢、渣滓
念	奴店切	《说文》：常思也。	s-ȵam-pa	心想、想望
腻	女利切	《说文》：肥也。	s-ȵi-ba	柔软、细腻、脆而不坚

上表藏语材料来自《藏汉大辞典》(张怡荪，1999)。

我们不会因为中古汉语的齿龈鼻音 n-跟藏语的舌面鼻音 ȵ-对应而认为中古汉语的齿龈鼻音 n-来自上古汉语的舌面鼻音 ȵ-。藏语固然有较早期的书面文献材料，但藏语仅仅只是藏缅语族的一种语言而已。藏语的许多东西并非一定是藏缅语族最古老的形式，比如舌面鼻音 ȵ-。更不用说，藏语材料本身仅仅是一种作为构拟上古汉语的旁证材料。藏语自身的材料同样可以证明藏语的舌面鼻音 ȵ-来自齿龈鼻音 n-，比如 r-ȵil～r-nil“牙龈”。

表 12.12　藏语齿龈(舌面)鼻音藏缅语对应表

词义	藏语	墨脱门巴语	嘉戎语	景颇语	独龙语	阿昌语	彝语	缅语
日	ȵi		sni	ni^{55}	ni^{55}	ni^{33}	ni^{33}	ne
二	gȵis	ȵik	nᴇs	ni^{33}	ni^{55}		ni^{31}	hnɑs
近	ȵe			ni^{31}		ne^{31}	$nɑ^{21}$	ne
乳房	nu	nu	nu		$nuŋ^{55}$	nau^{35}		nɯ
耳朵	rna	na	rnɑ	na^{33}	$nɑ^{53}$	ni^{31}	no^{55}	nɑ
鱼	ȵa	ŋa		$ŋa^{55}$	$ŋɯ^{55}$	$ŋa^{31}$	$ŋo^{55}$	ŋɑ
借	rȵa	ŋa	rŋɑ		$ŋɑ^{55}$	$ŋɔ^{31}$	$ŋo^{55}$	hŋɑ

上表藏缅语材料来自《藏缅语族语言词汇》(黄布凡，1992)。

通过跟藏缅语族其他语言的比较,可以肯定藏语的舌面鼻音 ȵ-是后起的。像“日”,白保罗(1984)构拟成 *niy 没有腭介音-i-。除来自齿龈鼻音 n-外,藏语的舌面鼻音 ȵ-也有来自藏缅语的软腭鼻音 ŋ-,如上表最后两个例子。对此,我们就不再进一步展开讨论了。这正说明了中古汉语的舌面鼻音 ȵ-跟藏语的舌面鼻音 ȵ-对应不能证明其上古汉语读音也是舌面鼻音 ȵ-。相反,通过跟藏缅语族语言的比较,恰恰证明了中古汉语的舌面鼻音 ȵ-上古汉语也是齿龈鼻音 n-,自然更没有介音-i-/-j-。可以说,李方桂(1971)、郑张尚芳(1987)、王力(1982)等所构拟的读音是日母上古汉语的中晚期形式,即:n-＞ni-＞ȵi-。中古汉语的舌面鼻音 ȵ-跟舌面塞擦音 tɕ-发音部位相同,传统称之为照三或章组。舌面塞擦音 tɕ-/tɕh-/dʑ-来自上古跟紧元音组合的齿龈塞音 t-/th-/d-,故舌面鼻音 ȵ-来自上古跟紧元音组合的齿龈鼻音 n-。随着腭介音-i-的产生,介音-i-致使齿龈鼻音 n-腭化为舌面鼻音 ȵ-。有一点特别值得注意,中古汉语齿龈鼻音 n_3-和舌面鼻音 ȵ-在分布上有明显的互补性。一般情况下一个韵有舌面鼻音 ȵ-,则没有齿龈鼻音 n_3-。倘若出现齿龈鼻音 n_3-,则没有舌面鼻音 ȵ-。齿龈鼻音 n_3-和舌面鼻音 ȵ-只在下面几个韵中同时出现。

表 12.13　齿龈鼻音 n_3-与舌面鼻音 ȵ-音节搭配表

	幽			覺		冬		
	平	上	去	去	入	平	上	去
泥	猱	腦				農		
娘		紐	糅		衄	醲		
日	柔	蹂	輮		肉	戎		

	宵			药				
	平	上	去	去	入	平	上	去
泥		嬈	尿		溺			
娘	鐃	撓						
日	饒	繞	饒		弱			

续　表

	魚			鐸		陽		
	平	上	去	去	入	平	上	去
泥	奴	弩	怒		諾	囊	曩	
娘	袽	女				娘		釀
日	如	汝	洳		若	攘	壤	让

	脂			質		真		
	平	上	去	去	入	平	上	去
泥	泥	禰	泥		涅	年		
娘	尼		膩		衵			
日			二		日	人		

齿龈鼻音 n-的演变跟同部位的塞音很不同。中古汉语的齿龈塞音 t_3-/th_3-/d_3-演变成卷舌塞擦音 tʂ-/tʂh-，而同部位的齿龈鼻音 n_3-今天仍然是鼻音 n-。这使得《广韵》齿龈鼻音 n_3-的音韵地位是不是独立的还存在争议。我们从中不难看出齿龈鼻音 n-的语音形式顽固且演变缓慢。中古汉语齿龈塞音 t_1-、齿龈塞音 t_3-、舌面塞擦音 tɕ-代表的是汉语齿龈塞音 t-语音演变的三个不同阶段，齿龈塞音 t_3-和舌面塞擦音 tɕ-在现代汉语中已经合并。中古汉语舌面鼻音 ȵ-，在南部吴语中分别是齿龈鼻音 n-、舌面鼻音 ȵ-和齿龈擦音 z-。这三个形式代表了齿龈鼻音 n-演变的三个层次，即 n->ȵ->z-。齿龈鼻音 n_3-是舌面鼻音 ȵ-的早期形式，而不带介音-i-的齿龈鼻音 n_1-代表的是更早形式，即 n_1->n_3->ȵ-。一个显见的事实是，声母为齿龈鼻音 n_3-的绝大部分是晚起又不常用的文字，比如魚部。魚鐸陽三部齿龈鼻音 n_3-和舌面鼻音 ȵ-对立。

袽，女余切，又音如，《广韵》:“《易》曰‘繻有衣袽’。”

帤，女余切，《广韵》:“幡巾。”

挐，女余切，《广韵》:“牵引。”

袽,仅见于《易》一次。《易·既济》:"繻有衣袽,终日戒。"《经典释文》:"袽,女居反,丝袽也,王肃音如;《说文》作絮,云'缊也';《广雅》云'絮,塞也';子夏作茹,京作絮。"《说文》:"絮,絜缊也,一曰敝絮。从糸奴声。《易》曰:'需有衣絮。'"絮、袽,女居切,《集韵》:"《说文》'絜,缊也,一曰敝絮',引《易》'需有衣絮',或作袽,亦书作絮。"絮,《广韵》总共收录了息据切、尼据切,抽据切,乃亚切四音。絮,息据切,《广韵》:"《说文》曰:'敝绵也'。""帤"仅见于《周礼》。《周礼·冬官·考工记》:"厚其帤则木坚,薄其帤则需。"注:"郑司农云:'帤读为襦有衣絮之絮'。"《经典释文》:"帤,女居反。絮,本亦作帤,《周易》作袽,皆女居反。"《说文》:"帤,巾帤也。从巾如声。一曰币巾。"帤,女居切,《集韵》引《说文》:"巾帤也,一曰币也。"以文字使用以及意义推求,"袽""帤"就是"絮"。挐,先秦文献仅见于《左传》一次。《左传·定公十五年》:"次于蘧挐。"《经典释文》:"挐,女居反,又女加反。"na"拿"(女加反)当是"挐"的古音。挐,人余切,《集韵》引《说文》:"持也。"《公羊传·僖公元年》:"获莒挐。"《经典释文》:"挐,女居反,一音女加反,一本作茹。"《淮南子·本经训》:"巧伪纷挐。"《楚辞·九辩》:"枝烦挐而交横。""挐"就是"茹"。茹,人诸切,《广韵》:"恣也,相牵引貌也,《易》曰'拔茅连茹'。"《易·泰》注:"茹,相牵引之貌也。"众所周知,越不常见的文字越容易受经师影响。以文字使用情况看,这三字都可以读"如"。

表 12.14 "襄"声娘母、日母异读表

孃	女良切	《广韵》:母称。	孃	汝阳切	《广韵》:乱也。
娘	女良切	《广韵》:少女之号。			
瓤	女良切	《广韵》:瓜实也。	瓤	汝阳切	《广韵》:瓜实也。
镶	女良切	《广韵》:兵器。	镶	汝阳切	《广韵》:钩镶,兵器。
釀	女亮切	《广韵》:醖酒。			
蘘	女亮切	《广韵》:菜也。	蘘	如两切	《广韵》:蘘菜为菹。

陽韵齿龈鼻音 n_3-四字都是不见于先秦文献的晚起文字,而且

“孃”“瓤”“镶”三字都有舌面鼻音 ȵ-异读。漾韵齿龈鼻音有三字，除了“釀”，其他两字都是不见于先秦文献而且罕见的文字。《说文》：“蘸，菜也，从艸釀声。”《玉篇》：“蘸，女亮切，菜也，菹也，《说文》‘而丈切’。”《说文》：“釀，醖也，作酒曰釀，从酉襄声。”《史记·孟尝君列传》：“乃多釀酒，买肥牛。”“釀”虽常用但也不见于先秦文献。陽部就上述几个字读齿龈鼻音 n_3-。这几个都不见于先秦文献，除了“釀”，两汉文献也罕见，而且大多有舌面鼻音 ȵ-异读。

女，尼吕切，《广韵》引《礼记》：“女者，如也，如男子之教。”《白虎通义·嫁娶》：“女者，如也，从如人也。”《释名》：“女，如也，妇人外成如人也。”以“如”声训“女”。《左传·庄公八年》：“吾以女为夫人。”《诗经·扬之水》：“终鲜兄弟，维予与女。”

从甲骨文开始，第二人称代词就用“女”字记录。先秦文献（包括金文）中的“女”字有“女”和“汝”两个意义。《论语·为政》：“诲女知之乎？”《论语》一书“女”共出现十八次，两次为“男女”的“女”，其余都是指第二人称代词“汝”。《诗经》“女”共出现八十一次，其中五十次意义是“汝”。汝，人渚切，《广韵》：“尔也。”《庄子·齐物论》：“今者吾丧我，汝知之乎？”《庄子·齐物论》：“予尝为女妄言之，女以妄听之。”战国时期的文献，开始用“汝”代替“女”，《庄子》《孟子》《荀子》等都是“女”“汝”共存。《史记》中第二人称代词也是“女”“汝”并用，但引古材料时用“女”，其余用“汝”。《史记·晋世家》：“女为惠公来求杀我，惠公与女期三日至，而女一日至。”（《左传·僖公二十四年》：“女为惠公来求杀余，命女三宿，女中宿至。”）《史记·项羽本纪》：“自我为汝家妇，未尝闻汝先古之有贵者。”可见，司马迁时期“女”“汝”已经分离。

表 12.15　娘母、日母异读表

纫	女邻切	《广韵》：单绳。	而邻切	《集韵》：合缕也。
衵	尼质切	《广韵》：近身服。	入质切	《集韵》：《说文》曰“日所常衣”。
衵	人质切	《广韵》：女人近身衣。	尼质切	《集韵》：妇人近身衣。
和	尼质切	《广韵》：胶和。	入质切	《集韵》：黏也。

续 表

昵	尼质切	《广韵》:近也。	入质切	《集韵》:亲也。
衄	如六切	《广韵》:鼻出血。	而六切	《集韵》:鼻出血也。
衄	女六切	《广韵》:鼻出血。	女六切	《集韵》:《说文》"鼻出血也"。

齿龈鼻音 n_3-和舌面鼻音 ȵ-无意义差别的异读《广韵》收录了不少,《集韵》更多,具体情况我们就不再多举了。齿龈鼻音 n-腭化为舌面鼻音 ȵ-一般要先经过一个齿龈鼻音 n_3-(带介音-i-)阶段,藏缅语族语言都是如此。可见,这种无意义差别的异读反映了一个语音演变过程,即齿龈鼻音 n_3-腭化成了舌面鼻音 ȵ-。剔除无意义差别的异读,齿龈鼻音 n_3-跟舌面鼻音 ȵ-极少对立,而上古汉语更是如此。齿龈鼻音 n_3-和舌面鼻音 ȵ-上古汉语若是两个独立的辅音声母,就不可能会出现这种分布情况。由此我们可以确定,齿龈鼻音 n_3-和舌面鼻音 ȵ-是同一个辅音声母,即跟紧元音组合的齿龈鼻音 *n-。依照音变规则,应该腭化为舌面鼻音 ȵ-。中古汉语保持齿龈鼻音 n_3-是音变的滞后形式,是语变后留下的残余。

表 12.16　齿龈鼻音与塞音等谐声表

	t-	th-	d-	n-	t_3-	th_3-	d_3-	n_3-	tɕ-	tɕh-	dʑ-	ɕ-	ʑ-	ȵ-	j-
聶				攝	襵			聶	襵			攝		讘	
展					展	搌		輾							
卓		鋽	掉		卓	逴	棹	掉	焯	綽					
耴	聑	㡇			耴	㤴		踂	㤴						
占	玷	帖		拈	沾	覘		黏	占	姑		苫		蛅	阽
㐱		飻	殄		珍	趁	趁	趁	㐱						
叔	督		踧	惄					琡	俶	淑	叔			
執	墊		墊	慹	縶		蟄		執						

中古汉语的唇鼻音 m-大抵不跟唇塞音组成谐声集合,而齿龈鼻

音 n-、舌面鼻音 ȵ-一般也不跟同部位的塞音组成谐声集合。不过，有几个声符，却是跟齿龈鼻音 n-、舌面鼻音 ȵ-同部位的塞音或塞擦音组成谐声集合，而且一般是鼻音夹杂在同部位塞音或塞擦音里面。这些鼻音原本应该是塞音。然而，我们不应该替这几个鼻音的上古汉语来源构拟一套特殊的起首辅音。否则，整个谐声系统里面，有这种谐声关系的不可能仅仅局限于这几个声符。

表 12.17　鼻音与同部位塞音、塞擦音异读表

啹	之涉切	《广韵》：口动。	而涉切	《广韵》：口动。
趁	直珍切	《广韵》：越履。	尼展切	《广韵》：践也，亦作碾。

踂，尼辄切，《广韵》："足不相过。"《玉篇》："踂，女辄切，两足不相过。"《集韵》："踂，陟立切，足不相过。"《穀梁传·昭公二十年》："秋，盗杀卫侯之兄辄……辄者何也？曰两足不能相过。齐谓之綦，楚谓之踂，卫谓之辄。"《经典释文》："辄，如字，或云音近絷；辄者，两足不能相过也；《左氏》作絷……之踂：女辄反，刘兆云'聚合不解也'；辄，本亦作絷。"　絷，陟立切，《广韵》："絷马。"馽，陟立切，《广韵》："马绊。"《说文》："馽，绊马也。从马，口其足。《春秋传》曰'韩厥执馽前'。读若辄。"辄，陟葉切，《广韵》："专辄，《说文》曰'车相倚也'。"《左传·昭公二十年》："秋，盗杀卫侯之兄絷。"《经典释文》："絷，张立反。"

慹，奴协切，《广韵》："不动貌。"慹，之涉切，《广韵》："司马彪《庄子》注云'……不动貌'。"《庄子·田子方》："方将被发而干，慹然似非人。"《经典释文》："慹，乃牒反，又丁立反，司马云'不动貌'，《说文》云'怖也'。"《庄子·齐物论》："喜怒哀乐，虑叹变慹，姚佚启态。"《经典释文》："慹，之涉反，司马云'不动貌'。"慹，之入切，《广韵》："怖也。"字也作摄。摄，奴协切，《广韵》："摄然(天下安)，出《汉书》。"《汉书·严助传》："近者亲附，远者怀德，天下摄然。"注："摄，安也，音奴协反。"又为辄然。《庄子·达生》："齐七日，辄然忘吾有四枝形体也。"《经典释文》："辄然：丁协反，不动貌。"

掉，女角切，《广韵》："摇也。"掉，徒了切，《广韵》："摇尾，又动也。"掉，徒吊切，《广韵》："振也，摇也。"《说文》："掉，摇也。从手卓声。《春秋传》曰'尾大不掉'。"《左传·昭公十一年》:"末大必折,尾大不掉。"《经典释文》:"掉,徒吊反。"《周礼·春官·宗伯》郑注:"钟微薄则声掉,钟大厚则如石叩之无声。"《经典释文》:"掉,徒吊反,又奴较反。"掉,女教切,《集韵》:"声震动也;郑康成曰'钟微薄则声掉';一曰正也;《春秋传》'掉鞅而还',徐邈读。"《左传·宣公十二年》:"掉鞅而还。"杜注:"掉,正也。"《经典释文》:"掉,徒吊反,徐乃较反。"

淖,奴教切,《广韵》:"泥淖。"淖,女教切,《集韵》引《说文》:"泥也。"《左传·成公十六年》:"有淖于前。"注:"淖,泥也。"《经典释文》:"淖,乃孝反,徐徒较反。"《说文》:"淖,泥也,从水卓声。"段玉裁注:"泥淖以土与水和为之,故淖引申之义训和。"《仪礼·少牢馈食礼》:"嘉荐普淖。"郑注:"淖,和也。"《经典释文》:"淖,女孝反。"《仪礼·士虞礼》:"嘉荐普淖。"郑注:"淖,和也。"《经典释文》:"淖,女孝反,刘徒较反。"淖,直教切,《集韵》:"和也,《仪礼》'普淖'谓黍稷也,德能大和乃有黍稷。"《庄子·逍遥游》:"肌肤若冰雪,淖约若处子。"《经典释文》:"淖,郭昌略反,又徒学反,《字林》'丈卓反'。"《韩非子·内储说上》:"淖齿闻齐王之恶己也。"《韩非子·奸劫弑臣》:"淖齿之用齐也。"《吕氏春秋·正名》:"任卓齿而信公王丹,岂非以自仇邪。"

可见,从"卓"字谐声集合两个读鼻音的"掉""淖"原本也读塞音。中古汉语属于这一类型的鼻音字甚少,而且多为后起文字,如趁、碾等。鼻音会演变成同部位浊塞音,而浊塞音也会演变成同部位鼻音。考察这些包含中古汉语鼻音的谐声集合就会发现,除个别无意义差别的异读外,这些集合往往没有跟鼻音同部位的浊塞音或浊塞擦音,即鼻音和同部位浊塞音和浊塞擦音不能在一个谐声集合共存。前面已经讨论了这些谐声集合的塞擦音原本也是塞音。这几个中古汉语鼻音字应该来自同部位的浊塞音。根据文献记录,比如陆德明《经典释文》,齿龈浊塞音 d-读入齿龈鼻音 n-应该是方言中的语音现象。

第三节 软腭鼻音 ŋ-

中古汉语作为声母的软腭鼻音 ŋ-,现代汉语标准语或失落或演变为齿龈鼻音 n-。一些方言原本没有辅音声母的语词反倒增生了软腭鼻音 ŋ-。这种软腭鼻音 ŋ-增生的现象，也见于其他与汉语有关系的语言。汉语南方方言中比如吴语、粤语等，都比较好地保留了中古汉语的软腭鼻音 ŋ-声母。谐声系统中，软腭鼻音 ŋ-的谐声关系比较简单，主要有两种谐声关系：一是，软腭鼻音 ŋ-自谐或跟软腭清擦音 x-谐声；二是，跟同部位软腭塞音 k-/kh-/g-谐声。这两种谐声关系中，前一种谐声占了软腭鼻音 ŋ-所有谐声事例的绝大部分。

表 12.18　软腭鼻音谐声表

	ŋ$_1$-	ŋ$_2$-	ŋ$_3$-	k$_1$-	k$_2$-	k$_3$-	kh$_1$-	kh$_2$-	kh$_3$-	g-	x$_1$-	x$_2$-	x$_3$-	ɣ$_1$-	ɣ$_2$-	ɣ$_3$-
魚			魚													
禺	偶		禺													
吴	吴		娱													
五	五	衙[i]	語													
兒	兒															
兒	鶂										鬩					
原	羱		原													
敖	敖	聱	聱													
牙		牙														
卬	卬		仰													
午	午										滸		許			
我	我		蛾													
瓦		瓦														
義			義													
豙	顡		豙													
御			御													
乂	艾		乂								餀					

[i] 衙，语居切，《广韵》："《说文》曰'衙衙，行貌'。"衙，五加切，《广韵》："县名，在冯翊；亦衙府，又姓。"衙，《广韵》又音入麻韵，是上古汉语魚部的古音残余。

续 表

	ŋ$_1$-	ŋ$_2$-	ŋ$_3$-	k$_1$-	k$_2$-	k$_3$-	kh$_1$-	kh$_2$-	kh$_3$-	g-	x$_1$-	x$_2$-	x$_3$-	ɣ$_1$-	ɣ$_2$-	ɣ$_3$-
玉			玉										頊			
獄		嶽	獄													
月	刖		月													
兀	兀										虺	虺	虺			
屰	咢		屰													
縣	縣															
業			業													
臬	臬		劓													
疑	儗	譺[i]	疑								儗					
言			言													
嚴		巗	嚴										玁			
鬳	钀		鬳										獻			
辥	辥		孽													
雁	贋	雁														
彥		顏	彥													
囂	囂												囂			

[i] 譺,鱼纪切,《广韵》:“议也,欺也,调也。”譺,《广韵》:“诫譺,五介切。”

上古汉语鼻音一组,塞音一组,尽管有混杂的地方,两者之间界线清晰。以中古汉语软腭鼻音 ŋ-为声符的谐声集合也是一个相当封闭的谐声集合,除了包含几个中古汉语软腭清擦音 x-,没有同部位的软腭塞音 k-/kh-/g-和软腭浊擦音 ɣ-。中古汉语的唇鼻音 m-可以跟不同类型的韵母组合,而中古汉语的软腭鼻音 ŋ-却如同边音 l-,不大跟二等韵组合。软腭鼻音 ŋ-的谐声关系清楚显示出软腭鼻音 ŋ$_1$-和软腭鼻

音 $ŋ_3$-配对。当一个谐声集合中有软腭鼻音 $ŋ_2$-，这个谐声集合便没有软腭鼻音 $ŋ_1$-或软腭鼻音 $ŋ_3$-。

謷，五劳切，《广韵》："不屑（据周校）语也，又哭不止悲。"謷，五交切，《广韵》："不肖也，又五劳切。"謷，五到切，《广韵》："志远貌。"謷，《说文》："不省人言也（段玉裁改），从言敖声；一曰哭不止，悲声謷謷。"《诗经·正月》传："仇仇，犹謷謷也。"《经典释文》："謷，本又作慹，五报反，沈五刀反。"《诗经·板》传："嚣嚣，犹謷謷也。"《经典释文》："謷，五报反。"《诗经·鸿雁》："鸿雁于飞，哀鸣嗷嗷。"《经典释文》："嗸，本又作嗷，五刀反。"聱，《说文》："不听也，从耳敖声。"段玉裁注："聱即謷之俗。"聱，五劳切，《广韵》："不听，又五交切。"聱，五交切，《广韵》："不听也，又五劳切、语彪切。""聱"就是"傲"。傲，五到切，《广韵》："慢也，倨也。"傲，《说文》："倨也，从人敖声。"《礼记·哀公问》："荒怠傲慢。"字本只作敖。《诗经·丝衣》："不吴不敖，胡考之休。"笺："不敖慢也。"《经典释文》："敖，五诰反，本又作傲，注同。"

一等主元音是-ɑ，二等主元音是-a/-ɛ，两者因接近而混淆。謷、聱本应该读豪韵。两者因豪韵-ɑu和肴韵-au读音接近而异读肴韵。赝，五旰切，《广韵》："《说文》云'火色也，读若雁'。"雁，五晏切，《广韵》："《礼》曰'孟春之月鸿雁来宾'。"《说文》："雁，鹅也。"家禽"鹅"依据鸣叫声命名，和"雁"同族词。显然，"雁"上古不当带有流音/r/或/l/，可以比较藏语 ŋaŋ"鹅"。依据尾韵交替的构词规则，"雁"本当归一等。寒部软腭鼻音 ŋ-有"岸"字，"岸"从"干"声，与"雁"并不对立。这几个软腭鼻音 $ŋ_2$-都是由软腭鼻音 $ŋ_1$-演变而来。因而相对应一等的位置上没有软腭鼻音 $ŋ_1$-，如岳、岩等。

吾，五乎切，《广韵》："我也。"吾，五加切，《广韵》："《汉书》'金城郡有允吾县'。"

衙，语居切，《广韵》："《说文》曰'衙衙，行貌'。"衙，五加切，《广韵》："县名。"

䶩,五乎切,《广韵》:"龃䶩。"䶩,语居切,《广韵》:"齿不相值。"䶩,鱼巨切,《广韵》:"龃䶩,不相当也,或作鉏铻。《说文》曰'䶩,齿不相值也'。"铻,鱼巨切,《广韵》:"鉏铻,不相当也。"其语源是"五(伍)"。《说文》:"伍,相参伍也。"《荀子·议兵》:"窥敌观变,欲潜以深,欲伍以参。"注:"伍参,犹错杂也。"齖,五加切,《广韵》:"齇齖,齿不平正。"齖,吾驾切,《广韵》:"齰齖,不相得也。"

忤,五故切,《广韵》:"逆也。牾,上同。"《说文》:"牾,逆也。从午吾声。"《汉书·酷吏传》:"莫敢与牾。"逆,宜戟切,《广韵》:"迎也。"《说文》:"逆,迎也。关东曰逆,关西曰迎。"《左传·隐公六年》:"逆晋侯于随。"御,牛倨切,《广韵》:"理也,侍也,进也,使也。"《诗经·鹊巢》:"之子于归,百两御之。"郑笺:"御,迎也。"《经典释文》:"御,五嫁反,本亦作讶,又作迓,同。王肃作鱼据反,云'侍也'。"《诗经·吉日》:"以御宾客,且以酌醴。"迓,吾驾切,《广韵》:"迎也。"《尔雅》:"迓,迎也。"《左传·成公十三年》:"迓晋侯于新楚。"注:"迓,迎也。"《经典释文》:"迓,本又作讶,五嫁反。"《韩非子·外储说右上》:"而狗迓而龁之……大臣为猛狗迎而龁之。"

很显然,因口语中保留了上古汉语魚部主元音-a,《广韵》归入麻韵而成了二等,而不是它们原本就是二等字。藏语有 Cr-系列辅音丛,却没有 ŋr-。上古汉语跟藏语非常接近,也没有以 *ŋr-辅音丛为声母的语词。这些字读入二等不过是保留了上古汉语的主元音-a。依照音变规则,它们或读三等或读一等。上古汉语魚部一等、三等今汉语标准语口语中仍有不少语词保留了主元音-a,依照《广韵》的体例,也应该归入二等麻韵。诚然,我们不会依照今汉语标准语的口语形式反推上古读音,认为它们带颤音 /r/ 或边音 /l/。

表 12.19 藏缅语软腭鼻音对应表

词义	藏语	墨脱门巴语	景颇语	独龙语	缅语	怒苏语	阿昌语	哈尼语	汉语
五	lŋa	ŋa	$ŋa^{33}$	$ŋɑ^{53}$	ŋɑ	$ŋa^{55}$	$ŋɔ^{31}$	$ŋɔ^{31}$	五
我	ŋa		$ŋai^{33}$	$ŋɑ^{53}$	ŋɑɑ	$ŋa^{33}$	$ŋɔ^{55}$	$ŋɔ^{55}$	吾

续　表

词义	藏语	墨脱门巴语	景颇语	独龙语	缅语	怒苏语	阿昌语	哈尼语	汉语
鱼	ȵa	ŋa	ŋa^{55}	ŋɯ^{55}	ŋɑ	ŋa^{55}	ŋa^{31}	ŋɔ^{31}	鱼
哭	ŋu			ŋɯ^{53}	ŋɯ	ŋɯ^{33}	ŋau^{55}	ȵi^{55}	嗷

上表藏缅语材料来自《藏缅语族语言词汇》(黄布凡,1992)。

软腭鼻音 ŋ-大抵上自我组成一个谐声集合,除偶尔夹杂软腭擦音 x-外。就汉藏语音对应而言,汉语的软腭鼻音 ŋ-对应藏缅语的软腭鼻音 ŋ-。中古汉语的软腭鼻音 ŋ-来自上古汉语的软腭鼻音 ŋ-,学者彼此一般也不会有争论。然而,中古汉语的软腭鼻音 ŋ-并不等同于上古汉语的软腭鼻音 ŋ-:上古汉语的软腭鼻音 ŋ-在一定的语音条件下会演变成非软腭鼻音 ŋ-,而上古汉语的非软腭鼻音 ŋ-在一定的条件下也会演变成软腭鼻音 ŋ-。

表 12.20　软腭鼻音与同部位塞音谐声表

	ŋ$_1$-	ŋ$_2$-	ŋ$_3$-	k$_1$-	k$_2$-	k$_3$-	kh$_1$-	kh$_2$-	kh$_3$-	g-	x$_1$-	x$_2$-	x$_3$-	ɣ$_1$-	ɣ$_2$-	ɣ$_3$-
危	桅		危			詭			跪	跪						
為	譌		偽			媯							撝			為
奇			錡			奇			綺	奇						
斤	圻		圻			斤				祈			欣			
干	岸			干	靬	靬	靬	豻		赶	罕			旱		
今			吟			今			衾	黔						
鬼	隗		魏	瑰		鬼	傀		愧	餽				槐	槐	
乞			屹	矻		吃	扢		乞	刏			氣	扢		
堇			鄞			謹			螼	堇						

续　表

	ŋ$_1$-	ŋ$_2$-	ŋ$_3$-	k$_1$-	k$_2$-	k$_3$-	kh$_1$-	kh$_2$-	kh$_3$-	g-	x$_1$-	x$_2$-	x$_3$-	ɣ$_1$-	ɣ$_2$-	ɣ$_3$-
及			岌	岋		急			鲏	及			吸			
幵	姸			幵			蚈	鳽								
見	硯			見			俔				蜆			見	莧	
困	捆						困									
契	齧			絜	楔		契		契		褉			絜		
亥	閡			該	荄		刻	劾						亥	核	
艮	垠	眼	銀	艮	艱		齦	齦						很	限	
咸		黬[i]		感	緘		顑			緘	喊	喊		撼	咸	
貴		聵		韇		貴		簣	喟	饋				潰		
各		額		各	格		恪	客						貉		
學		礐			覺		嚳	嚳						學		
鬲		鷊			鬲			福							翮	
交		齩		晈	交			跤				詨			效	
圭		崖	崖	圭	佳		奎	絓					眭	窐	註	
更		硬			更											

[i] 黬,古咸切,《广韵》:"釜底黑也。"黬,五咸切,《广韵》:"釜底黑也,又音缄。"《庄子·庚桑楚》:"有生黬也。"此字《说文》从黑箴声,"虽晳而黑也,从黑箴声。"《经典释文》:"黬,徐於减反,司马云'乌簟反',云'黶有庇也,有庇者欲披除之'。李乌感反,《字林》云'釜底黑也'。"(黯,乙咸切,《广韵》:"深黑也,又乙减切。"黯,乙减切,《广韵》:"《说文》云'深黑也'。")

唇鼻音 m-一般不跟唇塞音 p-谐声,齿龈鼻音 n-也是如此。但是,软腭鼻音 ŋ-跟软腭塞音 k-谐声的次数要多一些。确实,软腭鼻音 ŋ-可以演变为软腭塞音 k-,如黎语。然而,跟软腭鼻音 ŋ-谐声的并非只有软腭清塞音 k-或浊塞音 g-。有一点值得注意,除了极个别声符,声母为软腭鼻音的声符和声母为软腭塞音的声符分别组成截然不同的谐声集合，前者为软腭鼻音 ŋ-而后者为软腭塞音 k-/kh-/g。很显然，中古汉语的软腭鼻音 ŋ-主要有两个不同的来源：一是来自软腭鼻音 ŋ-；二是来自非软腭鼻音 ŋ-。既然跟软腭塞音 k-组成谐声集合且只是偶尔夹杂在软腭塞音 k-谐声集合里面，那么这些软腭鼻音 ŋ-原本也应该是软腭塞音 k-。

岸，五旰切，《广韵》："水涯高者。"《说文》："岸，水厓而高者，从屵干声。"《诗经·皇矣》："诞先登于岸。"《诗经·氓》："淇则有岸，隰则有泮。""岸"从"干"得声，其语源就是"干"。《方言》："盾，自关而东或谓之瞂，或谓之干，关西谓之盾。"《诗经·公刘》："弓矢斯张，干戈戚扬。"笺："干，盾也。"《尔雅》："干，扞也。"疏："郭云'相扞卫'；孙炎曰'干盾自蔽扞'；《周南·兔罝》云'公侯干城'，言公侯以武夫自固为扞蔽如盾，为防守如城然。"《经典释文》："干，如字，旧户旦反，沈音幹。"引申之，为防水的堤岸。《诗经·伐檀》："坎坎伐檀兮，寘之河之干兮。"传："干，厓也。"

垠，语巾切，《广韵》："垠岸也。"《说文》："垠，地垠也。一曰岸也。从土艮声。"《史记·孟子荀卿列传》："推而大之，至于无垠。"垠，五根切，又语斤切，《广韵》："垠堮；圻，上同。"圻，宜引切，《广韵》："圻堮，又岸也；垠，上同。"《左传·昭公二十年》："今土数圻而郢是城。"《淮南子·俶真训》："四达无境，通于无圻。""垠"和"限"是同族词。限，胡简切，《广韵》："界也。"《小尔雅》："限，界也。"《史记·梁孝王世家》："吴楚以梁为限，不敢过而西。"《商君书·弱民》："江汉以为池，汝颍以为限。"

厓，五佳切，《广韵》："山边。"厓，《说文》："山边也，从厂圭声。"《尔雅》："望厓洒而高岸。"《经典释文》："望厓：字又作涯，鱼佳反。"《尔雅》："浒，水厓。"《经典释文》："厓，五街反。"崖，五佳切，《广韵》："高崖也。"崖，鱼羁切，《广韵》："崖岸。"崖，《说文》："高边也，从屵圭声。"厓和崖不过是同一语词的两个不同的文字形式。涯，五佳切，《广韵》："水际。"涯，鱼羁切，《广韵》："水畔也。"《庄子·养生主》："吾生也有涯,而知也无涯。以有涯随无涯,殆已。”《经典释文》:“涯,本又作崖,鱼佳反。”

依其文字的声符和语源看,这些声母为软腭鼻音 ŋ-的语词,词根辅音应该是塞音,因某种语音条件演变成了软腭鼻音 ŋ-。侗台语,尤其是侗水语支语言,塞音往往会衍生出一个鼻冠音。苗瑶语中的苗语支语言也是如此。中古汉语有软腭塞音 k-/kh-/g-,与软腭鼻音 ŋ-有清晰的界线,而软腭鼻音 ŋ-和软腭塞音 k-之间的交换有构词功能。

上古汉语的前缀 m-不仅可以出现在颤音 r-或边音 l-前也可以出现在塞音前。中古汉语软腭鼻音 ŋ-组成的谐声集合不包含软腭塞音 k-/kh-/g-,而软腭塞音 k-/kh-/g-组成的谐声集合却可以包含软腭鼻音 ŋ-。前者的词根辅音是软腭鼻音而后者的词根辅音是软腭塞音,即软腭塞音鼻化为软腭鼻音。陆志韦(1947)认为这些与同部位塞辅音相谐的鼻音上古汉语中为鼻塞模式的词首辅音丛,即 mp-/mb-、nt-/nd-、ŋk-/ŋg-。严学宭、尉迟治平(1986)的看法跟陆志韦基本上相同,但把陆志韦的两类词首辅音丛合并为一类,即 mb-/nd-/ŋg-。藏缅语族戎语支语言也有鼻冠音。不过,这些鼻冠音由藏缅语的前缀 m-或 ɦ-受词根辅音同化而来。苗瑶语的鼻冠音也是如此。鼻冠音只是辅音丛的有机组成部分,而软腭鼻音跟软腭塞音交替却有构词意义。因而这些夹杂在软腭塞音谐声集合的软腭鼻音 ŋ-由软腭塞音和上古汉语的词缀 m-融合而来。

雅,五下切,《广韵》:“正也,娴雅也。《说文》曰:‘楚乌也,一名鸒,一名卑居,秦谓之雅’。”《荀子·荣辱》:“譬之越人安越,楚人安楚,君子安雅。”《荀子·儒效》:“居楚而楚,居越而越,居夏而夏,是非天性也,积靡使然也。”《诗经》“小雅”“大雅”今出土上博简就作“小夏”“大夏”,“雅”就是“夏”①。夏,胡雅切,《广韵》:“大也。”《说文》:“夏,中国之人也。”《尔雅》:“夏,大也。”《方言》:“秦晋之间,凡

① 董莲池,2007,《说文部首形义新证》,作家出版社。

物壮大谓之嘏，或曰夏……自关而西，秦晋之间，凡物之壮大者而爱伟之谓之夏，周郑之间谓之暇。”《诗经·权舆》：“於我乎夏屋渠渠。”传：“夏，大也。”厦，胡雅切，《广韵》：“厦屋。”厦，字本只作“夏”。《礼记·檀弓上》：“见若覆夏屋者矣。”注：“夏屋，今之门庑也。”《楚辞·哀郢》：“曾不知夏之为丘兮，孰两东门之可芜？”注：“夏，大殿也。”庌，五下切，《广韵》：“厅也。《说文》曰‘庑也’，《周礼》云‘夏庌马’。”《周礼·夏官·司马》：“夏庌马，冬献马。”注：“郑司农云‘当为庌’。玄谓庌，庑也，庑所以庇马凉也。”《释名》：“大屋曰庑，并冀人谓之庌。庌，正也，屋之正大者也。”牙，五加切，《广韵》：“牙齿。”《说文》：“牙，牡(壮)齿也。”段玉裁注：“壮各本讹作牡。壮，大也。壮齿者，齿之大者也。”《左传·隐公五年》：“皮革齿牙。”疏：“颔上大齿谓之为牙。”“牙”的语源就是“夏”。

表 12.21　软腭鼻音与边音谐声表

	l_1-	l_3-	k-	kh-	g-	ŋ-	x-	ɣ-	ʔ-	j-	p-	ph-	b-	m-
各	洛	略	各	客		額		貉						貉
僉		斂	檢	厱	儉	驗	險							
兼	熑	廉	兼	歉		䭑	馦	嫌						
樂	樂	𤻲				樂				藥	𦢊	濼		

中古汉语的软腭鼻音 ŋ-跟唇鼻音 m-很不同，一般不直接跟边音 l-谐声。上古汉语的软腭鼻音 ŋ-直接跟边音 l-组成谐声集合的只有“樂”字。“樂”声字没有软腭塞音。《吕氏春秋·仲秋》：“仲秋之月，日在角。”高注：“角，东方之宿。”(角、亢、氐、房、心、尾、箕，东方七宿)《吕氏春秋·圜道》：“宫、徵、商、羽、角各处其处，音皆调均，不可以相违。”“角”是古五音之一，为东方之音。《吕氏春秋·孟春》：“孟春之月……其音角。”高注：“角，木也，位在东方。”《礼记·月令》：“孟春之月，其音角。”注：“谓乐器之声也。”龣，卢谷切，《广韵》：“东方音。”《集韵》：“龣，讫岳切，东方之音，一曰乐器，通作角。”字也作“觻”。觻，《说文》：“角

也,从角樂声,张掖有觻得县。”觻,卢谷切,《广韵》:“觻得,县名,在张掖。”

> 樂,卢各切,《广韵》:“喜樂。”
> 樂,五角切,《广韵》:“音樂。”
> 樂,五教切,《广韵》:“好也。”

三个读音中的“五教切”来自经师叶音。《诗经·关雎》:“窈窕淑女,钟鼓樂之。”《经典释文》:“樂,音洛,又音岳;或云协韵宜五教反。”《诗经·樛木》:“樂只君子,福履绥之。”笺:“以礼樂樂其君子也。”《经典释文》:“樂樂:上音岳,下音洛。”《诗经·出其东门》:“缟衣綦巾,聊樂我员。”《经典释文》:“樂,音洛,注并同;一音岳。”

音“卢各切”的“樂”为动词,而音“五角切”的“樂”为名词。两者之间的关系等同于“刘”和“卯”之间的关系。《诗经·板》:“不可救藥。”《左传·襄公二十六年》:“以害楚国,不可救瘵。”“藥”是“瘵”的动词形式。藥,以灼切,《说文》:“治病草,从艸樂声。”《礼记·曲礼下》:“医不三世,不服其藥。”《诗经·衡门》:“泌之洋洋,可以樂饥。”《经典释文》:“樂,本又作瘵。”依其语音关系,“樂”上古音 *m-grɯk。

表 12.22　软腭鼻音与舌面鼻音谐声表

	ŋ-	k-	kh-	g-	x-	ɣ-	t-	th-	d-	n-	tɕ-	tɕh-	dʑ-	ɕ-	ʑ-	ȵ-
兒	兒															兒
堯	堯	澆	趬	翹	曉					撓				燒		饒
埶	埶													勢		熱

软腭音在特定的语音条件下会腭化为舌面音,软腭鼻音 ŋ-也不例外。谐声系统中,软腭鼻音 ŋ-偶尔也会跟舌面鼻音 ȵ-谐声。不过,同一声符软腭鼻音 ŋ-和舌面鼻音 ȵ-出现的语音条件并不相同。谐声系统中,软腭鼻音 ŋ-跟同部位软腭擦音 x-谐声,而齿龈鼻音 n-(包括舌面

鼻音 ȵ-)跟同部位的齿龈擦音 s-(舌面擦音 ɕ-)谐声。可见,软腭鼻音 ŋ-很早的时候已经变成舌面鼻音 ȵ-。这种腭化汉藏语系语言及其方言中常见。中古汉语的软腭鼻音 ŋ-南部吴语跟前高元音-i 或介音-i-组合时腭化为舌面鼻音 ȵ-①。因而同声符的谐声集合中出现中古汉语声母为舌面擦音 ɕ-的谐声字。

埶,鱼祭切,《广韵》:"《说文》'穜也',《周礼》音世。"段玉裁注:"《说文》无勢字,盖古用埶为之。"《礼记·礼运》:"在埶者去,众以为殃。"《经典释文》:"埶音世,本亦作勢。"《荀子》"勢"皆作"埶"。《荀子·荣辱》:"从人之欲,则埶不能容,物不能赡也。"《荀子·非十二子》:"是圣人之不得埶者也。"《管子·心术上》:"殊形异埶,不与万物异理。"《吕氏春秋·离俗》:"不漫于利,不牵于埶。"

勢,舒制切,《广韵》:"形勢。"《说文》:"勢,盛力权也,从力埶声。"

褻,私列切,《广韵》:"衷衣。"《说文》:"褻,私服,从衣埶声,《诗》曰'是褻袢也'。"《论语·乡党》:"红紫不以为褻服。"注:"褻服,私居服,非公会之服。"

从"埶"声的谐声集合,中古汉语有舌面擦音 ɕ-,也有齿龈擦音 s-,有舌面鼻音 ȵ-,也有软腭鼻音 ŋ-,可谓复杂。但仔细分析就不难发现,读舌面擦音 ɕ-的和读齿龈擦音 s-的并不对立,前者为去声而后者为入声;读软腭鼻音 ŋ-的和舌面鼻音 ȵ-的也不对立,前者为入声而后者为去声。如此,读舌面擦音 ɕ-的和读齿龈擦音 s-的为一类,而读软腭鼻音 ŋ-的和读齿龈鼻音 ȵ-的为一类。依照谐声关系,可以确定软腭鼻音 ŋ-变成了舌面鼻音 ȵ-。

僥,五聊切,《广韵》:"僬僥,国名,人长一尺五寸,一云三尺。"《说文》:"僥,南方有焦僥,人长三尺,短之极,从人堯声。"《国语·鲁语》:"僬僥氏长三尺,短之至也。"《荀子·正论》:"以僬僥而戴太山也。"注:"僬

① 郑张尚芳,2008,《温州方言志》,中华书局。

僥,短人,长三尺者也。”《山海经·大荒南经》:“有小人,名曰焦僥之国,几姓。”焦僥即侏儒。侏,章俱切,《广韵》:“侏儒,短人。”儒,人朱切,《广韵》:“柔也。”《礼记·王制》:“瘖、聋、跛、躃、断者、侏儒、百工,各以其器食之。”注:“侏儒,短人。”也作“朱儒”。《左传·襄公四年》:“我君小子,朱儒是使。朱儒朱儒,使我败于邾。”杜注:“臧纥短小,故曰朱儒。”襦,人朱切,《广韵》:“《说文》云‘短衣也’。”獳,人朱切,《广韵》:“朱獳,兽名。”

如此看来,软腭鼻音 ŋ-已经演变成齿龈鼻音 n-或舌面鼻音 ȵ-。软腭塞音 k-/kh-/g-不跟齿龈鼻音 n-(包括舌面鼻音 ȵ-)谐声,“堯”声是个例外。此声符字既有软腭鼻音 ŋ-、软腭塞音 k-/kh-/g-、软腭擦音 x-,又有齿龈鼻音 n-、舌面鼻音 ȵ-。一个汉字可以记录两个语音形式相同的语词,也可以记录两个语音形式完全不同的语词,前者为假借字而后者为训读字。兄,许荣切,《广韵》:“《尔雅》‘男子先生曰兄’;《说文》‘长也’。”《说文》:“兄,长也。从儿从口。”“兄”的本义是“祝”,后借作“兄长”的“兄”[①]。《史记·越王句践世家》:“家有长子曰家督。”“督”就是“祝”。祝,之六切,《广韵》:“巫祝,又太祝令,官名。”好些汉字奇特的语音形式就是训读造成的,比如“鲁”。《说文》:“堯,高也。”《论语·泰伯》:“大哉,堯之为君也!巍巍乎!唯天为大,唯堯则之。”《说文》:“喬,高而曲也。”喬,巨嬌切,《广韵》:“高也。”《诗经·伐木》:“迁于喬木。”传:“喬,高也。”考察从“堯”声的谐声字,我们发现“堯”声字和“喬”声字组成了一个词族。

表 12.23 “喬”声与“堯”声音义对应表

蹻	去遥切	《广韵》:“举足高。”	蹺	去遥切	《说文》:“举足也。”
撟	举乔切	《广韵》:“举手。”	翹	渠遥切	《广韵》:“举也。”
趫	巨娇切	《广韵》:“善走。”	趬	去遥切	《广韵》:“行轻貌。”
驕	举乔切	《广韵》:“马高六尺。”	驍	古尧切	《说文》:“良马也。”

中古汉语“喬”声字归三等,“堯”声字归四等,两者有比较清晰的界

① 高鸿缙,1978,《中国字例》,三民书局。

线。可见，上古汉语这些“堯”声字的词根辅音是软腭塞音 k-/kh-/g-，而不是软腭鼻音 ŋ-。谐声字原则上要求词根辅音同音(包括可交替辅音)，但因找不到同音的声符，也只得将就选择仅发音部位相近的字，如“鸭”从“甲”声。软腭鼻音 ŋ-跟软腭塞音 k-/kh-/g-发音部位相同，至少在古人眼里读音接近。鹅，五何切，《广韵》：“鴚鹅也。”《孟子·滕文公下》：“有馈其兄生鹅者。”鴚，古俄切，《广韵》：“鴚鹅。”《说文》：“鴚，鴚鹅也，从鸟可声。”《方言》：“雁，自关而东谓之鴚鹅，南楚之外谓之鹅，或谓之鸧鴚。”“鹅”依据其鸣叫声命名，而“鴚”也是依据其鸣叫声命名。锜，渠羁切，《广韵》：“釜属。”锜，鱼倚切，《广韵》：“三足釜。”觷，胡觉切，《广韵》：“治角之工。”觷，五角切，《广韵》：“《尔雅》云‘角谓之觷’，治角也。”《尔雅》：“角谓之觷。”《经典释文》：“觷，五角反，沈音学。”软腭鼻音 ŋ-跟软腭塞音 k-/kh-/g-之间既有语法变音，也有语音变异。

撓，奴巧切，《广韵》：“撓乱。”撓，呼毛切，《广韵》：“搅也。”《说文》：“撓，扰也。从手堯声。”《庄子·骈拇》：“自虞氏招仁义以撓天下也。”《经典释文》：“撓，而小反，郭呼堯反，又许羔反，《广雅》云‘乱也’，又奴爪反。”《庄子·天地》：“手撓顾指，四方之民莫不俱至。”《经典释文》：“撓，而小反，又而了反，司马云‘动也’，一云谓指麾四方也。”《左传·成公十三年》：“撓乱我同盟，倾覆我国家。”《经典释文》：“撓，乃卯反，徐许高反。”

齿龈鼻音 n-和软腭擦音 x-共存在一个谐声集合，其词根辅音只能是鼻音，不能是软腭塞音。通过对“堯”的分析，我们可以知道，“堯”声符包含鼻音和塞音两个谐声系列。其中，鼻音系列包括软腭鼻音 ŋ-、齿龈鼻音 n-、舌面鼻音 ȵ-、软腭擦音 x-、舌面擦音 ɕ-。读软腭擦音 x-的中古汉语为四等，读舌面擦音 ɕ-的为三等，两者互补。其词根辅音是软腭鼻音 *ŋ-。

第四节　带词头 s-的鼻音

上古汉语的鼻音一般会保持下来成为中古汉语的鼻音。但上古汉语的鼻音,在一定的语音条件下,也会失落鼻音这一语音特征而演变成中古汉语的非鼻音。我们考察谐声集合时会发现中古汉语的鼻音可以跟非鼻音共同组成谐声集合。唇鼻音 m-或软腭鼻音 ŋ-组成的谐声集合,常常伴随着中古汉语的软腭擦音 x-:

表 12.24　唇鼻音、软腭鼻音与软腭擦音谐声表

	x_1-	x_2-	x_3-	k-	kh-	g-	ŋ-	ɣ-	p-	ph-	b-	m-
夢	薨											夢
毛	耗											毛
麻			麾									麻
每	悔											每
冒			勖									冒
威			威									搣
微			徽									微
亡	荒											亡
卉			卉									
昏	昏											緍
閔	潣											閔
無	幠		鄦							撫		無
武										賦		武
免										嬔		免
𠂢										𠂢		衇
勿	忽											勿
曶	曶											
黑	黑											墨

续　表

	x_1-	x_2-	x_3-	k-	kh-	g-	ŋ-	ɣ-	p-	ph-	b-	m-
			釁									璺[i]
尾	焜											尾
毁			毁									
火	火											
午	滸		許				午					
義			曦				義					
玉			頊				玉					
鬳			獻				鬳					
虐			虐				謔					
艾	餀						艾					
匕	貨	匕					訛					
囂			囂				囂					
兀	虺		虺				兀					
兒	鬩						鶃					

[i] 璺,《广韵》:“破璺,亦作璺,《方言》曰‘秦晋器破而未离谓之璺’,亡运切。”《方言》:“器破而未离谓之璺。”钱绎疏:“璺即釁之异文,亦作釁。”

除个别送气清塞音外,声符声母为唇鼻音 m-、软腭鼻音 ŋ-的谐声集合,只有软腭清擦音 x-没有同部位的唇塞音 p-/b-或软腭塞音 k-/g-。唇鼻音 m-不能跟软腭鼻音 ŋ-共存于一个谐声集合,两者却都可以跟中古汉语的软腭清擦音 x-谐声。此外,还有个别软腭清擦音 x-,尽管自谐,但依据其文字使用情况以及词源,也应该归唇鼻音 m-或软腭鼻音 ŋ-谐声集合。

火,呼果切,《广韵》:“《说文》曰‘燬也,南方之行,炎而上,象形’。”《左传·庄公十四年》:“如火之燎于原,不可乡迩,其犹可扑灭者。”《论语·卫灵公》:“民之于仁也,甚于水火。”《诗经·长发》:“如火烈烈,则莫我敢曷。”

毁,许委切,《广韵》:“坏也,破也,缺也,亏也。”《说文》:“毁,缺也。”《诗经·鸱鸮》:“既取我子,无毁我室。”《释名》:“火,亦言毁也,物入中皆毁坏也。”燬,许委切,《广韵》:“火盛也。”《说文》:“燬,火也。从火毁声。《春秋传》曰‘卫侯燬’。”《诗经·汝坟》:“鲂鱼赪尾,王室如燬。”传:“燬,火也。”《经典释文》:“燬,音毁,齐人谓火曰燬,郭璞又音货,《字书》作焜,一音火尾反,或云‘楚人名火曰燥,齐人曰燬,吴人曰焜’。”焜,许伟切,《广韵》:“齐人云火。”《说文》:“焜,火也,从火尾声。《诗》曰‘王室如焜’。”“火”和“毁”是同族词,后者是前者的动词形式。

旭,许玉切,《广韵》引《说文》:“日旦出皃,一曰明也。”《说文》:“旭,日旦出皃,从日九声,读若勖,一曰明也。”徐铉曰:“九非声,未详。”旭,本为会意字,因字形讹变而从“九”声。《诗经·匏有苦叶》:“雝雝鸣雁,旭日始旦。”传:“旭,日始出,谓大昕之时。”《经典释文》:“旭,许玉反,日始出,大昕之时也,《说文》读若好,《字林》呼老反。”《庄子·天地》:“顼顼然不自得。”《经典释文》:“顼顼,本又作旭旭,许玉反。”《尔雅》:“旭旭、跷跷,憍也。”《经典释文》:“旭旭:谢许玉反,郭呼老反。”

依据软腭清擦音 x-和唇鼻音 m-的谐声关系,董同龢(1948)把这部分软腭清擦音 x-的上古读音构拟为清鼻音m̥-。一些跟汉语有发生学关系的语言也有清鼻音,如缅语支语言,但是这些语言的清鼻音都是后起的。雅洪托夫(1986)把这些跟鼻音谐声的软腭清擦音 x-构拟为带词头 s-的鼻音,即 sŋ-、sm-。此后,梅祖麟(1988)利用内部拟构法证明了雅洪托夫的假设。诚然,雅洪托夫和董同龢的构拟只是反映不同时期汉语的语音状况。带词头 s-的鼻音先经过清鼻音,再演变成软腭清擦音 x-或声门擦音 h-。

表 12.25 “難”声字异读表

灘	呼旱切	《广韵》:水濡而干。	他干切	《广韵》:水滩。
漢	呼旰切	《广韵》:水名,又姓。	他干切	《集韵》:太岁在申曰涒汉。

续　表

暵	呼旱切	《广韵》：日干也。	呼旰切	《广韵》：日气干。
熯	呼旱切	《广韵》：火干也。	人善切	《广韵》：干貌。

也有个别软腭清擦音 x-来自齿龈鼻音 n-。齿龈清鼻音n̥-演变成中古汉语的送气齿龈清塞音。以上这几例，依照音变规则应该入中古汉语送气齿龈塞音 th-，归入软腭清擦音 x-属于例外。同样，双唇清鼻音m̥-不仅会演变成软腭清擦音 x-或声门擦音 h-，有时候也会演变成同部位的送气清塞音。因而这些谐声集合偶尔也会出现一个送气清塞音。

撫，芳武切，《广韵》："安存也，又持也，循也。"《说文》："撫，安也，从手無声；一曰循也。"《战国策·赵策》："郑同因撫手仰天而笑之。"注："撫，摩也。"王念孙《读书杂志》："撫与摹同。"摸，《广韵》："以手摸也，亦作摹，莫胡切。"《方言》："撫，疾也。"戴震疏证："撫，亦作舞。"《广雅》："舞，疾也。"王念孙疏证："撫与舞通。"

𠂢，匹卦切，《广韵》："《说文》曰'水之邪流别也'。""𠂢"是"衇"的象形字，后分化为"衇"和"派"。衇，莫获切，《广韵》："《说文》曰'血理之分，邪行体者'。"派，匹卦切，《广韵》："分流也。"《说文》："派，别水也。从水从𠂢，𠂢亦声。"

赋，方遇切，《广韵》："赋颂，又敛也，量也，班也，税也。"《说文》："赋，敛也。从贝武声。"段玉裁注："敛之曰赋，班之亦曰赋，经传中凡言以物班布与人曰赋。"《庄子·山木》："北宫奢为卫灵公赋敛以为钟。"《周礼·天官·冢宰》："以九赋敛财贿。"《吕氏春秋·分职》："出高库之兵以赋民，因攻之。"

嬔，芳万切，《广韵》："嬔息也，一曰鸟伏乍出。《说文》曰'生子齐均也。'或作娩。"沈兼士案："《集韵》嬔或省作娩。""嬔"是"娩"的后起累增字。娩，《说文》字作𡥟，"生子免身也，从子从免"。段玉裁注："《说文》无免字，疑此字从嬔省。以免身之义，通用为解免之免。"𡥟，无远切，《广韵》："子母相解。"𡥟，亡辨切，《广韵》："生子𡥟身。"字本只作"免"。《国语·越语上》："将免者以告，公令医守之。"

正因为个别送气清塞音 ph-来自上古汉语的清鼻音 mh-＜*sm-，所以除了极个别送气清塞音 ph-，唇塞音 p-/ph-/b-和唇鼻音 m-没有谐声关系。分别来自唇鼻音 m-和软腭鼻音 ŋ-的中古汉语软腭清擦音 x-早在许慎之前就已经合并。鄦，《说文》："炎帝太岳之后，甫侯所封，在颍川；从邑無声。"朱骏声："汉后书籍皆以'许'为之。"《左传·隐公十一年》："公会郑伯于郲，谋伐许也。"《左传》只有"许"。《孟子·滕文公上》："有为神农之言者许行，自楚之滕。"《孟子》也只有"许"没有"鄦"。《史记·郑世家》："悼公元年，鄦公恶郑于楚。"可见，不论是"许"还是"鄦"早就已经演变成了同音字，即其声母为软腭擦音 x-。软腭鼻音 ŋ-受词头 s-影响演变成清鼻音，再进一步演变成了清擦音 x-。

亯，《说文》："献也，从高省。曰象进孰物形。《孝经》曰'祭则鬼亯之'。享，篆文亯。"亯，见于甲骨文，像宗庙之形。亯，许两切，《广韵》："献也，祭也，临也，向也，歆也，《书》传云'奉上谓之亯'；享，上同，亦作亨。"《左传·成公十二年》："于是乎有享宴之礼。"《经典释文》："享，许丈反，旧又许亮反，本亦作飨。"《诗经·旱麓》："以享以祀，以介景福。"《经典释文》："享，许两反，徐又许亮反。"

亨，扶庚切，《广韵》："煮也，俗作烹。"《方言》："亨，熟也。"《周礼·天官·冢宰》："掌王及后、世子膳羞之割亨煎和之事。"注："亨，煮也。"《经典释文》："亨，普更反。"《诗经·匪风》："谁能亨鱼，溉之釜鬵。"《经典释文》："亨，普庚反，煮也。"《诗经·楚茨》："以往烝尝，或剥或亨。"《经典释文》："亨，普庚反。"《诗经·采蘋》："于以湘之，维锜及釜。"传："湘，亨也。"《经典释文》："湘之：息良反，烹也；亨，本又作烹，煮也。"《诗经·七月》："七月亨葵及菽。"《经典释文》："亨，普庚反。"《左传·襄公四年》："家众杀而亨之。"《经典释文》："亨，普彭反，煮也。"

谐声系统中，唇塞音 p-/ph-/b-跟软腭清擦音 x-没有谐声关系，只有在唇鼻音 m-谐声集合中的送气唇塞音 ph-跟软腭擦音 x-，比如"無"声字，既有唇塞音 ph-(撫)，又有软腭清擦音 x-(幠)。《说文》："撫，安也。从手無声。一曰循也。"《礼记·杂记下》："嫂不撫叔，叔不撫嫂。"

《说文》:“揢,撫也。从手昏声。一曰摹也。”摸:莫胡切,《广韵》:“以手摸也,亦作摹。”“撫”就是“摸”,只不过前者是书面语,而后者是口语。因而我们可以推知,“亨”的词根辅音上古汉语是唇鼻音 m-,后因主元音松紧不同,辅音从 *smr-分离为唇塞音 phr-和软腭清擦音 xr-。随着 xr-声母的产生,依据元音交替再造出新词“亨”:

亨,许庚切,《广韵》:“通也,或作亯。”《易·乾》:“乾,元亨,利贞。”《左传·襄公九年》:“是於《周易》曰‘《随》,元亨利贞,无咎’。元,体之长也。亨,嘉之会也。利,义之和也。贞,事之干也。”《国语·晋语四》:“其《繇》曰‘元亨利贞,勿用有攸往,利建侯。主震雷,长也,故曰元。众而顺,嘉也,故曰亨。’”《文言》:“元者,善之长也;亨者,嘉之会也。”《易·鼎·彖传》:“以木巽火,亨饪也。圣人亨以享上帝,而大亨以养圣贤。巽而耳目聪明,柔进而上行,得中而应乎刚,是以元亨。”注:“亨者,鼎之所为也,革去故而鼎成新,故为亨饪调和之器也。”《经典释文》:“亨饪之亨本又作亯,同普庚反,煮也,下及注圣人亨,大亨,亨饪,亨者並同。享,香两反。”

除了《易》以及先秦文献中引用的《周易》,先秦其他文献中没有“亨通”的“亨”。

表 12.26　软腭鼻音侗台语对应表

词义	泰语	版纳傣语	来宾壮语	邕宁壮语	武鸣壮语	柳江壮语	布依语	汉语
鹅	haːn⁵	haːn⁵	haːn⁵	haːn⁵	haːn⁵	haːn⁵	ɦaːn⁵	雁
五	ha³	ha³	ha³	ha³	ha³	ha³	ɦa³	五
上颚	ŋɯək⁹	hək⁹	hɯk⁷			hɯk⁷	ɦɯ⁵	颚

上表侗台语材料来自《侗台语族概论》(梁敏、张均如,1996)。

以上这些侗台语语词都是汉语借词。汉语读鼻音 ŋ-,而侗台语读清鼻音ŋ̊-。软腭鼻音 ŋ-和唇鼻音 m-本有极其清晰的谐声界线,因带上词头 s-后合并为软腭擦音 x-,于是有了联系,如上例中的“许”和“鄦”。

段玉裁:“其字异形同音,其地古今一也。”软腭鼻音 ŋ-除了跟软腭擦音 x-谐声,还可以跟齿龈擦音 s-(包括舌面擦音 ɕ-)谐声。

表 12.27　软腭鼻音与齿龈擦音谐声表

	ɕ-	s-	t-	th-	d-	n-	tɕ-	tɕh-	dʑ-	ȵ-	k-	kh-	g-	ŋ-
薛		薛												孽
魚		穌												魚
午		卸												午
埶	势	褻								熱				埶
屰		愬												屰

软腭鼻音 ŋ-间或跟齿龈擦音 s-谐声。其组成的谐声没有软腭塞音,也没有齿龈塞音和舌面塞擦音。显然,词根辅音是软腭鼻音 ŋ-。郑张尚芳(1990)注意到软腭鼻音 ŋ-的这种谐声关系并将齿龈擦音上古汉语的语音形式构拟为 sŋ-。上面我们已经讨论了上古汉语带词头 s-的软腭鼻音 ŋ-演变成中古汉语的软腭清擦音 x-。跟软腭鼻音 ŋ-谐声的软腭清擦音 x-和齿龈清擦音 s-(包括个别舌面擦音 ɕ-)在相同语音条件下并不共存。可见,两者原本有相同的来源,因语音条件不同而分裂为软腭清擦音 x-和齿龈清擦音 s-。

屰,宜戟切,《广韵》引《说文》:“不顺也。”字通作“逆”。逆,宜戟切,《广韵》:“迎也。”《说文》:“逆,迎也。从辵屰声。关东曰逆,关西曰迎。”《左传·隐公三年》:“去顺效逆,所以速祸也。”因“逆”着客人来的方向而去接,引申为“迎”。《左传·隐公六年》:“逆晋侯于随。”泝,桑故切,《广韵》:“逆流而上。”《左传·文公十年》:“沿汉泝江。”注:“沿,顺流;泝,逆流。”《经典释文》:“泝,息路反。”《左传·哀公四年》:“吴将泝江入郢。”注:“逆流曰泝。”《经典释文》:“泝音素。”《说文》字作𣵠,“逆流而上曰𣵠洄。𣵠,向也。水欲下违之而上也。从水𢊁声”。也作遡。《诗经·公刘》："夹其皇涧，遡其过涧。"传："遡，乡也。"《经典释文》："泝音素。"

朔，所角切，《广韵》："月一日。"《说文》："朔，月一日始苏也，从月屰声。"《论语·八佾》："子贡欲去告朔之饩羊。"《尔雅》："朔，北方也。"《经典释文》："朔，所角反。"《诗经·出车》："天子命我，城彼朔方。"传："朔方，北方也。"《说文》："北，乖也，从二人相背。"朱骏声："人坐立皆面明背暗，故以背为南北之北。"《国语·吴语》："吴师大北。"韦昭注："北，古之背字。"南明北暗，南暖北冷。《尚书·尧典》："宅朔方，曰幽都。"传："北称朔。北称幽则南称明，从可知也。"古人面南而居，南下为顺，北上去逆。朔者，屰也。《说文》："屰，不顺也。"故"朔"声有"逆"义。

正因这些齿龈擦音 s-上古词根辅音是软腭鼻音 ŋ-，所以跟声母为软腭鼻音 ŋ-的语词组成同族词。上古汉语带词头 s-的软腭鼻音 ŋ-大部分演变为软腭清鼻音ŋ̊-，后并入软腭清擦音 x-。带词头 s-的软腭鼻音 ŋ-中古汉语并入齿龈清擦音 s-(包括舌面擦音 ɕ-)的事例并不多。除了齿龈清擦音 s-，软腭鼻音 ŋ-不跟齿龈塞音谐声，也不跟舌面塞擦音谐声。有一个例外，那就是"午"的后起累增字"杵"，《广韵》声母为舌面塞擦音 tɕh-。

杵，昌与切，《广韵》："《世本》曰'罗父作杵'。"杵，《说文》："舂杵也，从木午声。"《易·系辞下》："断木为杵，掘地为臼。"《史记·商君列传》："童子不歌谣，舂者不相杵。"《左传·僖公十二年》："陈侯杵臼卒。""杵"与"臼"相配，古人常以"杵臼"取名。《左传·文公十六年》："宋人弑其君杵臼。"杵，本为"午"后作"杵"。午，疑古切，《广韵》："交也，又辰名。《尔雅》云'太岁在午曰敦牂'。"《说文》："午，牾也。"以"牾"声训"午"。《礼记·哀公问》："午其众以伐有道。"注："午其众，逆其族类也。"《经典释文》："午，五故反，一音如字，注同，王肃作迕，迕，违也。"

从"午"声的谐声集合，唯独"杵"一字为舌面送气塞擦音 tɕh-，而且软腭鼻音 ŋ-和舌面送气塞擦音 tɕh-谐声就"杵"一个特例。很显然这是一个例外。地支“午”对应十二兽中的马,而“马”黎语 ŋa、阿含语 si-ŋa、仂语 si-ŋa,其原始形式白保罗(1987)构拟为 saŋa①。以上材料足以说明“杵”的词根辅音是软腭鼻音 ŋ-。

许,虚吕切,《广韵》:“许可也,与也,听也。”《说文》:“许,听也,从言午声。”其本义杨树达认为是“舂者送杵之声”,并引《史记·商君列传》“童子不歌谣,舂者不相杵”为证。《盐铁论·散不足》:“古者邻有丧,舂不相杵,巷不歌谣。”《新书·春秋》:“傲童不讴歌,舂筑者不相杵。”“口有言而身应之,故许之引申义为听。”(杨树达,1983)上古汉语 s-词头的功能之一是名谓化,正好解释了“午”和“许”之间的语音关系。

早在汉代之前“许”已经是 xa̠ʔ。故此,“许”用于拟声。《诗经·伐木》:“伐木许许,酾酒有藇。”许慎《说文》引《诗》作“伐木所所”。《说文》:“所,伐木声也,从斤户声。《诗》曰‘伐木所所’。”软腭鼻音 ŋ-不跟舌面送气塞擦音 tɕh-谐声,软腭擦音 x-却可以谐声。前面已经讨论了舌面送气塞擦音 tɕh-有来自上古汉语 xl-辅音丛。“许”xa̠ʔ 是动词,插入中缀 /l/变成了名词 *xla̠ʔ。这个 *xla̠ʔ 就是中古音“昌与切”的“杵”。《公羊传·僖公十二年》:“十有二月丁丑,陈侯处臼卒。”《经典释文》:“处臼,左氏作杵臼。”《公羊传·文公十六年》:“宋人弑其君处臼。”《经典释文》:“处臼,二传作杵臼。”“杵”意义没改变,其语音形式却已经由 *ŋaʔ 换成了 *xla̠ʔ。故此,《公羊传》用原本不同音的“处”替换“杵”。

表 12.28　齿龈鼻音与擦音(送气塞音)谐声表

	ɕ-	s-	t-	th-	d-	n-	t_3-	th_3-	d_3-	n_3-	tɕ-	tɕh-	dʑ-	ȵ-
襄	饟	襄				囊				醸				攘
丑		羞				狃		丑		紐				衄

① 白保罗,1987,《澳-泰语研究:3. 澳泰语和汉语》,罗美珍译,《民族语文研究情报资料集》(8)。

续　表

	ɕ-	s-	t-	th-	d-	n-	t_3-	th_3-	d_3-	n_3-	tɕ-	tɕh-	dʑ-	ȵ-
堯	燒									鐃				饒
埶	勢	褻								褹				熱
如	恕									絮				如
然	僘					撚								然
爾	纚	纚				禰				嬭				爾
戎		娀												戎
需		需				擩								儒
妥		綏		妥		餒								桵
捼		稜		屦		餧				諉				綏
如		絮								絮				如
若				慝						匿				若
冉				聃		枏								冉
難				灘		難				齇				戁
内				退		内								芮
奴				帑		奴				挐				
若				慝		諾		婼[1]		匿				若
能				態		能								

[1] 婼,《广韵》:“婼羌,西域国名,人赊切。”又婼,《广韵》:“叔孙婼,鲁大夫;《说文》曰‘不顺也’,丑略切。”《左传·昭公六年》:“叔孙婼如齐莅盟。”《经典释文》:“叔孙婼:敕略反,徐又音释。”

齿龈鼻音 n-的谐声关系与唇鼻音 m-、软腭鼻音 ŋ-的谐声关系不同:齿龈鼻音 n-跟齿龈送气清塞音 th-、齿龈清擦音 s-和舌面清擦音 ɕ-谐声,而唇鼻音 m-、软腭鼻音 ŋ-跟软腭擦音 x-谐声。因齿龈清鼻音n̥-、送气清塞音 th-容易变成软腭擦音 x-,齿龈鼻音 n-间或也可以跟软腭擦音 x-接触。

襄,息良切,《广韵》:"除也,上也,驾也,返也。"《诗经·墙有茨》:"墙有茨,不可襄也。中冓之言,不可详也。所可详也,言之长也。"《诗经·出车》:"天子命我,城彼朔方。赫赫南仲,猃狁于襄。"《经典释文》:"襄,如字,本或作攘,如羊反。"

饟,式羊切,《广韵》:"馈也。"饟,书两切,《广韵》:"周人呼饷食。"饟,式亮切,《广韵》:"《尔雅》曰'馌、饟,馈也',又自家之野曰饟。"《说文》:"饟,周人谓饷曰饟。从食襄声。"《尔雅》:"馌、饟,馈也。"《经典释文》:"饟,式亮反。"《诗经·良耜》:"或来瞻女,载筐及筥,其饟伊黍。"《经典释文》:"饟,式亮反。"《诗经·甫田》:"攘其左右,尝其旨否。"郑笺:"攘读当为饟。"《经典释文》:"攘,如羊反,郑读为饟,式尚反,馈也;王如字。"

从"襄"声,中古读齿龈擦音 s-、舌面擦音 ɕ-的只有"饟"。饟,《广韵》有三个不同的读音,其中一个读音跟"襄"对立。依照《经典释文》注音,"饟"读去声,跟"襄"并不对立。读舌面擦音 ɕ-的应该是齿龈擦音 s-的后起演变形式。中古汉语的齿龈鼻音 n-(包括舌面鼻音 ȵ-),看起来可以跟中古汉语三个不同的声母谐声,但是三者分布上是互补的。中古汉语的舌面擦音 ɕ-和齿龈擦音 s-个别情况下也出现在同一声符,但也只是异读关系,如"纕"。显然,它们原本就属于同一声母。我们认为,上古汉语的鼻音 n-在词头 s-的作用下中古汉语有多种变化,而这种变化跟语音环境有关系。

絮,息据切,《广韵》:"《说文》曰'敝绵也'。"絮,乃亚切,《广韵》:"丝结乱也。"读禡韵是上古魚部古音 a 残迹。《周礼·冬官·考工记》:"厚其帤则木坚,薄其帤则需。"注:"郑司农云'帤读为襦有衣絮之絮'。"《经典释文》:"帤,女居反……絮,女居反。"《易·既济》:"繻有衣袽。"《经典释文》:"袽,女居反,丝袽也;王肃音如,《说文》作絮,云'缊也';《广雅》云'絮塞也',子夏作茹,京作絮。"絮,尼据切,《广韵》:"姓也，汉有絮舜。”《汉书·张敞传》：“敞使贼捕掾絮舜有所案验。”注：“絮，姓也，音女居反，又音人余反。”絮，人余切，《集韵》：“姓也，汉有絮舜。”絮，抽据切，《广韵》：“和调食也。”《礼记·曲礼》：“毋絮羹。”注：“絮，犹调也。”《经典释文》：“絮，敕虑反。”

一个语词，不同时期，不同地域，语音形式也会不一样。倘若将这些语音形式统统收集起来，任何一个语词都有无数个语音形式。上述五个语音形式，实际上只有两个：一个带词头 s-，一个不带词头 s-。不带词头 s-的三个形式，实际代表三个不同时期的读音。其中“乃亚切”最为古老，“女居反”中间状态，而“人余切”是隋唐时期的读音。

附录一　上古汉语辅音表

塞音	p	b	t	d	ȶ	ȡ	k	g	q	ɢ	ʔ
	ph		th		ȶh		kh		qh		
鼻音		m		n				ŋ		ɴ	
擦音			s	z	ɕ	ʑ	x	ɣ	χ	ʁ	
边音				l							
颤音				r							

附录二 《诗经》用字音表

	中古音	上古音		中古音	上古音		中古音	上古音
哀	ʔoi^{A}	ʔɯr	藹	ʔɑi^{C}	ʔas	艾	ŋɑi^{C}	ŋas
艾	ŋiɑi^{C}	ŋa̱s	愛	ʔoi^{C}	ʔɯs	僾	ʔoi^{C}	ʔɯs
安	ʔɑn	ʔan	岸	ŋɑn^{C}	m-kans	按	ʔɑn^{C}	ʔans
卬	ŋɑŋ^{A}	ŋaŋ	卬	ŋiaŋ^{B}	ŋa̱ŋʔ	敖	ŋɑu^{A}	ŋu
傲	ŋɑu^{C}	ŋuh	嗷	ŋɑu^{A}	ŋu	翱	ŋɑu^{A}	m-ku
囂	ŋɑu^{A}	ŋu	奥	ʔɑu^{C}	ʔuh	燠	ʔɑu^{C}	ʔuh
豝	pa^{A}	pla	八	pɛt	prot	拔	bɛt	brot
拔	bɑt	bot	茇	pɑt	pot	魃	bɑt	bot
茇	bɑt	bot	跋	bɑt	bot	柏	pak	prak
白	bak	brak	百	pak	prak	敗	bɛ^{C}	bras
拜	pɛi^{C}	pros	敗	pɛ^{C}	pras	阪	pɑn^{B}	panʔ
稗	bai^{C}	bih	阪	pian^{B}	pa̱nʔ	邦	pauŋ	ploŋ^{A}
版	pan^{B}	planʔ	板	pan^{B}	planʔ	彭	baŋ^{A}	braŋ
包	pau^{A}	pru	苞	pau^{A}	pru	褒	pɑu^{A}	pu

续 表

	中古音	上古音		中古音	上古音		中古音	上古音
保	pɑu^{B}	puʔ	鸨	pɑu^{B}	puʔ	飽	pɑu^{B}	pruʔ
抱	pɑu^{B}	buʔ	菢	pɑu^{C}	buh	寶	pɑu^{B}	puʔ
報	pɑu^{C}	puh	暴	bɑu^{C}	bɯh	暴	buk	bɯk
豹	pɑu^{C}	prɯh	陂	piɛi^{A}	pa̱r	陂	phiɛi^{C}	pha̱rs
卑	pjɛi^{A}	pi̱	悲	pi^{A}	pɯr	貝	pɑi^{C}	pas
背	pui^{C}	peh	倍	boi^{B}	beʔ	被	biɛi^{B}	ba̱rʔ
被	biɛi^{C}	pa̱rs	悖	bui^{C}	bus	悖	but	but
北	pok	pek	誖	pui^{C}	pus	誖	but	but
備	bi^{C}	be̱s	奔	pun^{A}	pun	賁	pun^{A}	pul
賁	biun^{A}	bu̱l	本	pun^{B}	punʔ	祊	pɑŋ^{A}	praŋ
崩	poŋ^{A}	peŋ	唪	buŋ^{B}	boŋʔ	菶	buŋ^{B}	boŋʔ
琫	puŋ^{B}	poŋʔ	匕	pji^{B}	pi̱rʔ	比	pji^{B}	pi̱rʔ
比	bji^{C}	bi̱rs	彼	piɛi^{B}	pa̱rʔ	俾	bjɛi^{B}	bi̱ʔ
妣	pji^{B}	pi̱rʔ	鞞	bjɛi^{B}	bi̱ʔ	必	pjit	pi̱t
苾	bjit	bi̱t	泌	bjit	bi̱t	畀	pji^{C}	pi̱s
珌	pjit	pi̱t	毖	pi^{C}	pi̱s	畢	pjit	pi̱t
閉	pei^{C}	pis	閉	pet	pit	敝	bjai^{C}	be̱s
楅	pik	pe̱k	鮅	bet	bit	辟	pjɛk	pi̱k
辟	bjɛk	bi̱k	閟	pi^{C}	pi̱s	駜	bet	bit
蔽	pjai^{C}	pe̱s	鷝	pjit	pi̱t	奰	bi^{C}	bi̱s
璧	pjɛk	pi̱k	韠	pjit	pi̱t	籩	pen^{A}	pen

续 表

	中古音	上古音		中古音	上古音		中古音	上古音
扁	pen^{B}	penʔ	貶	piɛm^{B}	pe̱mʔ	弁	biɛn^{C}	bo̱ns
徧	pen^{C}	pens	滮	bju^{A}	bru̱	麃	phiɛu^{B}	phɯʔ
儦	piɛu^{A}	pɯ	瀌	piɛu^{A}	pɯ	鑣	piɛu^{A}	pɯ
摽	phjɛu^{A}	phɯ̱	鱉	bjɛt	be̱t	賓	pjin^{A}	pi̱n
豳	pin^{A}	pɯn	濱	pjin^{A}	pi̱n	冰	piŋ^{A}	pre̱ŋ
兵	piaŋ	pra̱ŋ	掤	piŋ^{A}	pe̱ŋ	秉	piaŋ^{B}	pra̱ŋʔ
怲	piaŋ^{B}	pra̱ŋʔ	柄	piaŋ^{C}	pra̱ŋs	屏	pjɛŋ^{B}	pi̱ŋʔ
並	pjɛŋ^{A}	pi̱ŋ	並	pɛŋ^{B}	biŋʔ	並	pjɛŋ^{C}	pi̱ŋs
波	pɑ^{A}	par	番	pɑ^{A}	par	發	pɑt	pat
播	pɑ^{C}	pars	撥	pɑt	pat	伯	pak	prak
博	pɑk	pak	搏	pɑk	pak	駮	pauk	prɯk
薄	bɑk	bak	鎛	pɑk	pak	襮	pɑk	pɯk
簸	pɑ^{B}	parʔ	簸	pɑ^{C}	pars	卜	puk	pok
不	piu^{B}	pe̱ʔ	布	po^{C}	pah	步	bo^{C}	bah
偲	tshoi^{A}	ȶhe	才	dzoi^{A}	ȡe	采	tshoi^{B}	ȶheʔ
菜	tshoi^{C}	ȶheh	餐	tshɑn^{A}	ȶhan	驂	tshom^{A}	ȶhum
殘	dzɑn^{A}	ȡan	蠶	dzom^{A}	ȡum	憯	tshom^{B}	ȶhumʔ
粲	tshɑn^{C}	ȶhans	倉	tshɑŋ^{A}	ȶhaŋ	蒼	tshɑŋ^{A}	ȶhaŋ
藏	dzɑŋ^{A}	ȡaŋ	藏	dzɑŋ^{B}	ȡaŋs	曹	dzɑu^{A}	ȡu
漕	dzɑu^{A}	ȡu	草	tshɑu^{B}	ȶhuʔ	慅	tshɑu^{B}	ȶhɯʔ

续　表

	中古音	上古音		中古音	上古音		中古音	上古音
畟	tʂhik	ʈhe̱k[i]	側	tʂik	ʈe̱k	測	tʂhik	ʈhe̱k
參	tʂhim^{A}	ʈhu̱m	苴	dʐa^{A}	ɖa̱[ii]	差	tʂha^{A}	ʈha̱r
豺	dʐɛi^{A}	ɖre[iii]	蠆	thɛ^{C}	sra̱s	梴	thiɛn^{A}	sa̱n
幨	tɕhiɛm^{C}	tha̱ms	單	dʑiɛn^{A}	da̱l	巉	dʐam^{A}	ɖo̱m
廛	diɛn^{A}	dra̱n	毚	dʐam^{A}	ɖo̱m	讒	dʐɛm^{A}	ɖo̱m
幝	tɕhiɛn^{A}	tha̱l	昌	tɕhiɑŋ^{A}	tha̱ŋ	長	diɑŋ^{A}	dra̱ŋ
萇	diɑŋ^{A}	dra̱ŋ	常	dʑiɑŋ^{A}	da̱ŋ	腸	diɑŋ^{A}	z/l/a̱ŋ
場	diɑŋ^{A}	z/l/a̱ŋ	嘗	dʑiɑŋ^{A}	da̱ŋ	裳	dʑiɑŋ^{A}	da̱ŋ
鱨	dʑiɑŋ^{A}	da̱ŋ	倡	tɕhiɑŋ^{C}	tha̱ŋs	鬯	thiɑŋ^{C}	th/l/a̱ŋs[iv]
暢	thiɑŋ^{C}	sra̱ŋs	韔	thiɑŋ^{C}	th/l/a̱ŋs	弨	tɕhiɛu	thɯ̱
巢	dʐɛu^{A}	ɖ/l/ɯ	朝	tiɛu^{A}	t/l/ɯ̱	朝	diɛu^{A}	d/l/ɯ̱
車	tɕhia^{A}	tha̱	坼	thiak	thra̱k	徹	thiɛt	sre̱t
徹	diɛt	zre̱t	琛	thim^{A}	slu̱m	臣	dʑin^{A}	gi̱n

[i] 畟，《广韵》："畟畟，陈器状。《说文》曰：'治稼畟畟，进也'，《诗》云'畟畟良耜'。"《诗经·良耜》："畟畟良耜。"传："畟畟犹测测也。"《经典释文》："畟，楚側反。"很显然，"畟"是"测"的训读。（畟，子力切，《广韵》："又初力切。"无释义。）

[ii] 苴，《广韵》："《诗》传云'水中浮草也'，锄加切。"《诗经·召旻》："如彼栖苴。"传："苴，水中浮草也。"《经典释文》："苴，七如反，毛，水中浮草也，郑'树上栖苴也'。"《集韵》："苴，水中浮草，锄加切。"《庄子·让王》："其绪余以为国家，其土苴以治天下。"《经典释文》："土，敕雅反，又音如。字苴，侧雅反，又知雅反，司马云'土苴，如粪草也'，李云'土苴，糟魄也'。""苴"音 a 是魚部古音的残余。

[iii] 豺，《广韵》："狼属，士皆切。"《礼记·王制》："豺祭兽，然后田猎。"《经典释文》："豺，仕皆反。"豺读入皆韵不符合规则，且跟之韵"茬"对立。麡，士皆切，徂奚切，《广韵》："麡狼。"《吴都赋》："下则有枭羊麡狼猰。"注："麡，音猰。"豺或当读咍韵，与"才"同音。豺音"士皆切"或本是"麡"。

[iv]《诗经·大叔于田》："抑鬯弓忌。"传："鬯弓，弢弓。"《经典释文》："鬯，敕亮反。"

续 表

	中古音	上古音		中古音	上古音		中古音	上古音
辰	dʑin^{A}	dɯ̱n	忱	dʑim^{A}	du̱m	沉	dim^{A}	dru̱m
陳	din^{A}	zrin	晨	dʑin^{A}	dɯ̱n	塵	din^{A}	drɯ̱n
諶	dʑim^{A}	du̱m	疢	thin^{A}	thri̱ns	稱	tɕhiŋ^{A}	the̱ŋ
稱	tɕhiŋ^{C}	the̱ŋs	成	dʑiɛŋ	di̱ŋ	承	dʑiŋ	de̱ŋ
城	dʑiɛŋ^{A}	di̱ŋ	誠	dʑiɛŋ^{A}	di̱ŋ	盛	dʑiɛŋ^{A}	di̱ŋ
程	diɛŋ	zri̱ŋ	酲	diɛŋ^{A}	zri̱ŋ	騁	thiɛŋ^{A}	si̱ŋ
懲	diŋ^{A}	dre̱ŋ	蚩	tɕhie^{A}	the̱	絺	thi^{A}	x/l/ɯ̱r
鴟	tɕhi^{A}	thi̱r	池	diɛi^{A}	z/l/a̱r	坻	di^{A}	di̱r
馳	diɛi^{A}	zra̱r	篪	diɛi^{A}	zri̱	踟	diɛi^{A}	dri
遲	di^{A}	zri̱r	尺	tɕhiɛk	tha̱k	扡	thiɛi^{A}	sra̱r[i]
侈	tɕhiɛi^{B}	tha̱rʔ	哆	tɕhiɛi^{B}	tha̱rʔ	齒	tɕhie^{B}	the̱ʔ
恥	thie^{B}	sre̱ʔ	赤	tɕhiɛk	x/l/a̱k	敕	thik	sre̱k
饎	tɕhi^{C}	x/l/e̱h	飭	thik	sre̱k	熾	tɕhie^{C}	the̱h
充	tɕhiuŋ^{A}	thu̱ŋ	忡	thiuŋ^{A}	thru̱ŋ	舂	ɕiwoŋ^{A}	sto̱ŋ
重	diwoŋ^{A}	dro̱ŋ	崇	dʐiuŋ^{A}	ɖu̱ŋ	蟲	diuŋ^{A}	z/l/u̱ŋ
衝	tɕhiwoŋ^{A}	tho̱ŋ	抽	thiu^{A}	sru̱	妯	thiu^{A}	sru̱
瘳	thiu^{A}	sru̱	讎	giu^{A}	gu̱	裯	diu^{A}	dru̱
綢	diu^{A}	dru̱	酬	dʑiu^{A}	du̱	雔	dʑiu^{A}	du̱
醜	tɕhiu^{B}	thu̱ʔ	醻	dʑiu^{A}	du̱	魗	tɕhiu^{B}	ŧhu̱ʔ

[i]《诗经·小弁》:“析薪扡矣。”《经典释文》:“扡,勑氏反,又宅买反,徐又直是反。”

续 表

	中古音	上古音		中古音	上古音		中古音	上古音
出	tɕhiut	thut	初	tʂhio^{A}	ȶhra	樗	thio^{A}	χ/l/a
除	dio^{A}	zra	除	dio^{C}	zrah	芻	tʂhwo^{A}	ȶh/l/o
篨	dio^{A}	zra	蹰	diwo^{A}	dro	處	tɕhio^{B}	x/l/aʔ
處	tɕhio^{C}	xlah	楚	tʂhio^{B}	ȶhraʔ	俶	tɕhiuk	thuk
畜	thiuk	x/l/uk	畜	xiuk	xuk	畜	thiu^{C}	x/l/uh
畜	xiu^{C}	xuh	川	tɕiwɛn^{A}	thul	穿	tɕiwɛn^{A}	thol
喘	tɕhiwɛn^{B}	tholʔ	床	dʐiɑŋ^{A}	ȡ/l/aŋ	愴	tʂhiɑŋ^{B}	ȶhraŋʔ
吹	tɕiwɛi^{A}	thor	垂	dʑiwɛi^{A}	dor	春	tɕhiun^{A}	thul
純	dʑiun^{A}	dul	漘	dʑiun^{A}	dɯn	鶉	dʑiun^{A}	dul
蠢	tɕhiun^{B}	thulʔ	啜	tɕhiwat	thot	惙	tiwat	trot
綽	tɕhiɑk	thɯk	差	tʂhiɛi^{A}	ȶhar	雌	tshiɛi^{A}	ȶhi
茨	dzi^{A}	ȡir	祠	zie^{A}	sȡe	此	tshiɛi^{B}	ȶhiʔ
佌	tshiɛi^{B}	ȶhiʔ	泚	tshiɛi^{B}	ȶhiʔ	刺	tshiɛi^{C}	ȶhih
刺	tshiɛk	ȶhik	佽	tshi^{C}	ȶhirs	葱	tshuŋ^{A}	ȶhoŋ
聰	tshuŋ^{A}	ȶhoŋ	從	dziwoŋ^{A}	ȡoŋ	徂	dzo	ȡa
卒	tshut	ȶhut	蹙	tsiuk	ȶuk	爨	tshwɑn^{C}	ȶhons
崔	tshui^{A}	ȶhur	摧	dzui^{A}	ȡur	漼	tshui^{B}	ȶhurʔ
悴	dziui^{C}	ȡus	萃	dziui^{C}	ȡus	毳	tshwai [i]	ȶhos
瘁	dziui^{C}	ȡus	存	dzun^{A}	ȡɯn	蹲	dzun^{A}	ȡun

[i] 毳,《广韵》:“细毛也,此芮切。”毳,《广韵》:“细毛,楚锐切。”

续 表

	中古音	上古音		中古音	上古音		中古音	上古音
忖	tshun^{B}	ƫhunʔ	瑳	tshɑ^{A}	ƫhar	磋	tshɑ^{A}	ƫhar
撮	tshwɑt	ƫhot	瘥	dzɑ^{A}	ᶁar	錯	tsho^{C}	ƫhah
錯	tshɑk	ƫhak	傞	tshɑ^{A}	ƫhar			
怛	tɑt	tat	達	dɑt	zat	答	top	tup
大	dɑi^{C}	zas	逮	dɛi^{C}	zɯs	代	doi^{C}	zeh
迨	doi^{B}	zeʔ	殆	doi^{B}	zeʔ	怠	do^{B}	zeʔ
帶	tɑi^{C}	tas	丹	tɑn^{A}	tan	耽	tom^{A}	tum
單	tɑn^{A}	tal	湛	tom^{A}	tum	亶	tɑn^{B}	tanʔ
旦	tɑn^{C}	tans	萏	dom^{B}	zomʔ	誕	dɑn^{B}	zanʔ
餤	dɑm^{A}	dam	癉	tɑ^{B}	tarʔ	僤	tɑn^{B}	talʔ
髧	dom^{B}	dumʔ	憚	dɑn^{C}	dals	蕩	dɑŋ^{B}	zaŋʔ
刀	tɑu^{A}	tɯ	忉	tɑu^{A}	tɯ	擣	tɑu^{B}	tuʔ
蹈	dɑu^{C}	zuh	禱	tɑu^{B}	tuʔ	到	tɑu^{C}	tɯh
倒	tɑu^{C}	tɯh	悼	dɑu^{C}	dɯh	盜	dɑu^{C}	zɯh
道	dɑu^{B}	zuʔ	稻	dɑu^{B}	zuʔ	翿	dɑu^{C}	duh
得	tok	tek	德	tok	tek	登	toŋ^{A}	teŋ
氐	tei^{A}	tir	羝	tei^{A}	tir	狄	dek	zɯk
迪	dek	zuk	滌	dek	zuk	鬄	siɛk	si̱k
適	tek	tik	翟	dek	zɯk	油	dek	zuk
蹢	tek	tik	柢	tei^{A}	tir	砥	tɕi^{B}	ti̱rʔ
弔	teu^{C}	tɯh	弔	tek	tɯk	地	di^{C}	di̱h

续 表

	中古音	上古音		中古音	上古音		中古音	上古音
杕	dei^{C}	dih	弟	dei^{B}	zirʔ	的	tek	tɯk
帝	tei^{C}	tih	娣	dei^{B}	zirʔ	棣	dei^{C}	zɯrs
蝃	tei^{C}	tih	題	dei^{A}	di	題	dei^{C}	dih
顛	ten^{A}	tin	癲	ten^{A}	tin	巔	ten^{A}	tin
典	ten^{B}	tɯn	玷	tem^{B}	tems	奠	den^{C}	diŋs
電	den^{C}	zins	殿	den^{C}	dɯns	簟	dem^{B}	zimʔ
驔	dem^{B}	zimʔ	敦	tun^{A}	tul	敦	tui^{A}	tur
釣	teu^{C}	tɯ̠h	迭	det	zit	垤	det	dit
瓞	det	zit	耋	det	dit	咥	det	dit
疊	dep	dep	丁	teŋ^{A}	tiŋ	丁	tɛŋ^{A}	ti̠ŋ[i]
鼎	teŋ^{B}	tiŋʔ	定	teŋ^{C}	tiŋs	定	deŋ^{C}	diŋs
冬	tɑuŋ^{A}	tuŋ	東	tuŋ^{A}	toŋ	蝀	tuŋ^{A}	toŋ
豆	du^{C}	doh	都	to^{A}	ta	闍	to^{A}	ta
闍	dʑia	da̠	毒	dɑuk	duk	獨	duk	dok
堵	to^{B}	taʔ	篤	tɑuk	tuk	土	do^{B}	daʔ
土	tho^{B}	thaʔ	杜	do^{B}	daʔ	度	dɑk	dak
斁	do^{C}	zah	鍛	twɑn^{C}	tons	斷	twɑn^{B}	tonʔ
斷	dwɑn^{B}	donʔ	追	tui^{A}	tur	兑	dwɑi^{C}	zos
祋	twɑi^{C}	tos	對	tui^{C}	tus	鐓	dui^{C}	durs

[i]《诗经·兔罝》:"椓之丁丁。"《经典释文》:"丁,陟耕反。"《安大简》作"椓之正正"。

续 表

	中古音	上古音		中古音	上古音		中古音	上古音
憝	dui^{C}	durs	盾	ʑiun[i]	sdu̱l	遁	dun^{B}	dulʔ
頓	tun^{C}	tuls	多	tɑ^{A}	tar	掇	twɑt	tot
度	do^{C}	dah	奪	dwɑt	zot	隋	twɑ^{B}	zorʔ
阿	ʔɑ^{A}	ʔar	吪	ŋwɑ^{A}	ɴar	訛	ŋwɑ^{A}	ɴar
莪	ŋɑ^{A}	ŋar	蛾	ŋɑ^{A}	ŋar	峩	ŋɑ^{A}	ŋar
厄	ʔɛk	ʔik	咢	ŋɑk	ŋak	鄂	ŋɑk	ŋak
蕚	ŋɑk	ŋak	遏	ʔɑt	ʔat	恩	ʔon^{A}	ʔɯn
而	ȵie^{A}	ne̱	耳	ȵie^{B}	ne̱ʔ	爾	ȵiɛ^{B}	ne̱r
邇	ȵiɛ^{B}	ne̱r	二	ȵi^{C}	ni̱s	貳	ȵi^{C}	ni̱s
發	piat	pa̱t	髮	piat	po̱t	伐	biat	ba̱t
拚	piɛn^{A}	po̱n	番	pɑ^{A}	par	番	phiɑn^{A}	pha̱l
幡	phiɑn^{A}	pha̱l	凡	biam^{A}	bru̱m	袢	bian^{A}	ba̱n
藩	pian^{A}	pa̱l	樊	bian^{A}	ba̱l	燔	bian^{A}	ba̱l
繁	bian^{A}	ba̱l	蘩	bian^{A}	ba̱l	反	pian^{B}	pa̱n
汎	phiam^{C}	phru̱ms	方	piaŋ^{A}	ba̱ŋ^{A}	防	biaŋ^{A}	ba̱ŋ
房	biaŋ^{A}	ba̱ŋ	魴	biaŋ^{A}	ba̱ŋ	非	piei^{A}	pɯ̱r
飛	piei^{A}	pɯ̱r	匪	piei^{B}	pɯ̱rʔ	騑	piei^{A}	pɯ̱r
肥	biei^{A}	bɯ̱r	腓	biei^{A}	bɯ̱r	菲	phiei^{B}	phɯ̱rʔ
霏	phiei^{A}	phɯ̱r	吠	biɑi^{C}	bo̱s	肺	phiɑi^{C}	pho̱s

[i] 盾,《广韵》:“干盾,食尹切。”盾,《广韵》:“赵盾,人名,徒损切。”

续　表

	中古音	上古音		中古音	上古音		中古音	上古音
沸	piei^{C}	pus	廢	piɑi^{C}	pa̱s	芬	phiun^{A}	phu̱n
氛	biun^{A}	bu̱n	饙	piun^{A}	pu̱n	汾	biun^{A}	bu̱n
枌	biun^{A}	bu̱n	賁	biun^{A}	bu̱n	蕡	biun^{A}	bu̱n
頒	biun^{A}	bu̱n	墳	biun^{A}	bu̱l	豶	biun^{A}	bu̱n
焚	biun^{A}	bu̱n	幩	biun^{A}	bu̱n	奮	phiun^{C}	phun
封	piwoŋ^{A}	pro̱ŋ	葑	piwoŋ^{A}	pro̱ŋ	風	piuŋ^{A}	pru̱m
蠭	phiwoŋ^{A}	pho̱ŋ	豐	phiuŋ^{A}	phu̱ŋ	逢	biwoŋ^{A}	bo̱ŋ
縫	biwoŋ^{A}	bo̱ŋ	奉	biwoŋ^{B}	bo̱ŋʔ	鳳	biuŋ^{C}	bru̱ms
芣	biu^{A}	be̱	紑	phiu^{A}	phe̱	缶	piu^{B}	pu̱ʔ
否	piu^{B}	pe̱ʔ	夫	pio^{A}	pa̱	柎	pio^{A}	po̱
敷	phio^{A}	pha̱	膚	pio^{A}	pra̱	弗	piut	pu̱t
伏	biuk	be̱k	芾	piei^{C}	po̱s	扶	bio^{A}	ba̱
孚	phiwo^{A}	phru̱	茀	phiut	phu̱t	拂	phiut	phu̱t
服	biuk	be̱k	浮	biu^{A}	bru̱	佛	biut	bu̱t
福	piuk	pe̱k	葍	piuk	pe̱k	匐	biuk	be̱k
幅	piuk	pe̱k	紼	piut	pu̱t	輻	piuk	pe̱k
蜉	biu^{A}	bru̱	黻	piut	po̱t	罦	phio^{A}	phru̱
拊	phio^{B}	pho̱ʔ	斧	pio^{B}	pa̱ʔ	甫	pio^{B}	pa̱ʔ
脯	pio^{B}	pa̱ʔ	輔	bio^{B}	ba̱ʔ	釜	bio^{B}	ba̱ʔ
父	bio^{B}	ba̱ʔ	附	bio^{C}	bo̱h	黼	pio^{B}	pa̱ʔ
負	biu^{B}	be̱ʔ	副	phiu^{C}	phe̱h	阜	biu^{B}	bu̱ʔ

续 表

	中古音	上古音		中古音	上古音		中古音	上古音
富	piu^{C}	pe̱h	傅	pio^{C}	pa̱h	婦	biu^{B}	be̱ʔ
腹	piuk	pu̱k	賦	pio^{C}	sma̱h	復	biuk	bu̱k
覆	phiu^{C}	phu̱h	覆	phiuk	phu̱k			
改	koi^{B}	keʔ	溉	koi^{C}	kɯs	干	kɑl^{A}	kan
甘	kɑm^{A}	kam	竿	kɑn^{A}	kan	乾	kɑn^{A}	kan
敢	kɑm^{B}	kamʔ	幹	kɑn^{C}	kans	崗	kɑŋ^{A}	kaŋ
綱	kɑŋ^{A}	kaŋ	皋	kɑu^{A}	ku	高	kɑu^{A}	ku
羔	kɑu^{A}	qu	膏	kɑu^{A}	ku	櫜	kɑu^{A}	ku
鼛	kɑu^{A}	ku	杲	kɑu^{B}	kuʔ	縞	kɑu^{B}	kuʔ
告	kɑu^{C}	kuh	告	kɑuk	kuk	戈	kwɑ^{A}	kor
格	kak	klak	歌	kɑ^{A}	kar	革	kɛk	krek
葛	kɑt	kat	閣	kɑk	kak[i]	鞈	kop	kup
各	kɑk	kak	庚	kaŋ	kraŋ	耕	kɛŋ	kriŋ
羹	kaŋ	kraŋ	耿	kɛŋ^{B}	qi̱ŋʔ	梗	kaŋ^{B}	kraŋʔ
亘	koŋ^{C}	keŋs	工	kuŋ^{A}	koŋ	弓	kiuŋ^{A}	qe̱ŋ
公	kuŋ^{A}	qoŋ	功	kuŋ^{A}	koŋ	攻	kuŋ^{A}	koŋ
共	kiwoŋ^{A}	ko̱ŋ	共	giwoŋ^{C}	go̱ŋs	肱	kwoŋ^{A}	qeŋ
宫	kiuŋ^{A}	qu̱ŋ	恭	kiwoŋ^{A}	ko̱ŋ	躬	kiuŋ^{A}	qu̱ŋ
觵	kwaŋ^{A}	q/l/aŋ	鞏	kiwoŋ^{B}	ko̱ŋʔ	鉤	ku^{A}	ko

[i]《诗经·斯干》:"约之阁阁,椓之橐橐。"《经典释文》:"阁音各。"

续　表

	中古音	上古音		中古音	上古音		中古音	上古音
苟	ku^{B}	koʔ	笱	ku^{B}	koʔ	耇	ku^{B}	koʔ
垢	ku^{B}	koʔ	句	ku^{C}	koh	冓	ku^{C}	koh
構	ku^{C}	koh	媾	ku^{C}	koh	覯	ku^{C}	koh
呱	ko^{A}	qa	姑	ko^{A}	ka	酤	ko^{A}	ka
罛	ko^{A}	qa	辜	ko^{A}	ka	古	ko^{B}	kaʔ
皷	ko^{B}	qaʔ	股	ko^{B}	qaʔ	罟	ko^{B}	kaʔ
賈	ko^{B}	kaʔ	瞽	ko^{B}	qaʔ	盬	ko^{B}	kaʔ
谷	kuk	qok	穀	kuk	kok	故	ko^{C}	kah
固	ko^{C}	kah	顧	ko^{C}	qah～qaʔ	瓜	kwa^{A}	q/l/a
騧	kwa^{A}	qrar	寡	kwa^{B}	q/l/aʔ	冠	kwɑn^{A}	kon
莞	kwɑn^{A}	kon	倌	kwɑn^{A}	kon	觀	kwɑn^{A}	kon
鰥	kwɛn^{A}	q/l/ɯn	關	kwan^{A}	k/l/on	管	kwɑn^{B}	konʔ
筦	kwɑn^{B}	konʔ	痯	kwɑn^{B}	konʔ	館	kwɑn^{C}	kons
祼	kwɑn^{C}	kons[i]	貫	kwɑn^{C}	kons	雚	kwɑn^{C}	kons
灌	kwɑn^{C}	kons	光	kwɑŋ^{A}	qaŋ	洸	kwɑŋ^{A}	qaŋ
廣	kwɑŋ^{B}	qaŋʔ	圭	kwei^{A}	qi	珪	kwei^{A}	qi
瑰	kui^{A}	qɯr	歸	kiwei^{A}	qɯ̲r	龜	kwi	qe
氿	kwi^{B}	k/l/u̲ʔ	軌	kwi^{B}	k/l/u̲ʔ	簋	kwi^{B}	k/l/u̲ʔ

[i] 祼，《广韵》：“祭名，《说文》曰‘灌祭也’，古玩切。”灌，《广韵》：“浇也，渍也，古玩切。”《左传·襄公九年》：“君冠必以祼享之礼行之。”杜注：“祼谓灌鬯酒也。”《经典释文》：“祼，古乱反。”祼是灌的训读。

续 表

	中古音	上古音		中古音	上古音		中古音	上古音
垝	kiwɛi^{B}	ko̱r	詭	kiwɛi^{B}	ko̱r	鬼	kiwei^{B}	ku̱rʔ
檜	kwɑi^{C}	kus	蹶	kiwai^{C}	ko̱s	蹶	kiwɑt	ko̱t
衮	kun^{B}	kunʔ	緄	kun^{B}	kunʔ	活	kwɑt	kot
國	kwok	qek	馘	kwɛk	q/l/ek	果	kwɑ^{B}	korʔ
裹	kwɑ^{B}	korʔ	過	kwɑ^{A}	kor			
海	xoi^{B}	smeʔ[i]	醢	xoi^{B}	χeʔ	害	ɣɑi^{C}	gas
函	ɣom^{A}	gom	涵	ɣom^{A}	gom	寒	ɣɑn^{A}	gan
韓	ɣɑn^{A}	gan	罕	xɑn^{B}	khanʔ	旱	ɣɑn^{B}	ganʔ
菡	ɣom^{B}	gomʔ	撼	ɣom^{B}	gumʔ	漢	xɑn^{C}	snans
暵	xɑn^{C}	snans	翰	ɣɑn^{C}	gans	行	ɣɑŋ^{A}	gaŋ
杭	ɣɑŋ^{A}	gaŋ	頏	ɣɑŋ^{A}	gaŋ	蒿	xɑu^{A}	khu
薅	xɑu^{A}	xu	號	ɣɑu^{A}	ʁu	好	xɑu^{B}	xuʔ
好	xɑu^{C}	xuh	昊	ɣɑu^{B}	guʔ	秏	xɑu^{C}	smɯh
晧	ɣɑu^{B}	guʔ	浩	ɣɑu^{B}	guʔ	鎬	ɣɑu^{B}	guʔ
禾	ɣwɑ^{A}	ʁor	和	ɣwɑ^{A}	ʁor	和	ɣwɑ^{C}	ʁors
何	ɣɑ^{A}	gar	河	ɣɑ^{A}	gar	荷	ɣɑ^{A}	gar
曷	ɣɑt	gat	褐	ɣɑt	gat	害	ɣɑt	gat

[i] 海，《广韵》："《说文》曰'天池也，以纳百川者'；呼改切。"古注释家最为常见的对"海"的解释是用"晦"声训"海"。《诗经·蓼萧》传："蓼萧泽及四海也。"《经典释文》："海者，晦也。"《释名》："海，晦也，主承秽浊，其水黑如晦也。"《广雅》："海，晦也。"《老子》二十章："忽兮若海。"《经典释文》："澹兮其若海：古本《河上》作'忽兮若海'，严遵作'忽兮若晦'。"

续　表

	中古音	上古音		中古音	上古音		中古音	上古音
核	ɣɛk	g/l/ek	賀	ɣɑ^{C}	gars	赫	xak	xak～xrak
燺	khɑu^{C}	khuh	皬	ɣɑuk	guk	壑	xɑk	xak
鶴	ɣɑk	gɯk	黑	xok	smek	恒	ɣoŋ^{A}	geŋ
珩	ɣaŋ^{A}	g/l/aŋ	衡	ɣaŋ^{A}	g/l/aŋ	烘	ɣuŋ^{A}	goŋ
薨	xwoŋ^{A}	smeŋ	弘	ɣwoŋ^{A}	ɢeŋ	鞃	ɣwoŋ^{A}	ɢeŋ
虹	ɣuŋ^{A}	goŋ	洪	ɣuŋ^{A}	goŋ	鴻	ɣuŋ^{A}	goŋ
訌	ɣuŋ^{A}	goŋ	侯	ɣu^{A}	go	喉	ɣu^{A}	go
餱	ɣu^{A}	go	后	ɣu^{B}	goʔ	後	ɣu^{B}	goʔ
厚	ɣu^{B}	goʔ	逅	ɣu^{C}	goh	候	ɣu^{C}	goh
乎	ɣo^{A}	ɣa	呼	xo^{A}	xa	忽	xut	smut
幠	xo^{A}	sma	狐	ɣo^{A}	ɢa	壺	ɣo^{A}	ɢa
瓠	ɣo^{A}	ɢa	胡	ɣo^{A}	ga	虎	xo^{B}	xaʔ
扈	ɣo^{B}	ɢaʔ	户	ɣo^{B}	ɢaʔ	怙	ɣo^{B}	gaʔ
滸	xo^{B}	sŋaʔ	楛	ɣo^{B}	gaʔ	鵠	ɣɑuk	guk
華	xwa^{A}	χ/l/a	華	ɣwa^{A}	ʁla	話	ɣwɛ^{C}	g/l/os
淮	ɣwɛi^{A}	ʁir	懷	ɣwɛi^{A}	grur	桓	ɣwɑn^{A}	ʁan
萑	ɣwɑn^{A}	ɢon	貆	ɣwɑn^{A}	ʁan	還	ɣwan^{A}	ɢ/l/on
環	ɣwan^{A}	ɢ/l/on	皖	ɣwan^{B}	ɢ/l/onʔ	奐	xwɑn^{C}	χans
渙	xwɑn^{C}	χans	患	ɣwan^{C}	g/l/onʔ	浣	ɣwɑn^{B}	gonʔ
荒	xwɑŋ^{A}	smaŋ	皇	ɣwɑŋ^{A}	ʁaŋ	黄	ɣwɑŋ^{A}	ɢaŋ
遑	ɣwɑŋ^{A}	ʁaŋ	簧	ɣwɑŋ^{A}	ɢaŋ	煌	ɣwɑŋ^{A}	ʁaŋ

续 表

	中古音	上古音		中古音	上古音		中古音	上古音
韹	ɣwɑŋ^{A}	ʁaŋ	虺	xui^{A}	sŋur	煇	xiwei^{A}	qhu̱r
麾	xiwɛi	sma̱r	翬	xiwei^{A}	qhu̱r	徽	xiwei^{A}	smɯr
回	ɣui^{A}	ʁɯr	洄	ɣui^{A}	ʁɯr	悔	xui^{B}	smeʔ
毁	xiwɛi^{B}	smo̱rʔ	燬	xiwɛi^{B}	smo̱rʔ	卉	xiwei^{B}	sŋu̱rʔ
晦	xui^{C}	smeh	痗	xui^{C}	smeh	誨	xui^{C}	smeh
惠	ɣwei^{C}	ʁɯs	嘒	xwei^{C}	χɯs	喙	xiwoi^{C}	xo̱s
會	ɣwɑi^{C}	gus	薈	ʔwɑi^{C}	ʔus	噦	xwɑi^{C}	χas
翽	xwɑi^{C}	χas	昏	xun^{A}	smɯn	惛	xun^{A}	smɯn
混	ɣun^{B}	gunʔ	佸	ɣwɑt	got	活	ɣwɑt	got
火	xwɑ^{B}	smor	或	ɣwok	ɢek	禍	ɣwɑ^{B}	gorʔ
獲	ɣwak	ʁrak	穫	ɣwɑk	ʁak	濩	ɣwɑk	ʁak
濊	xwɑt	χat	藿	xwɑk	χak			
幾	ki^{B}	kri̱rʔ	其	kie^{A}	ke̱	笄	kei^{A}	ker
姬	kie^{A}	kje	基	kie^{A}	ke̱	朞	kie^{A}	ke̱
幾	kiei^{A}	kɯ̱r	箕	kie^{A}	ke̱	饑	kiei^{A}	kɯ̱r
畿	giei^{A}	gɯ̱r	積	tsiɛk	ȶi̱k	脊	tsiɛk	ȶi̱k
躋	tsei^{A}	ȶir	擊	kek	kik	績	tsek	ȶik
隮	tsei^{C}	ȶirs	雞	kei^{A}	ki	吉	kjit	ki̱t
佶	git	gi̱t	疾	dzit	ȡi̱t	亟	khik	khre̱k
極	gik	gre̱k	棘	gik	gre̱k	即	tsik	ȶi̱k
緝	tship	ȶhu̱p	及	gip	gu̱p	急	kip	ku̱p

续　表

	中古音	上古音		中古音	上古音		中古音	上古音
集	dzip	ȡu̱p	楫	dzip	ȡu̱p	戢	tsip	ȶu̱p
踖	dziɛk	ȡa̱k	籍	dziɛk	ȡa̱k	輯	dzip	ȡu̱p
濈	tʂip	ȶru̱p	蹐	tsiɛk	ȶi̱k	襋	kik	kre̱k
己	kie^{B}	ke̱ʔ	泲	tsei^{B}	ȶerʔ	脊	tsiɛk	ȶi̱k
掎	kiɛi^{B}	ka̱rʔ	戟	kiak	kra̱k	幾	kiei^{B}	kɯ̱rʔ
濟	tsei^{B}	ȶirʔ	忌	kie^{C}	ke̱h	季	kiwi^{C}	qɯ̱s
悸	giwi^{C}	ɢɯ̱s	既	kiei^{C}	kɯ̱s	紀	kie^{B}	ke̱ʔ
祭	tsiai^{C}	ȶa̱s	塈	xiei^{C}	khɯ̱s	稷	tsik	ȶe̱k[i]
薺	dzei^{B}	ȡirʔ	穧	dzei^{C}	ȡirs	繼	kei^{C}	kih
加	ka^{A}	krar	珈	ka^{A}	krar	家	ka^{A}	k/l/a
葭	ka^{A}	kra	嘉	ka^{A}	krar	甲	kap	krap
戛	kɛt	krat	假	ka^{B}	kraʔ	斝	ka^{B}	kraʔ
嫁	ka^{C}	k/l/ah	稼	ka^{C}	k/l/ah	駕	ka^{C}	krars
肩	ken^{A}	ken	豣	ken^{A}	kel	菅	kɛn^{A}	kran[ii]
間	kɛn^{A}	kran	堅	ken^{A}	kin	蒹	kem^{A}	kra̱m
監	kam^{A}	kram	漸	tsiɛm^{A}	ȶa̱m	殲	tsiɛm^{A}	ȶo̱m
艱	kɛn^{A}	krɯn	戩	tsiɛn^{B}	ȶinʔ	翦	tsiɛn^{B}	ȶe̱nʔ

[i] 稷,《说文》:“五谷之长,从禾畟声。”(《广韵》:“畟,初力切,畟畟,陈器状。”畟,又音子力切,《广韵》无释义。)《穀梁传·定公十五年》:“日下稷,乃克葬。”注:“稷,昃也。”《经典释文》:“稷,如字,《左氏》作昃。”《易·豐·彖传》:“日中则昃。”《经典释文》:“昃如字,孟作稷。”《吴越春秋·十四年》:“曳腰耸距而稷其形。”孙诒让按:“稷当读为侧。侧、稷声近,假借字。”

[ii] 菅,《广韵》:“草名,或作蕑,古颜切。”菅为蕑的训读,本音不明。

续 表

	中古音	上古音		中古音	上古音		中古音	上古音
錢	tsiɛn^{B}	ƫanʔ	俴	tsiɛn^{B}	ƫanʔ	簡	kɛn^{B}	kranʔ
見	ken^{C}	kens	建	kian^{C}	kans	僭	tsem^{C}	ƫums
踐	dziɛn^{B}	ᶁanʔ	餞	dziɛn^{B}	ᶁanʔ	澗	kan^{C}	krans
諫	kan^{C}	krans	薦	tsen^{C}	ƫɯns	譖	tʂim^{C} [i]	ƫrums
檻	ɣam^{B}	gramʔ	鑒	kams	krams	薑	kiɑŋ^{A}	kjaŋ
江	kauŋ^{A}	k/l/oŋ	將	tsiɑŋ^{A}	ƫaŋ	漿	tsiɑŋ^{A}	ƫaŋ
疆	kiɑŋ^{A}	kaŋ	降	kauŋ^{C}	kruŋs	交	kau^{A}	krɯ
郊	kau^{A}	krɯ	教	kau^{A}	krɯ	椒	tsiɛu^{A}	ƫɯ～ƫu
焦	tsiɛu^{A}	ƫɯ	膠	kau^{A}	kru	驕	kiɛu^{A}	kɯ
鷮	kiɛu^{A}	kɯ	角	kɔk	krok	狡	kau^{B}	krɯʔ
皎	keu^{B}	krɯʔ	矯	kjɛu^{B}	kɯʔ	蹻	kjɛu^{B}	kɯʔ
攪	kau^{B}	kruʔ	叫	keu^{C}	krus	教	kau^{C}	krɯh
覺	kau^{C}	kruh	皆	kɛi^{A}	krir	喈	kɛi^{A}	krir
階	kɛi^{A}	krir	湝	kɛi^{A}	krir	嗟	tsia^{A}	ƫar
罝	tsia^{A}	ƫa	揭	kiɛt	kat	孑	kiɛt	kat
拮	ket	kit	絜	ket	ket	潔	ket	ket
結	ket	kit	袺	ket	kit	桀	giɛt	gat
榤	giɛt	gat	傑	giɛt	gat	竭	giɛt	gat

[i] 譖，《广韵》："谗也，毁也，庄荫切。"《诗经·雨无正》："听言则答，譖言则退。"《诗经·瞻卬》："鞫人忮忒，譖始竟背。"笺："譖，不信也。"《经典释文》："譖，本又作僭，子念反。"《抑》："不僭不贼，鲜不为则。"笺："僭，不信也。"《经典释文》："僭，本亦作譖，子念反。"

续　表

	中古音	上古音		中古音	上古音		中古音	上古音
捷	dziɛp	ȡa̱p	節	tset	ȶik	截	dzet	ȡet
介	kɛi^{C}	kres	價	kɛi^{C}	kres	界	kɛi^{C}	kres
戒	kɛi^{C}	kreh	届	kɛi^{C}	kris	巾	kin^{A}	kɯ̱n
斤	kien^{A}	kɯ̱l	矜	kiŋ^{A}～gin^{A}	kriŋ～grin	今	kim^{A}	ku̱m
金	kim^{A}	ku̱m	衿	kim^{A}	ku̱m	錦	kim^{B}	ku̱mʔ
謹	kien^{B}	kɯ̱lʔ	饉	gin^{C}	gɯ̱l	近	gien^{B}	gɯ̱lʔ
墐	gin^{C}	gɯ̱ls	覲	gin^{C}	gɯ̱ls	進	tsin^{C}	ȶi̱ns
燼	zin^{C}	ȡi̱ns	盡	dzi̱n^{B}	ȡi̱nʔ	藎	zin^{C}	ȡi̱ns
浸	tsim^{C}	ȶe̱ms	京	kiaŋ^{A}	kraŋ	涇	keŋ^{A}	kiŋ
經	keŋ^{A}	kiŋ	荊	kiaŋ^{A}	ki̱ŋ	驚	kiaŋ^{A}	kri̱ŋ
菁	tseŋ^{A}	ȶiŋ	旌	tsiɛŋ^{A}	tɕi̱ŋ	兢	giŋ^{A}	gre̱ŋ
景	kiaŋ^{B}	kra̱ŋʔ	憬	kiwaŋ^{B}	qra̱ŋʔ[i]	競	giaŋ^{C}	gra̱ŋs
敬	kiaŋ^{C}	kri̱ŋs	竟	kiaŋ^{C}	kra̱ŋs	靖	dziɛŋ^{B}	ȡi̱ŋʔ
静	dziɛŋ^{B}	ȡi̱ŋʔ	坰	kweŋ^{A}	qiŋ	駉	kweŋ^{A}	qiŋ
泂	ɣweŋ^{B}	ɢiŋʔ	褧	khweŋ^{B}	qhiŋʔ	窘	gwin^{B}	gu̱nʔ
究	kiu^{C}	ku̱h	糾	kju^{B}	kru̱ʔ	赳	kju^{B}	kru̱ʔ
朻	kju^{A}	kru̱	樛	kju^{A}	kru̱	鳩	kiu^{A}	ku̱

[i]《诗经·泮水》:“憬彼淮夷,来献其琛。”《经典释文》:“憬,九永反,沈又孔永反,《说文》作癦,音犷,云阔也,一曰广大也。”《广韵》:“憬,俱永切,远也。”《说文》:“憬,觉寤也。从心景声。《诗》曰‘憬彼淮夷’。”“憬”从“景”声,读合口,当是例外。

续 表

	中古音	上古音		中古音	上古音		中古音	上古音
九	kiu^{B}	ku̲ʔ	久	kiu^{B}	qe̲ʔ	玖	kiu^{B}	qe̲ʔ
韭	kiu^{B}	qe̲ʔ	酒	tsiu^{B}	ʦu̲ʔ	咎	giu^{B}	gu̲ʔ
疚	kiu^{C}	qe̲h	救	kiu^{C}	ku̲h	廄	kiu^{C}	ku̲h
舅	giu^{B}	gu̲ʔ	舊	giu^{C}	ɢe̲h	且	tsio^{A}	ʦa̲
苴	tsio^{A}	ʦa̲	居	kio^{A}	ka̲	據	kio^{A}	ka̲
琚	kio^{A}	ka̲	椐	kio^{A}	ka̲	砠	tshio^{A}	ʦha̲
雎	tshio^{A}	ʦha̲	捄	giu^{A}	gu̲	鞠	kiuk	ku̲k
鞫	kiuk	ku̲k	局	giwok	go̲k	沮	tshio^{A}	ʦha̲
沮	tsio^{C}	ʦa̲h	枸	kiwo^{B}	ko̲ʔ	踽	kiwo^{B}	qa̲ʔ
楀	kiwo^{B}	qa̲ʔ	莒	kio^{B}	kra̲ʔ	舉	kio^{B}	kja̲ʔ
具	giwo^{C}	go̲h	懼	giwo^{C}	ɢa̲h	秬	gio^{B}	ga̲ʔ
距	gio^{B}	ga̲ʔ	虡	gio^{B}	gra̲ʔ	據	kio^{C}	kra̲h
窶	giwo^{B}	gro̲ʔ	瞿	giwo^{A}	ɢa̲	鞙	kwen^{A}	qen
蠲	kwen^{A}	qen	卷	kiwɛn^{B}	ko̲nʔ	菤	kiwɛn^{B}	ko̲nʔ
眷	kiwɛn^{C}	ko̲ns	睠	kiwɛn^{C}	ko̲ns	決	kwet	qet
桷	kɔk	krok	掘	giut	gu̲t	厥	kiwat	ko̲t
蕨	kiwat	ko̲t	絕	dziwɛt	ʣo̲t	較	kɔk	krɯk
覺	kɔk	kruk	爵	tsiak	ʦɯ̲k	臄	giak	gra̲k
鶪	kwek	qik	觼	kwet	qit	均	kwin^{A}	qi̲n
君	kiun^{A}	ku̲n	軍	kiun^{A}	qu̲l	鈞	kwin^{A}	qi̲n
麇	kwin^{A}	krun	浚	siun^{C}	ʦhu̲ns	畯	tsiun^{C}	ʦu̲ns
駿	tsiun^{C}	ʦu̲ns	寁	dziɛp	ʣa̲p			

续 表

	中古音	上古音		中古音	上古音		中古音	上古音
開	khoi^{A}	khɯr	愷	khoi^{B}	khɯrʔ	凱	khoi^{B}	khɯrʔ
嘅	khoi^{C}	khɯrs	堪	khom^{A}	khom	坎	khom^{B}	khomʔ
檻	ɣam^{B}	gramʔ	衎	khɑn^{C}	khans	康	khɑŋ^{A}	khaŋ
伉	khɑŋ^{C}	khaŋs	抗	khɑŋ^{C}	khaŋs	考	khɑu^{B}	khuʔ
栲	khɑu^{B}	khuʔ	柯	kɑ^{A}	kar	薖	khwɑ	khor
可	khɑ^{B}	kharʔ	哿	kɑ^{B}	karʔ	渴	khɑt	khat
克	khok	khek	恪	khɑk	khak	客	khak	kh/l/ak
肯	khoŋ^{B}	kheŋʔ	空	khuŋ^{A}	khoŋ	孔	khuŋ^{B}	khoŋʔ
恐	khiwoŋ^{B}	kho̱ŋʔ	空	khuŋ^{C}	khoŋs	控	khuŋ^{C}	khoŋs
口	khu^{B}	khoʔ	寇	khu^{C}	khoh	苦	kho^{B}	khaʔ
夸	khwa	qhra	會	kwɑi^{C}	kos	噲	khwɛ^{C}	khros
膾	kwɑi^{C}	kos	寬	khwɑn^{A}	khon	匡	khiwɑŋ^{A}	qha̱ŋ
筐	khiwɑŋ^{A}	qha̱ŋ	迋	kiwɑŋ^{B}	qa̱ŋʔ	狂	giwɑŋ^{A}	ɢa̱ŋ
況	xiwɑŋ^{C}	χra̱ŋs	貺	xiwɑŋ^{C}	χra̱ŋs	虧	khwiɛ^{A}	qha̱r
逵	gwi^{A}	g/l/u̱	葵	gjwi^{A}	ɢi̱r	揆	gjwi^{B}	ɢi̱rʔ
騤	gwi^{A}	ɢir	頍	khiwɛi^{B}	khi̱ʔ	愧	kwi^{C}	ku̱rs
潰	ɣui^{C}	gus	饋	gwi^{C}	gu̱s	昆	kun^{A}	kun
壼	khun^{B}	kunʔ	括	kwɑt	kot	廓	khwɑk	qhak
闊	khwɑt	khot	鞹	khwɑk	qhak			
來	loi^{A}	le～lek	萊	loi^{A}	le	騋	loi^{A}	le
賚	loi^{C}	leh	藍	lɑm^{A}	ram	蘭	lɑn^{A}	ran

续 表

	中古音	上古音		中古音	上古音		中古音	上古音
濫	lɑm^{C}	rams	爛	lɑn^{C}	rans	狼	lɑŋ^{A}	laŋ
稂	lɑŋ^{A}	laŋ	朗	lɑŋ^{B}	laŋʔ	浪	lɑŋ^{C}	laŋ
牢	lɑu^{A}	lu	勞	lɑu^{A}	lɯ	老	lɑu^{B}	luʔ
潦	lɑu^{B}	rɯʔ	樂	lɑk	rɯk	雷	lui^{A}	lur
罍	lui^{A}	lur	藟	lwi^{B}	lurʔ	類	lwi^{C}	rus
貍	li^{A}	re	黎	lei^{A}	rir	罹	liɛi^{A}	rar
縭	liɛi^{A}	rar	釐	lie^{A}	re	離	liɛi^{A}	rar
麗	liɛi^{A}	rer	驪	liɛi^{A}	rer	李	lie^{B}	reʔ
裏	lie^{B}	reʔ	理	lie^{B}	reʔ	裏	lie^{B}	reʔ
鯉	lie^{B}	reʔ	悝	lie^{B}	reʔ[i]	⿸广里	lie^{B}	reʔ
禮	lei^{B}	lirʔ	醴	lei^{B}	lirʔ	鱧	lei^{B}	lirʔ
力	lik	rek	立	lip	rup	利	li^{C}	rirs
戾	lei^{C}	lis	栵	liɛt	rat	栗	lit	rit
涖	li^{C}	rus[ii]	笠	lip	rup	詈	liɛi^{C}	rars
慄	lit	rit	厲	liɛi^{C}	ras	櫟	lek	rɯk
連	liɛn^{A}	ren	漣	liɛn^{A}	ren	斂	liɛm^{B}	romʔ
蘞	liɛm^{B}	romʔ	良	liɑŋ^{A}	laŋ	梁	liɑŋ^{A}	raŋ
涼	liɑŋ^{A}	raŋ	粱	liɑŋ^{A}	raŋ	糧	liɑŋ^{A}	raŋ
兩	liɑŋ^{B}	raŋʔ	諒	liɑŋ^{C}	raŋs	聊	leu^{A}	ru

[i] 悝，良士切，《广韵》："忧也，《诗》云'悠悠我悝'。"

[ii] 《诗经·采芑》："方叔涖止。"《经典释文》："涖，本又作莅，音利，又音类。"

续　表

	中古音	上古音		中古音	上古音		中古音	上古音
僚	leu^{A}	rɯ	膋	leu^{A}	rɯ	蓼	leu^{B}	rɯʔ
燎	liɛu^{B}	rɯ̱ʔ	洌	liɛt	ra̱t	烈	liɛt	ra̱t
獵	liɛp	la̱p	林	lim^{A}	ru̱m	鄰	lin^{A}	li̱n
粼	lin^{A}	li̱n	麟	lin^{A}	li̱n	臨	lim^{A}	ru̱m
廩	lim^{B}	ri̱mʔ	令	leŋ^{A}	liŋ	令	liɛŋ^{A}	li̱ŋ
苓	leŋ^{A}	liŋ	鈴	leŋ^{A}	liŋ	零	leŋ^{A}	riŋ
靈	leŋ^{A}	riŋ	蛉	leŋ^{A}	liŋ	凌	liŋ^{A}	re̱ŋ
陵	liŋ^{A}	re̱ŋ	領	liɛŋ^{B}	li̱ŋʔ	令	liɛŋ^{C}	li̱ŋs
留	liu^{A}	ru̱	流	liu^{A}	ru̱	旒	liu^{A}	ru̱
騮	liu^{A}	ru̱	劉	liu^{A}	ru̱	瀏	liu^{A}	ru̱
懰	liu^{A}	ru̱	柳	liu^{B}	ru̱ʔ	罶	liu^{B}	ru̱ʔ
六	liuk	ru̱k	隆	liuŋ^{A}	ru̱ŋ	龍	liwoŋ^{A}	ro̱ŋ
婁	liwo^{A}	ro̱	蔞	liwo^{A}	ro̱	漏	lu^{C}	roh
鏤	lu^{C}	roh	盧	lo^{A}	ra	廬	lio^{A}	ra̱
虜	lo^{B}	raʔ	魯	lo^{B}	laʔ	陸	liuk	ru̱k
鹿	luk	lok	祿	luk	lok	麓	luk	lok
路	lo^{C}	lah	露	lo^{C}	lah	鷺	lo^{C}	lah
蓼	liuk	ru̱k	穋	liuk	ru̱k	孌	liwɛn^{A}	ro̱n
欒	lwɑn^{A}	ron	鸞	lwɑn^{A}	ron	亂	lwɑn^{C}	lons
倫	liun^{A}	ru̱n	論	liun^{A}	ru̱n	淪	liun^{A}	ru̱n
捋	lwɑt	lot	羅	lɑ^{A}	rar	蘿	lɑ^{A}	rar

续 表

	中古音	上古音		中古音	上古音		中古音	上古音
羸	lwɑ^{A}	lor	臝	lwɑ^{B}	lorʔ	洛	lɑk	lak
落	lɑk	lak	雒	lɑk	lak	駱	lɑk	lak
藘	lio^{A}	ra̱	旅	lio^{B}	ra̱ʔ	屢	liwo^{C}	ro̱h
履	li^{B}	li̱rʔ	律	liut	ru̱t	緑	liwok	lo̱k
慮	lio^{B}	ra̱ʔ	略	liak	la̱k			
麻	ma^{A}	m/l/ar	馬	ma^{B}	mraʔ	禡	ma^{C}	mrah
霾	mɛi^{A}	mre	麥	mɛk	mlek	邁	mɛ^{C}	mras
霢	mɛk	mrik	蠻	mɑn^{A}	mron	曼	mɑn^{A}	mon
蔓	mɑn^{A}	mon	慢	mɑn^{C}	mons	芒	mɑŋ^{A}	maŋ
尨	mauŋ^{A}	mroŋ	駹	mauŋ^{A}	mroŋ	貓	miɛu^{A}	mɯ̱
毛	mɑu^{A}	mɯ	矛	mɑu^{A}	m/l/u	茅	mɑu^{A}	m/l/u
芼	mɑu^{A}	mɯ	旄	mɑu^{A}	mɯ	髦	mɑu^{A}	mɯ
蝥	mɑu^{A}	m/l/u	卯	mɑu^{B}	mruʔ	昴	mɑu^{B}	mruʔ
茆	mɑu^{B}	mruʔ	芼	mɑu^{C}	mɯh	茂	mu^{C}	muh
冒	mɑu^{C}	muh	耄	mɑu^{C}	mɯh	貿	mu^{C}	m/r/uh
枚	mui^{A}	mɯr	眉	mi^{A}	mi̱r	湄	mi^{A}	mi̱r
郿	mi^{A}	mi̱r	麋	mi^{A}	mi̱r	梅	mui^{A}	me
媒	mui^{A}	me	鋂	mui^{A}	me	每	mui^{B}	meʔ
美	mi^{B}	mi̱rʔ	沬	mɑt	mat	妹	mui^{C}	mus
昧	mui^{C}	mus	痗	mui^{C}	meh	寐	mji^{C}	mi̱s
媚	mi^{C}	mi̱rs	韎	mɑt	mat	門	mun^{A}	mun

续　表

	中古音	上古音		中古音	上古音		中古音	上古音
捫	mun^{A}	mun	蝱	mun^{A}	mɯl	氓	mɛŋ^{A}	m/l/aŋ
蝱	maŋ^{A}	m/l/aŋ	夢	miuŋ^{A}	me̱ŋ	蒙	muŋ^{A}	moŋ
幪	muŋ^{A}	moŋ	矇	muŋ^{A}	moŋ	饛	muŋ^{A}	moŋ
盟	miɛŋ^{A}	mra̱ŋ	孟	maŋ^{C}	mraŋs	迷	mei^{A}	mer
彌	mjɛi^{A}	me̱r	瀰	mjɛi^{A}	me̱r	靡	miɛi^{B}	ma̱rʔ
弭	mjɛi^{B}	me̱rʔ	密	mit	mit	綿	mjɛn^{A}	mre̱n
沔	mjɛn^{B}	me̱nʔ	勉	miɛn^{B}	mo̱lʔ	面	mjɛn^{C}	me̱ns
湎	mjɛn^{B}	me̱n	苗	miɛu^{A}	mɯ̱	藐	mauk	mrɯk
廟	miɛu^{C}	mu̱h	滅	mjɛt	me̱t	蔑	met	met
幭	met	met	民	mjin^{A}	mi̱n	旻	min^{A}	mɯ̱n
緡	min^{A}	mɯ̱n	泯	mjin^{A}	mi̱n	閔	min^{B}	mɯ̱nʔ
敏	min^{B}	me̱nʔ	黽	mjin^{B}	mri̱ŋʔ	名	miɛŋ^{A}	mi̱ŋ
冥	meŋ^{A}	miŋ	螟	meŋ^{A}	miŋ	明	miaŋ^{A}	mra̱ŋ
鳴	miaŋ^{A}	mri̱ŋ	命	miaŋ^{C}	mli̱ŋs	磨	mɑ^{A}	mar
謨	mo^{A}	ma	没	mut	mut	莫	mɑk	mak
秣	mɑt	mat	貊	mak	mrak	瘼	mɑk	mak
謀	miu^{A}	me̱	繆	mju^{A}	mru̱	母	mu^{B}	meʔ
牡	mu^{B}	muʔ	畝	mu^{B}	meʔ	木	muk	mok
目	miuk	me̱k	牟	miu^{A}	mu̱	沐	muk	mok
牧	miuk	mre̱k	莫	mo^{C}	mah	墓	mo^{C}	mah
霂	muk	mok	穆	miuk	mru̱～mru̱k	浼	mɑn	mon

续 表

	中古音	上古音		中古音	上古音		中古音	上古音
納	nop	nup	軜	nop	nup	乃	noi^{B}	neʔ
迺	noi^{B}	neʔ	鼐	noi^{B}	neʔ	男	nɑm^{A}	num
南	nɑm^{A}	num	難	nɑn^{A}	nal	熯	ȵiɛn^{A}	na̱l
戁	ȵiɛn^{A}	na̱l	難	nɑn^{C}	nals	嚢	nɑŋ^{A}	naŋ
詉	na^{A}	na	呶	nau^{A}	nɯ[i]	怓	nau^{A}	nɯ[ii]
猱	nɑu^{A}	nu	獶	nɑu^{A}	nu	内	nui^{C}	nus
能	noi^{A}	ne	泥	nei^{A}	nir	薿	ŋi^{B}	ŋe̱ʔ
禰	nei^{B}	nerʔ	瀰	nei^{B}	nerʔ	薾	nei^{B}	nerʔ
逆	ŋiak	ŋa̱k	惄	nek	duk	溺	nek	nuk
暱	nit	ne̱k	年	nen^{A}	nin	輦	niɛn^{B}	na̱nʔ
念	nem^{C}	nems	鳥	teu^{B}	tɯʔ	蔦	teu^{B}	tɯʔ
寧	neŋ^{A}	niŋ	凝	ŋiŋ	ŋe̱ŋ	孽	ŋiɛt	ŋa̱t
櫱	ŋiɛt	ŋa̱t	牛	ŋiu^{A}	ɴe̱	狃	niu^{B}	nu̱ʔ
杻	niu^{B}	nu̱ʔ	農	nɑuŋ^{A}	nuŋ	濃	niwoŋ^{A}	nu̱ŋ
襛	niwoŋ^{A}	nu̱ŋ	弄	luŋ^{C}	loŋ	帑	no^{A}	na
怒	no^{B}	naʔ	那	nɑ^{A}	nar	儺	nɑ^{A}	nar

[i] 呶,《广韵》:“喧呶,女交切。”《说文》:“呶,讙声也,从口奴声。《诗》曰‘载号载呶’。”《诗经・宾之初筵》:“宾既醉止,载号载呶。乱我笾豆,屡舞僛僛。”传:“号呶,号呼,讙呶也。”《经典释文》:“呶,女交反。”“呶”从“奴”声,《诗经・宾之初筵》跟之部押韵,说明“呶”原本是一个魚部字。《广韵》读入肴韵应该另有其字,即“女交切”是“呶”的训读而不是音读。

[ii] 怓,《广韵》:“心乱,女交切。”《说文》:“怓,乱也,从心奴声。《诗》曰‘以谨惽怓’。”《诗经・民劳》:“惠此中国,以为民逑。无纵诡随,以谨惽怓。”传:“惽怓,大乱也。”郑笺:“惽怓,讙哗也。”《经典释文》:“怓,女交反,郑云‘犹讙譊也’,《说文》云‘怓乱也’。譊,女交反。”譊,《广韵》:“争也,又恚呼也,女交切。”看来,“怓”音“女交切”是“譊”的训读,与《民劳》韵幽部正匹配。

续 表

	中古音	上古音		中古音	上古音		中古音	上古音
諾	nɑk	nak	女	nio^{B}	na̱ʔ	虐	ŋiɑk	ŋɯ̱k
樞	ʔu^{A}	qo	耦	ŋu^{B}	ŋo̱ʔ	漚	ʔu^{C}	qoh
槃	bɑn^{A}	ban	伴	phɑn^{C}	phans	判	phɑn^{C}	phans
泮	phɑn^{C}	phans	畔	phɑn^{C}	phans	盼	phɛn^{C}	phins
滂	phɑŋ^{A}	phaŋ	旁	bɑŋ^{A}	baŋ	傍	bɑŋ^{A}	baŋ
雱	phɑŋ^{A}	phaŋ	庖	bɑu^{A}	bru	咆	bɑu^{A}	bru
炰	bɑu^{A}	bru	炮	bɑu^{A}	bru	袍	bɑu^{B}	buʔ
匏	bɑu^{A}	bru	陪	bui^{A}	be	沛	phɑi^{C}	phos
佩	bui^{C}	beh	珮	bui^{C}	beh	配	phui^{C}	phɯrs
旆	bɑi^{C}	bos	轡	pi^{C}	pɯ̱s	亨	phɑŋ^{A}	smraŋ
芃	biuŋ^{A}	bru̱m	朋	boŋ^{A}	beŋ	菶	phiwoŋ^{A}	pho̱ŋ
彭	bɑŋ^{A}	braŋ	蓬	buŋ^{A}	boŋ	不	piu^{A}	pe̱
丕	phi^{A}	phe̱	秠	phi^{A}	phe̱	駓	phi^{A}	phe̱
紕	phji^{A}	phi̱r	皮	biɛi^{A}	ba̱r	仳	phji^{A}	phi̱r
毗	bji^{A}	bi̱r	埤	bjɛi^{A}	bi̱	脾	bjɛi^{A}	bi̱
膍	bji^{A}	bi̱r	貔	bji^{A}	bi̱r	罷	biɛi^{A}	ba̱r
匹	phjit	phi̱t	否	bi^{B}	be̱ʔ	副	phik	phe̱k
淠	phi^{C}	phis	辟	phiɛk	phi̱k	甓	bek	bik
譬	phjɛi^{C}	phi̱h	翩	phjɛn^{A}	phe̱n	摽	phjɛu^{A}	phɯ̱
嘌	phjɛu^{A}	phɯ̱	漂	phjɛu^{A}	phɯ̱	飄	phjɛu^{A}	phɯ̱
貧	bin^{A}	bɯ̱l	嬪	bjin^{A}	bi̱n	牝	bjin^{B}	bi̱lʔ

续 表

	中古音	上古音		中古音	上古音		中古音	上古音
聘	phiɛŋ^{C}	phi̱ŋs	平	biaŋ	bi̱ŋ	苹	biaŋ	bi̱ŋ
荓	beŋ^{A}	biŋ	屏	beŋ^{A}	biŋ	瓶	beŋ^{A}	biŋ
凭	biŋ^{A}	bre̱ŋ	蘋	bjin^{A}	bi̱n	婆	bɑ^{A}	bar
破	phɑ^{A}	phars	掊	bu^{A}	bo	裒	bu^{A}	bo
痡	pho^{A}	pha	鋪	pho^{A}	pha	匍	bo^{A}	ba
蒲	bo^{A}	ba	僕	buk	bok	圃	po^{B}	paʔ
浦	pho^{B}	phaʔ	溥	pho^{B}	phaʔ	樸	buk	bok
七	tshit	ƫhi̱t	妻	tshei^{A}	ƫhɯr	淒	tshei^{A}	ƫhɯr
萋	tshei^{A}	ƫhɯr	棲	sei^{A}	ɕɯr	戚	tshek	ƫhuk
期	gie^{A}	ge̱	僛	khie^{A}	khe̱	漆	tshit	ƫhi̱t
緝	tship	ƫhi̱p	伎	gjɛi^{A}	gi̱	祁	gji^{A}	gi̱r
歧	gjɛi^{A}	gi̱	其	gie^{A}	ge̱	祈	giei^{A}	gɯ̱r
頎	giei^{A}	gɯ̱r	旂	giei^{A}	gɯ̱r	祇	gjɛi^{A}	gi̱
疧	gjɛi^{A}	gi̱	耆	gji^{A}	gi̱r	軝	gjɛi^{A}	gi̱
跂	gjɛi^{A}	gi̱	淇	gie^{A}	ge̱	祺	gie^{A}	ge̱
綦	gie^{A}	ge̱	騏	gie^{A}	ge̱	齊	dzei^{A}	ȡir
懠	dzei^{A}	ȡir	蠐	dzei^{A}	ȡir	芑	khie^{B}	khe̱ʔ
杞	khie^{B}	khe̱ʔ	屺	khie^{B}	khe̱ʔ	起	khie^{B}	khe̱ʔ
豈	khiei^{B}	khɯ̱rʔ	啓	khei^{B}	khiʔ	稽	khei^{B}	khirʔ
迄	xiet	khɯ̱t	汔	xiet	khɯ̱t	泣	khip	khre̱p
契	khei^{C}	khes	愒	khiɛt	kha̱t	憩	khiɛi^{C}	kha̱s

续　表

	中古音	上古音		中古音	上古音		中古音	上古音
棄	khji^{C}	khis	洽	ɣɛp	grup	千	tshen^{A}	ŧhin
牽	khen^{A}	khen	愆	khiɛn^{A}	khjan	遷	tshiɛn^{A}	ŧhen
褰	khiɛn^{A}	khan	騫	khiɛn^{A}	khan	前	dzen^{A}	ȡen
虔	giɛn^{A}	gen	潛	dziɛm^{A}	ȡum	鍼	giɛm^{A}	gum
淺	tshiɛn^{B}	ŧhan	遣	khjɛn^{B}	khenʔ	譴	khjɛn^{B}	khenʔ
繾	khjɛn^{B}	khenʔ	俔	khen^{C}	khens	倩	tshiɛŋ^{C}	ŧhiŋs
羌	khjɑŋ^{A}	khjaŋ	戕	dziɑŋ^{A}	ȡaŋ	斨	tshiɑŋ^{A}	ŧhaŋ
鏘	tshiɑŋ^{A}	ŧhaŋ	瑲	tshiɑŋ^{A}	ŧhaŋ	蹌	tshiɑŋ^{A}	ŧhaŋ
鶬	tshɑŋ^{A}	ŧhaŋ	彊	giɑŋ^{B}	gaŋʔ	牆	dziɑŋ^{A}	ȡaŋ
荍	giɛu^{A}	gru	喬	giɛu^{A}	gɯ	樵	dziɛu^{A}	ȡɯ
譙	dziɛu^{A}	ȡɯ	翹	gjɛu^{C}	gɯh	巧	khau^{B}	khruʔ
悄	tshiɛu^{B}	ŧhɯʔ	切	tshet	ŧhit	且	tshia^{B}	ŧhaʔ
契	khet	khet	朅	khiɛt	khat	侵	tshim^{A}	ŧhim
綅	tshim^{A}	ŧhim	駸	tshim^{A}	ŧhim	衾	khim^{A}	khum
親	tshin^{A}	ŧhin	芹	gien^{A}	gɯl	堇	gien^{B}	gɯlʔ
琴	gim^{A}	gum	勤	gien^{A}	gɯl	螓	dzin^{A}	ȡin
寢	tshim^{B}	ŧhemʔ	青	tsheŋ^{A}	ŧhiŋ	卿	khiaŋ^{A}	khraŋ
頃	khwiɛŋ^{A}	qhiŋ	傾	khwiɛŋ^{A}	qhiŋ	清	tshiɛŋ^{A}	ŧhiŋ
情	dziɛŋ^{A}	ȡiŋ	慶	khiaŋ^{C}	khraŋs	磬	kheŋ^{C}	khiŋ
罄	kheŋ^{C}	khiŋs	邛	giwoŋ^{A}	goŋ	窮	giuŋ^{A}	guŋ
瓊	giwɛŋ^{A}	ɢiŋ	煢	giwɛŋ^{A}	ɢiŋ	丘	khiu^{A}	qhe

续 表

	中古音	上古音		中古音	上古音		中古音	上古音
秋	tshiu^{A}	ŧhu̱	鶖	tshiu^{A}	ŧhu̱	讐	giu^{A}	gu̱
台	giu^{A}	gu̱	艽	giu^{A}	gu̱	求	giu^{A}	gu̱
俅	giu^{A}	gu̱	逑	giu^{A}	gu̱	捄	giu^{A}	gu̱
球	giu^{A}	gu̱	裘	giu^{A}	ɢe̱	絿	giu^{A}	gu̱
銶	giu^{A}	gu̱	觩	gju^{A}	gru̱	囚	ziu^{A}	ju
遒	tsiu^{A}	ŧu̱	遒	dziu^{A}	ȡu̱	蝤	dziu^{A}	ȡu̱
曲	khiwok	kho̱k	屈	khiut	khu̱t	祛	khio^{A}	kha̱
虚	khio^{A}	kha̱	趨	tshiwo^{A}	ŧho̱	驅	khiwo^{A}	qho̱
劬	giwo^{A}	go̱	渠	gio^{A}	ga̱	籧	gio^{A}	gra̱
取	tshiwo^{B}	ŧho̱ʔ	去	khio^{C}	khah	趣	tshu^{B}	ŧhoʔ
卷	giwɛn^{A}	go̱n	泉	dziwɛn^{A}	ȡa̱n	拳	giwɛn^{A}	go̱n
鬈	giwɛn^{A}	go̱n	權	giwɛn^{A}	go̱n	犬	khwen^{B}	qhinʔ
缺	khwet	qhet	雀	tshiɑk	ŧhɯ̱k	闋	khwet	qhit
鵲	tshiɑk	ŧha̱k	囷	khwin	khru̱n^{A}	群	giun^{A}	gu̱n
然	ȵiɛn^{A}	na̱n	染	ȵiɛm^{A}	no̱m	瀼	ȵiɑŋ^{A}	na̱ŋ
攘	ȵiɑŋ^{A}	na̱ŋ	讓	ȵiɑŋ^{C}	na̱ŋs	蕘	ȵiɛu^{A}	ŋɯ̱
熱	ȵiɛt	ŋa̱t	人	ȵin^{A}	ni̱n	仁	ȵin^{A}	ni̱n
壬	ȵim^{A}	nu̱m	任	ȵim^{A}	nu̱m	忍	ȵin^{B}	nɯ̱nʔ
荏	ȵim^{B}	nu̱mʔ	任	ȵim^{C}	nu̱ms	韌	ȵin^{C}	nɯ̱ns
仍	ȵiŋ^{A}	ne̱ŋ	陾	ȵiŋ^{A}	ne̱ŋ	日	ȵit	ni̱t
戎	ȵiuŋ^{A}	nu̱ŋ	如	ȵio^{A}	na̱	茹	ȵio^{A}	na̱

续 表

	中古音	上古音		中古音	上古音		中古音	上古音
茹	ȵio^{C}	na̱h	洳	ȵio^{C}	na̱h	濡	ȵiwo^{A}	no̱
醹	ȵiwo^{A}	no̱	孺	ȵiwo^{C}	no̱h	女	nio^{B}	na̱ʔ
汝	ȵio^{B}	na̱ʔ	入	ȵip	nu̱p	阮	ŋiwan^{B}	mgo̱nʔ
绥	ȵwi^{A}	nu̱r	芮	ȵiwɛi^{C}	nu̱s	睿	jwɛi^{C}	ɢo̱s
犉	ȵiun^{A}	du̱l	若	ȵiɑk	na̱k			
灑	ʂɛi^{C}	sre̱rs [i]	塞	sok	ɕe̱k	三	sɑm^{A}	ɕum
散	sɑn^{B}	ɕanʔ	桑	sɑŋ^{A}	ɕaŋ	喪	sɑŋ^{A}	ɕaŋ
喪	sɑŋ^{C}	ɕaŋs	搔	sɑu^{A}	sƫu	騷	sɑu^{A}	sƫu
掃	sɑu^{B}	sƫuʔ	掃	sɑu^{C}	sƫuh	色	ʂik	s/l/e̱k
瑟	ʂit	spi̱t	穡	ʂik	sle̱k	沙	ʂa^{A}	ɕa̱r
鯊	ʂa^{A}	ɕa̱r	莎	sɑ^{A}	ɕa̱r	山	ʂɛn^{A}	ɕe̱n
芟	ʂam^{A}	ɕa̱m	煽	ɕiɛn^{A}	sta̱n	潸	ʂan^{B}	ɕa̱nʔ
摻	ʂɛm^{A}	ɕu̱m	汕	ʂɛn^{B}	ɕe̱nʔ	善	dʑiɛn^{B}	da̱nʔ
墠	dʑiɛn^{B}	da̱lʔ	膳	dʑiɛn^{C}	da̱ns	商	ɕiɑŋ^{A}	sta̱ŋ
湯	ɕiɑŋ^{A}	sa̱ŋ	傷	ɕiɑŋ^{A}	sa̱ŋ	上	dʑiɑŋ^{B}	da̱ŋʔ
上	dʑiɑŋ^{C}	da̱ŋs	尚	dʑiɑŋ^{C}	da̱ŋs	蛸	siɛu^{A}	ɕɯ̱ [ii]
勺	dʑiɑk	dɯ̱k	少	ɕiɛu^{B}	sɯ̱ʔ	召	dʑiɛu^{C}	dɯ̱h

[i] 洒,《广韵》:“洒扫,所卖切,又先礼切。”“洒”是“灑”的训读。灑,《广韵》:“灑扫,所寄切。”《诗经·山有枢》:“子有廷内,弗洒弗扫。”传:“洒,灑也。”《经典释文》:“灑,色蟹反,又所绮反。”

[ii] 蛸,《说文》:“蟲蛸,堂蜋子。”蛸,相邀切,《广韵》:“螵蛸,虫也。”蛸,所交切,《广韵》:“蟏蛸,喜子。”《说文》:“蠨,蠨蛸,长股者。”《诗经·东山》:“伊威在室,蠨蛸在户。”《经典释文》:“蠨音萧,《说文》作蠨,音夙;蛸,所交反,郭音萧。”“蠨蛸”双声,“蛸”声母当跟“蠨”同。

续 表

	中古音	上古音		中古音	上古音		中古音	上古音
紹	dʑiɛu^{B}	dɯ̱ʔ	舌	ʑiɛt	ze̱t	蛇	ʑia^{A}	za̱r
舍	ɕia^{B}	sa̱ʔ	舍	ɕia^{C}	sa̱h	社	dʑia^{B}	da̱ʔ
射	ʑia^{C}	jah	射	ʑiɛk	jak	涉	dʑiɛp	da̱p
設	ɕiɛt	sta̱t	韘	ɕiɛp	sa̱p	攝	ɕiɛp	sta̱p
申	ɕin^{A}	si̱n	身	ɕin^{A}	si̱n	罙	ɕim^{A}	su̱m
信	sin^{C}	si̱ns	莘	ʂin^{A}	ɕi̱n	甡	ʂin^{A}	ɕi̱n
深	ɕim^{A}	su̱m	參	ʂim^{A}	ɕu̱m	駪	ʂin^{A}	ɕi̱n
神	ʑin^{A}	zi̱n	煁	dʑim^{A}	du̱m	矧	ɕin^{B}	si̱ʔ
諗	ɕim^{B}	sne̱mʔ	甚	dʑim^{B}	du̱mʔ	葚	ʑim^{B}	sdu̱mʔ
慎	dʑin^{C}	di̱ns	升	ɕiŋ^{A}	ste̱ŋ	生	ʂɛŋ^{A}	ɕi̱ŋ
牲	ʂɛŋ^{A}	ɕi̱ŋ	笙	ʂɛŋ^{A}	ɕi̱ŋ	甥	ʂɛŋ^{A}	ɕi̱ŋ
聲	ɕiɛŋ^{A}	khi̱ŋ	繩	ʑiŋ^{A}	jeŋ	乘	ʑiŋ^{A}	sde̱ŋ
聖	ɕiɛŋ^{C}	si̱ŋs	勝	ɕiŋ^{C}	se̱ŋs	屍	ɕi^{A}	si̱r
鳲	ɕi^{A}	si̱r	失	ɕit	si̱t	施	ɕiɛi^{A}	sa̱r
師	ʂi^{A}	sri̱r	蓍	ɕi^{A}	khi̱r	詩	ɕi^{A}	ste̱
濕	ɕip	se̱p	灑	ʂɛ^{A}	sre̱r	十	dʑip	gi̱p
石	dʑiɛk	da̱k	拾	dʑip	gu̱p	食	ʑik	jek
時	dʑi^{A}	de̱	提	dʑiɛi^{A}	di̱	湜	dʑik	di̱k
寔	dʑik	di̱k	堨	dʑie^{A}	de̱	實	ʑit	sdi̱t
識	ɕik	ste̱k	史	ʂie^{B}	sre̱ʔ	矢	ɕi^{B}	si̱rʔ
豕	ɕiɛi^{B}	si̱ʔ	使	ʂie^{B}	sre̱ʔ	始	ɕie^{B}	se̱ʔ

续　表

	中古音	上古音		中古音	上古音		中古音	上古音
士	dʐie^{B}	greʔ	仕	dʐie^{B}	greʔ	市	dʑie^{B}	deʔ
氏	dʑiɛi^{B}	giʔ	示	dʑi^{C}	girs	世	ɕiai^{C}	sas
式	ɕik	sek	事	dʐie^{C}	greh	峙	die^{B}	dreʔ[i]
恃	dʑie^{B}	deʔ	是	dʑie^{B}	diʔ	室	ɕit	thit
逝	dʑiɛt	det	視	dʑi^{B}	girʔ	嗜	dʑi^{C}	girs
筮	dʑiɛt	dat	誓	dʑiɛt	det	噬	dʑiɛt	dat
適	ɕiɛk	stik	飾	ɕik	sjek	試	ɕie^{C}	seh
澤	ɕiɛk	sak	釋	ɕiɛk	sak	收	ɕiu^{A}	khru
手	ɕiu^{B}	snuʔ	首	ɕiu^{B}	suʔ	守	ɕiu^{B}	stuʔ
受	dʑiu^{B}	duʔ	壽	dʑiu^{B}	duʔ	授	dʑiu^{C}	duh
售	dʑiu^{C}	duh	狩	ɕiu^{C}	stuh	獸	ɕiu^{C}	stuh
殳	dʑiwo^{A}	do	殊	dʑiwo^{A}	do	姝	tɕhiwo^{A}	tho
樞	tɕhiwo^{A}	qh/l/o	叔	ɕiuk	stuk	菽	ɕiuk	stuk
淑	dʑiuk	duk	舒	ɕio^{A}	sa	疏	ʂo^{A}	sra
輸	ɕiwo^{A}	so	贖	dʑiwok	dok	暑	ɕio^{B}	staʔ
黍	ɕio^{B}	saʔ	鼠	ɕio^{B}	saʔ	癙	ɕio^{B}	saʔ
數	ʂwo^{B}	sroʔ	屬	dʑiwok	dok	戍	ɕiwo^{C}	stoh
束	ɕiwok	ɕok	述	ʑiut	zut	庶	ɕio^{C}	stah
樹	dʑiwo^{B}	doʔ	率	ʂut	srut	蟀	ʂut	srut

[i] 峙，直里切，《广韵》："储。"（峙，时止切，《广韵》无释义；又诸市切。）《诗经·崧高》："以峙其粻。"《经典释文》："峙，如字，本又作峙，直纪反。"《说文》字作"庤"，"储置屋下也，从广寺声。"《诗经·臣工》："庤乃钱镈。"传："庤，具。"《经典释文》："庤，持耻反。"

续 表

	中古音	上古音		中古音	上古音		中古音	上古音
霜	ṣaŋ^{A}	ɕ/l/aŋ	雙	ṣɔŋ	sroŋ	爽	ṣaŋ^{B}	sraŋʔ
誰	dʑwi^{B}	durʔ	水	ɕwiʔ	qhirʔ	帨	ɕiwai^{C}	sos
説	ɕiwai^{C}	sos	順	ʑiun^{C}	sduls	舜	ɕiun^{C}	thuns
朔	ṣauk	sŋak	碩	dʑiɛk	dak	爍	ɕiɑk	xrɯk
私	si^{A}	ɕir	思	sie^{A}	ɕe	斯	siɛ^{A}	ɕi
絲	sie^{A}	ɕe	死	si^{B}	sirʔ	四	si^{C}	sis
司	sie^{A}	sƫe	寺	zie^{C}	sdeh	似	zie^{B}	zeʔ
汜	zie^{B}	jeʔ	祀	zie^{B}	jeʔ	姒	zie^{B}	zeʔ
兕	zi^{B}	zirʔ	泗	si^{C}	sis	俟	ʐie^{B}	ɣreʔ
涘	ʐie^{B}	ɣreʔ	食	zie^{C}	jeh	耜	zie^{B}	zeʔ
肆	si^{C}	sis	嗣	zie^{C}	sᶁeh	駟	si^{C}	sis
松	ziwoŋ^{A}	sɢoŋ	娀	siuŋ^{A}	snuŋ	竦	siwoŋ^{B}	ɕoŋ
宋	sauŋ^{C}	squŋs	送	suŋ^{C}	ɕoŋs	訟	ziwoŋ^{C}	sɢoŋs
誦	ziwoŋ^{C}	zoŋs	叟	su^{B}	ɕoʔ	搜	ṣu^{A}	ɕ/r/o
瞍	seu^{A}	ɕu	藪	su^{B}	s/r/uʔ	蘇	so^{A}	sŋa
夙	siuk	ɕuk	宿	siuk	ɕuk	素	so^{C}	ɕah
速	suk	ɕok	蔌	suk	ɕok	樕	suk	ɕok
粟	siwok	ɕok	愬	so^{C}	sŋah	遡	so^{C}	sŋah
肅	siuk	ɕuk	雖	swi^{A}	sqir	綏	swi^{A}	snur
隨	ziwɛi^{A}	zor	遂	zwi^{C}	zus	歲	siwai^{C}	sqas
隧	zwi^{C}	zus	璲	zwi^{C}	zus	檖	zwi^{C}	zus

续　表

	中古音	上古音		中古音	上古音		中古音	上古音
檖	zwi^{C}	zu̱s	穗	zwi^{C}	zɯ̱s	孫	sun^{A}	squn
飧	sun^{A}	ɕun	隼	siun^{B}	sqi̱lʔ	筍	siun^{B}	sqi̱lʔ
娑	sɑ^{A}	ɕar	蓑	sui^{A}	ɕur	縮	ʂuk	ɕru̱k
所	ʂo^{B}	sra̱ʔ	索	sɑk	ɕak	索	ʂak	ɕrak
瑣	swɑ^{B}	ɕorʔ						
他	thɑ^{A}	sar	它	thɑ^{A}	sar	蛇	thɑ^{A}	sar
沓	dop	dop	撻	thɑt	sat	達	thɑt	sat
闥	thɑt	sat	臺	thoi^{A}	se	邰	thoi^{A}	se
臺	doi^{A}	de	大	thɑi^{C}	sas	泰	thɑi^{C}	sas
貪	thom^{A}	skum	嘽	thɑn^{A}	thal	惔	dɑm^{A}	dam
談	dɑm^{A}	dam	覃	dom^{A}	zum	譚	dom^{A}	zum
檀	dɑn^{A}	dan	菼	thɑm^{B}	tham	嗿	thom^{B}	skumʔ
醓	thom^{B}	thumʔ	襢	dɑn^{B}	danʔ	嘆	thɑn^{C}	snals
湯	thɑŋ^{A}	saŋ	鏜	thɑŋ^{A}	thaŋ	唐	dɑŋ^{A}	zaŋ
堂	dɑŋ^{A}	daŋ	棠	dɑŋ^{A}	daŋ	螗	dɑŋ^{A}	zaŋ
滔	thɑu^{A}	su	慆	thɑu^{A}	su	逃	dɑu^{A}	zɯ
桃	dɑu^{A}	zɯ	陶	dɑu^{A}	zu	綯	dɑu^{A}	zu
鼗	dɑu^{A}	zɯ	忒	thok	sek	特	dok	dek
慝	thok	snek	螣	dok	zek	滕	doŋ^{A}	zeŋ
騰	doŋ^{A}	zeŋ	剔	thek	sik	惕	thek	sik
逷	thek	sik	趯	thek	sɯk	籊	thek	sɯk

续 表

	中古音	上古音		中古音	上古音		中古音	上古音
荑	dei^{A}	zir	提	dei^{A}	di	揥	dei^{A}	di
鵜	dei^{A}	zir	體	thei^{B}	slirʔ	涕	thei^{B}	sirʔ
涕	thei^{C}	sirs	狄	dek	zɯk	逖	thek	sɯk
天	then^{A}	sin	田	den^{A}	zin	填	den^{A}	din
闐	den^{A}	din	忝	them^{B}	simʔ	殄	den^{B}	dɯnʔ
靦	then^{B}	thɯnʔ	瑱	then^{C}	thins	佻	theu^{A}	sɯ
挑	theu^{A}	sɯ	恌	theu^{A}	sɯ	苕	deu^{A}	dɯ
佻	deu^{A}	zɯ	條	deu^{A}	zɯ	蜩	deu^{A}	du～dɯ
調	deu^{A}	du～dɯ	肈	deu^{A}	zɯ	鰷	deu^{A}	zɯ
窕	deu^{B}	zɯʔ	驖	thet	sit	聽	theŋ^{A}	siŋ
廷	deŋ^{A}	ziŋ	庭	deŋ^{A}	ziŋ	霆	deŋ^{A}	ziŋ
町	theŋ^{A}	thiŋ	恫	thuŋ^{A}	soŋ	同	duŋ^{A}	zoŋ
童	duŋ^{A}	doŋ	僮	duŋ^{A}	doŋ	罿	duŋ^{A}	doŋ
桐	duŋ^{A}	zoŋ	穜	duŋ^{A}	zoŋ	彤	dɑuŋ^{A}	zuŋ
投	du^{A}	do	突	thut	sut	荼	do^{A}	za
徒	do^{A}	da	屠	do^{A}	da	瘏	do^{A}	da
塗	do^{A}	za	圖	do^{A}	da	稌	do^{A}	za
稌	tho^{A}	sa	土	tho^{B}	thaʔ	吐	tho^{B}	thaʔ
兔	tho^{C}	sah	摶	dwɑn^{A}	don	慱	dwɑn^{A}	don
漙	dwɑn^{A}	don	畽	thwɑn^{B}	thonʔ	推	thui^{A}	thur
蓷	thui^{A}	thur	穨	dui^{A}	zur	隤	dui^{A}	zur

续　表

	中古音	上古音		中古音	上古音		中古音	上古音
退	thui^{C}	snus	脱	thwɑt	sot	駾	thwɑi^{C}	sos
噋	thun^{A}	thul	燉	thun^{A}	thul	純	dʑiun^{A}	du̱n[i]
佗	dɑ^{A}	zar	沱	dɑ^{A}	zar	紽	dɑ^{A}	zar
鼉	dɑ^{A}	dar	驒	dɑ^{A}	dar	橐	thɑk	thak
妥	thwɑ^{B}	snurʔ	籜	thɑk	sak			
瓦	ŋwa^{B}	ɴa̱rʔ	外	ŋwɑi^{C}	ŋos	丸	ɣwɑn^{A}	ɢon
芄	ɣwɑn^{A}	ɢon	完	ɣwɑn^{A}	gon	宛	ʔwɑn^{B}	ʔonʔ
菀	ʔwɑn^{B}	ʔonʔ	婉	ʔwɑn^{B}	ʔonʔ	萬	mian^{C}	mra̱ns
亡	miaŋ^{A}	ma̱ŋ	王	ɣiwaŋ^{A}	ʁa̱ŋ	罔	miaŋ^{B}	ma̱ŋʔ
網	miaŋ^{B}	ma̱ŋʔ	往	ɣiwaŋ^{B}	ɢa̱ŋʔ	忘	miaŋ^{C}	ma̱ŋs
望	miaŋ^{C}	ma̱ŋs	委	ʔwiɛi^{A}	ʔo̱r	倭	ʔiwɛi^{A}	ʔo̱r
萎	ʔiwɛi^{A}	ʔo̱r	威	ʔiwɛi^{A}	ʔu̱r	微	miei^{A}	mɯ̱r
薇	miei^{A}	mɯ̱r	爲	ɣiwei^{A}	ɢa̱r	韋	ɣiwei^{A}	ʁɯ̱r
圍	ɣiwei^{A}	ʁɯ̱r	違	ɣiwei^{A}	ʁɯ̱r	唯	jwi^{A}	ʁi̱r
惟	jwi^{A}	ʁi̱r	維	jwi^{A}	ʁi̱r	遺	jwi^{C}	ɢu̱s
帷	wi^{A}	ʁi̱r	嵬	ŋui^{A}	mkur	尾	miei^{B}	mɯ̱rʔ
亹	miei^{B}	mu̱rʔ	浘	miei^{B}	mɯ̱rʔ	葦	ɣiwei^{B}	ʁɯ̱rʔ
煒	ɣiwei^{B}	ʁɯ̱rʔ	韡	ɣiwei^{B}	ʁɯ̱rʔ	洧	ɣwi^{B}	ʁeʔ
鮪	ɣwi^{B}	ʁeʔ	危	ŋiwei^{A}	mko̱r	未	miei^{C}	mɯ̱s

[i]《诗经·野有死麕》:“野有死鹿,白茅纯束。”传:“纯束,犹包之也。”笺:“纯读如屯。”《经典释文》:“纯,徒尊反;屯,徒本反,沈徒尊反,聚也。”

续 表

	中古音	上古音		中古音	上古音		中古音	上古音
謂	ɣiwei^{C}	ʁɯ̱s	渭	ɣiwei^{C}	ʁɯ̱s	蔚	ʔiwei^{C}	ʔu̱s
慰	ʔiwei^{C}	ʔu̱s	畏	ʔiwei^{C}	ʔurs	衛	ɣiwai^{C}	ɢo̱s
温	ʔun^{A}	ʔun	文	miun^{A}	mɯ̱n	聞	miun^{A}	mu̱n
汶	miun^{C}	mɯ̱ns	聞	miun^{C}	mu̱ns	問	miun^{C}	mu̱ns
我	ŋɑ^{B}	ŋarʔ	沃	ʔɑuk	ʔɯk	鋈	ʔɑuk	ʔɯk
握	ʔauk	ʔo̱k	渥	ʔauk	ʔo̱k	污	ʔo	ʁa
於	ʔo	ʔa	烏	ʔo	ʔa	屋	ʔuk	ʔok
無	mio^{A}	ma̱	毋	mio^{A}	ma̱	吾	ŋo^{A}	ŋa
梧	ŋo^{A}	ŋa	吴	ŋo^{A}	ɴa	五	ŋo^{B}	ŋaʔ
午	ŋo^{B}	ŋaʔ	武	mio^{B}	ma̱ʔ	舞	mio^{B}	ma̱ʔ
膴	mio^{B}	ma̱ʔ	侮	mio^{B}	mo̱ʔ	勿	miut	mu̱t
物	miut	mu̱t	扤	ŋut	ŋut	戊	mu^{C}	muh
務	miu^{C}	mo̱h	晤	ŋo^{C}	ŋah	寤	ŋo^{C}	ŋah
惡	ʔo^{C}	ʔah						
夕	ziɛk	jak	兮	ɣei^{A}	ɣer	西	sei^{A}	ɕɯr
昔	siɛk	ȶha̱k	息	sik	ɕe̱k	奚	ɣei^{A}	gi
晞	xiei^{A}	xɯ̱r	棲	sei^{A}	ɕɯr	犀	sei^{A}	sir
犀	sei^{A}	sir	晳	sek	ɕik	裼	sek	si̱k
錫	sek	si̱k	熙	xie^{A}	xe̱	嘻	xie^{A}	xe̱
蟋	sit	ɕi̱t	犧	xiɛ^{A}	sŋa̱r	觿	ɣwei^{A}	ʁi
席	ziɛk	sᶑa̱k	習	zip	sde̱p	蓆	ziɛk	sᶑa̱k

续　表

	中古音	上古音		中古音	上古音		中古音	上古音
隰	zip	zep	洗	sei^{B}	ɕɯrʔ	喜	xie^{B}	xeʔ
咥	thit	thit	舄	siɛk	ɕak	翕	xip	khup
墍	xiei^{C}	khɯs	愾	xiei^{C}	khɯs	愾	khui^{C}	khɯs
綌	khiak	khak[i]	潝	xip	khup	戲	xiɛ^{C}	sŋars
鬩	xek	sŋik	遐	ɣa^{A}	gra	騢	ɣa^{A}	gra
瑕	ɣa^{A}	gra	暇	ɣa^{C}	grah	夏	ɣa^{C}	g/l/ah
下	ɣa^{B}～ɣa^{C}	graʔ～grah	轄	ɣat	grat	先	sen^{A}	ɕɯl
躚	sen^{A}	ɕen	鮮	siɛn^{A}	ɕal	僊	siɛn^{A}	ɕen
咸	ɣɛm^{A}	grum	閑	ɣɛn^{A}	gran	銜	ɣam^{A}	gram
賢	ɣen^{A}	gin	險	xiɛm^{B}	khromʔ	獫	xiɛm^{B}	khromʔ
玁	xiɛm^{B}	sŋam	鮮	siɛn^{B}	ɕalʔ	顯	xen^{B}	khenʔ
見	ɣen^{C}	gens	晛	ɣen^{B}	genʔ	羡	ziɛn^{C}	jans
僩	ɣan^{B}	granʔ	憲	xiɛn^{C}	khans	獻	xiɛn^{C}	sŋans
霰	sen^{C}	ɕans	相	siaŋ^{A}	ɕaŋ	葙	siaŋ^{A}	ɕaŋ
香	xiaŋ^{A}	xaŋ	鄉	xiaŋ^{A}	xaŋ	湘	siaŋ^{A}	ɕaŋ
襄	siaŋ^{A}	snaŋ	降	ɣɔŋ^{A}	gruŋ	詳	ziaŋ^{A}	jaŋ
祥	ziaŋ^{A}	jaŋ	翔	ziaŋ^{A}	jaŋ	痒	ziaŋ^{A}	jaŋ
亨	xiaŋ^{B}	smraŋʔ	饗	xiaŋ^{B}	xaŋʔ	嚮	xiaŋ^{C}	xaŋs

[i] 绤，《广韵》："绨绤，绮戟切。"却，《广韵》："退也，去约切。"两者同声符有藥韵和陌韵不同。这几个读入藥韵的是口音，而读陌韵的是书音。因而同声符字两者可以无意义差别异读。

续 表

	中古音	上古音		中古音	上古音		中古音	上古音
相	siɑŋ^{C}	ɕa̱ŋs	項	ɣɔŋ^{B}	g/l/oŋʔ	巷	ɣɔŋ^{C}	g/l/oŋs
象	ziɑŋ^{B}	za̱ŋʔ	宵	siɛu^{A}	ɕɯ̱	消	siɛu^{A}	ɕɯ̱
逍	siɛu^{A}	ɕɯ̱	蛸	siɛu^{A}	ɕɯ̱	削	siɑk	ɕɯ̱k
烋	xju^{A}	xu̱	虓	xau^{A}	khu̱	翛	seu^{A}	su̱
蕭	seu^{A}	ɕu	簫	seu^{A}	ɕu	瀟	seu^{A}	ɕu
蠨	seu^{A}	ɕu	囂	xiɛu^{A}	sŋɯ̱	小	xiɛu^{B}	ɕɯʔ
孝	xau^{C}	khu̱h	笑	siɛu^{C}	ɕɯ̱h	傚	ɣau^{C}	grɯh
嘯	seu^{C}	ɕuh	歗	seu^{C}	ɕuh	歇	xiat	kha̱t
邪	zia^{A}	ja	挾	ɣep	gep	脅	xiɛp	xrip
偕	kɛi^{A}	krir	攜	ɣwei	ʁi	頡	ɣet	git
襭	ɣet	git	血	xwet	χit	泄	siɛt	sa̱t
紲	siɛt	sa̱t	㬠	siɛt	sŋa̱t	寫	sia^{B}	ɕa̱ʔ
邂	ɣɛ^{C}	grih	謝	zia^{C}	jah	燮	sep	se̱p
心	sim^{A}	snu̱m[i]	辛	sin^{A}	ɕi̱n	新	sin^{A}	ɕi̱n
薪	sin^{A}	ɕi̱n	騂	siɛŋ^{A}	ɕi̱ŋ	欣	xien^{A}	khɯ̱l
歆	xim	qhu̱m	馨	xeŋ^{A}	khiŋ	鬵	dzim^{A}	ɖu̱m
信	sin^{C}	si̱ns	星	seŋ^{A}	ɕiŋ	興	xiŋ^{A}	xre̱ŋ
刑	ɣeŋ^{A}	giŋ	行	ɣaŋ^{A}	graŋ	省	siɛŋ^{B}	ɕi̱ŋʔ

[i] 心，《说文》："人心，土藏，在身之中，象形。"心，《广韵》："火藏，《释名》曰'心，纤也，所识纤微无不贯也'，息林切。"古人常以"任"声训"心"。《广雅》："心，任也。"《白虎通义·情性》："心之为言任也。"《春秋繁露·深察名号》："栣众恶于内，弗使得发于外者，心也，故心之为名栣也。"

续　表

	中古音	上古音		中古音	上古音		中古音	上古音
性	siɛŋ^{C}	ɕi̱ŋs	姓	siɛŋ^{C}	ɕi̱ŋs	荇	ɣaŋ^{B}	graŋʔ
兄	xiwaŋ^{A}	χa̱ŋ	凶	xiwoŋ^{A}	xo̱ŋ	訩	xiwoŋ^{A}	xo̱ŋ
雄	ɣiwuŋ^{A}	ɢe̱ŋ	熊	ɣiwuŋ^{A}	ɢu̱m	休	xiu^{A}	xu̱
修	siu^{A}	su̱	脩	siu^{A}	su̱	朽	xiu^{B}	khu̱ʔ
秀	siu^{C}	su̱h	琇	siu^{C}	su̱h	繡	siu^{C}	ɕu̱h
袖	ziu^{C}	zu̱h	臭	xiu^{C}	xu̱h	吁	xiwo^{A}	χa̱
盱	xiwo^{A}	χa̱	訏	xiwo^{A}	χa̱	胥	sio^{A}	ɕa̱
湑	sio^{A}	ɕa̱	虚	xio^{A}	xa̱	須	siwo^{A}	sno̱
徐	zio^{A}	za̱	栩	xiwo^{B}	χa̱ʔ	許	xio^{B}	sŋa̱ʔ
旭	xiwok	sŋo̱k	序	zio^{B}	za̱ʔ	恤	swit	sχit
侐	swit	sχit	畜	xiuk	xu̱k	減	xwik	χe̱k
蓄	xiuk	xu̱k	勗	xiwok	smo̱k	慉	xiuk	xu̱k
續	ziwok	sdo̱k	藚	ziwok	sdo̱k	藇	zio^{B}	jaʔ
鱮	zio^{B}	jaʔ	咺	xwɑn^{B}	χanʔ	宣	siwɛn^{A}	sχa̱n
儇	siwɛn^{A}	sqo̱n	嬛	siwɛn^{A}	sqo̱n	諼	xiwan^{A}	χa̱n
駽	xwen^{A}	qhen	玄	ɣwen^{A}	ɢen	縣	ɣwen^{A}	ɢen
旋	ziwɛn^{A}	sɢo̱n	還	ziwɛn^{A}	sɢo̱n	選	siwɛn^{B}	ɬhu̱nʔ
穴	ɣwet	ʁit	學	ɣɔk	gruk	雪	siwɛt	sχɯt
威	xiwɛt	smet	謔	xiwɑk	sŋɯ̱k	熏	xiun^{A}	χu̱n
壎	xiun^{A}	χu̱n [i]	旬	ziun^{A}	sɢi̱n	郇	siun^{A}	sqi̱n

[i] 埙,《广韵》:"说文作壎,乐器也,以土为之,六孔;《释名》曰'埙,喧也,声浊喧然';《世本》曰'暴辛公作埙';况袁切。壎,上同。"埙,从熏声,不得入元韵;或是《释名》等声训导致音变例外。

续 表

	中古音	上古音		中古音	上古音		中古音	上古音
洵	siun^{A}	sqi̱n	詢	siun^{A}	sqi̱n	尋	zim^{A}	zu̱m
訓	xiun^{C}	thu̱ls	訊	sin^{C}	ɕi̱ns	遜	sun^{C}	squns
牙	ŋa^{A}	mgla	雅	ŋa^{B}	mglaʔ	亞	ʔa^{C}	ʔa̱h
奄	ʔiɛm	ʔo̱m	焉	ʔian^{A}	ʔa̱n	燕	ʔiɛn^{A}	ʔe̱n
厭	ʔjɛm^{A}	ʔe̱m	厭	ʔjɛm^{C}	ʔe̱ms	言	ŋian^{A}	ŋa̱n
炎	jɛm^{A}	da̱m	筵	jɛn^{A}	za̱l	顔	ŋan^{A}	ŋan
嚴	ŋiam^{A}	ŋa̱m	巖	ŋam^{A}	ŋam	奄	ʔiɛm^{B}	ʔo̱mʔ
衍	jɛn^{B}	ja̱nʔ	偃	ʔian^{B}	ʔe̱nʔ	鰋	ʔian^{B}	ʔe̱nʔ
渰	ʔiɛm^{B}	ʔo̱mʔ	檿	ʔjɛm^{B}	ʔe̱mʔ	儼	ŋiam^{B}	ŋa̱mʔ
巘	ŋiɛn^{B}	ŋa̱nʔ	彥	ŋiɛn^{C}	ŋa̱ns	唁	ŋiɛn^{C}	ŋa̱ns
宴	ʔen^{C}	ʔens	燕	ʔen^{C}	ʔens	鴈	ŋan^{C}	ŋans
豔	jɛm^{C}	ja̱ms	央	ʔiɑŋ^{A}	ʔa̱ŋ	鴦	ʔiɑŋ^{A}	ʔa̱ŋ
泱	ʔiɑŋ^{A}	ʔa̱ŋ	鞅	ʔiɑŋ^{B}	ʔa̱ŋʔ	羊	jɑŋ^{A}	ja̱ŋ
洋	jɑŋ^{A}	ja̱ŋ	癢	ziɑŋ^{A}	jaŋ	陽	jɑŋ^{A}	za̱ŋ
揚	jɑŋ^{A}	za̱ŋ	楊	jɑŋ^{A}	za̱ŋ	鍚	jɑŋ^{A}	za̱ŋ
卬	ŋiɑŋ^{B}	ŋa̱ŋʔ	仰	ŋiɑŋ^{B}	ŋa̱ŋʔ	養	jɑŋ^{B}	ja̱ŋʔ
夭	ʔiɛu^{A}	ʔɯ	要	ʔjɛu^{A}	ʔɯ̱	葽	ʔjɛu^{A}	ʔɯ̱
喓	ʔjɛu^{A}	ʔɯ̱	陶	jɛu^{A}	zu̱	遙	jɛu^{A}	zɯ̱
摇	jɛu^{A}	zɯ̱	謠	jɛu^{A}	zɯ̱	瑤	jɛu^{A}	zɯ̱
窈	ʔeu^{B}	ʔɯʔ	藥	jɑk	grɯ̱k	曜	jɛu^{C}	zɯ̱h
燿	jɛu^{C}	zɯ̱h	噎	ʔet	ʔit	也	ja^{B}	za̱rʔ

续　表

	中古音	上古音		中古音	上古音		中古音	上古音
野	ja^{B}	ja̱ʔ	曳	jɛi^{C}	za̱s	夜	ja^{C}	ja̱h
葉	jɛp	za̱p	業	ŋiap	ŋa̱p	厭	ʔjɛp	ʔe̱p
饁	ɣiɛp	ga̱p	爗	ʁre̱p	ʁre̱p	一	ʔjit	ʔi̱t
壹	ʔjit	ʔi̱t	伊	ʔji^{A}	ʔi̱r	衣	ʔiei^{A}	ʔɯ̱r
依	ʔiei^{A}	ʔɯ̱r	猗	ʔiɛi^{A}	ʔa̱r	漪	ʔiɛi^{A}	ʔa̱r
揖	ʔjip	ʔi̱p	挹	ʔip	ʔu̱p	噫	ʔie^{A}	ʔe̱
鷖	ʔei	ʔir	夷	ji^{A}	zi̱r	姨	ji^{A}	zi̱r
桋	ji^{A}	zi̱r	宜	ŋiɛi^{A}	ŋa̱r	蛇	jɛi^{A}	za̱r
貽	jie^{A}	ze̱	飴	jie^{A}	ze̱	詒	jie^{A}	ze̱
遺	jwi^{A}	ɢu̱r	彝	ji^{A}	zi̱r	儀	ŋiɛi^{A}	ŋa̱r
嶷	ŋie^{A}	ŋe̱	已	jie^{B}	ze̱ʔ	以	jie^{B}	ze̱ʔ
苡	jie^{B}	ze̱ʔ	矣	ɣie^{B}	ɣe̱ʔ	猗	ʔiɛ^{B}	ʔa̱rʔ
椅	ʔiɛ^{B}	ʔa̱rʔ	弋	jik	ze̱k	艾	ŋiɑi^{C}	ŋa̱s
刈	ŋiɑi^{C}	ŋa̱s	仡	ŋiet[i]	mkɯ̱t	亦	jiɛk	ja̱k
奕	jiɛk	ja̱k	射	jiɛk	ja̱k	懌	jiɛk	za̱k
繹	jiɛk	za̱k	斁	jiɛk	za̱k	驛	jiɛk	za̱k
抑	ʔik	ʔe̱k	意	ʔie^{C}	ʔe̱h	衣	ʔiei^{A}	ʔɯ̱r
邑	ʔip	ʔu̱p	役	jwek	ɢi̱k	易	jiɛk	zi̱k

[i] 仡，《广韵》："壮勇貌，许讫切。"仡，《广韵》："壮勇貌，鱼迄切。"两者为无意义差别异读。《诗经·皇矣》："临冲茀茀，崇墉仡仡。"《经典释文》："仡，鱼乙反，韩《诗》云'摇也'，《说文》作忔。"《说文》："仡，勇壮也，从人气声。《周书》曰'仡仡勇夫'。"《尚书·秦誓》："仡仡勇夫，射御不违，我尚不欲。"《经典释文》："仡，许讫反，又鱼乞反，马本作讫讫。"

续 表

	中古音	上古音		中古音	上古音		中古音	上古音
易	jɛi^{C}	zih	施	jɛi^{C}	zars	義	ŋiɛi^{C}	ŋars
埸	jiɛk	zik	蜴	jiɛk	zik	議	ŋiɛ^{C}	ŋars
泄	jɛi^{C}	zas	挹	ʔip	ʔup	浥	ʔip	ʔup
益	ʔiɛk	ʔik	異	jie^{C}	jeh	逸	jit	zit
肄	ji^{C}	zirs	溢	jit	ʔik	勩	jiai^{C}	zas
藝	ŋiai^{C}	ŋas	瘞	ʔiai^{C}	ʔes	億	ʔik	ʔek
熠	ɣip	ʁrep	殪	ʔei^{C}	ʔis	曀	ʔei^{C}	ʔis
翳	ʔei^{C}	ʔis	翼	jik	jek	鷊	ŋɛk	ŋik
懿	ʔi^{C}	ʔis	因	ʔjin^{A}	ʔin	茵	ʔjin^{A}	ʔin
禋	ʔjin^{A}	ʔin	音	ʔim^{A}	ʔum	姻	ʔjin^{A}	ʔin
闉	ʔjin^{A}	ʔin	駰	ʔjin^{A}	ʔin	殷	ʔien^{A}	ʔɯl
慇	ʔien^{A}	ʔɯl	陰	ʔim^{A}	ʔum	淫	jim^{A}	jem
引	jin^{B}	zinʔ	尹	jun^{B}	ɢinʔ	飲	ʔim^{B}	ʔum
靷	jin^{C}	zins	隱	ʔien^{B}	ʔɯlʔ	胤	jin^{C}	jins
陰	ʔim^{C}	ʔums	飲	ʔim^{C}	ʔums	憖	ŋin^{C}	ŋɯns
英	ʔiaŋ^{A}	ʔaŋ	膺	ʔiŋ^{A}	ʔeŋ	應	ʔiŋ^{A}	ʔeŋ
鷹	ʔiŋ^{A}	ʔeŋ	嚶	ʔɛŋ^{A}	ʔiŋ	鶯	ʔɛŋ^{A}	qiŋ
迎	ŋiaŋ^{A}	ŋaŋ	盈	jɛŋ^{A}	jiŋ	楹	jɛŋ^{A}	jiŋ
營	jwɛŋ^{A}	ɢriŋ	縈	ʔwiɛŋ^{A}	qiŋ	瑩	jwɛŋ^{A}	ɢriŋ
蠅	jiŋ^{A}	jeŋ	贏	jɛŋ^{A}	jiŋ	景	ʔiaŋ^{B}	ʔraŋʔ
穎	jwɛŋ^{B}	ɢiŋʔ	應	ʔiŋ^{C}	ʔeŋs	庸	juŋ^{A}	zoŋ

续　表

	中古音	上古音		中古音	上古音		中古音	上古音
墉	juŋ^{A}	zo̱ŋ	鏞	juŋ^{A}	zo̱ŋ	雝	ʔiuŋ^{A}	ʔo̱ŋ
廱	ʔiuŋ^{A}	ʔo̱ŋ	饔	ʔiuŋ^{A}	ʔo̱ŋ	顒	ŋiuŋ^{A}	ŋo̱ŋ
永	ɣiwaŋ^{B}	ʁraŋʔ	泳	ɣiwaŋ^{C}	ʁraŋs	勇	juŋ^{B}	zo̱ŋʔ
踊	juŋ^{B}	zo̱ŋʔ	用	juŋ^{C}	zo̱ŋs	攸	ju^{A}	zu̱
悠	ju^{A}	zu̱	呦	ʔju^{A}	ʔu̱	幽	ʔju^{A}	ʔu̱
麀	ʔiu^{A}	ʔu	憂	ʔiu^{A}	ʔu	優	ʔiu^{A}	ʔu
猷	ju^{A}	zu̱	輶	ju^{A}	zu̱	猶	ju^{A}	zu̱
楢	ju^{A}	zu̱	滺	ju^{A}	zu̱	游	ju^{A}	ju̱
蝣	ju^{A}	ju̱	由	ju^{A}	zu̱	尤	ɣiu^{A}	ʁe̱
訧	ɣiu^{A}	ʁe̱	揄	ju^{A}	zo̱	有	ɣiu^{B}	ʁe̱ʔ
友	ɣiu^{B}	ʁe̱ʔ	卣	ju^{B}	zu̱ʔ	槱	ju^{B}	ɖu̱ʔ
莠	ju^{B}	zu̱ʔ	牖	ju^{B}	zu̱ʔ	又	ɣiu^{C}	ʁe̱h
右	ɣiu^{C}	ʁe̱h	侑	ɣiu^{C}	ʁe̱h	宥	ɣiu^{C}	ʁe̱h
囿	ɣiu^{C}	ʁe̱h	褎	ju^{C}	zu̱h	誘	ju^{B}	zu̱ʔ
于	ɣiwo^{A}	ʁa̱	於	ʔio^{A}	ʔa̱	予	jo^{A}	za̱
余	jo^{A}	za̱	畬	jo^{A}	za̱	餘	jo^{A}	za̱
與	jo^{A}	ja̱	旟	jo^{A}	ja̱	娛	ŋiwo^{A}	ɴa̱
愚	ŋiwo^{A}	ŋo̱	隅	ŋiwo^{A}	ŋo̱	虞	ŋiwo^{A}	ɴa̱
魚	ŋio^{A}	ŋa̱	楰	jwo^{A}	jo̱	愉	jwo^{A}	zo̱
榆	jwo^{A}	zo̱	渝	jwo^{A}	zo̱	逾	jwo^{A}	zo̱
揄	jwo^{A}	zo̱	宇	ɣiwo^{B}	ʁa̱ʔ	羽	ɣiwo^{B}	ʁa̱ʔ

续 表

	中古音	上古音		中古音	上古音		中古音	上古音
雨	ɣiwo^{B}	ʁa̱ʔ	俣	ɣiwo^{B}	Na̱ʔ	禹	ɣiwo^{B}	ɢa̱ʔ
麌	ɣiwo^{B}	Na̱ʔ	與	jo^{B}	ja̱ʔ	語	ŋio^{B}	ŋa̱ʔ
圉	ŋio^{B}	ŋa̱ʔ	芋	ɣiwo^{A}	ʁa̱	芋	ɣiwo^{C}	ʁa̱h
玉	ŋiwok	ŋo̱k	聿	jut	ʁrut	雨	ɣiwo^{C}	ʁa̱h
育	juk	zu̱k	噳	ɣiwo^{B}	Na̱ʔ	彧	ʔiuk	qe̱k
域	ɣwik	ɢe̱k	欲	jwok	ɢo̱k	棫	ɣwik	ɢe̱k
罭	ɣwik	ɢe̱k	緎	ɣwik	ɢe̱k	蜮	ɣwik	ɢe̱k
遇	ŋiwo^{C}	ŋo̱h	御	ŋio^{C}	ŋa̱h	飫	ʔio	ʔo̱h
裕	jwo^{C}	ɢo̱h	愈	jwo^{B}	zo̱ʔ	瘉	jwo^{B}	zo̱ʔ
奥	ʔiuk[i]	ʔu̱k	澳	ʔiuk	ʔu̱k	燠	ʔiuk	ʔu̱k
薁	ʔiuk	ʔu̱k	鬻	juk[ii]	zu̱k	鬱	ʔiut	ʔu̱t
豫	jo^{C}	za̱h	譽	jo^{C}	ja̱h	鸒	jo^{C}	ja̱h
遹	jut	ɢi̱t	鴥	jut	ʁi̱t	驈	jut	ɢi̱t
禦	ŋio^{B}	ŋa̱ʔ	傴	ʔiwo^{C}	qo̱h	悁	ʔiwɛn^{A}	qe̱n
蜎	ʔiwɛn^{A}	qe̱n	淵	ʔwen^{A}	qi̱n	鳶	jwɛn^{A}	ɢo̱n
鴛	ʔiwan^{A}	ʔo̱l	元	ŋiwan^{A}	mgo̱n	垣	ɣiwan^{A}	ʁa̱l
爰	ɣiwan^{A}	ʁa̱n	援	ɣiwan^{A}	ʁa̱n	媛	ɣiwan^{A}	ʁa̱n
園	ɣiwan^{A}	ʁa̱n	原	ŋiwal^{A}	Na̱l	源	ŋiwan^{A}	Na̱l
嫄	ŋiwan^{A}	Na̱l	遠	ɣiwan^{B}	ʁa̱nʔ	怨	ʔiwan^{C}	ʔo̱ls

[i]《诗经·小明》:"日月方奥。"传:"奥,煖也。"《经典释文》:"奥,於六反。"
[ii]《诗经·鸱鸮》:"鬻子之闵斯。"传:"鬻,稚。"《经典释文》:"鬻,由六反。"

续 表

	中古音	上古音		中古音	上古音		中古音	上古音
願	ŋiwan^{C}	ɴa̱ls	菀	ʔiwan^{B}	ʔo̱lʔ	苑	ʔiwan^{B}	ʔo̱lʔ
月	ŋiwat	ŋo̱t	越	ɣiwat	ʁa̱t	鉞	ɣiwat	ʁa̱t
説	jwɛt	zo̱t	閲	jwɛt	zo̱t	嶽	ŋauk	ŋok
躍	jak	zɯ̱k	褕	jak	zɯ̱k	籥	jak	zɯ̱k
約	ʔiak	qɯ̱k	曰	ɣiwat	ʁa̱t	云	ɣiun^{A}	ʁɯ̱n
雲	ɣiun^{A}	ʁɯ̱n	蕓	ɣiun^{A}	ʁɯ̱n	耘	ɣiun^{A}	ʁɯ̱n
員	ɣiun^{A}	ʁɯ̱l	昀	jun^{A}	ɢi̱n	允	jun^{B}	ju̱nʔ
隕	ɣwin^{B}	ʁɯ̱lʔ	慍	ʔiun^{C}	ʔu̱ns	藴	ʔiun^{C}	ʔu̱ns
雜	dzop	ᶁup	災	tsoi^{A}	ƫe	哉	tsoi^{A}	ƫe
菑	tsoi^{A}	ƫe	宰	tsoi^{B}	ƫeʔ	在	dzoi^{B}	ᶁe
載	tsoi^{C}	ƫeh	載	dzoi^{C}	ᶁeh	瓚	dzɑn^{B}	ᶁanʔ
牂	tsɑŋ^{A}	ƫaŋ	臧	tsɑŋ^{A}	ƫaŋ	藏	dzɑŋ^{A}	ᶁaŋ
藏	dzɑŋ^{C}	ᶁaŋs	遭	tsɑu^{A}	ƫu	蚤	tsɑu^{B}	ƫuʔ
棗	tsɑu^{B}	ƫuʔ	藻	tsɑu^{B}	ƫɯʔ	皂	dzɑu^{B}	ᶁuʔ
造	dzɑu^{B}	ᶁuʔ	則	tsok	ƫek	擇	dak	z/r/ak
澤	dak	z/l/ak	簀	tʂɛk	ƫ/l/ik	賊	dzok	ᶁek
譖	tʂim^{C}	ƫru̱ms	曾	tsoŋ^{A}	ƫeŋ	增	tsoŋ^{A}	ƫeŋ
憎	tsoŋ^{A}	ƫeŋ	贈	dzoŋ^{C}	ᶁeŋs	宅	dak	d/l/ak
瘵	tʂai^{C}	ƫras	占	tɕiɛm^{A}	te̱m	詹	tɕiɛn^{A}	ta̱m
瞻	tɕiɛm^{A}	ta̱m	旃	tɕiɛn^{A}	ta̱n	鱣	tɕiɛn^{A}	ta̱n
霑	tiɛm^{A}	tre̱m	展	tiɛn^{B}	tra̱nʔ	輾	tiɛn^{B}	tra̱nʔ

续 表

	中古音	上古音		中古音	上古音		中古音	上古音
斬	tʂɛm^{B}	ʈa̲mʔ	棧	dʐɛn^{B}	ɖ/l/a̲nʔ	戰	tɕiɛn^{C}	ta̲ls
章	tɕiɑŋ^{A}	ta̲ŋ	璋	tɕiɑŋ^{A}	ta̲ŋ	張	tiɑŋ^{A}	tra̲ŋ
粻	tiaŋ^{A}	tra̲ŋ	長	tiaŋ^{B}	tra̲ŋʔ	掌	tɕiaŋ^{B}	ta̲ŋʔ
招	tɕiɛu^{A}	tɯ̲	昭	tɕiɛu^{A}	tɯ̲	爪	tʂau^{B}	ʈ/l/uʔ
朝	tiɛu^{A}	t/l/ɯ̲	沼	tɕiɛu^{B}	tɯ̲ʔ	召	diɛu^{C}	d/r/ɯ̲h
照	tɕiɛu^{C}	tɯ̲h	炤	tɕiɛu^{C}	tɯ̲h	旐	diɛu^{B}	z/l/ɯ̲h
肇	diɛu^{B}	drɯ̲ʔ	罩	tau^{C}	trɯh	折	tɕiɛt	ta̲t
螫	ɕiɛk	xa̲k	哲	tiɛt	tra̲t	晢	tɕiɛt	ta̲t
謫	tɛk	trik	者	tɕia^{B}	ta̲ʔ	赭	tɕia^{B}	ta̲ʔ
柘	tɕia^{C}	ta̲h	振	tɕin^{A}	tɯ̲n	蓁	tʂin^{A}	ʈi̲n
溱	tʂin^{A}	ʈi̲n	臻	tʂin^{A}	ʈi̲n	榛	tʂin^{A}	ʈi̲n
禎	tiɛŋ^{A}	t/l/i̲ŋ	畛	tɕin^{A}	tɯ̲n	鬒	tɕin^{B}	ti̲nʔ
枕	tɕim^{B}	tu̲mʔ	振	tɕin^{C}	tɯ̲ns	震	tɕin^{C}	tɯ̲ns
朕	dimʔ	ze̲mʔ	丁	tɛŋ^{A} [i]	tiŋ	正	tɕiɛŋ^{A}	ti̲ŋ
征	tɕiɛŋ^{A}	ti̲ŋ	争	tʂɛŋ^{A}	ʈri̲ŋ	鉦	tɕiɛŋ^{A}	ti̲ŋ
烝	tɕiŋ^{A}	te̲ŋ	整	tɕiɛŋ^{B}	ti̲ŋʔ	正	tɕiɛŋ^{C}	ti̲ŋs
政	tɕiɛŋ^{C}	ti̲ŋs	之	tɕie^{A}	te̲	支	tɕiɛi^{A}	ki̲
只	tɕiɛi^{B}	ki̲ʔ	枝	tɕiɛi^{A}	ki̲	知	tiɛi^{A}	tri
祇	tɕi^{A}	ti̲r	脂	tɕi^{A}	ki̲r	織	tɕik	te̲k

[i] 丁，当经切，《广韵》："当也，亦辰名。"朾，中茎切，《广韵》："伐木声也。丁：上同，《诗》曰'伐木丁丁'。"

续 表

	中古音	上古音		中古音	上古音		中古音	上古音
直	dik	dre̱k	殖	dʑik	de̱k	植	dʑik	de̱k
值	dʑik	de̱k	職	tɕik	te̱k	執	tɕip	ti̱p
蟄	dip	dri̱p	縶	tip	tri̱p	止	tɕie^{B}	te̱ʔ
沚	tɕie^{B}	te̱ʔ	趾	tɕie^{B}	te̱ʔ	祉	thie^{B}	thre̱ʔ
厎	tɕi^{B}	ti̱rʔ	旨	tɕi^{B}	ki̱rʔ	指	tɕi^{B}	ki̱rʔ
至	tɕi^{C}	ti̱s	摯	tɕi^{C}	ti̱s	贄	tɕi^{C}	ti̱s
忮	tɕiɛ^{C}	ki̱h	制	tɕiai^{C}	ta̱s	晢	tɕiai^{C}	ta̱s
炙	tɕiɛk	ta̱k	致	ti^{C}	tri̱s	疐	ti^{C}	tri̱s
㨖	ti^{C}	tri̱s	窒	tit	tri̱t	銍	tit	tri̱t
庤	di^{B}	dre̱ʔ	陟	tik	tre̱k	秩	dit	zri̱t
置	ti^{C}	tre̱h	寘	tɕiɛ^{C}	ti̱h	雉	di^{B}	z/l/i̱rʔ
滯	diai^{C}	dra̱s	質	tɕit	ti̱t	櫛	tʂit	ŧ/l/e̱k
稺	di^{C}	zri̱rs	治	die^{C}	zre̱h	中	tiuŋ^{A}	tru̱ŋ
終	tɕiuŋ^{A}	tu̱ŋ	潨	tɕiuŋ^{A}	ŧu̱ŋ	螽	tɕiuŋ^{A}	tu̱ŋ
鐘	tɕiwoŋ^{A}	to̱ŋ	冢	tiwoŋ^{B}	tro̱ŋʔ	尰	dʑiwoŋ^{B}	do̱ŋ
種	tɕiwoŋ^{B}	to̱ŋʔ	仲	diuŋ^{C}	dru̱ŋs	衆	tɕiuŋ^{C}	ŧu̱ŋs
種	tɕiwoŋ^{C}	to̱ŋs	舟	tɕiu^{A}	tu̱	周	tɕiu^{A}	tu̱
洲	tɕiu^{A}	tu̱	輈	tiu^{A}	tru̱	侜	tiu^{A}	tru̱
調	tiu^{A}	tru	軸	diuk	z/l/uk	咮	tu^{C} [i]	toh

[i] 咮,《广韵》:“鸟口,陟救切;噣:上同。”咮,《广韵》:“曲喙,张流切。”噣,《广韵》:“鸟口,或作咮,都豆切。”《诗经・候人》:“维鹈在梁,不濡其咮。彼其之子,不遂其媾。”传:“咮,喙也。”《经典释文》:“咮,陟救反,徐又都豆反。”“咮”从“朱”声,《诗经》也跟侯部押韵,侯部字。

续 表

	中古音	上古音		中古音	上古音		中古音	上古音
胄	diu^{C}	z/l/u̱h	祝	tɕiu^{C}	tu̱h	晝	tiu^{C}	t/l/u̱h
皺	tʂu^{C}	ʈro̱h	驟	dʐu^{C}	ɖro̱h	朱	tɕiwo^{A}	to̱
株	tiwo^{A}	t/l/o̱	諸	tɕio^{A}	ta̱	竹	tiuk	tru̱k
築	tiuk	tru̱k	柚	diuk	z/l/u̱k [i]	蓫	diuk	dru̱k
蠋	dʑiwok	do̱k [ii]	主	tɕiwo^{B}	to̱ʔ	渚	tɕio^{B}	ta̱ʔ
助	dʐo^{C}	ɖra̱h	佇	dio^{B}	dra̱ʔ	羜	dio^{B}	dra̱ʔ
紵	dio^{B}	dra̱ʔ	注	tɕiwo^{C}	to̱h	祝	tɕiuk	tu̱k
著	dio^{A}	dra̱	畀	tɕiwo^{C}	to̱h	轉	tiwɛn^{B}	tro̱nʔ
莊	tʂɑŋ^{A}	ʈra̱ŋ	壯	tʂɑŋ^{C}	ʈra̱ŋs	追	tiwi^{A}	tru̱r
騅	tɕiwi^{A}	tu̱r	鵻	tɕiwi^{A}	tu̱r	惴	tɕiwi^{A}	tu̱rs
綴	tiwai^{C}	tro̱s	贅	tɕiwai^{C}	to̱s	諄	tɕiun^{A}	tu̱l
倬	tauk	trɯk	灼	tɕiɑk	tɯ̱k	茁	tiut	tru̱t
酌	tɕiɑk	tɯ̱k	啄	tauk	trok	琢	tauk	trok
斲	tauk	trok	椓	tauk	trok	濁	dauk	drok
濯	dauk	zrɯk	兹	tsie^{A}	ʈe̱	菑	tʂie^{A}	ʈre̱
緇	tʂie^{A}	ʈre̱	咨	tsi^{A}	ʈi̱r	資	tsi^{A}	ʈi̱r
齍	tsi^{A}	ʈi̱r	鼒	tsie^{A}	ʈe̱	子	tsie^{B}	ʈe̱ʔ
仔	tsie^{B}	ʈe̱ʔ	耔	tsie^{B}	ʈe̱ʔ	姊	tsie^{B}	ʈe̱rʔ
秭	tsie^{B}	ʈe̱rʔ	梓	tsie^{B}	ʈe̱ʔ	訿	tsiɛi^{B}	ʈi̱ʔ

[i]《诗经·大东》:"小东大东,杼柚其空。"《经典释文》:"柚音逐,本又作轴。"

[ii]《诗经·东山》:"蜎蜎者蠋,烝在桑野。"《经典释文》:"蠋音蜀。"

续 表

	中古音	上古音		中古音	上古音		中古音	上古音
自	dzi^{C}	ȡi̱s～gi̱s	字	dzie^{C}	ȡe̱h	莿	tʂie^{C}	ȶe̱h
宗	tsɑuŋ^{A}	ȶuŋ	總	tsuŋ^{A}	ȶoŋ	豵	tsuŋ^{A}	ȶoŋ
豵	tsuŋ^{A}	ȶoŋ	縱	tsiwoŋ^{C}	ȶo̱ŋ	諏	tsu^{A}	ȶo
騶	tʂu^{A}	ȶro	走	tsu^{B}	ȶoʔ	奏	tsu^{C}	ȶoh
租	tso^{A}	ȶa	蒩	tʂo^{A}	ȶra̱[i]	足	tsiwok	ȶo̱k
卒	tsut	ȶut	崪	tshut	ȶhut	族	dzuk	ȡok
阻	tʂio^{B}	ȶra̱ʔ	祖	tso^{B}	ȶaʔ	組	tso^{B}	ȶaʔ
詛	tʂo^{C}	ȶra̱h	纘	tswɑn^{B}	ȶonʔ	罪	dzui^{B}	ȡurʔ
醉	tsiwi^{C}	ȶu̱r	尊	tsun^{A}	ȶun	遵	tsiun^{A}	ȶu̱n
鱒	dzun^{B}	ȡunʔ	左	tsɑ^{B}	ȶarʔ	佐	tsɑ^{C}	ȶars
作	tsɑk	ȶak	柞	tsɑk	ȶak	鑿	tsɑk	ȶɯk
坐	dzwɑ^{B}	ȡorʔ	祚	dzo^{C}	ȡah	酢	dzɑk	ȡak

[i]《诗经・信南山》:"是剥是菹,献之皇祖。"《经典释文》:"菹,侧居反。"

主要参考文献

Darrell T. Tryon，1995，Comparative Austronesian Dictionary Mouton de Gruyer.

Pulleyblank（蒲立本），1973，Some new hypothesis concerning word families in Chinese，Journal of Chinese Linguistics.

——，1984，Middle Chinese：A Study in Historical Phonology University of British Culumbia Press.

——，1999，《上古汉语的辅音系统》，潘悟云、徐文堪译，中华书局。

奥德里古尔，1954/1984，《东南亚语言中的塞边音》，王小米译，《民族语文研究情报数据集》，第 4 期。

奥德里古尔，1954/1986，《越南语声调的起源》，冯蒸译，《民族语文研究情报数据集》，第 7 期。

白保罗（P. K. 本尼迪克特，著），1987，《澳-泰语研究：3. 澳泰语和汉语》，罗美珍译，《民族语文研究情报资料集》（8）。

白保罗（P. K. 本尼迪克特，著）、J. A. 马提索夫（编），1984，《汉藏语言概论》，乐赛月、罗美珍译，中国社会科学院民族研究所语言室。

白一平，1983，《上古汉语 sr-的发展》，《语言研究》，第 1 期。

班固，1962，《汉书》，中华书局。

包拟古，1995，《原始汉语与汉藏语》，潘悟云、冯蒸译，中华书局。

鲍彪（校注），2015，《战国策》，上海古籍出版社。

布龙菲尔德，1997，《语言论》，袁家骅、赵世开、甘世福译，商务印书馆。

蔡梦麒，2007，《广韵校释》，岳麓书社。

陈国庆，2002，《克木语研究》，民族出版社。

陈海伦、林亦，2009，《粤语平话土语方音字汇》，上海教育出版社。

陈奂，1984，《诗毛氏传疏》，中国书店。

陈康，1992，《台湾高山族语言》，中央民族学院出版社。

陈瑶，2011，《匣母在徽语中的历史语音层次》，《黄山学院学报》，第 4 期。

戴庆厦，1979，《我国藏缅语族松紧元音来源初探》，《民族语文》，第 1 期。

丁度，1983，《集韵》，中国书店。

丁声树，1935，《释否定词“弗”“不”》，《庆祝蔡元培先生六十五岁文集》，国立中央研究院历史语言研究所集刊，外编第 1 种。

董莲池,2007,《说文部首形义新证》,作家出版社。
董同龢,1948,《上古音表稿》,国立中央研究院历史语言研究所集刊,18本1分。
董治安(主编),1989,《诗经词典》,山东教育出版社。
段玉裁,1988,《说文解字注》,上海古籍出版社。
冯承钧(原编)、陆峻岭(增订),1982,《西域地名》,中华书局。
冯蒸,1997,《汉语音韵学论文集》,首都师范大学出版社。
冯蒸,2005,《〈广韵〉重纽韵又音研究》,《语言》,第五卷。
冯蒸,2010,《二十世纪汉语历史音韵研究的一百项新发现与新进展》(上),《汉字文化》,第5期。
傅爱兰,1995,《怒苏语的卷舌化声母》,《语言研究》,第二期。
高本汉,1946,《中国音韵学研究》,商务印书馆。
高本汉,1997,《汉文典》(1940, Grammata Serica, Script and Phonetics in Chinese and Sino-Japanese),潘悟云等译,上海辞书出版社。
高鸿缙,1978,《中国字例》,三民书局。
葛信益,1984,《〈广韵〉讹夺举正》(增定稿),中国音韵学研究会编,《音韵学研究》(第一辑),中华书局。
葛信益,1993,《广韵丛考》,北京师范大学出版社。
龚煌诚,1977,《古藏文的y及其相关问题》,"中研院"历史语言研究所集刊,48,2。
龚煌诚,2004,《汉藏语研究论文集》,北京大学出版社。
郭庆藩,1961,《庄子集释》,中华书局。
郭沈青,2013,《广州话溪母字的历史层次及音变》,《语言科学》,第4期。
郝懿行,1982,《尔雅义疏》,中国书店。
何九盈、陈复华,1984,《古韵三十部归字总论》,《音韵学研究》,第1辑。
何宁,1998,《淮南子集释》,中华书局。
黄布凡,1992,《藏缅语族语言词汇》,中央民族学院出版社。
黄布凡,2007,《拉坞戎语研究》,民族出版社。
黄典诚,1980,《关于上古汉语高元音的探讨》,《厦门大学学报》,第1期。
黄典诚,1982,《闽南方音中的上古音残余》,《语言研究》,第2期。
黄侃,1923,《音略》,《国华月刊》一卷三期。
黄侃,1980,《黄侃论学杂著》,上海古籍出版社。
黄树先,2001,《上古汉语复辅音声母探源》,《语言研究》,第1期。
黄树先,2003,《汉缅语比较研究》,华中科技大学出版社。
黄树先,2006,《汉语耕元部语音关系初探》,民族语文,第5期。
黄树先,2010,《汉语核心词探索》,华中师范大学出版社。
黄笑山,1997,《〈切韵〉于母独立试析》,《古汉语研究》,第3期。
黄笑山,1999,《汉语中古语音研究述评》,《古汉语研究》,第3期。

黄笑山，2002，《中古二等韵介音和〈切韵〉元音数量》，《浙江大学学报》，第1期。
黄笑山，2002，《〈切韵〉元音分韵的假设和音位化构拟》，《古汉语研究》，第3期。
江有诰，1993，《音学十书》，中华书局。
蒋希文，1994，《徐邈反切的韵类》，《音韵学研究》，第3辑。
蒋希文，1933，《藏文前缀对于声母的影响》，国立中央研究院历史语言研究所集刊，4本2分。
金理新，1998a，《汉藏语的名词后缀-n》，《民族语文》，第1期。
金理新，1998b，《汉藏语的肢体和动物名词前缀 s-》，《温州师范学院学报》，第4期。
金理新，1999a，《上古汉语的 l-和 r-辅音声母》，《温州师范学院学报》，第4期。
金理新，1999b，《古汉字与古汉语的音节结构》，《语文研究》，第3期。
金理新，2001，《上古汉语的-l-中缀》，《温州师范学院学报》，第5期。
金理新，2002，《上古汉语音系》，黄山书社。
金理新，2004，《汉藏语的使役动词后缀 *-d》，《民族语文》，第2期。
金理新，2005a，《上古汉语 m-前缀的意义》，《语言研究》，第1期。
金理新，2005b，《上古汉语声母清浊交替和动词的体》，《语文研究》，第4期。
金理新，2006，《上古汉语形态研究》，黄山书社。
金理新，2009，《汉语"死"以及以母读音问题》，《语言研究》，第4期。
金理新，2010，《侗台语的舌尖后音》，《民族语文》，第4期。
金理新，2011，《戎语支的创新和划分》，《民族语文》，第4期。
金理新，2020，《元音松紧与动词的体》，《东方语言学》，第20辑。
金理新，2021，《上古汉语形态导论》，黄山书社。
黎翔凤，2004，《管子校注》，中华书局。
李方桂，1971，《上古音研究》，台湾《清华学报》新9.1－2：1－61。
李方桂，1980，《上古音研究》，商务印书馆。
李荣（主编），1998，《厦门方言词典》，江苏教育出版社。
李新魁，1963，《上古"晓匣"归"见溪群"说》，《学术研究》，第2期。
李新魁，1982，《韵镜校证》，中华书局。
李新魁，1991，《上古之部及其发展》，《广东社会科学》，第3期。
李新魁，1994，《李新魁语言学论集》，中华书局。
梁敏、张均如，1996，《侗台语概论》，中国社会科学出版社。
梁敏、张均如、李云兵，2007，《普标语研究》，民族出版社。
梁玉璋，1982，《福州方言的切脚字》，《方言》，第1期。
刘泽民，2010，《客赣粤平诸方言溪母读擦音的历史层次》，《南开语言学刊》，第1期。
陆德明，1983，《经典释文》，中华书局。

陆志韦,1947,《古音说略》,《燕京学报》,专号之20。
陆志韦,1985,《陆志韦语言学著作集》,中华书局。
罗常培,1939,《经典释文和原本玉篇反切中的匣于两母》,国立中央研究院历史语言研究所集刊,8本1分。
罗美珍,1985,《台语长短元音探源一得》,《语言论文集》,商务印书馆。
马毛朋,2009,《上古音影母音值之检讨》,《古汉语研究》,第1期。
马瑞辰,1989,《毛诗传笺通释》,中华书局。
马学良(主编),1991,《汉藏语概论》,北京大学出版社。
毛宗武、李云兵,《炯奈语研究》,2001,民族出版社。
梅祖麟,1980,《四声别义中的时间层次》,《中国语文》,第6期。
梅祖麟,1983,跟见系谐声的照三系字,《中国语言学报》,第1期。
梅祖麟,1988,《内部拟构汉语三例》,《中国语文》,第3期。
梅祖麟,2008,《上古汉语动词浊清别义的来源》,《民族语文》,第3期。
蒙朝吉,2001,《瑶语布努语方言研究》,民族出版社。
潘悟云,1984,《非喻四归定说》,《温州师专学报》,第1期。
潘悟云,1987,《谐声现象的重新解释》,《温州师范学院学报》,第4期。
潘悟云,1987,《汉藏历史比较中的几个声母问题》,《语言研究集刊》,第1辑。
潘悟云,1988,《高本汉以后汉语音韵学的进展》,《温州师范学院学报》,第2期。
潘悟云,1992,《上古收-p、-m诸部》,《温州师范学院学报》,第1期。
潘悟云,1997,《喉音考》,《民族语文》,第5期。
潘悟云,1999,《汉藏语中的次要音节》,《中国语言学新拓展》,香港城市大学出版社。
潘悟云,2000,《汉语历史音韵学》,上海教育出版社。
潘悟云,2006,《竞争性音变与历史层次》,《东方语言学》,创刊号。
潘悟云,2007,《上古汉语的-l和-r韵尾》,《民族语文》,第1期。
平山久雄,1991,《汉语声调起源窥探》,《语言研究》,第1期。
桥本万太郎,1983,《汉越语研究概述》,王连清译,《民族语文研究情报数据集》,第2期。
阮元,1980,《十三经注疏》,中华书局。
邵荣芬,1982,《切韵研究》,中国社会科学出版社。
邵荣芬,1983,《古韵幽、宵两部在后汉时期的演变》,《语言研究》,第1期。
邵荣芬,1991,《匣母字上古一分为二试析》,《语言研究》,第1期。
邵荣芬,1995,《匣母字上古一分为二再证》,《中国语言学报》,第7期。
沈兼士,1985,《广韵声系》,中华书局。
施向东,1983,《玄奘译著中的梵汉对音和唐初中原方音》,《语言研究》,第1期。
施向东,1994,《上古介音r与来纽》,音韵学研究,第3辑。

舒志武，1988，《上古汉语 s-前缀功能试探》，《中南民族学院学报》，第 6 期。
司马迁，1989，《史记》，中华书局。
斯塔罗斯金，1989，《古代汉语音系的构拟》，林海鹰译，2010，上海教育出版社。
孙宏开，2001a，《原始汉藏语辅音系统中的一些问题》，《民族语文》，第 1 期。
孙宏开，2001b，《原始汉藏语中的介音问题》，《民族语文》，第 6 期。
孙景涛，2005，《形态构词与古音研究》，《汉语史学报》，第五辑。
孙景涛，2013，《试论汉语中的 h-化音变》，《语言学论丛》，第 2 期。
孙诒让，2001，《墨子间诂》，中华书局。
谭海生，2007，《一切多音：关于〈切韵〉音系性质的一个设想》，《学术研究》，第 5 期。
万祥祯（编），1989，《诗经词典》，山东教育出版社。
王宝刚，2007，《〈方言〉简注》，中央文献出版社。
王辅世，1994，《苗语古音构拟》，东京国立亚非语言研究所。
王辅世、毛宗武，1995，《苗瑶语古音构拟》，中国社会科学出版社。
王洪君，2006，《文白异读、音韵层次与历史语言学》，《北京大学学报》，第 2 期。
王力，1956/1980，《汉语音韵学》，中华书局。
王力，1980，《汉语史稿》，中华书局。
王力，1980，《上古韵母系统研究》，《龙虫并雕斋文集》，中华书局。
王力，1980，《诗经韵读》，上海古籍出版社。
王力，1982，《龙虫并雕斋文集》，中华书局。
王力，1982，《同源字典》，商务印书馆。
王力，1984，《〈经典释文〉反切考》，《音韵学研究》，第 1 辑。
王念孙，2004，《广雅疏证》，中华书局。
王念孙，2014，《读书杂志》，上海古籍出版社。
王先谦，1988，《荀子集解》，中华书局。
王先谦，2011，《诗三家义集疏》，中华书局。
王先慎，1998，《韩非子集解》，中华书局。
王延林（编），1987，《常用古文字字典》，上海书画出版社。
王引之，2016，《经义述闻》，上海古籍出版社。
王月婷，2014，《〈经典释文〉异读音义规律研究》，中国社会科学出版社。
韦树关，2004，《汉越语关系词声母系统研究》，广西民族出版社。
韦昭（注），2015，《国语》，上海古籍出版社。
尉迟治平，1982，《周、隋长安方言初探》，《语言研究》，第 2 期。
尉迟治平，1984，《周、隋长安方音再探》，《语言研究》，第 2 期。
尉迟治平，1985，《论隋唐长安音和洛阳音的声母系统》，《语言研究》，第 2 期。
吴安其，2019，《古汉语的流音尾》，《民族语文》，第 3 期。

谢纪锋,1992,《〈汉书〉颜氏音切韵母系统的特点——兼论切韵音系的综合性》,《语言研究》,第2期。
谢·叶·雅洪托夫,1986,《汉语史论文集》,唐作藩、胡双宝选编,北京大学出版社。
辛世彪,2006,《临高语声母的特殊音变及其与同族语言的关系》,《东方语言学》,创刊号。
邢凯,2000,《汉语和侗台语研究》,军事谊文出版社。
徐锴,1987,《说文解字系传》,中华书局。
徐通锵、叶蜚声,1981,《内部拟测方法与上古音系研究》,《语文研究》,第1期。
许宝华、潘悟云,1994,《释二等》,《音韵学研究》,第3辑。
许慎,1983,《说文解字》(徐铉校),中华书局。
许维遹,2009,《吕氏春秋集释》,中华书局。
薛凤生,1996,《试论〈切韵〉音系的元音音位与"重纽、重韵"等现象》,《语言研究》,第1期。
严学宭、尉迟治平,1986,《汉语"鼻-塞"复辅音声母的模式及其流变》,《音韵学研究》,第2辑。
扬雄,2016,《方言》,中华书局。
杨伯峻,1980,《论语译注》,中华书局。
杨树达,1983,《积微居小学金石论丛》,中华书局。
杨树达,2007,《积微居小学述林全编》,上海古籍出版社。
于省吾,2010,《甲骨文字释林》,中华书局。
余迺永,1985,《上古音系研究》,香港中文大学出版社。
余迺永,2000,《新校互注宋本广韵》,上海辞书出版社。
俞敏,1984,《中国语言学论文选》,光生馆。
俞敏,1999,《俞敏语言学论文集》,商务印书馆。
喻世长,1984,《汉语上古韵部的剖析和拟音》,《语言研究》,第1期。
喻世长,1986,《邪-喻相通和动-名相转》,《音韵学研究》,第2辑。
岳利民,2008,《〈经典释文〉引音的音义匹配和六朝音》,华中科技大学博士学位论文。
曾晓渝,2004,《汉语水语关系论》,商务印书馆。
曾运乾,1927,《喻母古读考》,《东北大学季刊》,第2期。
张均如等,1999,《壮语方言研究》,四川民族出版社。
张琨,1976,《古汉语韵母系统与切韵》,"中研院"历史语言研究所集刊,26本。
张琨,1987,《汉语音韵史论文集》,联经出版公司。
张怡荪,1999,《藏汉大辞典》,民族出版社。
张志聪,2002,《黄帝内经集注》,浙江古籍出版社。

郑贻青，1996，《论回辉话声调的形成与发展》，《民族语文》，第3期。
郑张尚芳，1983，《温州方言歌韵读音的分化和历史层次》，《语言研究》，第2期。
张振林、马国权，1985，《金文编》，中华书局。
郑张尚芳，1984，《上古音构拟小议》，《语言论丛》，第14辑。
郑张尚芳，1987，《上古韵母系统和四等、介音、声调的发源问题》，《温州师范学院学报》，第4期。
郑张尚芳，1990，《上古汉语的s-头》，《温州师范学院学报》，第4期。
郑张尚芳，1992，《切韵j-声母与-i韵尾的来源问题》，《纪念王力先生九十诞辰文集》，山东教育出版社。
郑张尚芳，1994，《汉语声调平仄与上声去声的起源》，《语言研究》(增刊)。
郑张尚芳，1996，《汉语介音的来源分析》，《语言研究》(增刊)。
郑张尚芳，1997，《重纽的来源及其反映》，《声韵论丛》第6辑。
郑张尚芳，1998，《上古音研究十年回顾与展望》(一)，《古汉语研究》，第4期。
郑张尚芳，1999，《上古音研究十年回顾与展望》(二)，《古汉语研究》，第1期。
郑张尚芳，2003，《上古音系》，上海教育出版社。
郑张尚芳，2008，《温州方言志》，中华书局。
郑张尚芳，2012，《郑张尚芳语言学论文集》，中华书局。
周法高，1948，《切韵鱼虞之音读及其流变》，国立中央研究院历史语言研究所集刊，13本。
周法高，1968，《论切韵音》，《中国文化研究所学报》，第1卷。
周法高，1970，《论上古音和切韵音》，《中国文化研究所学报》，第3卷，第2期。
周耀文、罗美珍，2001，《傣语方言研究》，民族出版社。
周植志、颜其香、陈国庆，2004，《佤语方言研究》，民族出版社。
周祖谟，1960，《广韵校本》，中华书局。
周祖谟，1966，《问学集》，中华书局。
周祖谟，1984，《汉代竹书与帛书中的通假字与古音的考订》，《音韵学研究》，第1辑。
朱骏声，1983，《说文通训定声》，中华书局。
朱晓农，2004，《唇音齿龈化和重纽四等》，《语言研究》，第3期。
朱晓农，2006，《历史语言学的五项基本》，《东方语言学》，创刊号。

图书在版编目（CIP）数据

上古音略 / 金理新著. —修订版. — 上海：上海教育出版社，2023.3
（上古汉语研究丛书）
ISBN 978-7-5720-1942-5

Ⅰ. ①上… Ⅱ. ①金… Ⅲ. ①古汉语 - 语音系统 Ⅳ. ①H109.2

中国国家版本馆CIP数据核字(2023)第050433号

书名题签 张维佳
责任编辑 廖宏艳
封面设计 周 吉

上古汉语研究丛书
丛书主编 潘悟云
《上古音略》（修订版）
金理新 著

出版发行 上海教育出版社有限公司
官 网 www.seph.com.cn
地 址 上海市闵行区号景路159弄C座
邮 编 201101
印 刷 上海展强印刷有限公司
开 本 640×965 1/16 印张 53.5 插页 4
字 数 769 千字
版 次 2023年10月第1版
印 次 2023年10月第1次印刷
书 号 ISBN 978-7-5720-1942-5/H·0060
定 价 298.00 元